Gemeinwohl und Gruppeninteressen

Die Durchsetzungsschwäche allgemeiner Interessen
in der pluralistischen Demokratie

Ein Beitrag zu verfassungsrechtlichen
Grundfragen der Wirtschaftsordnung

von
Dr. iur. Hans Herbert v. Arnim
Privatdozent an der Universität Regensburg

Alfred Metzner Verlag GmbH · Frankfurt am Main

Als Habilitationsschrift auf Empfehlung des Juristischen Fachbereichs der Universität Regensburg gedruckt mit Unterstützung der Deutschen Forschungsgemeinschaft

Alle Rechte vorbehalten

© Alfred Metzner Verlag GmbH · Frankfurt am Main · 1977
ISBN 3-7875-5258-8

Vorwort

Das Verbandsthema, aber auch die damit zusammenhängenden Fragen nach Gemeinwohl und Grundwerten, haben gerade in jüngster Zeit in der publizistischen und wissenschaftlichen Diskussion zunehmende Beachtung gefunden. Die Kommission für wirtschaftlichen und sozialen Wandel wies in ihrem Gutachten vom Oktober 1976 nachdrücklich auf „die vielfältigen Einflußmöglichkeiten organisierter gesellschaftlicher Gruppen" und die daraus resultierende Tendenz zu einer „kurzfristigen partikularen" politischen Orientierung hin. Die Enquête-Kommission Verfassungsreform stellte in ihrem Schlußbericht vom Dezember 1976 zutreffend fest, daß das Thema Staat und Verbände „mehr denn je von zentraler Bedeutung geworden ist". Die Enquête-Kommission hat das Thema selbst zwar ausgespart (und sich auf die Ablehnung eines Bundeswirtschafts- und Sozialrats beschränkt); gleichzeitig hat sie aber die Notwendigkeit besonderer Untersuchungen unterstrichen. Die vorliegende Arbeit hätte ihren Zweck erfüllt, wenn sie dazu beitragen könnte, die Diskussion einiger Probleme, die als wesentlich herausgestellt werden, zu vertiefen und die erforderlichen Gegengewichte gegen drohende Fehlentwicklungen zu aktivieren.

Die Bearbeitung wäre nicht ohne die Hilfe möglich gewesen, die mir von vielen Seiten zuteil geworden ist. Ganz besonders danken möchte ich auch an dieser Stelle Herrn Prof. Dr. Hermann *Soell*, der mich in der Absicht, das unorthodoxe Thema als juristische Habilitationsschrift in Angriff zu nehmen, bestärkt und die Arbeit durch seine großzügige Bereitschaft, Gesamtkonzept und Einzelfragen immer wieder kritisch zu diskutieren, maßgeblich gefördert hat. Verständnisvolle Unterstützung und Teilnahme wurde mir auch von Herrn Prof. Dr. Franz *Mayer*, dem Zweitreferenten der Arbeit, zuteil. Zu danken habe ich ferner den anderen Mitgliedern des Juristischen Fachbereichs der Universität Regensburg, besonders den Herren Professoren Dres. Prodromos *Dagtoglou*, Otto *Kimminich*, Dieter *Medicus*, Reinhard *Richardi*, Ekkehard *Schumann* und Friedrich-Christian *Schröder*. Ihre gutachtlichen Stellungnahmen waren eine große Hilfe bei der Überarbeitung des Manuskripts für den Druck. Herr Prof. Dr. Klaus *Vogel* und Herr Prof. Dr. Hermann *Weitnauer* haben eine frühere Fassung kritisch kommentiert und mir dadurch gleichfalls wertvolle Anregungen vermittelt. Herrn Prof. Dr. Dres. h. c. Günter *Schmölders* verdanke ich wichtige Hinweise aus finanz- und wirtschaftswissenschaftlicher Sicht. Die Herren Dipl.-Volkswirt Rolf *Borell*, Prof. Dr. Edwin *Buchholz*, Prof. Dr. Dieter *Duwendag* und Dr. Hans G. *Fabritius* haben freundlicherweise einzelne Abschnitte des Manuskripts kritisch durchgesehen.

Schließlich hat die *Deutsche Forschungsgemeinschaft* durch Gewährung von Stipendium und Druckkostenzuschuß erst die materielle Voraussetzung für die Fertigstellung der Arbeit und ihre Veröffentlichung geschaffen. Das *Karl-Bräuer-Institut des Bundes der Steuerzahler e. V.* hat mir Urlaub zur Wahrnehmung des Stipendiums gegeben und auch sonst das Erscheinen der Arbeit großzügig gefördert.

Die Arbeit stellt die ergänzte und auf den neuesten Stand gebrachte Fassung meiner Habilitationsschrift dar, die vom Juristischen Fachbereich der Universität Regensburg im Februar 1976 angenommen worden ist. Die Ausarbeitung eines weiteren an sich beabsichtigten Abschnitts über die Repräsentationsfunktion des Bundespräsidenten hätte das Erscheinen der schon recht umfangreichen Arbeit verzögert und bleibt deshalb einer gesonderten Veröffentlichung vorbehalten.

Das Buch ist meiner Frau Ulrike gewidmet.

Wiesbaden, im Februar 1977   Hans Herbert v. Arnim

Inhalt

Einleitung 1

A. GEMEINWOHLRICHTIGKEIT (Vorüberlegungen) 5
- § 1 Gemeinwohl als Richtigkeit von Gemeinschaftsentscheidungen 5
- § 2 Gängige Einwände gegen die Verwendung des Gemeinwohlbegriffs und ihrer Widerlegung 5

B. NORMATIVE GRUNDLEGUNG DER GEMEINWOHLRICHTIGKEIT 9
- § 3 Philosophischer Wertrelativismus 9
- § 4 Rechtswissenschaftliche Bestimmung der Grundwerte . . . 11
  - Anthropozentrische Grundentscheidung des Grundgesetzes . 13
  - Bedeutung von Verfassungstheorie und Vorverständnis . 15
- § 5 Gemeinwohlgrundwerte 22
  - Freiheit 22
  - Gerechtigkeit 25
  - Sicherheit 28
  - Frieden 29
  - Wohlstand 30
- § 6 Interessen und Werte 32
  - „Ist-Interessen" als Ausgangspunkt 32
  - Intellektuelle und ethische „Läuterung" von Interessen: „Soll-Interessen" 33
- § 7 Verfassungsrechtliche Anknüpfungspunkte für die Gemeinwohlgrundwerte 35
  - Grundrechte 36
  - Rechtsstaatsprinzip 37
  - Sozialstaatsprinzip 39
  - Gesamtwirtschaftliches Gleichgewicht 42
  - Demokratieprinzip 43

C. GEMEINWOHLVERFAHREN 48
- § 8 Zur allgemeinen Bedeutung angemessener Verfahren . . . 48
- § 9 Die beiden Grundtypen gemeinschaftserheblicher Entscheidungsverfahren 50
  - Macht- und interessentendeterminierte Verfahren . . . 50
  - Wert- und erkenntnisorientierte Verfahren 51
  - Unterschiedliche Anforderungen an die Ausgestaltung . 51
  - Vorrang des wert- und erkenntnisorientierten Gemeinwohlverfahrens 52

D. MÖGLICHKEITEN UND GRENZEN DER GEMEINWOHLBESTIMMUNG DURCH DIE WISSENSCHAFT 54
- § 10 Die Hessesche Optimierungsformel als Ausgangspunkt . . . 54

Inhalt

§ 11	Implikationen der Optimierungsformel: Geeignetheits-, Erforderlichkeits- und Verhältnismäßigkeitsprüfung	58
§ 12	Implikationen der Optimierungsformel: Zusammenarbeit mit den Wirklichkeitswissenschaften	60
	Der Beitrag der Sozialwissenschaften	61
	Grenzen der Leistungsfähigkeit der Sozialwissenschaften	66
§ 13	Implikationen der Optimierungsformel: Einheit und Folgerichtigkeit, insbes. die Berücksichtigung früherer Gemeinwohlentscheidungen	71
§ 14	Mangelnde Präzision der Ergebnisse des wert- und erkenntnisorientierten Optimierungsverfahrens	75
§ 15	Anwendungsgebiete der Optimierungsformel und die Rolle der Subsumtionsmethode	76

E. WIRTSCHAFTLICHE SELBSTSTEUERUNG 81

§ 16	Allgemeine Überlegungen	81
	Selbststeuerung und Fremdsteuerung	81
	Gemeinwohl und öffentliches Interesse	81
	Weiteres Vorgehen	83
§ 17	Vertrag und wettbewerbliche Marktwirtschaft	85
	Optimierung der Grundwerte im marktwirtschaftlich-vertraglichen Modell	89
	Das marktwirtschaftliche vertragliche Modell als Basis des BGB von 1900	92
	Machtgleichgewicht als Voraussetzung realer Vertragsfreiheit	93
	Die Kontroverse zwischen Schmidt-Rimpler und Flume über die Funktion der Vertragsfreiheit	94
	Gründe für die verspätete Anpassung der Rechtsordnung .	95
	Marktwirtschaft und Grundgesetz	98
§ 18	Kollektive Bestimmung der Arbeitsbedingungen durch Tarifvertrag	100
	Der Sinn der kollektiven Selbstbestimmung	101
	Dysfunktionen der kollektiven Selbstbestimmung . .	102
	Verfassungsrechtliche Folgerungen	106
	Tarifautonomie und Arbeitskampf im öffentlichen Dienst?	108

F. POLITISCHE SELBSTSTEUERUNG 115

§ 19	Demokratie als Verfahren	115
	Von der positivistischen Gesetzesgläubigkeit zur kritischen Beurteilung der Staatswillensbildung	115
	Über die Notwendigkeit zentraler Willensbildung . . .	117
	Typen der Demokratietheorie	123
	Klassisch-idealistische Demokratievorstellung . . .	123
	Liberal-parlamentarische Repräsentation	126

Inhalt

        Angelsächsische Demokratievorstellung 127
        Das Postulat eines balancierten Willensbildungsprozesses 128

I. INTERESSENVERBÄNDE UND IHR EINFLUSS 130

§ 20   Allgemeine Vorüberlegungen 130
        Die Notwendigkeit von Vereinigungen in der Demokratie 130
        Interessenverbände und politische Parteien 130
        Abgrenzung des Begriffs „Interessenverband" . . . 133
        Entwicklungstendenzen, die die Zunahme des Verbandseinflusses fördern 135
        Bedeutung der Verbandsforschung in den USA . . . 136

§ 21   Die Empfänglichkeit der politischen Entscheidungszentralen für den Verbandseinfluß 136
        Gründe für den Verbandseinfluß 136
            Die Rolle des interessierten Sachverstandes . . . 138
            Die Rolle der Marktmacht der Interessengruppen . . 140
        Wege des Verbandseinflusses 141
            Anhörung der Spitzenverbände über Gesetzentwürfe . 142
            Fachbeiräte 143
            Konzertierte Aktion 143
            Hearings vor Bundestagsausschüssen 144
            Einflußnahme via öffentliche Meinung 144
            Einwirkung „von innen" 145
        Exkurs: Die Verwaltung als Adressat des Verbandseinflusses 146

II. LAISSEZ-FAIRE-PLURALISMUS UND DUE-PROCESS-PLURALISMUS 148

§ 22   Die Lehre vom pluralistischen Gleichgewicht („Pluralistische Harmonielehre") 148

§ 23   Kritik der Gleichgewichtslehre 151
        Das Ungleichgewicht der Durchsetzungschancen allgemeiner und besonderer Interessen 152
            1. Grund: Die größere Attraktivität direkter Sonderinteressen gegenüber indirekten allgemeinen Interessen 153
            2. Grund: Die größere Attraktivität der Einkommenssphäre gegenüber der Ausgabensphäre 158
            3. Grund: Die spezifische Organisationsschwäche allgemeiner Interessen 159
        Schwierigkeiten der wirksamen Organisation bedürftiger Randgruppen 162
        Mangelnde Chancengleichheit der Organisierten . . . 163

§ 24   Repräsentatives Verhalten der Verbandsvertreter? . . . 163

§ 25   Beurteilung des Zukurzkommens allgemeiner Interessen im pluralistischen Kräftespiel 169

Inhalt

           Unbedenklichkeit wegen Personengleichheit? 169
           Von der Gruppendisparität zur Problembereichsdisparität . 170
§ 26 Verlagerung der politischen Agenda: Von der Gruppengerechtigkeit zum Allgemeininteresse 175
§ 27 Due-Process-Pluralismus 183
           Die Notwendigkeit, die politischen Verfahren an den Verbändestaat anzupassen 183
           Ist eine Korrektur überhaupt möglich? 188
           Die Bedeutung repräsentativer Verfahrenskomponenten . 190
           Rechts- und Sachkontrollen 193
           Ex ante- und ex post-Kontrollen 194
           Restriktive Interpretation der Gewährleistungsartikel des Verbandseinflusses 194
           Fortentwicklung des Gewaltenteilungsgedankens . . . 196
           Wandel im Inhalt des Sozialstaatsprinzips 197
§ 28 Exkurs: Falsche Alternativen, oder: Das Ausklammern der Fundamentalfrage 198

G. RICHTIGKEITSKONTROLLE DURCH DIE VERFASSUNGSRECHTSPRECHUNG (REPRÄSENTATIONSFUNKTION DER VERFASSUNGSJUDIKATUR) 212
§ 29 Vorbemerkungen 212
           Bindung des Gesetzgebers und Kontrollkompetenzen der Rechtsprechung 212
           Die Schlüsselrolle der Methodik der Verfassungsinterpretation 213
§ 30 Die Praktizierung der Optimierungsmethode durch das Bundesverfassungsgericht 214
           Situationsanalysen 214
              Generelle Tatsachen 215
              Prognosen 217
              Anerkennung des trial and error 218
           Wertorientierte Abwägung 220
              Erforderlichkeits- und Verhältnismäßigkeitsprinzip . 220
              Appellentscheidungen 221
§ 31 Konsequenzen des Optimierungsverfahrens 222
           Mangelnde Unterscheidbarkeit von Rechtmäßigkeit und Zweckmäßigkeit 222
           Mangelnde Unterscheidbarkeit von rationaler Gesetzgebung und Verfassungsrechtsprechung 228
              Der „Rechtssatzcharakter" der rechtsfortbildenden Rechtsprechung 231
              Vermutung zugunsten der Präjudizien 232
              Übergangsregelungen 232

IX

Inhalt

| | | Verbesserte prozessuale Analysemöglichkeiten für die Gerichte | 233 |

§ 32 Kriterien für die Verteilung der Optimierungsaufgabe zwischen Gesetzgebung und Verfassungsrechtsprechung: Das demokratische Prinzip: ... 234
    Mitwirkung beim Zustandekommen der staatlichen Willensbildung (formal-demokratisches Element) ... 237
    Inhaltliche Richtigkeit (material-demokratisches Element) . 241
        Situationsanalysen ... 245
        Intensität des Wertbewußtseins ... 246
        Entwicklungsstufen in der Beurteilung des Verhältnisses von Gesetzgebung und Verfassungsrechtsprechung . 251
    Resumée ... 253

§ 33 Fortsetzung: Diskussion weiterer möglicher Verteilungskriterien 254
    Das Prinzip der Gewaltenteilung ... 254
    Gefahr einer Politisierung der Justiz ... 257
    „Depossedierung" des Juristen, Justizstaatlichkeit, Verunsicherung des Rechts ... 259

§ 34 Fortsetzung: Mangelnde Stringenz der Beurteilungsmaßstäbe und richterliche Zurückhaltung ... 265

§ 35 Besondere Zurückhaltung bei der Kontrolle öffentlicher Leistungen? ... 276
    Befund ... 276
    Konsequenzen ... 280
    Ansatzpunkte für eine Verstärkung der Kontrolle öffentlicher Leistungen ... 285

§ 36 Beispiele für mögliche Gemeinwohlprüfungen von öffentlichen Leistungen ... 294
    Redistributionsleistungen ... 295
    Bestimmungsvergütungen ... 298

§ 37 Exkurs: Erweiterung der Klag- und Antragsbefugnisse zur Aktivierung der gerichtlichen Kontrolle ... 303
    Popularklage ... 305
        Ansätze im geltenden Recht ... 305
        Ausbau der Popularklage? ... 306
    Verbandsklage ... 309
        Geltendes Recht ... 309
        Ausdehnung der Verbandsklage de lege ferenda ... 310
        Einwände ... 311
    Vertreter des öffentlichen Interesses ... 313

H. DIE REPRÄSENTATIONSFUNKTION DER WISSENSCHAFT . . 315

§ 38 Die Unabhängigkeit der Wissenschaft ... 316
    Der Sinn der Unabhängigkeit ... 316
    Das Hochschulurteil des Bundesverfassungsgerichts . . 320

Inhalt

§ 39	Wissenschaftliche Politikberatung	325
	Beratungsgremien, bes. der gesamtwirtschaftliche Sachverständigenrat	325
	Verfassungsrechtliche Beurteilung des gesamtwirtschaftlichen Sachverständigenrats	334
§ 40	Aktivierung der wissenschaftlichen Politikberatung bei der Finanz- und Subventionsplanung	338
	Sinn der Planung	339
	Finanzplanung	342
	Gesetzliche Regelung	342
	Funktionen	342
	Scheitern	343
	Subventions(abbau)planung	344
	Gesetzliche Verpflichtung	345
	Subventionsberichte	345
	Erklärung für das Zurückbleiben der Wirklichkeit hinter der Norm	347
	Alternativen	349
	Institutionalisierung der Öffentlichkeitsberatung im Bereich der Finanz- und Subventionsplanung	352

I. DIE REPRÄSENTATIONSFUNKTION DER DEUTSCHEN BUNDESBANK 356

§ 41 Der Sinn der Bundesbankautonomie 356

§ 42 Verfassungsrechtliche Konsequenzen 365

J. RICHTIGKEITSKONTROLLE DURCH DEN BUNDESRECHNUNGSHOF (REPRÄSENTATIONSFUNKTION DER ÖFFENTLICHEN FINANZKONTROLLE) 369

§ 43 Gründe für die mangelnde Wirkung der Finanzkontrolle . . 370
    Prägung durch die Entstehungsgeschichte 370
    Wegfall des Dualismus von Regierung und Parlament . . 372
    Mangelnde politische Virulenz allgemeiner Interessen . . 372

§ 44 Weiterentwicklung der Finanzkontrolle 373
    Ausdehnung der Finanzkontrolle auf das Parlament . . 375
    Bestehende Ansätze 376
        Kontrolle der Verfassungsmäßigkeit 376
        Beratung 376
    Verstärkung der Öffentlichkeitswirkung 379
        Der gesamtwirtschaftliche Sachverständigenrat als Vorbild 379
        Gegenargumente und ihre Widerlegung 380
    Änderung des Wahlmodus 382

Inhalt

K. KANALISIERUNG DES VERBANDSEINFLUSSES IN EINEM WIRTSCHAFTSRAT? 384

§ 45 Argumente für einen Wirtschaftsrat 384
§ 46 Beurteilung dieser Argumente 385

L. ABGEORDNETENSTATUS UND REPRÄSENTATIONSPRINZIP . 388

§ 47 Die aktuelle Bedeutung des Art. 38 Abs. 1 Satz 2 GG . . 388
       Der Sinn der Vorschrift 388
       Norm und Wirklichkeit 390
       Historisch bedingte Aversionen gegen das Repräsentationsprinzip 391
§ 48 Einführung von Verbandsinkompatibilitäten? 396
§ 49 Reform des finanziellen Status der Abgeordneten . . . 398
       Zur Beseitigung des „Beamtenprivilegs" 402
       Zum Koppelungsverbot 403
       Zum „Lobbygeldverbot" 406
       Zum Verbot von Funktionszulagen 407

Leitsätze 410

Literatur 419

Register 485

Abkürzungen nach: Kirchner, Abkürzungen der Rechtssprache, 2. Aufl., 1968

Einleitung

Die vorliegende Arbeit ist problemorientiert; sie soll ein für unsere Gesellschaft aktuelles Problem, nämlich die mangelnde Durchsetzungskraft allgemeiner Interessen in der pluralistischen Demokratie, herausarbeiten und einen Beitrag zur verfassungstheoretischen, verfassungsrechtlichen und verfassungspolitischen Behandlung und Bewältigung leisten.

Die Frage, wie „der schrankenlose Laissez-faire-Pluralismus der technologischen Massengesellschaft ... die hochorganisierte Anarchie der corps intermédiaires ... unter die Kontrolle der Gemeinschaft gebracht werden" kann, hat Karl Loewenstein mit Recht eines der Kardinalprobleme genannt, denen sich die Staatsgesellschaft in der zweiten Hälfte des 20. Jahrhunderts gegenübersieht[1]. Ganz im Gegensatz zu dieser ungeschminkten Feststellung steht die Zurückhaltung und Vorsicht, mit welcher die Mängel der politischen Willensbildung in der Bundesrepublik jedenfalls bis vor kurzem behandelt wurden (wenn sie nicht überhaupt übergangen wurden). Ein Grund hierfür ist wohl in der — durch die Erinnerung an den nationalsozialistischen Staat genährten — Befürchtung zu suchen, daß durch Kritik des pluralistischen Kräftespiels und seiner Ergebnisse faschistischen oder sozialistischen Diktaturen der Weg geebnet werden könnte. Die Gefahr (rechts- oder linksextreme Kritiker würden sagen: die Chance), die freiheitliche Demokratie durch Kritik zu schwächen und den Boden für Rechts- oder Linksdiktaturen zu bereiten, scheint sich in der Bundesrepublik dahin auszuwirken, daß die Kritiker pluralistischer Fehlentwicklungen sich vor allem im Lager rechter oder linker Extremisten finden, während weniger ideologisch gefärbte Stimmen selten sind. In dieser Art von Vogel-Strauß-Verhalten liegt nun aber gerade heute das allergrößte Risiko, läuft man auf diese Weise doch Gefahr, „das Feld jenen eilfertigen Propheten (zu) überlassen..., die aus der Kraft der ideologischen Voreingenommenheit und des Verzichts auf Wirklichkeitsanalyse zu grundstürzenden Forderungen gelangen, wo begrenzte Korrekturen am Bestehenden denselben guten Dienst zu leisten vermöchten" (Roman Herzog[2]).

Auch solche Korrekturen verlangen jedoch ein kritisches Überdenken der Institutionen unserer Demokratie. Nur ihre Anpassung an und Ausrichtung auf die immer virulenter werdenden Gefahren des Verbändestaats wird es erlauben, die Grundsätze der Demokratie auch unter gewandelten Verhältnissen zu verwirklichen. Gelingt dagegen die Anpassung nicht rechtzeitig, so wird das Risiko eines Umschlags in autoritär-diktatorische Systeme rasch zunehmen, womit dann die freiheitliche Demokratie überhaupt verspielt wäre.

Die Problematik von Pluralismusdefiziten wird in der heutigen Staats- und Verfassungslehre zwar als solche erkannt. Die Vereinigung der Deutschen Staatsrechtslehrer behandelte das Thema „Staat und Verbände" 1965 in Würzburg, und Dürig wollte die Tagung seinerzeit sogar als „Wendemarke" verstanden wissen, von der ab der Problemkreis „dem Monopol der Soziologen und Politologen entrissen" und seine juristische Bewältigung in Angriff genommen werden sollte[3]. Auch die neueren Werke der Allgemeinen Staatslehre etwa von Herzog, Krüger oder Zippelius enthalten mehr oder weniger ausführliche Kapitel über die Verbandsproblematik[4]. Wenn es trotzdem noch immer an einer befriedigenden verfassungstheoretischen Erfassung, Einordnung und Beurteilung der Problema-

---
1 *Loewenstein*, Verfassungslehre, S. 414.
2 *Herzog*, Staatslehre, S. 5.
3 *Dürig*, VVDStRL 24, S. 87.
4 Vgl. jetzt auch die Tagung der Vereinigung der Deutschen Staatsrechtslehrer 1974, deren 2. Beratungsgegenstand mit Berichten von Walter *Schmidt* und *Bartlsperger* lautete: „Organisierte Einwirkung auf die Verwaltung — Zur Lage der 2. Gewalt", VVDStRL 33, S. 183 ff. und 221 ff.

tik fehlt — von ihrer Bewältigung ganz zu schweigen —, so liegt das daran, daß es bislang überhaupt an einer Theorie fehlt, die unseren aktuellen Verfassungsproblemen angemessen wäre[5]. Ohne eine brauchbare Verfassungstheorie und ein darauf rational abgestütztes Vorverständnis muß aber auch jeder Versuch, das Problem verfassungsrechtlich und verfassungspolitisch in den Griff zu bekommen, zwangsläufig in der Luft hängen. Es bleibt deshalb gar nichts anderes übrig, als zu versuchen, in dieser Arbeit zumindest diejenigen Bestandteile einer Verfassungstheorie zu entwickeln, die für das vorliegende Thema unerläßlich erscheinen[6]. Es geht mit anderen Worten um eine konsistente, in eine Gesamtsicht eingepaßte Zusammenstellung und systematische Verknüpfung derjenigen Gesichtspunkte, die für die Erfassung und Beurteilung der Problematik und die Diskussion von Lösungsvorschlägen erforderlich sind. Dazu ist ein gewisses Ausholen unvermeidlich.

So impliziert vor allem die Bezeichnung „Zukurzkommen allgemeiner Interessen" ein Abweichen von einem Optimum, das wir „Gemeinwohl" nennen, und es ist offensichtlich, daß pluralistisch bedingte Gemeinwohldefizite nicht ohne klare Vorstellung von diesem Gemeinwohl erfaßt, beurteilt und bekämpft werden können. Es gilt deshalb, eine solche Vorstellung zu entwickeln.

Diesen Anforderungen entspricht der Aufbau der Arbeit. Nach einer normativen Grundlegung werden wichtige Verfahrensweisen zur Gemeinwohlkonkretisierung skizziert. Dazu gehören der Tarifvertrag, die demokratisch-parlamentarische Willensbildung und auch der Individualvertrag; aus der Beurteilung des Individualvertrages und seiner gemeinwohlkonformen Einschränkung durch Gesetzgebung und Rechtsprechung lassen sich nämlich eine Reihe von Anhaltspunkten für die Beurteilung und Bewältigung der Pluralismusproblematik gewinnen. In den demokratisch-parlamentarischen Willensbildungsprozeß ist dann das Verbandswirken einzupassen. Dadurch ergibt sich die Basis, pluralistisch bedingte Gemeinwohldefizite zu analysieren, zu würdigen und mögliche Wege zu ihrer Eindämmung zu diskutieren.

Die Arbeit ist eine rechtswissenschaftliche, sie muß aber auch die problemrelevanten Erörterungen in anderen Wissenschaftsbereichen berücksichtigen. Typische Beispiele für die spezifische Durchsetzungsschwäche allgemeiner Interessen sind die Interessen der Steuerzahler und der Verbraucher. Dementsprechend wird die Tendenz zu einem Zukurzkommen allgemeiner Interessen in den beiden wissenschaftlichen Disziplinen, in denen der Steuerzahler und der Verbraucher im Mittelpunkt der Betrachtung stehen, nämlich in der Finanzwissenschaft und der Theorie der Wirtschaftspolitik bzw. der Politischen Ökonomie, besonders eindringlich dargestellt und zum Teil geradezu drastisch gebrandmarkt. Damit liegt die Relevanz der Darlegungen und Vorschläge dieser beiden Wissenschaftszweige auf der Hand. Darüber hinaus gilt es, die neuere politikwissenschaftliche Pluralismusforschung nutzbar zu machen. Das Thema ist deshalb sinnvoll und frucht-

---

5 Zum Fehlen einer Verfassungstheorie statt vieler: *Ehmke*, Wirtschaft und Verfassung, S. 3 f.; *Grimm*, Verfassungsfunktion und Grundgesetzreform, AöR 1972, S. 489 (490).
6 *Böckenförde* hat mit Recht bemerkt, daß verfassungstheoretische Neukonzeptionen nicht selten von „Problemlösungsversuche(n) für bestimmte Ordnungsaufgaben" ausgehen, „die von gewandelten politischen Gegebenheiten her neu oder in veränderter Akzentuierung an die Verfassung herangetragen werden". NJW 1974, S. 1529; vgl. auch NJW 1976, S. 2089 (2098). Diese Schilderung von Ausgangslage und Vorgehensweise bei der bewußten Entwicklung neuer verfassungstheoretischer Ansätze trifft auch auf die vorliegende Arbeit zu.

Einleitung

bar nur interdisziplinär zu bearbeiten[7]. Dies liegt für das in den letzten Jahren immer stärker in den Blickpunkt gerückte allgemeine Interesse am Schutz der menschlichen Umwelt vor Verschlechterung und Zerstörung ohnehin auf der Hand[8]. Auch der juristische Bearbeiter muß sich diesen von der Natur des Problems gesetzten Gegebenheiten und Anforderungen fügen, will er das Thema nicht überhaupt beiseite lassen[9].

Der eingeschlagene Weg bringt allerdings auch negative Begleiterscheinungen mit sich: Einmal weitet sich der wissenschaftliche Einzugsbereich auf diese Weise derart, daß eine Erfassung der ganzen in Frage kommenden Literatur nicht mehr möglich erscheint. Zum anderen bewirkt die Einbeziehung anderer Wissenschaftsbereiche eine gewisse Aufweichung der stringenten begrifflichen Exaktheit, deren sich die Jurisprudenz bisher rühmt. Die vorliegende Arbeit nimmt jene auf der interdisziplinären Arbeitsweise beruhende zweifache Senkung der herkömmlichen wissenschaftlichen Standards aber bewußt in Kauf, weil man die Problematik überhaupt nur so in den Griff bekommt und der gewählte Ansatz deshalb immerhin noch die *bestmögliche* Behandlung des Themas zu gewährleisten scheint.

Obwohl die Problematik einer Durchsetzung der allgemeinen Interessen gegenüber Partikularinteressen auch bei der Koordinierung der Nationen zur Bewältigung vieler nur übernational zu lösender Probleme in paralleler Form wieder auftaucht, beschränkt sich die Arbeit auf den nationalen Bereich der Bundesrepublik. Immerhin kann auf diese Weise mittelbar ein Beitrag zur Bewältigung auch der internationalen Problematik geleistet werden. Denn eine wirksame internationale Koordination setzt als Vorbedingung eine Stärkung der Durchsetzungskraft allgemeiner Interessen innerhalb der einzelnen Staaten voraus. Diese aber ist Gegenstand der vorliegenden Arbeit.

Nicht behandelt wird auch der „föderalistische" Pluralismus. „Pluralismus" kann man im engeren und im weiteren Sinne verstehen. Einmal kennzeichnet der Begriff die Vielheit der an der Entscheidungsbildung beteiligten Gruppen und Instanzen einschließlich der unterschiedlichen Ebenen der Gebietskörperschaften. Neben diesem weiten Begriff kann man unter „Pluralismus" aber auch speziell die Mitwirkung einer Vielzahl von Interessenverbänden an gemeinschaftserheblichen Entscheidungen verstehen. Im letzteren Sinn wird der Begriff hier gebraucht, was aber nicht ausschließt, daß viele der zu entwickelnden Überlegungen bis zu einem gewissen Grade auch auf den Pluralismus i. w. S. anwendbar sein mögen.

---

[7] Über die Notwendigkeit interdisziplinärer Arbeitsweise gerade im Bereich der Pluralismusforschung z. B. *Stammer*, Gesellschaft und Politik, S. 530 (542); *Hans Huber*, Rechtstheorie, Verfassungsrecht, Völkerrecht, S. 361 (368 ff.); *Winkler*, VVDStRL 24, S. 34 (37); *Streissler*, Tarifautonomie, S. 6 und 41. Allgemein dazu, daß die Behandlung von Grundlagenthemen interdisziplinäres Arbeiten verlangt: *v. Gierke*, Das Wesen der Verbände, S. 5.
[8] *Picht* u. a., Gutachten zur Beratung der Bundesregierung in Umweltfragen, S. 565 ff.
[9] Im übrigen dürfte das Wissen um die Bedeutung sozialwissenschaftlicher Aspekte unter den Bearbeitern staatsrechtlicher Probleme heute beinahe Allgemeingut sein. Das zeigt sich in Themenstellung und Bearbeitung der Berichte auf den Tagungen der Vereinigung der Deutschen Staatsrechtslehrer, die seit einigen Jahren in stark zunehmendem Umfang sozialwissenschaftliche Nachbargebiete einbeziehen. Einen vorläufigen Höhepunkt bildeten in dieser Hinsicht die Berichte von *Oppermann/Meyer* und *Schmidt/Bartlsperger* 1974 in Bielefeld. Dazu auch die Bemerkungen der Vorsitzenden *Vogel* und *Ossenbühl* (VVDStRL 33, S. 144 bzw. 281); ferner *Knöpfle* und *Schnur* (ebenda, S. 142, 144 bzw. 294 f.).

A. Gemeinwohlrichtigkeit (Vorüberlegungen)

§ 1 Gemeinwohl als Richtigkeit von Gemeinschaftsentscheidungen

Jedes Ding ist so gut, wie es seine Funktion erfüllt. Aufgabe und Funktion jeder Gemeinschaftsordnung ist es, die „Richtigkeit" der gemeinschaftserheblichen Willensbildung und Entscheidungen möglichst zu gewährleisten[1]. Die Entscheidungen müssen, anders ausgedrückt, am „Gemeinwohl" orientiert sein. Die Wahrung des Gemeinwohls ist in der Tat die alleinige, allerdings auch umfassende Funktion und Aufgabe jeder Gemeinschaftsordnung, gerade auch der staatlichen[2]. Alles staatliche Tun und Unterlassen hat sich vor dieser Funktion zu rechtfertigen, wird durch sie legitimiert und gleichzeitig zweckbegrenzt, unabhängig davon, ob die Verfassungstexte die Wahrung des Gemeinwohls als letzte Staatsaufgabe ausdrücklich erwähnen[3] oder nicht. Aufgabe der folgenden Ausführungen ist es, zunächst den Sinn der genannten Begriffe „Richtigkeit" und „Gemeinwohl" abzustecken. Dabei geht es jedoch — entgegen der älteren naturrechtlichen Fragestellung — nicht um die Ermittlung unwandelbarer und allgemeingültiger, allen Zeiten und Völkern gemeinsamer Inhalte und Maximen, sondern, viel bescheidener, um die Gewinnung von Richtigkeitskriterien[4] für die Entscheidungen einer konkreten staatlichen Gemeinschaft, der Bundesrepublik Deutschland in unserer Zeit[5].

§ 2 Gängige Einwände gegen die Verwendung des Gemeinwohlbegriffs und ihre Widerlegung

Der Begriff des Gemeinwohls begegnet heute verbreiteter Skepsis; er ist vielfach infragegestellt und diskreditiert worden[1]. Dies hat verschiedene Gründe.

Zunächst einmal ist hier die historische Entwicklung des Gemeinwohlbegriffs zu nennen. In der monarchisch-idealistischen Tradition erschien das öffentliche Interesse als eine „extrakonstitutionelle Größe", deren Inhalt vom Monarchen unabhängig vom demokratischen Entscheidungsprozeß intuitiv „geschaut" wurde[2]. Einer autoritären Gemeinwohlbestimmung (durch Monarch, Diktator oder bestimmte Gruppen) zu mißtrauen, haben aber gerade wir Deutschen nach den Erfahrungen der national-sozialistischen Herrschaft besonderen Grund, unter

---

1 *Ryffel*, Rechts- und Staatsphilosophie, S. 134 ff. und passim.
2 *Henkel*, Rechtsphilosophie, S. 423 und § 33 (S. 365 ff.); *Wolff/Bachof*, Verwaltungsrecht I, § 29; *Krüger*, Staatslehre, S. 763 ff.; *Jellinek*, Staatslehre, S. 98; *v. Hippel*, Staatslehre, S. 213; *Füsslein*, Mensch und Staat, S. 161 ff.; *Sontheimer*, Politische Wissenschaft und Staatsrechtslehre, in: Grimm, S. 68 (80); *Dagtoglou*, Souveränität, Sp. 2321 (2326).
3 So bestimmt etwa Art. 3 der Verfassung des Freistaates Bayern, daß der Staat dem Gemeinwohl dient. Weitere Hinweise bei *Schnur*, Gemeinwohl, S. 63 ff. und *Bull*, Staatsaufgaben, S. 3 f.
4 Daß der „Verlust des Naturrechts" (*Luhmann*, Legitimation durch Verfahren, S. 148) im Sinne des Glaubens an unwandelbare Inhalte und Maximen nicht auch schon den Verzicht auf jedes Bemühen um materiale Richtigkeit bedeutet, betont *Zippelius* (FS Larenz, S. 293 (302)) mit Recht. Zur besonderen Dringlichkeit der Erarbeitung von Richtigkeitskriterien Arthur *Kaufmann*, JZ 1975, S. 337 (339 f.).
5 Auch *Scheuner* weist darauf hin, daß es uns heute nicht mehr wie noch den älteren Lehren auf die „Herausarbeitung einer ,absoluten', einer allgemein gültigen Staatszwecklehre" ankommen kann, sondern auf die „Bestimmung des für eine Zeit maßgeblichen Staatsbildes". *Scheuner*, FS Forsthoff, 1972, S. 325 (343 f.).

1 Zur „Destruierung, Infragestellung und Ridiculisierung" des Gemeinwohlbegriffs *Hennis*, Politik und praktische Philosophie, S. 65 ff. Vgl. auch Glendon *Schubert*, The Public Interest. Eine Zusammenfassung von *Schuberts* Thesen findet sich in: *Schubert*, Is there a Public Interest Theory?, S. 162.
2 *Häberle*, Öffentliches Interesse, S. 68 ff., 717. Häberle selbst plädiert freilich für eine Beibehaltung des Gemeinwohlbegriffs.

A. Vorüberlegungen

der „Gemeinnutz" „zum Vehikel freiheitsvernichtender Willkür" gemacht worden ist[3].

Zum zweiten wird der Begriff immer wieder dadurch in Mißkredit gebracht, daß es zum gängigen Repertoire von Partikulargruppen gehört, zu behaupten, die Durchsetzung gerade ihrer Interessen sei unter dem Aspekt des Gemeinwohls geboten („What is good for General Motors is good for the whole country." „Wenn 's dem Bauern gut geht..."). Als Reaktion darauf wird das Gemeinwohl bisweilen „pauschal der Verschleierung egoistischer Ansprüche und Machtpositionen verdächtigt — ‚Gemeinwohl Marke BDI'"[4]. Bentley schrieb: „Gewöhnlich werden wir, wenn wir das ‚soziale Ganze' unter die Lupe nehmen, feststellen, daß sich dabei nur um die Gruppe oder Richtung handelt, welche derjenige vertritt, der gerade davon spricht und welcher nun der Anschein einer Forderung der Gesellschaft schlechthin gegeben wird"[5].

Zum dritten ist das Gemeinwohl ein recht unbestimmter Begriff, dem „das Merkmal des Diffusen und Proteusartigen eigentümlich zu sein" scheint[6]. Diese Unbestimmtheit steht in einem gewissen Zusammenhang mit den beiden erstgenannten Einwänden gegen den Gemeinwohlbegriff, weil die schwierige Faßbarkeit es sowohl autoritären Gewalten als auch Partikulargruppen erleichtert, das Gemeinwohl für sich zu okkupieren und dadurch zu mißbrauchen. Der Einwand der Unbestimmtheit und der Unmöglichkeit einer exakten Definition geht aber darüber hinaus: Denn eine positivistische Wissenschaftskonzeption[7], der es ausschließlich auf die Ermittlung exakter, eindeutiger Ergebnisse, sei es der Rechtswissenschaft, sei es der Wirklichkeitswissenschaften ankommt, wird eine Gemeinwohluntersuchung, bei der diese Eindeutigkeit nicht zu erreichen ist, schon von vornherein als unwissenschaftlich ablehnen. Im Wissenschaftsverständnis des juristischen wie auch des (sozial-)wissenschaftlichen Positivismus findet die Idee des Gemeinwohls keinen Platz und muß folglich aus der Betrachtung ausgeklammert werden.

Für rein empirisch ausgerichtete Vertreter der Sozialwissenschaften, die sich auf das Feststellen, Messen und Analysieren von Tatsachen und Zusammenhängen beschränken (wie vor allem Vertreter der empirischen Soziologie und einer Richtung der Politikwissenschaft)[7a], ist die Gemeinwohlvorstellung nicht zuletzt deshalb unfaßbar, weil sie auch eine Beschäftigung mit Werten und der Abwägung zwischen ihnen im Konfliktsfall voraussetzt[8]. Sie wissen mit dem Begriff des Gemeinwohls deshalb verständlicherweise nichts anzufangen. Gleiches gilt für den Rechtspositivismus mit seinem Leitsatz „Gesetz ist Gesetz"; auch in seinem wissenschaftlichen Gebäude wird der Gemeinwohlvorstellung kein Raum gegeben.

Die Schwierigkeit, das allgemeine Interesse inhaltlich zu erfassen, ist auch für die Vertreter eines betonten wirtschaftlichen Liberalismus ein Argument, wenn auch nicht das einzige, gegen die Vorstellung eines vom Ergebnis des sich selbst überlassenen Kräftespiels abweichenden Gemeinwohls (und damit gegen ein

---

3 *Rupp*, Wohl der Allgemeinheit, S. 116. Dazu umfassend: *Stolleis*, Gemeinwohlformeln.
4 *Häberle*, Öffentliches Interesse, S. 20; *Sorauf*, The Conceptual Muddle, S. 186, 188.
5 *Bentley*, The Process of Government, S. 220; ähnlich *Truman*, The Governmental Process, S. 51; *Kelsen*, VVDStRL 5, S. 68.
6 *Häberle*, Öffentliches Interesse, S. 19; *Zander*, GMH 1962, S. 159: „Nebuloser Begriff"; *Leisner*, DÖV 1970, S. 217 (218): „Tiefer Begriffsnebel".
7 „Positivistisch" hier verstanden sowohl im Sinne des Rechtspositivismus als auch des (sozial-)wissenschaftlichen Positivismus.
7a Übersicht bei *Ryffel*, Rechts- und Staatsphilosophie, S. 80 ff.
8 *Hirsch-Weber*, Politik als Interessenkonflikt, S. 98 ff.; *Stolleis*, Verwaltungsarchiv 1974, S. 1 (29).

§ 2 Einwände gegen den Gemeinwohlbegriff

staatliches Eingreifen in Wirtschaft und Gesellschaft). Sie wenden sich dagegen, daß „das jeweils konkrete und exakt faßbare individuelle Interesse dem völlig unbestimmten und abstrakten allgemeinen Interesse weichen soll"[9]. Durch das Zusammentreffen einer großen Anzahl von individuellen Interessen werde vielmehr gerade umgekehrt das Richtige und Gemeinwohladäquate herauskommen. Die Vorstellung von einem Gemeinwohl, das unabhängig vom Ergebnis des selbstgesteuert ablaufenden Kräftespiels sei, sei unnötig und gefährlich.

Auch wer, wie Bentley und seine Schule, zwar nicht die Interessen der einzelnen Menschen, sondern die der Gruppen als grundlegend für den gesamten gesellschaftlichen und politischen Prozeß ansieht[10], aber die Harmonievorstellungen kurzerhand von den Individuen auf das Spiel der Gruppenkräfte überträgt, kommt ohne eine Lehre vom Gemeinwohl aus und muß die Idee von einem (eventuell vom Ergebnis der Gruppenkräfte abweichenden) Allgemeininteresse konsequenterweise ablehnen[11].

Schließlich wird der Begriff des Gemeinwohls noch mit der Begründung abgelehnt[12], die Formulierung eines einheitlichen allumfassenden Ziels des Staates und der Politik sei überflüssig und irreführend; überflüssig, weil ein solches Alleinziel doch letztlich nichts anderes als eine Hülle sein könne, unter der sich eine Mehrzahl von Teilzielen verberge[13]; irreführend und gefährlich, weil die Formulierung eines obersten Ziels die Antinomien zwischen den Teilzielen leicht verdecken und auf diese Weise falsche Harmonievorstellungen wecken könne[14].

Die genannten Einwände gegen die Verwendung des Gemeinwohltopos können letztlich aus folgenden Gründen nicht überzeugen: Der Mißbrauch des Begriffs durch autoritäre Machthaber und Interessengruppen sagt noch nichts über seine Bedeutung und Brauchbarkeit aus. Auch andere Werte und Institutionen sind mißbraucht worden (etwa die Vertragsfreiheit oder die demokratischen Freiheitsrechte), ohne daß deshalb das Kind mit dem Bade ausgeschüttet und, statt den Mißbrauch offenzulegen und möglichst zu unterbinden, die betreffenden Begriffe und Institutionen kurzerhand beseitigt und die zugrundeliegenden Werte ignoriert worden wären.

Auch die inhaltliche Unbestimmtheit des Gemeinwohlbegriffs darf jedenfalls den Juristen nicht von vornherein abschrecken[15]. Der „Topos" des Gemeinwohls[16] ist dem der Gerechtigkeit eng verwandt, deren Verwirklichung seit jeher als letztes Ziel der Rechtsordnung angesehen wurde[17], wie die Verwirklichung des Gemeinwohls als letztes Ziel des Staates. Häberle hat aufgezeigt, in welch mannigfaltiger Form sich Gesetzgebung und Rechtsprechung des Begriffs des Gemeinwohls bedienen, um in concreto angemessene Ergebnisse zu erzielen[18].

---

9 *Muthesius*, Industriekurier vom 3. 5. 1962.
10 „Ein Interesse, so wie wir hier den Ausdruck gebrauchen, ist gleichbedeutend mit der Gruppe selbst." *Bentley*, The Process of Government, S. 213.
11 Dazu *v. Beyme*, Interessengruppen, S. 16.
12 Dazu *v. Zezschwitz*, Gemeinwohl, S. 174 ff.; *Bull*, Staatsaufgaben, S. 29 ff, 35 ff.; *Walter Schmidt*, VVDStRL 33, S. 195.
13 So *Schubert*, Public Interest, S. 175; *Sorauf*, Public Interest, S. 188; für die Wirtschaftspolitik *Knips*, Die Problematik wirtschaftspolitischer Zielkonflikte, S. 27–38 m. w. N.
14 So für die Wirtschaftspolitik *Jöhr*, Art. „Wirtschaftspolitik", in: Staatslexikon, S. 802; *Jöhr/Singer*, Die Nationalökonomie im Dienste der Wirtschaftspolitik, S. 152.
15 *Häberle* weist allerdings mit Recht darauf hin, daß ein „Gemeinwohldefizit" „für die Lage der deutschen Staatsrechtswissenschaft kennzeichnend" ist. Es sei aber Sache des Juristen, den „stets offenen Gemeinwohlkonsensus . . . immer wieder zu suchen und kritisch infrage zu stellen". Öffentliches Interesse, S. 718. Gerade für den Juristen gelte der Satz: „Fiat salus publica, ne pereat res publica" (S. 31).
16 *Friedrich*, The Public Interest, Vorwort, S. VII.
17 *Vieweg*, Topik und Jurisprudenz, S. 64 (65).
18 *Häberle*, Öffentliches Interesse, S. 32 ff., 240 ff.

A. Vorüberlegungen

Auch das Bundesverfassungsgericht verwendet den Topos Gemeinwohl ständig, um durch Wertabwägung zu einer Interpretation des Grundgesetzes, vor allem der Grundrechte, zu gelangen[19].

Weiter verliert auch die (von Fraenkel sogenannte) „These zahlreicher soziologischer Enthüllungstheoretiker, daß die Idee des Gemeinwohls eine Chimäre sei"[20], ihre Basis, sobald man erkennt, daß der Begriff des Gemeinwohls nicht bloß tatsächlicher Natur ist. Er ist nicht nur im Bereich des Seins, sondern, wie im einzelnen unten noch dargelegt wird, als wertausfüllungsbedürftiger Begriff auch im Bereich des Sollens angesiedelt. Man kann ihn deshalb mit rein empirischen Methoden nicht erfassen, sondern es bedarf der Einbeziehung von und der Orientierung an Werturteilen; für den Juristen und Staatsrechtler, dessen Tätigkeit notwendig und legitimerweise auch in der Abwägung von Werten besteht, kann das natürlich kein Hinderungsgrund sein, mit dem Begriff des Gemeinwohls zu arbeiten.

Auch die Vorstellung, man komme deshalb ohne den Gedanken des Gemeinwohls aus, weil das Ergebnis des Spiels der Individuen oder Gruppen automatisch gemeinwohlkonform sei („liberale" bzw. „pluralistische Utopie"), ist heute unakzeptabel[21]. Das gilt nicht nur für das Spiel der Individual-, sondern auch für das der Gruppeninteressen.

Schließlich kann auch der Einwand nicht überzeugen, die Verwendung des Begriffs Gemeinwohl sei nicht nur überflüssig, sondern auch gefährlich. Angesichts der dauernden Verwendung des Begriffs im Sprachgebrauch, vor allem auch seitens der Gerichte, ist es durchaus sinnvoll und notwendig, Aussagekraft und Grenzen des Begriffs Gemeinwohl zu behandeln. Wenn es nicht gelingt, dem Gemeinwohlbegriff einen vernünftigen Inhalt zu geben, wird die begriffliche Hülle nämlich nur um so eher irrationale Bestrebungen zu ihrer Auffüllung einladen. Die Verwendung des Begriffs Gemeinwohl ist ungefährlich, sofern man sich darüber im klaren bleibt, daß er, wie noch zu zeigen sein wird, als eine Kurzformel zu verstehen ist für das methodische Ordnen und Verknüpfen eines vielschichtigen Gefüges von Werten und Sachzusammenhängen zur Erzielung möglichst guter Entscheidungsanweisungen in bestimmten konkreten Lagen.

All diese Überlegungen werden im folgenden noch vertieft werden. Hier kam es nur darauf an, vorab die gängigen Argumente gegen eine Verwendung der Gemeinwohlidee zu erschüttern und damit überhaupt erst einmal die Berechtigung der folgenden Untersuchung zu indizieren.

Mit der Zurückweisung gängiger Einwände gegen den Gemeinwohlbegriff ist jedoch noch nicht positiv dargelegt, welchen Sinn und Inhalt er haben kann und auf welche Werte er zugeordnet ist. Diesem Bereich wollen wir uns nunmehr zuwenden.

---

19 Dazu *Häberle*, Gemeinwohljudikatur.
20 *Fraenkel*, Deutschland und die westlichen Demokratien, S. 167.
21 *Dürig* hat bemerkt, „nach einhelliger sozialer Auffassung (gebe es) jenen Mechanismus, wonach sich das Gemeinwohl im Widerstreit der privaten Interessen automatisch auspendelt, nicht". *Dürig*, JZ 1953, S. 196. Das Wort „einhelliger" muß allerdings durch die Worte „ganz überwiegender und richtiger" ersetzt werden.

B. Normative Grundlegung der Gemeinwohlrichtigkeit

Wenn die Wahrung des Gemeinwohls *die* staatliche und gesellschaftliche Aufgabe, kurz *die* Aufgabe der Gemeinschaft, ist, hängt die Ergründung seines Inhalts offenbar damit zusammen, welche Funktionen und welche Aufgaben der Staat und — da der Staat den größten Teil des Rechts setzt — das Recht zu erfüllen haben. Diese Frage mündet letztlich aus in die Frage nach den höchsten und letzten Werten, denen sich die in dieser Arbeit betrachtete menschliche Gemeinschaft verschrieben hat, und die damit zusammenhängende Frage, ob diese letzten Werte sich überhaupt einheitlich und verbindlich bestimmen lassen.

§ 3 Philosophischer Wertrelativismus

Der philosophische Wertrelativismus verneint die letztere Frage. Radbruch unterscheidet mehrere von ihm in gleicher Weise wissenschaftlich für vertretbar gehaltene Grundauffassungen. Vor allem zwei Richtungen stehen sich gegenüber[1]: die eine (von Radbruch so genannte) individualistische Rechts- und Staatsauffassung geht vom einzelnen Menschen als letztem absoluten Wert, als Selbstzweck und als alleinigem Interessenträger aus; dagegen schreibt die andere, die sog. überindividualistische (autoritäre, konservative, organische) Auffassung[2] der Gruppe, insbesondere der Nation und dem Staat Eigenwert zu; der Staat, wie auch andere als selbständige Ganzheiten aufgefaßte „reale Verbandspersönlichkeiten", sind nach dieser Auffassung nicht um der Glieder willen, sondern — nach dem Bild lebender Organismen — die Glieder um des Ganzen willen da[3].

Das Gemeinwohl erschöpft sich nach der letzteren Vorstellung nicht in der Summe der Wohle aller Einzelnen. Der Staat ist vielmehr Selbstzweck, der sich nicht (jedenfalls nicht nur) aus den Zwecken der einzelnen Menschen (sc. der Bürger, im Gegensatz zu den Machthabern im Staat) ableiten läßt[4] und dessen Aufgaben nicht zuletzt in der machtpolitischen Entfaltung bestehen[5]. Zugrunde liegen vor allem der Hegelsche Machtstaatsgedanke[6] sowie die sog. organische Lehre von Otto v. Gierke, der im Staat wie auch in anderen menschlichen Verbänden „leiblich-geistige Einheiten" sah und sie als reale „Verbandspersönlichkeiten" auffaßte[7].

Die Vertreter der Lehre vom Selbstzweck des Staates und anderer „realer Verbandspersonen" können nicht rational erklären, welcher Sinn, welche Funktion

---

1 Zum folgenden *Radbruch*, Rechtsphilosophie, §§ 7, 8, 17; ders., Vorschule, § 8.
2 Dazu neben dem in der vorangehenden Fußnote Genannten etwa *Zippelius*, Staatslehre, § 4; *Jellinek*, Staatslehre, S. 148 ff.
3 In der *Radbruch* als Anschauungsmaterial dienenden Zeit des Kaiserreichs und der Weimarer Republik waren beide Grundrichtungen nicht nur theoretische rechtsphilosophische Möglichkeiten, sondern sie wurden beide im praktischen politischen Leben mit Entschiedenheit vertreten.
4 Dieses Staatsverständnis stand in der deutschen Staatslehre traditionell im Vordergrund. *Forsthoff*, Rechtsfragen der leistenden Verwaltung, S. 13: „Nach herkömmlicher Auffassung dient der Staat ... seinen eigenen Zwecken. Daß der Staat damit zugleich den Interessen seiner Bürger dient, ist zwar richtig, liegt aber außerhalb des gedanklichen Konzepts. Es ist interessant zu sehen, daß sich dieses Konzept im Abbau befindet." Zum Zurücktreten der Vorstellungen vom Staat als Selbstzweck auch *Scheuner*, FS Forsthoff, 1972, S. 343. Weitere Nachweise bei *Bull*, Staatsaufgaben, S. 25 ff.
5 *Radbruch*, Vorschule, S. 28, ordnet der autoritären, überindividualistischen Staatsauffassung mit Recht die Macht als beherrschendes Ideal zu. Die Auffassung, der Sinn des Staates läge in der Machtentfaltung, ist besonders drastisch von Erich *Kaufmann* herausgearbeitet worden. Erich *Kaufmann*, Das Wesen des Völkerrechts und die clausula regus sic stantibus, 1911.
6 Dazu *Heller*, Hegel und der nationale Machtstaatsgedanke in Deutschland (1921), in: Ges. Schriften I, S. 21 ff.
7 *O. v. Gierke*, Das Wesen der menschlichen Verbände, S. 11, 26 f. und passim; zustimmend *Kaiser*, Repräsentation, S. 344.

B. Normative Grundlegung

dem Staat zukommen soll[8]. Sie streben dies auch gar nicht an[9]; denn die Frage geht, genau genommen, an ihrem Staatsverständnis vorbei: Ist der Staat Selbstzweck, so kann eine Prüfung seiner Funktionsfähigkeit zur Erfüllung bestimmter Aufgaben von vornherein gar nicht in Betracht kommen. Herbert Krüger möchte deshalb — aus seiner Sicht durchaus konsequent — die Lehre vom Staatszweck überhaupt aus der Staatslehre eliminieren[10].

Der im Laufe des 19. Jahrhunderts üblich gewordenen Unterscheidung[11] zwischen den beiden genannten Werten, der menschlichen Einzelperson und der Verbandsperson, fügte Radbruch noch eine dritte Kategorie hinzu, die „Werkwerte", und bezeichnete die von ihnen als letzten Werten ausgehende Auffassung als „transpersonale"[12].

Eine Entscheidung für die eine oder andere Auffassung ist, wie Radbruch mit Max Weber, Georg Jellinek, Kantorowics und anderen betont[13], mit den Mitteln der empirischen Sozialwissenschaften nicht möglich, weil letzte Werte nicht als richtig oder falsch erwiesen werden können. Sie lassen sich nicht *erkennen*, man kann sich lediglich zu dem einen oder anderen letzten Wert *bekennen*, dies allerdings eben nicht mit (seins-)wissenschaftlicher Eindeutigkeit und Überzeugungskraft. Der Wissenschaftler müsse also hinsichtlich der Wahl zwischen den letzten Werten ein „Ignorabimus" sprechen[14]. „Die Wissenschaft muß sich darauf beschränken, diese drei Wertgruppen zur Entscheidung bereitzustellen. Sie dient dieser Entscheidung auf dreifache Weise: 1. indem sie die möglichen Wertungen in systematischer Vollständigkeit entwickelt; 2. indem sie die Mittel zu ihrer Verwirklichung und damit die durch sie bedingten Folgerungen darlegt; 3. indem sie die weltanschaulichen Voraussetzungen jeder wertenden Stellungnahme aufdeckt"[15]. Radbruch selbst hat es in seiner „Rechtsphilosophie" unternommen, von jedem der drei grundlegenden Standpunkte aus die fundamentalen Fragen der Rechtspolitik und der in sie ausmündenden Rechtsphilosophie systematisch zu entwickeln und „im Rahmen einer Topik der überhaupt möglichen Weltanschauungen eine Topik der möglichen Rechtsauffassungen zu entwerfen"[16].

---

8 *Bull*, Staatsaufgaben, S. 76: „In der jahrhundertealten Diskussion (ist) stets unklar geblieben, worin der *Eigenwert* menschlicher Vereinigungen und Verbände besteht, wenn man sie nicht nach ihren Funktionen für die (ihnen angehörenden oder auch außenstehenden) Menschen bewerten darf".
9 Es ist ein Charakteristikum organisch-konservativer Lehren, daß sie antirational sind: Organizismus ist antirational oder er ist nicht. *Radbruch*, Rechtsphilosophie, S. 165.
10 Herbert *Krüger* hält eine Beschäftigung mit den Zwecken des Staates „von seinem Ausgangspunkt aus für im Ansatz verfehlt." Staatslehre, S. VI.
11 *Brecht*, Politische Theorie, S. 180.
12 Dementsprechend unterscheidet *Radbruch* drei Konzeptionen des Gemeinwohls: das soziale Gemeinwohl als das Wohl möglichst vieler Einzelner, und das organisierte Gemeinwohl als Wohl des Staates und der Gemeinde und das institutionelle Gemeinwohl als ein „versachlichtes" Wohl in Bestrebungen wie Kunst und Wissenschaft, wenn sie um ihrer selbst willen betrieben werden. *Radbruch*, Der Zweck des Rechts.
13 *Radbruch*, Rechtsphilosophie, § 2; dazu auch *Brecht*, Politische Theorie, S. 267 ff.; *Engisch*, Gerechtigkeit, S. 246 ff. Vgl. auch *Albert* (Konstruktion und Kritik, S. 41 ff. [45, 67 ff.]; *ders.*, Traktat über kritische Vernunft, S. 69 ff.), der allerdings der Vorstellung widerspricht, über letzte Werte ließe sich nicht kritisch-rational diskutieren. Der konservativ-organischen Auffassung, zu der ein antirationales Grundverständnis sozusagen „eingeboren" mit gehört, würde das indes wenig Eindruck machen, da sie der kritisch-rationalen Diskussion von vornherein keinen (hinreichenden) Erkenntniswert zugesteht (oben FN 9).
14 Zur Genesis dieser als „Relativismus" oder „wissenschaftlicher Wertrelativismus" bezeichneten Auffassung *Brecht*, Politische Theorie, S. 252 ff.
15 *Radbruch*, Vorschule, S. 29. Vgl. auch *ders.*, Rechtsphilosophie, S. 100 ff.; M. *Weber*, Die „Objektivität" sozialwissenschaftlicher und sozialpolitischer Erkenntnis, S. 146 (148 ff.).
16 *Radbruch*, Rechtsphilosophie, S. 101.

§ 4 Rechtswissenschaftliche Bestimmung der Grundwerte

Es stellt sich nun die Frage, ob der unentschiedene Standpunkt des Wertrelativismus auch der vorliegenden Arbeit zugrunde gelegt werden muß. Die Frage ist von Bedeutung für die Gemeinwohldiskussion: Wenn, wie noch zu zeigen ist, das Wesen des Gemeinwohls u. a. in einer angemessenen Interessenberechnung und -abwägung besteht, muß zunächst offenbar Klarheit geschaffen werden, wer letztlich als Träger von Interessen und Werten anerkannt werden soll: nur das Individuum oder auch der Verband und der Staat? Ohne die ausdrückliche und bewußte Klärung dieser Grundfrage, die aber meist versäumt wird[1], hängt schon die Interessenberechnung zwangsläufig in der Luft.

Die Feststellung Webers und Radbruchs (wie auch Poppers und Alberts), daß die Wissenschaft letzte Werte nicht als absolut und universell richtig oder falsch, als unabhängig von Ort und Zeit verbindlich nachweisen kann, ist m. E. zwar immer noch zutreffend, und sie entspricht auch der dieser Arbeit zugrundeliegenden und herrschenden wissenschaftstheoretischen Auffassung, ohne daß diese hier im einzelnen dargelegt und begründet werden könnte oder müßte. Wichtig aber ist, zusammen mit dieser Feststellung auch ihre begrenzte Bedeutung für die Problemstellung der vorliegenden Arbeit in Erinnerung zu behalten. Denn einmal geht es hier ja gar nicht um die rechtsphilosophische Ermittlung absoluter, allen Zeiten und Völkern gemeinsamer Grundwerte, sondern um die Ermittlung der hier und heute geltenden. Zum zweiten kann mit „Wissenschaft" ja nur die empirische Seinswissenschaft gemeint sein, nicht etwa auch die Rechtswissenschaft. Es ist in der Tat kaum bestreitbar, daß die seinswissenschaftliche Methode, mit deren Hilfe man Antwort auf die Frage zu geben versucht, was ist, unbrauchbar (oder jedenfalls doch nicht ausreichend) ist für die Behandlung der (normativen) Fragen nach den letzten Werten und Wertträgern.

Dagegen glaubt die Lehre von der „realen Verbandspersönlichkeit", ihr Urteil, daß „das Ganze ein Höheres und Wertvolleres als die Summe der Individuen" sei[2], aus dem angeblichen wissenschaftlichen Nachweis ableiten zu können, daß Verbände als leiblich-geistige Einheiten real existent seien[3]. Aber dieser Versuch eines wissenschaftlichen Nachweises ist von vornherein untauglich[4]. Die organische Theorie ist zur Erfassung der gesellschaftlichen Wirklichkeit ungeeignet, weil der „nur im Individuum unmittelbar erfaßbare Tatbestand lebendigen Wollens und Bewußtseins"[5] in nicht falsifizierbarer Weise den Gemeinschaften untergeschoben wird, mit der fehlenden Falsifizierbarkeit aber das entscheidende Kriterium für die Wissenschaftlichkeit einer Hypothese entfällt[6]. Joseph Kaiser hält dennoch an der Lehre von den realen Verbandspersonen fest, deren „Realität einer schlichten Befundnahme unmittelbar einsichtig" sei und sich „mit großer Evidenz" aufdränge. Sein wesentliches Argument geht dahin, die Individualpsychologie werde dem Phänomen der Gruppe nicht gerecht[7]. Diese Feststellung ist zwar als solche völlig zutreffend, aber doch nicht schlüssig hinsichtlich dessen, was Kaiser damit begründen will, nämlich daß Gruppen einen Eigenwert und eigene Interessen haben, die sich nicht bloß aus den Werten und Interessen der Individuen zusammensetzen. Denn auch die Sozialpsychologie kann durchaus ohne die Behauptung eines über den Individuen stehenden Eigenwerts von Gruppen aus-

---

1 So auch von *Kriele*, Theorie der Rechtsgewinnung (vgl. z. B. S. 191).
2 *v. Gierke*, Verbände, S. 36.
3 *v. Gierke*, Verbände, S. 21 ff.
4 *Heller*, Staatslehre, S. 96 ff.; *Jellinek*, Staatslehre, S. 150 ff.; *Martens*, Öffentlich als Rechtsbegriff, S. 178 ff.
5 *Zippelius*, Staatslehre, § 4 II, S. 21.
6 Unten S. 67 f.
7 *Kaiser*, Repräsentation, S. 344 f.

B. Normative Grundlegung

kommen[8]. Ihre Erkenntnisse und Methoden, kurz: ihre Sicht der Dinge, kollidieren nicht mit der Auffassung, daß alle sog. Gruppeninteressen sich bei rationalem Ansatz vollständig in Individualinteressen auflösen lassen (d. h. letztlich Individuen zuzurechnen sind), was nicht ausschließt, daß die Individualinteressen durch den sozialen Gruppenkontakt wesentlich beeinflußt und geformt werden[9].

Die Feststellung, daß die Behandlung der Frage nach den letzten Werten und Wertträgern der seinswissenschaftlichen Methodik nicht zugänglich ist, schließt aber keinesfalls aus, daß eben dies heute unter der Geltung des Grundgesetzes die „geborene" Fragestellung der Rechtswissenschaft, speziell der Wissenschaft vom Verfassungsrecht, ist oder doch sein sollte, zwar nicht im Sinne der Frage nach überzeitlicher und überörtlicher Geltung, aber doch im Sinne der (von uns gestellten) Frage nach den in unserer Zeit in der Bundesrepublik Deutschland geltenden letzten Werten[10]. Radbruchs rechtsphilosophischer Wertrelativismus, der auf eine viel anspruchsvollere Frage, als sie hier gestellt wird, keine Antwort geben kann, steht also dem rechtswissenschaftlichen Versuch, die letzten für uns hier und heute verbindlichen Werte zu bestimmen, nicht entgegen.

Daß die rechtswissenschaftliche Bestimmung der letzten Werte darüber hinaus nicht nur eine Möglichkeit unter vielen, sondern letztlich die einzig überzeugende Möglichkeit ist, zeigt die in der Kontroverse zwischen Gerhard Weisser und Hans Albrecht zum Ausdruck kommende Verlegenheit Weissers, die von ihm mit Recht postulierten letzten Werte auch zu begründen. Ohne die allein tragfähige verfassungsrechtliche und verfassungstheoretische Fundierung (zu der Weisser nicht durchstößt) wird Albert die Kritik leicht gemacht[11], so daß Weisser schließlich glaubt, ihm bliebe nichts anderes übrig, als die Werte als „Axiome" bekenntnismäßig einzuführen, die „eine Begründung nicht gestatten, aber auch nicht verlangen"[12]. Auch Hermann Heller glaubte, die Staatslehre müsse die Geltung ethisch-sittlicher Rechtsgrundsätze einfach voraussetzen[13] — eine Auffassung, die jedenfalls unter dem Grundgesetz überholt ist.

Zur Bestimmung dieser Werte gibt es zwei mögliche Ansätze: einmal den spezifisch verfassungsrechtlichen; er geht aus von der Prüfung, welche Grundwerte das Grundgesetz postuliert; der andere Ansatz versucht festzustellen, ob unter den Menschen in der Bundesrepublik de facto eine Übereinstimmung, ein (empirischer) Konsens über das Geltensollen bestimmter Grundwerte, besteht und welche dies sind. Der erste Ansatz wird meist von Juristen, der zweite eher von Vertretern auch normativ orientierter Richtungen der Sozialwissenschaften, etwa bedeutender Zweige der theoretischen Wirtschafts- und Finanzpolitik, in den Vordergrund gestellt. In Wahrheit lassen sich aber beide Ansätze nicht scharf voneinander trennen, einmal weil der Konsens nicht unabhängig von den verfassungsrechtlich niedergelegten Werten ist[14] (was ja auch gerade der Intention der

---

8 Vgl. z. B. *Hofstätter*, Einführung in die Sozialpsychologie, S. 46 f., 114.
9 *Schlick*, Über den Begriff der Ganzheit, S. 213 ff.; *Wengler*, Prolegomena zu einer Lehre von den Interessen im Völkerrecht, S. 108 ff.
10 Auf die Notwendigkeit, die juristische Geltung von Werten, die sich aus der geschriebenen Verfassung oder (und) aus der allgemeinen Volksüberzeugung ergibt, einerseits und den seinswissenschaftlichen Beweis der absoluten Gültigkeit, dem Werte nicht zugänglich sind, andererseits auseinanderzuhalten, hat bes. Arnold *Brecht* hingewiesen. Politische Theorie, S. 191 ff.
11 *Albert*, Konstruktion und Kritik, S. 98 f.; 104 f.
12 *Lompe*, Wissenschaftliche Beratung der Politik, S. 143 ff. m. w. N., der eine eingehende Darstellung der Thesen *Weissers* gibt und ihnen im wesentlichen zustimmt.
13 *Heller*, Staatslehre, S. 222 ff. = Ges. Schriften III, S. 332 ff.
14 *Zippelius*, BK, Art. 1, Rdnr. 26. Dazu, daß auch die Wirtschaftswissenschaft die Bedeutung der Verfassung als Basis einer Mindestzahl ethischer Normen für die Behandlung ihrer Probleme allmählich entdeckt, vor allem *Lompe*, Gesellschaftspolitik und Planung, S. 58 ff.

Verfassung entspricht, die Werte konstituionalisiert, weil und damit die Bürger sich über ihr Geltensollen einig sind)[15]; zum anderen ist aber auch die Auslegung der Verfassungswerte ihrerseits nicht unabhängig von dem bestehenden Wertkonsens[16]. Die Verfassungswerte beeinflussen also die herrschenden rechtsethischen Überzeugungen, während die Auslegung der Verfassungswerte wiederum durch die faktischen Wertüberzeugungen beeinflußt wird[17]. Es besteht eine wechselseitige Abhängigkeit. Es soll deshalb im folgenden versucht werden, beide Ansätze miteinander zu verknüpfen.

Anthropozentrische Grundentscheidung des Grundgesetzes

Das Grundgesetz geht vom einzelnen Menschen als letztem Wert- und Interessenträger aus. In Art. 1 Abs. 1 des Herrenchiemsee-Entwurfs eines Grundgesetzes hieß es: „Der Staat ist um des Menschen willen da, nicht der Mensch um des Staates willen". Damit sollte die überindividuelle Staats- und Rechtsauffassung ausdrücklich abgelehnt und eine positive Grundentscheidung für die von Herzog anschaulich als „anthropozentrisch" bezeichnete Auffassung getroffen werden[18], wonach der Mensch mit seinen Bedürfnissen, Zielen und Wertvorstellungen Ausgangspunkt auch aller Staatsfunktionen sein muß[19]. Die dann in Kraft getretene Formulierung des Art. 1 Abs. 1 GG[20] brachte demgegenüber keine sachliche Änderung[21]. Die Würde des Menschen ist, wie das Bundesverfassungsgericht feststellte, in der vom Grundgesetz konstituierten Demokratie „der oberste Wert"[22]; das Grundgesetz stellt „den einzelnen Menschen und seine Würde in den Mittelpunkt aller seiner Regelungen"[23].

Das bedeutet, daß das Grundgesetz das angelsächsische Demokratieverständnis grundsätzlich akzeptiert[24] (welches das Gemeinwesen vom Menschen her denkt und den Staat nicht als etwas Vorgegebenes, sondern als eine Veranstaltung der Menschen zur Realisierung ihrer Werte versteht)[25] und den von monarchischer Tradition getragenen „deutschen Staatsgedanken" verwirft (welcher das Gemeinwesen vom Staat als einer ursprünglichen, nicht abgeleiteten, autonomen Hoheits- und Herrschaftsgewalt her denkt)[26].

Daraus ergibt sich zunächst einmal die Konsequenz, daß der Staat, seine Organisation und jedes einzelne staatliche Tun[27] sich heute rational[28] vor der Frage

---

15 *Smend*, Staatsrechtliche Abhandlungen, S. 265; ders., VVDStRL 4, S. 44 (46); *Scheuner*, VVDStRL 22, S. 1 (53): „Eine Verfassung ist ihrer Intention nach ein auf politische Einigung und Übereinstimmung angelegtes Dokument".
16 *Ehmke*, VVDStRL 20, S. 53 (72 f., 101, 131, 133); *Bachof*, Richterliche Kontrollfunktion, S. 33, 36, 44; *Scharpf*, Demokratietheorie, S. 19.
17 *Zippelius*, Recht, S. 113.
18 *Herzog*, Staatslehre, S. 141 f.
19 *Scheuner*, FG Smend, 1962, S. 225 (255): Der Staat muß „vom Menschen und seiner Bestimmung her" verstanden werden.
20 „Die Würde des Menschen ist unantastbar. Sie zu achten und zu schützen ist Verpflichtung aller staatlichen Gewalt".
21 *Maunz/Dürig/Herzog*, Art. 1, Rdnr. 15.
22 BVerfGE 5, S. 85 (204).
23 BVerfGE 39, 1 (67).
24 *Fraenkel*, Strukturdefekte der Demokratie und deren Überwindung, S. 3.
25 Statt vieler *Boulding*, Principles of Economic Policy, S. 11, der den Staat wie selbstverständlich nicht als Endzweck, sondern als Mittel versteht.
26 *Sontheimer*, Staatsidee und staatliche Wirklichkeit heute, S. 17.
27 Einschließlich staatlichen Unterlassens: Nichtintervention des Staates kann im Ergebnis auf eine Intervention zugunsten des wirtschaftlich und sozial Mächtigen hinauslaufen, und „es zeigt sich wieder einmal die einfache Wahrheit des scheinbar so paradoxen Satzes, den Talleyrand für die Außenpolitik ausgesprochen hat: Nicht-Intervention ist ein schwieriger Begriff, er bedeutet ungefähr dasselbe wie Intervention". C. *Schmitt*, Das Problem der innerpolitischen Neutralität des Staates, S. 42.
28 *Drath*, Der Staat 1966, S. 273 (bes. S. 280); *Herzog*, Staatslehre, S. 106: „Eine Institution wie der moderne Staat kann heute nur rational fundiert werden oder man muß ihn über Bord werfen."

B. Normative Grundlegung

rechtfertigen müssen, inwieweit sie den Interessen, der Entwicklung und Entfaltung des Menschen[29], d. h. aller Menschen[30], dienen[31]. Der Staat stellt — ebenso wie jeder andere menschliche Verband — keinen Wert an sich dar. Es gibt kein von den Interessen der Einzelnen unabhängiges autonomes Staatsinteresse. Der Staat erhält seinen Wert gleichsam als „Werkzeug", als „Instrument" der Menschen[32] zur besseren Wahrung ihrer Interessen[33]. Er hat eine rein dienende, instrumentale Funktion.

Gegen eine instrumentale Staatsauffassung wenden sich besonders entschieden Herbert Krüger[34] und Walter Leisner[35]. Krüger[36] rechnet allerdings zu den instrumentalen Staatsauffassungen „nicht eigentlich" jene Theorien, „die die Entstehung des Staates erklären als eine Gründung, zu der die Menschen um der Erhaltung ihrer Existenz willen geschritten seien". Man könnte deshalb erwägen, Krügers Mythologisierung des Staates als sublimierte Form der „Werkzeugauffassung" vom Staat zu verstehen, die lediglich aus psychologischen Gründen nicht angesprochen werden darf, um dem Staat die Wahrnehmung seiner Funktionen nicht zu erschweren. Für diese Version ließe sich weiter anführen, daß Krüger eine instrumentale Staatsauffassung mit der Begründung ablehnt, dadurch werde der Staat „zu einem gewählten Mittel bagatellisiert —, mit allen Folgen, die eine solche Bagatellisierung unvermeidlich für das Staatsbewußtsein und das Staatsverhalten der Bürger nach sich ziehen muß"[37]. Eine solche Interpretation der Ausführungen Krügers ließe sich auch am relativ besten mit seiner Äußerung vereinbaren, der moderne Staat sei durchweg rationalitätsbestimmt[38]. — Indessen kann Krügers Auffassung auch bei dieser Interpretation nicht zugestimmt werden. Ein bewußter Rückzug auf irrationale Vorstellungen ist uns m. E. heute von vornherein verschlossen, selbst wenn wir der Überzeugung sein sollten, daß die „höhere Weihe" solcher Vorstellungen die Erfüllung gefährdeter Gemeinschaftsaufgaben durch den Staat erleichtern würde, und die Mißbrauchsgefahr demgegenüber gering bewerteten. Wer den überkommenen Glauben verloren hat, kann ihn sich nicht mehr verstandesmäßig zurückholen und sei es auch nur als bewußt irrationales Mittel zum rationalen Zwecke[39]. Nachdem man einmal vom Baum der Erkenntnis gegessen und Recht und Staat vernunftmäßig säkularisiert hat, hilft überall nur ein bewußtes Ausschöpfen der Möglichkeiten, die verstandesmäßiges Vorgehen gewährt. Die Rationalität hat „entweiht"; nur das Standhalten vor den Kriterien der Rationalität vermag nun noch eine andere Art von säkularisierter „Weihe" zurückzugeben. Dem zur Erfüllung wichtiger Gemeinschaftsaufgaben bedeutsamen Ansehen des Staates[40], seiner Aufrechterhaltung

---

29 Wenn auch möglicherweise indirekt und über lange Wirkungsketten.
30 *Ryffel*, Öffentliche Interessen, S. 20; *ders.*, Rechts- und Staatsphilosophie, S. 313.
31 *Ryffel*, Öffentliche Interessen, S. 16, 19 f.; *Zippelius*, BK, Art. 1, Rdnr. 6, 27; *Morstein Marx*, Gemeinwohl, S. 33; *Maihofer*, Menschliche Würde, S. 31
32 Nicht nur der Menschen einer Nation. *Häberle*, Gemeinwohljudikatur, S. 285 FN 197, postuliert die Verabschiedung der staatlichen „Gemeinwohlintrovertiertheit". Vgl. auch *Ryffel*, Öffentliche Interessen, S. 22: „Die demokratischen Postulate gelten für die ganze Menschheit". Allerdings kann von den (in dieser Arbeit primär angesprochenen) bundesrepublikanischen „Gemeinwohlgestaltern" mangels Kompetenzen nicht auch das Wohl anderer Völker „optimiert" werden. In keinem Fall sollten aber die bundesrepublikanischen Gemeinwohlmaßnahmen auf Kosten anderer Völker gehen. Vgl. auch *Giersch*, Wirtschaftspolitik, S. 101: Nationale statt nationalistische Wohlfahrtsfunktion.
33 *Ryffel*, Öffentliche Interessen, S. 20, FN 7; *Drath*, Der Staat 1966, S. 273 (281); *Herzog*, Staatslehre, S. 141. Vgl. auch BVerfGE 5, S. 85 (205): „Der Staat ist ein Instrument der ausgleichenden sozialen Gestaltung".
34 *Krüger*, Staatslehre, S. 677: „Der Staat ist ein Wert an sich, nicht erst ein Wert durch das, was er für andere Werte bedeutet."
35 *Leisner*, Effizienz als Rechtsprinzip, S. 60: „Der Staat muß sich nicht bestätigen. Er ist nicht, weil er wirkt, sondern er wirkt, weil er ist".
36 Staatslehre, S. 196, FN 51.
37 Staatslehre, S. 759.
38 Staatslehre, S. 53 ff.
39 *Radbruch*, Rechtsphilosophie, S. 103: „Als ob der Glaube ein Ding wäre, das man erst begutachten, dann wählen könnte".
40 *Jellinek*, Staatslehre, S. 256.

§ 4 Rechtwissenschaftliche Bestimmung der Grundwerte

und Mehrung braucht eine rationale Begründung der Staatsfunktionen nicht im Wege zu stehen. Sie kann sie in einer zunehmend informierten Umwelt sogar fördern. Jedenfalls kann nur sie Direktiven für die funktionsgerechte Ausgestaltung des staatlichen Willensbildungsverfahrens liefern.

Aus der instrumentalen Funktion des Staates folgt, daß dieser seinen Machtbereich nicht um seiner selbst willen ausdehnen darf. Machttheorien, die das soziale Ideal im „siegreichen Krieg"[41] und im „Ruhm des Staates"[42] erblickten, sind zu verwerfen, weil sie mit der Wertordnung des Grundgesetzes unvereinbar sind[43]. Ein Primat der Außenpolitik, der nach dem Schicksal der Menschen nicht fragt, sondern in der Wahrung der staatlichen Existenz als solcher und dem Kampf mit anderen Staaten und ihrer Überwindung einen eigenen Wert, ja überhaupt den letzten Sinn der Staaten sieht, muß ausdrücklich und bewußt zurückgewiesen werden[44]. Politik, auch Außenpolitik, darf heute entsprechend unserer anthropozentrischen Grundauffassung nur den Sinn haben, die Situation der Menschen zu verbessern[45]. Angriffskriege einschließlich der Vorbereitungen dazu, Aneignungen von Kolonien und sonstige auf physischer Gewalt basierende (und die wirksame Verteidigung überschreitende) Maßnahmen zur Erhöhung und Festigung von Macht und Ansehen des Staates fallen heute[46] von vornherein aus dem Bereich der legitimen Staatsaufgaben heraus[47]. Das gleiche gilt von der Wahrung und Förderung der Interessen des Staatsapparats, d. h. genauer der Eigeninteressen der zu ihm gehörenden Menschen, in erster Linie ihres Machtstrebens. Die Eigeninteressen des Apparats, die keinesfalls mit den Gesamtinteressen zusammenzufallen brauchen, dürfen nicht um ihrer selbst willen, sondern nur — sozusagen als Reflex — insoweit gefördert werden, als es zur Sicherung der Funktionstüchtigkeit des Staatsapparates, zur Wahrung seiner (eben wieder letztlich ausschließlich den Menschen dienenden) Aufgaben erforderlich ist. „Die Demokratie des Grundgesetzes ist eine grundsätzlich privilegienfeindliche Demokratie"[48]. Damit entfallen heute von vornherein alle rein etatistischen oder nur den persönlichen Interessen des Staatsapparates und seiner Funktionäre dienenden Zwecke[49].

Bedeutung von Verfassungstheorie und Vorverständnis

Mit einer solchen negativen Abgrenzung von eindeutig nicht im Gemeinwohl liegenden und damit nicht zu den möglichen Gemeinschafts- und Staatsaufgaben

---

41 E. *Kaufmann*, Das Wesen des Völkerrechts und die clausula rebus sic stantibus, S. 146.
42 Zum Gegensatz von freiheitlichen Verfassungen, die die „liberté du citoyen" zum Ziele haben, und nichtfreiheitlichen Verfassungen, deren Ziel die „gloire de l'état" ist, *Montesquieu*, Esprit des Lois, Buch XI, Kap. 5 und 7. Dazu auch C. *Schmitt*, Verfassungslehre, S. 38, 130.
43 Vgl. auch schon *Heller*, Staatslehre, in: Ges. Schriften III, S. 329.
44 Vgl. *Drath/Müller*, Einleitung zu *Heller*, Ges. Schriften I, S. XI ff.
45 Dem entspricht die Zunahme der Bedeutung der Innenpolitik, besonders der Wirtschafts- und Sozialpolitik (statt vieler *Drath*, Der Staat 1966, S. 281). Das bedeutet jedoch andererseits nicht, daß die Außenpolitik keine Bedeutung mehr hätte, hängt doch eine befriedigende Wirtschaftspolitik in zunehmendem Maße auch von außenwirtschaftspolitischen Gegebenheiten ab. Bloß hat die Außenpolitik heute andere legitime Ziele als früher unter *Hegel*schem Einfluß: sie zielt letztlich auf den Menschen ab und ist, so gesehen, eine Art „Weltinnenpolitik".
46 *Jellinek*, Staatslehre, S. 255 f., akzeptiert die genannten Maßnahmen noch als mögliche Staatszwecke unter Hinweis auf die (seinerzeit herrschenden) „politischen, ökonomischen, nationalen Anschauungen."
47 P. *Schneider*, VVDStRL 20, S. 27; *Ryffel*, Rechts- und Staatsphilosophie, S. 452.
48 BVerfGE 40, 296 (317).
49 Der Staat hat nicht nur als ganzer eine Funktion und ist daraus zu legitimieren, sondern auch das einzelne Staatshandeln muß sich als funktionsgerecht rechtfertigen lassen (oben S. 5). Der Staat ist nichts anderes als die Summe funktionsgerechter Einzelhandlungen und der dafür erforderlichen Organisation. Alle Rechte, Befugnisse, Gestaltungsräume der an der Gesetzgebung und an anderen Staatsfunktionen Beteiligten sind diesen also immer nur im Interesse der Staatsbürger (oder evtl. auch eines weiter verstandenen Menschenverbandes) gewährt, nicht im eigenen Interesse.

B. Normative Grundlegung

gehörenden Zielen ist bereits einiges geklärt. Wir müssen aber zusätzlich und vor allem versuchen, Grundsätze und Wertungsgesichtspunkte zur positiven Verdichtung und Strukturierung der gedanklichen Vorstellung zu gewinnen, die die Gemeinwohlidee in unserer staatlichen Gemeinschaft umreißt. Zu diesem Zweck gilt es, den obersten Wert der Menschenwürde aufzufächern und die in ihm zusammengefaßten Wertkomponenten sichtbar zu machen[50]. Dazu bedarf es wieder eines Rückgriffs auf das geltende Verfassungsrecht. Dieser Rückgriff ist aber nicht hinreichend. Andernfalls würde einmal die verfassungs*politische* Diskussion ausgeschlossen, die aber — wie heute jedenfalls programmatisch-abstrakt zumeist anerkannt wird[51] — zum legitimen Aufgabenbereich auch der Jurisprudenz gehört[51a]. Zum zweiten würde kein Raum mehr bleiben für eine Lehre vom richtigen Recht innerhalb der vom Verfassungsrecht gezogenen Grenzen[52]. Auf den Versuch auch der Jurisprudenz, eine solche Lehre zu entwickeln, sollte aber nicht von vornherein verzichtet werden[53]. Schließlich ist auch das positive Verfassungsrecht in Wahrheit gar nicht eindeutig fixierbar. Die Verfassung ist alles andere als ein offenes Buch, das jeder des (juristischen) Lesens Kundige nur zu studieren braucht, um klare und eindeutige Aussagen zu erhalten. Dieser letztere Befund und die sich daraus ergebenden verfassungstheoretischen Konsequenzen sollen im folgenden etwas ausführlicher behandelt werden, als es im vorliegenden Zusammenhang an sich erforderlich wäre, weil wir später wiederholt darauf zurückgreifen müssen.

Die Rechtsprechung des Bundesverfassungsgerichts ist längst über die rechtstheoretisch-methodische Vorstellung, der Inhalt der Verfassung sei absolut vorgegeben und mittels eines rein kognitiven Verfahrens der Subsumtionslogik festzustellen, hinweggegangen, und die Verteidiger dieser Vorstellung[54] führen in der Staatsrechtslehre ein hoffnungsloses Rückzugsgefecht. Diese Feststellung gilt auch für andere Rechtsgebiete[55], selbst für das kodifizierte Zivilrecht[56]; sie gilt allerdings für das Verfassungsrecht angesichts seiner „strukturellen Offenheit"[57], die vor allem im generalklauselartigen Charakter vieler Grundrechtsbe-

---

[50] *Cassinelli*, The Public Interest in Political Ethics, S. 44 (46): „Those who use the expression (sc. the public interest) are always referring to the ultimate moral goals of political association, even though they may not be sharply aware of it". Zum Verständnis des Gemeinwohls als Receptaculum oberster Werte (Maßstäbe) vgl. auch *Pennock*, Public Interest, S. 182; *Ryffel*, Wohl der Allgemeinheit, S. 27.
[51] *Häberle*, VVDStRL 30, S. 71, 75, 188; *ders.*, AöR 1973, S. 129; *ders.*, DÖV 1974, S. 393 (394); vgl. auch *Zacher*, VVDStRL 30, S. 152; *Mayer-Tasch*, ebenda, S. 173; *Hollerbach*, ebenda, S. 174; *Rauschning*, ebenda, S. 180. Für die rechtspolitische Diskussion allgemein: *Germann*, Grundlagen der Rechtswissenschaft, S. 102 ff.; *Coing*, Wirtschaftswissenschaft und Rechtswissenschaft, S. 8 f.; *Biedenkopf*, Zum Auftrag der Wissenschaft und der Universität, S. 28 ff.; *Vogel*, VVDStRL 27, S. 200 ff.
[51a] Die überkommene Grenzziehung zwischen Verfassungsrecht und Politik soll hier noch nicht problematisiert werden. Dazu unten S. 222 ff.
[52] Wenn man der Meinung ist, jedes Gesetz stelle eine Interpretation der Verfassung dar (*Ehmke*, VVDStRL 20, S. 68), so fallen Verfassungsrecht und Lehre vom richtigen Recht innerhalb der Verfassung allerdings nicht mehr auseinander.
[53] So auch Hans *Schneider*, NJW 1962, S. 1278.
[54] Vor allem *Forsthoff*, z. B.: Die Umbildung des Verfassungsgesetzes, FS für Carl Schmitt, 1959, S. 35; *ders.*, Zur Problematik der Verfassungsinterpretation.
[55] Vgl. *Soell*, Ermessen, S. 79 f., 180 ff. m. w. N.
[56] Dazu *Esser*, Vorverständnis und Methodenwahl. *Zippelius* bezeichnet es als „Binsenwahrheit der juristischen Methodenlehre, daß das Gesetz die rechtlichen Prämissen der richterlichen Entscheidung nicht exakt und damit alternativlos vorprogrammiert" (FS *Larenz*, S. 293 (399)).
[57] *Ehmke*, VVDStRL 20, 53 (62); *H.-P. Schneider*, DÖV 1975, S. 443 (450).

§ 4 Rechtwissenschaftliche Bestimmung der Grundwerte

stimmungen zum Ausdruck kommt[58], in besonderem Maße[59]. Zunehmend setzt sich die Erkenntnis durch, daß „in allen Fällen der Verfassungsinterpretation ... die Verfassung oder der Verfassungsgeber in Wahrheit noch nicht entschieden, sondern nur mehr oder weniger zahlreiche unvollständige Anhaltspunkte für die Entscheidung gegeben" hat[60]. Verfassungsnormen bedürfen der Konkretisierung[61].

Den Rückgriff auf die Verfassungsnormen im Sinne eines logischen Nachweises der Richtigkeit (oder Unrichtigkeit) bestimmter Entscheidungen gibt es also gar nicht[62]. Vielmehr bedarf es zur Verfassungsauslegung und damit zur Konkretisierung der Norm(en) der Einbeziehung der jeweiligen konkreten Wirklichkeit[63], die bis zu einem gewissen Grad auch durch die (nicht im Verfassungsrang stehenden) Gesetze geprägt wird[64]. Wesentlich für das Problemverständnis der Verfassung ist „die richtige Sicht auf das Verhältnis des Rechts zu seinen nichtrechtlichen Umständen und Gegenständen"[65]. Die Wertbetrachtung und die Seinsbetrachtung liegen damit nach heute wohl herrschender und richtiger Auffassung nicht mehr als „selbständige in sich geschlossene Kreise nebeneinander", wie Radbruch[66] dies stellvertretend für alle Vertreter des juristischen Positivismus formuliert hatte. Zwar gilt auch heute noch, daß nicht kurzerhand vom Sein auf das Sollen geschlossen werden darf[67], aber es bestehen bei allen Unterschieden zwischen der Seins- und der Sollenssphäre doch gegenseitige Beziehungen und Einflüsse, die uns davor zurückhalten, die beiden Welten des Seins und des Sollens durch eine „unüberbrückbare Kluft getrennt"[68] einander gegenüberzustellen[69].

Erkennt man, daß der Verfassungsinterpret seine Ergebnisse nicht abstrakt allein aus der Verfassung gewinnen kann, so erhält sein „Vorverständnis", seine

---

58 *Smend*, Verfassung und Verfassungsrecht, S. 161 f. = *ders.*, Staatsrechtliche Abhandlungen, S. 262 f.; *Häberle*, Wesensgehaltsgarantie, S. 102; *Soell*, Ermessen, S. 180 FN 65; *Böckenförde*, Die sog. Nichtigkeit, S. 66; *Kriele*, Theorie, S. 53, 197. Vgl. auch S. 263: „Die Generalklauseln betreffend Würde, Freiheit, Gleichheit, Rechtsstaatlichkeit und Sozialstaatlichkeit (sind) so unbestimmt ..., daß mit Hilfe der grammatischen, logischen, systematischen, historischen und womöglich noch teleologischen Auslegung praktisch jeder jeden beliebigen Rechtssatz herausinterpretieren kann." *Böckenförde*, Grundrechtstheorie und Grundrechtsinterpretation, NJW 1974, S. 1529; *ders.*, VVDStRL 30, S. 162.
59 Auch die Einführung des Rechts der Verfassungsrichter, Minderheitsvoten abzugeben, durch die 4. Novelle zum Bundesverfassungsgerichtsgesetz beruht auf der Erkenntnis, daß es bei der Verfassungsauslegung regelmäßig keine Eindeutigkeit gibt. Vgl. auch *Kriele*, Theorie, § 85. Forsthoffs entschiedene Stellungnahme gegen die dissenting vote (Industriegesellschaft, S. 130 f.) ist vor dem Hintergrund seiner auslegungsmethodischen Haltung allerdings durchaus konsequent.
60 *Hesse*, Verfassungsrecht, S. 23. Zustimmung *Esser*, Vorverständnis, S. 202. Vgl. auch die Referate von P. *Schneider* und *Ehmke* und die Aussprache auf der Staatsrechtslehrertagung 1971, VVDStRL 20, S. 1 ff.; ferner *Krüger*, Staatslehre, S. 708; *Kriele*, Theorie der Rechtsgewinnung; Friedrich *Müller*, Normstruktur und Normativität.
61 Hans *Huber*, Rechtstheorie, S. 329 (339 ff.); *ders.*, Über die Konkretisierung der Grundrechte.
62 Gegen die Eindeutigkeitsvorstellung der positivistischen Subsumtionslogik nachdrücklich: *Soell*, Ermessen, S. 185 m. w. N. Vgl. auch *Ehmkes* energischen Versuch, den Glauben daran zu untergraben, das Bundesverfassungsgericht wende die Grundgesetz nur, „so wie es vorgegeben steht", an (VVDStRL 20, S. 132). „Logisch zwingende Schlüsse, das zeigt gerade die moderne Logistik, gibt es in der Jurisprudenz nur in sehr begrenztem Maße" (S. 56 f.)
63 *Hesse*, Verfassungsrecht, S. 18 f.; *Häberle*, AöR 1973, S. 119 (132): „Die normative Kraft der Verfassung" (*Hesse*) „ist ohne eine bestimmte, schon je vorgegebene Wirklichkeit gar nicht auszumachen". Der „Sinn der Verfassung muß an der Wirklichkeit abgetastet werden."
64 *Lerche*, Stiller Verfassungswandel als aktuelles Problem, FS *Maunz*, S. 285 (286 ff.).
65 *Zacher*, Aufgaben einer Theorie der Wirtschaftsverfassung, FS F. *Böhm*, S. 63 (85). Grundlegend: *Schindler*, Verfassungsrecht und soziale Struktur.
66 *Radbruch*, Rechtsphilosophie, S. 97.
67 Zur Entwicklung dieser Erkenntnis (bis zu ihrer schließlichen verabsolutierenden Übertreibung) *Brecht*, Politische Theorie, S. 252 ff.
68 *Kelsen*, Über Grenzen juristischer und soziologischer Methode, S. 6.
69 Arthur *Kaufmann*, JZ 1975, S. 337 ff. m. w. N.

B. Normative Grundlegung

Problem- und Sinnerwartung, maßgebliches Gewicht[70]. Vorverständnis und Problemsicht sinnvoll zu steuern, ist Aufgabe einer materialen Verfassungstheorie[71]. Sie ist damit, sozusagen als „hermeneutische Richtlinie"[72], Voraussetzung jeder systematischen Verfassungsauslegung[73]. Zu den Bausteinen einer Verfassungstheorie gehört zunächst einmal ein Gesamtentwurf normativen Charakters, auf den hin die Verfassungsnormen teleologisch zu interpretieren sind[74], der seinerseits aber wiederum nicht unabhängig von eben diesen Verfassungsnormen entwickelt werden kann[75]. Zu den Bausteinen einer Verfassungstheorie gehört aber ebenso eine Gesamtdarstellung der politischen und gesellschaftlichen Wirklichkeit unter der Verfassung als Bild einer „Demokratie im Funktionieren, und zwar nicht nur im Funktionieren zwischen den Verfassungsorganen, sondern auch im Verhältnis zu unserer Gesellschaft von heute"[76]. Sie kommt deshalb nicht ohne eine Gesellschaftslehre aus[77]. Eine zu entwerfende Verfassungstheorie hat sich also nicht auf Verfassungen im allgemeinen zu beziehen, sondern muß eine Verfassungstheorie dieser unserer konkreten Gemeinschaft sein[78]. Sie hat zwischen Norm und Empirie derart eine Brücke zu schlagen, daß das zwischen dem „Himmel der Norm" und der „Erde der Wirklichkeit" bestehende (dialektische) Spannungsverhältnis zur Verbesserung der Wirklichkeit fruchtbar gemacht werden kann. Die Verfassungstheorie muß zugleich Anpassung der Normauslegung „an den und Steuerung im sozialen Wandel" ermöglichen[79]. Der normative Entwurf darf einerseits nicht einfach nur die faktischen Verhältnisse erklären und rechtfertigen wollen oder sie resignierend hinnehmen im Sinne einer „normativen Kraft des Faktischen"[80], sonst könnte er seiner Funktion, das vorgefundene Faktische tendenziell zu verbessern, offenbar nicht gerecht werden. „Die normative Kraft der Verfassung"[81] würde verfehlt. Der normative Entwurf darf sich aber andererseits auch nicht — etwa durch Festhalten

---

70 *Ehmke*, VVDStRL 20, S. 56, 70.
71 *Ehmke*, VVDStRL 20, S. 56, 64; *Hesse*, Verfassungsrecht, S. 26. Vgl. auch *Smend*, Staatsrechtliche Abhandlungen, S. 124.
72 *Soell* in einem Gespräch mit dem Verfasser.
73 *Drath*, VVDStRL 20, S. 106; vgl. auch *ders.*, VVDStRL 9, S. 17 (109 ff.); *ders.*, Der Staat 1966, S. 274 ff.; *Leibholz*, VVDStRL 20, S. 117; *Häberle*, VVDStRL 30, S. 167; *Böckenförde*, NJW 1974, S. 1529; *ders.*, NJW 1976, S. 2089 (2098).
74 *Drath*, VVDStRL 20, S. 107, 109.
75 Vgl. oben S. 12 f. und unten S. 19.
76 *Drath*, VVDStRL 20, S. 109. Auf die Zweispurigkeit des verfassungstheoretischen Vorverständnisses, das normative und soziologische Komponenten enthält, weist etwa auch *Ehmke* hin (VVDStRL 20, S. 131).
77 So für die Staatslehre: *Herzog*, Staatslehre, S. 31, 38 ff.; *Krüger*, Staatslehre, S. 341 ff. Staatsrechtslehre und Soziallehre dürfen also nicht unverbunden nebeneinander gestellt werden, wie dies Georg *Jellinek* noch tat (Staatslehre, S. 9 ff.). Dagegen schon *Heller*, Die Krisis der Staatslehre, Ges. Schriften II, S. 12, 25.
78 *Drath*, VVDStRL 20, S. 107. Es geht hier also nicht darum, etwa eine „vollständige Systematik der möglichen Systeme" im Sinne der Rechtsphilosophie *Radbruchs* (Radbruch, Rechtsphilosophie, S. 101; vgl. auch *Brecht*, Politische Theorie, S. 282) oder im Sinne einer Allgemeinen Staatslehre, die sich als Theorie sämtlicher bekannter Formen der Staatlichkeit versteht (vgl. *Herzog*, Staatslehre, S. 35), zu entwerfen. Vielmehr müssen wir einige für unsere Problemstellung wichtige Strukturen einer besonderen Staatslehre entwickeln, die für diesen unseren Staat (unter Einschluß dieser unserer Gesellschaft) erst noch zu schreiben ist (vgl. *Herzog*, Staatslehre, S. 35; *Jellinek*, Staatslehre, S. 10: „Individuelle Staatslehre); d. h., es ist ein ganz bestimmtes System zugrunde zu legen, nämlich das der Bundesrepublik. Wichtigste Folge ist, daß wir nicht auch von der „autoritären" oder „transpersonalen", sondern allein von der „anthropozentrischen" Auffassung auszugehen haben (oben S. 13). Insofern brauchen *wir* also definitiv kein „Ignorabimus" zu sprechen (so noch *Radbruch*, Rechtsphilosophie, S. 102).
79 *Häberle*, AöR 1973, S. 130; BVerfG, 14. 2. 1973, NJW 1973, S. 1221 (1225). Vgl. auch den treffenden Titel von *Scharpfs* Konstanzer Antrittsrede: „Demokratietheorie zwischen Utopie und Anpassung", 1970.
80 *Jellinek*, Staatslehre, S. 337 ff.
81 So der Titel von *Hesses* Freiburger Antrittsvorlesung, 1959; vgl. auch *Hesse*, VVDStRL 17, S. 12 ff.

§ 4 Rechtwissenschaftliche Bestimmung der Grundwerte

an einer „zum Ideal stilisierten Vergangenheit"[82], die längst überholt ist — so weit von der Wirklichkeit entfernen, daß der Zusammenhang und die Spannung zerreißen, weil die Norm den Adressaten weltfremd oder gar lächerlich erscheint, und damit auch der mögliche Verbesserungseinfluß der Norm auf die Wirklichkeit entfällt[83].

Da auch ein maßgeblicher Zweig der Politikwissenschaft es als eben seine Aufgabe bezeichnet, „das Funktionieren einer Verfassungsordnung unter Einbeziehung aller Elemente, die ihren Gehalt und ihre Wirksamkeit bestimmen, zu erfassen", „wobei empirische Verfahren und normative Überlegungen eine an (den jeweiligen) Problemen orientierte Symbiose eingehen"[84], erweist sich die Verfassungstheorie als ausgesprochenes Grenzgebiet zwischen Rechts- und Politikwissenschaft. Theorie im Bereich der Verfassung ist, „wenn schon nicht mit politischer Theorie identisch, so doch nicht ohne sie möglich"[85]. Staatsrechtslehre und Politikwissenschaft müssen deshalb, wie besonders Hermann Heller herausgearbeitet hat[86], miteinander, nicht gegeneinander existieren[87]. Eine „Verbindung der Verfassungstheorie mit der Politischen Theorie" (Ehmke) ist unerläßlich.

Die Skizzierung der normativen Basis einer solchen Verfassungstheorie fällt, wie wir jetzt sehen, zusammen mit der oben umrissenen Aufgabe, den obersten Wert der Menschenwürde in die in ihm zusammengefaßten Wertkomponenten aufzufächern[88]. Die normative Basis der Verfassungstheorie kann nun natürlich nicht unabhängig von den Werten des Grundgesetzes, insbes. den Grundrechten[89] und den verfassungsrechtlichen Generalprogrammen[90], entwickelt werden[91]; diese können aber ihrerseits wiederum nicht unabhängig von der Verfassungstheorie und damit auch von einer umfassenden Wirklichkeitsanalyse bestimmt werden. Damit ergibt sich jedoch nur scheinbar ein unlösbarer Zirkel. Denn hinsichtlich einer kleinen Zahl von „obersten Grundwerten"[92] herrscht praktisch ein weitgehender Konsens. Es ist deshalb sinnvoll, im folgenden zunächst von den Einzelheiten der Verfassungsnormen zu abstrahieren und sich stattdessen auf wenige verfassungsmäßige Grundwerte, die auf der Basis der anthropozentri-

---

82 *Häberle*, AöR 1973, S. 119 (124).
83 *Bäumlin*, Die rechtsstaatliche Demokratie, S. 28 ff.; *Hesse*, Verfassungsrecht, S. 18; *Krüger*, Staatslehre, S. 701; *Häberle*, AöR 1973, S. 132.
84 *Sontheimer*, Politische Wissenschaft und Staatsrechtslehre, in: *Grimm*, Nachbarwissenschaften, S. 68 (79, 84). Die Notwendigkeit einer teleologischen Orientierung der politischen Wissenschaft an Werten und Zielen (Staatszwecken) wird besonders von *Hennis* betont. Politik und praktische Philosophie, S. 56 ff.
85 *Grimm*, Staatsrechtslehre und Politikwissenschaft, in: *Grimm*, Nachbarwissenschaften, S. 53 (61). Vgl. auch *Ehmke*, VVDStRL 20, S. 65: „Eine sachbezogene Verfassungstheorie (ist) immer zugleich auch Bestandteil des Ringens um das politische Selbstverständnis eines Gemeinwesens (und muß) daher mit der politischen Theorie der Ordnung, Aufgaben und Funktionen unseres Gemeinwesens und seiner Institutionen verbunden sein". *Kröger*, VVDStRL 30, 181 f.; *Leibholz*, Strukturprobleme, S. 267. Vgl. auch schon *Triepel*, Staatsrecht und Politik, S. 34 f.
86 *Heller*, Staatslehre, Ges. Schriften III, S. 146 ff.; ders., Political Science, Ges. Schriften III, S. 45 ff.
87 Zustimmung *Sontheimer*, Politische Wissenschaft und Staatsrechtslehre, 1963, S. 45 f.
88 Von sozialwissenschaftlicher Seite ist gelegentlich die Erarbeitung einer normativen Grunddisziplin vorgeschlagen worden (*Lompe*, Wissenschaftliche Beratung der Politik, S. 170 unter Hinweis auf *Weisser*). Es scheint mir, daß die Verfassungstheorie genau diese Funktion einer normativen Grunddisziplin erfüllen kann und muß.
89 Zu den Grundrechten als Proklamation einer Wert- oder Güterordnung *Smend*, Staatsrechtliche Abhandlungen, S. 264 f. = Verfassung und Verfassungsrecht, S. 163 f.; *Triepel*, VVDStRL 4, S. 40; Hermann *Heller*, Der Begriff des Gesetzes in der Reichsverfassung, VVDStRL 4, S. 120 = Ges. Schriften II, S. 228; *Scheuner*, Die Auslegung verfassungsrechtlicher Leitgrundsätze, 1952, S. 18; Hans *Huber*, Die Bedeutung der Grundrechte für die sozialen Beziehungen unter den Rechtsgenossen, in: Rechtstheorie, Verfassungsrecht, Völkerrecht, S. 139 (140); *Zippelius*, Recht, S. 113.
90 Dazu unten S. 37 ff.
91 *Drath*, VVDStRL 20, S. 109
92 BVerfGE 2, S. 1 (12).

B. Normative Grundlegung

schen Grundentscheidung für den einzelnen Menschen als letztem Wertträger erwachsen sind, zu beschränken[93].

Die Beschränkung auf wenige Grundwerte entspricht auch der Aufgabe dieser Arbeit, die einen Ansatz für die bisher nicht befriedigende verfassungsrechtliche Einordnung, Würdigung und Steuerung des Verbandseinflusses auf die politische Willensbildung zu gewinnen sucht. Denn die obersten Grundwerte lassen sich zwar nicht unabhängig vom Grundgesetz, aber doch von den *Einzelheiten* seiner Formulierung und seiner bisherigen Auslegung durch die Rechtsprechung und Lehre entwickeln; und eben dies ist erforderlich, weil jene Einzelheiten ja von einem Vorverständnis geprägt sind, das es — was unser Problem anlangt — gerade kritisch zu begutachten und z. T. möglicherweise zu überwinden gilt[94]. Nur dadurch, daß wir einen Standpunkt der Betrachtung oberhalb des bislang üblichen beziehen, lassen sich mögliche Veränderungen der gesellschaftlich-politischen Kräfte und Anschauungen und daraus folgende Verschiebungen des Gewichtsverhältnisses einzelner Verfassungsnormen „entsprechend den veränderten Zeiten und Umständen"[95] erfassen und beurteilen[96].

Da die Verfassungstheorie ein solches immer wieder erneutes Durchdenken bei sich wandelnden Situationen zu ermöglichen und zu lenken hat, muß sie in ihrer normativen Basis auf Grundwerte zurückgehen, die ihrerseits langfristig Bestand haben[97]. Das bedeutet natürlich nicht, daß die Verfassungstheorie positive Verfassungsnormen ignorieren dürfte. Ihr Verhältnis zu ihnen ist jedoch ein zweiseitiges. Einerseits sind die positiven Verfassungsbestimmungen Konkretisierungen der Wertbasis der Verfassungstheorie. Andererseits lassen sich die Verfassungsbestimmungen ihrerseits meist gar nicht isoliert verstehen, sondern nur vor dem Hintergrund eines verfassungstheoretischen Gesamtbildes und der Grundwerte, auf denen dieses aufbaut[98]. Die verfassungstheoretische Gesamtkonzeption bildet damit eine entscheidende Hilfe für die Bestimmung des Sinns von verfas-

---

93 *Smend*, Verfassung und Verfassungsrecht, S. 132 f. = Staatsrechtliche Abhandlungen, S. 237 f.; *Heller*, Staatslehre, S. 216 ff. Hans *Schneider*, NJW 1962, S. 1273 (1278 f.): Es ist „beunruhigend, daß manche Interpretation mit der Formulierung irgendeines Grundrechtsartikels steht und fällt. Viel wichtiger wäre es doch, wenn der Jurist sich auf einen festeren Boden stellt, der ihm nicht durch drei berichtigende Worte des Gesetzgebers entzogen werden kann . . . Hier liegt ein großes Gebiet, dessen Entwicklung und Pflege der Jurisprudenz anvertraut ist." Ferner *Leys*, Public Interest, S. 251: „To quide choices under endlessly varying conditions, we need a few criteria, not just one and not an infinite number of them." *Zacher*, Wirtschaftsverfassung, in: *Scheuner*, Wirtschaft, S. 573: Recht und Wirklichkeit müssen von Grundwerten her beurteilt und auf sie hin gestaltet werden, und zwar solchen Grundwerten, „die vom Stand entwicklungsfähiger wissenschaftlicher Erkenntnis unabhängig sind, so daß sie schließlich gerade dadurch einen Anreiz (bieten), die jeweils besten Methoden zu suchen, um den Grundwerten nach den Umständen der Zeit gerecht zu werden."
94 Andernfalls ließe sich eine (möglicherweise erforderliche) Revision des Verfassungsverständnisses im Hinblick auf die Stellung und Einordnung der Interessenverbände kaum durchführen, da über die Heranziehung der Verfassungsnormen in ihrer bisherigen Auslegung immer wieder das insoweit zu überwindende Vorverständnis einflösse.
95 *Smend*, Verfassung und Verfassungsrecht, S. 136 f. = *ders.*, Staatsrechtliche Abhandlungen, S. 241 f.
96 Zur möglichen Wandlung von Einrichtungen und Gestaltungsformen, in denen sich die Grundwerte ausprägen, und der daraus folgenden Notwendigkeit „immer erneuter Durchdenkung und Prüfung", damit „aus ihnen jeweils die vollen praktischen Konsequenzen" gewonnen werden können: *Scheuner*, Die neuere Entwicklung des Rechtsstaats, S. 234, 251; *ders.*, VVDStRL 22, S. 52 FN 147. Vgl. zum notwendigen Wandel des Sinns von Verfassungsnormen in der Zeit auch Hans *Huber*, in: Rechtstheorie, Verfassungsrecht, Völkerrecht, S. 329 (345). BVerfGE 2, S. 380 (401); BVerfG, 14. 2. 1973, NJW 1973, S. 1221 (1225).
97 Darin liegt m. E. der richtige Kern der Lehre vom überpositiven Verfassungsrecht. Dazu BVerfGE 3, S. 225 (232 ff.); *Doehring*, Staatsrecht, S. 180 f. m. w. N.
98 Vgl. auch BVerfGE 1, 14 (32 f.); 30, 1 (19): Jede Verfassungsbestimmung muß so ausgelegt werden, daß sie mit den Grundentscheidungen des Verfassungsgebers vereinbar ist.

§ 4 Rechtwissenschaftliche Bestimmung der Grundwerte

sungsrechtlichen Normen[99] und Generalprogrammen[100] und der Richtung, in der sie zu interpretieren (oder auch de constitutione ferenda zu ändern) sind. Die Verfassungstheorie hat also auch die Frage zu beantworten, ob Vorschriften wie Art. 9 Abs. 1[101] oder Art. 9 Abs. 3[102] extensiv oder restriktiv auszulegen sind. Die Bedeutung der Verfassungstheorie ist um so größer, je weniger der Wortlaut hergibt. Der Rückgang auf die Grundwerte ist somit unerläßlich, wenn es darum geht, verfassungsrechtliche Bestimmungen unter gewandelten Bedingungen neu zu durchdenken und ihren Sinn zu bestimmen.

In dieser Arbeit wird von folgenden aus der „humanen europäischen Rechtstradition" erwachsenen Grundwerten[103] ausgegangen[104]: (a) Freiheit als eigenverantwortliche Lebensgestaltung und Persönlichkeitsentfaltung, die dem Menschen „um seiner Würde willen" zu sichern ist[105]; (b) Gerechtigkeit als gerechte (interpersonale) Verteilung der Freiheitsräume unter den Menschen[106]; (c) Sicherheit[107] als Sicherung der Freiheitsräume insbesondere in der Zeit (intertemporale Verteilung); (d) Frieden (Integration) als Grundvoraussetzung der Freiheit und (e) Wohlstand als Basis der ökonomischen Freiheit. Dabei begnügen wir uns, wie schon oben begründet, fernab aller onthologischen und metaphysischen Versuche eines naturrechtlichen „Nachweises" ihrer absoluten, von Raum und Zeit losgelösten Richtigkeit mit der Feststellung, daß diese Werte als ethische Basis des Grundgesetzes anerkannt sind[108] und sich eines weitgehenden Konsenses erfreuen[109] im Sinn eines übereinstimmenden Bekenntnisses der

---

99 Etwa der Freiheit der Wissenschaft gem. Art. 5 Abs. 3 GG (dazu unten S. 316 ff.), der Errichtung einer Währungs- und Notenbank gem. Art. 88 GG (dazu unten S. 365 ff.) und der Unabhängigkeit der Volksvertreter gem. Art. 38 Abs. 1 Satz 2 GG (dazu unten S. 388 ff.).
100 Etwa des Gewaltenteilungsprinzips (dazu unten S. 196 f. und S. 254 ff.) und des Sozialstaatsprinzips (dazu unten S. 39 ff. und S. 197 f.).
101 Dazu unten S. 195.
102 Dazu unten S. 106 ff.
103 *Scheuner*, VVDStRL 22, S. 1 (52).
104 Vgl. *Marcic*, Vom Gesetzesstaat zum Richterstaat, S. 392 ff.; *Scheuner*, Die neuere Entwicklung des Rechtsstaates in Deutschland, S. 248 ff.; ders., VVDStRL 22, S. 51 ff.; *Hesse*, FG Smend, 1962, S. 71 (77 ff.); *Coing*, Rechtsphilosophie, S. 138.
105 Vgl. BVerfGE 5, S. 85 (204 f.).
106 Vgl. BVerfGE 5, S. 85 (205 f.); 7, S. 89 (92); 22, S. 180 (204). Vgl. auch BVerfGE 3, S. 225 (233): Der Parlamentarische Rat war „bemüht, im Grundgesetz die Idee der Gerechtigkeit zu verwirklichen". — Zu den „obersten Grundwerten des freiheitlichen demokratischen Verfassungsstaates", die das Grundgesetz „als fundamental ansieht", besonders zum Eigenwert des Menschen und zur Freiheit und Gleichheit als „dauernden Grundwerten der staatlichen Einheit" vgl. auch BVerfGE 1, S. 97 (100): Soziale Gerechtigkeit, Freiheit, Gleichheit und Billigkeit. BVerfGE 2, S. 1 (12); ferner P. *Schneider*, VVDStRL 20, S. 1, bes. S. 27 ff.
107 Vgl. auch *Dürig*, Maunz/Dürig/Herzog, Art. 3 Abs. 1, Rdnr. 164; *Maunz/Dürig*, ebenda, Art. 79, Rdnr. 49.
108 Dazu im einzelnen unten S. 35 ff.
109 Vgl. *Haller*, Finanzpolitik, 1. Aufl., S. 124: „Die Berechtigung dieser Zielsetzungen *(Haller* erwähnt Freiheit, Gerechtigkeit und Wohlstand) wird kaum jemand abstreiten können, der sich hierüber Gedanken gemacht hat". Ders., Finanzpolitik, 5. Aufl., S. 238 f.: „Interessant ist ..., daß diese allgemeinen Zielsetzungen tatsächlich von allen politischen Gruppen anerkannt werden und daß der Streit im wesentlichen um die Mittel und Wege geht, mit deren Hilfe sie realisiert werden können." Die Sonderinteressen, die von Gruppen wahrgenommen werden, treten immer für die Methoden ein, von denen sie glauben, daß sie ihren Interessen am meisten nützen. „Hier eine ‚Entwirrung' herbeizuführen, erscheint als eine wichtige Aufgabe der Wissenschaft". Vgl. auch *Cassinelli*, Public Interest, S. 46: „The word ‚public' means, that the ethical value in the standard of the public interest applies to every member of the political community". *Esser*, Vorverständnis und Methodenwahl, 1972, S. 163: Die Richtigkeitskriterien würden „selbst dann als Maßstäbe dienen ..., wenn sie nicht vorsorglich als verfassungsmäßige Grundrechte und Strukturprinzipien verankert wären." — Die Tatsache, daß die Grundwerte sich eines weitgehenden Konsenses erfreuen, erhellt auch daraus, daß die Parteiprogramme der SPD, der CDU/CSU und der FDP übereinstimmend von ihnen ausgehen. Divergenzen hinsichtlich der inhaltlichen Bestimmung bestehen allenfalls in relativ unbedeutenden Marginalfragen. Wesentlichere Unterschiede liegen dagegen in der Gewichtung der Grundwerte und in der Bevorzugung der Maßnahmen zu ihrer Optimierung. *Biedenkopf*, Fort-

B. Normative Grundlegung

Menschen zu ihnen[110], nicht im Sinne einer Erkenntnis ihrer zeit- und raumunabhängigen „Wahrheit"; sie dienen dementsprechend auch den modernen Wissenschaften von der Wirtschafts-[111], der Finanz-[112] und der Sozialpolitik[113] als politisch vorgegebene und gesellschaftlich anerkannte „Daten" zur Gewinnung von Beurteilungsmaßstäben für eine möglichst richtige Politik.

„Solidarität" wird in dieser Arbeit nicht als eigener Grundwert aufgeführt. Sie umfaßt m. E. nichts Zusätzliches gegenüber dem, was hier unter die Grundwerte Gerechtigkeit (z. B. Sicherung des Existenzminimums) und Sicherheit (z. B. durch Ausgleich von Lebensrisiken) subsumiert wird. Soweit Solidarität darüber hinausgeht, beinhaltet sie m. E. keinen Grundwert, sondern bestimmte Verhaltensweisen, die zur Optimierung von Grundwerten erforderlich sind[114]. — Diese begriffliche Einordnung begründet indes keine sachliche Divergenz zu solchen Grundwertkonzeptionen, die Solidarität ausdrücklich aufführen, wie z. B. das Godesberger Programm der SPD und neuere programmatische Konzeptionen der CDU.

§ 5 Gemeinwohlgrundwerte

Freiheit

Dem Wert Freiheit liegt die Ausgangsvorstellung zugrunde, daß jeder Bürger sein Leben möglichst auf die Weise gestalten und seine Persönlichkeit entfalten soll, die ihm am besten dünkt; diese Selbstbestimmung[1] ist bereits als solche, d. h. unabhängig von ihren inhaltlichen Ergebnissen, ein Eigenwert.

Die Freiheit eines Menschen[2] ist nach einer schon bei Georg Jellinek[3] anklingenden Definition Bertrand Russels[4], von der auch diese Arbeit ausgeht, umso größer, je mehr seiner Wünsche der Mensch erfüllen kann.

---

schritt in Freiheit, S. 140 ff.; dazu auch *Ehmke*, Doppelstrategie von rechts, in: „Die Zeit" Nr. 8 v. 14. 2. 1975, S. 14; *Maihofer*, Grundwerte in Staat und Gesellschaft; *Scheel*, Der Beitrag des Bürgers zur Diskussion über die Grundwerte.

110 Im Sinne „eines Sollenskonsensus über die conditio humana" (*Maunz/Dürig/Herzog*, Art. 3, Rdnr. 5 FN 2). Zur verfassungstheoretischen Bedeutung eines „Basiskonsens" bzw. „Grundkonsens" auch *Grimm*, AöR 1972, S. 503; *Ipsen*, DÖV 1974, S. 293; *Friauf*, VVDStRL 33, S. 130; Hans *Meyer*, ebenda, S. 146.

111 *Boulding*, Economic Policy, S. 19 f., 131 und passim (*Boulding* behandelt den Wert „Frieden" = „Integration" unter „Gerechtigkeit" mit. A.a.O., S. 20); *Giersch*, Wirtschaftspolitik, S. 68; *Bernholz*, Politische Ökonomie, S. 26 ff.; *Dahl/Lindblom*, Grundziele, S. 211 ff.; *Pütz*, Wirtschaftspolitik, S. 37, 62. Vgl. auch die Übersicht bei *Hutchison*, Verknüpfung, S. 6.

112 Z. B. *Haller*, Finanzpolitik, 1. Aufl., S. 124 ff.; ders., Die Steuern, 1. Aufl., S. 201 ff.; *Timm*, Finanzarchiv 1968, S. 87 (95). Sämtliche „Besteuerungsprinzipien" der Finanzwissenschaft sind aus den genannten Werten abgeleitet. Vgl. (neben *Haller*, a.a.O.) *Neumark*, Steuerpolitik, S. 28 ff.; Walter *Wittmann*, Ziele und Zielbeziehungen der Finanzpolitik, WISU 1973, S. 523 ff.

113 Als eigentliches Ziel der Sozialpolitik im engeren Sinne gilt zwar nur die Gerechtigkeit (der Verteilung von Einkommen und Vermögen). Die Wissenschaft von der Sozialpolitik sieht aber die Notwendigkeit der Abstimmung dieses Zieles mit anderen Zielen (der Wirtschaftspolitik). *Liefmann-Keil*, Sozialpolitik, S. 79 ff.

114 Unten S. 120 f.

1 Statt vieler: *Ryffel*, Rechts- und Staatsphilosophie, S. 308 ff.; Hans H. *Klein*, Grundrechte, S. 35.

2 Freiheit als Grundwert bezieht sich auf die Freiheit des bzw. der Menschen; das ergibt sich aus der anthropozentrischen Grundauffassung. Es ist die Freiheit der Staatsbürger. Die Gestaltungsfreiheit des Gesetzgebers, des Staates, von Gruppen und Verbänden ist kein Wert an sich, sondern nur ein Dienstwert. Sie kann nur insofern akzeptiert werden, als sie zur Optimierung der auf die einzelnen Menschen bezogenen Werte beiträgt.

3 *Jellinek*, Staatslehre, S. 254: „Faßt man den vieldeutigen Begriff der Freiheit in dem für das moderne Individuum wichtigsten Sinne auf, demzufolge sie vom Staat nicht nur nicht gehinderte, sondern sogar geförderte Betätigung menschlicher Freiheiten bedeutet, so ist das dem Individuum zustehende Maß solcher möglichen Betätigungen in raschem Fortschreiten begriffen. Wachsende Zivilisation hat für den Einzelnen Wachstum der Möglichkeiten zu handeln zur Folge."

4 *Russel*, Freedom and Government

Mit „Wünschen" sind dabei die Wünsche, die der jeweilige Mensch tatsächlich hat, nicht die, die er haben sollte, gemeint[5]. Es geht also um „Ist-Interessen", nicht um „Soll-Interessen"[6]. Der zugrundeliegende Freiheitsbegriff mag deshalb individualistisch-egoistisch erscheinen, und man mag es zunächst für gefährlich einseitig halten, eine derartig verstandene „leere Freiheit"[7] „privater Beliebigkeit"[8] überhaupt als Grundwert zu bezeichnen, ohne gleichzeitig die aus der Gemeinschaftsgebundenheit des Individuums notwendig folgenden („immanenten") Einschränkungen mitzunennen[9]. Es soll auch keinesfalls bestritten werden, daß Freiheitsrechte letztlich stets in ihrer Beziehung zu den Freiheiten anderer gesehen und dadurch begrenzt werden müssen[10]. Es kommt jedoch der analytischen Klärung zugute, wenn wir die Freiheit eines Menschen hier zunächst ganz bewußt isoliert von den Freiheiten der Mitmenschen behandeln und beschreiben und uns mit der Feststellung begnügen, daß erst aus dem „dialektischen Zusammenspiel" (P. Schneider) von Freiheit, Gerechtigkeit, Sicherheit etc. im Wege des Wertausgleichs ausgewogene („optimale") Ergebnisse entstehen. Die Frage, ob ein mehr oder weniger wertvoller oder gar richtiger oder falscher Freiheitsgebrauch vorliegt, wird also nach dem dieser Arbeit zugrundeliegenden Verständnis nicht bei Behandlung des Freiheitswerts diskutiert[11], weil dieser als von der Art des Gebrauchs unabhängig verstanden wird; sie wird aber auch nicht als unzulässige Fragestellung ausgeklammert, sondern sie ist bei der Abwägung des Freiheits- mit anderen Grundwerten zu stellen und zu beantworten. Das Gemeinwohlpostulat erfordert die relative Maximierung der Freiheit *und* der anderen Grundwerte; dazu muß „Freiheit" aber zunächst unabhängig von den anderen Grundwerten definiert werden.

Absolute Freiheit läge vor, wenn der Erfüllung von Wünschen keine Schranken gesetzt wären[12]. Es handelte sich um einen Zustand, der gekennzeichnet ist durch das „Fehlen von Hindernissen für die Verwirklichung der Wünsche" (Russel)[13]. Ein denkbarer Weg, Wünsche und Erfüllungsmöglichkeiten einander anzunähern, wäre es, die Wünsche durch Selbstdisziplin rigoros zu beschränken; ein dahingehendes Postulat der Askese mag nun zwar für die Individualrechte aufzustellen sein, darf aber der politischen Ethik nicht, jedenfalls nicht als Eigenwert, zugrundegelegt werden [13a]. Da auch in der Realität eine derartige Askese die Ausnahme sein dürfte, erreicht wohl selten jemand die Erfüllung all seiner Wünsche. „Individuen können nur relativ freier oder unfreier sein; für eine Beurteilung ist dieser graduelle Unterschied relevant und nicht der Unterschied zwischen relativer und absoluter Freiheit"[14]. Freiheit in diesem Sinne ist regelmäßig durch eine Vielzahl von Faktoren eingeschränkt[15]. Hier interessieren vornehmlich die rechtlichen und ökonomischen Schranken der Freiheit. Freiheit wird eingeschränkt durch rechtliche Gebote und Verbote (Einschränken des Dürfens: z. B. Einhaltung der Straßenverkehrsregeln; rechtliche Pflichten, z. B. Steuern zu zahlen). „Jedes Mehr an ‚Regeln, die staatlicher Zwang auf-

---

5 Hans H. *Klein*, Grundrechte, S. 56: „Subjektive Freiheit individuellen Beliebens"; zustimmend *Hesse*, DÖV 1975, S. 437 (440); anders: *Krüger*, Staatslehre, S. 505 f.
6 Soll-Interessen ergeben sich vielmehr erst aus der optimierenden Abwägung *aller* Grundwerte. Dazu unten S. 35 f.
7 *Krüger*, FS E. R. Huber, 1973, S. 95 (99).
8 *Hesse*, FS Smend, 1962, S. 86.
9 Vgl. *Dürig*, Maunz/Dürig/Herzog, Art. 2 Abs. 1, Rdnrn. 73 ff.
10 *Zippelius*, Staatslehre, § 26 V.
11 So aber *Krüger*, Staatslehre, S. 506.
12 *Giersch*, Wirtschaftspolitik, S. 72.
13 Freiheit läßt sich also nur negativ – als Abwesenheit von Hindernissen – definieren, also als „Freiheit von" im Gegensatz zu einer „Freiheit zu" (*Häberle*, Wesensgehaltsgarantie, 2. Aufl., S. 59, der bei der Grundrechtsinterpretation freilich nicht die hier vertretene Ansicht, sondern die *Krügers* teilt).
13a Dazu *Kriele*, Staatslehre, S. 50 ff.
14 *Dahl/Lindblom*, Grundziele, S. 241; vgl. auch *Scheuner*, DÖV 1971, S. 505 (508).
15 Die Schranken können technischer, physischer, psychologischer gesellschaftlicher, rechtlicher und ökonomischer Natur sein. Vgl. *Boulding*, Economic Policy, S. 112 ff.; *Giersch*, Wirtschaftspolitik, S. 72.

B. Normative Grundlegung

erlegt' (v. Hayek[16]) vermindert die formale Freiheit der Einzelnen"[17]. Eine (formale) Komponente der Freiheit wird also durch den Grad der Abwesenheit staatlicher Ge- und Verbote bestimmt. Man kann diese Komponente als „Freiheit vor staatlichem Zwang" oder einfach als „Freiheit vom Staat" bezeichnen[18].

Einschränkungen der Freiheit durch ökonomische Faktoren liegen in der begrenzten Verfügbarkeit von Sachgütern[19] und Dienstleistungen (Einschränkung des ökonomischen Könnens, des Vermögens oder, was wir in unserem Zusammenhang als das gleiche betrachten können, der ökonomischen Macht)[20]. „Der Ohnmächtige ist unfrei trotz aller formalen Freiheiten, die ihm gegeben sein mögen. Nur wer Macht hat, kann die Chance nutzen, die die formale Freiheit gewährt"[21]. Die Freiheit ist wertlos, wenn die tatsächlichen Voraussetzungen fehlen, sie zu gebrauchen[22]. Der Grad der Abwesenheit ökonomischer Schranken für die Wunschverwirklichung bezeichnet das Maß einer zweiten — materiellen — Komponente der Freiheit. Die verschiedenen Aspekte der beiden Freiheitsbegriffe hat Anatole France in seiner berühmten, dem Dichter Choulotte in den Mund gelegten Anklage gegen die Dritte Republik pointiert zum Ausdruck gebracht. Choulotte spricht von der „majestätischen Gleichheit der Gesetze, die dem Reichen wie dem Armen verbietet, unter den Brücken zu schlafen, auf den Straßen zu betteln und Brot zu stehlen"[23]. Die formale Freiheit läßt ein hohes Maß an faktischer (realer[24]) Unfreiheit zu.

Bei bloßem Abstellen auf den Umfang der staatlichen Regeln und auf die Verfügungsmacht über wirtschaftliche Kaufkraft ist ein wichtiger freiheitsrelevanter Aspekt jedoch noch nicht berücksichtigt. Denn das Ausmaß der Freiheit hängt nicht nur davon ab, welche und wieviele rechtliche Ge- und Verbote bestehen und welche ökonomischen Grenzen der Wunschverwirklichung gezogen sind, sondern auch von der Art und Weise des Zustandekommens der staatlichen Ge- und Verbote (und anderer staatlicher Entscheidungen) und der nichtstaatlichen, insbesondere wirtschaftlichen, Entscheidungen[25]. Freiheit in der hier zugrunde gelegten Bedeutung von Selbstbestimmung heißt auch, daß die Betroffenen solche Entscheidungen möglichst selbst treffen bzw. an ihnen mitwirken. Man kann diesen dritten Aspekt der Freiheit als „demokratische Freiheit" bezeichnen[26], darf dabei allerdings nicht in den Fehler verfallen zu meinen, die Mitwirkung wäre nur hinsichtlich staatlicher Entscheidungen ein Wert. Das Postulat der Selbstbestimmung bzw. Mitbestimmung gilt auch im gesellschaftlichen, insbesondere im wirtschaftlichen Bereich. Auch bei dieser Mitbestimmungskomponente der Freiheit (z. B. beim Wahlrecht oder der Vertragsfreiheit) läßt sich ein formales Element und ein materiales Element (das nach dem Umfang des tatsächlichen Einflusses etwa auf die politischen Entscheidungen oder den Abschluß oder Inhalt eines Vertrages fragt) unterscheiden. Die Intensität der „demokratischen Freiheit"

---

16 *v. Hayek*, Gleichheit, Wert und Verdienst, ORDO Bd. X (1958), S. 5.
17 *Giersch*, Wirtschaftspolitik, S. 78; ebenso Hans H. *Klein*, Grundrechte, S. 52, S. 56 FN 59, S. 88 f.
18 Hans H. *Klein*, VVDStRL 30, S. 170; ders., Die Grundrechte, S. 48 und passim; G. *Jellinek*, Staatslehre, S. 418: „Freiheit ... vom Staatsgebot"; sie umreißt nach Jellinek den „status negativus" des Bürgers. Staatslehre, S. 419; vgl. auch *Zippelius*, Staatslehre, § 25 I (S. 153).
19 *Zacher*, Demokratie, Kap. 10 (S. 140 ff.).
20 *Boulding*, Economic Policy, S. 111; *Giersch*, Wirtschaftspolitik, S. 73.
21 *Giersch*, Wirtschaftspolitik, S. 73 f.
22 Vgl. auch BVerfG, DÖV 1972, S. 606 (607): „Das Freiheitsrecht wäre ohne die tatsächliche Möglichkeit, es in Anspruch nehmen zu können, wertlos."
23 Anatole *France*, Die rote Lilie, S. 70.
24 *Hesse*, FG Smend, 1962, S. 71.
25 *Bernholz*, Politische Ökonomie, S. 29.
26 So z. B. *Zippelius*, Staatslehre, § 25 I (S. 153). Jellinek bezeichnet die durch solche Mitwirkungsrechte bestimmte Rechtsstellung des Einzelnen als „status activus". Staatslehre, S. 421 ff.

wächst mit dem Umfang des Mitwirkungseinflusses. Dieser ist z. B. beim Individualvertrag normalerweise besonders groß, beim Gesetz in den modernen westlichen Demokratien dagegen besonders klein; zwischen beiden Extremen liegt die Mitwirkungschance des Einzelnen bei einem seine Arbeitsbedingungen regelnden Tarifvertrag.

Auch Radbruch sieht in der Freiheit einen letzten Wert. Er begründet dies damit, die („äußere") Freiheit sei notwendige Voraussetzung für die („innere") Freiheit der ethischen Entscheidung und damit die Möglichkeit der Pflichterfüllung[27]. Radbruch setzt sich damit allerdings in einen gewissen Widerspruch zu seinem wertrelativistischen Ausgangspunkt. Denn für die überindividualistische Grundanschauung braucht Freiheit im Sinne von Selbstbestimmung des Bürgers durchaus kein letzter Wert zu sein[28].

Gerechtigkeit

Während wir Freiheit bisher als ein Attribut eines einzelnen Menschen in Bezug auf seine Umgebung betrachtet haben, bezieht das Gerechtigkeitspostulat die Tatsache in die Betrachtung ein, daß der Umfang der Freiheit eines Menschen sich nicht isoliert von den Freiheiten seiner Mitmenschen fixieren läßt, sondern ein wechselseitiger Zusammenhang besteht[29]: Je mehr ökonomische Güter ein Mensch sich zur Erfüllung seiner Wünsche reservieren kann, desto weniger stehen — angesichts der beschränkten Gesamtmenge — seinen Mitbürgern zur Verfügung; je größeren Einfluß ein einzelner Mensch auf gemeinschaftserhebliche Entscheidungen besitzt, desto geringer ist der Einfluß seiner Mitbürger. Die Gerechtigkeit betrifft also die Frage nach der Verteilung der Freiheiten zwischen den Menschen.

Man hat den Freiheitswert als eigentlichen Grundwert angesehen und der Gerechtigkeit den Eigenwert abgesprochen, weil sie nur der Maßstab für die nähere Bestimmung und Abgrenzung des Freiheitswertes sei, deren Notwendigkeit sich daraus ergebe, daß die Freiheit des einen die Freiheit des anderen einschränkt[30]. Diese Auffassung ist konsequent, wenn man Freiheit als „sozialgebundene Freiheit" definiert[30a]. Freiheit ist dann nicht eine Komponente der optimierenden Abwägung, sondern ihr Ergebnis. Ein solcher Ansatz mag für die verfassungsrechtliche Bestimmung des Inhalts der Grundrechtsartikel angemessen erscheinen, weil der Inhalt des grundrechtlichen Dürfens sich nur aus der Einbeziehung und Abwägung aller Gemeinwohlgrundwerte ergeben kann. Für die klare verfassungstheoretische Herausarbeitung eben dieser Grundwerte als normativer Komponenten für die Bestimmung des rechtlich Richtigen empfiehlt es sich jedoch, Freiheit unabhängig von den anderen Grundwerten zu definieren[30b]. Dann bedarf es wiederum der anderen Grundwerte als gleichrangiger Optimierungskomponenten, um die „Ist-Interessen" sozial zu begrenzen. In dieser hier allein relevanten Sicht besitzen also auch Gerechtigkeit und Gleichheit Eigenwert.

Zur gerechten interpersonalen Abgrenzung der Freiheit gehört zunächst einmal: Gleichheit der formalen Freiheiten, erstens im Sinne einer gleichen Unterworfenheit der Menschen unter die (rechtlichen) Gesetze („Gleichheit vor dem

---

27 *Radbruch*, Vorschule, S. 29.
28 Vgl. *Henkel*, Rechtsphilosophie, S. 367 f.
29 *Radbruch*, Vorschule, S. 23: „Die Idee der Gerechtigkeit ... bezieht sich auf das Zusammenleben".
30 *Schröder*, Gesellschaftspolitik, S. 104; *Dürig, Maunz/Dürig/Herzog*, Art. 3 Abs. 1, Rdnr. 135: „Gleichheit ist nach dem Grundgesetz kein Wert an sich". Vgl. auch Art. 3 Abs. 1, Rdnr. 164; Art. 2 Abs. 1, Rdnr. 2.
30a So statt vieler: *Dürig, Maunz/Dürig/Herzog*, Art. 1 Abs. 1, Rdnr. 52; *Bachof*, VVDStRL 12, S. 37 (45).
30b Oben S. 23.

B. Normative Grundlegung

Gesetz") und zweitens im Sinne einer Gleichheit des formalen demokratischen (staatsbürgerlichen) Status[31]. Dieser Aspekt der Gerechtigkeit ist heutzutage wenig problematisch. Gerechtigkeit erschöpft sich jedoch nicht in der formalen Gleichheit, sondern hat auch materiale, inhaltliche Komponenten. Sie erfordert möglichst gerechte Verteilung der „Freiheitsspielräume"[32] auch in materialer Hinsicht[33], d. h. sowohl, was die tatsächliche Einwirkungschance auf politische und wirtschaftlich-gesellschaftliche Entscheidungen, als auch, was die Versorgung mit ökonomischen Gütern anlangt. Gerechtigkeit bzw. Gleichheit werden auf diese Weise zum Hebel für die „soziale Erfüllung"[34] der im liberalen Staat vordergründig meist nur formal verstandenen Freiheiten[35].

Die effektiven Einwirkungschancen auf wirtschaftlich-gesellschaftliche und „politische" Entscheidungen sollen möglichst gleichmäßig auf alle Betroffenen verteilt werden. Daraus ergibt sich das Postulat, bei Übermachtbildungen, die die Ergebnisse, sei es der wirtschaftlich-gesellschaftlichen, sei es der „politischen" Entscheidungsverfahren verzerren, „gegenzuhalten". Die Bedeutung des ersteren Teils dieses Postulats wird unter dem Stichwort „Schutz des Bürgers vor gesellschaftlich-wirtschaftlicher Übermacht" allgemein gesehen[36]; Wissenschaft und Praxis haben auch versucht, ihm in etwa gerecht zu werden, z. B. durch Zulassung und Ermutigung gewerkschaftlicher Gegenmachtbildung und durch die Gesetzgebung gegen Wettbewerbsbeschränkungen. Dagegen besteht hinsichtlich des zweiten Teils des Postulats, der den Einfluß von Übermacht auf staatliche Entscheidungen betrifft[37], in Wissenschaft und Praxis bisher ein Defizit[38]. Dieser Themenkreis ist hauptsächlicher Gegenstand der vorliegenden Arbeit.

Hinsichtlich der Gerechtigkeit der Versorgung mit ökonomischen Gütern stellt sich vor allem die Frage, welches der Maßstab sein soll. Das Geldeinkommen spielt zweifellos eine wichtige Rolle[39]. Die Forderung nach materialer Gerechtigkeit der Güterversorgung wird dadurch übergeleitet in die nach Gerechtigkeit der Einkommensverteilung. Der Maßstab ist damit aber noch nicht bestimmt. Soll man sich nach den Bedürfnissen der einzelnen Menschen oder nach ihren Leistungen richten? Beide möglichen Komponenten der Idee der Verteilungsgerechtigkeit führen regelmäßig zu unterschiedlichen Ergebnissen.

Die Bedürfnisse der Menschen lassen sich nicht objektiv vergleichen und messen. Es käme bei prinzipiellem Zugrundelegen des Maßstabs „Bedarfsgerechtigkeit" deshalb nur eine typisierende Deutung in Frage, etwa indem jeder erwachsene Mensch ein Geldeinkommen von gleicher Höhe erhielte[40]. Völlige Einkommensegalität[41] wird heutzutage aber von keiner größeren politischen Gruppe

---

31 *Radbruch*, Vorschule, S. 28: Demokratie als Gewährung formaler rechtlicher Freiheit. *Giersch*, Wirtschaftspolitik, S. 75; *Dahl/Lindblom*, Grundziele, S. 222 ff.
33 *Radbruch*, Vorschule, S. 28: „Materielle Demokratie, d. h. tatsächliche, wirtschaftliche Freiheit für den Einzelnen."
34 *Zacher*, Demokratie, S. 113 ff.
35 Auch Gerechtigkeit bzw. Gleichheit sind allerdings keine absoluten, alleinigen Werte, sondern müssen bei Kollisionen mit den anderen Grundwerten, besonders mit dem Freiheitswert abgewogen werden. Bei der isolierten verfassungstheoretischen Behandlung des Gerechtigkeitsgrundsatzes braucht dies allerdings noch nicht berücksichtigt zu werden.
36 Z. B. Hans H. *Klein*, Grundrechte, S. 48 ff. (50 f.). Vgl. auch BVerfGE 5, S. 85 (205 f.): „Die freiheitliche demokratische Grundordnung (entnimmt) dem Gedanken der Würde und Freiheit des Menschen die Aufgabe, auch im Verhältnis der Bürger untereinander für Gerechtigkeit und Menschlichkeit zu sorgen."
37 Dazu auch *Zacher*, Demokratie, S. 16.
38 So mit Recht Hans H. *Klein*, Grundrechte, S. 51.
39 *Giersch*, Wirtschaftspolitik, S. 77; *Bernholz*, Politische Ökonomie, S. 30.
40 *Schröder*, Gesellschaftspolitik, S. 108. Kindern wären entsprechende Bruchteile zuzurechnen.
41 Zur Diskussion des sog. Egalitätsprinzips *Külp*, Verteilungspolitik, in: *Pütz* (Hrsg.), Wirtschaftspolitik III, S. 111 ff.

oder philosophischen Richtung als Ziel angestrebt, auch nicht vom marxistischen Kommunismus[42], und zwar nicht nur wegen der leistungs- und verantwortungsmindernden Wirkungen einer solchen absoluten Gleichheit der Einkommen[43] (Konflikt mit dem Wohlstandsziel), sondern auch wegen der Ungerechtigkeit, die in der Gleichentlohnung unterschiedlich leistungswilliger und leistungsfähiger Menschen erblickt wird. Die Leistung muß also in irgendeiner Form berücksichtigt werden.

Legt man den Gedanken der Leistungsgerechtigkeit allein zugrunde, steht zwar fest, daß „gleicher Lohn für gleiche Leistung" zu zahlen ist. Aber wann liegt gleiche Leistung vor? Soll es bei der Abschätzung der Leistung auf die Intensität des Bemühens oder auf den Erfolg ankommen? Welcher Grad der Streuung der Einkommen soll schließlich bei unterschiedlichen Leistungen — sofern man sich darüber einigen kann, daß und in welchem Maße unterschiedliche Leistungen vorliegen — als angemessen angesehen werden? Dazu bedürfte es eines Bewertungssystems, welches in Form des Arbeitsmarktes nur recht unvollkommen zur Verfügung steht.

In jedem Fall setzt die Leistungsgerechtigkeit die Herstellung möglichst weitgehender Chancengleichheit[44] voraus. Diese besteht offenbar nicht, wenn jemand nur deshalb ein größeres Einkommen erzielt, weil ihm ein Vermögen, z. B. kraft Erbschaft, in den Schoß gefallen ist[45], oder wenn er nur deshalb größere Fähigkeiten besitzt, weil er eine bessere Bildung und Ausbildung genossen hat als ein anderer, der keine reelle Chance dazu hatte[46].

Man wird wohl einen Kompromiß zwischen den Leistungsfähigkeits- und Bedürftigkeitskomponenten der Gerechtigkeit anstreben müssen. Auch dann, wenn man unter materieller Gerechtigkeit grundsätzlich Leistungsgerechtigkeit — bei Chancengleichheit, soweit diese herstellbar ist[47] — versteht[48], wird die Gemeinschaft doch jedenfalls denen, die — aus welchen Gründen auch immer — keine für ihre anerkannten Bedürfnisse ausreichenden Leistungseinkommen erzielen können, einen ausreichenden Zuschuß zur Gewährleistung einer ökonomischen Grundversorgung geben müssen[49] (Sicherung des physischen und kulturellen Existenzminimums)[50]. — Der Aspekt der gerechten ökonomischen Güvertei-

---

42 *Marx* selbst bezeichnet den Zustand des Kommunismus, in dem die „Gleichheit des Salärs" zum Prinzip erhoben wird, ablehnend als „rohen Kommunismus". K. *Marx*, Nationalökonomie und Philosophie, in: Frühschriften, hrsg. v. S. *Landshut*, Stuttgart 1953, S. 233.
43 *Tinbergen*, Wirtschaftspolitik, S. 279 f. mit Hinweis auf das Scheitern diesbezüglicher Versuche in Rußland vor 1926 und in Israel nach 1945. Vgl. auch *Stalin*, Problems of Leninism, Moskau 1940, S. 321 f.
44 *Krüger*, Staatslehre, S. 531. Grundsatzprogramm der SPD (sog. Godesberger Programm): „Nur Begabung und Leistung sollen jedem den Aufstieg ermöglichen". Sog. Berliner Programm der CDU, Präambel: „Chancengleichheit für jedermann".
45 *Dahrendorf*, in: „Die Zeit" vom 3. 1. 1975, S. 3: „Beschränkung des Status jener wenigen, deren meist vererbtes Vermögen sie befähigt, die Bürgerrechte anderer zu schmälern."
46 Hier liegen Aufgaben und Funktion der öffentlichen Bildungsvorsorge.
47 *Giersch*, Wirtschaftspolitik, 76: „Zu den Startbedingungen gehören die Erbanlagen, das familiäre Milieu, das ererbte Vermögen und die Erziehung und Ausbildung. Da man die Erbanlagen überhaupt nicht und Unterschiede in der ,Kinderstube' nur um den Preis einer Zerstörung der Familie ausgleichen kann, umfaßt die Forderung nach Startgleichheit in der Regel nur eine Beseitigung des Erbrechts und die Gewährung gleicher Ausbildungschancen für alle."
48 *Dahrendorf*, Die Zeit v. 3. 1. 1975, S. 3: „Es ist nichts Falsches an Einkommensunterschieden, an Ungleichheiten des erworbenen Status in jedem Sinne". *Dürig*, Art. 3 Abs. 1, Rdnr. 140; *Benda*, Zu einigen Fragen grundgesetzlicher Sozialstaatlichkeit, S. 42.
49 *Dürig*, Art. 3 Abs. 1, Rdnr. 142; ders., VVDStRL 30, S. 154 ff.; *Dahrendorf*, Die Zeit v. 3. 1. 1975, S. 3: „Sicherheitsnetz . . . gemeinsamer Grundstatus"; *Bernholz*, Politische Ökonomie, S. 30 f.
50 *Galbraith*, Gesellschaft im Überfluß, S. 347 f. Vgl. zum „Recht auf ein Mindesteinkommen in Höhe des Existenzminimums" auch *Külp*, Verteilungspolitik, in: *Pütz* (Hrsg.), Wirtschaftspolitik III, S. 118 ff.; *Benda*, Zu einigen Fragen grundgesetzlicher Sozialstaatlichkeit, S. 390.

B. Normative Grundlegung

lung wird, soweit es um Leistungen geht, die der Staat erbringt, im Verfassungsrecht unter dem Stichwort der „Teilhabe an staatlichen Leistungen" erörtert[51].

Sicherheit

Das Ziel (= der Wert) Sicherheit hat zwei verschiedene Aspekte. Einmal enthält es das Ziel, daß Freiheit und Gerechtigkeit, d. h. reale Freiheit für alle, möglichst auch in der Zukunft Bestand haben[52] (Sicherung der realen Freiheit für alle im Zeitablauf[53]). Es soll möglichst keine Verschlechterung, d. h. keine Verringerung des Freiheitsraumes der einzelnen Menschen, eintreten. Dabei geht es um die Sicherung der Freiheit sowohl vor formalen wie vor materialen Beschränkungen. Sicherheit der formalen Freiheit bedeutet Sicherheit des Rechts in der Zeit, also „Unverbrüchlichkeit", „Stetigkeit" des Rechts und ist damit eine Komponente dessen, was man mit Rechtssicherheit bezeichnet[54]. Sicherheit der materiellen Freiheit ist im wesentlichen gleichbedeutend mit Sicherung des wirtschaftlichen Standes. Auch dem dient das Recht[55]. Der Mensch ist gegen eine Verschlechterung seines Lebensstandards äußerst empfindlich. Eine Einschränkung seines Lebensstandards trifft ihn in der Regel viel härter, er bewertet sie viel negativer, als er umgekehrt eine Ausweitung positiv beurteilen würde[56]. Die Beschränktheit der weltwirtschaftlichen Ressourcen an Nahrungsmitteln, Rohstoffen und Energie, die in den letzten Jahren zunehmend ins Bewußtsein der Menschen getreten ist, hat das Sicherheitsziel aus der Sicht der ganzen Erdbevölkerung besonders akzentuiert[57].

Sicherheit bedeutet aber auch — und das ist die zweite Komponente des Ziels — Eindeutigkeit und Klarheit der Abgrenzung der Freiheitsräume der Menschen[58]. Die optimierende Abwägung zwischen den einzelnen Grundwerten führt oft zu keinen eindeutigen Ergebnissen. Sie ist bis zu einem gewissen Grad offen. Es besteht aber ein Bedürfnis des Menschen nach klaren und eindeutigen Regelungen. Er will wissen, was er von Rechts wegen nicht tun darf, was er zu tun hat (Eindeutigkeit der Abgrenzung des formalen Freiheitsraumes) und über welche ökonomischen Mittel er verfügt (Eindeutigkeit der Abgrenzung des materialen Freiheitsraumes). Sicherheit in diesem Sinne stimmt überein mit einer (zweiten, neben der bereits genannten stehenden) Komponente der Rechtssicherheit, nämlich dem Postulat, möglichst eindeutiges, klares Recht zu schaffen[59]. Rechtssicherheit erfordert eine Organisation der Willens- und Entscheidungsbildung,

---

51 *Häberle*, VVDStRL 30, S. 43 ff.; *Heinze*, Verteilung, S. 67 ff.; *Hesse*, Verfassungsrecht, S. 121.
52 *Dahl/Lindblom*, Grundziele, S. 230; *Giersch*, Wirtschaftspolitik, S. 83; *Bernholz*, Politische Ökonomie, S. 32.
53 Der Wert Sicherheit steht (wie auch der Wert Gerechtigkeit) in einem ambivalenten Verhältnis zum Wert Freiheit. Einerseits ist er auf diesen bezogen und bestimmt ihn näher: Wie Gerechtigkeit auf die Frage nach der interpersonalen Verteilung der realen Freiheit antwortet, so antwortet Sicherheit auf die Frage nach ihrer intertemporalen Verteilung. Andererseits können Freiheit und Sicherheit aber auch in einem Spannungsverhältnis stehen. Sicherheit ist — wie Gerechtigkeit (oben S. 25) — ein eigener Wert.
54 *Radbruch*, Rechtsphilosophie, S. 169; *Coing*, Rechtsphilosophie, S. 141–145; *Zippelius*, Recht, Kap. 22 (S. 125 ff.).
55 Diese Schutzfunktion (*Radbruch*, Vorschule, S. 30: „Sicherheit *durch* das Recht") ist von der Rechtssicherheit als Sicherheit *des* Rechts zu unterscheiden.
56 Hierin liegt der Grund für die Entwicklung des Versicherungsgewerbes und für die Nützlichkeit der Sozialversicherung gegen Arbeitslosigkeit, Krankheit, Tod und Invalidität.
57 Dazu jüngst besonders drastisch: *Gruhl*, Ein Planet wird geplündert, 1975.
58 *Schröder*, Gesellschaftspolitik, S. 103. Den Wert der Klarheit der Abgrenzung betont auch *Giersch*, Wirtschaftspolitik, S. 80, allerdings nicht bei Behandlung der Sicherheit. Vgl. z. B. auch *Wagner*, VVDStRL 27, S. 109: „Rechtswert der Übersichtlichkeit und Klarheit."
59 *Radbruch*, Rechtswissenschaft, S. 42.

die zu eindeutigen Abgrenzungen gelangt, d. h. positives Recht setzt[60], auch und gerade dort, wo sich nicht eindeutig feststellen läßt, was inhaltlich richtig ist. Vor allem dann ist es wichtig, *daß* überhaupt entschieden wird, was rechtens sein soll[61]. Der Gesetzespositivismus, für den ohne Rücksicht auf den Inhalt der Wahlspruch galt „Gesetz ist Gesetz" stellt die Verabsolutierung des Werts der Rechtssicherheit dar[62]. Die berechtigten Einwände, die heute gegen den Positivismus geltend gemacht werden, dürfen uns aber nicht veranlassen, ins gegenteilige Extrem zu verfallen und den Grundwert der Rechtssicherheit (der im Konfliktfall mit anderen Grundwerten abgewogen werden muß) zu übersehen oder auch nur gering zu achten[63].

Frieden

Frieden meint zunächst einmal den Ausschluß jeder Art von physischer Gewaltanwendung[64] sowohl innerhalb eines Gemeinwesens wie auch im Verhältnis zu anderen Gemeinwesen[65] (physischer Frieden). Darüber hinaus bedeutet das Postulat Frieden, Spannungen zwischen einzelnen Menschen und verschiedenen Teilen der Bevölkerung und Unzufriedenheit mit anzustrebenden gesellschaftlichen Ordnungen, ihren Institutionen und den getroffenen Maßnahmen möglichst zu vermeiden (sozialer Frieden)[66].

Auch hier ergeben sich Überschneidungen mit und Parallelen zu anderen Zielen. So wird die gerechte Verteilung der Freiheitsräume und ihre eindeutige gegenseitige Abgrenzung, ebenso wie ihre Sicherung in der Zeit, den sozialen Frieden im allgemeinen ebenso fördern[67] wie eine möglichst gute und sich mehrende Güterversorgung und die Mitbestimmung der Menschen an den sie betreffenden Entscheidungen[68]. Die Realisierung dieser Werte wirkt friedenstiftend, oder, in der Terminologie Smends, integrierend[69]. Frieden wird deshalb bisweilen gar nicht als eigenständiges Grundziel genannt[70]. Das Ziel braucht sich indessen nicht in den genannten anderen Zielen zu erschöpfen.

Bernholz begründet eine eigenständige Bedeutung mit der häufigen Unkenntnis der Menschen über die wirtschaftlichen Zusammenhänge: „Aber selbst wenn Güterversorgung, Gerechtigkeit und Freiheit möglichst gut gesichert sind, mag es sein, daß viele Gesellschaftsmitglieder bestimmte Maßnahmen verlangen, um eine noch größere Gerechtigkeit zu verwirklichen, wobei sie aus Unkenntnis der Zusammenhänge übersehen, daß die vorgeschlagenen Eingriffe eine ihnen selbst unangenehmere Verschlechterung der Güterversorgung nach sich ziehen müßten. Unter solchen Bedingungen kann es manchmal zur Wahrung des Friedens durchaus richtig sein, die von vielen herbeige-

---

60 *Radbruch*, Rechtsphilosophie, S. 169 f.; ders., Vorschule, S. 30.
61 *Radbruch*, Rechtsphilosophie, § 10, 3 (S. 178–183); ders., Vorschule, § 9; Heller, Staatslehre, Ges. Schriften III, S. 332 f.
62 *Zippelius*, Recht, Kap. 22 c (S. 126).
63 *Maunz-Dürig*, Maunz/Dürig/Herzog, Art. 20, Rdnr. 60.
64 *Coing*, Rechtsphilosophie, S. 138.
65 Vgl. auch *Carstens*, VVDStRL 20, S. 122.
66 *Bernholz*, Politische Ökonomie, S. 31. Auch das Bundesverfassungsgericht erblickt in der Stärkung der sozialen Stabilität ausdrücklich ein Gemeinschaftsgut. Vgl. *Badura*, Grenzen der Wirtschaftspolitik, S. 385.
67 *Marcic*, Richterstaat, S. 183: „Wo Gerechtigkeit geübt wird, dort herrscht sozialer Friede".
68 Zum Zusammenhang zwischen Mitbestimmung und Integration (sozialer Frieden) auch *Hesse*, Verfassungsrecht, S. 58.
69 *Smend*, Verfassung und Verfassungsrecht, S. 158 ff. (bes. S. 164) = ders., Staatsrechtliche Abhandlungen, S. 260 ff. (bes. S. 265). *Boulding*, Economic Policy, S. 20, behandelt die Werte „Frieden" und „Integration" als Synonyme.
70 *Haller*, Finanzpolitik, § 7, der als Grundziele nur Freiheit, Gerechtigkeit und Versorgungsmaximierung nennt. Vgl. auch oben § 4 FN 111.

wünschten Schritte trotz ihrer Schädlichkeit zu unternehmen"[71]. *Diese* Begründung erscheint jedoch bedenklich. Aufgabe der Sozialwissenschaften ist es doch gerade, die Zusammenhänge zu ergründen, das Wissen der Menschen zu erweitern und auf diese Weise zu einer Verbesserung der Gemeinschaftsordnung beizutragen. Zu ihrer primären Aufgabe gehört es also, Bevölkerung und Politiker über Zusammenhänge aufzuklären. Mit der Unkenntnis vieler Menschen von an sich bekannten Zusammenhängen kann m. E. jedenfalls solange kein anerkennenswertes Ziel begründet werden, als die Möglichkeit der Aufklärung (ohne Gefahr unerträglichen Unfriedens) besteht.

Radbruch nennt Sicherheit (soweit sie über die Rechtssicherheit hinausgeht) und Frieden nicht als Grundwerte. Der Grund dafür liegt wohl darin, daß Radbruch wegen seines wertrelativistischen Ausgangspunktes auch die autoritären, überindividuellen („Du bist nichts, Dein Volk ist alles") und die „transpersonalen" Anschauungen (Treitschke: „Eine Statue des Phidias wiegt alles Elend der Millionen antiker Sklaven auf") als zulässige (wenn auch nicht extrem durchzuführende) Alternativen gelten läßt und diese Staatsauffassungen sich nicht mit der Anerkennung von Sicherheit und Frieden als „letzten" Werten vereinbaren lassen[72]. Schließt man aber die autoritären und die „transpersonalen" Staatsauffassungen als unserem heutigen Staats- und Gemeinschaftsverständnis widersprechend aus, so entfällt jener Grund gegen die Anerkennung auch von Sicherheit (über die Rechtssicherheit hinaus) und vor allem von Frieden als letzten menschlichen Werten.

Wohlstand

Die häufig als Generalziel der Wirtschaftspolitik apostrophierte Mehrung des wirtschaftlichen Wohlstands[73] — verstanden als möglichst gute und sich verbessernde Güterversorgung[74] — ist, wenn man genau hinsieht, gar kein letztes gesellschaftliches Ziel[75]. Die moderne Theorie der Wirtschaftspolitik versteht Wohlstandssteigerung (Wachstum)[76] denn auch nur als Unterziel, das seinen Wert von den Zielen Freiheit, Gerechtigkeit, Sicherheit und Frieden her empfängt[77]. Wenn wir es hier dennoch und „trotz aller Verlästerungen und Verketzerungen"[78] gesondert aufführen, so einmal wegen seiner Bedeutung für die anderen Ziele, zum anderen aber auch deshalb, weil das Ziel, die Güterversorgung zu verbessern, seinerseits wieder mit den Zielen Gerechtigkeit und Sicherheit in Konflikt geraten kann.

Eine möglichst gute und sich verbessernde Güterversorgung dient vor allem der Freiheit, weil die ökonomischen Beschränkungen der Freiheit mit wachsender Versorgung vermindert werden[79]. (Dabei wird allerdings vorausgesetzt, daß die Bedürfnisse als Folge der zunehmenden Versorgung nicht ebenso schnell oder gar

---

71 *Bernholz*, Politische Ökonomie, S. 31.
72 *Ryffel* (Rechts- und Staatsphilosophie, S. 452) hat mit Recht darauf hingewiesen, daß die autoritären, machterstrebenden Staatsauffassungen auf kriegerische Verwicklungen angelegt sind. Vgl. auch oben S. 15.
73 *Meinhold*, Volkswirtschaftspolitik I, S. 17, 40 f.; *Christen*, Die Wirtschaftsverfassung des Interventionismus, S. 4 ff.; 191 ff. m. w. N.; *Knips*, Zielkonflikte, S. 32.
74 Wirtschaftlicher Wohlstand im genannten Sinn ist zu unterscheiden von der „Wohlfahrt" als „Ausdruck für die Gesamtheit der erstrebten Ziele" (*Giersch*, Wirtschaftspolitik, S. 97), deren optimale Realisierung das Gemeinwohl ausmacht (unten S. 54 ff.).
75 *Meinhold*, Volkswirtschaftspolitik I, S. 38: Ökonomische Ziele sind häufig nur Vor- und Zwischenziele im Verhältnis zu dahinter stehenden außerökonomischen Zielen. Vgl. auch *Ohm*, Volkswirtschaftspolitik I, S. 59.
76 Vgl. *Woll*, Wachstum als Ziel der Wirtschaftspolitik; *Schröder*, Wachstum und Gesellschaftspolitik.
77 *Giersch*, Wirtschaftspolitik, S. 87; *Bernholz*, Politische Ökonomie, S. 28.
78 *Ryffel*, Rechts- und Staatsphilosophie, S. 468.
79 *Lewis*, Theorie des wirtschaftlichen Wachstums, Tübingen 1956: „Der Vorteil des wirtschaftlichen Wachstums besteht . . . darin, daß es die Wahlmöglichkeiten der menschlichen Existenz vermehrt . . ., daß dasselbe dem Menschen mehr Macht über seine Umgebung gibt und deshalb seine Freiheit erhöht." *Schröder*, Gesellschaftspolitik, S. 80. Vgl. auch *Böckenförde*, NJW 1974, S. 1529 (1538): Gesellschaftliche Entwicklung und gesellschaftlicher Wohlstand als (soziale) Freiheitsbasis für alle.

§ 5 Gemeinwohlgrundwerte

noch schneller wachsen). Von hierher gewinnen das Wachstum des Wohlstandes[80] (etwa pro Kopf der Bevölkerung[81]) und das Effizienzerfordernis[82] ihre freiheitsrelevante Bedeutung.

Die richtige Berechnung des Wohlstandswachstums macht allerdings Schwierigkeiten. Das in herkömmlicher Weise aus der volkswirtschaftlichen Gesamtrechnung ermittelte reale Bruttosozialprodukt ist kein zuverlässiger Indikator[83]. Das zeigt das Beispiel Umweltverschmutzung: Bei Berechnung des Bruttosozialprodukts werden nämlich die sozialen Kosten nicht abgezogen, die durch Verschmutzungen bei der Produktion oder dem Verbrauch bestimmter Güter entstehen, obwohl sie den Wohlstand beeinträchtigen. Dieser hängt ja nicht nur ab von der möglichst guten und reichhaltigen Versorgung mit privaten, sondern auch von der Versorgung mit sog. öffentlichen Gütern wie reiner Luft, reinem Wasser etc. Mangels Abzugs der sozialen Kosten wird das reale Sozialprodukt, verstanden als Wohlstandsindikator, also überhöht ausgewiesen. Werden dagegen Aufwendungen vorgenommen, um Umweltschäden zu vermeiden oder in Grenzen zu halten, so wird ein Teil der bislang für die Produktion privater Güter verwendeten Ressourcen für den Umweltschutz in Anspruch genommen. Das führt zwar einerseits zu einer Verringerung des realen Wachstums der Produktion privater Güter, aber andererseits zur forcierten Produktion des besonders wichtigen „Konsumgutes" Umweltqualität[84]. Eine solche Umschichtung des volkswirtschaftlichen „output" bringt keine Verringerung, sondern eine Erhöhung des Wohlstandes. Es ist deshalb zumindest mißverständlich, wenn man — wie es häufig geschieht[85] — von einem Verhältnis der Zielkollision zwischen Wohlstand und Wachstum einerseits und Umweltschutz andererseits ausgeht[86]; ein solcher Gegensatz bestände nur, wenn man daran festhielte, den volkswirtschaftlichen Wohlstand weiterhin mit einem Sozialproduktsbegriff zu messen, der dafür — jedenfalls was den Einfluß der Umweltmaßnahmen anlangt — ungeeignet ist[87].

Berücksichtigt man die heutige Abhängigkeit der wirtschaftlichen Entwicklung von der staatlichen Lenkung[88], so gewinnt auch die Frage nach der Gewährleistung richtiger staatlicher Entscheidungen, oder negativ ausgedrückt: der Schutz vor wirtschafts- und finanzpolitischen Fehlentscheidungen, zunehmendes Gewicht. Letztere Problematik, die Gegenstand dieser Arbeit ist, ist bisher allerdings von der Rechtswissenschaft fast vollständig vernachlässigt worden[89].

Die Wohlstandsmehrung ermöglicht darüber hinaus mehr Gerechtigkeit ohne (oder bei relativ geringem) Verlust an Sicherheit, weil sich in einer wachsenden Wirtschaft Einkommen (und damit potentielles Vermögen) umverteilen lassen, ohne daß man größere Vermögen und Einkommen beschneiden müßte (was dem Sicherheitsziel zuwiderlaufen würde). Denn im Wachstum kann schon eine Beschränkung des Zuwachses großer Einkommen und Vermögen zugunsten eines

---

80 *Häberle*, VVDStRL 30, S. 59 f., 62, 125, 136, 141. Vgl. auch schon *Ipsen*, Planung II, S. 87: Verfassungsauftrag zu staatlicher Wachstumsvorsorge; ebenso *ders.*, VVDStRL 24, S. 222. Vgl. auch *Herzog*, Staatslehre, S. 117: „Allgemeine Fortschrittsvorsorge".
81 Zu den Einzelheiten der Bestimmung der Maßstäbe für das Wachstum *Schröder*, Gesellschaftspolitik, S. 116 ff.
82 *Häberle*, VVDStRL 30, S. 65, 99, 134 (Ziff. 12); zustimmend *Achterberg*, ebenda, S. 176; vgl. auch *Hesse*, Verfassungsrecht, S. 78.
83 *v. Arnim*, Volkswirtschaftspolitik, S. 128 ff. m. w. N.
84 Umweltgutachten 1974, Ziff. 26 ff. (bes. 31), 618.
85 *Rehbinder*, ZRP 1970, S. 250 (251, 252); *Soell*, WiR 1973, S. 72 (85).
86 Gerechtigkeit in der Industriegesellschaft, S. 184 (Diskussion): Die Spannung zwischen Wirtschaftswachstum und Umweltschutz sei „im Sinne der Priorität des Umweltschutzes und im Sinne eines qualitätsbewußten Wirtschaftswachstums" aufzulösen.
87 *Münnich*, in: Macht und ökonomisches Gesetz, S. 834 f.
88 *Scheuner* (Hrsg.), Die staatliche Einwirkung auf die Wirtschaft.
89 Dies betont zutreffend Hans H. *Klein*, Grundrechte, S. 50.

B. Normative Grundlegung

erhöhten Zuwachses der kleineren Einkommen und Vermögen einen Umverteilungseffekt bewirken. Wachstum wirkt auf diese Weise konfliktmindernd[90], fördert also auch den sozialen Frieden[91]. Entsprechendes gilt für eine Mehrung der Sicherheit. Auch sie läßt sich in einer wachsenden Wirtschaft relativ komplikationslos erreichen.

Die Beziehungen zwischen Wachstum einerseits und Gerechtigkeit, Sicherheit (und Frieden) andererseits sind allerdings komplexer[92]: Wachstum besitzt nicht nur ursächlichen Einfluß auf die anderen Ziele, indem es die ökonomische Basis der Freiheit verbreitert und die Schaffung von Gerechtigkeit und Sicherheit erleichtert, sondern die Wachstumsrate wird ihrerseits von der bestehenden Freiheit der ökonomischen Verteilung und der Sicherheit beeinflußt. Soweit hier Zielharmonie besteht (wie wohl mit der formalen ökonomischen Handlungsfreiheit und mit der Rechtssicherheit, die beide dem Wachstum förderlich sein dürften), bestehen keine Probleme; diese ergeben sich erst im Verhältnis zur Gerechtigkeit und zur Sicherheit (ohne Rechtssicherheit): Denn je gleichmäßiger die Einkommen interpersonal wie intertemporal verteilt sind, desto geringer wird tendenziell die Wachstumsrate der betreffenden Volkswirtschaft sein[93]. Insofern bestehen zwischen Wachstum einerseits und Gerechtigkeit und Sicherheit andererseits Zielkonflikte. Das dürfte besonders in einer prinzipiell marktwirtschaftlichen Ordnung gelten; das Konfliktproblem läßt sich allerdings kaum dadurch aus der Welt schaffen, daß man als eine Art Patentlösung die marktwirtschaftliche Ordnung insgesamt beseitigt; denn einerseits bliebe auch dann der Konflikt zwischen Einkommensnivellierung und Wachstum, wenn auch wohl etwas abgeschwächt, bestehen[94]. Andererseits würden sich zusätzliche und besonders gravierende Gefahren ergeben: Nun würde nämlich die Freiheit (vom Staat) zum primär gefährdeten Wert. Man wird sich deshalb mit der Existenz von Zielkonflikten abzufinden und zu versuchen haben, jedem Ziel, wenn auch nicht vollständig, so doch — im Wege von situationsbedingten optimierenden Wertkompromissen — je teilweise gerecht zu werden.

§ 6 Interessen und Werte

„Ist-Interessen" als Ausgangspunkt

Ausgangspunkt der Darstellung der Grundwerte war die freiheitliche Selbstbestimmung, wobei wir den Grad der Freiheit nach dem Fehlen von Hindernissen für die Verwirklichung von Wünschen bestimmt haben. Bezugspunkt sind also die Bestrebungen und Bedürfnisse, die sich aus der Vorstellung und dem Wollen

---

90 *Schmahl*, Globalsteuerung, S. 25.
91 So auch *Vogel/Wiebel*, BK, Art. 109, Rdnr. 114.
92 Zur ambivalenten Beziehung zwischen Wachstum und den anderen Zielen Erich *Preiser*, ZgesStW 123 (1967), S. 586 (593 ff.).
93 Daraus ergeben sich Grenzen für gerechtigkeitsmotivierte Sozialisierungen von Freiheit. Diese Grenzen bestehen — wegen des wiederum vorliegenden Bedingtseins der Freiheit durch Wachstum — „um der Freiheit selbst willen" (*Häberle*, VVDStRL 30, S. 53). Dazu, daß auch kommunistische Wirtschaftsordnungen sich aus Gründen des Leistungsanreizes keine Einkommensnivellierung leisten können, vgl. oben S. 26 f. Neben den Leistungsanreizen nehmen mit zunehmender Gleichmäßigkeit der Einkommensverteilung nach gängiger volkswirtschaftlicher Lehrmeinung auch die volkswirtschaftliche Sparquote und damit die das gesamtwirtschaftliche Wachstum bestimmende Investitionsquote ab. Zugrunde liegt die Vorstellung, daß der Bezieher eines relativ großen Einkommens einen relativ größeren Teil davon spart bzw. investiert als der Bezieher eines mittleren und erst recht eines kleinen Einkommens (Hypothese von der Zunahme der Sparquote mit wachsendem Einkommen).
94 Der zweite in der vorangehenden Fußnote genannte Grund für Wachstumsminderung bei zunehmender Einkommensnivellierung besteht in der Zentralverwaltungswirtschaft nicht zwangsläufig, weil dort die Spar- und Investitionsquote gelenkt werden kann, wohl aber der erstgenannte.

der Menschen ergeben. Diese Bestrebungen und Bedürfnisse, die ein bestimmter Mensch tatsächlich hat, bezeichnen wir als seine „Interessen"[1] (genauer: als seine „Ist-Interessen" im Gegensatz zu seinen „Soll-Interessen", als welche wir die Bestrebungen bezeichnen, die er in einem noch zu erläuternden Sinne haben sollte). Der Grundwert der Freiheit bedeutet also, daß der einzelne Mensch selbst bestimmen kann und soll, welches seine relevanten Interessen sind und die Gemeinschaftsordnung dieser Bestimmung einen Eigenwert beimißt und sie möglichst weitgehend respektiert. Der Begriff des „Interesses" ist dabei nach unserer Terminologie nicht auf materielle, wirtschaftliche Bestrebungen beschränkt, sondern bezieht auch alle ideellen, d. h. geistigen, kulturellen, weltanschaulichen und religiösen Bestrebungen mit ein[2]. Freiheit ist jedoch nicht der einzige Grundwert, der oben zugrundegelegt wurde. Um die Beziehung des Begriffs „Interesse" zu den anderen Werten wie Gerechtigkeit, Sicherheit etc. darzulegen, muß man den Blick auf mögliche Interessenkonflikte richten.

Die zahllosen unterschiedlichen Interessen der Menschen können — wegen der allgemeinen Knappheit von Zeit, Raum und Mitteln — leicht miteinander kollidieren in dem Sinne, daß die ganze oder teilweise Befriedigung eines Interesses Abstriche bei der Befriedigung eines anderen Interesses (oder mehrerer anderer Interessen) nötig macht. Derartige Interessenkonflikte können ein und denselben Menschen betreffen und in seiner Brust bzw. seiner Psyche ausgetragen werden[3] (intrapersonale Konflikte)[4] oder auch die Interessen verschiedener Personen oder Gruppen von Personen (interpersonale bzw. Inter-Gruppenkonflikte).

Ein *intra*personaler Konflikt kann etwa zwischen dem Wunsch nach Verausgabung eines bestimmten Betrages für ein teures Konsumgut und dem (möglicherweise nicht gleichzeitig zu realisierenden) Wunsch, sich gegen Notfälle zu versichern, liegen. Ein *inter*personaler Konflikt mag z. B. bei Festlegung der Bestimmungen eines Kaufvertrages bestehen; eine Veränderung der (zunächst ins Auge gefaßten) Vertragsbestimmungen zugunsten des Käufers bedeutet hier notwendigerweise eine geringere Wahrung der (eigennützigen) Interessen des Verkäufers und umgekehrt. Allerdings braucht in diesem Falle nicht unbedingt ein interpersonaler Konflikt vorzuliegen. Sollten nämlich beide Partner einen gerechten, angemessenen Interessenausgleich anstreben und sollte sich diese Motivation auch (intrapersonal) gegenüber dem Bestreben, die Austauschbedingungen für sich so wirtschaftlich günstig wie nur irgend möglich zu gestalten, durchsetzen, so bestände zwischen den Kontrahenten kein Interessenkonflikt — sofern ihre Gerechtigkeitsvorstellungen übereinstimmen.

Intellektuelle und ethische „Läuterung" von Interessen: „Soll-Interessen"

Der einzelne Mensch mag Gemeinschaftseinrichtungen zustimmen, die etwa der Sicherheit dienen (wie z. B. den Sozialversicherungen), auch wenn seine formale Freiheit dadurch (z. B. wegen Zwangsbeiträgen) eingeschränkt werden sollte. Das egoistische Eigeninteresse bleibt hier das Motiv, nur eben nicht das

---

[1] Zum Begriff „Interesse" auch *Wolff/Bachof,* Verwaltungsrecht I, § 29 I; *Kriele,* Kriterien, S. 62 f.; *Kaiser,* Repräsentation, S. 339 ff.
[2] So auch *Ryffel,* Öffentliche Interessen, S. 19; *Kaiser,* Repräsentation, S. 345 f. m. w. N.; *Krüger,* Staatslehre, S. 343.
[3] *Bodenheimer,* Public Interest, S. 217.
[4] Die Entscheidungskriterien für reine intrapersonale Konflikte fassen *Wolff/Bachof* zusammen unter dem Begriff der Tugend (*Wolff/Bachof,* Verwaltungsrecht I, § 24 II a). Das erscheint aber zu eng in Anbetracht der Tatsache, daß es auch intrapersonale Konflikte hinsichtlich materieller Interessen geben kann, der Begriff der Tugend aber doch wohl nach dem Sprachgebrauch auf ideelle Erwägungen und Abwägungen beschränkt ist.

B. Normative Grundlegung

kurzsichtige, auf direkten sofortigen Vorteil gerichtete, sondern das längerfristige verständige eigene Interesse[5]. Das kurzfristige Eigeninteresse wird also durch Erweiterung des intellektuellen Horizonts „geläutert". Der einzelne Mensch mag aber — bei interpersonalen Interessenkonflikten — auch einen gerechten, angemessenen Interessenausgleich anstreben. Wer gerechten Interessenausgleich wünscht, wird also seine Interessen, sofern dies auf Kosten der Interessen anderer geht, nicht weiter gefördert sehen wollen, als es diesem Ausgleich entspricht. Hier wird das Eigeninteresse also durch Einbeziehung ethischer Werte „geläutert"[6].

Eine Zwangsläufigkeit für derartige Sublimierungen der faktischen Interessen durch den einzelnen Menschen selbst besteht allerdings nicht, nicht einmal eine Wahrscheinlichkeit: Der Mensch mag gar nicht nachdenken, so daß der intellektuelle Läuterungsprozeß mangelhaft ist[7]; er ist vielleicht auch nicht willens, den ethischen Läuterungsprozeß in seiner Brust[8] zu vollziehen. Aber selbst wenn die einzelnen Menschen sich intellektuell und ethisch alle ihnen mögliche Mühe gäben, würden daraus kaum spontane gemeinwohlrichtige Entscheidungen resultieren können. Jeder Einzelne müßte nämlich nicht nur über alle verfügbaren Tatsachen und Zusammenhänge informiert sein, sondern auch die Zeit haben, diese auf die jeweilige Einzelsituation anzuwenden. Schon das ist aber praktisch ein Ding der Unmöglichkeit[9]. Zudem wären in dem breiten Raum der Ungewißheit, der schon mangels umfassenden verfügbaren Wissens in jedem Fall verbleibt, Diskrepanzen der spontanen Einzelentscheidungen unvermeidlich, die eine rechtlich geregelte Koordination unerläßlich machen[10]. Hinzu kommen Wertungsdiskrepanzen. Abweichungen der Ist-Interessen von den Soll-Interessen (in den Grenzen, in denen diese feststellbar sind)[11] sind deshalb die Regel — ein Tatbestand, der überhaupt erst das Bestehen einer Rechtsordnung[12] und des Staates, der sie konkretisiert und durchsetzt[12a], erforderlich macht.

Nach diesen Darlegungen kann nunmehr der Begriff der „Soll-Interessen" näher umrissen werden. Darunter sind normative Größen zu verstehen, die sich aus einer wertorientierten Abwägung der Ist-Interessen ergeben: Die Ermittlung der Soll-Interessen erfordert zunächst einmal eine genaue Kenntnis der tatsächlichen Interessen der Menschen und der wechselseitigen Beziehungen zwischen ihnen. Zusätzlich zu dieser „Interessenberechnung" ist eine Abwägung erforder-

---

5 Dazu gehört auch das Interesse an Einrichtungen (z. B. Arbeitslosenunterstützung, rechtsstaatliche Sicherungen zugunsten des Angeklagten, Sicherungsvorkehrungen gegen Verkehrsunfallfolgen), die jeweils nur bestimmten Individuen zugute kommen, die in einer besonderen Lage sind (Arbeitslosigkeit; Anklage wegen eines strafrechtlichen Delikts, Eintritt eines Verkehrsunfalls), sofern jedes Mitglied der Gemeinschaft selbst einmal in diese Lage kommen kann. *Kriele*, Theorie, S. 180, 189.
6 Ethische und intellektuelle Läuterungen brauchen je nicht weit auseinanderzuliegen, etwa weil das langfristige Eigeninteresse an sozialem (und physischem) Frieden eine Realisierung ethischer Werte (wie bes. der Gerechtigkeit) auch aus der verständigen Sicht derjenigen Menschen verlangen mag, deren (kurzfristige materielle) Interessen durch eine solche Realisierung beeinträchtigt werden. Analytisch empfiehlt sich dennoch ein Auseinanderhalten beider „Läuterungskomponenten".
7 So „kommt das Allgemeininteresse und das darin eingeschlossene Eigeninteresse oft aus Kurzsichtigkeit nicht in den Blick. Rechtsstaatlichen Sicherungen zugunsten des Angeklagten wird oft widersprochen, weil man sich weder klarmacht, daß man selbst oder nahe Angehörige schuldig werden könnten, noch daß man unschuldig in eine Lage geraten könnte, in der die Verdachtsmomente gegen einen sprechen" (*Kriele*, Theorie, S. 189).
8 Daß der Sitz der Spannung zwischen Norm und Wirklichkeit „auch und vor allem Kopf oder Brust des Bürgers" ist, betont *Krüger* (Staatslehre, S. 703).
9 *Schröder*, Gesellschaftspolitik, S. 85.
10 *Kriele*, Theorie, S. 193.
11 *Wolff/Bachof*, Verwaltungsrecht I, § 29 I b 2.
12 *Mestmäcker*, Macht — Recht — Wirtschaftsverfassung, S. 183 (196).
12a *Heller*, Staatslehre, S. 222 ff. = Ges. Schriften III, S. 332 ff.

lich. Kriterien und Maßstäbe dieser Abwägung sind die oben[13] dargelegten Gemeinwohlwerte[14]. Ergebnis dieser (erkenntnisorientierten) Interessenberechnung und (wertorientierten) Interessenabwägung[15] ist das, was in der jeweiligen Situation im „gesollten" Interesse der Menschen liegt.

In dieser Terminologie kann man auch sagen: Gemeinwohl setzt sich zusammen aus den Soll-Interessen der einzelnen Menschen[16]. Damit wird einmal mehr deutlich, daß das Gemeinwohl letztlich immer auf die einzelnen Menschen Bezug nimmt und auf sie zurückgeführt werden kann[17], zwar nicht in dem Sinne, daß alle Menschen, die ihnen angesonnenen Interessen tatsächlich als solche empfinden, aber doch in dem Sinne, daß sie dies können sollten[18]. Der häufig herausgestellte Gegensatz zwischen Gesamtwohl (= Gesamtinteresse) und Individualinteresse besteht in dieser Sicht nur, wenn man „Interesse" mit (kurzsichtigem und eigennützigem) „Selbstinteresse" (im Gegensatz zum „richtigen" Soll-Interesse) gleichsetzt, was aber nicht immer sinnvoll zu sein braucht.

Die Auseinandersetzung zwischen Ryffel und Schaeder auf der Tagung der Verwaltungshochschule Speyer zum Thema „Wohl der Allgemeinheit und öffentliches Interesse" (1968), ob neben den Individualinteressen der Menschen noch ein „Staatsinteresse" anzuerkennen sei, beruhte, genau genommen, nur auf einem Unterschied in Terminologie und Fragestellung: „Staatsinteressen" sind in der Terminologie Schaeders solche, die die einzelnen Menschen nicht angemessen wahrnehmen können, etwa weil sie sie übersehen oder zu niedrig einschätzen. Die darin in der Sache zum Ausdruck gekommene Überzeugung von der Notwendigkeit der Kontrolle und Korrektur des Ergebnisses der tatsächlichen Interessen der Individuen teilt aber auch Ryffel ohne weiteres, indem er auf die „richtigen" Interessen der Individuen abstellt. Der terminologische Gegensatz löst sich sachlich auf, wenn man ihn auf die unterschiedlichen Fragestellungen zurückführt, von denen beide Wissenschaftler ausgehen: Für Schaeders Begriffsbildung ist entscheidend, daß es der „Staat" ist, der die andernfalls zu kurz kommenden Interessen wahren muß. Er fragt also: Wer nimmt die notleidenden Interessen wahr? Für Ryffels Begriffsbildung ist dagegen die Frage maßgebend, für wen, in wessen Interesse letztlich alle Aufgaben der Gemeinschaft zu bewältigen sind. Schaeder fragt nach dem Mechanismus der Interessenwahrung, Ryffel nach dem Träger des Interesses. Die Antworten auf die beiden unterschiedlichen Fragen brauchen sich in der Sache nicht zu widersprechen.

§ 7 Verfassungsrechtliche Anknüpfungspunkte für die Gemeinwohlgrundwerte

Während der verfassungsrechtliche Sitz des Schutzes der Menschenwürde als des obersten Werts der durch das Grundgesetz verfaßten Gemeinschaft ange-

---
13 Oben § 5.
14 Verstände man — im Gegensatz zu dem hier vertretenen Ansatz — unter Freiheit die „Freiheit, das zu tun, was man soll" (dazu oben S. 23), und verlegte auf diese Weise die gesamte Wertabwägung in den Freiheitswert hinein, so ergäben sich die Soll-Interessen allein aus dem Freiheitswert.
15 Dazu im einzelnen unten S. 60 ff.
16 So *Ryffel*, Öffentliche Interessen, S. 20 ff.
17 *Stroißlar*, Gemeinschaftsvorstellungen, S. 22 FN 8; *Ryffel*, Öffentliche Interessen, S. 20. Wohl zustimmend *Knöpfle*, in: Wohl der Allgemeinheit, S. 157, *Cassinelli*, Some Reflections on the Concept of the Public Interest, Ethics LXIX (1958), S. 49 (58): The idea of opposition between public interest and individual interest is not consistent with a democratic ethic." *Wolff/Bachof*, Verwaltungsrecht I, § 29 III a (3): „Zwischen dem wahren Gesamtinteresse und wahren Privatinteressen (kann) letztlich kein Widerspruch eintreten." Allgemein dazu, daß Aussagen über Völker, Staat oder andere „Ganzheiten" stets aufgefaßt werden können als Aussagen über menschliche Individuen, die jenen Gemeinschaften angehören: *Schlick*, Über den Begriff der Ganzheit, S. 213 (221 f.). Vgl. auch oben § 4 FN 9.
18 *Ryffel*, Öffentliche Interessen, S. 16; *Wolff/Bachof*, Verwaltungsrecht I, § 29 I a, b; *Pennock*, The One and the Many, S. 181: „Anything that is part of the public interest must be capable of recognition by individuals as an interest that they share in the sense that they wish to see it furthered or think it ought to be furthered."

B. Normative Grundlegung

sichts des Wortlauts des Art. 1 Abs. 1 GG feststeht, ist die verfassungsrechtliche Verortung der oben in § 5 dargelegten Grundwerte von mancherlei Zweifelsfragen umgeben. Das Grundgesetz nennt diese Grundwerte zum Teil nämlich gar nicht ausdrücklich, sondern setzt sie als verfassungsimmanente Prinzipien[1], die „hinter den positivierten Rechtssätzen stehen"[2], voraus[3]. Sie können deshalb aus den grundgesetzlichen Bestimmungen nur „rückgeschlossen" werden. Ihr Sitz wird dabei teils in die Grundrechte, teils in die verfassungsrechtlichen Generalprogramme (Demokratie-, Rechtsstaats-, Sozialstaatsprinzip, Pflicht zur Realisierung des gesamtwirtschaftlichen Gleichgewichts) verlegt. Wenn diese verfassungsrechtlichen Anknüpfungspunkte im folgenden skizziert werden, so kommt es nicht so sehr darauf an, abschließend zu erörtern, in welchen positiven Bestimmungen die Grundwerte im einzelnen anzusiedeln sind; vielmehr geht es im vorliegenden Zusammenhang darum, die bisherige Darlegung, daß das Grundgesetz sie überhaupt anerkennt und von ihnen ausgeht, zu vertiefen und zu ergänzen. Ist man sich über Inhalt und Geltung der Grundwerte klar, so ist ihre juristisch-konstruktive Einordnung meist nur eine Frage von nachrangiger Bedeutung. Das juristische Schrifttum leidet allerdings daran, daß auf derartige Fragen ein Übermaß an Scharfsinn verwendet wird, während die Entwicklung der materialen Beurteilungskriterien, von denen das jeweilige Ergebnis der Entscheidung maßgeblich abhängt, meist zu kurz kommt.

Grundrechte

Die Grundrechte stellen wichtige Konkretisierungen der Grundwerte Freiheit und Gerechtigkeit dar[4]. Besonders hervorzuheben sind Art. 2 Abs. 1 (freie Entfaltung der Persönlichkeit) und Art. 3 Abs. 1 (Gleichheitssatz). Scheuner hat die drei ersten Artikel des Grundgesetzes als „eine Art höherer Richtsätze des ganzen Grundrechtsteils" bezeichnet[5]. Dürig deutet Art. 2 Abs. 1 als „Hauptfreiheitsrecht" und Art. 3 Abs. 1 als „Hauptgleichheitsrecht"; beide fächern sich nach der von ihm gelehrten Wertsystematik der Grundrechte[6] in weitere „Einzelfreiheitsrechte" und Gleichheitsrechte auf[7] und gehen ihrerseits auf die Menschenwürde als „oberstes Konstitutionsprinzip" zurück[8].

Die Meinungen sind jedoch geteilt hinsichtlich der Frage, welche Komponenten der Freiheit und der Gerechtigkeit die Grundrechte meinen. Auf die zahlreichen hier bestehenden Streitfragen kann im vorliegenden Zusammenhang nicht eingegangen werden. Der Erwähnung bedarf aber eine Kontroverse, die heute das „beherrschende grundrechtsdogmatische Thema der deutschen Staatsrechtslehre"[9] bildet. Es geht um die Frage, ob die Freiheitsverbürgungen der Grundrechte nur die Freiheit vom Staat (status negativus) beinhalten oder prinzipiell auch die anderen Freiheitskomponenten, ja überhaupt alle genannten Grund-

---

1 *Hesse*, Der Rechtsstaat im Verfassungssystem des Grundgesetzes, S. 73.
2 *Scheuner*, VVDStRL 22, S. 51. Vgl. auch *ders.*, DÖV 1971, S. 505 (511): Die einzelnen Bestimmungen der Verfassung sind „konkrete historische Ausformungen bleibender Gedanken."
3 Vgl. auch BVerfGE 2, S. 380 (403).
4 *Hesse*, Verfassungsrecht, S. 82, 115 ff.
5 *Scheuner*, VVDStRL 11, S. 1 (21).
6 *Dürig*, Maunz/Dürig/Herzog, Art. 1 Abs. 1, Rdnrn. 5 ff.; kritisch zum Grundrechtssystem Dürigs: Ehmke, VVDStRL 20, S. 82 ff.; *Scheuner*, VVDStRL 22, S. 37 f. FN 110, S. 42 ff.; *ders.*, FS Forsthoff, 1972, S. 327; *Hesse*, Verfassungsrecht, S. 124 ff.
7 *Dürig*, Art. 1 Abs. 1, Rdnrn. 10 ff.; Art. 2 Abs. 1, Rdnrn. 6 ff.; Art. 3 Abs. 1, Rdnrn. 3 ff.
8 *Dürig*, Art. 1 Abs. 1, Rdnrn. 4 und 6. Vgl. bes. auch das Wörtchen „darum" in Art. 1 Abs. 2 GG. Vgl. auch die oben § 4 FN 22 f. angeführten Passagen aus Entscheidungen des Bundesverfassungsgerichts.
9 *H. H. Rupp*, JZ 1971, S. 401 (402).

werte umfassen. Erstere Ansicht wird besonders nachdrücklich von H. H. Klein[10], letztere vor allem von Häberle[11] vertreten. Nach Häberles Meinung stellt sich die in der optimalen Realisierung der Grundwerte liegende Gemeinwohlbestimmung folglich als „Grundrechtsoptimierung" dar[12]. Auch diese Streitfrage braucht hier aber nicht entschieden zu werden[13], da sich die Grundwerte, auch soweit man sie nicht als von den Grundrechten umfaßt ansieht, jedenfalls im grundgesetzlichen Rechtsstaats-, Sozialstaats- oder (und) Demokratieprinzip verorten lassen[14]. Ihre grundgesetzliche Geltung wird also unabhängig von der Beantwortung der genannten Streitfrage überwiegend anerkannt. Dies soll nunmehr dargelegt werden.

Rechtsstaatsprinzip

Der Begriff „Rechtsstaat" erscheint im Grundgesetz nur an einer Stelle, an der die Grundsätze für die verfassungsmäßige Ordnung der Bundesländer niedergelegt sind (Art. 28 Abs. 1 Satz 1). Das Rechtsstaatsprinzip gilt für den Bund aber auch ohne ausdrückliche Nennung; denn es gehört mit den Worten des Bundesverfassungsgerichts zu den „allgemeinen Grundsätzen und Leitideen", die „das vorverfassungsmäßige Gesamtbild geprägt haben, von denen (der Verfassungsgeber) ausgegangen ist", und die deshalb, auch ohne daß sie sich in einem besonderen Rechtssatz konkretisiert haben, die einzelnen Sätze der geschriebenen Verfassung verbinden und zusammenhalten[15].

Das Rechtsstaatsprinzip ist allerdings „nicht von apriorischer Struktur"[16]. Es verwundert deshalb nicht, daß seine Deutung umstritten ist[17]. Einigkeit besteht zwar darüber, daß bestimmte in einzelnen Vorschriften des Grundgesetzes ausdrücklich angesprochene Prinzipien, wie die Bindung der Staatsgewalt an Grundrechte (Art. 1 Abs. 3), der Grundsatz der Gewaltenteilung (Art. 20 Abs. 2) und der der Gesetzmäßigkeit der Verwaltung (Art. 20 Abs. 3) Bestandteile des Rechtsstaatsprinzips sind[18]. Ihre Interpretation ist jedoch ebenso umstritten wie die Frage, welche weiteren Werte und Grundsätze vom Rechtsstaatsprinzip umfaßt werden.

In der Diskussion lassen sich drei Kategorien von möglichen Bestandteilen des Rechtsstaatsprinzips unterscheiden: (a) eigentliche Grundwerte im oben dargelegten Sinn, wie Freiheit, Gerechtigkeit und Sicherheit, (b) Prinzipien für die Abwägung zwischen ihnen im Kollisionsfall, wie das Verhältnismäßigkeitsprinzip und (c) Organisationsprinzipien, wie Gewaltenteilung und Unabhängigkeit der Rechtsprechung. Da es im vorliegenden Zusammenhang auf verfassungsrechtliche Anknüpfungspunkte für die Grundwerte ankommt, ist die Diskussion um den Inhalt des Rechtsstaatsprinzips hier nur insoweit von Interesse, als sie die zuerst genannten Bestandteile betrifft. Das bedeutet nicht, daß die Abwägungs- und Organisationsprinzipien für die Fragestellung dieser Arbeit etwa keine Bedeutung hätten; im Gegenteil: die Gemeinwohlrealisierung, verstanden als Grundwerteoptimierung, ist wesentlich eine Sache der angemessenen Abwägung und Organisation. Das wird später im einzelnen darzulegen sein. Abwägung und Or-

---

10 H. H. Klein, Grundrechte, S. 56 f.
11 Häberle, Grundrechte im Leistungsstaat, VVDStRL 30, S. 43 ff.
12 VVDStRL 30, S. 57.
13 Vgl. dazu unten S. 285 ff.
15 BVerfGE 2, S. 380 (403).
16 Franz Mayer, Beamtenversorgung, S. 12.
17 Imboden, Staat und Recht, S. 465; Scheuner, Rechtsstaat, S. 234 f.; Starck, Theorie des Rechtsstaates.
18 Hesse, Verfassungsrecht, S. 76.

B. Normative Grundlegung

ganisation stehen jedoch auf einer anderen, gedanklich nachgeordneten Ebene, weil sie die Klarlegung der Grundwerte, auf die hin abgewogen und organisiert werden soll, voraussetzen.

Dem Rechtsstaatsprinzip werden teils nur formale, teils auch materiale Komponenten zugerechnet[19]. Ausgangspunkt des formalen Verständnisses, welches der Konzeption des bürgerlichen Rechtsstaats zugrunde liegt, ist die Auffassung, „daß der Rechtsstaat nur die Form der Ausübung der Staatsgewalt betreffe"[20]. Mittelpunkt dieses Verständnisses sind bestimmte „organisatorische Kriterien" (C. Schmitt)[21], die zusammen eine Art „System rechtstechnischer Kunstgriffe"[22] (Forsthoff)[22] bilden. Die organisatorischen Regelungen interessieren uns hier als solche zwar nicht; die Frage nach dem Sinn dieser Kunstgriffe führt uns aber zur Beschränkung und „Meßbarkeit aller staatlichen Machtäußerungen"[23] und damit letztlich auf die Grundwertkomponenten Rechtssicherheit[24] und Freiheit vom Staat[25]. Auch das Bundesverfassungsgericht erkennt die (im Grundgesetz nirgendwo ausdrücklich genannte) Rechtssicherheit als Komponente des Rechtsstaatsprinzips an[26]. Die Konzeption des bürgerlichen Rechtsstaats geht aber auch am Erfordernis materialer Richtigkeit nicht völlig vorbei; dies zeigt sich besonders im Allgemeinheitsprinzip des rechtsstaatlichen Gesetzesbegriffs[27], das jedenfalls ein gewisses Minimum inhaltlicher Richtigkeit verbürgen sollte[28].

Wenn das bürgerliche Rechtsstaatskonzept darüber hinaus keine materiellen Werte enthält, so hängt dies vornehmlich mit zwei Entwicklungslinien zusammen: Einmal trat die Gefahr eines Mißbrauchs von Gesetzen demokratischer Parlamente beim politischen Ringen um die Durchsetzung des bürgerlichen Rechtsstaats im 19. Jahrhundert noch kaum ins Bewußtsein, „weil alles theoretische und praktische Interesse durch den Kampf gegen die königliche Regierung und die königliche Verwaltung in Anspruch genommen war"[29]. Die Mitwirkung der Volksvertretung, d. h. der Vertretung der von den Gesetzen Betroffenen, an der Gesetzgebung schien zusammen mit Diskussion und Öffentlichkeit, die das Gesetzgebungsverfahren zu bestimmen hatten, die beste Gewähr für ihre inhaltliche Richtigkeit zu geben[30]. Diesem Verständnis entsprach eine positivistische Gesetzesgläubigkeit. Erscheint aber die Richtigkeit des Gesetzes gewährleistet, dann erscheint das „System rechtstechnischer Kunstgriffe" auch geeignet, die Richtigkeit der administrativen und judiziellen staatlichen Entscheidungen zu verbürgen; denn die „Kunstgriffe" zielen wesentlich auf eine denkbar enge Gesetzesbindung der Verwaltung und Rechtsprechung ab und tragen insoweit „die Bedingungen ihrer Wirkungsweise in sich selbst"[31]. Die formal-rechtsstaatlichen Regeln der Hervorbringung von Entscheidungen erhalten damit den Charakter eines „selbsttätigen Mechanismus" zur Verwirklichung richtigen Rechts

---

19 *Maunz/Dürig*, Maunz/Dürig/Herzog, Art. 20, Rdnrn. 58 ff.; *Schnapp*, in: v. Münch, Art. 20, Rdnr. 22.
20 *Scheuner*, Rechtsstaat, S. 247, der diese Auffassung freilich selbst ablehnt.
21 *C. Schmitt*, Verfassungslehre, S. 130.
22 *Forsthoff*, Die Umbildung des Verfassungsgesetzes, in: Rechtsstaat im Wandel, S. 174.
23 *C. Schmitt*, Verfassungslehre, S. 131.
24 *Maunz/Dürig*, Art. 20, Rdnr. 58. Vgl. auch *Forsthoff*, Rechtsstaat im Wandel, z. B. S. 187, 190.
25 Diese findet ihren Niederschlag besonders in den Grundrechten. Oben S. 36 f.
26 BVerfGE 2, S. 380 (403).
27 *C. Schmitt*, Verfassungslehre, § 13 (S. 138 ff.).
28 *C. Schmitt*, Verfassungslehre, S. 156 f. Dazu im einzelnen unten S. 120.
29 *C. Schmitt*, Verfassungslehre, S. 131.
30 *C. Schmitt*, Verfassungslehre, S. 147 ff.; *Böckenförde*, Rechtsstaatsbegriff, S. 53 (58 f.).
31 *Forsthoff*, VVDStRL 12, S. 16

„im freien Spiel der Kräfte"[32]. Die Parallele zur Vorstellung von der wirtschaftlichen Selbststeuerung liegt auf der Hand: auch diese wurde als Automatismus verstanden, der — auf der Basis der staatlich gesetzten Rahmenordnung — von selbst zu einer bestmöglichen Realisierung der Grundwerte führe[33] und deshalb seinerseits eine Korrekturgesetzgebung, die eine Besinnung auf die materialen Staatsziele vorausgesetzt hätte, erübrigte[34].

Ein zweiter Grund für die Zurückhaltung gegenüber materialen Zielen des Rechtsstaats dürfte darin zu suchen sein, daß die deutsche Staatslehre den Staat überwiegend als Selbstzweck verstand und deshalb außerhalb seiner selbst liegende Ziele gar nicht oder doch nur bezogen auf ein verengtes Rechtsstaatsprinzip zu nennen vermochte; diesem verengten Rechtsstaatskonzept wurde dann ein unabhängig davon bestehender politischer Staat zur Seite gestellt[35].

Beide Gründe sind heute hinfällig. Wir haben die Möglichkeit eines Mißbrauchs auch des demokratischen Gesetzgebers drastisch erfahren müssen, und die Selbstzweckvorstellung vom Staat ist mit dem Grundgesetz unvereinbar. Der Staat ist nach der oben dargestellten anthropozentrischen Auffassung letztlich nichts anderes als ein Instrument zur Wahrung der Menschenwürde und aller aus ihr folgenden grundlegenden personalen Werte[36].

Damit liegt es aber nahe, auch das Rechtsstaatsprinzip auf diese Grundwerte zu beziehen. Das bedeutet zunächst einmal die Einbeziehung des Grundwerts der Gerechtigkeit[37]. Der Rechtsstaat ist somit auch „Gerechtigkeitsstaat"[38]. Eine solche Charakterisierung reicht aber nicht aus[39], weil sie die anderen Grundwerte beiseite läßt. Mit Scheuner gehen wir deshalb davon aus, daß das Rechtsstaatsprinzip ein Bekenntnis zu den „materialen Grundwerten der europäischen Rechtsentwicklung"[40] und damit zu allen oben dargelegten Gemeinwohlgrundwerten enthält. Das Rechtsstaatsprinzip umfaßt nach diesem Verständnis die Anerkennung von Würde und Freiheit des Menschen einschließlich der Mitbestimmung bei der Rechtsbildung[41], Gerechtigkeit und Gleichheit, Sicherheit und Beständigkeit[42]. Damit ist zugleich an die ursprüngliche, vor der Reduktion auf formale Elemente vorherrschende Auffassung vom Rechtsstaat angeknüpft, die unmittelbar auf materiale Gemeinwohlrichtigkeit abgezielt hatte[42a].

Sozialstaatsprinzip

Die Bundesrepublik ist nach Art. 20 Abs. 1, 28 Abs. 1 Satz 1 GG ein „sozialer" Rechtsstaat. Das darin niedergelegte Sozialstaatsprinzip ist, wie „heute fast einhellig anerkannt"[43], bindendes Verfassungsprinzip[44], welches — ähnlich wie

---

32 *Schindler*, Verfassungsrecht und soziale Struktur, 3. Aufl., S. 129; *Imboden*, Staat und Recht, S. 464 f.
33 Dazu Näheres unten S. 89 ff.
34 Walter *Schmitt*, AöR 1976, S. 24 (30—34 m. w. N.)
35 C. *Schmitt*, Verfassungslehre, § 16 (S. 200 ff.).
36 Oben S. 13 ff.
37 BVerfGE 7, S. 89 (92); weitere Nachweise aus der Rechtsprechung des BVerfG bei *Grabitz*, AöR 1973, S. 568 (584 FN 91). Vgl. auch *Leibholz*, Strukturwandlungen der modernen Demokratie, S. 282 (289); v. *Mangoldt/Klein*, Anm. VI I zu Art. 20 (S. 600); *Imboden*, Staat und Recht, S. 466; *Roellecke*, Politik und Verfassungsgerichtsbarkeit, S. 93; *Wertenbruch*, FS Jahrreiß, 1964, S. 487 ff.
38 *Maunz-Dürig*, Art. 20, Rdnr. 59.
39 *Scheuner*, Rechtsstaat, S. 248; *Hesse*, Rechtsstaat, S. 77.
40 *Scheuner*, Rechtsstaat, S. 248.
41 *Scheuner*, Rechtsstaat, S. 250.
42 *Scheuner*, Rechtsstaat, S. 248 ff., 262; *Hesse*, Rechtsstaat, S. 77 ff., 80 ff., 84 ff.; *Wolff/Bachof*, Verwaltungsrecht I, § 11 II b 3.
42a E.-W. *Böckenförde*, Rechtsstaatsbegriff, S. 53 (54 ff.).
43 *Scheuner*, Rechtsstaat, S. 261.

B. Normative Grundlegung

das Rechtsstaatsprinzip — allerdings der konkreten Ausgestaltung in hohem Maße fähig und bedürftig ist[45].

Das Wesentliche des Sozialstaatsprinzips besteht darin, daß es die Verantwortlichkeit und Zuständigkeit des Staates ausdrücklich auf den Gesamtbereich der wirtschaftlich-sozialen Ordnung erstreckt[46]. Solange man der Ansicht war, die wirtschaftlich-gesellschaftliche Selbststeuerung bringe von sich aus optimale Ergebnisse im Sinne der Gemeinwohlgrundwerte hervor[47], schien es an der Notwendigkeit für eine staatliche Überwachung und Verantwortung für den wirtschaftlich-gesellschaftlichen Bereich zu fehlen. Der Staat konnte sich auf die Aufstellung und Gewährleistung einer Rahmenordnung beschränken und die Arbeits- und Güterordnung nach der „Konzeption des Laissez-faire und des bürgerlichen Rechtsstaats" sich selbst überlassen[48]. Dies mußte sich aber ändern, sobald sich gravierende wirtschaftlich-gesellschaftliche Fehlentwicklungen ergaben und diese auch als solche erkannt wurden. Die eigentliche Bedeutung des Sozialstaatsprinzips liegt demgemäß darin, daß es von einer Anschauung getragen ist, die der Existenz „prästabilierter Harmonie" kritisch gegenübersteht; es enthält stattdessen die Aufforderung an den Staat, aktiv tätig zu werden zur Verhinderung oder Bekämpfung von Fehlentwicklungen, die ansonsten zu gewärtigen sind[49]. Mit „Fehlentwicklung" ist hierbei das Abweichen der Ergebnisse des wirtschaftlich-gesellschaftlichen Prozesses von den Gemeinwohlgrundwerten und ihrer Optimierung gemeint. Dementsprechend wird der materielle Inhalt des Sozialstaatsprinzips wesentlich von diesen Fehlentwicklungen bestimmt[50]. Da historisch zunächst die „soziale Frage" ganz im Vordergrund stand und ihre Bewältigung die sozialpolitischen Bestrebungen beherrschte, berechtigt und verpflichtet das Sozialstaatsprinzip nach herkömmlichem Verständnis „vorzüglich" dazu, die „Ausnutzung der Arbeitskraft zu unwürdigen Bedingungen und unzureichendem Lohn zu unterbinden"[51], eine „angemessenere, gerechtere Güterverteilung" durchzusetzen[52] und dadurch dem „Ausgleich auch der ‚Klassengegensätze' " zu dienen[53]. Es geht bei dieser Komponente des Sozialstaatsprinzips also um die „Inschutznahme der wirtschaftlich Schwachen", um die „Herstellung und Wahrung sozialer Gerechtigkeit"[54] und sozialer Sicherheit.

Später traten weitere, nicht weniger gravierende Fehlentwicklungen ins Bewußtsein, vor allem die weit ausschlagenden gesamtwirtschaftlichen Wechsel-

---

44 *Bachof*, VVDStRL 12, S. 38 ff.; *Schnapp*, in: *v. Münch*, Art. 20, Rdnr. 16 m. w. N.; *Benda*, Zu einigen Fragen grundgesetzlicher Sozialstaatlichkeit, S. 39; *Gerstenmaier*, Sozialstaatsklausel, S. 49 ff. m. w. N. Anderer Ansicht: *Forsthoff*, VVDStRL 12, S. 8 ff.
45 BVerfGE 5, S. 85 (198). Vgl. auch die Rechtsprechungsübersicht bei *Zacher*, Soziale Gleichheit, AöR 1968, S. 341 (360 ff.).
46 *Ipsen*, VVDStRL 10, S. 74; *Bachof*, VVDStRL 12, S. 39; *Maunz/Dürig*, Art. 79, Rdnr. 49.
47 Dazu unten S. 89 ff.
48 *Bachof*, VVDStRL 12, S. 38; vgl. auch *Scheuner*, Die staatliche Einwirkung auf die Wirtschaft, Einführung, S. 15.
49 BVerfGE 1, S. 97 (105): Der Gesetzgeber ist „verfassungsrechtlich zu sozialer Aktivität verpflichtet". *Wolff/Bachof*, Verwaltungsrecht I, § 11 II b 5; *Herzog*, in: *Maunz/Dürig/Herzog*, Art. 20, Rdnrn. 194 ff.
50 *Benda*, Industrielle Herrschaft, S. 104: Das Sozialstaatsprinzip „fordert in ganz nüchterner Weise auf, das jeweils Notwendige zu tun". Was zu tun notwendig ist, ergibt sich aber aus den auftretenden oder zu erwartenden Fehlentwicklungen (die ihrerseits allerdings erst vor dem Hintergrund der anzustrebenden Gemeinwohlwerte hervortreten).
51 BVerfGE 5, S. 85 (203).
52 *Forsthoff*, Rechtsstaat im Wandel, S. 45.
53 BVerfGE 5, S. 85 (229). *Badura*, DÖV 1966, S. 624 (625): „Emanzipation der Arbeiterklasse".
54 *Bachof*, VVDStRL 12, S. 40.

bäder (Konjunkturen)[55]. Sie fanden ihren dramatischen Höhepunkt in der Weltwirtschaftskrise der Jahre 1929 ff., deren Folgen in Deutschland den freiheitlich-sozialen Rechtsstaat insgesamt hinwegspülten. Das Sozialstaatsprinzip erhielt damit einen weiteren Akzent, der sich mit der Grundgesetzänderung von 1967 auch ausdrücklich in der Verpflichtung der öffentlichen Hand auf das gesamtwirtschaftliche Gleichgewicht niedergeschlagen hat.

Eine andere ebenfalls von der marktwirtschaftlichen Selbststeuerung nicht zu bewältigende und erst neuestens ins Bewußtsein getretene Fehlentwicklung zeigt sich in der zunehmenden Schädigung unserer Umwelt[56]. Sie gefährdet Lebenswert und Gesundheit, ja in letzter Konsequenz die Lebensgrundlage der Menschen in zunehmendem Maße und widerspricht damit dem Grundwert der Sicherheit und dem der Erhaltung und Mehrung des Wohlstandes, wobei der Wohlstandsbegriff allerdings nicht entsprechend einem verengten Sozialproduktskonzept auf private Güter beschränkt werden darf[57]. Das Sozialstaatsprinzip umfaßt damit heute auch die Verpflichtung des Staates, die nötigen Vorkehrungen zum Schutze und zur Erhaltung der natürlichen Lebensgrundlagen zu treffen[58]. Wer das Sozialstaatsprinzip weiterhin auf seinen ursprünglichen Inhalt, den Schutz der wirtschaftlich Schwachen, beschränken will[59], verkennt die gerade bei dieser „Staatszielbestimmung"[60] besonders notwendige „immer erneute Durchdenkung und Prüfung" (Scheuner) „entsprechend den veränderten Zeiten und Umständen" (Smend)[61]. Das bedeutet nicht, daß auch die Gemeinwohlgrundwerte raschem Wandel unterworfen seien. Die Wandlung des Inhalts des Sozialstaatsprinzips hat sich vielmehr bei im wesentlichen gleichbleibenden Grundwerten abgespielt. Gewandelt hat sich angesichts der historischen Erfahrungen lediglich das uneingeschränkte Vertrauen in den wirtschaftlichen Selbststeuerungsprozeß. Mit der Abnahme der Leistungsfähigkeit der wirtschaftlichen Selbststeuerung mußte — gerade vor dem Hintergrund gleichbleibender Grundwerte — ein zunehmender Kreis von Agenden zum Inhalt sozialer Staatsaufgaben werden, eben weil sie der Selbststeuerung nicht oder nur eingeschränkt überlassen bleiben konnten.

Das Sozialstaatsprinzip konkretisiert seinem materialen Inhalt nach also einige der oben dargelegten Gemeinwohlwerte, und zwar insoweit, als diese im Selbststeuerungsprozeß zu kurz kommen. Damit setzt es die Gemeinwohlwerte aber alle voraus und ist nur vor ihrem Hintergrund verständlich. Das Sozialstaatsprinzip enthält insoweit mittelbar eine verfassungsrechtliche Bestätigung der Ge-

---

55 Die wissenschaftlich-theoretische Begründung, warum die marktwirtschaftliche Selbststeuerung — entgegen der Auffassung der klassischen Nationalökonomie — Konjunkturschwankungen und besonders wirtschaftliche Depressionen mit hoher Arbeitslosigkeit nicht selbsttätig vermeiden oder doch in erträglichen Rahmen halten kann, lieferte erst John Maynard *Keynes* in seiner grundlegenden Arbeit „Allgemeine Theorie der Beschäftigung, des Zinses und des Geldes" (1936). Vgl. dazu *Stobbe*, Gesamtwirtschaftliche Theorie, S. 85 ff., 104 ff.
56 Zur Ungeeignetheit des Marktmechanismus für die Sicherung der Umwelt *Ackermann/Geschka/Karsten*, Gutachten zur Gesamtbelastung der Volkswirtschaft durch das Umweltprogramm der Bundesregierung, S. 598 f.
57 Oben S. 31.
58 *Rehbinder*, ZRP 1970, S. 250 (251); *Soell*, WiR 1973, S. 72 (85 ff.); H. H. *Klein*, FS W. *Weber*, 1974, S. 643 (644).
59 So *Ule*, DVBl. 1972, S. 437 (438).
60 *Ipsen*, Über das Grundgesetz, 1950, S. 14.
61 Vgl. oben S. 20. Zum Sozialstaatsprinzip als „allgemeiner, von Situation zu Situation erneut zu überdenkender und zu konkretisierender Zielbestimmung" auch *Herzog*, Staatslehre, S. 387; ders., in: *Maunz/Dürig/Herzog*, Art. 20, Rdnr. 162. Ebenso *Soell*, der sich gegen eine statische Begrenzung des Sozialstaatsprinzips auf einen bestimmten historischen Inhalt wendet: Denn der Katalog der Agenden des Sozialstaats „ist dem Wandel unterworfen, weil neue gesellschaftliche Gefährdungen dem Staat auch neue Verantwortlichkeiten auferlegen". WiR 1973, S. 86.

B. Normative Grundlegung

meinwohlgrundwerte. Entsprechendes gilt auch für die Zielwerte des gesamtwirtschaftlichen Gleichgewichts[62].

Gesamtwirtschaftliches Gleichgewicht

Nach Art. 109 Abs. 2 GG in Verbindung mit dem gleichzeitig erlassenen Gesetz zur Förderung der Stabilität und des Wachstums der Wirtschaft haben Bund und Länder bei ihrer Haushaltswirtschaft den Erfordernissen des gesamtwirtschaftlichen Gleichgewichts Rechnung zu tragen. Diese Bestimmung bezieht sich zwar formal nur auf die öffentliche Haushaltsgebarung, gilt der Sache nach aber für die gesamte Wirtschaftspolitik, wie § 1 StabG auch ausdrücklich ausspricht[63]. Im Grundgesetz findet sich keine Definition des „gesamtwirtschaftlichen Gleichgewichts"[64]. Eine Interpretationshilfe bietet aber § 1 Satz 2 StabG; gesamtwirtschaftliches Gleichgewicht umfaßt danach die Erreichung der gesamtwirtschaftlichen Ziele Stabilität des Preisniveaus, hoher Beschäftigungsstand, außenwirtschaftliches Gleichgewicht bei stetigem und angemessenem Wirtschaftswachstum im Rahmen der marktwirtschaftlichen Ordnung[65]. Diese Ziele kommen, wie die Erfahrung gelehrt hat, bei wirtschaftlicher Selbststeuerung zu kurz und müssen deshalb vom Staat wahrgenommen werden. Das ergab sich zwar auch ohne Art. 109 Abs. 2 bereits aus einer Interpretation des Sozialstaatsprinzips[66], wird nunmehr aber ausdrücklich und „in aller Form als Staatsaufgabe anerkannt"[67].

Die genannten gesamtwirtschaftlichen Ziele stellen — und das bestätigt unsere bisherigen Ausführungen — Konkretisierungen der Gemeinwohlgrundwerte dar. Sie sind von den Grundzielen abgeleitet und erhalten ihren Wert als „Vorziele" zur Verwirklichung der Grundwerte als „Nachziele"[68]. Dies wurde hinsichtlich des Wachstumsziels bereits dargelegt[69], es gilt aber auch hinsichtlich der anderen Ziele des § 1 StabG[70]. So dient Stabilität des Preisniveaus der Gerechtigkeit, vor allem, weil von einer Geldentwertung (bei Geltung des Nominalwertprinzips) die Schuldner, deren Schulden entwertet werden, profitieren, während Sparer die

---

[62] Wenn *Vogel/Wiebel* (BK, Art. 109, Rdnr. 100) in Art. 109 Abs. 2 eine mittelbare Entscheidung für die Marktwirtschaft erblicken, so wird diese Auffassung dem Verhältnis von Grundwerten, Selbststeuerung und staatlicher Steuerung, von welchem Art. 109 Abs. 2 und auch das Sozialstaatsprinzip ausgehen, nicht voll gerecht; sie ist zumindest mißverständlich: Art. 109 Abs. 2 setzt eine *absolute* Entscheidung nur für die Grundwerte voraus. Hinsichtlich der Marktwirtschaft impliziert die Vorschrift dagegen lediglich eine *relative*, von ihrer Eignung für eine möglichst weitgehende Realisierung dieser Grundwerte abhängige Entscheidung. Und die Vorstellung vom Ausmaß dieser Eignung ist Wandlungen unterworfen, weshalb *Vogel/Wiebel* eine Festschreibung der (direkten) materialen Ziele des Art. 109 Abs. 2 auch mit Recht ablehnen (Rdnrn. 107 ff.).
[63] *Scheuner*, Die staatliche Einwirkung auf die Wirtschaft, Einführung, S. 64 ff.; *ders.*, Staatszielbestimmungen, FS *Forsthoff*, S. 337.
[64] Der Begriff findet sich außer in Art. 109 Abs. 2 auch in Artt. 109 Abs. 4, 104 a Abs. 4 und 115 Satz 2, 2. Halbsatz GG.
[65] Eine verfassungsrechtliche Festschreibung des Begriffs gesamtwirtschaftliches Gleichgewicht kann darin auch nicht erblickt werden. Wie beim Begriff des Sozialstaatsprinzips ergibt sich sein Inhalt aus den historisch wandelbaren Vorstellungen und Erfahrungen von den Fehlentwicklungen vor dem Hintergrund der Gemeinwohlgrundwerte und muß deshalb Raum für neue Interpretationen lassen. So auch *Möller*, StabG, § 1, Anm. 4; *Stern/Münch/Hansmeyer*, StabG, S. 116; *Vogel/Wiebel*, BK, Art. 109, Rdnrn. 107 ff.; *Piduch*, Kommentar zum Bundeshaushaltsgesetz, Art. 109, Rdnr. 21.
[66] Oben S. 40 f.
[67] *Scheuner*, Die staatliche Einwirkung auf die Wirtschaft, Einleitung, S. 66.
[68] Zur Terminologie und zum Verhältnis von Vor- und Nachzielen *Ohm*, Volkswirtschaftspolitik I, 2. Aufl. 1965, S. 60 f.; *Kyrer*, Effizienz, S. 59 ff.
[69] Oben S. 30 ff.
[70] Zur Erläuterung dieser Ziele Sachverständigenrat, Jahresgutachten 1964, Ziff. 247–305; *Schmahl*, Globalsteuerung der Wirtschaft, S. 18–27; *Hennies*, Das nicht so magische Polygon der Wirtschaftspolitik, S. 16–45; *Pütz*, Wirtschaftspolitik, S. 39–50; *Feuerstack* u. a., Wirtschaftspolitische Ziele und gesellschaftliche Gruppen in der marktwirtschaftlichen Ordnung der Bundesrepublik Deutschland, S. 3–22; *Stobbe*, Gesamtwirtschaftliche Theorie, S. 388–401.

Zeche mit der Aushöhlung des Werts ihrer festverzinslichen Vermögen bezahlen. Geldentwertung läuft zugleich dem Grundwert der Sicherheit zuwider; sie bewirkt ineffiziente Kapitaldispositionen, die dem Wohlstandsziel widersprechen[71] und verstärkt überdies die Gefahr späterer Arbeitslosigkeit[72]. Ein hoher Beschäftigungsstand dient der Freiheit ebenso wie der Sicherheit und dem Ziel einer möglichst umfangreichen Güterversorgung (und damit letztlich auch den anderen Grundzielen Gerechtigkeit und sozialer Frieden). Kurzarbeit und Arbeitslosigkeit beeinträchtigen die Entfaltungsfreiheit, die in einer Wirtschafts- und Leistungsgesellschaft zu einem wesentlichen Teil in der beruflichen Arbeit zum Ausdruck kommt, in schwerwiegender Weise: Sie bedeuten zunächst einmal eine Kürzung des Einkommens und der daraus fließenden ökonomischen Freiheit; die Arbeitslosenversicherung in der Bundesrepublik erstattet den Verdienstausfall nur teilweise. Vor allem aber wird den Betroffenen die berufliche Entfaltung schlechthin unterbunden. Arbeitslosigkeit ist, wenn sie länger dauert, deshalb leicht mit dem Verlust des Selbstgefühls und des gesellschaftlichen Status der davon Betroffenen verbunden. Sie wird als eine Art Aussperrung, ja als Verbannung empfunden. Ebenso wie die Wahrung der Geldwertstabilität den Eigentumsschutz für Inhaber von geldwertabhängigen Vermögensarten effektuiert, verhindert ein hoher Beschäftigungsstand, daß die verfassungsrechtliche Garantie der Freiheit der Berufswahl und der Berufsausübung (Art. 12 GG) faktisch unterlaufen und entleert wird; denn für den, der keinen Arbeitsplatz hat und auch keinen finden kann, ist die Berufsfreiheit offenbar nutzlos. Die Sicherung eines hohen Beschäftigungsstandes nimmt damit in der modernen Industriegesellschaft einen ähnlich zentralen Platz in der Sicherung der persönlichen Entfaltungsfreiheit ein, wie er im liberalen Gesellschaftsmodell dem Eigentum zugesprochen wurde[73]. Aus diesen Überlegungen erhellt, warum die Wahrung des gesamtwirtschaftlichen Gleichgewichts „immer mehr zum zentralen Gebiet staatlicher Politik" geworden ist[74].

Demokratieprinzip

Die Bundesrepublik ist, wie es in Art. 20 Abs. 1 und 2 GG heißt, ein „demokratischer" Staat[75]: „Alle Staatsgewalt geht vom Volke aus. Sie wird vom Volke in Wahlen und Abstimmungen und durch besondere Organe der Gesetzgebung, der vollziehenden Gewalt und der Rechtsprechung ausgeübt"[76]. Das in diesen Bestimmungen niedergelegte Demokratieprinzip besitzt, wie das Rechtsstaatsprinzip, zwei Komponenten; die eine — formell-prozedurale — bezieht sich auf das Zustandekommen der staatlichen Willensbildung, die andere — materiell-inhaltliche — auf ihre Ergebnisse; die eine faßt sozusagen den „input", die andere den „output" des Willensbildungsprozesses ins Auge[77].

Die formell-prozedurale Komponente des Demokratieprinzips ist die auf den politischen Willensbildungsprozeß bezogene Ausprägung des Grundwerts „frei-

---

71 *Boulding*, Principles of Economic Policy, S. 55—61; Sachverständigenrat, Jahresgutachten 1972, Ziff. 341 ff.
72 Sachverständigenrat, Jahresgutachten 1974, Ziff. 364 ff.
73 *Wagner*, VVDStRL 27, S. 72: „Die heute mögliche Freiheit ist also an die Konjunktur und vor allem an die Vollbeschäftigung gebunden. Nur dann kann der Einzelne sich frei entfalten, nur dann ist die Würde des Menschen gesichert".
74 *Scheuner*, FS Forsthoff, S. 337; vgl. auch ders., Die staatliche Einwirkung auf die Wirtschaft, Einleitung, S. 66; *Herzog*, Staatslehre, S. 117; *Ipsen*, Europäisches Gemeinschaftsrecht, S. 779.
75 Vgl. auch Art. 28 Abs. 1 Satz 1 GG.
76 Zu den Demokratievorstellungen der Schöpfer des Grundgesetzes: *Fromme*, DÖV 1970, S. 518.
77 Zu diesen Begriffen *Scharpf*, Demokratietheorie zwischen Utopie und Anpassung, S. 21 ff.; *Luhmann*, Theorie der Verwaltungswissenschaft, 1966, S. 38 ff., 56; *Bartlsperger*, VVDStRL 33, S. 221 f., 239.

B. Normative Grundlegung

heitliche Selbst- bzw. Mitbestimmung" der Mitglieder einer Gemeinschaft[78] und zwar prinzipiell aller ihrer Mitglieder, weshalb der Demokratie auch der Wert der Gleichheit (und damit eine Komponente des Gerechtigkeitsgrundwerts) zugeordnet wird[79]: Alle erwachsenen Bürger sollen in gleicher Weise beim Zustandekommen gemeinschaftlicher Willensbildung mitbestimmen können[80].

Die idealistische Vorstellung von der Demokratie als Form der Willensbildung, „in der jeder, obwohl er sich mit allen zusammenschließt, dennoch nur sich selbst gehorcht" (Rousseau), ist in den modernen Massendemokratien allerdings vornehmlich aus zwei in der Natur der Sache liegenden Gründen unrealistisch[81]. Erstens bestehen regelmäßig Meinungsverschiedenheiten, so daß, wenn man überhaupt zu Entscheidungen gelangen will[82], diese nur auf der Basis des Mehrheitsprinzips ergehen können[83]; die überstimmte Minderheit gehorcht aber offenbar nicht mehr sich selbst. Immerhin bringen Entscheidungen nach dem Mehrheitsprinzip noch der „größt*möglichen* Zahl eine größt*mögliche* Mitbestimmung"[84], oder negativ ausgedrückt: Mehrheitsentscheidungen bedeuten die „der Zahl nach geringstmögliche Beeinträchtigung der freien Individuen"[85]. Zweitens entfernt die Verfassungswirklichkeit sich vom „Ideal einer Staatsform, in der jeder im Vollbesitz seiner Selbstbestimmung bleibt"[86], auch dadurch, daß es für den einzelnen Staatsbürger schlechterdings gar nicht möglich ist, an der Unzahl staatlicher Entscheidungen, die ihn betreffen, mitzuwirken, weil jede einzelne in komplizierte Zusammenhänge gestellt ist und Zeit und Spezialkenntnisse in einem Maß erfordert, die der Bürger normalerweise einfach nicht erübrigen kann[87]. In den modernen Demokratien ist es deshalb unerläßlich, diese Entscheidungen besonderen Organen — formell vor allem den Parlamenten und den aus ihnen hervorgegangenen Regierungen, in der Sache vornehmlich den Parteien, den Interessenverbänden und der Bürokratie — zu überantworten[88].

Dadurch erfährt das Selbstbestimmungsprinzip zwangsläufig eine weitere Beeinträchtigung[89]. Demokratische Mitwirkung der Bürger bedeutet damit neben der Einwirkung und Kritik über die Parteien und Interessenverbände vor allem die Auswahl des politischen Führungspersonals an den Wahlterminen. Dadurch wird per „Rückkoppelung" allerdings auch ein Druck dahin ausgeübt, daß sich die Programme und die Tätigkeit der Parteien und Regierungen an den in der Gemeinschaft herrschenden Grundvorstellungen ausrichten[90]; die Rückbindung

---

[78] *Bäumlin*, Die rechtsstaatliche Demokratie, S. 40; *Krüger*, Staatslehre, S. 284; *Zippelius*, Staatslehre, § 39 III (2. Aufl., S. 236 ff.); ders., Recht, S. 137; A. *Passerin d' Entrèves*, The Notion of the State. An Introduction to Political Theory, 1967, S. 214; Hans H. *Klein*, Grundrechte, S. 48 f.; Hans *Meyer*, VVDStRL 33, S. 75 f.; *Habermas*, Politische Beteiligung — ein Wert „an sich"?, in: Grube/Richter, Demokratietheorien, S. 206 ff.
[79] C. *Schmitt*, Verfassungslehre, S. 224 f.; *Radbruch*, Rechtsphilosophie, S. 161 f.; *Herzog*, Staatslehre, S. 202 ff.
[80] *Marcic*, Vom Gesetzesstaat zum Richterstaat, S. 374 ff.
[81] Vgl. auch *Zacher*, Freiheitliche Demokratie, S. 14–20.
[82] Die Notwendigkeit, die Willensbildung so zu organisieren, daß Entscheidungen gefällt werden, ergibt sich aus dem Grundwert der Rechtssicherheit.
[83] *Ryffel*, Rechts- und Staatsphilosophie, S. 444 f.; *Hesse*, Verfassungsrecht, S. 58.
[84] *Zippelius*, Staatslehre, S. 238.
[85] *Krüger*, Staatslehre, S. 284. *Zacher*, AöR 1968, S. 341 (359): Demokratie als System der kleinsten auf die Dauer vernachlässigten Minderheit.
[86] *Zippelius*, Staatslehre, S. 238.
[87] *Hesse*, VVDStRL 17, S. 11 (19); *Lompe*, Gesellschaftspolitik und Planung, S. 95.
[88] *Ryffel*, Rechts- und Staatsphilosophie, S. 446; *Oppermann*, VVDStRL 33, S. 19 f.; Hans *Meyer*, ebenda, S. 81, 110.
[89] *Kelsen*, Vom Wesen und Wert der Demokratie, S. 30 f.
[90] *Zippelius*, Staatslehre, S. 164 f.; ders., Recht, S. 110 f.; ders., FS Larenz, S. 293 (303 f.); *Knöpfle*, Der Staat 1970, S. 321 (330); *Meyer*, VVDStRL 33, S. 86, 93.

§ 7 Verfassungsrechtliche Anknüpfungspunkte

wird wesentlich durch die öffentliche Meinung vermittelt. In den periodisch wiederkehrenden Wahlen realisiert sich also bis zu einem gewissen Grade eine Verantwortlichkeit der Herrschenden gegenüber den Beherrschten[91].

Das Demokratieprinzip erschöpft sich aber nicht in der formalen Legitimation vom Volk gewählter Entscheidungsgremien, sondern enthält auch einen „materialen Staatszweckgrundsatz"[92], nämlich die regulative Idee, nach der der demokratische Wert getroffener Entscheidungen an dem gelungenen oder mißlungenen Versuch zu messen ist, sie aus dem Willen des Volkes hervorgegangen zu denken[93]. Dieses Prinzip liegt auch der Idee vom Sozialkontrakt zugrunde, den Kant ja nicht als historisches Faktum, sondern als regulative „Idee der Vernunft" verstand[94]: Gesetze müssen sich vor dem Interesse des Volkes legitimieren[95]. Art. 20 Abs. 2 Satz 1 GG („alle Staatsgewalt geht vom Volke aus") ist deshalb nicht nur als Maxime zu verstehen, das Volk solle seine Belange, soweit dies von der Natur der Sache her möglich erscheint, selbst entscheiden, sondern auch als Postulat an alle Staatsorgane, für das Volk, d. h. in seinem Interesse, zu handeln[96]. Dementsprechend wird die Anerkennung der Ergebnisse des demokratisch-parlamentarischen Willensbildungsverfahrens nicht nur von einem formalfreiheitlichen Moment, sondern auch von der Überzeugung getragen, daß der Willensbildungs- und Entscheidungsprozeß in der freiheitlichen Demokratie „die beste Gewähr für eine (relativ) richtige politische Linie" gibt[97]. Die Demokratie des Grundgesetzes ist bewußt keine wertrelative, sondern eine „streitbare"[98], inhaltlich gebundene[99], die sich auf letzte Werte, nämlich die „Menschenwürde und alles, was aus ihr folgt"[100], festgelegt hat. Demokratie in diesem materialen Sinne zielt also auf möglichst große Gemeinwohlrichtigkeit[101] im Sinne einer Optimierung aller Grundwerte[102].

---

91 *Bäumlin*, Die rechtsstaatliche Demokratie, S. 40.
92 *v. Zezschwitz*, Gemeinwohl, S. 135; ebenso *Marcic*, Vom Gesetzesstaat zum Richterstaat, S. VII, 340, 372.
93 *Zippelius*, Staatslehre, § 38 III (2. Aufl., S. 239).
94 *Kant*, Über den Gemeinspruch, S. 153.
95 Vgl. auch *Radbruchs* Hinweis (Rechtsphilosophie, S. 152), daß man mit der Idee des Sozialkontrakts in Wahrheit die Vorstellung der negotiorum gestio meint (statt des Willens geht es um das Interesse des Volkes). Von einer „Treuhänderstellung, die der Staat und seine Diener gegenüber der Gesamtheit des Volkes ... bekleidet", spricht Karl *Dreßler*, Stellung und Aufgaben des Bundesrechnungshofes, S. 157.
96 *Hesse*, VVDStRL 17, S. 19 f.; zustimmend *Kriele*, VVDStRL 29, S. 60; *Böckenförde*, VVDStRL 33, S. 132. — *Hesse* beruft sich auf *Schumpeter* (Kapitalismus, S. 404–406). *Schumpeter* zeigt an der angeführten Stelle am Beispiel der von Napoleon durchgesetzten Religionsabkommen, daß „die durch eine nichtdemokratische Stelle gefällte Entscheidung" häufig eher das bewirken kann, „was das Volk wirklich wünscht" und „was in einem überzeugenden Sinn ‚der Wille des Volkes' genannt werden könnte", als der Versuch, „die Frage demokratisch zu regeln". Dabei meint *Schumpeter* mit „demokratisch" die Bestimmung durch den natürlichen Willen des Volkes (Entscheidung „durch das Volk"), dem er die auf andere Weise bisweilen besser durchzusetzende Entscheidung „für" das Volk entgegensetzt.
97 BVerfGE 5, S. 85 (135). Ebenso *Krüger*, Staatslehre, S. 284: Die Anerkennung des Mehrheitsentschlusses durch die überstimmte Minderheit wird auch von der Auffassung getragen, „daß die Entscheidung der Mehrheit auch der Sache nach ... eine relativ richtigere Entscheidung sein wird."
98 BVerfGE 2, S. 1 (12 f.); 5, S. 85 (139); 28, S. 36 (48 f.). Vgl. auch *Bulla*, Die Lehre von der streitbaren Demokratie, AöR 1973, S. 340.
99 *Maunz*, Maunz/Dürig/Herzog, Art. 20, Rdnr. 45; L. *Roos*, Die Demokratie als Lebensform, 1969, S. 169, jeweils m. w. N.
100 *Krüger*, Staatslehre, S. 547.
101 Hans H. *Klein*, FS Forsthoff, 1972, S. 168: Art. 20 Abs. 2 Satz 1 umfaßt die Verpflichtung der Staatsgewalt auf das Gemeinwohl. Ebenso *v. Zezschwitz*, Gemeinwohl, S. 135 und Franz *Mayer*, Verfassungsrechtliche Grenzen einer Reform des öffentlichen Dienstrechts, S. 657 f. Vgl. auch *Lompe*, Gesellschaftspolitik, S. 114 ff.
102 BVerfGE 5, S. 85 (206): Der freiheitlichen Demokratie des Grundgesetzes geht es um das „überhaupt erreichbare Optimum" der Grundwerterealisierung.

B. Normative Grundlegung

Dem formal-demokratischen Gebot der gleichen Mitwirkung aller beim Zustandekommen der Entscheidungen entspricht auf der materiell-inhaltlichen Ebene die angemessene Berücksichtigung aller Interessen[103]. Daraus läßt sich ableiten, daß die Bedeutung, die den Interessen nach demokratischen Grundsätzen jeweils zukommen sollte, wesentlich[104] von der Zahl der jeweils berührten Interessenträger[105], also dem Grad der Allgemeinheit des Interesses abhängt[106]. Die demokratische Gemeinwohlwertigkeit eines Interesses steigt also mit der Anzahl der Interessenträger und erlangt ihren höchsten Grad, wenn die betroffene Allgemeinheit die Gesamtheit der Staatsbürger umfaßt[107].

Die materiale Demokratiekomponente hat Kriele auf der Staatsrechtslehrertagung 1970 in Speyer besonders herausgearbeitet[108] und nachdrücklich betont, das grundgesetzliche Demokratieprinzip werde durch die Erwartung legitimiert, daß der demokratische Willensbildungsprozeß die relativ größte Chance materiell-inhaltlicher Richtigkeit der in diesem Prozeß zustandegekommenen Entscheidungen mit sich bringe. Fortschritte ergäben sich durch situationsbezogene Erfahrungen, challenge and answer, trial and error[109].

Kriele wurde in der Aussprache über seine Thesen entgegengehalten, die Idee des demokratischen Prinzips bestehe allein darin, daß wenigstens die Mehrheit die Freiheit erhalte, nach ihren Entscheidungen zu leben[110]. Das demokratische Mehrheitsprinzip sei nur deshalb richtig, weil durch dieses erst die größtmögliche Anzahl der Staatsbürger das Gefühl erhalte, nur dem eigenen Willen unterworfen zu sein. Auf die Qualität, d. h. die inhaltliche Richtigkeit der Entscheidungen, könne es nicht ankommen[111]. Wenn die Mehrheit die Kompetenz besitze, jeweils in dem Sinne zu entscheiden, wie sie es für richtig halte, könne es keine neutrale Instanz geben, die objektiv, also unabhängig von der Mehrheit, die inhaltliche Richtigkeit von Mehrheitsentscheidungen beurteilen könne[112]. Das Gemeinsame an diesen Äußerungen liegt darin, daß sie den Sinn des demokratischen Prinzips allein aus der Art des Zustandekommens entnehmen wollen (input-orientiertes Verständnis) und die Ergebnisse der Willensbildung (den output) glauben ignorieren zu sollen oder zu müssen. Es käme danach nur darauf an, wie und nicht was entschieden wird.

---

103 Vgl. auch BVerfGE 5, S. 85 (198): Nach dem vom Grundgesetz vorausgesetzten Ideal der „sozialen Demokratie in den Formen des Rechtsstaates" wird „annähernd gleichmäßige Förderung des Wohls aller Bürger und annähernd gleichmäßige Verteilung der Lasten ... grundsätzlich erstrebt."
104 Daneben ist auch die relative Gewichtigkeit des einzelnen Interesses von bestimmender Bedeutung für die Gemeinwohlabwägung. Vgl. *Fraenkel*, Deutschland und die westlichen Demokratien, S. 71: „Wahre Demokratie erfordert, daß die Intensitätsgrade der Gruppeninteressen ausreichend berücksichtigt werden, um zu verhindern, daß eine Minoritätsgruppe auf einem ihr lebenswichtig erscheinenden Gebiet vergewaltigt wird."
105 Daraus ergibt sich auch das von *Herzog* erwähnte Postulat, daß die Durchsetzungsmacht sozialer Gruppen der Zahl ihrer Mitglieder entsprechen sollte. *Herzog*, Staatslehre, S. 66.
106 *Kriele*, Kriterien der Gerechtigkeit, S. 72, 77 f.; *ders.*, Theorie der Rechtsgewinnung, § 48 (S. 179 ff.); *Streißler*, Gemeinwohlvorstellungen, S. 15 f.; *Zippelius*, Recht, S. 70; *Hubmann*, AcP 155 (1956), S. 97 ff.
107 *Streißler*, Gemeinwohlvorstellungen, S. 15 f.; *v. Zezschwitz*, Gemeinwohl, S. 143; *Forsthoff*, Industriegesellschaft, S. 25; *Friedrich*, Verfassungsstaat, S. 541; *Sontheimer*, Zur neueren Kritik, S. 29; *Wolff/Bachof*, Verwaltungsrecht I, § 29 III b 3; *Zacher*, Freiheitliche Demokratie, S. 49.
108 *Kriele*, VVDStRL 29, S. 46 ff. (52, 58, 107 f.).
109 Grundlegend: *Coing*, der unter Heranziehung *Toynbeescher* Kategorien die Bildung des Rechts als Antwort (response) auf die durch die Entwicklung der sozialen Verhältnisse jeweils gegebenen Ordnungsverhältnisse (challenge) versteht. *Coing*, System, Geschichte und Interesse in der Privatrechtswissenschaft, JZ 1951, S. 481 (484); *ders.*, Rechtsphilosophie, S. 175, 249 f.
110 *Walter*, VVDStRL 29, S. 91.
111 *Leibholz*, VVDStRL 29, S. 104.
112 *Roelleke*, VVDStRL 29, S. 99 f.

§ 7 Verfassungsrechtliche Anknüpfungspunkte

Die Streitfrage hat manche Ähnlichkeit mit der kontroversen Beurteilung der Funktion der Vertragsfreiheit durch Schmidt-Rimpler und Flume[113]. Flume, dem es allein auf die input-orientierte Selbstbestimmung der Kontrahenten beim Zustandekommen des Vertrages ankommt, lehnt die Ansicht Schmidt-Rimplers, der Grund für die rechtliche Anerknnnung vertraglicher Vereinbarungen sei die (output-orientierte) Erwartung inhaltlicher Richtigkeit des Vertrages mit dem Argument ab, diese Ansicht negiere „in Wirklichkeit die Selbstbestimmung als Wert". Die entsprechende Argumentation wird auch Kriele hinsichtlich des Demokratieprinzips entgegengehalten. Wie unten dargelegt wird, ist Flumes Argumentation hinsichtlich der Vertragsfreiheit nicht schlüssig und (ebenso wie auch die Ansicht Schmidt-Rimplers) in ihrer Einseitigkeit letztlich unrichtig. Dies gilt entsprechend für die Demokratieauffassung, die Kriele entgegengesetzt worden ist; auch sie verabsolutiert eine von mehreren gleich bedeutsamen Aspekten: Wenn es die Funktion der Gemeinschaftsordnung ist, freiheitliche Selbstbestimmung *und* die anderen Grundwerte im Sinne einer „optimalen Mischung" (Herschel) möglichst weitgehend zu realisieren[114], dann müssen sich auch die grundlegenden Willensbildungsverfahren, wie Vertrag und Demokratie, von daher legitimieren; ihr Wert ist dann danach zu bestimmen, inwieweit sie zur Realisierung aller dieser Werte sowohl beim Zustandekommen als auch hinsichtlich der inhaltlichen Ergebnisse der Willensbildung beitragen.

Die Kontroverse über den materialen Inhalt des Demokratieprinzips verliert im übrigen an Relevanz, wenn man berücksichtigt, daß die materialen Grundwerte in jedem Fall im Rechtsstaatsprinzip und im Sozialstaatsprinzip enthalten sind[115], was wohl auch diejenigen Staatsrechtler, die Kriele widersprachen, anerkennen[116]. In ähnlicher Weise ordnet Bäumlin dem Demokratieprinzip die Mitbestimmung der Bürger, die sich besonders in der Verantwortlichkeit der Herrschenden gegenüber den Beherrschten äußere, zu, dagegen der sozialen Rechtsstaatlichkeit die individuelle, persönliche Freiheit und die Gerechtigkeit einschließlich der Ermöglichung selbständiger Lebensgestaltung[117]. Maihofer möchte die Wahrung der individuellen Freiheit und Sicherheit im Rechtsstaatsprinzip, die soziale Wohlfahrt und Gerechtigkeit im Sozialstaatsprinzip und die politische Selbstgesetzgebung und Mitbestimmung im Demokratieprinzip niedergelegt wissen[118].

---

113 Dazu im einzelnen unten S. 94 f.
114 *Dürig*, in: *Maunz/Dürig/Herzog*, Art. 3 Abs. 1, Rdnr. 128: Steigerung „zu einem erreichbaren Optimum". Ferner das oben in FN 102 angeführte Zitat aus BVerfGE 5, S. 206.
115 Oben S. 37 ff. und S. 39 ff.
116 *Walter*, VVDStRL 29, S. 91; *Leibholz*, ebenda, S. 103 f.; *Münch*, ebenda, S. 108.
117 *Bäumlin*, Rechtsstaatliche Demokratie, S. 40, 54 ff., 66 ff.
118 *Maihofer*, Rechtsstaat und menschliche Würde, S. 56.

C. Gemeinwohlverfahren

§ 8 Zur allgemeinen Bedeutung angemessener Verfahren

Die oben genannten Gemeinwohlwerte geben zwar die allgemeine Richtung für Gemeinwohlentscheidungen an[1]. Sie sind jedoch meist zu vage, um die Entscheidung konkreter Gemeinwohlprobleme hinreichend zu determinieren[2]. Ihre Determinationskraft wird auch dadurch eingeschränkt, daß die Gemeinwohlwerte oft in einem Spannungsverhältnis zueinander stehen, so daß ein Mehr an Verwirklichung des einen Werts nur unter Zurückdrängung eines anderen oder mehrerer anderer Werte erfolgen kann. Bei solchen Wertantinomien kann es nicht auf die möglichst weitgehende Realisierung eines Gemeinwohlwerts, sondern (neben der Vermeidung unnötiger Wertkonflikte) nur auf das richtige Maß ankommen[3]. Es gilt, in der jeweiligen Situation bestmögliche Kompromisse zu entwickeln, die zu einer relativen Optimierung der Gemeinwohlwerte führen.

Angesichts der Unmöglichkeit, gemeinwohlrichtige Entscheidungen a priori zu fixieren, gewinnen die Verfahren zur Bildung gemeinschaftserheblicher Entscheidungen maßgebliches Gewicht, besteht doch zwischen der inhaltlichen Bestimmbarkeit der Richtigkeit von Entscheidungen und der verfahrensmäßigen Festlegung ihres Zustandekommens ein Verhältnis derart, daß die Aufstellung und Beachtung angemessener Verfahrensregelungen umso wichtiger wird, je weniger „dicht" die inhaltliche Determiniertheit der Entscheidungen ist. Die abstrakt und im vorhinein nicht mögliche materiell-inhaltliche Bestimmung des Gemeinwohlrichtigen muß deshalb durch Verfahrensregeln ersetzt werden[4], die so zu gestalten sind, daß sie die Chance der Richtigkeit der in diesem Verfahren zustande gekommenen Entscheidungen möglichst groß halten[5].

Die angemessene Ausgestaltung der Verfahren erweist sich somit als ein zentraler Ansatzpunkt, ja als *der* zentrale Ansatzpunkt überhaupt, für die Erzielung gemeinwohlkonformer Entscheidungen. Die „Gemeinwohlverfahren"[6] funktionsfähig zu machen und zu halten, ist der strategische Punkt bei der Gemeinwohlsicherung, auf den deshalb vor allem die Kräfte zu konzentrieren sind. Beharren auf der Bedeutung der Schlüsselstellung — das ist für die Politik ebenso wichtig wie für die militärische Strategie[7].

Der Zusammenhang zwischen angemessener Verfahrensausgestaltung und materieller Richtigkeit bewirkt eine dem vordergründigen Denken häufig nicht verständliche besondere „Empfindlichkeit" der Gemeinschaftsordnung gegenüber Verfahrensmängeln und erfordert Sanktionen, um solche möglichst zu unterbinden. Auch Verfahrensmängel sind in dieser Sicht Gerechtigkeits- oder, allgemeiner gesprochen, Gemeinwohlverstöße, und zwar besonders gravierende, die zudem häufig relativ leicht festzustellen sind (meist im Gegensatz zu inhaltlichen

---

[1] Die Gemeinwohlwerte bestimmen die „Sinnfrage" in der Terminologie *Soells*. *Soell*, Ermessen, S. 161 (m. w. N.), 180, 247.
[2] *Heller*, Staatslehre, Ges. Schriften III, S. 332: Es fehlt den Grundwerten an Entschiedenheit und Gewißheit im konkreten Fall.
[3] Zur „Maßfrage" *Soell*, Ermessen, S. 161, 181 f., 185, 247.
[4] *Leys*, Public Interest, S. 240, 248, 256; G. *Schubert*, The Theory of the Public Interest, Political Research: Organization and Design I, May 1958, S. 35; *Schnur*, Wohl der Allgemeinheit, S. 62; *Suhr*, DÖV 1975, S. 767 (768 ff.).
[5] Weitere Nachweise zur Bedeutung der Gemeinwohlverfahren unten § 27 FN 1–3.
[6] *Häberle*, Öffentliches Interesse, S. 251 u. ö.: „salus publica ex processu".
[7] Für die Wirtschaftspolitik: *Eucken*, Wirtschaftspolitik, S. 255.

§ 8 Bedeutung angemessener Verfahren

Unrichtigkeiten)[8]. Die Ersetzung materiell-inhaltlicher Determinierung durch Verfahrensregeln setzt sich folgerichtig in einer Ersetzung der Ahndung materieller Unrichtigkeit durch die Ahndung formell-verfahrensmäßiger Unrichtigkeiten fort.

Klassisches Beispiel für eine sorgfältige verfahrensmäßige Ausgestaltung zur Errichtung eines möglichst hohen Grades an inhaltlicher Richtigkeit ist das gerichtliche Verfahren. Aber auch das parlamentarisch-demokratische Gesetzgebungsverfahren soll eine möglichst große inhaltliche Richtigkeit der Gesetze gewährleisten. Nach Kriele ist die parlamentarische Demokratie sogar „geschichtlich und theoretisch zu begreifen aus der Übertragung des Gedankens des gerichtlichen Prozesses auf den politischen Prozeß der Gesetzgebung"[9]. Gerichtliches und Gesetzgebungsverfahren sind jedoch keineswegs die einzigen Mechanismen, derer sich die Gemeinschaft (in der Bundesrepublik) bedient, um Entscheidungen zu treffen. Von besonderer Bedeutung sind auch die verwaltungsbehördliche Entscheidung[10], der (Individual-)Vertrag[11] und der Tarifvertrag, oder genauer: die Verfahrensweisen, deren Ergebnisse sich in Verwaltungsentscheidungen, Verträgen und Tarifverträgen niederschlagen, also der behördliche „Informationsverarbeitungs- und Willensbildungsprozeß"[12], die wettbewerbliche Marktwirtschaft[13] und der Macht-Gegenmacht-Ausgleich zwischen Gewerkschaften und Arbeitgebern.

Inhaltlich lassen sich Vertrag, Tarifvertrag und Verwaltungsakt (oder behördliche Rechtsverordnung) nur höchst unvollkommen mit den formalen Willensübereinstimmungen der Vertragspartner bzw. der behördlichen Willensäußerung erklären. Ebenso wie die Beschlüsse der gesetzgebenden Körperschaften[14] und die Urteile der Gerichte stellen auch Vertrag, Tarifvertrag und behördliche Entscheidung nur den formalen Abschluß in einem mehr oder weniger langen vorangehenden Prozeß der Willensbildung dar, von dessen Ausgestaltung der Inhalt des Vertrages, Tarifvertrages, Gesetzes oder Verwaltungsakts wesentlich abhängt[15]. Dies ist beim Tarifvertrag mit seinem sorgfältig austarierten kollektiven Arbeitskampfrecht[16] ohne weiteres ersichtlich. Es gilt aber ebenso für die behördliche Entscheidung[17]. In entsprechender Weise kann es beim In-

---

8 Vgl. *Radbruch*, Vorschule, S. 26 f., wo die Verletzung der Verfahrensgrundsätze der Unabhängigkeit des Richters oder der Unzulässigkeit endgültiger Bestrafung ohne vorherige Verteidigungsmöglichkeit als absolute Gerechtigkeitsverstöße bezeichnet werden. Vgl. auch *Marshall*, der die beiden Verfahrensgrundsätze „Niemand kann Richter in eigener Sache sein" und „Audi alteram partem" als die zentralen Rechtsgrundsätze ansieht. H. H. *Marshall*, Natural Justice, London 1959, insbes. S. 16 ff.
9 *Kriele*, VVDStRL 29, S. 50.
10 *Brohm*, VVDStRL 30, S. 245 (281 ff., 310).
11 Die Privatautonomie wird z. B. von *Hopt* als ein zur Steuerung der Wirtschaft eingesetzter und benutzter (Selbst-)Steuerungsmechanismus bezeichnet. Hopt, BB 1972, S. 1017 (1019).
12 *Brohm*, VVDStRL 30, S. 290.
13 Den Charakter der wettbewerblichen Marktwirtschaft als Verfahren zur Regelung von Interessenkonflikten hat vor allem Franz Böhm, Wettbewerb und Monopolkampf (1933) betont.
14 Hans *Meyer*, VVDStRL 33, S. 87: „Der Gesetzesbeschluß ist nur der Abschluß eines — manchmal sehr langen — Prozesses, in dessen Verlauf sich der Gesetzesinhalt mehr und mehr verfestigt."
15 Der Abhängigkeit des Entscheidungsinhalts vom Entscheidungsverfahren wird Walter *Schmidts* Versuch, eine schottendichte Trennung zwischen Entscheidung und Entscheidungsvorbereitung (im Bereich der Verwaltung) vorzunehmen, nicht gerecht. W. Schmidt, VVDStRL 33, S. 199 ff. Kritisch zu *Schmidt* auch *Böckenförde*, ebenda, S. 299; *Vogel*, ebenda, S. 304 f.; *Friauf*, ebenda, S. 308. Vgl. auch *Brohm*, FS *Forsthoff*, 1972, S. 37 (45).
16 *Lerche*, Verfassungsrechtliche Zentralfragen des Arbeitskampfes, S. 64 f.; *Säcker*, Grundprobleme der kollektiven Koalitionsfreiheit, S. 33 ff., 71 ff.; *Scheuner*, FS Forsthoff, 1972, S. 328; *Hanau/Adomeit*, Arbeitsrecht, 1972, S. 68 ff.
17 *Brohm*, VVDStRL 30, S. 261: „Die Organisation und das Verfahren (der behördlichen Entscheidungsbildung) sind für den Inhalt einer Entscheidung von eminenter Bedeutung". „Die Rechtsdogmatik (muß) die Voraussetzungen schaffen, daß dieser Prozeß der Entscheidungsbildung optimal verläuft."

C. Gemeinwohlverfahren

dividualvertrag heute nicht mehr nur auf die formal fehlerfreie Willensübereinstimmung der Vertragspartner ankommen, auch das Zustandekommen der Willensbildung ist vielmehr von großer Bedeutung; dies zeigt sich, wenn die „Vertragsparität" der Partner (als wichtige Voraussetzung eines inhaltlich befriedigenden vertraglichen Willensbildungsverfahrens) eindeutig nicht vorliegt und die Rechtsprechung deshalb eine Inhaltskontrolle unternimmt[18].

Die legislative, administrative und gerichtliche Willensbildung und Entscheidung, die Verhandlungen, Arbeitskämpfe und Absprachen der Tarifvertragsparteien und die wettbewerbliche marktwirtschaftliche Steuerung (deren Ergebnisse der privatrechtliche Vertrag fixiert) sind in der Bundesrepublik wie in anderen westlichen Demokratien die wichtigsten Mechanismen (Verfahrensweisen), derer sich die Rechtsgemeinschaft zur Bestimmung des im Sinne des Gemeinwohls Richtigen bedient.

§ 9 Die beiden Grundtypen gemeinschaftserheblicher Entscheidungsverfahren

Die verschiedenen Gemeinwohlverfahren lassen sich idealtypischerweise in zwei Gruppen einteilen, die macht- und interessenten-determinierten Verfahren einerseits und die wert- und erkenntnis-orientierten Verfahren andererseits[1]. Das mangelhafte gedankliche Auseinanderhalten dieser beiden Verfahrensarten hat zu vielen Unklarheiten und Mißverständnissen geführt. Sie müssen deshalb analytisch möglichst scharf getrennt werden, obwohl beide für die Gemeinwohlrealisierung wichtig sind und zusammenwirken und sich gegenseitig ergänzen müssen; das Optimum liegt im angemessenen Zuordnen beider Komponenten. Dagegen führt die Beschränkung auf eine Verfahrensart allein leicht zur Totalisierung. Es bedarf deshalb zunächst einer gedanklichen Präzisierung der beiden Grundtypen.

Macht- und interessentendeterminierte Verfahren

Diese Verfahren sind dadurch gekennzeichnet, daß die Intentionen der Verfahrensbeteiligten nicht auf das Gemeinwohl (im Sinne einer situationsabhängigen Werteoptimierung) gerichtet sind, sondern auf möglichst weitgehende Befriedigung der eigenen (faktischen) Interessen (Maximierung des Gewinns, des persönlichen Nutzens, der politischen Macht etc.). Diesem Bereich sind schwerpunktmäßig[2] zuzuordnen: die wettbewerbliche Marktwirtschaft und das bargaining und Entscheiden im Rahmen eines Macht-Gegenmacht-Gefüges, also die kollektiven tarifautonomen — in letzter Konsequenz bis zum Arbeitskampf gehenden — Verhandlungen und Entscheidungen von Gewerkschaften und Arbeitgebern[3].

---

18 Dazu unten S. 248 f.

1 *Cicero*, De officiis I, 11, 34: „Cum sint duo genera decertandi, unum per disceptationem, alterum per vim ...". Vgl. auch gewisse parallele Ansätze bei *Jellinek*, Staatslehre, S. 3 ff.; Carl *Schmitt*, Verfassungslehre, S. 315 f.; 319; *Hesse*, FS Smend, 1962, S. 71 (93—95); ders., VVDStRL 22, S. 11 (34 f.); *Coing*, Rechtsphilosophie, S. 149 f.; *Krüger*, Staatslehre, S. 238.
2 „Schwerpunktmäßig" deshalb, weil nicht ausgeschlossen werden kann und soll, daß der einzelne Marktteilnehmer sich im Einzelfall doch mehr oder weniger von wert-, insbesondere von Gerechtigkeitsgesichtspunkten leiten läßt.
3 *Biedenkopf*, Wirtschaftswissenschaft und Rechtswissenschaft, S. 76: Wettbewerb und Tarifregelung sind „Kampfordnungen". *Richardi*, AöR 1968, S. 243 (254): „Die Tarifvertragsparteien ... nehmen ihre eigenen bzw. die Interessen ihrer Mitglieder wahr". Zum „Interessenkampf" von Gewerkschaften und Arbeitgebern auch *Kaiser*, Repräsentation, S. 202 f. und 322 f.; *Hirsch*, Gewerkschaften, S. 70 m. w. N.

Diese durch den Willen und die Macht der Interessenten determinierten Verfahrensarten können insoweit einen Gemeinwohltrend besitzen, als die Durchsetzungsstärke der Bedeutung der Interessen entspricht, so daß diese sich angemessen auspendeln. Beim Verfolgen eigennütziger Interessen kann auf diese Weise das Gemeinwohlrichtige ausgefällt werden. Das Gemeinwohl setzt sich dann durch, indem es listig die Interessen für sich einspannt. Es kommt in diesem Verfahren also nicht aufgrund der dahingehenden Motivation der handelnden Menschen, sondern ohne und möglicherweise gegen ihren Willen zustande.

Die mögliche ordnungsstiftende Kraft der Interessen, die der Gegenstand der Nationalökonomie seit Adam Smith ist und auch von Hegel und v. Stein nicht verkannt wurde, hat Max Weber besonders hervorgehoben: Die Erscheinung, „daß Orientierung an der nackten eigenen und fremden Interessenlage Wirkungen hervorbringt, welche jenen gleichstehen, die durch Normierung — und zwar sehr oft vergeblich — zu erzwingen gesucht werden, hat insbesondere auf wirtschaftlichem Gebiet große Aufmerksamkeit erregt: — sie war geradezu eine der Quellen des Entstehens der Nationalökonomie als Wissenschaft. Sie gilt aber von allen Gebieten des Handelns in ähnlicher Art"[4].

Wert- und erkenntnisorientierte Verfahren

Diese Verfahrensart wird nicht von der Macht und der Durchsetzungskraft der Interessenten, sondern vom Normativen und Erkenntnismäßigen, vom Sollen und Wissen (bzw. Vermuten), bestimmt. Die Intention der Verfahrensbeteiligten geht auf die Ermittlung des Gemeinwohlrichtigen. Das machtbestimmte Ausbalancieren der eigennützigen Interessen verschiedener Interessenträger findet hier seine (gedankliche) Entsprechung in einem wert- und erkenntnisorientierten Abwägen und Auspendeln verschiedener Interessen durch einen (oder eine Gruppe von) „decision marker(s)" oder seinen (ihre) Ratgeber. Es braucht theoretisch also nur ein einziger Verfahrensbeteiligter dazusein, in dessen Inneren der Interessenkonflikt seinen Austrag findet[5]. Das schließt natürlich nicht aus, daß die Entscheidung bei Beteiligung mehrerer ausgewogener ausfällt, weil dann auch Gesichtspunkte berücksichtigt werden, die einer allein vielleicht übersehen hätte. Wesentlich ist aber, daß es allen an der Entscheidung Beteiligten auf die sach- und wertorientierte Richtigkeit, nicht auf die möglichst weitgehende Berücksichtigung eigennütziger Interessen ankommt. Das Verfahren erfordert Unparteilichkeit und innere Unbefangenheit; es ist — idealtypischerweise — das des Richters[6]. Welchem der beiden Grundtypen die anderen Verfahren der staatlichen Willensbildung zuzuordnen sind, wird später zu erörtern sein[7].

Unterschiedliche Anforderungen an die Ausgestaltung

Die Unterscheidung der beiden Verfahrensarten ist aus mehreren Gründen geboten. Ein Grund besteht darin, daß die beiden Verfahrensarten unterschiedliche

---

[4] Max *Weber*, Gesammelte Aufsätze zur Wissenschaftslehre, S. 558. Vgl. auch *Schumpeter*, Kapitalismus, S. 126, der es als das Hauptverdienst der klassischen Nationalökonomie bezeichnet, „die naive Vorstellung zum Verschwinden gebracht (zu) haben, die wirtschaftliche Tätigkeit in der kapitalistischen Gesellschaft müsse, weil sie sich um das Gewinnmotiv dreht, ... mit Notwendigkeit den Konsumenteninteressen zuwiderlaufen." Ebenso v. *Hayek*, Freiburger Studien, S. 179.
[5] *Schubert* nennt die Gemeinwohllehre, die diese Verfahrensart herausstellt, „psychologischen Realismus". *Schubert*, Public Interest Theory, S. 168.
[6] Das Ethos des Richters und das gerichtliche Verfahren sind von jeher auf Gerechtigkeit und richterliche Unabhängigkeit angelegt. *Coing*, Rechtsphilosophie, S. 146 f.; *Zeidler*, DÖV 1971, S. 6 (12 ff.); vgl. auch unten S. 246 ff.
[7] Unten S. 190 ff.

C. Gemeinwohlverfahren

Anforderungen an Organisation und Ausgestaltung stellen. Beim macht- und interessenbestimmten Verfahren kommt es vor allem darauf an, daß die Machtverteilung unter den Interessenten einigermaßen ausgeglichen ist[8] und die Interessenten auch eine möglichst klare Kenntnis von dem haben, was in ihrem jeweiligen Interesse liegt[9]. Wichtig ist ferner, das Verfahren so zu regeln, daß die Kompromißbereitschaft gefördert wird[10]. Für das wert- und erkenntnisorientierte Verfahren ist es dagegen von zentraler Bedeutung, daß Vorkehrungen getroffen werden, die Unabhängigkeit und Unparteilichkeit, Sachlichkeit und Wertbewußtsein der Entscheidenden soweit wie möglich gewährleisten[11]. Zugleich muß das Verfahren so organisiert sein, daß den Entscheidenden das Wissens- und Wertungspotential zur Verfügung steht, welches die wert- und erkenntnisorientierte Gemeinwohlmethodik verlangt, sei es, daß sie das notwendige Potential selbst besitzen, sei es, daß es ihnen bei Bedarf verfügbar gemacht wird. Dabei muß die Methodik, die der Interpret auf der Suche nach gemeinwohlkonformer Lösung konkreter Probleme anzuwenden hat, unterschieden werden von den organisatorisch-institutionellen Regelungen, die die bestmöglichen Voraussetzungen für die Anwendung dieser Methodik schaffen sollen.

Vorrang des wert- und erkenntnisorientierten Gemeinwohlverfahrens

Ein anderer Grund für die Unterscheidung der beiden Verfahren liegt darin, daß es die Funktion des wert- und erkenntnisbestimmten Informations-, Denk- und Abwägungsprozesses ist, Anhaltspunkte für die Kontrolle der Ergebnisse und der verfahrensmäßigen Ausgewogenheit der machtbestimmten Verfahren zu liefern und gegebenenfalls Verbesserungsvorschläge zu machen. Wenn wir davon sprechen, daß die Ergebnisse und die Organisation machtbestimmter Verfahren vor der Idee des Gemeinwohls (nicht) bestehen können, so meinen wir damit ja nichts anderes als, daß sie nicht (oder doch) in unserem wert- und erkenntnisbestimmten Kontrollnetz hängen bleiben. Das wert- und erkenntnisbestimmte Verfahren ist also sozusagen die „letzte Instanz" aller Kritik- und Verbesserungsbemühungen. Der Vorrang des wert- und erkenntnisorientierten vor dem machtorientierten Entscheidungsverfahren läßt sich auch auf eine, allerdings leicht mißverständliche, Formel bringen: den Primat des Rechts vor der Politik[12].

Gerade die Staatsrechtslehre darf, wenn sie sich nicht selbst preisgeben und zur Dirne erniedrigen will, „die sich dem jeweiligen Machthaber an den Hals wirft"[13], auf ein wert- und erkenntnisorientiertes Gemeinwohlverständnis nicht verzichten[14]. Dieses wendet sich gegen die quietistische Anerkennung der Ergebnisse der Auseinandersetzung bestimmter Kräfte im Sinne eines Abdankens vor dem „Recht des Stärkeren"[15]; es enthält einen Kontrollgedanken[16] und zielt gegebenenfalls auf eine Ver-

---

8 *Krüger*, Staatslehre, S. 458 f.; *Herzog*, Staatslehre, S. 57 f.
9 Vgl. *Herzog*, Staatslehre, S. 59 ff.
10 *Herzog*, Staatslehre, S. 58 f.
11 *Hesse*, Der Rechtsstaat im Verfassungssystem des Grundgesetzes, S. 77. 82, 94: Das Rechtsstaatsprinzip verlange Sachlichkeit und Unparteilichkeit der Entscheidenden. — Zur grundlegenden Bedeutung des Prinzips, daß niemand Richter in eigener Sache sein darf: *Kluxen*, Die geistesgeschichtlichen Grundlagen des englischen Parlamentarismus, S. 110 m. w. N. in FN 45.
12 *Marcic*, Vom Gesetzesstaat zum Richterstaat, S. 279 ff.; *Hesse*, Der Rechtsstaat im Verfassungssystem des Grundgesetzes, S. 75 f.; ders., Verfassungsrecht, S. 79 ff.
13 *Laun*, AöR 43 (1922), S. 148 (164).
14 *Heller*, Staatslehre, Ges. Schriften III, S. 200. Für die „Gesetzgebungslehre": *Noll*, Gesetzgebungslehre, S. 63 f.
15 Gegen eine „Kapitulation unseres Rechtsgewissens vor dem jeweiligen politischen Erfolg" wendet sich auch *Heller*, Staatslehre, Ges. Schriften III, S. 330.
16 *Felix Frankfurter* Reminisces, Harlan B. *Phillips* (Hrsg.), 1960, S. 72: „That vague impalpable but all-controlling consideration: the public interest."

§ 9 Die beiden Grundtypen

besserung machtbestimmter Ergebnisse auch gegen ein zunächst bestehendes Machtübergewicht. Es erfüllt die Funktion eines Mahners[17], indem es an solche Interessen erinnert, die zwar Anerkennung verdienen, im wirtschaftlichen und politischen Geschehen aber leicht zu kurz kommen[18], weil ihre reale Durchsetzungskraft relativ gering ist; dabei mag es sich um Interessen unterprivilegierter Volksschichten handeln oder um Interessen langfristiger Natur (etwa die Interessen zukünftiger Generationen)[19], oder schließlich darum, daß die Erkenntnis und Wahrnehmung der Interessen und der zwischen ihnen bestehenden Zusammenhänge die (schwierige und lästige) Bewältigung komplizierter Zusammenhänge erfordert. Aus diesen Überlegungen erklärt sich auch, daß das Gemeinwohl immer erst ins Gespräch kommt, wenn der Ablauf und die Ergebnisse des gesellschaftlichen und (oder) des sog. politischen Kräftespiels nicht mehr befriedigen.

Die effektive Kontrollkraft des wert- und erkenntnisorientierten Gemeinwohlbestimmungsverfahrens hängt allerdings wesentlich von seiner Leistungsfähigkeit ab, die aber ihrerseits durch die Leistungsfähigkeit der (Norm- und Wirklichkeits-)Wissenschaften bestimmt wird[20]. Auch die besten verfahrensmäßig-organisatorischen Vorkehrungen können nicht mehr hervorzaubern als die Wissenschaft äußerstenfalls zu leisten vermag. Notwendige (wenn auch nicht hinreichende) Bedingung für eine wirksame Kontrolle ist deshalb, daß die Wissenschaft überhaupt in der Lage ist, Gemeinwohlanforderungen zu konkretisieren, die es erlauben, bestehende Willensbildungs- und Entscheidungsmechanismen kritisch zu überprüfen und gegebenenfalls Verbesserungsvorschläge zu machen[21]. Politiker, Verwaltungsbeamte, Richter, Sachverständige und öffentliche Meinung können nicht mehr wissen, als ihnen die Wissenschaft zu vermitteln imstande ist[22]. Bei allen Überlegungen, wie sich die Gemeinwohlverfahren verbessern lassen, wird deshalb im folgenden immer wieder die Frage nach der Leistungsfähigkeit der Wissenschaft eine zentrale Rolle spielen. Aus diesem Grunde kommt man nicht darum herum, die verschiedenen Schritte und Aspekte des wert- und erkenntnis-orientierten Informations-, Abwägungs- und Entscheidungsprozesses etwas eingehender zu behandeln[23], was letztlich auf eine Skizze der Möglichkeiten und Grenzen der Wissenschaft, Gemeinwohlrichtiges zu bestimmen, hinausläuft.

---

17 *Bailey*, The Public Interest, S. 96 (106).
18 *Sorauf*, The Public Interest, S. 185.
19 *Pennock*, The Public Interest, S. 180; vgl. auch *Musgrave*, The Public Interest, S. 107 (110): „The relative value of present as against future consumption may differ greatly from the point of view of the individual and the society. The individual's life is short, whereas society continues. Hence there may be a need of public control ...". *Schaeder*, in: Wohl der Allgemeinheit, S. 174, sieht im Zeitmoment das entscheidende Merkmal für die Abgrenzung der „Privatinteressen" und der (wenn der Staat sie nicht wahrnimmt, untergepflügten und deshalb von ihm sogenannten) „Staatsinteressen". Das ist allerdings ein zu einseitiger Standpunkt.
20 *Lompe*, Gesellschaftspolitik, S. 223.
21 Vgl. auch P. *Schneiders* Frage, ob die Theorie überhaupt in der Lage ist, ein Richtmaß zu vermitteln, oder ob ihr nichts übrig bleibt, als vor der Praxis zu kapitulieren (VVDStRL 20, S. 18).
22 So für die judizielle Kontrolle der gesamtwirtschaftlichen Globalsteuerung auch Reiner *Schmidt*, Wirtschaftspolitik und Verfassung, S. 154; *Mestmäcker*, Macht – Recht – Wirtschaftsverfassung, S. 194; Klaus *Vogel*, Finanzverfassung und politisches Ermessen, S. 35.
23 *Benda*, Industrielle Herrschaft und sozialer Staat, S. 121, bemerkt mit Recht, das Gemeinwohl sei ein methodisches Prinzip, bei dem es auf die Art, in der die Lösung einer Sachfrage gesucht werden, ankomme. Vgl. auch *Scholler*, in: Wohl der Allgemeinheit, S. 150: Funktionales Verfahren, an dessen Ende das Gemeinwohl stehen soll. *Morstein Marx*, Wohl der Allgemeinheit, S. 38: „Maßinstrument, Steuerungsinstrument".

D. Möglichkeiten und Grenzen der Gemeinwohlbestimmung durch die Wissenschaft

§ 10 Die Hessesche Optimierungsformel als Ausgangspunkt

Ausgangspunkt unserer Erwägungen ist die Feststellung, daß die vollständige Verwirklichung aller oben genannten Gemeinwohlgrundwerte[1] praktisch niemals möglich ist. Zwei oder mehrere der angestrebten Werte stehen durchweg in einem Spannungsverhältnis zueinander in dem Sinne, daß ein Mehr an Verwirklichung des einen Werts nur unter Zurückdrängung eines anderen oder mehrerer anderer Werte erfolgen kann. Den zur Entscheidung über gemeinschaftsrelevante Maßnahmen Berufenen stellt sich deshalb die Aufgabe, die in der jeweiligen Lage kollidierenden Werte zu ermitteln und gegeneinander abzuwägen, um jeweils eine möglichst gute (optimale) Problemlösung zu finden. Die in diesem Prozeß anzuwendenden methodischen Regeln, deren Beobachtung Inhalt eines rationalen Entscheidungsverhaltens ist[2], sind Gegenstand des vorliegenden Kapitels. Bei der Darstellung solcher rationalen Gemeinwohltechniken liegt es nahe, zunächst nach entsprechenden Ansätzen in der Rechtswissenschaft Ausschau zu halten. Und solche Ansätze sind in der Tat vorhanden. Vor allem die in der modernen Lehre der Verfassungsinterpretation verwendete Methodik der konkreten Güter- bzw. Werteabwägung und -optimierung führt direkt in unseren Fragenkreis hinein. Wir wollen deshalb von dieser Lehre ausgehen und uns dabei an die Ausprägung halten, die sie in Konrad Hesses verbreitetem Lehrbuch des Verfassungsrechts gefunden hat[3].

Hesse geht davon aus, daß „in allen Fällen der Verfassungsinterpretation ... die Verfassung oder der Verfassungsgeber in Wahrheit noch nicht entschieden, sondern nur mehr oder weniger zahlreiche unvollständige Anhaltspunkte gegeben" habe. Erforderlich sei deshalb anstelle der überholten Beschränkung auf die „herkömmlichen Auslegungsregeln" eine „Hinwendung zu sach- und problemgebundener Auslegung", wie sie sich auch in der Praxis des Bundesverfassungsgerichts zeige. Verfassungsinterpretation sei Konkretisierung der Verfassungswerte im Hinblick auf das jeweils in Rede stehende besondere Sachproblem[4]. Dies bedeute, daß dem Verfassungsinterpreten bei Kollisionen zwischen zwei (oder mehreren) Werten[5] des als Einheit zu verstehenden Grundgesetzes zur Ermittlung relativ richtiger Ergebnisse eine Optimierungsaufgabe in dem Sinne gestellt sei, daß „*beiden* Gütern ... Grenzen gezogen werden, damit *beide* zur optimalen Wirksamkeit gelangen können. Die Grenzziehungen müssen dabei im jeweiligen konkreten Fall verhältnismäßig sein; sie dürfen nicht weiter gehen, als es notwendig ist, um die Konkordanz beider Rechtsgüter herzustellen. ‚Verhältnismäßigkeit' bezeichnet in diesem Zusammenhang eine Relation zweier variabler Größen, und zwar diejenige, die jener Optimierungsaufgabe am besten

---

[1] Oben S. 21 ff.
[2] *Albert*, Traktat über kritische Vernunft, S. 65: „Rationalität ist stets eine Sache der Methode".
[3] *Hesse*, Grundzüge des Verfassungsrechts der Bundesrepublik Deutschland, 7. Aufl. 1974, § 2 (S. 20–34).
[4] Auf die Bedeutung der jeweiligen Situation und damit auf die Bedingtheit jeglicher Verfassungsinterpretation durch die nach Zeit und Ort sich wandelnde Wirklichkeit hebt nachdrücklich ab: Friedrich *Müller*, Normstruktur und Normativität, S. 114 ff.; generell zur Bedeutung der Situation: Carl August *Emge*, Über die Unentbehrlichkeit des Situationsbegriffs für die normative Disziplinen.
[5] Die Begriffe „Güter", „Werte" und „Ziele" werden im folgenden als Synonyme verstanden. Ebenso hinsichtlich Gütern und Werten *Häberle*, Wesensgehaltsgarantie, S. 7, 37 ff. Zur Parallelität von Zielen und Werten *Häberle*, VVDStRL 30, S. 103.

gerecht wird, nicht eine Relation zwischen einem konstanten ‚Zweck' und einem oder mehreren variablen ‚Mitteln'". Diese Auslegungsregel, die Hesse „Prinzip der praktischen Konkordanz" nennt, wird von anderen als Prinzip der „Harmonisierung"[6], der „interpretatorischen Dialektik"[7] oder der „kombinatorischen Interpretation"[8] bezeichnet.

Solche Art von Optimierungstechnik ist nun aber keineswegs auf die Verfassungsinterpretation beschränkt; die Hessesche Formel ist vielmehr eine (wenngleich noch nicht voll entfaltete) Ausprägung der allgemeinen Regeln für ein rationales werteoptimierendes Problemlösungsverhalten. Diese Regeln besitzen überall dort Geltung und geben Anweisungen, wie bei der Entscheidungsfindung zu verfahren ist, wo man mehreren (möglicherweise) miteinander in Konflikt stehenden gleichrangigen Werten gerecht zu werden hat. Dies sei zunächst anhand zweier weiterer rechtswissenschaftlicher Anwendungsbereiche, sodann anhand der Lehre von der rationalen Politik gezeigt.

Hermann Soell[9] hat für den Bereich der Eingriffsverwaltung an den Beispielen der Zielwerte des Art. 39 EWGV und des Art. 3 EGKSV dargelegt, daß bei Konflikten gleichrangiger Ziele keinem Ziel generell und von vornherein der Vorrang zuerkannt werden dürfe, sondern „eine ausgleichende Berücksichtigung sämtlicher Ziele" — das französische Recht spricht anschaulich von „conciliation" — anzustreben sei. Dies schließe durchaus nicht aus, daß je nach der Situation einmal das eine, dann wieder ein anderes Ziel am meisten gefährdet erscheine und deshalb am nachdrücklichsten zu verfolgen sei. Niemals dürfe jedoch ein Ziel völlig aufgeopfert werden[10], vielmehr behalte jedes Ziel mindestens insofern Gewicht, als es bei der Art und dem Umfang der zu ergreifenden Maßnahmen mit zu bedenken sei. Die Situationsabhängigkeit der optimalen Zielverwirklichung setze die „gründliche Ermittlung aller wesentlichen wirtschaftlichen und wirtschaftspolitischen Gegebenheiten" voraus, d. h. sie erfordere eine Situationsanalyse.

Soell lehnt die Anwendbarkeit der (von ihm zur Ermessenskontrolle im Recht der Eingriffsverwaltung entwickelten) Methodik der „conciliation" auf die Verfassungsinterpretation allerdings ab, weil der Gesetzgeber sich häufig dem Konflikt zweier gleichrangiger Grundwertsentscheidungen der Verfassung gegenübersehe, zwischen denen er dann weitgehend eigenverantwortlich zu entscheiden habe[11]. Ein solcher Konflikt besteht jedoch oft auch in den von Soell behandelten Fällen. Ein Unterschied liegt m. E. lediglich in der „Programmdichte"[12], d. h. in der Dichte der Zielwerte, und damit im Grad der rechtlichen Gebundenheit von Gesetzgebung und Verwaltung[13]. Dieser bloß graduelle Unterschied begründet m. E. aber keine Divergenz in der Methodik[14].

---

6 P. *Schneider*, VVDStRL 20, S. 108, 114, 134; *Scheuner*, ebenda, S. 125; *Leibholz*, ebenda, S. 119.
7 P. *Schneider*, VVDStRL 20, S. 37, 134.
8 *Scheuner*, VVDStRL 11, S. 20, 60.
9 *Soell*, Überlegungen zur rechtlichen Bedeutung des EWG-Vertrages für die gemeinsame Agrarpolitik, S. 357 (365 ff.); ders., Das Ermessen der Eingriffsverwaltung, S. 312 ff.
10 Diese Auffassung steht im Gegensatz zu der Vorstellung Carl *Schmitts*, es läge in der Logik des Wertdenkens, daß ein Wert sich gegenüber anderen bedingungslos durchsetze. C. *Schmitt*, Die Tyrannei der Werte, in: Säkularisation und Utopie, Erbacher Studien 1967, S. 37, bes. S. 57 ff. Der Ansicht *Schmitts* stimmt zu: *Böckenförde*, NJW 1974, S. 1529 (1534).
11 *Soell*, Ermessen, S. 113 FN 53; ders., Die Verwaltung 1973, S. 499, 503.
12 Terminus nach *Ipsen*, VVDStRL 25, S. 295.
13 Vgl. auch *Kelsen*, VVDStRL 5, S. 32.
14 Vgl. zur Parallelität des Verhältnisses von Verfassung und Gesetzgebung einerseits und Gesetz und Verwaltung andererseits auch *Kelsen*, VVDStRL 5, S. 53.

D. Gemeinwohlbestimmung durch die Wissenschaft

Die Verwerfung einer feststehenden, absoluten Rangordnung der Ziele (Werte)[15] und die Betonung der Relativität und Situationsabhängigkeit der Zielgewichtungen[16] innerhalb eines „beweglichen Systems"[17] wird auch bei der Auslegung des § 1 StabG deutlich, dessen vier Ziele einander häufig in Form eines „magischen Vierecks" zugeordnet werden — eine Bezeichnung, in der die praktische Unmöglichkeit, alle Ziele gleichzeitig vollständig zu verwirklichen, schon terminologisch zum Ausdruck kommt. Auch hier wird die Gleichrangigkeit der Ziele mit Recht so interpretiert[18], daß das (oder die) in der jeweiligen gesamtwirtschaftlichen Lage und deren absehbarer Entwicklung am meisten gefährdete(n) Ziel(e) von der Wirtschaftspolitik am nachdrücklichsten zu verfolgen ist (sind), die Maßnahmen dabei aber so gewählt und dosiert werden müssen, daß die Beeinträchtigung der übrigen Ziele möglichst gering bleibt.

Die genannten Beispiele (Art. 39 EWGV, Art. 8 EGKSV, § 1 StabG) lassen sich unschwer unter ein gemeinsames gedankliches Dach bringen, für das sich der Terminus „Planung" eingebürgert hat[19]. In der Tat finden sich in der Planungsdiskussion die genannten Optimierungsgrundsätze in verallgemeinerter Form wieder[20].

Eine solche Art der Optimierungstechnik verwendet nun aber nicht nur die Rechtswissenschaft, sondern auch die „Theorie der wirtschaftlichen Entscheidung"[21], auf der auch die Lehre von der rationalen Politik[22], insbesondere die relativ weit entwickelte Theorie der Wirtschaftspolitik, beruht. Herbert Giersch bezeichnet dementsprechend eine Politik als rational, „die planmäßig auf die Verwirklichung eines umfassenden, wohldurchdachten und in sich ausgewogenen Zielsystems gerichtet ist und dabei den höchsten Erfolgsgrad erreicht, der unter den jeweiligen Umständen möglich ist"[23]. Da es für jedes Problem mehrere Lösungsalternativen gibt[24] und der Erfolgsgrad, d. h. der Grad der Realisierung der relevanten Ziele, wesentlich von der Wahl der alternativen politischen Mittel (Maßnahmen) abhängt, setzt eine Optimierung voraus, daß alle in der jeweiligen Lage denkbaren Maßnahmen mit ins Auge gefaßt werden[25]. Es besteht eine „In-

---

15 Zur Kritik der Lehre Max *Schelers* und Nicolai *Hartmanns* von der absoluten Rangordnung der Werte *Brecht*, Politische Theorie, S. 350 ff.
16 *Henkel*, Rechtsphilosophie, S. 421 f. Vgl. auch *Zippelius*, Recht, S. 70: „Situationsbedingte Aktualität" der Interessen und Werte.
17 *Larenz*, FS *Wilburg*, 1975, S. 217 (226 ff.).
18 Sachverständigenrat, Jahresgutachten 1964, Vorwort, Ziff. 3; *Möller*, Stabilitätsgesetz, § 1, Tz. 8.
19 Nachweise unten § 12 FN 1.
20 Vgl. aus dem umfangreichen Schrifttum statt vieler: *Forsthoff*, Verwaltungsrecht, S. 312 f. (exemplifiziert am Raumordnungsgesetz v. 8. 4. 1965, BGBl. I S. 306); *Hoppe*, DVBl. 1974, 641; *ders.*, DVBl. 1975, S. 684. Aus der Rechtsprechung des Bundesverwaltungsgerichts: Urt. v. 12. 12. 1969, DÖV 1970, S. 277; Urt. v. 14. 2. 1975, DÖV 1975, S. 605.
21 *Gäfgen*, Theorie der wirtschaftlichen Entscheidung.
22 Darunter soll hier und im folgenden eine Lehre von der bestmöglichen Erreichung bestimmter Ziele verstanden werden (vgl. *Jellinek*, Staatslehre, S. 13 ff.; *Dahl/Lindblom*, Grundziele, S. 220: Rationalität besteht in der Maximierung der Zielerreichung), und zwar nicht irgendwelcher Ziele, sondern der dem Gemeinwohl zugrundeliegenden (Erik *Wolf*, Einleitung zu *Radbruchs* Rechtsphilosophie, S. 51: Politik im höchsten Sinne ist die Lehre vom „gemeinen Besten" und der Kunst, es zu verwirklichen). Dabei sind wir aber heute nicht mehr darauf angewiesen, die Gemeinwohlwerte durch metaphysische Spekulation aufzuzeigen; vielmehr gibt uns das Grundgesetz die nötigen Direktiven (oben S. 13 ff., 35 ff.).
23 *Giersch*, Wirtschaftspolitik, S. 22.
24 Das Bestehen mehrerer Lösungsalternativen ist geradezu das Kennzeichen für das Vorliegen eines „Problems". So versteht *Viehweg* (Topik und Jurisprudenz, S. 15 f.) unter „Problem" jede Frage, die mehr als eine Antwort zuläßt, d. h. für die mehrere Lösungsalternativen bestehen, die aber fordert, daß eine Antwort gegeben wird. Zustimmend *Hennis*, Politik und praktische Philosophie, S. 93 f. Vgl. zum „Denken in Alternativen" als Voraussetzung kritisch-rationalen Entscheidungsverhaltens *Albert*, Traktat über kritische Vernunft, S. 173 ff.
25 *Giersch*, Wirtschaftspolitik, S. 53.

§ 10 Die Hessesche Optimierungsformel

terdependenz von Zwecken und Mitteln"[26]. Ziele, Lage und Maßnahmen müssen in einen gedanklichen Zusammenhang gebracht, d. h. koordiniert und aufeinander abgestimmt, werden.

Zur Veranschaulichung des bei der Optimierung erforderlichen gedanklichen Vorgehens bedient man sich häufig des Bildes einer „sozialen Ertrags- und Aufwandsrechnung"[27]. Optimierung bedeutet in diesem Bild allgemein, daß ein bestimmter Wertertrag, der in der besseren Verwirklichung eines oder mehrerer Werte besteht, mit dem kleinstmöglichen Wertaufwand, der aus der Beeinträchtigung anderer Werte resultiert, oder mit einem bestimmten sozialen Aufwand der größtmögliche Ertrag erzielt werden muß[28]. Der gedankliche Prozeß besteht darin, prinzipiell alle denkbaren alternativen Maßnahmen, die in der konkreten Situation zur verbesserten Realisierung gefährdeter Ziele beitragen können, zu vergleichen und diejenige(n) auszuwählen, bei welcher (welchen) die Bilanz der Ertrags-Aufwandsrechnung unter Berücksichtigung aller relevanten Werte am günstigsten erscheint. Die Maßnahmen sind also so zu gestalten, daß die positiven Auswirkungen auf die Werte die negativen Konsequenzen in möglichst hohem Maße übersteigen[29]. Das gedankliche Bestreben ist es mit anderen Worten, „die Nettozielerreichung" zu maximieren[30].

Die möglichen politischen Mittel, die bei der Gemeinwohloptimierung Verwendung finden können, werden vor allem wieder in der Theorie der Wirtschaftspolitik ausführlich dargestellt, unter verschiedenen Kriterien diskutiert und klassifiziert[31]. Es ist nicht möglich, hier im einzelnen auf diese Diskussion einzugehen. Eine gebräuchliche Unterscheidung ist jedoch für diese Arbeit von Bedeutung, nämlich die — begrifflich allerdings wenig glückliche — Unterscheidung zwischen Ordnungs- und Ablaufpolitik. Der Theoretiker der Ablaufpolitik versucht, den optimalen Inhalt von einzelnen Entscheidungen unter den jeweiligen konkreten Umständen direkt zu ermitteln; der Theoretiker der Ordnungspolitik setzt dagegen sozusagen auf einer Vorstufe an und zielt dahin, auf indirektem Wege zu gemeinwohlkonformen Entscheidungen zu kommen, indem er darüber nachdenkt und Empfehlungen macht, wie die Willensbildungsverfahren, in denen die Entscheidungen zustande kommen, angemessen geordnet und ausgewogen gestaltet werden können, damit sie sich möglichst selbsttätig an den Wechsel der Situationen anpassen[32]. Die Theorie der Ordnungspolitik versucht also, Defizite und Unausgewogenheiten der Willensbildungs- und Entscheidungsprozesse fest-

---

26 *Albert*, Normativismus oder Sozialtechnologie?, S. 113.
27 *Streißler*, Gemeinwohlvorstellungen, S. 17, spricht von der Erforderlichkeit einer „sozialen Gewinn- und Kostenrechnung". Ähnlich *Zippelius*, Recht, Kap. 20 g (S. 106 f.); *Dürig*, Maunz/Dürig/Herzog, Art. 3, Rdnr. 198.
28 Die hier gebrauchte, an die wirtschaftliche Güterproduktion erinnernde Terminologie (*Kyrer*, Effizienz, S. 73: „Verbetriebswirtschaftlichung") verwendet mit Bezug auf Verfassungen auch Herbert *Krüger*, wenn er „eine Verfassung funktionell als ein Produktionsprogramm" zur Hervorbringung von „Ergebnissen von möglichst hervorragender Qualität" bezeichnet. DÖV 1971, S. 289 (295).
29 *Kriele*, VVDStRL 29, S. 51: Man muß die Alternativen „vergleichen, die voraussichtlichen Konsequenzen für das praktische menschliche, wirtschaftliche, soziale Leben abschätzen und diejenige wählen, die bei unparteiischer Abwägung der begünstigenden und benachteiligenden Wirkungen die relativ geringsten Nachteile und größten Vorteile mit sich bringt".
30 *Dahl/Lindblom*, Grundziele, S. 220.
31 *Tuchtfeldt*, Das Instrumentarium der Wirtschaftspolitik, S. 260 ff.; *Giersch*, Wirtschaftspolitik, S. 77 ff., 308 ff.; *Meinhold*, Volkswirtschaftspolitik I, Kap E (S. 163—180); *Pütz*, Wirtschaftspolitik, Kap. 6 und 7 (S. 78—180); vgl. auch *Scheuner*, VVDStRL 11, S. 1 (26 ff.); ders., Die staatliche Einwirkung auf die Wirtschaft, Einführung, S. 71 ff.; *Krüger*, Staatslehre, S. 595 ff.
32 Die Unterscheidung von Ordnungs- und Ablaufpolitik ist verwandt mit der staatstheoretischen Differenzierung zwischen Rechts- und Maßnahmegesetzen. Vgl. *Forsthoff*, Rechtsstaat im Wandel, S. 78 ff.; *Maunz/Dürig/Herzog*, Art. 20, Rdnrn. 93 ff.; Konrad *Huber*, Maßnahmegesetz und Rechtsgesetz; *Ballerstedt*, FS Schmidt-Rimpler, 1957, S. 371 ff.; v. *Hayek*, Freiburger Studien, S. 190 f.

D. Gemeinwohlbestimmung durch die Wissenschaft

zustellen und diese durch Verbesserung der Entscheidungsregeln und Neuordnung der Organisation möglichst zu beheben.

Zwischen den beiden Typen von Optimierungsmitteln, den ablaufs- und den ordnungspolitischen, bestehen wechselseitige Beziehungen: Die (ablaufspolitische) Ermittlung des Richtigen im Einzelfall ist um so weniger wichtig, je besser die (ordnungspolitischen) Verfahrensregeln sind. Eine angemessene Ausgestaltung der Gemeinwohlverfahren bewirkt — als eine Art Ersatz für inhaltliche Einzelprüfungen — eine Entlastung von der Kontrolle der konkreten in diesem Verfahren zustandegekommenen Entscheidungen. Umgekehrt müssen bei fehler haften, unsachgemäßen Verfahrensregeln die Bemühungen um die Richtigkeit der einzelnen Entscheidungen in der jeweiligen konkreten Situation soweit wie möglich verstärkt werden. Dies stößt aber von der Sache her meist auf enge Grenzen, weshalb ausgewogene Regelungen des Willensbildungsprozesses in jedem Fall von größter Bedeutung bleiben und es vor allem auf ihre Durchsetzung und Sicherung ankommt[33].

§ 11 Implikationen der Optimierungsformel: Geeignetheits-, Erforderlichkeits- und Verhältnismäßigkeitsprüfung

Die Hessesche Optimierungsformel enthält (ebenso wie die skizzierten anderen Ausprägungen der Lehre von der rationalen Optimierung) mit ihrem Hinweis, daß es nicht nur auf die Realisierung eines Wertes ankommt, sondern „optimale Kompromisse"[1] zwischen allen relevanten Werten zu suchen sind, also regelmäßig keiner der Werte vollständig verwirklicht werden kann, sondern wechselseitige Abstriche vorzunehmen sind[2], eine grundlegend wichtige Aussage. In der Terminologie der ökonomischen Entscheidungslogik läßt sich dies auch folgendermaßen ausdrücken: Einzelne Werte dürfen nur bis zu jenem Grad verwirklicht werden, bei dem der marginale Vorteil (Grenznutzen) noch nicht durch die marginalen Nachteile in Bezug auf konkurrierende Werte aufgewogen wird[3]. (Dies impliziert allerdings Teilbarkeit der Ziele; sie dürfen nicht starr festgelegt, sondern müssen flexibel sein. Diese Voraussetzung ist aber meist gegeben[4].)

Die so umformulierte Hessesche Formel umschreibt nun zwar in formal klarer Weise, *was* als optimaler Kompromiß anzusehen und deshalb anzustreben ist. Sie gibt aber keine Anleitung, *wie*, d. h. nach welchen methodischen Regeln und in welchen einzelnen Schritten, die Optimierung zu erfolgen hat. Für die weiteren Erörterungen ist es jedoch unerläßlich, sich über die einzelnen Schritte des Optimierungsverfahrens und die dabei anzuwendenden Verfahrensregeln jedenfalls in größeren Zügen Rechenschaft zu geben. Zu diesem Zweck ist als erstes aufzuzeigen, daß — blickt man nicht von den Zielen her auf die Mittel, sondern umgekehrt von den Mitteln zurück auf die Ziele — das Verfahren der Werteopti-

---

33 Vgl. auch oben S. 48 ff.

1 *Giersch*, Wirtschaftspolitik, S. 23. Ähnlich *Gäfgen*, Entscheidung, S. 137 ff.
2 Es geht also bei der Abwägung nicht nur darum, ein Ziel möglichst weitgehend zu verwirklichen, ohne eines der anderen Ziele zu beeinträchtigen (mißverständlich bei der Abwägung der Ziele des „magischen Vierecks": *Vogel/Kirchhof*, BK, Art. 104 a, Rdnr. 131); vielmehr muß man eine Zielbeeinträchtigung in Kauf nehmen, falls der Konflikt unvermeidbar ist und die durch die Zielbeeinträchtigung bewirkten „sozialen Kosten" geringerwertig erscheinen als der „soziale Ertrag" aus der weitergehenden Realisierung des anderen Ziels (oder der anderen Ziele).
3 *Giersch*, Wirtschaftspolitik, S. 23; *Willeke*, Zielbestimmung, S. 115 (150); *Hutchison*, Verknüpfung, S. 7 f.; *Jöhr/Singer*, Die Nationalökonomie im Dienste der Wirtschaftspolitik, S. 154; *Bombach*, Trend, Zyklus und Entwicklung des Preisniveaus, S. 275; *Tuchtfeldt*, Zielprobleme, S. 27 f.
4 *Gäfgen*, Entscheidung, S. 138 f.; *Tuchtfeldt*, Zielprobleme, S. 33 f.; *Pütz*, Wirtschaftspolitik, S. 64.

§ 11 Geeignetheit, Erforderlichkeit und Verhältnismäßigkeit

mierung sich auch aufgliedern läßt in die Überprüfung der konkreten erwogenen Maßnahmen zur Lösung eines Problems anhand der Prinzipien der Geeignetheit, Erforderlichkeit und Verhältnismäßigkeit.

Ein wichtiger Teil rationaler Entscheidungsbildung ist zunächst die Prüfung, ob, in welchem Umfang und mit welchem Wahrscheinlichkeitsgrad eine vorläufig ins Auge gefaßte Maßnahme überhaupt *geeignet* (tauglich, zweckdienlich) ist, die Verwirklichung eines Wertes, dessen Gefährdung in einer bestimmten Lage regelmäßig erst den Anstoß für ein Tätigwerden gibt, zu fördern.

„Rationales Problemlösungsverhalten"[5] darf sich jedoch nicht mit der Prüfung einer derartigen Zweckadäquanz begnügen[6], wozu allerdings das rechtswissenschaftliche Denken bisher leicht neigte[7], sondern muß versuchen, alle Auswirkungen auf andere Ziele[8] (Nebenwirkungen) festzustellen[9]. Da die zunächst ins Auge gefaßte Maßnahme regelmäßig zu negativen Konsequenzen und Risiken für andere Ziele führt, gilt es, diese „sozialen Kosten" möglichst gering zu halten. Es ist deshalb zu prüfen, ob die negativen Nebenwirkungen nicht bei Verwendung einer anderen in gleicher Weise geeigneten Maßnahme vermieden oder verringert werden können. So sind alle geeigneten Maßnahmen durchzuspielen und diejenige ist auszuwählen, bei der die sozialen Kosten „minimiert" werden. Alle anderen Maßnahmen führen offenbar zu vermeidbaren, also zur Realisierung des angestrebten Ziels (oder der angestrebten Ziele) nicht *erforderlichen* (nicht notwendigen) Werteinbußen, d. h. zu „Wertverschwendungen". Nicht erforderlich sind also alle Maßnahmen, die bei gleichem Erfolgswert größere nachteilige Auswirkungen haben als andere (wozu auch gehört, daß sie einen größeren finanziellen Aufwand verlangen).

Die dargestellte Erforderlichkeitsprüfung mit dem Ziel, das mildeste Mittel zu finden, reicht für die Bewältigung der Optimierungsaufgabe aber noch nicht aus, denn sie variiert nur die Maßnahmen, um bei einem bestimmten, zunächst einmal angestrebten sozialen Ertrag die sozialen Kosten zu minimieren. Dabei bleiben jedoch Unterschiede, die sich aus Veränderungen des Erfolgsgrads in Bezug auf die Zielerreichung ergeben können, unberücksichtigt. Es ist ja durchaus denkbar, daß sich die soziale Kosten-Ertrags-Relation bei Variation des Erfolgsgrads noch verbessern läßt[10]. Das bedeutet, daß ggfs. auch unterschiedliche Zielrealisierungsgrade bzw. unterschiedliche Grade der Tauglichkeit des angewandten Mittels zur Zielerreichung durchgeprüft werden müssen[11]. Aus diesem Grunde ist es theoretisch erforderlich, statt bloß die sozialen Kosten zu minimieren, den „Saldo" aus sozialen Kosten und Ertrag (Zielerreichungsgrad) aller alternativen

---

[5] *Häberle*, AöR 1973, S. 119 (130).
[6] A. *Etzioni*, The Active Society, S. 261: „Rationality is not to be conceived as maximizing the service of one goal but as the greatest combined servicing of all goals". v. *Hayek*, Die Verfassung der Freiheit, S. 331: Man darf sich nicht wie die „eifrigen und ungeduldigen Neuerer" darauf beschränken, „einen bestimmten Übelstand" „mit den schnellsten und direktesten Mitteln" ausmerzen zu wollen.
[7] Darauf weist *Streißler* hin, Gemeinwohlvorstellungen, S. 17; vgl. auch *Ehmke*, VVDStRL 20, S. 115 f.
[8] Nicht nur auf *ein* anderes Ziel, sondern auf *alle* tangierten Ziele. Mißverständlich: *Hesse*, der nur von zwei Gütern spricht. Oben S. 54 f.
[9] Der Satz „Der Zweck heiligt die Mittel" ist falsch und richtig zugleich — je nachdem, wie man ihn interpretiert: Er ist falsch, weil es nicht nur auf die Tauglichkeit eines Mittels für *einen* Zweck ankommt, sondern auch andere aus den Grundwerten ableitbare Zwecke zu berücksichtigen sind, die ihrerseits ein Mittel diskreditieren können (Eike v. *Savigny*, Die Jurisprudenz im Schatten des Empirismus, S. 97, S. 106). Der Satz ist richtig, wenn man ihn so versteht, daß sich der Wert eines Mittels allein nach den damit geförderten oder beeinträchtigten (berechtigten) Zwecken ergibt, freilich nach *allen* Zwecken.
[10] *Gäfgen*, Entscheidung, S. 103.
[11] Insofern ist *Hesses* Feststellung berechtigt, die Optimierung habe keine Relation zwischen einem konstanten Zweck und variablen Mitteln, sondern eine Relation zwischen allerseits variablen Größen ins Auge zu fassen. Oben S. 54 f.

D. Gemeinwohlbestimmung durch die Wissenschaft

Maßnahmen zu vergleichen und diejenige mit dem höchsten Saldo, man sagt auch: mit der maximalen Nettozielerreichung, auszuwählen[12]. Bei diesem Vergleich sind nicht nur qualitativ verschiedene Maßnahmen durchzuspielen, sondern jede einzelne Maßnahmeart, wenn möglich, auch noch in unterschiedlichen quantitativen Dosierungen. Das heißt mit anderen Worten: Ein Ziel ist bis zu dem Grad zu realisieren, bei dem ein Mehr an Zielverwirklichung, das aus dem Einsatz einer qualitativ anderen (als der angewandten) Maßnahme oder der quantitativ stärkeren Dosierung der (angewandten) Maßnahme zu gewinnen wäre, durch das dabei in Kauf zu nehmende Mehr an sozialen Kosten zumindest aufgewogen würde. An diesem Punkt ist eine weitere Verbesserung nicht möglich, was ja das Kennzeichen für die optimale (= bestmögliche) Relation ist. Die zusätzlichen sozialen Kosten ständen im Falle weitergehender Zielrealisierung außer Verhältnis zu dem zusätzlichen sozialen Ertrag; sie wären übermäßig (Verstoß gegen das *Übermaßprinzip*). Ein Grenzfall liegt vor, wenn jede zur Förderung eines gefährdeten Ziels in Frage kommende Maßnahme in jeder Dosierung mehr soziale Kosten als sozialen Ertrag bewirkt. Dann gebietet das Übermaßverbot, von jeder aktiven Maßnahme abzusehen, weil Nichtstun in dieser Lage noch die relativ beste Verhaltensalternative ist. Dies ist der Anwendungsfall des Verhältnismäßigkeitsprinzips[13].

§ 12 Implikationen der Optimierungsformel: Zusammenarbeit mit den Wirklichkeitswissenschaften

Die bisherigen Ausführungen bedürfen noch der Ergänzung, die eine Klarstellung in mehreren Richtungen bringen soll. Einmal mag die logisch-formale Klarheit der erläuterten Optimierungsschritte dem Leser vielleicht suggeriert haben, der Wissenschaftler könne für jedes Problem in jeder Lage diejenige Maßnahme oder Maßnahmekombination eindeutig und zweifelsfrei angeben, die die Gemeinwohlwerte optimiert. Dieser mögliche Eindruck ist aber nicht zutreffend und muß korrigiert werden. Eine zweite Klarstellung betrifft den Beitrag, den die Wirklichkeitswissenschaften zum Optimierungsverfahren leisten können und müssen. Die Darstellung dieses Beitrags verlangt zugleich ein Eingehen auf die Grenzen der Leistungsfähigkeit der Wirklichkeitswissenschaften und steht damit in engem Zusammenhang mit der ersten Klarstellung.

Voraussetzungen, Möglichkeiten und Grenzen der Bestimmung dessen, was jeweils gemeinwohlkonform ist, werden im Schrifttum unter dem Thema „Planung" ausführlich diskutiert[1]. Nun ist es zwar nicht möglich und auch nicht nötig, diese Diskussion hier in ihrer ganzen Breite aufzurollen. Die Möglichkeiten

---

12 *Giersch*, Wirtschaftspolitik, S. 227: „Es ist jener Punkt zu finden, an dem die Wertsumme der Vorteile die Wertsumme der Nachteile am meisten übertrifft". *Zippelius*, Recht, S. 107: Die Entscheidung ist so lange zu modifizieren, „bis sich ein optimales Verhältnis zwischen Nutzen und Schaden ergibt."

13 Die Begriffe werden in Literatur und Rechtsprechung nicht ganz einheitlich verwendet. Die hier verwendete Begriffsbildung stimmt insoweit überein mit der von *Lerche* (Übermaß und Verfassungsrecht, S. 19 ff.; ebenso *Wolff*, Verwaltungsrecht III, 2. Aufl. 1967, § 138 V; Institut „Finanzen und Steuern", Subventionen, S. 34 ff.), als dieser als Oberbegriff für die Prinzipien der Erforderlichkeit (zu deren notwendiger Vorfrage er mit Recht auch die Geeignetheit zählt; a.a.O., S. 346 FN 101) und der Verhältnismäßigkeit den Grundsatz des „Übermaßverbots" nennt.

1 Vgl. aus der seit Mitte der 60er Jahre schnell angeschwollenen Literatur bes. die von Joseph *Kaiser* herausgegebenen und eingeleiteten Bände der Reihe „Planung" — beginnend 1965 mit „Planung I" — und die darin enthaltenen rechts-, wirtschafts- und politikwissenschaftlichen Beiträge; vgl. auch die Nachweise oben § 10 FN 20; aus der Theorie der Wirtschaftspolitik: *Meinhold*, Volkswirtschaftspolitik I, Kap. F (S. 180–230); aus der Politikwissenschaft: *Lompe*, Gesellschaftspolitik und Planung.

der Gemeinwohlbestimmung durch die Wissenschaft lassen sich aber wohl am besten skizzieren, wenn wir uns — in Anlehnung an die in der Planungsdiskussion entwickelte Stufenfolge — den gedanklich-methodischen Prozeß, den der Wissenschaftler auf den Spuren des Topos Gemeinwohl einzuhalten hat, wenigstens in großen Zügen veranschaulichen und dabei die von den Wirklichkeitswissenschaften, insbesondere von den Sozialwissenschaften[2], zu klärenden Fragen gedanklich von den erforderlichen Wertungen absetzen.

Der Beitrag der Sozialwissenschaften

Der Beitrag der Sozialwissenschaften zur Bewältigung von Optimierungsaufgaben wird von Hesse[3] und Ehmke[4] noch ebenso übergangen wie von Esser[5], Viehweg[6] und Hennis[7]. Das ist zunächst erstaunlich, da, wie noch zu zeigen ist, eine Optimierung ohne Einbeziehung auch wirklichkeitswissenschaftlicher Erkenntnisse und Methoden gar nicht möglich ist, die Optimierungsaufgabe ihre Heranziehung also notwendigerweise impliziert. So empfiehlt Hennis neben dem Studium konkreter politischer Fälle das Lernen „aus der großen politischen Literatur der Vergangenheit"[8]. Es liegt uns fern, die Fruchtbarkeit dieser Lernquelle abwerten zu wollen[9]. Die Sicht ist aber zu eng, weil sie gerade das für unsere Zeit Besondere, nämlich das Aufkommen der modernen Sozialwissenschaften und ihre Funktion, unerwähnt läßt. Erklären läßt sich die Enge dieser Sicht wohl daraus, daß die empirischen Sozialwissenschaften sich erst seit etwa 150 Jahren entwickelt haben und der Blick der genannten Autoren in dem Bestreben, die Topik wieder zu beleben und für eine Überwindung des Positivismus nutzbar zu machen[10], wie gebannt auf den davor liegenden Zeitraum gerichtet ist, als die Topik noch einen anerkannten Platz in der Politik, Philosophie und Jurisprudenz, die damals ja auch noch nicht zu isolierten Einzelwissenschaften aufgesplittert waren, innehatte. Vico, dessen Schrift „De nostri temporis studiorum ratione" einen wichtigen Anknüpfungspunkt für die Versuche der Wiederbelebung der Topik darstellt, lag es jedoch fern, die Vorzüge der kritischen Wissenschaften *seiner* Zeit (critica des Cartesianismus) zu bestreiten. Ihm ging es vielmehr darum, dieser die „alte Topica als Ergänzung zur Seite" zu stellen[11]. Darum muß es auch uns heute gehen — wenn auch angepaßt an den heutigen Entwicklungsstand der Wissenschaften. Zu den „kritischen Wissenschaften" *unserer* Zeit aber gehören die Sozialwissenschaften[12]. Die Bedeutung der Sozialwissenschaften für die Bewältigung der Optimierungsaufgaben hat in der Bundesrepublik vor allem Hans Albert betont[13]. Er hat seinerseits aber den — nach wie vor höchst bedeutsam und unverzichtbar bleibenden — normativen Aspekt vernachlässigt[14].

---

[2] Da die Kooperation der Rechtswissenschaft mit den Sozialwissenschaften besondere Schwierigkeiten macht, wird sie im folgenden in den Vordergrund gestellt. Das darf natürlich nicht etwa in der Richtung mißverstanden werden, daß die Erkenntnisse der Naturwissenschaften keine Gemeinwohlrelevanz besäßen. Ein Blick auf die Probleme des Umweltschutzes zeigt das Gegenteil.
[3] Grundzüge des Verfassungsrechts der Bundesrepublik Deutschland, 7. Aufl. 1974.
[4] Prinzipien der Verfassungsinterpretation, VVDStRL 20, S. 53 ff.; *ders.*, Wirtschaft und Verfassung, S. 86.
[5] Vorverständnis und Methodenwahl in der Rechtsfindung.
[6] Topik und Jurisprudenz.
[7] Politik und praktische Philosophie.
[8] A.a.O., S. 113.
[9] Dazu unten § 23 FN 33.
[10] *Viehweg*, a.a.O., passim; *Esser*, a.a.O., S. 154 ff.; *Ehmke*, VVDStRL 20, S. 55; *Hesse*, a.a.O., S. 27.
[11] *Gadamer*, Wahrheit und Methode, S. 18.
[12] *Kriele* (Theorie der Rechtsgewinnung, S. 133 ff.) hat darüber hinaus darauf hingewiesen, daß bei der Topik die Entwicklung von normativen Maßstäben zur Beurteilung von Problemlösungsalternativen zu kurz kommt.
[13] *Albert*, Erkenntnis und Recht; *ders.*, Normativismus oder Sozialtechnologie, beide Beiträge in: Jahrbuch für Rechtssoziologie und Rechtstheorie 2 (1972), S. 80 ff., 109 ff.
[14] *Henke*, Kritik des kritischen Rationalismus, S. 26, weist mit Recht darauf hin, daß beim kritischen Rationalismus *Poppers* und *Alberts* die Erfassung und Behandlung von Werten wie Freiheit, Gerechtigkeit und Gemeinwohl leicht zu kurz kommen; bei der Kritik *Henkes* scheint andererseits aber die Bedeutung sozialwissenschaftlicher Methodik für die Gemeinwohloptimierung zu kurz zu kommen. Vgl. auch schon *Henke*, Der Staat 8 (1969), S. 1 ff.

D. Gemeinwohlbestimmung durch die Wissenschaft

Die Anwendung der Optimierungsformel erfordert zunächst einmal etwas, was in dem richtig verstandenen Postulat der Ermittlung der „Natur der Sache" bereits angelegt ist[15], nämlich eine möglichst umfassende Sachverhaltensanalyse[16]; es gilt, die bestehende Lage richtig zu beschreiben und, sofern sie nicht so einfach strukturiert ist, daß sie für sich selbst spricht, zu erklären[17]. Dazu gehört auch die Darstellung der einschlägigen Rechtsnormen, die als soziale Tatsachen die bestehende Lage wesentlich mitbestimmen und sowohl als solche[18] als auch in ihrer Wirkung auf die soziale Wirklichkeit empirischer Forschung zugänglich sind. Die Erklärung ist ihrerseits Voraussetzung für eine Prognose der voraussichtlichen weiteren Entwicklung[19]. Beschreibung, Erklärung und Prognose setzen eine möglichst weitgehende Kenntnisnahme von den relevanten Tatsachen und die möglichst zutreffende Abschätzung der zwischen ihnen bestehenden Kausalzusammenhänge voraus. Die Beantwortung der sich anschließenden Frage, ob die ermittelte Lage und ihre prognostizierte Entwicklung befriedigend erscheinen (oder als „Fehlentwicklung" anzusehen sind), verlangt dagegen eine wertende Beurteilung, die ihrerseits aber wieder nicht unabhängig davon erfolgen kann, ob eine Verbesserung (immer im Hinblick auf die maßgeblichen Werte[20]) überhaupt möglich ist[21]. Diese Frage setzt aber ebenso wie die weitere Frage nach den optimalen Verbesserungsmaßnahmen, der „Therapie"[22], wiederum (auch) das Heranziehen von Tatsachen und das Abschätzen von Zusammenhängen voraus. So liegt die Prüfung der Geeignetheit von denkbaren politischen Maßnahmen, z. B. zur Überwindung von Arbeitslosigkeit oder zur Erreichung eines möglichst großen Wirtschaftswachstums, ganz im Bereich der Untersuchung von Tatsachenzusammenhängen[23]. Eine Regierung, die eine konjunkturelle Rezession mit finanzpolitischen Maßnahmen zu bekämpfen erwägt, muß eine Vorstellung von der Wirkungsweise von Steuer- und Ausgabenvariationen auf die volkswirtschaftliche Nachfrage und Beschäftigung haben. Kommt es nach einer Periode der Zwangsbewirtschaftung und nach wirtschaftlichem Zusammenbruch auf die Realisierung eines möglichst raschen Aufschwungs an, so muß die Regierung eine Vorstellung haben, inwieweit eine solche Wirkung von der Ge-

---

15 *Engisch*, Gerechtigkeit, S. 232 ff. m. w. N., bes. S. 238 ff.
16 *Heller*, Staatslehre, S. 37 ff. = Ges. Schriften III, S. 130 ff.; *Hesse*, Verfassungsrecht, S. 24 f.; *Häberle*, VVDStRL 30, S. 45 ff. („Wirklichkeitswissenschaftliche Bestandsaufnahme" im Sinne einer „Real- und Problemanalyse"); *Eichenberger*, Leistungsstaat und Demokratie, bes. S. 7 f. Häberle weist a.a.O., S. 72 f., auch ausdrücklich darauf hin, daß die Jurisprudenz sich der Hilfe des kritischen Rationalismus *Poppers* und *Alberts* bedienen solle. Vgl. auch *Morkel*, Politik und Sachverstand, S. 30 ff.
17 *Krüger*, Staatslehre, S. 54: Realpolitik, die den modernen rationalen Staat kennzeichnet, erfordert zunächst einmal die „Diagnose der jeweiligen Lage".
18 *Herzog*, Staatslehre, S. 21 f.
19 Vgl. die klassische *Comptesche* Formel: „Savoir pour prévoir". Zur Prognosemethodik *Philippi*, Tatsachenfeststellungen des Bundesverfassungsgerichts, S. 124 ff. m. w. N.; *Kyrer*, Effizienz, § 9 (S. 44—53) m. w. N.; *Lompe*, Gesellschaftspolitik, S. 234 ff.
20 *Krügers* Beschreibung des gedanklichen Verfahrens als „Schluß von der Situation auf den Zweck und vom Zweck auf das Mittel" (Staatslehre, S. 58) ist mißverständlich. Aus der Situation läßt sich kein Zweck ableiten, sondern es läßt sich nur ein vorhandener relativ allgemeiner Zweck durch Verknüpfung mit der Situation konkretisieren. Die Situation ist vielmehr ihrerseits anhand der (so konkretisierten) relevanten Werte zu beurteilen. Auch läßt sich nicht einfach von einem Zweck auf das Mittel schließen; wie oben S. 59 dargelegt, müssen auch andere mögliche Ziele bei der Mittelwahl berücksichtigt werden. Daß das Suchen und Finden einer Antwort bzw. die Reaktion (response) auf eine Situation letztlich nicht ohne die Orientierung an Werten auskommt, heben auch *Brecht*, Politische Theorie, S. 353 ff., *Weisser*, Verknüpfung, S. 19 und *Lompe* Gesellschaftspolitik, S. 211, mit Recht hervor.
21 *Habermas*, Technik und Wissenschaft als „Ideologie", S. 133: „Auch die praktischen Bedürfnisse, korrespondierende Ziele, die Wertsysteme selber, (finden) erst im Verhältnis zu der technisch möglichen Realisierung ihre genaue Bestimmung".
22 *Krüger*, Staatslehre, S. 54.
23 Max *Weber*, Objektivität, S. 149.

§ 12 Zusammenarbeit mit den Wirklichkeitswissenschaften

währung der Wirtschaftsfreiheit zu erwarten ist. Die (vollständige oder annähernde) Richtigkeit der Vorstellung, d. h. ihre Übereinstimmung mit der Wirklichkeit, ist jeweils Voraussetzung für den Erfolg[24]. Gleiches gilt hinsichtlich der Abschätzung der Auswirkungen der Maßnahme auf andere Ziele, insbesondere also hinsichtlich der Antwort auf die Frage: „Was ‚kostet' die Erreichung des gewollten Zwecks in Gestalt der voraussichtlich eintretenden Verletzung anderer Werte?"[25] Auch diese Frage nach den „Alternativkosten"[26] läßt sich nur auf der Basis von Annahmen über Tatsachenzusammenhänge beantworten, und der Wert der Antwort hängt wieder von der mehr oder weniger großen Richtigkeit der Annahmen, d. h. ihrer Übereinstimmung mit der Wirklichkeit im konkreten Fall, ab.

Die Optimierungsaufgabe erfordert also sozusagen als Vorfrage für alle zusätzlich nötige Wertung die möglichst weitgehende Klärung der relevanten Tatsachen und das möglichst zutreffende Abschätzen der Ursachenzusammenhänge zwischen ihnen, so daß einerseits die Lage und ihre voraussichtliche Entwicklung, andererseits auch die Konsequenzen alternativer Entscheidungsmöglichkeiten[27] erkennbar bzw. voraussagbar werden[28]. Diese Klärung ist notwendige Voraussetzung für eine rationale Entscheidung von Problemen, weil sich überhaupt erst daraus ergibt, wie Wertkonflikte durch Wahl der richtigen Maßnahmen vermieden oder verringert und damit „Wertverschwendungen" ausgeschlossen werden können, andererseits: welche Wertkonflikte unvermeidbar sind und deshalb nur durch Wertabwägung im Wege wechselseitiger Wertabstriche entschieden werden können[29]. Anders ausgedrückt: Erst die Kenntnis der Tatsachen und der Tatsachenzusammenhänge sagt uns, welche Kombination von Wertrealisierungen, welche Alternativen von Wertkompromissen in einer bestimmten Situation überhaupt möglich sind[30]. Sie klärt uns darüber auf, was einerseits unmöglich ist und was andererseits zwar bisher als unmöglich galt, in Wahrheit aber dennoch realisierbar ist[31], und verschafft auf diese Weise Klarheit über den Handlungsspielraum[32]. Daraus folgt: Wer es mit der Politik als „Kunst des Möglichen" — oder genauer: als „Kunst des Bestmöglichen"[33] —

---

24 *Albert*, Der Gesetzesbegriff im ökonomischen Denken, S. 135.
25 Max *Weber*, Objektivität, S. 150. Ebenso *Popper*, Prognose und Prophetie in den Sozialwissenschaften, S. 120.
26 *Giersch*, Wirtschaftspolitik, S. 51.
27 Daß alle rechts- und verfassungspolitischen Argumente die Struktur haben, daß sie die „sozialen, politischen, wirtschaftlichen Konsequenzen" diskutierter Normen vorauszusagen versuchen, betont *Kriele*, Theorie der Rechtsgewinnung, S. 188 und passim.
28 Das Wissen um die tatsächlichen Konsequenzen engt den Entscheidungsspielraum mehr oder weniger stark ein. Die Einengung des Entscheidungsspielraums mit der Zunahme des Informationen über die Entscheidungskonsequenzen betont *Kriele*, Kriterien der Gerechtigkeit, S. 65 ff., und *ders.*, Theorie der Rechtsgewinnung, S. 192 („Ein idealer unendlicher Geist könnte Gewißheit erlangen..."). *Kriele* unterschätzt aber die Bedeutung der Unsicherheit der meist eben doch zusätzlich noch erforderlichen Wertabwägung.
29 *Albert*, Wertfreiheit als methodisches Prinzip, S. 192; *Popper*, Prognose und Prophetie in den Sozialwissenschaften, S. 131.
30 *Radbruch*, Rechtsphilosophie, S. 100: „Die wissenschaftliche Wertbetrachtung vermag ... zu lehren, was man kann ...". So auch schon Max *Weber*, Objektivität, S. 151. Vgl. auch *Albert*, Traktat über kritische Vernunft, S. 175 f.; *Giersch*, Wirtschaftspolitik, S. 51 f.: Die faktischen Zusammenhänge determinieren die „Möglichkeitskurve". Zu diesem Begriff auch *Pütz*, Wirtschaftspolitik, S. 59, 64.
31 Zur Kategorie der Unmöglichkeit und ihrer Bedeutung für das politische, juristische und ethische Denken besonders *Brecht*, Politische Theorie, S. 503 ff.
32 *Morkel*, Politik und Wissenschaft, S. 35 ff.; *Lompe*, Gesellschaftspolitik, S. 215.
33 Was *Radbruch* über die Rechtsphilosophie gesagt hat (Vorschule, S. 22: „Die Rechtsphilosophie, die in die Rechtspolitik ausmündet, ist wie die Politik die ‚Kunst des Möglichen' "), gilt allgemein für Gemeinwohlinterpretationen im Wege rationaler Entscheidungen; nur sollte man treffender von der

D. Gemeinwohlbestimmung durch die Wissenschaft

ernst meint, kommt nicht ohne Rückgriff auf die Tatsachenzusammenhänge aus (soweit diese eben bekannt oder erkennbar sind)[34]. „Den lieb ich, der Unmögliches begehrt"[35] gilt weder für die Politik noch für die Jurisprudenz als Maxime.

Die Erfassung von gesellschaftlichen Tatsachen und die Erforschung von Zusammenhängen zwischen ihnen, einerseits zur Erklärung des sozialen Geschehens, andererseits zur Ermittlung der Folgen möglicher alternativer Handlungen, ist nun aber der „geborene" Gegenstand der Sozialwissenschaften[36]. Ihr Instrument ist die sog. (wirklichkeits- oder seins-)wissenschaftliche Methode, in der die Regeln für die Gewinnung wissenschaftlich akzeptabler Erkenntnisse über unsere natürliche und gesellschaftliche Umwelt zusammengefaßt sind[37]. Die wissenschaftliche Methode bzw. die mit ihrer Hilfe gewonnenen Erkenntnisse erweisen sich damit als unabdingbares Rüstzeug und Basismaterial für die sinnvolle Handhabung der Optimierungsformel[38]. Ihre Heranziehung ist eine notwendige, wenn auch nicht hinreichende Bedingung für die optimale Entscheidung von Gemeinwohlproblemen[39].

Die wertorientierte Abwägung verschiedener in einer bestimmten Situation zur Diskussion stehender Problemlösungsalternativen und die Entscheidung zugunsten eines bestimmten Wertkompromisses ist dagegen das tägliche Brot rechtswissenschaftlicher Praxis[40]. Schlagwortartig läßt sich dies dahin ausdrücken: Die Beschreibung von Handlungsalternativen und die Information über Handlungsfolgen ist primär Sache der Seinswissenschaften, die Bewertung der Handlungsfolgen ist dagegen Gegenstand normativer Disziplinen, oder noch kürzer: die Seinswissenschaften versuchen zu ermitteln, was man tun kann, die Normwissenschaften, was man tun soll[41].

„Kunst des Bestmöglichen" oder der „Kunst des relativ Besten" sprechen, weil darin nicht nur die Unmöglichkeit absoluter, im Sinne zeit- und raumunabhängiger, Lösungen, sondern auch die Notwendigkeit der optimierenden Auswahl zwischen verschiedenen Lösungsmöglichkeiten anklingt, was allerdings keine ausschließliche Aufgabe der Seinswissenschaften ist, sondern auch andere als deren typische Methoden verlangt.

[34] *Heller*, Staatslehre, Ges. Schriften III, S. 151 f. Die Notwendigkeit einer klaren gedanklichen Trennung der normativen und der faktischen Ebene (die dann aber wieder miteinander zu verknüpfen sind) ist in der Gemeinwohldiskussion nicht immer erkannt worden, was zu vielen Unklarheiten und zum Teil zur Kritik der Gemeinwohlidee überhaupt geführt hat. Vgl. *Nakhnikian*, Common and Public Interest Defined, S. 88 (94 f.); *Sorauf*, Public Interest, S. 183 (186, 189).
[35] Manto zu Faust, der die längst dahingeschiedene Helena gewinnen möchte. Faust, Zweiter Teil, 2. Akt, 4. Szene.
[36] Vgl. für die Nationalökonomie und Wirtschaftspolitik: *Tuchtfeldt*, Zielprobleme, S. 5. Seit dem Zweiten Weltkrieg beschäftigt die Theorie der Wirtschaftspolitik sich allerdings neben diesem ihrem klassischen Gegenstand auch verstärkt mit der Diskussion von Zielen (Werten). – Da die Bestimmung und gegenseitige Abgrenzung der Wissenschaftsdisziplinen im Fluß ist, sei hier klargestellt, daß wir unter Sozialwissenschaften vor allem die Soziologie, die Wirtschafts- und die Politikwissenschaft verstehen, nicht also die Rechtswissenschaft; a. A. etwa *Lautmann*, Soziologie und Rechtswissenschaft, in: *Grimm*, Nachbarwissenschaften, S. 35 (41); Hans *Schneider*, Der gefährdete Jurist, S. 352; *Baumann*, Einführung in die Rechtswissenschaft, S. 17 ff. (18).
[37] Es kann nicht Aufgabe dieser Arbeit sein, die wirklichkeitswissenschaftliche Methodik im einzelnen darzustellen. Vgl. etwa die Darstellung bei *Brecht*, Politische Theorie, S. 29 ff.
[38] Ähnlich auch *Morkel*, Politik und Wissenschaft, S. 49.
[39] *Zippelius*, Recht, S. 69.
[40] Hans *Schneider* hat darauf hingewiesen, daß der Jurist durch seine Ausbildung eine Denkmethode und Arbeitsweise zu erwerben pflegt, wie sie für die Abwägung („Erwägung des Einerseits und Andererseits") und Entscheidung von Konfliktfällen nötig ist. Die Juristen seien nach wie vor wegen dieser Eigenschaften die geborenen „Generalisten" der öffentlichen Verwaltung (im weitesten Sinne). *Schneider*, FS Forsthoff, 1972, S. 347 ff. Daß Rechtswissenschaft nicht nur als Erkenntniswissenschaft, sondern als „Entscheidungswissenschaft", das aber heißt als Handlungswissenschaft, zu begreifen und zu betreiben ist, betont *Maihofer*, Rechtstheorie als Basisdisziplin der Jurisprudenz, S. 71. Ähnlich *Noll*, Gesetzgebungslehre, S. 70.
[41] *Hutchison*, Verknüpfung, S. 4; vgl. zur Rechtswissenschaft als Normwissenschaft auch *Germann*, Grundlagen der Rechtswissenschaft, S. 300 ff.; *Baumann*, Einführung in die Rechtswissenschaft, S. 19.

§ 12 Zusammenarbeit mit den Wirklichkeitswissenschaften

Daraus folgt, daß bei der Gemeinwohlinterpretation im Sinne einer Optimierung von Grundwerten eine enge Zusammenarbeit zwischen Rechtswissenschaft und Sozialwissenschaften unerläßlich ist[42]. Die Rechtswissenschaft muß sich jeweils über die sozialen Tatsachen und, da das Meer der Tatsachen für sich genommen noch stumm ist[43], vor allem über die Beziehungen und Zusammenhänge zwischen ihnen von den Sozialwissenschaften, etwa von der politischen Soziologie[44] und der Wirtschaftswissenschaft[45], orientieren lassen[46]. Der (fachlich nicht vorgebildete) gesunde Menschenverstand, die Erfahrung und Intuition des „Nur-Juristen" reichen häufig nicht aus[47]; bisweilen führt der „gesunde Menschenverstand" sogar völlig in die Irre[48]. Die beschränkte Tragweite des gesunden Menschenverstandes wird besonders deutlich im Bereich des Umweltschutzes[49].

Wenn es auch nicht Aufgabe dieser Arbeit sein kann, die Methodik der Sozialwissenschaften im einzelnen darzustellen, so ist es doch erforderlich, auf zweierlei besonders hinzuweisen: die Bedeutung und Unerläßlichkeit der Statistik für die Erfassung der sozialen Tatsachen und die Notwendigkeit und die gleichzeitig begrenzte Aussagekraft der Theorie.

Was die Feststellung der sozialen Tatsachen anlangt, so kommt es im Bereich der Gemeinwohloptimierung häufig weniger auf Einzeltatsachen an wie im gerichtlichen Verfahren[50] (wo zunächst einmal die Tatsachen eines Einzelfalls zu klären sind[51]), sondern vielmehr auf generelle, d. h. auf eine Vielzahl von Fällen bezogene und meist Verallgemeinerungen dieser Einzelfälle beinhaltende, Tatsachen; diese werden, weil sie typischerweise Rechtsnormen zugrundeliegen, in der englisch-sprachigen Literatur als legislative facts bezeichnet[52]. Generelle Tatsachen sind z. B. die personelle Einkommensverteilung in der Bundesrepublik im Jahre 1974; die Entwicklung des Niveaus der Verbraucherpreise im Jahre 1974; die psychische Situation von Rauschgiftsüchtigen in Entziehungsanstalten; die Häufigkeit von Ehescheidungen und ihre Gründe etc. Es ist offensichtlich, daß solche generellen Tatsachen nicht aufgrund der durch zufällige persönliche Erlebnisse geprägten „Lebenserfahrung" des Beurteilenden, sondern nur mittels

---

42 *Bull*, Staatsaufgaben, S. 112: „Die tatsächlichen Grundlagen von Problemen ... müssen mit intensiver Unterstützung von Politologen, Soziologen, Wirtschaftswissenschaftlern, Psychologen und Anthropologen herausgearbeitet werden". In diesem Sinne auch *Häberle*, z. B. in: Zeitschrift für Politik 1974, S. 111 (115, 121, 123, 134, 136); *Noll*, Gesetzgebungslehre, S. 64 ff.
43 E. *Schneider*, in: Wirtschaftswissenschaft und Rechtswissenschaft, S. 216.
44 *Heller*, Staatslehre, Ges. Schriften III, S. 130 ff.
45 *Coing*, in: Wirtschaftswissenschaft und Rechtswissenschaft, S. 2; *Mestmäcker*, ebenda, S. 105; Walter R. *Schluep*, Was ist Wirtschaftsrecht?, in: FS Walter Hug, Bern 1968, S. 25 (72).
46 *Kriele*, Kriterien der Gerechtigkeit, S. 15, 31, 70; *Lautmann*, Soziologie und Rechtswissenschaft, in: *Grimm*, Nachbarwissenschaften, S. 35 ff.; *Herzog*, Staatslehre, S. 19–25; *Zippelius*, Staatslehre, S. 7 ff.; *Rupp*, Grundgesetz und „Wirtschaftsverfassung", S. 20 f. Insofern muß die Rechtswissenschaft, die gemeinwohloptimierende Entscheidungen vorzubereiten hat, tatsächlich als „sozialtechnologische Disziplin" verstanden werden, wie dies *Albert* vorgeschlagen hat. Jahrbuch für Rechtssoziologie und Rechtstheorie, Bd. 2, S. 93 f., 110. *Albert* scheint allerdings die große Bedeutung zusätzlich erforderlicher normativer Entscheidungsmaßstäbe für die Gemeinwohloptimierung zu unterschätzen. Die Gemeinwohlaufgaben erfordern *auch* sozialtechnologische Ansätze, aber sie erschöpfen sich nicht darin.
47 *Raiser*, in: Wirtschaftswissenschaft und Rechtswissenschaft, S. 199; Reiner *Schmidt*, Wirtschaftspolitik und Verfassung, S. 88 f.; *Bull*, Staatsaufgaben S. 113; *Hopt*, JZ 1975, S. 341 (343).
48 Das gilt besonders für den beliebten Schluß von der individuellen auf die kollektive Rationalität vgl. unten § 19 FN 36). Dafür Beispiele bei *Giersch*, Wirtschaftspolitik, S. 31; v. *Arnim*, Volkswirtschaftspolitik, S. 161.
49 Vgl. *Picht* u. a., Gutachten zur wissenschaftlichen Beratung der Bundesregierung in Umweltfragen. S. 565 ff.
50 Anders im verfassungsgerichtlichen Verfahren. Unten S. 215 f.
51 Zum Beispiel: Hat der Beklagte das Vertragsangebot angenommen? Hat der Angeklagte die abhandengekommene Sache gestohlen?
52 *Philippi*, Tatsachenfeststellungen des Bundesverfassungsgerichts, S. 6 ff.

D. Gemeinwohlbestimmung durch die Wissenschaft

spezifischer empirischer, insbesondere statistischer, Verfahren einigermaßen zuverlässig ermittelt werden können.

Geht es nicht um die Ermittlung von Tatsachen der Gegenwart bzw. der Vergangenheit, sondern um zukünftige oder hypothetische Tatsachen (die als Konsequenzen verschiedener Handlungsalternativen zu bewerten und gegeneinander abzuwägen sind), so reicht die Statistik offenbar nicht aus, weil derartige Tatsachen nicht oder noch nicht existent sind und deshalb statistisch nicht erfaßt werden können. Hier bedarf es neben der Kenntnis der generellen Tatsachen der Vergangenheit und Gegenwart, auf denen die zukünftigen oder hypothetischen Tatsachen aufbauen, der möglichst zutreffenden Vorstellung über ursächliche Abhängigkeiten, die nicht nur das existente soziale Geschehen erklären, sondern auch hypothetische Kausalverläufe und zukünftige Entwicklungen abschätzbar machen[53]. Die Erhellung ursächlicher Abhängigkeiten im sozialen Geschehen ist, soweit diese nicht offensichtlich sind, Gegenstand sozialwissenschaftlicher Theorien, etwa der Wirtschaftstheorie[54] und der (noch stärker im Aufbau begriffenen) soziologischen und polit-soziologischen Theorien[55]. Das Ergebnis der Optimierungsaufgabe hängt damit wesentlich von der (praxisbezogenen) Leistungsfähigkeit der sozialwissenschaftlichen Theorie ab.

Grenzen der Leistungsfähigkeit der Sozialwissenschaften

Die Leistungsfähigkeit der sozialwissenschaftlichen Theorie bei ihrer Anwendung auf Probleme der sozialen Wirklichkeit ist nun aber beschränkt. Das gilt auch für die theoretisch fortgeschrittenste[56] Sozialwissenschaft, die Wirtschaftswissenschaft[57]. Der Laplacesche Dämon, der alle Tatsachen und die Kausalzusammenhänge zwischen ihnen kennt, und sie auf Anforderung aktionsgerecht aufbereitet zur Verfügung stellt, ist ein Wunschtraum. Die Schwierigkeiten des Erkennens von Zusammenhängen rühren zu einem guten Teil daher, daß es im sozialen Bereich nicht um naturgesetzliche Zwangsläufigkeiten, sondern um Ergebnisse menschlichen Handelns geht, für das sich zwar gewisse typisierende Erfahrungsregeln aufstellen lassen[58]; diese Regeln stehen aber nicht ein für allemal unabhängig von Zeit und Raum fest, sondern sind situationsabhängig und

---

[53] Es gibt über das mit Kausalzusammenhängen arbeitende Verfahren hinaus noch andere Verfahren, mit denen sich nicht oder noch nicht existente Folgen von (möglichen) Handlungen abschätzen lassen, so das Trend-, das Test- und das Befragungsverfahren (vgl. *Philippi*, Tatsachenfeststellungen, S. 143 ff. m. w. N.); sie sind dem kausalanalytischen Verfahren aber unterlegen. Da es im folgenden wesentlich auf die Darstellung der Grenzen der Leistungsfähigkeit der Sozialwissenschaften ankommt, reicht es aus, das relativ leistungsfähigste Verfahren zu skizzieren; für die anderen Verfahren gelten die entsprechenden Ausführungen um so mehr.

[54] Vgl. z. B. *Watrin*, FS Wessels, 1967, S. 3–36; *v. Arnim*, Volkswirtschaftspolitik, S. 30 f. Das bedeutet nicht, daß die Sozialwissenschaften, insbesondere die Wirtschaftswissenschaft, dieser Aufgabe immer gerecht geworden seien und sich nicht zuweilen in wirklichkeitsfremder Modellschreinerei ergangen hätten (vgl. *Albert*, Modell-Platonismus, in: *Topitsch*, Sozialwissenschaften, S. 406). Nach dem hier vertretenen kritisch-rationalen Ausgangsverständnis sind dies aber Auswüchse, die an den eigentlichen Aufgaben der modernen Sozialwissenschaften vorbeigehen, was heute — veranlaßt nicht zuletzt durch die Kritik von *Popper* und *Albert* — auch von der Schulökonomik weitgehend anerkannt wird. Vgl. z. B. das verbreitete Lehrbuch von Arthur *Woll*, Allgemeine Volkswirtschaftslehre, 3. Aufl. 1971, insbes. S. 8 ff. Vgl. auch *Kyrer*, Effizienz, S. 41 und 56.

[55] *Opp*, ZgesStw 123 (1967), S. 393–418; *Lautmann*, Soziologie und Rechtswissenschaft, S. 37.

[56] So mit Recht *Albert*, Der Gesetzesbegriff im ökonomischen Denken, S. 133; *Morkel*, Politik und Wissenschaft, S. 50; vgl. auch die recht optimistische Aussage von *Herzog*, Staatslehre, S. 60: „Das Vordringen der Sozialwissenschaften in bisher unbekannte Räume läßt äußerst komplexe Sachverhalte darstellbar und äußerst komplexe Vorgänge in zunehmendem Maße berechenbar erscheinen."

[57] Zu den Beschränkungen der Wirtschaftswissenschaft *Giersch*, Wirtschaftspolitik, Vorwort und S. 28 ff.; *Kyrer*, Effizienz, § 8 (S. 41–43); *Pütz*, Wirtschaftspolitik, S. 14–16; *v. Arnim*, Volkswirtschaftspolitik, S. 31.

[58] Dazu bes. *Zippelius*, Staatslehre, § 3.

§ 12 Zusammenarbeit mit den Wirklichkeitswissenschaften

bedürfen deshalb bei Änderung der Situation einer entsprechenden Anpassung. Meist läßt sich aber schon gar nicht mit Sicherheit sagen, in welcher Art sich die Determinanten des Handelns und damit dieses selbst verändern. Da die Zahl der Determinanten wegen der allgemeinen Interdependenz des sozialen Geschehens nämlich sehr groß und der einzubeziehende Fragenkreis deshalb theoretisch unbegrenzt ist, ist es praktisch meist unmöglich, die jeweils erforderlichen Daten alle festzustellen. Dadurch kumulieren sich die Schwierigkeiten einer zuverlässigen Erfassung der sozialen Wirklichkeit. Will man „nicht vom Hundertsten ins Tausendste kommen" und das Problem in der zur Verfügung stehenden stets knappen Zeit und mit den vorhandenen stets knappen Mitteln möglichst gut lösen, so bleibt nichts anderes übrig, als die entfernteren Zusammenhänge und die diesbezüglichen Fakten von vornherein zu vernachlässigen[59]. Dazu bedarf es aber wieder eines irrtumsanfälligen Schätzurteils darüber, welches entferntere Zusammenhänge sind.

Die praktisch höchst beschränkte Möglichkeit, in der jeweiligen konkreten Situation alle die besonderen Umstände festzustellen, von denen die zuverlässige Anwendbarkeit wirklichkeitsbezogener und deshalb komplexer theoretischer Ansätze abhängt, berührt allerdings nicht die Leistungsfähigkeit aller Bereiche der Gemeinwohllehre in gleicher Weise. Um das zu zeigen, ist die oben skizzierte Unterscheidung zwischen Ablaufs- und Ordnungspolitik[60] wieder aufzunehmen. Die praktische Schwierigkeit, in der jeweiligen Situation alle für den optimalen Inhalt der einzelnen konkreten Entscheidung relevanten Daten zu ermitteln, betrifft die Leistungsfähigkeit der Ablaufspolitik, die eben die Ermittlung des jeweils konkret Richtigen anstrebt, nicht aber die der Ordnungspolitik, denn diese versucht — in Kenntnis eben der Schwierigkeit der Ermittlung des jeweils im konkreten Einzelfall Richtigen — Regeln für das Verfahren der Willensbildung zu entwickeln, die möglichst zu einer selbständigen Anpassung an den Wechsel der Situationen und die jeweiligen Daten führen. Die oben schon erwähnte besondere Bedeutung der angemessenen Ordnung der Willensbildungsverfahren[61] findet also auch unter dem Aspekt der Leistungsfähigkeit der Sozialwissenschaften eine Bestätigung[62].

Die Richtigkeit der Aussagen der Seinswissenschaften über soziale Zusammenhänge läßt sich schließlich, wie die moderne Wissenschaftstheorie dargelegt hat, auch gar nicht positiv beweisen („verifizieren"), vielmehr ist allenfalls ihre Unrichtigkeit nachweisbar („Falsifizierung")[63]. Aber auch dies wird für die Sozialwissenschaften erschwert, weil im sozialen Bereich meist nicht die Möglichkeit zu kontrollierten Experimenten besteht, sondern man hinsichtlich des Beobachtungs- und Kontrollmaterials in der Regel beschränkt ist auf die tatsächlich eingetretenen historischen und aktuellen Entwicklungen der als relevant angesehenen Größen, z. B. der Investitionen, des Volkseinkommens, der Preise und der Arbeitslosigkeit in den verschiedenen Gesellschaften. Immerhin lassen sich im Wege des gesetzgeberischen „trial and error" gewisse tatsächliche Erfahrungen sammeln, die zur Widerlegung oder Bewährung von Hypothesen führen können[64]. Die Aussagen der Sozialwissenschaften sind deshalb fast durchweg vorläufiger Art, sie besitzen Richtigkeit nur mit einem mehr oder weniger großen Wahr-

---

59 *Giersch*, Wirtschaftspolitik, S. 34.
60 Oben S. 57 f.
61 Oben S. 48 ff., 58.
62 *v. Hayek*, Freiburger Studien, S. 11 ff.
63 *Popper*, Logik der Forschung, insbes. S. 12 f.
64 Zur Bedeutung des „trial-and-error-Prinzips" für die Gesetzgebung *Kriele*, Theorie der Rechtsgewinnung, S. 194, 265; *Herzog*, Staatslehre, S. 329. Vgl. auch unten S. 129, 218 f.

D. Gemeinwohlbestimmung durch die Wissenschaft

scheinlichkeitsgrad[65] (wobei dieser Wahrscheinlichkeitsgrad meist nicht eindeutig feststeht, sondern erst allmählich „eingekreist" werden kann); man hat sie treffend als „Schätzurteile" bezeichnet[66]. Schon die tatsächliche Grundlage der Gemeinwohloptimierung enthält damit in aller Regel einen beträchtlichen Unsicherheitsfaktor[67]. Der Gemeinwohlinterpret hat „decisions under uncertainty" zu treffen. „Trial and error" ist zu einem guten Teil die anzuwendende Methode[68].

Es wäre jedoch verkehrt, das Kind mit dem Bade auszuschütten und aus dem Fehlen eines umfassenden Fundus der Sozialwissenschaften an exaktem Wissen über soziale Zusammenhänge die Folgerung zu ziehen, der Rechtswissenschaftler solle sich wieder in positivistischer Tradition auf sein engeres Fachgebiet beschränken, einem von Pagenstecher euphemistisch so genannten „Prinzip der Askese des Erkennens"[69] huldigen und damit die umfassende Frage nach dem Gemeinwohloptimalen auf sich beruhen zu lassen. Die Grenzen der sozialwissenschaftlichen Theorie erkennen, bedeutet durchaus nicht, daß man bei der Gemeinwohloptimierung ohne sie auskommen könnte.

Aus dem weitgehenden Fehlen unbestreitbar richtiger Feststellungen darf nicht der Schluß gezogen werden, damit seien überhaupt keine Rationalitätskriterien mehr vorhanden. Es gibt nämlich auch so etwas wie eine Optimierung des trial-and-error-Verfahrens. Dazu gehört vor allem die Kenntnisnahme von dem Umstand, daß in der sozialen Wirklichkeit grundsätzlich alles mit allem zusammenhängt[70]. — Dazu gehört weiter eine bestimmte Technik der Bildung von vorläufigen Aussagen (Hypothesen), die auch gewährleistet, daß Irrtümer sich im Zuge der Anwendung der Hypothesen so rasch und zweifelsfrei, wie dies eben irgend möglich erscheint, feststellen lassen[71]. — Dazu gehört ferner das möglichst umfassende Heranziehen einschlägigen empirischen Materials zur Kontrolle und gegebenenfalls Verbesserung der Hypothesen. Das impliziert Reversibilität[72] und ständige „Erfolgskontrolle"[73] der getroffenen Entscheidungen[74]; die Ergebnisse der Kontrolle und die gemachten Erfahrungen müssen per Rückkoppelung wieder als neue Informationen in den Prozeß der Willensbildung und Entscheidung einfließen und so fortwährend zu dessen Verbesserung beitragen. Darum ist es wichtig, die Auswirkungen von getroffenen Entscheidungen ständig zu beobachten „und gleichzeitig das Verfahren offenzuhalten für Korrekturen der Entscheide, die auf den verwerteten Erfahrungen beruhen"[75]. — Dazu gehört schließlich auch, daß man — in Ermangelung völliger Gewißheit — die Methoden so gestaltet, daß der Wahrscheinlichkeitsgrad der Richtigkeit einer Hypothese möglichst in etwa abschätzbar bleibt. Für eine gemeinwohlorientierte Entscheidung ist die Wahrscheinlichkeitsbeurteilung zweifellos von großer Bedeutung. So

---

65 *Kramm*, Der Wahrscheinlichkeitscharakter der Sozialwissenschaften; *v. Weizsäcker*, Über die Kunst der Prognose, S. 11: Prognostik als „Kunst des Wahrscheinlichen"; *Zippelius*, Staatslehre, S. 13 f.
66 *Giersch*, Wirtschaftspolitik, S. 23.
67 *Hutchison*, Verknüpfung, S. 7 f.; *Watrin*, Ökonomische Theorien und wirtschaftspolitisches Handeln, S. 26 ff.
68 Zur Bedeutung der trial-and-error-Methode für die Theorie der Wirtschaftspolitik *Pütz*, Wirtschaftspolitik, S. 174 ff.
69 *Pagenstecher*, in: Wirtschaftswissenschaft und Rechtswissenschaft, S. 211.
70 *Heller*, Staatslehre, S. 169; *Forsthoff*, Strukturwandlungen der modernen Demokratie, S. 10; *Giersch*, Wirtschaftspolitik, S. 34.
71 Vgl. *Albert*, Theorie und Prognose in den Sozialwissenschaften, S. 7 ff.
72 Unten § 30 FN 42.
73 Dazu für den Bereich der Wirtschaftspolitik: *Giersch*, Wirtschaftspolitik, S. 343 ff.; *Tinbergen*, Wirtschaftspolitik, S. 288 f.; *Meinhold*, Volkswirtschftspolitik I, S. 227 ff.; *Kyrer*, Effizienz, S. 116 ff. Für die rechtswissenschaftliche Planungsdiskussion statt vieler: *v. Simson*, Planung I, S. 420; *Erichsen/Martens*, Allgemeines Verwaltungsrecht, S. 202.
74 Dazu auch unten S. 218 f. und S. 266 f.
75 *Noll*, Gesetzgebungslehre, S. 96.

§ 12 Zusammenarbeit mit den Wirklichkeitswissenschaften

wird man um eines mit hoher Wahrscheinlichkeit zu erwartenden politischen Erfolges einer bestimmten Entscheidung auf der sozialen Ertragsseite willen eher mögliche Nachteile auf der sozialen Kostenseite hinzunehmen haben als bei geringer Erfolgswahrscheinlichkeit.

Die Aufstellung von Regeln für derartige optimale trial-and-error-Methoden und ihre Anwendung zur Erforschung der Wirklichkeit ist *der* Gegenstand der Theorie der Sozialwissenschaften. Die Tatsache, daß die Sozialwissenschaften nur über mehr oder minder sichere Kenntnisse der sozialen Wirklichkeit verfügen, steht der oben getroffenen Feststellung, daß Rechtswissenschaft und Sozialwissenschaften zusammenarbeiten müssen, also nicht entgegen. Wir sehen aber jetzt, daß die ebenfalls oben angesprochene Orientierung der Rechtswissenschaft bei den Sozialwissenschaften über die Tatsachenzusammenhänge nicht im Sinne einer einfachen Übernahme mehr oder minder fertiger Ergebnisse verstanden werden darf. Denn solch fertige Ergebnisse im Sinne unbezweifelbarer Richtigkeit sind meist nicht vorhanden[76] und können nach einem Wissenschaftsverständnis, das von „der prinzipiellen Unabgeschlossenheit jeglicher wissenschaftlichen Erkenntnis"[77] ausgeht, auch gar nicht erwartet werden. Regelmäßig existieren nur vorläufige Ergebnisse, deren Richtigkeitsgehalt höchst unterschiedlich sein kann[78]. Es handelt sich in aller Regel nur um mehr oder minder wahrscheinliche, annehmbare Hypothesen[79]. Der „Jurist als solcher" (Windscheid) wird derartigen Aussagen allerdings reichlich hilflos gegenüberstehen[80]. Hier wird die „Beschränktheit des rein juristischen Standpunkts"[81] deutlich. Weder der Rechtstheoretiker noch der praktizierende Richter (noch der Verwaltungsbeamte oder der Politiker) können ohne einen — zumindest in großen Zügen erfolgenden — methodischen Nachvollzug den mehr oder minder großen Plausibilitätsgehalt von ökonomischen oder anderen sozialwissenschaftlichen Aussagen und Argumenten vernünftig abschätzen[82]. Ihnen bliebe nur die Wahl zwischen kritikloser Übernahme und pauschaler Ablehnung; beide Alternativen sind offenbar gleich unbefriedigend[83]. Geboten ist deshalb eine „Methodenverbindung"[84], d. h.

---

76 *Lompe*, Wissenschaftliche Beratung der Politik, S. 85 ff.; *Morkel*, Politik und Wissenschaft, S. 49 ff.
77 BVerfG, NJW 1973, S. 1176.
78 Das gleichzeitige Bestehen einander ausschließender sozialwissenschaftlicher Hypothesen sagt deshalb noch nichts gegen die Notwendigkeit einer Berücksichtigung der Aussagen und Methoden der Sozialwissenschaften. Vgl. auch *R. Schmidt*, Wirtschaftspolitik, S. 154 ff.; *Watrin*, Ökonomische Theorien und wirtschaftspolitisches Handeln, S. 22 ff.
79 Vgl. auch *Herzog*, VVDStRL 24, 183 (199): „Selbst dort wo die Aussagen der ... Wissenschaft ungenau, ja vage werden, beginnt man ganz folgerichtig, die Sachkunde des Wissenschaftlers als Fundament weiterer Entscheidungen heranzuziehen, d. h. aber: die ideologisch orientierte Intuition des ‚Staatsmannes' wird von der wissenschaftlich fundierten Intuition des ‚Fachmannes' verdrängt."
80 Daraus leiten viele Rechtswissenschaftler noch immer die Folgerung ab, der Jurist müsse ökonomische und andere sozialwissenschaftliche Methoden und Erkenntnisse aus seinen Überlegungen ausklammern. So z. B. *v. Simson*, VVDStRL 27, S. 83; *Schaumann*, VVDStRL 27, S. 101. Dagegen mit Recht *Zacher*, Wirtschaftsverfassung, in: *Scheuner*, Wirtschaft, S. 549 (565), der aber auch zutreffend auf das dadurch geschaffene Bildungsproblem hinweist.
81 *Drath*, VVDStRL 9, S. 17 (111).
82 *Coing*, in: Wirtschaftswissenschaft und Rechtswissenschaft, S. 4. Bedenklich deshalb auch *Steiger*, Parlamentarisches Regierungssystem, S. 188: Der Jurist muß auf die sozialwissenschaftlichen Forschungsergebnisse zurückgreifen, „ohne daß es allerdings dem Juristen zukäme, diese Ergebnisse kritisch zu analysieren. Er kann diese Ergebnisse nur als Daten hinnehmen."
83 *Bachof*, VVDStRL 30, S. 193 (218), vergleicht die beiden Alternativen mit Scylla und Charybdis, zwischen denen es hindurchzusteuern gelte; das sei ein gefahrvoller, aber unvermeidlicher Weg. *Bachofs* auf das Verhältnis des Verwaltungsrechts zu den Sozialwissenschaften bezogenen Bemerkungen gelten allgemein für die Methodik der Gemeinwohloptimierung.
84 *Franz Mayer*, Die Verwaltungslehre als Studien- und Prüfungsfach, 248 ff. (249). *Mayer* betont am Beispiel der Verwaltungslehre, daß der Jurist für seine Entscheidungen sozialwissenschaftlicher Erkenntnisse bedarf und eine entweder nur auf sozialwissenschaftliche oder nur auf rechtswissenschaftliche Erkenntnisse und Methoden abstellende Verwaltungslehre „immer unvollständig" erscheinen muß.

D. Gemeinwohlbestimmung durch die Wissenschaft

„die parallele Anwendung der Erkenntnismethoden beider Wissenschaften zur Lösung einheitlicher Sachfragen"[85]: der seinswissenschaftlichen Methoden der Sozialwissenschaften zur Gewinnung (empirisch fundierter) Hypothesen mit möglichst hohem Plausibilitätsgehalt über Konsequenzen unterschiedlicher Handlungsalternativen und der wertabwägenden Methode, welche *die* Methode der Rechtswissenschaft ist oder doch sein sollte.

Die wertorientierte Entscheidung von Problemen machen heute allerdings auch wichtige Zweige der Sozialwissenschaften zu ihrem Gegenstand[86], so vor allem die Theorie der Wirtschaftspolitik[87] bzw. die Politische Ökonomie, die sich u. a. gerade dadurch von der herkömmlichen Volkswirtschaftslehre abhebt, daß sie bewußt Werturteile in ihre Diskussion einbezieht[88], und eine Richtung der Politikwissenschaft[89]. Die modernen Sozialwissenschaften geben insoweit ihre positivistische Beschränkung auf die Empirie auf, sie betreiben nicht nur scientia, sondern auch prudentia. Weisser[90] postuliert sogar eine normative Grunddisziplin für alle Sozialwissenschaften, ohne dabei allerdings die Jurisprudenz in den Blick zu bekommen, die als Rechts- insbes. Verfassungstheorie doch eigentlich für diese Funktion prädestiniert ist, zumal nur sie das Weissersche Dilemma, die Grundwerte zu begründen, befriedigend auflösen kann[91].

Der Jurist ist im Bereich der normativen Wertungen nicht notwendig auf die Vorarbeit der Sozialwissenschaften angewiesen. Eher liegt eine umgekehrte Angewiesenheit vor. Es erscheint jedoch immerhin nützlich und auch als ein Gebot sparsamen, d. h. im ursprünglichen Sinne ökonomischen, wissenschaftlichen Verhaltens, auch im normativen Bereich von den entsprechenden Untersuchungen und Aussagen der anderen Seite Kenntnis zu nehmen, um dadurch unnötige Doppelarbeit zu vermeiden[92]. Dies Gebot der Ökonomie wurde auch in dieser Arbeit oben bei Umschreibung der Grundwerte befolgt, indem die einschlägige wirtschaftswissenschaftliche Literatur berücksichtigt wurde.

Die Methoden der scientia[93] und der prudentia[94] als der Wissenschaften von den Möglichkeiten und von den Maßstäben menschlichen Handelns[95] müssen zur Erzielung optimaler Ergebnisse zusammenwirken und sich ergänzen[96]. Der

---

[85] So für das Verhältnis von Rechts- und Wirtschaftswissenschaften, *Mestmäcker*, in: Wirtschaftswissenschaft und Rechtswissenschaft, S. 105. Nach *Jahr* (Wirtschaftswissenschaft und Rechtswissenschaft, S. 15) geht es „um die Verfeinerung der jeweils eigenen Methoden aufgrund der Erkenntnisse der anderen Wissenschaft und insoweit schließlich um gemeinsame Methoden." Sachlich dürfte es aber keinen Unterschied machen, ob man von einer komplexen Methode oder von zwei in gleicher Weise notwendigen, aber kumulativ anzuwendenden Methoden spricht.
[86] *Struck*, Rechtswissenschaft und Soziologie, S. 33.
[87] Statt vieler *Gäfgen*, Wirtschaftspolitik, S. 13. Der Teilbereich der Wirtschaftswissenschaft, der sich mit der Ermittlung und Behandlung von Zielen beschäftigt, wird im Anschluß an John Neville *Keynes* (The Scope and Methods of Political Economy, 4. Aufl., New York 1955, Chap. II) heute meist als „normative Ökonomik" bezeichnet (*Giersch*, Wirtschaftspolitik, S. 26; *Gäfgen*, Wirtschaftspolitik, S. 12).
[88] Vgl. *Bernholz*, Politische Ökonomie, S. 20 ff.
[89] *Sontheimer*, Politische Wissenschaft und Staatsrechtslehre, in: *Grimm*, S. 68 ff.; Überblick mit weiteren Nachweisen bei *Ryffel*, Rechts- und Staatsphilosophie, S. 77 ff.
[90] *Weisser*, Politik als System aus normativen Urteilen; ders., Das Problem der systematischen Verknüpfung von Normen und von Aussagen der positiven Ökonomie; vgl. auch *Lompe*, Wissenschaftliche Beratung der Politik.
[91] Oben S. 12.
[92] *Zacher*, FS Böhm, S. 232.
[93] Daß juristisches Denken auch „Forschungsdenken" sein muß, betont *Zippelius*, Recht, S. 167.
[94] Zu den Termini *Kriele*, VVDStRL 29, S. 71 f.
[95] K. *Vogel*, VVDStRL 27, S. 201.
[96] Die doppelte Aufgabe des Gemeinwohlinterpreten: die allseitige Klärung der Lage und der tatsächlichen Auswirkungen erwogener Maßnahmen einerseits und die Abwägung der Auswirkungen im Lichte allgemein anerkannter Werte andererseits, hat Richard E. *Flathman* (The Public Interest: An Essay Concerning the Normative Discourse of Politics, New York 1966, S. 52) klar ausgesprochen: „The most elementary aspects of life together require that all interests for which public protection

herkömmliche „Methodenpurismus" ist zu überwinden[97]; Gemeinwohloptimierung ist eine wissenschaftlich-methodische Querschnittsaufgabe[98]. So muß der Rechtswissenschaftler als Gemeinwohlinterpret vor allem das Bewußtsein der Interdependenz allen sozialen Geschehens — das eigentlich Typische der sozial-, insbesondere der wirtschaftswissenschaftlichen Denkweise[99] — in sich aufnehmen, auch wenn Art und Umfang der Interdependenz im einzelnen nicht exakt zu ermitteln sind[100]. Daraus folgt das Postulat: Der „decision maker" (bzw. sein Ratgeber) muß alle erfaßbaren Konsequenzen einer möglichen Entscheidung zu ergründen suchen[101] und das Pro und das Contra, d. h. alle voraussichtlichen sozialen Vorteile und Nachteile einer erwogenen Problemlösung einander systematisch gegenüberstellen[102]. Auf der Basis des Interdependenzbewußtseins sind also alle für die Problemlösung möglicherweise relevanten Interessen, die sich sichtbar machen lassen, in die Abwägung einzubeziehen[103].

§ 13 Implikationen der Optimierungsformel: Einheit und Folgerichtigkeit, insbes. die Berücksichtigung früherer Gemeinwohlentscheidungen

Gemeinwohlkonkretisierung erfolgt durchweg nicht auf der grünen Wiese, nachdem zunächst einmal tabula rasa gemacht worden ist, sondern knüpft an frühere Entscheidungen an, wie sie sich im geltenden Recht niedergeschlagen haben[1]. Daraus ergeben sich wesentliche Ergänzungen der bisherigen Ausführungen, die im folgenden skizziert werden sollen.

Maßnahmen zur Problemlösung haben regelmäßig eine rechtliche Einkleidung, etwa als Änderung eines Verfassungsartikels, als Erlaß einer Gesetzesvorschrift, einer Rechtsverordnung oder eines Gerichtsurteils. Dementsprechend steht auch umgekehrt hinter jeder Norm (oder jedem Normenkomplex) des geltenden Rechts ein konkretes Problem, das die Norm in einer bestimmten Weise entschieden[1a] und dadurch eine von mehreren an sich denkbaren Lösungsalternativen

---

or support is requested be examined, first by the individual or group and then by an authority, in order to determine their impact upon society, and protection or support must never be provided unless that impact, as reinforced and extended by the force of government, can be justified in a reasoned, transsubjective manner."

[97] So schon *Triepel*, Staatsrecht und Politik, S. 18 f. und passim; vgl. auch Georg *Brunner*, Kontrolle, S. 25; Franz *Mayer*, Die Verwaltungslehre als Studien- und Prüfungsfach, S. 256.

[98] Im Bereich der Wirtschaftspolitik hat man dieses Zusammenwirken und Sich-ergänzen von scientia und prudentia am konkreten Problem als „the art of political economy" bezeichnet. *Hutchison*, Verknüpfung, S. 8.

[99] Statt vieler *Schmölders*, Enzyklopädisches Stichwort „Angewandte Wirtschaftstheorie", in: *Hicks*, Einführung in die Volkswirtschaftslehre, 1962, rde. Bd. 155/6, S. 307 (310 ff.); *Giersch*, Wirtschaftspolitik, S. 141; *Krüsselberg*, Wirtschaftswissenschaft und Rechtswissenschaft, in: *Grimm*, S. 168 (170).

[100] *Neumark*, Vorwort zu v. *Beckerath/Giersch* (Hrsg.), Probleme der normativen Ökonomik und der wirtschaftspolitischen Beratung, S. VI.

[101] *Sorauf*, Public Interest, S. 189; G. *Schubert*, Is there a Public Interest?, S. 162 (168, 171); *Bodenheimer*, Public Interest, S. 208.

[102] So auch *Bull*, Staatsaufgaben, S. 111 ff.

[103] In der Aufforderung, alle im konkreten Fall berührten Interessen sorgfältig sichtbar zu machen und sie in einen Zusammenhang zu bringen, sieht *Ryffel* mit Recht eine wichtige, wenn nicht die wichtigste Direktive, die die Idee des Gemeinwohles vermittelt. *Ryffel*, Öffentliche Interessen, S. 155. Auch auf das zusätzlich erforderliche Wertabwägungselement stellt *Baumann* in seiner Zusammenfassung der Referate und Diskussionsbeiträge der Speyrer Tagung zum Thema „Wohl der Allgemeinheit und öffentliche Interessen" von 1968 ab: Das Gemeinwohlpostulat enthalte die Aufforderung, „in jedem Einzelfall alle von der Entscheidung berührten Interessen sorgfältig zu ermitteln und gewissenhaft gegeneinander abzuwägen" (S. 149).

1 *Noll*, Gesetzgebungslehre, S. 76 ff.
1a *Zippelius*, Recht, Kap. 31 (S. 166 ff.); *Herzog*, Staatslehre, S. 32; *Albert*, Erkenntnis und Recht, S. 80 (94): „Die Regelungen der jeweils geltenden Rechtsordnung sind Problemlösungsversuche, deren Ausgestaltung unter dem Einfluß der verschiedenen Interessen und Ideale zustande gekommen ist".

D. Gemeinwohlbestimmung durch die Wissenschaft

rechtlich zunächst einmal festgeschrieben hat. Das geltende Recht ist nichts anderes als die Summe der Problemlösungen, die sich in der Vergangenheit politisch durchgesetzt haben[2].

Neue Problemlösungen haben davon auszugehen und die früheren Entscheidungen zu berücksichtigen[3]; sie müssen sich folgerichtig in die Rechtsordnung einpassen[4]. Diese Einpassung kann, wenn erwogene Problemlösungen zu Widersprüchen führen würden, entweder durch Angleichung der neuen Norm oder durch Neugestaltung auch anderer Teile der Rechtsordnung erfolgen. Der letztere Weg ist allerdings schon wegen der quantitativ beschränkten Kapazität unseres Rechtsetzungsverfahrens nur begrenzt gangbar[5]. „Trotz allen Wechsels können nicht alle Fragen täglich neu entschieden werden"[6].

Die „Einpassung" neuer Lösungsmöglichkeiten ist integrierender Bestandteil des Optimierungsverfahrens. Dies versteht sich hinsichtlich der bestehenden höherrangigen Rechtsnormen von selbst, gilt aber auch hinsichtlich gleichrangiger Normen. Denn Inkonsequenz würde Ungerechtigkeit und (oder) Rechtsunsicherheit und damit einen Verstoß gegen Gemeinwohlgrundwerte bedeuten[7]. Hier zeigt sich, daß das Optimierungsverfahren nicht in „Rechtsblindheit" erfolgen darf[8], sondern eine genaue Kenntnis des geltenden Rechts, d. h. genauer: der von der Rechtsordnung geregelten Probleme zusammen mit den von ihr unternommenen Lösungsversuchen[9], voraussetzt[10]. Die Mitwirkung eines mit dem geltenden Recht Vertrauten bei der Gemeinwohlkonkretisierung ist deshalb unerläßlich[11].

Die Berücksichtigung früherer Gemeinwohlentscheidungen kann teils zu einer Erweiterung, teils aber auch zu einer Einschränkung der Ungewißheiten bei der Gemeinwohlkonkretisierung führen. Eine Erweiterung des Ungewißheitsbereichs kann sich bei Abschätzung der Folgen verschiedener Problemlösungsalternativen ergeben. Wie bereits bemerkt, kann die erwogene Neuregelung eines Bereiches mit den Normen anderer Bereiche unvereinbar sein, so daß auch diese möglicherweise neu gestaltet werden müßten. Dies gilt nicht nur für rechtlich vorrangige frühere Entscheidungen, insbes. für Verfassungsnormen, sondern auch für gleichrangige Normen eines Nachbarbereichs, die auf ähnlicher ratio, auf dem gleichen systemleitenden Prinzip, wie die zu ändernde Regelung beruhen und mit dieser dadurch in einem „rechtsethischen Kontext"[12] stehen. Die Abschätzung der Konsequenzen von Aktionsalternativen erfordert also auch eine Einbeziehung solcher rechtlich umliegenden Bereiche. Damit aber erfordert die Abschätzung der Konsequenzen eines jeden Problems auch die Abwägung der Gründe und Gegengründe für die optimale Lösung der rechtlich umliegenden Gebiete als Vor-

---

2 *Scheuner*, FS *Smend*, 1952, S. 253 (274). Vgl. auch *Grimm*, JuS 1969, S. 501 (502): Recht ist geronnene Politik.
3 *Kriele*, Theorie der Rechtsgewinnung, S. 177.
4 Zum Prinzip der Einheit und Konsequenz *Canaris*, Systemdenken und Systembegriff in der Jurisprudenz, S. 16 ff.; vgl. auch *Scheuner*, DÖV 1960, S. 601 (611): Die „Wacht über die Einheit des deutschen Rechtsdenkens" sei wesentliche Aufgabe der Rechtswissenschaft; *Lerche*, DÖV 1961, S. 486 ff.; *Hesse*, Verfassungsrecht, S. 28; *Brohm*, VVDStRL 33, S. 290; Walter *Schmidt*, VVDStRL 33, S. 329.
5 *Luhmann*, Grundrechte als Institution, S. 212; vgl. auch *Dürig*, Maunz/Herzog/Dürig, Art. 3, Rdnr. 197.
6 *Hesse*, Der Rechtsstaat im Verfassungssystem des Grundgesetzes, S. 83.
7 *Zippelius*, Recht, Kap 22 d (S. 128–130).
8 *Ipsen*, Planung I, S. 42; Planung II, S. 65.
9 *Herzog*, Staatslehre, S. 32.
10 *Jellinek*, Staatslehre, S. 19.
11 Vgl. auch *Giersch*, Wirtschaftspolitik, S. 340 f.
12 *Zippelius*, Recht, S. 113.

§ 13 Einheit und Folgerichtigkeit

frage[13]. Sie enthält auf diesem Wege auch Wertelemente, weil die Klassifizierung von Rechtskomplexen als „rechtlich umliegendes Gebiet" und damit die Einbeziehung in die Optimierungserwägungen ihrerseits von einem wertorientierten Vergleich abhängt[14].

Kommt die Prüfung zum Ergebnis, die Folgerichtigkeit verlange bei Änderung der Ausgangsregelung entweder auch eine Reform eines oder mehrerer rechtlich umliegender Bereiche oder räume doch Hindernisse fort, so daß jedenfalls nicht ausgeschlossen werden könne, daß ein „Rattenschwanz" solcher Folgeänderungen ausgelöst wird, so ist — zweitens — zu prüfen, welche Folgen die Gesamtheit derartiger Regelungen haben könnte. Die ganze durch das Prinzip der Folgerichtigkeit möglicherweise ins Rollen kommende Abfolge ist schon anfangs mitzuberücksichtigen und als mögliche Handlungsfolge einzubeziehen.

Dazu ein Beispiel. Mit steigender Inflationsrate wird die Einkommensbesteuerung der (nominalen) Zinsen von solchem Vermögen, das einem laufenden Entwertungsverlust unterliegt, zunehmend als problematisch empfunden. Eine Lösungsalternative wäre die Beschränkung der Einkommensteuer auf die Realzinsen (= Nominalzinsen minus inflationsbedingter Wertverlust des Kapitals). Das würde allerdings insoweit ein Abgehen vom sog. Nominalwertprinzip bedeuten, auf dem unsere Rechtsordnung bislang beruht, und auf das auch das grundsätzliche Verbot von Wertsicherungsklauseln (§ 3 Abs. 1 Währungsgesetz) zurückzuführen ist. In der Diskussion um die Besteuerung der Zinsen bei Geldentwertung wird als Haupteinwand gegen einen Übergang auf die Besteuerung der Realzinsen angeführt, die Durchbrechung des Nominalwertprinzips in einer bestimmten Fallgruppe würde seine Aufhebung auch in den anderen Bereichen des Steuerrechts und auch in der weiteren Rechtsordnung verlangen oder nach sich ziehen; das sei aber wegen der dabei entstehenden Komplizierungen praktisch kaum durchführbar und lasse zudem überaus nachteilige wirtschaftspolitische Folgen erwarten. Der Befürworter eines Übergangs zur Realzinsbesteuerung müßte deshalb möglichst in zwei Richtungen argumentieren: erstens müßte er aufzeigen, daß der Übergang zur Realrechnung sich auf die tatsächlich wenige Fallgruppen beschränken lasse, etwa weil das Festhalten am Nominalwertprinzip in diesen Fallgruppen zu besonders großen Ungerechtigkeiten führe; zweitens müßte er darlegen, daß selbst dann, wenn eine weitergehende Aufhebung des Nominalwertprinzips eintrete, dies nicht die befürchteten nachteiligen, sondern eher vorteilhafte wirtschaftspolitische Auswirkungen hätte[15].

Die Berücksichtigung früherer Rechtsentscheidungen kann den Unsicherheitsbereich bei der Gemeinwohlkonkretisierung aber auch erheblich einschränken. Dies wird im übernächsten Abschnitt (§ 15) näher darzulegen sein. Hier sollen nur zwei Fallgruppen hervorgehoben werden. Einmal mag in einem Nachbarbereich schon eine akzeptable Lösung auf der Grundlage eben der ratio gefunden worden sein, die auch die beabsichtigte Änderung zu tragen in der Lage ist[16]. Daraus ergeben sich dann Anhaltspunkte für die Lösung auch solcher Fragen, de-

---

13 *Kriele*, Theorie der Rechtsgewinnung, S. 192: Die Abschätzung von Konsequenzen möglicher Normsetzungsalternativen „muß auch die Auswirkungen der Norm auf den Kontext der Rechtsordnung bedenken, stellt damit unter Umständen andere Normen in Frage und muß dann auch deren Gründe in Frage stellen, kurz, sie leidet unter vielen, zum Teil unerkannten Unsicherheiten."
14 Zu diesem vergleichenden Erwägen als einer „Grundform juristischen Denkens" *Zippelius*, Recht, Kap. 33.
15 Zum Sachproblem im einzelnen *v. Arnim*, BB 1973, S. 621 m. w. N.
16 Dem Aufspüren von Lösungsmöglichkeiten von Problemen dient nicht zuletzt auch die Rechtsvergleichung. Franz *Mayer*, Die Verwaltung 1974, S. 243 (251 f.). Vgl. auch M. *Salomon*, Grundlegung zur Rechtsphilosophie, S. 33: „Rechtsvergleichung ist Vergleichung von Lösungen eines einheitlichen Problems".

D. Gemeinwohlbestimmung durch die Wissenschaft

ren Beantwortung abstrakt nicht einzugrenzen wäre. Die Anhaltspunkte sind umso „verbindlicher", je ähnlicher die Fälle erscheinen. Denn das Prinzip der Einheit und Konsequenz verlangt, daß die Staatsgewalt sich selbst treu bleibt[17]. Auf diese Weise kann die vielleicht sehr weite Bandbreite von a priori (d. h. ohne vergleichende Berücksichtigung der bereits bestehenden gesetzlichen und sonstigen rechtlichen Regelungen) gleichwertigen Lösungen eines bestimmten Problems stark eingeengt werden, wenn vergleichbare Probleme schon an anderer Stelle der Rechtsordnung eine akzeptable Lösung gefunden haben[18].

Dazu wieder ein Beispiel: Wie oben dargelegt, verlangt der Grundwert der Verteilungsgerechtigkeit, daß jedem Menschen ein Einkommen garantiert wird, das ihm die Fristung eines (nicht nur physischen, sondern auch sozial-kulturellen) Existenzminimums erlaubt[19]. Diesem Ziel dienen die öffentlichen Sozialhilfeleistungen, der Grundfreibetrag bei der Einkommensteuer und die zivilprozessualen Pfändungsfreibeträge. Nun läßt sich zwar kaum ein zuverlässiges Kriterium finden, wie hoch das Existenzminimum bemessen und folglich etwa der einkommensteuerliche Grundfreibetrag festgesetzt sein muß. A priori besteht ein großer Spielraum. Liegen aber die (steuerfreien) Sozialhilfeleistungen und die Pfändungsfreibeträge einmal fest, so schrumpft der Spielraum für eine noch als angemessen zu bezeichnende Festsetzung des einkommensteuerlichen Grundfreibetrags ganz erheblich zusammen. Denn es wäre nicht einzusehen, daß jemand von einem etwa als Arbeitsentgelt erworbenen geringen Einkommen, das innerhalb der steuerfreien Sozialhilfesätze liegt und auf das auch evtl. Gläubiger nicht zugreifen können, Steuern bezahlen sollte[20].

Der zweite hier zu nennende Beispielfall dafür, daß frühere Gemeinwohlentscheidungen die Konkretisierbarkeit gemeinwohlrichtiger Problemlösungen erleichtern können, ist die Ausgestaltung von Willensbildungs- und Entscheidungsverfahren. Hat man sich nämlich einmal für einen Grundtyp des Verfahrens entschieden, so läßt sich die Angemessenheit oder Unangemessenheit seiner Ausgestaltung häufig leichter bestimmen als die inhaltliche Richtigkeit der einzelnen, in dem jeweiligen Verfahren zustandegekommenen Entscheidungen.

Entscheidungen für bestimmte Verfahren verlangen konsequente Durchführung. Je nach dem Grundtyp des Verfahrens ergeben sich unterschiedliche Anforderungen. Ist für einen bestimmten Entscheidungsbereich z. B. ein macht- und interessenbestimmtes Verfahren eingerichtet, so kommt es u. a. auf eine ausgeglichene Machtverteilung unter den Interessenten[21] an. Fehlt es daran in erheblichem Maße, so läßt sich das häufig klar aufzeigen und damit die Fehlerhaftigkeit und Unausgewogenheit des Verfahrens verdeutlichen. Wenn ein Beteiligter oder einige Beteiligte die anderen dominieren[22] oder bestimmte Interessenten gar nicht beteiligt sind[23], läßt sich auf eine gemeinwohlwidrige Schlagseite der Ergebnisse dieser Verfahren schließen, auch wenn die materiell-inhaltlichen Kontrollmaßstäbe zu vage sind, um die Gemeinwohlwidrigkeit einzelner Entscheidungen nachzuweisen.

---

17 *Zippelius*, Recht, S. 129.
18 Vgl. zur Parallel-Problematik einer Konkretisierung des Grundsatzes der Gerechtigkeit *Soell*, Ermessen, S. 195 f.
19 Oben S. 27.
20 Karl-Bräuer-Institut des Bundes der Steuerzahler (Hrsg.), Der Weg zu einem zeitgemäßen Steuersystem, S. 126 ff.; zum verfassungsrechtlichen Erfordernis der Steuerfreiheit des Existenzminimums auch v. *Wallis*, DB 1973, S. 842; *Dürig*, in: *Maunz/Dürig/Herzog*, Art. 1 Abs. 1, Rdnr. 44.
21 Oben S. 52.
22 Vgl. unten S. 93 f.
23 Vgl. unten S. 102 ff.

Ist für einen bestimmten Entscheidungsbereich dagegen ein wert- und erkenntnisorientierter Verfahrenstyp eingerichtet, so ist die Unabhängigkeit und Unparteilichkeit der Entscheidenden von zentraler Bedeutung. Daran fehlt es, wenn diese befangen sind oder gar in eigener Angelegenheit entscheiden[24], was gegebenenfalls wieder meist leichter festzustellen ist als die materiell-inhaltliche Unrichtigkeit der in diesem Verfahren zustandegekommenen Entscheidungen.

§ 14 Mangelnde Präzision der Ergebnisse des wert- und erkenntnisorientierten Optimierungsverfahrens

Der aufgezeigte Prozeß einer rationalen Werteoptimierung ergibt keine Patentlösungen. Von vornherein konnte es nicht darum gehen, ein abstrakt gültiges Gemeinwohl zu ermitteln[1]. Das Optimierungsverfahren verlangt vielmehr als Lebens- und Wirkungselexier nach dem konkreten Problem. Auf die abstrakte Frage nach dem Gemeinwohl in vacuo bleibt es (sc. das Verfahren) zwangsläufig stumm und steril[2]. Aber auch in der konkreten Problemsituation ist eine eindeutige inhaltliche Konkretisierung des jeweils Gemeinwohlrichtigen meist nicht möglich[3]. Das Optimierungsverfahren, das als Anwendung einer „Lehre, die richtigen Erwägungen anzustellen"[4], unter Verwendung normativer und wirklichkeitswissenschaftlicher Methoden Tatsachen und Wertungen im Hinblick auf möglichst gut begründete[5] Lösungen konkreter Problemlagen ordnet[6], ergibt – als Resultat der Anwendung dieser Methodik – lediglich einen „festen Kern" für eine sichere Beurteilung innerhalb eines mehr oder weniger weiten „Hofs" von Unsicherem und Zweifelhaftem[7]. Die Weite dieses Hofs kann zwar beträchtlich variieren je nach Situation, Dichte der Zielwerte etc. Auch bei relativ großer Zieldichte bleibt aber regelmäßig ein „Restraum subjektiven Fürrichtighaltens"[8]. Immerhin läßt sich mittels des Gemeinwohlverfahrens die Bandbreite der noch als gemeinwohlkonform zu akzeptierenden Regelungsmöglichkeiten einschränken. Daraus folgt aber, daß zumindest die (negative) Feststellung, daß bestimmte Problemlösungsmöglichkeiten vom Gemeinwohl abweichen, weil sie eindeutig aus dem Bereich des Noch-Gemeinwohlkonformen herausfallen, durchaus möglich ist, ein Schicksal, das der Begriff des Gemeinwohls mit dem der Gerech-

---

24 Vgl. unten S. 273, 403.

1 Oben S. 48.
2 *Ryffel*, Öffentliche Interessen, S. 21; v. *Hayek*, Rechtsordnung und Handelsordnung, FN 114; *Wolff/Bachof*, Verwaltungsrecht I, § 29 III a 3; *Pennock*, Public Interest, S. 178 f.
3 *Boulding*, Economic Policy, S. 13.
4 *Hennis*, Politik und praktische Philosophie, S. 114; vgl. auch *Gadamer*, Wahrheit und Methode, S. XXIII und 29. Zur Ergänzungsbedürftigkeit der Topik oben S. 61.
5 *Hennis*, Politik und praktische Philosophie, S. 93; ähnlich auch *Gadamer*, Wahrheit und Methode, S. 18.
6 Vgl. auch für den wirtschaftspolitischen Bereich: *Giersch*, Wirtschaftspolitik, S. 99, der unter einer „wirtschaftlichen Wohlfahrtsfunktion" „eine systematische Verknüpfung von Normen und von Aussagen der positiven Ökonomik" versteht.
7 *Wolff/Bachof*, Verwaltungsrecht I, § 29 III a 3: „Gültige Urteile ... können nur einen ... Rahmen abstecken." Erinnert sei auch an die von Dietrich *Jesch* (Ermessen und unbestimmter Rechtsbegriff, AöR 82 (1957), S. 163 [172 ff.]) unter Bezugnahme auf Philipp *Heck* (Gesetzesauslegung und Interessenjurisprudenz, Tübingen 1914, S. 46, 173) vorgenommene gedankliche Gliederung des „unbestimmten Rechtsbegriffe" in einen eindeutigen Begriffskern und einen diffusen Begriffshof und daran, daß die (in vielen Gesetzen auftauchenden) Begriffe „Gemeinwohl" und – meist als Synonym verstanden – „öffentliches Interesse" von der herrschenden juristischen Dogmatik als „unbestimmte Rechtsbegriffe" angesehen werden. *Ryffel*, Öffentliche Interessen, S. 26; *Soell*, Ermessen, S. 183 FN 74.
8 *Soell*, Ermessen, S. 180 ff.

tigkeit teilt[9]. Die häufige Unmöglichkeit, positiv das Gemeinwohlkonforme inhaltlich zu bestimmen, spricht nicht dagegen, daß es möglich ist, bestimmte konkrete Entscheidungen und Maßnahmen allgemein überzeugend negativ zu beurteilen, d. h. als eindeutig dem Gemeinwohl widersprechend festzustellen.

Der aufgezeigte Optimierungsprozeß darf also nicht deshalb verschmäht werden, weil viele Wegzeichen vage sind und nur Richtlinien geben; das ist das Schicksal aller Versuche der Erfassung eines Topos[10] und so notwendigerweise auch des um das Gemeinwohl kreisenden Problemdenkens. Uns ist aufgegeben, alle, auch die wenig exakten Anhaltspunkte soweit wie möglich zu nutzen. Es gibt keinen anderen Zugang zum „Bestmöglichen", als sich mit „demjenigen Grad von Bestimmtheit (zu) bescheiden, den der gegebene Stoff zuläßt"[11]. Es ist besser, tastend das Problem einzukreisen, als „mit großer Präzision nichts zu sagen" (Lompe) oder die Bemühungen um Problemlösungen gar in die Irre zu führen[12]. Es gilt der Satz: „It is better to be vaguely right than to be precisely wrong"[13]. Die obige Darlegung des Gemeinwohloptimierungsverfahrens ist, so gesehen, weniger Ergebnis als interdisziplinäres Programm[14]. Gemeinwohl ist kein sanftes Ruhekissen, sondern ein unkomfortables, zu schöpferischer Aktivität anspornendes härenes Gewand[15].

§ 15 Anwendungsgebiete der Optimierungsformel und die Rolle der Subsumtionsmethode

Die Darstellung der Optimierungsmethodik zur Konkretisierung von Gemeinwohlentscheidungen ließ die Frage noch offen, auf welche Entscheidungsbereiche sie „gemünzt" ist, auf die Gesetzgebung, die Regierung, die Verwaltung und auch die Rechtsprechung? Die Antwort lautet: Die Optimierungsmethodik ist in allen diesen Bereichen anzuwenden; sie besitzt aber je nach Bereich unterschiedliche Bedeutung. Dies soll im folgenden skizziert werden. Dazu bedarf es neben der normativen und der sozialwissenschaftlichen Methode aber der Einbeziehung der sog. juristischen Methode, die wir in der bisherigen Darstellung vernachlässigt haben, die aber ebenfalls eine wichtige Funktion bei der Gemeinwohloptimierung besitzt. Alle drei Methoden müssen je nach Bereich in unterschiedlicher Gewichtung zusammenwirken und ihren jeweils spezifischen Beitrag zur Erzielung möglichst guter Gemeinwohlentscheidungen leisten. Das gilt auch für den Bereich der Rechtsprechung[1].

Diese Auffassung steht im Gegensatz zum juristischen Positivismus, der die Rechtswissenschaft auf die Rechtsprechung konzentrierte und die Rechtsprechung

---

9 Gerechtigkeit läßt sich meist nur als Negation des Unrechts umschreiben. Innerhalb gewisser Schranken ist alles als auch noch gerecht, d. h. als noch nicht ungerecht, zu bezeichnen. Dazu v. Hayek, in: Zur Einheit, S. 206 FN 17 mit zahlreichen Nachweisen; Arthur Kaufmann, Gesetz und Recht, FS Erik Wolf, 1962, S. 357 (366); Neumark, Grundsätze, S. 74; Dürig, VVDStRL 20, S. 115; Bachof, Die richterliche Kontrollfunktion, FS Hans Huber, S. 26 (44 f.); Maunz/Dürig/Herzog, Art. 1, Rdnr. 28; Art. 3, Rdnrn. 282, 339; Art. 20, Rdnr. 73.
10 Hennis, Politik und praktische Philosophie, S. 93.
11 Aristoteles, Nikomachische Ethik, I 1.
12 Lompe, Wissenschaftliche Beratung der Politik, Kap. VI 2, S. 85 ff.
13 Vgl. K. W. Rothschild, Price Theory and Oligopoly, S. 220.
14 Drucker, in: Leys/Perry, Philosophy and the Public Interest, S. 31.
15 Ryffel, in: Wohl der Allgemeinheit, S. 30.

1 Die rein juristische Methode wird heute nicht mehr propagiert und auch von den Gerichten nicht praktiziert. Die juristische Methodenlehre und die Praxis nehmen immer mehr Elemente in sich auf, die hier den normativen und sozialwissenschaftlichen Methoden zugeordnet werden. Dem erforderlichen grundlegenden Überdenken und Rationalisieren dieses Vorgangs ist es aber förderlich, wenn hier zunächst von der idealtypisch-holzschnittartigen Dreiteilung der Methode ausgegangen wird.

§ 15 Anwendungsgebiete; Rolle der Subventionsmethode

ausschließlich auf die Anwendung der juristischen Methode beschränken wollte. Danach hatte der Richter mittels der spezifisch begrifflichen Subsumtionstechnik des Syllogismus im Wege formal-logischer Deduktion aus einem Obersatz abzuleiten, was im konkreten Fall rechtsrichtig sei. Bei dieser „rein juristischen Methode", wie sie von Gerber und Laband für das Staatsrecht ausgebildet und von Kelsen auf die Spitze getrieben worden war[1a], sollten alle historischen, ökonomischen, soziologischen und sonstigen sozialwissenschaftlichen Erwägungen als für die Beurteilung der Rechtmäßigkeit irrelevant ausgeschlossen werden[2].

Ein „Schielen" auf die Konsequenzen möglicher Entscheidungsalternativen war dem Richter verwehrt. Diese Konsequenzen mit Hilfe einer „rein (seins-)wissenschaftlichen Methode" zu ermitteln und dadurch über die Zweckmäßigkeit möglicher Handlungen aufzuklären, d. h. nach Möglichkeit Aufschluß zu geben, mit welchen Mitteln sich erwünschte Zwecke erreichen und unerwünschte vermeiden lassen, ist vielmehr die zentrale und — nach der Lehre des sozialwissenschaftlichen (bzw. philosophischen) Positivismus[3] — alleinige Aufgabe der Sozialwissenschaften. Die Rechtmäßigkeit wird nach diesen Vorstellungen also allein mittels der juristischen, die Zweckmäßigkeit mittels der seinswissenschaftlichen Methode ermittelt. Mit der Frage, welche Zwecke letztlich anzustreben sind, beschäftigt sich weder die eine noch die andere. Dies ist vielmehr in der Theorie Sache der Philosophie, in der Praxis Sache der Politik[4]. Diese hat sich im Rahmen einer Lehre von der rationalen Politik[5] dann der sozialwissenschaftlichen Zwecküberlegungen zu bedienen, um die vor- und nachteiligen Konsequenzen im Hinblick auf von ihr zu setzende Zwecke gegeneinander abwägen und sich für diejenige Handlungsalternative (die auch in einem Nichthandeln bestehen mag) entscheiden zu können, die im Hinblick auf die anvisierten Zwecke und unter Berücksichtigung der Auswirkung auf andere gleichfalls berücksichtigungswürdige Zwecke optimal, d. h. aber am zweckmäßigsten, ist.

Die Beschränkung der Rechtswissenschaft auf die Rechtsprechung und der Rechtsprechung auf die syllogistische Gesetzesanwendung mittels der „rein juristischen Methode" mußte aber schon dann versagen, wenn Gesetze nicht vorliegen oder bestehende Gesetze nicht eindeutig oder inhaltlich unrichtig sind, was ja bekanntlich nicht selten der Fall ist. In allen rechtlich halbwegs problematischen Fällen müssen die Gerichte sich deshalb letztlich an der materialen Richtigkeit der Ergebnisse zu orientieren suchen[6] und tun dies im wesentlichen auch, wie vor allem Esser[7], Kriele[8] und Heusinger[8a] gezeigt haben. Für die Verfassungsrechtsprechung ist dies ohnehin die „Normalsituation". Die Beschränkung der Rechtswissenschaft auf den Syllogismus machte darüber hinaus die erforderliche Ent-

---

[1a] Dazu (kritisch) *Triepel*, Staatsrecht und Politik, S. 8 ff.; *Leibholz*, Strukturprobleme, S. 262 ff.; *Heller*, Die Krisis der Staatslehre, in: Ges. Schriften II, S. 3 (15 ff.); *Kriele*, Theorie der Rechtsgewinnung, S. 79.
[2] Vgl. auch *Jellinek*, Staatslehre, S. 50 f.: „Alle Übertragungen von fremden Forschungsmethoden auf das juristische Gebiet der Staatslehre" sind zurückzuweisen. „Für das Staatsrecht gilt . . . nur die juristische Methode".
[3] Zum Rechtspositivismus und zum philosophischen Positivismus: *Noll*, Gesetzgebungslehre, S. 18 ff.
[4] *M. Weber*, Objektivität, S. 150 ff.
[5] Vgl. auch *Jellinek*, Staatslehre, S. 13: Politik ist die „Lehre von der Erreichung bestimmter staatlicher Zwecke". *Seraphim*, Theorie der allgemeinen Volkswirtschaftspolitik, S. 17; *Pütz*, Volkswirtschaftspolitik, S. 11.
[6] *Kriele*, Kriterien der Gerechtigkeit, S. 8; *Zippelius*, Recht, Kap. 14 (S. 68 ff.), Kap. 31 b (S. 169).
[7] *Esser*, Vorverständnis und Methodenwahl in der Rechtsfindung, 1972.
[8] *Kriele*, Theorie der Rechtsgewinnung, 1967.
[8a] *Heusinger*, Rechtsfindung und Rechtsfortbildung im Spiegel richterlicher Erfahrung, 1975.

D. Gemeinwohlbestimmung durch die Wissenschaft

wicklung einer aus der Gemeinwohllehre zu konzipierenden „Gesetzgebungslehre" unmöglich[9].

Diese Feststellungen dürfen jedoch nicht dazu verführen, das Kind mit dem Bade auszuschütten und die Berechtigung und den Wert, der der Gesetzesinterpretation mittels des juristischen Syllogismus nach wie vor zukommt, zu ignorieren. Wir haben die Bedeutung anderer Methoden für die Gemeinwohlkonkretisierung bisher nur deshalb in den Vordergrund gerückt, weil sie in der juristischen Literatur ansonsten leicht zukurzkommen. Der Gesetzestext ergibt häufig recht klare und eindeutige Antworten auf bestimmte Fragen. Deshalb läßt sich im Rechtsleben, insgesamt gesehen, ein großer Teil[10], vielleicht sogar der überwiegende Teil aller Fälle, durch Subsumtion entscheiden[11]. Der Blick auf die Gerichtspraxis vermittelt insofern ein schiefes Bild, weil es gerade in den Fällen, in denen das Gesetz eine Frage klar beantwortet, kaum je zu gerichtlichen Prozessen kommt, „weil jeder selbst subsumieren kann"[12]; in der Gerichtspraxis herrschen deshalb, soweit es überhaupt um Rechtsfragen (und nicht um Fragen der Sachverhaltsermittlung) geht, die problematischen Fälle vor.

Die relative Einfachheit, mit der die Subsumtionsmethode zu handhaben ist, und die Klarheit und Eindeutigkeit der Ergebnisse, die mit ihr, wenn sie anwendbar ist, zu erzielen sind, machen denn auch ihren Wert für die Gemeinwohlkonkretisierung aus. Das Bestehen von konkreten subsumtionsfähigen Rechtsnormen, die eindeutig sagen, was im Einzelfall richtig sein soll, bewirkt ein Maß an Klarheit und Rechtssicherheit, wie es — angesichts der Schwierigkeit und der eingeschränkten Möglichkeit, mittels der wert- und sozialwissenschaftlich orientierten Optimierungsmethode im Einzelfall das Richtige zu ermitteln — anders nicht zu erzielen wäre. Da Rechtssicherheit einen Grundwert darstellt, dient das Bestehen subsumtionsfähiger Rechtsnormen selbst der Gemeinwohloptimierung. Andererseits darf die Rechtssicherheit auch nicht verabsolutiert werden, weil sie nicht der einzige Grundwert ist. Das Gesetz muß sich hinsichtlich seines Zustandekommens und seines materialen Inhalts vielmehr auch an den anderen Grundwerten und den Verfassungssätzen, in denen diese sich konkretisiert haben, messen lassen. Es wird damit selbst zum Gegenstand der rechtlichen Beurteilung. Dabei tritt die Bedeutung der Subsumtionsmethode meist gegenüber der wert- und erkenntnisorientierten Optimierungsmethode zurück, weil die von der Subsumtionsmethode vorausgesetzten konkreten und differenzierten Obersätze im Verfassungsrecht nur in geringem Maße vorhanden sind. Wenn also die relative Bedeutung der Subsumtionsmethode und der wert- und erkenntnisorientierten Optimierungsmethode auch je nach der „Normdichte"[13] des Entscheidungsbereichs schwankt, so behält die folgenorientierte Optimierungsmethode doch stets eine gewisse Bedeutung als eine Art begleitende potentielle Kontrolle[13a]. Denn selbst dann, wenn das Subsumtionsverfahren ohne weiteres anwendbar ist, wird die überzeugende Darlegung, daß das Subsumtionsergebnis zu unakzeptablen Konsequenzen in bezug auf die Grundwerte und die daraus abgeleiteten Verfassungssätze führt, Veranlassung geben, vom Wortlaut der Gesetzesbestimmung

---

9 *Noll*, Gesetzgebungslehre, S. 18 ff.
10 *Ryffel*, Rechts- und Staatsphilosophie, S. 4; *Larenz*, Methodenlehre, 3. Aufl. 1975, S. 259.
11 *Meyer-Cording*, Kann der Jurist heute noch Dogmatiker sein?, S. 39 f.; *Forsthoff*, AcP 172, S. 102; *Esser*, AcP 172, S. 109.
12 *Meyer-Cording*, a.a.O.; ähnlich *Kriele*, Theorie der Rechtsgewinnung, S. 163.
13 *H.-P. Schneider*, DÖV 1975, S. 443 (450).
13a Ansätze schon bei *Triepel*, Staatslehre und Politik, S. 38. Aus dem neueren Schrifttum nachdrücklich: *Heusinger*, Rechtsfindung, S. 5 ff. und passim.

§ 15 Anwendungsgebiete; Rolle der Subventionsmethode

abzuweichen[14]. Eine zumindest überschlägige Abschätzung der Konsequenzen ist also selbst in diesem Fall erforderlich[15]. Selbst bei einer Verfassungsbestimmung wäre ein Abweichen vom Wortlaut theoretisch nicht undenkbar, wenn sich tatsächlich einmal ein eindeutiger Widerspruch zum Ergebnis der Optimierung der Gemeinwohlgrundwerte nachweisen lassen sollte[16].

Die tiefe Staffelung der Rechtsordnung in mehrere Gemeinwohlentscheidungsbereiche soll bewirken, daß sowohl der Rechtssicherheit und der Selbstbestimmung als auch den anderen Gemeinwohlwerten möglichst weitgehend entsprochen werden kann; sie soll damit selbst der Gemeinwohloptimierung dienen. Die Staffelung der Entscheidungsbereiche erstreckt sich von der Festlegung der Menschenwürde und der Grundwerte als oberster Gemeinschaftswerte über die Festlegung der einzelnen Verfassungsartikel, die Normsetzung durch die Verfassungsrechtsprechung oder den einfachen Gesetzgeber bis hinab zum Erlaß von Rechtsverordnungen, Verwaltungsakten und (nicht verfassungsgerichtlichen) Richtersprüchen. Dabei müssen die Entscheidungen einer jeden Stufe Konkretisierungen der Wertordnungen der Vorstufe sein[17]. Auf diese Weise werden die Grundwerte auf dem Wege von „oben" nach „unten" zunehmend konkretisiert und dadurch die Anhaltspunkte für die jeweilige Entscheidung verdichtet. Zugleich weitet sich auch der Anwendungsbereich des Subsumtionsverfahrens aus. Die Bedeutung des Optimierungsverfahrens tritt entsprechend zurück, es behält aber stets zumindest seine „Reservefunktion", um — dirigierend und systemleitend — die durchgängige Geltung des Grundwertesystems in allen Entscheidungsbereichen zu gewährleisten. Bei der Auslegung von Gesetzen muß es zudem häufig herangezogen werden, soweit es an subsumtionsfähigen Obersätzen fehlt[18]. Die Kombination beider Interpretationsverfahren und ihre unterschiedliche Gewichtung auf den verschiedenen Ebenen entspricht der Staffelung der Entscheidungsbereiche und soll wie diese zur möglichst weitgehenden Realisierung aller Gemeinwohlwerte führen.

Angesichts der Notwendigkeit, die Optimierungsmethode in allen staatlichen Entscheidungsbreichen (zumindest hilfsweise und reservemäßig) zu verwenden, ist eine rigorose gegenseitige Abschottung der Rechtswissenschaft von den Sozialwissenschaften, wie sie der Rechtspositivismus Labands, Georg Jellineks[19] und

---

14 BVerfG, 14. 2. 1973, NJW 1973, S. 1221 (1225); vgl. auch BVerfG, 19. 6. 1973, NJW 1973, S. 1491 (1494). — Der Fall wird angesichts der begrenzten Konkretisierungsmöglichkeiten im folgenorientierten Optimierungsverfahren allerdings nur relativ selten eintreten, so daß die subsumtionsfähige Norm ihren Rechtssicherheitswert weitgehend behält.
15 Zwischen der Bedeutung der Abwägung der Konsequenzen unterschiedlicher Normvorschläge und der Bedeutung der Wortauslegung besteht ein Verhältnis der wechselseitigen Substitution: Je weniger Bestimmtes die Auslegung des Wortlauts ergibt, desto wichtiger wird die folgenorientierte Auslegung. Umgekehrt ausgedrückt: Je Bestimmteres die Wortauslegung ergibt, desto unerträglicher müssen die Folgen sein, um eine Abweichung rechtfertigen zu können.
16 *Ehmke*, VVDStRL 20, S. 60. Zum gleichen Ergebnis kommt *Kriele*, der davon ausgeht, daß die Frage, ob überhaupt ein „eindeutiger Wortlaut" vorliegt, nicht ohne Rücksicht auf die Folgen (Frage: „Wo kommen wir hin, wenn . . .?") beantwortet werden könne. *Kriele*, Theorie der Rechtsgewinnung, S. 214 f., 224. Ähnlich Hans *Huber*, FS Imboden, S. 191 (198 ff.). Anderer Ansicht: F. *Müller*, Normstruktur, S. 65, 160; *ders.*, Juristische Methodik, S. 73; *Brohm*, VVDStRL 30, S. 245 (251, 252 f., FN 25); H.-P. *Schneider*, DÖV 1975, S. 443 (448, 450, 452); *Hesse*, Verfassungsrecht, S. 30 f. An anderer Stelle räumt *Hesse* aber selbst die Möglichkeit ein, daß „in besonders gelagerten Fällen" Ausnahmen gemacht werden müssen (FS *Scheuner*, S. 123 (140)).
17 So konkretisiert z. B. das Verwaltungsrecht das Verfassungsrecht. *Badura*, VVDStRL 30, S. 328; *Stern*, VVDStRL 33, S. 280; *Kaiser*, ebenda, S. 287; zum Vertragsrecht als Konkretisierung der Grundwerte siehe unten S. 89 ff.; zur „Ausstrahlungswirkung" der Verfassung auch auf das Privatrecht BVerfG, 14. 2. 1973, NJW 1973, S. 1221 (1223).
18 Vgl. oben S. 54 ff.
19 *Jellinek*, Staatslehre, S. 50 ff.

D. Gemeinwohlbestimmung durch die Wissenschaft

Kelsens[20] noch postulierte, heute nicht mehr berechtigt[21] und entspringt, soweit sie dennoch weiter befürwortet wird, nicht selten dem (z. T. ganz bewußten)[22] Bestreben mancher Fachvertreter, ihre erkenntnismäßige Selbständigkeit weiterhin zu postulieren. Eine Kooperation ist aber unerläßlich[23].

Mit der Erkenntnis der Bedeutung der Optimierungsmethode für alle Entscheidungsbereiche und der daraus resultierenden Notwendigkeit des Beitrags der Sozialwissenschaften kann sich allerdings das Problem einer gewissen Verwischung der Entscheidungsverantwortung zwischen den zur Entscheidung Berufenen und ihren wissenschaftlichen Beratern ergeben. Auf dieses Problem wird an anderer Stelle näher eingegangen[24].

20 *Kelsen,* Hauptprobleme der Staatsrechtslehre, Vorrede, S. VIII: Der Jurist dürfe sich nicht mit Fragen befassen, die der Psychologe oder Soziologe aufwirft und daher nur dieser mit seinen besonderen Forschungsmethoden zu beantworten imstande ist.
21 Daß der Jurist auch sozialwissenschaftliche Erkenntnisse und Theorien bei seiner Arbeit berücksichtigen und einbeziehen muß, wird allerdings gerade im staatsrechtlichen Schrifttum noch bisweilen verneint. So geht z. B. *Henke* (Die Lehre vom Staat, Der Staat 1973, S. 219) zwar davon aus, die juristische Methodik müsse ein „Verfahren der Vermittlung der Tatsachen mit ihrer Deutung in der Rechtswissenschaft" (S. 224) sein, wobei er unter juristischer Deutung offenbar die Bewertung der Tatsachen anhand der Werte Freiheit, Frieden, Ordnung und Gerechtigkeit versteht (S. 222, 223, 229); er verkennt aber, daß die möglichst weitgehende Realisierung dieser Werte eben nicht ohne die Heranziehung sozialwissenschaftlicher Methodik auskommt. Der Rückgriff auf die Lebenserfahrung des Alltags und die Zeitungslektüre, auf die *Henke* sich zu beschränken empfiehlt (S. 224), reichen, wie dargelegt, nicht aus.
22 Vgl. *Forsthoff,* der gegen die vom Optimierungsdenken der dargelegten Art geprägte Abwägungslehre des Bundesverfassungsgerichts einwendet, sie würde zu einer „Depossedierung" der Rechtswissenschaft und des Juristen im Raume der Verfassung führen. Unten S. 259 ff. Vgl. auch *Forsthoff,* Industriegesellschaft, S. 69; ferner die Bemerkung *Schnurs,* in: VVDStRL 30, S. 179.
23 So besonders nachdrücklich: *Noll,* Gesetzgebungslehre.
24 Unten S. 337 f.

E. Wirtschaftliche Selbststeuerung

§ 16 Allgemeine Vorüberlegungen

Selbststeuerung und Fremdsteuerung

Ein verbreiteter Sprachgebrauch bezeichnet diejenigen Formen der Willensbildung und Entscheidung, die mehr oder minder unmittelbar in die Hände der Betroffenen gelegt sind, auch als (wirtschaftliche und gesellschaftliche) Selbststeuerung (autonome Steuerung), dagegen die Regelung durch staatliche Maßnahmen der Legislative, Exekutive und Jurisdiktion als Fremdsteuerung (heteronome Steuerung)[1]. Dieser Sprachgebrauch ist mißverständlich; der Staat steht heute nicht mehr wie im Deutschland des 19. Jahrhunderts der Gesellschaft als „monarchischer Fremdherrscher"[2] gegenüber, er ist deshalb „kein Synonym mehr für Heteronomie"[3], sondern eine Einrichtung, ein Verfahren der Willensbildung, dessen sich die Gemeinschaft zur Bewältigung bestimmter Aufgaben und Regelung bestimmter Komplexe bedient. Der demokratische Staat ist „der Staat seiner Gesellschaft"[4]. So gesehen, ist auch die staatliche Willensbildung Selbststeuerung[5], nur eben auf einer anderen Ebene. Behält man dies im Auge, so ist es allerdings unschädlich, den Ausdruck „Selbststeuerung" zunächst in der herkömmlichen Beschränkung auf nicht-staatliche Steuerungsmechanismen zu gebrauchen; es kann sogar nützlich sein, weil man sich auf diese Weise wegen des anerkannten Sprachgebrauchs rasch verständigen kann und weil in der Sache tatsächlich zwei verschiedene Regelungssysteme vorliegen[6].

Gemeinwohl und öffentliches Interesse

Die Differenzierung zwischen Selbststeuerung und staatlicher Steuerung gibt uns ein sinnvolles, und zwar das einzig sinnvolle, Kriterium für die Unterscheidung der Begriffe Gemeinwohl und öffentliches Interesse: Zum öffentlichen Interesse gehören alle diejenigen Komponenten des Gemeinwohls, die der Selbststeuerungsmechanismus nicht ausreichend zu wahren vermag. Öffentliches Interesse ist also ein Residuum, eine Restgröße[7], die die von der Selbststeuerung nicht angemessen berücksichtigten Interessen enthält und sie zum Gemeinwohl ergänzt. Öffentliche Interessen „als solche", die also ihrem Inhalt nach notwendigerweise von vornherein im Gegensatz zu privaten Interessen stehen, gibt es gar nicht[8]. Auch alle staatliche Interessenwahrung muß ja, wie oben dargelegt, letztlich immer den Interessen der Menschen dienen[9]. Die Unterscheidung zwischen

---

1 Zu den Begriffen Selbst- und Fremdsteuerung *Herzog*, Staatslehre, S. 54, 366 f.; zu den Begriffen autonom und heteronom *Heinze*, Autonome und heteronome Verteilung.
2 *Zacher*, Wirtschaftsverfassung, in: *Scheuner*, Wirtschaft, S. 591.
3 *Zacher*, a.a.O., S. 574.
4 *Zacher*, a.a.O., S. 574; vgl. auch *Sontheimer*, Staatsidee und staatliche Wirklichkeit heute, S. 24; Willy *Brandt* unter Hinweis auf Gustav *Heinemann*, Bulletin der Bundesregierung vom 29. 9. 1971, S. 1505 (1507); *Scheel*, Bulletin der Bundesregierung 1977, S. 117 (117 f.).
5 An dieser Feststellung ändert sich auch dann nichts, wenn man, wie es ebenfalls geschieht, mit „Selbststeuerung" nicht kennzeichnen will, *wer* steuert (die Menschen steuern ihre Angelegenheiten selbst im Gegensatz zu einer Steuerung durch Außenstehende), sondern *wie* der Steuerungsinhalt zustande kommt, nämlich in Form einer Art von kybernetischem Regelmechanismus, der, einmal institutionalisiert, ohne weiteres Zutun selbstgesteuert abläuft. Denn auch die staatliche Willensbildung läßt sich bis zu einem gewissen Grade als ein solcher Mechanismus verstehen (unten S. 115 ff.).
6 *Luhmann*, Der Staat 1973, S. 1 (16 ff.).
7 *Pennock*, Public Interest, S. 179.
8 Ebenso *Colm*, Public Interest, S. 115 (125); *Ossenbühl*, VVDStRL 29, S. 137 (153 m. w. N.); *Rehbinder/Burgbacher/Knieper*, Bürgerklage, S. 109 ff.
9 Vgl. auch *Rehbinder/Burgbacher/Knieper*, Bürgerklage, S. 109: Öffentliche Interessen sind stets „letztlich auf Individuen zurückzuführen".

E. Wirtschaftliche Selbststeuerung

privaten und öffentlichen Interessen kann vernünftigerweise nur darin gesehen werden, daß erstere (mehr oder weniger) unmittelbar von den Betroffenen selbst in genügender Stärke artikuliert werden und ausreichender Druck in Richtung auf ihre Erfüllung im gesellschaftlichen und wirtschaftlichen Selbststeuerungsmechanismus ausgeübt wird[10]. Dagegen sind öffentliche Interessen dadurch charakterisiert, daß die Selbststeuerungsmechanismen mit ihrer Realisierung überfordert sind und deshalb der „Staat" tätig werden muß[11], oder genauer: daß die Bürger sich anderer als der gesellschaftlich-wirtschaftlichen Selbststeuerungsmechanismen zur Interessenwahrung bedienen müssen, nämlich des „staatlichen" Willensbildungsmechanismus[12]. Ebenso wie es sich beim sog. öffentlichen Konsum in der volkswirtschaftlichen Gesamtrechnung in Wahrheit gar nicht um Konsum des Staates handelt, sondern um Konsum von Privaten, also um die Befriedigung privater Interessen, deren Kennzeichen nur darin liegt, daß sie durch staatliche Organisation ermöglicht wird[13], handelt es sich ganz allgemein bei den sog. öffentlichen Interessen letztlich ebenfalls um Interessen und Bedürfnisse von Privaten[14], deren Wahrung eben nur der staatlichen Organisation zufällt[15]. Entscheidend ist also nicht der Inhalt des Interesses, sondern der angemessene Weg, die Methode, das Verfahren seiner Befriedigung[16], wobei der Grad und die Intensität der staatlichen Mitwirkung allerdings in Stufen variieren können. Genau genommen, besteht stets irgendeine Form von Zusammenwirken. Der Staat garantiert zumindest durch Gerichte und Vollstreckungsbehörden die Einhaltung der Verträge, schreibt so die Ergebnisse des marktwirtschaftlichen Selbststeuerungsmodells fest und ergänzt dieses dadurch[17]. Der Gemeinwohlidee entspricht also ein Konglomerat von privatautonom gewahrten und öffentlich, d. h. von Staats wegen, gewahrten Interessen.

In grundsätzlich anderer Weise geht z. B. Leisner vor, der die Konzeption vom Staat als Organisation zur Produktion bestimmter anders nicht herzustellender Güter im In-

---

10 Vgl. auch *Jellinek*, Staatslehre, S. 259, 263.
11 Der Begriff der öffentlichen Interessen ist ein Begriff, der neben faktischen Zusammenhängen auch normative Wertungen voraussetzt. Er ist gedanklich zu trennen von den Aufgaben, die der Staat tatsächlich in Anspruch nimmt (bedenklich deshalb: Walter *Schmidt*, VVDStRL 33, S. 195 ff.; kritisch zu *Schmidt* auch *Brohm*, ebenda, S. 290). Vielmehr wollen und sollen die öffentlichen Interessen (wie auch das Gemeinwohl) Richtlinien für die Beurteilung des staatlichen Tätigwerdens (einschließlich des Unterlassens) geben.
12 Unten S. 117 ff. Vgl. auch *Rehbinder/Burgbacher/Knieper*, Bürgerklage, S. 111, für den Umweltschutz: „Umweltschutz ist ‚Staatsangelegenheit' wegen der Qualität der Probleme, die isoliert und individuell nicht mehr lösbar sind."
13 *v. Arnim*, Volkswirtschaftspolitik, S. 122 f.
14 *Köttgen* hebt den Bezug der sog. öffentlichen Interessen auf den Menschen dadurch hervor, daß er sie als „gattungsmäßig bestimmte Einzelinteressen" bezeichnet. VVDStRL 6, S. 119.
15 Richtig: *Wengler*, Prolegomena zu einer Lehre von den Interessen im Völkerrecht, S. 108. *Wengler* unterscheidet im Anschluß an Franz *Oppenheimer* (System der Soziologie, III, 1, S. 16) „finale" und „modale" Interessen. Ein modales Interesse der Menschen an der gemeinschaftlichen Befriedigung von Einzelinteressen besteht, wenn dadurch die Interessenbefriedigung erleichtert oder erst ermöglicht wird. Unter „Staatsinteressen" versteht *Wengler* „zunächst einmal alle diejenigen Interessen, die mit Hilfe des Staatsapparates ... zu verwirklichen gesucht werden ... Das Kriterium, welches die Staatsinteressen von anderen menschlichen Interessen unterscheidet, ist also nur das Mittel, mit dem die Interessen zu verwirklichen gesucht werden" (S. 112).
16 Auch *Herzog* erkennt den eigentlichen Unterschied zwischen Staat und Gesellschaft im Organisatorisch-Prozeduralen (VVDStRL 29, S. 254); beim Staat wie bei der Gesellschaft handle es sich „um Willensbildungssysteme unter unterschiedlichen Verfahrensprinzipien" (VVDStRL 29, S. 114); ders., Staatslehre, S. 147: Der Unterschied liegt im Verfahren der Entscheidungsbildung; S. 141, 144, 152, 211 und passim: Staat als Gestaltungsinstrument und Werkzeug in der Hand der Menschen. *Hesse*, Verfassungsrecht, S. 8: Demokratischer Staat als „ein Stück Selbstorganisation der modernen Industriegesellschaft".
17 Die Unterscheidung zwischen Selbst- und Fremdsteuerung ist, genau genommen, also nur eine solche des Grades.

teresse und zum Nutzen der Menschen ablehnt[18]. Bei dem Versuch, Kriterien für die Bestimmung öffentlicher Interessen zu gewinnen, prüft Leisner[19], inwieweit sich öffentliche Interessen „als solche", d. h. wegen ihrer spezifischen Qualität oder wegen der bedeutenden Anzahl, d. h. wegen der Quantität der privaten Interessenträger, ermitteln lassen und kommt — was bei diesem Ausgangspunkt nicht verwunderlich ist — zum Ergebnis, daß es keine Kriterien für die Transformation privater Interessen in öffentliche Interessen gebe. Dieser Ansatz ist verfehlt, aber leider typisch für das Vorgehen vieler Vertreter der Staats(rechts)lehre. Leisner reitet seinerseits eine Polemik gegen das „unselige" Abwägen von öffentlichen gegen private Interessen, bei dem die Justitia blind sei, weil sie ja nicht wisse, „was in die Schale des öffentlichen Interesses gelegt wird". Die Problematik, warum bestimmte (letztlich private) Interessen zu öffentlichen werden, bekommt er auf diese Weise natürlich nicht in den Griff; sie wird eher noch verdunkelt. Für Leisner kommt öffentliches Interesse denn auch nur als „irrationale, unselige Urgewalt" ins Gespräch.

Dagegen glaubte Forsthoff — jedenfalls 1938 — öffentliche Interessen recht genau bestimmen zu können. Er meinte, daß u. a. die Darbietung von Leistungen, auf die der Mensch „lebensnotwendig angewiesen" sei, einem vom Staat wahrzunehmenden öffentlichen Interesse entspräche[20]. Der Schluß von der Unentbehrlichkeit bestimmter Leistungen auf die Notwendigkeit ihrer staatlicher Darbringung ist aber ein Kurzschluß[21]. Er verstößt gegen das Postulat, alle Alternativen zu betrachten[22]. Denn eine Alternative zur staatlichen Steuerung ist die Selbststeuerung. Forsthoffs Schluß war Ausdruck der immer wieder populären Vorstellung, die in der Geschichte der politischen Ideen eine große Rolle gespielt hat, daß nämlich die Ordnung von Produktion und Verteilung (die ja hinsichtlich der lebenswichtigen Güter von existenzieller Bedeutung ist) voraussetzt, daß jemand befiehlt und die anderen gehorchen[23]. Forsthoff übergeht die Frage, inwieweit etwa auch die marktwirtschaftlich-wettbewerbliche Selbststeuerung eine angemessene Ordnung schaffen kann[24]. Wäre der Schluß Forsthoffs richtig, dann müßte z. B. auch die Versorgung mit Kleidern vom Staat übernommen werden, die heute aber wohl niemand als öffentliches Interesse ansprechen würde (eben weil wir wissen, daß der Selbststeuerungsmechanismus sie im allgemeinen recht ordentlich bewerkstelligen kann)[25].

Die gedankliche Basis sowohl von Leisners Polemik als auch von Forsthoffs Bestimmung der öffentlichen Interessen ist der Problematik nicht adäquat, weil es richtigerweise nur darauf ankommen kann, welche Interessen im selbstgesteuerten Kräftespiel der Gesellschaft zu kurz kommen. Diese dann (und deshalb) wahrzunehmen, ist öffentliche Aufgabe. Damit werden diese zu öffentlichen Interessen, deren Kennzeichen also ist, daß der Staat sie angemessen wahrnehmen muß[26].

Weiteres Vorgehen

Die gedankliche Trennung von „Selbststeuerung" und „Fremdsteuerung" weist über die begriffliche Klarstellung von Gemeinwohl und öffentlichem Inter-

---

18 Leisner, VVDStRL 20, S. 185 (228); ders., Effizienz als Rechtsprinzip, S. 60.
19 Leisner, DÖV 1970, S. 217 (217—219, 222 f.).
20 Forsthoff, Die Verwaltung als Leistungsträger, 1938 = Rechtsfragen der leistenden Verwaltung, 1959, S. 27.
21 Streißler, Gemeinwohlvorstellungen, S. 43 FN 112.
22 Oben S. 59.
23 v. Hayek, Rechtsordnung und Handelsordnung, S. 195 (197).
24 Dazu v. Arnim, Volkswirtschaftspolitik, S. 48 ff.
25 Vgl. auch den Hinweis Klaus Vogels auf die Versorgung mit und die Verteilung von Lebensmitteln, VVDStRL 29, S. 255, ferner Dürigs Bemerkung, daß die Daseinsvorsorge „letztlich bis zum Bäckereibetrieb reicht" und deshalb kein ausreichendes Legitimationskriterium für die Übernahme von Aufgaben durch die öffentliche Hand darstellt. Maunz/Dürig/Herzog, Art. 19 Abs. III, Rdnr. 47 FN 1.
26 In seiner „Realanalyse der Bundesrepublik" akzeptiert Forsthoff dann unter dem Eindruck der Entwicklung in den späten 40er und 50er Jahren anscheinend die Beschränkung der dem Staat zuzuweisenden Aufgaben allein auf die Komplexe, welche die Gesellschaft nicht selbständig befriedigend regeln kann (vgl. unten S. 91).

E. Wirtschaftliche Selbststeuerung

esse hinaus den Weg für das weitere Vorgehen: Wir müssen offenbar zunächst die wichtigsten Selbststeuerungsmechanismen betrachten und einen Überblick zu gewinnen suchen, wo und weshalb sie versagt haben oder zu versagen drohen, d. h. welche berücksichtigungswürdigen Interessen bei ihnen in der jeweiligen Situation zu kurz kommen und weshalb dies der Fall ist. Dabei kommt es uns besonders auf die in dieser Arbeit im Vordergrund stehenden allgemeinen Interessen an. Danach ist zu überlegen, wie die bei Selbststeuerung zu kurz kommenden und deshalb öffentlich wahrzunehmenden Interessen am besten durchgesetzt werden können, so daß sich aus dem Zusammenspiel von Selbststeuerung und „heteronomer" Steuerung möglichst optimale Resultate im Sinne der Gemeinwohlidee ergeben.

Die häufig diskutierte Frage nach den Aufgaben des Staates ist — ebenso wie die nach den öffentlichen Interessen — sinnvoll überhaupt nur zu behandeln, wenn man sie umformuliert in die Frage nach der Verfahrensform, die jeweils am besten geeignet ist, die zur Beurteilung stehenden Gemeinwohlbelange zu erfüllen. Zu diesen Verfahrensformen gehört natürlich auch die Selbststeuerung. Was Staatsaufgaben sind, läßt sich dementsprechend nur vor dem Hintergrund einer hinreichenden Vorstellung von der Leistungsfähigkeit der Selbststeuerung und von ihren Mängeln in der jeweiligen Situation beurteilen. Ohne Berücksichtigung dieses Grundzusammenhangs hängt jede Staatsaufgabenlehre zwangsläufig in der Luft[27]. Wer den heutigen Entwicklungsstand der Verteilung der Gemeinwohlaufgaben zwischen „Staat" und „Gesellschaft" richtig erfassen, verständlich machen und sodann kritisch würdigen will, muß vom Selbstregulierungsmodell der Gesellschaft als idealtypischer Hintergrundskizze[28] für die Darstellung von Fehlentwicklungen und Gegenmaßnahmen ausgehen[29].

Die gedanklich von einem Selbststeuerungsmodell ausgehende Skizze verspricht dreierlei: Aus dem erklärenden Nachzeichnen von Selbststeuerung, Fehlentwicklungen und Abhilfeversuchen ergibt sich einmal das für das Verfassungsverständnis unerläßliche Bild unserer „Demokratie im Funktionieren" (Drath) als eines Systems, bestehend (vor allem) aus den drei vielfach ineinandergreifenden und sich gegenseitig ergänzenden (Haupt-)Regelungsmechanismen Vertrag, Tarifvertrag und Demokratie[29a]. Dadurch werden zugleich einige Bausteine einer Gesellschaftslehre entwickelt, ohne die, wie etwa Herzog mit Recht bemerkt[30], nach heutigem Verständnis auch eine „Staats"-Lehre nicht auskommt. Zugleich wird deutlich, daß die Mittel und Wege für eine möglichst weitgehende Verwirklichung der oben genannten Gemeinwohlgrundwerte nicht in statischer Weise ein für allemal festgeschrieben werden können, sondern daß es jeder Zeit immer wieder neu aufgegeben ist, zu fragen, wie, d. h. mit Hilfe welcher Kombination von Instrumenten und Verfahrensweisen, Freiheit und Gerechtigkeit, Sicherheit, Frieden und Wohlstand optimal realisiert werden können. Hier zeigt sich das spezifisch Dynamische, das vornehmlich allem Wirtschaftsverfassungsrechtlichen innewohnt[31]. Die Darstellung unserer derzeitigen Verfahren zur Gemeinwohlrealisierung ergibt schließlich die Basis für die kritische Beurteilung ihrer Funktionsge-

---

[27] Dies muß auch gegen das ansonsten sehr fündige Werk von *Bull*, Die Staatsausgaben nach dem Grundgesetz, 1973, eingewendet werden.
[28] D. h. unter Absehung von historischen Einzelheiten. *Scheuner*, Staatliche Einwirkung, Einführung, S. 15; *Heinze*, Autonome und heteronome Verteilung, S. 18, FN 1: „Theoretisch gedachter" liberaler Rechtsstaat.
[29] So auch *Herzog*, Staatslehre, S. 54 ff.
[29a] Oben § 8.
[30] *Herzog*, Staatslehre, S. 31, 39 ff.; vgl. auch *Krüger*, Staatslehre, S. 341 ff.
[31] *Zacher*, Wirtschaftsverfassung, S. 568 m. w. N.

rechtigkeit vor dem Hintergrund der heutigen Probleme einschließlich möglicher Verbesserungsvorschläge[23]. Mit der Änderung der Verhältnisse (bzw. der verbesserten Kenntnis von den Verhältnissen) müssen möglicherweise auch die verfahrensmäßigen Spielregeln geändert (bzw. neu interpretiert) oder ergänzt werden, wenn die gemeinschaftserheblichen Entscheidungen nicht desorientiert werden sollen.

Vermutlich wird gegen dieses Vorgehen eingewandt werden, mit der Wahl des Selbststeuerungsmechanismus als gedanklichem Ausgangspunkt werde stillschweigend bereits eine Vorentscheidung hinsichtlich der Verteilung der relativen Gewichte von Selbst- und Fremdsteuerung getroffen, eine Vorentscheidung zu Gunsten der „Gesellschaft", wenn man so will. Dieser Einwand ist aber nicht berechtigt: Die Selbststeuerung ist für uns kein Selbstzweck, sondern nur eine Art Werkzeug, welches darauf zu überprüfen ist, inwieweit es zu einer relativen Optimierung der Grundwerte, d. h. zum Gemeinwohl, beitragen kann. Nur soweit der Selbststeuerungsmechanismus dafür brauchbar erscheint, ist er zu befürworten[33]. Sollte sich seine völlige Unbrauchbarkeit ergeben, so müßte er auch in vollem Umfang verworfen werden.

Die Selbststeuerungsvorstellung wurde am sorgfältigsten für den Bereich der Wirtschaft entwickelt. Da in der ökonomischen Sphäre nicht nur der quantitativ größte Teil des menschlichen Handelns angesiedelt ist, sondern die ökonomischen Verhältnisse auch von besonderer Bedeutung für die Gestaltung des Rechts sind, weil sie zu einem guten Teil die Probleme darstellen, die die Rechtsordnung zu lösen hat[34], erscheint es berechtigt und sinnvoll, auch im folgenden von der *wirtschaftlichen* Selbststeuerung auszugehen. Die vorliegende Arbeit steht damit durchaus in der Tradition der Staats- und Gesellschaftstheorie, die die „Gesellschaft" meist vor allem als Wirtschafts- und Erwerbsgesellschaft verstanden hat[35]. Im modernen Industriestaat ist dieses Verständnis von besonderer Berechtigung[36]; mit Recht ist z. B. darauf hingewiesen worden, daß die Politik der Mitgliedstaaten der Europäischen Gemeinschaften in hohem Maße Wirtschafts- und Sozialpolitik ist und es auch sein muß[37].

§ 17 Vertrag und wettbewerbliche Marktwirtschaft

Das juristische Denken hat sich lange auf die „rein juristische" Betrachtung des Vertragsabschlusses als bloßer Übereinstimmung der Willenserklärungen zweier Partner beschränkt (positivistisches Willensdogma) und das zu Grunde

---

32 Ein solcher Ausgangspunkt steht mit dem Grundgesetzverständnis des Bundesverfassungsgerichts in Übereinstimmung (E 5, 85, 197): „Das Grundgesetz bezeichnet die von ihm geschaffene Staatsform als freiheitliche Demokratie. Es knüpft damit an die Tradition des ‚liberalen bürgerlichen Rechtsstaats' an, wie er sich im 19. Jahrhundert herausgebildet hat und wie er in Deutschland schließlich in der Weimarer Republik verwirklicht worden ist. Diese freiheitliche demokratische Ordnung nimmt die bestehenden historisch gewordenen staatlichen und gesellschaftlichen Verhältnisse und die Denk- und Verhaltensweisen der Menschen zunächst als gegeben hin. Sie sanktioniert sie weder schlechthin noch lehnt sie sie grundsätzlich und im ganzen ab; sie geht vielmehr davon aus, daß sie verbesserungsfähig und -bedürftig sind."
33 In diesem Sinne auch *Herzog*, Staatslehre, S. 63 f.; *Krüger*, Staatslehre, S. 469.
34 *Coing*, Rechtsphilosophie, S. 154.
35 So vor allem auch *Hegel*. Vgl. E. R. *Huber*, Vorsorge für das Dasein, S. 146; *Krüger*, Staatslehre, S. 344; *Luhmann*, Der Staat 1973, S. 1 (4, 5, 7).
36 Vgl. schon C. *Schmitt*, Innerpolitische Neutralität, S. 41 f.: „In jedem modernen Staat, und zwar umso mehr, je mehr er moderner Industriestaat ist, machen die wirtschaftlichen Fragen den Hauptinhalt der innerpolitischen Schwierigkeiten aus. Im heutigen Staat ist die Innen- und Außenpolitik zum großen Teil Wirtschaftspolitik ... Der heutige Staat ist ein Wirtschaftsstaat." Ähnlich *Drath*, Der Staat 1966, S. 273; Forsthoff, Der Staat der Industriegesellschaft.
37 *Ipsen*, Europäisches Gemeinschaftsrecht, S. 14.

E. Wirtschaftliche Selbststeuerung

liegende Verfahren, das den materiellen Inhalt des Vertrages determiniert[1], ausgeklammert, während die herrschende nationalökonomische Lehre sich umgekehrt ausschließlich mit diesem Verfahren und den inhaltlichen Bestimmungsfaktoren von Produktion und Verteilung, von Preisen und Löhnen befaßte. Im Zentrum der (Privat-)Rechtswissenschaft stand lange der formale Vertrag, während im Zentrum der Volkswirtschaftslehre der materielle Gehalt, d. h. Sinn und Funktion des marktwirtschaftlich-wettbewerblichen Selbststeuerungsmechanismus, stehen.

Die Beschränkung des juristischen Blicks auf die formale Willensübereinstimmung wird der Problematik aber möglicherweise nicht gerecht. Marktwirtschaftlich-wettbewerbliches System und Privatrechtsordnung sind in Wahrheit einander zugeordnet und entsprechen sich strukturell[2]. Der „Rechtsordnung" entspricht eine bestimmte vorgestellte „Handelnsordnung"[3]; erst beide gemeinsam bestimmen in ihrem Zusammenwirken die Ergebnisse der Willensbildung. In der Beschränkung des juristischen Blicks braucht der Idee nach allerdings durchaus nicht notwendig Blindheit für die materielle Richtigkeit zu liegen[4]. Die Freiheit zum Abschluß von Verträgen (Vertragsfreiheit) und die Bindung an abgeschlossene Verträge („pacta sunt servanda") anerkennen heißt: die Ergebnisse des freien Spiels der wirtschaftlichen Kräfte rechtlich akzeptieren und sanktionieren. Solange man aber der Überzeugung war, der Selbststeuerungsmechanismus verbürge automatisch richtige Resultate, schien die Rechtswissenschaft sich in der Tat mit den Einzelheiten seines Funktionierens nicht beschäftigen zu müssen.

Häufig wird nicht die Vertragsfreiheit, sondern das private Eigentumsrecht als entscheidende rechtliche Institution des marktwirtschaftlichen Selbststeuerungsmechanismus angesehen[5]. Diese letztlich von marxistischem Gedankengut beeinflußte Sicht trifft m. E. aber nicht zu[6]. Das Privateigentum als ausschließliche Verfügungsbefugnis über Sachen ergänzt und vervollständigt vielmehr nur die rechtliche Anerkennung der Resultate des marktwirtschaftlichen Erwerbs- und Aneignungsprozesses, indem es die durch den Vertrag zwischen den Kontrahenten bewirkte rechtliche Festschreibung auf das Verhältnis zu allen anderen Rechtsgenossen erweitert. Dadurch werden Sicherheit und Frieden bewirkt[7] und zugleich z. B. die marktwirtschaftlich-wettbewerbliche Leistungsanreizfunktion verstärkt[8]. Wenn im folgenden von Vertrag und Vertragsfreiheit gesprochen wird, soll das Institut Privateigentum immer mitgedacht sein.

Mit der Richtigkeit der Ergebnisse des Selbststeuerungsprozesses ist auch die Richtigkeit des Vertrages gewährleistet, ohne daß es eines näheren Eingehens auf

---

1 *Radbruch*, Rechtsphilosophie, S. 246 f.: „Beim Kaufvertrag etwa wird der Preis nicht durch die beiden Vertragschließenden bestimmt, sondern durch . . . den Markt."
2 Franz *Böhm*, Privatrechtsgesellschaft und Marktwirtschaft, ORDO XVII (1966); *Mestmäcker*, in: Macht und ökonomisches Gesetz, S. 183 (187); *Forsthoff*, VVDStRL 12, S. 15 = Rechtsstaat im Wandel, S. 34; *Schaeder*, in: Wohl der Allgemeinheit, S. 92 (99).
3 *v. Hayek*, Rechtsordnung und Handelnsordnung, S. 195.
4 *Heinze*, Autonome und heteronome Verteilung, S. 18; *Forsthoff*, Verwaltungsrecht, S. 68.
5 So verstehen etwa Karl *Renner* (Die Rechtsinstitute des Privatrechts und ihre soziale Funktion, S. 43 ff.) und Franz *Neumann* (Der Funktionswandel des Gesetzes im Recht der bürgerlichen Gesellschaft, S. 40) die Vertragsfreiheit nur als Konnexrecht des Eigentums. Zustimmend *Grimm*, Solidarität als Rechtsprinzip, S. 10; *Habermas*, Öffentlichkeit, S. 165 ff.
6 Richtig: *Luhmann*, Der Staat 1973, S. 1 (15 f.); vgl. auch O. *Sik*, Argumente für den Dritten Weg, S. 144: Das „Eigentum an Sachen ist also in Wirklichkeit ein fortwährender Prozeß der *Aneignung* von Sachen. Die rechtliche Fixierung des Zustandes ,eignen' ist nur ein Herausgreifen und die theoretische Erstarrung eines Moments aus dem objektiv dauernd fließenden Prozeß ,aneignen'." Dieser Prozeß wird aber durch die marktwirtschaftliche Steuerung bestimmt und durch die Institute Vertrag und Eigentum nur verstärkt und rechtlich sanktioniert.
7 *Zacher*, Freiheitliche Demokratie, S. 142.
8 *v. Arnim*, Volkswirtschaftspolitik, S. 57 ff. m. w. N.

§ 17 Vertrag und wettbewerbliche Marktwirtschaft

den im übrigen höchst komplizierten Marktmechanismus oder gar einer Korrektur bedürfte[9]. Staatliche Abstinenz scheint hier offenbar das beste Rezept zu sein. Wegen dieses scheinbar selbstverständlichen Zusammengehens und Zusammenpassens von Rechts- und vorgestellter Handelsordnung konnte es geschehen, daß schließlich das Bewußtsein vom Zusammenhang zwischen der Form und dem materiellen Sinn des Rechtsinstituts „Vertrag" weitgehend verschüttet wurde, entspricht es doch einer allgemeinen Beobachtung, daß das Sinnverständnis, das funktionale Verständnis von Rechtsfiguren in dem Maße zurücktritt, in dem Form und Gehalt, Struktur und Funktion sich decken[10]. „Daß auf solche Weise ein Teil für das Ganze stehen kann, ist ja eine häufige Beobachtung" (Forsthoff)[11].

Das ändert sich zwangsläufig in dem Augenblick, in dem das Vertrauen in die Richtigkeitsgewähr des Verfahrens erschüttert wird. Vertragsfreiheit und der Satz „pacta sunt servanda" bedeuten dann möglicherweise die rechtliche Sanktionierung unrichtiger, d. h. mit den grundlegenden Wertvorstellungen der Gemeinschaft unvereinbarer, Ergebnisse. Dies kann eine (nicht rechtsblinde) Gemeinschaftsordnung natürlich nicht hinnehmen. Vertragsfreiheit ist ebensowenig eine absolute Größe wie Marktwirtschaft[12] und Wettbewerbsfreiheit[13]. Ihr Wert ist einzig und allein daran zu bemessen, inwieweit sie zu einer Realisierung der Grundwerte beitragen. Wie der Jurist häufig erst beim Auftreten pathologischer Erscheinungen in Aktion tritt, so ist er auch hier jedenfalls dann zum Tätigwerden aufgerufen, wenn die tatsächlichen Auswirkungen dem Sinn und der gesollten Funktion von Vertrag und Selbststeuerung nicht mehr entsprechen. Die Heilung des Pathologischen aber setzt eine Kenntnis des Gesunden voraus; ist das unbegrenzte Vertrauen in die Selbststeuerung dahin, so müssen Sinn und Funktion des Vertrages im Zusammenhang mit der marktwirtschaftlichen Steuerung analysiert und eine solche „Funktionsanalyse" bewußt und ausdrücklich auch in die juristische Betrachtung einbezogen werden[14]. Es bleibt dann nichts anderes übrig, als im einzelnen zu überprüfen, ob und inwieweit die liberalistische Erwartung wirklich zutrifft, die freie Entfaltung der menschlichen Kräfte in der industrialisierten und arbeitsteiligen Wirtschaft führe über die Selbststeuerung automatisch zu optimalen Ergebnissen[15] (und inwieweit und warum sie nicht zu-

---

9 Daß sich auf dem Laissez-faire-Konzept „mit verhältnismäßig geringem Gedankenaufwand" eine Rechtsordnung aufbauen läßt, „die sich einfach, unkompliziert und in den Grundkonturen gut durchschaubar ausnimmt", betont *Gygi*, Rechtsfragen der Wirtschaftsplanung, Planung II, S. 113 (114 f.).
10 *Jahr*, in: Wirtschaftswissenschaft und Rechtswissenschaft, S. 14 (16 f.).
11 *Forsthoff*, Rechtsfragen der leistenden Verwaltung, S. 51.
12 Zur Notwendigkeit einer „instrumentalen Betrachtung des Marktes" statt vieler *Ackermann/Geschka/Karsten*, Gutachten zur Gesamtbelastung der Volkswirtschaft durch das Umweltprogramm der Bundesregierung, S. 599.
13 *Zacher*, Wirtschaftsverfassung, S. 582; *Scholz*, Wirtschaftsaufsicht und subjektiver Konkurrentenschutz, S. 24 ff.; 92 f.
14 Die Erforschung der funktionellen Seite der Rechtsinstitute ist heute eine zum Allgemeingut der modernen Zivilrechtsdogmatik gewordene Methode. *Jahr*, in: Wirtschaftswissenschaft und Rechtswissenschaft, S. 14; *Mestmäcker*, in: Wirtschaftswissenschaft und Rechtswissenschaft, S. 103. Eine funktionsorientierte Betrachtung ist darüber hinaus für die gesamte Rechtswissenschaft, auch für die Wissenschaft vom Verfassungsrecht, insbesondere von den Grundrechten, unverzichtbar — eine Erkenntnis, die vor allem Wirtschaftsverfassungsrechtlern zu verdanken ist. Vgl. wiederum *Mestmäcker*, Über Mitbestimmung und Vermögensverteilung, S. 14 ff.; H. H. *Rupp*, Grundgesetz und Wirtschaftsverfassung, S. 15 ff.
15 Vgl. auch *Heinze*, Verteilung, S. 19: Begründung und Kritik der Prämissen des Selbststeuerungsmodells gehörten zwar in den Bereich insbesondere der Wirtschaftswissenschaften. „Soweit von ihnen die Legitimation der liberal-rechtsstaatlichen Produktions- und Verteilungsordnung abhängt, muß sich jedoch auch die Staatstheorie mit diesen Prämissen befassen, um ihre Verantwortung mit Bezug auf die Verwirklichung materieller Zweckmäßigkeit und Gerechtigkeit zu erfüllen."

E. Wirtschaftliche Selbststeuerung

trifft)[16]. Hier wird ganz deutlich, daß der Formalismus des juristischen Positivismus durchaus auch eine materiale Basis hatte, mit der er letztlich steht und fällt: die liberalistische Harmonievorstellung; nur ging eben das Bewußtsein dieses Aufeinanderbezogenseins stellenweise verloren.

Es ist also unrichtig anzunehmen, der „liberale Staat" sei wegen der positivistischen Beschränkung seiner Aufmerksamkeit auf die formale Vertragsfreiheit etwa indifferent gegenüber dem Gerechtigkeitspostulat gewesen oder, allgemein gesprochen, gegenüber dem Postulat der Berücksichtigung und des angemessenen Auspendelns der Interessen aller Menschen[17]. Vielmehr ging er davon aus, autonome Wirtschaft und freier Vertrag führten — zusammen mit einer zentral gesetzten staatlichen Rahmenordnung — von selbst zum Gemeinwohl im Sinne eines Optimums an freiheitlicher Selbstbestimmung, Gerechtigkeit, Sicherheit, Frieden und Wohlstand.

Gleichfalls unzutreffend ist es, das von Vertrag, Privateigentum und Erbrecht geprägte Zivilrecht als „unpolitisches" Recht anzusehen. Es ist das Kennzeichen von Politik, daß sie die Gemeinschaft als ganze betrifft[18] und auf das „gemeine Beste", das Gemeinwohl, abzielt. Eben dies aber sollte durch Gewährleistung von Vertragsfreiheit (Privateigentum und Erbrecht) erreicht werden. Es besteht deshalb nach richtigem Verständnis eine „Einheit von Privatrechtsordnung und Verfassungsordnung in dem einen politischen Gemeinwesen" (Mestmäcker)[19]. Das Bewußtsein dieser Einheit ging allerdings im Zuge der positivistischen Beschränkung der Sicht auf die direkt beteiligten Vertragspartner und ihre formalen Willenserklärungen verloren. Gegenüber dieser Verengung des Blickes gilt es, wieder einen Gemeinwohl- und Verfassungsbegriff zu entwickeln, „der Staat und Gesellschaft zur res publica zusammenschließt" (Häberle)[20].

Die folgenden Ausführungen sind nun allerdings nicht als exakte Beschreibung einer tatsächlichen historischen Situation zu verstehen; denn der Staat hat sich in Deutschland auch im 19. Jahrhundert niemals auf das liberale Minimum beschränkt[21]. Diese Erscheinungen ließen den systemleitenden und begriffsleitenden Charakter der Idee des liberalen Rechtsstaates in der Rechtstheorie jedoch unberührt[22]. Die Ausführungen sind auch keine präzise Darstellung der dogmengeschichtlichen Entwicklung der Volkswirtschaftslehre; denn die deutsche historische Schule begegnete der Lehre der klassischen Nationalökonomie stets äußerst skeptisch. Nach dem Zusammenbruch nach dem 2. Weltkrieg gewann allerdings in der Bundesrepublik unter der gedanklichen Führung der neoliberalen „Freiburger Schule" praktisch mit einem Schlage eine liberale

---

16 Der notwendige Zusammenhang zwischen der rechtlich-formalen und der inhaltlichen (volkswirtschaftlichen) Komponente wird unzulässigerweise zerschnitten von *Ehmke*, der glaubt, sich auf verfassungsrechtliche und verfassungstheoretische Zusammenhänge beschränken und die „volkswirtschaftlichen und politischen Argumente für und wider die Wirtschaftsregulierung" aus der Betrachtung ausklammern zu können (*Ehmke*, Wirtschaft und Verfassung, S. 86). Ohne wirtschafts-, sozial- und politikwissenschaftliche Theorien können aber die gesellschaftlichen, ökonomischen und politischen Zusammenhänge nicht erfaßt und erklärt werden, ist also, da Verfassungstheorie auch die Erfassung und Erklärung der Wirklichkeit zum Gegenstand hat (oben S. 17 f.), eine solche gar nicht möglich, wie *Ehmke* an anderer Stelle ja selbst betont (oben S. 19). Richtig auch *Mestmäcker*, DÖV 1964, S. 606 (612).
17 Richtig: *Heinze*, Autonome und heteronome Verteilung, S. 18.
18 *Schelsky*, Ortsbestimmung der deutschen Soziologie, S. 112 f.; *Lompe*, Wissenschaftliche Beratung der Politik, S. 4; *Dolzer*, Bundesverfassungsgericht, S. 4.
19 DÖV 1964, S. 606 (608 f., 612).
20 VVDStRL 30, S. 55.
21 Ernst Rudolf *Huber*, Verfassungsgeschichte, Bd. IV; Reiner *Schmidt*, Wirtschaftspolitik und Verfassung, S. 43 ff.; *Bull*, Staatsaufgaben, S. 67 FN 69 m. w. N.; *Bachof*, VVDStRL 30, S. 193 (208 ff.); *Brohm*, VVDStRL 30, S. 245 (256).
22 *Badura*, VVDStRL 30, S. 328 f.

Grundanschauung beherrschenden Einfluß; dies war nicht zuletzt auch als Reaktion auf den Totalitarismus im „Dritten Reich" zu erklären[23]. Entsprechend gehen unser heutiger wirtschaftspolitischer Entwicklungsstand und unsere Wirtschaftsordnung in der Bundesrepublik vom Grundsatz der Marktwirtschaft aus[24]. Dies ist (ganz unabhängig von der Frage nach der verfassungsrechtlichen Festschreibung der Marktwirtschaft) zusammen mit der entsprechenden Praxis ein grundlegendes Faktum unserer Verfassungswirklichkeit, die einzubeziehen ja zu den Aufgaben einer Verfassungstheorie gehört[25].

Optimierung der Grundwerte im marktwirtschaftlich-vertraglichen Modell

Der Vertrag ist in liberal-idealisierender Sicht Ausdruck *freiheitlicher Selbstbestimmung* der Kontrahenten, weil es jedem freisteht, zu entscheiden, ob, mit wem und mit welchem Inhalt er einen solchen abschließen will, niemand also ohne seine zustimmende Mitwirkung gebunden wird. In einer Rechtsordnung, die von der Gleichheit der Einzelpersonen ausgeht und deshalb den dem Einzelnen gegebenen Freiheitsraum notwendigerweise dort begrenzen muß, wo der dem (oder den) anderen in gleicher Weise vorbehaltene Freiheitsraum beginnt, ist damit das mögliche Maximum an freiheitlicher Selbstbestimmung erreicht. Der Vertrag, der zwischen den Parteien ähnlich wie ein (Individual-)Gesetz wirkt (lex contractus)[26], stellt, wie Kelsen treffend bemerkt hat, in dieser Sicht „eine ausgesprochen demokratische Methode der Rechtsschöpfung dar"[27]; sie ist in der Tat viel demokratischer[28], oder besser gesagt: freiheitlicher, als staatliche Gesetze in einer parlamentarischen Demokratie, eben weil an den Vertrag nur gebunden ist, wer ihm selbst persönlich zugestimmt hat, was für staatliche Gesetze ja offenbar nicht (oder doch nur in der Rousseauschen Utopie) zutrifft. Beim (funktionierenden) Vertrag gehorcht jeder Bürger wirklich nur sich selbst. Darin liegt überhaupt das Bestechende der marktwirtschaftlich-vertraglichen Selbststeuerungsvorstellung, daß sie dem Wert der freiheitlichen Selbstbestimmung so relativ sehr viel Raum geben kann, ohne daß dies auf Kosten der anderen Gemeinwohlwerte geht (wie sogleich noch zu zeigen ist). Die marktwirtschaftlich-vertragliche Selbststeuerung stellt damit, soweit sie funktioniert, eine geradezu ideale Lösung der verfassungsrechtlichen Kernfrage dar, wie das gemeine Wohl in einem Gemeinwesen gewahrt werden kann, das sich zur persönlichen Freiheit seiner Bürger als einem Grundwert bekennt[29].

Der Vertragsinhalt entspricht der *Gerechtigkeit*, weil die Beteiligten, da der Vertrag nur mit ihrer Zustimmung zustande kommen kann, in gleicher Weise die Möglichkeit besitzen, ihre Interessen geltend zu machen, was vor allem durch Vergleichen der Preise und sonstigen Konditionen konkurrierender potentieller Vertragspartner und durch Auswählen der günstigsten Angebote geschieht. Der Konkurrenzmechanismus neutralisiert im Modell der vollständigen Konkurrenz

---

23 Vgl. unten S. 91.
24 Vgl. das Gesetz gegen Wettbewerbsbeschränkung 1957 — verschärft durch die Novelle 1973 —, das Außenwirtschaftsgesetz 1961, § 2 Sachverständigenratsgesetz 1963; § 1 Stabilitätsgesetz 1967.
25 Oben S. 18.
26 Die gesetzesähnliche Wirkung besteht nicht nur beim Tarifvertrag, bei dem sie auf der Hand liegt (vgl. BVerfGE 4, S. 96, 101 f.), sondern auch beim Individualvertrag. Code civil, Art. 1194: „Les conventions légalement formées tiennent lieu de loi à ceux qui les ont faites". Biedenkopf, in: Wirtschaftswissenschaft und Rechtswissenschaft, S. 74: „Normsetzung durch Vertrag." Heller, VVDStRL 4, S. 98 (118—120) = Ges. Schriften II, S. 327 f.
27 Kelsen, Reine Rechtslehre, 2. Aufl., S. 285; Marcic, VVDStRL 29, S. 100.
28 Auf diesen Gesichtspunkt hat vor allem die neoliberale „Freiburger Schule" aufmerksam gemacht. Franz Böhm, Wirtschaftsordnung und Staatsverfassung, S. 50 f.
29 Mestmäcker, DÖV 1964, S. 606 (609).

E. Wirtschaftliche Selbststeuerung

das Gewinnstreben der Unternehmer und bewirkt, daß die Marktpreise der Güter in Richtung auf ihre Herstellungskosten gedrückt werden. Diesen — den Produktionskosten bei optimaler Produktionsweise gleichen — Preis bezeichnete Adam Smith bekanntlich als „natürlichen Preis"[30]. Die „natürlichen Preise" der Güter, die sich aus der relativen Knappheit der Produktionsfaktoren und der relativen Dringlichkeit der Nachfrage ergeben, erscheinen als Ergebnis des Wirkens der von Smith so genannten „unsichtbaren Hand" oder, wie man heute auch formuliert, eines kybernetischen Regelkreises (was nichts anderes ist als das, was wir bisher „Selbststeuerung" genannt haben), notwendigerweise richtig und damit auch gerecht. Der seit vielen Jahrhunderten immer wieder angestellte Versuch, den gerechten Preis als materielle Äquivalenz zwischen Leistung und Gegenleistung zu finden, schien damit eine bestechende Lösung gefunden zu haben[31].

Das Modell der Güterpreisbildung und die Vorstellung vom daraus resultierenden gerechten Preis wurde von den ökonomischen Klassikern unbedenklich auch auf die Lohnbildung (und die Einkommensverteilung) übertragen[32]. „Der natürliche Preis der Arbeit", so schreibt David Ricardo in seinen „Principles of Political Economy and Taxation" (1817), „ist jener Preis, welcher nötig ist, um die Arbeiter in den Stand zu setzen, sich zu erhalten und ihr Geschlecht fortzupflanzen ohne Vermehrung oder Verminderung"[33]. „Als ‚natürlicher Lohn' erscheint damit das physiologische Existenzminimum, das für die Reproduktion der Arbeitskraft (einschl. der ‚Aufzucht eines Ersatzmannes') notwendig ist"[34]. Um diese angeblich allein richtige Lohnbildung nicht zu stören, akzeptierten die Klassiker die im 18. und 19. Jahrhundert im Zeichen des staatlichen Kampfes gegen die Gewerkschaftsbewegung geltenden Koalitionsverbote[35], welche im 19. Jahrhundert zwar allmählich gelockert wurden, deren stufenweise Aufhebung sich aber bis ins 20. Jahrhundert hinein erstreckte[36]. Der Individualvertrag erschien auch auf dem Arbeitsmarkt als das wirtschaftlich allein angemessene rechtliche Koordinierungsinstrument.

Das durch den freien Vertrag ermöglichte marktwirtschaftliche Konkurrenzmodell tendiert zudem zur bestmöglichen Ausnutzung der volkswirtschaftlichen Ressourcen an Kapital, Boden und Arbeitskräften und dient damit in vorzüglicher Weise der *Wohlstands*maximierung. Auch ein allwissender und allmächtiger Zentralplaner könnte keinen besseren Einsatz der Produktionsfaktoren finden, als ihn der Modellmechanismus des vollständigen Wettbewerbs zustandebringt. Dies läßt sich in der Wirtschaftstheorie nachweisen und kommt auch darin zum Ausdruck, daß in einer Zentralverwaltungswirtschaft, die sich nach dem Wünschen der Konsumenten richtet und ihren Wohlstand optimieren will, genau die Bedingun-

---

30 E. *Schneider*, Einführung in die Wirtschaftstheorie, II. Teil, 9. Aufl., 1964, S. 310.
31 Zum Aufgehen des „iustum pretium" im Konkurrenzpreis als „natürlichem Preis" Max *Weber*, Rechtssoziologie, S. 324.
32 *Myrdal*, Das politische Element in der nationalökonomischen Doktrinenbildung, Ausgabe: Hannover 1973, vermerkt zu Recht, daß das Laissez-faire-Prinzip von Außenhandel und Güterproduktion kurzerhand auf die Verteilungssphäre übertragen worden ist; dabei ist „bemerkenswert, daß man für das Freiheitspostulat innerhalb der Verteilungssphäre niemals einen besonderen Beweis antritt" (S. 112).
33 *Ricardo*, Grundsätze, 5. Kapitel.
34 H. *Arndt*, Markt und Macht, S. 159.
35 H. *Arndt*, a.a.O., S. 92, 159.
36 Zur Entwicklung der Koalitionsfreiheit v. *Münch*, BK, Art. 9, S. 6 ff.; *Scholz*, Koalitionsfreiheit als Verfassungsproblem, S. 23 ff.

§ 17 Vertrag und wettbewerbliche Marktwirtschaft

gen realisiert werden müssen, die das marktwirtschaftliche Konkurrenzgleichgewicht charakterisieren[37].

Auch in der Praxis hat sich die marktwirtschaftliche Steuerung lange Zeit als außerordentlich wirksam erwiesen, um ein möglichst hohes und sich mehrendes Wohlstandsniveau zu sichern, ein Ziel, das im Titel von Adam Smith's Grundlegung der Marktwirtschaft („Eine Untersuchung über Natur und Wesen des Wohlstands der Nationen", 1776) anklingt und auch heute noch von vielen als die eigentliche Aufgabe der Nationalökonomie bzw. der Wirtschaftspolitik angesehen wird[38]. Die Fähigkeit der Marktwirtschaft, unerhörte Wachstumskräfte freizusetzen, zeigte sich nicht nur im klassischen Kapitalismus des 19. Jahrhunderts[39], sondern auch nach dem Zweiten Weltkrieg, als 1948 im Gebiet der (späteren) Bundesrepublik die Bewirtschaftung in vielen Bereichen mit einem Schlage aufgehoben, die Preise und die meisten sonstigen Wirtschaftsdaten dem Spiel der marktwirtschaftlichen Kräfte überantwortet wurden und dadurch das sog. Wirtschaftswunder ermöglicht wurde[40]. Das weitgehend selbständige Funktionieren der Wirtschaft und ihr kräftiges Wachstum nach Freigabe der meisten Wirtschaftsdaten muß für viele Menschen ein tiefgehendes Erlebnis, fast eine Art Offenbarung über die Leistungsfähigkeit des Selbststeuerungsmechanismus, gewesen sein. Das zeigt sich etwa in Forsthoffs Schrift „Rechtsfragen der leistenden Verwaltung" von 1959, wo er die gesellschaftlichen Kräfte, denen er noch 1938 kaum etwas zuzutrauen bereit war[41], in ihrer selbstgesteuerten Kraft und Leistungsfähigkeit außerordentlich hoch einschätzte[42].

Die Anerkennung des geschlossenen Vertrages als rechtlich verbindlich und die Gewährung staatlicher „Vollstreckungshilfe"[43] zu seiner Durchsetzung entspricht nicht zuletzt dem Ziel der *Rechtssicherheit* in weitem Umfang, weil dadurch die Diskussion um die inhaltliche Angemessenheit des Vertragsinhalts abgeschnitten wird[44]. Die staatliche Durchsetzung des Satzes „pacta sunt servanda" dient einmal der Rechtssicherheit als Eigenwert[45]. Sie fördert darüber hinaus aber auch die Entfaltung der marktwirtschaftlichen Entwicklung, weil Rechtssicherheit den Wirtschaftern rationale Verhaltensweisen erleichtert[46]. Hier zeigt sich wieder das Ineinandergreifen und Zusammenwirken von Vertrag und wettbewerblich-marktwirtschaftlicher Steuerung bei Optimierung der Grundwerte im „gedachten" liberalen Staat.

---

37 Bernholz, Politische Ökonomie, S. 56; *Musgrave*, The Public Interest, S. 108.
38 Oben S. 30.
39 Kaum jemand hat die unerhörten Wachstumsimpulse, die sich in der Marktwirtschaft entfalten können, so gepriesen wie Karl *Marx*, der sie als „Errungenschaft der Bourgeoisie" bezeichnete und der als in dieser Hinsicht gewiß unverdächtiger Zeuge hier zitiert werden soll: „Erst sie (die Bourgeoisie) hat bewiesen, was die Tätigkeit der Menschen zustande bringen kann. Sie hat ganz andere Wunderwerke vollbracht, als ägyptische Pyramiden, römische Wasserleitungen und gotische Kathedralen . . . Die Bourgeoisie reißt durch die rasche Verbesserung aller Produktionsinstrumente, durch die unendlich erleichterten Kommunikationen alle, auch die barbarischsten Nationen, in die Zivilisation." Manifest der Kommunistischen Partei, 1848.
40 Natürlich sind die beiden um 100 Jahre auseinanderliegenden Epochen völlig unterschiedlich, was das Produktivitätsniveau und die soziale Sicherung der Arbeitnehmer und Rentner anlangt, darauf kommt es aber bei Erläuterung der wohlstands- und wachstumsfördernden Kraft der Marktwirtschaft aber wenig an.
41 *Forsthoff*, Die Verwaltung als Leistungsträger, 1938, teilweise abgedruckt in: *Forsthoff*, Rechtsfragen der leistenden Verwaltung, 1959; vgl. dort z. B. S. 27, 44 f.
42 *Forsthoff*, a.a.O., S. 14 f.; *ders.*, Rechtsstaat im Wandel, S. 185 (188), S. 197 (200 f.); *ders.*, Industriegesellschaft, S. 47; zustimmend z. B. *Vogel*, VVDStRL 24, S. 125 (135 FN 36); *Heinze*, Der Staat 1967, S. 433 (441 f.).
43 *Herzog*, Staatslehre, S. 124.
44 *v. Arnim*, Ruhegeldanwartschaften, S. 55 ff. m. w. N.
45 Oben S. 28; vgl. auch *Coing*, Rechtsphilosophie, S. 142.
46 Darauf hat Max *Weber* nachdrücklich hingewiesen. Rechtssoziologie, S. 329 ff.

E. Wirtschaftliche Selbststeuerung

Der Wert der Sicherheit geht allerdings über die bloße Rechtssicherheit hinaus und umfaßt als zweite Komponente auch das Ziel, den *wirtschaftlichen Stand* des einzelnen Menschen im Zeitverlauf möglichst zu *sichern*[47]. Daß auch dieser Wert im Modell angemessen gewahrt erschien, wurde, wie es uns heute vorkommt, durch eine Art Kunstgriff erreicht: Unter dem Einfluß der Aufklärung kultivierte man ein Bild vom Menschen, das so beschaffen war, daß die Sorge um seine Sicherheit bei ihm selbst offenbar in den besten Händen lag. Man setzte einen Menschentyp voraus, der in schier unbeschränktem Maß fähig war, vernünftig zu handeln, Erwerb und Einkommen zu suchen und zu finden, Vorsorge für Notfälle und für das Alter zu treffen und seine eigenen Interessen bestmöglich im Geschäfts- und Rechtsverkehr wahrzunehmen[48]. Weiter ging man davon aus, daß der Mensch über Vermögen verfüge, das ihm Sicherheit gewähre[49]. Man paßt also nicht das Menschenbild an die Realität an, sondern umgekehrt die Vorstellung von der Realität an das postulierte Menschenbild eines homo oeconomicus (das weitgehend dem gebildeten und besitzenden Bürgertum entsprach, das Proletariat aber praktisch ignorierte) und bekam durch diese Lockerung des Realitätsbezuges das Problem der Sicherheitswahrung gedanklich vom Tisch.

Auch das Postulat des *sozialen Friedens* wurde durch das marktwirtschaftliche Selbststeuerungsmodell nicht beeinträchtigt, sofern man bereit war, sich innerhalb der Voraussetzungen und Konsequenzen des Modells zu halten. Sozialer Unfrieden basiert regelmäßig auf dem Vorwurf der mangelnden Mitbestimmung und der Ungerechtigkeit, der *im* System nicht zu begründen war, auch wenn die Mängel und die ideologische Verbrämung des Modells uns heute schlechterdings unübersehbar vorkommen mögen.

Das marktwirtschaftlich-vertragliche Modell als Basis des BGB von 1900

Das Bürgerliche Gesetzbuch von 1900 stand in seinem zentralen schuldrechtlichen Teil noch ganz im Zeichen der Vertragsfreiheit. Zwar enthielt es keine ausdrückliche Parteinahme für die liberale Vorstellung von der befriedigenden marktwirtschaftlichen Selbststeuerung. Seine Abstinenz war jedoch nur eine scheinbare. Im Ergebnis traf das BGB nämlich durch Gewährung der Vertragsfreiheit eine mittelbare Entscheidung für jene Vorstellung[50] — mag dies den Verfassern bewußt gewesen sein oder nicht. Gleiches galt auch für den Bereich der unselbständigen Arbeit, für den bereits § 105 der Gewerbeordnung von 1869 festgelegt hatte, daß „die Festsetzung der Verhältnisse zwischen den selbständigen Gewerbetreibenden und gewerblichen Arbeitern Gegenstand freier Übereinkunft zu sein habe. Auch gegen ruinösen Wettbewerb[51] und gegen Kartelle (und sonstige Wettbewerbsbeschränkungen)[52] bot das BGB keinen Schutz: Bei

---

[47] Oben S. 28.
[48] *Schumpeter*, History of Economic Analysis, S. 402.
[49] *Krüger*, Staatslehre, S. 389; Werner *Weber*, Spannungen, S. 127. Hinzu kam die Auffassung der klassischen Nationalökonomie, in der selbstgesteuerten Marktwirtschaft bestände eine Tendenz zur Vollbeschäftigung der Arbeitskräfte.
[50] Franz *Böhm*, Die Ordnung der Wirtschaft als geschichtliche Aufgabe und rechtsschöpferische Leistung, S. 93: „Es gibt schlechterdings im ganzen Bereich des sozialen Geschehens nichts, das nicht der Parteinahme des Rechts unterliegt, denn selbst in dem Desinteressement des Rechts liegt eine Parteinahme im Sinne der Duldung, verbunden mit der Verweigerung jedes positiven Schutzes." Daß auch „das Nichthandeln, in seinen Konsequenzen, eine Parteinahme bedeutet", betonte bereits Max *Weber*, Objektivität, S. 150. Vgl. auch den oben § 4 FN 27 zitierten Satz C. *Schmitts* und den Text oben § 17 nach FN 4. Ferner *Albert*, Modell-Platonismus, S. 419; *Zacher*, Wirtschaftsverfassung, in: *Scheuner*, Wirtschaft, S. 570 m. w. N.
[51] Zu diesem Begriff *v. Arnim*, Volkswirtschaftspolitik, S. 90 ff. m. w. N.
[52] Dazu *v. Arnim*, Volkswirtschaftspolitik, S. 87 ff. m. w. N.

der Behandlung von (in heutiger Terminologie) unlauterem Wettbewerb gelangte es nicht über die Rechtsprechung des Reichsgerichts hinaus, das jedes Mittel im Wettbewerb für erlaubt angesehen hatte, welches nicht durch besonderes Gesetz verboten war[53]; und ein gesetzliches Verbot unlauteren Wettbewerbs hatte es nicht gegeben. Die Rechtsprechung hatte davor zurückgeschreckt, „durch Aufstellung von Schranken den soeben errungenen Grundsatz der Gewerbefreiheit wieder einzuengen"[54]. Auch in der Beurteilung von Kartellen sanktionierte das BGB die Rechtsprechung des Reichsgerichts, welches Kartelle ausdrücklich für rechtlich zulässig erklärt hatte[55]. Wie im Bereich der unselbständigen Arbeit beschränkte sich das BGB darauf, die Vertragsfreiheit zu gewährleisten, ohne gleichzeitig wirksame Schranken gegen ihren Mißbrauch zu errichten.

Machtgleichheit als Voraussetzung realer Vertragsfreiheit

Heute ist im Grundsatz anerkannt, daß die unbedenkliche rechtliche Anerkennung des freien Vertrages ein gewisses Gleichgewicht zwischen den Vertragschließenden voraussetzt[56], so daß sie sich gegenseitig kontrollieren und in Schranken halten und keiner dem anderen die Bedingungen aufdrängen kann[57]. Ist Vertragsparität nicht gegeben, so führt das freie und ungestörte Spiel der ungleichen Kräfte leicht zu einer Ausbeutung des Unterlegenen. Die Laissez-faire-Doktrin stimmte im Verhältnis zwischen gebildeten Besitzbürgern. Sie traf aber nicht mehr zu zwischen diesen einerseits und einer Arbeiterklasse andererseits, die weder Besitz noch Bildung, weder wirtschaftliche noch politische Macht besaß. Ebensowenig kann der Vertrag im Prinzip noch seine Funktion erfüllen, wenn durch Kartelle Kollektivmonopole geschaffen und dadurch die Gleichgewichtigkeit als Voraussetzung der Vertragsfreiheit im Verhältnis zur Marktgegenseite beseitigt wird.

Die Gefahr, daß wirtschaftlich und sozial Übermächtige die Unterlegenen unterdrücken und ausbeuten, besteht nicht nur im individuellen Bereich und, wie Marx es formulierte, zwischen den Klassen, sondern auch zwischen den unterschiedlich mächtigen Volksteilen eines Mehrvölkerstaates[58] und zwischen Völkern von verschieden starker wirtschaftlicher Potenz. Friedrich List hat die Laissez-faire-Doktrin und das Freihandelspostulat der Engländer im 19. Jahrhundert als Vehikel der Ausbeutung des wirtschaftlich wenig entwickelten Auslands durch die damals in ihrer Entwicklung relativ weit fortgeschrittene englische Wirtschaft interpretiert[59]. Seine wirtschaftspolitische

---

53 RGZ 3, S. 67.
54 *Baumbach/Hefermehl*, Wettbewerbs- und Warenzeichenrecht, Bd. I Wettbewerbsrecht, 9. Aufl., 1964, Allgemeine Grundlage, Tz. 35.
55 RGZ 38, S. 155.
56 Statt vieler *Larenz*, Lehrbuch des Schuldrechts, 1. Bd., Allgemeiner Teil, 10. Aufl. 1970, S. 67 ff. (§ 6 III); ders., Methodenlehre, 3. Aufl. 1975, S. 417; *Säcker*, Gruppenparität, S. 100: „Heute besteht allseits im Grundsatz Klarheit darüber, daß reale Vertragsfreiheit für alle Vertragsparität voraussetzt."
v. Arnim, Verfallbarkeit, Kap VI (S. 40 ff. m. w. N.); BAG, 10. 3. 1972, BB 1972, S. 1005 (1007): „Das Funktionieren der Vertragsfreiheit . . . setzt ein Gleichgewicht der Vertragspartner voraus."
57 *Säcker*, Gruppenparität, S. 99 f. m. w. N.: „Heute ist die gegenseitige Unabhängigkeit und Gleichheit (= relative Machtlosigkeit) Voraussetzung für eine funktionserfüllte Inspruchnahme der Vertragsfreiheit. Der Gesetzgeber hat die Möglichkeit, diese Gleichheit der Vertragsparteien im Sinne einer Vertragsparität durch die Gewährleistung eines ausreichend leistungsfähigen Wettbewerbs und die Verhinderung mißbräuchlicher Ausnutzung marktbeherrschender Stellungen, namentlich durch effektive Diskriminierungsverbote, institutionell zu sichern oder durch Gewährleistung von Gruppenautonomie die durch Übermacht auf individualrechtlicher Ebene funktionsgestörte Privatautonomie abzustützen. Den ersten Weg ist der Gesetzgeber des Wirtschaftsrechts, den zweiten Weg der Gesetzgeber des Arbeitsrechts gegangen."
58 *Merkl*, VVDStRL 20, S. 104 f.
59 Vgl. *v. Eynern*, Politische Wirtschaftslehre, § 20 und S. 178; Joan *Robinson*, Doktrinen der Wirtschaftswissenschaften, S. 152, unter Hinweis auf Marschall's Bemerkung, die Freihandelslehre sei in Wirklichkeit ein Abbild der nationalen englischen Interessen gewesen.

E. Wirtschaftliche Selbststeuerung

Folgerung war die Empfehlung, Erziehungszölle zum Schutz der sich entwickelnden Wirtschaften einzuführen. Eine ähnliche Situation kann man auch jetzt wieder im Verhältnis der entwickelten Industrienationen zu den Entwicklungsländern feststellen. Auch hier besteht die Gefahr, daß bei völlig „freiem" Welthandel die Interessen der Entwicklungsländer von denen der übermächtigen Industrienationen erdrückt werden.

Die Kontroverse zwischen Schmidt-Rimpler und Flume über die Funktion der Vertragsfreiheit

Während also die Erkenntnis, daß das Funktionieren der Vertragsfreiheit notwendigerweise ein gewisses Gleichgewicht der Vertragspartner voraussetzt, heute nicht mehr ernsthaft bestritten wird, ist nach wie vor streitig, *warum* der freie Vertrag bei fehlender Parität seine Funktion verliert. Es lohnt sich, auf diese beim Vertrag im Ergebnis vielleicht nicht mehr sehr relevante Meinungsverschiedenheit, die mit Unterschieden in der Auffassung vom Sinn des Vertrages zusammenhängt, näher einzugehen, weil sie, wie wir gesehen haben, in nicht unähnlicher Form auch bei Beurteilung des demokratisch-parlamentarischen Willensbildungsverfahrens auftaucht; dort wird um das daraus folgende Ergebnis aber noch gerungen[60].

Wer den Vertrag, wie Schmidt-Rimpler, als Mechanismus zur Herbeiführung eines angemessenen Ergebnisses, nämlich des Ausgleichs entgegengesetzter Interessen i. S. inhaltlich-materieller Richtigkeit versteht[61] („output-orientierte" Beurteilung), muß bei Fehlen der Vertragsparität das Entscheidende im Fortfall dieser Richtigkeitsgewähr sehen[62]. „Der Fehler des Liberalismus war" es nach Schmidt-Rimpler, „die Voraussetzungen ohne weiteres zu unterstellen ... und den Vertrag als Ausfluß der reinen Willensherrschaft zu betrachten, so daß nun in der Tat die Rechtsfolge richtig erschien, nur weil sie gewollt und durchgesetzt war"[63]. Wer dagegen, wie Flume, den Sinn der Vertragsfreiheit ausschließlich in der beiderseitigen Gestaltung des Vertrages nach eigenem Willen, d. h. in der Selbstbestimmung der Vertragschließenden erblickt, also nicht auf die Gewährleistung eines angemessenen Vertragsinhalts, sondern allein auf das freiheitliche Zustandekommen abhebt („input-orientierte" Beurteilung), der muß dem Vertrag bei fehlender Parität seine Funktion deshalb absprechen, weil dann wegen der Übermacht des einen statt der beiderseitigen Selbstbestimmung, also der Mitbestimmung beider Vertragspartner, „eine einseitige Fremdbestimmung eintritt"[64].

---

60 Oben S. 46 f.
61 *Schmidt-Rimpler*, Grundfragen einer Erneuerung des Vertragsrechts, S. 130 (156); ders., FS *Nipperdey*, 1955, S. 1 (6 FN 5).
62 Auch *Schmidt-Rimpler* wendet sich gegen eine inhaltliche Überprüfung, wenn die Vertragsparität vorliegt, weil andernfalls bis zur hoheitlichen Genehmigung stets Ungewißheit bestände über die Verbindlichkeit, was zu unerträglicher Rechtsunsicherheit führen müßte (Grundfragen, S. 166 ff.), und die hoheitliche Bestimmung des inhaltlich Richtigen zudem größte „Schwierigkeiten" bereiten würde (Grundfragen, S. 169) — beides Gründe der Rechtssicherheit, deren Berücksichtigung von der Funktion des Vertrages her gesehen ebenfalls legitim ist (oben S. 91). Ebenso *Reinhard*, Der gerechte Preis, ein Bestandteil unserer Rechtsordnung, FS Heinrich *Lehmann*, 1936, S. 221 ff.: „tatsächliche Schwierigkeiten, den gerechten Preis zu ermitteln (S. 221 f., S. 236); „unerträgliche Rechtsunsicherheit" (S. 230).
63 *Schmidt-Rimpler*, Grundfragen, S. 157.
64 Werner *Flume*, Rechtsgeschäft und Privatautonomie, S. 135 ff. (143). Gegen *Schmidt-Rimpler* gewandt führt *Flume*, a.a.O., S. 142 f., aus: „Schmidt-Rimpler (ist) nicht zu folgen, wenn er den Vertrag als ‚Mechanismus' zur Herbeiführung einer richtigen Regelung in Gegensatz zur ‚Willensherrschaft' stellt. Nicht im Gegensatz zur ‚Willensherrschaft', sondern gerade als Mittel der ‚Willensherrschaft' ist der Vertrag ‚richtig' ... Nur in Hinsicht auf die Art des Zustandekommens des Vertrages, daß nämlich die Regelung in der Selbstbestimmung der Vertragspartner geschieht, kann man von der Regelung des Vertrages sagen, daß sie ‚richtig' ist. Darüber hinaus wäre das Urteil

Meines Erachtens wird eine antithetische Gegenüberstellung der beiden Standpunkte im Sinne eines Entweder-Oder der Funktion des Vertrages aber nicht gerecht, der eben — wie auch alle anderen gemeinschaftsrelevanten Entscheidungsmechanismen — beiden Komponenten in gleicher Weise zu dienen hat: der möglichst freien Selbstbestimmung für alle Beteiligten beim Zustandekommen *und* dem angemessenen materialen Interessenausgleich als inhaltlichem Ergebnis der vertraglichen Regelung[65]. Der Vertrag ist, wie dargelegt, richtig, weil und soweit er zu einer relativen Optimierung aller Grundwerte, sowohl seinem Zustandekommen als auch seinen Ergebnissen nach, zu führen verspricht[66].

Gründe für die verspätete Anpassung der Rechtsordnung

Bis zur Anerkennung der Vertragsparität als notwendiger Voraussetzung für die reale Vertragsfreiheit aller war es ein weiter Weg. Was in unserem Zusammenhang am meisten interessiert, ist die Frage, warum es trotz der schon im 19. Jahrhundert offenbaren gravierenden Fehlentwicklungen noch so lange dauerte, bis eine Anpassung der Rechtsordnung vor allem mit der Entwicklung des Arbeitsrechts und des Wettbewerbsrechts durchgesetzt wurde. In der historischen Situation, in der Adam Smith 1776 gestanden hatte (Frontstellung gegenüber den ständischen Bindungen und dem merkantilistischen absoluten Staat), war der besondere Nachdruck, den Smith auf die Funktionsfähigkeit des wirtschaftlichen Selbststeuerungsmechanismus legte, verständlich[67]. Dagegen überrascht es, daß die Verfasser des Bürgerlichen Gesetzbuchs mehr als hundert Jahre später noch nicht darüber hinausgekommen waren, obwohl sich schon lange vor dem Inkrafttreten des BGB mit der sozialen Frage[68] und dem Monopolproblem[69] zwei gravierende Fehlentwicklungen gezeigt hatten, die das klassische Bild vom selbstgesteuerten Interessenausgleich eigentlich, wie man heute meinen möchte, unübersehbar in Frage stellen[70].

Eine kurze Zusammenfassung der Gründe für die stark verzögerte Reaktion der Gemeinschaftsordnung selbst auf offensichtliche Fehlentwicklungen[71] ist für

---

des ‚richtig' oder ‚unrichtig' als rechtliches Urteil über den Inhalt der privatautonomen Gestaltung ein Widerspruch in sich . . .; die Gestaltung aus Selbstbestimmung in einem Rahmen, der nach der Rechtsordnung der Selbstbestimmung überlassen ist, ist einem rechtlichen Urteil, ob sie ‚richtig' ist, unzugänglich. Läßt man dies nicht gelten, so negiert man in Wirklichkeit die Selbstbestimmung als Wert."

65 Der Vertragsmechanismus soll, wie oben S. 89 f. dargelegt, für beide Beteiligten „a fair share" sowohl am Zustandekommen des Vertrages (Einflußnahme auf den Vertragsinhalt) als auch an den Ergebnissen der vertraglichen Regelung gewährleisten. Ähnlich Manfred *Wolf,* Entscheidungsfreiheit und vertraglicher Interessenausgleich, 1970.

66 Vgl. auch *Larenz,* Grundformen wertorientierten Denkens in der Jurisprudenz; S. 217 (224 f.) unter Hinweis auf *Bydlinsky,* Privatautonomie und objektive Grundlagen des verpflichtenden Rechtsgeschäfts, 1967. — Wenn Flume die Frage der inhaltlichen Richtigkeit mit der Begründung ausklammern möchte, andernfalls würde die Selbstbestimmung als Wert negiert, so ist das unzutreffend: sie wird nur als ein *absoluter* Wert, der allen anderen vorgehen soll, geleugnet, nicht als einer, neben welchem auch andere Werte angemessen berücksichtigt werden dürfen und müssen.

67 A. *Smith,* Eine Untersuchung über Natur und Wesen des Wohlstandes, deutsche Fassung, hrsg. v. H. Wentig, Bd. II, Jena 1920, S. 523: „Wenn die Rute zu sehr nach der einen Seite gebogen ist, sagt ein Sprichwort, so muß man sie, um gerade zu machen, ebenso stark nach der anderen Seite biegen."

68 Dazu *v. Arnim,* Volkswirtschaftspolitik, S. 24 m. w. N.; H. *Arndt,* Markt und Macht, S. 158 ff.

69 Dazu *v. Arnim,* Volkswirtschaftspolitik, S. 24 f., 87 ff. m. w. N.

70 Vgl. auch Erich *Fechner,* Ideologie und Rechtspositivismus; *Maihofer,* Rechtstheorie als Basisdisziplin der Jurisprudenz, S. 72.

71 Auf die politisch-philosophischen Strömungen und wirtschaftlich-sozialen Vorstellungen, die der nur scheinbar neutralen Kodifikation zugrundelagen, hat besonders Franz *Wieacker* hingewiesen. *Wieacker,* Das Sozialmodell der klassischen Privatrechtsgesetzbücher und die Entwicklung der modernen Gesellschaft; *ders.,* Das bürgerliche Recht im Wandel der Gesellschaftsordnungen, S. 1 ff. — Frühe Kritik an dem sich neutral gebenden aber zwangsläufig zu sozial ungerechten Ergebnissen führenden

E. Wirtschaftliche Selbststeuerung

das Thema dieser Arbeit deshalb von besonderer Bedeutung, weil die Vermutung naheliegt, daß ein ähnlicher Verzögerungseffekt auch die rechtzeitige Reaktion auf diejenigen Fehlentwicklungen behindert, mit denen es heute fertig zu werden gilt und die weiter unten noch im einzelnen darzustellen sind. Die Kenntnis der Ursachen für die Verzögerung in der Bewältigung der früheren Aufgaben mag es erleichtern, heutige Gemeinschaftsaufgaben rascher zu erkennen und wirksamer zu erfüllen. Die Gründe für die Verzögerung lassen sich wie folgt zusammenfassen.

Ganz allgemein besteht die Tendenz, daß die Ideen von (ökonomischen und sonstigen) Theoretikern nur in stark vergröberter Form Eingang in die politische Diskussion finden. Die bei Smith im Vordergrund stehende wirtschaftliche Harmonielehre wurde übernommen, während die bereits bei ihm anklingende differenzierende Behandlung der sozialen Frage und des Monopolproblems[72] aus der entscheidenden politischen Diskussion verdrängt wurde. Die Ansätze Smith' hätten, als diese Probleme zunehmend an Aktualität gewannen, sich leicht zu einer angemessenen Theorie ausbauen lassen. Die Erfahrung, daß jener „Vulgärsmithianismus" noch Wirkungen entfaltete, als er auf wichtigen Gebieten von der Anschauung der tatsächlichen Verhältnisse längst hätte erschüttert werden müssen, zeigt, wie recht Keynes mit seiner These hatte, daß es fast immer die Theorien der Großväter sind, die in der praktischen Politik Gewicht haben[73] und Einfluß entfalten[74]. Aus diesem Grunde vermochte das Gedankengut von Aufklärung und Liberalismus das BGB — sozusagen als deren Spätblüte — noch in so starkem Maße zu prägen. Die Ideen der Aufklärung und des menschlichen Fort-

---

BGB übten der Wiener „Katheder-Sozialist" Anton *Menger*, Das bürgerliche Recht und die besitzlosen Volksklassen, 1891 (dazu *Wieacker*, Privatrechtsgeschichte der Neuzeit, S. 457) und — ausgehend von deutschrechtlichen Traditionen — Otto v. *Gierke*, Entwurf eines Bürgerlichen Gesetzbuchs und das deutsche Recht, 1888/9 (dazu *Wieacker*, S. 470).

72 Man tut *Smith* Unrecht, wenn man unterstellt, er habe einem zügellosen Laissez-faire das Wort geredet. Was *Smith* über das Kaufleute und Arbeitgeber seiner Zeit und ihr Bestreben, den Wettbewerb zu Lasten der Konsumenten und der Arbeitnehmer einzuschränken, schreibt und seine nachhaltige Verurteilung dieser Praxis zeigen, daß er bereits wichtige Schwächen des Selbststeuerungssystems durchaus sah. Vgl. die Wiedergabe des Textes bei E. *Schneider*, Einführung in die Wirtschaftstheorie, IV. Teil, 1. Bd. 1962, S. 92 ff. Bezeichnenderweise gibt Herbert *Krüger* bei seiner Kritik an *Smith* diese Passage nicht wieder, obwohl es nahegelegen hätte, da er eine Stelle von *Smith* (unbewußtes Verfolgen des Gemeinwohls durch Wahrnehmung des eigenen Interesses) nach *Schneider*, a.a.O., S. 92, zitiert (*Krüger*, Staatslehre, S. 467), die bei *Schneider* der *Smith*'schen Darlegung der Schwächen des Selbststeuerungsmechanismus unmittelbar vorausgeht. Aber diese Äußerungen von *Smith* passen offenbar nicht in das Zerrbild, das *Krüger* braucht, um den geistigen Vater der ökonomischen Selbststeuerungsvorstellung in Grund und Boden kritisieren zu können. Auch die anderen Klassiker der Wirtschaftswissenschaften waren durchaus nicht von einem naiven Harmonieglauben erfüllt. Ihre wirtschaftspolitischen Konzeptionen wichen deshalb z. T. erheblich von dem physiokratischen Prinzip des Laissez-faire ab. Vgl. *Giersch*, Wirtschaftspolitik, S. 142 ff.; E. *Streißler*, Macht und Freiheit in der Sicht des Liberalismus, in: Macht und ökonomisches Gesetz, S. 1291 ff.

73 *Keynes*, Allgemeine Theorie der Beschäftigung, des Zinses und des Geldes, S. 323 f. Vgl. auch den von der Rechtssoziologie entwickelten Begriff der „Verspätung" (*Ehrlicher*), der das regelmäßig zu beobachtende Hinterherhinken der Rechtssysteme hinter den sie tragenden sozialen Systemen charakterisiert (Fischer-Lexikon der Soziologie, Artikel „Recht"). *Menger* (Das BGB und die besitzlosen Volksklassen, S. 30) bezeichnet die Rechtswissenschaft als „die zurückgebliebenste aller Disziplinen", die „von den Zeitströmungen am spätesten erreicht wird, hierin einer entlegenen Provinzstadt nicht unähnlich, in welcher die abgelegten Moden der Residenz noch als Neuheiten getragen werden". *Ehrlicher* weist aber auch darauf hin, daß eine gewisse „Verspätung" unvermeidbar sei, wenn Rechtssicherheit herrschen solle (Fischer-Lexikon der Soziologie, a.a.O.).

74 Die (herrschende) Nationalökonomie war zur Zeit der Verabschiedung des BGB schon von der liberalistischen Harmonievorstellung abgerückt. Die in Deutschland im letzten Drittel des 19. Jahrhunderts dominierende sog. Historische Schule der Nationalökonomie lehnte die harmonische Selbststeuerungsvorstellung sogar entschieden ab. Vgl. *Schumpeter*, Geschichte der ökonomischen Analyse, Bd. II, S. 935: „Die meisten deutschen Nationalökonomen waren Säulen der Sozialpolitik und standen dem ,Smithianismus' und dem ,Manchestertum' scharf ablehnend gegenüber. Politisch gesehen, unterstützte die ökonomische Fachwelt aller Länder im großen und ganzen eher die Gegenströ-

schritts hatten sich mit Smith' Gedanken verschwistert: In der Freude, daß die bestehenden weltanschaulichen Harmonieerwartungen durch das (vulgär interpretierte) Smith'sche Modell im wirtschaftlichen Bereich eine logische Untermauerung zu erhalten schienen, wurden die Einschränkungen und Vorbehalte wenig beachtet[75]. Die Zeit glaubte, es gebe ewige Harmoniegesetze nicht nur im Bereich der Naturwissenschaften, sondern auch im sozialen Bereich. Kepler hatte sie für die Astronomie entdeckt. Adam Smith entdeckte sie für die Wirtschaft[76]. Wer wollte da noch lange insistieren und an einzelnen Voraussetzungen herumnörgeln?

Hinzu kam, daß im 19. Jahrhundert der politische Kampf des besitzenden Bürgertums um eine Beschränkung und Eingrenzung der Macht des Staates lange Zeit alles überschattete und in seinen Bann zog[77], so daß sich die Erkenntnis, daß Unterdrückungen und Ungerechtigkeiten im privaten Raum die gleiche Gefahr darstellen können, dem Gesichtskreis der Politiker und Theoretiker noch weitgehend entzog[78]. Aufgabe und Sinn des Prinzips der Vertragsfreiheit schienen primär darin zu liegen, dem Bürger einen Freiheitsraum gegen staatliche Eingriffe zu sichern[79]. Die Möglichkeit eines Mißbrauchs des Vertrages trat im Bewußtsein des bürgerlichen Liberalismus noch ebenso zurück wie die Möglichkeit eines Mißbrauchs von Gesetzen, denen die Volksvertretung zugestimmt hatte[80]. So konnte das Postulat von der Vertragsfreiheit als Freiheit von Staatseingriffen zum positivistischen Dogma, ja zum Mythos werden, das sein Eigenleben führte, unabhängig von den Voraussetzungen, die allein die Richtigkeit der Ergebnisse des freien Kräftespiels hätten gewährleisten können.

Das Menschenbild, das beträchtliche Ausstrahlungen auf das Rechtsdenken und die Rechtsordnung des 19. Jahrhunderts besaß, war das der Aufklärung und des Liberalismus: Ein sehr kluges, mit hoher Bildung, aber auch mit Besitz ausgestattetes Wesen, das alle seine Möglichkeiten kennt und in der Lage ist, seine Interessen bestmöglich wahrzunehmen und dies auch tut. Der homo juridicus ist damit dem homo oeconomicus der Volkswirtschaftslehre aufs engste verwandt[81]. Auch die Verfasser des Bürgerlichen Gesetzbuchs gingen — wohl mehr unbewußt als bewußt — von diesem Bild eines unabhängigen und gebildeten Besitzbürgertums als scheinbar typischer Rechtswirklichkeit aus und gewährten dieser wirtschaftlichen und politischen Eliteschicht damit im Ergebnis eine Vorgabe bei gleichzeitiger Unterprivilegierung der Gruppen der Arbeitnehmer, die nicht dem Leitbild entsprachen[82].

---

mungen gegen den Liberalismus als die immer noch vorherrschenden liberalen Strömungen. In diesem Sinne können wir sagen, daß das Bündnis zwischen Wirtschaftswissenschaft und Liberalismus . . . zerbrochen war." Schumpeter bezieht sich hier auf die Periode 1870–1914. Der Liberalismus hielt sich unter Nichtökonomen, etwa den Verfassern des Bürgerlichen Gesetzbuchs, also länger als unter Ökonomen.

75 Über die philosophischen und religiösen Grundlagen dieser Strömung Max *Weber*, Protestantische Ethik.
76 *v. Eynern*, Politische Wirtschaftslehre, S. 37.
77 C. *Schmitt*, Verfassungslehre, S. 147 ff.; *Bachof*, VVDStRL 30, S. 213 f.
78 *Herzog*, Staatslehre, S. 390.
79 Manfred *Wolf*, Rechtsgeschäftliche Entscheidungsfreiheit und vertraglicher Interessenausgleich, S. 9. Beispiele für das Verständnis der Gewerbefreiheit und der Vertragsfreiheit als ausschließlich staatsgerichtete Freiheitsverbürgungen bietet die oben erwähnte Rechtsprechung des Reichsgerichts zur Zulässigkeit von ruinösem Wettbewerb und von Kartellen. Oben S. 92 f.
80 C. *Schmitt*, Verfassungslehre, S. 130 f.
81 *Radbruch*, Der Mensch im Recht., *ders.*, Vorschule der Rechtsphilosophie, S. 100; *ders.*, Rechtsphilosophie, S. 157 FN 2. Vgl. auch *Smend*, Staatsrechtliche Abhandlungen, S. 313; *Forsthoff*, Rechtsfragen der leistenden Verwaltung, S. 40 ff.
82 *Wieacker*, Privatrechtsgeschichte der Neuzeit, S. 442.

E. Wirtschaftliche Selbststeuerung

Marktwirtschaft und Grundgesetz

Der Fragenkreis „wettbewerbliche Marktwirtschaft und Grundgesetz" wird neuerdings wieder lebhafter diskutiert[83]. Es geht in der Diskussion um die Frage, ob das Grundgesetz eine Präferenz für die Marktwirtschaft enthält und — bejahendenfalls —, was das bedeutet. Bei Behandlung dieser Fragen ist wieder von den Grundwerten auszugehen; Willensbildungs- und Entscheidungsverfahren sind danach zu beurteilen, inwieweit sie zur Optimierung der Grundwerte beizutragen vermögen. Marktwirtschaftliche Regelungen sind dann und insofern vorzuziehen, als sie zu einer höheren Grundwertrealisierung führen als insbes. gesetzgeberische Maßnahmen. Und eben dies ist hinsichtlich einer Grundwertkomponente typischerweise der Fall: Die effektive Mitbestimmung des Einzelnen ist beim Abschluß eines Individualvertrages als dem rechtlichen Haupttypus der marktwirtschaftlich-wettbewerblichen Selbststeuerung größer als beim Gesetz[84], bei dem sie sich weitgehend verflüchtigt[85]. Die Selbstbestimmung der Kontrahenten über Vertragsabschluß und Vertragsinhalt und die daraus resultierende direkte Verantwortlichkeit für die Ergebnisse dieses Prozesses trägt zudem zu ihrer Akzeptierung bei, kann auf diese Weise eine nicht unerhebliche Integrationswirkung entfalten und ist deshalb prinzipiell auch eher geeignet, dem „sozialen Frieden" zu dienen als eine hoheitliche Festlegung.

Darüber hinaus entspricht der Vertrag normalerweise auch einem weiteren Grundwert in höherem Maße als das Gesetz: Denn das Gesetz muß im Interesse der Rechtssicherheit in der Regel generalisieren, typisieren und zudem eine gewisse Kontinuität in der Zeit aufweisen, damit es einigermaßen übersichtlich und praktikabel bleibt und die Rechtsgenossen sich bei ihren Dispositionen darauf einstellen können; es muß deshalb regelmäßig von vornherein eine Einbuße an situationsorientierter Sachgerechtigkeit und Einzelfallbilligkeit in Kauf nehmen[86]. Damit steht das Gesetz im Gegensatz zum Individualvertrag, der, wenn er funktioniert, eine nach Personen und Situationen individualisierte bindende Einzelfallregelung schafft, ohne dabei doch den Wert der Rechtssicherheit stärker zu beeinträchtigen; jeder Rechtsgenosse braucht ja nur die ihn selbst betreffenden und von ihm abgeschlossenen Verträge zu überblicken und ist auch nur an diese gebunden. Der geschlossene Vertrag kann deshalb beiden Werten: der situationsbedingten Einzelfallgerechtigkeit *und* der Rechtssicherheit gerecht werden[87].

Daraus ergibt sich eine grundsätzliche verfassungstheoretische Präferenz für die vertraglich-marktwirtschaftlich-wettbewerbliche Selbststeuerung, die auch

---

[83] Reiner *Schmidt*, Wirtschaftspolitik, S. 133 ff.; *Vogel/Wiebel*, BK, Art. 109, Rdnr. 100; *Bull*, Staatsaufgaben, S. 257; H. H. *Rupp*, Grundgesetz und „Wirtschaftsverfassung"; *Herzog/Schueler*, in: Die Zeit v. 29. 3. 1974, S. 6 f.; Herzog, Grundgesetz und Wirtschaftsordnung, in: FAZ v. 24. 5. 1975; ders., Soziale Marktwirtschaft — Verfassungsgebot oder politische Beliebigkeit; ders., in: *Maunz/Dürig/Herzog*, Art. 20 Rdnrn. 207 ff.; *Kriele*, ZRP 1974, S. 105; *ders.*, NJW 1976, S. 777 (780 ff.); *Bulla*, Wirtschaftsordnung und Grundgesetz; *Leisner*, BB 1975, S. 1. Zur Rechtsprechung des Bundesverfassungsgerichts *Badura*, AöR 1967, S. 382.
[84] Dies gilt jedenfalls soweit, als Vertragsschluß und Vertragsinhalt nicht einseitig von der Marktgegenseite oktroyiert werden.
[85] Für eine Grundrechtsdogmatik, die den Sinn der Grundrechte in der Freiheit vor staatlichen Eingriffen erschöpft sieht, ist der im Text skizzierte, m. E. allein tragende Weg der Rechtfertigung des verfassungsrechtlichen Grundsatzes der wettbewerblichen Marktwirtschaft nicht gangbar, weil in ihrem System ein verfassungsrechtlicher Wert der Selbst- und Mitbestimmung lediglich im Demokratieprinzip — dann aber beschränkt auf die Mitbestimmung an staatlichen Entscheidungen — auftaucht. In solcher Sicht ist es natürlich von vornherein ausgeschlossen, diejenigen Wertkomponenten deutlich zu machen, die von der wettbewerblich-marktwirtschaftlichen Selbststeuerung besser realisiert werden.
[86] *Zippelius*, Recht, Kap. 22 d (S. 128 ff.) und Kap. 23 (S. 131–133).
[87] *v. Arnim*, Verfallbarkeit, S. 55.

auf die verfassungsrechtliche Auslegung der Grundrechte ausstrahlen muß und ihren verfassungsrechtlichen „Aufhänger" in den einzelnen grundgesetzlich garantierten Freiheitsrechten findet. Insofern ist es berechtigt, wenn das Bundesverfassungsgericht von einer „grundsätzlich freien Wirtschaft"[88], einer „grundsätzlichen Freiheitsvermutung" und einem „grundsätzlichen Vorrang des Freiheitsrechts"[89] spricht, die Vertragsfreiheit als grundrechtlich geschützt versteht[90] und den Wettbewerb als wirtschaftliches Grundprinzip bezeichnet[91]. In diesem Sinne trifft es auch zu, daß der Grundsatz der Marktwirtschaft aus dem Grundgesetz zu entnehmen ist.

Das bedeutet allerdings keine Errichtung von starren Schranken für den lenkenden Gesetzgeber und keine Versteinerung des status quo[92]. Denn der grundsätzliche Vorrang wurde ja begründet mit der typischerweise besseren Wahrung nur zweier Teilgrundwerte, nämlich der demokratischen Input-Komponente und der situationsbezogenen Einzelfallgerechtigkeit. Es kann aber, wie dargelegt, sein, daß es in bestimmten Fallgruppen schon daran fehlt, weil der Vertrag, etwa mangels Wettbewerbs, einseitig oktroyiert ist; vor allem aber kann das Gesetz auch einen größeren (output-orientierten) Richtigkeitswert besitzen und deshalb selbst bei geringerem formal-demokratischen Wert und trotz vergröbernder Typisierungserfordernisse vorzuziehen sein. Solche gesetzlichen Korrekturen der Selbststeuerung werden durch die Grundrechte keinesfalls ausgeschlossen; sie werden im Gegenteil gerade durch sie gefordert. Bei den anzustellenden Abwägungen[93] ist allerdings immer die Freiheit der Selbstbestimmung mitzugewichten[94]. Besitzen die gesetzgeberischen und die vertraglich-selbstgesteuerten Ergebnisse in einer bestimmten Situation den gleichen output-Wert, ist die marktwirtschaftliche Alternative wegen ihres höheren Mitbestimmungswertes (und der größeren Individualisierbarkeit) zu wählen[95]. In diesen Überlegungen liegt auch der richtige Kern der Maxime „In dubio pro libertate"[96] ebenso wie des sog. Subsidiaritätsprinzips[97].

In dieser Konzeption wird die Frage der Beweislast von überragender Bedeutung. Man wird nun nicht verlangen können, daß der Gesetzgeber streng nachweist, daß ein Gesetz bessere output-Ergebnisse zeitigt, als sie sich bei vertraglich-wettbewerblicher Selbststeuerung ergäben. Ein solches Erfordernis müßte den Gesetzgeber — angesichts der durchweg bestehenden Unsicherheiten über die Konsequenzen von Handlungsalternativen — nämlich praktisch weitgehend lähmen und zur Untätigkeit verurteilen. Zu verlangen ist jedoch — wie stets, so auch hier — eine detaillierte Begründung[98], die die vorhandenen Erkenntnismöglichkeiten ausschöpft (soweit es vom dafür erforderlichen Zeit- und Kraftaufwand her an-

---

88 BVerfGE 15, S. 235 (240).
89 BVerfGE 13, S. 97 (104 f.).
90 BVerfGE 8, S. 274 (328 f.); 12, S. 341 (347).
91 BVerfGE, 8. 2. 1972, BB 1972, S. 381.
92 *Badura*, AöR 1967, S. 394: „Die Freiheitsrechte sind keine fixen Bestände von Rechtspositionen."
93 *Badura*, AöR 1967, S. 395.
94 Zu berücksichtigen ist auch, daß der Gewichtungsfaktor eines Werts wächst, je stärker er zurückgedrängt werden soll (unten S. 288), dies gilt natürlich auch für den Wert der Selbstbestimmung, weshalb ein völliger Ausschluß marktwirtschaftlicher Elemente kaum je verfassungsmäßig zu rechtfertigen wäre.
95 Die Wahl ist deshalb keine Sache der Beliebigkeit. Vgl. schon E. R. *Huber*, DÖV 1957, S. 97 ff., 135, 172 ff., 200 ff. (205). Abzulehnen ist deshalb Heinz *Wagners* These, der Verfassungsrechtler müsse gegenüber staatlichen Lenkungsmaßnahmen ebenso indolent sein wie gegenüber dem Marktmechanismus. VVDStRL 27, S. 41 (63 f.).
96 P. *Schneider*, In dubio pro libertate.
97 Vgl. bes. *Isensee*, Subsidiaritätsprinzip und Verfassungsrecht.
98 Näheres unten S. 274.

E. Wirtschaftliche Selbststeuerung

gemessen ist) und die plausibel macht, daß das Gesetz trotz seines geringeren formal-demokratischen Werts und seiner geringeren Fähigkeit, sich dem Einzelfall anzupassen, im konkreten Problemfall der vertraglich-marktwirtschaftlichen Selbststeuerung vorzuziehen ist[99].

§ 18 Kollektive Bestimmung der Arbeitsbedingungen durch Tarifvertrag

Im Bereich der unselbständigen Arbeit zeigte sich das Versagen der wettbewerblichen Selbststeuerung schon früh. Die Bezeichnung des Hungerlohns der Arbeiter im 19. Jahrhundert als „natürlichen", gleichsam von Gott gewollten Lohn, mutet uns heute geradezu zynisch an angesichts des kaum vorstellbaren Elends, der unmenschlichen Arbeits- und Wohnverhältnisse, der Frauen- und Kinderarbeit, die damals vorherrschten. Es läßt sich nur mit den ideologisch-weltanschaulich bedingten Verschleierungen, die oben beschrieben wurden, erklären, daß sich die auf der Harmonievorstellung basierende Politik so lange halten konnte, obwohl im Bereich der abhängigen Arbeit von einem selbstgesteuerten Interessenausgleich zum Wohle aller bei nüchterner Betrachtung offenbar keine Rede sein konnte. Zwischen Arbeitgebern und Arbeitnehmern besteht — solange diese vereinzelt und allein auf sich gestellt sind — in Wahrheit kein Gleichgewicht; vielmehr besitzen die Unternehmer vermöge ihrer wirtschaftlichen und sozialen Überlegenheit ein „Quasi-Monopol" (Erich Preiser), so daß die Arbeitgebern und Arbeitnehmern formal in gleicher Weise gewährte Freiheit, die Arbeitsbedingungen vertraglich festzulegen, in der Sache zu einem einseitigen Bestimmungsrecht der Arbeitgeber werden konnte[1]. Weil die klassischen und vorklassischen Ökonomen nicht erkannten, daß der „Ausbeutungslohn ihrer Tage nichts ,Natürliches' an sich hat, sondern Folge eines willkürlichen Staatseingriffes, nämlich des Koalitionsverbotes, ist, vermögen sie auch nicht zu erklären, warum der reale Stundenlohn im 17. Jahrhundert höher als zu Beginn des 19. Jahrhunderts ist, obschon die sog. ,industrielle Revolution' im Verlauf des 18. Jahrhunderts die Arbeitsproduktivität ansteigen ließ"[2].

Heute ist die Schutzbedürftigkeit des Arbeitnehmers ein fester Bestandteil unserer Vorstellung. Sie schlug sich nieder in der Sozialgesetzgebung, insbes. der Errichtung der Sozialversicherung, und in der Entwicklung des Arbeitsrechts[3], welches sich begreifen läßt als „ein einziges großes Kontrollsystem gegenüber der Vertragsfreiheit"[4], um die „Ausnutzung der Arbeitskraft zu unwürdigen Bedingungen und zu unzureichendem Lohn zu unterbinden"[5]. Dieses System besteht einerseits aus Gesetzen (teilweise auch aus von der Rechtsprechung entwickelten Rechtssätzen), die die Privatautonomie in ganz bestimmter Weise inhaltlich beschränken[6]. Andererseits wurde die Stellung der Arbeitnehmer durch die Zulassung und Förderung der kollektiven Selbsthilfe verbessert: mit den Gewerkschaften wurden den Arbeitgebern ebenbürtige Verhandlungspartner zum gemeinsa-

---

99 Zur verfassungsgerichtlichen Kontrolle unten S. 212 ff.

1 v. Arnim, Volkswirtschaftspolitik, S. 24; ders., Ruhegeldanwartschaften, S. 46 ff. jeweils m. w. N.
2 H. Arndt, Markt und Macht, S. 161.
3 Radbruch, Rechtsphilosophie, S. 147; v. Arnim, Ruhegeldanwartschaften, S. 51 ff. m. w. N.
4 Hanau/Adomeit, Arbeitsrecht, 2. Aufl. 1973, S. 32.
5 BVerfGE 5, S. 85 (206).
6 Gleichzeitig wurde auch eine besondere, die Belange der Arbeitnehmer berücksichtigende Arbeitsgerichtsbarkeit errichtet.

men Aushandeln der Arbeitsbedingungen geschaffen[7]. In neuerer Zeit kommt die staatliche Vollbeschäftigungspolitik hinzu, die die Knappheit der Arbeitskräfte erhöht und damit ihre Stellung gegenüber den Arbeitgebern verbessert. Die im demokratisch-parlamentarischen Willensbildungsprozeß zustande gekommenen Arbeitnehmerschutzgesetze und die Vollbeschäftigungspolitik (ebenso wie die von der Rechtsprechung entwickelten Rechtssätze) werden im vorliegenden Zusammenhang außer Betracht gelassen; die folgenden Ausführungen beschränken sich auf das tarifliche Lohnbestimmungsverfahren.

Der Sinn der kollektiven Selbstbestimmung

Die rechtliche Wirksamkeit der Tarifverträge beruht nach dem Tarifvertragsgesetz vom 9. April 1949 in der Fassung des Bundesgesetzes vom 11. Januar 1952[8] darauf, daß Absprachen, die Inhalt, Abschluß und Beendigung von Einzelarbeitsverhältnissen betreffen, als Rechtsnormen (§ 1 Abs. 1 TVG) unmittelbare Wirkung zwischen den Mitgliedern der Tarifvertragsparteien (§ 4 Abs. 1 TVG; vgl. auch § 3 Abs. 1) entfalten; abweichende einzelvertragliche Abmachungen sind nur zulässig, soweit sie durch den Tarifvertrag gestattet sind oder eine Änderung der Regelung zugunsten des Arbeitnehmers enthalten (§ 4 Abs. 3 TVG).

Wenn eine Gewerkschaft eine tarifliche Regelung aushandelt und auf diese Weise die Interessen der einzelnen Arbeitnehmer wahrt, ist die beim Individualarbeitsvertrag beeinträchtigte Vertragsparität auf kollektiver Ebene wiederhergestellt und die hinreichende Gewähr für eine angemessene Berücksichtigung der Interessen beider Seiten gegeben. Denn die Gewerkschaft ist „mächtiger als der einzelne Arbeitnehmer, ihr Einfluß ist größer. Die ihr zustehenden Mittel, ihren Willen durchzusetzen, sind stärker als die der einzelnen Arbeitnehmer"[9], insbesondere besitzt sie im Streikrecht eine schneidige Waffe[10]. Die Bildung der Gewerkschaften ist die typische Ausprägung des sog. „Gegenmachtprinzips"[11]. Ob der Vertrag inhaltlich gerecht ist in einem vorgegebenen absoluten Sinne von „allein gerechten" Austauschbedingungen, entzieht sich in aller Regel der Nachprüfbarkeit, weil „der eine" gerechte Lohn nicht objektiv fixiert werden kann. Der Tarifvertragsmechanismus besticht, wenn er funktioniert, gerade dadurch, daß er trotz des breiten objektiven Ungewißheitsbereichs über den gerechten Lohn ein *Verfahren* darstellt, das die größtmögliche Chance bietet, daß der Vertragsinhalt vor der Idee der materiellen Austauschgerechtigkeit bestehen kann[12]. Eine Kontrolle zum Schutze der Interessen der Arbeitnehmer erübrigt sich weitgehend[13].

---

7 *Hueck/Nipperdey*, Lehrbuch des Arbeitsrechts, Bd. I, 7. Aufl., § 3 IV (S. 11); *Hueck/Nipperdey/Stahlhacke*, Tarifvertragsgesetz, 4. Aufl., S. 7 ff. Zur Kampfparität als maßgeblichem Grundsatz des Arbeitskampfrechtes BAG, GS, AP Nrn. 1 und 43 zu Art. 9 GG Arbeitskampf; dazu näher *Rüthers*, JurA 1970, S. 85 ff.; M. *Wolff*, ZfA 1971, S. 151 ff. m. w. N.
8 BGBl. I S. 19.
9 BAG, 31. 3. 1966, AP Nr. 54 zu § 611 BGB Gratifikation.
10 *Hueck/Nipperdey*, Lehrbuch des Arbeitsrechts, Bd. II, 1967, § 9 V 1.
11 *Galbraith*, Der amerikanische Kapitalismus im Gleichgewicht der Wirtschaftskräfte. Vgl. auch *Flume*, Allgemeiner Teil des Bürgerlichen Rechts, 1965, S. 10; *Bartholomeyczik*, Das Gegengewichtsprinzip und die Funktionsfähigkeit des Austauschvertrages in der modernen Rechtsentwicklung, in: Das Gegengewichtsprinzip in der Wirtschaftsordnung, Bd. III, FIW-Schriften-Reihe 35, 1966; *Löwisch*, RdA 1969, S. 131, *Scheuner*, Die staatliche Einwirkung auf die Wirtschaft, Einführung, S. 55 f.; *Richardi*, AöR 1968, S. 243 (268).
12 Vgl. auch *Schubert*, Public Interest, S. 170 f.
13 Große Bereiche der Regeln, die die höchstrichterliche Rechtsprechung zum Schutz des einzelnen Arbeitnehmers vor unangemessenen Absprachen in Einzelarbeitsverträgen aufgestellt hat, werden deshalb vom Bundesarbeitsgericht ausdrücklich als ‚tarifpositiv' behandelt. Eine Übersicht findet sich bei *Lieb* RdA 1972, S. 129 ff. Gleiches gilt z. T. auch für Arbeitsschutzgesetze. Tarifliche Verdrängung von Arbeitnehmerschutznormen setzt nach der Rechtsprechung der Arbeitsgerichte allerdings grundsätzliche Arbeitskampfbereitschaft der Tarifvertragsparteien voraus (BAG, 19. 1. 1962, AP Nr. 13 zu § 2 TVG;

E. Wirtschaftliche Selbststeuerung

Die Schaffung der Gewerkschaften als Gegengewichte gegen die Übermacht der Arbeitgeber gegenüber den vereinzelten Arbeitnehmern hat somit „die Beibehaltung des Vertragsprinzips erst ermöglicht"[14]. Den Sozialpartnern ist aufgegeben, im Prozeß des gegenseitigen Aufeinanderwirkens den in der jeweiligen Situation gerechten Lohn auszufällen — „nicht unvergleichbar der Vorstellung, daß auch im gerichtlichen Prozeß das Recht sich erst im Streite bildet"[15].

Die Funktionen kollektivautonomer Regelungen lassen sich zusammenfassend in folgender Weise umreißen. Koalitionsbildungen, Arbeitskampffreiheit und Tarifverträge haben sich aus dem Bedürfnis entwickelt, dem in seiner Vereinzelung weitgehend ohnmächtigen Arbeitnehmer einen kollektiven Schutz zu gewähren. Zwar ist die gruppenmäßige Bestimmung von Tarifvertragsinhalten unter dem Gesichtspunkt freiheitlicher Selbstbestimmung nur ein geringerwertiger Ersatz gegenüber der ideal-demokratischen Mitbestimmung ebenbürtiger Partner im Individualvertrag[16]; denn die einzelnen Arbeitnehmer haben wegen der großen Zahl der anderen Verbandsmitglieder nur eine geringe Einwirkungschance; sie können, auch wenn die gruppenmäßige Willensbildung nach demokratischen Grundsätzen ausgestaltet ist, in jedem Fall überstimmt werden. Dieses Verfahren mußte aber hingenommen werden, weil sonst wegen der Übermacht der Arbeitgeber der Interessenausgleich und die beiderseitige Selbstbestimmung vollends entfallen; damit tritt die Arbeitnehmerschutzfunktion ganz in den Vordergrund[16a]; durch die gruppenmäßige Bestimmung der Arbeitsbedingungen wird in dieser Situation immer noch das mögliche Maximum an Mitbestimmung des Einzelnen und an inhaltlicher Gerechtigkeit gewährleistet. Die Kombination von tariflicher Mindestregelung und (den jeweiligen spezifischen Arbeitsverhältnissen anzupassenden) Individualverträgen verspricht in diesem Verständnis ein Optimum an Gerechtigkeit, freiheitlicher Selbstbestimmung und Rechtssicherheit ohne Gefährdung des Wohlstandes.

Dysfunktionen der kollektiven Selbstbestimmung

Aber auch das kollektive Lohnbestimmungsverfahren ist nicht unproblematisch; dies hat sich gerade in den letzten Jahren auch in der Bundesrepublik gezeigt und findet seinen Ausdruck in der zunehmenden Diskussion um die Grenzen der Tarifautonomie[17].

Reuß, RdA 1964, S. 362; anderer Ansicht für den Fall des Berufsverbandes der katholischen Hausgehilfinnen BVerfG, 6. 5. 1964, AP Nr. 15 zu § 2 TVG; dazu z. B. *Reuß*, ArbuR 1972, S. 137 f.; *ders.*, RdA 1972, S. 4). Verfügt eine Arbeitnehmervereinigung nicht über eine Machtstellung, die es ihr erlaubt, notfalls durch Druck und Gegendruck wirtschaftliche und soziale Erfolge für Arbeiter und Angestellte zu erzielen, so entfällt die Möglichkeit, die Arbeitnehmerinteressen bei Verhandlungen mit den Arbeitgebern angemessen zu wahren. Der Große Senat des Bundesarbeitsgerichts hat solchen Vereinigungen deshalb die „Tariffähigkeit" abgesprochen (DB 1968, S. 1715). Nach einer Entscheidung des BAG (BAG, 23. 7. 1971, AP Nr. 2 zu § 97 ArbGG = DB 1971 S. 1577) verlangt schon die Gewerkschaftseigenschaft eine gewisse Macht. Eine Arbeitnehmervereinigung, die nicht einen „besonderen Einfluß im Sinne eines Drucks" auf die Arbeitgeberseite ausüben kann, ist danach überhaupt keine Gewerkschaft.
14 *Löwisch*, RdA 1969 S. 129 (131 f.); *Hueck/Nipperdey*, Lehrbuch des Arbeitsrechts, 7. Aufl., 2. Bd., 1. Halbband, S. 234 f.; *Richardi*, AöR 1968, S. 243 (254).
15 *Lerche*, Verfassungsrechtliche Zentralfragen des Arbeitskampfes, S. 30.
16 Oben S. 89.
16a *Biedenkopf*, Grenzen der Tarifautonomie, S. 75 ff.
17 Vgl. aus dem juristischen Schrifttum die Gutachten zum 46. Deutschen Juristentag, 1966, von H. *Krüger* (S. 7) und *Biedenkopf* (S. 97) über „Sinn und Grenzen der Vereinbarungsbefugnis der Tarifvertragsparteien" (Bd. I), das Referat gleichen Titels von *Herschel* (Bd. II, D 7) und die anschließende Diskussion (Bd. II, D 37); *Biedenkopf*, Grenzen der Tarifautonomie, S. 63 ff.; *ders.*, Das Verhältnis der Wirtschaftswissenschaft zur Rechtswissenschaft im Arbeitsrecht; Kommentare zum Grundgesetz, Art. 9 Abs. 3; Lehrbücher des Arbeitsrechts, insbesondere *Hueck/Nipperdey*, Bd. II, 7. Aufl., 1. Halb-

§ 18 Kollektive Bestimmung durch Tarifvertrag

Zwar haben Gewerkschaftsbewegungen und kollektive Lohnbildung ihre geschichtliche Funktion, die im Einzelarbeitsvertrag gestörte Parität zwischen Arbeitgebern und Arbeitnehmern wieder herzustellen und im Rahmen der Tarifautonomie für gerechte Austauschbedingungen zu sorgen, weitgehend erfüllt. Die Verhandlungen, denen die Parteien eventuell durch Streik und Aussperrung Nachdruck verleihen, und die Absprachen berühren aber nicht nur die Interessen der von ihnen Vertretenen, sondern die Interessen aller Bürger. Diese Beeinträchtigungen Dritter durch Arbeitskämpfe haben mit der zunehmenden Spezialisierung und Interdependenz in den modernen Volkswirtschaften ein immer größeres Ausmaß und damit eine neue Dimension gewonnen. Ein Streik der Transportarbeiter kann sehr schnell die ganze Volkswirtschaft zum Erliegen bringen, ein Streik der Hafenarbeiter das außenwirtschaftliche Gleichgewicht und den Außenwert der Währung gefährden.

Aber nicht nur der Streik, sondern auch die abgeschlossenen Tarifverträge können die Interessen der Allgemeinheit beeinträchtigen. Vor allem kann sich als Folge von Lohnanhebungen eine Steigerung des Preisniveaus ergeben. Die Zusammenhänge, die in der öffentlichen Diskussion mit dem Schlagwort „Lohn-Preis-Spirale"[18] bezeichnet werden, sind in der volkswirtschaftlichen Theorie nicht ernsthaft bestritten[19]. Da die Lohnerhöhungen nicht nur kosten-, sondern in den Händen der Arbeitnehmerhaushalte auch nachfrageerhöhender Faktor sind, werden die Unternehmen versuchen, Lohnerhöhungen durch Preiserhöhungen auf die Konsumenten zu überwälzen. Je größer sie ihre Überwälzungschance einschätzen, desto geringer wird ihr Widerstand auch gegen verhältnismäßig hohe Lohnsteigerungen sein. Die Vertreter der Arbeitnehmer und Arbeitgeber sind — soweit Überwälzungen möglich sind — in gesamtwirtschaftlicher Sicht also weniger Gegner als Verbündete und zwar gegenüber der Allgemeinheit der Verbraucher. Überhöhte Lohnabsprachen gehen „mehr oder minder zu Lasten der gesamten Verbraucherschaft"[20]. Arbeitgeber(verbände) und Gewerkschaften einigen sich auf Kosten der Preisstabilität und damit der Allgemeinheit der Konsumenten[21].

Da die Bundesrepublik bisher zum Glück von Erfahrungen mit ins Gewicht fallenden negativen Auswirkungen von Streiks verschont geblieben ist, für die beispielsweise England immer wieder Anschauungsunterricht liefert, steht bei

---

bd., 1967, 2. Halbbd. 1970; *Benda*, Industrielle Herrschaft und sozialer Staat, S. 221 ff.; *Galperin*, DB 1969, S. 298 ff. (mehrteilig); W. *Weber*, Spannungen und Kräfte im westdeutschen Verfassungssystem, S. 198 ff.; *Koppensteiner*, Die konzertierte Aktion im Spannungsfeld zwischen Geldwert, Stabilität und Tarifautonomie, S. 229. — Aus dem wirtschaftswissenschaftlichen (in der Regel auf das Erfordernis der Stabilität des Preisniveaus und einen hohen Beschäftigungsstand zu wahren, beschränkten) Schrifttum: *Ackley*, Macroeconomic Theory, 1961, Chapter XVI; *Meinhold*, Veränderung oder Aufhebung der Tarifautonomie, S. 78; *Haller*, Das Problem der Geldwertstabilität, S. 75 ff.; *Musgrave*, Finanztheorie, S. 376 ff.; Jahresgutachten des Sachverständigenrats zur Begutachtung der gesamtwirtschaftlichen Entwicklung, z. B. 1964, Ziff. 248; 1966, Ziff. 30 ff.; *Würgler*, Inflation als Machtproblem, bes. S. 718 ff.; *Rüstow*, in: Macht und ökonomisches Gesetz, S. 726.
18 Es kann sich auch um eine „Preis-Lohn-Spirale" handeln. Hier kommt es jedoch nicht darauf an zu entscheiden, ob die Henne oder das Ei zuerst da war; entscheidend ist die Feststellung, daß der Verteilungskampf zu sich gegenseitig bedingenden Lohn- und Preiserhöhungen tendiert.
19 *Bombach*, Trend, Zyklus und Entwicklung des Preisniveaus, S. 282; *Schmahl*, Stagflation, S. 9 f.; v. *Arnim*, Volkswirtschaftspolitik, S. 212 ff. m. w. N.
20 *Liefmann-Keil*, Sozialpolitik, S. 407 f.
21 Statt vieler *Löwisch*, RdA 1969, S. 135 unter Hinweis auf *Diederichsens* Bericht über die Zivilrechtslehrertagung 1965, AcP 166, 142 ff.

E. Wirtschaftliche Selbststeuerung

uns die Gefahr überhöhter Lohnvereinbarungen der Tarifvertragsparteien auf Kosten der Preisstabilität im Vordergrund der Diskussion[22].

Sobald man erkannt hat, daß die allein von Arbeitgebern und Gewerkschaften ausgehandelten Tarifverträge allgemeine Interessen beeinträchtigen können, stellt sich die Frage, wie diese Interessen Dritter angemessen gewahrt werden können. Es wurde oben abgelehnt, die Regelung der Beziehungen zwischen Arbeitgeber und einzelnem Arbeitnehmer dem unkontrollierten Individualvertrag zu überlassen, weil dabei die Interessen des Arbeitnehmers zu kurz kommen. Der Tarifvertrag und das vorangehende kollektive Lohnbildungsverfahren bringen dagegen die beiden gegengerichteten Interessen in gleicher Weise zur Sprache. Stattdessen entsteht nun aber — sozusagen auf einer zweiten Stufe — eine andere Problematik unausgewogener Interessendurchsetzungsmacht, weil die ebenfalls berührten Interessen Dritter bei den Tarifverhandlungen nicht vertreten sind und durch die kollektiven Machtzusammenballungen erdrückt zu werden drohen. Für eine angemessene Verfahrensausgestaltung gilt aber der grundlegende Satz, daß *alle* beteiligten Interessen angemessen vertreten sein und eine angemessene Durchsetzungschance besitzen müssen[23].

Solange man eine Beeinträchtigung der allgemeinen Interessen noch nicht für gegeben hielt, etwa weil man glaubte, darauf vertrauen zu dürfen, daß „die großen repräsentativen Organisationen ... verantwortungsbewußt und sachkundig die Interessen der Arbeitnehmer und Arbeitgeber wie die der Gesamtheit wahren"[24], die organisierten Kräfte sich also aus eigener Verantwortung selbst disziplinieren[25], wie dies bei Diskussion um die ursprünglich erwogene Registrierung von Tarifverträgen[26] unterstellt wurde[27], schien das Problem nicht vorhanden zu sein. Dieses Vertrauen besitzen wir heute nicht mehr. Der Grund dafür liegt (neben einer veränderten Wirtschaftslage) in organisations-soziologischen Untersuchungen, die aufzeigen, daß die „Eigengesetzlichkeit der Organisierung von Gruppeninteressen" allen Versuchen, Verbände zu einem gemeinwohlorientierten Handeln zu veranlassen, sehr enge Grenzen setzt[28]. Diese Untersuchungen werden durch eine Studie des Wirtschafts- und Sozialwissenschaftlichen In-

---

22 *Leibholz*, Strukturwandlungen, S. 334; *Krüger*, Staatslehre, S. 382; *Benda*, Industrielle Herrschaft, S. 237; *v. Simson*, VVDStRL 29, S. 34. Hier besteht eine gewisse Parallele zu den im Interesse auch der Allgemeinheit rechtlich eingeschränkten Entartungsformen des Wettbewerbs, den ruinösen Wettbewerb auf der einen, den Wettbewerbsbeschränkungen auf der anderen Seite. Dazu *v. Arnim*, Volkswirtschaftspolitik, S. 87 ff. m. w. N.

23 Oben S. 52. Im Prozeß als Archetyp des Verfahrens gilt der Satz, den *Kriele* als die grundlegende Maxime des juristischen Ethos bezeichnet: Eenes Mannes Rede is keenes Mannes Rede, man muß sie hören alle beede. Und entsprechend: „Sind drei an einer Sache beteiligt, so müssen sie alle drei zu Wort kommen". *Kriele*, VVDStRL 29, S. 52. Auf das Verfahren der Tarifabsprachen übertragen, bedeutet dies, daß eigentlich *alle* Interessenten, also auch die Konsumenten, zustimmen müssen. Vgl. auch den von *Quaritsch* angeführten Satz des mittelalterlichen und früh-neuzeitlichen Staatsrechts: „Quod omnes tangit, ab omnibus comprobetur" (zit. bei *Vogel*, VVDStRL 24, S. 139 FN 48).

24 *Hueck/Nipperdey/Stahlhacke*, Tarifvertragsgesetz, 4. Aufl., S. 15, unter Bezugnahme auf LAG München, AP 1950, S. 175.

25 *Forsthoff*, Rechtsfragen der leistenden Verwaltung, S. 19; *ders.*, Industriegesellschaft, S. 74 f.

26 Die Registrierung sollte konstitutive Wirkung haben und u. a. aus zwingenden Gründen des Allgemeinwohls abgelehnt werden dürfen (*Hueck/Nipperdey/Stahlhacke*, a.a.O.).

27 Bei dieser Unterstellung hat gewiß auch die historische Situation Anfang der 50er Jahre eine Rolle gespielt. Die Bereitschaft, die nach der Beseitigung des nationalsozialistischen Staates soeben wieder errungene Koalitionsfreiheit gleich wieder zu relativieren, war — verständlicherweise — denkbar gering. Hier zeigt sich eine Parallele zum Festhalten des Reichsgerichts an der Vertragsfreiheit auch gegenüber Kartellen (oben S. 92 f.).

28 *Werner*, Funktionswandel der Wirtschaftsverbände durch die konzertierte Aktion?, S. 179 ff. (192 ff); *Rupp*, in: Konzertierte Aktion, S. 12; *Hoppmann*, Konzertierte Aktion als Instrument der Globalsteuerung, S. 7 (10 f.). Umfassend: *Downs*, Ökonomische Theorie der Demokratie; *Olson*, Die Logik des kollektiven Verhaltens. Näheres unten S. 163 ff.

§ 18 Kollektive Bestimmung durch Tarifvertrag

stituts der Gewerkschaften bestätigt[29]. Das Scheitern der sog. konzertierten Aktion (vgl. § 3 StabG)[30] wird darin u. a. damit begründet, die Funktion der Arbeitgeberverbände und Gewerkschaften, die Interessen ihrer Mitglieder zu vertreten, sei mit der Wahrung allgemeiner Aufgaben letztlich unvereinbar. Die Gewerkschaften (wie die Arbeitgeberverbände) lehnen die lästige Mitverantwortung für die Preisstabilität also ab. Ebenso wenig wie Unternehmen sich durch bloß ethische Apelle von Wettbewerbsbeschränkungen abhalten lassen, und ebenso wie es eines Wettbewerbsschutzgesetzes mit rechtlichen Sanktionen gegen Zuwiderhandeln bedarf[31], geht auch die etwa von Herbert Krüger betonte bloß moralische Verpflichtung der Verbände, die allgemeinen Interessen angemessen zu berücksichtigen[32], an den soziologischen Gegebenheiten vorbei und kann damit letztlich nur ein Appell bleiben, dem regelmäßig kein (ausreichender) Erfolg beschieden ist[33].

Mit der Erkenntnis, daß ein „Graben" besteht zwischen der Tarifmacht der Sozialpartner und dem gesamtwirtschaftlichen Gleichgewicht[34], für das nach Art. 109 Abs. 2 GG und § 1 StabG Bund und Länder verantwortlich sind[35], wird eine (hinsichtlich der Lohnhöhe) schrankenlose Tarifautonomie zweifelhaft[36]. Keine Gemeinschaftsordnung kann sich auf die Dauer ein Verfahren leisten, in dem gemeinschaftsrelevante Entscheidungen unter dauernder Vernachlässigung wichtiger Gemeinschaftsziele getroffen werden können[37]. Ebenso wie die Richtigkeitsgewähr des Individualvertrages entfällt, wenn die Interessen eines Betroffenen keine Durchsetzungschance besitzen, so wird auch die Tarifautonomie aus „der Logik der Sache"[38] zweifelhaft, wenn und weil die betroffenen Interessen der Allgemeinheit bei den Tarifverhandlungen nicht vertreten und angemessen berücksichtigt sind[39]. Beim Individualvertrag ist eine solche funktionale

---

29 *Adam*, Die konzertierte Aktion in der Bundesrepublik.
30 Dazu *v. Arnim*, Volkswirtschaftspolitik, S. 217 ff. m. w. N.
31 Aus der Ähnlichkeit mit der Bekämpfung von Wettbewerbsbeschränkungen durch das GWB zieht *Biedenkopf* die Folgerung, es müsse überprüft werden, ob nicht die Tarifautonomie ähnlichen Bindungen an die gesamtwirtschaftlichen Verhältnisse unterworfen werden könne, wie die individuelle Vertragsfreiheit durch das GWB. *Biedenkopf*, in: Wirtschaftswissenschaft und Rechtswissenschaft, S. 67 (67 f., 74 f.).
32 *Krüger*, Staatslehre, S. 400. Die Folgerichtigkeit kann man Krüger allerdings nicht absprechen, da er sich seinerzeit auch gegen die Einführung eines Gesetzes gegen Wettbewerbsbeschränkungen wendete. Krüger, bezweifelt zudem, ob eine Kontrolle der Interessenverbände durch rechtliche Regelungen überhaupt durchsetzbar sein würde (Sinn und Grenzen der Vereinbarungsbefugnis der Tarifvertragsparteien, S. 59). Entsprechende Zweifel hat er hinsichtlich der Großunternehmen angesichts ihrer „vielfältigen Mächtigkeit" (DÖV 1971, S. 296). Diese Zweifel teilen Gesetzgebung und Rechtsprechung hinsichtlich der Kontrolle von Großunternehmen jedoch nicht, wie die 1973 ergangene Novelle zum Gesetz gegen Wettbewerbsbeschränkungen, die gerade eine verschärfte Kontrolle der Großunternehmen gebracht hat, und die gerichtliche Kontrolle von allgemeinen Geschäftsbedingungen (die *Krüger*, DÖV, a.a.O., zu Unrecht für seine Auffassung in Anspruch nimmt und die zudem durch Gesetz ausgebaut worden ist) zeigen.
33 Zur mangelnden Wirksamkeit von Appellen an die Moral auch Ota *Sik*. Argumente für den Dritten Weg, S. 154 ff.
34 *Koppensteiner*, Konzertierte Aktion, S. 232.
35 Dazu oben S. 42 f.
36 So auch *Biedenkopf*, Grenzen der Tarifautonomie, S. 63 ff.; *Herzog*, Ev. Staatslexikon, Sp. 1541 (1547). Das gilt jedenfalls unter rechtspolitischen Aspekten; zur verfassungsrechtlichen Beurteilung unten S. 106 ff.
37 Vgl. auch *Biedenkopf*, Grenzen der Tarifautonomie, S. 64: Keine Rechtsordnung kann auf die Dauer eine Verteilung der Zuständigkeit ohne Schaden ertragen, die die Befugnis zur Regelung und die politische Verantwortung für die Folgen verschiedenen Instanzen zuweist.
38 *Forsthoff*, Optimale Regierungsform, S. 16.
39 Daß mittels des Gegengewichtsprinzips nur die Interessen berücksichtigt und gewahrt werden, die an den gegengewichtigen Verhandlungen beteiligt sind, was hinsichtlich der Interessen der Allgemeinheit eben nicht der Fall ist, übersehen *Spary*, Das Gegengewichtsprinzip, und *Weitbrecht*, Effektivität und Legitimität der Tarifautonomie, S. 236; ebenso *Lerche*, Verfassungsrechtliche Zentralfragen des Arbeitskampfes, S. 30: Die Sozialpartner fällen in ihrem antagonistischen Zusammenwirken das gemeinsame Beste aus. Ähnlich anscheinend *Scheuner*, Wirtschaft, S. 56 f.

E. Wirtschaftliche Selbststeuerung

Denkungsweise heute anerkannt. Sie muß auch hinsichtlich des Tarifvertrages durchgreifen. Die Tarifautonomie ist genau so wenig ein absoluter Wert wie die Vertragsfreiheit. Beide sind nur danach zu beurteilen, inwieweit sie zu einer Optimierung der Gemeinwohlwerte beitragen.

Bisher haben wir die Notwendigkeit, die Tarifautonomie einzugrenzen, ausschließlich mit den Gefahren begründet, die eine quantitativ unbeschränkte Tarifvertragsfreiheit für das gesamtwirtschaftliche Gleichgewicht darstellt. In die gleiche Richtung wirkt auch eine andere Überlegung, die nicht auf die Gefahren oder — in der Terminologie der sozialen Nutzen-Kosten-Abwägung[40] — die sozialen Kosten der unbeschränkten Tarifautonomie abhebt, sondern die gleichzeitige Verringerung ihres sozialen Nutzens betont. Der ursprünglich ganz vorrangige Schutzzweck von Gewerkschaftsbildung und Tarifautonomie hat nämlich heute im Zeichen staatlicher Vollbeschäftigungspolitik[41], einer Fülle von Arbeitnehmerschutzgesetzen und einer ausgeprägten Arbeitnehmerschutzrechtsprechung an Bedeutung verloren.

Es ist durchaus nicht sicher und gehört zu den umstrittensten Fragen der Theorie der Lohnpolitik, ob Gewerkschaften und Tarifautonomie heutzutage überhaupt noch einen Einfluß auf die Lohnentwicklung besitzen, ob die Arbeitnehmer also heute nicht auch ohne Gewerkschaften ebenso hohe Lohnzuwächse erhielten[42]. Zu Zweifeln veranlassen in der Bundesrepublik schon die z. T. beträchtlichen übertariflichen Zuschläge, die zu einem großen Auseinanderklaffen von Tarif- und Effektivverdiensten führen können. Jene Zweifel begegnen sich mit der Hypothese des Sachverständigenrats zur Begutachtung der gesamtwirtschaftlichen Entwicklung, daß die Gewerkschaften auch bei Durchsetzung besonders ausgeprägter Erhöhungen des Nominallohns (wegen der dadurch veranlaßten Preiserhöhungen) keine dauerhafte Umverteilung der Markteinkommen zugunsten der Arbeitnehmer erreichen könnten[43]. Die vor allem für die USA durchgeführten empirischen Untersuchungen lassen keine zwingenden Schlüsse in die eine oder andere Richtung zu[44].

Verfassungsrechtliche Folgerungen

Nach Art. 9 Abs. 3 S. 1 und 2 GG ist „das Recht, zur Wahrung und Förderung der Arbeits- und Wirtschaftsbedingungen Vereinigungen zu bilden, ... für jedermann gewährleistet. Abreden, die dieses Recht einschränken oder zu behindern suchen, sind nichtig, hierauf gerichtete Maßnahmen sind rechtswidrig". Der durch Verfassungsänderung von 1968 eingefügte Satz 3 bestimmt ferner, daß Notstandsmaßnahmen „sich nicht gegen Arbeitskämpfe richten (dürfen), die zur Wahrung und Förderung der Arbeits- und Wirtschaftsbedingungen von Vereinigungen im Sinne des Satzes 1 geführt werden".

Diese Bestimmungen gewährleisten nach ihrem Wortlaut für jedermann die Möglichkeit, sich mit anderen zu einer Koalition zusammenzuschließen mit dem Ziel, die Arbeits- und Wirtschaftsbedingungen zu fördern, und garantieren dieses Recht auch gegenüber Störungen von dritter Seite. Die Frage, ob die Arbeitskampffreiheit in Art. 9 Abs. 3 mitgewährleistet sein soll, ließ sich jedenfalls vor der Verfassungsänderung von 1968 aufgrund einer Wortinterpretation dieser Be-

---

[40] Oben S. 57.
[41] Die Vollbeschäftigungspolitik erhöht die Knappheit der Arbeitskräfte und führt zu bisweilen ganz beträchtlichen Überhöhungen der Effektivverdienste der Arbeitnehmer über die Tariflöhne hinaus: „Lohndrift".
[42] v. *Hayek*, Die Verfassung der Freiheit, 18. Kap. (S. 339 ff.).
[43] Z. B. JG 1972, Ziff. 413; JG 1974, Ziff. 373.
[44] Dazu *Giersch*, Wirtschaftspolitik, S. 224; *Külp*, Verteilungspolitik, in: *Pütz*, Wirtschaftspolitik III, S. 150 ff.

§ 18 Kollektive Bestimmung durch Tarifvertrag

stimmung allein nicht entscheiden. Aus Satz 3 ergibt sich nunmehr aber per argumentum e contrario recht eindeutig, daß Art. 9 Abs. 3 GG grundsätzlich von der Arbeitskampffreiheit ausgeht[45]. Die Verfassungslehre[46] sieht in Art. 9 Abs. 3 GG mit Recht eine prinzipielle verfassungsrechtliche Entscheidung des Grundgesetzes für den oben skizzierten kollektiv-autonomen Willensbildungs- und Entscheidungsprozeß auf dem Arbeitsmarkt[47]. Damit ist aber noch nichts über Umfang und Grenzen dieser Gewährleistung gesagt. Wie meist bei der Grundgesetzinterpretation hängt auch hier viel vom verfassungstheoretischen Vorverständnis ab[48]. Von daher erhalten die bisherigen Ausführungen, die einer Besinnung auf den Sinn und die Funktionen aber auch auf die Dysfunktionen der kollektiven Selbstbestimmung dienten, auch verfassungsrechtliche Relevanz.

Wie dargelegt, liegt der Sinn der Koalitionsfreiheit nicht im Zusammenschluß als solchem, sondern in der Herstellung eines Machtgleichgewichts zwischen Arbeitgebern und Arbeitnehmern. Dadurch sollen die Mängel und Ungerechtigkeiten, zu denen die Individualvertragsfreiheit im Verhältnis zwischen Arbeitgebern und Arbeitnehmern führte, von der Wurzel her beseitigt werden und für diesen Bereich ein besseres Verfahren der Willensbildung und Entscheidung zur Anwendung kommen. Allerdings kann das kollektive Gemeinwohlverfahren nicht nur aus seinem historischen Sinn beurteilt werden. Vielmehr muß sich auch dieses Gemeinwohlverfahren — genauso wie der individualvertraglich-wettbewerbliche und der parlamentarisch-demokratische Entscheidungsprozeß — durch seine *heutige* Leistungsfähigkeit in bezug auf die Realisierung der Grundwerte legitimieren. Auch die Tarifautonomie darf nicht auf eine zu einer bestimmten Zeit und in einer bestimmten historischen Situation herrschende Verfassungsinterpretation ein für allemal festgeschrieben werden. Vielmehr müssen Funktion und Leistungsfähigkeit der Tarifautonomie zur Optimierung der Grundwerte unter sich wandelnden Verhältnissen verfassungstheoretisch immer wieder neu durchdacht werden, um den Sinnwandel zu ermöglichen, dessen Institutionen fähig und bedürftig sind, wenn sich die Umwelt und das Beziehungsgefüge der Normen und Institute ändern[49]. Dabei muß man sich immer bewußt bleiben, daß die Grundwerte alle in letzter Instanz nur auf Individuen bezogen sind. Eine Selbstwerthaftigkeit von Gruppen und ihren Organisationen ist ausgeschlossen. Sie gewinnen ihren Wert allein aus ihrer Tätigkeit im Dienst der Menschen[50]. Dies gilt es zu betonen, weil in die Diskussion nicht selten unvermittelt und unbemerkt ein kräftiger Schuß von Gruppen-Organismus-Vorstellung hineingetragen wird[51]. Bei Beurteilung der Leistungsfähigkeit des kollektiven Gemeinwohlverfahrens unter heutigen Verhältnissen gewinnt die oben dargelegte Zunahme der sozialen Kosten der kollektivautonomen Festlegung der Arbeitsbedingungen

---

45 *Doehring*, Staatsrecht, S. 309 f. m. w. N.
46 Statt vieler: *Maunz*, in: *Maunz/Dürig/Herzog*, Art. 9, Rdnrn. 92, 110 ff.; *Säcker*, Grundprobleme, S. 47; *Koppensteiner*, Konzertierte Aktion, S. 248.
47 Über die Rechtsprechung des Bundesverfassungsgerichts, wonach Art. 9 Abs. 3 GG neben dem Abschluß von Tarifverträgen auch den „Kernbereich" sonstiger Koalitionsbetätigung gewährleistet, gibt *Zöllner* einen umfassenden Überblick. Zöllner, AöR 1973, S. 71.
48 Oben S. 15 ff.
49 *Smend*, Verfassung und Verfassungsrecht, S. 137; BVerfGE 2, S. 380 (401); *Bachof*, VVDStRL 24, S. 225. Vgl. auch oben S. 20.
50 Oben S. 13 ff. Vgl. auch *Hueck/Nipperdey*, Arbeitsrecht, Bd. I, 7. Aufl., S. 29; *Biedenkopf*, Grenzen der Tarifautonomie, S. 80.
51 Die Tatsache, daß dies gerade bei Funktionären der Arbeitgeber- und Gewerkschaftsorganisationen oft der Fall ist, läßt sich erklären mit der von *Gehlen* dargelegten Tendenz, eine Organisation mit der Zielerreichung vom Mittel zum Selbstzweck umzubilden. *Gehlen*, Urmensch und Spätkultur, 1956, S. 37 ff.

E. Wirtschaftliche Selbststeuerung

bei gleichzeitiger Abnahme ihres sozialen Nutzens ihre verfassungsrechtliche Bedeutung. Die Abnahme der Bedeutung der traditionellen Arbeitnehmerschutzfunktionen und die Gefahren für das ausdrücklich als Staatsziel anerkannte gesamtwirtschaftliche Gleichgewicht (Art. 109 Abs. 2 GG), die aus kollektivautonomen Regelungen resultieren können, begründen die Berechtigung und die Notwendigkeit für eine restriktive Interpretation des Art. 9 Abs. 3 GG. Soweit kollektivautonome Maßnahmen oder Vereinbarungen allgemeine Interessen gefährden, darf, ja muß der Gesetzgeber — bei grundsätzlichem Festhalten an der kollektiven Selbstregulierung — Regelungen treffen, die ihre sozialen Kosten eindämmen. Die Tarifautonomie kann deshalb nicht mehr unbedenklich und unbeschränkt gewährt werden. Ihre Tabuisierung und Mystifizierung ist abzulehnen.

Die Auffassung, daß eine Einschränkung der Tarifautonomie zum Schutz der Belange der Allgemeinheit heute kein politisches und verfassungsrechtliches Tabu mehr sein darf, wird in der Literatur im Grundsatz von vielen anerkannt[52]. Auch das Bundesverfassungsgericht bringt die Tarifautonomie mit dem öffentlichen Interesse in Verbindung[53]. Die Diskussion geht im wesentlichen um die Frage der Durchführbarkeit. Hier steht die Schwierigkeit im Vordergrund, die Gemeinwohlerfordernisse zu praktizieren und der Gemeinwohlbindung damit die unerläßliche rechtliche Konkretisierung zu geben. Diese Schwierigkeit bildet auch einen wesentlichen Einwand gegen eine Bindung der Tarifvertragsparteien an bestimmte Orientierungsdaten, wie sie häufig erwogen worden ist[54]. Die gesamtwirtschaftliche Richtigkeit solcher Orientierungsdaten hängt nämlich von Prognosen ab, die bisher nicht mit der nötigen Zuverlässigkeit vorgenommen werden konnten[55]. Hinsichtlich verfahrensregelnder Bestimmungen, wie „Abkühlungsfristen", Schlichtungsregelungen u. ä. bestehen derartige Schwierigkeiten indes nicht[56].

Tarifautonomie und Arbeitskampf im öffentlichen Dienst

Die inhaltliche Gestaltung des öffentlichen Dienstrechts erfolgt in der Bundesrepublik derzeit zweispurig. Das Beamtenrecht wird durch Gesetz, das Recht der Angestellten und Arbeiter weitgehend durch Tarifvertrag geregelt. Diese letztere Regelungsform ist Gegenstand der folgenden Ausführungen.

52 *Biedenkopf*, Grenzen der Tarifautonomie, S. 63 ff.; *Koppensteiner*, Konzertierte Aktion, S. 251 m. w. N. in FN 71; *Säcker*, Grundprobleme, S. 52 f. m. w. N. in FN 87; *Herzog*, Ev. Staatslexikon, Sp. 1541 ff. (1547); *Isensee*, Beamtenstreik, 1971, S. 68; Franz *Mayer*, in FS Scupin, 1973, S. 249 271 f.); *ders.*, Verfassungsrechtliche Grenzen einer Reform des öffentlichen Dienstrechts, S. 557 (657 f.); *Richardi*, AöR 1968, S. 243 (253 f.). — Vgl. aber auch O. *Kunze*, Koalitionsfreiheit und Tarifautonomie aus der Sicht der Gewerkschaften, S. 101 (115): Es sei nicht sinnvoll, eine Gemeinwohlgebundenheit der Tarifparteien zu postulieren, weil die Ergebnisse des freien Spiels der Kräfte auf dem Arbeitsmarkt aus dem gleichen Grunde hingenommen werden müßten wie in einer Wettbewerbswirtschaft die Warenpreise. Diese Argumentation übersieht aber, daß das freie Spiel der Kräfte auch auf den Gütermärkten im Interesse insbesondere der Konsumenten durch die Wettbewerbsschutzgesetze eingeschränkt ist und diese erst Mitte 1973 eine erhebliche und in ihrer Notwendigkeit weitgehend anerkannte Verschärfung erfahren haben. In diesem Sinne auch *Biedenkopf*, Rechtswissenschaft und Wirtschaftswissenschaft, und *Koppensteiner*, Konzertierte Aktion, S. 252 f.
53 Z. B. BVerfGE 18, S. 28.
54 *Bulla*, FS Nipperdey, Bd. II, S. 79 (103 f); *Hueck/Nipperdey*, Arbeitsrecht, Bd. II, 2. Halbbd., 1970, S. 391; *Säcker*, Grundprobleme, S. 54; *Maunz*, in Maunz/Dürig/Herzog, Art. 9, RdNr. 128; Franz *Mayer*, FS Scupin, 1973, S. 249 (272).
55 *v. Arnim*, Volkswirtschaftspolitik, S. 217 ff. Die Auswirkung von Prognosefehlern und darauf beruhenden Fehlern von Orientierungsdaten könnten aber bei größerer Flexibilität der Tarifregelungen, sei es durch vorzeitige Kündigungsmöglichkeiten, sei es durch den Einbau von bestimmten Indexregelungen, in erträglicher Weise vermindert werden.
56 Zur disziplinierenden Wirkung einer straffen Geldpolitik auf die Tarifparteien vgl. unten § 41.

§ 18 Kollektive Bestimmung durch Tarifvertrag

Tarifautonomie und Arbeitskampf können im Bereich des öffentlichen Dienstes besonders gravierende Auswirkungen haben und dadurch hohe Sozialkosten verursachen. Ein Streik der Bediensteten der Wasserversorgung oder der Müllabfuhr kann die Allgemeinheit schwer treffen. Gewiß können auch Arbeitskämpfe in privaten Bereichen bisweilen gewichtige Interessen der Allgemeinheit verletzen. Bei Streiks im öffentlichen Dienst treten solch gravierende soziale Folgen aber beinahe durchweg auf — jedenfalls sehr viel häufiger als in der privaten Wirtschaft. Auch die Überwälzung von Lohnerhöhungen auf die Schultern der Allgemeinheit, die im privaten Bereich nur unter bestimmten gesamtwirtschaftlichen Voraussetzungen erfolgt, ist im öffentlichen Dienst stets zwangsläufiges Ergebnis von Besoldungserhöhungen: Der Steuerzahler muß alle Einkommenserhöhungen letztlich in vollem Umfang bezahlen. Im öffentlichen Dienst beeinträchtigen also sowohl die Arbeitskampfmaßnahmen selbst als auch die (durch sie oder ihre Androhung durchgesetzten) übermäßigen Besoldungserhöhungen die Interessen der Allgemeinheit in besonders starkem Maße[57]. Die schon allgemein im Bereich der Privatwirtschaft möglichen Dysfunktionen der kollektiven Selbstbestimmung verschärfen und intensivieren sich auf diese Weise, wenn man die Regelungsverfahren auf den Bereich des öffentlichen Dienstes überträgt.

Nun ist allerdings bei Regelungen für den öffentlichen Dienst — anders als in der privaten Wirtschaft — die öffentliche Hand beteiligt, und man könnte meinen, in ihrer Mitwirkung müsse eine hinreichende Gewähr für die angemessene Wahrung der Interessen der Allgemeinheit liegen[58]. Eine solche Sicht ist aber vordergründig. Entscheidend ist nicht die formale Zustimmung staatlicher Stellen, sondern die effektive Machtverteilung; denn von ihr hängt die Fähigkeit der staatlichen Entscheidungsträger ab, die Interessen der Allgemeinheit gegen die besonderen Gruppeninteressen der öffentlichen Bediensteten zu behaupten. Ausschlaggebend ist, inwieweit der Staat im bargaining-Prozeß mit den Gewerkschaften des öffentlichen Dienstes die erforderliche Durchsetzungsmacht besitzt. Bei Untersuchung dieser Frage darf man unter „Staat" allerdings nicht irgendeinen deus ex machina, der das Gemeinwohlrichtige heroisch durchsetzt, verstehen[59]. Welches Gewicht das Gesamtinteresse in der Auseinandersetzung mit dem Teilinteresse einnimmt, hängt vielmehr einmal davon ab, welcher Widerstand von den Vertretern der öffentlichen Arbeitgeber gegenüber den Forderungen der öffentlichen Bediensteten und ihrer Organisationen zu erwarten ist. Zum anderen ist wesentlich, welche Risiken die Arbeitnehmer auf sich nehmen, wenn sie überzogene Lohnerhöhungen durchsetzen. Denn das Bestreben, solche Risiken, falls sie bestehen, zu vermeiden, hat einen disziplinierenden Effekt und wirkt dadurch als Korrektiv gegen Machtmißbrauch. Vergleicht man unter diesen Aspekten die tarifautonome Willensbildung im öffentlichen Dienst mit derjenigen in der privaten Wirtschaft, so ergibt sich aber, daß „der Staat" (einschließlich der Gemeinden) seinen tariflichen Gegnern aus mehreren Gründen „von vornherein unterlegen" ist[60].

Der erste Grund liegt darin, daß die staatlichen Repräsentanten gegenüber Arbeitskampfmaßnahmen im öffentlichen Dienst außerordentlich empfindlich sind.

---

[57] Bericht der Studienkommission für die Reform des öffentlichen Dienstrechts, Ziff. 892, 894 (Mehrheitsvotum der Mitglieder *Fischer-Menshausen* u. a. = Ziff. 882 ff.).
[58] Bericht der Studienkommission für die Reform des öffentlichen Dienstrechts (Minderheitsvotum der Mitglieder *Bracher* u. a. = Ziff. 914 ff.), Ziff. 948.
[59] Deshalb problematisch: Thilo *Ramm*, „Die Legende vom schwachen Staat. Es fehlt nicht an Macht, sondern an Mut, sie zu gebrauchen", in: Die Zeit v. 22. 2. 1974.
[60] So mit Recht Dienstrechtskommission (Mehrheitsvotum), Ziff. 889.

E. Wirtschaftliche Selbststeuerung

Der Staat muß kraft Verfassungsauftrag (Sozialstaatsprinzip und Rechtsstaatsprinzip) die in vielfältiger Weise gewährten staatlichen Leistungen, auf die die Bürger angewiesen sind, jederzeit und gleichmäßig erbringen. „Insbesondere darf ihn ein verwaltungsinterner Bezahlungskonflikt nicht veranlassen, Leistungen, auf die der Bürger angewiesen ist, zu unterbrechen oder einzuschränken"[61]. Gewichtiger noch als dieses Argument aber ist eine politisch-soziologische Überlegung: Die Nichterfüllung öffentlicher Aufgaben, die durch Streiks erzwungen wird, wird in den Augen des Durchschnittsbürgers meist bis zu einem gewissen Grad auch den verantwortlichen Politikern angelastet. Bewußt oder unbewußt nimmt man es ihnen übel, daß sie die gleichmäßige Erbringung der öffentlichen Leistungen nicht gewährleisten können. Die Erwägung, daß die Politiker durch Nachgiebigkeit zwar den Streik vermeiden, aber den Interessen der steuerzahlenden Gesamtheit langfristig wahrscheinlich eher schaden, wird dagegen weniger auf das Wählerverhalten durchschlagen; denn sie setzt die Verarbeitung komplizierter Zusammenhänge voraus, mit der im allgemeinen nur eingeschränkt gerechnet werden kann[62]. Wahlbewußte Politiker — und jeder Politiker ist wahlbewußt und muß es sein[63] — antizipieren diese Situation gedanklich und suchen sie deshalb möglichst zu vermeiden. Ein Politiker hat verständlicherweise kein Interesse, es zu einer Situation kommen zu lassen, die seine politische Machtposition eher zu schwächen als zu stärken geeignet ist. Die Neigung, den Forderungen der Gewerkschaften nachzugeben, um einen Arbeitskampf zu vermeiden oder zu beenden, ist deshalb unter staatlichen Entscheidungsträgern besonders groß. Dagegen brauchen die Funktionäre der Gewerkschaften, die sich keiner allgemeinen Wahl stellen müssen, keine entsprechenden Rücksichten zu nehmen. Sie werden nur von ihren Mitgliedern gewählt, die im Gegenteil eine entschiedene Durchsetzung ihrer partikularen Interessen im allgemeinen am meisten honorieren[64]. Gegenüber einer Androhung der Gewerkschaft des öffentlichen Dienstes, öffentliche Einrichtungen lahmzulegen, sehen die verantwortlichen Politiker in dieser Situation meist nur die Möglichkeit der Kapitulation[65].

Ein zweiter Grund für die ungleichen Kräfteverhältnisse liegt darin, daß die Durchsetzung überhöhter Abschlüsse für die Arbeitnehmer im öffentlichen Dienst praktisch kein Risiko mit sich bringt. Damit entfällt aber die disziplinierende Wirkung, die das Bestehen solcher Risiken im privaten Bereich ausübt. In der Privatwirtschaft kann die Durchsetzung überzogener Lohnforderungen manch ein Unternehmen in Unrentabilität und Konkurs treiben und dadurch die Arbeitsplätze gefährden. Dies gilt besonders dann, wenn die Bundesbank den geldpolitischen Spielraum straff begrenzt und damit eine Überwälzung überhöhter Löhne auf die Preise erschwert. Die gedankliche Vorwegnahme einer solchen Gefahr wirkt als Regulativ; sie erhöht nicht nur die Widerstandsbereitschaft der Arbeitgeber, sondern limitiert auch die Macht der Gewerkschaften[66]. Diese Bremswirkung des Arbeitsplatzrisikos gegen überhöhte Tarifabschlüsse fehlt im

---

[61] Dienstrechtskommission (Mehrheitsvotum), Ziff. 895.
[62] Näheres unten S. 153 ff.
[63] Näheres unten S. 136 f.
[64] Näheres unten S. 164 ff. — Die im Text dargelegten Zusammenhänge werden verkannt von *Weitbrecht*, Wirkung und Verfahren der Tarifautonomie, bes. S. 17.
[65] Vgl. auch *Zippelius*, VVDStRL 33, S. 128 f.: Wegen der „spezifischen Anfälligkeiten der modernen Industriegesellschaft" kann „die politische Gewalt durch eine relativ kleine Gruppe erpreßt werden". „Unser heutiges parlamentarisches System (verfügt) bei weitem nicht über ausreichende Sicherungen gegen solche Erpressungen."
[66] Sachverständigenrat, Jahresgutachten 1974, Ziff. 348.

§ 18 Kollektive Bestimmung durch Tarifvertrag

öffentlichen Dienst[67]: Hier sind die Arbeitnehmer ohnehin zu einem größeren Teil als in der Privatwirtschaft rechtlich unkündbar. Darüber hinaus brauchen die Arbeitnehmer auch eine Aussperrung praktisch nicht zu befürchten. Die im vorvorigen (und die im folgenden) Absatz genannten Gründe werden in aller Regel verhindern, daß die öffentlichen Arbeitgeber von dieser Möglichkeit Gebrauch machen.

Schließlich — und das ist ein dritter Grund für die unterlegene Position der vom Staat repräsentierten Allgemeinheit — kann man von den staatlichen Unterhändlern auch deshalb kaum Härte bei der Auseinandersetzung mit den Gewerkschaften der öffentlichen Bediensteten erwarten, weil sie häufig selbst Mitglieder oder gar führende Funktionäre dieser Gewerkschaften[68] und damit „von dem Kreis der Interessenten nicht unabhängig sind"[69]. Die Interessen der Arbeitgebervertreter sind darüber hinaus auch dadurch meist mit denen ihrer Verhandlungsgegner verquickt, daß ihre Gehälter vom Verhandlungsergebnis beeinflußt werden[70].

Die Ausführungen haben deutlich gemacht, daß es im öffentlichen Dienst an der ausgeglichenen Machtverteilung zwischen den Tarifparteien fehlt, die die Tarif- und Arbeitskampffreiheit im privaten Bereich rechtfertigt. Der Staat ist den Forderungen der Gewerkschaften weitgehend ausgeliefert. Faktische Parität ist nicht gegeben. Die Beteiligung des Staates an den Tarifauseinandersetzungen und -vereinbarungen im öffentlichen Dienst vermag eine Gemeinwohlorientierung nicht zu gewährleisten.

Die Unterlegenheit des Staates und seine mangelnde Fähigkeit, das Gemeinwohlkonforme gegen den Druck der Gewerkschaften des öffentlichen Dienstes durchzusetzen, zeigte sich besonders Anfang 1974: Nach einem kurzen Streik, der die öffentlichen Arbeitgeber sehr rasch zum Einlenken veranlaßte, wurden im öffentlichen Dienst Einkommensverbesserungen in einer Höhe durchgesetzt (zwischen 11 und 18 v. H.)[71], die von Bundeskanzler und Bundeswirtschaftsminister vorher ausdrücklich als gesamtwirtschaftlich unverantwortlich bezeichnet worden waren. Dadurch setzte die öffentliche Hand auch für die Privatwirtschaft Zeichen und wurde insgesamt zum Vorreiter einer stabilitätswidrigen Lohnpolitik.

In der derzeitigen Form erscheint die kollektivautonome Regelung im öffentlichen Dienst unter dem Gesichtspunkt der von ihr verursachten hohen sozialen Kosten also äußerst bedenklich. Hinzu kommt, daß sie sich auch unter dem Gesichtspunkt des sozialen Nutzens nicht legitimieren läßt. Der soziale Nutzen liegt im privaten Bereich in der Schaffung einer Gegenmacht gegen einseitige Bestimmung der Arbeitsbedingungen durch die Arbeitgeber zu ihren Gunsten; es soll verhindert werden, daß die Interessen der Arbeitnehmer zu kurz kommen. Im privaten Bereich hat diese Arbeitnehmerschutzfunktion historisch die entschei-

---

67 *Rüthers*, Gewerkschaftsmacht gegen Staatsmacht, FAZ v. 23. 2. 1974; Dienstrechtskommission (Mehrheitsvotum), Ziff. 889; *Gutowski*, Sozialpolitische Nachrichten Nr. 10 v. 11. 3. 1974, S. 1; Gustav Heinemann, Interview in: Der Spiegel Nr. 51 v. 16. 12. 1974, S. 41 (43).
68 *Rüthers*, Interessenverfilzung zu Lasten der Bürger, FAZ Nr. 290 v. 14. 12. 1974, S. 13. Gustav Heinemann, a.a.O. (FN 67), S. 41: „Das geht soweit, daß ein Bürgermeister in Niedersachsen als der politische Repräsentant der Gemeinde gleichzeitig ÖTV-Funktionär ist ..."
69 Sachverständigenrat, Jahresgutachten 1974, Ziff. 348.
70 *Rüthers*, FAZ v. 14. 12. 1974. — Die arbeitsrechtliche Rechtsprechung und Lehre hat zur Vermeidung solcher die Ausgewogenheit der Verhandlungsmacht beeinträchtigender Interessenverquickungen den Grundsatz der Gegnerfreiheit der Koalitionen entwickelt; dazu gehört auch die Unabhängigkeit von der Gegenseite. Dazu *v. Münch*, BK, Art. 9, Rdnr. 105; *Maunz*, Maunz/Dürig/Herzog, Art. 9, Rdnr. 98, jeweils m. w. N.
71 Sachverständigenrat, Jahresgutachten 1974, Ziff. 133.

E. Wirtschaftliche Selbststeuerung

dende Rolle für die Entwicklung der gewerkschaftlichen Gegenmacht gespielt und ist auch heute noch von einiger Bedeutung. Im öffentlichen Bereich bedarf es dieses Schutzes aber von vornherein gar nicht; der Staat ist mit dem privaten Arbeitgeber, der seine Interessen möglichst weitgehend durchzusetzen sucht und dabei die Interessen der Arbeitnehmer vernachlässigt, nicht vergleichbar. Denn die Gemeinwohlorientierung der Entscheidungen, die im privaten Bereich aus dem gegengerichteten Zusammenwirken von Arbeitgebern und Gewerkschaften folgen soll, soll sich im Prozeß der parlamentarisch-demokratischen Willensbildung schon für sich ergeben. Ziel und Idee dieses Prozesses ist es, daß widerstreitende Interessen gegeneinander abgewogen und einem billigen Interessenausgleich zugeführt werden. Dabei werden auch die Interessen der öffentlichen Bediensteten einbezogen und angemessen berücksichtigt. Die staatliche Willensbildung verspricht also bereits alleine und für sich einen angemessenen Ausgleich zwischen den Interessen der öffentlichen Bediensteten und den übrigen Komponenten des Allgemeininteresses. Es bedarf anders als im privaten Bereich keines Gegengewichts. Eine dennoch bestehende (streikbewehrte) gewerkschaftliche „Gegenmacht" zwingt den Staat, sich „mit einer verhältnismäßig kleinen Gruppe auf Gedeih und Verderb arrangieren zu müssen"[72] und führt dadurch vom Gemeinwohlrichtigen gerade fort.

Diesen schweren Bedenken gegen die Tarifautonomie, insbesondere das Streikrecht, im öffentlichen Dienst kann auch nicht entgegengehalten werden, die tarifautonome Regelung der Arbeitsbedingungen ermögliche den öffentlichen Bediensteten immerhin einen etwas höheren Grad an Partizipation[73] und sei deshalb jedenfalls unter dem Aspekt der Mitbestimmung der gesetzlichen Regelung vorzuziehen. Denn zum einen entspricht der verstärkten Einwirkung der Gewerkschaften der öffentlichen Bediensteten als Kehrseite der Medaille eine Verminderung des Mitwirkungsgrades der ebenfalls betroffenen Allgemeinheit, zum anderen setzt die tarifautonome Mitwirkung nicht notwendig ein Streikrecht voraus.

Gegen eine gesetzliche Regelung wird schließlich eingewandt, es fehle dem Gesetzgeber an objektiven Kriterien für die Bemessung der Besoldung im öffentlichen Dienst; deshalb bedürfe es eines Verfahrens, in dem angemessene Ergebnisse zustande kämen; der kollektive tarifautonome (streikbewehrte) bargaining-Prozeß stelle eben ein solches Verfahren dar. — An dieser Argumentation ist zunächst richtig, daß sich eine gemeinwohladäquate Einkommensentwicklung der öffentlichen Bediensteten nicht a priori bestimmen läßt und es deshalb angemessener Verfahren zu ihrer Festlegung bedarf[74]. Es handelt sich hier um einen Anwendungsfall der allgemeinen bei der Gemeinwohlbestimmung bestehenden Problematik[75]. Die Argumentation ist aber nicht schlüssig, sofern sie die Entscheidung für eine tarifliche Regelung in der herkömmlichen Ausprägung begründen soll. Denn auch die parlamentarisch-demokratische Willensbildung und Entscheidung, die als eine Alternative zum derzeitigen tariflichen Prozeß in Frage kommt, ist — genau wie dieser — ein Verfahren, dessen Sinn in der Erzielung an-

---

72 Franz *Mayer*, FS *Scupin*, 1973, S. 272; ders., Verfassungsrechtliche Grenzen, S. 658.
73 Dienstrechtskommission (Minderheitsvotum), Ziff. 922, 946. — Dazu, daß für den einzelnen Arbeitnehmer die „Fremdgesetzlichkeit und Fremdautorität" tariflich gesetzten Rechts „nicht wesentlich schwächer als beim staatlichen Recht" ist, Hans *Huber*, Staat und Verbände, in: Rechtstheorie, Verfassungsrecht, Völkerrecht, S. 361 (366 f.); Herbert *Krüger*, RdA 1957, S. 201 (202).
74 Dienstrechtskommission (Minderheitsvotum), Ziff. 931.
75 Oben S. 48 ff.

gemessener Ergebnisse besteht — trotz und gerade wegen des Fehlens von a priori-Kriterien für die inhaltliche Richtigkeit.

Darüber hinaus reicht es nicht aus, daß die Willensbildung und Entscheidung über die finanziellen Belange des öffentlichen Dienstes überhaupt in irgendeinem Verfahren erfolgt, welches definitive Ergebnisse hervorbringt. Es muß sich vielmehr um ein Verfahren handeln, das so gestaltet ist, daß es gemeinwohlverträgliche Ergebnisse verspricht. Ein solches Verfahren braucht gewiß nicht unbedingt und von vornherein das demokratisch-parlamentarische Verfahren zu sein. Die kollektiv-tarifliche Selbstbestimmung im öffentlichen Dienst muß nicht schon allein deshalb, weil sie ein anderes Regelungsverfahren darstellt, „mit dem Makel der Gemeinwohlgefährdung behaftet sein"[76]. Unerläßlich aber ist, daß die Verfahrensregelungen angemessen ausgestaltet sind (und so eine „sinnvolle Ordnung des Arbeitslebens" bewirken)[77]. Bei einem macht- und interessentenbestimmten Verfahren wie der tarifautonomen Festlegung der Arbeitsbedingungen setzt dies voraus, daß zumindest die Machtverteilung zwischen den Kontrahenten ausgewogen ist[78]. Die reale Gleichgewichtigkeit ist ein „grundlegendes Erfordernis" und ein „wichtiges ungeschriebenes Baugesetz des demokratischen Staates"[79]. An der ausgewogenen Machtverteilung fehlt es aber im Verhältnis zwischen Staat und Gewerkschaften des öffentlichen Dienstes[80].

Die fundamentalen Mängel des kollektiven (streikbewehrten) Selbstbestimmungsverfahrens im öffentlichen Dienst können durch Einführung eines Schlichtungsverfahrens[81] oder einer befristeten Friedenspflicht („Abkühlungsphase") in ihren Auswirkungen gemindert, aber schwerlich beseitigt werden.

Auch eine Beschränkung des Streikverbots auf besonders dringliche öffentliche Leistungen ist wohl keine befriedigende Lösung. Die Abgrenzungsprobleme dürften kaum zu überwinden sein. Zudem liegt der Unterschied zum privaten Bereich nicht so sehr in der Dringlichkeit des Bedarfs — andernfalls müßte auch das Streikrecht in der Arznei- und Nahrungsmittelwirtschaft aufgehoben werden —, sondern vielmehr darin, daß die streikbewehrte Tarifautonomie generell ein unangemessenes Regelungsverfahren für den öffentlichen Dienst darstellt.

Zusammenfassend läßt sich festhalten: Tarifautonomie und Arbeitskampffreiheit im öffentlichen Dienst bringen gegenüber der Regelung durch den Gesetzgeber keinen sozialen Nutzen, aber beträchtliche soziale Kosten mit sich. Sie sind nicht nötig und höchst schädlich und deshalb als Gemeinwohlverfahren denkbar ungeeignet. Die streikbewehrte Tarifautonomie ist ihrem Sinn nach „für den allgemeinen Arbeits- und Wirtschaftsbereich gedacht und nicht für den ganz anders gearteten Bereich des öffentlichen Dienstes"[82]. Bedenkt man, daß die sinnvolle

---

76 So mit Recht Dienstrechtskommission (Minderheitsvotum), Ziff. 937; mißverständlich *Dürig*, Maunz/Dürig/Herzog, Art. 1, Rdnr. 116; Franz *Mayer*, Verfassungsrechtliche Grenzen, S. 657.
77 BVerfGE 4, S. 96 (107).
78 Oben S. 52.
79 *Scheuner*, in: Der Staat und die Verbände, S. 12.
80 Oben S. 109 ff.
81 Ende 1974 wurde mit Wirkung vom 1. 1. 1975 ein Schlichtungsverfahren zwischen den Tarifvertragsparteien des öffentlichen Dienstes vereinbart.
82 Franz *Mayer*, Verfassungsrechtliche Grenzen, S. 660; *Forsthoff*, Verfassungsrechtliche Grenzen einer Reform des öffentlichen Dienstrechts, S. 17 (53): „Angesichts der unmittelbaren Bedeutung, die das Funktionieren des Staates sowohl als Ordnungsgarant wie als Leistungsträger für die individuelle Daseinsführung von jedermann hat, (können) im vitalen Sinne gewonnen hat, (können) für den Streik im öffentlichen Dienst die Rechtsregeln des auf völlig andere Gegebenheiten zugeschnittenen normalen Streiks nicht gelten." Ebenso *Doehring*, Staatsrecht, S. 313 f. m. w. N. — Ein gewisser Anhaltspunkt dafür, daß der verfassungsrechtliche Schutz der Tarifautonomie nicht die Fälle deckt, in denen der Staat

E. Wirtschaftliche Selbststeuerung

Organisation der öffentlichen Bediensteten eine Schlüsselrolle in der gesamten Politik innehat, die sich nicht zuletzt in dem zunehmenden Gewicht der Personalausgaben der Gebietskörperschaften niederschlägt[83], dann erscheint es besonders dringlich, gerade hier für ein angemessenes Gemeinwohlverfahren zu sorgen[84].

An den angestellten verfassungstheoretischen Erwägungen muß sich auch die verfassungsrechtliche Interpretation des Art. 9 Abs. 3 GG ausrichten. Angesichts der Erkenntnis, daß das Verfahren der kollektiven Selbstbestimmung mit Arbeitskampffreiheit im öffentlichen Dienst nicht paßt, weil es sowohl an der Schutzwürdigkeit der Arbeitnehmer als auch an der realen Parität zwischen Arbeitgeber und Gewerkschaft fehlt[85], und der daraus folgenden besonders großen sozialen Dysfunktionen erscheint eine Beseitigung des Streikrechts im öffentlichen Dienst mit Art. 9 Abs. 3 GG vereinbar[86]. Man wird sich darüberhinaus fragen müssen, ob eine solche Beseitigung von der Verfassung als Gemeinwohlordnung nicht sogar gefordert wird[87]. Aus Art. 9 Abs. 3 GG wird mit Recht die Verpflichtung des Gesetzgebers abgeleitet, den tariflichen Auseinandersetzungsprozeß angemessen zu organisieren[88]. Hinsichtlich solcher Bereiche, in denen die Arbeitskampffreiheit als Organisationsprinzip schlechthin unangemessen ist, wie im öffentlichen Dienst, kann die Verpflichtung sinnvollerweise wohl nur dahin verstanden werden, daß der Gesetzgeber ganz auf das Streikrecht zu verzichten und für ein angemessenes Regelungsverfahren zu sorgen hat.

Wenn es richtig ist, daß das Grundgesetz eine Ordnung zur Realisierung des Gemeinwohls bilden soll und diese wesentlich von der angemessenen Ausgestaltung der Verfahren der Willensbildung und Entscheidung abhängt, dann muß die Verfassungsordnung gegenüber unangemessenen Ausgestaltungen dieser Verfahren besonders empfindlich reagieren und sie mit aller Macht zu unterbinden suchen. Die Wahrung angemessener Gemeinwohlverfahren erscheint dann als verfassungsrechtliche Schlüsselaufgabe[89]. Dies gilt gerade auch für den wichtigen Bereich der Festlegung der Arbeitsbedingungen im öffentlichen Dienst.

---

selbst Tarifpartner ist, läßt sich auch nur aus der Rechtsprechung des Bundesverfassungsgerichts gewinnen, wenn es in BVerfGE 18, 295 (304) heißt, Art. 9 Abs. 3 gewährleiste den Koalitionen in einem Kernbereich, „die Arbeits- und Wirtschaftsbedingungen in eigener Verantwortung und im wesentlichen *ohne staatliche Einflußnahme* zu gestalten."

83 *Borell*, Die Personalausgaben der Gebietskörperschaften.
84 Sehr skeptisch hinsichtlich der politischen Realisationschance: *Soell*, DÖV 1974, S. 147 (152). Vgl. dazu generell unten S. 188 ff.
85 Oben S. 109 ff.
86 Vgl. auch Franz *Mayer*, Verfassungsrechtliche Grenzen, S. 660: „Eine Besitzstandsgarantie für bestehende Autonomiebefugnisse von Gewerkschaften kennt Art. 9 Abs. 3 nicht". Dies folgt aus dem anthropozentrischen Ausgangspunkt dieser Arbeit (oben S. 13 ff. und S. 107) ohne weiteres. Anderer Ansicht aber *Schick*, Rechtsgutachten, S. 262.
87 Vgl. besonders *Forsthoff*, Verfassungsrechtliche Grenzen, S. 50–54 m. w. N. – Der Einwand *Däublers* (Der Streik im öffentlichen Dienst, S. 151), eine Beseitigung des Streikrechts im öffentlichen Dienst scheitere an der Wesensgehaltsgrenze des Art. 19 Abs. 2 GG, kann nicht durchgreifen, weil eine solche Einschränkung nur für den öffentlichen Dienst in Frage kommt. Franz *Mayer*, Verfassungsrechtliche Grenzen, S. 655. – Dazu, daß die verfassungsrechtliche *Ermächtigung* des Gesetzgebers, allgemeine Interessen zu wahren, oft nicht ausreicht, sondern es einer dahingehenden *Verpflichtung* bedarf, unten S. 289.
88 *Maunz*, Maunz/Dürig/Herzog, Art. 9, Rdnrn. 92, 127.
89 Oben S. 48 ff. und unten S. 183.

F. Politische Selbststeuerung

§ 19 Demokratie als Verfahren

Es wurde oben dargelegt, daß sich die Beurteilung gemeinschaftserheblicher Willensbildungsverfahren, wie der vertraglichen oder tarifvertraglichen, allein danach richtet, ob sie sowohl beim Zustandekommen der Willensbildung als auch hinsichtlich ihrer inhaltlichen Ergebnisse eine möglichst weitgehende Gewähr für eine relative Optimierung der Gemeinwohlgrundwerte bieten. Dies gilt auch für die Demokratie als Form der politischen Willensbildung. Auch sie ist kein zu verabsolutierendes Ziel an sich[1] — so wenig wie irgendeine andere der behandelten Verfahrensarten gemeinschaftserheblicher Willensbildung ein absolutes Ziel sein kann. Wer sich daran erinnert, in welchem Maße man zu Zeiten Vertrag und Tarifvertrag tabuisiert hatte (und z. T. noch heute daran festhält), der wird sich allerdings nicht wundern, daß in häufiger Verkürzung der Perspektive auch die Demokratie als absoluter Wert gesetzt und ihr verfahrensmäßiger Mittelcharakter zur Optimierung letzter Werte nicht mehr erkannt wird. Es ist deshalb nicht von vornherein und ohne nähere Prüfung sinnvoll, das Verfahren und die Ergebnisse „der" demokratischen Methode mit dem Gemeinwohl zu identifizieren[2], wie dies allerdings nicht selten — und nicht nur von seiten des klassischen Positivismus — geschieht[3]. Dies kann schon deshalb nicht sinnvoll sein, weil es zu verschiedenen Zeiten und in verschiedenen Ländern ganz unterschiedliche Ausprägungen der demokratischen Methode (im Sinne der Tradition der westlichen Demokratien) gibt und gegeben hat. Die demokratische Willensbildung ist nicht allein schon deshalb richtig, weil sie Mehrheitsentscheidung ist[4], sondern auch deshalb, weil (und soweit) die demokratische Mehrheitsentscheidung die größte Chance der Optimierung der Gemeinwohlwerte bietet[5]. Alles demokratische und parlamentarische Denken ist letztlich immer von der Motivation beherrscht gewesen, ein Willensbildungs- und Entscheidungsverfahren zu entwickeln, in dem die relevanten Werte optimiert werden[6].

Von der positivistischen Gesetzesgläubigkeit zur kritischen Beurteilung der Staatswillensbildung

Es gab nun allerdings eine Epoche — und diese liegt noch gar nicht lange zurück, so daß wir auch heute noch ihre Auswirkungen verspüren —, da begnügte sich die Rechtswissenschaft mit der Feststellung, daß ein bestimmter Akt Ausfluß des Staatswillens sei; sie lehnte seine inhaltliche Beurteilung unter wert- und erkenntnisorientierten Richtigkeitskriterien ab und interessierte sich auch nicht für die Art und Weise seines Zustandekommens[7]. Eine solche Haltung scheint dem Verständnis der Demokratie als Verfahren zur Optimierung der Grundwerte dia-

---

1 *Bäumlin*, Rechtsstaatliche Demokratie, S. 35 ff.; *Marcic*, Vom Gesetzesstaat zum Richterstaat, S. 381; *Schumpeter*, Kapitalismus, Sozialismus und Demokratie, S. 284, 384.
2 *Casinelli*, Public Interest, S. 48; *Bodenheimer*, Public Interest, S. 209 f.
3 H. H. *Rupp*, Wohl der Allgemeinheit, S. 120.
4 So aber wohl noch *Radbruch*, Rechtsphilosophie, S. 84; ders., Die politischen Parteien, S. 285 (289). Vgl. dann aber auch *Radbruch*, Gesetzliches Unrecht und übergesetzliches Recht (1946), in: Rechtsphilosophie, S. 347 ff. (357).
5 Dies hat *Schumpeter* anhand von Beispielen überzeugend dargelegt (Kapitalismus, S. 381 ff.). Vgl. auch v. *Hayek*, Die Verfassung der Freiheit, S. 128 f. — Näheres oben S. 45 ff.
6 v. *Simson*, VVDStRL 29, S. 35. Vgl. auch *Kriele*, VVDStRL 29, S. 50: Parlamentarische Demokratie als Ergebnis „der Suche nach den verhältnismäßig günstigsten institutionellen Bedingungen für die Verwirklichung des Naturrechts im positiven Recht".
7 *Krüger*, Staatslehre, S. 304.

F. Politische Selbststeuerung

metral zu widersprechen. Zugrunde liegt das Willensdogma des Positivismus, das uns in dieser Arbeit bereits bei Behandlung der zivilrechtlichen Vertragslehre begegnet ist[8]. Zwischen zivilrechtlichem und staatsrechtlichem Positivismus[9] besteht eine enge Beziehung: Es war die Zivilrechtswissenschaft der zweiten Hälfte des 19. Jahrhunderts, aus der die Wissenschaft vom öffentlichen Recht erst die Beschränkung auf den formalen Willen des jeweiligen Rechtssubjektes (hier: des Staates) übernommen hatte[10]. Entsprechend der Forderung Carl Friedrich v. Gerbers, das Staatsrecht „von allen nicht juristischen, bloß der ethischen und politischen Betrachtung angehörenden Stoffen" zu „reinigen"[11], wurden alle soziologischen, ökonomischen und psychologischen Elemente aus der rechtswissenschaftlichen Betrachtung ausgeschlossen[12]. Der Jurist dürfe „sich nicht mit Fragen befassen, die der Psychologe oder Soziologe aufwirft und daher nur dieser mit seinen besonderen Forschungsmethoden zu beantworten imstande ist"[13]. Für ihn könne nur die formale Willensentscheidung der Gesetzgebungsorgane Bedeutung haben. Ihr Inhalt sei stets — sozusagen ex definitione — auch als gerecht anzusehen. Damit werden Rechtsstaat und Gemeinwohl zu extrem formalen Begriffen und Eigenschaften, die allen Staaten zukommen[14], was — mit den Worten Hermann Hellers — in der äußersten Konsequenz dazu führen kann, daß der „Unterschied zwischen einer Räuberbande und dem Staat unauffindbar" wird[15].

Diese Form extremer Gesetzesgläubigkeit war zu ihrer Zeit allerdings durchaus nicht so wertblind, wie es uns heute — insbesondere nach den Erfahrungen im nationalsozialistischen Deutschland — bei oberflächlicher Betrachtung zunächst anmuten mag. Man ging nämlich davon aus, die Verwirklichung von Richtigkeit und Vernunft werde am besten vom demokratischen Gesetzgeber als berufenem Vertreter der von den Gesetzen Betroffenen gewährleistet[16]; und diese Gesetzesgläubigkeit des Frühliberalismus und der konstitutionellen Monarchie hatte, wie Bachof[17] und andere[18] aufgezeigt haben, in Anbetracht der ausbalancierten Gewalten von Monarch und Parlament, der damals tatsächlich weitgehend praktizierten Allgemeinheit der Gesetze und — wie man hinzufügen muß — bei der Beschränkung des Blicks auf die Interessen des gebildeten Besitzbürgertums durchaus eine gewisse inhaltlich-materiale Berechtigung. Solange aber die inhaltliche Richtigkeit der Gesetze verbürgt schien, entfiel für den Juristen die Notwendigkeit und damit weitgehend auch der Antrieb, sich mit dem soziologischen Vorfeld der Gesetzgebungsentscheidungen zu beschäftigen. Er durfte, so schien es in dieser Sicht, eine quietistische Haltung einnehmen und konnte sich auf die Behandlung „reiner Rechtsfragen" (Windscheid) beschränken.

Die Parallele zur zivilrechtlichen Vertragslehre, deren Beschränkung auf die formalen Willensakte der Kontrahenten ihre material-inhaltliche Rechtfertigung

---

[8] Oben S. 85 f.
[9] Vgl. zum staatsrechtlichen Positivismus auch *Krüger*, Staatslehre, S. 69 f. m. w. N.
[10] *Ehmke*, Staat und Gesellschaft, S. 41 f.; *ders*. VVDStRL 20, S. 53 m. w. N. in FN 1.
[11] *v. Gerber*, Grundzüge eines Systems des deutschen Staatsrechts, 3. Aufl., S. 30 f.
[12] *Laband*, Das Staatsrecht des deutschen Reiches, 1. Bd., 4. Aufl., S. IX: „Alle historischen, politischen, philosophischen Betrachtungen ... sind für die Dogmatik eines konkreten Rechtsstoffes ohne Belang".
[13] *Kelsen*, Hauptprobleme der Staatsrechtslehre, 1. Aufl., S. VIII.
[14] *Kelsen*, Allgemeine Staatslehre, S. 91.
[15] *Heller*, Die Krisis der Staatslehre, Ges. Schriften II, S. 8.
[16] C. *Schmitt*, Verfassungslehre, S. 138 ff.; *Krüger*, Staatslehre, S. 70.
[17] *Bachof*, FS Hans Huber, 1961, S. 37 ff.
[18] Z. B. Carl *Schmitt*, Der Hüter der Verfassung, 1931, S. 77; Fritz *Werner*, Recht und Gericht in unserer Zeit, S. 187; *Forsthoff*, Der Staat der Industriegesellschaft, S. 16.

letztlich aus der Vorstellung von der harmonisch-gerechten wirtschaftlich-gesellschaftlichen Selbststeuerung gewann[19], liegt auf der Hand. Und auch heute wieder zeigt sich im Abrücken vom Formalismus die Parallelität in der rechtswissenschaftlichen Beurteilung von Vertrag und Gesetz; allerdings scheint auch heute wieder das Zivilrecht dem öffentlichen Recht einen Schritt voraus zu sein. So findet die Bedeutung, die die moderne zivil-, insbesondere die arbeits- und wirtschaftsrechtliche Vertragslehre sowohl dem Vertragsinhalt als auch vor allem dem milieu contractuel[20], d. h. der Art und Weise des Zustandekommens des Vertrages im Kräftefeld der divergierenden Interessen, zuerkennt[21], erst allmählich ihre Entsprechung in der wachsenden Überzeugung der Staatsrechtslehre von der Notwendigkeit, sich mit dem milieu législatif zu befassen, also mit der Frage, *wie* die staatliche Willensbildung zustande kommt[22]. Damit tritt die „Vorformung des politischen Willens"[23] im vorparlamentarischen Raum[24] ins juristische Blickfeld. Die durch den Positivismus verschüttete[25] Erkenntnis, daß richtige Gesetze durchaus keine Selbstverständlichkeit sind, sondern ihre Erarbeitung uns Menschen in dauerndem stetem Bemühen aufgegeben ist — eine Erkenntnis, die seit vielen Generationen zum festen Bestandteil alles Gemeinschaftsdenkens gehört hatte — erhält wieder den ihr zukommenden Platz.

Im folgenden ist zunächst zu skizzieren, daß und warum auch eine demokratische Gesellschaft, wie die der Bundesrepublik, die den Menschen in den Mittelpunkt ihres Wertsystems stellt, überhaupt eine einheitliche und deshalb zentrale Willensbildung, also eine staatliche Organisation braucht[26]; dabei ist wiederum vom „gedachten" liberalen Staat auszugehen.

Über die Notwendigkeit zentraler Willensbildung

Es wurden oben als öffentliche Aufgaben (Interessen) diejenigen Tätigkeiten zur Befriedigung von Bedürfnissen der Staatsbürger festgehalten, deren Übernahme durch den Staat deshalb erforderlich ist, weil der Selbststeuerungsmechanismus sie entweder überhaupt nicht oder nur weniger gut bzw. mit höheren sozialen Kosten erfüllen kann. Die Frage, welches solche öffentlichen Interessen

---

19 Oben S. 86 ff.
20 *Radbruch*, Rechtsphilosophie, S. 246.
21 Oben S. 87, 93.
22 Entsprechend wird bei der Gesetzes- und Verfassungsauslegung dem jeweiligen Wirklichkeitszusammenhang, der Ambiance (*Ehmke*, VVDStRL 20, 63) zunehmende Bedeutung zuerkannt; auch in dieser Interpretationsdiskussion haben die Zivilrechtler die Wege gewiesen. *Scheuner*, Die Neuere Entwicklung des Rechtsstaats in Deutschland (1960), S. 259 unter Hinweis auf Essers „Grundsatz und Norm" in FN 142; *Ehmke*, a.a.O., S. 54: „Die Führung in der Interpretationsdiskussion (ist) heute an die Zivilrechtler übergegangen". Angesichts der zentralen Bedeutung der Interpretationsdiskussion für das öffentliche Recht, besonders für das Verfassungsrecht, hat sich hier jedoch „die Grundfrage juristischer Interpretation mit nahezu dramatischer Intensität gestellt". P. *Schneider*, VVDStRL 20, S. 2. Inzwischen hat die Staats- und Verfassungsrechtslehre in der Methodendiskussion aber beträchtlich aufgeholt, möglicherweise hat sie jetzt sogar die Führung übernommen. So H.-P. *Schneider*, DÖV 1975, S. 443 (444).
23 *Scheuner*, Der Staat und die Verbände, S. 14; *Hesse*, Grundzüge, S. 62; BVerfGE 8, S. 104 (112 ff.); 14, S. 121 (132).
24 *Schmölders*, Finanzpolitik, 3. Aufl., § 16 (S. 119 ff.).
25 Hans *Schneider*, NJW 1962, S. 1273 (1278).
26 Zur grundlegenden Bedeutung dieser Fragestellung *Henke*, Die Lehre vom Staat, Der Staat 1973, S. 219: „Wir haben den Staat noch, wir wissen nicht warum, und auch diejenigen, die meinen, daß der Staat im hergebrachten Sinn noch notwendig sei, können ihre Meinung nicht recht begründen." Zum Mangel an überzeugenden Begründungen für die Notwendigkeit und Rechtfertigung des Staates und seiner Aufgaben vgl. auch *Scheuner*, Staatszielbestimmungen, FS *Forsthoff*, 1972, S. 325 (340 ff.). Dazu, daß der Staat von seiner Rechtfertigung lebt und sich für jede Generation das Rechtfertigungsproblem von neuem stellt: *Heller*, Staatslehre, in: Ges. Schriften III, S. 326; *ders.*, Die Krisis der Staatslehre, Ges. Schriften II, S. 29.

F. Politische Selbststeuerung

sind, führt, wenn wir wieder den wirtschaftlichen Bereich in den Mittelpunkt stellen, zwangsläufig zu einer Besinnung auf die Grenzen des marktwirtschaftlichen Mechanismus.

Der marktwirtschaftliche Leistungsaustausch beruht auf dem Grundprinzip „do, ut des": Niemand ist bereit, etwas zu verschenken; jeder gibt einen Gegenstand oder eine Dienstleistung nur deshalb her, weil er anders nicht in den Genuß des gewünschten Tauschgegenstandes, der auch Geld sein kann, gelangen kann. Wer nicht bereit ist, eine Leistung zu bezahlen, wird von ihr ausgeschlossen (Ausschlußprinzip)[27]. Dieser Mechanismus kann offenbar nicht mehr funktionieren, wenn das Leistungs-Gegenleistungs-Synallagma aufgehoben ist, weil eine große Zahl von Menschen aus der Natur der Sache zwangsläufig in den Genuß von Leistungen, die irgendwelche Mitmenschen bereitgestellt haben, kommt, gleichgültig, ob sie eine Gegenleistung bzw. einen Kostenbeitrag erbracht haben oder nicht[28]. Musgrave nennt als Beispiele „ein Deichbauobjekt, dessen allgemeiner Nutzen einem ganzen Gebiet zugute kommt, eine Hygienecampagne, die den allgemeinen Gesundheitszustand innerhalb eines Gebiets hebt, oder Ausgaben für die Gerichtsbarkeit, die die innere Sicherheit gewährleistet und für die Einhaltung vertraglicher Verpflichtungen sorgt, und schließlich Schutzmaßnahmen gegen Angriffe von innen wie von außen"[29]. Von solchen Einrichtungen profitiert jeder Gebietsansässige unabhängig davon, ob er seinen Beitrag dazu geleistet hat, weil keiner von dem durch die Einrichtung gestifteten Nutzen ausgeschlossen werden kann[30]. Da die Leistung eines Beitrags oder seine Verweigerung durch einen einzelnen bei einer sehr großen Zahl von Nutznießern und potentiellen Beitragszahlern auch faktisch keinen Einfluß darauf hat, ob die anderen ihren Beitrag leisten und damit, ob der Deich gebaut, die Hygienecampagne durchgeführt, Gerichtsbarkeit, Polizei und Landesverteidigung eingerichtet werden, lohnt es sich für den einzelnen nicht, einen Beitrag zu zahlen[31]. Wer sich eigennützig und überlegt verhält wie ein homo oeconomicus würde also freiwillig keinen Beitrag entrichten. Wenn alle sich so verhielten, würden keine derartigen Gemeinschaftsgüter bereitgestellt, selbst wenn — unter Berücksichtigung der zur Erstellung erforderlichen Kosten — alle daraus einen Nettovorteil (mehr Nutzen als Kosten) erhielten. Wenn nur einige sich so verhielten, würden öffentliche Güter zwar wahrscheinlich bereitgestellt, möglicherweise aber

---

[27] *Musgrave*, Finanztheorie, 2. Aufl., S. 10; *Bernholz*, Politische Ökonomie, S. 144 ff.; zum Gesamtproblem auch *Mackscheidt*, Zur Theorie des optimalen Budgets, S. 61 ff. m. w. N.

[28] *Downs*, Government Budget in a Democracy, S. 547 ff.

[29] *Musgrave*, Finanztheorie, S. 10 f.

[30] Das gilt — jedenfalls zu einem wesentlichen Teil — auch vom Nutzen aus dem Bestehen einer funktionsfähigen Gerichtsbarkeit, selbst wenn für Prozesse Gerichtsgebühren erhoben werden, denn an der generalpräventiven Wirkung der Gerichtsbarkeit hat jeder teil, unabhängig davon, ob er die Gerichte tatsächlich jemals in Anspruch nimmt. Entsprechendes gilt von Straßen; auch wenn für ihre jeweilige Benutzung eine besondere Gebühr erhoben wird (was in den meisten Fällen aber verwaltungstechnisch gar nicht sinnvoll ist), dienen sie jedenfalls mittelbar auch anderen als den unmittelbaren Straßenbenutzern, indem sie das betreffende Gebiet erschließen. Es ist also nicht richtig, daß Straßenpflasterung und -beleuchtung nach dem Grundgedanken des Liberalismus der marktwirtschaftlichen Steuerung überlassen bleiben müßten, wie häufig — wohl im Anschluß an v. *Humboldts* insofern unrichtige Überlegungen (v. *Humboldt*, Über die Grenzen der Wirksamkeit des Staates) — angenommen wird, so z. B. von *Herzog*, Staatslehre, S. 115 FN 74.

[31] Anders kann es sein, wenn nur wenige Nutznießer vorhanden sind. Dann kann die Bereitstellung des öffentlichen Gutes sehr wohl davon abhängen, ob der Einzelne sich beteiligt, weil sein anteiliger Beitrag unter wenigen ein größeres relatives Gewicht hat als unter vielen. Hier liegt der berechtigte Grund für das verbreitete vage Empfinden, daß die gemeinsamen Interessen unbekannt vieler oder auch vieler Bürger, deren Anzahl bekannt ist, eine relativ große Affinität zu öffentlichen Interessen besitzen (wenn auch noch die weitere Voraussetzung der Unausschließbarkeit hinzukommen muß).

nicht in ausreichender Menge. In jedem Fall wäre die Lastenverteilung grob ungerecht.

Der Ausgleich zwischen individuellem Vorteilsstreben und allgemeinem Wohl, der bei privaten Gütern im Marktmodell zum Zuge kommt[32], funktioniert hinsichtlich öffentlicher Güter in großen Gemeinschaften also nicht einmal im Modell[33]. Die Entscheidungen über ihre Erstellung und über die Verteilung der Kosten ihrer Finanzierung können deshalb nicht über den Marktmechanismus erfolgen. Ein anderer Prozeß der Willensbildung muß ihn ersetzen.

Zu solchen öffentlichen Gütern, zu deren Befriedigung (Bereitstellung) der Marktmechanismus ungeeignet ist, gehört z. B. auch in weitem Umfang der Schutz der natürlichen Umwelt des Menschen vor Zerstörung[34]. Auch hier dient es den Interessen aller, wenn entsprechende Regeln aufgestellt und beachtet werden. Der einzelne mag jedoch noch größeren Vorteil aus ihrer gelegentlichen Verletzung ziehen. Obwohl das Bestehen solcher Regeln im Interesse aller Bürger liegt, kann also nicht davon ausgegangen werden, daß jeder sich auch im Einzelfall daran hält und seinen „Sozialbeitrag" leistet. Der Soziologe und Wirtschaftswissenschaftler Vilfredo Pareto hat diesen Sachverhalt in folgender Weise umschrieben:

Some „writers, such as Pufendorf, Hobbes, Spinoza, and Locke, think that there is a sanction für natural laws in the fact that the individual who violates them does harm to Society and hence to himself as a member of society.

The fallacy lies: (1) In regarding the amounts of gain or loss, on the assumption that *all* individuals are to act in one way or *all* in another, and in not considering the case where some individuals are to act in one way and some in another. (2) In going to extremes along the line of the above and considering gains only, or losses only. In fact, let us adopt the premise that if *all* individuals refrained from doing A every individual as a member of the community would derive a certain advantage. But if all individuals *less one* continue refraining from doing A, the community loss is very slight, whereas the one individual doing A makes a personal gain far greater than the loss he incurs as a member of the community"[35].

Der eigentliche Kern der Problematik läßt sich schlagwortartig als „Abweichung der individuellen von der kollektiven Rationalität" kennzeichnen[36]: Aus der Sicht jedes einzelnen homo oeconomicus ist es durchaus rational (im Hinblick auf die bestmögliche Wahrung seiner Interessen), sich nicht an einem Gemeinschaftswerk zu beteiligen bzw. sich nicht an eine allgemeine Regel zu halten. Alle zusammen schaden dadurch aber letztlich nur sich selbst. Sie stehen gemeinsam schlechter, als wenn sie sich alle daran halten würden. Es ergeben sich „Wertverschwendungen", weil die für alle nützlichen Gemeinschaftseinrichtungen überhaupt nicht oder doch nicht im ausreichenden Umfang geschaffen werden oder (und) die sozialen Kosten ihrer Erstellung und Aufrechterhaltung ungerecht

---

32 *v. Arnim*, Volkswirtschaftspolitik, S. 54 ff. m. w. N.
33 *Bernholz*, Politische Ökonomie, S. 196 ff.
34 Dazu *Seidenfus*, Umweltschutz, S. 821; Sachverständigenrat für Umweltfragen, Umweltgutachten 1974, Ziff. 26 ff. (bes. 30).
35 *Pareto*, The Mind and Society (Trattato di sociologia generale), ed. Arthur *Livingston* (1935), S. 945 f.
36 Abweichungen der individuellen von der kollektiven Rationalität beruhen, allgemein gesehen, darauf, daß Sätze, die für Teile einer Gesamtheit gelten, für die Gesamtheit selbst falsch sind. Beispiele: Wenn jemand im Kino aufsteht, sieht er besser als die anderen (allerdings auf deren Kosten). Stehen dagegen alle auf, so sehen alle schlechter (Beispiel nach *Krelle*). Der einzelne Mensch kann durch Taschendiebstahl reicher werden; für die Gesamtheit aller Menschen gilt dies offenbar nicht (Beispiel nach *Giersch*, Wirtschaftspolitik, S. 31). Eine einzelne Gruppe von Menschen kann durch intensive Interessenverbandstätigkeit Vorteile erreichen, was für die Gesamtheit aller Menschen ebenfalls nicht **zutrifft**.

F. Politische Selbststeuerung

verteilt werden. Der eigentliche Grund liegt, wie dargelegt, darin, daß das gemeinschaftsnützliche Verhalten eines einzelnen Menschen keinen Einfluß auf das eines jeden anderen als homo oeconomicus vorgestellten Menschen besitzt. Alles kommt deshalb darauf an, diese wechselseitige Unabhängigkeit zu beseitigen; gelingt dies, so ändert sich die Situation vollständig. Wenn jedermann davon ausgeht, daß es von seinem „Sozialbeitrag" abhängt, ob auch die anderen den ihren leisten, schließt sich die Kluft zwischen individueller und kollektiver Rationalität. Denn nun ist für den Einzelnen die Möglichkeit ausgeschaltet, auch als „Trittbrettfahrer" („free rider"), d. h. ohne eigenen Sozialbeitrag, in den Genuß des Sozialwerks zu kommen. Es geht also darum, das Individuum in seinem eigenen wohlverstandenen Interesse zu einem sozialverträglichen (= solidarischen) Verhalten zu bewegen[37], um im Wege einer Art konzertierten Aktion die Befriedigung der Kollektivbedürfnisse sicherzustellen, die von der marktwirtschaftlichen Steuerung nicht erwartet werden kann, und dadurch eine erhebliche Besserstellung aller, d. h. eine Erhöhung des gesamten Wertrealisierungsniveaus, zu bewirken[38].

Ein Versuch, individuelle und kollektive Rationalität in solchen Bereichen zur Deckung zu bringen, ist Kants kategorischer Imperativ, wonach jedermann so handeln soll, daß die Maxime seines Handelns allgemeines Gesetz sein könnte (Ethik als Mittel zur Überwindung der Diskrepanz zwischen individueller und kollektiver Rationalität)[39]. Es handelt sich letztlich um einen Appell zu vernunftgeleiteter Solidarität. Ein *anderer* Weg ist es, eben ein solches allgemeines Gesetz, dessen Inhalt und Geltungsbereich sich nach der „Gegenseitigkeitsregel"[40] ausrichtet, tatsächlich zu erlassen, für seine Durchsetzung zu sorgen und so die nötige Solidarität zu erzwingen. In der Sicherung der Solidarität durch Überwindung der Diskrepanz zwischen individueller und kollektiver Rationalität liegt in der Tat der eigentliche — häufig verkannte — Wert der „Herrschaft des Gesetzes"[41], der sog. rule of law[42]; erst aus diesen Zusammenhängen erhellt auch, warum Klassiker wie Hegel, Kant, Locke, Montesquieu und v. Stein das positive Gesetz, das sie notwendigerweise als allgemeines verstanden[43], ohne weiteres mit der Vernunft identifizierten[44].

---

37 Vgl. *Buchanan/Tullock,* The Calculus of Consent, Kap. 10 (S. 131–145); *Schröder,* Gesellschaftspolitik, S. 75 ff.
38 Vgl. auch *Denninger,* Rechtsperson und Solidarität, S. 243 f., der aus dem „Solidaritätsgedanken als Rechtsprinzip" ein „Verhältnis individualer Personen zueinander" entwickelt, wonach „die Ermöglichung der größten Wertfülle der eigenen Person und der anderen Rechtspersonen eine gemeinsame Aufgabe ist". Grimm, Solidarität als Rechtsprinzip.
39 *Kant,* Kritik der praktischen Vernunft, Kants Werke, hrsg. von *Cassirer,* Bd. 5, Berlin 1922, S. 35: „Handle so, daß die Maxime deines Willens jederzeit zugleich als Prinzip einer allgemeinen Gesetzgebung gelten könnte." Dazu Konrad *Huber,* Maßnahmegesetz und Rechtsgesetz, § 21 (S. 133–138). Prinzipiell dasselbe besagt die „Goldene Regel" (*Fechner,* Rechtsphilosophie, S. 101 ff.; *Spendel,* Die goldene Regel als Rechtsprinzip; *Maihofer,* Menschliche Würde, S. 131; *Dürig, Maunz/Dürig/ Herzog,* Art. 3, Rdnr. 160 II. — Vgl. dazu, daß derartiges Handeln nicht nur eine Frage des Wollens ist, sondern auch eine des (umfassenden) Wissens, an dem es dem einzelnen regelmäßig fehlt (ebenso wie an der zusätzlich noch erforderlichen übereinstimmenden Wertung), oben S. 34. Schon deshalb bedarf es in den modernen Wirtschaftsgesellschaften in jedem Fall der staatlichen Gesetze. *Heller,* Staatslehre S. 223.
40 Sie ist nach *Fechner,* Rechtsphilosophie, S. 101, „das elementare Gesetz allen Rechts schlechthin".
41 C. *Schmitt,* Verfassungslehre, S. 138 ff.
42 *v. Hayek,* Die Verfassung der Freiheit, S. 274 und passim; ders., Freiburger Studien, z. B. S. 113, 115 f.
43 Zur Allgemeinheit als „raison d'être" des Gesetzes *Duguit,* Manuel de droit constitutionel, 4. Aufl. 1923, S. 97. Vgl. dazu auch C. *Schmitt,* Verfassungslehre, S. 156 f.; *v. Hayek,* Die Verfassung der Freiheit, S. 273.
44 Vgl. dazu C. *Schmitt,* Verfassungslehre, S. 139 ff.; K. *Vogel,* VVDStRL 24, S. 125 (137–145 m. N.); *Zippelius,* Staatslehre, § 21 I (S. 131). Der Zusammenhang zwischen der klassischen Vorstel-

§ 19 Demokratie als Verfahren

Die Bedeutung der Solidarität als Voraussetzung für die Erstellung öffentlicher Güter klingt auch an, wenn Georg Jellinek die öffentlichen Interessen treffend als „Solidarinteressen" bezeichnet[45].

Der Kantsche Appell an die Solidarität vertraut, falls er wirklich meint, ohne Gesetze auskommen zu können, auf die jederzeitige moralisch-ethische Ansprechbarkeit des Menschen, ja aller Menschen, er unterstellt ein äußerst optimistisches Menschenbild[46]. Das dem zweiten Weg zugrundeliegende Menschenbild ist dagegen weniger optimistisch, erscheint dafür aber realistischer, entspricht es doch unserer täglichen Erfahrung, daß Gesetze immer wieder der sanktionsbewehrten Durchsetzung im Einzelfall bedürfen[47].

Das Menschenbild des zweiten Weges ist aber durchaus nicht nur von anthropologischem Pessimismus geprägt, sondern zugleich auch von anthropologischen Optimismus[48]; man geht zwar einerseits davon aus, daß die Menschen solch ordnende Gesetze brauchen, andererseits aber auch davon, daß sie sie sich selbst geben können und dies auch tun. Wie Odysseus sich an den Mast seines Schiffes binden ließ, um nicht dem Gesang der Sirenen zu verfallen, so erscheint der Mensch durchaus imstande, sich im Zustand ruhiger, vernünftiger Erwägung Gesetze zu geben und für ihre zwangsweise Durchsetzung zu sorgen (bzw. den Erlaß solcher Gesetze und ihre Durchsetzung zu billigen), um im eigenen weitsichtigen Interesse zu verhindern, daß er den täglichen Versuchungen zu egoistischem sozialwidrigen Verhalten möglicherweise erliegt (Gedanke der Selbstdisziplinierung und Selbstbindung)[49]. Diese in realistischer Weise differenzierende Sicht, die auf die unterschiedlichen Perspektiven des Menschen als allgemeinem Gesetzgeber und als Privatperson abhebt, läßt sich in Abwandlung eines Worts von Ehmke in folgender Weise formulieren: Des Menschen Egoismus macht politische Ordnungen nötig, seine Vernunft macht politische Ordnungen möglich[50].

Entscheidend für das Verständnis dieses Satzes ist, daß Vernunft *nicht gegen* den Egoismus durchgesetzt werden muß, sondern daß Vernunft und Egoismus sich zusammentun und in die gleiche Richtung wirken: Die am Eigeninteresse orientierte Rationalität drängt auf die Schaffung von solchen rechtlichen Regelungen, die die optimale Befriedigung der Interessen der Staatsbürger unabhängig von der moralisch-ethischen Disziplinierungskraft des einzelnen Bürgers macht. Dazu muß die Notwendigkeit innerer Disziplinierung durch die Einführung von Zwangsregeln ersetzt werden, die eine äußere Disziplinierung bewirken. Und zur Durchsetzung solcher Regeln bedarf es keiner besonderen moralisch-ethischen Qualitäten der Menschen, sondern „nur" der praktischen Vernunft, die erkennt, daß solche äußere Disziplinierung im Eigeninteresse aller liegt

---

lung vom allgemeinen Gesetz als unmittelbarem Anwendungsfall der raison humaine und seiner Funktion individuelle und kollektive Rationalität zur Deckung zu bringen, wird freilich im heutigen staatsrechtlichen Schrifttum nicht recht deutlich.

[45] *Jellinek*, Staatslehre, S. 252 ff.; ebenso *Köttgen*, VVDStRL 6, S. 119.
[46] Die Bedeutung der „tieferen Fragen für politische Anthropologie" für die Staats- und Verfassungstheorie liegt hier auf der Hand. *Scheuner*, Staatszielbestimmungen, FS Forsthoff, 1972, S. 343.
[47] *Heller*, Staatslehre, S. 223; *Morstein* Marx, Gemeinwohl und politische Strategie, S. 40.
[48] Zum „optimistischen Menschenbild" „prinzipieller politischer Einsichtfähigkeit" als Basis der demokratischen Staatsform: *Dürig*, Maunz/Dürig/Herzog, Art. 3, Rdnr. 114 ff.; *ders.*, VVDStRL 29, S. 126 ff.
[49] „Der Mensch kämpft hier gewissermaßen mit sich selbst" (*Krüger*, Staatslehre, S. 308), um Regelungen durchzusetzen, die ihn vor sich selbst schützen.
[50] *Ehmke*, Politik der praktischen Vernunft, S. 224: „Des Menschen Dummheit, seine Neigung zur Ungerechtigkeit, machen politische Ordnungen nötig, seine Vernunft, sein Sinn für Gerechtigkeit, machen politische Ordnungen möglich."

F. Politische Selbststeuerung

— und der Menschen, die daraus die Konsequenz ziehen. Kurzum, es geht um die Einrichtung solcher Regeln und Institutionen, die die Gemeinwohloptimierung möglichst unabhängig machen von der moralisch-ethischen Ansprechbarkeit der Menschen, die also auch dann zu möglichst optimalen Ergebnissen führen, wenn die Menschen ihrem Eigeninteresse folgen. Diese Regeln sind für große Bereiche des Wirtschaftslebens die marktwirtschaftlichen Regeln, nicht aber für die Produktion, Bereitstellung und Nutzung des gesellschaftlichen Gemeinbedarfs (öffentliche Güter = Kollektivgüter). Hier verlangt die am Eigeninteresse orientierte Rationalität kollektive — staatliche — Entscheidungsmechanismen. Die von Herzog geprägte Terminologie, Gesellschaft und Staat seien zwei verschiedene „Aggregatzustände"[51] des Volkes, braucht deshalb nicht in dem Sinne verstanden zu werden, daß es (das Volk) sich das eine Mal moralisch-sittlich erhebt und das andere Mal nicht; in beiden Fällen kann das Menschenbild vielmehr das gleiche sein, nämlich das vom Eigeninteresse motivierte und mit Rationalität begabte Individuum. Nur die Verfahrensregelungen, unter denen diese Qualitäten zum Optimum führen, divergieren je nach den zu entscheidenden Gegenständen.

Die klare Sicht auf diese Zusammenhänge ist von weittragender Bedeutung, vermag sie doch die scheinbar nicht zu klärende und häufig verneinte[52] „Kernfrage der Lehre vom Staat"[53] befriedigend zu beantworten, ob und wie der „Staat" überhaupt das „bessere Gewissen" und „bessere Gehirn"[54] des Menschen sein kann, obwohl er doch selbst „Werkzeug" des Menschen ist. Diese Erkenntnis hebt die Vorstellung, daß das „bessere Ich" sich bis zu einem gewissen Grad gegen das „natürliche Ich"[55], das Soll-Interesse des Menschen sich gegen sein Ist-Interesse[56] durchsetzen könne, über das Bild eines Münchhausen hinaus, der sich an seinem eigenen Schopf aus dem Sumpf zieht.

Die Zusammenhänge lassen sich auf folgende Weise zusammenfassen: Die individuelle Vernunft führt bei bestimmten Arten von Gemeinwohlproblemen, bei deren Bewältigung die marktwirtschaftliche Selbststeuerung mit ihren Rechtsinstituten Vertrag und Tarifvertrag versagen muß, nur dann zur kollektiven Vernunft, wenn die Menschen sich des allgemeinen Gesetzes oder sonstiger verbindlicher Regelungen und — da dies zu ihrer Hervorbringung einer zentralen Willensbildungsorganisation, eben des „Staates", bedürfen — des Staates als Werkzeug bedienen[57]. Der Staat als organisierte Entscheidungs- und Wirkungseinheit[58] bewirkt „potenzierte Leistungseffekte"[59].

Damit ist aufgezeigt, warum der Staat seiner Funktion nach die organisierte Instanz ist, deren Aufgabe es — auch und gerade im „gedachten" liberalen Staat — ist, Interessen, die allen Bürgern gemeinsam sind und die dem Marktmechanismus nicht anvertraut werden können, zu befriedigen. Das gilt es, sich gerade heute besonders zu vergegenwärtigen, wo diese Interessen gegen den Widerstand organisierter Gruppen durchgesetzt werden müssen[60] und angesichts des großen Gewichts dieser Organisationen zu kurz zu kommen drohen.

---

51 *Herzog*, Staatslehre, S. 141, 145, 149, 353.
52 Z. B. von *Häberle*, AöR, 1973, S. 119 (126); *Henke*, Der Staat 1973, S. 219 (228).
53 *Henke*, a.a.O., S. 226.
54 *Herzog*, Staatslehre, S. 151.
55 *Krüger*, Staatslehre, S. 703.
56 Vgl. oben S. 32 ff.
57 *Downs*, Government Budget in a Democracy, S. 547.
58 *Heller*, Staatslehre, S. 222 ff. = Ges. Schriften III, S. 332 ff.
59 *Heller*, Staatslehre, S. 228 ff. = Ges. Schriften III, S. 339 ff.
60 *Forsthoff*, Industriegesellschaft, S. 121.

§ 19 Demokratie als Verfahren

Zur Aktivierung des Gewichts der allgemeinen Interessen und damit des „Staates" gilt es, sich gerade heute der Erkenntnis zu erinnern, daß auch die Grundlage des „gedachten" liberalen Staates die am Eigeninteresse orientierte Rationalität war, nicht moralisch-sittliche oder ideologische Gehalte („Staatsautorität"), wie Forsthoff und Herbert Krüger im Banne überkommener — und, was unser Problem anlangt, die Überlieferung wohl nur teilweise berücksichtigender[61] — staatsrechtlicher Lehrgehalte noch meinen. Diese Feststellung ist von großer Tragweite: Wenn man glaubt, es käme nur oder in erster Linie auf eine moralisch-sittliche Aktivierung an, gerät man auf der Suche nach einer praxisorientierten Staatstheorie beinahe zwangsläufig auf ein falsches Gleis; dann bleiben angesichts der beschränkten Hoffnung auf eine solche moralische Erhebung nämlich nur die Klagemauer (Forsthoff) oder weltfremder Optimismus (Herbert Krüger) übrig. Dagegen gerät das, worauf es in Wahrheit ankommt, außerhalb des theoretischen Blickwinkels: die Entwicklung von Regeln und Institutionen, die im Interesse aller auch dann zu einer möglichst weitgehenden Optimierung der Grundwerte führen, wenn die Einzelnen sich moralisch-sittlich nicht vorbildlich verhalten[62].

Typen der Demokratietheorie

Die Erwartungen und Modelle, mit denen die Demokratietheorie operierte und operiert, lassen sich verschiedenen Grundtypen zuordnen, die im folgenden in aller Kürze und ohne Anspruch auf Vollständigkeit skizziert werden sollen, um eine Einordnung und Abgrenzung des dieser Arbeit zugrunde liegenden Konzepts zu ermöglichen.

Klassisch-idealistische Demokratievorstellung

Die Demokratietheorie des 18. Jahrhunderts, deren hervorragender Vertreter Jean Jacques Rousseau war, ging, kurz zusammengefaßt und entsprechend vergröbert, davon aus, die demokratische Methode sei „jene institutionelle Ordnung zur Erzielung politischer Entscheide, die das Gemeinwohl dadurch verwirklicht, daß sie das Volk selbst die Streitfragen entscheiden läßt, und zwar durch die Wahl von Personen, die zusammenzutreten haben, um seinen Willen auszuführen"[63].

Nach dieser Vorstellung gibt es ein allein Richtiges, das direkt im Volkswillen zum Ausdruck kommt. Denn: Jeder Bürger will, so nimmt man an, das Vernünftige, weil es dem Wohl aller dient, und, was vernünftig ist, könne jedem normalen verständigen Bürger mittels rationaler Argumentation sichtbar gemacht werden[64]. Das Gemeinwohl impliziere ganz bestimmte Antworten auf alle gemeinschaftserheblichen Fragen, so daß das ganze Volk — jedenfalls alle seine vernünftigen Mitglieder — gleicher Meinung sein müßten. Der „normale Bürger" gehorcht in dieser Sicht, „obwohl er sich mit allen zusammenschließt, dennoch nur

---

61 Wie jüngst E. R. Huber (Vorsorge für das Dasein, S. 150 ff.) dargelegt hat, hat Hegel, der seinen Adam Smith gründlich und jedenfalls viel besser als die heutige Staatslehre ihre politisch-ökonomische Literatur studiert und verstanden hatte, den Staat durchaus auch als Resultat der Gesellschaft verstanden, der durch diejenigen Bedürfnisse der Gesellschaft hervorgebracht und durch sie zu rechtfertigen ist, die von der marktwirtschaftlich-wettbewerblichen Selbststeuerung nicht befriedigt werden können. Diese Funktion des Staates im Dienste gesellschaftlicher Zwecke rechnete er „äußeren Staat", dem „Not- und Verstandesstaat" (Rechtsphilosophie, § 183) zu, dem er dann den „sittlichen Staat" als weitere Komponente zur Seite stellte. Es will mir scheinen, als ob Teile der heutigen Staatslehre, die die Hegelsche Tradition betonen, sich die Diskussion der Staatsaufgaben und Staatszwecke dadurch erschweren, daß sie die im Hegelschen „Not- und Verstandesstaat" angelegte Rechtfertigungs- und Begründungskonzeption, die für uns heute besondere Relevanz hat, überspringen und sich stattdessen auf den „sittlichen Staat" beschränken.
62 Dazu Näheres unten S. 198 ff.
63 Schumpeter, Kapitalismus, S. 397.
64 Schumpeter, Kapitalismus, S. 397 ff.

F. Politische Selbststeuerung

sich selbst ... und bleibt ebenso frei wie zuvor"[65]. Wer dennoch und trotz umfassender Diskussion anderer Meinung ist, müsse von Dummheit geschlagen sein oder asoziale Interessen verfolgen und — auch in seinem eigenen Interesse — überstimmt werden, was tatsächlich auch geschehe, da sich die Sonderwünsche der Individuen nach dem Gesetz der großen Zahl gegenseitig aufhöben[66]. Die volonté générale als der am Gemeinwohl orientierte Wille der Gesamtheit stelle nicht nur das wahre Interesse eben dieser Gesamtheit dar, sondern stimme auch mit den wahren Interessen der Einzelnen überein. Wer von der volonté générale abweiche, sei deshalb notwendigerweise im Irrtum und müsse zur „Freiheit" — verstanden als Freiheit, das Richtige zu wollen — gezwungen werden[67].

In dieser Sicht wird an das Gesetz die Erwartung absoluter Vernünftigkeit geknüpft; es wird notwendigerweise zum Ausdruck der volonté générale[68]. Ein Auseinanderfallen von Gesetz und Gemeinwohl gibt es in dieser Vorstellung nicht. Die Aufgabe der Rechtsprechung besteht dementsprechend allein in der strikten Befolgung des gesetzgeberischen Willens. Die Justiz ist nach Montequieus bekanntem Wort nur „la bouche qui prononce les paroles de la loi."

Diese Demokratievorstellung ist aus dem gleichen geistig-weltanschaulichen Boden gewachsen wie die Vorstellung von der prästabilierten Harmonie des wettbewerblich-marktwirtschaftlichen Prozesses[69]. So entspricht dem einen politisch Richtigen die Vorstellung vom „richtigen Preis" und vom „richtigen Lohn"[70]. Auch das Menschenbild stimmt überein. Beide Theorien gehen vom Bild eines vernunftgeleiteten Menschen aus. Im politischen Bereich besitzt er die volle Übersicht über die relevanten Zusammenhänge, oder diese kann ihm doch durch rationale Diskussion ohne weiteres vermittelt werden[71]. Und auch die zweite Komponente des „homo oeconomicus" (wie auch entsprechend des „homo juridicus")[72], das beherrschende Eigeninteresse, findet sich im Bild des „homo politicus" der frühen Demokratietheorie wieder. Der Erlaß allgemeiner Gesetze, die Errichtung von Gerichtsbarkeit, Polizei und Verteidigungsmacht, der Bau von Straßen und die Versorgung mit anderen öffentlichen Gütern durch einheitliche Willensbildung liegt im (wohlverstandenen) gemeinschaftlichen Interesse aller Bürger. Die Durchsetzung dieser Gemeinschaftsinteressen entsprach der Idee des Sozialkontrakts[73], wonach der Gesetzgeber seine Gesetze so zu geben hat, daß sie aus dem vereinigten Willen aller Bürger entstanden gedacht werden können[74] — oder jedenfalls aller derjenigen, die seinerzeit allein als Bürger anerkannt wurden: der „Bürger von Besitz und Bildung"[75]. Diese schienen — und das ist eine weitere Parallele — allein die Voraussetzungen für die Übernahme

---

[65] *Rousseau*, Contrat social I, 6; *Zippelius*, Staatslehre, S. 237.
[66] *Krüger*, Staatslehre, S. 248, 470; *Herzog*, Staatslehre, S. 55; *v. Simson*, VVDStRL 29, S. 9.
[67] *Zippelius*, Staatslehre, S. 238.
[68] Carl *Schmitt*, Die Prinzipien des Parlamentarismus, in: Kluxen (Hrsg.), S. 48. Vgl. auch K. *Vogel*, VVDStRL 24, 125 ff.
[69] Die analoge Struktur der politischen Demokratievorstellung und des wettbewerblichen Marktmechanismus hat besonders Hans *Albert* herausgearbeitet. *Albert*, Ökonomische Ideologie und politische Theorie, Göttingen 1954, bes. S. 113 ff.
[70] Oben S. 90.
[71] Darauf, daß das Bild eines animal rationale der demokratischen Verfassungstheorie ebenso zugrunde liegt wie der liberalen Marktwirtschaft, weist z. B. *Krüger* hin, Staatslehre, S. 241.
[72] Oben S. 97.
[73] Im Begriff des Sozialkontrakts wird auch terminologisch die gedankliche Verwandtschaft mit dem Individualkontrakt deutlich.
[74] Oben S. 45.
[75] Der bis in die Mitte des 19. Jahrhunderts herrschenden Auffassung, alle wirtschaftlich abhängigen Menschen könnten keine Staatsbürger sein (*Krüger*, Staatslehre, S. 157), hat *Kant* klassischen Ausdruck verliehen. *Kant*, Über den Gemeinspruch, S. 150 f.: „Derjenige nun, welcher das Stimmrecht in

§ 19 Demokratie als Verfahren

sowohl politischer wie auch wirtschaftlicher Verantwortung mitzubringen[76]. Staatsrechtlichen Ausdruck[77] fand diese Vorstellung im Ausschluß der Lohnarbeiter vom aktiven und passiven Wahlrecht, im Wahlzensus und Drei-Klassen-Wahlrecht und in der Verweigerung von Abgeordnetendiäten. Die Interessen des „Vierten Standes" fanden keine politische Vertretung[78].

Es ist diese Vorstellung von einem einheitlichen bürgerlichen Menschenbild, vor deren Hintergrund die frühliberale Gemeinwohlvorstellung erst recht verständlich wird. Wenn der Blick nur auf den gebildeten Besitzbürger geheftet ist, scheint es Interessenverschiedenheiten in der Tat nicht zu geben. Dann geht es offenbar nicht um den Ausgleich von Interessen verschiedener Menschen und Gruppen, sondern um die Aufgabe, die allen Besitzbürgern gemeinsamen Interessen festzustellen und Institutionen zu schaffen, wie den Vertrag und das allgemeine Gesetz, um sie zu befriedigen.

Eine für unsere Erörterung besonders wichtige Parallele zeigt sich schließlich in der Verteufelung aller intermediären Gruppenbildungen[79]. Sie fand in der Loi Le Chapelier, 1791 von der französischen Nationalversammlung erlassen, exemplarischen Ausdruck als „fundamentaler Grundsatz" der „Vernichtung aller Arten von Vereinigungen der Bürger desselben Standes und desselben Berufes"[80]. Diese als Reaktion auf den soeben überwundenen Ständestaat zu begreifende wahre „phobie des groupements"[81] richtete sich sowohl gegen politische Parteien als auch gegen Interessenverbände, insbesondere gewerkschaftliche Zusammenschlüsse der Arbeiter[82] zur Verbesserung ihrer wirtschaftlichen Arbeitsbedingungen. Dem Wirtschaftsmodell des atomistischen Wettbewerbs, d. h. des Wettbewerbs unzählig vieler kleiner Wirtschaftseinheiten, entsprach das demokratische Modell der atomistischen Demokratie, in der weder Parteien noch Interessengruppen die Bildung der volonté générale und damit das Finden des Gemeinwohlrichtigen direkt aus dem Willen der einzelnen Bürger stören sollten[83]. Aus der Vorstellung der staatlichen Willensbildung direkt aus dem Willen der Bürger und damit der Identität von Herrschenden und Beherrschten resultierte die Verdammung aller Formen der Repräsentation durch Rousseau, der in

---

dieser Gesetzgebung hat, heißt ein Bürger (citoyen), d. i. Staatsbürger, nicht Stadtbürger (bourgeois). Die dazu erforderliche Qualität ist, außer der natürlichen (daß es kein Kind, kein Weib sei) die einzige: daß er sein eigener Herr (sui juris) sei, mithin irgend ein Eigentum habe (wozu auch jede Kunst, Handwerk, oder schöne Kunst, oder Wissenschaft gezählt werden kann), welches ihn ernährt; d. i. daß er, in denen Fällen, wo er von anderen erwerben muß, um zu leben, nur durch Veräußerung dessen, was sein ist, erwerbe, nicht durch Bewilligung, die er anderen gibt, von seinen Kräften Gebrauch zu machen, folglich daß er niemanden als dem gemeinen Wesen im eigentlichen Sinne des Worts diene ... Der Hausbediente, der Ladendiener, der Taglöhner ... sind nicht Staatsglieder, mithin auch nicht Bürger zu sein qualifiziert."
76 Dazu C. *Schmitt*, Verfassungslehre, S. 310 ff.; *Krüger*, Staatslehre, S. 156 ff.; *Habermas*, Strukturwandel der Öffentlichkeit, S. 100 f. und passim.
77 Über den zivilrechtlichen Ausdruck dieser Vorstellung vgl. oben S. 92, 97.
78 Unten S. 282.
79 *Rousseau*, Contrat social, Buch II, Kap. 3: „Um den Gemeinwillen richtig zum Ausdruck zu bringen, ist es von maßgeblicher Bedeutung, daß es im Staat keine Sondergruppen gibt und jeder Bürger sich seine Meinung selbst bildet", da sonst keine Verdrängung von Sonderinteressen durch das Gemeinwohl nicht mehr erfolgen. *Rousseau*, C. c., Buch III, Kap. 4: „Es gibt nichts, was gefährlicher ist, als der Einfluß privater Interessen auf die öffentlichen Angelegenheiten. Der Mißbrauch der Gesetze seitens der Regierung ist ein geringeres Übel als die völlige Korrumpierung des Gesetzgebers, die unvermeidlich ist, wenn Partikularansichten geltend gemacht werden können. Dies bedeutet eine Änderung des Staates in seiner Substanz, die die Möglichkeit einer Reform des Staates ausschließt".
80 Zit. nach *Kaiser*, Repräsentation, S. 32.
81 *Kägi*, Die Verfassung als rechtliche Grundordnung des Staates, S. 47.
82 *v. Münch*, BK, Art. 9, Entstehungsgeschichte; *Eisfeld*, Pluralismus, S. 45.
83 Dazu *Jellinek*, Staatslehre, S. 86 f.

F. Politische Selbststeuerung

den Abgeordneten nicht die Repräsentanten, sondern die „Kommissare des Volkes" sah[84]; dem wurde das imperative Mandat gerecht[85].

Liberal-parlamentarische Repräsentation

In dem letztgenannten Punkt wich die herrschende konstitutionelle Theorie des ausgehenden 18. und des 19. Jahrhunderts allerdings von Rousseau ab. Sie ging davon aus, das Gemeinwohl ergebe sich nicht aus dem natürlichen Willen der Bürger, sondern vielmehr aus der im Parlament als der Nationalrepräsentation gebildeten „volonté commune représentative", wobei der einzelne Abgeordnete als Vertreter des ganzen Volkes und „wahrer Repräsentant der Nation" unabhängig, d. h. an Aufträge nicht gebunden und nur seinem Gewissen unterworfen, sein soll. Diese Theorie der Repräsentation ging in die Verfassungsgesetzgebung der französischen Revolution ein, beherrschte die Verfassungstheorie des 19. Jahrhunderts und wirkt im Verfassungsrecht der Gegenwart fort (vgl. Art. 38 GG). In der englischen Verfassungstheorie entwickelte sich ebenfalls im Laufe des 18. Jahrhunderts Übereinstimmung dahin, daß die Abgeordneten ein freies Mandat besitzen, also (staatsrechtlich) von den Wünschen und Meinungen ihrer Wähler unabhängig sind. Die Väter der Theorie der parlamentarischen Repräsentation waren vor allem der Abbé Sieyés in Frankreich und Edmund Burke in England[86].

Von dieser — allerdings bedeutenden — Ausnahme abgesehen, wurde das Rousseausche Gedankengut aber, jedenfalls im kontinentalen Parlamentarismusverständnis, weitgehend übernommen. Die Vorstellung von der Findung der volonté générale wurde lediglich vom Volk auf das Parlament und seine Mitglieder übertragen. In der Tradition des Rousseauschen Konzepts geht man auch hier davon aus, es gäbe ein allein Richtiges, das durch Diskutieren und Raisonnieren der Abgeordneten über Argument und Gegenargument[87] gefunden werden könne[88]. Dabei verhieß die „liberal-repräsentative" Vorstellung, ins Parlament gelangten gerade die besten Mitglieder der Gesellschaft, die sich dort als „Elite der Nation" zu verantwortlichem Handeln zusammenfänden[89], eine gesteigerte Fähigkeit, das Gemeinwohl zu ermitteln[90]. Die Erwartung, durch rationale Diskussion zum Richtigen zu finden, mußte ja in einer Versammlung der „Besten des Volkes" in besonderem Maße gerechtfertigt erscheinen[91]. Dem Repräsentationsgedanken geht es, wie man sieht, durchaus nicht nur um das technische Problem, wie man die Massen bewältigt[92]. Bei Widersprüchen zwischen empirischem Volkswillen und dem Beschluß der Repräsentanten ging dieser als Ausdruck höherer Vernunft notwendigerweise vor[93]. Die elitäre Komponente dieser Auffassung führte zu einer Art „Mystifizierung" des Abgeordne-

---

84 Contrat social, III. Buch, Kapitel 15.
85 *Badura*, BK, Art. 38, Rdnr. 10.
86 *Badura*, BK, Art. 38, Rdnr. 4, 7.
87 *Leibholz*, Strukturwandlungen, S. 85.
88 C. *Schmitt*, Die Prinzipien des Parlamentarismus, in: *Kluxen* (Hrsg.), S. 51: „Was die durch Öffentlichkeit und Diskussion garantierte Balance eigentlich bewirken sollte, war nicht weniger als Wahrheit und Gerechtigkeit selbst."
89 Zur Vorstellung von der liberalen Demokratie repräsentativ-parlamentarischer Prägung *Leibholz*, Strukturwandlungen, S. 84 f.
90 *Leibholz*, Repräsentation, S. 173 ff.
91 *Herzog*, Staatslehre, S. 244; C. *Schmitt*, Verfassungslehre, S. 311.
92 Herbert *Krüger*, NJW 1956, S. 1217 (1219), teilweise abgedruckt in: *Varain*, Interessenverbände, S. 348.
93 C. *Schmitt*, Verfassungslehre, S. 311.

tenstatus[94]: der Repräsentant mußte „eine eigene Würde und Autorität, kurzum die Qualitäten eines ‚Herrn' und nicht eines ‚Dieners' besitzen"[95]. Die nötige Unabhängigkeit[96] und Umsicht besitzt auch hier nur der Bürger von Besitz und Bildung. Der liberal-repräsentative Parlamentarismus fand deshalb sein logisches Korrelat im plutokratischen Wahlzensus und in der Diätenlosigkeit (bis 1906) des Bismarck-Reichs, die es dem Nichtbesitzenden auch nach Gewährung des formellen aktiven und passiven Wahlrechts praktisch erschwerte, ein Reichstagsmandat anzunehmen[97].

Da die Abgeordneten sich aus Bürgern von Besitz und Bildung rekrutierten, wiesen sie eine beträchtliche Homogenität der Interessen auf, so daß die Möglichkeit, daß das Parlament auch der Ort sein könnte, in dem gegensätzliche Interessen aufeinanderprallen und durch wechselseitige Abstriche zum Ausgleich gebracht werden müssen, kaum in den Gesichtskreis der liberalen Parlamentstheorie trat[98].

Repräsentation hat nach dieser Auffassung mit der Verfolgung privater Interessen und ihrem Ausgleich nichts zu tun[99]. Die öffentliche Debatte wurde als interessenfrei vorgestellt, als ein Kampf der Meinungen, nicht der Interessen[100]. Das an Hegel geschulte staatstheoretische Denken setzte vielmehr für die (staatsrechtliche Kategorie der) Repräsentation eine „ideell bestimmte Wertsphäre"[101] als essentiell voraus. Eine Repräsentation in bezug auf ökonomische Werte erschien von vornherein begrifflich ausgeschlossen[102].

Angelsächsische Demokratievorstellung

Dagegen war im angelsächsischen Verständnis von den Funktionen der Volksvertretung von jeher auch Raum für die Vorstellung vom Parlament als Ort des Interessenaustrags und -ausgleichs[103]. Hier ging es von Anfang an nicht so sehr um die Ermittlung eines a priori-Gemeinwohls. Die englische Verfassungstheorie des 19. Jahrhunderts hielt zwar an dem Grundsatz fest, daß das Parlament Vollzugsorgan des Nationalinteresses zu sein habe; „mehr und mehr gewöhnten sich jedoch Theoretiker und Praktiker des Parlaments daran, das Gesamtinteresse als die Resultante im Kräfteparallelogramm gruppenmäßig bestimmter Sonderinteressen zu erfassen"[104]. In dieser Sicht erschien das Parlament also zumindest auch als „Organ des Interessenausgleichs oder der Interessenintegration in einer pluralistischen Gesellschaft"[105]. Es war diese Denkweise, die überhaupt erst in den Stand setzte, den politischen Pluralismus hinzunehmen. Politik erschien als „Taktik des Zurechtkommens und des Ausgleichs der Gegensätze"[106].

---

94 *Herzog*, Staatslehre, S. 219.
95 *Leibholz*, Repräsentation, S. 73; *C. Schmitt*, Verfassungslehre, S. 212 ff.
96 *Leibholz*, Repräsentation, S. 73: Der Repräsentant muß „frei von Einflüssen und Willenskundgebungen dritter Personen seine Entscheidungen fällen können". Vgl. auch *C. Schmitt*, Verfassungslehre, S. 212 ff.
97 Unten S. 282.
98 *Badura*, BK, Art. 38, Rdnr. 12; *Herzog*, Staatslehre, S. 216; 244.
99 *Leibholz*, Repräsentation, S. 183 ff.; ders., Art. „Repräsentation" in: Evangelisches Staatslexikon, Sp. 1859; *C. Schmitt*, Verfassungslehre, S. 208, 210 f.; vgl. auch *Kaiser*, Repräsentation, S. 310; *Badura*, BK, Art. 38, Rdnr. 24.
100 *Badura*, BK, Art. 38, Rdnr. 12.
101 *Leibholz*, Repräsentation, S. 32.
102 *Leibholz*, Repräsentation, S. 32.
103 *Kluxen*, Die geistesgeschichtlichen Grundlagen des englischen Parlamentarismus, S. 103 ff.; *Herzog*, Staatslehre, S. 216, 245; *Kriele*, VVDStRL 29, S. 46 ff.
104 *Fraenkel*, Deutschland und die westlichen Demokratien, S. 88.
105 *Herzog*, Staatslehre, S. 245.
106 *Kluxen*, a.a.O., S. 104.

F. Politische Selbststeuerung

Dieses Verständnis der Demokratie und des Parlaments als Institutionen zur Ermöglichung eines friedlichen Interessenkampfes und zur Herstellung eines angemessenen Interessenausgleichs mußte von da ab umsomehr die Zukunft für sich haben — gleichgültig, wie lange der endgültige Durchbruch sich schließlich noch hinzog —, als zunehmend erkannt wurde, daß jenes liberal-repräsentative Gemeinwohl in Wahrheit zu einem guten Teil ein Gemeinwohl im Interesse der Besitzenden gewesen war und die darin liegende antidemokratische Komponente allmählich durch Einführung des allgemeinen gleichen Wahlrechtes und der Abgeordnetendiäten abgebaut wurde. Denn nunmehr bestand ein immer größer werdender Teil der Staatstätigkeit darin, die wirtschaftlichen und sozialen Interessen der Schwächeren, die im freien Kräftespiel zu kurz kommen, durch Entwicklung des Sozial-, Arbeits- und Wirtschaftsrechts zu stützen und insgesamt für einen ausgewogenen Interessenausgleich zu sorgen. Damit war aber die Tatsache des Gegeneinanders unterschiedlicher Interessen auch im Bereich der Staatswillensbildung nicht mehr zu übersehen.

Heute besteht denn auch in der Bundesrepublik keine Illusion darüber, daß im Vorbereitungsstadium politischer Entscheidungen ein Ringen der berührten Interessen um den Inhalt dieser Entscheidungen stattfindet[107]. Das heute herrschende und auch dieser Arbeit zugrundeliegende Demokratiekonzept geht unter ausdrücklicher Zurückweisung der idealistischen „Interessenprüderie" in realistischer Weise von diesem Befund aus[108]. Die politischen Entscheidungen stellen in dieser Sicht jedenfalls auch die „Resultante des Parallelogramms miteinander ringender Kräfte dar..., an deren Zustandekommen die Interessenorganisationen maßgeblich teilhaben"[109]. Der Interessenkonflikt erscheint damit im demokratischen Staat nicht mehr als ein Fremdkörper; im Gegenteil: er wird in ihm geradezu vorausgesetzt[110]. Die Partikularinteressen werden als „konstituierende Bestandteile und Bausteine des Gesamtinteresses" betrachtet[111]. Den Parlamenten kommt die „segensreiche Funktion (zu), als clearing houses widerstreitender Partikularinteressen an der Erzeugung eines a posteriori-Gemeinwohls mitzuwirken"[112]. Der Interessenkampf gehört somit zum Wesen der Demokratie[113].

Das Postulat eines balancierten Willensbildungsprozesses

Trotz des Verzichts auf die Vorstellung eines in gleicher Weise im Interesse[114] aller Staatsbürger liegenden Gemeinwohls ist auch die Konzeption des „Interessenverbandsrealismus", die den Kampf der Interessen um den Inhalt der politischen Entscheidungen sieht und akzeptiert, letztlich von dem Postulat und der Erwartung der Richtigkeit der demokratisch-parlamentarischen Willensbildung getragen[115]. Nur geht es nicht um den idealistischen Glauben an die Feststellung

---

107 Vgl. schon *Jellinek*, Staatslehre, S. 97, 143, 579.
108 BVerfGE 5, S. 85 (S. 232 ff.); 20, S. 56 (105); *Scheuner*, Der Staat und die Verbände, S. 12 ff.; *Kaiser*, Repräsentation, S. 8 ff.; Hans *Huber*, Staat und Verbände, in: Rechtstheorie, S. 373.
109 *Fraenkel*, Deutschland, S. 45.
110 So statt vieler BVerfGE 5, S. 85 (198); Peter *Hartmann*, Interessenpluralismus und politische Entscheidung, S. 6; *Lange*, Politische Soziologie, S. 105; *Watrin*, Die Stellung organisierter und nichtorganisierter Interessen im Programm der Sozialen Marktwirtschaft, S. 113.
111 *Meinhold*, Volkswirtschaftspolitik I, S. 87.
112 *Fraenkel*, Deutschland, S. 74. Vgl. auch *Zippelius*, Staatslehre, § 17 II (2. Aufl., S. 96).
113 Damit ist allerdings noch nicht gesagt, daß die Demokratie sich darin zu erschöpfen brauchte und wert- und erkenntnisorientierte Verfahren der Willensbildung keine Rolle mehr zu spielen hätten. Dazu unten S. 190 ff.
114 Hier verstanden als „Ist-Interesse" (vgl. oben S. 32 f.).
115 Vgl. zur Richtigkeitserwartung des demokratischen Willensbildungsverfahrens auch oben S. 45 ff.

einer vorgegebenen politischen Richtigkeit, sondern um die Erwartung, daß eine praktische situationsabhängige Richtigkeit in einem Prozeß der Auseinandersetzung der Interessen geschaffen werde[116].

Nach Auffassung des Bundesverfassungsgerichts beruht die freiheitliche Demokratie auf der Grundanschauung, daß „die ständige Auseinandersetzung zwischen den einander begegnenden sozialen Kräften und Interessen, den politischen Ideen und damit auch den sie vertretenden politischen Parteien der richtige Weg zur Bildung des Staatswillens ist — nicht in dem Sinne, daß er immer objektiv richtige Ergebnisse liefere, denn dieser Weg ist a process of trial and error (J. B. Talmon), aber doch so, daß er durch die ständige gegenseitige Kontrolle und Kritik die beste Gewähr für eine (relativ) richtige politische Linie als Resultante und Ausgleich zwischen den im Staat wirksamen politischen Kräften gibt"[117].

Zur Gewährleistung eines angemessenen Interessenausgleichs im Sinne richtiger Gemeinschaftsentscheidungen bedarf es — wieder wie bei der Vertragsfreiheit[118] und der Tarifautonomie[119] — eines gewissen Gleichgewichts der Kräfte[120]; genau formuliert, muß die Größe der Durchsetzungschance der unterschiedlichen Interessen ihrer Bedeutung entsprechen, d. h. von der Zahl der jeweils berührten Interessenträger, also dem Grad der Allgemeinheit des Interesses, abhängen[121]. Der balancierte Willensbildungsprozeß, der Voraussetzung für die rechtliche Anerkennung von Individualverträgen wie von Tarifverträgen ist, ist auch in der Konzeption des Interessenverbandsrealismus eine vitale Forderung der Demokratie[122].

Die Vorstellung von der Politik als Interessenkampf und Interessenausgleich findet sich in zwei typischen Ausprägungen, die wir „Laissez-faire-Pluralismus" (oder auch „Pluralistische Harmonielehre") und „Due-Process-Pluralismus" nennen. Beide gehen übereinstimmend vom Postulat eines balancierten Willensbildungsprozesses aus, unterscheiden sich aber hinsichtlich der Antwort auf die Frage, wie er erreicht werden kann. Der Laissez-faire-Pluralismus geht davon aus, die ausgewogene Willensbildung ergebe sich im Spiel der Gruppenkräfte quasi von selbst; das Due-Process-Konzept meint dagegen, es bedürfe ausgeklügelter Vorkehrungen durch bestimmte Regelungen, Einrichtungen und Verfahrensweisen.

Beide Konzeptionen werden im folgenden zu skizzieren und kritisch zu würdigen sein[123]. Vorab müssen jedoch die Interessenverbände und ihr Einfluß etwas eingehender dargestellt werden[124]. Wenn der Interessenkampf eine wesentliche Komponente eines realistischen Demokratiekonzepts sein muß, dann verdienen die Organisationen, in denen sich die Interessen zur politischen Wirksamkeit konstituieren, besondere Aufmerksamkeit.

---

116 *Scheuner*, DÖV 1958, S. 641 (643); *Badura*, BK, Art. 38, Rdnr. 16; Bericht der Studienkommission für die Reform des öffentlichen Dienstrechts, Ziff. 890 (S. 346).
117 BVerfGE 5, S. 85 (135).
118 Oben S. 93.
119 Oben S. 102 ff.
120 *Scheuner*, DÖV 1965, S. 577 (580).
121 Oben S. 46.
122 *Saipa*, Politischer Prozeß und Lobbyismus, S. 195. *Sontheimer*, Grundzüge des politischen Systems der Bundesrepublik Deutschland, S. 124: „Norm eines ausbalancierten Pluralismus".
123 Unten §§ 22 ff. und 27.
124 Unten §§ 20 und 21.

I. Interessenverbände und ihr Einfluß

§ 20 Allgemeine Vorüberlegungen

Die Notwendigkeit von Vereinigungen in der Demokratie

In der modernen Massendemokratie hat der Einzelne regelmäßig keine Einwirkungsmöglichkeit auf die politischen Entscheidungen, weil es ihm an politischer Kraft, an Zeit, Geld, Erfahrung und Kenntnissen fehlt. Allein und auf sich gestellt im Meer der Millionen anderer Einzelner ist es zudem regelmäßig auch von seinem Tätigwerden unabhängig, ob die für eine Einflußnahme erforderliche Durchschlagkraft einer Initiative zustande kommt. Es besteht folglich schon von vornherein gar kein großer Anreiz für die intensive Beschäftigung mit der Politik und für energische individuelle politische Aktionen. Dies trägt, wie Schumpeter eindrucksvoll dargelegt hat, zu einem gewissen Dilettantismus auch vieler gebildeter und kluger Staatsbürger in politischen Dingen bei[1]. Erst durch den Zusammenschluß vieler Einzelner, also durch Bildung von Vereinigungen, wird eine wirkliche Einwirkungschance geschaffen[2]. Es gelten die Sätze „Einigkeit macht stark"[3] und „Organisation ist das Geheimnis der Macht"[4]. Klassischer Modellfall für die gemeinsame Stärke vereinzelt Ohnmächtiger ist die Organisationsbildung der Arbeitnehmer, die Gewerkschaft. Die Bildung von Vereinigungen ermöglicht die Einstellung eines Stabes von Funktionären; Kennzeichen für diese ist, daß sie sich ausschließlich und mit ihrer vollen Arbeitskraft den Belangen der Vereinigung, d. h. den von ihr vertretenen Interessen, widmen können. Damit werden aus Amateuren Professionals, die regelmäßig auch ihre persönliche Existenz auf die Vereinigung gründen, hinter denen deshalb auch der ganze Stimulus des (Eigen-)Interesses an ihrer beruflichen Tätigkeit steht. Aus diesem Grunde sind die Verbandsfunktionäre meist auf allen für die Verfolgung des Vereinigungsinteresses relevanten Gebieten „besser" (im Sinne von mehr Wissen und mehr Können) als die Mitglieder der Vereinigung. Dadurch erfolgt eine „Potenzierung der Einzelkräfte"[5], und es werden die Voraussetzungen für eine wirksame Einflußnahme geschaffen.

Wenn der Interessenkampf zum Wesen der Demokratie gehört, es zur Interessenartikulation und zur effektiven Einflußnahme auf die politische Willensbildung und Entscheidung aber der vereinigungsmäßigen Organisation bedarf, welche die Kluft zwischen Individuum und „Staat" halbwegs überbrückt, dann erscheint die grundsätzliche Freiheit der Bildung und der Tätigkeit von Vereinigungen, die in Art. 9 Abs. 1 GG (und in Art. 9 Abs. 3 speziell für die Tarifparteien) gewährleistet ist, als eine unerläßliche demokratische Komponente. In dieser Sicht ist die Vereinigungsfreiheit deshalb ein „unentbehrliches Mittel einer aktiven Demokratie"[6].

Interessenverbände und politische Parteien

Innerhalb der auf Beeinflussung von Gemeinschaftsentscheidungen abzielenden Vereinigungen muß zwischen den politischen Parteien, die bereits kraft

---

1 *Schumpeter*, Kapitalismus, S. 416.
2 *Stein*, Staatsrecht, S. 138; *Watrin*, Organisierte und nichtorganisierte Interessen, S. 113.
3 Vgl. auch den Ausspruch des Stauffacher in Friedrich *Schillers* Wilhelm Tell: „Verbunden werden auch die Schwachen mächtig". 1. Aufzug, 3. Szene.
4 *Kaiser*, Repräsentation, S. 19.
5 *Heller*, Staatslehre, Ges. Schriften III, S. 343.
6 *Mallmann*, Vereins- und Versammlungsfreiheit, Staatslexikon, Bd. 8, 1963, Sp. 106 (108). Zustimmend *Maunz/Dürig/Herzog*, Art. 9, Rdnr. 14; *v. Münch*, Grundgesetz, Art. 9, Rdnr. 1.

§ 20 Allgemeine Vorüberlegungen

grundgesetzlicher Vorschrift (Art. 21 Abs. 1 S. 1) bei der politischen Willensbildung des Volkes mitzuwirken berufen sind, und den Interessenverbänden unterschieden werden. Der letztlich wesentliche Unterschied liegt darin, daß politische Parteien nach der Übernahme der Regierungsgewalt unter ihrer eigenen Verantwortung streben[7] und sich zu diesem Zwecke der gesamten Aktivbürgerschaft im Wahlkampf stellen[8], während Interessengruppen versuchen, Gemeinschaftsentscheidungen durch Einwirken auf die Parteien oder die von diesen kreierten politischen Entscheidungsorgane[9], also ohne Übernahme der Regierungsverantwortung, im Sinne ihrer Mitglieder zu beeinflussen[10] (oder, wie im Fall der Tarifautonomie, Gemeinschaftsentscheidungen auch selbst treffen).

Während es in der Weimarer Republik noch eine Vielzahl von kleinen politischen Splitterparteien gab, bestehen heute in der Bundesrepublik — veranlaßt auch durch die Fünf-Prozent-Klausel des Wahlrechts[11] — auf Bundes- und auf Landesebene nur noch 3 bzw. 4 Parteien[12]; daneben gibt es eine große Zahl von z. T. sehr potenten Interessenverbänden. Diese verfolgen häufig ein *besonderes* Interesse einer bestimmten Bevölkerungs- oder Berufsgruppe (notwendig ist dies aber nicht, wie die Beispiele der Konsumenten- und Steuerzahlerorganisationen zeigen); dagegen geben sich die modernen Volksparteien, um möglichst viele potentielle Wähler anzusprechen und möglichst große Zustimmung und periodische Wahlunterstützung zu finden, ein allgemeines Programm und müssen, falls sie an der Macht sind, auch versuchen, die Interessen *aller* Bevölkerungsschichten einigermaßen auszugleichen und „die divergierenden Meinungen der verschiedenen Interessengruppen in ihren Reihen zu einer einheitlichen Meinung zusammenzuführen"[13] (Integrationsfunktion der politischen Parteien)[14].

Es fragt sich nun, welche politischen Funktionen[15] den Interessenverbänden neben den derart skizzierten politischen Parteien in der parlamentarischen Demokratie zukommen. Die Frage wird meist folgendermaßen beantwortet: Die ständige Einflußnahme der Interessenverbände auf die politische Willensbildung füllt bis zu einem gewissen Grade eine Lücke aus, die die politischen Wahlen, die dem Einzelnen ja nur alle 4 Jahre die Möglichkeit der Entscheidung zwischen wenigen vagen Globalprogrammen geben, offenlassen (plebiscite de tous le jours). Die Interessenverbände haben die Funktion von Medien, durch die der Bürgerwille sich auch zwischen den Wahlen Gehör verschaffen kann, allerdings nicht ausschließlich inne; auch die Parteien haben eine ähnliche Funktion[16]. Die Interessen-

---

7 *Kaiser*, Repräsentation, S. 242; *Scheuner*, in: Der Staat und die Verbände, S. 15; *v. Beyme*, Interessengruppen, S. 122; *Zacher*, Freiheitliche Demokratie, S. 48; *v. Eynern*, Politische Wirtschaftslehre, S. 166 f.
8 H. H. *Rupp*, Die „öffentlichen" Funktionen der Verbände, S. 1257. Die Wahlen könnten in der modernen Massendemokratie überhaupt nicht ohne Parteien durchgeführt werden (BVerfGE 4, S. 27 (30)). Die Parteien sind deshalb auch als „Wahlvorbereitungsorganisationen" bezeichnet worden, BVerfG, 19. 6. 66, DÖV 1966, S. 663 (668), wenn sich ihre Funktion darin auch nicht erschöpft. Sie sind „daseinsnotwendige Faktoren für den modernen Staat" (Hesse, VVDStRL 17, S. 19). Vgl. auch § 1 Abs. 2 BWahlG und *Leibholz*, Zum Parteiengesetz von 1967, S. 195.
9 Zu den Parteien als letzten „Kreationsorganen" aller Staatsorgane, die ihre Häupter für die verschiedenen Wahlämter präsentieren, *Radbruch*, Parteien, S. 288; BVerfGE 1, S. 224.
10 Näheres bei *Dagtoglou*, Interessenvertreter, S. 39 ff.
11 § 6 Abs. 4 BWahlG und entsprechende Wahlbestimmungen. Vgl. *Scheuner*, DÖV 1974, S. 433 (434).
12 *Herzog*, Staatslehre, S. 298: „Fast-Zweiparteiensystem"; *Oppermann* VVDStRL 33, S. 25: „Zweieinhalbparteiensystem".
13 BVerfGE 6, S. 115.
14 *Laufer*, Verfassungsgerichtsbarkeit, S. 491, 493. Von den Parteien als „verfassungsrechtlich relevanten Integrationsfaktoren" sprechen etwa BVerfGE 5, S. 388; 12, S. 306.
15 Vgl. zu anderen, im Rahmen dieser Arbeit nicht interessierenden sozialen Funktionen von Verbänden unten S. 134.
16 BVerfGE 1, S. 208 (224).

F. I. Interessenverbände und ihr Einfluß

verbände werden aber neben den Parteien als unverzichtbar angesehen. Denn die Menschen haben ein Bedürfnis gerade nach Artikulierung und Vertretung ihrer nach Bevölkerungs- und Berufsgruppe unterschiedlichen jeweiligen Partikularinteressen[17]. Das schlägt sich darin nieder, daß der Organisationsgrad der Interessenverbände (soweit sie Partikularinteressen vertreten) durchweg sehr viel größer ist als der von Parteien. Diesem Bedürfnis können die modernen Volksparteien, die sich nicht mehr auf die Verfolgung von Interessen einer bestimmten Gruppe beschränken, sondern sich mit allen Interessen beschäftigen, sie gegeneinander abwägen und zu jeder politischen Frage aus der jeweiligen Perspektive des Gesamtinteresses äußern müssen, nicht gerecht werden. Es bedarf deshalb der Interessenverbände, in der diese besonderen Interessen eine wirksame Plattform und ein Medium für den politischen Einfluß finden.

Die Verbände erfüllen aber nicht nur aus der Sicht der einzelnen Bürger eine Funktion, indem sie ihren Interessen politisches Gehör verschaffen (Interessenwahrnehmungsfunktion); auch die Parteipolitiker — ebenso wie die Exekutive, die die Gesetze vorbereitet — fühlen sich ihrerseits auf die Mitarbeit von Interessenorganisationen angewiesen: Sie versprechen sich von den Verbänden Informationen über die Wünsche der in ihnen organisierten Menschen und über die voraussichtlichen Reaktionen der von einer beabsichtigten Maßnahme betroffenen Kreise[18]. Darüber hinaus dürfen sie bei den Verbandsvertretern generell ein hohes Maß an Sachkunde in bezug auf die jeweiligen Spezialprobleme voraussetzen[19]. Umgekehrt leiten die Verbandsvertreter wichtige Informationen über Gesetze und Gesetzesvorhaben an die Mitglieder weiter. Die Verbände bilden auf diese Weise also einen Vermittler für den (in beide Richtungen laufenden) Informationsfluß zwischen Mitglied und politischer Entscheidungsinstanz (Informationsfunktion der Verbände). Weiter leisten die Interessenverbände, vor allem die Spitzenverbände, durch Vorsortieren und Bündeln der geltend gemachten Interessen (Abstimmungsfunktion) eine die Politiker bis zu einem gewissen Grad entlastende Vorarbeit, weil diese es nun nicht mit unzähligen diffusen Einzelinteressen zu tun haben[20]. Schließlich üben die Interessenverbände im „Balancesystem des Pluralismus" durch wechselseitige Eindämmung und zugleich durch Begrenzung der Macht anderer Faktoren, insbesondere der politischen Parteien, eine freiheitssichernde Funktion aus[21].

Aus diesen Gründen wird allgemein davon ausgegangen, neben einem System von zwei oder jedenfalls wenigen Volksparteien habe auch ein System von vielen Interessengruppen eine legitime Funktion in der Demokratie (Verbindung von Mehr-Parteien- und Viel-Verbändesystem). Die Parteien vertreten die Interessen nicht absorptiv, sie haben kein Monopol bei der politischen Willensbildung, sondern bedürfen unter anderem der Unterstützung und Ergänzung seitens der Interessenverbände[22]. Dementsprechend steht Art. 21 Abs. 1 S. 1 GG, der nur die politischen Parteien erwähnt, der Einflußnahme der Interessengruppen auf

---

17 *Scheuner*, Der Staat und die Verbände, S. 13: Eine Funktion der Interessenverbände liegt darin, „im ganzen die Teilinteressen zur Geltung zu bringen".
18 *Stein*, Staatsrecht, S. 73: „Rückkoppelungsfunktion" der Verbände.
19 *Kaiser*, Repräsentation, S. 270.
20 *Scheuner*, Der Staat und die Verbände, S. 12 f.; *v. Beyme*, Interessengruppen, S. 199, *Ellwein*, Interessenverbände, S. 34; *Grosser*, Deutschlandbilanz, S. 264 ff.
21 W. *Weber*, FS C. *Schmitt*, S. 253 (265); *ders.*, Spannungen und Kräfte, S. 134 f.; *Scheuner*, Der Staat und die Verbände, S. 12; *Zippelius*, Staatslehre, S. 97, 102 (§ 17 II, V 1); *Scharpf*, Demokratietheorie, S. 31 m. w. N., S. 54.
22 BVerfGE 20, S. 56 (114) = DÖV 1966, S. 563 (568).

die politische Willensbildung nach ganz herrschender Ansicht nicht entgegen[23]. Vielmehr umfaßt die Gewährleistung insbesondere des Art. 9 Abs. 1 GG (Vereinigungsfreiheit), aber etwa auch des Art. 5 Abs. 1 (Meinungsfreiheit), auch den Anteil der Interessenverbände an der „Vorformung des politischen Willens"[24].

Die Anerkennung der notwendigen und legitimen Funktion der Interessenverbände in der modernen Demokratie[25] schließt aber — entgegen einer bei systemtheoretischen Ansätzen zu beobachtenden Neigung, die Wirkungen der Verbandstätigkeit mit dem Hinweis auf diese ihre demokratische Funktion von vornherein der Kritik zu entziehen[26] — jedenfalls nicht aus, bestimmte und im einzelnen noch näher darzulegende Auswirkungen ihrer Tätigkeit zu analysieren, zu kritisieren und über Abhilfemöglichkeiten nachzudenken[27]. Zwischen den beiden Extremen: einerseits dem Treibenlassen der Entwicklung und andererseits der m. E. indiskutablen[28] „Auflösung wirtschaftlicher Machtgruppen" (Eucken)[29], sind ja durchaus Zwischenlösungen denkbar, die zwar die demokratische Interessenvermittlung der Verbände weiterhin als grundsätzlich berechtigt gestatten, gegen Auswüchse und Disharmonien, die aus ihrer Tätigkeit resultieren, aber wirksam gegensteuern[30]. Gerade weil es zutrifft, daß das Parlamentarische Regierungssystem für die Bundesrepublik prinzipiell ohne akzeptable Alternative ist[31], gilt es, fortwährend an seiner Verbesserung zu arbeiten.

Abgrenzung des Begriffs „Interessenverband"

Bevor die Einflußnahme von Interessenverbänden auf Gemeinschaftsentscheidungen eingehender dargestellt wird, bedarf es zunächst einer über die bisherigen Überlegungen (Abgrenzung von den politischen Parteien) hinausgehenden Klärung dessen, was im folgenden unter „Interessenverband" verstanden werden soll.

---

23 So auch BVerfG, DÖV 1966, S. 563 (564, 566).
24 *Maunz/Dürig/Herzog*, Art. 9, Rdnr. 13; *Zippelius*, Staatslehre, § 17 (2. Aufl., S. 96); *Hesse*, Verfassungsrecht, S. 166; BVerfGE 20, S. 56 (107).
25 BVerfGE 5, S. 85 (232). Vgl. neben den oben § 20 FN 6 angegebenen Nachweisen auch *Eschenburg*, in: Der Staat und die Verbände, S. 30; *Friesenhahn*, VVDStRL 16, S. 28; *Steinberg*, PVS 1973, S. 27; *Kaiser*, Repräsentation, S. 182, 272, 338; *Ehmke*, Staat und Gesellschaft, S. 43; *Krüger*, Staatslehre, S. 393 f.; *Maunz/Dürig/Herzog*, Art. 9, Rdnr. 14; *Herzog*, Staatslehre, S. 343; *Scheuner*, Nach 20 Jahren Bundesrepublik, Juristenjahrbuch 10 (1969/70), S. 1 (10); *Hesse*, Verfassungsrecht, S. 62. Weitere zahlreiche Hinweise bei *Steinberg*, AöR 1971, S. 465 (476 ff.). — Illegitim und verboten sind gemäß Art. 9 Abs. 2 GG nur Vereinigungen, deren Zweck oder deren Tätigkeit den Strafgesetzen zuwiderlaufen oder die sich gegen die verfassungsmäßige Ordnung oder gegen den Gedanken der Völkerverständigung richten.
26 Dazu v. *Beyme*, Interessengruppen, S. 199 m. w. N.
27 Entscheidende Fragen stellt *Watrin*, Organisierte und nichtorganisierte Interessen, S. 114: „Wie ist der aus der Freiheit, Sonderinteressen organisieren zu dürfen, folgenden Konsequenz Rechnung zu tragen, daß nur die gut organisierten Gruppen Macht und Einfluß gewinnen? Welche Vorkehrungen sind erforderlich, damit nicht wichtige (und von den meisten Bürgern auch als bedeutsam anerkannte) Interessen unzureichend beachtet werden?"
28 Neben den genannten auch aus realpolitischen Gründen: Politische Gruppen lassen sich durch Recht möglicherweise zähmen, aber von einer gewissen Stärke an kaum ausschalten. Vgl. auch v. *Eynern*, Politische Wirtschaftslehre, S. 169; *Herzog*, Staatslehre, S. 343 f.; *Grimm*, AöR 1972, S. 503; *Dahrendorf*, Die neue Freiheit, S. 155.
29 *Eucken*, Grundsätze der Wirtschaftspolitik, S. 334. Die Auflösung von Verbandsmacht klang z. Zt. der Weimarer Republik besonders bei Carl *Schmitt*, später bei der neoliberalen „Freiburger Schule" der Wirtschaftspolitik als Forderung an; auch das Verlangen nach einer „Ent-Oligarchisierung" (Alfred *Weber*) unseres demokratischen Systems scheint sie als tunlich zu suggerieren.
30 Zur Notwendigkeit „wirksamer Gegensteuerungen", weil sonst „das Funktionsschema der grundgesetzlichen Ordnung aus dem Gleichgewicht zu geraten droht". H. H. *Rupp*, in: Macht und ökonomisches Gesetz, S. 1263.
31 So der allgemeine Tenor der Berichte und der Diskussion auf der Staatsrechtslehrertagung 1974 in Bielefeld über das Thema „Das parlamentarische Regierungssystem des Grundgesetzes, Anlage — Erfahrungen — Zukunftseignung": Oppermann, VVDStRL 33, S. 12; Hans Meyer, S. 69, 107, 109; Stern, S. 127; Häberle, S. 135; Badura, S. 143 f.

F. I. Interessenverbände und ihr Einfluß

Eine Definition des „Interessenverbandes" ist ebenso schwierig wie die Definition der „öffentlichen Verwaltung", die sich zwar beschreiben, nicht aber definieren läßt[32]. Der Begriff „Interessenverband" ist deshalb funktional vom verfolgten Analysezweck her zu umreißen. Da es in dieser Untersuchung darauf ankommt zu überprüfen, ob die Verbandseinflüsse in ihrer Summe zu einem balancierten Willensbildungs- und Entscheidungsprozeß beitragen, wollen wir hier unter „Interessenverband" eine Organisation verstehen, der es wesentlich und permanent darum geht, bestimmte Interessen[33] ihrer Mitglieder durch Mitwirkung an und Einwirkung auf Gemeinschaftsentscheidungen zu fördern, ohne selbst die Übernahme der Regierungsverantwortlichkeit anzustreben[34]. Es handelt sich also einerseits um Organisationen, die im Wege des Aushandelns und Abschließens von Tarifverträgen selbst unmittelbar gemeinschaftserhebliche Entscheidungen treffen, andererseits und vor allem um solche, die (wesentlich und permanent) „Lobbying" gegenüber der politischen Führung betreiben und auf diese Weise mittelbar auf deren Entscheidungen einwirken (sog. „pressure groups")[35]. Damit fällt der größte Teil der sehr zahlreichen Vereinigungen, die Freizeitinteressen (wie Sport), soziale Interessen (wie Altenpflege) oder kulturelle Interessen (wie die Kirchen) betreffen, aus unserer Betrachtung heraus. Zwar kann jeder kleine Sportverein im Einzelfall zur Lobby werden, etwa wenn es um die Erlangung eines öffentlichen Zuschusses zum örtlichen Sportplatz geht; diese Lobby-Aufgabe gehört jedoch nicht zu den Hauptgegenständen der Vereinigung. Es bleiben damit im wesentlichen die Arbeits-, Berufs- und Branchenvereinigungen, die Kriegsopferverbände, die Steuerzahler- und Konsumentendachorganisationen und einige andere Dachorganisationen[36], also im wesentlichen die sogenannten Wirtschaftsverbände (einschließlich der Gewerkschaften), übrig[37]. Der Ausschluß der anderen Vereinigungen bedeutet nicht, daß diese unwichtig seien. Im Gegenteil, sie erfüllen zum großen Teil wesentliche Funktionen für das menschliche Gemeinschaftsleben[38] und stellen damit schon für sich, d. h. unabhängig von der oben geschilderten besonderen politischen Funktion der Interessenverbände in der Demokratie[39], einen enormen Aktivposten bei Beurteilung des Vereinigungswesens im Ganzen dar. Wir lassen sie hier nur deshalb heraus, weil sich dadurch die Problematik, auf die es uns ankommt, deutlich herausstellen läßt[40].

---

32 *Ellwein*, Interessenverbände, S. 22; *Forsthoff*, Verwaltungsrecht, S. 1.
33 Unter „Interesse" verstehen wir dabei — wie auch die *Heck*sche Interessenjurisprudenz — nicht nur ein materielles, wirtschaftliches, sondern auch ein ideelles Anliegen. Vgl. *Engisch*, Einführung, S. 180 f.; *Kaiser*, Repräsentation, S. 345 m. w. N.; *Watrin*, Organisierte und nichtorganisierte Interessen, S. 118 FN 1. Vgl. auch oben S. 33.
34 Ähnlich *Lange*, Politische Soziologie, S. 91; *Loewenstein*, Verfassungslehre, S. 370. Vgl. auch *Schüle*, VVDStRL 24, S. 112: Wesentlich für die Thematik „Staat und Verbände" sind „allein diejenigen Verbände, von denen Macht auf den Staat ausgeübt wird".
35 Zum Begriff *Kaiser*, Art. „Pressure Groups" in: Wörterbuch der Soziologie, S. 834; *v. Beyme*, Interessengruppen, S. 11 f.
36 Eine ähnliche Abgrenzung nimmt *Kaiser*, Repräsentation, S. 24 ff., vor. Vgl. auch die von *Ellwein* (Interessenverbände, S. 31) herausgestellten und von ihm so genannten „großen Interessenverbände".
37 Für die USA *Livingston-Thompson*, The Consent of the Governed, S. 192: „They (the non-economic interest groups) are seen as featherweight organisation to be weight into the balance of interest with the heavyweight economic interest groups." Ähnlich für England: *Finer*, Interest Groups and the Political Process in Great Britain, in: *Ehrmann* (Hrsg.), Interest Groups on Four Continents, 1958, S. 19 ff.
38 *Ellwein*, Interessenverbände, S. 27. Vgl. auch den Überblick über „altruistische Verbände" bei *Wacke*, VVDStRL 24, S. 106—111; *Dürig, Maunz/Dürig/Herzog*, Art. 3, Rdnr. 160 FN 4 und Rdnr. 163.
39 Oben S. 130 ff.
40 *Dürig*, VVDStRL 24, S. 111 f.: „Interessant sind halt die pathologischen Fälle". Daß gerade den „pathologischen Zuständen" besondere Aufmerksamkeit zukommt, betont auch Hans *Huber*, Staat und Verbände, in: Rechtstheorie, S. 368.

§ 20 Allgemeine Vorüberlegungen

Entwicklungstendenzen, die die Zunahme des Verbandseinflusses fördern

Es hat immer Gruppen gegeben, die versucht haben, die politischen Entscheidungen im Sinne ihrer Interessen zu beeinflussen. Ihren heutigen, nach Art und Maß neuen[41] Einfluß konnten die Interessenverbände aber erst unter den Bedingungen des modernen Staates der Industriegesellschaft erlangen[42]. Die schrittweise Aufhebung des Assoziations- und Streikverbots[43] und die Verbesserung der technischen Voraussetzungen für eine wirksame Interessenorganisation[44] schafften zunächst die notwendigen Vorbedingungen für das Wachsen des Verbandseinflusses. Die Entwicklung vom liberalen Ordnungsstaat zum sozialen Interventions- und Leistungsstaat, die alle früher der wirtschaftlich-gesellschaftlichen Selbststeuerung überlassene Bereiche prinzipiell der staatlichen Kontrolle unterwarf und sie damit zu potentiellen Tätigkeitsgebieten des Staates machte[45] („Entgrenzung der Staatsaufgaben")[46], erhöhte die Bedeutung staatlichen Wirkens für das wirtschaftliche und soziale Leben und ließ die staatliche Willensbildung mehr und mehr zum Zielobjekt des Einflusses der Interessenverbände werden[47]. Die Befugnis des Staates, Maßnahmen aller Art zugunsten oder zulasten scheinbar oder wirklich benachteiligter oder privilegierter Gruppen zu treffen, rief die Verbände beinahe zwangsläufig auf den Plan und schuf ihnen ein weites Arbeits- und Einflußgebiet[48]. Das Gewicht der staatlichen Tätigkeit für die verschiedenen Gruppen und die Bedeutung des Einflusses der Interessenverbände schaukelten sich in Form eines kumulativen Spiraleneffekts gegenseitig hoch; denn es lohnte sich nun, immer mehr und besser ausgestattete Verbände zu organisieren[49], die durch die Einwirkung auf die staatliche Willensbildung ihrerseits die Gruppenrelevanz der Staatstätigkeit erhöhten und damit wiederum den Anlaß zu einer noch weiteren Verstärkung der Verbandstätigkeit schufen[50]. Hinzu kommt, daß die im Zuge dieser Entwicklung erfolgende Ausdehnung des öffentlichen Sektors eine unerhörte Komplizierung der bei staatlichen Maßnahmen zu berücksichtigenden Zusammenhänge bewirkte, die von den meisten Bürgern und auch von vielen Politikern kaum noch zu durchschauen sind[51]; dadurch hat sich der Nährboden für das Erstarken von Einflußverbänden noch weiter verbessert; denn ihre Einwirkungsmöglichkeit beruht zu einem wesentlichen

---

41 Hans *Huber*, Staat und Verbände, in: Rechtstheorie, S. 364 ff.; *Neumark*, Grundsätze, S. 73.
42 *Varain* (Hrsg.), Interessenverbände in Deutschland; *Erdmann*, Die verfassungspolitische Funktion der Wirtschaftsverbände in Deutschland 1815–1871, S. 255; E. R. *Huber*, Das Verbandswesen des 19. Jahrhunderts und der Verfassungsstaat.
43 Oben S. 90.
44 *Breitling*, PVS 1960, S. 47 (73).
45 *Lange*, Politische Soziologie, S. 95.
46 *Badura*, VVDStRL 33, S. 141.
47 *Scheuner*, Der Staat und die Verbände, S. 11; *Forsthoff*, Rechtsstaat im Wandel, S. 187; *Hesse*, Verfassungsrecht, S. 7 f.
48 *Loewenstein*, Verfassungslehre, S. 374; *Narr/Naschold*, Theorie der Demokratie, Teil III, 1971, S. 222; Werner *Weber*, Der Staat und die Verbände, S. 25; *ders.*, Spannungen und Kräfte, S. 126 ff.; *v. Hayek*, Die Verfassung eines freien Staates, Ordo, Bd. 19 (1968), S. 5 ff.: Die Existenz des Lobbyismus ist „ein Kind der staatlichen Intervention."
49 Einen Überblick über Zahl und Vielfalt der Einflußverbände, die eine Geschäftsstelle in Bonn besitzen, gibt die aufgrund eines Beschlusses des Deutschen Bundestages vom 21. 9. 1972 (Bundesanzeiger Nr. 199 vom 20. 10. 1972) beim Bundestag geführte „Öffentliche Liste über die Registrierung von Verbänden und deren Vertreter", die in der Bekanntmachung vom 12. 1. 1976 nicht weniger als 131 eng bedruckte Seiten umfaßt (Stand: 1. 12. 1975). Vgl. Beilage Nr. 3/76 zum Bundesanzeiger Nr. 27 vom 10. 2. 1976. Vgl. auch die Darstellung der verschiedenen Interessengruppen in der Bundesrepublik in: Informationen zur politischen Bildung, Nr. 145: Interessenverbände in der Bundesrepublik Deutschland, hrsg. von der Bundeszentrale für politische Bildung, Bonn 1971.
50 *Buchanan/Tullock*, The Calculus of Consent, S. 286 f.
51 Statt vieler *Scharpf*, Demokratietheorie, S. 58 ff.

F. I. Interessenverbände und ihr Einfluß

Teil auf ihrem spezialisierten Sachverstand, dessen Bedeutung mit zunehmender Komplizierung aber immer größer wird.

Die Bedeutung der Verbandsforschung in den USA

Einige Vorbedingungen für die Entwicklung der Interessenverbände lagen in den angelsächsischen Ländern, vor allem in den USA, von jeher vor; zudem leisteten dort die Mentalität und die rassische und ethnische Vielgestalt der Gruppenbildung Vorschub. In den USA besteht deshalb eine lange Erfahrung mit dem Pluralismus von Interessenverbänden, und die Wissenschaft (für die „Interessen" von jeher nichts Zweitklassiges darstellten) beschäftigt sich besonders intensiv mit diesem Phänomen[52]. Daraus erklärt sich die führende Stellung der amerikanischen Pluralismusforschung und die auch von der deutschen Politikwissenschaft betonte Notwendigkeit, ihre Beiträge zu berücksichtigen[53], zumal die materialen Grundmerkmale des Verbandspluralismus in der Bundesrepublik heute eine ähnliche Struktur aufweisen wie in den USA[54]. Die Literatur ist allerdings sehr umfangreich und selbst für den politik-wissenschaftlichen Fachmann kaum noch zu übersehen[55]. Im Rahmen dieser Arbeit ist es nicht möglich, aber auch nicht nötig, auf alle Einzelheiten und Unterschiede der politik-wissenschaftlichen Theorien des Interessenpluralismus einzugehen. Wir können uns vielmehr darauf beschränken, die für unsere Fragestellung nach der Ausgewogenheit des Interessentendrucks wichtigsten Auffassungen mit großen Strichen zu skizzieren.

§ 21 Die Empfänglichkeit der politischen Entscheidungszentralen für den Verbandseinfluß

Die Mitwirkung an Gemeinschaftsentscheidungen liegt hinsichtlich der Tarifvertragsparteien offen zutage, soweit diese durch Abschluß von Tarifverträgen unmittelbar Mindestbedingungen für Arbeitsverträge festlegen. Die Frage nach den Gründen und Wegen des Verbandseinflusses wird erst dort interessant, wo die Entscheidungskompetenz bei anderen als den Interessengruppen liegt. Was veranlaßt die verfassungsrechtlich berufenen politischen Kompetenzinhaber, den Interessengruppen mittelbar Einfluß auf ihre Entscheidungen zu geben und sie auf diese Weise an der „Vorformung des politischen Willens" im „vorparlamentarischen Raum"[1] zu beteiligen?

Gründe des Verbandseinflusses

Politiker und politische Parteien reagieren auf den Druck der Verbände, weil sie deren — teils materielle, teils immaterielle — Unterstützung brauchen, wenn sie an die Macht gelangen oder an der Macht bleiben wollen. Und dahin geht, wie vornehmlich die Politikwissenschaft nachdrücklich und überzeugend betont, meist das primäre, alles andere überschattende Interesse von Politikern und Par-

---

52 *Loewenstein*, Verfassungslehre, S. 373.
53 Vgl. z. B. *Narr/Naschold*, Theorie der Demokratie, Teil III, S. 204; *Ellwein*, Die großen Interessenverbände, S. 37 f. m. w. N.
54 *Oppermann*, VVDStRL 33, S. 10.
55 Vgl. die Bibliographie von Kurt und Juliane *Tudyka*, Verbände. Geschichte, Theorie, Funktion. Zum Thema „Interessenverbände in Deutschland" vgl. die Bibliographie, in: *Varain* (Hrsg.), Interessenverbände in Deutschland, S. 373 ff.

1 Oben § 19 FN 23 und 24 und § 20 FN 24.

§ 21 Empfänglichkeit für den Verbandseinfluß

teien[2]. Parteien und Politikern liegt nicht in erster Linie daran, durch Diskussion und sachlichen Austausch eine möglichst gute Lösung von Sachproblemen durchzusetzen, sondern daran, — im Wettbewerb mit anderen Parteien — die Regierungsmacht zu erringen und beizubehalten und die politischen Führungspositionen zu besetzen. Entsprechend werden politische Wahlen heute als „Methode der Machtverteilung"[3] verstanden, in denen die Parteien legitimerweise auf eine „Eroberung der staatlichen Betriebsdirektion" abzielen[4].

Die zutreffende Betonung des Machtelementes in der Politik und der Tatsache, daß heutzutage die meisten Politiker *von* der Politik leben müssen, darf aber andererseits doch nicht übersehen lassen, daß viele auch *für* die Politik leben und von der Sache her interessiert sind, gute Politik zu machen[6]; beide Komponenten schließen sich auch schon deshalb nicht aus, weil ein Politiker die Macht in jedem Falle als Vorbedingung für die Realisierung seiner sachlichen Ziele braucht.

Zur besseren Erreichung ihrer macht- und sachbedingten politischen Ziele benötigen Parteien und Politiker von den Interessenverbänden dreierlei: Geld, Sachverstand und letztlich vor allem Wahlstimmen[7]. Die Verbände können den Parteien diese „politischen Ressourcen" (die damit zugleich das „Rohmaterial" für den Interessenverbandseinfluß sind) in relativ hohem Ausmaß anliefern[8], weil jedenfalls die vorherrschenden Partikularverbände über eine stärkere Organisation als die Parteien verfügen, was wiederum Ausdruck der typischerweise größeren Assoziationskraft des besonderen Interesses gegenüber dem von den modernen Volksparteien propagierten umfassenden Allgemeininteresse ist[9]. Neben Geldzahlungen an Parteien oder einzelne Politiker gibt es eine Reihe von sublimeren Mitteln, mit denen Verbände die politische Wettbewerbsposition einer Partei verbessern können. Zu nennen ist hier z. B. die Information der Regierenden über die Interessen und Wünsche der Verbandsmitglieder und die Information der Verbandsmitglieder über interessenrelevante Maßnahmen der Regierung[10]. Wenn eine erschöpfende Darstellung der Gründe des Verbandseinflusses hier auch weder möglich noch sinnvoll ist, so erscheinen doch einige all-

---

2 *Schumpeter*, Kapitalismus, Kap. 22 (S. 247 ff., bes. S. 448); *Downs*, Ökonomische Theorie der Demokratie, S. 11, 27 ff. und passim; *ders.*, Why the Government Budget is too small in a Democracy, S. 541 (542, 546); *Friedrich*, Der Verfassungsstaat der Neuzeit, S. 488; *Schmölders*, Finanzpolitik, S. 121; *Leibholz*, Strukturprobleme, S. 102; vgl. auch schon *Radbruch*, Die politischen Parteien im System des deutschen Verfassungsrechts, S. 285; *Heller*, Staatslehre, Ges. Schriften III, S. 147, 154, 155.
3 *Wildenmann*, Partei und Fraktion, S. 119.
4 *Thoma*, Der Begriff der modernen Demokratie in seinem Verhältnis zum Staatsbegriff, S. 58; *Max Weber*, Politik als Beruf, S. 18: „Zurücksetzungen in der Anteilnahme an den Ämtern werden von den Parteien schwerer empfunden als Zuwiderhandlungen gegen ihre sachlichen Ziele". Zustimmend *Badura*, BK, Art. 38, Rdnr. 39.
5 Max *Weber*, Politik als Beruf, S. 15: „Es gibt zwei Arten, aus der Politik einen Beruf zu machen. Entweder man lebt ‚für' die Politik – oder aber: ‚von' der Politik. Der Gegensatz ist keineswegs ein exklusiver. In aller Regel vielmehr tut man... beides".
6 Zur Kritik der Ausschließlichkeit des Machtmotivs vgl. *Tuchtfeldt*, Zielprobleme, S. 25–28 m. w. N.
7 *v. Eynern*, Politische Wirtschaftslehre, S. 161; *Hirsch*, Gewerkschaften, S. 35; vgl. auch *Ellwein*, Interessenverbände, S. 32 ff.; *Hensel*, Der Einfluß der wirtschaftspolitischen Verbände auf die parlamentarische Arbeit, S. 29 ff.
8 *Bernholz*, in: Macht und ökonomisches Gesetz, S. 885; „Alles, was eine politische Partei braucht, kann sie von Verbänden nehmen." Vgl. auch *Zacher*, Freiheitliche Demokratie, S. 49; *Forsthoff*, Industriegesellschaft, S. 91 f.
9 *Forsthoff*, Strukturwandlungen, S. 13; *Leibholz*, VVDStRL 24, S. 27. Vgl. auch den Hinweis von *Völpel*, Wirtschaftsgruppen, S. 147, daß die Wirtschaftsverbände der Bundesrepublik „etwa 8 mal mehr Mitglieder haben als die politischen Parteien".
10 Dazu *Bernholz*, Kyklos 1969, S. 282 f.; *ders.*, in: Macht und ökonomisches Gesetz, S. 865 ff.; *ders.*, Grundlagen der politischen Ökonomie, Bd. II, S. 98 ff. Vgl. auch oben S. 132.

F. I. Interessenverbände und ihr Einfluß

gemeine Bemerkungen über die Rollen erforderlich, die der spezialisierte Sachverstand[11] und die Marktmacht — als besonders wichtige und ständig, also auch außerhalb von Wahlkampfzeiten, wirksame Faktoren — für den Verbandseinfluß spielen.

Die Rolle des interessierten Sachverstandes

Angesichts der unerhörten Zunahme der vom Staat erledigten Aufgaben[12] und der außerordentlichen Verkomplizierung der vielfältigen Zusammenhänge, in welche die Staatsaufgaben heute gestellt sind[13], verfügt der Parteipolitiker regelmäßig nicht über alle Informationen, die für die Beurteilung einer zur Diskussion stehenden Maßnahme relevant sind. Er besitzt zunächst einmal keine ausreichende Information über das, was die Wähler wünschen. Da die Chancen eines Politikers, in einer Demokratie an der Macht zu bleiben, wesentlich davon abhängen, inwieweit seine Politik den Wünschen der Wähler entspricht, besteht, wie bereits erwähnt, ein Grund für den Verbandseinfluß in der Vermittlung der Anliegen der Verbandsmitglieder an die politischen Entscheidungszentralen und umgekehrt in der Information der Mitglieder über interessenrelevante Gesetze und Gesetzesvorhaben[14].

Andererseits sind die Interessen und Wünsche der Wähler aber durchaus keine fest vorgegebenen Größen. Angesichts der Knappheit der zur Befriedigung der konkurrierenden Interessen zur Verfügung stehenden Ressourcen pflegen die Wähler von der politischen Führung durchaus keine unbegrenzte Wahrung ihrer speziellen Interessen zu verlangen, sondern einen angemessenen Ausgleich zwischen den Interessen aller. Sie pflegen als Wahlbürger deshalb auch bereit zu sein, eine vernünftige, gerechte, optimale, kurz: eine am Gemeinwohl orientierte Politik — oder das, was ihnen als solche erscheint — zu honorieren. Daraus folgt, daß den Parteien nicht nur wegen ihrer Sach-, sondern auch und gerade wegen ihrer Machtorientierung an einer gemeinwohl-ausgerichteten Politik (oder dem, was sich als solche darstellen läßt), gelegen sein muß. Damit steht im Einklang, daß sich neben den Parteien auch Interessenverbandsvertreter fortwährend auf das Gemeinwohl berufen, weil sie erwarten, dadurch der Öffentlichkeit und den auf Wiederwahl angewiesenen Parteipolitikern die Akzeptierung ihrer Forderungen leichter zu machen.

Was jeweils gemeinwohladäquat ist, ist allerdings in der Praxis meist nur unter Heranziehung weitreichender Informationen einigermaßen einzugrenzen. Das klassische Demokratieverständnis ging davon aus, jeder normale Bürger (und natürlich auch jeder Politiker) könne sich alle politischen Fragen in ihrer Bedeutung vergegenwärtigen und sie vernünftig beurteilen. Was früher vielleicht zugetroffen haben mag, ist jedenfalls heute wirklichkeitsfremdes Wunschden-

---

11 *Lange*, Politische Soziologie, S. 101, bezeichnet die Problematik des mit Interessen verbundenen Sachverstandes mit Recht als „eines der delikatesten Kapitel unserer Zeit."
12 Die daraus resultierende „Flut der Gesetzgebung" (*Scheuner*, FS Gebhard *Müller*, S. 398; vgl. auch *Bachof*, Die richterliche Kontrollfunktion, FS Hans *Huber*, S. 39 f.; zahlreiche weitere Nachweise bei *Kreussler*, Gleichheitssatz, S. 75 f., bes. FN 27 und 28), die das Parlament häufig nur im Eilverfahren bewältigen kann, und die dadurch mitbewirkte gleichzeitige Gefährdung der Gesetzesqualität haben etwa die Bundestagsabgeordneten Adolf *Arndt* (Das Bild des Richters, Karlsruhe, 1957, S. 14) und *Dichgans* anschaulich beschrieben. Eklatante Beispiele für gesetzgeberische Fehlleistungen und Versehen: Auswirkung der Änderung des § 50 Abs. 2 StGB durch Gesetz v. 24. 5. 1968 (BGBl. I S. 503) auf die Verjährung von Beihilfe zum Mord (vgl. Urt. des 5. Strafsenats des BGH v. 20. 5. 1969); Novelle zum Wiedergutmachungsgesetz (sog. lex Gerstenmeier).
13 Statt vieler: *Forsthoff*, Strukturwandlungen, S. 10. Vgl. auch oben S. 44.
14 Oben Text zu FN 10.

§ 21 Empfänglichkeit für den Verbandseinfluß

ken[15]. Für den Parteipolitiker als typischen specialiste du général und für die öffentliche (bzw. „veröffentlichte") Meinung, die ihrerseits wieder die Auffassung des Wahlbürgers vom Gemeinwohlkonformen wesentlich mitprägt, ist es meist nicht möglich, die Berechtigung einer zur Diskussion stehenden politischen Maßnahme und die Durchschlagskraft einzelner dafür oder dagegen vorgebrachter Argumente vernünftig zu würdigen und abzuwägen; dabei verstehen wir unter „vernünftig" die Einbettung der Argumente in den Gesamtzusammenhang und die Heranziehung aller vom Standpunkt rationalen Problemlösungsverhaltens relevanter Gesichtspunkte[16]. Unerläßlich ist dafür spezialisierter Sachverstand[17], über den nicht nur Wahlbürger, sondern auch Parteipolitiker und Presseleute meist nicht oder nur in beschränktem Maß verfügen; diese sind ihm gegenüber deshalb regelmäßig aufgeschlossen. Der spezialisierte Sachverstand, der dadurch großen Einfluß erhält, ist in der Politik aber häufig interessiert[18] und interessengebunden, weil gerade Vertreter von Interessengruppen wegen ihrer Konzentration auf die Partikularinteressen ihrer besonderen Mitgliedergruppe meist Spezialisten für die eben diese Interessen jeweils betreffenden Teilgebiete sind. Soweit die die akademische Freiheit genießende Wissenschaft sich noch vor der Durchringung aktuell anstehender politischer Probleme und der Einbringung ihrer Ergebnisse in den politisch-sozialen Willensbildungsprozeß scheut, steht häufig der Sachverstand eines einzelnen Ministerialreferenten allein gegen eine qualitativ und quantitativ besser ausgestattete Interessengruppe.

Verbandsvertreter sind in der Regel nicht in der Lage, das zur Diskussion und zur politischen Vorentscheidung stehende Sachproblem wie unabhängige Gutachter zu behandeln[19]. „Wo Interessen berührt sind, ist die Objektivität getrübt"[20]. Verbandsvertretern kommt es typischerweise nicht auf „sachgerechte", sondern auf „machtgerechte" Politik an[21]. Sachverstand und Spezialkenntnisse haben für sie meist nur insofern Bedeutung, als sie sich als „Waffe im politischen Machtkampf" unmittelbar verwenden lassen[22]. Nur weltfremdes und im Verbandswesen unerfahrenes oder ideologisch eingefärbtes Denken kann dies bestreiten. Bewußt oder unbewußt wird auch bei denjenigen Interessenvertretern, die Ämter in politischen Entscheidungsgremien innehaben oder in einem Fachbeirat sitzen, die Loyalität zu dem Interessenverband, dem sie ihren Einzug in das betreffende Gremium verdanken, meist dominieren[23]: „Right or wrong — my pressure group"[24]. Der halbherzige Versuch, das öffentliche Interesse zu wahren, wird sozusagen erschlagen vom energisch und mit ganzer Kraft vorgetragenen Partikularinteresse.

---

15 Vgl. statt vieler *Schumpeter*, Kapitalismus, Kap. 21 (S. 397 ff.); *Forsthoff*, Industriegesellschaft, S. 82 ff., 94 ff.; *Schröder*, Gesellschaftspolitik, S. 439.
16 Vgl. oben S. 54 ff.
17 Statt vieler *Leibholz*, Strukturprobleme, S. 305, 317 ff.; *Forsthoff*, Industriegesellschaft, S. 94 ff.
18 *Eschenburg*, Staat und Gesellschaft, S. 549; C. *Schmitt*, Das Problem der innerpolitischen Neutralität des Staates, S. 51; *Dagtoglou*, Interessenvertreter, S. 29; *Kaiser*, Repräsentation, S. 269 f.
19 Vgl. *Dagtoglou*, Interessenvertreter, S. 28, 130 f.; *Leibholz*, Strukturprobleme, S. 317 ff.; ders., VVDStRL 24, S. 28; *Ellwein*, Interessenverbände, S. 34; *Liefmann-Keil*, Sozialpolitik, S. 105 f.; *Morkel*, Politik und Wissenschaft, S. 21. Ähnliches gilt tendenziell auch für wissenschaftliche, vor allem sozialwissenschaftliche, (wegen der größeren Exaktheit) weniger für naturwissenschaftliche Gutachten, die im Auftrag und auf Kosten eines Interessenverbandes gefertigt werden. *Kuhn*, Herrschaft der Experten?, 1961, S. 17; *Seiffert*, Information über die Information, 1968, S. 134 f.
20 *Schröder*, Gesellschaftspolitik, S. 447.
21 *Sperling*, JöR 1965, S. 195 (294); *Eschenburg*, in: Der Staat und die Verbände, S. 30.
22 *Heller*, Staatslehre, S. 58.
23 *Dagtoglou*, Interessenvertreter, S. 55.
24 *Kriele*, Kriterien, S. 33.

F. I. Interessenverbände und ihr Einfluß

Zwar werden die Verbandsvertreter selten so weit gehen, bewußt sachlich unrichtige Fakten vorzubringen, schon weil dies, falls es doch einmal aufgedeckt wird, die betreffenden Verbandsspezialisten für die Zukunft abwerten und damit die Basis für den Einfluß des Verbandes schwächen könnte. Hingegen sind sie darin geübt, die ihrer Sache förderlichen Fakten besonders herauszustreichen. Dadurch wird verhindert, daß diese Tatsachen übersehen werden und unberücksichtigt bleiben; das ist durchaus gemeinwohlkonform. Aber durch Betonung der günstigen Fakten und die Vernachlässigung anderer dem Verbandsinteresse entgegenlaufender Gesichtspunkte[25] erhält das vom einzelnen Verbandsvertreter gezeichnete Gesamtbild zugleich eine interessenbedingte Schlagseite („Gemeinwohl Marke BDI"). Es ist diese gängige Verwendung des Terminus Gemeinwohl als Etikett für Gruppenförderungen[26], die die Gemeinwohlidee in den Augen vieler besonders nachhaltig abgewertet hat[27].

Die Rolle der Marktmacht der Interessengruppen

Die Rolle der Marktmacht für den Einfluß der organisierten Interessen auf politische Entscheidungen ist besonders von Peter Bernholz herausgearbeitet worden: „Besitzen ein Verband oder die ihn bildenden Mitglieder als Monopol, Kartell oder Oligopol erheblichen Einfluß auf bestimmten Märkten, so kann dieser durch Drosselung der Produktion, durch Streiks, Liefersperren, Entlassungen von Arbeitnehmern usw. auch Wählerkreise beeinflussen, die als Abnehmer, Lieferanten, Arbeitnehmer oder Kapitaleigentümer nicht zu den Mitgliedern des Verbandes zählen. Gelingt es, für die durch solche Maßnahmen hervorgerufenen Nachteile in den Augen der Betroffenen die Regierung verantwortlich zu machen (wie dies regelmäßig mindestens bis zu einem gewissen Grade zu erwarten ist)[28], kann ein zusätzliches Wählerpotential gegen die Regierung mobilisiert werden. In diesem Fall wird oft schon die Drohung einer entsprechenden Verwendung der Marktmacht genügen, um die staatlichen Stellen zur Berücksichtigung der Verbandswünsche zu bewegen"[29].

Die Einflußmöglichkeit der Interessenverbände aufgrund ihrer Fähigkeit, die Erreichung der wirtschaftspolitischen Ziele der Regierung zu stören, kommt etwa in der Praxis der Konzertierten Aktion zum Ausdruck, in der den teilnehmenden Verbänden gewissermaßen als Gegenleistung für den gesamtwirtschaftlich ange-

---

25 *Haller*, Finanzpolitik, 4. Aufl., S. 338: „Die Wünsche der einzelnen Gruppen werden in der Regel so begründet, daß der Eindruck erweckt wird, ihre Erfüllung sei im Interesse der Allgemeinheit geboten. Der Scharfsinn aller von den Gruppen herangezogenen Experten, der technischen Helfer, wird darauf gerichtet, zugkräftige Argumente zu liefern". *Downs*, An Economic Theory of Democracy, S. 83: „Persuaders are not interested per se in helping people who are uncertain to become less so; they want certainty to produce a decision which aids their cause. Therefore they provide only those facts which are favorable to whatever group they are supporting." — Zwar erscheint es durchaus nicht von vornherein ausgeschlossen, daß sich — entsprechend dem Grundgedanken des angelsächsischen Gerichtsverfahrens — im dialektischen Hin und Her der unterschiedlichen Interessenargumentationen das Richtige herausschält (vgl. den Gedanken des „Pluralismus der Experten" bei Manfred *Kuhn*, Herrschaft der Experten?, 1961, S. 12), erforderlich ist dafür aber ein gleichgewichtiges Herausstellen aller Interessen. Ob damit zu rechnen ist, wird später untersucht.
26 Vgl. z. B. H. H. *Rupp*, Funktionen, S. 1260; *Meinhold*, Volkswirtschaftspolitik I, S. 87 f.
27 Oben S. 6.
28 Durch Art. 109 Abs. 2 GG n. F. und § 1 StabG ist die Verantwortung der Bundesregierung für Störungen des gesamtwirtschaftlichen Gleichgewichts (Preisstabilität, hoher Beschäftigungsstand, außenwirtschaftliches Gleichgewicht und stetiges und angemessenes Wirtschaftswachstum) auch rechtlich festgelegt.
29 *Bernholz*, Die Machtkonkurrenz der Verbände, S. 865; auch *ders.*, Theorie des Einflusses der Verbände, S. 284 ff.; *ders.*, Grundlagen der politischen Ökonomie, Bd. II, S. 100 ff.; *Kaiser*, Repräsentation, S. 261 f.; *Grosser*, Konzentration ohne Kontrolle, Kritik, Bd. II, 2. Aufl., 1970, S. 18 f.; *Koubek*, Konzentration und Machtverteilung, S. 34.

§ 21 Empfänglichkeit für den Verbandseinfluß

messenen Einsatz ihrer Marktmacht im Sinne der Regierungsziele das „prinzipielle Zugeständnis institutionell zugesicherter Einflußnahme"[30] eingeräumt wird[31], zeigt sich aber auch sonst immer wieder an zahlreichen Beispielen, so etwa bei der Verabschiedung des Mitbestimmungsgesetzes von 1951, welches von den Sozialpartnern unter Mitwirkung des Bundeskanzlers vollständig formuliert und dann dem Parlament zur Verabschiedung vorgelegt worden war. Sowohl während der Verhandlungen der Sozialpartner als auch während der Beratungen im Bundestag wurde vom DGB mit Streikdrohungen Druck ausgeübt[32]. Ein anderes Beispiel nennt Giersch: Vor der Bundestagswahl 1957 erklärten einige Markenartikelfabrikanten, sie würden ihre Preise trotz gestiegener Kosten konstant halten; sie wollten durch ein solches „preispolitisches Stillhalteversprechen"[33] die Wahlchancen des Wirtschaftsministers und seiner Partei verbessern[34]. Von einem umgekehrten Fall berichtete die Presse vor der Bundestagswahl 1971, als eine Reihe nordrhein-westfälischer Bierbrauereien Absprachen über Preiserhöhungen traf, unter anderem um die Wahlaussichten der Regierungsparteien zu verschlechtern[35]. Hierher gehört schließlich auch die Anfang 1975 in einem Brief an den Bundeskanzler ausgesprochene Drohung fünf führender Verbände der Wirtschaft, 40 000 zusätzlich bereitstellbare Stellen für die Ausbildung von Lehrlingen zurückzuhalten, wenn bei der anstehenden Reform der beruflichen Bildung ihre Vorstellungen keine Berücksichtigung fänden.

Ein bedeutender Sonderfall marktmäßig bedingten Verbandseinflusses auf staatliche Entscheidungen sind Arbeitskampfmaßnahmen gegen die öffentliche Hand als Dienstherrn, so etwa der Bummelstreik der Fluglotsen 1973/74 und der Streik der Gewerkschaft ÖTV zu Anfang 1974, aufgrund dessen Lohnerhöhungen im öffentlichen Dienst durchgesetzt wurden, die vorher von Bundeskanzler und Bundeswirtschaftsminister ausdrücklich als gesamtwirtschaftlich unverantwortlich bezeichnet worden waren[36].

Geld, spezieller Sachverstand und die Macht, das Verhalten der Mitglieder (bei der Wahl oder bei der Ausübung von Marktmacht) bis zu einem gewissen Grade zu beeinflussen, stellen, wie dargelegt, die wesentlichen Kräfte dar, die den Interessenverbänden (oder bisweilen auch schon einzelnen Großunternehmen) einen Einfluß auf die politisch-demokratischen Entscheidungen geben. Im folgenden sollen nun die Wege, auf denen diese Kräfte Wirkung entfalten, also sozusagen die Transmissionsriemen, mittels derer der Verbandseinfluß auf die politisch verantwortlichen Entscheidungsgremien übertragen wird, skizziert werden.

Wege des Verbandseinflusses

Nach dem Grundgesetz ist die Einrichtung einer Institution wie des Reichswirtschaftsrats der Weimarer Reichsverfassung (Art. 165 Abs. 3) nicht vorgesehen[37]; auch im übrigen erwähnt das Grundgesetz, wenn man einmal von Art. 9 Abs. 3 absieht, die Mitwirkung der Verbände bei der gemeinschaftserheblichen Willensbildung nicht. Unterhalb der Ebene des Verfassungsrechts besteht jedoch eine

---

30 *Watrin*, Demokratisierung der Wirtschaftspolitik in der BRD, S. 136.
31 *v. Arnim*, Volkswirtschaftspolitik, S. 215 f. m. w. N.
32 *Kaiser*, Repräsentation, S. 258 ff.; *Bernholz*, Theorie des Einflusses der Verbände, S. 285.
33 *Forsthoff*, Optimale Regierungsform, S. 15.
34 *Giersch*, Wirtschaftspolitik, S. 20.
35 Der Spiegel Nr. 47/1972, S. 73 f.
36 Dazu im einzelnen oben S. 109 ff.
37 Einige Landesverfassungen haben den Gedanken jedoch aufgegriffen, z. B. die Bayerische Verfassung von 1946 in Art. 154. Zur Problematik der Errichtung eines Wirtschaftsrates unten S. 384 ff.

F. I. Interessenverbände und ihr Einfluß

Reihe von staatsrechtlichen Bestimmungen[38], die den Verbandseinfluß auf die politischen Entscheidungsgremien betreffen. Das gilt jedenfalls für die Einflußnahme „von außen"; die Einwirkung der Interessenverbände „von innen"[39], die im folgenden natürlich ebenfalls zu skizzieren ist, hat dagegen bisher keinerlei rechtliche Regelung gefunden[40].

Anhörung der Spitzenverbände über Gesetzentwürfe

Im Zuge der anhaltenden Verschiebung des politischen Schwergewichts vom Parlament auf die Regierung (und die ihre Entscheidungen vorbereitende und ausführende Verwaltung)[41] konzentriert sich auch der Verbandseinfluß immer mehr auf die Ministerialbürokratie[42]. Hier ist als wichtigste Vorschrift § 23 der Gemeinsamen Geschäftsordnung der Bundesministerien (Teil II: Besonderer Teil) zu nennen[43]. Nach dieser Bestimmung können „zur Beschaffung von Unterlagen für die Vorbereitung von Gesetzen ... die Vertretungen der beteiligten Fachkreise herangezogen werden". Damit sind in der Regel die Spitzenverbände angesprochen (§ 23 Abs. 3 GGO II, § 77 GGO I). Die Anhörung der Spitzenverbände in den besonders wichtigen Stadien des Gesetzgebungsverfahrens, dem Referentenstadium und dem Ausführungsstadium (Erlaß von Rechtsverordnungen und Runderlassen), die ja lediglich auf einer Kann-Bestimmung beruht, die ihrerseits eigentlich auf die Abwehr von übermäßigem Verbandseinfluß angelegt ist, ist in der Praxis so sehr zur Regel geworden[44], daß sie von den Verbänden als wohlerworbenes Recht angesehen wird[45]. Wie v. Beyme berichtet, hat der Deutsche Gewerkschaftsbund 1966 sogar eine verwaltungsgerichtliche Klage gegen Bundeskanzler Erhard angestrengt, weil dieser entgegen der vom DGB vertretenen Auslegung der Vorschrift bei einem Gesetzentwurf nicht konsultiert worden war, und die Klage erst nach einer Entschuldigung des Kanzlers zurückgezogen[46].

In der Praxis geschieht die „Anhörung" der Verbände nicht nur in förmlichen Denkschriften und einmaligen Besprechungen, sondern hat sich zu einem laufenden Konsultationsverkehr entwickelt, der sich u. a. in einem ständigen telefonischen Kontakt zwischen den zuständigen Referenten in Ministerien und Verbänden niederschlägt[47].

Eine Sonderregelung für Spitzenorganisationen der Beamten enthalten §§ 94 BBG und 58 BRRG (und entsprechend alle Landesbeamtengesetze). Danach ha-

---

38 Dazu *Steinberg*, ZRP 1972, S. 207.
39 Zur Unterscheidung zwischen der Einwirkung der Interessenverbände „von außen" und „von innen" *Kaiser*, Repräsentation, S. 269.
40 Vgl. auch *v. Beyme*, Interessengruppen, S. 85 ff.; *Ellwein*, Das Regierungssystem der Bundesrepublik Deutschland, 2. Aufl., S. 101 ff.
41 Dazu z. B. *Scheuner*, DÖV 1974, S. 433 (438 m. w. N.).
42 *Hennis*, Verfassungsordnung und Verbandseinfluß, S. 24; *v. Beyme*, Interessengruppen, S. 112 ff.; *Ellwein*, Das Regierungssystem der Bundesrepublik Deutschland, 3. Aufl., S. 163; *Scheuner*, DÖV 1974, S. 433 (438); *Oppermann*, VVDStRL 33, S 32 f.
43 § 23 GGO II in der Fassung v. 7. 3. 1975, GMBl. 1975 S. 387. Zur Regelung in der Schweiz: Hans *Huber*, Die Anhörung der Kantone und der Verbände im Gesetzgebungsverfahren, in: Rechtstheorie, S. 387 ff.; vgl. auch *Hensel*, Wirtschaftspolitische Verbände, S. 120 ff.; *Schröder*, Gesetzgebung und Verbände, S. 74 ff.
44 *Schröder*, Gesetzgebung und Verbände, S. 77: „praktisch obligatorisch".
45 *Maunz*, Die Innere Neutralität des Staates, S. 355: § 23 verlange keinesfalls unbedingt eine vorherige Konsultation der Verbände. So auch *Dagtoglou*, Interessenvertreter, S. 86. *Steinberg*, ZRP 1972, S. 207 (210 f.): Nur eine unsachgemäße Differenzierung zwischen den Verbänden sei unzulässig. Ebenso *Brenner*, BB 1960, S. 874 ff.; *Schröder*, Gesetzgebung und Verbände, S. 79 ff.
46 *v. Beyme*, Interessengruppen, S. 114, 166.
47 *Steinberg*, ZRP 1972, S. 208.

ben die zuständigen Organisationen sogar einen Anspruch auf Beteiligung an der Vorbereitung allgemeiner Regelungen der beamtenrechtlichen Verhältnisse[48].

Fachbeiräte

Weitere wichtige „Transmissionsriemen" für den Verbandseinfluß sind die Fachbeiräte (Fachausschüsse) bei den Ministerien[49], die aufgrund §§ 61, 62 GGO I oder spezieller Vorschriften errichtet worden sind. In der Antwort auf eine Kleine Anfrage im Bundestag hat die Bundesregierung am 14. 7. 1969[50] festgestellt, daß damals bei den Ministerien 206 Beiräte mit insgesamt 4368 Mitgliedern bestanden[50a]; ein großer Teil von ihnen ist von Interessenverbänden entsandt. Sie sollen zwar nach § 62 Abs. 3 GGO I unparteiisch und objektiv beraten und Empfehlungen abgeben, in der Praxis kann die Vorschrift aber natürlich nicht verhindern, daß die von Interessengruppen entsandten Mitglieder sich, wie oben bereits allgemein aufgeführt, regelmäßig als Interessenvertreter verstehen[51].

Während es sich bei den Anhörungen der Spitzenverbände gemäß § 23 GGO II BMin um Einwirkung der Interessenverbände „von außen" handelt, sind die Fachbeiräte, in denen Verbandsvertreter sitzen, amtliche Institutionen; auf der anderen Seite haben ihre Stellungnahmen nur empfehlenden Charakter, so daß man die Einflußnahme der Verbände über Fachbeiräte nicht eindeutig zuordnen kann, sondern zwischen einer Einwirkung von innen und einer solchen von außen wird einstufen müssen.

Konzertierte Aktion

Auch die mit dem Stabilitätsgesetz von 1967 begründete Konzertierte Aktion[52] entwickelte sich immer mehr zu einer Veranstaltung, durch die die Verbände Einfluß auf die Wirtschaftspolitik erhalten. Damit wurde ihr ursprünglicher Sinn umgekehrt. Nach § 3 StabG stellt die Bundesregierung im Fall der Gefährdung der Ziele des § 1 StabG Orientierungsdaten für ein gleichzeitiges aufeinander abgestimmtes Verhalten der Gebietskörperschaften, Gewerkschaften und Unternehmungsverbände zur Erreichung der Ziele des § 1 zur Verfügung. Der Bundeswirtschaftsminister hat sie auf Verlangen eines der Beteiligten zu erläutern. Auf diese Weise sollte vornehmlich der Gefahr lohninduzierter Preissteigerungen entgegengewirkt werden.

Da aber die Orientierungsdaten nicht verbindlich sind, glaubte der frühere Wirtschaftsminister Schiller, das Wohlverhalten der Sozialpartner, vor allem der Gewerkschaften, dadurch bis zu einem gewissen Grade erkaufen zu können, daß er auf ihren Wunsch die gesamte Wirtschaftspolitik zum Beratungsgegenstand der Konzertierten Aktion machte. Die zunächst recht harmlos klingende Formulierung des § 3 StabG erfaßt damit „nur ein Minimum des tatsächlichen Erscheinungsbildes der Konzertierten Aktion"[53]. Die Konzertierte Aktion, deren

---

48 Dazu *Ammermüller*, Rechtssetzungsverfahren; *Schröder*, Gesetzgebung und Verbände, S. 83 ff.
49 Dazu *Hirsch*, Gewerkschaften, S. 71 ff. und 160 ff.; *Böckenförde*, Organisationsgewalt, S. 252 f.; *Völpel*, Einfluß von Wirtschaftsgruppen, S. 85–129; *Schröder*, Gesetzgebung und Verbände, S. 88 ff.
50 Bundestagsdrucksache V/4 585.
50a Zu neueren Angaben: *Schröder*, Gesetzgebung und Verbände, S. 88 ff.
51 *Böckenförde*, Organisationsgewalt, S. 254; *v. Eynern*, Politische Wirtschaftslehre, S. 163; *Steinberg*, ZRP 1972, S. 208.
52 Dazu *v. Arnim*, Volkswirtschaftspolitik, S. 212 ff. m. w. N.; *Schröder*, Gesetzgebung und Verbände, S. 76 ff.
53 *Möller*, StabG, § 3, Rdnr. 4.

F. I. Interessenverbände und ihr Einfluß

Teilnehmerkreis sich laufend ausgedehnt hat[54], wurde zunehmend zu einer Vorabstimmung zwischen der Bundesregierung und den Spitzenverbänden über alle bedeutenden Fragen der Wirtschaftspolitik. Der frühere Bundeswirtschaftsminister Schiller sprach ausdrücklich von einer „Vorformung der Wirtschaftspolitik"[55], die dann aber auf die Entscheidungen der verfassungsmäßig berufenen Organe weitgehend präjudizierend wirken kann. Das sich seit 1969 anbahnende Scheitern der ursprünglichen Funktion der Konzertierten Aktion, auf die Sozialpartner im Sinne des Allgemeininteresses einzuwirken, scheint ihre Umfunktionierung in ihr Gegenteil zu besiegeln, so daß nun umgekehrt „Oligopole und organisierte Gruppen"[56] in ihrem Sinne verstärkt auf die staatliche Willensbildung einwirken.

In der von dem früheren Bundesarbeits- und Sozialminister Arendt ins Leben gerufenen *Sozialpolitischen Gesprächsrunde* finden sich ebenfalls die betroffenen Spitzenverbände zusammen, um sozialpolitische Gesetzesvorhaben, wie beispielsweise die Neuregelung der betrieblichen Altersversorgung, untereinander und mit Regierungsvertretern abzusprechen.

Hearings vor Bundestagsausschüssen

Die Hearings vor Bundestagsausschüssen nach § 73 GOBT[57] haben eine gewisse Ähnlichkeit mit den Anhörungen der Verbände nach § 23 GGO II BMin. Sie sind jedoch im Gegensatz zu diesen grundsätzlich öffentlich; ferner werden nicht nur verbandlich gebundene, sondern auch unabhängige Sachverständige herangezogen[58]. Anhörungen vor Bundestagsausschüssen sind seit Mitte der 60er Jahre bei wichtigen Gesetzgebungsvorhaben zunehmend üblich geworden, wobei häufig allerdings nicht die Information der Ausschußmitglieder, sondern die mit den Anhörungen verbundene Werbewirkung auf die Öffentlichkeit im Vordergrund stand[59].

Einflußnahme via öffentliche Meinung

Presse, Funk und Fernsehen haben durch ihre Veröffentlichungen beträchtlichen Einfluß auf die Meinungsbildung der Politiker wie der Bürger. Es liegt deshalb für die Interessenverbände nahe zu versuchen, die sogenannte öffentliche Meinung in ihrem Sinne zu beeinflussen[60]. In der Tat sind die meisten Versuche einer Verbandseinflußnahme – unabhängig davon, wer letztlich der Adressat ist – vom Appell des Verbandes an die öffentliche Meinung begleitet[61]. Tieferer Grund des Einflusses ist hier vor allem wieder der spezialisierte Sachverstand der Verbände, der vor allem über Presseinformationen, Pressekonferenzen und die Veröffentlichung von fachlichen Gutachten an den Mann gebracht wird. Auch die Finanzkraft spielt keine geringe Rolle. Jeder größere Verband verfügt zudem über eine eigene Mitgliederzeitschrift. Darüber hinaus sind manche Publikationen fi-

---

[54] *Steinberg*, ZRP 1972, S. 209; vgl. auch *Watrin*, Demokratisierung, welcher auf S. 134 FN 35 einen Überblick über Zusammensetzung und Ablauf der Konzertierten Aktion gibt.
[55] *Schiller*, Reden zur Wirtschaftspolitik, Bd. III, S. 94.
[56] *Rupp*, Konzertierte Aktion und freiheitlich-rechtsstaatliche Demokratie, S. 6.
[57] In der Fassung vom 22. 5. 1970 (BGBl. I S. 628).
[58] Dazu *Appoldt*, Die öffentlichen Anhörungen („Hearings") des Deutschen Bundestags; *Hensel*, Wirtschaftspolitische Verbände, S. 127 ff. m. w. N.; *Schröder*, Gesetzgebung und Verbände, S. 106 ff.
[59] *Schindler*, Politische Entscheidungshilfe für das Parlament, ZParl. 1970, S. 424.
[60] Dazu *Kaiser*, Repräsentation, S. 211 ff.; *v. Beyme*, Interessengruppen, S. 151 ff.
[61] *v. Beyme*, Interessengruppen, S. 151.

nanziell in der Hand von bestimmten Interessengruppen oder stehen ihnen doch nahe. In den Aufsichtsgremien der Rundfunk- und Fernsehanstalten haben die großen Verbände der Unternehmer, Arbeitnehmer, der Kirchen etc. (neben den politischen Parteien) kraft Gesetzes Stimme und damit Einfluß[62].

Einwirkung „von innen"

Den genannten Wegen für den Verbandseinfluß war — mit der einen teilweisen Ausnahme der Fachbeiräte — gemeinsam, daß die Einwirkung auf die Amtsträger „von außen" erfolgte. Von besonderer Bedeutung ist jedoch auch die Einwirkung „von innen", die dadurch gekennzeichnet ist, daß Verbandsvertreter selbst an die Schalthebel der politischen Macht in Parteien, Parlamenten, Regierungen und Behörden gelangen, so daß diese Gremien schon von innen her „verbandsgefärbt" erscheinen[63]. So werden die Verbandsführer und -funktionäre über die Wahllisten, auf deren Aufstellung den Interessenverbänden regelmäßig Einfluß eingeräumt wird, in die Bundes- und Landesparlamente geschleust.

Da in den Gesetzgebungsausschüssen der Parlamente[64] die Sachkunde der Mitglieder von besonderer Bedeutung ist und Verbandsvertreter meist Experten auf ihrem Gebiet sind[65], halten sie die Ausschüsse zu einem beträchtlichen Teil besetzt, die die wirtschaftliche und soziale Gesetzgebung vorbereiten und ihr häufig auch die schließlich vom formellen Beschluß des Parlaments sanktionierte Gestalt geben[66]. Infolgedessen sind im Landwirtschaftsausschuß des Bundestags die Landwirte ebenso unter sich wie die Beamten im Innenausschuß[67].

Solche Formen der „eingebauten Lobby" gibt es teilweise auch in Regierungen, wo bestimmte Ministerien bisweilen geradezu als „Verbandsherzogtümer" angesehen werden[68]. Für die Bundesregierung spielten und spielen hier vor allem das frühere Vertriebenenministerium und das Landwirtschaftsministerium, teilweise auch das Ministerium für Arbeit und Sozialordnung eine Rolle.

Über die genannten Wege hinaus gibt es eine Reihe weiterer informeller Einwirkungsmöglichkeiten auf den politischen Willensbildungsprozeß, von denen die Interessenverbände in unterschiedlicher Weise Gebrauch machen. Diese sind hier aber nicht im einzelnen darzulegen[69]. In dieser Arbeit kam es nur darauf an, in großen Zügen zu zeigen, daß die Einflußnahme der Interessenverbände, mögen sie nun darauf hinwirken, daß das ihnen Genehme getan oder daß das ihnen Unangenehme unterlassen wird[70], sich auf alle Stadien der politischen Willensbildung erstreckt.

Während die Tatsache des Verbandseinflusses als solche heute als selbstverständlich angesehen wird[71], so daß sie häufig gar keines Beweises für be-

---

62 Dazu *Seifert*, Probleme der Parteien- und Verbandskontrolle von Rundfunk- und Fernsehanstalten, in: R. Zoll (Hrsg.), Manipulation der Meinungsbildung, Kritik, Bd. 4, S. 124.
63 Zur Verbandsfärbung der Abgeordneten, der Fraktionen und der Ausschüsse des Bundestags *Völpel*, Wirtschaftsgruppen, S. 73 ff.
64 *Dechamps*, Macht und Arbeit der Ausschüsse, 1954.
65 Zum Verbandsfachmann als Abgeordneten: *Hensel*, Wirtschaftspolitische Verbände, S. 54 ff. m.w.N.
66 *Eschenburg*, Staat und Gesellschaft, S. 549; *Leibholz*, VVDStRL 24 (1965), S. 27 f.; *Schmölders*, Finanzpolitik, 3. Aufl., S. 103; *Völpel*, S. 79.
67 *Ellwein*, Interessenverbände, S. 35.
68 *v. Beyme*, Interessengruppen, S. 109 ff.
69 Über Einzelheiten *v. Beyme*, Interessengruppen, S. 85 ff.
70 *Leibholz*, VVDStRL 24, S. 28; *Eschenburg*, Staat und Gesellschaft, S. 706.
71 *Loewenstein*, AöR 77 (1951/2), S. 431; *Kaiser*, Repräsentation, S. 259; *Scheuner* DÖV 1960, S. 601 (605); *Fraenkel*, Deutschland und die westlichen Demokratien, S. 32 (45); *Leibholz*, Strukturprobleme, S. 326 (336); *Forsthoff*, Industriegesellschaft, passim, z. B. S. 119; *Herzog*, Staatslehre, S. 346; Hä-

F. I. Interessenverbände und ihr Einfluß

dürftig gehalten wird[72], läßt sich über die Intensität des Verbandseinflusses jedenfalls generell kaum etwas Eindeutiges aussagen. Die sogenannten Sozialpartner üben einen außerordentlich großen Einfluß auf die wirtschafts- und sozialpolitische Willensbildung aus, die sich vornehmlich in Gesetzen niederschlägt („Gesetzgebungsstaat")[73]. Ramm weist darauf hin, daß in der Weimarer Republik und in der Bundesrepublik „in aller Regel die Einigung der sozialen Gegenspieler in kaum veränderter Form Gesetz geworden" und „gegen ihren übereinstimmenden Willen kein Gesetz zustande gekommen" ist[74]. Auch das „Legalgewicht"[75] vieler anderer Interessenverbände ist ausgeprägt und läßt sich anhand einer Reihe von Fallstudien eindeutig nachweisen[76]. Aus diesen ergibt sich zugleich, daß die Einflußnahme der Verbände natürlich nicht ein für allemal von gleicher Intensität und Auswirkung ist, sondern von Fall zu Fall durchaus unterschiedliches Gewicht besitzen kann.

Exkurs: Die Verwaltung als Adressat des Verbandseinflusses

Es wurde bereits darauf hingewiesen, daß die Verbände auf allen Stadien der politischen Willensbildung Einfluß zu nehmen versuchen. Es liegt in der Logik des Wirkens der Verbände, daß sie überall dort anzusetzen suchen, wo Entscheidungen vorbereitet und getroffen und dadurch die von ihnen vertretenen Interessen berührt werden. Dabei hängen Einwirkungschance und -intensität zu einem guten Teil von der Weite des rechtlichen Entscheidungsbereichs des Adressaten ab[77].

Solche Entscheidungsbereiche bestehen nun aber nicht nur auf der Ebene der Gesetzgebung und Regierung, sondern auch im Bereich der Verwaltung[78]. Die Verwaltung ist heute durchaus nicht auf den Vollzug von gesetzlichen „Konditionalprogrammen" (Luhmann)[79] beschränkt, die dem Typus nach dadurch charakterisiert sind, daß sich die Rechtsfolgen durch Subsumtion von Sachverhalten unter gesetzliche Tatbestände ergeben. Sie ist vielmehr zu einem guten Teil gestaltende Verwaltung[80], der — in der Terminologie Luhmanns — lediglich ein gesetzliches „Zweckprogramm" vorgegeben ist[81], das durch die Wahl möglichst angemessener Mittel zu optimieren ist[82]. „Die Situation der gestaltenden

---

berle, AöR 1973, S. 119 (133). — Eher warnend vor einer Überschätzung der Macht der Verbände: *Narr/Naschold*, Theorie der Demokratie, Teil III, 1971, S. 224; *Stammer*, Verbände und Gesetzgebung. Kritisch zur Generalisierung von Stammers Thesen: *Ellwein*, Interessenverbände, S. 32 FN 20 und S. 37.

72 Z. B. *Maunz/Dürig/Herzog*, Art. 9, Rdnr. 14.
73 *Scheuner*, DÖV 1960, S. 601 (605).
74 *Ramm*, ZRP 1972, S. 13 (16); *Hirsch*, Gewerkschaften, S. 48. Vgl. etwa zum Betriebsverfassungsgesetz von 1952 *Kaiser*, Repräsentation, S. 258; zu einem anderen Beispiel (Änderungen des Gesetzes über die Arbeitszeit in den Bäckereien von 1969) *Lemke*, DÖV 1975, S. 253 FN 6.
75 Terminus nach *Wittkämper*, Grundgesetz und Interessenverbände, S. 47 ff., der ihn freilich in etwas anderer Bedeutung gebraucht als die vorliegende Arbeit.
76 Vgl. z. B. *v. Bethusy-Huc*, Demokratie und Interessenpolitik (Landwirtschaftsgesetz, Gesetz gegen Wettbewerbsbeschränkungen, Bundesbankgesetz); *Stammer*, Verbände und Gesetzgebung. Die Einflußnahme der Verbände auf die Gestaltung des Personalvertretungsgesetzes; *Naschold*, Kassenärzte und Krankenversicherungsreform; *Safran*, Veto-Groups Politics — The Case of Health-Insurance Reform in West Germany; *Wehling*, Die politische Willensbildung auf dem Gebiet der Weinwirtschaft; *Philipp*, Die Offenlegung des Einflusses von Interessenverbänden auf die Staatswillensbildung in der BRD — Vier Fallstudien zum Wettbewerbsrecht.
77 Das andere wichtige Kriterium für das Maß der Einwirkungschance ist der Grad der Abhängigkeit des betreffenden Willensbildungs- und Entscheidungsbereichs von den Interessenverbänden.
78 Dazu *Dagtoglou*, Der Private in der Verwaltung als Fachmann und Interessenvertreter, passim.
79 *Luhmann*, Theorie der Verwaltungswissenschaft, S. 87; *ders.*, Zweckbegriff und Systemrationalität, S. 68 f., 149 ff.; *ders.*, Positives Recht und Ideologie, S. 191 ff.
80 *Brohm*, VVDStRL 30, S. 245 (bes. 274 ff.).
81 Nachweise in FN 79.
82 Oben S. 58 ff.

Verwaltung kommt so derjenigen der wirtschaftslenkenden Gesetzgebung nahe, auch wenn sich die Verwaltung im allgemeinen präziseren Zielvorstellungen gegenübersieht als der Gesetzgeber"[83]. Sieht man das Politische dadurch gekennzeichnet, daß der Entscheidende die Möglichkeit hat, zwischen mehreren Entscheidungsalternativen zu wählen[84], so gehört auch die gestaltende Verwaltung zu den politischen Entscheidungsbereichen[85]. Bei streng normgebundenen Entscheidungen ist die Verwaltung „politisch relativ autonom, weil alle vom gesetzlichen Tatbestand nicht erfaßten Handlungsansätze als Grundlage der Verwaltungsentscheidung rechtlich ausgeschlossen sind"[86]. Je geringer aber die Dichte ihrer Gesetzesbindung ist, desto mehr wird die Verwaltung zum Adressaten der Einwirkung organisierter Interessen; mit der Verlagerung eigentlicher Entscheidungen auf die Verwaltung verlagert sich zwangsläufig auch die Einflußnahme der Verbände bis zu einem gewissen Grad in diesen Bereich[87]. Bei den „organisierten Einwirkungen auf die Verwaltung"[88] ergeben sich indes zahlreiche zumeist aus begrenzter regionaler Betroffenheit resultierende Sonderprobleme[89]. Die vorliegende Arbeit konzentriert sich deshalb auf den Bereich der Gesetzgebung und Regierung[90]. Das schließt nicht aus, daß die Ausführungen auch für den Bereich der Verwaltung Relevanz haben; inwieweit dies aber tatsächlich der Fall ist, kann nur unter Einbeziehung der genannten Sonderprobleme erörtert werden, die in dieser Arbeit aber nicht behandelt werden.

83 *Brohm*, a.a.O., S. 277.
84 So *Bartlsperger*, VVDStRL 33, S. 221 (235, 249, 251).
85 Walter *Schmidt*, VVDStRL 33, S. 183 (bes. 215); *Bartlsperger*, a.a.O., S. 249 ff.; — Die Unterscheidung zwischen konditionalprogrammierter und zweckprogrammierter Verwaltung, zwischen vollziehender und gestaltender Verwaltung, ist allerdings nur als idealtypische zu verstehen; die Übergänge sind fließend, denn auch beim eigentlichen Gesetzesvollzug tauchen rechtliche Zweifelsfragen auf, deren Lösung dann eine zweckorientierte Abwägung verlangt. Die Unterscheidung ist deshalb mehr eine des Grades. Es geht um den Umfang des politischen Entscheidungsraumes, der sich umgekehrt proportional zu der Dichte der Gesetzesbindung verhält. Vgl. auch *Zacher*, VVDStRL 33, S. 276 f.; *Brohm*, ebenda, S. 289.
86 *Bartlsperger*, VVDStRL 33, S. 250; vgl. auch *Zacher*, ebenda, S. 276 f.: „Je normgebundener eine Entscheidung ist, desto weniger wichtig ist die Einwirkung für die Entscheidungsfindung".
87 Das bedeutet indes nicht, daß die Einwirkung der Interessenten im Bereich streng normgebundener Verwaltung gar keine Bedeutung hätte. *Zacher*, VVDStRL 33, S. 277: „Wir wissen alle, daß auch scheinbar rechtsgebundene Entscheidungen unter massiven Einflüssen dieser oder jener Art so oder so ausfallen können." Beispiele hierfür liefert das sog. Vollzugsdefizit im Umweltschutzrecht. Vgl. *Rehbinder/Burgbacher/Knieper*, Bürgerklage. S. 15 ff.; *Soell*, WiR 1973, S. 72 (75 f.); Sachverständigenrat für Umweltfragen, Umweltgutachten 1974, Ziff. 660 ff. jeweils m. w. N. Zu beachten ist allerdings, daß unter dem Begriff Vollzugsdefizit meist nicht nur administratives Zurückbleiben hinter legislativem Soll verstanden wird, sondern auch das durch die „Eigengesetzlichkeit unseres politischen Systems" bedingte (*Salzwedel* bei der gemeinsamen Anhörung des Innenausschusses und des Ausschusses für Jugend, Familie und Gesundheit des Deutschen Bundestags, in: Zur Sache Nr. 3/71, S. 96) administrative Nichtgebrauchmachen von gesetzlich eingeräumten Möglichkeiten des Umweltschutzes. Dazu, daß die Verwaltung es im Umweltschutzrecht vor allem mit Kann-, weniger mit Muß- oder Soll-Bestimmungen zu tun hat und deshalb Verwaltungsermessen und Opportunitätsprinzip vorherrschen: *Rehbinder/Burgbacher/Knieper*, Bürgerklage, S. 18 ff.; *Ule*, BB 1972, S. 1076 (1077).
88 So lautet das Thema des zweiten Verhandlungsgegenstandes auf der Tagung der Vereinigung der Deutschen Staatsrechtslehrer, VVDStRL 33, S. 183 ff.
89 So z. B. die größere Bedeutung von Bürgerinitiativen und auch von einzelnen Unternehmen. Die Berichte von Walter *Schmidt* und *Bartlsperger* (VVDStRL 33, S. 183 ff., 221 ff.), die fast ausschließlich auf diese Besonderheiten abstellten, konzentrierten sich deshalb auf den kommunalen Bereich. Vgl. auch *Zacher*, ebenda, S. 274; *Kaiser*, ebenda, S. 285; *Dürig*, ebenda, S. 291.
90 Eine Erweiterung des Begriffs „Regierung" um die Normsetzung nimmt auch *Forsthoff* in seinem Vortrag „Optimale Regierungsform", S. 6, vor.

II. Laissez-Faire-Pluralismus und Due-Process-Pluralismus

§ 22 Die Lehre vom pluralistischen Gleichgewicht („Pluralistische Harmonielehre")

Es wurde oben dargelegt, daß auch das dieser Arbeit zugrundeliegende Konzept des Interessenverbandsrealismus vom Postulat eines balancierten Willensbildungsprozeß ausgeht[1]. Die Frage, wie eine solche Balance gewährleistet werden kann, wird von einer in der politischen Soziologie, aber auch in der politischen Praxis noch recht weit verbreiteten Richtung, der „Pluralistischen Harmonielehre", die (von ihren Gegnern) auch „Laissez-faire-Pluralismus" genannt[2] wird, als unproblematisch empfunden. Denn die Möglichkeit eines Abweichens der effektiven politischen Willensbildung in der pluralistischen Demokratie vom Interessengleichgewicht wird von vornherein geleugnet. Die Grundlagen dieser Lehre wurden vor allem von den amerikanischen Pluralisten erarbeitet[3]. Sie versuchen, mit ihren wichtigsten Hypothesen und Aussagen den Prozeß der Interessenintegration nicht nur für die USA, sondern — infolge der Angleichung der gesellschaftlichen Grunddaten — in zunehmendem Maß auch für die meisten anderen westlichen industrialisierten Länder mit ähnlicher gesellschaftlich-politischer Infrastruktur zu analysieren und zu erklären[4].

Schrittmacher der Harmonielehre in den USA war Arthur Bentley, der bereits 1909 sein Hauptwerk „The Process of Government"[5], wohl eines der einflußreichsten Bücher der amerikanischen Sozialwissenschaften, veröffentlichte. Bentley ging davon aus, jedes Interesse könne sich nach seiner Bedeutung im Verhältnis zu anderen Interessen Geltung verschaffen und werde bei den politischen Entscheidungen entsprechend berücksichtigt, wobei die Regierung teils nur sozusagen als Vollstrecker der Ergebnisse der Gruppenkonflikte angesehen, teils selbst als Interessengruppe mit anderen Gruppen auf eine Ebene gestellt (und dadurch der Begriff der Interessengruppen ins Uferlose ausgeweitet) wurde[6]. Das gegenseitige Sich-in-die-Hände-Arbeiten („log-rolling") der Sonderinteressen brauche man nicht zu fürchten, es sei im Gegenteil eine ausgezeichnete und notwendige Einrichtung zum Ausgleich von Gruppeninteressen[7].

Der Grad der Gruppenmacht und des Gruppendrucks entspreche etwa dem Mitgliederbestand, so daß das größere, mehr allgemeine Interesse letztlich über unbedeutendere, enge Sonderinteressen siegen würde. „Der größere Teil der Regierungsmaßnahmen setzt sich aus ... Handlungen zusammen, die Anpassungen darstellen, welche durch breitgestreute, vereinigte schwache Interessen den weniger zahlreichen, aber im Verhältnis zur Zahl der Anhänger intensiveren Interessen aufgezwungen werden. Wenn der Ausdruck ‚Kontrolle durch das Volk', so wie er dasteht, irgendeinen Sinn hat, so diesen"[8].

---

1 Oben S. 128 ff.
2 Goetz Briefs (Hrsg.), Laissez-faire-Pluralismus; Lowi, The Public Philosophy: Interest Group Liberalism, S. 5; Loewenstein, Verfassungslehre, S. 414.
3 Überblick bei Conolly, The Challenge to Pluralistic Theory, S. 3 ff., bes. 8 ff. Die amerikanischen Pluralisten bauten ihrerseits auf deutschen und englischen Vorgängern auf. Kaiser, Repräsentation, S. 316 ff.; Steinberg, Staatslehre und Interessenverbände, S. 15.
4 Naschold, Kassenärzte und Krankenversicherungsreform, S. 28.
5 Dazu Hale, The Cosmology of Arthur F. Bentley; Olson, Die Logik des kollektiven Verhaltens, S. 115 ff.; Hirsch-Weber, Politik als Interessenkonflikt; Steinberg, Pluralismus und öffentliches Interesse, S. 465 ff.; ders., Staatslehre und Interessenverbände, S. 15 ff.; Scharpf, Demokratietheorie, S. 29 ff.
6 v. Beyme, Interessengruppen, S. 197.
7 Bentley, a.a.O. (Ausgabe von 1959), S. 370 f.
8 Bentley, a.a.O., S. 226 f.

§ 22 Pluralistische Harmonielehre

Bentley's Konzept wurde von den amerikanischen Sozialwissenschaften aufgenommen und (unter Festhalten am Grundgedanken) teilweise modifiziert. Besonders zu nennen ist hier David B. Truman, ein Schüler Bentleys, dessen Buch „The Governmental Process"[9] ebenfalls einen außerordentlichen Einfluß auf die amerikanischen Sozialwissenschaften gehabt hat[10]. Truman versucht gleichfalls, anhand soziologischer Überlegungen zu zeigen, daß wirksamer Gruppendruck entstehen werde, wenn das notwendig sei. Es sei ein Wesenszug des gesellschaftlichen Lebens, daß Vereinigungen entstehen, um die Bedürfnisse der Gesellschaft zu befriedigen. Den Widerspruch zur politischen Wirklichkeit, wo durchaus nicht alle wichtigen Interessen entsprechend ihrem Gewicht organisiert sind, versucht Truman durch sein Konzept der „latenten Gruppen" aufzuheben. Diese würden sich erheben und zusammenschließen, um gegen Sonderinteressen zu kämpfen, wenn diese zu weit vordrängten. Wenn z. B. ein übermäßig hoher Zoll eingeführt würde, würden die Verbraucher wahrscheinlich eine Lobby dagegen gründen. Besonders das Vorhandensein dieser latenten Gruppen und die Furcht, sie könnten sich organisieren, habe eine präventive Funktion, weil sie die organisierten Interessen daran hindere, übertriebene Forderungen zu stellen, und den Staat, ihnen nachzugeben. Die staatlichen Gewalten, d. h. Legislative, Exekutive und Jurisdiktion, erscheinen in dieser Sicht geradezu als die Führer dieser nicht organisierten Gruppen[11]. Truman teilte Bentleys Glauben, der vom Gruppendruck bestimmte Gleichgewichtszustand des gesellschaftlich-politischen Systems sei gerecht und wünschenswert. Seine optimistische Einschätzung der Wirkungen der pressure-group-Politik beruht neben der Vorstellung von den latenten Gruppen auf seinem Konzept der „overlapping memberships": Da die meisten Mitglieder von Interessenverbänden auch Mitglieder anderer Verbände mit anderen Interessen seien, würden sie dazu neigen, sich übertriebenen Forderungen zu widersetzen; die Interessenverbände müßten deshalb in Situationen, in denen sie von der Gesellschaft zu viel verlangten, auseinanderfallen. Die überschneidenden Mitgliederschaften führen nach Ansicht von Truman also zu Mäßigung und Erschwerung der Monopolbildung. Truman und viele andere Pluralisten glauben, daß damit die Frage „quis custodiet custodes?" ohne weiteres beantwortet sei[12].

Die Pluralistische Harmonielehre nimmt also an, jedes berechtigte Interesse werde sich, wenn es zu kurz zu kommen droht, über kurz oder lang zu einem Interessenverband organisieren und dadurch (oder auch schon als potentielle Interessengruppe insbesondere mit Hilfe der Staatsorgane) die erforderliche Geltung verschaffen[13]. Damit ständen den Interessen einer Gruppe jeweils die anderer Gruppen gegenüber, die sich gegenseitig in Schach halten und blockieren, wenn eine Gruppe ihre Interessen auf Kosten der Allgemeinheit durchzusetzen versuche. Auf diese Weise werde eine angemessene Berücksichtigung *aller* Interessen gewährleistet. Im Kampf der Gruppen bilde sich ein Gleichgewicht heraus[14]. Das Gemeinwohl ergebe sich dann automatisch als die jeweilige Resultante dieses vielseitigen Kräftespiels, als die Diagonale im Parallelogramm der Kräfte. Aufgabe des Staates und seiner Organe sei es lediglich, als „neutraler Makler"[15] im Widerstreit der Interessen die Ergebnisse des Kampfes der (orga-

---

9 New York, 1. Aufl. 1951. Dazu auch *Steinberg*, Pluralismus, S. 470 ff.
10 Eine andere Version, die in der Kernaussage ebenfalls die Vorstellung *Bentley's* aufgreift, hat *Galbraith* mit seinem Gegengewichtsprinzip entwickelt. *Galbraith*, The American Capitalism: The Concept of Countervailing Power, 1952. Dazu *Eisfeld*, Pluralismus zwischen Liberalismus und Sozialismus, S. 82 ff.; *v. Arnim*, Volkswirtschaftspolitik, S. 101 f.
11 *Truman*, The Governmental Process, S. 448 f.; 516 ff.
12 *v. Beyme*, Interessengruppen, S. 206.
13 Vgl. auch *Schoppe*, in: Handbuch des deutschen Parlamentarismus, Art. „Pluralismus", S. 395 (397).
14 Zu *Bentleys* „concept of equilibrium or balance" vgl. *Hale*, a.a.O. (oben FN 5), S. 45.
15 *Forsthoff*, Optimale Regierungsform, S. 3, 16. *Forsthoff* selbst wendet sich allerdings gegen eine derartige Sicht von der Rolle des Staates.

F. II. Laissez-Faire- und Due-Process-Pluralismus

nisierten und latenten) Gruppen zu „ratifizieren". Einen Gegensatz zwischen der Resultante aus dem Druck der Gruppen und dem Gemeinwohl kann es in dieser Sicht nicht geben; jener Interessenausgleich ist vielmehr mit dem Gemeinwohl identisch. Ein wert- und erkenntnisbestimmter Gemeinwohlbegriff neben und unabhängig von der machtbestimmten Vorstellung des Gemeinwohls als Resultante des Gruppendrucks wird kategorisch abgelehnt.

Der pluralistische Prozeß wird somit als Selbstregulierungsmechanismus zur Realisierung des Gemeinwohls verstanden[16]. Die Vorstellung von der unsichtbaren Hand, die die Harmonie im wirtschaftlichen Bereich herstellt, und die daraus abgeleitete vulgär-smithianistische Empfehlung, die wirtschaftlichen Kräfte nur sich selbst zu überlassen[17], ist hier einfach auf die Gruppen und den politischen Prozeß übertragen: Aus der Lehre von der wirtschaftlichen Harmonie durch den Wettbewerb der Individuen wurde die von der politischen Harmonie durch den Wettbewerb der Gruppen. Aus der wirtschaftlichen wurde die politische Laissez-faire-Doktrin.

Die zunächst z. T. nur als Arbeitshypothesen über die Erforschung des Verhaltens von Gruppen aufgestellten Annahmen und Sätze sind im Laufe der Entwicklung in scheinbar wissenschaftlich bewährte Rechtfertigungen des Laissez-faire-Pluralismus umgeschlagen und in der politischen Praxis zu einer Art „Ideologie" (Lowi) und „Mythos" (Schattschneider) geworden[18]. Es handelt sich um einen ähnlichen Vorgang, wie er sich bei der Ideologisierung der marktwirtschaftlichen Selbststeuerung im 19. Jahrhundert gezeigt hatte[19]. Auch dort verselbständigte sich die Aussage mehr und mehr gegenüber der Frage, ob die zugrunde liegenden Annahmen und Voraussetzungen überhaupt noch zu halten sind.

Die Pluralistische Harmonielehre beherrschte bis in die Mitte der 60er Jahre nicht nur die politische Theorie in den USA[20], sondern fand auch in der Bundesrepublik zunehmende Anerkennung. Als „Verbindungsmann" fungierte hier vor allem Ernst Fraenkel[21], der durch seine außerordentlich einflußreichen Veröffentlichungen die amerikanischen Pluralismusthesen in der Bundesrepublik nicht

---

16 *Milbrath*, The Washington Lobbyists, S. 345: „Fast jeder kräftige Druck in eine Richtung spornt einen Gegner oder eine gegnerische Koalition zum Druck in die entgegengesetzte Richtung an. Dieser natürliche, einen Selbstausgleich bewirkende Faktor gelangt so oft ins Spiel, daß ihm fast schon Gesetzeseigenschaft zukommt."
17 Dazu v. *Arnim*, Volkswirtschaftspolitik, S. 23.
18 *Lowi*, Interest Group Liberalism, S. 12 f.; *Schattschneider*, The Semisovereign People, S. 29, 35.
19 Oben S. 97.
20 Diese strahlte ihrerseits auf die Rechtsprechung des Supreme Court aus. Dazu *Steinberg*, JöR 1972, S. 629 (638).
21 *Fraenkel*, Deutschland und die westlichen Demokratien, 4. Aufl., 1968. Vgl. vor allem den in diesem Buch abgedruckten Vortrag „Der Pluralismus als Strukturelement der freiheitlich-rechtsstaatlichen Demokratie" (S. 165 ff.), den *Fraenkel* 1964 auf dem Deutschen Juristentag gehalten hatte. — *Fraenkel* ist zwar kein Anhänger eines bedingungslosen und naiven Laissez-faire-Pluralismus. Seine Frontstellung gegen die deutsche idealistische Staatsauffassung (ebenso wie gegen den nationalsozialistischen und den kommunistischen Totalitarismus) veranlaßte ihn aber, die Position der Harmonisten besonders zu betonen. So zitiert z. B. *Ellwein* (Interessenverbände, S. 37 f.) *Fraenkel* ausdrücklich als einen der Vertreter, der „aus der Theorie in die Politik übernommenen Ausgleichshoffnung", die „an die Stelle der älteren Harmonie-Ideale" trat. Eine Übersicht über *Fraenkels* Position geben *Gudrich/Fett*, Die pluralistische Gesellschaftstheorie, S. 11 ff.; *Eisfeld*, Pluralismus zwischen Liberalismus und Sozialismus, S. 84 ff.

nur unter Politikwissenschaftlern, sondern auch in Rechtsprechung und Rechtslehre heimisch machte[22].

§ 23 Kritik der Gleichgewichtslehre

Die Bastionen der in anderer historischer Lage entstandenen[1] und auch durch eine andere wissenschaftliche Grundhaltung begünstigten[2] Harmonielehre beginnen seit Mitte der 60er Jahre aber allmählich abzubröckeln. Bedenken gegen sie werden heute aus allen wissenschaftlichen Lagern vorgetragen, die sich mit dem Verhältnis von „Staat" und „Gesellschaft" beschäftigen: der Politikwissenschaft[3], insbesondere der politischen Philosophie und der politischen Soziologie[4], der Theorie der Wirtschaftspolitik[5] einschließlich der politischen Ökonomie[6], der Finanzwissenschaft[7], der Steuerrechtslehre[8] und vor allem auch der Staats- und Verfassungsrechtslehre[9].

---

22 So geht das *Bundesverfassungsgericht* (E 5, S. 85, 138 f., 198, 232 ff.) davon aus, „das freie Spiel der politischen Kräfte" gravitiere im „Pluralismus" des parlamentarisch-demokratischen Willensbildungsprozesses auch dann typischerweise in Richtung auf das Gemeinwohl, wenn die Parteien sich Partikularinteressen besonders annehmen. Vgl. auch E 12, S. 205 (261 ff.). *Häberle* hat mit Recht darauf hingewiesen, daß diese Anschauung auf der Ebene der pluralistischen Gemeinwohldoktrin *Fraenkels* liegt (AöR 1970, S. 260 f.). *Badura*, AöR 1967, 382 (391): Die Rechtsprechung des Bundesverfassungsgerichts ist von der verfassungstheoretischen Grundanschauung eines „herrschaftssoziologischen Realismus" und eines „demokratischen Idealismus" getragen. — Entsprechende Anschauungen fanden sich bis in die 60er Jahre auch in der rechtswissenschaftlichen *Literatur* häufig. Vgl. statt vieler *Benda*, Industrielle Herrschaft und sozialer Staat, S. 83; Franz *Mayer*, Die gesellschaftsadäquate Beamtenversorgung im sozialen Rechtsstaat, S. 7: „Übereinstimmung herrscht auch in der Aussage, die Gesellschaft repräsentiere sich heute in einer besonderen Vielfältigkeit. In der sog. ‚Pluralistischen Gesellschaft' sind die mannigfachen Einzelinteressen gesondert vertreten und versuchen, sich durchzusetzen, wodurch insgesamt in etwa ein Ausgleich herbeigeführt wird, der meist einen durchaus sachgerechten Kompromiß darstellt." Auch *Häberles* „Öffentliches Interesse als juristisches Problem" ist noch von pluralistischem Gemeinwohloptimismus durchzogen (kritisch dazu *Stolleis*, Verwaltungsarchiv 1974 S. 1 (28)). Ähnlich selbst noch *Völpel*, Rechtlicher Einfluß von Wirtschaftsgruppen auf die Staatsgestaltung, der die neuere pluralismuskritische Literatur (vgl. dazu sogleich S. 151 f.) ignoriert, obwohl im Literaturverzeichnis *Steinbergs* Aufsatz in AöR 1971, S. 465 aufgeführt ist. Zu *Völpel* auch die treffende Kritik von *Hartmann*, AöR 1974, S. 349 f. Georg *Brunner*, Kontrolle in Deutschland, deutet die Problematik der Pluralistischen Harmonielehre zwar beiläufig an, wenn er schreibt (S. 288), es mögen „einige kritische Bemerkungen der Art angebracht sein, daß der Pluralismus das Gemeinwohl nicht immer im wünschenswerten Umfang zur Geltung kommen läßt ...", nur um diese Bedenken aber mit dem Hinweis beiseitezuschieben, wegen der (angeblichen) Ausgewogenheit des Verbandspluralismus sei aufs Ganze gesehen doch „die Tendenz zu beobachten, den Gesichtspunkt des Gemeinwohls zur Geltung zu bringen" (S. 250 f.).

1 Vgl. unten § 25 FN 30.
2 *Schattschneider* (Semisovereign People) weist auf die deterministische Grundeinstellung der amerikanischen Pluralisten hin.
3 *Sontheimer*, Zur neueren Kritik der Theorie der pluralistischen Demokratie, S. 30; ders., Grundzüge des politischen Systems der Bundesrepublik Deutschland, S. 124 ff.; *Conolly* (Hrsg.), The Bias of Pluralism; ders., The Challenge to Pluralist Theory, S. 13 ff.; *Scharpf*, Demokratietheorie zwischen Utopie und Anpassung, S. 49; *Schoppe*, Pluralismus, S. 397. *Eisfeld*, Pluralismus zwischen Liberalismus und Sozialismus, Kap. 14 (S. 80 ff); *Lompe*, Gesellschaftspolitik und Planung, S. 107 ff.
4 Robert P. *Wolff*, Jenseits der Toleranz.
5 *Giersch*, Wirtschaftspolitik, S. 195 ff.; ders., Rationale Wirtschaftspolitik in der pluralistischen Gesellschaft, S. 113 ff. Vgl. auch schon *Eucken*, Grundsätze der Wirtschaftspolitik, S. 327 ff.; *Röpke*, Jenseits von Angebot und Nachfrage, S. 210 ff.
6 *Bernholz*, Theorie des Einflusses der Verbände; ders., Die Machtkonkurrenz der Verbände; ders., Grundlagen der politischen Ökonomie, Bd. 2, S. 93 ff. Vgl. auch die Aussprache zu Bernholz' Vortrag, in: Macht und ökonomisches Gesetz, S. 882—897.
7 Kurt *Schmidt*, FA 1966, S. 213 ff.; *Haller*, Finanzpolitik, S. 334 ff.; *Neumark*, Grundsätze, S. 228 ff.; *Schmölders*, Finanzpolitik, S. 119 ff.
8 *Tipke*, StuW 1971, S. 2 ff.; ders., BB 1973, S. 157 ff.
9 Insbesondere *Leibholz*, VVDStRL 24, S. 5 ff.; auch schon ders., Das Wesen der Repräsentation, S. 182 ff.; *Scheuner*, Das repräsentative Prinzip, in: *Kluxen*, Parlamentarismus, S. 361 (372); *Hirsch*, Die öffentlichen Funktionen der Gewerkschaften, S. 129 ff. — *Steinberg* (Pluralismus, AöR 1971, S. 465; ders., Interessenverbände, S. 31 ff.) kommt das Verdienst zu, die Kritik, die die amerikanische Harmonielehre seit Mitte der 60er Jahre in den USA selbst zunehmend findet, einem breiten

F. II. Laissez-Faire- und Due-Process-Pluralismus

Zunehmend wird erkannt, daß es in der Tat zu den wichtigsten Aufgaben gerade auch der Staats- und Verfassungslehre gehört, unter Heranziehung der Forschungen der Sozialwissenschaften[10] festzustellen, ob die vitale Forderung der Demokratie nach einem balancierten Willensbildungsprozeß tatsächlich mehr oder weniger von selbst erfüllt ist[11] und, wenn dies nicht der Fall ist, welche „Störungen und Disharmonien das Aufkommen der neuen intermediären Gewalten im Sinngefüge der Verfassung hervorgebracht hat"[12]. Schließlich wird sich die Staats- und Verfassungslehre auch fragen müssen, „ob es Wege gibt, auf denen das Recht die gesellschaftlichen Veränderungen wieder auffangen könnte, ohne Demokratie und Rechtsstaat preiszugeben"[13]. Sie hat „Pluralismusdefizite" zu benennen und zu versuchen, Vorschläge zu erarbeiten, um diese möglichst zu verringern[14].

Um der entscheidenden Frage nach Pluralismusdefiziten näher zu kommen, sollen im folgenden drei Fragen gestellt und, obwohl sie natürlich letztlich zusammengesehen werden müssen, zunächst getrennt untersucht werden, nämlich, (a) ob es bestimmte Arten von Interessen gibt, die durchsetzungsstärker sind und sich vor allem eher schlagkräftig organisieren lassen als andere (Frage nach der Gleichheit der Durchsetzungs- und Organisationschancen), (b) ob es bestimmte Gruppen von Interessenträgern gibt, die sich bei der verbandsinternen Willensbildung tendenziell eher durchsetzen als andere (Frage nach der Chancengleichheit der Organisierten); ergeben sich Ungleichgewichte aus (a) und/oder (b), so ist drittens zu fragen, (c) inwieweit zu erwarten ist, daß die Verbandsvertreter eine repräsentative Haltung im Sinne Herbert Krügers[15] einnehmen und auf diese Weise die Ungleichgewichte ausgleichen.

Das Ungleichgewicht der Durchsetzungschancen allgemeiner und besonderer Interessen

Schon eine kritische Beobachtung der Wirklichkeit weckt Zweifel, ob der Mechanismus einer automatischen Mobilisierung von Gegenkräften tatsächlich funktioniert, und ob nicht die Annahme von Bentley und Truman, die von der (zu-

---

juristischen Leserkreis in der Bundesrepublik vermittelt zu haben. — Für denjenigen Teil der deutschen Staatsrechtslehre, der aufgrund einer idealistischen Überhöhung des „Staates" seit jeher im entgegengesetzten Extrem wie die Laissez-faire-Pluralisten mit ihrer einseitigen Überhöhung der „Gesellschaft" verharrte, war die Gleichgewichtslehre ohnehin stets suspekt. Dazu unten S. 201 f.

10 *Sperling*, JöR 1965, S. 195 (291 f. FN 497). — *Ipsen*, DÖV 1974, S. 289 (299), meint dagegen, es bedürfe der Heranziehung sozialwissenschaftlicher, bes. politologischer, Forschungen gar nicht, weil schon die Anschauung des Tagesgeschehens das Zukurzkommen bestimmter Anliegen im „Wettstreit der Interessen" demonstriere. Das mag bis zu einem gewissen Grad zutreffen; wer aber auch über die Möglichkeiten einer verfassungstheoretischen Aufarbeitung und Bewältigung der Problematik nachdenkt, muß versuchen, auf den Dingen auf den Grund zu gehen, und kommt deshalb ohne Situationsanalyse nicht aus; diese muß die sozialwissenschaftliche Diskussion einbeziehen. Vgl. auch sogleich S. 153 ff.

11 Nicht der Verbandsdruck als solcher, sondern die Einseitigkeit desselben ist also das Problem. So *Herzog*, Art. „Pluralismus", Ev. Staatslexikon, Sp. 1541 (1542). Es geht um die richtige Proportioniertheit des gesellschaftlichen Machtsystems. So *Sontheimer*, Politisches System der Bundesrepublik, S. 125.

12 So schon Hans *Huber*, Staat und Verbände, 1958, S. 12 = Rechtstheorie, S. 369. Vgl. auch die Frage von *Rupp*, wie sich die gesellschaftlichen Entwicklungen „in das verfassungstheoretische und verfassungsnormative Funktionsmodell der freiheitlich-rechtsstaatlichen (und, wie hinzuzufügen ist: sozialen) Demokratie" einfügen (*Rupp*, in: Wirtschaftliche Macht und ökonomisches Gesetz, S. 1251 f.). Die Frage ist allerdings nicht sinnvoll zu behandeln ohne den Versuch einer „Realanalyse", den *Rupp* aber für sich ausdrücklich ablehnt, weil er nicht auf seinem Feld als Jurist liege (S. 1280 f.). *Rupp* scheint freilich die „sich abzeichnenden Realitäten", wie sie von den Sozialwissenschaften analysiert werden, vorauszusetzen.

13 Hans *Huber*, a.a.O. (oben FN 12).

14 *Häberle*, AöR 1973, S. 119 (130).

15 *Krüger*, Staatslehre, S. 400 und passim.

mindest potentiellen) Möglichkeit einer wirksamen Gruppenbildung hinsichtlich aller (auch der allgemeinen) Interessen ausgegangen waren, revidiert werden muß. Vor allem Forsthoff hat seit längerem darauf hingewiesen, daß in der Wirklichkeit unserer politischen Willensbildung gerade die allgemeinsten Interessen „keinen gesellschaftlichen Patron finden können", weil sie so allgemein sind, daß sie „die Grenzen gesellschaftlicher Patronage" übersteigen[16]. Die These von der mangelnden Durchsetzungs- und Organisationsfähigkeit allgemeiner Interessen ist häufig wiederholt worden[17]. Kaiser[18] hatte schon früher als Hauptbeispiele die Interessen der Steuerzahler[19] und der Verbraucher angeführt; Steuerzahler (zumindest von indirekten Steuern) und Verbraucher sind wir ja alle. Die Frage, welches die eigentlichen tieferen Ursachen für die mangelnde Organisationsfähigkeit allgemeiner Interessen sind, blieb bislang allerdings offen. Sie ist aber von großer Wichtigkeit nicht nur für die Feststellung, sondern auch für die verfassungstheoretische Bewertung möglicher Verzerrungen und Disharmonien und für die Erarbeitung von Verbesserungsvorschlägen. Wir müssen die Frage nach dem „Warum" deshalb soweit wie möglich zu klären versuchen und durch Zusammenstellung überprüfbarer Erklärungshypothesen eine Basis für weitere Forschungen schaffen; auf diesem Weg ergeben sich zugleich einige Elemente einer Verbandstheorie[20].

Ausgangspunkt unserer Überlegungen muß dabei die Betrachtung dessen sein, was Schumpeter „die menschliche Natur in der Politik" genannt hat[21], also das soziologische und sozialpsychologische Feld, in das der Mensch hineingestellt ist. Georg Jellinek hat mit Recht betont, daß die Psychologie „Voraussetzung wie aller Geisteswissenschaft so auch der Staatslehre" ist[22].

1. Grund: Die größere Attraktivität direkter Sonderinteressen gegenüber indirekten allgemeinen Interessen

Die Durchsetzungskraft von Interessen kann nicht isoliert von den Maßnahmen beurteilt werden, von denen ihre Realisierung abhängt. Es gibt Interessen, bei denen der Zusammenhang mit den zu ihrer Förderung erforderlichen Maßnahmen den Menschen unmittelbar vor Augen steht, sozusagen mit den Händen greifbar ist (direkte Interessen)[23]. Und es gibt andere Interessen derselben Menschen, deren Schutz und Befriedigung Maßnahmen verlangt, die zu erkennen Nachdenken und Informationen über mehr oder weniger komplizierte soziale (oder auch naturwissenschaftliche) Zusammenhänge voraussetzt (indirekte Inter-

---

16 *Forsthoff*, Industriegesellschaft, S. 25 f., 119 (120 f.); vgl. auch schon *ders.*, Rechtsstaat im Wandel, S. 203 f.; *ders.*, Strukturwandlungen der modernen Demokratie, S. 13; *Fechner*, Die Interessen der Nichtorganisierten; *Krüger*, Staatslehre, S. 382; *Schmölders*, Das Selbstbild der Verbände, S. 18.
17 Z. B. *Zippelius*, Staatslehre, 1969, S. 108 f.; *Stein*, Staatsrecht, 2. Aufl., S. 78; *Herzog*, Staatslehre, S. 67 ff.
18 *Kaiser*, Repräsentation, S. 179. Vgl. auch schon *Röpke*, Jenseits von Angebot und Nachfrage, S. 212. Zur „Unmöglichkeit" einer „einheitlichen Organisierung" der Verbraucher und Steuerzahler auch *Dagtoglou*, Interessenvertreter, S. 46 ff.
19 Dazu, daß der Steuerzahler „sehr häufig der Unorganisierte und der Unbekannte" ist, der vielfach in Gefahr gerät, „vergessen zu werden und nicht die Vertretung zu finden, die manche Interessenverbände im deutschen Volk und unter der Politik finden", auch schon Bundesfinanzminister *Schäffer* im Jahre 1949, zit. nach: Bund der Steuerzahler, Dokumentation anläßlich seines 25jährigen Bestehens, Wiesbaden 1974, S. 7.
20 Die Bedeutung einer Verbandslehre für die Bestimmung des Verhältnisses Staat — Verbände betont mit Recht *Steinberg*, AöR 1971, S. 465 (500 ff.).
21 *Schumpeter*, Kapitalismus, S. 407 ff.
22 *Jellinek*, Staatslehre, S. 80 f.
23 *Schnur* bezeichnet diese Interessen, deren Kennzeichen darin liege, daß sie „sich sofort um Personen kristallisieren", als primäre Interessen. VVDStRL 33, S. 296.

F. II. Laissez-Faire- und Due-Process-Pluralismus

essen)[24]. Da die Informationsbeschaffung und auch das Nachdenken über Zusammenhänge lästig, zeitaufwendig, schwierig und kostspielig ist (und zudem nicht immer zu eindeutigen Resultaten führt)[25], neigen die Menschen dazu, ihm auszuweichen, es sei denn, die Erkenntnis der Zusammenhänge stände unter einem starken Stimulus, wie vor allem dem des beruflichen Fortkommens und Erfolgs. Gerade in der Politik besteht ein solcher Ansporn aber für den einzelnen Staatsbürger nicht, weil er als einer von Millionen keinen merklichen politischen Einfluß ausüben kann und, selbst wenn er es könnte, die aufgrund dieses Einflusses zustandegekommenen politischen Entscheidungen ohnehin nicht ihm zugeschrieben würden[26]. Der Einzelne tendiert deshalb dazu, sich auf seine individuellen Belange zu konzentrieren. Schumpeter[27] illustriert diese Gegebenheiten, die „politischer Ignoranz" (Downs) Vorschub leisten[28] und den „empirischen Befund politischer Apathie bei der großen Mehrheit der Bevölkerung" (Scharpf) weitgehend erklären[29], am Beispiel eines Rechtsanwalts, der „unter dem eindeutigen Stimulus des Interesses an seiner beruflichen Tüchtigkeit" die kompliziertesten juristischen Zusammenhänge virtuos zu handhaben gelernt hat, der aber in politicis „ohne die Initiative, die aus unmittelbarer Verantwortung hervorgeht", unwissend geblieben ist und entsprechend dilettantisch argumentiert.

Die Kosten der Informationsbeschaffung, die menschliche Trägheit gegenüber dem Durchdenken von Zusammenhängen und „die Konkurrenz des politischen Interesses mit anderen relevanten Individualinteressen" (Scharpf)[30] fördern die Neigung zu kurzsichtiger, punktueller Betrachtung in der Politik und bewirken, daß die politische Durchsetzungsstärke von Interessen nicht zuletzt davon abhängt, wie direkt und eindeutig der Ursachenzusammenhang zwischen ihnen und den zu ihrer Wahrung erforderlichen Maßnahmen ist. Daraus ergibt sich tendenziell eine relativ geringe Attraktivität indirekter Interessen und eine besondere Virulenz direkter Interessen im politischen Bewußtsein und im politischen Agieren. Naheliegendes wird im allgemeinen intensiver verfolgt als Kompliziertes und Fernliegendes. Indirekte Interessen erscheinen der natürlichen, unvorgebildeten Betrachtung — manche mögen auch sagen: dem „gesunden Menschenverstand" — häufig nicht handfest und „hautnah" genug. Gerade der Praktiker (der „Macher") wird sich nicht selten dagegen wehren, daß „das jeweils konkrete und exakt faßbare individuelle Interesse dem völlig unbestimmten und abstrakten allgemeinen Interesse weichen sollte"[31]. Diese psychologisch bedingte perspektivische Verkleinerung der für einen oberflächlichen Betrachter kaum wahrnehmbaren indirekten Interessen führt dazu, daß gerade in diesem Sinne „praktisch denkende" Menschen bei Beurteilung bestimmter beabsichtigter oder

---

[24] Indirekte Interessen sind nicht nur zukünftige Interessen, wie etwa das an der Verhinderung der schleichenden Zerstörung der biologischen Lebensgrundlage der Menschheit, sondern auch gegenwärtige Interessen, wenn nur ihre Erkenntnis und Durchsetzung eben ein gewisses Nachdenken und das Erfassen von Zusammenhängen erfordert. Dementsprechend differenziert *Fetscher*, GMH 1975, S. 269, zwischen „langfristigen" bzw. „vermittelten" Interessen einerseits, die er beide den „unmittelbaren" Interessen gegenüberstellt. Letztere nennt *Flechtheim*, GMH 1975, S. 287, verdeutlichend auch „unmittelbare Tagesinteressen".
[25] *Downs*, Government Budget in a Democracy, S. 551 ff.
[26] *Scharpf*, Demokratietheorie, S. 58 ff.; *Grosser*, FS Scupin, 1973, S. 107 (118 f.); Hans H. *Klein*, FS Forsthoff, 1972, S. 165 (168 f.).
[27] Kapitalismus, S. 416. Vgl. auch *Forsthoff*, Industriegesellschaft, S. 82 ff.
[28] *Downs*, Government Budget in a Democracy, S. 544 f.
[29] *Scharpf*, a.a.O. (oben FN 26).
[30] A.a.O. (oben FN 26).
[31] V. *Muthesius*, Industriekurier v. 3. 5. 1962.

erfolgter Maßnahmen sich häufig als recht schlechte Kenner ihrer eigenen indirekten Interessen erweisen[32].

Die indirekten Interessen sind häufig relativ allgemeine, einer großen Zahl von Menschen oder allen Menschen gemeinsame, die direkten dagegen oft (wenn auch nicht notwendigerweise) besondere, auf einen mehr oder weniger kleinen Personenkreis beschränkte Interessen. Deshalb ist die relative Unattraktivität indirekt zu befriedigender Interessen in einem recht hohen Grad gleichbedeutend mit einer relativen Durchsetzungsschwäche von Allgemeininteressen[33].

Beispiele

So kann das häufig mangelhafte Bewußtsein vom unausweichlichen Zusammenhang zwischen dem Umfang der Staatsausgaben und der Höhe der Steuerlasten[34] dazu beitragen, daß das allgemeine Interesse aller Menschen als Steuerzahler an niedrigen und gerecht verteilten Steuerlasten durch die jeweils engeren direkten und deshalb besonders virulenten Interessen der Menschen als Subventionsempfänger (die zu einem großen — und mit wachsender Verteilungsmasse immer größeren — Teil mit den Steuerzahlern personengleich sind)[35] „überspielt"[36] wird[37]. Man versucht, Finanzhilfen und Steuervergünstigungen durch-

---

32 *Schumpeter*, Kapitalismus, S. 414. Die mangelnde Kenntnis der Wahlbürger von ihren eigenen (indirekten) Interessen versuchen manche Politiker sich etwa durch Verteilen von „Wahlgeschenken" zunutze zu machen, die aber letztlich aus dem allgemeinen Steueraufkommen und damit auf Kosten der „Beschenkten" finanziert werden müssen. Zur Analyse der Wahlgeschenke in der Bundesrepublik vgl. *Knief*, Steuerfreibeträge als Instrument der Finanzpolitik, S. 94; Hans-Peter *Bank*, Sozialpolitik und Wahlpolitik, Berichte des Deutschen Industrieinstituts, Jg. 2 (1968), Nr. 11; Gerhard *Kleinhenz/* Heinz *Lampert*, Zwei Jahrzehnte Sozialpolitik in der BRD, Ordo 1971, S. 145.
33 *Friedrich*, Verfassungsstaat der Neuzeit, S. 542: Den Interessen von allgemeiner Geltung fehlt es oft an Intensität der Zugkraft für den interessierten Teil. — Die klassische Formulierung der Bedingungen, mit denen eine rechtsstaatliche parlamentarische Demokratie rechnen muß, stammt von James *Madison*, der 1789 im „Federalist" ausführte, selbst weise Staatsmänner (mit denen im übrigen kaum zu rechnen sei) würden „in der Regel nicht in der Lage sein, die offenbaren und unmittelbaren Interessen einer Gruppe aufgrund von Erwägungen des allgemeinen Wohls unbeachtet zu lassen, Erwägungen, die häufig indirekt und entfernt sein werden." Paul K. *Pandover* (Hrsg.), The Complete Madison. His Basic Writings. Neudruck New York 1971, S. 53. Die Passage ist zustimmend angeführt und übersetzt von *Mestmäcker*, Macht — Recht — Wirtschaftsverfassung, S. 190. Hier zeigt sich die Berechtigung der Feststellung von *Hennis*, daß wir aus der großen politischen Literatur der Vergangenheit manches für die Analyse unserer heutigen Problemlösungen lernen können (*Hennis*, Politik und praktische Philosophie, S. 113 f., unter exemplarischer Erwähnung eben des „Federalist").
34 Kurt *Schmidt*, FA 1966, S. 213 (224): Die Staatsbürger haben „meistens höchst mangelhafte Vorstellungen über die Zusammenhänge zwischen öffentlicher Mittelaufbringung und öffentlicher Mittelverwendung." Zur verbreiteten Vorstellung, „man könne vom Staat mehr an Leistungen herausbekommen als man für ihn zu tun oder ihm zu geben bereit (oder auch nur gezwungen) ist", vgl. Klaus *Müller*, Zur Problematik des Verhältnisses von Bürger und Staat, S. 19. Speziell hinsichtlich der Subventionsgewährung weist *Zacher* auf die Verdrängung des notwendigen Zusammenhangs mit den Lasten der Aufbringung im sozialen Bewußtsein der Menschen hin: „Es ist der Anschein, als ob das, was die Wohlfahrtsökonomie das Pareto-Optimum nennt, nämlich der Vorteil für wenigstens einen ohne Nachteile für irgendwelche andere, allein im Wege der Subvention realisiert würde." VVDStRL 25, S. 308 (311). — Dazu, daß der Staat nicht geben kann, ohne vorher zu nehmen, C. *Schmitt*, Verfassungsrechtl. Aufsätze, S. 496 ff.; 503 f.; *Martens*, VVDStRL 30, S. 13; *Häberle* VVDStRL 30, S. 60; SVR, JG 1975, Ziff. 337.
35 Wie E. *Streißler*, Macht und Freiheit in der Sicht des Liberalismus, S. 1420, mitteilt, hat *Tullock* ausgerechnet, „daß etwa 90 % der amerikanischen sozial motivierten Fürsorgeleistungen und Subventionen in Wahrheit keineswegs Minderbemittelten zugute kommen." Vgl. auch SVR, JG 1975, Ziff. 337: „Der Staat kann nur umverteilen, was er sich zu diesem Zweck an Mitteln beschafft. Je größer diese Masse wird, umso mehr verschieben sich die Verteilungsvorgänge von der vertikalen Richtung, also von reich zu arm, in die horizontale Richtung, also auf Angehörige gleicher Einkommensschichten. Was die Privaten an zusätzlichen Übertragungen vom Staat erhalten, müssen sie dann in zunehmendem Maße selbst aufbringen".
36 *Hirsch*, Gewerkschaften, S. 134.
37 Vgl. auch *Giersch*, Wirtschaftspolitik, S. 527: Die Chance, daß Vorschläge zum Abbau von Subventionen und Steuervergünstigungen „eine breite Zustimmung finden, ist auch in normalen Zeiten allerdings gering, denn die (von einem Abbau) Begünstigten werden sich für eine indirekte Förderung weniger begeistern als für eine direkte und die (von einem Abbau) Benachteiligten werden vermutlich stärker opponieren, als wenn sie nur indirekt betroffen werden."

zusetzen, ohne die „Nebenfolgen"[38] solcher Maßnahmen auf Steuerhöhe, Steuergerechtigkeit und Rechtssicherheit zu berücksichtigen. Jede Gruppe geriert sich so, als stände sie im luftleeren Raum, „als sei die Regel außer Kraft gesetzt, daß das, was die einen sich als Zuschlag aus dem gemeinsamen Topf nehmen, einer anderen Gruppe abgehen muß"[39]. Die der Subventionsgewährung entsprechende Belastung trägt ja nur formal „der Staat"; in der Sache sind die Steuerzahler in ihrer Gesamtheit, also auch die jeweiligen Subventionsempfänger, belastet: bei offenen Subventionen durch die Aufbringung der Mittel, bei Steuervergünstigungen durch eine relativ höhere Belastung der nicht privilegierten Einkommensbestandteile. Der Staat ist nun mal leider keine Kuh, die im Himmel frißt, aber auf Erden gemolken werden kann, so daß der Bürger für alle Ansprüche, die er an den Staat stellt, letztlich selbst zur Kasse gebeten wird[40] („ehernes Gesetz des Steuerzahlers"). Die Gesellschaft besteuert sich selbst.

In ähnlicher Weise kann das allgemeine Interesse der Menschen als Konsumenten an stabilen Preisen von dem jeweils direkten und deshalb besonders durchsetzungsstarken Interesse der (weitgehend personengleichen) Einkommensbezieher an möglichst hohen Einkommensverbesserungen überspielt werden[41]. Auch hier fehlt es am Bewußtsein des gesamtwirtschaftlichen Zusammenhangs zwischen Einkommenserhöhungen (soweit sie über die Marge des Produktivitätszuwachses hinausgehen) und entsprechenden Preiserhöhungen[42].

Als drittes Beispiel sei der Umweltschutz[43] erwähnt[44]. Auch seine wirksame Durchsetzung ist u. a. deshalb so schwierig, weil die Kausalzusammenhänge zwischen dem Verlangen nach und der Produktionen von (in bestimmter Weise herzustellenden) Gütern, der daraus resultierenden Umweltverschmutzung und ihrer Wirkung auf den Menschen häufig sehr mittelbar sind und zum Teil auch von der Wissenschaft noch gar nicht erforscht sind[45]; zudem führt meist erst die Summierung einer großen Zahl von schädlichen Emissionen zu einer merklichen Beeinträchtigung[46].

---

38 *Schnur*, VVDStRL 33, S. 296.
39 *Haußmann*, Die Macht der Verbände in Deutschland (I).
40 Sozialbudget der Bundesregierung 1974, BT-Drucks. 7/2853, S. 111: „Fest steht . . ., daß in irgendeiner Form der Bürger die soziale Sicherung finanziert, sei es durch Beiträge über die Preise oder über Steuern."
41 Zum Gesamtproblem *Würgler*, Inflation als Machtproblem, S. 708 ff.
42 *Boulding*, Economic Policy, S. 59: „A rise in money wages is perceived by the worker either as an act of management or as a ‚gain' won by the union; a rise in prices, which is equivalent to a fall in real wages, is perceived as an ‚act of God' — something for which neither management nor the union is responsible". *Hirsch*, Gewerkschaften, S. 134: Der „kausale Zusammenhang zwischen Kollektivvereinbarung und Lohnerhöhung (ist) leichter zu erkennen . . . als der zwischen Lohnerhöhung und Preissteigerungen."
43 Zum Begriff: *Soell*, WiR 1973, S. 72 (82 ff.); *Seidenfus*, Umweltschutz, S. 810 ff.
44 Dazu auch *Forsthoff*, Industriegesellschaft, S. 120 f. — Zur kaum übersehbaren Literatur zum Umweltschutz siehe das Literaturverzeichnis im Umweltgutachten 1974, Anhang III.
45 Vgl. dazu den Materialband zum Umweltprogramm der Bundesregierung 1971, zu BT-Drucks. VI/2710. W. *Weber*, DVBl. 1971, S. 806: „Die hier (sc. im Bereich des Umweltschutzes) obwaltenden Interdependenzen sind dem Laien nur in groben Umrissen deutlich und die naturwissenschaftlich-forscherische Durchdringung dieses Komplexes steht zwar nicht gerade erst in den Anfängen, sieht jedoch vor sich noch ein weites Feld". *Bullinger*, VersR 1972, S. 599. — Ähnliches gilt auch hinsichtlich der Inzidenz von Staatsausgaben und der zu ihrer Finanzierung erforderlichen Einnahmen: Sozialbudget der Bundesregierung 1974, a.a.O. (oben FN 40), S. 111: „Die Frage, wer die Finanzierung (der sozialen Sicherung) letztlich trägt ist statistisch zur Zeit noch nicht im einzelnen zu beantworten . . . Es wird noch weiterer schwieriger auch mikroökonomischer Untersuchungen bedürfen, um die Frage nach der Last und der Gunst der Umverteilung gründlich zu beantworten."
46 Den geringen Informationsstand und die Kompliziertheit der Zusammenhänge als Gründe für die bisherige mangelhafte Beachtung ökologischer Probleme betont *Seidenfus*, S. 815, 817. Ähnlich auch *Rehbinder*, ZRP 1970, 256 und *Rupp*, JZ 1971, S. 403, die auf das „mangelnde Bewußtsein", die „Gleichgültigkeit, Nachlässigkeit und Gedankenlosigkeit" abheben.

§ 23 Kritik der Gleichgewichtslehre

Hier wird ein wichtiger Grund für die Durchsetzungsschwäche allgemeiner Interessen besonders deutlich, nämlich die Tatsache, daß die einzelne Umweltverschmutzung (aber auch die einzelne Subvention oder die übermäßige Einkommenserhöhung für eine einzelne Gruppe) das allgemeine Interesse an der Erhaltung unserer biologischen Lebensgrundlage (an niedriger und gleichmäßiger Steuerbelastung und an einem möglichst stabilen Preisniveau) in kaum merklicher Weise tangiert, sondern erst die Summe der Einzelmaßnahmen die Merklichkeitsschwelle überschreitet. Da der Schaden aus kollektiver Quelle entspringt, ist keine Umweltverschmutzung (kein Subventionsempfang und kein übermäßiger Einkommensanstieg) allein und unmittelbar für die dadurch entstehende Beeinträchtigung der Allgemeinheit ursächlich. Wegen dieser fehlenden direkten Zurechenbarkeit möchte sich auch kein einzelner Subventionsbezieher etc. dafür verantwortlich machen lassen[47]. Die Verantwortung für die gemeinwohlschädigenden Handlungen verteilen sich jeweils auf viele Schultern und die Auswirkungen und Belastungen diffundieren ihrerseits in noch stärkerem Maße, so daß der Zusammenhang zwischen der einzelnen schädigenden Handlung und dem durch sie bewirkten Schaden verschwimmt[48]. Die Unbestimmtheit und Anonymität der Verantwortung für die genannten Handlungen bei gleichzeitiger Diffusion ihrer belastenden und schädigenden Auswirkungen und die daraus resultierende Verwischung der Zusammenhänge ist ein zentraler Grund für die Schwäche und Kraftlosigkeit der Bemühungen um die Wahrung allgemeiner Interessen[49].

Es wäre allerdings verkehrt, dem einzelnen Subventionsbezieher, Umweltverschmutzer und Einkommensbezieher (oder seinem Verband) einen moralischen Vorwurf machen zu wollen. Selbst wenn der Einzelne die Zusammenhänge durchschaut, wird er nicht einsehen, daß er von sich aus zurückstehen und sich bescheiden sollte, solange nicht gewährleistet ist, daß dann auch die anderen zurückstehen. Und diese Auffassung erscheint durchaus berechtigt, wenn man bedenkt, daß — mangels dieser Gewährleistung — das freiwillige Zurückstecken des Einzelnen darauf hinausliefe, daß gerade der, der zurücksteht, letztlich als der Dumme dasteht[50]; er erhält einerseits keine Subventionen und überhöhte Einkommensmehrungen und führt kostspielige umweltschützende Maßnahmen durch, andererseits hat er aber die durch die gemeinwohlschädigenden Handlungen der anderen bewirkte Steuerlast, Umweltverschmutzung und Geldentwertung mitzutragen. Das freiwillige Zurückstehen eines Einzelnen (ohne Gewähr, daß die anderen es ihm gleichtun) widerspricht also der individuellen wirtschaftlichen Rationalität und würde den Betreffenden auch im Wettbewerb mit Konkurrenten am Markt benachteiligen. Kollektive und individuelle Rationalität laufen auseinander. Was nottut, sind institutionelle, organisatorische, verfahrensmäßige Vorkehrungen, die für alle verbindlich sind und sie in gleicher Weise zum Zurückstecken veranlassen[51]. Ohne solche Vorkehrungen ist jeder Einzelne bzw. jede Gruppe, um nicht zu kurz zu kommen, praktisch gezwungen, für sich jeweils

---

[47] *Galbraith*, Wirtschaft für Staat und Gesellschaft, S. 327.
[48] *Ackermann/Geschka/Karsten*, Gutachten zur Umweltbelastung der Volkswirtschaft durch das Umweltprogramm der Bundesregierung, S. 599.
[49] *Zacher*, VVDStRL 25, S. 308 (311), bemerkt hinsichtlich der Subventionsgewährung treffend: „Was die Subvention zu einem Liebling demokratischer Politik macht, ist die Anonymität und Diffusion der Last bei Bestimmtheit der Gunst." Ähnlich *Ewringmann/Hansmeyer*, Zur Beurteilung der Subventionen, S. 60 f.
[50] *Ortlieb*, Wirtschaftsdienst 1975, S. 380 (381): Bisher ließ man es geschehen, „daß derjenige der Dumme ist, der keine Forderungen stellt oder gar von sich aus freiwillig Verzicht leistet."
[51] Vgl. auch *Buchanan/Tullock*, Consent, S. 303.

möglichst viel herauszuholen. Die Durchsetzung solcher generellen Vorkehrungen sieht sich allerdings zahlreichen Schwierigkeiten gegenüber, so daß sich hier scheinbar ein unausweichlicher Teufelskreis ergibt[52].

2. Grund: Die größere Attraktivität der Einkommensphäre gegenüber der Ausgabensphäre

Der heutige Mensch trägt, wie Günter Schmölders[53], der Begründer der modernen deutschen Finanzpsychologie, anschaulich formuliert hat, zwei Seelen in sich, eine berufliche und eine private. Im beruflichen Bereich stehen Bemühungen und Tätigkeit des Menschen unter einem denkbar starken Stimulus, weil seine berufliche Tüchtigkeit in einer Leistungsgesellschaft Status und Prestige weitgehend bestimmt[54]. Dabei wird als wichtigster Indikator für beruflichen Erfolg heute weithin die Höhe des Einkommens gewertet. Zudem hat sich in allen westlichen Industriestaaten besonders seit dem Ende des Zweiten Weltkrieges eine Art Expansionsmentalität entwickelt, die die Menschen von der Erwartung ausgehen läßt, „daß ihre wirtschaftlichen Entfaltungsmöglichkeiten sich ständig steigern"[55]. Aus dieser sozialpsychologischen Konstellation ergibt sich eine außerordentlich starke Schubkraft in Richtung auf Einkommenserhöhungen[56].

Im privaten Bereich steht der Mensch dagegen nicht unter dem gleichen Antrieb des Sich-bewähren-müssens. Hier nimmt man schon einmal einen Rückschlag hin. „Draußen ist man erfolgreich gewesen; nun stellt man zu Hause fest, es ist gar nicht so viel gewonnen"[57], weil Preissteigerungen und Steuererhöhungen[58] die Einkommensmehrungen zum Teil oder ganz wieder aufzehren; sie können diese sogar überschreiten, so daß das reale Nettoeinkommen fällt. „Aber das bleibt privat, das ist nicht sichtbar, das dringt nicht nach außen"[59] und kann den weithin sichtbaren Erfolg der Erhöhung des (nominalen Brutto-)Einkommens kaum berühren[60]. Die Menschen tendieren deshalb dazu, ihre Aufmerksamkeit und ihre Kräfte sehr viel stärker anzuspannen, wenn es um die Erzielung von Einkommen geht, als wenn es sich um seine Verausgabung handelt[61]. So neigen sie leicht dazu, eine Einkommensvermehrung auch dann zu fordern, „wenn diese durch keine entsprechende Zunahme der Warenproduktion mehr gerechtfertigt ist. Diese Inflation führt zur Expansion ohne Wachstum, zum Wachstumsersatz — zu einer Karrikatur jener Geisteshaltung, die die Expansion hervorgebracht hat"[62].

---

52 Dazu unten S. 188 ff.
53 *Schmölders*, Stabile Währung, gezügelte Finanzen, S. 5 ff.
54 Vgl. auch oben S. 130.
55 *Dahrendorf*, Ein neues liberales Credo, in: Die Zeit Nr. 53/1 v. 27. 12. 1974, S. 3.
56 *Galbraith*, Wirtschaft für Staat und Gesellschaft, Kap. XII (S. 256 ff.).
57 *Schmölders*, a.a.O. (FN 53).
58 Selbst bei unverändertem Steuerrecht führen Einkommenssteigerungen wegen der Progressivität unseres Steuersystems zu einer Erhöhung der durchschnittlichen steuerlichen Belastung. In der Schweiz spricht man von „kalter Steuerprogression", in der Bundesrepublik von „heimlichen Steuererhöhungen". Dazu *v. Arnim*, BB 1973, S. 621 (622 m. w. N.).
59 *Schmölders*, a.a.O. (FN 53).
60 Vgl. auch *Krelle*, Wirtschaftswoche vom 8. 12. 1972, S. 22 (24): „Die Illusion ist eben auch eine Art von Realität, die man nicht unterschätzen darf: Es kann durchaus sein, daß Haushalte sich glücklicher fühlen, wenn sie 10 v. H. mehr Lohn erhalten bei 6 v. H. Preissteigerungen, als wenn sie 8 v. H. mehr Lohn erhalten bei 2 v. H. Preissteigerungen." Ferner *Külp*, Verteilungspolitik, S. 162.
61 *Giersch*, Wirtschaftspolitik, S. 246: Das Augenmerk der Menschen richtet sich „stärker auf den engen Bereich, in dem sie ihr Einkommen verdienen, als auf den weiten Bereich, in dem sie es verausgaben. Ihr Produzentenauge ist gleichsam als Teleobjektiv mit kleinem Gesichtsfeld und großem Abbildungsmaßstab als Konsumentenauge als Weitwinkelobjektiv ausgebildet."
62 *Dahrendorf*, a.a.O. Zur „Tragik" der Wachstumserwartungen auch *Rhode*, in: Macht und ökonomisches Gesetz, S. 838. Zur Bedeutung des „Wachstumsfetischismus" für die Durchsetzungsschwierigkeiten des Umweltschutzes *Rehbinder*, ZPR 1970, S. 250 (251, 252, 256).

Die Konzentration der Menschen auf die Einkommensphäre beruht neben dem hohen sozialpsychologischen Prestigewert des Einkommens aber noch auf einer weiteren Komponente, die mit der oben geschilderten größeren Durchsetzungsstärke direkter gegenüber indirekten Interessen in gewisser Beziehung steht. Sie hängt damit zusammen, daß jeder Mensch Aufwendungen an Zeit und Geld aufbringen muß, um sich die nötigen Informationen darüber zu beschaffen, welche Verhaltensweisen für ihn die vorteilhaftesten sind. Das gilt zunächst einmal für die Einkommen- wie für die Ausgabensphäre in gleicher Weise. Der Unterschied besteht darin, daß die meisten Menschen ihr Einkommen in einem einzelnen beschränkten Bereich erzielen, es aber in vielen ausgeben. „Daher ist derjenige Bereich, in dem sie es verdienen, für sie viel wichtiger als irgendeiner der einzelnen Bereiche, in denen sie es ausgeben"[63]. Da nun aber die Gesamtmenge der verfügbaren Zeit und des verfügbaren Geldes knapp ist, neigen die Menschen dazu, Zeit und Geld für Informationen auf den für sie wichtigsten Bereich, nämlich den der Einkommenserzielung, zu konzentrieren[64]. So kommt es, daß die Interessen der Menschen als Einkommensverdiener (die „Produzenteninteressen") über die Interessen der gleichen Menschen als Einkommensverwender (die „Konsumenteninteressen" im weitesten Sinn) dominieren.

In diesen Zusammenhängen liegt ein wesentlicher Grund für das Zukurzkommen der allgemeinen Interessen der Menschen sowohl als Steuerzahler als auch als Konsumenten[65] und „Umweltbenutzer".

3. Grund: Die spezifische Organisationsschwäche allgemeiner Interessen

Die dargestellten Zusammenhänge zeigen, warum die Menschen allgemeine Interessen typischerweise weniger intensiv verfolgen als Sonderinteressen; sie geben jedoch noch keine *hinreichende* Erklärung für die fehlende Durchsetzungskraft allgemeiner Interessen. Denn sie schließen die Möglichkeit nicht aus, daß die zwar weniger intensiv, dafür aber von umso mehr Menschen empfundenen Anliegen sich durch Zusammenschluß der vielen Betroffenen angemessene Geltung verschaffen können (wie die Harmonielehre unterstellt), daß also die Quantität der Interessenträger in die Qualiät der Interessenwahrnehmung und -durchsetzung umschlägt.

Ob diese Möglichkeit tatsächlich besteht, hängt entscheidend von der Organisationsfähigkeit allgemeiner Interessen ab: „Organisation ist das Geheimnis der Macht"[66]. „Was unorganisiert ist, ist ungeschützt"[67]. Für die Durchsetzung von Interessen und für die Frage, ob und inwieweit sich Interessenbalancen ergeben, ist deshalb die Organisationsfähigkeit von entscheidender Bedeutung. Die Organisationsfähigkeit allgemeiner Interessen ist aber, wie schon die Anschauung der Wirklichkeit zeigt, außerordentlich gering[68]. Gerade Verbraucher- und Steuerzahlerinteressen als Haupttypen allgemeiner Interessen verfügen nur über relativ schwache Organisationen[69]. Gleiches gilt für den Umweltschutz.

---

63 *Downs*, Ökonomische Theorie, S. 249.
64 Vgl. *Downs*, a.a.O. (FN 63), S. 247 ff.; ders., Government Budget in a Democracy, S. 550.
65 *Forsthoff*, Industriegesellschaft, S. 120, weist z. B. darauf hin, daß die Versuche einer Assoziierung der Rundfunkhörer, an denen es in der Anfangszeit des Rundfunks nicht gefehlt habe, an der „fehlenden assoziativen Kraft" des „bloßen Konsums" gescheitert seien. Vgl. auch *Downs*, Ökonomische Theorie der Demokratie, S. 250.
66 *Kaiser*, Repräsentation, S. 19.
67 *Eschenburg*, Staat und Gesellschaft, S. 719.
68 Empirische Hinweise für die USA bei *Schattschneider*, The Semisovereign People, S. 30 ff.
69 So für die Verbraucherorganisationen *v. Eynern*, Ein Anwalt der Verbraucher, S. 79 f. *Ellwein*, Interessenverbände, S. 26; *Neumark*, in: Macht und ökonomisches Gesetz, S. 888.

F. II. Laissez-Faire- und Due-Process-Pluralismus

Zur Erklärung dieses Befundes hat der amerikanische Sozialökonom Mancur Olson mit seinem 1965 veröffentlichten Buch „Logik des kollektiven Verhaltens"[70] wesentlich beigetragen, in welchem er darlegte, warum — Vereinigungsfreiheit und eine am Eigeninteresse orientierte Rationalität der einzelnen Menschen vorausgesetzt — die auf kleine Gruppen beschränkten Interessen leichter organisierbar sein müssen als die großer Gruppen.

Olsons Gedankengang, der auf Parallelen zur nationalökonomischen Erklärung der Preisbildung bei vollkommener Konkurrenz[71] und zur Rechtfertigung allgemeiner mit staatlichem Zwang durchgesetzter Gesetze (Theorie der öffentlichen Güter)[72] beruht, ist folgender: In einer großen Gruppe entfällt auf den Einzelnen nur ein verschwindend kleiner finanzieller oder arbeitsmäßiger Anteil an den finanziellen und sonstigen Aufwendungen der Gruppen zur Erreichung der Gruppenziele (z. B. der Durchsetzung eines für die Mitglieder der Gruppe günstigen Gesetzes), so daß dieses Ziel unabhängig von seinem Beitrag entweder erreicht oder auch nicht erreicht wird. Da der Einzelne nur einer in einer unübersehbar großen Zahl von potentiellen Interessenten am Gruppenerfolg ist, kann er durch seinen Beitrag auch nicht bewirken, daß die anderen potentiellen Interessenten ebenfalls einen entsprechenden Beitrag entrichten. Ebenso wenig werden diese gerade durch seine Nichtbeteiligung von ihrer Teilnahme abgehalten. Das individuelle Verhalten des Einzelnen hat also keinen Einfluß auf den Gruppenerfolg. Auf der anderen Seite partizipiert er, wenn der Erfolg eintritt, daran ohne Rücksicht auf seine Unterstützung der Gruppe. Er kann vom Gruppenerfolg nicht ausgeschlossen werden. Der Steuerzahler profitiert von einer allgemeinen Steuersenkung oder Steuerrechtsvereinfachung, der Konsument von der Stabilität des Preisniveaus ohne Rücksicht darauf, ob sie den oder die dafür jeweils „zuständigen" Interessenverbände unterstützt haben oder nicht. Und dieser Erfolg ist von ihrer Unterstützung um so unabhängiger, je größer die potentielle Mitgliederzahl ist. Aus diesem Grunde lohnt es sich für den Einzelnen nicht, Verbandsmitglied zu bleiben oder zu werden. Was ist dann aber, sofern der Einzelne die freie Wahl hat, und der Verband keine „selektiven Anreize" anbietet, d. h. Leistungen (etwa besondere Dienstleistungen, Informationen[73] usw.), von denen Nichtmitglieder ausgeschlossen werden können, für ein vom eigenen Interesse geleitetes Individuum rationaler, als den Verband nicht zu unterstützen[74]?

Aus diesen Zusammenhängen erklärt Olson, warum große latente Gruppen sich nicht in Verbänden organisieren lassen und von diesen vertreten werden können, es sei denn, die Verbände bieten ihren Mitgliedern neben den unteilbaren Kollektivgütern auch teilbare, private Güter, deren Preis sozusagen über den Mitgliederbeitrag gezahlt wird, oder die Mitgliedschaft kann erzwungen werden. Denn selbst für denjenigen, der die Bedeutung allgemeiner Interessen und die Vorteilhaftigkeit ihrer organisierten Wahrnehmung für alle erkennt, weil er die Zusammenhänge durchschaut, bleibt der Anreiz, persönliche Sondervorteile auf Kosten des Allgemeininteresses durchzusetzen, bestehen; denn eine derartige

---

70 *Deutsch:* 1968. Eine Zusammenfassung gibt auch *Kirsch*, Ökonomische Theorie der Politik, S. 23 ff.
71 Dazu *v. Arnim*, Volkswirtschaftspolitik, S. 54 ff. und 89 f. m. w. N.
72 Dazu oben S. 117 ff.
73 So sind z. B. für den gewerkschaftlichen Organisationsgrad in der Bundesrepublik von immerhin durchschnittlich etwa einem Drittel mangels Organisationszwangs insbesondere die Gewährung von Rechtsschutz, Streik- und Aussperrungsgeldern und z. T. auch die Ausrichtung von gesellschaftlichen oder Fortbildungsveranstaltungen von großer Bedeutung. Ähnliche selektive Anreize bieten z. B. die Vertriebenenverbände mit besonderen Beratungen und Informationen.
74 Vgl. auch schon die unabhängig von *Olson* getroffene Feststellung von *Schmölders*, Das Selbstbildnis der Verbände, S. 93: „Der Hauptgrund gegen eine Organisation im Verband ist nicht etwa der zu geringe Verbandserfolg, sondern der Tatbestand, daß der durchaus vorhandene Verbandserfolg den Nichtorganisierten auch ohne deren Mitgliedschaft zufällt."

Handlungsweise bringt ihm Nettovorteile, und für eine am Eigennutz orientierte individuelle Rationalität ist es sinnvoll, solche zu erstreben. Genau wie im Modell der vollständigen Konkurrenz versucht dann jeder Einzelne, seinen Nettovorteil zu erhöhen. Durch den gleichartigen Versuch auch der anderen werden aber die Nutzen für jeden einzelnen gesenkt. Während im Marktmodell die durch die Konkurrenz bewirkte Gewinnminderung der Unternehmer aber zum Nutzen der Gesamtheit ausschlägt[75], wirkt sich dieser Mechanismus im pluralistischen Gruppenmodell zum Schaden der Gesamtheit aus. Eine verbandsmäßige organisierte Wahrung allgemeiner Interessen kommt nicht zustande, obwohl sie für alle von Vorteil wäre („Paradoxon der Kooperation"). Die partikulare Vernunft des Individuums führt statt zur kollektiven Vernunft zur kollektiven Unvernunft[76].

Anders können die Dinge bei kleineren Personenkreisen mit gleichen Interessen liegen, da hier das Verhalten des Einzelnen sehr wohl Einfluß auf die Erlangung des erstrebten politischen oder sonstigen kollektiven Vorteils hat, macht doch in diesem Fall der einzelne Beitrag einen spürbaren Anteil der vom Verband benötigten Mittel aus[77]. Zusätzlich können bei kleinen Verbänden alle Faktoren wirksam werden, die die Soziologie als für den Zusammenhalt von Gruppen bedeutsam erkannt hat[78].

Olsons Theorie scheint sich auch hinsichtlich der Verhältnisse in der Bundesrepublik anhand der empirischen Daten zu bewähren[79]. Natürlich verhält sich der Bürger in der Regel nicht exakt wie ein homo oeconomicus[80]. Sonst wäre z. B. ein Bund der Steuerzahler[81], der in der Bundesrepublik rund 230 000 Mitglieder hat, nicht denkbar[82]. Doch können die Überlegungen von Olson immerhin ein Tendenzurteil stützen. Damit ergibt sich dann eine Erklärung dafür, warum der Bund der Steuerzahler trotz des relativ niedrigen Jahresbeitrags von ca. 50 DM nur einen verschwindend geringen Teil der potentiell Betroffenen als Mitglieder zu organisieren vermag (weniger als ein vom Hundert) und warum wir bei den Verbraucherverbänden[83] eine ganz ähnliche Situation vorfinden. Wenn aber die wirksame und schlagkräftige Organisierung großer Interessengruppen (ohne selektive Anreize oder Beitrittszwang) gar nicht möglich ist, wird dem Konzept der Harmonielehre vom Gleichgewicht der Interessen durch Druck und Gegendruck der (aktuellen oder potentiellen) Verbände der Boden entzogen; denn dieses Konzept geht ja davon aus, negativ betroffene Interessenträger könnten sich zu Verbänden organisieren und dadurch verhindern, daß Partikularverbände ihren

---

75 *v. Arnim*, Volkswirtschaftspolitik, S. 54—56 m. w. N.
76 Die mangelnde Organisationsstärke allgemeiner Interessen beruht prinzipiell auf einem ähnlichen Mechanismus wie dem, der schon generell zur größeren Virulenz besonderer direkter Interessen auf Kosten allgemeiner indirekter Interessen beiträgt (oben S. 153 ff.).
77 Vgl. *Bernholz*, Theorie des Einflusses der Verbände, S. 278 f.; ders., Die Machtkonzentration der Verbände, S. 863 f.
78 Vgl. George C. *Homans*, The Human Group, New York 1950.
79 Dazu *Bernholz*, Die Machtkonkurrenz der Verbände, S. 864; *Buchholz*, Die Wirtschaftsverbände in der Wirtschaftsgesellschaft.
80 *Kirsch*, Ökonomische Theorie der Politik, S. 39 ff.
81 Zum Bund der Steuerzahler in der Bundesrepublik: Karl-Heinz *Däke*, Der Bund der Steuerzahler; ferner *Breitling*, Die Verbände in der Bundesrepublik, S. 139 ff.; *Kaiser*, Repräsentation, S. 117 f.; *Glaeser*, Finanzpolitische Willensbildung, S. 68 f.; *Brunner*, Kontrolle in Deutschland, S. 194, 251; *Schmölders*, Finanzpolitik, 3. Aufl., S. 137 f. m. w. N. auch über Steuerzahlerorganisationen im Ausland.
82 *Olson* betont selbst, daß seine Analyse nur für wirtschaftlich motivierte, nicht auch für staatsbürgerlich ausgerichtete Verbände gilt. Eine solche staatsbürgerliche Komponente spielt aber beim Bund der Steuerzahler zweifellos hinein.
83 Vgl. auch schon *Forsthoff*, Rechtsfragen der leistenden Verwaltung, S. 20; ferner *v. Braunschweig*, Der Konsument und seine Vertretung; *Schmölders*, in: Öffentliche Aufgaben in der parlamentarischen Demokratie, Cappenberger Gespräche, S. 71.

F. II. Laissez-Faire- und Due-Process-Pluralismus

Einfluß überziehen. Die Vorstellung, die Verbandsorganisation sei das gegebene Medium zum Ausgleich vereinzelt ohnmächtiger Interessen und schaffe „gerade dem schwachen, mit geringem Einfluß ausgestatteten Einzelbürger eine Sphäre politischer Freiheit"[84], bricht damit zusammen. Denn, wenn viele vereinzelt machtlose Interessen sich nicht schlagkräftig organisieren können, wohl aber wenige, die häufig schon als Einzelne nicht ganz machtlos sind (z. B. als Unternehmen eines oligopolistischen Gewerbezweiges)[85], tendiert die Verbandsorganisation offenbar dazu, die Durchsetzungsmacht ohnehin mächtiger und im politischen Kräftespiel virulenter Interessen zu stärken, während sie den vielen ohnmächtigen Interessen kaum Einfluß verschaffen kann. Damit werden gerade jene Interessen vernachlässigt, die am stärksten der Repräsentation bedürfen[86].

Wir haben oben dargelegt, daß und warum gerade allgemeine Interessen im marktwirtschaftlichen Steuerungssystem, welches auf dem Prinzip des individuellen Sondervorteils beruht, zu kurz kommen müssen[87]. Deshalb bedarf es zur Befriedigung von allgemeinen Interessen eben eines anderen Steuerungssystems, nämlich der staatlichen Willensbildung. Je stärker nun aber diese Form der Willensbildung ihrerseits von den organisierten Sonderinteressen abhängig wird, desto weniger finden die Allgemeininteressen noch einen Hort, desto unfähiger wird der „Staat", diese seine eigentliche Funktion noch zu erfüllen.

Schwierigkeiten der wirksamen Organisation bedürftiger Randgruppen

Aus soziologischen Untersuchungen ist bekannt[88], daß die Beteiligung an Interessenverbänden eine positive Korrelation mit dem sozialen und wirtschaftlichen Status der Betroffenen aufweist[89]. Gerade den Mitgliedern sozial oder wirtschaftlich bedürftiger Gruppen fehlt es häufig an den wirtschaftlichen, bildungsmäßigen oder psychologischen Voraussetzungen, sich wirksam zu organisieren[90]. Als Beispiel seien genannt: uneheliche Kinder[91], Invaliden[92], Alte, Obdachlose, Kriegsdienstgegner, Gastarbeiter[93], Geisteskranke[94]. Hier fehlt es auch meist an der nötigen „Konfliktsfähigkeit" der Interessen[95], weil keine für den ungestörten wirtschaftlichen Ablauf wichtigen Beiträge geleistet und folglich auch nicht durch Verweigerung dieser Beiträge Druck ausgeübt werden kann. Neben den oben genannten allgemeinen Interessen gibt es also auch bestimmte Arten von Sonderinteressen, die sich nicht durchsetzungsstark organisieren lassen. Auch insoweit wird die Erwartung, der Verbandspluralismus führe zur angemessenen Berücksichtigung von vereinzelt ohnmächtigen Minderheitsinteressen[96], enttäuscht.

---

84 *Herzog*, Das Verbandswesen im modernen Staat, S. 5.
85 Einzelne wirtschaftliche Großunternehmen bedürfen teilweise gar keiner verbandlichen Organisation, sondern besitzen allein ausreichendes Gewicht, um direkt politischen Einfluß auszuüben. Dazu *Eisfeld*, PVS 1971, S. 332; *Schmölders*, Das Selbstbild der Verbände, S. 92.
86 *Schoppe*, Pluralismus, S. 398.
87 Oben S. 117 ff.
88 *Schattschneider*, S. 32 ff. mit vielen Nachweisen für die USA. Für die Bundesrepublik gilt Entsprechendes. Vgl. *Popitz*, Prozesse der Machtbildung, S. 9 ff.
89 *Scharpf*, Demokratietheorie, S. 43 ff. m. w. N.; *Schmölders* weist für den Bereich der Unternehmensverbände darauf hin, daß die Nichtorganisierten sich vorwiegend aus kleineren Betrieben zusammensetzen. *Schmölders*, Das Selbstbild der Verbände, S. 91.
90 *Schoppe*, Pluralismus, S. 397; *Scharpf*, Demokratietheorie, S. 74; *Zuleeg*, VVDStRL 33, S. 126.
91 *Scharpf*, Demokratietheorie, S. 87.
92 *Forsthoff*, Rechtsfragen der leistenden Verwaltung, S. 18.
93 *Faber*, Die Verbandsklage im Verwaltungsprozeß, S. 72.
94 "Unterprivilegiert", Kritische Texte zur Sozialarbeit und Sozialpädagogik, 1973; *Kögler*, Randgruppen; vgl. auch die Aufzählung in der sog. Mannheimer Erklärung der CDU vom Juni 1975.
95 *Offe*, Politische Herrschaft, S. 183 ff.
96 So *Scheuner*, in: Der Staat und die Verbände, S. 13.

Mangelnde Chancengleichheit der Organisierten

Auch innerhalb der Verbandsorganisation haben die Träger größerer Sozialmacht beim Ringen um den Einfluß einen beträchtlichen Vorsprung und setzen sich regelmäßig durch. Schon die Tatsache, daß die Aufrechterhaltung der Verbandsorganisation Geld kostet (und Zeit, die ihrerseits nur bei finanzieller Unabhängigkeit zur Verfügung steht) und durch Geld auch der politische Einfluß des Verbandes intensiviert werden kann, verschafft wirtschaftlich potenten Mitgliedern besonderen Einfluß. So stellen innerhalb der Bauernverbände die Großbauern und Großgrundbesitzer die Verbandsführung[97], in den Wirtschaftsverbänden geben regelmäßig die größten Unternehmen des Wirtschaftszweiges den Ton an[98], und „selbst in den Gewerkschaften dominieren die sozial Höherstehenden allein schon aufgrund der Tatsache, daß es zur Bekleidung eines höheren Verbandsamtes einer besonderen Begabung bedarf, die dem Betreffenden auch eine gehobene soziale Stellung sichert. So vollzieht sich in den Verbänden eine soziale Verschiebung in dem Sinne, daß von unten nach oben in zunehmendem Maß die oberen gesellschaftlichen Schichten überrepräsentiert sind"[99]. Die amerikanische Pluralismuskritik bezeichnet diese (un)soziale Schlagseite der verbandlichen Organisation treffend als „upper-class bias"[100]. Es besteht also nicht nur keine Chancengleichheit der Organisation, sondern auch keine Chancengleichheit der Organisierten[101]. Gewiß sind auch in den gesetzgebenden Körperschaften die unteren gesellschaftlichen Schichten (z. B. Arbeiter) unterrepräsentiert[102]. Die Unterrepräsentation ist jedoch deshalb weniger bedenklich, weil das Parlament noch in relativ intensiver Weise der Kontrolle durch gleiche Wahlen, die öffentliche Meinung, durch Diskussion und Publizität offensteht.

§ 24 Repräsentatives Verhalten der Verbandsvertreter?

Angesichts des Fehlens gleicher Organisationschancen und der mangelnden Chancengleichheit der Organisierten stellt sich die Frage, ob diese Ungleichgewichte durch repräsentatives Verhalten der Verbandsführer und -funktionäre, die, wie in jeder Großorganisation, auch in den Interessenverbänden eine entscheidende Rolle spielen, einigermaßen ausgeglichen werden. Dies könnte dadurch geschehen, daß die Verbandsmanager sowohl die besondere Schutz- und Förderungsbedürftigkeit sozial schwächerer Verbandsmitglieder als auch die Interessen der Allgemeinheit angemessen berücksichtigen[2]. Dafür wären, wie Krü-

---

97 *Scharpf*, Demokratietheorie, S. 48 m. w. N. für die USA.
98 Auf „gewisse plutokratische Tendenzen besonders bei den Unternehmensverbänden", weist *v. Eynern*, Politische Wirtschaftslehre, S. 159, hin.
99 *Stein*, Lehrbuch des Staatsrechts, S. 77.
100 *Schattschneider*, The Semisovereign People, S. 31 und passim.
101 *Schoppe*, Pluralismus, S. 397.
102 *Zeuner*, Kandidatenaufstellung zur Bundestagswahl 1965, S. 140 ff.; *Wuermeling*, Werden wir falsch repräsentiert?, S. 99; *Klatt*, Zeitschrift für Parlamentsfragen 1971, S. 344 (360).

1 *Messner*, Der Funktionär. Seine Schlüsselstellung in der heutigen Gesellschaft, S. 37 und passim: Der Funktionär ist nicht nur Exponent, sondern auch Initiator des Verbandwillens. *v. Eynern*, Politische Wirtschaftslehre, S. 159.
2 „Es kommt", wie *Krüger* feststellt, „alles darauf an, wie sich die Verbände in der Frage der Sichtung und Würdigung der von ihnen vertretenen Interessen verhalten". *Krüger*, Staatslehre, S. 405. Vgl. auch Goetz *Briefs*, Laissez-faire-Pluralismus, S. 54 f.: Der Machteinsatz überlegener Verbände verletze das Gemeinwohl und damit die Gerechtigkeit. Das Zentralproblem der pluralistischen Demokratie sei, das zu verhindern. Hier liege ihr „Lebensnerv". *Messner*, Der Funktionär, S. 154: Die Funktionäre der Verbände haben den Finger am „Lebensnerv" der pluralistischen Demokratie. Ferner *Fraenkel*, Deutschland und die westlichen Demokratien, S. 44: „Für ein politikwissenschaftliches Verständnis der Interessengruppen ist eine Erforschung ihrer inneren Haltung zu Fragen des Gemeinwohls gleich bedeutsam wie eine Analyse ihrer äußeren Struktur."

F. II. Laissez-Faire- und Due-Process-Pluralismus

ger bemerkt, repräsentative Persönlichkeiten, möglichst sogar „von einem gewissen Maß an staatsmännischer Autorität"[3], in der Verbandsführung erforderlich. Die Wirklichkeit sieht indes meist anders aus. Krüger selbst stellt fest, daß die Verbände regelmäßig „kongeniale Mittelmäßigkeit der überragenden Persönlichkeit vorziehen" (was natürlich nicht ausschließt, daß im Einzelfall doch eine hervorragende Persönlichkeit an der Verbandsspitze steht)[4]. In der Tat gibt es eine Eigengesetzlichkeit der verbandlichen Willensbildung, die der Berufung repräsentativer Persönlichkeiten in Spitzenpositionen tendenziell entgegensteht[5].

Ausgangspunkt für die Entwicklung einer Skizze dieser Eigengesetzlichkeit muß auch hier wieder die sozialpsychologische Situation des Menschen, in diesem Fall also zunächst der Verbandsführung und ihrer Interessen sein. Die Soziologie hat seit langem erkannt, daß das Eigeninteresse der Funktionäre in Politik und Verbandswesen beträchtlichen Einfluß auf ihre Entscheidungen hat[6]. „Politik ist ein Beruf, der eigene Interessen entwickelt — Interessen, die mit den Interessen der Gruppen, die ein Mann ... ,vertritt' ebenso gut kollidieren wie übereinstimmen können"[7]. Die Interessen der Machthaber können deshalb, wie Tocqueville allgemein bemerkt hat, für das Wohl der Nation noch wichtiger sein, als deren Tugend und Begabung[8].

Wohin gehen nun die Interessen der Verbandsfunktionäre? Da sie ihre berufliche Existenz regelmäßig auf den Verband gründen, geht ihr persönliches berufliches Interesse vornehmlich auf die Erhaltung und Stärkung der Organisation[9]. Dafür bedarf es der Erhaltung der Gunst der Mitglieder bzw. der Werbung neuer. Da die Menschen regelmäßig am leichtesten über ihre direkten Interessen[10] und ihre Erwerbsinteressen[11] ansprechbar sind, eignet sich deren Herausstellung für die Mitgliederwerbung und -pflege bei Wirtschaftsverbänden am besten. Ein Verband erscheint aus der Sicht des beitragszahlenden Mitglieds überhaupt nur sinnvoll, wenn er dessen Interessen *besondere* Berücksichtigung verspricht[12]. Die Berücksichtigung allgemeiner Belange wird dagegen nicht honoriert[13]. Eine ausgewogene gemeinwohlorientierte Politik, zu der der Verband durch bewußtes Zurückstecken beizutragen versucht, würde nicht, jedenfalls nicht in erster Linie, dem Verband, sondern den verantwortlichen Politikern und Parteien zugerechnet, während umgekehrt „die interessierten Bevölkerungskreise Erfolge beim Durchsetzen von Sonderinteressen eher den Verbänden ,gutschreiben' " werden, „die dafür eingetreten sind, als den Parteien, die vielleicht nur zögernd zugestimmt haben"[14]. „Deshalb wäre es zum Beispiel in der Frage der Inflationsbekämpfung" von einer Einzelgewerkschaft, aber auch vom DGB, „zuviel verlangt, die Möglichkeit oder gar die Existenz einer Lohn-Preis-Spirale zu bejahen"[15] und daraus Konsequenzen für die gewerkschaftliche Lohnpolitik zu ziehen. So sehen die Gewerkschaften, wie auch andere Interessenverbände, sich

---

3 *Krüger*, Staatslehre, S. 403.
4 *Eschenburg*, Staat und Gesellschaft, S. 518.
5 *Kaiser*, Repräsentation, S. 350 f.; *Biedenkopf*, Fortschritt in Freiheit, S. 216.
6 Max *Weber*, Politik als Beruf; *Schmölders*, Finanzpolitik, 2. Aufl., S. 115; *Liefmann-Keil*, Sozialpolitik, S. 110 ff. (vgl. auch oben S. 136 f.).
7 *Schumpeter*, Kapitalismus, S. 250; ähnlich auch ebenda S. 443.
8 *Tocqueville*, De la Démocratie en Amérique, zitiert nach *Kaiser*, Repräsentation, S. 153.
9 Dazu *Ross*, Trade Union Wage Policy.
10 Oben S. 153.
11 Oben S. 158.
12 *Schattschneider*, The Semisovereign People, S. 34; *Zacher*, VVDStRL 25, S. 308 (310).
13 *Hensel*, Wirtschaftspolitische Verbände, S. 162.
14 K. *Schmidt*, Öffentliche Ausgaben im demokratischen Gruppenstaat, S. 225.
15 *v. Eynern*, Ein Anwalt der Verbraucher, S. 79.

immer wieder veranlaßt, „sich Scheinvorteile als echte Vorteile einzureden" und, sobald der Irrtum offenbar wird, „die Verantwortung auf andere zu schieben"[16]. Diese Gegebenheiten haben auch dazu geführt, daß sich unter den Funktionären eine Art Spielregel entwickelt hat, nach der „es als unfein gilt, den Forderungen der jeweils anderen Gruppe zu widersprechen"[17].

Vor allem aber kann man von einem Verband sinnvollerweise auch gar nicht verlangen, daß er von sich aus seine Forderungen mäßigt, solange nicht gewährleistet ist, daß dies auch die anderen (etwa um Subventionen) konkurrierenden Verbände tun. Denn andernfalls wären die Mitglieder des sich bescheidenden Verbandes offenbar die Dummen[18].

Im Spannungsfeld zwischen dem Verlangen nach gesicherter Teilhabe, der Begrenztheit der Mittel und der Unendlichkeit konkurrierender Wünsche können Verbände gegenüber ihren Mitgliedern nur eine Daseinsberechtigung plausibel machen, wenn sie diesen durch Erlangen von Sondervorteilen den Eindruck eines „Vorsprungs", einer „Chance des Übervorteils"[19] oder doch einer gleichberechtigten Teilhabe, d. h. der Verhinderung der Übervorteilung durch andere Gruppen, vermitteln[20]. In dieser von Unsicherheit über die zukünftigen gesamtwirtschaftlichen Möglichkeiten und das Agieren der anderen Gruppen gekennzeichneten Situation strebt jede Gruppe nach einer interessenbedingten „Überversicherung" der eigenen Einkommensentwicklung[21]. So kommt insgesamt leicht der Eindruck vom pluralistisch-politischen Kräftespiel als einer Art „Windhundverfahren"[22] auf, bei welchem demjenigen, der die längsten Beine hat — sprich: die beste Verbandsorganisation — eine Sonderprämie winkt. Dadurch wird aber — per Rückwirkung — die Konzentration des Verbandes auf verbandliche Sonderinteressen weiter gefördert. Verbände sind zum Erfolg auf ihrem Sonderbereich verurteilt.

So gelten z. B. „eine Einzelgewerkschaft und ihre Funktionäre ... in der Sicht der Arbeitnehmer dann als besonders erfolgreich, wenn es der betreffenden Gewerkschaft in Tarifverträgen gelingt, die Löhne in einem überdurchschnittlichen Maße anzuheben. Die Gewerkschaft als Organisationsgebilde steht in ausgesprochener Weise unter Erfolgszwang"[23]. Entsprechendes gilt für die Durchsetzung von Mitgliederinteressen im Prozeß der politischen Willensbildung[24]. Man hat die Verbesserung der speziellen Sonderinteressen der Mitglieder geradezu als „Gesetz" bezeichnet, unter dem die Wirtschaftsverbände angetreten sind[25].

---

16 SVR, JG 1975, Ziff. 381.
17 *Haußmann*, Die Macht der Verbände in Deutschland (I), S. 3.
18 Oben S. 157. Vgl. auch *Briefs*, der feststellt: Wer dazu aufgefordert wird, sich der soziologisch faßbaren Dynamik des gesellschaftlichen Lebens zu entziehen, wird zum Martyrium, zur heroischen Existenz, aufgefordert. *Briefs*, Laissez-faire-Pluralismus, S. 68.
19 *Zacher*, VVDStRL 25, S. 310.
20 *Werner*, Die Wirtschaftsverbände in der Marktwirtschaft, S. 26; *Küng*, Wettbewerbssystem und Verbandswirtschaft, S. 31 ff.; *Pütz*, Die ordnungspolitische Problematik der Interessenverbände, S. 247 f. Vgl. auch Werner *Weber*, Spannungen, S. 130.
21 *Ota Sik*, Argumente für den Dritten Weg, S. 91.
22 *Hansmeyer*, Finanzielle Staatshilfe für die Landwirtschaft, S. 206.
23 Josua *Werner*, in: Hoppmann, Konzertierte Aktion, S. 193 f.; *Külp*, Verteilungspolitik, in: *Pütz*, Wirtschaftspolitik III, S. 162: „Der Erfolg der Gewerkschaftsfunktionäre wird in erster Linie daran gemessen, inwieweit es ihnen gelingt, die Nominallöhne zu beeinflussen".
24 *Sperling*, JöR 1965, S. 195 (291 ff.).
25 *Hoppmann*, Konzertierte Aktion als Instrument der Globalsteuerung, S. 7 (10 f.). Zum „Gesetz des Antritts der Verbände" vgl. auch *Briefs*, Laissez-faire-Pluralismus, S. 35 ff.: Die Verbände werden vom ausschließlichen Verbandsinteresse beherrscht (S. 36). Das spreche dagegen, daß den pluralistischen Verbänden die Konzeption einer integralen Gesellschaft als regulative Idee vorschwebt (S. 51). *Imboden*, Der Richter im Verbandsstaat, S. 214 (218): „Die Funktion der Verbände liegt im Einsatz für interessenbedingte Situationsverbesserungen." Josua *Werner*, Verbände in der Wirtschaftspolitik, S. 37: „Seiner inneren Struktur nach kann ein Wirtschaftsverband gar nicht dazu angetan sein, das Allgemeininteresse zu vertreten." Ebenso *ders.*, in: Hoppmann, Konzertierte Aktion, S. 193 f.

F. II. Laissez-Faire- und Due-Process-Pluralismus

Dieses „Gesetz des Antritts der Verbände" müssen nun die Verbandsfunktionäre im eigenen Interesse besonders peinlich beachten. Die Verbandsbürokratie muß durch fortwährendes Agieren zugunsten der vom Verband vertretenen Mitgliederinteressen immer wieder ihre Existenzberechtigung unter Beweis stellen[26]. „Die Interessenvertretung wird zum ‚Interesse' der Interessenvertreter"[27]. Spezielle verbandsinterne Laufbahnregelungen tun ein übriges, die Nachwuchskräfte zu verbandsfrommem Karrieredenken zu motivieren und prägen damit letztlich auch die verbandlichen Führungsschichten[28]. Funktionäre handeln dementsprechend regelmäßig nach der Faustregel: Gut ist, was dem Verband nützt.

Der mit der Konzertierten Aktion unternommene Versuch, die Gewerkschaften stärker an geldwertneutrale Lohnerhöhungen zu binden, ist in den Jahren 1970 bis 1972 nicht von ungefähr gescheitert. In einer im Juni 1972 vorgelegten Studie des Wirtschafts- und Sozialwissenschaftlichen Instituts der Gewerkschaften wird als Hauptgrund angegeben, durch Abstimmungen in der Konzertierten Aktion verlören die Gewerkschaften ihre Eigenschaft als Instrument zur Vertretung von Mitgliederinteressen[29]. Auch darin zeigt sich, daß die Aufforderung an die schlagkräftig organisierten einflußreichen Wirtschafts- und Sozialverbände, bei ihrer Willensbildung von sich aus und freiwillig die allgemeinen (oder auch andere berücksichtigungswerte, aber organisationsschwache) Interessen angemessen zu berücksichtigen, auf enge Schranken stößt, welche aus der dargelegten Eigengesetzlichkeit der Organisation von Gruppeninteressen erwachsen[30]. Derartige Appelle widersprechen der raison d'être der Interessenverbände[31] und lassen sich, genau genommen, auch moralisch-sittlich kaum rechtfertigen, da sie denjenigen Verband letztlich als Geprellten dastehen lassen, der ihnen folgt[32]. Von den Menschen darf nicht gefordert werden, was allein eine für alle geltende Rechtsordnung leisten kann[33]. Diese dem „Rechtsprinzip" zugrundeliegende Einsicht[34] kann man sich gerade im Zusammenhang mit den in dieser Arbeit behandelten Problemen nicht deutlich genug machen.

Die etwa durch staatliche Appelle aktualisierte Einsicht, „daß jede Gruppe und jeder Einzelne an die Prosperität des Ganzen gekettet sind" (Forsthoff), führt also durchaus

---

26 *Albers*, Ziele und Bestimmungsgründe der Finanzpolitik, S. 123 (156 f.).
27 K. *Schmidt*, Öffentliche Ausgaben im demokratischen Gruppenstaat, S. 222.
28 *Rüthers*, FAZ vom 2. 12. 1972; ders., Arbeitsrecht und politisches System; ders., DB 1973, S. 1649 (1655 ff.). Ein gewisses Gegengewicht kann die ehrenamtliche Ausübung von verbandlichen Führungsfunktionen darstellen. Diese geht aber zunehmend zurück.
29 Hermann *Adam*, Die Konzertierte Aktion in der Bundesrepublik; zustimmend auch Otto *Kunze*, in: Macht und ökonomisches Gesetz, S. 1257; *Rupp*, in: Macht und ökonomisches Gesetz, S. 1253 und 1281.
30 Josua *Werner*, in: *Hoppmann*, S. 195. Vgl. auch SVR, JG 1972, Ziff. 472: „Die innere Struktur der organisierten Gruppen legt den Formen und Inhalten verabredeter Koordination des Handelns... Schranken auf".
31 *Buchanan/Tullock*, Consent, S. 291: „It seems sheer folly to expect that the interest groups will, unilaterally and independently, exercise sufficient self-restraint, given existing rules. To expect them to do so amounts to expecting them to act contrary to their raison d'être."
32 *Zacher*, Theorie der Wirtschaftsverfassung, in: *Scheuner*, Wirtschaft, S. 589 f., weist auf die „Unstimmigkeit" der Regierungspolitik der Maßhalteproklamationen hin: „Durch ihre Appelle gibt die Regierung zu, daß die wirtschaftlichen Verhältnisse unbefriedigend und gefährlich sind. Aber sie wählt ein Mittel, von dem sie wissen muß, daß es nicht helfen kann. Sie müßte wissen, daß in der von ihr eingerichteten Wettbewerbswirtschaft der allein der Dumme ist, der Maß hält, ohne die anderen dazu gleichfalls gezwungen zu wissen. Darf die Regierung dazu verführen, so ungleiche Nachteile in Kauf zu nehmen?" Diese Überlegungen gelten auch für den Wettbewerb der Verbände. Vgl. auch oben S. 157, 165. Ferner *Zacher*, VVDStRL 25, S. 296: Der Staat darf Bürgertugend nicht anders einfordern als durch seine Norm.
33 Auch *Rehbinder* hat für den Umweltschutz mit Recht hervorgehoben, daß die Hoffnung, „Überredungsstrategien" führten zum Ziel, illusorisch sei, vielmehr seien rechtliche Regelungen das entscheidende politische Gestaltungsmittel. ZRP 1971, S. 251.
34 Oben S. 120 f.

§ 24 Repräsentatives Verhalten der Verbandsvertreter

nicht zum Verzicht auf Forderungen und Maßnahmen, welche das Ganze tangieren und sogar in Frage stellen können. Die am Eigeninteresse orientierte Rationalität der Verbände veranlaßt im Gegenteil dazu, solchen staatlichen Appellen zuwider zu handeln. Ohne entsprechende zwangsweise durchgesetzte Regeln, an die sich alle halten müssen, laufen die Anforderungen allgemeiner Rationalität und die Anforderungen gruppenmäßiger Rationalität notwendigerweise auseinander. Alle Menschen und auch alle Verbandsmitglieder haben ein vernünftiges Interesse am Erlaß solcher Regeln, nicht aber — paradoxerweise — am gemeinwohlkonformen Verhalten, wenn solche Regeln nicht bestehen. Dieses „Pluralismusparadoxon", das lehrt, daß bloße Ermahnungen keinen (hinreichenden) Erfolg versprechen, die Einführung von allgemeinen alle bindenden Normen dagegen nicht nur Erfolg verspricht, sondern auch sehr wohl durchsetzbar erscheint, haben Krüger und Forsthoff nicht berücksichtigt. Darin liegt ein entscheidender Mangel ihrer Staatstheorie, der die anders ganz unverständliche Geringschätzung konkreter verfahrensmäßiger rechtlicher Abhilferegelungen bei ihnen und anderen Autoren erklärt[35].

Auch hinsichtlich der Erwartung, bei der internen Willensbildung über die vom Verband zu erhebenden Forderungen werde die besondere Förderungsbedürftigkeit sozial schwächerer Mitglieder berücksichtigt, wird man in der Regel nicht allzu optimistisch sein dürfen. Der Erfolg, den die Verbandsführung im eigenen Interesse möglichst erzwingen muß, setzt Geschlossenheit und Einheit des Verbandes voraus[36]. Diese läßt sich aber am besten erreichen, wenn man die Unterschiede zwischen den Verbandsmitgliedern außer acht läßt[37]. Die Nichtberücksichtigung sozialer Unterschiede zwischen den Mitgliedern kommt zum Ausdruck z. B. in dem heftigen Protest der westdeutschen Kriegsopferverbände Ende der 50er Jahre gegen die Bestrebungen des Bundessozialministers, die verfügbaren zusätzlichen Mittel ausschließlich den Schwerbeschädigten zukommen zu lassen (Ausgleichsrenten), und in ihrer Forderung nach einer Erhöhung der Renten für alle und damit auch für diejenigen, die voll am wirtschaftlichen Aufstieg partizipieren konnten (Grundrenten)[38]. Die gleiche Tendenz zeigte sich bei der von den Kriegsopferverbänden Anfang der 70er Jahre durchgesetzten einheitlichen Dynamisierung der Ausgleichsrenten und der Grundrenten[39]. Wenn man berücksichtigt, daß rund 90 v. H. der Beschädigten ausschließlich Grundrenten beziehen (Zahlen von 1966)[40], wird das Interesse der Verbandsvertreter gerade an der Leistung an diese Mehrzahl auch ihrer Mitglieder deutlich[41]. Ein anderes Beispiel ist die Subventionsförderung der Landwirtschaft. Der Deutsche Bauernverband setzte durch, daß dabei die innerökonomischen Disparitäten zwischen armen und reichen, hilfsbedürftigen und prosperierenden Landwirten — entgegen der ursprünglichen Absicht der Bundesregierung — nicht berücksichtigt wurden[42]. Ein von der Bundesregierung seinerzeit in den Entwurf des Landwirtschaftsgesetzes (das eine weitgehende Institutionalisierung der Subventionen der Landwirt-

---

35 Vgl. auch oben S. 123 und unten S. 198 ff.
36 *Sperling*, JöR 1965, S. 195 (295).
37 Unerläßlich ist ein solches Verhalten aber nicht. Es ist auch denkbar, daß eine gerechtigkeitsorientierte Verbandspolitik betrieben wird. Ein Beispiel wäre die Durchsetzung eines Tarifvertrages mit einer bestimmten Lohnskala und Arbeitsplatzbewertung, durch welchen die gewerkschaftlichen Gerechtigkeitsvorstellungen (Leistungslohn, Familienlohn) gegenüber den Knappheitsrelationen des Arbeitsmarktes durchgesetzt werden. „Der verbandsinterne Kompromiß läuft jedoch (in der Praxis) oft auf eine Wahrung der bisherigen Proportionen hinaus". *Giersch*, Wirtschaftspolitik, S. 81.
38 Dazu *Giersch*, Wirtschaftspolitik, S. 81.
39 Karl-Bräuer-Institut (Hrsg.), Zu mittelfristigen Problemen der Finanzplanung, 1970, S. 6 f.
40 Institut „Finanzen und Steuern", Heft 36, S. 46
41 Dazu auch *Elsholz*, Sozialpolitische Perpsektiven, S. 21; *Bank*, Sozialpolitik und Wahlpolitik, S. 57.
42 Dazu *Goetz*, Das Recht der Wirtschaftssubventionen, S. 25 ff.; *Hansmeyer*, Finanzielle Staatshilfen für die Landwirtschaft, S. 69 ff.; *Giersch*, Wirtschaftspolitik, S. 81.

F. II. Laissez-Faire- und Due-Process-Pluralismus

schaft bringen sollte) eingefügte Prinzip, Förderungsmaßnahmen sollten „unter Berücksichtigung der Verhältnisse in den verschiedenen Betriebsgrößen" (§ 5 a des Entwurfs) erfolgen, scheiterte am Widerstand des Bauernverbandes.

Hier zeigt sich ein gerade vom Gerechtigkeits- und Gemeinwohlstandpunkt aus besonders ins Gewicht fallendes Dilemma: Je weniger ein Verband zwischen seinen bedürftigen und weniger oder gar nicht bedürftigen Mitgliedern unterscheidet, desto geschlossener kann er in der Regel auftreten, desto mehr Einfluß kann er also auf die politischen Entscheidungen gewinnen, um so weniger gerecht sind aber gleichzeitig seine Forderungen hinsichtlich der innerverbandlichen Teilgruppen.

Die Frage nach der Chance für ein repräsentatives Verhalten der Verbandsführer muß sowohl im Hinblick auf allgemeine, nicht oder nur schwach organisierbare Interessen als auch im Hinblick auf sozial schutzbedürftige Interessen äußerst skeptisch beurteilt werden. Entgegen Krügers Ansicht[43] wird die verbandliche Willensbildung sich tendenziell und in der Regel am standardisierten Sonderinteresse des Verbandes ausrichten. Es erscheint deshalb wenig erfolgsversprechend, sich auf ethisch-moralische Appelle an die Verbandsführung zu beschränken[44].

Auch der Parteipolitiker hat es äußerst schwer, ein wirksames Gegengewicht gegen das Zukurzkommen allgemeiner Interessen im Spiel der organisierten Kräfte zu bilden. Das folgt schon daraus, daß die Parteien ihrerseits auf die Unterstützung der Interessenverbände angewiesen sind. Hinzu kommt aber noch folgendes: Wie oben dargelegt, setzt die Erkennung und Wahrung allgemeiner Interessen die Berücksichtigung sachlich und zeitlich längerer Zusammenhänge voraus. Anders ausgedrückt: die Vernachlässigung der allgemeinen Interessen zeigt sich oft erst nach Jahren oder Jahrzehnten und ist in den Augen der Wähler nur schwer bestimmten Politikern oder politischen Parteien zuzurechnen. Angesichts der kurzen, nur wenige Jahre umfassenden Wahlperioden muß es Politikern, die (wieder) gewählt werden wollen, aber auf kurzfristige Erfolge ankommen, d. h. auf Erfolge hinsichtlich der direkten, der Primärinteressen der Menschen, die oben gerade als Gegenstück zu den allgemeinen Interessen charakterisiert wurden[45]. Beim Politiker werden im allgemeinen „eher Tagesopportunismus als zukunftsorientiertes Handeln prämiert"[46]. Auch in der Parteipolitik geht es deshalb meist um kurzfristige Erfolge[47], so daß man auch von den Parteien

---

43 Staatslehre, S. 405. Auch *Herzog*, Staatslehre, S. 74, hält *Krügers* Ansicht für zu optimistisch.
44 So aber im wesentlichen *Krüger*, Staatslehre, S. 400. Anläßlich des Bestrebens der Gewerkschaften, eine Streichung der Verpflichtung der Sozialpartner auf das Gemeinwohl, wie sie im Betriebsverfassungsgesetz ausgesprochen ist, zu erreichen, tut *Krüger* den offenbaren Gegensatz zwischen dem von ihm postulierten Sollen und dem effektiven Sein, der sozialen Wirklichkeit, dadurch ab, daß er der Wirklichkeit insoweit entgegenhält, sie sei ein „Geist gegen die Zeit". *Krüger*, DÖV 1971, S. 289 (296). Vgl. demgegenüber *Messner*, Der Funktionär, S. 177: „Ausschließlich moralische Appelle an die Verbände (sind) völlig zwecklos". Vielmehr bedürfe es einer „Automatik".
45 Oben S. 153 ff.
46 *Ehmke*, Bulletin der Bundesregierung 1971, S. 2026 (2028). Dennis L. *Meadows*, Kurskorrektur oder Bis zur Kollision, in: H. E. *Richter* (Hrsg.), Wachstum bis zur Katastrophe, Stuttgart 1974, S. 102 (106): „Kein Politiker kann es sich heute erlauben, über den nächsten Wahltermin hinauszudenken."
47 *Dahrendorf*, Die neue Freiheit, S. 138 ff.; *Lompe*, Gesellschaftspolitik, S. 198 m. w. N. in FN 81; *Grimm*, Verfassungsfunktion und Grundgesetzreform, S. 521; Gutachten der Kommission für wirtschaftlichen und sozialen Wandel, S. 55.

schwerlich ein ausreichendes Gegengewicht gegen das Zukurzkommen allgemeiner Interessen erwarten darf[48].

§ 25 Beurteilung des Zukurzkommens allgemeiner Interessen im pluralistischen Kräftespiel

Hinsichtlich der mangelnden Berücksichtigung der Interessen organisationsschwacher Einzelgruppen liegt die Beurteilung auf der Hand. Die Diskriminierung solcher Randgruppen verstößt gegen das Gerechtigkeits- und damit letztlich gegen das Gemeinwohlpostulat, zu dessen Bestandteilen die Wahrung der Gerechtigkeit gehört.

Unbedenklichkeit wegen Personengleichheit?

Weniger eindeutig erscheint dagegen die Beurteilung des Zukurzkommens allgemeiner Interessen, etwa von Steuerzahlern und Konsumenten — jedenfalls auf den ersten Blick. Man könnte bei oberflächlicher Betrachtung ja geneigt sein, „abzuwiegeln" und die überlegene Durchsetzungschance von Sonderinteressen nicht tragisch zu nehmen. Sind nicht Steuerzahler und Konsumenten letztlich in irgendeiner Form auch Einkommensbezieher? Versuchen sie nicht mehr oder weniger alle als Angehörige eines speziellen Berufsverbandes oder einer Gewerkschaft Einkommens- oder sonstige Sondervorteile zu erlangen und halten sich auf diese Weise im Ergebnis für das Zukurzkommen ihrer Konsumenten- und Steuerzahlerinteressen schadlos? Ist deshalb nicht möglicherweise auf Dauer für keine Bevölkerungs- und Berufsgruppe wirklich etwas im Sinne eines Sondervorteils gewonnen? Die Interessenverbände versuchen zwar, solche Sondervorteile zu ergattern und werben auch ihre Mitglieder mit dieser Aussicht an. Gleichen sich die wechselseitigen Begünstigungen und Belastungen aber nicht letztlich aus? Handelt es sich also nicht praktisch weitgehend um ein „totes Rennen", bei dem schließlich keiner als Sieger oder Verlierer dasteht?

In der Tat kann man nicht die Augen vor der Erkenntnis verschließen, daß etwa staatliche Subventionen in ihrer Gesamtheit zu einem beträchtlichen Teil lediglich Umschichtungen von der Art sind, daß der einzelne Bürger sich das Geld, bildlich gesprochen, „von der rechten in die linke Tasche lügt" (Volkmar Muthesius)[1]: Er muß in seiner Eigenschaft als Steuerzahler aufbringen, was er in seiner Eigenschaft als Subventionsempfänger erhält[2]. Ähnlich ist es auch hinsichtlich Lohnerhöhungen, die, soweit sie über eine bestimmte Marge hinausgehen, zu entsprechenden Preiserhöhungen (oder zu Arbeitslosigkeit) führen[3], so

---

48 In der Vernachlässigung dieser Gegebenheiten scheint mir auch der Haupteinwand gegen das ansonsten sehr wertvolle Buch von Lompe, Gesellschaftspolitik und Planung (1971), zu liegen. Lompe verlangt vom „Politiker von Format" (S. 96) „Willen und Durchsetzungsvermögen" (S. 161) und vor allem einen „disziplinierenden Umgang mit den partikulären Interessen" (S. 107). Den Parteien obliege es, „sich über partikuläre Interessen hinaus am Wohle der Gesamtheit zu orientieren" (S. 107 FN 136 unter Hinweis auf das Gutachten der Parteienrechtskommission; vgl. auch S. 198 ff., 265 ff.). Dies ist m. E. zwar durchaus richtig, läuft aber — ohne ausreichende organisatorisch-verfahrensmäßige Ausgestaltungsvorschläge — letztlich auf ein für sich allein wenig erfolgversprechendes Appellieren hinaus. In ähnliche Richtung geht auch die Kritik von Engelhardt an Lompes Buch, Kyklos 1972, S. 888 ff.

1 Von „Kollektivbetrug" und „Selbstbetrug" spricht auch Würgler, Inflation als Machtproblem, S. 711, von „Scheinkämpfen" und „Scheinneid" Zacher, VVDStRL 33, S. 138.
2 Zacher, Demokratie, S. 116: Wir stehen alle weithin „schon auf der gebenden und auf der nehmenden Seite der Umverteilung". Vgl. auch die oben § 23 FN 35 angeführte Berechnung von Tullock und das dortige Zitat des gesamtwirtschaftlichen Sachverständigenrats.
3 Dazu v. Arnim, Volkswirtschaftspolitik, S. 212 ff. m. w. N.

F. II. Laissez-Faire- und Due-Process-Pluralismus

daß die Menschen in ihrer Eigenschaft als Konsumenten für die gleichen Güter in etwa dasjenige zusätzlich ausgeben müssen, was sie vorher als Einkommensbezieher über die genannte Marge hinaus an Einkommenserhöhungen durchgesetzt haben.

In der Wirklichkeit ergibt sich indes weder eine gleichmäßige noch eine gerechte Verteilung der Vor- und Nachteile unter den Gruppen. Die eine Interessengruppe versteht es, mehr Subventionen oder andere Einkommensverbesserungen herauszuschlagen als die andere (ohne daß dies in jedem Falle sachlich gerechtfertigt wäre) und die Menschen werden z. B. auch in unterschiedlichem Maße unter der Geldentwertung[4] leiden (oder z. T. sogar davon profitieren)[5]. Zudem können sich wegen Nichtberücksichtigung innerverbandlicher Disparitäten weitere Ungerechtigkeiten ergeben[6]; schon alle diese Ungerechtigkeiten sind keinesfalls leicht zu nehmen.

Vom Standpunkt des Gemeinwohls sind jedoch nicht nur Ungerechtigkeiten zwischen den Gruppen von Gewicht, sondern ebenso sehr und mehr noch das Zukurzkommen allgemeiner Interessen[7]; ihre Erfassung und richtige Beurteilung ist zudem besonders schwierig, woraus eine erhöhte Gefährdung resultiert. Deshalb werden die allgemeinen Interessen in der vorliegenden Arbeit besonders hervorgehoben.

Von der Gruppendisparität zur Problembereichsdisparität

Da es sich bei den allgemeinen Interessen um Interessen von mehr oder weniger allen Staatsbürgern handelt, bedeutet ihr Zukurzkommen nicht eine Unausgewogenheit zwischen den sozialen Klassen; jene Form der Interessen-Disharmonie ist vielmehr gerade dadurch gekennzeichnet, daß sie nicht zwischen den Gruppen besteht, sondern gleichsam in die Gruppen und die Individuen hinein verlagert ist. Es handelt sich um neue Formen des sozialen Ungleichgewichts[8], die — in der Formulierung von Claus Offe — eine „Disparität zwischen den verschiedenen Problembereichen und Bedürfnissphären des gesellschaftlichen Lebens" darstellen. Das vertikale System der Ungleichheit der Klassenlagen werde abgelöst durch das horizontale System der Disparitäten von Lebensbereichen[9]. Im Vordergrund stehen also — um unsere oben entwickelte Terminologie wieder aufzugreifen — nicht inter-Personen- und inter-Gruppenkonflikte, sondern intra-Personen- und intra-Gruppenkonflikte[10].

Nun lassen sich die gefährdeten allgemeinen Interessen natürlich nicht abschließend aufzählen. In jeder historischen Lage stehen andere im Vordergrund. Offe nennt im Anschluß an Galbraith[11] „die alle Bürger betreffenden Bereiche von Bildung, Verkehr, Wohnung und Gesundheit"[12]. Forsthoff führt die Rein-

---

[4] Zu den Auswirkungen der Geldentwertung v. *Arnim*, Volkswirtschaftspolitik, S. 143 ff. m. w. N.
[5] Insofern handelt es sich also nicht um Verschiebungen von Geld von der rechten Tasche eines Bürgers in seine linke Tasche, sondern um Verschiebungen von der Tasche eines Bürgers in die Tasche eines anderen, also um eine Art „Taschendiebstahl im riesigen Format". *Willgerodt*, in: Macht und ökonomisches Gesetz, S. 1439. Vgl. auch *Herder-Dorneich*, Die Grenzen des Sozialstaates, S. 30.
[6] Oben S. 163.
[7] So auch *Buchanan/Tullock*, Consent, S. 288 f. — Die Maßnahmen, in denen sich das Durchsetzungsübergewicht partikularer Interessen niederschlägt, sind nicht nur „sinnlos" (so *Herder-Dorneich*, Die Grenzen des Sozialstaates, S. 30), sondern sinn*widrig* und schädlich.
[8] *Galbraith*, Gesellschaft im Überfluß, S. 267 ff.
[9] *Offe*, Politische Herrschaft und Klassenstrukturen, S. 155 (178 f., 184); ähnlich *Lompe*, Gesellschaftspolitik, S. 149 ff.
[10] Oben S. 33.
[11] A.a.O. (oben FN 8).
[12] *Offe*: Politische Herrschaft und Klassenstrukturen, S. 185. Vgl. auch *Sontheimer*, Grundzüge des politischen Systems der Bundesrepublik Deutschland, S. 125.

§ 25 Beurteilung des Zukurzkommens allgemeiner Interessen

erhaltung der Luft und der Gewässer, kurz: den Umweltschutz, an[13], Krüger die prekäre außenpolitische Lage der Bundesrepublik[14]. Gruhl betont die Notwendigkeit, mit den natürlichen Ressourcen aller Art sparsam umzugehen[15].

Die Beispiele Umweltzerstörung und Rohstoffraubbau zeigen deutlich, worum es bei der Wahrung allgemeiner Interessen geht und daß sie sich insbesondere nicht in der Gewährleistung gruppenparitätischer Gerechtigkeit erschöpfen kann: Auch wenn jede Gruppe „ihren gerechten Anteil" am wachsenden Kuchen Sozialprodukt erhält, so ist doch noch lange nicht sichergestellt, daß dieses auch richtig zusammengesetzt ist, daß insbesondere die Höhe des Gesamtprodukts nicht durch eine fortschreitende Verschlechterung der Umweltbedingungen und eine Vergeudung knapper Ressourcen erkauft wird, die nicht nur zu Verminderungen der Annehmlichkeiten, sondern auch zu Gesundheitsschäden führen und in letzter Konsequenz sogar die Überlebensfrage stellen können.

Es geht aber nicht *nur* um pluralistische Blockierungen staatlicher Maßnahmen, die an sich im allgemeinen Interesse lägen[16], vielmehr werden häufig auch staatliche Handlungen, für die sich schlagkräftig organisierte Partikularverbände stark machen, vorgenommen, ohne daß dabei die sozialen Kosten der Maßnahmen, die alle betreffen, richtig gewürdigt werden. Als Beispiel seien Subventionsgewährungen genannt. Soziale Kosten sind neben den finanziellen Lasten etwa die Komplizierung des Rechts und daraus entstehende Unüberschaubarkeiten, Ansteigen der Prozeßhäufigkeit, Ausdehung der Verwaltungsbürokratie, sozialer Unfrieden infolge des Gefühls der Ungleichbehandlung etc.

Am Beispiel der steuerlichen Subventionen läßt sich wiederum deutlich machen, daß selbst die absolut gleichmäßige Berücksichtigung aller Volks-, Berufs- oder sonstigen Gruppen bei Dominanz von Partikularinteressen nicht zum Richtigen führt[17]. Wenn man etwa den Versuch aufgäbe, Steuervergünstigungen entsprechend § 12 StabG möglichst einzuschränken, und bewußt dazu überginge, sie gleichmäßig auf alle Volks- und Berufsgruppen (z. B. Gewerbetreibende, Freiberufler, Arbeitnehmer, Rentner usw.) zu verteilen, so wäre eine solche Verteilung der Vergünstigungen sehr viel weniger richtig, als wenn überhaupt keine (sachlich unberechtigten) Sonderinteressen berücksichtigt würden. Denn die Masse von Steuervergünstigungen vergrößert notwendigerweise die Kompliziertheit und mangelnde Überschaubarkeit des Steuerrechts[18] und beeinträchtigt damit zumindest den Gemeinwohlwert Rechtssicherheit mehr als nötig. Die durch die Steuervergünstigung bewirkte steuerliche Entlastung ließe sich einfacher und damit richtiger durch Tarifsenkungen erreichen[19].

Das Zukurzkommen allgemeiner Interessen ist besonders bedenklich unter dem Aspekt des vitalen Demokratiepostulats nach gemeinwohlorientierter Inter-

---

13 *Forsthoff*, Industriegesellschaft, S. 26; ders., Rechtsstaat im Wandel, 2. Aufl., S. 39.
14 *Krüger*, Rechtsstaat — Sozialstaat — Staat, S. 36 ff.
15 *Gruhl*, Ein Planet wird geplündert.
16 Hans *Huber*, Rechtstheorie, Verfassungsrecht, Völkerrecht, S. 102 f.: Die Verbände können „leicht eine Mehrheitsbildung für eine politische Meinung verhindern und Impulse lahmegen ... In der Schweiz muß man auch feststellen, daß Vorschläge für den Erlaß oder die Änderung von gesetzlichen Erlassen vielmals unterbleiben, wenn keine Verbandsorganisation dahintersteht — die Initiative ist also immer einseitig in die Hand der Verbände gelegt ..."
17 *Buchanan/Tullock*, Consent, S. 288 f.
18 *Tipke*, StuW 1971, S. 1 (7): Mehrere Systemlosigkeiten und Ungerechtigkeiten lassen sich nicht zu einer allgemeinen Systemhaftigkeit oder generellen Gerechtigkeit zusammenfügen. In jeden Fall ergibt sich ein Verlust an Rechtssicherheit (mangelnde Einsichtigkeit und Praktikabilität). Vgl. auch *Hartz*, Möglichkeiten und Grenzen der Vereinfachung des Steuerrechts, S. 98 ff.
19 Wilhelm *Weber*, Die Erosion der Steuerordnung. Das österreichische Beispiel, S. 215 ff.; *Albers*, Umverteilungswirkungen der Einkommensteuer, S. 136 ff.

F. II. Laissez-Faire- und Due-Process-Pluralismus

essenwahrnehmung[20] im Wege eines balancierten kollektiven Willensbildungsprozesses. Die Gemeinwohlwertigkeit von kollektiven Interessen bemißt sich in der Demokratie, wie oben dargelegt, (neben der Fundamentalität des Interesses) nach der Zahl der berührten Interessenträger, also nach der Allgemeinheit des Interesses; diese erlangt ihren höchsten Grad, wenn die betroffene Allgemeinheit die Gesamtheit der Staatsbürger umfaßt[21]. Haben Interessen nun aber um so weniger Durchsetzungschancen je allgemeiner sie sind, besitzen also gerade die allgemeinsten Interessen die geringste Durchsetzungskraft, so liegt darin eine Art „Mechanismus umgekehrt-proportionaler Demokratie"[22].

Man braucht durchaus kein puristischer Demokratiedoktrinär zu sein, um die mangelnde Durchsetzungskraft allgemeiner Interessen heute, d. h. in der Mitte der 70er Jahre des 20. Jahrhunderts, aufs höchste beunruhigend zu finden.

Es gibt allerdings eine Auffassung, die das Unterpflügen allgemeiner Interessen im Gruppenkampf umgekehrt geradezu verherrlicht, weil es dadurch ermöglicht werde, jeder Gruppe eine Interessenerfüllung vorzuspiegeln, die gar nicht besteht[23], und sich gerade aus der Verwischung der zugrundeliegenden Zusammenhänge eine Erhöhung der Konsens- und Akzeptationsgeeignetheit von politischen Entscheidungen[24] und damit eine systemerhaltende Wirkung[25] ergebe[26]. Diese Argumentation, die in starkem Maße an die frühere Argumentation derer erinnert, die sich gegen Sozialpolitik und Schutz der Arbeitnehmer wandten, weil sie meinten, die Lage der Arbeitnehmer müsse als systemimmanent hingenommen werden, mag zwar möglicherweise bei Subventionen noch nicht allzu gravierend erscheinen. Das Überhandnehmen von Subventionen ist indes nur ein besonders anschauliches Symptom für das Zukurzkommen allgemeiner Interessen überhaupt, von deren Wahrung aber auf lange Sicht nicht nur gerade die Bewährung und Beibehaltung des Systems, sondern darüber hinaus Bestand und Überleben der ganzen Gemeinschaft abhängen können[27]. Zwar soll durchaus nicht von vornherein in Abrede gestellt werden, daß hier ein Konflikt mit dem Ziel „sozialer Frieden" auftreten kann. Die bloße Möglichkeit eines solchen Konflikts rechtfertigt es m. E. aber keinesfalls, auf die Aufklärung der Menschen über die Zusammenhänge und den Versuch, durch neue Institutionen die Durchsetzung allgemeiner Interessen zu erleichtern, zu verzichten[28]. Denn es mag sich herausstellen, daß der soziale Frieden gerade durch unbeschönigte Darstellung der Zusammenhänge und durch Stärkung der Durchsetzung allgemeiner Interessen am besten gewahrt wird. Zudem würde in Anbetracht der existenziellen Bedeutung der auf dem Spiel stehenden Interessen auch die Möglichkeit einer gewissen Belastung des sozialen Friedens in Kauf genommen werden müssen.

---

20 *v. Zezschwitz*, Gemeinwohl, S. 132, 135.
21 Oben § 7 FN 107.
22 *Nicklas*, Geleitwort zu *Gudrich/Fett*, Die pluralistische Gesellschaftstheorie, S. 8. In gleichem Sinne schon *Forsthoff*, Industriegesellschaft, S. 25 f.
23 *Ewringmann/Hansmeyer*, Zur Beurteilung von Subventionen, S. 94: „Subjektives Begünstigungsgefühl"; S. 75: „Illusion der Verbesserung".
24 *Adomeit*, JuS 1972, S. 631.
25 *Hansmeyer*, WD 1973, S. 130; *Ewringmann/Hansmeyer*, Subventionen, S. 56 ff., 68 ff. (bes. 71 ff.).
26 In diesem Sinne bezeichnet etwa *Bronfrenner* die Inflation als „social mollifier". *Bronfrenner*, Some Neglected Implications of Secular Inflation, S. 35.
27 *Ewringmann/Hansmeyer* (S. 56 ff.) erklären das Zukurzkommen allgemeiner Interessen und die Funktion von Subventionen als eine Art politischen Schmiermittels unter Bezugnahme auf Antony *Downs'* Buch „Ökonomische Theorie der Demokratie" (1957) und auf systemtheoretische Ansätze. Die Erklärung schlägt bei ihnen dann aber unvermittelt in eine Rechtfertigung um; durch die „List der Demokratie" werde nämlich bewirkt, daß „auch das soziale Wohlfahrtsziel erfüllt werden kann" (*Ewringmann/Hansmeyer*, S. 58). Sie übersehen dabei, daß ihr Gewährsmann *Downs* den Umschlag von Erklärung in Rechtfertigung vermieden und 1960, also drei Jahre nach Erscheinen seiner „Ökonomischen Theorie der Demokratie", ausdrücklich darauf hingewiesen hat, daß das Zukurzkommen allgemeiner Interessen bei gleichzeitiger Zunahme ihrer Bedeutung „might precipitate a crisis for democratic government". *Downs*, Government Budget in a Democracy, S. 541 (563).
28 Vgl. auch oben S. 29 f.

§ 25 Beurteilung des Zukurzkommens allgemeiner Interessen

Die Beurteilung der mangelnden Durchsetzungskraft allgemeiner Interessen kann nicht ein für allemal die gleiche sein, sondern hängt von den im geschichtlichen Ablauf nach Art und Intensität durchaus wechselnden Herausforderungen ab, denen sich die Gemeinschaft als ganze gegenübersieht[29]. Je größer diese Herausforderungen sind, desto unerträglicher muß die mangelnde Durchsetzungskraft allgemeiner Interessen erscheinen[30] — und die Herausforderungen sind heute besonders groß[31]; erinnert sei neben dem Umweltschutz nur an die Energieversorgung, die anfällige außenpolitische Lage der Bundesrepublik und die Bekämpfung des Hungers in der Dritten Welt. Die Durchsetzungsschwäche allgemeiner Interessen verstößt deshalb heute nicht nur gegen das erste Demokratie-Postulat, daß nämlich die Durchsetzungskraft von Interessen mit zunehmender Allgemeinheit wachsen sollte, sondern auch gegen das zweite Demokratie-Postulat, das dahin geht, daß die Durchsetzungsstärke von Interessen mit dem Grad ihrer Fundamentalität zunehmen sollte.

Und vor allem: Die Herausforderungen und damit die fundamentale Bedeutung allgemeiner Interessen werden in absehbarer Zeit noch unerhört zunehmen, während sich andererseits die Kapazität des pluralistisch-politischen Systems, es erfolgreich mit ihnen aufzunehmen — wenn sonst nichts geschieht — verringern dürfte[32]. Eine wesentliche Bedingung dafür, daß die Pluralismusdefizite bisher zwar schon deutlich erkennbar und recht gravierend sind, aber sich immerhin noch nicht als die existenzielle Gefahr für die ganze Gemeinschaft gezeigt haben, war das hohe reale Wirtschaftswachstum der vergangenen Jahrzehnte[33]. Dieses ermöglichte es, aus einem andauernd und stark wachsenden Kuchen praktisch den Wünschen jedes partikularen Interessenverbandes in erheblichem Maße entgegenzukommen und dennoch Gesamtinteressen bis zu einem gewissen Grade zu wahren. Diese Bedingung wird in Zukunft, wenn überhaupt, nur noch in geringerem Maße vorliegen. Das reale Wachstum des Bruttosozialprodukts[34] der Bundesrepublik, das von 1950—1960 im Durchschnitt noch 7,9 % und in den Jahren 1960—1965 5,7 % betragen hatte, machte 1965—1972 nur noch 4,4 % aus und wird voraussichtlich weiter fallen, nicht zuletzt wegen der von der Umwelt und der Energieversorgung her gesetzten Grenzen. Mit der Abnahme des Wachstums geht aber auch seine konfliktmindernde Kraft verloren. Der Verteilungskampf wird sich verschärfen mit der Folge, daß die angemessene Durchsetzung allgemeiner Interessen noch mehr als bereits heute erschwert werden wird. Die pluralisti-

---

29 *Krüger* spricht in diesem Zusammenhang von Auseinandersetzungen mit neuen „Lagen". Staatslehre, z. B. S. 233. Vgl. auch seinen Hinweis auf die von *Seeley* getroffene Feststellung, der zufolge das Maß der innerhalb eines Staates möglichen Freiheit umgekehrt proportional ist zu dem Druck, der auf dem Staate lastet (*Krüger*, Staatslehre, S. 761, FN 7).
30 *Schattschneider* (The Semisovereign People, S. 21) weist mit Recht darauf hin, daß die amerikanischen Vertreter des Laissez-faire-Pluralismus, wie z. B. *Bentley*, als politischen Hintergrund ihrer Theorie die gesicherten und stabilen Verhältnisse der USA im ersten Drittel des 20. Jahrhunderts vor Augen hatten, als noch dem Überleben der Gemeinschaft als ganzer gar nicht Fragen sich stellen konnten und die Existenz allgemeiner Interessen deshalb nur allzu leicht übersehen wurde. In die gleiche Richtung geht die klarsichtige Warnung *Werner Webers* (Der Staat und die Verbände, S. 23), der Laissez-faire-Pluralismus werde nur solange funktionieren, als die wirtschaftliche Prosperität und das Sozialproduktswachstum weiter anhalte und gravierende außenpolitische Bedrohungen ausblieben. Vgl. auch die Bemerkung *Zachers* (VVDStRL 33, S. 138 f.), unsere derzeitige Form der Demokratie sei nur „mittleren Herausforderungen" gewachsen.
31 *Herzog*, Staatslehre, S. 187, S. 341; *Biedenkopf*, Fortschritt in Freiheit, S. 119 f.; *Dahrendorf*, Die neue Freiheit, S. 143 ff.; *Krüger*, Rechtsstaat — Sozialstaat — Staat; *Scheel*, Bulletin der Bundesregierung 1977, S. 117 (122).
32 Vgl. auch *Downs*, Government Budget, S. 561.
33 Vgl. auch *Habermas*, Strukturwandlungen der Öffentlichkeit, S. 254 ff.
34 Zur Problematik des realen Bruttosozialprodukts als Wohlstandsanzeiger vgl. im übrigen *v. Arnim*, Volkswirtschaftspolitik, S. 128 ff. m. w. N.

F. II. Laissez-Faire- und Due-Process-Pluralismus

schen Blockierungen, die verbandlich bedingte Schwerfälligkeit der staatlichen Willensbildung[35], werden zu einer „öffentlichen Gefahr"[36]. Insofern kann man die Energiekrise, die diesen Wandel den Menschen ins Bewußtsein hob, mit einem gewissen Recht als Markierung des „Endes der Nachkriegszeit" bezeichnen[37]. Es gab zwar immer eine gewisse Verzögerung, mit der politisch-rechtliche Entscheidungen hinter der sozialen Entwicklung herhinkten. Je mehr die Entwicklung sich aber beschleunigt, desto bedenklicher und gefährlicher wird die Verzögerung. Trifft die „accélération de l'histoire"[38] auch noch mit einer zunehmenden Blockierung des Gesetzgebers zusammen, so steigert sich die Gefahr weiter[39]. Damit erweist sich die Frage, wie „der schrankenlose Laissez-faire-Pluralismus..., die hochorganisierte Anarchie der corps intermediaires... unter die Kontrolle der Gemeinschaft gebracht werden (kann, in der Tat) als eines der Kardinalprobleme, dem sich die Staatsgesellschaft (in der zweiten Hälfte des 20. Jahrhunderts) gegenübersieht"[40].

Das Problem des Verbandseinflusses ist heute, wie dargelegt, also nicht nur und nicht einmal in erster Linie eines der Verteilungsgerechtigkeit[41]. Selbst wenn es für jeden Einzelnen zuträfe, daß er für das Zukurzkommen allgemeiner Interessen, etwa Umweltschutz-, Steuerzahler- und Konsumenteninteressen, als Mitglied einer Sondergruppe einkommensmäßig entschädigt würde, kommt bei Dominanz der Partikularinteressen das Gemeinwohl zu kurz. Die eigentliche Problematik liegt in einem unausgewogenen Einsatz der wirtschaftlichen und staatlichen Kräfte, in einer Desorientierung der Allokation der Ressourcen des Volkes[42]; diese hat durch die Virulenz der Gruppeninteressen eine Schlagseite ins-

---

35 *Sontheimer*, Zur neueren Kritik, S. 28 ff.; Helmut *Schmidt*, Bulletin der Bundesregierung 1974, S. 1145 (1148).
36 *Grosser*, FS Scupin, 1973, S. 107 (108).
37 *Dahrendorf*, Ein neues liberales Credo I, in: Die Zeit Nr. 53 v. 27. 12. 1974, S. 3.
38 Hans *Huber*, Staat und Verbände, in: Rechtstheorie, S. 370.
39 Die bereits jetzt absehbare Entwicklung hat *Zacher* kürzlich zu der Aufforderung an die Staatsrechtslehre veranlaßt, über die Entwicklung eines „Vorrats an institutionellen Sicherungen" nachzudenken. VVDStRL 33, S. 140. Ähnlich *Biedenkopf*, Fortschritt in Freiheit, S. 120: Die institutionellen Grundlagen müssen ausgebaut werden, um den Belastungen zukünftiger Veränderungen gewachsen zu sein.
40 *Loewenstein*, Verfassungslehre, S. 414; vgl. auch *Kaiser*, Repräsentation, S. 284 und 308: Das Verhältnis von Interessengruppen und Staat „ist die Verfassungsfrage des 20. Jahrhunderts." *Herzog*, Staatslehre, S. 342: „... eines der Zentralprobleme des modernen Staates". *Morstein Marx*, in: Wohl der Allgemeinheit, S. 36: „Ein großer Teil der Problematik der heutigen politischen Ordnung liegt überall in den schwachen institutionellen Strukturen des ‚Volkes' und damit des Allgemeinen." *Scheuner*, DÖV 1974, S. 433 (441): „Es wird für das Geschick des demokratischen Staatswesens von entscheidender Bedeutung sein, wie weit es in der Zukunft imstande bleibt, diesen Aspekt (gemeint ist: die Überordnung der Allgemeinheit, ihrer Institutionen und deren Entscheidungsbefugnisse) auch gegenüber machtvollen sozialen Gruppen und Organisationen zur Geltung zu bringen."
41 Deshalb ist in der Diskussion meist in den Vordergrund geschobene Frage, ob die Unternehmerverbände stärker seien als die Gewerkschaften (so z. B. *Jaeggi*, Macht und Herrschaft in der Bundesrepublik, S. 29 f.; *Koubek* u. a., Wirtschaftliche Konzentration und gesellschaftliche Machtverteilung in der Bundesrepublik Deutschland; *Gudrich/Fett*, Die pluralistische Gesellschaftstheorie, S. 66) oder umgekehrt die Gewerkschaften stärker seien als die Unternehmerverbände (so z. B. Ernst Günter *Vetter*, Die angemaßte Staatsgewalt, FAZ Nr. 23 vom 27. 1. 1973, S. 13), die ohnehin auch von der generellen politischen Landschaft, insbes. davon, welche Partei in Bonn regiert, abhängt (so nennt z. B. die SPD in ihrem „Godesberger Programm" nur die Gefahren des Machtmißbrauchs von „Kartellen und Verbänden" der „Großwirtschaft", nicht auch die Gefahren eines Mißbrauchs von Gewerkschaftsmacht – Indiz für die gewerkschaftsfreundliche Grundeinstellung der SPD und ihre entsprechend große Aufgeschlossenheit gegenüber gewerkschaftlichen Einflußversuchen), von durchaus zweitrangiger Bedeutung.
42 Zur „Kritik der Zusammensetzung des outputs" vgl. auch *Meißner*, in: Macht und ökonomisches Gesetz, S. 841. Die Desorientierung spiegelt sich wider in einer falschen Berechnung und folglich in einem falschen Begriff des Wachstums, der Prosperität und des Wohlstandes. Daß das Unbehagen an der pluralistischen Steuerung letztlich auf einem nicht mehr akzeptablen Wohlfahrtskonzept beruht, betont *Bartlsperger*, VVDStRL 33, S. 228, 236, 237, 256, 268. Vgl. auch oben S. 31.

besondere zu Lasten allgemeiner Interessen bekommen, der Einhalt geboten werden muß. Für eine nur auf Gerechtigkeit zwischen den Gruppen fixierte Denkweise, das sog. Gruppenparitätsdenken, ist die Problematik allerdings schwer faßbar. Eine solche Sicht ist blind gegenüber dem von Robert P. Wolff für die USA festgestellten und auch für die Bundesrepublik zutreffenden Befund, daß die westlichen Demokratien heute vor neuen Problemen stehen, „vor Problemen nicht der ausgleichenden Gerechtigkeit, sondern des Gemeinwohls"[43].

Zum Schluß noch eine Klarstellung: Man mag vielleicht fragen, welcher Grad der Realisierung von Allgemeininteressen denn als gemeinwohlkonform anzustreben sei, mit anderen Worten: an welchem Punkt das Gleichgewicht zwischen Partikular- und Allgemeininteressen liege. Diese Frage läßt sich ebensowenig wie die nach dem genauen Inhalt des Gemeinwohls[44] eindeutig beantworten. Ein schlüssiger Einwand gegen unsere Argumentation folgt daraus indes nicht. Die Frage nach dem genauen Gleichgewichtspunkt braucht nämlich gar nicht beantwortet zu werden. Entscheidend ist vielmehr die Feststellung, daß allgemeine Interessen im pluralistischen Kräftespiel tendenziell zu kurz kommen. Es fehlt insofern an dem von der Pluralistischen Harmonielehre ohne weiteres vorausgesetzten balancierten Willensbildungsprozeß[45]; das Gleichgewicht ist zu Lasten allgemeiner Interessen gestört. Damit ist aber sowohl die Abweichung vom Gemeinwohl dargetan (auch ohne präzise Bestimmbarkeit seines Inhalts) als auch die Richtung markiert, die man einschlagen muß, um Gemeinwohldefizite einzudämmen[46].

Einige Entwicklungsstufen, die die relative Zunahme der Bedeutung von Allgemeininteressen im Verhältnis zu Gruppeninteressen zeigen, sollen im folgenden in schematisiert-vereinfachter Form skizziert werden.

§ 26 Verlagerung der politischen Agenda: Von der Gruppengerechtigkeit zum Allgemeininteresse

Das Sozial- und Arbeitsrecht der Bundesrepublik hat noch ganz den Schutz der im bürgerlich-liberalen Staat typischerweise machtunterlegenen Bevölkerungsschicht oder — wenn man will — Klasse im Auge. Sein Ziel war und ist es, ein Gleichgewicht insbesondere zwischen den Unternehmern und Arbeitnehmern zu schaffen. Diese die vergangenen hundert Jahre beherrschende innenpolitische Aufgabe, die „Klassengegensätze"[1] im Wege der „sozialen Realisation"[2] auszugleichen und damit die klassische soziale Frage[3] zu lösen, ist inzwischen zwar vielleicht noch nicht vollständig erfüllt. Doch hat sich die soziale Lage der Arbeitnehmer zunehmend verbessert. Die Entwicklung des Arbeitsrechts als Arbeitnehmerschutzrecht durch Gesetzgebung und Rechtsprechung[4], die Bildung

---

43 R. P. *Wolff*, Das Elend des Liberalismus, S. 214. *Wolff* verwendet einen engeren Gemeinwohlbegriff als die vorliegende Arbeit. Der Sinn der Aussage liegt jedoch auf der Hand. *Biedenkopf*, Fortschritt in Freiheit, S. 131: „Wir leiden unter der Emanzipation organisierter Gruppen von der organisierten Gemeinschaft, dem Staat. Was auf der Strecke zu bleiben droht, ist die Fähigkeit des Ganzen, seine Interessen, die Interessen des Allgemeinwohls zu behaupten und Anwalt derer zu sein, die sich nicht organisieren können."
44 Oben S. 48 ff.
45 Oben S. 128 f.
46 Ähnlich auch *Galbraith*, Gesellschaft im Überfluß, S. 338 f.

1 BVerfGE 5, S. 85 (229).
2 *Forsthoff*, Industriegesellschaft, S. 31.
3 *v. Arnim*, Volkswirtschaftspolitik, S. 24.
4 *Weitnauer*, Der Schutz des Schwächeren im Zivilrecht, S. 48 ff. m. w. N.

F. II. Laissez-Faire- und Due-Process-Pluralismus

der Gewerkschaften als gleichgewichtige Gegenmacht auf dem Arbeitsmarkt und als Interessenvertretung im politischen Raum, die Sozialgesetzgebung, die Einkommensverteilung über das Sozialbudget und die staatliche Vollbeschäftigungspolitik haben die Disparität in den Durchsetzungschancen von Arbeitnehmer- und Arbeitgeberinteressen, wenn nicht beseitigt, so doch wesentlich gemildert[5]. Mit der zunehmenden „sozialen Realisation" geht eine Verlagerung der zu schützenden Interessen einher. Die Herstellung der sozialen Gerechtigkeit zwischen den Gruppen erscheint nicht mehr als die alles überragende Aufgabe der Innenpolitik. Neben und teilweise an die Stelle der klassischen sozialen Frage tritt vielmehr der Schutz allgemeiner Interessen[6] — die „Neue Soziale Frage" (Biedenkopf).

Der Begriff der „allgemeinen Interessen" besitzt eine enge Verwandtschaft mit dem von Forsthoff geprägten Begriff der *Daseinsvorsorge*. Dieser beschränkt sich durchaus nicht auf die Versorgung mit Gas, Wasser, elektrischer Energie, Abwasserableitung, Verkehrsmittel usw., wenn er auch häufig in diesem verengten Sinn gebraucht wird. Der Umfang der zur Daseinsvorsorge zu rechnenden Leistungen ist zwar nicht abstrakt zu bestimmen, der Begriff weist deshalb „eine gewisse Unschärfe" auf; Forsthoff selbst sieht das Typische der Daseinsvorsorge aber darin, daß „jedermann... unabhängig vom Vermögen" auf sie angewiesen ist[7]. Kennzeichen der in Ausübung der Daseinsvorsorge erbrachten Leistungen ist also, daß sie nicht mit dem Kriterium der Gerechtigkeit zu erfassen sind, sondern die Bedürfnisbefriedigung tendenziell für alle ermöglichen und bessern sollen. Eben darin liegt aber auch das Wesentliche des in dieser Arbeit verwendeten Begriffs der „allgemeinen Interessen". Wagner hat z. B. mit Recht darauf hingewiesen, daß heute zur Daseinsvorsorge auch die — allgemeinen Interessen dienende[8] — gesamtwirtschaftliche Steuerung nach Art. 109 GG in Verbindung mit dem Stabilitätsgesetz gehört, und dementsprechend von einer „Geldwert-, Vollbeschäftigungs-, Konjunktur- und Wachstumsvorsorge" gesprochen[9].

Die verstärkte Wahrung allgemeiner Interessen braucht nicht auf Kosten der Gruppengerechtigkeit zu gehen. Zwischen Gerechtigkeit und allgemeinen Interessen besteht nämlich, längerfristig gesehen, häufig kein Konflikt, sondern Harmo-

---

[5] Vgl. schon *Scheuner*, DÖV 1960, S. 601 (604): „Vielleicht sollten schon längst andere Schichten zum Gegenstand sozialpolitischer Aufmerksamkeit geworden sein, als nur die Arbeiterschaft, deren Aufstieg zu sozialer Anerkennung und ausreichender Teilhabe am Gesamtprodukt weithin heute erfreulicherweise als vollzogen angesehen werden kann." *Forsthoff*, Industriegesellschaft, S. 32 f.; *Giersch*, Rationale Wirtschaftspolitik in der pluralistischen Gesellschaft, S. 115 ff.; *Biedenkopf*, Fortschritt in Freiheit, S. 104; *Galbraith*, (Gesellschaft im Überfluß) betrachtet die Verteilungsfrage als uninteressant, weil die Ungleichheit abgenommen habe. Entscheidend sei die Disproportionalität zwischen privater und öffentlicher Versorgung (öffentliche Armut). Vgl. auch *Hueck/Nipperdey*, Lehrbuch des Arbeitsrechts, Bd. 2, 7. Aufl. 1967, S. 35; *Nikisch*, Lehrbuch des Arbeitsrechts, Bd. 1, 3. Aufl. 1961, S. 36; *Benda*, Industrielle Herrschaft und sozialer Staat, S. 57, 102. Nicht zu Unrecht ist auch bemerkt worden, daß die „Bestrebungen, die Rechte der Arbeitnehmer oder ihrer Organisationen über das geltende Recht hinaus zu verstärken, nicht mehr so eindeutig wie früher von dem Gerechtigkeitsgedanken determiniert werden." *Adomeit*, Rechtsquellenfragen in Arbeitsrecht, München 1969, S. 23 f.; zustimmend *Mayer-Maly*, BB 1970, S 444 (447). Bemerkenswert ist auch, daß laut Umfrageergebnissen von der Mehrheit der Arbeitnehmer weniger eine Umverteilung als eine gleichläufige anteilige Entwicklung der Einkommen beansprucht wird. Vgl. Hans-Dieter *Hardes*, Einkommenspolitik in der BRD; ders., Bürokratische Eliten nicht effizient, S. 55.

[6] *Benda*, Industrielle Herrschaft und sozialer Staat, S. 236 f. und öfter; *Dahrendorf*, Die neue Freiheit, S. 147: „In der Vergangenheit war die gesellschaftliche Verwirklichung des Einzelnen durch individuelle Armut bedroht; im großen und ganzen ist die Expansionsgesellschaft mit dieser Bedrohung fertig geworden. Heute aber wird die gesellschaftliche Verwirklichung der Menschen häufig durch die Misere des Kollektivs bedroht..., das kollektive Elend".

[7] *Forsthoff*, Industriegesellschaft, S. 76 f.

[8] Unten S. 178 ff.

[9] *Wagner*, VVDStRL 27, S. 73; vgl. auch R. *Schmidt*, Wirtschaftspolitik und Verfassung, S. 112 ff.; zum ganzen auch E. R. *Huber*, FS Forsthoff, 1972, S. 139 ff.

§ 26 Von der Gruppengerechtigkeit zum Allgemeininteresse

nie: Die meisten sozialpolitischen Fragen können nur dann besser gelöst werden, wenn die allgemeinen Interessen verstärkt gewahrt werden. Manfred Schäfer, ehemaliges Mitglied des gesamtwirtschaftlichen Sachverständigenrats, hat diesen Zusammenhang hinsichtlich der Preisstabilität als eines typischen Allgemeininteresses pointiert formuliert: „Geldwertstabilität ist nicht alles, aber ohne Geldwertstabilität ist alles nichts"[10]. Würde man diesen Satz abwandeln und für „Preisstabilität" „Umweltschutz" einsetzen, so hätte er keine geringere Berechtigung. Die Wahrung allgemeiner Interessen legt aber nicht nur den Weg frei für die Lösung sozialpolitischer Fragen und dient diesen dadurch mittelbar, sondern enthält darüber hinaus in sich bereits auch eine unmittelbar den Interessen der sozialwirtschaftlich Schwächeren dienende Komponente. Diese liegt darin, daß sich wirtschaftlich weniger potente Bevölkerungskreise den Folgen von Inflation, Umweltzerstörung und auch der Verletzung anderer allgemeiner Interessen am wenigsten entziehen können und deshalb am meisten unter ihnen leiden[11].

Viele notleidenden Interessen, die bei oberflächlicher Betrachtung als solche von Minderheiten erscheinen, sind in Wahrheit typische allgemeine Interessen. Ein Beispiel ist das Interesse an der Durchsetzung möglichst hoher Sicherheitsstandards im Straßenverkehr[12]. Die mangelhafte Berücksichtigung dieses Interesses geht zu Lasten der Sicherheit eines jeden Teilnehmers am Straßenverkehr, weil Tod und Verletzung jeden treffen können, auch wenn sich die gesteigerten Risiken tatsächlich nur bei einer vom Zufall ausgewählten Minderheit realisieren. Auch hier ist die Vorsorge im Interesse aller letztlich der beste Minderheitenschutz.

Die Problematik vieler sozialpolitischer Verbesserungsversuche liegt heute darin, daß falsche Mittel verwendet werden, nämlich solche, die allgemeine Interessen verletzen, ohne daß man den eigentlichen sozialpolitischen Zielen näherkommt. So erreichen z. B. die Gewerkschaften, wenn sie sich darauf konzentrieren, möglichst starke Erhöhungen des Barlohns durchzusetzen, wegen der Überwälzung auf die Preise kaum die angestrebte Erhöhung der Lohnquote, wohl aber fördern sie dadurch Preissteigerungen. Mittel, die eher geeignet wären, die relative Position der Arbeitnehmer zu verbessern, und keinen oder jedenfalls einen geringeren Druck auf die Preise ausübten, wie die Durchsetzung von Investivlohn und Gewinnbeteiligung[13], werden dagegen von den Gewerkschaften vernachlässigt. (Darüber hinaus fragt es sich, ob die von den Gewerkschaften vertretenen Arbeitnehmer in ihrer Gesamtheit heute überhaupt noch zu den sozial bedürftigen Bevölkerungskreisen gehören und ob sozialpolitische Bemühungen sich nicht eigentlich vornehmlich auf den Schutz bestimmter Randgruppen richten müßten[14].) Die Geister, die man zur Bewerkstelligung der sozialen Realisation rief, stehen mit ihrer strukturbedingten Schwäche bei der Wahrung allgemeiner Interessen (und auch der Interessen organisationsschwacher Randgruppen)[14] nun zunehmend selbst der weiteren sozialen Realisierung im Wege[15], weil die vorrangige Berücksichtigung allgemeiner Interessen nicht nur per se außerordentlich wichtig, sondern auch die notwendige Voraussetzung für eine

---

10 *Schäfer*, Marktwirtschaft für morgen, S. 57; In diesem Sinne auch SVR, JG 1974, Ziff. 364 ff.
11 *Lompe*, Gesellschaftspolitik, S. 151 f.: „Gerade die sozial Schwachen" sind „am ehesten die Leidtragenden der ‚Disparität der Lebensbereiche' ". *Himmelmann*, Zur Problematik der Neuen Sozialen Frage, GMH 1976, S. 73.
12 Dazu Wolfgang *Zeidler*, Gerechtigkeit in der Industriegesellschaft, S. 11 (23 f.).
13 *v. Arnim*, Volkswirtschaftspolitik, S. 245 ff. m. w. N.
14 Oben S. 162.
15 *Dahrendorf*, Die Zeit vom 3. 1. 1975, S. 3: Die Menschen werden zu „Sklaven ihres eigenen Fortschritts. Wir sind Gefangene unserer eigenen guten Zwecke geworden."

bessere Sozialpolitik ist. So tendieren die Gruppenkräfte im Ergebnis „vom Sozialen zum Sozial-inversen"[16] „vergleichbar den Lemmingen, die einem Urinstinkt folgend, vorwärts drängen, bis zum tödlichen Sturz ins Meer"[17].

Die notwendige Verlagerung des Schwerpunkts der politischen Agenda von der Gruppengerechtigkeit auf das Allgemeininteresse läßt sich an der Wettbewerbsschutzgesetzgebung und an der Diskussion um Sinn und Grenzen der Tarifautonomie aufzeigen. Auch das Gesetz zur Förderung der Stabilität und des Wachstums der Wirtschaft steht ganz im Zeichen der Wahrung allgemeiner Interessen. Für die zunehmenden Initiativen des Gesetzgebers im Bereich des Umweltschutzes versteht sich das ohnehin von selbst.

Die durch die Wettbewerbsschutzgesetzgebung vornehmlich[18] geschützten Konsumenten gehören nicht mehr einer bestimmten „Klasse" an. Konsumenten sind vielmehr alle Bürger in ihrer Eigenschaft als Endverbraucher der von der Volkswirtschaft erzeugten Sachgüter und Leistungen. Die Wettbewerbsschutzgesetzgebung soll einmal die Wahlfreiheit der Konsumenten möglichst weitgehend wahren; zum anderen soll sie die kybernetische Regelungsfunktion des wettbewerblichen Marktes, den Anreiz des Wettbewerbs zur Leistungssteigerung und zum technischen und verwaltungsmäßigen Fortschritt, die dem Wirtschaftswachstum unter Anpassung der Produktion an die Wünsche der Verbraucher dienen und durch Wettbewerbsbeschränkungen gemindert oder aufgehoben werden können, möglichst aufrechterhalten. Von großer aktueller Bedeutung ist die erst seit wenigen Jahren — als Erfahrung aus der amerikanischen „stagflation" — gewonnene Erkenntnis, daß die zunehmende Beschränkung des Wettbewerbs auf den Märkten die Instrumente der gesamtwirtschaftlichen Nachfragesteuerung zur Bekämpfung von Inflation stumpf macht. Dem Kampf gegen Wettbewerbsbeschränkungen wird gerade von daher unter dem Gesichtspunkt allgemeiner Interessen ein besonders hoher Stellenwert gegeben[19].

Besonders klar wird die Notwendigkeit einer Gewichtsverlagerung in Richtung auf einen verstärkten Schutz allgemeiner Interessen auch bei der oben bereits dargestellten Diskussion um den Sinn und die Grenzen der Tarifautonomie[20].

Die wohl wichtigste Etappe bei der tendenziellen Verlagerung der Hauptzielrichtung staatlicher Kontrollen auf die Wahrung gemeinsamer Interessen aller Staatsbürger ist die 1967 eingeführte verfassungsmäßige Verpflichtung von Bund und Ländern, die Erfordernisse des gesamtwirtschaftlichen Gleichgewichts zu berücksichtigen (Art. 109 Abs. 2 GG), und die in § 1 StabG erfolgte Konkretisierung dieser „wirtschaftsverfassungsrechtlichen Staatszielbestimmung"[21]. Die Maßnahmen sind nach § 1 Satz 2 StabG so zu treffen, „daß sie im Rahmen der marktwirtschaftlichen Ordnung gleichzeitig zur Stabilität des Preisniveaus, zu einem hohen Beschäftigungsstand und außenwirtschaftlichem Gleichgewicht bei stetigem und angemessenem Wirtschaftswachstum beitragen"[22].

---

16 *Herder-Dorneich*, Die Grenzen des Sozialstaates, S. 27 (29).
17 *Zeidler*, Gerechtigkeit in der Industriegesellschaft, S. 23.
18 Die Wettbewerbsschutzgesetze sollen auch dazu beitragen, die schutzwerten Interessen von kleineren Unternehmen davor zu bewahren, von der Übermacht der Großunternehmen erdrückt zu werden; im Vordergrund steht jedoch insgesamt der (mittelbare) Schutz der Endabnehmer, der Konsumenten.
19 Hierzu z. B. Sachverständigenrat, Jahresgutachten 1971, Ziff. 380; Tätigkeitsbericht des Bundeskartellamtes 1969 (BT-Drucks. VI/3570), S. 10 f., und Stellungnahme der Bundesregierung dazu, a.a.O., S. V; OECD, Inflation — The Present Problem, Report by the Secretary General, Paris 1970. Vgl. auch *von Arnim*, Volkswirtschaftspolitik, S. 92, 219 f.
20 Oben S. 101 ff.
21 *Säcker*, Grundprobleme der kollektiven Koalitionsfreiheit, S. 54.
22 Dazu *v. Arnim*, Volkswirtschaftspolitik, S. 140 ff. m. w. N. und oben S. 42 f.

§ 26 Von der Gruppengerechtigkeit zum Allgemeininteresse

Daß es bei Wahrung des gesamtwirtschaftlichen Gleichgewichts nicht in erster Linie um den Ausgleich entgegengesetzter Gruppeninteressen geht[23], sieht man zunächst daran, daß eine gerechte Einkommens- und Vermögensverteilung, die in § 2 Satz 3 des Sachverständigenratsgesetzes von 1963 noch anklang, nicht als Ziel genannt ist[24], vielmehr handelt es sich in § 1 StabG um die sog. Niveausteuerung[25]. Daß es schwerpunktmäßig um die Wahrung gemeinsamer Interessen aller Staatsbürger geht[26], zeigt vor allem das Ziel „hoher Beschäftigungsstand": Die Bekämpfung einer Rezession mit starker Arbeitslosigkeit[27] bedeutet nicht Wahrung des Interesses einer Gruppe gegen die Interessen anderer Gruppen, sondern liegt im Interesse aller, wie auch die Bereitschaft aller Gruppen, an der Bekämpfung der Rezessionen von 1966/7 und 1974/5 mitzuwirken, gezeigt hat. Von einer wirtschaftlichen Rezession mit Arbeitslosigkeit werden alle Gruppen, nicht nur die betroffenen Arbeitnehmer, sondern etwa auch die Unternehmer in Mitleidenschaft gezogen[28]. Von der zu geringen, d. h. unterhalb des angestrebten Vollbeschäftigungsstandes liegenden Ausnutzung der Produktionskapazitäten einer Volkswirtschaft hat niemand etwas. Das Sozialprodukt wird unter das produzierbare gedrückt; wo aber weniger produziert wird, kann auch nur weniger verteilt werden. Dagegen bringt die Ausweitung des Sozialprodukts im Zuge einer Wiedererholung aus einer Krise allen Vorteile[29].

Auch das Ziel „Stabilität des Preisniveaus" dient zumindest in erheblichem Maße den Interessen aller Staatsbürger. Zwar gibt es innerhalb der Wirtschaft immer Gruppen, die von einer Geldentwertung profitieren, und andere Gruppen, die durch die Geldentwertung besonders benachteiligt werden[30]. Aber auch hier ist es so, daß die Preisstabilität als staatliches Ziel nicht nur festgelegt, um Ungerechtigkeiten zwischen derartigen Gruppen zu vermeiden, sondern auch, weil die Preisstabilität die Disposition der Wirtschaftssubjekte erleichtert: Stabiles Geld schafft erst die Voraussetzung für wirtschaftlich rationales Kalkulieren in einer auf Rechenhaftigkeit basierenden Marktwirtschaft. Zudem wohnt inflationären Entwicklungen erfahrungsgemäß die Tendenz inne, sich zunehmend zu beschleunigen. Die schließlich unerläßliche Notwendigkeit, sie abzubremsen, ist dann meist nur unter großen Risiken für den Beschäftigungsstand möglich. Insofern gilt der Satz: „Stabilität ist Vollbeschäftigung von morgen"[31]. — Auch die Ziele „außenwirtschaftliches Gleichgewicht" und „stetiges und angemessenes

---

23 Anderer Ansicht *Vogel/Wiebel*, BK, Art. 109, Rdnrn. 80 ff., die gerade das Entscheidende verfehlen, wenn sie „gesamtwirtschaftliches Gleichgewicht" definieren als „Interessenausgleich zwischen den am wirtschaftlichen Geschehen beteiligten Gruppen" (Rdnr. 93).
24 Das braucht jedoch nicht zu bedeuten, daß sie kein verfassungsrechtliches Ziel sei, sondern läßt sich zwanglos dadurch erklären, daß das Ziel der sozialen Gerechtigkeit bereits etwa nach Art. 3, 20, 28 GG (Gleichheitssatz, Rechtsstaatsprinzip, Sozialstaatsprinzip) längst anerkannt ist (oben S. 36 ff.) und zudem wegen der fortgeschrittenen sozialen Realisation weniger aktuell ist. Zur Bedeutung der aktuellen Gefährdung eines Ziels für sein Gewicht im Verhältnis zu anderen Zielen vgl. oben S. 55 f.
25 *Jürgensen/Kantzenbach*, Planung II, S. 49 (53).
26 So ausdrücklich auch *Koppensteiner*, in: Hoppmann, Konzertierte Aktion, S. 261.
27 Dagegen kann bei schon hohem Beschäftigungsstand ein Mehr an Beschäftigung durchaus zu einem vorübergehenden Vorteil für eine bestimmte Gruppe führen.
28 Das gilt selbst für Beamte auf Lebenszeit, die zwar ihren Arbeitsplatz nicht verlieren können, sich in einer solchen Situation aber mit relativ geringen Einkommenszuwächsen zufrieden geben müssen, wenn es überhaupt zu (realen) Zuwächsen und nicht zu einer Einkommensstagnation kommt.
29 Dazu besonders: *Wagner*, VVDStRL 27, S. 47 (72 f.).
30 Dazu *v. Arnim*, Volkswirtschaftspolitik, S. 143 ff. m. w. N. und oben S. 42 f.
31 Vgl. den mit dieser Überschrift versehenen Abschnitt im Jahresgutachten 1974 des Sachverständigenrats Ziff. 364–373.

F. II. Laissez-Faire- und Due-Process-Pluralismus

Wirtschaftswachstum" dienen primär allgemeinen Interessen, weniger dem Ausgleich entgegengesetzter Interessen verschiedener Gruppen[32].

Während sich das Stabilitätsgesetz bei der relativ raschen Überwindung der Rezession von 1966/67 zu bewähren schien und die darin enthaltene Verpflichtung der öffentlichen Hand auf eine befriedigende Globallenkung der Wirtschaft effektiv wurde, machten vor allem die zunehmenden jährlichen Steigerungen des Lebenshaltungskostenindex bis zu einer bisher — abgesehen vom Korea-Boom — in der Bundesrepublik unbekannten Höhe von über 7 % deutlich, wie wenig das Stabilitätsgesetz eine Wunderwaffe ist, die sozusagen von selbst funktioniert. Mit der zu einem guten Teil durch mangelhafte innenpolitische Steuerung verursachten Fehlentwicklung der vergangenen Jahre traten zwangsläufig die Umstände der staatlichen Willensbildung, das milieu législatif, in den Mittelpunkt der Aufmerksamkeit. Die Fragestellung geht jetzt nicht mehr nur dahin, was vernünftigerweise zu geschehen habe[33], als vielmehr auch dahin, wie ermöglicht werden könne, daß das Vernünftige sich bei der staatlichen Willensbildung durchsetzt. Die bisher weitgehend insoliert als rein wirtschaftlich behandelten Steuerungsprobleme werden unter Erweiterung der Betrachtung als Probleme der politischen Willens- und Entscheidungsbildung erkannt[34]. Es wird nicht mehr von vornherein unterstellt, daß der demokratisch-parlamentarische Verbändestaat in seiner derzeitigen Verfassung die Allgemeininteressen wirkungsvoll wahren könne.

Damit ergibt sich nach der oben dargelegten Verschiebung der Zielrichtung der staatlichen Kontrollen vom Schutz unterlegener Gruppen zur Wahrung allgemeiner Interessen eine neuerliche Akzentverlagerung. Zwar geht es auch jetzt um die Wahrung allgemeiner Interessen, aber nicht mehr um die Feststellung ihres Inhalts und die Verpflichtung des Staates auf ihre Wahrung. Mit dem Verlust der (bewußten oder unbewußten) Vorstellung vom Staat als neutral-unabhängiger Entscheidungsinstanz, die — über den sozialen Kräften und Interessen schwebend — das als richtig Erkannte ohne weiteres durchzusetzen in der Lage sei, müssen sich die Überlegungen vielmehr auch konzentrieren auf die Erforschung des tatsächlichen Ablaufs des politischen Entscheidungsprozesses und auf die Frage, welches die Bedingungen sind, unter denen die staatlichen Instanzen dieser Verpflichtung nachkommen können und wie diese Bedingungen möglicherweise geschaffen werden können[35]. Man wird sich bewußt, daß die Grundkonzeption der Demokratie letztlich auf ähnlichen Prämissen beruht wie das Konzept der Selbststeuerung auf den sich automatisch durch Wettbewerb oder Gegenmacht regelnden Märkten, auf welchen die Marktprozesse (angeblich) zum individuellen und gemeinen Besten ablaufen. Wenn aber die Wirtschaftsstrukturen in Wirklichkeit so beschaffen sind, daß gewichtige Interessen, insbesondere solche der Allgemeinheit, zu kurz zu kommen drohen, falls dagegen nicht Vorkehrungen getroffen werden, dann drängt sich schon von vornherein die Vermutung auf, daß sich

---

32 Dazu v. *Arnim*, Volkswirtschaftspolitik, S. 147 ff. m. w. N.
33 Darüber hinaus zeigten sich aber — auch unabhängig von der mangelhaften Anwendung — gewichtige Mängel in der wirtschaftswissenschaftlichen Konzeption der Instrumente selbst. Dazu v. *Arnim*, Volkswirtschaftspolitik, S. 202 ff. m. w. N.
34 *Zohlnhöfer*, Eine politische Theorie der schleichenden Inflation; *Albert*, Politische Ökonomie und rationale Politik, S. 73 f.; *Herder-Dorneich*, Renaissance der politischen Ökonomie, S. 29; *Kirsch*, Ökonomische Theorie der Politik, S. 129 f.
35 Diese Entwicklung zeigt sich als Entwicklung vom ökomomischen Effizienzproblem zur politischen Soziologie besonders deutlich in der Nationalökonomie. *Albert*, Politische Ökonomie und rationale Politik, S. 72 ff., und die Tagung des Vereins für Socialpolitik von 1972, die unter das Thema gestellt war „Macht und Ökonomisches Gesetz."

§ 26 Von der Gruppengerechtigkeit zum Allgemeininteresse

dieser Trend zu Lasten der Allgemeinheit auch hinsichtlich der politischen Strukturen bemerkbar macht, die Konflikte der modernen Industriegesellschaft also in die staatliche Willensbildung eingehen[36]. Indes droht die ideologisierende Kraft, die von dem Wort Demokratie ausgeht und in dem Credo zusammengefaßt werden kann, im demokratisch-parlamentarischen System werde sich schon jedes Interesse quasi automatisch entsprechend seiner Bedeutung angemessene Geltung verschaffen[37], die Notwendigkeit einer grundlegenden Überprüfung zu vernebeln, ob die gegenwärtigen Organisationsformen des politischen Entscheidungsprozesses wirklich geeignet sind, die anstehenden Aufgaben in Angriff zu nehmen und angemessen zu lösen, und wie sie gegebenenfalls verbessert werden können[38].

Wie verfehlt ein unkritischer Optimismus bezüglich der Richtigkeit der staatlichen Willensbildung und Entscheidung ist, hat auch der Sachverständigenrat zur Begutachtung der gesamtwirtschaftlichen Entwicklung in seinem Jahresgutachten 1975 betont: „Es gibt nicht nur Marktversagen, sondern auch unübersehbare Schwächen im staatlichen Bereich. Das zeigt sich nicht allein in der oft beklagten Schwerfälligkeit der Verwaltung, sondern auch und vielleicht noch stärker, in dem mühsamen, zeitraubenden und nicht selten auch im Ergebnis unbefriedigenden politischen Willensbildungs- und Entscheidungsprozeß. Besorgnis in bezug auf die Effizienz des Staates ist also mindestens ebenso angebracht wie im Hinblick auf die Effizienz von Märkten"[39].

Es entbehrt deshalb nicht der Ironie, wenn die befriedigende Selbststeuerung des pluralistischen parlamentarischen Kräftespiels in den westlichen Demokratien häufig gerade von denen als selbstverständlich unterstellt wird, die das marktwirtschaftliche Selbststeuerungsmodell am nachdrücklichsten verwerfen[40]. So hat Ehmke in seiner einflußreichen Habilitationsschrift „Wirtschaft und Verfassung" (1961) zwar das wirtschaftspolitische Laissez-faire-Konzept mit geradezu polemischen Wendungen abgekanzelt[41], aber mit der Wirtschaftsregulierung durch den Gesetzgeber wie selbstverständlich politische Tugend, Vorstellungskraft, Sachverstand und ähnliche Qualitäten verbunden und zu Vertrauen gegen-

---

36 *Forsthoff*, Industriegesellschaft, S. 119; *Hesse*, Verfassungsrecht, S. 8. Dem entspricht die in der politischen Ökonomie zunehmend akzeptierte These, daß das politische Verhalten der Menschen und Organisationen im wesentlichen nur als die Fortsetzung der wirtschaftlichen Interessenwahrnehmung am Markt mit anderen Mitteln zu verstehen ist. *Buchanan/Tullock*, Consent, passim, z. B. S. 306; *Meinhold*, Wirtschaftspolitischer Pluralismus und die Aufgaben der Koordinierung von Zielen und Mitteln, S. 126; *Frey*, Politische Ökonomie, S. 18.
37 *Bäumlin*, Die rechtsstaatliche Demokratie, S. 85 f.
38 Vgl. schon die treffende Bemerkung von *Köttgen*, VVDStRL 6 (1929), S. 119: „Bemerkenswerterweise hat eine spätere, von anderen politischen Grundanschauungen (als dem Liberalismus) ausgehende Zeit zwar dem Privatmann mancherlei Fesseln im Interesse der Allgemeinheit gebracht, um jedoch umgekehrt für die Notwendigkeit, auch den Staat an die Kette des Allgemeinwohls zu legen, verhältnismäßig geringeres Verständnis zu zeigen." In die gleiche Richtung geht die Feststellung von Hans H. *Klein*, Grundrechte, daß die Aufgabe, die Menschen vor wirtschafts- und finanzpolitischen Fehlentscheidungen des Staates zu schützen, vorbeigehe (S. 50), und die Wissenschaft (wie auch die Praxis) dem Problem, daß private Macht die Staatsgewalt in ihren Dienst nimmt, noch nicht gerecht werde (S. 51). Beide Probleme hängen eng zusammen: Die Einwirkung organisierter privater Macht ist ein wesentlicher Faktor für wirtschafts- oder finanzpolitische Fehlentscheidungen des Staates.
39 SVR, JG 1975, Ziff. 337.
40 *Lowi*, The Public Philosophy: Interest Group Liberalism, S. 12. Die Feststellung gilt besonders für viele Rechtswissenschaftler. *Grimm* (AöR 1972, S. 489, 493) bemerkt treffend, die Rechtswissenschaft sei vielfach der letzte Hort der Überzeugung in und des Vertrauens auf die Leistungsfähigkeit der demokratischen Willensbildungsmechanismen.
41 Z. B.: „Laissez faire-Argument ad horrendum" (S. 346, 375); die „am Sachverhalt vorbeigehenden Laissez-faire-Redensarten" (S. 275); die „oberflächliche in mechanistisch fatalistischen Kategorien denkende Alarmdoktrin der Laissez-faire-Schule" (S. 437 FN 163). Vgl. dazu auch *Mestmäcker*, DÖV 1964, S. 606 (609).

F. II. Laissez-Faire- und Due-Process-Pluralismus

über dem politischen Willensbildungsprozeß aufgefordert[42]. Hier rächt sich die von Ehmke ausdrücklich vorgenommene Ausklammerung aller „volkswirtschaftlichen und politischen Argumente für und wider die Wirtschaftsregulierung im allgemeinen und im besonderen"[43]. Denn eben solcher Argumente bedarf es ja gerade für die Beurteilung der Möglichkeiten, Grenzen und Fehlentwicklungen der staatlichen Wirtschaftsregulierung[44]. Ein anderes Beispiel aus dem staatsrechtlichen Schrifttum stellen die Veröffentlichungen von Herbert Krüger dar[45]. Er zieht unter Hinweis auf „die Wirtschaftskatastrophe der Jahre 1929 ff. und das, was ihr politisch gefolgt ist"[46], ebenfalls gegen die wirtschaftliche Laissez-faire-Doktrin vom Leder[47]. Der so energisch verworfene „Optimismus, von dem diese Art von Freiheitlichkeit beseelt ist"[46] taucht bei Krüger aber als Optimismus in die politische Selbststeuerung unversehens wieder auf. Das Ordnungsproblem auf der politischen Ebene wird übersehen oder jedenfalls nicht in ausreichendem Maß berücksichtigt[48].

Hier zeigt sich eine gedankliche Parallele zu dem unbeirrten Festhalten der Jurisprudenz an der wirtschaftlichen Selbststeuerungsvorstellung um die Jahrhundertwende und der auch noch von den Schöpfern des Bürgerlichen Gesetzbuchs geteilten Ideologie, das freie Kräftespiel schaffe dem Tüchtigen freie Bahn und führe selbst beim Individualarbeitsvertrag zu sozialer Gerechtigkeit[49], obwohl die damals herrschende deutsche Volkswirtschaftslehre längst tiefe Skepsis empfand und die meisten ihrer Vertreter „Säulen der Sozialpolitik" waren[50]. Heute werden wir uns aber schwerlich eine ähnlich lange Verzögerung wie damals[51] leisten können, bis wir die neuen Lagen erkennen und die nötigen rechtlichen Konsequenzen daraus ziehen.

Die Erkenntnis der Notwendigkeit, allgemeine Interessen verstärkt zu wahren, die staatliche Willensbildung auf ihre diesbezügliche Eignung abzuklopfen und über entsprechende Verbesserungen nachzudenken, ist allerdings noch wenig verbreitet, und die aufkeimenden Ansätze werden immer wieder von der nach wie vor beherrschenden (und von den mächtigen Interessenverbänden immer wieder in den Vordergrund gerückten) Diskussion um die Verteilung des Sozialprodukts unter den Gruppen und ihre relativen Anteile am großen Kuchen erdrückt. Die Diskussion und die politischen Energien werden damit auf ein Gebiet abgedrängt, auf dem die entscheidenden Schlachten längst geschlagen sind und das deshalb heute seiner Gemeinwohlrelevanz nach nur noch ein Nebenkriegsschauplatz ist. „Die Geschichte prüft in Prima, wir aber sagen weiterhin unser Sekundapensum auf" (Eucken), wenn es uns nicht gelingt, den „Themenwechsel der Geschichte" (Dahrendorf) zu erfassen.

---

42 Z. B. 469; dazu kritisch auch *Mestmäcker*, DÖV 1964, S. 611; *Biedenkopf*, BB 1962 S. 847. — *Ehmke* selbst scheint später die Inkonsequenz dieser seiner Auffassung eingeräumt zu haben. VVDStRL 24, S. 94.
43 S. 86.
44 Über die Unerläßlichkeit der Heranziehung der Sozialwissenschaften für eine zeitgemäße Staatslehre, die von den Funktionen und den Möglichkeiten von Staat und Recht in der heutigen Gesellschaft auszugehen hat: *Drath*, Theorie des Staates, passim.
45 Auf die verfassungstheoretische Verwandtschaft von Ehmke und Krüger, die darin besteht, daß beide letztlich „auf die Vernunft der jeweiligen politischen Machthaber" setzen, weist *Rupp*, Grundgesetz und „Wirtschaftsverfassung", S. 8, ausdrücklich hin.
46 *Krüger*, DÖV 1971, S. 289 (291).
47 Ähnlich auch *Krüger*, Staatslehre, § 31 (S. 572 ff.).
48 Vgl. unten S. 204 f.
49 Zur Stilisierung der Vertragsfreiheit zum „kollektiven Mythos" z. B. Gerhard *Szczesny*, Das sogenannte Gute, S. 76.
50 Oben § 17 FN 74.
51 Oben S. 95 ff.

§ 27 Due-Process-Pluralismus

Im Gegensatz zur Pluralistischen Harmonielehre, die erwartet, daß angemessene Ergebnisse im Spiel der Gruppeninteressen automatisch zustandekommen, und die politischen Kräfte deshalb sich selbst überlassen zu können glaubt (Laissez-faire-Pluralismus), geht das Due-Process-Konzept davon aus, daß es ausgeklügelter Verfahren der Willensbildung und Entscheidung bedarf[1]. Nachdem die Harmonielehre unserer Kritik nicht standhalten konnte, sondern sich als Mythos, vergleichbar der marktwirtschaftlich-vertraglichen Laissez-faire-Vorstellung, erwiesen hat, drängt sich das Due-Process-Konzept offenbar von selbst auf. Es ist angesichts der Unmöglichkeit, ein allgemein richtiges Gemeinwohl a priori zu bestimmen, — in bestimmter, umfassender Weise verstanden — in der Tat der Schlüssel zur Bewältigung der Gemeinwohlproblematik auch auf der Ebene der demokratischen Willensbildung. Wie immer, wenn das Richtige inhaltlich nicht von vornherein eindeutig feststeht, so markiert die Festlegung von Verfahrensregeln, die so zu gestalten sind, daß sie die Chance der Richtigkeit der in diesem Verfahren zustandegekommenen Entscheidungen möglichst groß halten[2], auch beim demokratisch-parlamentarischen Entscheidungsprozeß die strategische Schlüsselstellung[3].

Die Notwendigkeit, die politischen Verfahren an die Gegebenheiten des Verbändestaates anzupassen

Die Bedeutung politischer Verfahrensregeln ist im Verfassungsverständnis der Bundesrepublik im Prinzip allgemein anerkannt[4]. Und wir haben — vor allem im Grundgesetz — auch eine beträchtliche Anzahl solcher Regeln[5]. Die überkommenen Regeln bedürfen heute jedoch einer „grundsätzlichen Überprüfung"[6]. Ihre Kennzeichen liegen nämlich zum einen darin, daß sie — entsprechend ihrer noch vorherrschenden Projektion auf das Modell des liberalen Ordnungsstaates — vornehmlich auf den Schutz der Freiheit vor dem Staat durch Beschränkung der Macht der Regierenden und Parteien gerichtet sind. Der liberal-

---

1 *Ryffel*, Öffentliche Interessen, S. 28, 30.
2 *Henckel*, Vom Gerechtigkeitswert verfahrensrechtlicher Normen; Rittner, DB 1970, S. 719 f.; *Krause*, DÖV 1974, S. 325 (326). — Verfahren dienen also letztlich auch der Erzielung möglichst guter inhaltlicher Entscheidungsergebnisse und erhalten von daher ihre eigentliche Legitimation (oben § 8). Dies wird verkannt von *Bellstedt*, Die Steuer als Instrument der Politik, S. 451; anderer Ansicht auch *Luhmann*, Legitimation durch Verfahren, S. 181. Gegen *Luhmann* mit Recht *Zippelius*, Legitimation durch Verfahren?, S. 293 ff.; *Maihofer*, Rechtstheorie als Basisdisziplin der Jurisprudenz, S. 72 f.
3 Ähnlich *Häberle*, Öffentliches Interesse, S. 656; *ders.*, Gemeinwohlverfahren, S. 262; *ders.*, VVDStRL 30, S. 43 ff., passim; *Ryffel*, Öffentliche Interessen, S. 27; *Mußgnug*, FS Forsthoff, 1972, S. 77; *Noll*, Gesetzgebungslehre, S. 62; *Rupp*, AöR 1976, S. 161 (164 f., 187 ff.).
4 BVerfGE 5, S. 85 (199): „Daß diese Ordnung funktioniert, daß sie das Gesamtwohl schließlich in einer für alle zumutbaren Weise berücksichtigen könne, wird durch ein System rechtlich gesetzter oder vorausgesetzter Spielregeln sichergestellt". C. *Schmitt*, Innerpolitische Neutralität, S. 46, 57; *Hesse*, Verfassungsrecht, S. 9 f., 13, 181; *Krüger*, Staatslehre, S. 197 ff., 835.
5 Hierher zählen vor allem: Bindung von Gesetzgebung, vollziehender Gewalt und Rechtsprechung an die Grundrechte als unmittelbar geltendes Recht (Art. 1 Abs. 3), Teilung der Gewalten (Art. 20 Abs. 2), Bindung der vollziehenden Gewalt und der Rechtsprechung an Gesetz und Recht (Art. 20 Abs. 3); Mehrparteiensystem und Recht auf organisierte parlamentarische Opposition (Art. 21); politische Meinungs- und Diskussionsfreiheit einschließlich der Versammlungsfreiheit und der Freiheit, Vereinigungen zu bilden (Art. 5, 8, 9); Unabhängigkeit der vom Volk in allgemeinen, unmittelbaren, freien, gleichen und geheimen Wahlen gewählten Volksvertretungen (Art. 38 Abs. 1, 28 Abs. 1); parlamentarische Verantwortlichkeit der Regierung (Art. 65); Begrenzung des Verordnungsrechts durch das Verbot von Blankett-Ermächtigungen (Art. 80); Unabhängigkeit der Gerichte (Art. 97); Rechtsweggarantie (Art. 19 Abs. 4); richterliche Normenkontrolle (Art. 93, 100); Verfassungsbeschwerde (Art. 93 Abs. 4 a GG, §§ 90 ff. BVerfGG).
6 *Thieme*, ZRP 1969, S. 33.

F. II. Laissez-Faire- und Due-Process-Pluralismus

bürgerliche Rechtsstaat glaubte sich ja auf die Wahrung konkret-individueller Interessen der Einzelnen konzentrieren zu können. Das bedeutet nicht, daß er allgemeinen Interessen etwa keine Bedeutung beimaß. Ihre Durchsetzung erschien jedoch im Grunde unproblematisch und deshalb besonderer Institutionen und verfahrensrechtlicher Sicherungen wenig bedürftig. In der überkommenen Terminologie formuliert: der „Wohlfahrtszweck" konnte aus dem rechtstaatlichen Verfassungssystem ausgeklammert werden, weil seine Sicherung ohnehin gewährleistet schien[7]. Diese überlieferte und in Reaktion auf die Zeit des Nationalsozialismus regenerierte Grundkonzeption prägt auch das Verfassungsverständnis der Bundesrepublik noch in starkem Maße, obwohl der liberale Ordnungsstaat sich längst zum pluralistischen Verbände- und Leistungsstaat fortentwickelt hat[8]; die „Mechanik des Willensbildungsprozesses im Grundgesetz"[9] ist deshalb auch nicht auf die Gefahren zugeschnitten, die vom „Aufstieg der sozialen Gruppen und Organisationen"[10] herrühren[11].

Ein anderes wesentliches Kennzeichen der bestehenden Verfahrensregeln liegt darin, daß sie sich vornehmlich auf das Schlußstadium der Entscheidungsbildung beziehen, nicht aber auf „Vorformung des politischen Willens" im „vorparlamentarischen Raum", die den Inhalt der von Regierung und Parlament erlassenen formellen Maßnahmen indes weitgehend festlegt. Die Entscheidungsvorbereitung wird nicht oder doch nur marginal erfaßt[12]. Dies gilt auch und gerade für die Einflußnahme durch Interessenverbände[13]. So ist der Inhalt der Entscheidungen bereits in beträchtlichem Umfang determiniert, wenn der Entscheidungsprozeß das Stadium erreicht, in dem er verfahrensrechtlich kanalisiert und ausgestaltet ist. Vor diesem Hintergrund erhält die Frage nach der Ausgewogenheit der an der Entscheidungsvorbereitung mitwirkenden Kräfte zentrale Bedeutung. Nur wenn man diese Frage bejahen kann, wie das die bislang in der Bundesrepublik noch herrschende Pluralistische Harmonielehre tut, kann der Vorbereitungsprozeß staatsrechtlicher Aufmerksamkeit entraten; nur dann können sich auch die rechtlichen Verfahrensregelungen auf das Endstadium der Entscheidungsbildung beschränken. Jede Verfassung geht von bestimmten Voraussetzungen und Implikationen aus, von denen das Funktionieren der Verfassung, d. h. die Gewinnung sinnvoller und akzeptabler Gemeinschaftsentscheidungen, abhängt[14]. Zu den Voraussetzungen unserer Verfassung gehört ein Gleichgewicht der die verschiedenen Interessen wahrnehmenden Kräfte. Liegt diese Voraussetzung jedoch nicht vor, kommen bestimmte, zentral wichtige Belange im pluralistischen Prozeß typischerweise zu kurz, so muß die Staatsrechtslehre sich dem Vorbereitungsprozeß zuwenden. Seine Unausgewogenheit wird zu *dem* staatstheoretischen und staatsrechtlichen Problem. Dann bedarf es eines Überdenkens des gesamten Verfassungskonzepts. Fehlt es am Gleichgewicht, so fehlt es an den vorausgesetzten „Verfassungsgrundlagen"[15],

---

[7] Das gilt nicht nur für das rechtstaatlich-liberale Verfassungs-, sondern auch für das rechtstaatlich-liberale Verwaltungsrechtssystem. *Forsthoff*, Rechtsfragen der leistenden Verwaltung, S. 50; *Bachof*, VVDStRL 30, S. 213 f.
[8] Über den Zusammenhang zwischen dem Übergang vom liberalen Ordnungsstaat zum sozialen Leistungsstaat und dem Erstarken der Interessenverbände und ihres Einflusses vgl. oben S. 135.
[9] *Thieme*, ZRP 1969, S. 32.
[10] *Scheuner*, VVDStRL 11, S. 1 (46, 49).
[11] *Häberle*, VVDStRL 30, S. 68, 70, 136; *Scheuner*, VVDStRL 11, S. 17, 49 ff.
[12] *Eichenberger*, Rechtssetzungsverfahren, S. 103 a; *Brunner*, Kontrolle, S. 101.
[13] Statt vieler: *Forsthoff*, Verfassungsprobleme des Sozialstaats, in: ders., (Hrsg.), Rechtsstaatlichkeit und Sozialstaatlichkeit, S. 145 (155 ff.).
[14] Vgl. auch unten S. 280 f.
[15] *Fikentscher*, Wirtschaftskontrolle – ein Verfassungsgrundlagenproblem, S. 789, 794.

also an den Bedingungen, von denen die Erzielung gemeinwohlkonformer Gemeinschaftsentscheidungen abhängt. Dann darf sich auch die rechtliche Regelung der politischen Entscheidungen nicht länger auf die Endphase beschränken, in der die Ergebnisse des vorbereitenden Kräftespiels ihre rechtliche Verbindlichkeit erhalten; vielmehr gilt es dann zu versuchen, durch entsprechende Verfahrensneuerungen möglichst Ausgewogenheit zu erreichen[16].

Die bisherigen Regelungen bedürfen also einer bewußten Anpassung[17] an die neue Gefahrenlinie[18]. Erforderlich ist „eine grundlegende Reform der Weise, wie unsere Gesellschaft ihre Probleme auffaßt und ihre Entscheidungen trifft"[19]. Der politische Prozeß muß so ausgestaltet werden, daß die „Entscheidungen in relativer Unabhängigkeit von Pressionen der organisierten Interessengruppen" „durchgesetzt werden können" und „die Politik" „gerade auf jene Bedürfnisse, Interessen, Probleme und Konflikte reagieren kann, die innerhalb der pluralistischen Entscheidungsstrukturen nicht ausreichend berücksichtigt werden"[20]. Zwar lassen sich manche wichtigen bereits bestehenden verfahrensmäßigen Regelungen auch zur Bekämpfung von Pluralismusdefiziten nutzbar machen. Voraussetzung dafür, daß dies mit der nötigen Intensität geschieht, ist jedoch die Einsicht, daß solche Defizite drohen[21], und die Erkenntnis der Notwendigkeit, bestehende verfahrensmäßige Institutionen als Gegengewicht gegen ein derartiges „Schieflaufen"[22] zu gebrauchen und so eine „rechtliche ‚Verteidigungs-

---

16 Es gelten insoweit entsprechende Überlegungen, wie sie oben S. 85 ff., im Verhältnis von Vertrag und Marktwirtschaft entwickelt worden sind. Vgl. auch oben S. 49 f.
17 *Buchanan/Tullock*, Calculus of Consent, S. 289 ff.; *Scheuner*, VVDStRL 11, S. 46 f.; *ders.*, DÖV 1960, S. 610; *Drath*, Der Staat der Industriegesellschaft, S. 275; *Herzog*, Art. „Pluralismus", Ev. Staatslexikon, Sp. 1544; *Thieme*, ZRP 1969, S. 32 f.; *Scharpf*, Demokratietheorie, S. 75; H. H. *Klein*, in: FS Forsthoff, 1972, S. 165 (169); *Steinberg*, AöR 1971, S. 505; *Häberle*, VVDStRL 30, S. 68, 70, 102, 110, 136; *Ramm*, ZRP 1972, S. 14; E.-W. *Böckenförde*, Die verfassungstheoretische Unterscheidung von Staat und Gesellschaft als Bedingung der individuellen Freiheit, S. 26, 48; *Graf v. Krockow*, Unter dem Druck der Verbände, S. 598; *Dahrendorf*, Ein neues liberales Credo, Die Zeit Nr. 53/1 v. 27. 12. 1974, S. 3; Helmut *Schmidt*, Bulletin der Bundesregierung, 1974, S. 1148; *Galbraith*, Wirtschaft für Staat und Gesellschaft, Kap. XXIV (S. 277–288). Vgl. auch schon *Heller*, Staatslehre, Ges. Schriften, Bd. III, S. 322. — Auch der Kritiker der überkommenen deutschen Staatslehre sollte sich nicht scheuen, sich einzugestehen, daß alle diese Forderungen sich wieder bis zu einem gewissen Grad der Auffassung Lorenz v. *Steins* nähern, der folgende Sätze schrieb (Gegenwart und Zukunft der Rechts- und Staatswissenschaft Deutschlands, 1875, S. 143 f.): „Können und sollen wir nicht das Interesse und seine Gewalt vernichten, so muß jener Prozeß, der es für das Leben der Völker tödlich gemacht hat, seine Auflösung in die Klasseninteressen und ihren Kampf und Gegensatz bewältigt werden, daß ein selbständiges Interesse entstehe, welches den Gegensatz der Sonderinteressen in sich aufhebt: Die Gewalt, die das allein vermag, ist die Staatsgewalt. Der Staat und seine Macht, das letzte Ziel alles gesellschaftlichen Sonderinteressen, muß sich daher von der Macht der gesellschaftlichen Interessen frei machen, und der Staat als Träger der Harmonie aller Interessen außerhalb der Gesellschaft seine persönliche Selbständigkeit finden". Vgl. auch C. *Schmitt*, Innerpolitische Neutralität, S. 57; *Forsthoff*, Rechtsfragen der leistenden Verwaltung, S. 31. *Krüger*, Staatslehre, S. 461. — Das Problembewußtsein der Öffentlichkeit und vor allem der politischen Parteien hinsichtlich der einschlägigen Probleme scheint seit kurzem beinahe schlagartig gewachsen zu sein. Eine Übersicht darüber, daß alle Parteien „derzeit an neuen Organisations-Modellen für die Verbands-Struktur in der Bundesrepublik" arbeiten und ihr Ziel dabei ist, „Partikular-Interessen zurückzudrängen und übergreifende Gemeinsamkeiten zu formulieren", gibt Emil Peter *Müller*, „Die Verbände werden aktiv", Wirtschaftswoche Nr. 33 vom 8. 8. 1975, S. 37. Vgl. auch *Dettling*, Macht der Verbände, Einführung, S. 10 ff.
18 *Häberle*, VVDStRL 30, S. 56: Der Leistungsstaat schafft „neue Gefahrenzonen". *Schmitt-Glaeser*, VVDStRL 30, S. 171 f.: Der Leistungsstaat hat die Gefährdungszonen verschoben.
19 *Picht* u. a., Gutachten zur wissenschaftlichen Beratung der Bundesregierung in Umweltfragen, S. 565 (568) unter Hinweis auf eine Botschaft des Präsidenten der Vereinigten Staaten von Amerika vom August 1970.
20 *Scharpf*, Demokratietheorie, S. 75.
21 Das Bewußtsein von typischen Pluralismusdefiziten fehlt z. B. Georg *Brunner*, Kontrolle in Deutschland, weshalb sie in seiner Darstellung der Mängel des Kontrollsystems der Bundesrepublik keinen Platz finden (S. 283 ff.). Vgl. auch oben § 22 FN 22.
22 *Häberle*, AöR 1973, S. 119 (131).

F. II. Laissez-Faire- und Due-Process-Pluralismus

linie'" aufzubauen[23]. Das verfassungstheoretische Vorverständnis muß an die neue Lage angepaßt werden[24], damit wir unsere Institutionen im Lichte der gewandelten Funktionen verstehen[25]. Die Anpassung des Verständnisses wichtiger öffentlicher Institutionen und Verfahren an die Gegebenheiten des Verbände- und Leistungsstaates wird den Schwerpunkt der in dieser (rechtswissenschaftlichen) Arbeit zu entwickelnden „Therapieüberlegungen" bilden. Darüber hinaus soll aber auch versucht werden, im Bereich der Rechts- bzw. Verfassungspolitik die Einführung einiger neuer verfahrensmäßiger Vorkehrungen zu diskutieren[26].

Bislang ist die durch das Erstarken der Verbände bewirkte „Veränderung der Staatswillensbildung"[27] verfassungstheoretisch, verfassungsrechtlich und verfassungspolitisch noch nicht aufgearbeitet. Das ist um so erstaunlicher, als sich in der Rechtsordnung der Bundesrepublik bereits einige verfahrensmäßige Ansätze zur Bekämpfung typischer Willensbildungs- und Entscheidungsdefizite des pluralistischen Verbändestaates finden[28]; dies gilt besonders für den Bereich der finanzpolitischen und wirtschaftspolitischen Willensbildung[29]. Statt diese Vorschriften aber als Antworten auf strukturbedingte Fehlentwicklungen der modernen pluralistischen Demokratien zu erkennen[29a], die nur im Bereich der Wirtschafts-, insbesondere der Finanzpolitik früher und deutlicher zutage treten als in anderen Bereichen[30] (weil „die Staatsbürger auf keinen Teil der staatlichen Tätigkeit so stark reagieren wie auf Maßnahmen der Steuer- und auch der Ausgabenpolitik"[31]), werden sie auch heute noch meist als Ausnahmen, die das allgemeine Regelrecht unberührt ließen und eng ausgelegt werden müßten, mißverstanden[32], teils werden sie sogar schlichtweg als verfassungswidrig ange-

---

23 So — für den Bereich des Umweltschutzrechts — *Rehbinder*, ZRP 1970, S. 250 (251).
24 Ähnlich auch *Leibholz*, VVDStRL 20, S. 120.
25 Das bedeutet allerdings nicht, daß die bisherigen Funktionen hinfällig seien; die neuen Funktionen müssen vielmehr ergänzend an ihre Seiten treten.
26 Hätte der Parlamentarische Rat, als er seinerzeit das Grundgesetz formulierte, die Entwicklung voraussehen können, so hätte er sicher noch einige Korsettstangen mehr eingezogen, um die pluralistische Demokratie vor Fehlentwicklungen zu bewahren. So wohl mit Recht: *Giersch*, Rationale Wirtschaftspolitik, S. 117.
27 *Forsthoff*, Zur heutigen Situation einer Verfassungslehre, S. 188 FN 6; ebenso *ders.*, Verfassungsprobleme des Sozialstaats, in: *ders.* (Hrsg.), Rechtsstaatlichkeit und Sozialstaatlichkeit, S. 145 (156 ff.).
28 Vgl. etwa Art. 19 Abs. 4 GG, besonders die verfassungsgerichtliche Normenkontrolle (Art. 93 Abs. 1, 100 GG).
29 Vgl. Art. 112 GG (Zustimmungserfordernis des Bundesfinanzministers zu über- und außerplanmäßigen Ausgaben); Art. 113 GG (Zustimmungserfordernis der Bundesregierung zu ausgabenerhöhenden und einnahmensenkenden Gesetzen); § 26 Geschäftsordnung der Bundesregierung (Bundesfinanzminister und Bundeskanzler zusammen können „in einer Frage von finanzieller Bedeutung" im Kabinett nicht überstimmt werden); § 96 Geschäftsordnung des Bundestags (Verabschiedung von Finanzvorlagen durch den Bundestag nur bei gleichzeitigem Vorliegen eines Deckungsvorschlags); § 9 StabG (fünfjährige Finanzplanung); § 12 StabG (Subventionsbericht); Art. 88 GG, § 3 BBG (Unabhängigkeit der Bundesbank); Art. 114 GG (Unabhängigkeit des Bundesrechnungshofes); Errichtung eines unabhängigen Sachverständigenrats zur Begutachtung der gesamtwirtschaftlichen Entwicklung durch Gesetz von 1963.
29a So aber mit Nachdruck: *Hettlage*, VVDStRL 14, S. 2 (8 ff., 12 ff.).
30 Vgl. *Schumpeters* treffende Bemerkung, daß „nichts den Charakter einer Gesellschaft und einer Zivilisation so deutlich zeigt, wie die von ihren Politikern verfolgte Fiskalpolitik." Geschichte der ökonomischen Analyse, Bd. II, S. 939. Ähnlich *Schmölders*, Finanzpolitik, S. 95, 126.
31 K. *Schmidt*, Öffentliche Ausgaben im demokratischen Gruppenstaat, S. 223.
32 Demgegenüber erheben sich aber in jüngerer Zeit Stimmen, die mit Recht auf die Notwendigkeit hinweisen, die Finanzverfassung als integrierenden Bestandteil, ja als Kernstück der gesamten Verfassung zu verstehen. Nach *Friauf* (VVDStRL 27, S. 5 f.) stellt der Bereich des öffentlichen Haushalts die „Schlüsselfunktion par excellence" für unsere Verfassungsordnung dar. Die Finanzverfassung könne unter den Bedingungen des modernen Staates gar nicht anders als in unbedingter struktureller Homogenität mit der gesamten Verfassungsordnung gedacht werden. K. *Vogel* (BK, Vorbem. zu Art. 104 a bis 114, Rdnrn. 1–5) weist in genereller Übereinstimmung mit *Friauf* auf die große „praktisch-politische Bedeutung" der Finanzverfassung hin, die ihr den Charakter einer Art „arcana imperii" verschaffe, und bezeichnet sie als „verfassungsrechtlichen Mikrokosmos".

sehen. Die Autonomie der Bundesbank wird vornehmlich unter dem Aspekt der „Ausnahme von den Prinzipien der Demokratie und der parlamentarischen Verantwortlichkeit" gesehen und deshalb eher skeptisch beurteilt, wobei die Strukturgründe, die *für* die Unabhängigkeit sprechen[33], leicht unter den Tisch fallen; deshalb scheinen auch die immer wiederkehrenden, auf überkommenen parlamentarisch-demokratischen Ideal-Vorstellungen basierenden Empfehlungen, die Autonomie der Bundesbank einzuschränken, auf den ersten Blick meist eine gewisse Überzeugungskraft zu besitzen. Ganz ähnlich ist es mit dem unabhängigen volkswirtschaftlichen Sachverständigenrat, der sich nicht in das überkommene Verfassungsbild einfügen läßt und der deshalb von Verfassungsjuristen zumeist als höchst bedenklich beurteilt wird, ohne zu fragen, ob die verschobenen Gefahrenlinien in der pluralistischen Demokratie nicht solche Institutionen zur Verbesserung des Verfahrens ihrer Willensbildung verlangen[34]. Schließlich wird auch die verfassungsgerichtliche Normenkontrolle oft eher argwöhnisch betrachtet und mit dem Makel mangelnder demokratischer Legitimation belegt, statt ihre Gegengewichtsfunktion gegen pluralistische Fehlentwicklungen klar herauszuarbeiten. Will man die verfassungstheoretische Situation mit einem Satz charakterisieren, so kann man ohne allzu große Übertreibung sagen: Die Rechtsordnung verfügt bereits über bedeutende institutionell-verfahrensmäßige Gegengewichte gegen Pluralismusdefizite, bloß hat die Theorie sie als solche noch nicht erkannt und verarbeitet[35].

Die verfassungstheoretische Vernachlässigung der besonderen Struktur der parlamentarischen Verbandsdemokratie und das mangelnde Verständnis für die Notwendigkeit, die aus dieser Struktur resultierenden Fehlentwicklungen mit neuen, im klassischen Demokratieschema nicht unterzubringenden verfahrensmäßigen Mitteln einzudämmen, wurde besonders deutlich in einem Urteil des Bundesverfassungsgerichts vom 6. 3. 1952[36]. Darin hob das Gericht § 96 Abs. 3 und 4 der Geschäftsordnung des Bundestages vom 6. 12. 1951 wegen angeblichen Verstoßes gegen das in Art. 76 Abs. 1 GG niedergelegte Initiativrecht („aus der Mitte des Bundestages") auf; diese Vorschriften hatten für „finanzverschlechternde" Gesetzesvorlagen aus der Mitte des Bundestages die gleichzeitige Vorlage eines Deckungsvorschlags oder eines Deckungsbeschlusses des Haushaltsausschusses verlangt. Das Bundesverfassungsgericht ging in seiner Entscheidung mit keinem Wort auf die Strukturveränderungen ein, die diese Vorschrift erst erforderlich gemacht haben. Die Parlamente, deren Funktion früher in einer Zurückweisung zu weit gehender Ausgabenwünsche der Regierung bestand, sind heute im Blick auf Verbände und Wähler geradezu „zu Trägern einer bewiligungs- und subventionsfreudigen Ausgabenneigung"[37] geworden[38]. Der Sinn der in Rede stehenden Geschäftsordnungsbestimmungen war es, den aus diesem „Rollentausch zwischen Parlament und Regierung"[39] resultierenden Gefahren im Wege der parlamentarischen Selbstbeschränkung entgegenzuwirken. Hätte das Bundesverfassungs-

---

33 Unten S. 356 ff.
34 Unten S. 334 ff.
35 Auch die instruktive und gedankenreiche Untersuchung von *Schlaich*, Neutralität als verfassungsrechtliches Prinzip, stößt nicht zu der Erkenntnis durch, die es erst ermöglicht, ein umfassendes zeitgemäßes Legitimationskonzept für „neutrale" Institutionen in der Bundesrepublik zu entwerfen: der typischen Durchsetzungsschwäche bestimmter — besonders ganz allgemeiner — Interessen in der pluralistischen Demokratie. Hier wirkt sich das auch in der Rezension *Zachers* (Der Staat 1975, S. 443, 448) bemerkte (in seiner Tragweite allerdings verkannte) Außerachtlassen der politologischen Pluralismus-Diskussion durch *Schlaich* aus.
36 BVerfGE 1, S. 144.
37 *Scheuner*, Verantwortung und Kontrolle, S. 399.
38 *Bräuer*, Probleme einer Finanz- und Steuerreform, Bd. 1, 1954, S. 18 f.; *Hettlage*, VVDStRL 14, S. 2 (12); *Schmölders*, Finanzpolitik, S. 99 f.; *Hennis*, in: Die Finanzkontrolle des Bundes, S. 106.
39 *Piduch*, Bundeshaushaltsrecht, Art. 113, Rdnr. 2.

gericht die Strukturveränderungen berücksichtigt, so hätte das Einfluß auf das Vorverständnis und die Auslegung des Art. 76 Abs. 1 GG im Sinne einer Aufrechterhaltung der Geschäftsordnungsbestimmungen haben müssen[40].

Die Notwendigkeit, das idealtypisch-klassische, demokratisch-parlamentarische Willensbildungsverfahren zur Aufrechterhaltung einer möglichst hohen Richtigkeitschance für die in diesem Verfahren zustande gekommenen Entscheidungen zu ergänzen, weist gewisse Parallelen auf zu den Bemühungen, den durch Wettbewerbsbeschränkungen und Übermachtbildungen in seiner Funktion gefährdeten vertraglich-marktwirtschaftlichen Mechanismus funktionsfähig zu halten. Diese Bemühungen, die sich vornehmlich in der Zulassung von gewerkschaftlicher Gegenmacht und in gesetzlichem Schutz gegen Wettbewerbsbeschränkungen niederschlagen, haben in der Tat erst das (prinzipielle) Festhalten an Marktwirtschaft und (sei es individueller, sei es kollektiver) Vertragsfreiheit ermöglicht. Der Gedanke, zum Schutze der demokratisch-parlamentarischen Willensbildungsverfahren vor einer Desorientierung durch übermäßige Verbandseinflüsse müßten ähnliche Vorkehrungen getroffen werden wie bei der Bekämpfung von Machtungleichgewichten im Wirtschafts- und Arbeitsrecht, drängt sich deshalb fast von selbst auf[41]. Eine direkte Analogie zum Gesetz gegen Wettbewerbsbeschränkungen und zu der gewerkschaftlichen Gegenmachtbildung kommt allerdings kaum in Betracht. Der demokratische Prozeß und damit auch alle möglichen Therapievorschläge zur Wahrung seiner Funktionsfähigkeit sind ungleichlich viel komplexer. Aber der Grundgedanke, daß es entscheidend auf Verbesserungen des Verfahrens ankommt, bleibt richtig und festzuhalten.

Ist eine Korrektur überhaupt möglich?

Der Vergleich mit dem Gesetz gegen Wettbewerbsbeschränkungen und den Koalitionsvereinbarungen führt uns aber noch auf eine andere und wahrhaft fundamentale Frage, nämlich die nach der reformierenden Potenz. Die Korrektur der Mängel der Marktwirtschaft wurde im Wege des politischen Verfahrens durchgesetzt, das das marktwirtschaftliche Verfahren überwölbt und eine mehr oder weniger große Unabhängigkeit und Selbständigkeit gegenüber diesem besitzen mag. Bei der Korrektur des politischen Verfahrens ist es dagegen erforderlich, daß dieses sich sozusagen selbst verbessert. Erscheint dies in der gegebenen Lage überhaupt möglich? Mängel des Verfahrens bestehen ja gerade darin, daß die organisierten Interessen zu großen Einfluß besitzen. Werden sie ihn nicht nutzen, um Korrekturen, die eben diesen ihren Einfluß verringern sollen, zu verhindern? Bedeutet dann die Forderung, der „Staat" solle sein Willensbildungsverfahren so umstrukturieren, daß die organisationsschwachen allgemeinen Interessen vermehrt geschützt und gefördert werden, nicht praktisch die Empfehlung, sich am eigenen Schopf aus dem Sumpf zu ziehen[42]? Auch die pauschale Eti-

---

[40] Kritisch zum Urteil des Bundesverfassungsgerichts auch *Wagner*, DÖV 1968, S. 605 FN 9, 608. Ebenso *Hennis*, in: Die Finanzkontrolle des Bundes, S. 107, was deshalb bemerkenswert ist, weil *Hennis* seinerzeit selbst die Begründung des Antrags beim Bundesverfassungsgericht als Assistent von Adolf *Arndt* entworfen hatte.
[41] So etwa *Schüle*, VVDStRL 24, S. 115; *Fuß*, VVDStRL 27, S. 100.
[42] *Kaiser*, Repräsentation, S. 319 f. und FN 27; *Krüger*, Staatslehre, S. 406 f.; ders., Sinn und Grenzen der Vereinbarungsbefugnis der Tarifvertragsparteien, S. 59; *Loewenstein*, Verfassungslehre, S. 415; *Galbraith*, Wirtschaft für Staat und Gesellschaft, S. 278. Vgl. auch *Grimm*, AöR 1972, S. 489 (503): „Wehren kann sie (die Demokratie) sich nur gegen die ohnehin Schwachen". – Die Möglichkeit, das kapitalistische System könne seine Mängel selbst beheben, wird – gerade auch im Hinblick auf Pluralismusmängel – besonders nachdrücklich von der marxistischen Theorie zurückge-

kettierung des Staates als „Übernatur"[43], als „besseres Gewissen" und „besseres Gehirn" der Menschen[44] ist ja zunächst einmal nur ein normatives Postulat, das noch nichts über die faktische Frage auszusagen vermag, „ob der Staat überhaupt noch imstande ist, neben und gegenüber der (organisierten) Gesellschaft eigenes Gewicht zu entwickeln"[45] und die notwendigen verfahrensmäßigen Änderungen durchzusetzen. Es besteht scheinbar ein Teufelskreis, der uns letztlich keine Alternative zu der resignierenden Feststellung zu lassen scheint, es handele sich um systemimmanente Mängel, die nur durch eine Änderung des Systems, spricht: Beseitigung der freiheitlich-demokratischen Grundordnung, behoben werden könnten[46].

Die Situation ähnelt in gewisser Weise derjenigen, die Karl Marx seinerzeit zur Formulierung seiner These von der immer mehr zunehmenden Verelendung der Arbeiter und zu der Auffassung veranlaßt hatte, das Los der Arbeiterklasse ließe sich nicht durch Reformen innerhalb des privat-kapitalistischen Systems, sondern nur durch Revolution verbessern. Denn zu einer Korrektur der wirtschaftlichen Ausbeutung der Arbeiterklasse am Arbeitsmarkt bedürfe es eines Eingreifens des Gesetzgebers, der aber in der Hand des Besitzbürgertums[47] und damit desjenigen war, gegen den der Schutz im wirtschaftlich-gesellschaftlichen Bereich erforderlich wurde. Dennoch ist die Verelendungsthese heute — eindeutiger als manche andere Thesen von Marx — widerlegt[48]. Betrachtet man die ein Jahrhundert andauernde „soziale Realisation" (Forsthoff), so mag der Vergleich allerdings Skepsis wecken. Denn solange können wir uns ein Zukurzkommen allgemeiner Interessen zweifellos nicht leisten. Die heutige Lage unterscheidet sich aber auch wesentlich von der früheren. Während es bei der sozialen Realisation um die Beseitigung der Ausbeutung der Arbeiter zu Lasten der Interessen einer bisher privilegierten Schicht ging, geht es heute um die verbesserte Realisierung der Interessen *aller*: die Ausrichtung des Willensbildungsverfahrens auf die neuen Gefahren würde ein Auseinanderlaufen von individueller und kollektiver Vernunft[49] unterbinden oder doch verringern und käme damit allen zugute[50]. Die zur Durchsetzung solcher Reformen primär erforderliche Aufklärung über die wohlverstandenen Eigeninteressen der Menschen an solchen Regeln und Institutionen sollte aber in kürzerer Zeit vor sich gehen können.

Die These, die Durchsetzung von Regeln und Institutionen zur Eindämmung des Einflusses von Interessenverbänden läge im Interesse *aller* Menschen und bedürfte deshalb nur einer dahingehenden allgemeinen Aufklärung, ist allerdings eine Vereinfachung, die wir nicht aufrechterhalten können, wenn wir die Realisationschancen und -voraussetzungen für entsprechende Anpassungen abschätzen wollen. Denn mancher Verbandsfunktionär mag befürchten, daß sich als Folge solcher Regelungen die Bedeutung der Verbandsorganisationen in den Augen von Mitgliedern und Öffentlichkeit verringert und daraus eine Einschränkung

---

wiesen. Vgl. *Mandel*, Marxistische Wirtschaftstheorie, S. 530 f.; *Sweezy*, Die Zukunft des Kapitalismus und andere Aufsätze zur politischen Ökonomie, S. 81 f.; *Schirmeister*, Verbände des Finanzkapitals, S. 68 ff.; *Röder/Weichelt*, Der Bankrott revisionistischer Pluralismus-Konzeptionen, S. 18; *Werner*, Neue Tendenzen in den imperialistischen Pluralismus-Konzeptionen, S. 23.
43 *Krüger*, Staatslehre, z. B. S. 461.
44 *Herzog*, Staatslehre, S. 144.
45 *Herzog*, Staatslehre, S. 238, 340 ff.; *Häberle*, AöR 1973, S. 119 (133).
46 *Herzog*, Staatslehre, S. 5. Dazu, daß revolutionäre Methoden die Dinge nur verschlimmern könnten, *Popper*, in: *Topitsch*, Sozialwissenschaften, S. 121 f.
47 Oben S. 125 und unten S. 282.
48 Dazu *v. Arnim*, Volkswirtschaftspolitik, S. 225 ff. m. w. N.
49 Oben S. 161.
50 So auch *Buchanan/Tullock*, Consent, S. 290.

F. II. Laissez-Faire- und Due-Process-Pluralismus

seines eigenen Status resultiert. Es würde deshalb nicht überraschen, wenn Verbandsfunktionäre die Einführung solcher Regeln auch dann bekämpfen, wenn sie erkannt haben, daß diese den Interessen aller anderen, d. h. aller Nichtverbandsfunktionäre, dient[51]. Bei dem großen Einfluß gerade der Funktionäre auf das Agieren der Verbände liegt hier in der Tat ein Widerstands- und Beharrungsmoment, dessen Bedeutung man sehr ernst nehmen muß[52].

Die Bedeutung repräsentativer Verfahrenskomponenten

Dennoch braucht uns eine Bestandsaufnahme des Reformpotentials durchaus nicht zu entmutigen: Ausschlaggebend für die Durchsetzung der erforderlichen Änderung von Verfahren und die Umorientierung von Institutionen ist letztlich die Existenz und das Gewicht von solchen Faktoren und Potenzen im politischen Kräftespiel, die von den Interessenverbänden relativ unabhängig sind, weil ihr Willensbildungsprozeß sich auf andere Weise und nach anderen Regeln vollzieht als dem Auspendeln der Interessen entsprechend ihrer relativen Durchsetzungsstärke; sie kommen deshalb als Gegengewicht gegen „Interessenberücksichtigungsdefizite"[53] in Frage, können „dem Staat" die Wahrung seiner „Aufgabe als unparteiischer Hüter des Gemeinwohls gegenüber den sozialen Gruppen und Mächten"[54] erleichtern[55] und so dazu beitragen, ihm die nötige „innere Souveränität"[56] zu verschaffen.

Das Wesentliche solcher alternativer Verfahren läßt sich am besten skizzieren, indem wir die oben vorgenommene Zweiteilung zwischen macht- und interessentendeterminierten Verfahren einerseits und wert- und erkenntnisorientier-

---

[51] Die Verbandsfunktionäre werden bei ihrem Widerstand natürlich nicht ihre eigenen Berufsinteressen hervorkehren, sondern vor allem dahin argumentieren, daß gerade ihre jeweiligen Mitglieder einen besonderen Vorteil von der Verbandsorganisation haben und dieser Vorteil bei Verringerung des Verbandseinflusses eingeschränkt werde (während sie die Nachteile übermäßigen Verbandseinflusses ignorieren oder bagatellisieren werden). Gewiß sind die aus dem Verbandswirken resultierenden Vorteile nicht so gleichmäßig verteilt wie die Nachteile; für die weit überwiegende Mehrheit der Bevölkerung dürften Regelungen, die den Verbandseinfluß beschränken, jedoch einen beträchtlichen Nettovorteil erbringen.

[52] *Buchanan/Tullock*, Consent, S. 293: „The fact that the interest or pressure group *as such* tends to develop an interest in continuing to exist will, of course, be a real barrier to such reform." In diesen Zusammenhang gehört auch Arnold *Gehlens* These, daß sich Organisationen, die zunächst zur Realisierung eines ganz bestimmten Ziels gebildet wurden, dann, wenn dieses Ziel erreicht ist, neue Ziele suchen, um auf diese Weise zu überleben. Das Mittel wird dann zum Selbstzweck. *Gehlen*, Urmensch und Spätkultur, S. 37 ff. Ähnlich *Augstein*, GMH 1975, S. 266: Apparate von großen Verbänden „schaffen mehr oder minder automatisch einen Über-Apparat, aus dem sie sich ständig selbst legitimieren und reproduzieren".

[53] *Scheuner*, VVDStRL 33, S. 295.

[54] *Scheuner*, Die neuere Entwicklung des Rechtsstaats in Deutschland, S. 232. Vgl. auch *ders.*, in: Der Staat und die Verbände, S. 18; *ders.*, DÖV 1971, S. 505 (513); *ders.*, VVDStRL 30, S. 144 f.; *ders.*, Die staatliche Einwirkung auf die Wirtschaft, Einführung, S. 20: Pflicht des Staates zur Neutralität, zur Sicherung des Gemeinwohls und zur ausgleichenden Rücksicht auf alle. — „Neutralität" ist hier natürlich nicht im Sinne eines Laissez-faire sondern im Sinne der Vermeidung unangemessener Bevorzugung von besonders laut- und durchsetzungsstarken Interessen und der Verhinderung des Zukurzkommens von durchsetzungsschwachen Interessen zu verstehen, kurz: im Sinne der Gewährung von „Interessengehör" (*Häberle*, VVDStRL 30, S. 122 FN 353) ohne Rücksicht auf die Artikulationsstärke. (Allgemein zum Begriff der Neutralität: *Schlaich*, Neutralität als verfassungsrechtliches Prinzip, 1972). BVerfGE 33, S. 125 ff. (Facharzturteil): Der Staat hat die „Aufgabe, Hüter des Gemeinwohls gegenüber Gruppeninteressen zu sein" (S. 159) und die dazu „erforderlichen Maßnahmen gegebenenfalls auch gegen widerstreitende Gruppeninteressen durchzusetzen" (S. 163). W. *Weber* spricht von der Notwendigkeit einer „Stärkung des Staates im Staat". (Der Staat und die Verbände, S. 23). *Krüger*, Staatslehre, S. 892 ff., bezeichnet die erforderliche Fähigkeit der staatlichen Willensbildung, sich allein an Gemeinwohlerfordernissen auszurichten, etwas mißverständlich als „materielle Einseitigkeit der staatlichen Willensbildung".

[55] Vgl. auch *Schüle*, VVDStRL 24, S. 114.

[56] *Wittkämper*, Grundgesetz und Interessenverbände, S. 155 f. m. w. N.; *Drath*, Der Staat der Industriegesellschaft, S. 275, 279; *Herzog*, Staatslehre, S. 343; *Meinhold*, Volkswirtschaftspolitik I, S. 86.

ten Verfahren andererseits wieder aufnehmen[57]. Das verbands- und parteipolitische Kräftespiel ist primär der ersteren Verfahrensart zuzurechnen[58]. Für den Berufspolitiker steht häufig der Wettbewerb um das Erringen und das Behalten der Macht ganz im Vordergrund. Ebenso kommt es dem Verbandsvertreter vorwiegend auf die Durchsetzung der von ihm vertretenen Interessen an[59]. Das bedeutet allerdings nicht, daß die Entscheidungen, die sich in diesem Verfahren ergeben, von vornherein mit dem Makel der Gemeinwohlwidrigkeit belegt werden müßten. Es wurde oben dargelegt, daß auch in diesem Verfahren angemessene Entscheidungen zustandekommen können, wenn bestimmte Voraussetzungen vorliegen; zu diesen gehört vor allem die Ausgewogenheit der Durchsetzungsmacht der Interessen[60]. In diesem Sinne ist es auch zu verstehen, wenn Kaiser „das Zusammenspiel, die Konkurrenz und die Balance der organisierten Interessen"[61] als „Gleichgewichtssystem"[62] besonderer Art bezeichnet und es eine „faktische Repräsentation, eine ‚représentation de fait' "[63] genannt hat.

Gerade an solcher balancierter Kräfteausgewogenheit fehlt es nun aber hinsichtlich der besonders wichtigen, aber organisationsschwachen allgemeinen Interessen. Sie werden im macht- und interessentendeterminierten Willensbildungsverfahren typischerweise „untergepflügt" (Herzog). Zur Repräsentation dieser nichtorganisierten Interessen[64] bedarf es der Verfahren und Institutionen, bei denen die Entscheidungen nicht (oder in geringerem Umfang) von der Durchsetzungsmacht der Interessenten bestimmt werden. Damit sind — in der obigen Terminologie[65] — die wert- und erkenntnisorientierten Verfahren und Institutionen angesprochen.

Versteht man Hegels und Lorenz v. Steins Konzeption des Staates als „Reich der sittlichen Idee" dahin, daß die staatliche Willensbildung — im Gegensatz zur gesellschaftlichen — nicht macht-, sondern wertorientiert sein sollte, und es ihre Aufgabe ist, gegenüber der Gesellschaft als dem Reich der Sonderinteressen und des Eigennutzes Freiheit, Gerechtigkeit und die sonstigen Grundwerte möglichst optimal zu wahren[66], so enthält sie auch heute noch einen wichtigen Ansatzpunkt. Nur darf man die Augen dabei nicht verschließen vor der Erkenntnis, (a) daß diese Vorstellung nur eine Richtlinie zur Bewertung abgibt, kein Instrument zur Erfassung der (zumindest auch machtbestimmten) Wirklichkeit der Staatswillensbildung[67] und, (b) daß auch bei Einwirkung von Interessen mit Hilfe von entsprechenden Verfahrensmechanismen letztlich ausgewogene Lösungen zustande gebracht werden können, die Ausschaltung von Interessen aus der politischen Willensbildung also nicht der richtige Weg ist (ganz abgesehen von der Frage der Durchführbarkeit) und vor allem, (c) daß heute die Entwicklung angemessener Verfahrensformen sowohl für das macht- als auch für das wertbestimmte Gemeinwohlverfahren als Fundamentalaufgabe gestellt ist.

---

57 Oben S. 50 ff.
58 Oben S. 136 ff.
59 Oben S. 139 f.
60 Oben S. 52.
61 *Kaiser*, Repräsentation, S. 357.
62 *Kaiser*, Repräsentation, S. 359.
63 *Kaiser*, Repräsentation, S. 355.
64 Zum Begriff „Repräsentation nichtorganisierter Interessen": *Scharpf*, Demokratietheorie, S. 84, unter Hinweis auf ein unveröffentlichtes Manuskript von *Narr/Naschold*.
65 Oben S. 51.
66 *Hegel*, Grundlinien der Philosophie des Rechts, §§ 182 ff., 257 ff.; *v. Stein*, Geschichte der sozialen Bewegung, S. 43 f.
67 K. *Vogel*, VVDStRL 24, S. 125, 134, meint, daß zumindest *v. Stein* sich über den Sollenscharakter seiner Konzeption durchaus im klaren gewesen sei; in diesem Sinne auch E. R. *Huber*, Vorsorge für das Dasein, S. 153 f.

F. II. Laissez-Faire- und Due-Process-Pluralismus

Die wert- und erkenntnisorientierten Verfahren sind dadurch gekennzeichnet, daß die Entscheidungsträger das verfügbare relevante Wissens- und Wertungspotential im Wege eines methodischen Ordnens und Verknüpfens von situationsbedingten Sachinformationen, von Interessen und Werten möglichst weitgehend ausschöpfen, um zu möglichst guten und allseitig ausgewogenen Ergebnissen zu gelangen[68]. Dabei geht es um die intellektuell-erkenntnismäßige und moralisch-wertorientierte Anspannung der Entscheidungsträger, die Herbert Krüger als eigentliches Wesen der Repräsentation bezeichnet[69]. Der Begriff der Repräsentation ist allerdings vieldeutig[70] und gehört zu den durch historisch-dogmatischen Ballast am meisten belasteten Begriffen der Staatsrechtslehre[71]. Daraus braucht indes nicht die Konsequenz gezogen zu werden, der Begriff müsse aus dem Verkehr gezogen werden[72]. Angesichts der geradezu „scholastischen Konstruktionen"[73], mit denen man lange nach dem „magischen Gehalt des gemeinen Repräsentationsbegriffs"[74] „gefahndet"[75] hat, ist es aber unerläßlich, ihn auf die heutigen Verhältnisse zu beziehen[76] und klar zu sagen, was man konkret unter Repräsentation versteht. Diesem Gebot ist in der vorliegenden Arbeit dadurch entsprochen, daß Ablauf, Inhalt, Möglichkeiten, Grenzen und Voraussetzungen der sach- und wertausgerichteten Verfahren, die im folgenden als „repräsentative Entscheidungsverfahren" bezeichnet werden, oben ausführlich dargelegt worden sind[77].

Solche repräsentative Komponenten der Willensbildung, deren es mangels ausreichender „faktischer Repräsentation" des politischen Kräftespiels bedarf, gibt es gerade in der Bundesrepublik in nicht geringer Zahl und Bedeutung. Zu nennen sind vor allem die Wissenschaft, die unabhängigen Sachverständigengremien, die Rechtsprechung (insbesondere das Bundesverfassungsgericht)[78], der Bundespräsident, die weisungsfreie Bundesbank und die unabhängige Finanzkontrolle. Der Willensbildungsprozeß in der pluralistischen Demokratie der Bundesrepublik besteht also durchaus nicht nur aus machtbestimmten Komponenten, sondern aus einem Konglomerat von macht- *und* wertbestimmten Verfahrensweisen[79].

---

68 Oben S. 54 ff.
69 *Krüger*, Staatslehre, S. 234 ff.; vgl. auch *Meyer* und *Krüger*, VVDStRL 33, S. 145 ff.; *Oppermann*, DÖV 1975, S. 763.
70 *Hesse*, Verfassungsrecht, S. 229.
71 Zur verfassungsgeschichtlichen Entwicklung des Repräsentationsbegriffs: *Hofmann*, Repräsentation; zur modernen Problematik des Repräsentationsbegriffs: *Steiger*, Organisatorische Grundlagen des parlamentarischen Regierungssystems, S. 152 ff. Näheres auch unten S. 391 ff.
72 So aber Hans *Meyer*, VVDStRL 33, S. 145. Dagegen: *Scheuner, Kaiser, Böckenförde, Badura, Oppermann*, ebenda, S. 121 ff., 124, 133 f., 142, 150.
73 *Heller*, Die Krisis der Staatslehre, Ges. Schriften II, S. 15.
74 H. J. *Wolff*, Die Repräsentation, in: Zur Theorie und Geschichte der Repräsentation und Repräsentativverfassung, 1968, S. 126.
75 Hans *Meyer*, VVDStRL 33, S. 80 FN 33.
76 *Oppermann*, VVDStRL 33, S. 150.
77 Oben S. 54 ff.
78 Die mangelnde Klärung des Repräsentationsbegriffs wirft allerdings ihren Schatten auch auf die Diskussion um die Repräsentationsqualität des Bundesverfassungsgerichts. Vgl. *Stern*, BK, Art. 92, Rdnrn. 19 ff. m. w. N.
79 Aus der Tatsache, daß die repräsentativen Institutionen die Funktion eines Gegengewichts gegen Fehlentwicklungen im Verbandskräftespiel haben und dabei zwangsläufig den Verbänden in die Quere kommen, erklärt sich zu einem guten Teil die vehemente Kritik seitens der Verbände und der ihnen nahestehenden Autoren etwa an der Rechtsprechung (vgl. z. B. *Hartwich*, GMH 1975, S. 304 ff.; kritisch zu dieser Verbandskritik: *Rüthers*, Über den Arbeitskampf zur Revolution; dazu auch Leserbrief von Gerhard *Müller*, FAZ v. 17. 4. 1974) oder am gesamtwirtschaftlichen Sachverständigenrat (vgl. unten § 39 FN 20).

Die Erkenntnis, daß der komplexe demokratische Willensbildungsprozeß nicht nur von machtorientierten, sondern auch von sach- und wertausgerichteten („repräsentativen") Verfahrenskomponenten bestimmt wird[80], macht aber notwendige Anpassungen möglich und realistisch und liefert auch die fruchtbare Basis für eine Reformstrategie[81].

Rechts- und Sachkontrollen

Geht man einmal von der üblichen Unterscheidung von Rechtmäßigkeit und Sachrichtigkeit aus, ohne diese hier noch zu problematisieren, so kann man in der Bundesrepublik von einer „Hypertrophie" der „Prüfung der Rechtsfragen" und einer gewissen „Atrophie" der „Prüfung der Sachfragen" sprechen[82]. Das hängt wiederum mit der erwähnten Projektion der überkommenen due-process-Regeln auf den liberalen Ordnungsstaat zusammen. Die wichtigste Kontrolle der Betätigung der öffentlichen Hand wird demgemäß in der Rechtsprechung gesehen, und diese ist auch heute noch vor allem auf den Schutz des Bürgers vor Eingriffen der Staatsgewalt (in Freiheit und Eigentum) ausgerichtet. Dabei bleiben dann aber zwei Flanken gegen drohende Fehlentwicklungen ungedeckt, nämlich gegen die Unterlassung wichtiger Gemeinschaftsaufgaben und die Vornahme überflüssiger oder schädlicher, also gemeinwohlwidriger, Aktionen des Staates. Beide Fehlerquellen sind nach überkommener Vorstellung keine „Eingriffe". Sie werden deshalb vom Rechtsschutzsystem in seiner herkömmlichen Ausprägung nicht erfaßt. Gerade diese beiden offenen Flanken bilden nun aber die Haupteinbruchsstellen des Verbandseinflusses. Hier liegen die wesentlichen Bereiche, in denen allgemeine Interessen zu kurz kommen[83].

Erkennt man die Notwendigkeit, Kontrollen und Gegengewichte auch gegen derartige Fehlentwicklungen zu errichten, so kann man auf zwei Wegen vorgehen: Einmal kann man versuchen darzulegen, daß der Bereich der „Rechtsfragen" bisher zu eng gezogen und deshalb zu erweitern ist (ja daß der Unterschied zwischen Rechtmäßigkeit und Sachrichtigkeit möglicherweise überhaupt fallengelassen werden muß), um dadurch das Kontrollgewicht der Rechtsprechung als balancierendes Element zu aktivieren. Zum zweiten kann man versuchen, parallel zur Rechtskontrolle durch die Gerichte eine Sachkontrolle zu institutionalisieren[84] bzw. die vorhandenen Sachkontrollinstitutionen zu verstärken. Da die allgemeinen Interessen jede mögliche Unterstützung, die sich nur irgend mit dem Festhalten an der freiheitlich-demokratischen Grundordnung vereinbaren läßt, gebrauchen können, wäre es m. E. falsch, hinsichtlich der beiden genannten Möglichkeiten von vornherein von einem „Entweder-oder" auszugehen, vielmehr muß das Vorgehen von einem „Sowohl-als auch" getragen

---

80 Auch *Scharpf*, Demokratietheorie, S. 87, betont die Existenz eines „zweiten Systems der Interessenartikulation" neben den Interessengruppen, das „im politischen Prozeß wirksam ist, dessen Teilnehmer sich jedenfalls nicht überwiegend aus dem Kreis der unmittelbar betroffenen Interessenten rekrutieren." Vgl. auch schon C. *Schmitt* (Innerpolitische Neutralität, S. 45), der von „Gegenwirkungen" gegen Fehlentwicklungen im partiell-verbandlichen Prozeß spricht, „die in ihrer Gesamtwirkung ein ganzes Gegensystem bilden können."
81 Erst die Existenz auch der wert- und sachorientierten Verfahrensarten im politischen Prozeß erklärt auch, warum die allgemeinen Interessen bislang nicht völlig zu kurz gekommen, sondern immerhin bis zu einem gewissen Grad realisiert worden sind. Vgl. in diesem Sinne zum Umweltschutz: *Ellwein*, Interessenverbände, S. 38.
82 Diese von Herbert *Krüger* für die Verwaltungskontrolle geprägten Schlagworte (Staatslehre, S. 754) treffen schwerpunktmäßig auf die gesamte „Staatswillensbildung" zu.
83 Ähnlich *Noll*, Gesetzgebungslehre, S. 74.
84 Diese Frage spricht *Krüger*, Staatslehre, S. 753 f. — allerdings nur in bezug auf die Verwaltungskontrolle — an.

sein. In den folgenden Kapiteln wird deshalb die Tragfähigkeit beider Wege „abzuklopfen" sein: Die Frage, inwieweit die Rechtsprechung, insbesondere das Bundesverfassungsgericht, mittels einer richtig verstandenen „Rechtskontrolle" zur Eindämmung von Pluralismusdefiziten beitragen kann, wird im Kapitel G behandelt, die Frage nach (neu zu organisierenden oder zu stärkenden) Institutionen der „Sachkontrolle" in den Kapiteln H, I, J, K und L.

Ex ante- und ex post-Kontrollen

Versucht man, die möglichen Regelungen der Verfahren der Grundwerteoptimierung danach zu klassifizieren, auf welches Stadium der Willensbildung, der Entscheidung und Durchführung sie sich beziehen, so kann man zwischen Vor- und Nachverfahren unterscheiden. Typische Nachverfahren sind die Kontrolle durch die Rechtsprechung; sie kontrolliert bereits getroffene und in der Regel ins Werk gesetzte Entscheidungen im nachhinein nach bestimmten Kriterien. Regelungen des Vorverfahrens sollen dagegen bewirken, daß leicht zu kurz kommende Gesichtspunkte und Interessen möglichst schon von Anfang an bei der Willens- und Entscheidungsbildung berücksichtigt und dadurch die Chance für allseitige Richtigkeit der Entscheidungen von vornherein vergrößert wird. Dazu zu rechnen ist beispielsweise die Stärkung der Unabhängigkeit der Abgeordneten gegenüber Interessenteneinflüssen, die Ausgliederung der Geldpolitik aus dem Kompetenzbereich der Regierung und ihre Übertragung auf die aus dem unmittelbaren partei- und interessenverbandspolitischen Kräftespiel herausgelöste Bundesbank. Die institutionalisierte öffentliche Gutachtertätigkeit des gesamtwirtschaftlichen Sachverständigenrats nimmt eine Mittelstellung ein, weil sie einerseits die Wirtschaftspolitik der Vergangenheit kritisiert, andererseits Möglichkeiten für die zukünftige Wirtschaftspolitik aufzeigt. Ähnlich ist es mit der Finanzkontrolle durch die Rechnungshöfe: Die Prüfung getroffener Entscheidungen gehört zum Vorverfahren, die allmählich an Bedeutung gewinnende Beratung seitens der Rechnungshöfe zum Nachverfahren. Zwischen Vor- und Nachverfahren bestehen auch sonst gewisse Verbindungen. So mag eine strenge ex post-Kontrolle bei der Entscheidungsbildung bereits antizipiert werden und sozusagen per Rückkoppelung auch zu einer größeren anfänglichen Richtigkeit beitragen (Edukationswirkung). Auch eine (nachträgliche, z. B. gerichtliche) Kontrolle der Verfahrensregeln selbst, nach denen Entscheidungen zustandekommen, hat natürlich eine Vorwirkung, weil der Inhalt der Entscheidungen wesentlich vom Verfahren abhängt.

Restriktive Interpretation der Gewährleistungsartikel des Verbandseinflusses

Die Erkenntnis, daß im parlamentarischen Verbändestaat wesentliche Pluralismusdefizite zu erwarten sind, bewirkt nicht nur eine tendenzielle Aufwertung der repräsentativen Verfahrenskomponenten, sondern hat auch Auswirkungen auf die verfassungstheoretische Beurteilung der Grundgesetzartikel, die den Verbandseinfluß auf die politische Willensbildung legitimieren. Solange man glaubte, von inhaltlicher Ausgewogenheit der Ergebnisse des pluralistischen Prozesses ausgehen zu können, und deshalb den Blick auf den formal demokratischen Aspekt beschränkte[85], mußte die Einflußnahme durch Interessenverbände aus-

---
[85] Oben S. 43 ff., 130.

schließlich in günstigem Licht erscheinen; alles schien für eine Beibehaltung und mögliche Intensivierung dieses Einflusses zu sprechen. Verfassungsrechtlich mußte sich dieses Vorverständnis in einer extensiven Interpretation der Gewährleistungsartikel einer verbandlichen Einflußnahme[86], insbesondere der Art. 9 Abs. 1[87] und 5 Abs. 1 GG, niederschlagen. Bezieht man jedoch das (materialdemokratische) Richtigkeitselement mit ein[88] und betont die tendenziell undemokratischen Ergebnisse der Verbandseinwirkung (bes. das Zukurzkommen allgemeiner Interessen)[89], wie dies in der vorliegenden Arbeit geschieht, so ist per saldo die Eindämmung des Verbandseinflusses (nicht aber seine Ausschaltung)[90] zu befürworten und die Art. 5 Abs. 1, 9 Abs. 1 sind insoweit eher restriktiv zu interpretieren[91]; die Sozialpflichtigkeit der Verbände rückt in den Mittelpunkt des Interesses[92]. Man sieht, auch hier ist das verfassungstheoretische Vorverständnis von entscheidender Bedeutung[93].

Die Rechtsprechung des Bundesverfassungsgerichts zu Art. 5 GG bietet hier bereits einen gewissen Anknüpfungspunkt. In den „Lüth"-[94] und „Blinkfüer-Entscheidungen"[95] differenziert das Bundesverfassungsgericht danach, ob die Meinungsfreiheit „in Verfolgung eigennütziger Ziele"[96] erfolgt oder ihr „die Sorge um politische, wirtschaftliche, soziale oder kulturelle Belange der Allgemeinheit zugrunde liegt"[97]. Wer um der Allgemeinheit willen von der Meinungsfreiheit Gebrauch macht, könne einen erweiterten Freiheitsraum für sich in Anspruch nehmen. Diese funktionelle Auslegung des Art. 5[98] ist zwar mißverständlich begründet und hat deshalb erhebliche Kritik erfahren[99]; sie enthält aber, wenn man sie in einer bestimmten Weise versteht, m. E. einen nicht unwesentlichen Ansatzpunkt für die Bekämpfung von Pluralismusdefiziten mit den Mitteln der Verfassungsinterpretation.

Die Urteile des Bundesverfassungsgerichts sind insofern mißverständlich begründet, als sie einerseits die „Verfolgung eigennütziger Ziele" mit der Interessenwahrnehmung „im privaten, namentlich im wirtschaftlichen Verkehr"[100] und andererseits die politische Einwirkung auf die öffentliche Meinung mit der Wahrnehmung allgemeiner Interessen verknüpfen. Sie sind — als Folge dieser Verknüpfung — dahin verstanden worden, der verfassungsrechtliche Freiheitsraum für „politische" Meinungsäußerungen sei grundsätzlich weiter als für „private"[101]. Wäre die Rechtsprechung nur in dieser Weise zu interpretieren, so wäre sie in der Tat bedenklich. Einwände gegen diese Interpretation ergeben sich schon daraus, daß eigennützige Ziele durchaus nicht nur im wirtschaftlichen Verkehr, sondern auch im Wege politischer Einflußnahme

---

86 Oben S. 132 f.
87 Zu Art. 9 Abs. 3 vgl. oben S. 106 ff.
88 Oben S. 45 ff.
89 Oben S. 151 ff.
90 Oben S. 133.
91 Zum demokratischen Prinzip als Interpretationsmaxime für die Grundrechte „und zwar differenziert im grundrechtsverstärkenden, aber auch im begrenzenden Sinne" *Häberle*, DÖV 1974, S. 344; ähnlich auch *Herzog*, Maunz/Dürig/Herzog, Art. 5, Rdnr. 10.
92 *Lemke*, DÖV 1975, S. 253; *Biedenkopf*, Fortschritt in Freiheit, S. 108, 137. *Thieme*, ZRP 1969, S. 33: Es geht „nicht nur um die Gewährleistung der Freiheit, sondern ebenso um deren Grenzen im Interesse der Allgemeinheit, im Interesse der Handlungsfähigkeit des Staates als Diener der Gesellschaft".
93 Allgemein zur Bedeutung des verfassungstheoretischen Vorverständnisses für die extensive und restriktive Auslegung von Verfassungsbestimmungen oben S. 21.
94 BVerfGE 7, S. 198.
95 BVerfGE 25, S. 256 = DÖV 1969, S. 460.
96 BVerfGE 7, S. 198 (212).
97 BVerfG, DÖV 1969, S. 460.
98 Dazu auch *Herzog*, Maunz/Dürig/Herzog, Art. 5, Rdnrn. 2, 5, 8 ff., 249 ff.
99 *Klein*, Öffentliche und private Freiheit, S. 145; zustimmend *Soell*, Aspekte der Verfassungsentwicklung in der Bundesrepublik Deutschland, S. 16 ff., jeweils m. w. N.
100 BVerfGE 7, 198 (212).
101 *Klein*, Öffentliche und private Freiheit, S. 159 ff.; *Soell*, Verfassungsentwicklung, S. 16.

verfolgt werden. Instrument und Medium der politischen Durchsetzung privater Interessen ist der Interessenverband. Eine Zuordnung von eigennützigen Zielen zum wirtschaftlich-privaten Bereich und Allgemeininteressen zum politischen Bereich geht an der sozialen Wirklichkeit vorbei. Indes läßt sich die Rechtsprechung auch in anderer Weise interpretieren, nämlich dahin, daß der Meinungsfreiheit in Wahrnehmung allgemeiner Interessen grundsätzlich ein weiterer Raum zuzugestehen ist als in Wahrnehmung partikularer Interessen. Vor dem Hintergrund des in dieser Arbeit entwickelten verfassungstheoretischen Vorverständnisses erhält diese Interpretation auch einen guten Sinn, weil sie den im pluralistischen Kräftespiel besonders durchsetzungsschwachen allgemeinen Interessen — sozusagen als Kompensat — einen erweiterten verfassungrechtlichen Entfaltungsraum gibt[102]. Es geht dann nicht darum, „Privilegien zugunsten derjenigen, die sich an der politischen Willensbildung beteiligen", zu schaffen, wie Klein die Rechtsprechung des Bundesverfassungsgerichts versteht[103]; vielmehr geht es um die Stärkung der Durchsetzungskraft der organisationsschwachen allgemeinen Interessen, die denjenigen, die sich ihrer annehmen, zwar eine in gewisser Hinsicht bevorzugte Stellung geben, aber nicht um ihrer selbst willen im Sinne persönlicher Privilegien, sondern allein, um die Ausgewogenheit des pluralistischen Willensbildungsprozesses zu fördern.

Wenn in diesem Zusammenhang auch eine abschließende Stellungnahme, die vor allem auf die zahlreichen sich ergebenden Abgrenzungsschwierigkeiten eingehen müßte, nicht möglich ist, so dürften die Ausführungen doch deutlich gemacht haben, daß in der Rechtsprechung des Bundesverfassungsgerichts durchaus Ansatzpunkte für eine funktionelle Interpretation auch der Gewährleistungsartikel einer verbandlichen Einflußnahme gesehen werden können.

Fortentwicklung des Gewaltenteilungsgedankens

Die Verstärkung repräsentativer Komponenten der Willensbildung etwa durch Erhöhung der Unabhängigkeit von Regierung und Abgeordneten oder durch Aktivierung und eventuelle Neubildung unabhängiger Institutionen, wie der Rechtsprechung, der Bundesbank, des Bundespräsidenten, der Rechnungshöfe oder unabhängiger Sachverständigenräte, impliziert eine Fortentwicklung des Verständnisses der Gewaltenteilung. Diese behält zwar ihren Sinn, der in der Gewährleistung möglichst großer Richtigkeit politischer Entscheidungen liegt[104]. In Anbetracht der gewandelten staatsrechtlichen und politisch-soziologischen Verhältnisse kann dieser Sinn aber nur noch mittels gewandelter Einrichtungen erfüllt werden. Da Richtigkeit heute nicht mehr von dem früher sich auspendelnden Dualismus von (monarchischer) Regierung und Parlament gewährleistet wird[105], sondern beide, also Regierung *und* Parlament, zentral wichtige Belange (insbesondere allgemeine Interessen) vernachlässigen, müssen insoweit andere Einrichtungen ein Gegengewicht bilden. Solche Gegengewichte können *in* Parlament und Regierung oder von *außen* her wirken. Zur ersten Gruppe gehören etwa Regelungen, die die Unabhängigkeit der Abgeordneten stärken und so eine optimale Vertretung der gesamten Bandbreite der gesellschaftlichen Interessen (also nicht nur der schlagkräftig organisierten) ermöglichen[106]. Zur zweiten Gruppe zählen vor allem unabhängige re-

---

102 Diese Auslegung besäße dagegen keinen vernünftigen Sinn, wenn man von einer pluralistischen Harmonievorstellung ausgeht und mit Hans E. *Klein* unterstellt, die Einflüsse der Interessenverbände neutralisierten sich gegenseitig. *Klein*, Verfassungswidrigkeit staatlicher Parteienfinanzierung, in: Die Dritte Gewalt, 1966, S. 1 (6).
103 *Klein*, Öffentliche und private Freiheit, S. 165.
104 Näheres unten S. 254.
105 Unten S. 255 f.
106 *Häberle*, NJW 1976, S. 538 (541 f.).

§ 27 Due-Process-Pluralismus

präsentative Einrichtungen, die diese Funktion — allerdings mehr im verfassungstheoretischen Verborgenen — auch bereits in einigem Umfang übernommen haben.

Damit dürfte die Richtung für eine weitere verfassungstheoretische Entwicklung des Gewaltenteilungsgedankens vorgezeichnet sein: Das System der Gewaltenteilung ist unter Aufrechterhaltung seines Sinns (Gewährleistung möglichst großer Richtigkeit) fortzuentwickeln zu einem System, in dem die Ausgewogenheit der Interessenwahrnehmung im Mittelpunkt steht und auch die unabhängigen Institutionen, die im herkömmlichen System der Gewaltenteilung nicht unterzubringen sind[107], ihren Platz und ihre Funktion haben[108]. Einige Ansätze in diese Richtung werden in der vorliegenden Arbeit unternommen.

Wandel im Inhalt des Sozialstaatsprinzips

Wie oben dargelegt[109], läßt sich der Inhalt des Sozialstaatsprinzips jedenfalls der generellen Richtung nach umreißen. Das Sozialstaatsprinzip fordert den Staat dazu auf, „das jeweils Notwendige zu tun" (Benda)[110]. Was notwendig ist, läßt sich zwar selten ganz exakt und im einzelnen ermitteln; über die allgemeine Richtung können jedoch eher Schlüsse mit der notwendigen Sicherheit gezogen werden. Diese Richtung hängt von den (auftretenden und als solche erkannten) Fehlentwicklungen ab, die sich aber im Laufe der Zeit ändern bzw. Schwerpunktverschiebungen erfahren können. Insoweit ist auch der Inhalt des Sozialstaatsprinzips einem Entwicklungsprozeß unterworfen. Was nötig ist zu tun, bestimmt sich heute in der Tat schwerpunktmäßig anders als früher: In den vergangenen hundert Jahren ging es vor allem um die Wahrung der Belange der Arbeiterschaft und der in ähnlicher Weise Abhängigen[111]. Dies entspricht auch dem herkömmlichen Sprachgebrauch[112]. „Sozial heißt hier zuerst dasselbe wie in der Wortverbindung ‚soziale Frage' und bezieht sich auf die wirtschaftliche, kulturelle und politische Emanzipation der Arbeiterklasse"[113]. „Sozial" heißt aber seinem eigentlichen Wortsinn nach ganz allgemein „gesellschaftlich", und die Besinnung darauf muß heute im Vordergrund stehen[113]. Das Sozialstaatsprinzip fordert vom Staat die Bekämpfung *aller* gemeinschaftserheblichen Fehlentwicklungen. Dazu gehört namentlich auch das Zukurzkommen allgemeiner Interessen. Es wurde oben dargelegt, daß sich die politischen Agenda zunehmend von der Gruppengerechtigkeit auf die allgemeinen Interessen verlagert haben[114]. Diese Entwicklung findet heute ihren Niederschlag im Inhalt des Sozialstaatsprinzips[115]. Aus dem Sozialstaatsprinzip ergibt sich deshalb zunächst einmal die verfassungsrechtliche Verpflichtung des Staates, in Richtung auf eine Bekämpfung

---

107 Auch die Rechtsprechung hatte in der ursprünglichen Lehre von der Gewaltenteilung, die vornehmlich das Verhältnis zwischen Legislative und Exekutive betraf, keinen rechten Platz und jedenfalls keine gleichwertige Funktion. Unten S. 255.
108 Ähnlich *Brunner*, Kontrolle, S. 40, 140 f. Weitere Angaben unten S. 374 f.
109 Oben S. 39 ff.
110 Oben § 7 FN 50.
111 Oben S. 40.
112 *Benda*, Industrielle Herrschaft, S. 101.
113 *Badura*, DÖV 1966, S. 624 (625).
114 Oben § 26.
115 *Herzog*, Staatslehre, S. 144: „Es wäre in der gegenwärtigen anthropologischen Situation ein Fehlschluß ersten Ranges, wenn man den Begriff der Sozialstaatlichkeit allein als Auftrag des Staates zur Durchsetzung größerer sozialer Gerechtigkeit verstehen würde. Daseins-, Wachstums- und Fortschrittsvorsorge ... gehören unter den Bedingungen des wissenschaftlich-technischen Zeitalters zu ... (den) genuinen Aufgaben des Staates."

auch und gerade dieser Fehlentwicklung tätig zu werden und z. B. Vorkehrungen gegen die zunehmende Schädigung der Umwelt zu treffen[116].

Die bloße Feststellung der generellen Pflicht des Staates, allgemeine Interessen besonders zu schützen, reicht heute aber nicht mehr aus. Sie ist ja bereits Inhalt (der materiellen Komponente) des Demokratieprinzips[117], ohne daß dies doch ein Zukurzkommen allgemeiner Interessen in der pluralistischen Willensbildung, wie sie derzeit rechtlich-verfahrensmäßig institutionalisiert ist, hätte verhindern können[118]. Was not tut, ist nicht die Postulierung der abstrakten Pflicht, allgemeine Interessen verstärkt zu wahren, unter Ausblendung der derzeitigen Mängel des Willensbildungsverfahrens, sondern die konkrete Anpassung dieses Verfahrens an die neue Gefahrenlinie, die sich aus dem Aufkommen des modernen Verbände- und Leistungsstaats ergibt[119]; erst wenn die erforderlichen verfahrensmäßigen und institutionellen Vorkehrungen getroffen werden, kann der nötige Zwang geschaffen und so die angemessene Wahrnehmung allgemeiner Interessen wirklich gesichert werden. Damit ergibt sich nach der schwerpunktmäßigen Verlagerung der Zielrichtung der sozialstaatlichen Aktivität vom Schutz unterprivilegierter Gruppen zur Wahrung allgemeiner Interessen eine neuerliche Akzentverlagerung. Zwar geht es auch hierbei um die Wahrung allgemeiner Interessen, aber weniger um die Feststellung der Notwendigkeit ihrer Wahrung durch den (als eine Art deus ex machina verstandenen) Staat, als vielmehr um die bewußte und konkrete Schaffung des verfahrensmäßig-institutionellen due process der gemeinschaftserheblichen Willensbildung, durch welchen das Postulat der angemessenen Wahrung allgemeiner Interessen erst durchgesetzt wird. In der Verpflichtung des Staates, derartige verfahrensmäßig-institutionelle Voraussetzungen zu schaffen, liegt die zentral wichtige neue Komponente des Sozialstaatsprinzips, die neben seinen bisherigen Inhalt tritt und sozusagen das verfassungsrechtliche Gegenstück zur „Neuen Sozialen Frage"[120] bildet.

§ 28 Exkurs: Falsche Alternativen, oder: Das Ausklammern der Fundamentalfrage

Wie aus den bisherigen Ausführungen hervorgeht, lautet die entscheidende Frage, wie die staatliche Willensbildung organisiert sein muß, um gemeinwohladäquate Entscheidungen zu gewährleisten oder doch die Chance für solche Entscheidungen möglichst groß zu halten. Die Frage nach dem „due process" ist die Fundamentalfrage allen heutigen Staats- und Verfassungsdenkens. Ihre Erörterung und möglichst befriedigende Beantwortung, bei der sich Juristen, Sozial- und auch Naturwissenschaftler begegnen müssen, ist *der* strategische Ansatzpunkt für die moderne Wissenschaft vom Staat, von dem aus erst alle anderen Probleme in der richtigen Perspektive zu sehen und zutreffend einzuordnen und zu behandeln sind.

Die Bedeutung dieser Fragestellung wird in den traditionell orientierten Zweigen der Staatsrechtslehre vielfach noch nicht klar gesehen. Die Feststellung Forsthoffs, es sei Aufgabe des Staates, die allgemeinen Interessen, die allen Staatsbürgern gemeinsam sind, und damit das Gemeinwohl auch gegen den Wi-

---

[116] Nachweise oben § 7 FN 58.
[117] Oben S. 46.
[118] Oben S. 170 ff.
[119] Oben S. 183 ff.
[120] Oben S. 176.

§ 28 Exkurs: Falsche Alternativen

derstand der organisierten Interessen durchzusetzen[1], ist zwar völlig zutreffend; auch die aus dem Zukurzkommen dieser Interessen gezogene Konsequenz, der Staat müsse, um wirksam gegenhalten zu können, gestärkt werden[2], erscheint konsequent und richtig, sofern eben „Stärke" funktional als Fähigkeit, Gemeinwohladäquates, soweit nötig auch gegen die Wünsche von Interessenverbänden, durchzusetzen („innere Souveränität"), verstanden wird. Statt nun aber der Frage wirklich nachzugehen, inwieweit der „Staat" diese Fähigkeit besitzt und wie sie verstärkt werden kann, werden nicht selten mit großem wissenschaftlichen Aufwand Scheingefechte ausgetragen, die nur vor dem Hintergrund historisch überholter Vorstellungen verständlich sind; diese Vorstellungen halten dadurch nicht nur ihre Vertreter, sondern auch ihre Gegner gefangen. Auf diese Weise konzentriert sich die wissenschaftliche Diskussion leicht auf Fragen, die am entscheidenden Problem vorbeigehen; man hat sie deshalb nicht zu Unrecht als „Klingenkreuzen auf verfehltem Gelände" bezeichnet[3].

So enthält die These Carl Schmitts[4], Forsthoffs[5] und Herbert Krügers[6] vom „Ende des Staates" oder doch von der fortschreitenden „Entstaatlichung"[7] angesichts der Durchsetzungsschwäche allgemeiner Interessen, wenngleich pointiert übertrieben, durchaus einen richtigen Kern. Wegen ihrer historischen, dogmatischen und wissenschaftstheoretischen Rückwärtsgewendetheit bekommen die genannten Autoren die Fundamentalfrage jedoch nicht ins Visier, auf welche Weise die Willensbildung in der parlamentarischen Demokratie möglichst gut organisiert und ausgestaltet werden muß. Sie verharren stattdessen entweder an der „Klagemauer"[8] wie Forsthoff[9], flüchten sich in moralische Appelle wie Krüger[10] oder entwickeln ein Bild, das für den Befürworter einer an der Realisierung der Grundwerte des Grundgesetzes ausgerichteten Staatsorganisation völlig unakzeptabel ist[11].

Ein Hauptgrund für das Verfehlen der Fundamentalfrage liegt m. E. in einem Analysemangel. Die genannten Autoren verkennen, daß das Zukurzkommen allgemeiner Interessen nicht primär auf fehlenden moralisch-sittlichen Elementen, sondern auf fehlenden allgemeinverbindlichen Regeln und Institutionen beruht, deren Durchsetzung wiederum keine Sache der Moral, sondern eine solche der

---

1 *Forsthoff*, Industriegesellschaft, S. 121. Ebenso schon *Kaiser*, S. 320; *Dagtoglou*, Interessenvertreter, S. 172.
2 Statt vieler: *Herzog*, Staatslehre, S. 393; vgl. auch die Ansprache von Bundeskanzler Helmut *Schmidt* vor dem 50. Deutschen Juristentag 1974 in Hamburg, Bulletin der Bundesregierung 1974, S. 1145 (1148).
3 *Ridder*, VVDStRL 10, S. 124 (126).
4 C. *Schmitt*, Der Begriff des Politischen. Text von 1932 mit einem Vorwort und drei Corollarien, 1963, S. 10: „Die Epoche der Staatlichkeit geht jetzt zu Ende. Darüber ist kein Wort mehr zu verlieren."
5 *Forsthoff* enthält sich zwar einer ausdrücklichen „Todeserklärung des Staates" (Der Staat der Industriegesellschaft, S. 46), hat bezeichnenderweise aber ein Kapitel dieses Buchs mit „Erinnerung an den Staat" überschrieben (S. 11 ff.).
6 *Krüger*, Der Staat 1971, S. 1.
7 *Häberle*, AöR 1973, S. 119 (134).
8 Vgl. auch *Grimm*, AöR 1972, S. 489 (494). *Häberle*, AöR 1973, S. 130, weist zutreffend darauf hin, daß „Retrospektivität" unversehens in „Retroaktivität" umschlägt und eine retrospektive Staatslehre sich dadurch die Chance nimmt, „Pluralismusdefizite" zu verringern.
9 Mit der Bezeichnung aller Formeln und Konzepte zur Stärkung des Staates als „utopisch" (Industriegesellschaft, S. 49) erweckt *Forsthoffs* Darstellung den Eindruck einer Klage ohne Hoffnung.
10 Näheres unten S. 203 ff.
11 Vgl. C. *Schmitt*, Weiterentwicklung des totalen Staates in Deutschland, in: Verfassungsrechtliche Aufsätze, S. 361: „Ein solcher Staat läßt in seinem Innern keinerlei staatsfeindliche, staatshemmende oder staatszerspaltende Kräfte aufkommen. Er denkt nicht daran, die neuen Machtmittel seinen eigenen Feinden und Zerstörern zu überliefern und seine Macht unter irgendwelchen Stichworten, Liberalismus, Rechtsstaat oder wie man es nennen will, untergraben zu lassen. Ein solcher Staat kann Freund und Feind unterscheiden. In diesem Sinne ist jeder echte Staat ein totaler Staat."

F. II. Laissez-Faire- und Due-Process-Pluralismus

Vernunft (der „am Eigenintresse orientierten Rationalität")[12] ist[13]. Dieser Analysemangel ist ein wesentlicher Grund für den Skeptizismus der Forsthoffschen und die Wirklichkeitsferne der Krügerschen Abhilfeüberlegungen. Wer meint, es käme zentral auf die Mobilisierung geistig-sittlicher Einstellungen an[14], auf die Reaktivierung einer Staatsideologie[15], der muß angesichts der in der Tat relativ geringen Chancen, diese auf absehbare Zeit in ausreichendem Maß zu erreichen, entweder resignieren (wie Forsthoff) oder seine Zuflucht in weltfremdem Optimismus suchen (wie Krüger). Zur Frage, ob nicht der Gedanke, der den „Spielregeln" der Industriegesellschaft zugrunde liegt, die, wie Forsthoff selbst erkennt, allein auf Einsicht beruhen[16], in entsprechender Form auch auf den Bereich der staatlichen Willensbildung übertragen werden kann, stößt ein solches Ausgangsverständnis dann schwerlich noch[17] vor. Ein solches Verständnis sieht die möglichen Abhilfen nicht[18]. Und die Realisierung der Vorbedingungen, die es für eine Besserung für unerläßlich hält, ist mehr oder weniger utopisch[19].

Ein weiteres kommt hinzu: Für Hegel-Anhänger mag es wegen der Charakterisierung des Staates als „Wirklichkeit der sittlichen Idee" scheinbar fernliegen, den „Niedergang des Staates" mit anderen Mitteln als durch ethische und moralische Appelle an die Staatsführung und die Staatsgesinnung der Bürger aufzuhalten[20]. Dahin wirkt auch eine deterministische Grundeinstellung; diese läßt ihre Anhänger zwar möglicherweise noch zu einer „Realanalyse" gelangen, Abhilfevorschläge sind aber nicht mehr zu erwarten, weil sie neben den deterministischen Gedankenbahnen liegen, so daß die Realanalyse der tradierten Theorie lediglich apodiktisch gegenübergestellt und dadurch „der Eindruck der Unstimmigkeit noch verstärkt" wird[21]. Auf diese Weise verführt eine (oberflächliche)[22] Hegelsche Tradition ihre Anhänger also entweder zum bloß moralischen Appellieren oder zur „ohnmächtigen Realanalyse". Die Möglichkeit einer Änderung zum Besseren durch bewußtes Handeln der Menschen, von der die vorliegende Arbeit als Prämisse ausgeht, liegt anscheinend außerhalb dieses Denkens.

Aus historischer Perspektive läßt sich das Verfehlen der eigentlichen Problematik auch mit der mächtigen Überlieferung Rousseaus und der bürgerlich-liberalen Repräsentationsvorstellung erklären. Denn große Teile der Staatslehre gingen entsprechend dieser Überlieferung mehr oder weniger ausdrücklich davon aus, die Existenz aller Arten von Interessengruppen und ihre Einflußnahme auf die Staatswillensbildung sei eo ipso gemeinwohlschädlich[23]. Die Frage, ob und inwieweit die gesellschaftlichen Gruppenkräfte auch notwendige und legitime Funktionen erfüllen, sich gegenseitig in Schach halten und evtl. zu einem dem

---

12 *Forsthoff*, Industriegesellschaft, S. 57.
13 Oben S. 123.
14 *Forsthoff*, Rechtsstaat im Wandel, S. 73 f., 77; ders., Industriegesellschaft, S. 61 ff.; ähnlich *Doehring*, Der Autoritätsverlust des Rechts, FS *Forsthoff*, 1972, S. 103.
15 *Forsthoff*, Rechtsstaat im Wandel, S. 224.
16 *Forsthoff*, Industriegesellschaft, S. 47.
17 Oder nur noch nebenbei: *Forsthoff*, Industriegesellschaft, S. 124 f.; ders., Rechtsstaat im Wandel, 2. Aufl., S. 39 (47).
18 Dazu auch unten S. 262.
19 Vgl. *Forsthoff*, Industriegesellschaft, S. 49.
20 Vgl. aber oben S. 191.
21 *Steinberg*, Pluralismus, S. 493.
22 Oben S. 191.
23 Die Einflußnahme pluralistischer Gruppen erschien „notgedrungen als ein Attentat auf die Souveränität des Staates, als Auflösungssymptom". *Ehmke*, FS *Smend*, 1962 S. 23 (42), der diese Sicht selbst verwirft, allerdings dann in das entgegengesetzte Extrem verfällt. (Oben S. 181 f.).

§ 28 Exkurs: Falsche Alternativen

Gemeinwohl entsprechenden Ausgleich tendieren, stellt sich gar nicht explizit. Die Möglichkeit eines Ausgleichs im Kräftespiel der Gruppeninteressen wird vielmehr von vornherein verneint[24]. Diese Verkürzung der Argumentation[25] führte viele dazu, den Einfluß der Interessenverbände auf Gesetzgebung und Administration grundsätzlich als illegitim abzulehnen[25] („Interessenverbandsprüderie")[26]. Die sich damit angesichts des unübersehbar mächtigen Gruppeneinflusses auftuende Kluft zwischen Verfassungsideologie und Verfassungssoziologie[27] ist aber so tief und unüberbrückbar, daß sie die Beziehung zu unserer pluralistischen Wirklichkeit zerreißt[28], ein fruchtbares Spannungsverhältnis zwischen Wertvorstellungen und Wirklichkeit unmöglich macht und damit den Weg zu einer Verfassungstheorie und zu einer verfassungspolitischen Therapie versperrt, die der pluralistischen Gesellschaft unserer Tage gemäß sind[29]. Das Festhalten an überlieferten und dogmatisierten Lehrbeständen trotz Fortfalls der tatsächlichen Voraussetzungen verurteilte die Staatslehre so zur Hilflosigkeit gegenüber den wirklichen Problemen[30]. Eingebettet in die scheinbare Gewißheit einer überlieferten Staatskonzeption mag diese Lage zwar subjektiv bisweilen gar nicht empfunden werden; dadurch wird die objektive Situation allerdings nur noch gefährlich verschärft[31]. Hier zeigt sich ein Beispiel für das überlange Hinterherhinken der Rechtstheorie hinter der sozialen Entwicklung[32], deren wichtigste Ursachen, wie Martin Drath mit Recht betont[33], die mangelnde Vertrautheit vieler Juristen mit den modernen Sozialwissenschaften und deren Erkenntnissen sein dürften; diese ist ihrerseits wiederum eine Folge der Trennung der Jurisprudenz von der Soziologie und der Philosophie im 19. Jahrhundert[34].

Während der Soziologe Bentley sich auf die Darstellung der Wirklichkeit beschränkte und damit die unerläßliche normative Komponente jeder Verfassungs- und Gemeinwohltheorie zwangsläufig zu kurz kam, zog sich die traditionelle deutsche Staats- und Verfassungslehre auf ein historisch überholtes normatives Modell zurück, wodurch die Erfassung und vernünftige Beurteilung der Wirklichkeit und damit die andere Komponente einer Verfassungstheorie[35] notleidend wurde[36]. Bei der Behandlung des Themas „Staat und Verbände" haben sich die

---

24 Demgegenüber hat *Kaiser* die notwendige Anpassung des Repräsentationsbegriffs an die Entwicklung erkannt und festgestellt, daß auch „das Zusammenspiel, die Konkurrenz und die Balance der organisierten Interessen" eine Form von Repräsentation sein kann. Oben S. 191.
25 Die Situation ist insoweit ähnlich wie bei der Frage, ob und inwieweit die wettbewerblich-marktwirtschaftliche Selbststeuerung zum Gemeinwohl führen kann (und inwieweit sie es nicht kann). Daß *Forsthoff* diese Frage 1938 gar nicht gestellt (geschweige denn untersucht und, soweit möglich, beantwortet) hat, veranlaßte ihn zu seinem Schluß von der Wichtigkeit einer Gemeinwohlaufgabe auf die Erfüllungsnotwendigkeit durch den Staat, den er später aber selbst korrigiert hat (oben S. 83, 91). Wie *Bentley* die marktwirtschaftliche Harmonievorstellung auf die Gruppen übertragen hat, so übertrug die deutsche Staatslehre ihre Vorstellung von der „zu eigener Ordnung unfähigen Gesellschaft" auf die Gruppen und die Beurteilung ihres Einflusses auf den Staat.
26 Fraenkel, Deutschland, S. 169.
27 Fraenkel, Deutschland, S. 169.
28 Scheuner, DÖV 1965, S. 577.
29 Scheuner, DÖV 1965, S. 578.
30 Heller, Die Krisis der Staatslehre, Ges. Schriften II, S. 9; Leibholz, Strukturprobleme, S. 263; ferner Steinberg, Pluralismus, S. 488 ff. m. w. N.
31 Die Zusammenhänge sind schon vor mehr als 60 Jahren (!) unübertrefflich beschrieben worden von Dewey, German Philosophy and Politics, 1915, S. 12.
32 Oben S. 95 ff.
33 Drath, Über eine kohärente sozio-kulturelle Theorie des Staates und des Rechts.
34 Heller, Die Krisis der Staatslehre, Ges. Schriften II, S. 3 (8 ff.); Hennis, Politik und praktische Philosophie, S. 116 ff.
35 Oben S. 17 f.
36 Dazu Steinberg, Pluralismus, S. 488 ff. Ferner Eisfeld, PVS 1971, S. 332 (346): Die deutsche Tradition einseitiger Staatsüberhöhung kontrastiert mit der amerikanischen Tradition einseitiger Gesell-

F. II. Laissez-Faire- und Due-Process-Pluralismus

Mängel und Gefahren fachlich isolierter Arbeitsweisen besonders deutlich gezeigt; hier liegt damit zugleich die Unerläßlichkeit interdisziplinärer Zusammenarbeit von Sozial- und Rechtswissenschaften deutlich zutage wie kaum wo sonst.

Nicht weniger wird aber auch das Wesentliche verfehlt, wenn der These vom Ende des Staates der „außerordentliche Zuwachs an Staatsmacht und Staatsvolumen", „das quantitative Wachstum der staatlichen Tätigkeit und eine grandiose Machtausweitung nach innen" entgegengehalten werden[37]. Denn die Zunahme der Staatstätigkeit zeigt durchaus nicht notwendig eine Stärkung des Staates an[38], sie kann ebenso Zeichen einer Schwäche sein, das Gemeinwohlkonforme etwa gegen Partikularinteressen durchzusetzen[39]. Als Beispiel sei auf die rasante Vermehrung der Subventionen hingewiesen.

Auch die Diskussion um die Aufteilung und Abgrenzung von Kompetenzbereichen zwischen Staat und Gesellschaft, also die rechtliche Festlegung des Bereichs zulässiger Staatstätigkeit einerseits und eines ausgegrenzten, dem Privatmann vorbehaltenen Bereichs andererseits, deren Ursprung in der Vorstellung von der Abschichtung der gesellschaftlichen von der staatlichen Sphäre zu suchen ist, stößt nicht bis zur Grundfrage durch oder ergibt doch jedenfalls wieder nur argumentativ unzulässig verkürzte Antworten. Die zu dieser Thematik vertretenen Positionen beleuchten jedoch wichtige Vorüberlegungen, weshalb es sinnvoll ist, sie hier zu skizzieren. Die Diskussion, die vornehmlich unter dem Aspekt der Verfassungsauslegung geführt wird, geht letztlich um die Alternative, ob dem Staat tendenziell enge verfassungsrechtliche Grenzen gezogen werden oder ob diese Grenzen möglichst weit sein sollen.

Die letztere Alternative befürwortet unter den zeitgenössischen bundesdeutschen Staatsrechtlern besonders Herbert Krüger mit Nachdruck. Er geht davon aus, der Wirtschafts- und Wohlfahrtsstaat verlange sehr viel mehr Gestaltungsfreiheit als der lediglich Gefahren abwehrende Staat[40]; zudem seien Bereiche, in denen das Eingreifen des Staates möglicherweise sehr rasch erforderlich werden könne, heute weniger als in früheren Zeiten voraussehbar, so daß eine starre Kompetenzverteilung äußerst gefährlich werden könne. Um allen und gerade auch den unvorhergesehenen Lagen wirksam und rasch begegnen zu können,

---

schaftsüberhöhung. *Sontheimer*, Staatsidee und staatliche Wirklichkeit heute, S. 22: Die „dialektische Spannung" zwischen Interessenvertretung und Gemeinwohl wurde von dem „deutschen Staatsgedanken" zu Lasten der Interessenvertretung, von den amerikanischen Pluralisten zu Lasten des Gemeinwohls aufgehoben. Erforderlich ist aber, wie wir zu ergänzen haben, ein Festhalten an der Spannung, weil beides (Interessenwahrnehmung *und* Korrektur des Parallelprogramms der Gruppenkräfte im Sinne des Gemeinwohls) unerläßlich ist.

37 So noch *Sontheimer*, in: Staatsidee und staatliche Wirklichkeit heute, S. 20; ebenso *Steinberg*, AöR 1971, S. 465 (484); zu optimistisch und das Problem auslassend auch *Scheuner*, DÖV 1965, S. 577 (580): Die Entscheidungsfülle und Aktivität des Staates gerade als Einrichtung des Ausgleichs zwischen und über den Gruppen sei ständig im Wachsen.

38 *Forsthoff*, Haben wir zuviel oder zuwenig Staat? (1955), in: Rechtsstaat im Wandel, S. 63 (64); Werner *Weber*, Der Staat und die Verbände, S. 25; *ders.*, Spannungen, S. 137.

39 Vgl. C. *Schmitt*, Der Hüter der Verfassung, 1931; *ders.*, Verfassungsrechtliche Aufsätze, 1958, S. 361: „Totaler Staat aus Schwäche", weil er alle Ansprüche der Interessen erfüllen muß. *Krüger*, Staatslehre, S. VI: Der Staat ist heute überall „mehr aufgeschwemmt als wirklich kräftig." *Forsthoff*, Industriegesellschaft, S. 24. Vgl. von seiten der Theorie der Wirtschafts- und Finanzpolitik Walter *Eucken*, Wirtschaftspolitik, S. 327: Die Zunahme der Staatstätigkeit nach Umfang und Intensität verschleiere den Zustand des Staates, der mächtig scheint, aber abhängig ist. „Man stellt es sich meist nicht anschaulich genug vor, welch wesentlichen, oft entscheidenden, aber unkontrollierten Einfluß Verbände der Industrie, Landwirtschaft und des Handels, größere Monopole und Teilmonopole, Konzerne und Gewerkschaften auf die Willensbildung der Staaten ausüben". *Neumark*, Grundsätze, S. 229: Es ergebe sich „die Kombination einer (pseudo-)starken Regierung und eines (faktisch) schwachen Staates, der von den Verbänden als Initiatoren des punktuellen Dirigismus weitgehend beherrscht wird."

40 *Krüger*, Staatslehre, z. B. S. 329.

§ 28 Exkurs: Falsche Alternativen

müsse die Staatsgewalt deshalb die Blanko- und Generalvollmacht besitzen, „je nach der Notwendigkeit das geeignetste Mittel wählen und einsetzen zu dürfen"[41], ihr komme also die „Kompetenz-Kompetenz" zu[42]. Das Recht dürfe die Bewegung des Staates nicht hemmen, sondern müsse sie fördern, der Staat dürfe nicht als Fahrzeug verstanden werden, dessen wichtigster Teil die Bremsen seien[43].

Die entgegengesetzte These wird von liberalen Denkern vertreten[44], derzeit besonders energisch von Milton Friedman[45], der dem Staat möglichst enge Fesseln anlegen und seine Tätigkeit auf ein Minimum beschränkt sehen möchte. Während die traditionelle deutsche Staatsrechtslehre die Staatsgewalt als den letzten Hort der Menschen und ihres gerecht und richtig geordneten Zusammenlebens versteht und Krüger ihr deshalb die umfassende kompetenzmäßige Voraussetzung schaffen will, das jeweils Notwendige zu tun, sehen die Liberalen in aller Machtakkumulation — gerade auch in der Staatshand — primär ein Übel, das es durch Beschränkung der staatlichen Befugnisse möglichst zu verringern gelte. Nun ist Staatsgewalt als solche aber m. E. weder ein Heil noch ein Übel, wie Macht für sich gesehen weder gut noch böse ist[46]. Alles kommt vielmehr auf ihren guten oder schlechten, heilsamen oder verhängnisvollen Gebrauch an[47]. Damit stehen wir wiederum vor der Fundamentalfrage, wie und inwieweit der heilsame Einsatz der Staatsmacht gewährleistet werden kann.

Krügers Antwort auf diese Frage beruht letztlich auf einem Appellieren an das bessere (intellektuelle und moralische) Ich des Menschen. Kernpunkt seiner Überlegungen ist seine Vorstellung von der Repräsentation, die er als „entscheidendes Bildungsgesetz des Modernen Staates" bezeichnet. Sie soll bewirken, „daß die staatliche Gruppe nicht als natürliches Ich, sondern als ihr besseres Ich existiert und handelt". „Das Wesen der Repräsentation als Vorgang der Selbstvergütung" verlange vom Staatsbürger intellektuelle und moralische Anspannung, wenn er als Staatsbürger tätig werde, wie z. B. bei Wahlen. Das gelte, immer mit der gebotenen Steigerung, für den Abgeordneten, für die Fraktion und schließlich für die Regierung. Die Idee der Repräsentation verlange also vom natürlichen Menschen „eine spontane innere Wandlung, mindestens im Maße einer Selbst-Erhebung und Selbst-Berichtigung über seine natürliche Natur hinaus"; „aus der Kombination und Steigerung solcher Selbst-Erhebungen und Selbst-Berichtigungen (sei) das Höchstmaß der vom Menschen überhaupt erreichbaren Richtigkeit" zu erwarten[48].

Im Lichte des dieser Arbeit zugrundeliegenden Gemeinwohlkonzepts sind Krügers Ausführungen wie folgt zu beurteilen. Nach den angeführten Zitaten scheint es, als ob Krüger von den beiden Verfahrensarten zur Erlangung möglichst richtiger Entscheidungen[49] hier nur eine, nämlich die wert- und erkenntnisorientierte im Auge habe. In anderem Zusammenhang wird jedoch deutlich, daß Krüger

---

41 *Krüger*, Staatslehre, S. 196; zustimmend *Herzog*, Staatslehre, S. 148. Ähnlich auch *Wagner*, DÖV 1968, S. 604; ders., VVDStRL 27, S. 47.
42 *Herzog*, Staatslehre, S. 147. Kritisch dazu *Häberle*, AöR 1973, S. 119 (134).
43 *Krüger*, VVDStRL 15, S. 109 (129); vgl. auch *Meyer*, VVDStRL 33, S. 177 f.
44 Die beiden alternativen Thesen lassen sich auch auf unterschiedliche philosophische Wurzeln zurückführen, die *Krüger*'sche Alternative auf französische, die liberale Alternative auf englische Überlieferung. Dazu *v. Hayek*, Die Verfassung der Freiheit, Kap. IV (S. 65 ff.).
45 *Friedman*, Kapitalismus und Freiheit; *v. Hayek*, Die Verfassung der Freiheit; ders., Freiburger Studien.
46 *v. Jhering*, Der Zweck im Recht, 3. Aufl., Leipzig 1893, S. 421 f.
47 *Kaiser*, Repräsentation, S. 182: Macht hat ein Janusgesicht, sie kann sowohl gut als böse sein, je nach dem Gebrauch, der von ihr gemacht wird.
48 *Krüger*, Staatslehre, S. 233, 236, 238, 240 f.
49 Oben S. 50 ff.

F. II. Laissez-Faire- und Due-Process-Pluralismus

auch die Notwendigkeit der Anwendung machtbestimmter Verfahrensweisen zur Gemeinwohlkonkretisierung durchaus nicht übersehen hat. Es sei Aufgabe der Verfassung eines Staates, so schreibt er dort, ein „geordnetes Verfahren" zur „Kanalisierung" der „Mächte des politischen Lebens" zu schaffen und ihnen auf diese Weise „die Bahnen ihrer Wirksamkeit zu ziehen"[50]. Dem entspricht es, wenn Krüger die Gewaltenteilung als Vorkehrung versteht, durch welche via Gleichgewicht eine größere Richtigkeit der Staatswillensbildung erreicht werden soll[51].

Die Frage, *wie* ein geordnetes machtdeterminiertes Verfahren im einzelnen auszugestalten sei, läßt Krüger allerdings ausdrücklich offen[52]; ihre Behandlung sei Aufgabe der Verfassungslehre[53]. Dabei übersieht er aber, daß eine sinnvolle Trennung von Staats- und Verfassungslehre heute nicht mehr durchführbar ist, weil es jedenfalls für eine demokratische Verfassungslehre eine unverfaßte, vorgegebene Staatlichkeit gar nicht geben kann[54] und mit dem Ausklammern der Verfassungssätze, deren eigentlicher Sinn es ja gerade ist, die Voraussetzungen für möglichst große Richtigkeit gemeinschaftserheblicher Willensbildung zu schaffen[55], unversehens das Wichtigste von allem ausgeschlossen würde.

Ebensowenig sagt Krüger etwas über die organisierte und institutionelle Ausgestaltung des wert- und erkenntnisbestimmten Gemeinwohlverfahrens. Ihm ist zwar darin zuzustimmen, daß die Vorbereitung gemeinwohlkonformer Entscheidungen letztlich nicht ohne die Aktivierung intellektueller und moralischer Fähigkeiten der Menschen auskommt. Wie wir oben gezeigt haben[56], setzt dies aber ein vielschichtiges, kompliziertes Ineinandergreifen von Wissens- und Wertungselementen voraus, das nicht durch „spontane innere Wandlung" erzeugt werden kann. Erforderlich ist vielmehr die Einrichtung von Institutionen, welche erst diejenigen Bedingungen schaffen können, die der Bewältigung des komplizierten Prozesses durch Herbeischaffen und Aufbereiten des vorhandenen Wissens- und Wertungspotentials förderlich sind; sie müssen vor allem auch ein möglichst großes Maß von Unvoreingenommenheit und Unabhängigkeit der Repräsentanten gewährleisten. Ich halte es für den entscheidenden Mangel des (im übrigen gewaltigen) Krügerschen Werks, daß es nichts zur Lehre von der institutionellen Ausgestaltung des Staates beiträgt[57], sondern sich dieser Frage durch ihre Abschiebung auf die Verfassungslehre zu entziehen sucht. Auch das Postulat Krügers, in einer repräsentativen Demokratie gehöre es sich, Vertrauen in den Gesetzgeber zu haben[58] läßt die Frage offen, inwieweit man denn tatsächlich davon ausgehen kann, daß die Wirklichkeit diesem Vertrauen gerecht werde, und wie dies gegebenenfalls bewirkt werden könnte. Indem Krüger die herkömmlichen Rechtsschranken zurückgedrängt sehen möchte, ohne gleichzeitig einen institutionellen Ersatz für die hinreichende Gewähr für gemeinwohlkonforme Ent-

---

50 Staatslehre, S. 198.
51 A.a.O., S. 869.
52 A.a.O., S. 204 FN 103.
53 Vorwort zur 2. Aufl., S. XI.
54 *Häberle*, AöR 1973, S. 119 (124).
55 Vgl. auch *Krüger*, Staatslehre, S. 703.
56 Oben S. 54 ff.
57 So auch *Schefold*, Zeitschrift für Schweizerisches Recht 1965, S. 263 (285 ff.). Die Schwäche Herbert *Krügers* bei Behandlung der verfahrensmäßigen Ausgestaltung ist wohl kein Zufall, sondern durch seine Gesamtauffassung vom Staat als Selbstzweck bedingt, die ihn dazu veranlaßt, eine Beschäftigung mit den Staatszwecken und der Staatsfunktion „für im Ansatz verfehlt" abzulehnen. *Krüger* versperrt sich mit dieser Auffassung selbst den Weg zu fundierten Ausführungen über die Ausgestaltung des Entscheidungsverfahrens, da die Art und Weise des Verfahrens ja nur im Hinblick auf Zweck und Funktion des Staates und seiner Willensbildung sinnvoll erfolgen kann.
58 *Krüger*, Staatslehre, S. 537. Vgl. auch S. 839, 987.

§ 28 Exkurs: Falsche Alternativen

scheidungen der Staatswillensbildung anzubieten, arbeitet er sozusagen ohne jedes Netz gegen politische „Betriebsunfälle" und riskiert damit, die nach aller geschichtlichen Erfahrung heute wie eh und je wichtige Funktion der Verfassung im Sinne der westlichen Demokratievorstellungen[59], ja des westlichen Rechtsdenkens überhaupt, zu verfehlen: die Verhinderung des Mißbrauchs politischer (wie auch sonstiger) Gewalt[60].

Krüger geht — jedenfalls soweit die politischen Machthaber betroffen sind — letztlich von einem außerordentlich optimistischen Menschenbild aus. Er beschränkt sich im wesentlichen auf die vor allem an die Regierungen gerichtete Ermahnung, Gutes und Vernünftiges zu tun. Seine Auffassung rückt damit in die Nähe derjenigen idealistischen Lehren, die, wie Glendon Schubert[61] überspitzend bemerkt hat, in Wahrheit „an officialdom of supermen" implizieren und sich damit all den ungelösten Problemen gegenübersehen, die die gedanklichen Versuche, eine „race of official heroes" oder besser: „of heroic officials" zu entwickeln, seit Planton mit sich bringen[62]. Was berechtigt uns aber eigentlich zu einem derartigen „anthropologischen Optimismus" gerade im Hinblick auf die Regierenden, die doch „den Versuchungen, denen die menschliche Natur erliegen könnte, in viel stärkerem Maße ausgesetzt sind" als die Regierten[63]? Wir haben gewiß alle den Wunsch nach guten und weisen Herrschern, aber die historische Erfahrung lehrt uns doch, wie wenig Aussicht wir haben, sie durch bloßes Appellieren an Moral und Vernunft zu bekommen. Der gute Wille reicht zudem nicht aus. Moralisch gute, aber weltfremd-verständnislose Herrscher beschwören paradoxerweise nicht selten sogar die allergrößten Gefahren herauf[64]. „Aus diesem Grunde ist es so wichtig, Institutionen zu schaffen, die selbst schlechte Herrscher daran hindern, allzu viel Schaden anzurichten"[65]. Zwar läßt sich dadurch, daß man an das Gute im Menschen glaubt, dieses möglicherweise fördern[66]. Aber es bleibt doch in jedem Fall die Aufgabe, Vorsorge zu treffen, falls und soweit dieser Glaube enttäuscht wird[67].

Im Unterschied zu den idealistischen Überhöhungen geht der klassische Liberalismus von einem eher pessimistischen Menschenbild aus[68]. Er unterstellt zwar nicht jedem Menschen, daß er bei seinem wirtschaftlichen Handeln nur in seinem eigenen kurzsichtigen Interesse tätig wird, kalkuliert ein solches Verhalten aber

---

59 Die kommunistische Rechts- und Verfassungstheorie leugnet dagegen die Notwendigkeit rechtlicher Beschränkung der Herrschenden vollständig. *Mirkin-Getzschewitsch*, Die rechtstheoretischen Grundlagen des Sowjetstaates, 1929, S. 107: Das Sowjetsystem hat „eine Theorie ausgearbeitet, die die Herrschenden von jeder Verpflichtung, von jeder Beschränkung ausnimmt." Verfahrensregeln, nach denen sich die Entscheidungen zu richten haben, haben keinen Platz (Bernholz, Politische Ökonomie, S. 4), was in Anbetracht des zugrundeliegenden historizistischen Determinismus verständlich ist. Steht der Gang der Geschichte fest und ist dieser den Herrschenden zudem bekannt, so erscheint es wenig sinnvoll und tauglich, die dem entsprechenden Entscheidungen der Regierungen durch Regeln beeinflussen zu wollen.
60 *Luhmann*, Der Staat 1973, S. 1 (3); *Häberle*, Zeitschrift für Politik 1974, S. 111 (115, 117, 136).
61 *Schubert*, The Public Interest, S. 162 (174). Vgl. auch *Streißler*, Macht und Freiheit in der Sicht des Liberalismus, S. 1396.
62 Vgl. auch die Besprechung der *Krüger*schen Staatslehre durch *Badura*, JZ 1966, S. 123 ff., und *von der Gablenz*, PVS 1966, S. 138 ff.
63 *Ehmke*, Staat und Gesellschaft, S. 49; ders., VVDStRL 20, S. 87.
64 Max *Weber*, Politik als Beruf, S. 60: Die These, aus ethisch Gutem könne nur Gutes folgen, ist falsch. „Nicht nur der ganze Verlauf der Weltgeschichte, sondern jede rückhaltlose Prüfung der Alltagserfahrung sagt ja das Gegenteil ... Wer das nicht sieht, ist in der Tat politisch ein Kind."
65 *Popper*, Prognose und Prophetie, S. 113 (123).
66 *Brinkmann*, Über Güte und Schlechtigkeit der Menschen, S. 83 (86); *Krüger*, Staatslehre, S. 459 ff.
67 *Maihofer*, Menschliche Würde, S. 137 ff.
68 Zum häufig verkannten (so z. B. *Krüger*, Staatslehre, S. 664 ff.; *Zippelius*, Staatslehre, 2. Aufl., S. 120) skeptischen, d. h. pessimistischen, Menschenbild als „Schlüssel zum Verständnis des klassischen Liberalismus" E. *Streißler*, in: Macht und ökonomisches Gesetz, S. 1896 ff.

F. II. Laissez-Faire- und Due-Process-Pluralismus

doch als nicht unwahrscheinlich ein[69]. Überträgt man dieses Menschenbild vom wirtschaftlichen auf den politischen Bereich, wie dies Joseph Schumpeter[70], Anthony Downs[71], James Buchanan, Gordon Tullock[72] und Mancur Olson[73] getan haben, und geht gleichzeitig davon aus, daß sich die Egoismen nicht gegenseitig derart kontrollieren, daß daraus gemeinwohlkonforme politische Entscheidungen resultieren, dann liegt die Forderung nahe, die Kompetenz des Staates möglichst gering zu halten, um auf diese Weise die Gefahren einzudämmen, die aus dem unrichtigen Gebrauch der Staatsmacht zu befürchten seien. Diese Folgerung ist denn auch, wie dargelegt[74], von liberalen Staatsdenkern — in diametralem Gegensatz zur etatistischen Doktrin Krügers und anderer — gezogen worden. Denn je größer die Befugnisse des Staates seien, desto anfälliger sei er unter den Bedingungen einer parlamentarischen Verbandsdemokratie auch für gemeinwohlschädliche Politik. Mangels „innerer Souveränität" könnten nichtstaatliche Kräfte den ausgeweiteten staatlichen Kompetenzbereich okkupieren. Der unkontrollierte politische Selbststeuerungsprozß sei (mindestens) genauso wenig gegen Fehlentwicklungen gefeit wie der wirtschaftliche und gesellschaftliche, und der Versuch einer moralisch-intellektuellen Aufrüstung der Staatsrepräsentanten reiche eben nicht aus, um das zu verhindern[75].

Die zunächst paradox anmutende Erscheinung, daß eine Eindämmung der staatlichen Kompetenzen möglicherweise eine Stärkung des Staates (im Hinblick auf seine Fähigkeit, Gemeinwohlkonformes durchzusetzen) bewirken kann, rührt daher, daß eine staatliche Körperschaft, die legal Sonderinteressen begünstigen darf, es praktisch auch tun muß[76] (und die Summe der durchsetzungsstark organisierten Sonderinteressen eben durchaus nicht mit dem Gemeinwohl übereinzustimmen braucht). „Keine Partei kann sich in einem solchen System auf die Dauer am Ruder halten, die nicht bereit ist, sich die Unterstützung der Interessengruppen durch gezielte Maßnahmen zu deren Gunsten zu erkaufen"[77] — eine Situation, die v. Hayek drastisch als „inhärente Korruption der modernen Demokratie" bezeichnet hat[78]. Die Anwendung des sog. Verhandlungsparadoxons, wonach die Position einer Partei umso stärker ist, je weniger Konzessionen sie — für die Verhandlungsgegner erkennbar — machen kann[79], auf das Verhältnis zwischen staatlichen Entscheidungsträgern und Interessenverbänden legt deshalb in der Tat die Folgerung nahe, die rechtlichen Kompetenzen des Staates möglichst zu beschränken. Bei rigoroser Durchführung dieser Konsequenz würde man zwar von vornherein auf die rechtliche Möglichkeit des Staates verzichten, Fehlentwicklungen zu bekämpfen. Das wäre aber aus der Sicht der liberalen Doktrin das kleinere Übel, weil dem Staat mit der umfassenden rechtlichen Befugnis zugleich die Möglichkeit genommen oder jedenfalls eingeschränkt würde, selbst Fehlentwicklungen zu initiieren.

Damit scheint der klassisch-liberalen Forderung nach staatlicher Zurückhaltung eine neue Rechtfertigung zu erwachsen. Selbst wenn man zugibt, daß (1) das sich

---

69 Vgl. auch *Eucken*, Wirtschaftspolitik, S. 365 ff.; *Buchanan/Tullock*, Consent, S. 304 f.
70 *Schumpeter*, Kapitalismus, Sozialismus und Demokratie, 1943, dt.: 1950.
71 *Downs*, Ökonomische Theorie der Demokratie, 1956, dt.: 1968.
72 *Buchanan/Tullock*, The Calculus of Consent, 1962.
73 *Olson*, Logik des kollektiven Verhaltens, 1965, dt.: 1968.
74 Oben S. 203.
75 So auch *Winkler*, VVDStRL 24 (1965), S. 34 (66).
76 *v. Hayek*, Freiburger Studien, S. 201.
77 *v. Hayek*, Marktwirtschaft oder Syndikalismus.
78 Frankfurter Allgemeine Zeitung Nr. 236 v. 11. 10. 1975.
79 *Schelling*, Strategy of Conflict; vgl. Bruno S. *Frey*, Zeitschrift für die gesamten Staatswissenschaften, 1970, S. 1 (15 f.); *v. Eynern*, Politische Wirtschaftslehre, S. 181.

§ 28 Exkurs: Falsche Alternativen

selbst überlassene wirtschaftliche und gesellschaftliche Kräftespiel durchaus nicht zum Optimum tendiert und (2) staatliche Maßnahmen — theoretisch — durchaus eine Verbesserung bewirken könnten (was der Liberalismus im übrigen auch bestreitet)[80], kann man für eine Zurückdämmung des Staates plädieren mit der Begründung: die Chance, daß die theoretisch richtigen Maßnahmen in der praktischen Politik durchgesetzt würden, sei zu gering. Die Ausdehnung der Kompetenzen (und damit auch der Tätigkeit) des Staates erscheint ohne die faktische Macht, das Richtige einigermaßen zu gewährleisten, nicht nur nutzlos, sondern auch gefährlich; mit dem Aufweichen der klassisch-liberalen Fesseln des Staates wird auch seine Kompetenz, Unrichtiges zu tun, erweitert und, soweit allgemeine Interessen betroffen sind, tendiert das politische Kräftespiel eben häufig in diese Richtung. Eine Erweiterung der rechtlichen Befugnisse des Staates kann insofern die Fehlentwicklungen sogar potenzieren.

Von solchem Mißtrauen gegen die immanente Richtigkeitsgewähr politischer Entscheidungen ist letztlich die Ablehnung getragen, die Wagners (und Krügers) Aufruf, die überkommenen verfassungsrechtlichen Schranken im Interesse weitgehender staatlicher Handlungsfreiheit möglichst restriktiv zu interpretieren[81], bei vielen Staatsrechtslehren gefunden hat[82]. Ebenso beruht Forsthoffs entschiedene Stellungnahme gegen eine Umdeutung der Grundrechte von Reservaten des Einzelnen gegen staatliche Eingriffe in objektive Werte auf der Skepsis desjenigen, „der weiß, was es mit solchen Wertungen auf sich hat"[83]. Durch die Einbettung der Grundrechte in ein das soziale Ganze umfassendes Wertsystem werde entgegen den Intentionen der Vertreter der entsprechenden Richtung nicht der Grundrechtsschutz auf sozialstaatliche Leistungen erweitert, sondern würden umgekehrt „die grundrechtlichen Freiheiten den Zugriffen ausgesetzt, die sich als wirkliche oder vorgegebene Notwendigkeit für das Gedeihen von Staat und Gesellschaft deklarieren"[83]. Alle Versuche, die Ausgrenzungsfunktion der Grundrechte gegenüber dem Staat in einen Schutz vor sonstigen Beeinträchtigungen der Freiheit umzufunktionieren, „wirken sich in Wahrheit als Zerstörung dieser Schutzfunktion aus"[84], weil Schranken weggeräumt und Wege geebnet würden, „die auf den warten, der sie beschreitet"[85]. Wegen des Mißtrauens gegen die Vernunft des Interpreten[86] scheint das Bedürfnis nach angemessener Freiheitswahrung nur noch durch Ausgrenzung einer „Sphäre absoluter Geltung"[87] gesichert werden zu können.

Aus analogen Überlegungen wendet sich Schmölders[88] gegen die voreilige Verabschiedung bewährter fiskalischer Grundsätze (z. B. Budgetausgleich und Begrenzung staatlicher Kreditaufnahme), wie sie im Zuge der Durchsetzung der „fiscal policy" zunehmend gefordert (und z. T. verwirklicht) worden sind[89]. Diese Grundsätze haben (wie die Grundrechte) den Charakter von Schutzbestimmungen gegen den Staat, indem

---

80 *v. Hayek*, Freiburger Studien, S. 11 ff., 45, 109.
81 *Wagner*, DÖV 1968, S. 604; *ders.*, VVDStRL 27, S. 47 ff.
82 *Rupp*, VVDStRL 27, S. 87; *F. Münch*, ebenda, S. 89; *K. Vogel*, ebenda, S. 93; *Schaumann*, ebenda, S. 100 f.; *Schaumann*, FS Bridel, 1968, S. 594; Reiner *Schmidt*, Wirtschaftspolitik und Verfassung, S. 236.
83 *Forsthoff*, Industriegesellschaft, S. 150.
84 *Forsthoff*, Industriegesellschaft, S. 154; ebenso *v. Hayek*, Die Verfassung der Freiheit, S. 320; ähnlich *Soell*, Aspekte der Verfassungsentwicklung, S. 10 ff. m. w. N. Dagegen *Badura*, DÖV 1966, S. 624 (632): „Das als ‚Ausgrenzung' verstandene Grundrecht genügt dem Schutz individueller Freiheit nicht mehr".
85 *Forsthoff*, Zur heutigen Situation einer Verfassungslehre, S. 188.
86 *Schnur*, in: Wohl der Allgemeinheit, S. 72 FN 30.
87 *Kriele*, Kriterien der Gerechtigkeit, S. 64, der diese Auffassung freilich selbst nicht teilt.
88 *Schmölders*, Finanzpolitik, § 46 (3. Aufl., S. 462 ff.).
89 Die Extremposition bezog hier Abba P. *Lerner*, Readings in Fiscal Policy, London 1955, S. 469, der — unter völliger Preisgabe der überkommenen Fiskalgrundsätze — für die ausschließliche Ausrichtung der als Einheit betrachteten staatlichen Finanz- und Geldpolitik auf die gesamtwirtschaftlich gewollten Wirkungen eintrat. Dazu *Schmölders*, Finanzpolitik, S. 465 f.

F. II. Laissez-Faire- und Due-Process-Pluralismus

sie eine unsolide, insbesondere geltwertverschlechternde, Finanzpolitik verhindern oder doch erschweren sollen. Das Festhalten an ihnen bringt zwar — gemessen an manch neuen Verheißungen — nicht allzuviel. Beim Einreißen der anerkannten und eingeprägten Schutzwälle, kann jedoch, solange die Alternativen sich noch nicht bewährt haben, eine Neuerung, auch wenn sie vom Wunsch, zu einer Verbesserung zu kommen, getragen wird, leicht zu einer Verschlechterung führen. Die Neufassung des Art. 115 GG zeigt in der Tat, daß das Argument angeblich nötiger größerer Flexibilität leicht zu einem gefährlichen Wegräumen von Bremsen, ja sogar zu einer verfassungsrechtlichen Ermutigung inflationstreibender Kreditaufnahme führen kann[90].

Die Grundproblematik läßt sich am Beispiel des Versuchs, einen inflatorischen Preisauftrieb durch Steuererhöhungen zu bekämpfen, besonders gut verdeutlichen: Nach den Grundsätzen der antizyklischen Fiskalpolitik, wie sie im Stabilitäts- und Wachstumsgesetz ihren Niederschlag gefunden haben, muß der Staat zur Bekämpfung einer konjunkturellen Überhitzung mit Preissteigerungen das Volumen (bzw. das Wachstum) seiner Ausgaben senken und (oder) die Steuereinnahmen (bzw. ihr Wachstum) erhöhen und den Überschuß als Rücklage bei der Bundesbank stillegen (Konjunkturausgleichsrücklage) bzw. damit Schulden bei der Bundesbank tilgen. Wird ein steuerliches Zusatzaufkommen stillgelegt, so wird die Gesamtheit der Steuerzahler durch die Steuererhöhungen zwar nominell, nicht aber real beeinträchtigt[91]. Das gilt bei einer linearen Anhebung der Lohn- und Einkommensteuer nach § 26 StabG mehr oder weniger auch für den einzelnen Steuerzahler. Würde die Kaufkraft für privaten Konsum oder private Investition verwendet, so würde sich diese zusätzliche Nachfrage, da die Kapazitäten ausgelastet sind, in Preiserhöhungen, d. h. einer Verminderung der realen Kaufkraft des Geldes, niederschlagen. Die Abschöpfung der nominellen Übernachfrage läßt also die reale Kaufkraft der Steuerzahler im ganzen unberührt.

Diese Überlegungen sind — solange man vom Funktionieren des zugrundeliegenden Modells überzeugt ist — geeignet, Bedenken verschiedener Art gegen den allzu unbeschwerten Einsatz der Steuer zur Konjunkturlenkung zu „überspülen"[92]. Die Beurteilung muß aber anders ausfallen, wenn das Keynessche Modell in der Wirklichkeit nicht oder nur eingeschränkt brauchbar sein sollte, weil bereits die Instrumente wegen Mängeln unseres wirtschaftswissenschaftlichen Wissens, insbesondere mangels zuverlässiger Prognosen, nicht richtig eingesetzt werden können oder (und) weil in der pluralistischen Demokratie die erforderlichen Maßnahmen aus politischen Gründen nicht rechtzeitig und lückenlos durchsetzbar erscheinen. Dann könnte nämlich aus dem vergeblichen Versuch, Richtiges zu machen, mehr Falsches resultieren, als wenn man überhaupt nichts unternommen hätte. Um auf das Beispiel zurückzukommen: Wenn die Steuererhöhungen erst bei fortgeschrittener Konjunkturüberhitzung politisch durchsetzbar sind (und auch „flankendeckende Maßnahmen" wie z. B. eine nötige Aufwertung der D-Mark und konjunkturgerechte Lohnpolitik erst zu spät oder gar nicht erreichbar sind) und deshalb der Preisanstieg nicht mehr gedämpft, sondern — in der Spätphase der Überkonjunktur — wegen Überwälzungen der Steuererhöhungen noch erhöht wird[93], dann wäre es wahrscheinlich richtiger gewesen, die Steuererhöhung gänzlich zu unterlassen. Damit erhalten aber die liberal-rechtsstaatlichen Verbürgungen gegen staatliche „Eingriffe" ihr Gewicht wieder.

---

90 Dazu Karl-Bräuer-Institut (Hrsg.), Zur Reform des Haushaltsrechts, S. 4, 9 ff.; Wissenschaftlicher Beirat zum Bundesfinanzministerium, Gutachten zur Haushaltsrechtsreform, 1969; *Albers*, WD 1972, S. 43 (48 f.); vgl. auch Wolfgang *Kitterer*, DÖV 1975, S. 23 ff.
91 *Pahlke*, Beziehungen zwischen der konjunkturpolitischen Zielsetzung und anderen Aufgaben der Finanzpolitik sowie den politischen Gegebenheiten, S. 63 f.: „Bedenken gegen die ‚unnötig hohe' Steuerbelastung sind einzelwirtschaftlich verständlich. Sie sind gesamtwirtschaftlich aber unbegründet, solange die Steuern lediglich überschüssige Kaufkraft abschöpfen (die sonst zu Preissteigerungen geführt hätte) und die reale Güterversorgung der privaten Wirtschaft nicht eingeschränkt wird."
92 Vgl. auch *Wagner*, VVDStRL 27, S. 74, der es um des gesamtwirtschaftlichen Vorteiles willen rechtfertigt, daß der einzelne Beeinträchtigungen hinzunehmen hat.
93 Dazu *v. Arnim*, BB 1970, S. 1127; ders., Volkswirtschaftspolitik, S. 174 m. w. N.

§ 28 Exkurs: Falsche Alternativen

Mit diesem Beispiel ist der gegenwärtige Schulenstreit zwischen den Keynesianern und der Friedman-Schule angesprochen, mit dem die Nationalökonomie ein Paradebeispiel für die beiden Grundauffassungen zum Verhältnis Staat—Bürger, die etatistische und die liberalistische, liefert. Die Keynesianer gehen davon aus, daß der Staat könne und solle den Wirtschaftsablauf durch Globalmaßnahmen, insbesondere durch antizyklische Fiskalpolitik, relativ weitgehend beeinflussen[94] (weshalb ihre Lehre nicht selten als Neo-Merkantilismus bezeichnet wird[95]); dagegen treten Friedmann[96] und seine Anhänger für Standhaftigkeit gegenüber dem „Um Himmelswillen, so laßt uns doch etwas tun-Syndrom" ein[97] und fordern den Verzicht auf jeden Versuch kurzfristiger antizyklischer Stabilisierungspolitik als Verzicht auf den „Versuch, mehr zu tun als wir können"[98]; sie werden dementsprechend als Neoliberale bezeichnet. Friedman empfiehlt vornehmlich eine automatisierte Verstetigung der Geldmengenentwicklung. Er will also keine aktive Konjunkturpolitik treiben, sondern eine falsche vermeiden. Er beharrt generell auf der Position, staatliche Maßnahmen würden die Mißstände, die sie bekämpfen sollen, meist noch vergrößern[99]. Ein Beispiel dafür, wie berechtigt Friedman's Warnung sein *kann*, sind die Erfahrung mit Preis- und Lohnkontrollen, welche die gesamtwirtschaftliche Lage der Länder, die sie eingeführt hatten, durchweg noch verschlimmert haben[100].

Ein anderes Beispiel für das Fordern von Verbesserungen ohne Rücksicht auf die Frage, ob die staatlichen Entscheidungszentralen so organisiert sind, daß sie diese Verbesserungen auch durchsetzen können, zeigt sich in der Diskussion um Steuererhöhungen, die mit der Notwendigkeit zusätzlicher öffentlicher Infrastrukturausgaben begründet werden[101]. Auch hier wird die Frage, ob die größere Durchsetzungskraft von partikularen Interessen nicht dazu führt, daß die durch Steuererhöhungen aufkommenden zusätzlichen Mittel für die Finanzierung von unangemessenen Gruppenforderungen verwendet werden, regelmäßig nicht gestellt. Ist diese Problematik dagegen erkannt, dann kann man den Ruf nach höheren Infrastrukturleistungen nicht mehr ohne weiteres mit der Forderung nach zusätzlichen Staatsausgaben verknüpfen. Wer um allgemeiner Staatsleistungen willen höhere Steuern fordert, der muß seine Aufmerksamkeit zunächst der Frage zuwenden, „auf welche Weise (es erreicht werden) könnte, daß gruppenbezogene öffentliche Ausgaben zugunsten der allgemeinen Staatsausgaben zurückgedrängt werden"[102].

Die angestellten Überlegungen haben deutlich gemacht, daß die Beobachtung oder zukünftige Erwartung von Fehlentwicklungen im gesellschaftlich-wirtschaftlichen Kräftespiel — in der Sprache der Mathematik — nur eine notwendige Bedingung für die Befürwortung von Eingriffbefugnissen des Staates ist. Als hinreichende Bedingung muß noch die ausreichend große Chance hinzu

---

94 *v. Arnim*, Volkswirtschaftspolitik, S. 140 ff. m. w. N.
95 *Keynes* hat im 23. Kapitel seiner „Allgemeinen Theorie der Beschäftigung, des Zinses und des Geldes" eine gewisse Verwandtschaft seiner Lehre mit der merkantilistischen Wirtschaftsauffassung selbst aufgezeigt.
96 Nachweise oben in FN 45.
97 Vgl. auch die bemerkenswerte Kritik von Ota *Sik* an den zumeist an Tagesopportunitäten orientierten wirtschaftspolitischen „Verzweiflungsakten" in den westlichen Demokratien. Ota *Sik*, Argumente für den Dritten Weg, S. 13, 38.
98 *Friedman*, in: Dürr (Hrsg.) Geld- und Bankpolitik, 1969, S. 129 (130).
99 So auch v. *Hayek*, Freiburger Studien, S. 13: Verzicht auf Maßnahmen, „die tatsächlich mehr schaden als nützen."
100 *v. Arnim*, Volkswirtschaftspolitik, S. 221 f. m. w. N.
101 Grundlegend *Galbraith*, Gesellschaft im Überfluß, S. 267 ff.
102 Kurt *Schmidt*, Finanzarchiv 1966, S. 213 (239). Ähnlich René L. *Frey*, Öffentliche Armut in der Marktwirtschaft?, S. 112. Vgl. auch die Äußerung von *Fischer-Menshausen*, in: Planung III, S. 75, daß die öffentliche Ausgabenstruktur in der Bundesrepublik weitgehend der Machtverteilung unter den organisierten Gruppen entspreche, und *Forsthoffs* treffende Bemerkung, wir hätten „zuviel und zuwenig Staat — jeweils an der falschen Stelle" (Rechtsstaat im Wandel, S. 77). Ähnlich *Downs*, Government Budget in a Democracy, S. 541 ff., bes. S. 560 f.

F. II. Laissez-Faire- und Due-Process-Pluralismus

kommen, daß die staatliche Willensbildung richtig erfolgt und zu einer Verbesserung der „Lagen" beiträgt und nicht umgekehrt eine Verschlechterung bewirkt[103]. Ohne diese Gewähr hat die liberale Konsequenz, quasi die Notbremse zu ziehen und die rechtliche Kompetenz des Staates möglichst einzuschränken, ebenso viel für sich, wie umgekehrt die etatistische Konsequenz, sozusagen die Flucht nach vorn zu ergreifen und dem Staat möglichst weitgehende Befugnisse zu geben, konsequent erscheint, falls diese Gewähr wirklich besteht.

Die Gegenüberstellung des optimistischen Menschenbildes eines Herbert Krügers einerseits und des pessimistischen Menschenbildes des Liberalismus andererseits im Sinne eines sich gegenseitig jeweils ausschließenden Entweder-oder ist aber letztlich steril und führt nicht weiter. Es gilt, sich in Erinnerung zu rufen, daß je nach der Situation des Menschen, je nach seinem „Aggregatzustand" einmal das optimistische, ein andermal das pessimistische Menschenbild realistisch sein kann[104]. In Wahrheit erfassen also beide Bilder je einen Teil der Wirklichkeit des in der abendländisch-christlichen Tradition stehenden Menschen der zweiten Hälfte des 20. Jahrhunderts. Es wäre ja auch von vornherein unwahrscheinlich, daß eines der beiden Menschenbilder in ihrer jeweiligen extremen Ausschließlichkeit dem Menschen in seiner Vielfalt und Widersprüchlichkeit voll gerecht werden könnte. So wäre z. B. auch der Siegeszug des vom Eigennutz als Motor gespeisten marktwirtschaftlichen Wettbewerbsgedankens nicht ohne die höhere Weihe einer ethischen Rechtfertigung möglich gewesen[105]. Der Mensch erscheint durchaus imstande, sich im Zustand ruhiger Erwägungen selbstdisziplinierende Regeln zu geben[106], sozusagen „Korsettstangen" einzuziehen[107], die es ihm bzw. seinem Repräsentanten im täglichen wirtschaftlich-gesellschaftlichen und politischen Leben erleichtern, möglichst richtige Entscheidungen zu treffen. Die Frage ist, wie solche Regeln aussehen sollen. Auch hier erweist sich also wieder: Die Schlüsselfrage geht dahin, wie die Struktur des Staates und das Verfahren seiner Willensbildung gestaltet werden können, damit eine möglichst große Richtigkeitsgewähr gegeben ist. Dabei kommt es nicht auf das Ausgrenzen von „Sphären absoluter Geltung" des Privaten noch auf die Begründung möglichst großer Vollmachten für den Staat an. Die auf die Alternativen staatlicher Aktion oder Abstinenz verkürzte Fragestellung geht überhaupt am Wesentlichen vorbei. Entscheidend ist nicht, ob der Staat handeln soll, sondern *wie* die Gemeinwohlrichtigkeit seines Handelns möglichst verbürgt werden kann.

---

[103] *Herzog*, Staatslehre, S. 220: „Verfassungen und Gesetze können im staatlichen Bereich eine gute und richtige Politik zwar nicht garantieren, wohl aber verhindern und damit auf der anderen Seite auch ermöglichen". Diese Feststellung ist als solche zwar zutreffend, aber unvollständig, weil sie nur eine Seite der Medaille anspricht; sie verhehlt, daß diese Aussage ebenso auf „schlechte und falsche Politik" passen würde.

[104] Oben S. 121.

[105] Max *Weber*, Die protestantische Ethik.

[106] Zur Notwendigkeit einer „Selbstdisziplinierung" auch *Zeidler*, Der Staat 1962, S. 321 (332); *Zacher*, VVDStRL 25, S. 308 (381); *Wiebel*, DVBl. 1970, S. 409. Von „Selbstdisziplinierung" spricht auch Herbert *Krüger* (Staatslehre, S. 434 FN 94). Sein entscheidender Mangel ist aber: Er denkt zu wenig nach über Institute, Organisationsformen, Regelungen, die dieser Selbstdisziplinierung entgegenkommen, sie begünstigen, fördern, herstellen. Dazu oben S. 204 f.

[107] Das Einziehen von Korsettstangen gerade gegen allzu viel Nachgeben gegenüber den Interessenverbänden ist, wie auch erfahrene und weitblickende Bundestagsabgeordnete erkannt haben, unerläßlich. So MdB Dr. *Althammer*, 243. Sitzung des Deutschen Bundestags vom 26. 6. 1969, BT-Protokoll, S. 13509; MdB Dr. *Müller-Hermann*, Ein Korsett für den Politiker, Handelsblatt vom 16. 5. 1970; *ders.*, Wirtschaftsstrategie durch Stabilisatoren, FAZ vom 4. 4. 1970; der Ausdruck „Korsettstangen" wurde in diesem Zusammenhang m. W. zum ersten Mal verwendet von *Giersch*, Rationale Wirtschaftspolitik in der pluralistischen Gesellschaft, S. 113 (117).

§ 28 Exkurs: Falsche Alternativen

Zur Vermeidung von Mißverständnissen sei noch folgendes klargestellt: Es liegt dem Verfasser durchaus fern, die Bedeutung des moralisch-intellektuellen Moments zu unterschätzen. Sternbergers Wort: „Bürgerliche Tugend kann nicht entbehrt werden", läßt sich kaum bestreiten[108]. Bei der Darlegung der gemeinwohlschädlichen Tendenzen des Laissez-faire-Pluralismus ging es dementsprechend auch darum, den Mythos von der prästabilierten Harmonie in Gesellschaft und Politik zu zerstören und Material für eine neue politische Theorie beizutragen[109]. Schon allein durch eine solche neue Theorie kann ein gewisses Gegengewicht gegen Pluralismusdefizite geschaffen werden. Ihre Entwicklung ist zudem die Basis für die Aktivierung und Bildung aller anderen Gegengewichte. Die Auffassung, die mit moralischen Appellen gegen antisoziale Mentalität und Gruppenegoismus wettert, ist nur insoweit abzulehnen, als sie sich in Kassandrarufen erschöpft, institutionelle Gegenmaßnahmen für undurchsetzbar, unwirksam und sinnlos hält und auch nicht sagen kann, wo wie und wie die gebrandmarkte Mentalität sonst geändert werden könnte. Es geht hier vielmehr auch — und, da dies eine rechtswissenschaftliche Arbeit ist, vorwiegend — darum, (ansatzweise) zu prüfen, ob gewisse institutionelle Änderungen oder gewisse Verstärkungen des Gewichts vorhandener Institutionen zur Eindämmung gemeinwohlwidriger Tendenzen möglich erscheinen[110]. Rechtsinstitute haben beträchtliche Auswirkungen auf den politischen und gesellschaftlichen Prozeß[111]. Es gibt nicht nur eine normative Kraft des Faktischen, sondern auch eine faktenbildende Kraft des Normativen.

[108] *Sternberger*, Das allgemeine Beste, Politik für uns alle oder für die Interessenten?, in: Tagungsprotokolle Nr. 16 der Aktionsgemeinschaft Soziale Marktwirtschaft, Ludwigsburg 1961, S. 35.
[109] So auch *Lowi*, Interest Group Liberalism, S. 22 f.; Robert P. *Wolff*, Jenseits der Toleranz, S. 49; *Conolly*, The Challenge to Pluralist Theory, S. 28; *Forsthoff*, Optimale Regierungsform, S. 3; *Schnur*, VVDStRL 33, S. 297.
[110] *Briefs*, Laissez-faire-Pluralismus, S. 69: „Das Gute, das Richtige muß eine Umwelt von Normen und Institutionen vorfinden, die es ihm erlaubt, möglichst zwanglos zum Zuge zu kommen ... Moral ist ein knappes Gut, und man sollte deshalb vorsichtig damit umgehen und sie nur dann verlangen, wenn es nicht möglich ist, durch zweckmäßige positive Ordnungen auf die subjektive Anstrengung des Einzelnen zu verzichten."
[111] Die Auffassung *Friesenhahns* (VVDStRL 16, S. 13), „Heil und Unheil liegen nicht in den verfassungsrechtlichen Institutionen, sondern darin, wie das Volk von ihnen Gebrauch zu machen versteht", und: „es kommt auf die Menschen an, nicht auf die Paragraphen" (S. 64), ist deshalb zu einseitig.

G. Richtigkeitskontrolle durch die Verfassungsrechtsprechung (Repräsentationsfunktion der Verfassungsjudikatur)

§ 29 Vorbemerkungen

In diesem Kapitel werden die Möglichkeiten und Grenzen verfassungsgerichtlicher Richtigkeitskontrolle behandelt. Es geht dabei um die Frage, ob und inwieweit die Rechtsprechung mit Hilfe der Verfassung und ihrer Auslegung eine Wirkkraft zur Einschränkung von Pluralismusdefiziten entfalten kann. Da die verbindliche Verfassungsauslegung letztlich wesentlich beim Bundesverfassungsgericht konzentriert ist, läßt die Frage sich auch dahin stellen, welchen Beitrag das Bundesverfassungsgericht zum Schutze von andernfalls im politischen Kräftespiel zu kurz kommenden Interessen leisten kann. Die Fragestellung drängt sich schon deshalb auf, weil das Bundesverfassungsgericht seine Entstehung einer verbreiteten Skepsis gegenüber dem befriedigenden Funktionieren des unkontrollierten Spiels der politischen Kräfte verdankt[1]; es ist geradezu als Gegengewicht gegen Fehlentwicklungen im politischen Willensbildungsprozeß, als Kontrolleur und Gegenspieler des Gesetzgebers, konzipiert[2].

Die Untersuchung macht neben einer Skizze der verfassungsrechtlichen Bindung des Gesetzgebers und der Kontrollkompetenzen des Bundesverfassungsgerichts ein Eingehen auf die Auslegungsmethoden der Verfassungsrechtsprechung unerläßlich. Denn erst aus ihnen ergeben sich die Möglichkeiten und Grenzen der Justiziabilität legislativer Entscheidungen.

Bindung des Gesetzgebers und Kontrollkompetenzen der Rechtsprechung

Das Grundgesetz ist durch einen außerordentlich starken Geltungsanspruch seiner Normen — auch gerade gegenüber dem Gesetzgeber — und durch umfassende Kontrollbefugnisse der Gerichte, insbesondere des Bundesverfassungsgerichts, gekennzeichnet.

Neben der allgemeinen Bindung an die verfassungsmäßige Ordnung (Art. 20 Abs. 3) ist die Gesetzgebung (wie auch die vollziehende Gewalt und die Rechtsprechung) vor allem an die Grundrechte „als unmittelbar geltendes Recht" gebunden (Art. 1 Abs. 3). Dies steht im Gegensatz zur Weimarer Verfassung, wo viele Grundrechte nur als unverbindliche Programmsätze angesehen wurden. Die Grundrechte von Weimar waren zudem mit weitgehenden Vorbehalten gesetzlicher Einschränkbarkeit versehen und galten deshalb praktisch nur nach Maßgabe der Gesetze. Dagegen sind die Bonner Grundrechte weitgehend gesetzesfest; soweit dennoch Einschränkungen zugelassen sind, sind diese nach Zweck und Umfang begrenzt; der Wesensgehalt darf in keinem Fall angetastet werden (Art. 19 Abs. 2). Verfassungsänderungen sind nur als förmliche Änderungen des Verfassungstexts mit qualifizierten Mehrheiten (Art. 79 Abs. 1) und, soweit durch die Änderung die in Art. 1 Abs. 1 als oberster Wert geschützte Menschenwürde oder die demokratischen, rechts- und sozialstaatlichen oder bundesstaat-

---

[1] Der Kontrollgedanke durchzieht die Beratungen des Verfassungsgebers und die Beratungen über das Bundesverfassungsgerichtsgesetz wie ein roter Faden. Nachweise bei *Wildenmann*, Die Rolle des Verfassungsgerichts und der Deutschen Bundesbank in der politischen Willensbildung. Ein Beitrag zur Demokratietheorie, S. 4 FN 4. Vgl. auch *Leibholz*, Strukturprobleme, S. 303; *Laufer*, Verfassungsgerichtsbarkeit, S. 10 ff.

[2] *Bachof*, Die richterliche Kontrollfunktion, S. 40; *Gebhard Müller*, Juristenjahrbuch 1961/2, S. 17 (40 f.); vgl. auch *Eschenburg*, Herrschaft der Verbände?, S. 71; *Laufer*, Verfassungsgerichtsbarkeit, S. 19 ff. m. w. N. Ferner unten § 32 FN 6.

lichen Grundsätze des Grundgesetzes (Art. 20) verletzt werden, überhaupt nicht zulässig (Art. 79 Abs. 3). Herbert Krüger hat diese Regelungen in der pointierten Formel zusammengefaßt, daß die Gesetze heute „nur im Rahmen der Grundrechte" gelten, während die Rechtslage in Weimar noch dadurch gekennzeichnet gewesen sei, daß die „Grundrechte nur im Rahmen der Gesetze" galten³.

Die Einhaltung dieser Bindung zu überwachen, ist Aufgabe der Gerichte, insbesondere des Bundesverfassungsgerichts⁴, denen zu diesem Zweck das „richterliche Prüfungsrecht" auch gegenüber Gesetzen gegeben ist, das unter der Weimarer Verfassung, die dazu nicht ausdrücklich Stellung genommen hatte, noch lebhaft umstritten war⁵.

Im Rahmen der sog. konkreten, d. h. im Zusammenhang mit der Entscheidung eines Einzelfalls stehenden, Normenkontrolle haben alle Gerichte die Verfassungsmäßigkeit der von ihnen bei Entscheidung eines konkreten Falls angewandten Normen zu prüfen; sie müssen die Frage jedoch, wenn sie ein nachkonstitutionelles formelles Gesetz für grundgesetzwidrig und deshalb für nichtig (vgl. §§ 78 Abs. 1, 82 Abs. 1 BVerfGG) halten, dem Bundesverfassungsgericht vorlegen, dem die letzte verbindliche Entscheidung über die Grundgesetzwidrigkeit solcher Gesetze vorbehalten ist (Art. 100 Abs. 1)⁶.

Hinzu treten noch andere Verfahren, in denen das Bundesverfassungsgericht unmittelbar zur Prüfung von Gesetzen angerufen werden kann. So prüft es im Rahmen der sog. abstrakten Normenkontrolle, d. h. losgelöst von einem zu entscheidenden Einzelfall, auf Antrag der Bundesregierung, einer Landesregierung oder eines Drittels der Mitglieder des Bundestags die Grundgesetzmäßigkeit von Bundesrecht oder auch von Landesrecht (Art. 93 Abs. 1 Nr. 2). Eine Überprüfung von Gesetzen kann auch aufgrund der Verfassungsbeschwerde eines vom Gesetz Betroffenen erfolgen (Art. 93 Abs. 1 Nr. 4 a). Schließlich laufen die dem Bundesverfassungsgericht nach Art. 93 Abs. 1 Nrn. 1, 3 und 4 übertragenen Entscheidungen von Organstreitigkeiten und Bund-Länder-Streitigkeiten häufig ebenfalls auf die Überprüfung von Gesetzen hinaus.

Die Schlüsselrolle der Methodik der Verfassungsinterpretation

Die Bindung (auch) des Gesetzgebers an die Verfassung und das gerichtliche Prüfungsrecht sagen für sich allein allerdings noch recht wenig aus über Ausmaß und Dichte dieser Bindung und die Möglichkeit und Intensität verfassungsgerichtlicher Kontrolle und damit letztlich auch über die relative Stellung von Gesetzgebung und Verfassungsrechtsprechung.

Das Grundgesetz enthält, insbesondere in seinem Grundrechtsteil, eine Reihe von generalklauselartigen Vorschriften. Die Frage nach den Möglichkeiten der verfassungsgerichtlichen Prüfung von Gesetzen geht deshalb wesentlich über in die Frage, ob und auf welche Weise diese Vorschriften sich derart konkretisieren lassen, daß einzelne gesetzgeberische Akte von Gerichten wegen beurteilbar (justiziabel) werden. Damit rückt die Methodik der Verfassungsinterpretation zwangsläufig in den Mittelpunkt⁷; sie entscheidet letztlich über die juristischen

---

3 *Krüger*, Grundgesetz und Kartellgesetzgebung, S. 12; prinzipiell zustimmend *Bachof*, Die richterliche Kontrollfunktion, S. 34.
4 Zu den Kompetenzen des Bundesverfassungsgerichts im einzelnen z. B. *Hesse*, Verfassungsrecht, S. 261 ff.
5 Dazu im einzelnen Rüdiger *Oswald*, Das richterliche Prüfungsrecht, S. 110 ff.; vgl. auch *Maunz/Sigloch/Schmidt-Bleibtreu/Klein*, Kommentar zum BVerfGG, § 31, Rdnr. 3.
6 Dazu mit weiteren Nachweisen z. B. *Hesse*, Verfassungsrecht, S. 265 f.
7 *Häberle*, AöR 1973, S. 119 (125): „Verfassungsinterpretation hat (heute) einen Stellenwert ..., der dem von Gesetzgebung und Verwaltung z. Z. klassischer Staatslehren gleichkommt. Staatsverständnis wirkt heute vor allem über Verfassungsinterpretation."

Ergebnisse[8], d. h. vor allem: über die Möglichkeiten einer rechtlichen Kontrolle der Politik und damit auch über die relative Stellung von Verfassungsrechtsprechung und Gesetzgebung[9]. Erst aus ihren Methoden bezieht die Verfassungsrechtsprechung Art und Ausmaß ihrer Wirksamkeit.

§ 30 Die Praktizierung der Optimierungsmethode durch das Bundesverfassungsgericht

Das Bundesverfassungsgericht geht bei der Interpretation insbesondere der generalklauselartigen Grundgesetzvorschriften mit Recht von den hinter diesen Vorschriften stehenden Werten aus mit dem Ziel, ihnen möglichst weitgehende Geltung zu sichern. Da die Werte nicht alle gleichermaßen realisiert werden können, sondern regelmäßig miteinander konkurrieren, ist der Verfassungsinterpretation eine Optimierungsaufgabe der oben geschilderten Art gestellt[1]. Das für die Bewältigung dieser Aufgabe anzuwendende „rationale und kontrollierbare Verfahren"[2] haben wir ebenfalls bereits oben allgemein für die Werteoptimierung dargestellt. Es muß in prinzipiell gleicher Weise für die Verfassungsauslegung gelten, was sich schon daraus ergibt, daß wir es aus der — ausdrücklich auf die Verfassungsinterpretation zugeschnittenen — Hesseschen Optimierungsformel entfaltet haben. Das Verfahren braucht hier deshalb nicht noch einmal im einzelnen dargestellt zu werden, die obigen Ausführungen werden vorausgesetzt. Uns kommt es in diesem Abschnitt zunächst einmal darauf an, zu zeigen, daß auch das Bundesverfassungsgericht und ein zunehmend Gewicht erlangender Teil der Staats- und Verfassungslehre bei der Grundgesetzauslegung prinzipiell nach diesem Verfahren vorgehen und es insoweit anerkennen (§ 30). Allerdings sind bislang noch nicht alle sich aus dieser methodischen Grundauffassung ergebenden Konsequenzen gezogen worden (dazu: § 31). In den §§ 32 ff. wird dann zu erörtern sein, nach welchen Kriterien die Aufgabe der Gemeinwohlkonkretisierung zwischen Parlament und Regierung einerseits und Verfassungsrechtsprechung andererseits aufzuteilen ist.

Situationsanalysen

Das Bundesverfassungsgericht anerkennt prinzipiell, daß Verfassungsauslegung nicht ohne sozialwissenschaftliche Situationsanalysen auskommt. Anders ist das „soziologische Substrat", auf das das Recht bezogen werden muß[3], gar nicht zu erfassen[4]. Das bedeutet durchaus keine einseitige Auslieferung des Juristen und der Verfassungsinterpretation an die Sozialwissenschaften[5], also eine Art „soziologischen Positivismus", wie Leibholz[6] befürchtet, sondern nur die Konse-

---

8 *Kriele*, Theorie der Rechtsgewinnung, S. 16.
9 *Kriele*, Theorie der Rechtsgewinnung, S. 30.

1 Oben S. 54 ff.
2 *Hesse*, Verfassungsrecht, S. 21.
3 Oben S. 17 f.
4 Vgl. auch schon *Hellers* Hinweis, daß Staatsrechtsjurisprudenz „ohne ständigen Ausblick auf die soziologische und teleologische Problematik unmöglich" ist. *Heller*, Die Krisis der Staatslehre, Ges. Schriften II, S. 10. Zur „Notwendigkeit einer vermehrten Inanspruchnahme außerjuristischen wissenschaftlichen Sachverstandes ... für jedes Verfassungsgericht" *Fröhler*, Wirtschaftsrecht als Instrument der Wirtschaftspolitik, S. 190. Daß „Rechtsanwendung, Auslegung und Ergänzung nicht mehr ohne fortwährende Zuhilfenahme und Indienststellung geschichtlicher, ökonomischer, politischer, philosophischer Einsichten" auskommt, betont auch *Huber*, in: Rechtstheorie, Verfassungsrecht, Völkerrecht, S. 398.
5 So auch *Häberle*, VVDStRL 30, S. 71.
6 Strukturwandlungen, S. 279 f.

quenz daraus, daß das Recht und die juristische Auslegung sich nicht von „der Verwissenschaftlichung der Welt insgesamt" absentieren können, ohne ihre Steuerungsfunktion zu verlieren[7].

Im Apothekenurteil vom 11. 6. 1958[8] betont das Bundesverfassungsgericht, das Gericht dürfe sich bei der Prüfung der Verfassungsmäßigkeit nicht damit zufrieden geben, „daß Ziel und Zweck der gesetzlichen Regelung nur allgemein und schlagwortartig bezeichnet werden und der freiheitsbeschränkende Eingriff als Mittel zur Erreichung dieser Ziele nicht völlig ungeeignet erscheint. Der Inhalt des zur Prüfung stehenden Gesetzes muß vielmehr im einzelnen analysiert werden. Das setzt naturgemäß voraus, daß das Gericht — notfalls mit Hilfe von Sachverständigen — sich einen möglichst umfassenden Einblick in die durch das Gesetz zu ordnenden Lebensverhältnisse verschafft. Gerade dadurch wird sich oft ergeben, daß es möglich ist, größere Lebenszusammenhänge, die bisher in begrifflich undeutlicher Zusammenfassung als ‚Gegenstand' einer gesetzgeberischen Regelung angegeben waren, in einzelne klar erfaßbare Sachverhalte aufzulösen und sie so unter Ausschaltung subjektiver Wertungen auch für ein Gericht beurteilbar zu machen. Die Beurteilung hypothetischer Kausalverläufe, die den Normierungen des Gesetzgebers zugrunde liegen, auf ihre größere und geringere Wahrscheinlichkeit hin ist eine Aufgabe, die ihrer Art nach auch vom Richter erfüllbar ist."

Die Notwendigkeit, sozialwissenschaftliche Analysemethoden heranzuziehen, ergibt sich für das Bundesverfassungsgericht bei der Feststellung genereller (vergangener oder gegenwärtiger) Tatsachen und bei der Abschätzung (Prognose) zukünftiger oder hypothetischer Tatsachen, die die Konsequenzen von Handlungsalternativen, soweit dies eben bei dem derzeitigen sozialwissenschaftlichen Stand möglich ist, aufzeigen. Die möglichst sichere Abschätzung der Konsequenzen ist Voraussetzung für die Bewertung der Alternativen und die Abwägung zwischen ihnen (Güterabwägung)[9] im Rahmen der normativen Prüfung.

Generelle Tatsachen

Das Bundesverfassungsgericht hat bei der Normenkontrolle fast durchweg generelle Tatsachen (legislative facts)[10] festzustellen, weil den überprüften Normen typischerweise eben nicht Einzelfälle, sondern Sachverhalte zugrunde liegen, die aus einer Vielzahl von Einzelfällen verallgemeinert sind (und das Gericht hier das Verhältnis des Gesetzes zu diesen Sachverhalten prüft)[11]. Darin liegt ein we-

---

7 *Grimm*, Nachbarwissenschaften, S. 7. — Im Gegensatz zur Auffassung im Text steht die Lehre *Krügers* und *Forsthoffs*. *Forsthoff* beschwört die Jurisprudenz, daran festzuhalten, „daß die Gesetzesauslegung die Ermittlung der richtigen Subsumtion im Sinne des syllogistischen Schlusses" sei (*Forsthoff*, Rechtsstaat im Wandel, S. 147, 153). *Krüger* tritt dafür ein, die Verfassungsrechtsprechung habe unabhängig von Raum und Zeit allein nach der Verfassung zu entscheiden (DÖV 1971, S. 289, 291). Gegen *Forsthoff* und *Krüger* mit Recht *Ehmke*, VVDStRl 20, S. 53 (insbes. 95 f.); *Leibholz*, Der Status des Bundesverfassungsgerichts (1971), S. 41; *Hesse*, Verfassungsrecht, S. 22 ff.; *Häberle*, DÖV 1974, S. 343 (344). — Es gibt auch keine etwa aus einer Verallgemeinerung des § 70 Abs. 4 Satz 2 GWB oder des Art. 33 Abs. 1 Satz 2 EGKSV abzuleitende allgemeine Regel, nach der die Würdigung der gesamtwirtschaftlichen Lage und Entwicklung der Nachprüfung der Gerichte entzogen wäre. Insbesondere enthalten Art. 109 Abs. 2 und das Stabilitätsgesetz keine derartige Vorschrift mehr vgl. *Stern*, in: *Stern/Münch/Hansmeyer*, StabG, S. 77; *Vogel/Kirchhof*, BK, Art. 104 a, Rdnrn. 119 ff.; *Vogel/Wiebel*, BK Art. 109, Rdnrn. 136 ff.; *Vogel*, Finanzverfassung und politisches Ermessen, S. 27 ff.; zweifelhaft *Möller*, StabG, Art. 109 Abs. 2, Rdnr. 11). Für eine sehr restriktive Auslegung auch schon die für das kartellgerichtliche Verfahren geltenden § 70 Abs. 4 Satz 2 GWB *Soell*, Das Ermessen der Eingriffsverwaltung, § 7 III (S. 54 f.). Nach der verfassungstheoretischen und -interpretatorischen Konzeption der vorliegenden Arbeit ist angesichts Art. 1 Abs. 3, 19 Abs. 4 GG ohnehin fraglich, ob § 70 Abs. 4 Satz 2 GWB verfassungsmäßig zu akzeptieren ist.
8 BVerfGE 7, S. 377 (411 f.).
9 *Häberle*, Wesensgehaltsgarantie, S. 31 ff., 38.
10 Zu diesem Begriff oben S. 65.
11 *Ehmke*, VVDStRL 20, S. 95 f.

G. Richtigkeitskontrolle durch die Verfassungsrechtsprechung

sentliches Charakteristikum der Normenkontrolle; sie unterscheidet sich damit aus der Natur der Sache von der herkömmlichen richterlichen Betrachtung des Einzelfalles. Philippi, der die „Tatsachenfeststellungen des Bundesverfassungsgerichts"[12] systematisch untersucht hat, hat ermittelt, daß das Bundesverfassungsgericht in den in den ersten 25 Bänden seiner amtlichen Sammlung abgedruckten 208 Entscheidungen 269 generelle Tatsachen festgestellt hat (gegenüber nur 12 Einzeltatsachen)[13]. Die Feststellung genereller Tatsachen darf heute grundsätzlich nicht mehr auf unbewußten und unkontrollierten Verallgemeinerungen der mehr oder weniger einseitigen Lebenserfahrungen des Richters aufbauen; richterliche Erfahrungssätze sind als erster Annäherungsversuch zwar weiterhin brauchbar, sie verlangen aber, soweit es sich um historische oder gegenwärtige Tatsachen handelt, eine Kontrolle durch Heranziehung der Methoden und empirischen Ergebnisse der deskripten Bereiche der Sozialwissenschaften, insbesondere der Statistik[14]. Dementsprechend verwendet das Bundesverfassungsgericht auch im größten Teil der Fälle (80) in sozialwissenschaftlich korrekter Weise statistische Daten meist aus amtlichen Statistiken. Teilweise werden generelle Tatsachen aus der jeweiligen Fachliteratur ermittelt (in 32 Entscheidungen); aus Gutachten von Sachverständigen (ohne Interessengutachten: in 20 Entscheidungen), die das Gericht überwiegend selbst ernannt hatte, teilweise wurden aber auch bereits vorliegende, zu anderen Zwecken erstellte Expertisen verwendet; aus historisch-politischen Dokumenten (in 14 Entscheidungen) und aus Rechtsnormen (in 8 Entscheidungen)[15].

Das Bundesverfassungsgericht ist in der Anwendung von sozialwissenschaftlichen Methoden nicht ganz konsequent: In einer allerdings relativ geringen Zahl von Fällen stützt es Feststellungen über soziale und wirtschaftliche legislative facts, wie beispielsweise im Einzelhandel-Urteil[16], auf seine — empirisch-wissenschaftlich nicht abgesicherte — laienhafte „Erfahrung" (in 16 Entscheidungen) oder auf problematische Verallgemeinerungen aus den dem Gericht vorliegenden Beschwerdefällen im Wege eines „richterlichen Stichprobenverfahrens" (in 11 Entscheidungen)[17]. Diese beiden mit dem heutigen Stand der sozialwissenschaftlichen Methodik unvereinbaren Verfahrensarten werden von Philippi denn auch mit Recht kritisiert. In der zusammenfassenden Würdigung der Feststellung (vergangener oder gegenwärtiger) genereller Tatsachen durch das Bundesverfassungsgericht überwiegt jedoch die Anerkennung über „die gründliche Aufklärung von legislative facts durch Sachverständigengremien, die selbständige Benutzung der Fachliteratur, die Distanz der Richter bei historischen Feststellungen und die sehr weitgehende Benutzung (korrekter) statistischer Methoden, die dem Stand der Sozialwissenschaften entsprechen. Das Bundesverfassungsgericht verwendet knapp 6 mal häufiger die Statistik als ‚Erfahrungssätze'. Die empirischen Methoden des Gerichts verdienen Anerkennung"[18].

---

12 *Philippi*, Tatsachenfeststellungen des Bundesverfassungsgerichts (1971). Dazu *Rehbinder*, DVBl. 1972, S. 935; *Ossenbühl*, in: FG BVerfG I, S. 458 (461 ff.).
13 S. 10, 193. Dabei ist von Feststellungen über die Verletzung des rechtlichen Gehörs, die ausschließlich in einer Überprüfung von Gerichtsakten bestehen, abgesehen.
14 Zur Problematik „richterlicher Erfahrungssätze" *Philippi*, S. 112 ff.; aus ähnlichen Gründen können „richterliche Stichprobenverfahren", die auf einer Verallgemeinerung der dem Gericht (regelmäßig im Verfahren der Verfassungsbeschwerde) unterbreiteten Beschwerdefälle beruhen, zu verzerrten Ergebnissen führen. *Philippi*, S. 93 ff.
15 *Philippi*, S. 84 ff., 103 ff., 114 ff., 121 ff.
16 BVerfGE 19, S. 330 (340).
17 *Philippi*, S. 112 ff., 84.
18 *Philippi*, S. 123.

Prognosen

Der Notwendigkeit, sozialwissenschaftliche Methodik heranzuziehen, wird das Bundesverfassungsgericht auch bei Abschätzung zukünftiger oder hypothetischer Tatsachenverläufe (Prognosen) gerecht, die es in großer Zahl vornimmt[19]. Die Prognoseaufgabe des Bundesverfassungsgerichts folgt zwangsläufig aus der Anwendung des Optimierungsverfahrens auf die Normenkontrolle, denn dieses setzt eine folgenorientierte Überprüfung der vom Gesetzgeber zwischen verschiedenen Handlungsalternativen getroffenen Wahl voraus[20].

Das Bundesverfassungsgericht prognostizierte z. B. in der Apotheken-Entscheidung[21] das zukünftige Wachstum der Zahl der Apotheken bei Aufhebung der objektiven Zulassungssperre, im Kassenarzt-Urteil und im Kassenzahnarzt-Beschluß die zukünftige Vermehrung der Zahl der Kassenarzt- bzw. Kassenzahnarzt-Praxen bei Freigabe der Kassenzulassung[22]. Im Umsatzsteuer-Urteil schätzte es die ökonomischen Auswirkungen der seinerzeit bestehenden Brutto-Allphasenumsatzsteuer und die einer Netto-Umsatzsteuer (Mehrwertsteuer) ab und stellte die unterschiedlichen Konsequenzen einander gegenüber[23]. Im Spenden-Urteil untersuchte es die Konsequenzen der unbegrenzten Abzugsfähigkeit der Parteispenden von der Bemessungsgrundlage der Einkommensteuer auf die Chancengleichheit der Parteien[24] und in der Werkfernverkehr-Entscheidung die Frage, ob die Werkfernverkehrsteuer zu einer Transportkrise führen werde[25].

Nach Angaben von Philippi hat das Bundesverfassungsgericht in den in den ersten 25 Bänden der amtlichen Sammlung veröffentlichten Entscheidungen 75 Prognosen getroffen[26]. In einer Gesamtbeurteilung kommt er zu einer — vor allem im Verhältnis zur Prognosetätigkeit des Gesetzgebers[27] — insgesamt außerordentlich günstigen Bilanz der Prognosetätigkeit des Bundesverfassungsgerichts[28].

Die von Philippi angeführte Zahl von 75 Prognosen in immerhin 208 ausgewerteten Entscheidungen verdeckt allerdings die Erkenntnis, daß es bei der verfassungsgerichtlichen Normenkontrolle (ebenso wie bei der gesetzgeberischen Normsetzung) eigentlich fast immer (zumindest auch) darum geht, die Konsequenzen alternativer Entscheidungsmöglichkeiten — gegebenenfalls „unter Anwendung geschichtlicher Erfahrungen, ökonomischer anthropologischer, krimino-

---

19 Dazu, daß Wahrscheinlichkeitsurteile etwa über wirtschaftliche Kausalabläufe richterlicher Beurteilung nicht im Wege stehen, auch *Vogel*, Finanzverfassung und politisches Ermessen, S. 34 f.
20 In der Rechtslehre setzt sich denn auch die Meinung durch, daß die Verfassungsgerichtsbarkeit des „et respice finem" stets eingedenk sein müsse. *Kriele*, Theorie der Rechtsgewinnung. Vgl. auch *Marcic*, Vom Gesetzes- zum Richterstaat, S. 365: Wenn die Rechtsnorm „nicht bloß eine Lösung bereitstellt, sondern zwei oder gar mehrere Wege weist" (was im Verfassungsrecht durchaus die Regel ist), „dann wird das Verfassungsgericht jene Möglichkeit aussuchen, die politisch am zweckmäßigsten ist". *Forsthoff*, Rechtsstaat im Wandel, S. 173: „Deshalb nehmen allgemeine geisteswissenschaftliche und politische Erwägungen wie auch ausführliche Darstellungen zeitgeschichtlicher Art in den Urteilen des Gerichts (sc. des Bundesverfassungsgerichts) einen bisher unbekannten Umfang ein". *Forsthoff* selbst steht dieser Entwicklung allerdings ablehnend gegenüber.
21 BVerfGE 7, S. 377 (415 ff.).
22 BVerfGE 11, S. 30 (45 ff.); 12, S. 144 (148 ff.).
23 BVerfGE 21, S. 12 (32, 42).
24 BVerfGE 8, S. 51 (64 ff.).
25 BVerfGE 7, S. 175 (181 f.).
26 *Philippi*, S. 124.
27 Dazu unten S. 245.
28 *Philippi*, S. 183.

G. Richtigkeitskontrolle durch die Verfassungsrechtsprechung

logischer u. a. Theorien"[29] — abzuschätzen[30]. Selbst in dem seltenen Fall, daß eine gesetzgeberische Norm eindeutig mit dem Wortlaut der Verfassung übereinstimmt, würde die überzeugende Darlegung, daß die Norm zu unerträglichen Konsequenzen führen müßte, möglicherweise Veranlassung geben, vom Wortlaut abzuweichen[31]. Eine zumindest überschlägige Abschätzung der Konsequenzen ist also selbst in diesem Fall erforderlich. Darüberhinaus sind solche Fälle die Ausnahme, weil Kennzeichen der wichtigsten verfassungsrechtlichen Normen jedenfalls im Grundrechtsbereich ihre Unbestimmtheit und Konkretisierungsbedürftigkeit sind.

Wenn das Bundesverfassungsgericht dennoch nur in einem Teil der Normenkontrollfälle die Ermittlung der Entscheidungskonsequenzen ausdrücklich nennt, so mag das einmal daher rühren, daß die relevanten Wirkungen einer Norm häufig so klar auf der Hand liegen, daß das Gericht unmittelbar zu ihrer Bewertung schreiten kann, ohne den in solchen Fällen ganz unproblematisch erscheinenden Prozeß der Ermittlung der Normenkonsequenzen ausdrücklich zu erwähnen. Zum zweiten besteht auch sonst eine deutliche Zurückhaltung bei den Gerichten, auch noch beim Bundesverfassungsgericht, die Ermittlung (Abschätzung) und wertorientierte Abwägung der Konsequenzen als eigentlich letzte Begründung für Entscheidungen offen auszuweisen und damit die methodische Übereinstimmung rationaler gerichtlicher und gesetzgeberischer Vorgehensweise zu verdeutlichen[32].

Anerkennung des trial and error

Den — beim Stande der Sozialwissenschaften — unvermeidlichen Fehleinschätzungen bei der Voraussage von Entwicklungen und Handlungskonsequenzen[33] wird das Bundesverfassungsgericht dadurch gerecht, daß es dem Gesetzgeber einen Prognosespielraum zugesteht[34]. Aus der Anerkennung des Prozesses der

---

29 *Kriele*, Theorie der Rechtsgewinnung, S. 192. Die Bedeutung sozialwissenschaftlicher Hypothesen über Wirkungszusammenhänge des sozialen Lebens für eine praxisorientierte Jurisprudenz betont auch *Albert*, Erkenntnis und Recht, S. 93 f. Ebenso *Fröhler*, Wirtschaftsrecht als Instrument der Wirtschaftspolitik, S. 190: „Ein gehöriges Maß an metajuristischem Sachverstand bildet ... häufig die unabdingbare Voraussetzung einer wirklichkeitsbezogenen Interpretation überhaupt, insbes. auch einer wirklichkeitsnahen Verfassungsinterpretation." Damit „betritt der Jurist aber die sozialwissenschaftliche Arena" (*Meyer-Cording*, Kann der Jurist heute noch Dogmatiker sein?, S. 35). Zu den daraus zu ziehenden Konsequenzen für die Juristenausbildung *Meyer-Cording*, a.a.O., S. 48. — Dem BVerfG ist zwar zuzustimmen, wenn es etwa volkswirtschaftlichen Lehrmeinungen keine *selbständige* verfassungsrechtliche Bedeutung zuerkennt (BVerfGE 7, S. 400; 14, S. 23). Bei der Situationsanalyse dürfen einschlägige sozialwissenschaftliche, auch volkswirtschaftliche Theorien aber nicht ignoriert werden, was natürlich nicht gleichbedeutend ist mit ihrer bedingungslosen, unkritischen Übernahme (oben S. 66 ff.).
30 *Kriele*, Theorie der Rechtsgewinnung, S. 178, 192, 314 und passim. Den Verfassungsrichter trifft deshalb — entgegen *Luhmann*, Zweckbegriff und Systemrationalität, S. 3 f. — auch die volle Folgenverantwortung für seine Entscheidungen. Vgl. auch *Häberle*, DÖV 1974, S. 343 (344); *Dürig*, VVDStRL 20, S. 115; *Hesse*, Verfassungsrecht, S. 226; Vgl. auch die berühmte Entscheidung des Badischen Staatsgerichtshofs: VerwRspr. 2 Nr. 96, in der betont wird, das Verfassungsgericht dürfe sich nicht auf „rein juristische Probleme" beschränken, sondern müsse auch die staatspolitischen und volkswirtschaftlichen Ziele und Folgen der angefochtenen Vorschrift unter dem Gesichtspunkt des gemeinen Besten würdigen; dazu *Häberle*, Öffentliches Interesse, S. 352. — Es ergibt deshalb ein schiefes Bild, wenn man die juristische Lösung eines Problems in der Auswahl derjenigen Auslegungsalternative sieht, „die das Rechtsgefühl am meisten befriedigt" und dem die wirklichkeitswissenschaftliche Auswahl von Hypothesen über Zusammenhänge entsprechend dem Wahrscheinlichkeitsgrad ihrer Richtigkeit zusammenhanglos gegenüberstellt. Vielmehr muß sich auch der Rechtswissenschaftler eben solcher Hypothesen bedienen, um die Konsequenzen von Handlungsalternativen möglichst gut abschätzen zu können (oben S. 68 ff.).
31 Oben S. 78 f.
32 *Kriele*, Theorie der Rechtsgewinnung, § 46.
33 Oben S. 66 ff.
34 Dazu *Seetzen*, Der Prognosespielraum des Gesetzgebers, NJW 1975, S. 429.

§ 30 Praktizierung der Optimierungsmethode durch das BVerfG

Staatswillensbildung als „a process of trial and error"[35] folgt eine gewisse „Experimentierfreiheit"[36]; das bedeutet, daß unvermeidliche Irrtümer in Kauf genommen werden müssen und gesetzgeberische Fehlprognosen (die sich erst nachträglich als solche herausstellen) nicht schon als solche den Schluß auf die Verfassungswidrigkeit der darauf beruhenden Maßnahmen zulassen[37], wenn die Prognose des Gesetzgebers aus der ursprünglichen Sicht „sachgerecht und vertretbar war"[38]. Dem Gesetzgeber ist dann allerdings „aufgegeben, sie nach Erkenntnis der tatsächlichen Entwicklung dieser entsprechend aufzuheben oder zu ändern"[39]. Gleiches gilt auch dann, wenn die Prognose zwar zunächst zutrifft, die gesetzliche Regelung sich aber später wegen neuerer Entwicklungen erledigt[40]. Den Gesetzgeber trifft die verfassungsrechtliche Pflicht, Konsequenzen aus der Erfahrung mit seinen früheren Maßnahmen zu ziehen, wobei ihm allerdings ein „gewisses zeitliches Nachhinken" konzediert wird, „da Veränderungen der wirtschaftlichen Lage sich nicht sofort in Rechtsvorschriften niederschlagen können"[41].

Der trial-and-error-Prozeß funktioniert umso besser, je leichter die versuchsweise getroffenen Maßnahmen reversibel sind. Festschreibende Maßnahmen, die im Irrtumsfall (oder auch bei Zweckerreichung oder sonst geänderter Situation) nicht mehr oder nur noch unter großen Schwierigkeiten revidiert werden können, sind von vornherein von minderem Wert[42]. Dem muß umgekehrt eine intensivere verfassungsgerichtliche Kontrolle nicht oder schwer reversibler Maßnahmen entsprechen, weil bei ihnen für eine eventuelle Berichtigungspflicht entweder (wegen Unmöglichkeit) von vornherein kein Raum ist oder doch mit ihrer Erfüllung praktisch kaum zu rechnen ist[43]. Generell kann man sagen: Die Experimentierfreiheit des Gesetzgebers ist umso größer (geringer), je sicherer (weniger sicher) gewährleistet ist, daß bei Mißerfolgen eine entsprechende Korrektur erfolgt. Ein Lernen aus Erfahrungen ist etwa dann in erhöhtem Maße sichergestellt, wenn eine unabhängige Institution eingesetzt ist, deren Aufgabe gerade darin besteht, die Entwicklung zu beobachten und die bisherigen Erfahrungen der Öffentlichkeit und den gesetzgebenden Körperschaften in Gutachten darzulegen und die daraus zu ziehenden Konsequenzen zu erörtern (Beispiel: Monopolkommission gem. § 24 GWB)[44].

---

35 BVerfG 5, S. 85 (153). Vgl. auch *Dürig, Maunz/Dürig/Herzog*, Art. 3, Rdnrn. 210 f.
36 *Gentz*, NJW 1968, S. 1600 (1607). *Scholz*, Wirtschaftsaufsicht und subjektiver Konkurrentenschutz, S. 108, spricht von „Entwicklungsspielraum" = Spielraum für die Abschätzung der zukünftigen Entwicklung.
37 BVerfGE 25, S. 1 (12 f.); BVerfG 30, S. 250 (263); weitere Nachweise in BVerfGE 25, S. 13, und bei *Zacher*, AöR 1968, S. 341 (380–382).
38 BVerfGE 30, S. 250 (263).
39 BVerfGE 25, S. 1 (13); vgl. auch BVerfGE 27, S. 377 (355); 18, S. 315 (332). Rupert *Scholz*, Wirtschaftsaufsicht und subjektiver Konkurrentenschutz, S. 107 ff.: Pflicht zur nachträglichen Selbstberichtigung und Restitution als Ausgleich für den erweiterten anfänglichen Handlungsspielraum. Dazu *Soell*, Die Verwaltung 1973, S. 499 (502 f.).
40 Vgl. *Dürig, Maunz/Dürig/Herzog*, Art. 2, Rdnr. 61; Art. 3, Rdnr. 322. Bei der Pflicht zur Rückgängigmachung bei Erledigung handelt es sich, genau genommen, um eine Verallgemeinerung der Pflicht zur „Rückenteignung" einer vorher enteigneten Sache bei nachträglichem Zweckfortfall, die das Bundesverfassungsgericht direkt aus Art. 14 Abs. 1 Satz 1 GG abgeleitet hat. BVerfG, 12. 11. 1974, DÖV 1975, S. 312 ff. m. Anm. *Kimminich*.
41 BVerfGE 18, S. 315 (332).
42 *Giersch*, Wirtschaftspolitik, S. 324; *Dürig, Maunz/Dürig/Herzog*, Art. 3, Rdnrn. 205 f.: „Irreversibilitäten" sind „zu vermeiden". *Kyrer*, Effizienz, S. 71, führt deshalb unter den Anforderungen für eine rationale Wirtschaftspolitik mit Recht auch die „reversible Ausgestaltung der wirtschaftspolitischen Instrumente" auf.
43 Unten S. 284.
44 Zur Bedeutung „institutioneller Fortschreibungsverfahren" auch *Herzog*, Staatslehre, S. 329.

G. Richtigkeitskontrolle durch die Verfassungsrechtsprechung

Wertorientierte Abwägung

Die wertorientierte Abwägung der Konsequenzen der alternativen Entscheidungsmöglichkeiten wird, wie bereits erwähnt, vom Bundesverfassungsgericht nicht immer so klargelegt, wie dies an sich wünschenswert wäre und etwa im Mühlen-Urteil auf die Formel gebracht worden ist, Aufgabe des Bundesverfassungsgerichts sei die Abwägung der Grundrechtsbeschränkung gegen die Größe der (mit dieser Beschränkung bekämpften) Gefahr und die Wahrscheinlichkeit ihres Eintritts[45].

Erforderlichkeits- und Verhältnismäßigkeitsprinzip

Das Postulat der Abwägung ist jedoch — verschränkt mit dem der Ermittlung der Konsequenzen — in den Prinzipien der Erforderlichkeit und Verhältnismäßigkeit der Zweck-Mittel-Relation enthalten, welche das Bundesverfassungsgericht (neben der Geeignetheit) als Grundsätze für die Prüfung der Verfassungsmäßigkeit von Grundrechtseingriffen[46] anerkannt hat[47].

So hat das Bundesverfassungsgericht etwa im Apotheken-Urteil ausgeführt, die Verfassungsinterpretation dürfe sich nicht mit der Feststellung begnügen, daß die angegriffene gesetzliche Regelung der Abwehr einer Gefahr für ein Gemeinschaftsgut „überhaupt dienen kann"[48], vielmehr dürfe die Freiheit der Berufswahl „nur eingeschränkt werden, soweit der Schutz besonders wichtiger („überragender") Gemeinschaftsgüter es zwingend erfordert, d. h.: soweit der Schutz von Gütern in Frage steht, denen bei sorgfältiger Abwägung der Vorrang vor dem Freiheitsanspruch des Einzelnen eingeräumt werden muß und soweit dieser Schutz nicht auf andere Weise, nämlich mit Mitteln, die die Berufswahl nicht oder weniger einschränken, gesichert werden kann. Erweist sich ein Eingriff in die Freiheit der Berufswahl als unumgänglich, so muß der Gesetzgeber stets die Form des Eingriffs wählen, die das Grundrecht am wenigsten beschränkt."[49]

Die Prinzipien der Geeignetheit, Erforderlichkeit und Verhältnismäßigkeit ergeben sich aus den Regeln der Optimierungslogik[50] und müssen deshalb zwangsläufig Anwendung finden, wenn man nur die Prämisse akzeptiert, daß den grundgesetzlichen Werten möglichst weitgehende Geltung zu verschaffen ist[51]. Die Prinzipien sind Ausdruck des Gebots des „Maßvollen", „Maßstabgerechten"[52], kurz: des Richtigen. Sie lassen sich auch als Interpretationsgrundsätze verstehen. Deshalb verliert die dogmatische Diskussion um die Frage, aus welcher einzelnen Vorschrift des Grundgesetzes die Prinzipien zu entnehmen seien[53], ihre Grundlage. Es ist schon fraglich, ob es überhaupt zu den Aufgaben

---

45 BVerfGE 25, S. 1 ff. = DÖV 1969, S. 203 (205).
46 Zur Anwendbarkeit dieser Grundsätze auf öffentliche Leistungen unten S. 298.
47 Z. B. BVerfGE 19, S. 342 (348). Vgl. auch *Gentz*, NJW 1968, S. 1600; *Wittig*, DÖV 1968, S. 817; *Grabitz*, AöR 1973, S. 568; Hans *Schneider*, in: FG BVerfG II, S. 390.
48 BVerfGE 7, S. 377 (409).
49 A.a.O., S. 405.
50 Oben S. 58 ff.
51 Dem wird eine gewisse Terminologie, die von der Übertragung der Prinzipien der Verhältnismäßigkeit etc. vom Verwaltungsrecht auf das Verfassungsrecht spricht (und diese meist ablehnt), nicht gerecht. So wendet sich *Ehmke* gegen die „schiefe Rezeption verwaltungsrechtlicher Vorstellungen" bei der Verfassungsinterpretation durch Ausrichtung am „verwaltungsrechtlichen Ermessens-, Verhältnismäßigkeits-, Erforderlichkeitsbegriff usw." (*Ehmke*, VVDStRL 20, S. 84 und 94; ähnlich *Dürig*, *Maunz/Dürig/Herzog*, Art. 1, Rdnr. 105 FN 1; *Forsthoff*, Rechtsstaat im Wandel, S. 78 ff.; *ders.*, Industriegesellschaft, S. 136 und 142 ff.) Dagegen aber *Maunz*, *Maunz/Dürig/Herzog*, Art. 20, Rdnr. 116, der umgekehrt von einer Ausstrahlung der verfassungsrechtlichen Grundsätze auf das Verwaltungsrecht spricht.
52 *Larenz*, Methodenlehre der Rechtswissenschaft, 2. Aufl., S. 468.
53 Vgl. die Übersichten bei *Gentz*, Verhältnismäßigkeit, S. 1601; *Lerche*, Übermaß und Verfassungsrecht, S. 40 ff.; *Grabitz*, Verhältnismäßigkeit, S. 584 ff.

eines Gesetzes oder einer Verfassung gehört, der Wissenschaft und der Rechtsprechung Anweisungen für die Interpretationsmethodik zu geben[54]. Wie dem auch sei, die Prinzipien ergeben sich jedenfalls nicht aus einzelnen Vorschriften, sondern aus dem Verständnis der Gesamtheit der Verfassungsbestimmungen als Direktiven zu möglichst großer Richtigkeit gemeinschaftserheblicher Entscheidungen[55].

Appellentscheidungen

Von der Abwägung der Folgen unterschiedlicher Entscheidungsalternativen läßt sich das Bundesverfassungsgericht nicht nur bei der Gewinnung des materiellen Inhalts der Entscheidungen leiten, sondern ebenso bei der Festlegung des Zeitpunkts ihres Wirksamwerdens. Hiermit sind die sog. Appellentscheidungen angesprochen, in denen das Bundesverfassungsgericht die überprüfte Norm zwar inhaltlich für verfassungswidrig hielt, aber im Hinblick auf die Folgen[56] — entgegen §§ 78 Satz 1, 82 Abs. 2, 95 Abs. 3 BVerfGG — davon absah, sie für nichtig zu erklären, und die Aufhebung erst für den Fall in Aussicht stellte, daß der Gesetzgeber nicht innerhalb einer angemessenen Frist Abhilfe schaffe[57]. So gelangte das Bundesverfassungsgericht etwa im Umsatzsteuer-Urteil[58] zu dem Ergebnis, daß die seinerzeitige kumulative Allphasenumsatzsteuer wettbewerbsverfälschend sei und gegen den Gleichheitssatz des Art. 3 Abs. 1 verstoße. Eine Nichtigerklärung der gesetzlichen Grundlage für diese besonders ertragreiche Steuer hätte jedoch gravierende Folgen für die öffentlichen Finanzen haben müssen. Das Bundesverfassungsgericht entschied deshalb, die Ungleichheit müsse bis zur Einführung einer Neuregelung innerhalb angemessener Frist hingenommen werden. Ein anderes Beispiel stellt das Diätenurteil vom 5. 11. 1975 dar. Das Bundesverfassungsgericht sah darin davon ab, eine Reihe von Vorschriften des saarländischen Landtagsgesetzes, die es als verfassungswidrig erkannt hatte, für nichtig zu erklären, weil sonst „den unter der Geltung des Landtagsgesetzes in den Landtag gewählten Abgeordneten teilweise die Rechtsgrundlage für ihren Status entzogen worden wäre", die Abgeordneten „aber zur Erhaltung ihrer Unab-

---

54 Die Frage wurde im Zusammenhang mit der Reform der Abgabenordnung diskutiert. Der Gesetzentwurf enthielt — wie der bisherige § 1 Abs. 2 Steueranpassungsgesetz — eine Auslegungsregel, die umstritten war, weil es, wie etwa *Tipke* bemerkte, nicht Sache des Gesetzgebers sei, Wissenschaft und Rechtsprechung verbindliche Anweisungen über die Anwendung des Rechts zu geben. *Tipke*, Reformbedürftiges allgemeines Abgabenrecht, Steuerberater-Jahrbuch 1968/69, S. 67 (76 f.); *ders.*, FR 1970, S. 240 (241 f.). Die Bestimmung wurde denn auch nicht in die neue Abgabenordnung 1977 übernommen.

55 Dazu steht *Lerches* Ableitung aus der „dirigierenden Verfassung" in gewisser Verwandtschaft. Übermaß und Verfassungsrecht, S. 61 ff.

56 Daß es sich bei derartigen Entscheidungen um rein folgenorientierte Entscheidungen handelt, die „nichts mehr mit Verfassungs- und Gesetzesinterpretation im Sinne der herkömmlichen Auslegungsmethode zu tun" haben, hebt *Böckenförde* mit Recht hervor. Die sogenannte Nichtigkeit verfassungswidriger Gesetze, S. 13 f.

57 Hierzu *Rupp-v. Brünneck*, Darf das Bundesverfassungsgericht an den Gesetzgeber appellieren?; *Geiger*, Zur Lage unserer Verfassungsgerichtsbarkeit, S. 132 ff. — Entsprechendes gilt für „Verfassungswidrigerklärungen" von Gesetzen ohne ausdrückliche Fristsetzung (Beispiel: Hochschullehrerurteil, NJW 1973, S. 1176), soweit auch hier das Zurückbleiben hinter der Nichtigerklärung aus dem (folgenorientierten) Bestreben resultiert, einen „rechtsleeren Raum" zu vermeiden und man das für verfassungswidrig erklärte Gesetz bis zur Neuregelung des Gesetzgebers in angemessener Frist für weiterhin anwendbar hält. Dann liegt im Ergebnis ja gar kein Unterschied zu Appellentscheidungen vor. So hinsichtlich des Hochschulurteils *Schefold/Leske*, NJW 1973, S. 1297 (1300, 1302). Anderer Ansicht *Maurer*, FS Weber, S. 345 (363); *Knies*, Mitteilungen des Hochschulverbandes 1971, Heft 1, S. 21. — Hierher können auch die Entscheidungen gehören, in denen das BVerfG ankündigt, daß „noch verfassungsmäßige" Rechtslagen in absehbarer Zeit in verfassungswidrige umschlagen, und den Gesetzgeber ermahnt, dem durch entsprechende Gesetzesänderung vorzubeugen. Dazu *Pestalozza*, in: FG BVerfG I, S. 519.

58 BVerfGE 21, S. 12.

G. Richtigkeitskontrolle durch die Verfassungsrechtsprechung

hängigkeit bis zur Neuregelung der Materie auf die im Gesetz festgelegten Einkünfte angewiesen" seien. Das Bundesverfassungsgericht verpflichtete den saarländischen Landesgesetzgeber aber, die verfassungsgemäße Neuregelung bis zum Ende der laufenden Legislaturperiode vorzunehmen[59].

Bei der Begründung der „Appellentscheidungen" sowohl in den Urteilen selbst als auch in Erwiderung von Angriffen aus der Literatur wurde die Notwendigkeit betont, daß das Bundesverfassungsgericht die Auswirkung seines Spruchs bedenken müsse[60], und darauf hingewiesen, daß die Form der Appellentscheidung in derartigen Fällen „die staatspolitisch vernünftige und im Blick auf das Ganze der Verfassung sinnvollere Lösung (sei), die dem Alles oder Nichts einer Nichtigerklärung oder einer unbeschränkten Bestätigung der Verfassungsmäßigkeit des Gesetzes vorzuziehen" sei[61]. Letztlich sei es die Aufgabe des Bundesverfassungsgerichts, dafür zu sorgen, daß „etwas gebessert" werde; die Nichtigerklärung hätte aber zu einer „evidenten schwerwiegenden Verböserung der Verhältnisse" führen müssen[62]. Genau genommen, gilt der Grundsatz, die Verfassungsrechtsprechung solle „etwas bessern", aber ganz allgemein; ihm dient die ganze Technik der Verfassungsauslegung, verstanden als Optimierung der Verfassungswerte[63]. Die Appell-Rechtsprechung ist nur Ausdruck eines allgemeinen Grundsatzes, der hier allerdings deshalb besonders deutlich in Erscheinung tritt, weil das Gericht von dem eindeutigen Wortlaut des § 78 Satz 1 BVerfGG abweicht und deshalb *ausdrücklich* auf die „vernunftrechtliche Argumentation"[64] zurückgreifen muß.

In gewisser Verwandtschaft hierzu stehen auch die beim Erlaß einstweiliger Anordnungen (§ 32 BVerfGG) zu treffenden Erwägungen, bei denen es wesentlich auf die Abwägung der möglichen Folgen einer einstweiligen Anordnung trotz (möglicher) Verfassungsmäßigkeit der angefochtenen Norm gegenüber den Folgen des Versagens einer Anordnung trotz möglicher Verfassungswidrigkeit der Norm ankommt[65].

§ 31 Konsequenzen des Optimierungsverfahrens

Die Anwendung des Optimierungsverfahrens durch die Rechtsprechung hat eine Reihe wesentlicher Konsequenzen, die in Rechtsprechung und Literatur bisher aber nur teilweise gezogen worden sind.

Mangelnde Unterscheidbarkeit von Rechtmäßigkeit und Zweckmäßigkeit

Die herrschende Auffassung in Lehre und Rechtsprechung unterscheidet noch streng zwischen Rechtmäßigkeit und Zweckmäßigkeit als zwei verschiedenen Beurteilungs- und Kontrollmaßstäben[1]. Diese Unterscheidung steht und fällt

---

59 BVerfGE 40, S. 296 (329).
60 *Rupp-v. Brünneck*, S. 365.
61 *Rupp-v. Brünneck*, S. 374.
62 *Geiger*, S. 138 f. Als Anhaltspunkte für eine derartige Verböserung führt *Geiger* an: Rechtsunsicherheit, handgreifliche Ungerechtigkeit, Funktionsunfähigkeit eines Verfassungsorgans, Lähmung der Verwaltung, Zerrüttung des Staatshaushalts.
63 Vgl. auch *Wagner*, VVDStRL 27, S. 68 f.: Die Prüfung einer (globalsteuernden) Maßnahme auf ihre Verfassungsmäßigkeit verlange einen Vergleich mit den hypothetischen Alternativen und die Untersuchung, ob der Gesetzgeber sich für „das kleinere Übel" entschieden habe.
64 Im Sinne *Krieles*, Theorie der Rechtsgewinnung, S. 314 und passim.
65 Vgl. BVerfGE 29, S. 120 (123); BayVerfGH 16, S. 53 (54); weitere Nachweise über die Rechtsprechung des Bundesverfassungsgerichts bei *Leipold*, Grundlagen des einstweiligen Rechtsschutzes, S. 34 ff.; *Häberle*, Gemeinwohljudikatur, S. 90 ff.; *Erichsen*, in: FG BVerfG I, S. 170.

1 Z. B. *Dürig*, Maunz/Dürig/Herzog, Art. 1, Rdnr. 105, der eine Überprüfung von Gesetzen „auf ihre (politische oder ökonomische) Zweckmäßigkeit hin" ablehnt. Ebenso *Maunz*, ebenda, Art. 94, Rdnr. 6; *P. Schneider*, VVStRL 20, S. 43; *Seuffert*, NJW 1969, S. 1369 (1373); *Krüger*, DÖV 1971, S. 289

§ 31 Konsequenzen des Optimierungsverfahrens

aber mit der Unterscheidbarkeit der Methoden, mit denen eine Maßnahme zum einen auf ihre Rechtmäßigkeit und zum anderen auf ihre Zweckmäßigkeit zu überprüfen ist. Der Positivismus ging, wie oben dargelegt[2], von einer solchen grundlegenden Unterschiedlichkeit aus. Er nahm eine scharfe Trennung zwischen juristischer, sozialwissenschaftlicher und politischer (wertsetzender und -abwägender) Methode vor und lehrte, die Rechtmäßigkeit von Maßnahmen sei ausschließlich mit der juristischen, ihre Zweckmäßigkeit dagegen allein mit der sozialwissenschaftlichen Methode zu ermitteln. Die Setzung und Abwägung der Zwecke sei schließlich Sache der Politik (in die die Rechtsphilosophie ausmünde). Der methodischen Dreiteilung entsprach die Abschottung der Jurisprudenz gegenüber der Soziologie und der Philosophie.

Solche Unterscheidung verliert jedoch bei Zugrundelegung der oben entwickelten Methodik der Verfassungsauslegung ihre Grundlage. Diese Interpretationsmethode beruht ja gerade darauf, daß es das „rein juristische" Subsumtionsverfahren nicht gibt (schon gar nicht im Bereich des Verfassungsrechts), mittels dessen stets eindeutige Ergebnisse im Wege formaler Begriffslogik aus dem Grundgesetz deduziert werden könnten[3]; vielmehr fließt die auf die Entscheidungskonsequenzen abstellende Zweckmäßigkeitsargumentation regelmäßig von selbst zumindest unbewußt und unkontrolliert ein; sie bildet in Wahrheit die eigentliche Entscheidungsgrundlage[4] und muß deshalb im Interesse der Rationalität und Kontrollierbarkeit der verfassungsrechtlichen Interpretation ins Bewußtsein gehoben, entsprechend verfeinert und in die Methodik der Verfassungsinterpretation einbezogen werden[5]. Das Verfahren der Werteoptimierung ist durchaus teleologischer, finaler Natur[6]; es zielt darauf ab, die Grundwerte als letzte Zwecke — entweder unmittelbar oder mittelbar über die Verwirklichung der aus ihnen abgeleiteten Zwischenwerte — möglichst weitgehend zu realisieren; es sucht, die in der jeweiligen Situation zweckmäßigste Lösung im Sinne einer möglichst weitgehenden Verwirklichung der Grundwerte zu finden[7]. Da

---

ff.; *Leibholz*, Der Status des Bundesverfassungsgerichts (1971), S. 47; *Brunner*, Kontrolle, S. 226–254. Das Bundesverfassungsgericht versagt sich ebenfalls die Nachprüfung einer angegriffenen Norm auf ihre Zweckmäßigkeit; insoweit bestehe ein Ermessensspielraum des Gesetzgebers. Da der Umfang des Ermessensspielraumes aber als „Rechtsfrage" der Entscheidung des Bundesverfassungsgerichts unterliegt (BVerfGE 1, S. 14, 32 st. Rspr.), verschwimmt die Unterscheidung in der Praxis. — Um Mißverständnissen vorzubeugen, sei klargestellt, daß im Text nur die Begründung (Gegenüberstellung von Zweck- und Rechtmäßigkeit), nicht unbedingt auch das Ergebnis (richterliche Zurückhaltung) verworfen wird. Dazu im übrigen unten S. 271.

2 Oben S. 76 f.
3 *Ehmke*, VVDStRL 20, S. 56 f.: „Logisch zwingende Schlüsse ... gibt es in der Jurisprudenz nur in sehr begrenztem Maße."
4 *Kriele*, Theorie der Rechtsgewinnung; *Heusinger*, Rechtsfindung, S. 5 ff. und passim.
5 So im Ansatz schon *Triepel*, Staatsrecht und Politik, S. 30 ff.; ferner *Kriele*, Theorie der Rechtsgewinnung, S. 13 ff. und passim; *Haverkate*, Offenes Argumentieren im Urteil; vgl. auch *Imboden*, Staat und Recht, S. 444: Geboten ist ein „Gerechtigkeitsorientiertes unvoreingenommenes Prüfen", ein „praktisches Beurteilen der erreichten und der zu erwartenden Ergebnisse" und ein Absehen von „nur scheinbar helfender Pseudo-Begrifflichkeit".
6 *Esser*, Vorverständnis, S. 200–202. — Leibholz' phänomenologische Wesensschau verfassungsrechtlicher Institutionen, die jenseits von Zweckmäßigkeitserwägungen vorzunehmen und auch nicht auf Werte bezogen ist (Das Wesen der Repräsentation, S. 16 ff.; Strukturprobleme, S. 268 ff.), ist — wegen ihrer teilweisen Verwurzelung im Irrationalen (vgl. Strukturprobleme, S. 270: „Irrationale Geistgebundenheit") abzulehnen. Vielmehr gewinnt jedes verfassungsrechtliche Institut Sinn, Wert und Legitimation ausschließlich aus seiner teleologisch auf die Realisierung der letzten Werte bezogenen Funktion.
7 Vgl. auch *Krüger*, Staatslehre, S. 709: Maßstab der Verfassungsgerichtsbarkeit ist „nicht so sehr die Logik strenger Subsumtion als die Fruchtbarkeit der Lösung". Es geht um die „Erzielung des bestmöglichen Ergebnisses" (*Krüger*, S. 698) im Sinne des vom Völkerrecht bekannten Prinzips des „effet utile" (*Berber*, Lehrbuch des Völkerrechts, Bd. I, 1960, § 69 III g) — eine Bezeichnung, in der die Zweckmäßigkeitskomponente besonders deutlich wird.

G. Richtigkeitskontrolle durch die Verfassungsrechtsprechung

diese von der Situation und den zur Wahl stehenden alternativen Maßnahmen abhängt und auch Wertabwägungen verlangt, muß die Verfassungsgerichtsbarkeit zwangsläufig in Sachfragen mitreden und Wertungsfragen abwägen und entscheiden. Die Verfassungsinterpretation setzt deshalb die Anwendung aller drei Methoden voraus: der juristischen, der sozialwissenschaftlichen und der wertenden (politischen)[8]. Die Unterscheidung zwischen Zweck- und Rechtmäßigkeit ist insoweit hinfällig geworden. Gleiches gilt für die Unterscheidung zwischen Recht und rationaler Politik[9].

Auch Leibholz geht davon aus, daß „Politik und Recht nicht durch ein formales Kriterium voneinander unterschieden werden können", hält an der Scheidung aber trotzdem fest mit der Begründung, das Politische und das „vom Politischen her bestimmte Allgemeininteresse" bezögen sich „gegenständlich auf einen anderen materialen Wert als das Recht"[10]. Dieses Ergebnis gewinnt Leibholz dadurch, daß er die Zwecke des Rechts verkürzt und nur die Grundwerte Gerechtigkeit und Rechtssicherheit nennt, dagegen die weiteren Grundwerte: Freiheit, Sicherheit i. w. S. und Frieden ausklammert. In Wahrheit geht jedoch das Recht aus der Optimierung *aller* genannten Werte hervor. Auch der Versuch von Leibholz, die Politik vom Recht dadurch zu scheiden, daß der Politik das Dynamisch-Irrationale zugeordnet wird, dem Recht dagegen das Statisch-Rationale[11], kann nicht überzeugen. Zum einen hat auch das Recht eine dynamische Struktur gewonnen, wie der Staatsrechtslehre spätestens seit der Diskussion um die unerhört zugenommenen „Maßnahmegesetze" deutlich sein sollte. Zum anderen und vor allem gibt es durchaus Kriterien für eine rationale Politik, diese kann deshalb niemals in Gegensatz zu einer — auf alle Grundwerte bezogen — Sachrichtigkeit treten. Die beiden Beispiele, die Leibholz anführt, um zu zeigen, daß das politisch Sinnvolle dem sachlich Sinnvollen widersprechen könne, vermögen denn auch nicht zu überzeugen: Der Widerspruch entsteht vielmehr allein dadurch, daß die angeblich sachlich richtigen Entscheidungen diese Qualität in Wahrheit gar nicht besitzen, weil bei ihnen wesentliche Gesichtspunkte vernachlässigt worden sind. — Ähnlich wie Leibholz unterscheidet auch Hesse zwischen dem Politischen und dem Institutionell-Rechtsstaatlichen[12] und ordnet dem ersteren einen „irrationalen Spielraum" zu[13]. Hesse[14] bezieht sich auf Scheuner[15]. Scheuner hat seine Auffassung aber inzwischen anscheinend stillschweigend aufgegeben: 1952 hatte er richterliche Tätigkeit und Politik noch in der Weise unterschieden, daß der Politiker schöpferische Entscheidungen treffe, während dem Richter „die Findung des Rechts im konkreten Fall" aufgegeben sei, er „also stets nur bereits gegebenes Recht finden, nicht aber politisch gestaltend entscheiden" dürfe. 1960 erkannte Scheuner dann aber im Anschluß an Essers „Grundsatz und Norm" (1956) der „richterlichen Judikatur die Fähigkeit zu, als Rechtsquelle Recht fortzubilden und zu erzeugen". Den Gerichten falle „ein nicht unerheblicher Teil der Rechtserzeugung tatsächlich zu". Neben den Gesetzgeber trete damit als Gestalter des Rechts der Richter, insbesondere der Verfassungsrichter, der die

---

8 Die relative Bedeutung der juristischen Methode hängt jeweils von der Ergiebigkeit des Wortlauts, die der sozialwissenschaftlichen von der Kompliziertheit der Zusammenhänge und der Ergiebigkeit sozialwissenschaftlicher Forschung ab. Vgl. auch oben S. 78 ff.
9 Die Ähnlichkeit zwischen der so verstandenen Verfassungsinterpretation und rationaler Politik klingt auch bei *Rupp* an, Grundgesetz und „Wirtschaftsverfassung", S. 17. — Die Beziehung wird besonders deutlich, wenn man mit Erich *Kaufmann* Politik umschreibt als allseitige Berücksichtigung und Abwägung der Vielfalt von Interessen und Gesichtspunkten, die bei einem zu lösenden Problem im Spiel ist (VVDStRL 9, S. 9 f.); eben dies ist nämlich auch das Wesen der juristischen, bes. der Verfassungsauslegung, wie vor allem die von der Topik inspirierten Autoren mit Recht hervorgehoben haben (z. B. *Ehmke*, VVDStRL 20, S. 55 ff., 61 ff. m. w. N.).
10 *Leibholz*, Strukturprobleme, S. 282 ff., 287.
11 Strukturprobleme, S. 287 f., 323.
12 FS *Smend*, 1962, S. 93 ff.
13 VVDStRL 17, S. 19, 35; ähnlich *Bäumlin*, Die rechtsstaatliche Demokratie, S. 58 f.
14 FS *Smend*, 1962, FN 66; ebenso *Bäumlin*, a.a.O.
15 FS *Smend*, 1952, S. 272 ff.

§ 31 Konsequenzen des Optimierungsverfahrens

Prüfung der Gesetze handhabt[16]. Diese Ausführungen Scheuners sind mit denen von 1952 nicht mehr vereinbar.

Mit dem Verzicht auf die undurchführbare Unterscheidung zwischen Rechtmäßigkeit und Zweckmäßigkeit, Recht und richtiger Politik entfällt auch die Notwendigkeit für eine Lehre von „gerichtsfreien Hoheitsakten"[17]. Diese ohnehin mit Art. 1 Abs. 3, 19 Abs. 4 GG kaum zu vereinbarende Lehre hatte allerdings ein berechtigtes Anliegen. Sie war dadurch bedingt, daß in gewissen „hochpolitischen" staatsleitenden Hoheitsakten die „Zweckmäßigkeit" den Vorrang vor der „Rechtmäßigkeit" — ermittelt im Wege syllogistischer Subsumtion aus Obersätzen ohne Rücksicht auf die Folgen — haben sollte. Bezieht man aber alle Zweckmäßigkeitserwägungen in die Ermittlung dessen, was rechtlich richtig ist, ein, so können sie bei der gerichtlichen Überprüfung angemessen berücksichtigt werden; die befürchtete Opferung grundlegend wichtiger Zwecke und Maßnahmen zugunsten einer formal-juristischen Rechtmäßigkeit im Sinne eines „fiat justitia, pereat mundus", die die Lehre von den gerichtsfreien Hoheitsakten verhindern wollte, kann nicht mehr eintreten[18].

Die Hinfälligkeit der Unterscheidung von Rechtmäßigkeit und Zweckmäßigkeit (im Hinblick auf die Grundwerte) zeigt sich auch daran, daß die Optimierungsmethodik ins Auge fallende Parallelen zu einer typischen „Zweckmäßigkeitswissenschaft" aufweist, nämlich der Wirtschaftswissenschaft[19]. Zwischen der am Gegenstand optimaler (d. h. kostenminimierender und gewinnmaximierender) Güterproduktion entwickelten Denkweise ökonomischer Entscheidungslogik[20] und der Verfassungsinterpretation zur Optimierung der verfassungsmäßigen Grundwerte bestehen beträchtliche Ähnlichkeiten. Das wird schon terminologisch dadurch deutlich, daß die Aufgabe der Verfassungsinterpretation sich auch als Optimierung einer sozialen Ertrags- und Aufwandsrechnung darstellen läßt[21]; es klingt auch an, wenn Krüger die Verfassung als „Produktionsprogramm" zur Hervorbringung von „Ergebnissen von möglichst hervorragender Qualität" bezeichnet[22]. Andererseits erscheint aber Schumpeters These, das wirtschaftliche Modell sei der Nährboden der Logik, ja die gesamte Logik sei geradezu vom Muster der wirtschaftlichen Entscheidung abgeleitet[23], überzogen[24]. Die Optimierungsmethodik kann keinesfalls von der Wirtschaft und der Wirtschaftswissenschaft monopolisiert werden, sie ist vielmehr in gleicher Weise auch anderen Bereichen[25] und Wissenschaftsdisziplinen zuzuordnen[26].

---

16 *Scheuner*, Die neuere Entwicklung des Rechtsstaats in Deutschland, S. 259.
17 Dazu Hans *Schneider*, Gerichtsfreie Hoheitsakte, 1951; *Redeker/v. Oertzen*, VwGO, 1971, § 42 Rdnr. 39; *Rinck*, Wirtschaftsrecht, Rdnrn. 161–164.
18 Dazu, daß die Lehre von den gerichtsfreien Hoheitsakten unter dem Grundgesetz überholt ist, auch *Friesenhahn*, Wesen und Grenzen der Verfassungsgerichtsbarkeit; *Loewenstein*, Verfassungslehre, 1959, S. 262.
19 Dazu, daß als Zweck der Wirtschaft und als Aufgabe der Wirtschaftswissenschaft die Mehrung des Wohlstandes angesehen wird, deren Maßstab die Zweckmäßigkeit ist, etwa *Christen*, Die Wirtschaftsverfassung des Interventionismus, S. 8 ff., 176, 179 m. w. N. Zur Effizienz „als Kategorie der Ökonomie, allenfalls noch der Organisationslehre", auch *Leisner*, Effizienz als Rechtsprinzip, S. 59, der allerdings im Gegensatz zu der hier vertretenen Auffassung (eingekleidet in die Gestalt einer Bestandsaufnahme) dafür plädiert, die Effizienz solle auch eine Kategorie der Ökonomie bleiben und nicht in die „rechtsstaatlich-gerichtsförmige Denkweise, die noch immer das deutsche öffentliche Recht beherrscht", eindringen.
20 *Gäfgen*, Theorie der wirtschaftlichen Entscheidung.
21 Oben S. 57.
22 *Krüger*, DÖV 1971, S. 289 (295).
23 *Schumpeter*, Kapitalismus, S. 201.
24 *Boulding* hat den Versuch der Ökonomie, alle anderen sozialwissenschaftlichen Disziplinen (im weitesten Sinne) zu vereinnahmen, treffend als „ökonomischen Imperialismus" bezeichnet. *Boulding*, Ökonomie als Moralwissenschaft, S. 103 (118).
25 So betont *Heller*, Staatslehre, Ges. Schriften III, S. 320, mit Recht, daß grundsätzlich auch Staat und Kirche „mit zweckrationaler Sparsamkeit und nach dem Prinzip des technischen Optimums ... ,bewirtschaftet' " werden müssen.
26 Eine andere Frage ist es, ob die Ökonomie die Methodik ursprünglich entwickelt und verfeinert hat. So nimmt *Boulding* die Herkunft des fundamentalen Prinzips, „daß wir alle Kosten berechnen und

G. Richtigkeitskontrolle durch die Verfassungsrechtsprechung

Die Unterscheidung zwischen Recht- und Zweckmäßigkeit bezog ihre innere Rechtfertigung aus der Vorstellung, die Verfassung setze inhaltlich nur einen Rahmen, innerhalb dessen die Gesetzgebung nach Zweckmäßigkeitsgesichtspunkten mehr oder weniger frei schalten und walten dürfe. Diese Vorstellung ist jedoch überholt, wenn man die dieser Arbeit zugrundeliegende Prämisse akzeptiert, daß Aufgabe und Funktion jeder Gemeinschaftsordnung die Richtigkeit gemeinschaftserheblicher Entscheidungen ist und die Maßstäbe für die Richtigkeit die Grundwerte (einschließlich der aus ihnen ableitbaren sonstigen Verfassungswerte) und ihre optimierende Realisierung in der jeweiligen konkreten Situation sind[27]. Denn nun läßt sich die Verfassung nicht mehr als bloße Setzung feststehender, abstrakter, d. h. situationsunabhängiger, Schranken verstehen, die der Gesetzgebung einen freien Raum abstecken, innerhalb dessen sich das Handeln nach außerrechtlichen Kriterien — eben denjenigen der Zweckmäßigkeit — ausrichtet, vielmehr hängt jetzt die Verfassungskonformität selbst von der Zweckmäßigkeit einer Maßnahme im Hinblick auf die — und zwar auf alle — verfassungsmäßigen Werte in der jeweiligen konkreten Situation ab. Dies ist — jedenfalls hinsichtlich der Einschränkung bestimmter Grundrechte — auch die Auffassung des Bundesverfassungsgerichts. So versteht es z. B. im Apotheken-Urteil die Berufsfreiheit des Art. 12 Abs. 1 GG und andere Freiheitsrechte nicht als Setzung starrer Schranken mit der Folge, daß Maßnahmen des Gesetzgebers bei Überschreitung dieser Schranken — ohne Rücksicht auf die mit ihnen in der konkreten Situation jeweils angestrebten Wirkungen — verfassungswidrig würden. Es stellt vielmehr den Zusammenhang zu den Werten her, die mit Hilfe der Maßnahmen gefördert werden sollen (was eine Situationsanalyse voraussetzt) und wägt gegeneinander ab; dadurch ergibt sich dann eine dynamisch-flexible Grenzziehung, die sich nach dem relativen Gewicht der in der jeweiligen konkreten Lage abzuwägenden Werte richtet[28] — ein Vorgehen, das die Einbeziehung aller jeweils tangierten Werte im Wege einer vom Bundesverfassungsgericht so genannten „Grundrechtssystematik" voraussetzt und bedingt. Würde das Bundesverfassungsgericht dagegen statisch-starre, abstrakte, zeit- und situationsunabhängige Grenzen[29] zu setzen versuchen[30], so käme es — ganz abgesehen von der Frage, wie dies überhaupt bewerkstelligt werden sollte — leicht in die Lage, ein Gesetz wegen Überschreitung dieser Grenzen kassieren zu müssen, obwohl eine Abwägung ergeben könnte, daß der Nachteil auf der einen Seite durch Vorteile die-

---

alle Erträge bewerten sollen, ob das jeweils leicht ist oder nicht", für die Ökonomie in Anspruch. *Boulding*, a.a.O., S. 117. Die Frage braucht in dieser Arbeit nicht abschließend beantwortet zu werden und soll deshalb offen bleiben.

27 Dem entspricht es, wenn man jedes Gesetz als Verfassungsinterpretation (so *Ehmke*, VVDStRL 20, S. 68), d. h. als Versuch einer Optimierung der Verfassungswerte in der jeweiligen Situation (Verfassungskonkretisierung), versteht. Dagegen und für ein Festhalten an der Rahmen-Vorstellung z. B. *Scheuner*, VVDStRL 20, S. 125; *Forsthoff*, Industriegesellschaft, S. 143 ff. Anders allerdings *Forsthoff* in Beziehung auf die Verwaltung (unten FN 38).

28 Vgl. auch E. R. *Huber*, Wirtschaftsverwaltungsrecht I, S. 663, II, S. 215, 218, 223, 571: Einschränkbarkeit aller Grundrechte wegen „überragender Forderungen des Gemeinwohls". *Nipperdey*, Soziale Marktwirtschaft und Grundgesetz, passim; *Scheuner*, Die staatliche Einwirkung auf die Wirtschaft, Einführung, S. 31; *Kriele*, NJW 1976, S. 777 (781).

29 Zur Unterscheidung zwischen „rigiden" und „flexiblen" Verfassungen auch *Krüger*, Staatslehre, S. 292 f.; *ders.*, Art. „Verfassung", in: HDSW, Bd. 11, S. 72 (80), jeweils unter Hinweis auf J. *Bryce*, Jurisprudence and Rigid Constitutions, in: *ders.*, Studies in History and Jurisprudence, Bd. 1; 1901, S. 124 ff.; dazu auch *Vogel*, Finanzverfassung und politisches Ermessen, S. 8 f.

30 Vgl. *Forsthoff*, Begriff und Wesen des sozialen Rechtsstaates (1951), in: Rechtsstaat im Wandel, S. 27 (39): Grundrechtliche Freiheitsrechte haben einen „im vorhinein normierbaren konstanten Umfang", der unabhängig von dem jeweils „Angemessenen, Notwendigen und Möglichen" sei. Vgl. auch die oben § 30 FN 7 wiedergegebene Auffassung *Krügers*.

ses Gesetzes auf der anderen Seite mehr als aufgewogen wird[31]. Das Gericht dürfte dann ja gar nicht „nach Anlaß und Grund einer Grundrechtsbegrenzung fragen"[32]. Der darin liegende Widerspruch zu den Regeln rationalen politischen Problemlösungsverhaltens (wie es auch im Ansatz im Volksbewußtsein[33] und in jeder rechtfertigenden Argumentation enthalten ist) würde der Entscheidung die allgemeine Konsensfähigkeit entziehen, den Dialog mit der öffentlichen Meinung verbauen und die Basis für das notwendige Vertrauen der Öffentlichkeit in die Verfassungsrechtsprechung gefährden, kurz, ein solches Vorgehen widerspräche nicht nur der Integrationsfunktion der Verfassung und der sie auslegenden Rechtsprechung[34], sondern auch der politischen Klugheit[35], die gerade von den Verfassungsrichtern selbst mit Recht vom Bundesverfassungsgericht gefordert[36], bei ihm vorausgesetzt und von ihm auch im großen und ganzen praktiziert wird[37].

Die Unterscheidung zwischen Recht- und Zweckmäßigkeit wurde von juristischer Seite ursprünglich — und vor Einführung der gerichtlichen Normenkontrolle — für den Bereich des Verwaltungsermessens und seiner gerichtlichen Überprüfung entwickelt[38]. Sie geht, wie Hermann Soell[39] dargelegt hat, zurück einmal auf die spezifische staatstheoretische und verfassungsrechtliche Struktur der konstitutionellen Monarchie im 19. Jahrhundert, zum anderen auf die positivistische Methodik der Gesetzesinterpretation. Diese ihre beiden Wurzeln existieren heute aber nicht mehr. Damit erweist sich die Unterscheidung zwischen Recht- und Zweckmäßigkeit auch im Verwaltungsrecht als ein überholtes Dogma[40]. „Zweckmäßigkeit (Effektivität) und Rechtmäßigkeit sind keine absoluten

---

31 Oder das Bundesverfassungsgericht müßte die Grenzen generell soweit hinausschieben, daß die Normenkontrolle auch in Fällen, wo die Wertabwägung zu einem evident negativen Saldo führt, weitgehend leerliefe. Das widerspräche seiner Kontrollaufgabe. Vgl. auch *Philippi*, Tatsachenfeststellung, S. 189: Realitätsferne „abstrakte verfassungsrechtliche Formeln tendieren dazu, daß überholte Gesetze aufrechterhalten, durch eine überraschende neue Entwicklung notwendig gewordene Gesetze aber für nichtig erklärt werden." — Die starre und die bewegliche Verfassungsinterpretation lassen sich in Anlehnung an *Hesse* vergleichen mit der Vorstellung einer „Maginot-Linie" einerseits und einer beweglichen Vorwärtsverteidigung andererseits (VVDStRL 30, S. 146).
32 *Häberle*, Wesensgehaltsgarantie, S. 65, der sich freilich selbst nachdrücklich gegen das von ihm so genannte „Schrankendenken" wendet.
33 Vgl. auch *Essers* Postulat, der Jurist müsse sein Normverständnis „durch die Kontrolle einer möglichen ‚Parallelwertung in der Laiensphäre'" mitbestimmen lassen. *Esser*, Vorverständnis, S. 27.
34 Vgl. *Smend*, Verfassung und Verfassungsrecht, S. 138, der den Zusammenhang zwischen der Auslegung der Verfassung „aus dem Sinn und Wesen der Verfassung im ganzen" und der „Fruchtbarkeit und Volkstümlichkeit" der gerichtlichen Entscheidungen betont.
35 *Spanner*, BayVBl. 1972, S. 425 (427), weist darauf hin, daß Verfassungsrichter „a kind of statesmanship" besitzen müssen. Vgl. auch *ders.*, in: FS Leibholz, S. 607 (627): „Videant iudices, ne quid detrimenti capiat res publica!" *Herzog*: „Es sind Richter vonnöten, die imstande sind, die politische Tragweite ihrer Entscheidungen zu erkennen." FAZ v. 7. 2. 1975. Ein bemerkenswertes Plädoyer für die Einbeziehung der Argumentation aus der praktischen Vernunft auch bei der Auslegung von Wirtschaftsrecht hat *Steindorff*, in: FS Larenz, 1973, S. 217, gegeben.
36 *Leibholz*, Der Status des Bundesverfassungsgerichts (1971), S. 31 (42); *Seuffert*, NJW 1969, S. 1369 (1373); *Rupp-v. Brünneck*, FS Gebhard Müller, 1970, S. 355 (377 f.).
37 *Krüger*, Der Verfassungsgrundsatz, S. 211: Die „praktische Vernunft" der Verfassungsrechtsprechung hat uns vor mancher „Raserei des Doktrinarismus" bewahrt. Die Behauptung von *Dichgans* (Vom Grundgesetz zur Verfassung, S. 189), die Frage, ob eine Bestimmung vernünftig ist, werde vom Bundesverfassungsgericht nicht gestellt, ist unrichtig.
38 Nachweise bei *Forsthoff*, Verwaltungsrecht, S. 3 ff., der sich freilich im Hinblick auf die Verwaltung selbst gegen das bloße Schrankendenken wendet und die auch inhaltliche Rechtsgebundenheit der Verwaltung betont (S. 4 f.).
39 Das Ermessen der Eingriffsverwaltung, S. 63 ff. m. w. N.
40 *Lohmann*, Die Zweckmäßigkeit der Ermessensausübung als verwaltungsrechtliches Rechtsprinzip, S. 41 f. Für den Bereich der Eingriffsverwaltung: *Soell*, Ermessen, § 9, S. 66 ff. Soell (S. 126 f.) weist darauf hin, daß die frühere ausdrückliche Ablehnung der Überprüfung einer polizeilichen Maßnahme auf ihre Zweckmäßigkeit durch das Preußische Oberverwaltungsgericht darüber hinaus nur scheinbar und vordergründig war, weil das Gericht in der Sache sehr wohl eine Zweckmäßigkeitsüberprüfung vornahm. Ähnlich liegen die Dinge heute bei der verfassungsgerichtlichen Normenkontrolle. Vgl. auch unten S. 271.

G. Richtigkeitskontrolle durch die Verfassungsrechtsprechung

Gegensätze"[41]. Eine Trennung läßt sich wesensmäßig nicht durchführen[42]. Die Verwaltung ist stets an die gesetzlichen und verfassungsrechtlichen Direktiven gebunden, die nicht in erster Linie begrenzen, sondern vor allem inhaltlich steuern. Eine andere Frage ist es allerdings, inwieweit die Bindung gerichtlich kontrolliert werden kann und soll. Das Dogma vom Verbot richterlicher Nachprüfung der Zweckmäßigkeit des Verwaltungshandelns ist zwar als solches überholt, aber es läßt sich doch möglicherweise entsprechend den heutigen Verhältnissen umformulieren in ein Gebot zurückhaltender gerichtlicher Kontrolle. Die Frage, ob eine aktive oder zurückhaltende Rechtsprechung zu befürworten ist, kann allerdings nicht „freischwebend", sondern wiederum nur im Hinblick auf die praktischen Folgen für die letzten Werte beantwortet werden[43], also letztlich nach der „Zweckmäßigkeit" einer aktiven oder zurückhaltenden Gerichtskontrolle im Hinblick auf eine Optimierung der Grundwerte. Entsprechendes gilt auch für die gerichtliche Normenkontrolle. Wir werden auf die sich hierbei ergebenden Fragen noch eingehen[44].

Mangelnde Unterscheidbarkeit von rationaler Gesetzgebung und Verfassungsrechtsprechung

Ebenso wie die Unterscheidung zwischen Recht- und Zweckmäßigkeit entfällt mit dem Unterschied in der Methode auch die Möglichkeit, zwischen rationaler Gesetzgebung und Verfassungsrechtsprechung (aber auch nicht verfassungsrechtlicher rechtsfortbildender Rechtsprechung) sachlich zu unterscheiden[45]. Ein substantieller Unterschied zwischen Rechtsetzung und Rechtsprechung kann deshalb heute nicht mehr anerkannt werden[46]. Der Richter muß in allen problematischen Fällen — genau wie der Gesetzgeber — unter mehreren möglichen Entscheidungsalternativen auswählen[47]. Bei diesem Auswahlprozeß ergeben sich beträchtliche Unsicherheitsmomente. Man pflegt ihn deshalb als „volitiven" Akt zu bezeichnen[48], der — im Gegensatz zur richterlichen Erkenntnis im Wege der herkömmlichen Subsumtionsvorstellung — nicht aufgrund einer heteronom bestimmten Kognition, sondern weitgehend aufgrund autonomer Dezision ergehe[49]. Die Verwendung solcher und anderer zur Beschreibung dieses Verfahrens häufig verwendeter Termini wie Rechtsgefühl und Werturteil erweckt jedoch leicht den Eindruck, dieses Entscheidungsverfahren entbehre der Rationalität[50]. In Wahrheit

---

[41] *Häberle*, Öffentliches Interesse, S. 687.
[42] *Häberle*, S. 688.
[43] Vgl. auch *Häberle*, S. 686.
[44] Unten S. 265 ff.
[45] *Kriele*, Theorie der Rechtsgewinnung, §§ 48–50; *Mayer-Tasch*, VVDStRL 30, S. 173. *Säcker*, ZRP 1971, S. 145 (147): „Zwischen gesetzgeberischer und rechtsfortbildend-juristischer Tätigkeit (besteht) kein sachlicher und logischer Unterschied. Beides ist ein politisches Geschäft". Vgl. auch *Achterberg*, Rechtstheorie, 1970, S. 147 ff. und *Mayer-Maly*, RdA 1970, S. 289.
[46] *Heller*, Der Begriff des Gesetzes, VVDStRL 4, S. 120 = Ges. Schriften II, S. 229.
[47] *Marcic*, Vom Gesetzesstaat zum Richterstaat, S. 365; *Krüger*, Staatslehre, S. 694, 696, 708 f.; *Redeker*, NJW 1972, S. 409 (411); Walter *Schmidt*, Rechtswissenschaft und Verwaltungswissenschaft, S. 89 (94); *Zippelius*, Recht, S. 68, 166 f.; *Soell*, Ermessen, S. 181 f., 185, 199.
[48] Z. B. *Redeker*, a.a.O.; *Soell*, Ermessen, S. 182, 188; *Badura*, Verfassungsrechtliche Grenzen der Wirtschaftspolitik, S. 382: „Mehr oder weniger voluntativer (auch von selbständigen Werturteilen bestimmter) Charakter" der richterlichen „Rechtsfindung".
[49] *Forsthoff*, Die Umbildung des Verfassungsgesetzes, FS C. Schmitt, S. 35 (54 f.). Für die analoge Situation des Arbeitsrichters: *Säcker*, Grundprobleme, S. 110; *Preis*, ZfA 1972, S. 279; *Gamillscheg*, AcP 1964, S. 385 (388, 445); *Söllner*, Gesetz und Richterspruch im Arbeitsrecht, S. 5 ff.; *Scholz*, DB 1972, S. 1771; *Kruse*, Das Richterrecht als Rechtsquelle des innerstaatlichen Rechts, 1971.
[50] Vgl. auch *Kriele*, Theorie der Rechtsgewinnung, S. 65 (der sich selbst aber gegen diese Auffassung wendet). Der Vorwurf fehlender Rationalität ist besonders nachdrücklich immer wieder von *Forsthoff* erhoben worden (unten S. 260). Der Vorwurf hängt mit *Forsthoffs* Grundauffassung zusammen, daß die „rationale Bewältigung der Befindlichkeiten des modernen Staates und dessen, was ihm not tut,

braucht es aber durchaus nicht irrational zu sein, genau so wenig wie das der Gesetzgebung[51]. Wenn dies lange verkannt wurde und z. T. auch heute noch nicht erkannt wird, so liegt es daran, daß Rationalität immer noch häufig mit der Praktizierung der sog. juristischen Methode gleichgesetzt und mit begrifflicher Eindeutigkeit der Ergebnisse verwechselt wird[52], die natürlich nicht zu erzielen ist; dagegen wurde die Entwicklung einer rationalen Gemeinwohl-, Staatsaufgaben- und Gesetzgebungslehre, die die Verwechslung rasch hätte aufklären können, aus dem juristischen Denken ausgeklammert und blieb sozialwissenschaftlichen Ansätzen (wie der Theorie der rationalen Politik, besonders der rationalen Wirtschaftspolitik und Finanzpolitik) überlassen. Dadurch verlegte man sich die gerade in diesen Ansätzen zum Ausdruck kommende Erkenntnis, daß Rationalität, richtig verstanden, durchaus nicht verlangt, daß sich ein bestimmtes Ergebnis als einzig und allein richtiges darstellen läßt, sondern daß sie Optimalität im Sinne *bestmöglicher* Ergebnisse und kontrollierbarer Entscheidungsfindung bedeutet. Die Rationalität liegt in der Abschätzung und Abwägung der allseitigen Konsequenzen, die sich aus den verschiedenen denkbaren Entscheidungsalternativen für die Grundwerte oder aus ihnen ableitbare Zwischenwerte[53] ergeben, in der Entscheidung für die am günstigsten erscheinende Alternative und in der Offenlegung dieser eigentlichen Entscheidungsgründe[54]. Wenn sich in diesem Ver-

---

ohnehin unmöglich" sei (Industriegesellschaft, S. 83), und wird wohl auch von *Forsthoffs* Bestreben beeinflußt, den Begriff der Rationalität für die Subsumtion mittels der „juristischen Methode" zu reservieren (unten FN 52). Vgl. auch *Leibholz*, Strukturprobleme, S. 323: „Das Politische (ist) seinem Wesen nach in die dynamisch-irrationalen Sphäre verhaftet" (oben FN 11). — Aus der Gleichsetzung von Politik mit Irrationalität, die den Begriff der rationalen Politik von vornherein als eine unzulässige contradictio in adiecto ansieht, entspringt denn auch die Auffassung, die ein tatsächliches sachlich-rationaler Vorherrschens rationaler Politik als „Entpolitisierung der Politik" bezeichnet.

51 *Redeker*, NJW 1972, S. 411; *Noll*, Gesetzgebungslehre.
52 Vgl. *Forsthoff* (Industriegesellschaft, S. 133), der unter „Rationalität" „logische Nachvollziehbarkeit" versteht. Das hängt mit *Forsthoffs* Fixierung auf die „juristische Methode" im *Laband*schen Sinn zusammen. *Laband* verstand unter Rechtsdogmatik bekanntlich eine rein logische Denktätigkeit (Das Staatsrecht des Deutschen Reiches, 5. Aufl. 1911 I S. IX). Vgl. auch *Jellinek*, Staatslehre, S. 16.
53 Da die Grundwerte und zumeist auch die Zwischenwerte in der Gesamtrechtsordnung ihren Niederschlag gefunden haben (*Soell*, Ermessen, S. 190 ff., spricht deshalb treffend von einem „mehrstufigen Bindungsmaßstab"), ist *Redekers* Bemerkung, bei der Rechtsfortbildung „verlassen Gesetz und Gesamtrechtsordnung den Richter" (NJW 1972, S. 411), zumindest mißverständlich. (Gleiches gilt für *Säckers* Bemerkung, der rechtsfortbildende Richter träfe „rechtlich nicht determinierte" Entscheidungen. ZRP 1971, S. 149.) Gesetz und Rechtsordnung geben auch wie vor wichtige Richtlinien für Rechtsfortbildung, bloß determinieren sie diese nicht so strikt, wie es der Subsumtionsvorstellung entspricht. *Redeker* hat zwar die herkömmliche Auffassung schon weit hinter sich gelassen, indem er Gestaltungsfunktionen, rechtspolitischen Gehalt und rationale Begründbarkeit des rechtsfortbildenden Richterspruchs betont. Es fehlt aber noch ein — allerdings besonders wesentlicher — Schritt: die positive Klarlegung, welcher Art diese Rationalität nur sein kann. Dieser Mangel erklärt den eingangs dieser Fußnote zitierten zumindest mißverständlichen Satz.
54 *Krüger* hebt mit Recht hervor, daß es sich bei politischen Akten — Regierungsakten (Staatslehre, S. 694), Akten der Gesetzgebung (S. 696), Akten der Verfassungsrechtsprechung (S. 708 f.) — um die Wahl zwischen verschiedenen Möglichkeiten handelt, die „außerhalb der logischen Struktur des richterlichen Syllogismus" (S. 696) liegt. Er sieht auch, daß es sich dabei nicht um norm- und regel*loses* Verhalten handelt, sondern dieses Verhalten von anderen eigenartigen Normen und Regeln bestimmt wird (S. 694, 696). Sein historizistisches Grundverständnis (S. 694: „Notwendigkeiten der Geschichte", 695: „Unfaßliches Gesetz der Geschichte", FN 104: „Nichtdarstellbarkeit der politischen und geschichtlichen Regeln", S. 696: Messen „am Maßstab der Geschichte") verbaut ihm aber den Weg zur Aufhellung dieser Regeln für eine rationale Problemlösung — ein Weg, der zwar nicht solche Eindeutigkeit ergibt, wie sie positivistische Tradition zu fordern geneigt ist, der aber immerhin beträchtlich weiter führt als zumeist (und auch von *Krüger*) angenommen wird. Erst durch *Smends* geisteswissenschaftliche wertorientierte Methode der Verfassungsinterpretation und die Wiederentdeckung der Topik seitens der Jurisprudenz wurde der Erkenntnis, daß es rationale Problemlösungsmethoden auch jenseits der Anwendung der herkömmlichen „juristischen Methode" gibt, der Weg bereitet, ohne daß dadurch allerdings Inhalt und Ablauf des Problemlösungsverfahrens schon klare Konturen gewonnen hätten. Vor allem der Beitrag sozialwissenschaftlicher Methodik ist von den Wortführern einer juristischen Rezeption der Topik (*Vieweg*, *Esser*, *Ehmke*, *Hesse*) ebenso wenig erkannt worden wie von *Smend* (vgl. oben S. 61).

G. Richtigkeitskontrolle durch die Verfassungsrechtsprechung

fahren oft keine *eine*, allein richtige[55], sondern nur eine Bandbreite nicht eindeutig unrichtiger Problemlösungen ergibt[56], so spricht dies nicht gegen Rationalität im Sinne der Ermittlung bestmöglicher Ergebnisse. Denn diese liegt eben zunächst einmal darin, daß die akzeptablen Problemlösungen auf den Bereich innerhalb dieser Bandbreiten beschränkt werden[57], und darüber hinaus darin, daß die Entscheidungsgründe (auch hinsichtlich der Auswahl zwischen den nicht eindeutig unrichtigen Entscheidungen) klargelegt werden.

Dieses Verfahren ist in gleicher Weise für rationale Politik wie für rationale rechtsfortbildende Rechtsprechung anzuwenden; damit verliert aber die These von der wesensmäßigen Unterschiedlichkeit dieser beiden Bereiche ihre Grundlage[58]. Auch rechtsfortbildende Rechtsprechungsakte sind politische Entscheidungen[59] und deshalb in Konkurrenz zu Gesetzgebung und Regierung letztlich nur zu rechtfertigen, soweit sie in Richtung auf eine Verbesserung der Gesamtpolitik (im Hinblick auf die Grundwerte) wirken. Die Ähnlichkeit von Gesetzgebung und rechtsfortbildender Rechtsprechung kommt in dem berühmten Satz des Art. 1 Abs. 2 Schweizer Zivilgesetzbuch zum Ausdruck, der Richter habe, wenn Gesetz und Gewohnheitsrecht keine anwendbare Vorschrift enthalten, nach der Regel zu entscheiden, die er als Gesetzgeber aufstellen würde[60]. Der Richter wird zum „Ersatzgesetzgeber"[61]. Dies zeigt sich vor allem in den zahlreichen Fällen, in denen der Richter mangels Tätigwerdens des Gesetzgebers eine Art „Schneepflugfunktion" übernehmen muß und der Gesetzgeber judikativ geschaffenes Recht nur noch nachträglich legalisiert oder auch — im Hinblick auf die richterliche Rechtsschöpfung — auf ein eigenes Tätigwerden ganz verzichtet[62], wie etwa bei Ausgestaltung des Arbeitskampfrechts[63] und des Persönlichkeitsrechts. In der Rechtsprechung des Bundesverfassungsgerichts wird das Substitutionsverhältnis zwischen Rechtsprechung und (rationaler) Gesetzgebung auch daran deutlich, daß in den Fällen der sog. Normenkollisionen die richterliche Ent-

---

55 Gegen das sog. Eindeutigkeitsargument, das dem rechtspositivistischen Subsumtionsideal zugrundeliegt, besonders nachdrücklich: *Soell*, Ermessen, S. 185 ff. m. w. N.
56 Oben S. 75 f.
57 Dieses Verfahren liegt in gewisser Weise in der Mitte zwischen einem Dezisionismus, der das Moment der rein volitiven Entscheidung in den Vordergrund stellt, und einem Naturrecht, das die richtigen Lösungen glaubt rein kognitiv „erschauen" zu können, indem es versucht, die mögliche (situationsabhängige) Kognition mit der im verbleibenden „Restraum subjektiven Fürrichtighaltens" (*Soell*) notwendigen „Dezision" zu verknüpfen. Vgl. auch *Zippelius*, Recht, Kap. 21 (S. 119–124). Auch diese „Dezision" ist allerdings keine Willkürentscheidung, weil die Entscheidung auch insoweit durchaus begründungsfähig und begründungsbedürftig ist. Vgl. auch *Soell*, Ermessen, S. 189.
58 Diese Aussage gilt nur hinsichtlich der *postulierten* Methodik und schließt z. B. nicht aus, daß sich in Wirklichkeit in der Gesetzgebung ein größeres Abweichen von der postulierten Methodik ergibt als in der (rechtsfortbildenden) Rechtsprechung.
59 *Dreier*, Zum Selbstverständnis der Jurisprudenz als Wissenschaft, Rechtstheorie 2 (1971), S. 37 ff. (44 f., 52); Walter *Schmidt*, Rechtswissenschaft und Verwaltungswissenschaft, S. 89 (94); *Ipsen*, Richterrecht und Verfassung, S. 34 ff., 211 ff.; H.-P. *Schneider*, DÖV 1975, S. 443 (447, 451).
60 *Meier-Hayoz*, Der Richter als Gesetzgeber, 1951; *Germann*, Grundlagen der Rechtswissenschaft, S. 92 ff.
61 *Werner*, Recht und Gericht in unserer Zeit, S. 176 ff. (bes. 190, 194): Die Rechtsprechung unserer Tage ist in einem nicht geringen Umfang in die Rolle eines Ersatz- und Nebengesetzgebers gedrängt worden. *Scheuner*, Die neuere Entwicklung des Rechtsstaats in Deutschland, S. 259: „Neben den Gesetzgeber tritt als Gestalter der rechtlichen Grundlagen ... der Richter, insbes. der Verfassungsrichter, der die Prüfung der Gesetze handhabt." Vgl. auch *v. Arnim*, Durchsetzung der Unverfallbarkeit von Ruhegeldanwartschaften durch das Bundesarbeitsgericht. Der Richter als Ersatzgesetzgeber, BB 1972, S. 1411; Jörn *Ipsen*, Richterrecht und Verfassung, S. 80 ff. („gesetzesvertretendes Richterrecht").
62 *Fischer*, Die Weiterbildung des Rechts durch die Rechtsprechung, S. 15, 19 ff., 22 f. und passim; *Diederichsen*, Die Flucht des Gesetzgebers aus der politischen Verantwortung im Zivilrecht, ZRP 1974, S. 53. In noch stärkerem Maße gilt dies fürs Arbeitsrecht: *Gamillscheg* AcP 1964, S. 385 (388): „Der Richter ist der eigentliche Herr des Arbeitsrechts"; S. 445: „Richterrecht ist unser Schicksal". *Preis*, Zeitschrift für Arbeitsrecht 1972, S. 271 (278 ff. m. w. N.).
63 BAG, GS, 21. 4. 1971, DB 1971, S. 1061 (1067): „Gesetzesvertretendes Richterrecht".

scheidung zugleich Gesetzeskraft hat mit der Wirkung, daß der Bundesminister der Justiz gehalten ist, die Entscheidung wie ein Gesetz im Bundesgesetzblatt zu veröffentlichen[64].

Die Funktion der Gerichte als „Ersatzgesetzgeber" äußert sich auch in manchen anderen und durchaus nicht auf das Bundesverfassungsgericht beschränkten Angleichungen der Rechtsprechung an die Gesetzgebung, die vom Boden des herkömmlichen Verständnisses der Richterfunktion ganz unverständlich bleiben müssen (was auch die teilweise geradezu hysterischen Angriffe gegen derartige Angleichungen miterklärt). Sie sollen im folgenden kurz dargestellt werden.

Der „Rechtssatzcharakter" der rechtsfortbildenden Rechtsprechung

Das Typische der richterlichen Rechtsfortbildung liegt darin, daß eine Subsumtion nicht möglich ist, weil kein Rechtssatz vorliegt, der konkret genug wäre, daß der Sachverhalt unter ihn subsumiert werden könnte[65]; es fehlt der „Obersatz" des syllogistischen Schemas. Die Entwicklung von Obersätzen im Sinne „generalisierender Zwischenglieder"[66] ist in der Tat die zentrale Aufgabe der rechtsfortbildenden Rechtsprechung[67] (was natürlich nicht gleichzusetzen ist mit formaler Bindungswirkung der von den Gerichten entwickelten „konkreten Gestaltungsnormen"[68])[69]. Krüger spricht anschaulich von richterlicher Gesetzgebung[70]. Es fördert Klarheit und Rechtssicherheit, wenn die Gerichte die ermittelten Rechtssätze auch mitteilen (was damit — vorbehaltlich der Frage der Individualgerechtigkeit[71] — selbst zu einem Gebot rationaler Werteoptimierung wird); dies geschieht denn auch in zunehmendem Maße[72]. — Auf der anderen Seite kann bei umfassender Formulierung solcher Rechtssätze die Flexibilität der Rechtsprechung und die individualisierende Billigkeitsentscheidung des Einzelfalls erschwert werden (soweit dieser bei Entwicklung des Gestaltungssatzes nicht berücksichtigt worden ist, was bei der Vielgestaltigkeit des Lebens natürlich immer wieder vorkommt). Hier stehen also Rechtssicherheit und individualisierende Fallgerechtigkeit wie auch sonst häufig in einem Spannungsverhältnis. Die Rechtssicherheit spricht für eine möglichst umfassende, die im Interesse der Fallgerechtigkeit zu wahrende Flexibilität für eine möglichst enge Fassung der „Obersätze". Bei der Aufgabe, eine möglichst optimale Mischung zwischen beiden kollidierenden Worten zu finden, wird der Richter[73] dazu tendieren, relativ weit gefaßte Obersätze zu bilden, wenn es um die Entscheidung von Massen-

---

64 § 31 Abs. 2 BVerfGG.
65 *Soell*, Ermessen, S. 172 m. w. N.
66 *Soell*, Ermessen, S. 176.
67 *Ehmke*, VVDStRL 20, S. 55 f.; *Werner*, Recht und Gericht in unserer Zeit, S. 168; *Kriele*, Theorie der Rechtsgewinnung, S. 50, 52 und passim. Ebenso *Krüger*, Staatslehre, S. 708, und DÖV 1971, S. 289 (292), dem allerdings hinsichtlich des „Wie" der Entwicklung des Obersatzes (Ermittlung des Obersatzes in „Raum- und Zeitlosigkeit", S. 291, unter Ausschluß von Situationsanalysen) nicht gefolgt werden kann. Auf die Situationsbezogenheit der zu schaffenden „generalisierenden Zwischenglieder" hebt *Soell* nachdrücklich ab, Ermessen, S. 175 ff.; ebenso *Scholz*, DB 1972, S. 1771 ff.
68 *Soell*, a.a.O.
69 De facto besitzen richterliche Rechtssätze aber weitgehend die gleichen Wirkungen, ist ihre Einhaltung mit den gleichen Sanktionen bewehrt, wie gesetzgeberische Rechtssätze.
70 DÖV 1971, S. 291. Vgl. auch *Kafka*, Der gesetzgebende Richterspruch, 1967.
71 Dazu sogleich im Text!
72 Vgl. etwa die Richtlinienentscheidungen des Bundesarbeitsgerichts zu Rückzahlungsklauseln bei Weihnachtsgratifikationen: BAG AP Nr. 22 zu § 611 BGB Gratifikation; vgl. ferner die Entscheidung des BAG zur Unverfallbarkeit von betrieblichen Ruhegeldanwartschaften: BB 1972, S. 1005; dazu v. Arnim, BB 1972, S. 1411, 1412.
73 Daß die Berücksichtigung der Rechtssicherheit auch Aufgabe des Richters ist, betont mit Recht z. B. *Herschel*, DB 1967, S. 246.

G. Richtigkeitskontrolle durch die Verfassungsrechtsprechung

erscheinungen geht (wie z. B. bei Rückzahlungs- und Verfallklauseln im Zusammenhang mit Gratifikationszahlungen oder Ruhegeldversprechen)[74].

Vermutung zugunsten der Präjudizien

Eine Emanation der Grundwerte Rechtssicherheit und Gerechtigkeit ist auch das Postulat, daß die Rechtsprechung an einem einmal aufgestellten Rechtssatz festhalten muß, es sei denn, die besseren Gründe sprächen für seine Aufgabe. Im Zweifel ist an früheren Vorentscheidungen festzuhalten[75]. Der Richter darf nur abweichen, wenn er dies „besonders sorgfältig und überzeugend besser" begründen kann[76]. Dementsprechend hat das Bundesarbeitsgericht mehrfach den Leitsatz aufgestellt, ein oberstes Bundesgericht solle von seiner bisherigen Rechtsprechung nicht abweichen, wenn sowohl für die eine wie für die andere Ansicht gute Gründe sprechen[77]. Noch schärfer hat dies der Bundesfinanzhof — unter ausdrücklicher Berufung auf Rechtssicherheit und Gleichbehandlung — ausgesprochen[78].

Übergangsregelungen

Eine Konsequenz, die den Charakter der richterlichen Rechtsfortbildung als Ersatzgesetzgebung besonders deutlich macht, ist die gerichtliche Setzung von Übergangsregelungen. Hätte der Richter bloß das vorgegebene Recht zu finden, so würden seine Feststellungen selbstverständlich von Anfang an gelten; erkennt man aber, daß der Richter bei der Rechtsfortbildung nichts Präexistentes sichtbar macht, sondern — wie der Gesetzgeber — eine folgenorientierte Auswahl zwischen verschiedenen Entscheidungsalternativen trifft und damit eine Entscheidung nicht über das, was gilt, sondern über das, was gelten soll, trifft[79], so stellt sich — wie beim Gesetzgeber — die Frage, von welchem Zeitpunkt an der aufgestellte Rechtssatz Verbindlichkeit erhalten soll. Das Bundesarbeitsgericht hat deshalb in einigen Fallgruppen, in denen eine besondere Übergangsregelung unerläßlich war, den Zeitpunkt des „Inkrafttretens" seiner rechtsfortbildenden Rechtssätze festgelegt und dabei den Gedanken der Rechtssicherheit, zu dem auch der Vertrauensschutz gehört, angemessen berücksichtigt[80].

---

74 *v. Arnim*, Verfallbarkeit, S. 170.
75 *Kriele*, Theorie der Rechtsgewinnung, S. 243 ff.; vgl. auch S. 260: „Wer vom Präjudiz abweichen will, hat die Argumentationslast." *Kriele* betont bei Behandlung der Gründe für die Präjudizienvermutung (S. 258 ff.) neben der Gleichbehandlung (S. 260) und der Rechtssicherheit (S. 259 f.) die Entlastungsfunktion der Präjudizien. Dem ist mit der Maßgabe zuzustimmen, daß auch die Entlastungsfunktion Ausdruck des Rechtssicherheitsgedankens ist, der — entgegen *Kriele* — nicht nur den Aspekt der Voraussehbarkeit gerichtlicher Entscheidungen umfaßt, sondern auch den der sicheren Handhabbarkeit, der Praktikabilität des Rechts (auch des fortgebildeten Rechts) seitens des Richters (*Radbruch*, Rechtsphilosophie, S. 171).
76 *Wolff/Bachof*, Verwaltungsrecht I, § 28 IV b 2.
77 BAGE 12, S. 278; AP Nr. 13 zu § 76 BetrVG; AP Nr. 57 zu § 611 BGB Gratifikation; vgl. dazu *Mayer-Maly*, RdA 1970, S. 289 ff. (zu VI); *Hilger*, FS Larenz, S. 116 f. Der Grundsatz muß natürlich erst recht für die Instanzgerichte gelten. *Kriele*, Theorie der Rechtsgewinnung, § 67 und S. 260.
78 BFH, GS vom 13. 11. 1963, BStBl. 1964 III S. 124; BStBl. 1964 III S. 558; dazu *Hartz*, DB 1973, S. 22 (25).
79 *Hilger*, FS Larenz, S. 117.
80 BAG, 10. 3. 1972, BB 1972, S. 1005: Der aufgestellte Rechtssatz (Unverfallbarkeit betrieblicher Ruhegeldanwartschaften bei 20 Jahren Betriebszugehörigkeit und ordentlicher Kündigung des Arbeitgebers) galt grundsätzlich nur für Fälle, in denen der Arbeitgeber nach der Entscheidungsverkündung ausgeschieden ist (ex nunc-Wirkung). Dazu *v. Arnim*, BB 1972, S. 1411 (1412). Vgl. nunmehr auch Gesetz zur Verbesserung der betrieblichen Altersversorgung v. 19. 12. 1974, BGBl. I S. 3610. Ferner: BAG, 20. 4. 1972, BB 1972, S. 1188: Übergangsregelung bei Feststellung von Verfassungswidrigkeit des § 57 b Satz 2 HGB, der für sog. Hochbesoldete ein entschädigungsloses Wettbewerbsverbot zuließ.

§ 31 Konsequenzen des Optimierungsverfahrens

Hierher gehören auch die Appellentscheidungen des Bundesverfassungsgerichts[81]. Bei den Übergangsregelungen macht sich jedoch auch ein Unterschied zur Gesetzgebung bemerkbar: die Rechtsprechung kann nur auf Antrag tätig werden[82]. Ihre Entscheidung hat deshalb nicht nur die Funktion eines Ersatzgesetzes, sondern nach wie vor auch diejenige, dem Kläger und Antragsteller, der die Entscheidung erst veranlaßt hat, den Erfolg seiner Klage zukommen zu lassen[83]. Deshalb werden für Anlaß- und quasi-Anlaßfälle bisweilen Ausnahmen von generellen Übergangsregelungen gemacht[84]. Dies ist allerdings nicht in allen Fällen möglich, wie etwa das Umsatzsteuer-Urteil des Bundesverfassungsgerichts zeigt.

Verbesserte prozessuale Analysemöglichkeiten für die Gerichte

Ipsen hat der Vorgehensweise des Bundesverfassungsgerichts, das ja unter z. T. beträchtlichem Aufwand (Hören von Sachverständigen etc.) Situationsanalysen vornimmt, entgegengehalten, dies setze einen beträchtlichen Apparat voraus. Jedes Gericht könne aber im Rahmen eines Vorlageverfahrens nach Art. 100 GG vor gleichen Aufgaben stehen, ohne über diesen Apparat zu verfügen. Ipsen empfiehlt deshalb eine Interpretationsmethode, die von jedem Gericht gehandhabt werden könne[85]. Stattdessen sollte man m. E. aber lieber die umgekehrte Konsequenz ziehen und den Gerichten — mindestens den obersten Gerichtshöfen des Bundes — die prozessualen Voraussetzungen zur umfassenden Sachverhaltsermittlung schaffen, wie dies Hilger[86] vorgeschlagen hat[87]. Dabei wäre auch die Kostenfrage zu klären. Dies gilt vor allem für die Zivilgerichtsbarkeit[88], während die Verwaltungsgerichtsbarkeit schon über weitergehende Möglichkeiten verfügt. So hat der Bundesfinanzhof zur Vorbereitung seiner Urteile über die Bedeutung der Geldentwertung für die Besteuerung von Einkünften aus Kapitalvermögen vom 27. 4. 1967[89] und vom 14. 5. 1974[90] alle Stellen gehört, von denen er annahm, sie könnten zu dem Problem etwas zu sagen haben: vom Bundesminister der Finanzen bis zum Deutschen Sparkassen- und Giroverband.

---

81 Oben S. 221 f.
82 BAG, GS, 21. 4. 1971, DB 1971, S. 1061 (1067): „Richterrecht (kann) nur anhand des an die Gerichte herangetragenen Falles entwickelt und geändert werden", „der Richter (ist) nicht wie der Gesetzgeber frei, eine Änderung sofort bei auftretender Notwendigkeit und zu einem von ihm zu bestimmenden Zeitpunkt vorzunehmen". Vgl. auch *Maunz/Dürig/Herzog*, Art. 94, Rdnr. 7.
83 BAG, GS, a.a.O. (oben FN 82).
84 *v. Arnim*, BB 1972, S. 1412 f.; *ders.*, Zur Wirkung verfassungswidriger Gesetze, 1969, S. 6 ff.; *Hilger*, FS Larenz, S. 117. — Eine Ausnahme für Anlaßfälle macht — entgegen dem Wortlaut der österreichischen Bundesverfassung — auch der österreichische Verfassungsgerichtshof. Dazu *Antoniolli*, Finanzverwaltung und Rechtsstaat, FS Hans *Huber*, 1961, S. 21. — Eine Konzession zumindest hinsichtlich der Kostenfrage macht das Witwerrenten-Urteil des BVerfG (NJW 1975, S. 919). Dazu *Maassen*, NJW 1975, S. 1343 (1347).
85 *Ipsen*, VVDStRL 20, S. 121.
86 FS Larenz, S. 109 (119).
87 Zu den derzeitigen verfahrensrechtlichen Möglichkeiten und Grenzen der Informationsgewinnung durch die Revisionsgerichte Jörn *Ipsen*, Richterrecht und Verfassung, S. 149 ff. m. w. N.
88 Das Bundesarbeitsgericht hat allerdings in entsprechender Anwendung von § 293 ZPO gelegentlich eine Sachverständigenanhörung vorgenommen. BAG, 10. 3. 1972 (Verfassungswidrigkeit des Heimarbeitsgesetzes), NJW 1972, S. 1911; ebenso schon *Wiedemann*, SAE 1969, S. 265; kritisch *Schlüter*, Das obiter dictum — Die Grenzen höchstrichterlicher Entscheidungsbegründung, dargestellt an Beispielen aus der Rechtsprechung des Bundesarbeitsgerichts, München 1973, S. 32.
89 BStBl. 1967 III S. 690.
90 DB 1974, S. 1845.

G. Richtigkeitskontrolle durch die Verfassungsrechtsprechung

§ 32 Kriterien für die Verteilung der Optimierungsaufgabe zwischen Gesetzgebung und Verfassungsrechtsprechung: Das demokratische Prinzip

Nachdem dargelegt worden ist, daß die Rechtsprechung sich bei ihren Entscheidungen prinzipiell desselben methodischen Verfahrens zu bedienen hat wie der Gesetzgeber (wenn er ein rationales Zustandekommen seiner Entscheidungen anstrebt) und daß die Rechtsprechung des Bundesverfassungsgerichts dieses Verfahren tatsächlich auch im großen und ganzen praktiziert, haben wir die erforderlichen Vorüberlegungen angestellt, um nun zur eigentlichen Kernfrage kommen zu können: der Frage nach der Verteilung der Kompetenzen zur Gemeinwohlkonkretisierung zwischen der Gesetzgebung und der Rechtsprechung, insbesondere dem Bundesverfassungsgericht.

Die Frage nach der Rollenverteilung zwischen Gesetzgebung und Rechtsprechung wurde in der Staatsrechtslehre bisher vornehmlich durch die Brille zweier einflußreicher Lehrmeinungen gesehen, von denen die eine mit dem Namen Ernst Forsthoffs, die andere mit dem Horst Ehmkes besonders verknüpft ist[1]. Beide kommen von ganz unterschiedlichen Ausgangspunkten her zum gleichen Postulat: die richterliche Kontrolle habe sich, soweit dies angesichts der weitgehenden verfassungsrechtlichen Bindung des Gesetzgebers und der umfassenden Kontrollbefugnis der Rechtsprechung, insbesondere des Bundesverfassungsgerichts, nur irgend möglich ist, zurückzuhalten und dem Gesetzgeber einen möglichst weiten Gestaltungsraum zu belassen.

Die von beiden Auffassungen angeführten Gründe halten einer Nachprüfung aber nicht stand (was allerdings nicht auszuschließen braucht, daß es noch weitere Gründe gibt, die das Postulat richterlicher Zurückhaltung dann im Ergebnis doch tragen können)[2]. Die von Forsthoff vertretene Methode der Verfassungsinterpretation entspricht nicht nur ganz allgemein einem überholten methodischen Entwicklungsstand, nämlich dem Positivismus mit seinem Ziel der „richtigen Subsumtion im Sinne des syllogistischen Schlusses"[3]; sie geht in ihren theoretischen Grundlagen auch im übrigen auf eine Zeit zurück, als es noch keine unmittelbare rechtliche Bindung der Verfassung, kein anerkanntes, in der Verfassung niedergelegtes richterliches Prüfungsrecht und kein auch nur entfernt mit dem Bundesverfassungsgericht vergleichbares Verfassungsgericht gab[4]. Mit der Akzeptierung der Hesseschen Optimierungsmethode haben wir die Angemessenheit sowie auch die Durchführbarkeit der (ausschließlich) syllogistischen Verfassungsauslegung verneint. — Demgegenüber beruht Ehmkes Auffassung letztlich auf einer Form von demokratischem Idealismus, die sich mit den Defiziten der gesetzgeberischen Willensbildung in der pluralistischen Verbandsdemokratie nicht vereinbaren läßt.

Eine pauschale, summarische Abhandlung wird der großen Bedeutung und Verbreitung beider staatsrechtlichen Lehren allerdings nicht gerecht. Zudem gibt

---

[1] Dazu auch *Kriele*, Theorie der Rechtsgewinnung, § 4.
[2] Dazu unten § 34.
[3] *Forsthoff*, Rechtsstaat im Wandel, S. 153. Vgl. auch *Scheuner*, Die neuere Entwicklung des Rechtsstaats in Deutschland, S. 259: „Im Grunde geht *Forsthoffs* Stellungnahme von einer Rückwendung zu einer streng positivistischen Rechtsmethodik aus." *Forsthoff* selbst sucht sich zwar gegen den Vorwurf zu wehren, er fordere eine Rückkehr zum Positivismus (FS C. *Schmitt*, S. 40; Zur Problematik der Verfassungsauslegung, S. 35 ff.; Rechtsstaat im Wandel, S. 226), „doch mit wenig überzeugender Begründung." So mit Recht *Larenz*, Methodenlehre der Rechtswissenschaft, 2. Aufl., S. 143; 3. Aufl., S. 149.
[4] Zur Geschichte der Verfassungsgerichtsbarkeit *Marcic*, Vom Gesetzesstaat zum Richterstaat, S. 245 ff.; *Dolzer*, Bundesverfassungsgericht, S. 22 ff.

es andere zusätzliche Erwägungen, die für richterliche Zurückhaltung sprechen mögen[2]. Wir werden deshalb im folgenden versuchen, alle relevanten Argumente zusammenzufassen, unter systematischen Gesichtspunkten zu ordnen und zu würdigen.

Das wohl am häufigsten angeführte und zumeist für am wichtigsten gehaltene Argument für einen weiten Gestaltungsraum des durch Volkswahl unmittelbar demokratisch legitimierten parlamentarischen Gesetzgebers und eine zurückhaltende Rechtsprechung wird aus dem „demokratischen Prinzip" entnommen[5]. Soweit dieses Argument, wie häufig, pauschal und undifferenziert in die Debatte geworfen wird, ist es aber von vornherein schon gar nicht schlüssig; denn die Errichtung der Verfassungsgerichtsbarkeit beruht ihrerseits gerade auf „demokratischem Mißtrauen" (Adolf Arndt)[6]; es bedürfte für die Schlüssigkeit der Argumentation deshalb zumindest der ergänzenden Darlegung, daß und in welchem Maße demokratisches Vertrauen dennoch angebracht erscheint. Ehmke hat versucht, sein Plädoyer für die Zurückhaltung der Justiz im Interesse demokratisch-parlamentarischer Gestaltungsfreiheit[7] aus dem Prinzip der Einheit der Verfassung abzuleiten[8]. Dieses Prinzip gestatte nicht, die Grundrechte bei ihrer Auslegung isoliert ins Auge zu fassen, sondern verlange die Berücksichtigung des „unlösbaren Zusammenhangs" zwischen den Grundrechten und der Gestaltungskompetenz, die im organisatorischen Teil des Grundgesetzes für den Gesetzgeber „gegenüber den Bügern" begründet werde[9]. Aus dem Kompetenz-Argument läßt sich indes nichts für oder gegen judicial restraint oder judicial activism ableiten. Denn im Grundgesetz ist nicht nur die Gestaltungskompetenz des Gesetzgebers festgelegt (worauf Ehmke ausschließlich abhebt), sondern auch die Kompetenz der Rechtsprechung, insbesondere des Bundesverfassungsgerichts, zur Normenkontrolle[10]. Das Grundgesetz steht damit im Gegensatz zur Verfassung der Vereinigten Staaten von Amerika, die weder ein eigenes Verfassungsgericht vorsieht noch eine Rechtmäßigkeitskontrolle von Gesetzen durch den Supreme Court (der kein spezielles Verfassungsgericht ist) oder andere Gerichte ausdrücklich festgelegt hat. Man mag vielleicht mit einem gewissen Recht vom Supreme Court sagen können, er habe beginnend mit seiner berühmten Entscheidung Marbury v. Madison vom 24. 2. 1803[11] — ähnlich wie später das

---

5 *Ehmke*, VVDStRL 20, S. 89, 96; *Fuß*, JZ 1959, S. 331; *Dürig*, Maunz/Dürig/Herzog, Art. 1, Rdnr. 105 FN 1; *Badura*, AöR 1967, S. 382 (386); *Seuffert*, NJW 1969, S. 1369 (1373); *Dichgans*, Vom Grundgesetz zur Verfassung, S. 184; *Geiger*, FS *Maunz*, S. 127; *Spanner*, DÖV 1972, S. 217 (219); *Ipsen*, VVDStRL 20, S. 120; *Eichenberger*, Die richterliche Unabhängigkeit als staatsrechtliches Problem, S. 102 ff.; *Ipsen*, Richterrecht und Verfassung, S. 216 ff.; *H.-P. Schneider*, DÖV 1975, S. 443 (449, 452). So auch schon C. *Schmitt*, Der Hüter der Verfassung, S. 155 f.
6 *Arndt*, BB 1959, S. 533 ff.; zum Zweifel des Grundgesetzes „an der demokratischen Legitimität des Gesetzes" auch *Ipsen*, VVDStRL 10, S. 74 (90 f.); *Bachof*, Die richterliche Kontrollfunktion, FS Huber, S. 25 (37); *Scheuner*, Die neuere Entwicklung des Rechtsstaats in Deutschland, S. 251; *Maunz, Maunz/Dürig/Herzog*, Art. 20, Rdnr. 63 FN 2; *Herzog*, Der demokratische Verfassungsstaat in Deutschland, JuS 1969, S. 397 (398). *Hamann* nimmt deshalb ausdrücklich gegen die vom Bundesverfassungsgericht aufgestellte „Vermutung dafür, daß ein Gesetz mit dem Grundgesetz vereinbar ist" (BVerfGE 2, S. 266, 282 st. Rspr.) Stellung. NJW 1959, S. 1465 (1468). Vgl. auch *Werner*, Recht und Gericht in unserer Zeit, S. 188: „Das materielle Prüfungsrecht des Richters zog einen Schlußstrich unter die Richtigkeitsvermutung des Gesetzes, die den Positivismus gekennzeichnet hatte". Ferner oben § 29 FN 1 und 2.
7 *Ehmke*, VVDStRL 20, S. 97 f.
8 *Ehmke*, a.a.O., S. 73, 132 und S. 102 Leitsatz 5 a.
9 *Ehmke*, a.a.O., S. 89 f.
10 *Häberle*, Öffentliches Interesse, S. 677: „Auch das Gericht hat ‚Kompetenz'. Es ist seinerseits in den komplexen Gemeinwohlkonkretisierungsauftrag des politischen Gemeinwesens mit eingeschaltet."
11 Dazu *Laufer*, Verfassungsgerichtsbarkeit, S. 11 ff.

G. Richtigkeitskontrolle durch die Verfassungsrechtsprechung

Reichsgericht mit seiner berühmten Entscheidung vom 4. 11. 1925[12] — die Verfassungskontrolle von Gesetzen „usurpiert". Vom Bundesverfassungsgericht kann man das sinnvollerweise nicht sagen. Mangels Festlegung in der Verfassung konnte der Supreme Court auch die in Anspruch genommene Kontrollbefugnis von sich aus beschränken, wie er es mittels der „political question"-Doktrin und der „preferred freedoms"-Doktrin getan hat[13]. Das trifft auf das Bundesverfassungsgericht aber wiederum nicht zu, nachdem sich das Grundgesetz — im Gegensatz auch zur Weimarer Reichsverfassung — eindeutig zugunsten einer umfassenden richterlichen, insbesondere auch verfassungsrichterlichen, Gesetzeskontrolle entschieden hat[14]. Die von Ehmke[15] befürwortete Übernahme der beiden Doktrinen durch die bundesdeutsche Verfassungsinterpretation ignoriert die entscheidenden Unterschiede[16] und hängt damit ebenso in der Luft wie der Versuch, das Gebot besonderer richterlicher Zurückhaltung mit Hilfe des Arguments von der gesetzgeberischen Kompetenz zu begründen.

Auch der Hinweis, daß England[17] als ein klassisches Land der Demokratie keine Verfassungsbindung und dementsprechend auch keine verfassungsgerichtliche Kontrolle der Gesetzgebung kennt, diese vielmehr als „king in parliament" unbeschränkte Herrschaft über die Rechtsordnung besitze[18], besagt nicht etwa, daß die Normenkontrolle ihrem Wesen nach der Demokratievorstellung widerspreche und deshalb möglichst restriktiv gehandhabt werden müsse. Denn ein anderes klassisches Land der Demokratie, die Vereinigten Staaten von Amerika, ist zugleich das klassische Land der Verfassungsrechtsprechung[19], das auch bei Errichtung der Verfassungsgerichtsbarkeit in der Bundesrepublik in gewisser Weise Pate gestanden hatte[20]. Es gibt offenbar mehrere Demokratietypen im Sinne des westlichen Demokratieverständnisses. Die pauschale Aussage, England sei mangels Verfassungsrechtsprechung demokratischer als die Vereinigten Staaten, wäre wenig sinnvoll. Das gleiche gilt aber auch hinsichtlich der aus dem Demokratieprinzip für die Intensität der Verfassungsrechtsprechung gezogenen Folgerungen.

Eine pauschale Behandlung des Demokratieprinzips führt, wie man sieht, nicht weiter. Eine detaillierte Aufschlüsselung ist deshalb unerläßlich. Das Demokratieprinzip enthält formell-prozedurale und materiell-inhaltliche Komponenten, die wir oben auch „input-orientierte" und „output-orientierte" Komponenten genannt haben[21] und die im folgenden nacheinander behandelt werden.

---

12 RGZ 111, S. 320; Dazu *Renger*, FS Geb. *Müller*, S. 275 (277 f.).; *Dolzer*, Bundesverfassungsgericht, S. 15 ff.
13 Dazu *Dolzer*, Bundesverfassungsgericht, S. 100 ff.; *Zuck*, JZ 1974 S. 361 m. w. N.
14 *Vogel*, Finanzverfassung und politisches Ermessen, S. 29 f.; *v. d. Heydte*, Judicial self-restraint, S. 909 (922).
15 VVDStRL 20, S. 75 ff.
16 *Friesenhahn*, ZRP 1973, S. 188 (192); ders., VVDStRL 20, S. 121 f.; *Drath*, VVDStRL 20, S. 128; *Leibholz*, ebenda, S. 118; *Benda*, Handelsblatt Nr. 246 v. 24. 12. 1974.
17 Entsprechendes gilt für den Hinweis auf Frankreich. Zu England und Frankreich z. B. *Scheuner*, VVDStRL 11, S. 1 (58 f.).
18 Vgl. *Badura*, BK, Art. 38, Rdnr. 3.
19 So mit Recht *Kriele*, Theorie der Rechtsgewinnung, S. 34.
20 *Dolzer*, Bundesverfassungsgericht, S. 32 f.
21 Oben S. 46. Man könnte auch von „demokratischer Legitimität" und „demokratischer Effizienz" sprechen. Vgl. auch den Hinweis *Forsthoffs* (Industriegesellschaft, S. 96 f.), daß im heutigen Parlamentarismus zwei Dinge wirksam werden sollen: die (formal) demokratische Legitimierung der Regierung (i. w. S.) *und* die Fähigkeit zu sachrichtigem Handeln. Ähnlich Chr.-Fr. *Menger*, Moderner Staat und Rechtsprechung, S. 25 f.: „Das Grundgesetz weist also insofern ‚dualistische Züge' auf, als es dem demokratischen Prinzip der Volkssouveränität das materiell-rechtsstaatliche Prinzip der Souveränität des Rechts gegenüberstellt".

Mitwirkung beim Zustandekommen der staatlichen Willensbildung
(formal-demokratisches Element)

Das Demokratieprinzip bezieht seine formale Rechtfertigung letztlich aus dem Wert der freiheitlichen Selbstbestimmung der Mitglieder einer Gemeinschaft und zwar prinzipiell aller ihrer Mitglieder in gleicher Weise. Wie oben dargelegt, wird die Mitbestimmung in den modernen Massendemokratien allerdings zwangsläufig erheblich verdünnt[22]. Die in regelmäßigen Abständen vorzunehmenden Wahlen verschaffen dem einzelnen Bürger lediglich einen — wenngleich durch den gleichen Einfluß aller anderen Wahlbürger relativierten — Einfluß auf die Auswahl der politischen Führung und damit per Rückkoppelung auch auf die generelle Tendenz der politischen Entscheidungen. Als Parteimitglied besitzt der Einzelne zudem einen etwas stärkeren politischen Einfluß, ebenso als Interessenverbandsmitglied hinsichtlich der ihn direkt betreffenden Maßnahmen. Diese Einflußmöglichkeiten des Bürgers stellen wichtige Korrektive gegen Machtmißbrauch dar. Letztlich bleibt aber auch in der Demokratie die politische Macht dem Bürger bis zu einem gewissen Grad entfremdet[23]. Mitbestimmung kann dem Einzelnen nur im Rahmen des unter Berücksichtigung *aller* Gemeinwohlwerte sinnvoll Möglichen gegeben werden, und die sinnvollen Möglichkeiten sind der Natur der Sache nach recht beschränkt[24]. Mit der zwangsläufigen Verdünnung der input-Komponente muß die output-Komponente der inhaltlichen Richtigkeit aber um so größere Beachtung erfahren[25].

In wie geringem Grade ein parlamentarisch erlassenes Gesetz letztlich Ergebnis der Selbstbestimmung der Bürger ist, wird deutlich, wenn man es mit einer im Wege eines Individualvertrages getroffenen Regelung vergleicht, bei der tatsächlich jeder „nur sich selbst gehorcht", weil an den Vertrag nur gebunden ist, wer ihn selbst gebilligt und ihm zugestimmt hat[26]. Auch bei einem Tarifvertrag ist die „Mitbestimmungsintensität" noch größer als beim parlamentarischen Gesetz (wenn auch geringer als beim Individualvertrag).

Angesichts des außerordentlich verdünnten Elements der Selbstbestimmung des Bürgers beim Zustandekommen des parlamentarischen Gesetzes in der modernen wohlfahrtsstaatlichen Massendemokratie stößt es schon von vornherein auf Skepsis, wenn die formal demokratische Legitimation des Gesetzgebers häufig als entscheidendes Argument gegen eine intensive Richtigkeitskontrolle von Gesetzen durch die Verfassungsgerichtsbarkeit ins Feld geführt wird. Die Vermutung liegt nahe, daß diese Art der Argumentation die freiheitliche Selbstbestimmung des Bürgers (die ja durch verfassungsgerichtliche Normenkontrolle nur in verschwindendem Maße tangiert wird) mit einer Freiheit des gesetzgebenden Parlaments (die durch eine intensive Verfassungskontrolle in der Tat erheblich eingeschränkt werden kann) verwechselt oder beide fälschlicherweise gleichwertig nebeneinanderstellt[27]. Dabei wird übersehen, daß nur der freiheitlichen Selbstbestimmung des Bürgers ein Eigenwert zukommt, während die Freiheit

---

22 Oben S. 44. Auch bei Einführung plebiszitärer Elemente würde sich grundsätzlich nichts ändern; auch diese können nur punktuelle Wirkungen entfalten.
23 F. *Neumann*, Zum Begriff der politischen Freiheit, ZGesStW 109 (1953), S. 25 (106).
24 *Scharpf*, Demokratietheorie zwischen Utopie und Anpassung, S. 56 ff.; H. H. *Klein*, FS Forsthoff, 1972, S. 165 (168 f.); *Grosser*, FS Scupin, 1973, S. 107 (117 ff.).
25 Unten S. 241 ff.
26 Oben S. 89.
27 Z. B. *Badura*, Verfassungsrechtliche Grenzen der Wirtschaftspolitik, S. 403, der der Freiheit des Bürgers die Freiheit des Gesetzgebers gleichwertig an die Seite stellt. Ebenso *Häberle*, Gemeinwohljudikatur, S. 98 FN 38, der von einer Abwägung zwischen der Freiheit des Gesetzgebers und der des Individuums, des Menschen, spricht.

G. Richtigkeitskontrolle durch die Verfassungsrechtsprechung

des Parlaments kein Selbstzweck ist, sondern nur Mittel zur Erlangung richtiger, d. h. grundwerteoptimierender, Gesetze. Diese rein dienende Funktion der gesetzgeberischen Freiheit im Interesse anderer, auf die Bürger bezogener letzter Werte spricht aber gerade für eine möglichst effektive Überprüfung ihrer Funktionsgerechtigkeit im Wege der Richtigkeitskontrolle[28].

Die Formel, das Parlamentsgesetz besitze auch nach Aufwertung der Grundrechte durch das Grundgesetz nach wie vor „Rang und Prädikat einer demokratischen Mehrheitsentscheidung"[29], „wie sie sonst keinem anderen Staatsakt zukommt"[30], ist zwar dem Wortlaut nach nicht zu beanstanden. Sie erweckt aber leicht einen falschen Eindruck, weil sie verschweigt, wie gering der sich daraus ergebende formal-demokratische Wert doch letztlich ist. Der Vergleich mit der freiheitlichen Legitimation des Individualvertrages, anhand dessen das relativ geringe Gewicht des formal-demokratischen Moments des Parlamentsgesetzes aufgezeigt wurde, wird vielleicht manchem widerstreben und möglicherweise sogar als „unstaatsrechtlicher" Denkansatz zurückgewiesen werden. Die Betreffenden werden sich dann aber fragen lassen müssen, ob sie nicht bewußt oder unbewußt noch in überkommenen und gerade von der Staatsrechtslehre lange fortgeschleppten Vorstellungen befangen sind, die dem Staat und seinen Organen, zu denen auch das Parlament gehört, Eigenwert zuerkennen. Mit der anthropozentrischen Grundentscheidung, die dieser Arbeit zugrunde liegt, ist eine solche Vorstellung jedenfalls unvereinbar[31].

Geht man richtigerweise davon aus, daß das Parlamentsgesetz die formaldemokratische Legitimation nur insoweit besitzt, als es dem Bürger eine Mitentscheidungs- und Einflußchance läßt, so hat es zwar (häufig) eine höhere formal-demokratische Legitimation als der Verwaltungsakt, es besitzt aber ebenso sicher eine geringere als der Individualvertrag. Bei der Untersuchung, welche Bedeutung die formal-demokratische Legitimation des Gesetzes für seine gerichtliche Überprüfbarkeit hat, liegt deshalb weniger der Vergleich mit der gerichtlichen Kontrolle des Verwaltungsaktes (wie er bisweilen anklingt), sondern eher der Vergleich mit der Vertragskontrolle nahe[32]. Wenn der gerichtlichen Inhaltskontrolle von Verträgen aber das formal-demokratische Moment (Selbstbestimmung) nicht entgegensteht, dann steht es der gerichtlichen Normenkontrolle erst recht nicht entgegen[33] (soweit die sonstigen Voraussetzungen einer Inhaltskontrolle gegeben sind, insbesondere die typische Richtigkeitserwartung beim Vertrag bzw. beim Gesetz entfällt und Beurteilungsmaßstäbe vorliegen, die die Feststellung der Unrichtigkeit zulassen)[34].

---

28 Zur Frage, inwieweit sich aus der Unbestimmtheit der Beurteilungsmaßstäbe faktisch ein Freiheitsraum für den Gesetzgeber ergibt, unten S. 265 ff.
29 *Ipsen*, VVDStRL 10, S. 75.
30 *Maunz/Dürig*, Maunz/Dürig/Herzog, Art. 20, Rdnr. 62 unter Hinweis auf *Fuß*, JZ 1959, S. 331.
31 Oben S. 13 ff.
32 Zur substantiellen Vergleichbarkeit von Gesetz einerseits und Verwaltungsakt und Vertrag andererseits *Heller*, VVDStRL 4, S. 118 ff. = Ges. Schriften II, S. 227 ff. Die Vergleichbarkeit kommt darin zum Ausdruck, daß sowohl der (aufgrund behördlichen Ermessens ergehende) Verwaltungsakt als auch der Vertrag funktionell als (Individual-)gesetz angesehen werden können. Für den Verwaltungsakt: *Kelsen*, VVDStRL 5, S. 32; *Eyermann/Fröhler*, Kommentar zur Verwaltungsgerichtsordnung, 5. Aufl., 1971, § 114, Rdnr. 11 a (S. 613); weitere Nachweise bei *Soell*, Ermessen, S. 74 FN 42. Für den Vertrag: oben § 17 FN 26.
33 Auch die Tatsache, daß in den Fallgruppen, in denen die Rechtsprechung eine Inhaltskontrolle vornimmt, Parität zwischen den Kontrahenten nicht vorliegt, ändert daran nichts. Der Käufer, der allgemeine Geschäftsbedingungen anerkennt, der Arbeitnehmer, der eine rückzahlbare Weihnachtsgratifikation akzeptiert, haben den entsprechenden Klauseln immerhin formal zugestimmt. Diese Zustimmung enthält jedenfalls keine geringere Mitwirkungskomponente als sie die Bürger hinsichtlich der Parlamentsgesetze besitzen.
34 Dazu unten S. 265 ff.

§ 32 Das demokratische Prinzip

Bisher wurde nur dargelegt, daß der formaldemokratischen Legitimation, wenn man sie auf den sie letztlich tragenden Wert der Selbst- und Mitbestimmung zurückführt, nur geringere Bedeutung zukommen kann, als häufig angenommen wird. Da es bei der Frage der gerichtlichen Gesetzeskontrolle aber letztlich nicht auf den absoluten Grad der demokratischen Legitimation, sondern vielmehr auf das relative *Verhältnis* von gesetzgeberischer zu verfassungsgerichtlicher Legitimation ankommt, muß auch die andere Seite dieser Relation, nämlich die demokratische Legitimation der Gerichtsbarkeit ins Auge gefaßt werden. Es geht dabei vor allem um zwei Gesichtspunkte: Die Art und Weise der Rekrutierung der Bundesverfassungsrichter und die Sensibilität des Bundesverfassungsgerichts in bezug auf die sog. öffentliche Meinung.

Die Wahl der Richter des Bundesverfassungsgerichts[35] regelt das Grundgesetz nur in der knappen Bestimmung des Art. 94 Abs. 1; alles weitere bleibt nach Art. 94 Abs. 2 der Regelung durch Bundesgesetz überlassen, die im Bundesverfassungsgerichtsgesetz getroffen worden ist[36]. Die Richter des Bundesverfassungsgerichts werden je zur Hälfte vom Bundestag und vom Bundesrat gewählt. Die Wahl durch den Bundesrat erfolgt unmittelbar, während die vom Bundestag zu bestellenden Richter durch einen Wahlmännerausschuß von 12 Mitgliedern erfolgt, der vom Bundestag nach den Grundsätzen der Verhältniswahl gewählt wird. Die Wahl der Bundesverfassungsrichter bedarf in beiden Gremien der Zweidrittelmehrheit (§§ 6 f. BVerfGG). Dadurch soll einer parteipolitisch einseitigen Zusammensetzung des Bundesverfassungsgerichts entgegengewirkt werden[37]. Drei der acht Richter eines jeden der beiden Senate müssen aus dem Kreis der Richter an den obersten Bundesgerichten gewählt werden. Die Amtsperiode beträgt 12 Jahre, längstens bis zur Altersgrenze (Vollendung des 68. Lebensjahres); Wiederwahl ist ausgeschlossen. Die Verfassungsrichter dürfen weder dem Bundestag noch dem Bundesrat, der Bundesregierung oder entsprechenden Organen eines Landes angehören und dürfen mit ihrer richterlichen Tätigkeit keine andere berufliche Tätigkeit verbinden als die eines Lehrers des Rechts an einer deutschen Hochschule.

Wenn die Mitglieder des Bundesverfassungsgerichts somit auch nicht direkt von der Aktivbürgerschaft gewählt werden, so können sie sich doch auf eine „Legitimationskette"[38] berufen, die auf die Aktivbürgerschaft zurückführt. Das Bundesverfassungsgericht kann sich deshalb auch auf eine — wenngleich indirekte — formal-demokratische Legitimation berufen[39], vergleichbar etwa dem Bundespräsidenten, der ebenfalls nicht direkt vom Volk, sondern von der Bundesversammlung gewählt wird, welche aus den Mitgliedern des Bundestages und einer gleichen Zahl von Mitgliedern besteht, die von den Landesparlamenten nach den Regeln der Verhältniswahl gewählt worden sind[40].

---

35 *Kröger*, FG BVerfG I, S. 76 — Zur (im Verhältnis zum Bundesverfassungsgericht entfernteren) demokratischen Legitimation der Obersten Gerichtshöfe des Bundes *Ipsen*, Richterrecht und Verfassung, S. 200 ff.
36 Dazu *Hesse*, Grundzüge, S. 260 f.; *Maunz, Maunz/Dürig/Herzog*, Art. 94, Rdnrn. 14 ff.
37 *Laufer*, Verfassungsgerichtsbarkeit, S. 212 m. w. N. in FN 20.
38 Begriff nach *Scheuner*, VVDStRL 16, S. 142; *Hesse*, VVDStRL 17, S. 21.
39 *Laufer*, Verfassungsgerichtsbarkeit, S. 210 ff. m. w. N.; vgl. auch *Böckenförde*, Verfassungsfragen der Richterwahl, S. 73 ff.; *Kröger*, FG BVerfG I, S. 76 (78 f.).
40 Dementsprechend beziehen sich Vorschläge, die eine formal-demokratische Legitimation richterlicher Rechtsetzung durch Richterwahl begründen wollen, regelmäßig nicht auf das Berufungsverfahren der Bundesverfassungsrichter, sondern nehmen dieses ihrerseits zum Vorbild. Z. B. *Säcker*, ZRP 1971, S. 145 (149).

G. Richtigkeitskontrolle durch die Verfassungsrechtsprechung

Der Unterschied zwischen der direkten demokratischen Legitimation des Parlaments und der indirekten Legitimation des Bundesverfassungsgerichts, der sich bei der Betrachtung der dargelegten formalen Regelungen noch ergibt, schmilzt weiter zusammen, wenn man im Wege des „Durchgriffs" die eigentlichen faktischen Kreationsorgane in den Blick nimmt: die politischen Parteien. Sie entscheiden im Grunde nicht nur über die Berufung der Bundesverfassungsrichter[41], sondern mediatisieren de facto auch die Kreierung der Parlamentsabgeordneten; das gilt in besonderem Maße für die über die Landeslisten gewählten Abgeordneten. Selbst das Parlament kann deshalb nur noch sehr bedingt als „unmittelbar" vom Volk bestellt angesehen werden[42].

Die zweite, neben der Auswahl des Entscheidungspersonals durch das Volk stehende wesentliche Komponente der demokratischen Legitimation liegt in der inhaltlichen Rückbindung eines Organs an die in der Gemeinschaft herrschenden Grundvorstellungen, d. h. in seiner Sensibilität gegenüber der öffentlichen Meinung[43]. Diese liegt auch beim Bundesverfassungsgericht — seiner Konstruktion nach sogar zwangsläufig — vor. Unter Sensibilität des Bundesverfassungsgerichts gegenüber der öffentlichen Meinung ist dabei allerdings nicht die Beeinflußbarkeit in einem konkreten Rechtsfall zu verstehen, aber doch die Bereitschaft, sich mit der öffentlichen Meinung auseinanderzusetzen und die in der öffentlichen Diskussion vorgebrachten Argumente einzubeziehen und abzuwägen. Diese Bereitschaft ist Voraussetzung für ein hohes Ansehen des Bundesverfassungsgerichts in der Öffentlichkeit, das es mehr als andere Staatsorgane braucht, um seine Funktion erfüllen zu können. Denn dem Bundesverfassungsgericht fehlt die eigene Vollstreckungsorganisation und damit die organisatorische Macht, seine Entscheidungen notfalls zwangsweise durchzusetzen[44]. Es ist vielmehr darauf angewiesen, daß die anderen Verfassungsorgane seine Entscheidungen befolgen. Seine Wirkungsmöglichkeit ist generell in erheblichem Umfang vom „Mitziehen" der kontrollierten Instanzen, insbesondere des Parlaments, abhängig, das schon über die Ausgestaltung des Bundesverfassungsgerichtsgesetzes und seine Novellierung erheblichen Einfluß auf das effektive Gewicht des Gerichts besitzt. Damit ist die öffentliche Meinung der wichtigste Verbündete des Bundesverfassungsgerichts. Ohne ihre Unterstützung wären sein Einfluß und sein Kontrollgewicht schnell vertan[45]. Eine Vorgehensweise, welche das Ansehen des Bundesverfassungsgerichts in der öffentlichen Meinung minderte, wäre deshalb

---

41 *Laufer*, Verfassungsgerichtsbarkeit, S. 211.
42 *Bachof*, Die richterliche Kontrollfunktion, S. 43.
43 Darin sieht *Zippelius* mit Recht ein „wichtiges Surrogat unmittelbarer Demokratie". FS *Larenz*, S. 293 (304); ähnlich *Säcker*, Bundesverfassungsgericht, S. 26.
44 Die Rechtsdurchsetzungsorganisation ist vielmehr selbst die reglementierte. *Grimm*, AöR 1972, S. 501; *Hesse*, Verfassungsrecht, S. 226; *Leibholz*, Wandlung des Autoritäts- und Souveränitätsbegriffs, 1970, S. 5; *Jellinek*, Staatslehre, S. 357. *Smend*, Verfassung und Verfassungsrecht, S. 135, spricht vom „Unterschied der Erfolgschance des Verfassungsrechts und des Verfassungsrichters" im Vergleich zum Zivil- und Verwaltungsrichter. Dem *Smend*schen Schluß auf eine „andere Natur dieses Rechts und dieser Gerichtsbarkeit" kann nach der der vorliegenden Arbeit zugrundeliegenden Konzeption allerdings nicht gefolgt werden.
45 Nur die Öffentlichkeit kann verhindern, daß die (gewollte) latente Spannung zwischen den Regierungsparteien auf der einen Seite und dem Bundesverfassungsgericht auf der anderen Seite letztlich in einen Abbau der Unabhängigkeit und eine Einschränkung der Kompetenzen des Bundesverfassungsgerichts einmündet, wozu der Gesetzgeber im Falle eines offenen Konflikts besonders versucht sein mag. Vgl. den Versuch *Adenauers*, den Wahlmodus der Bundesverfassungsrichter zu ändern, und die entschlossene und erfolgreiche Reaktion der Öffentlichkeit. Vgl. auch zum Scheitern der Versuche des amerikanischen Präsidenten Franklin D. *Roosevelt*, die Macht des Supreme Court zu beschränken, *v. Hayek*, Die Verfassung der Freiheit, S. 242 ff. Zur generellen Angewiesenheit der Rechtsprechung auf die Unterstützung der öffentlichen Meinung *Bender*, ZRP 1974, S. 235 (237).

letztlich „self-destroying". So kann die öffentliche Meinung eine nicht zu unterschätzende „Mißbrauchsaufsicht"[46] ausüben. Dieser Zusammenhang begründet eine Art Selbstregulierungsmechanismus, der das vom partei- und interessenverbandspolitischen Kräftespiel abgeschirmte Bundesverfassungsgericht dennoch zwingt, „unentwegt, demokratische Legitimation aus dem Bereich der ... politischen Meinungs- und Willensbildung des Volkes" zu suchen[47], und so die Frage nach der Kontrolle der Kontrolleure[48] hinsichtlich des Bundesverfassungsgerichts befriedigend beantwortet.

Das Bundesverfassungsgericht sucht das ständige Gespräch mit der Öffentlichkeit, zu der auch die wissenschaftliche Fachwelt gehört, und die Auseinandersetzung mit ihrer Kritik aber sicher nicht nur aus Gründen der „verfassungsgerichtlichen Organraison". Vielmehr ist gerade für den Richter das „Hinhören und Zuhören" des echten Sachgesprächs, das „Aufsuchen und Abwägen verschiedener Ansichten und Argumente" geradezu das „tägliche Brot", das ihm meist „zur zweiten Natur geworden" ist[49].

Sieht man schließlich in Klag- und Antragsrechten des Bürgers auf gerichtliche Überprüfung von staatlichen Maßnahmen ein formal-demokratisches Element[50], so ist die Verfassungsrechtsprechung in dieser Hinsicht sogar stärker legitimiert als der Gesetzgeber. Denn der Möglichkeit der Bürger, die Verfassungsrechtsprechung (direkt) durch Verfassungsbeschwerde oder (indirekt) durch Klage mit einer bestimmten ihn beeinträchtigenden Regelung zu befassen, steht im Bereich der Gesetzgebung kein entsprechendes Initiativrecht gegenüber[51]. Das darin liegende formal-demokratische Moment würde noch verstärkt, wenn und soweit man die Antragsbefugnisse des Bürgers im Bereich der Verfassung in Richtung auf die Popularklage ausdehnen würde, wie René Marcic dies vorgeschlagen hat[52].

Inhaltliche Richtigkeit (material-demokratisches Element)

Wie oben dargelegt, gewinnt das demokratische Prinzip zu einem wesentlichen Teil seinen Wert aus der Erwartung, die demokratische Organisation der Willensbildung schaffe eine denkbar große Chance für die inhaltliche Richtigkeit (Gemeinwohlkonformität im Sinne einer Optimierung der Grundwerte) der in diesem Verfahren zustande gekommenen Entscheidungen[53]. Demokratie in diesem materialen Sinne zielt auf möglichst große inhaltliche Richtigkeit der gemeinschaftserheblichen Entscheidungen ab. Umgekehrt verliert die Berufung auf Demokratie (genau wie die auf die Vertragsfreiheit) einen wesentlichen Teil ihres Gewichts, wenn die Richtigkeitserwartung enttäuscht wird. Eine Einrichtung wie die verfassungsgerichtliche Normenkontrolle und ihre intensive Ausübung ist deshalb nicht undemokratisch (jedenfalls im Hinblick auf die materiale Komponente), wenn und soweit sie die inhaltliche Richtigkeitschance der gemeinschaftserheblichen Entscheidungen erhöht. Eine intensive verfassungsgerichtliche Kontrolle ist dann — vorbehaltlich der Abwägung mit der größeren formal-demo-

---

46 *Säcker*, Bundesverfassungsgericht, S. 26.
47 *Ridder*, Verhandlungen des 40. Deutschen Juristentages, Bd. I, S. 116 f.
48 *Doehring*, Der Staat 1964, S. 201 (214 f.); *Rheinstein*, JuS 1974, S. 409.
49 So *Bachof*, Die richterliche Kontrollfunktion, S. 43.
50 *Rehbinder/Burgbacher/Knieper*, Bürgerklage im Umweltrecht, S. 134 ff.; *Wälde*, AöR 1974, S. 585 (624 ff.).
51 *Brohm* und *Noll* haben allerdings die Einführung eines Gesetzesinitiativrechts zur Diskussion gestellt. *Brohm*, VVDStRL 30, S. 312 (LS 19), S. 320 f.; ders., FS Forsthoff, 1972, S. 37 (70 ff.); *Noll*, Gesetzgebungslehre, S. 55 f.
52 *Marcic*, Vom Gesetzesstaat zum Richterstaat, S. 255 ff., 328 ff.; ders., FS Gebhard Müller, 1970, S. 217 (226 ff. m. w. N.); vgl. auch *Häberle*, VVDStRL 30, S. 127.

G. Richtigkeitskontrolle durch die Verfassungsrechtsprechung

kratischen Legitimation des Gesetzgebers — im Gegenteil sogar geboten zur möglichst weitgehenden Realisierung der Gemeinwohlwerte als der Werte, auf denen auch das Demokratieprinzip beruht.

Die Frage, wie intensiv die Verfassungsrechtsprechung die Gemeinwohlkontrolle zu praktizieren und an der Gemeinwohlkonkretisierung teilzunehmen hat, kann somit nicht schematisch ein für allemal in gleicher Weise beantwortet werden; ihre Beantwortung hängt wesentlich davon ab, wieviel Vertrauen man vernünftigerweise in die Richtigkeit der Gesetzgebung haben kann. Es besteht aus innerer Zwangsläufigkeit ein Substitutionsverhältnis zwischen der Richtigkeit der Gesetze und richterlichem Eingreifen[54]. Solange die Richtigkeit der Gesetze ohne weiteres verbürgt schien und das Gesetz geradezu als Emanation der Vernunft galt, kam eine richterliche Überprüfung von Gesetzen von vornherein gar nicht in Betracht[55]. Eine Verteilung der Aufgabe der Gemeinwohlkonkretisierung auf verschiedene Subjekte zu bedenken, wird überhaupt erst erforderlich, wenn die Möglichkeit einer Fehlleistung des Gesetzgebers auftritt[56]. Ohne die Möglichkeit einer Fehlleistung des Gesetzgebers widerspricht die verfassungsgerichtliche Kontrolle schon der Arbeitsökonomie. Sie ist überflüssig. Die Möglichkeit einer gesetzgeberischen Fehlleistung wird vom Grundgesetz mit der Institutionalisierung der Verfassungsgerichtsbarkeit heute vorausgesetzt. Deshalb lautet die Frage nicht mehr: Verfassungskontrolle — ja oder nein, sondern sie ist transformiert in die Frage nach der Intensität der Kontrolle, der „Kontrolldichte"[57]. Aber auch ihre Beantwortung hängt wesentlich vom Vertrauen in die (typische) Richtigkeit der Gesetze ab. Hat man auch heute noch weitgehendes Vertrauen in den Gesetzgeber in dem Sinne, daß er seiner Gemeinwohlaufgabe regelmäßig und typischerweise gerecht wird, oder glaubt, dies Vertrauen jedenfalls postulieren zu müssen, wie etwa Herbert Krüger[58], so veranlaßt dies, eine möglichst restriktive Ausübung der nun einmal grundgesetzlich niedergelegten verfassungsgerichtlichen Kontrolle zu befürworten[59]. Das wird sich insbesondere darin auswirken,

---

53 Oben S. 45 ff.
54 *Imboden*, Der Richter im Verbandsstaat, 1962, in: Wirtschaft und Recht, S. 214 (216): „In dem Maße, in dem die normative Kraft des Gesetzgebers nachläßt, wird der Richter aus innerer Zwangsläufigkeit in eine ‚politische' Rolle versetzt . . . ‚politisch' — d. h. der Abwägung letzter allgemeiner Werte zugewandt." *Esser*, Wandlungen von Billigkeit und Billigkeitsrechtsprechung im modernen Privatrecht, in: Summum ius summa iniuria, 1963, S. 39 f.: Die Rechtsprechung greift in einer der modernen Gegebenheiten entsprechenden Abwandlung von *Suarez'* Wort („quia lex peccavit") ein, „quia legislator peccavit". *Bachof*, Die richterliche Kontrollfunktion, S. 37 (39 f.): Das zunehmende Mißtrauen gegen das Gesetz und seine abnehmende Qualität, die nicht zuletzt auf die „Anfälligkeit des Parlaments gegenüber dem Druck außerparlamentarischer Gruppen" zurückzuführen seien, rufen „geradezu nach einem Gegengewicht", einer Gegenkraft, und „diese Kraft kann nur der Richter sein". Auch *Scheuner* (Die neuere Entwicklung des Rechtsstaats in Deutschland, S. 261) sieht in der zunehmenden Bedeutung der richterlichen Funktion ein „Gegengewicht" gegen die Tendenz zu einer „Erosion des Gesetzesbegriffs". *Zacher*, Aufgaben einer Theorie der Wirtschaftsverfassung, in: *Scheuner*, Die staatliche Einwirkung auf die Wirtschaft, S. 569: „Die Alternative heißt Rechtsprechung und vor allem Bundesverfassungsgericht". *Werner*, Recht und Gericht in unserer Zeit, S. 186 ff. (194): „Kommt es zu keiner Renaissance der Gesetzgebung, ist der Weg in den Richterstaat unausweichlich." Vgl. auch *Marcic*, dessen ganzes Buch „Vom Gesetzesstaat zum Richterstaat" (1957) das vom Mißtrauen gegenüber dem Gesetzgeber (z. B. S. 240) getragene „ceterum censeo" durchzieht: „Die Verfassungsgerichtsbarkeit muß gefestigt, vertieft und erweitert" werden (S. 442).
55 Peter *Schneider*, In dubio pro libertate, S. 263 (273): „Geht man davon aus, daß die Entscheidungsinstanz in sich die besten Garantien für eine rechtmäßige Entscheidung trägt, so erscheint die Einschaltung einer Überprüfungsinstanz als erläßlich."
56 Peter *Schneider*, VVDStRL 20, S. 1 (41 f.).
57 Der Terminus dürfte auf *Lerche*, Übermaß, S. 337, zurückgehen.
58 Staatslehre, S. 537. Vgl. auch oben S. 204.
59 *Krüger*, DÖV 1971, S. 289 ff. *Dolzer*, Bundesverfassungsgericht, S. 97: „Nach demokratischer Theorie" ergibt „das freie Spiel der politischen Kräfte" „die für die Gesellschaft beste Lösung". Dieses Kräftespiel sollte deshalb „durch die Verfassungsgerichtsbarkeit möglichst wenig eingeschränkt werden."

daß die Kognitionsbefugnis der Rechtsprechung eingeschränkt wird, d. h. nur besonders gewichtige Unrichtigkeiten gerichtlich moniert werden. Mißtraut man dagegen dem Gesetzgeber fundamental — wie etwa Tipke jedenfalls im Bereich der Steuergesetzgebung —, so folgt daraus als Konsequenz ein Plädoyer für eine möglichst intensive verfassungsgerichtliche Kontrolle[60] (es sei denn, das Mißtrauen erstreckte sich auch auf die Rechtsprechung, was Tipke aber — jedenfalls für die Finanzgerichte — ausdrücklich verneint). Dann hat das Gericht alle ihm zugänglichen Kognitionsmöglichkeiten auszuschöpfen und tendenziell alle feststellbaren Gemeinwohlverstöße seitens des Gesetzgebers abzuwehren. Werden die durch die Verfassung primär zum gemeinwohlkonformen Handeln berufenen Organe ihrer Funktion nicht gerecht, so entsteht ein Vakuum[61], das auch in der Politik nicht lange Bestand hat[62]. Es erscheint dann geradezu als Segen, wenn es das Bundesverfassungsgericht ist, das diese Lücke füllt, und insoweit anderen — für die Aufrechterhaltung der freiheitlich-demokratischen Grundordnung vielleicht überaus gefährlichen — Prätendenten die Möglichkeit dazu entzieht.

Die innere Berechtigung eines Plädoyers gegen eine möglichst aktive Rechtsprechung hängt also zu einem guten Teil davon ab, ob die vom demokratischen Idealismus unterstellte relativ hohe Richtigkeitschance pluralistisch-parlamentarischer Entscheidungen tatsächlich vorliegt. Als je zweifelhafter sich jene Unterstellung aber erweist, desto zweifelhafter wird auch die damit gerechtfertigte Weite des bisher dem Gesetzgeber eingeräumten Ermessensspielraumes. Verschiebt sich das ursprünglich angenommene Regel-Ausnahme-Verhältnis, so daß jedenfalls in bestimmten Bereichen der Gesetzgebung nicht mehr mit typischerweise richtigen, sondern vielleicht sogar eher mit typischerweise unrichtigen Gesetzen (bzw. mit Untätigkeit des Gesetzgebers trotz Vorliegens regelungsbedürftiger Materien) zu rechnen ist, so verliert das Plädoyer für richterliche Zurückhaltung eine seiner tragenden Säulen.

Der Zusammenhang zwischen Richtigkeitsvermutung und Intensität der richterlichen Kontrolle der Ergebnisse der (wirtschaftlichen oder politischen) Selbststeuerung zeigt sich nicht nur bei der Gesetzesprüfung, sondern auch bei der Entwicklung der richterlichen Kontrolle von Verträgen im Zivil- und Arbeitsrecht. Solange man wegen der Vertragsparität der Kontrahenten von einer relativ hohen Chance der Richtigkeit des Vertragsinhalts ausgehen konnte, war nur das Einhalten äußerster Grenzen richterlich zu kontrollieren (Sittenwidrigkeit oder Gesetzesverstoß). Sobald man aber erkannt hat, daß solch typische Richtigkeitsgewähr bei einer Reihe von Vertragsgestaltungen mangels Vertragsparität offenbar nicht besteht (allgemeine Geschäftsbedingungen, Rückzahlungs- und Verfallklauseln im Arbeitsrecht), müssen von den Gerichten engere Schranken gezogen und die Inhaltskontrolle verschärft werden. In der Tat werden die genannten Vertragsgestaltungen von den Gerichten heute konsequenterweise intensiv geprüft[63] und es werden beträchtlich engere Grenzen gezogen, als sie sich aus dem Verbot der Sittenwidrigkeit und Gesetzwidrigkeit ergeben. Die Verträge werden bereits auf ihre Billigkeit geprüft[64]. Der Zusammenhang zwischen Richtigkeitsvermutung und Intensität der Gerichtskontrolle wird auch daran deutlich, daß das Bundesar-

---

60 *Tipke*, StuW 1971, S. 2 ff.; ders., BB 1973, S. 157.
61 *Weber*, Spannungen, S. 131.
62 So *Kaiser*, Planung II, S. 17, im Hinblick auf das Verhältnis zwischen Gesetzgebung und Regierung einerseits und Sachverständigenrat zur Begutachtung der gesamtwirtschaftlichen Entwicklung andererseits. Die Aussage gilt aber ebenso für das Verhältnis von Gesetzgebung unnd Bundesverfassungsgericht. Vgl. auch C. *Schmitt*, Innerpolitische Neutralität, S. 47, 57. Franz *Mayer*, FS Scupin, S. 249 (252): „Nach dem hegemonialen Gesetz gibt es . . . kein echtes Machtvakuum."
63 Dazu *v. Arnim*, Die Verfallbarkeit, S. 60 ff. m. w. N.
64 Dazu *v. Arnim*, Die Verfallbarkeit, S. 156 m. w. N.

G. Richtigkeitskontrolle durch die Verfassungsrechtsprechung

beitsgericht dann, wenn die Vertragsparität dadurch wieder hergestellt ist, daß die zu überprüfende Regelung auf einem Tarifvertrag beruht, also unter Einschaltung einer Gewerkschaft zustande gekommen ist, von der intensiven Überprüfung Abstand nimmt. Bei Tarifverträgen, die unter Mitwirkung der den Arbeitgebern ebenbürtigen Gewerkschaften abgeschlossen sind[65], liegt die Richtigkeitsvermutung (jedenfalls was die Wahrung der spezifischen Interessen der Arbeitnehmer anlangt)[66] wieder vor. Die vom Bundesarbeitsgericht aufgestellten Arbeitnehmerschutzgrundsätze sind deshalb weitgehend „tarifdispositiv"[67].

Der Zusammenhang zwischen Richtigkeitsvermutung und Strenge der richterlichen Kontrolle zeigt in geradezu exemplarischer Weise die von Ehmke mit Recht hervorgehobene Bedeutung des verfassungstheoretischen Vorverständnisses des Interpreten[68] für die Verfassungsauslegung und letztlich auch für die Frage nach Stellung und Aufgabe des Verfassungsgerichts selbst[69], insbesondere im Verhältnis zum Gesetzgeber. Wie bereits dargelegt, ist Ehmkes eigenes Vorverständnis — ebenso wie etwa das von Herbert Krüger — von einem scheinbar selbstverständlichen Vertrauen auf den politischen Willensbildungsprozeß in der pluralistisch-parlamentarischen Demokratie geprägt; dieses Vertrauen wird aber nicht im einzelnen begründet; es kann auch gar nicht begründet werden, weil Ehmke die dafür letztlich auch erforderlichen sozialwissenschaftlichen Erwägungen ausdrücklich aus seiner Betrachtung ausklammert[70]. Demgegenüber haben wir unter Verwendung sozialwissenschaftlicher Argumente und Methoden darzulegen versucht, daß und warum ein optimistisches Vertrauen in die typische Gemeinwohlkonformität der politischen Willensbildung nicht angezeigt, sondern realistischerweise zunächst einmal mit beträchtlichen Fehlentwicklungen (Desorientierungen, Blockierungen etc. insbesondere zu Lasten allgemeiner Interessen) zu rechnen ist[71].

Mit der Erschütterung des pluralistischen Optimismus ist die Notwendigkeit einer erhöhten Intensität der verfassungsgerichtlichen Kontrolle zwar indiziert, allerdings noch nicht schlüssig dargetan. Denn die erforderliche Intensität der Normenkontrolle kann sinnvollerweise nicht nur vom Vertrauen in die Gesetzgebung abhängen, sondern wird auch vom Vertrauen in die Fähigkeit und Bereitschaft der Rechtsprechung zur Gemeinwohlkonkretisierung bestimmt; wesentlich ist der Grad dieser Fähigkeit und Bereitschaft bei der Rechtsprechung in *Relation* zum Gesetzgeber. Nur diese Relation kann letztlich bedeutsam sein für die Verteilung der Kompetenzen zur Gemeinwohlkonkretisierung und Verfassungsinterpretation zwischen den beiden Organen[72]. Wir können deshalb nicht umhin, die Fähigkeit und Bereitschaft zur Gemeinwohlkonkretisierung von Gesetzgebung einerseits und Gerichtsbarkeit andererseits auf den verschiedenen Stufen des Gemeinwohloptimierungsverfahrens miteinander zu vergleichen. Dabei geht es im wesentlichen um zwei Kriterien, die Peter Schneider als „Sachnähe" und

---

[65] BAG, 31. 3. 1966 und 16. 11. 1967, AP Nr. 54 und 57 zu § 611 BGB Gratifikation.
[66] Zur Frage der Wahrung der Interessen der Allgemeinheit oben S. 102 ff.
[67] Vgl. *Biedenkopf*, Anm. zu BAG AP Nr. 54 zu § 611 BGB Gratifikation.
[68] *Ehmke*, VVDStRL 20, S. 56, 130 f.; besonders S. 70: „Ob man sich nun dessen bewußt ist oder nicht, in allen Interpretationsfragen von einigem Schwierigkeitsgrad wird das Problem durch das bewußte oder unbewußte Vorverständnis, mit dem man an es herantritt, vorentschieden." *Hesse*, Verfassungsrecht, S. 25 f. Dazu auch oben S. 17 f. m. w. N.
[69] *Ehmke*, VVDStRL 20, S. 66.
[70] Oben S. 181 f.
[71] Oben S. 151 ff.
[72] Vgl. auch *Zippelius'* skizzenhafte Charakterisierung der „Entwicklung zur Begriffsjurisprudenz und zurück". (Recht, S. 164).

„Intensität des Rechtsbewußtseins" bezeichnet hat[73]. Das Kriterium „Sachnähe" meint „die Fähigkeit, die jeweils anliegenden Sachfragen, Interessengegensätze und künftigen Entwicklungen sachgerecht abzuschätzen"[74], was letztlich nichts anderes ist als die Fähigkeit zu umfassender Situationsanalyse und das tatsächliche Gebrauchmachen von dieser Fähigkeit[75]. Unter dem Kriterium „Intensität des Rechtsbewußtseins" versteht Schneider den „Grad der bewußten Orientierung an der bestehenden Rechtsordnung, besonders an der bestehenden Verfassungsordnung"[76], dies ist offenbar die zweite Qualität, die das erkenntnis- und wertorientierte Gemeinwohlverfahren verlangt[77], sie wird im folgenden mit „Wertbewußtsein" bezeichnet.

Situationsanalysen

Im Bereich der Erstellung von Sachanalysen als erster Stufe des gemeinwohloptimierenden Prozesses glaubte man bisher im allgemeinen an eine eindeutige Überlegenheit des Gesetzgebers, weil, wie Herbert Krüger formuliert, die Gerichtsbarkeit sich nicht der Kanäle bedienen könne, „mittels derer der Gesetzgeber sich über die vorjuristischen Gegebenheiten unterrichtet: Nutzung des Sachverstandes der Bürokratie; eigene Stäbe; Hearings usw."[78]. Vor allem mit der Aufstellung von Prognosen sei das Gericht überfordert[79].

Dagegen ist jedoch nach der verdienstvollen Untersuchung von Philippi über „Tatsachenfeststellungen des Bundesverfassungsgerichts" (1971) zweierlei einzuwenden. Zum einen nimmt auch das Bundesverfassungsgericht sowohl bei der Feststellung von legislative facts als auch bei der Vornahme von Prognosen durch Heranziehung von Statistiken, Anhörung von Sachverständigen etc. z. T. außerordentlich tiefschürfende Sachverhaltsanalysen vor[80]. Zum anderen bedeuten die hohen Erkenntnis- und Erfahrungsmöglichkeiten des Gesetzgebers durchaus noch nicht, daß er von diesen Möglichkeiten auch wirklich Gebrauch macht[81]. Tatsächlich beruhen seine Entscheidungen nicht selten geradezu auf „kläglicher, zufälliger Tatsacheninformation"[82]. Die zahlreichen Möglichkeiten für eine sorgfältige Situationsanalyse werden vom Gesetzgeber nur teilweise genutzt. Die Legislative tendiert — anders als das Bundesverfassungsgericht — eher zu unspezifizierten Pauschalfeststellungen[83] und „glaubt, sich mit Interessentenaussagen und gesundem Menschenverstand behelfen zu dürfen"[84]. Dies stimmt mit der

---

[73] P. Schneider, VVDStRL 20, S. 42 f.; vgl. auch Zippelius, Recht, S. 69.
[74] P. Schneider, S. 43. Vgl. auch Lerche, Übermaß, S. 340, der auf die „sachliche Beurteilungskompetenz", die sich aus der „größeren Erfahrungsbreite und Erkenntnistiefe" ergebe, abstellt.
[75] Die Bedeutung eines „gleichen oder besseren Informationsstandes des Gerichts" für die Frage nach den Grenzen verfassungsgerichtlicher Kontrolle erwähnt auch Hesse, Verfassungsrecht, S. 226.
[76] P. Schneider, S. 42 FN 141.
[77] Oben S. 52, 54 ff.
[78] Krüger, DÖV 1971, S. 289 (293). Dichgans, Vom Grundgesetz zur Verfassung, S. 179 ff. (186): „Dem Bundesverfassungsgericht fehlt der Apparat, der zur Aufklärung verwickelter Tatbestände, zum Aufspüren von Lösungsmöglichkeiten ... erforderlich wäre." Ferner etwa Seuffert, NJW 1969, S. 1369 (1373); Wittig, BB 1969, S. 386 (387).
[79] H.-P. Schneider, DÖV 1975, S. 443 (451 f.).
[80] Oben S. 214 ff. Vgl. auch Scharpf, Judicial Review and the Political Question, S. 517 (526 f.): „The hearings before the courts would often remind an American observer of a legislative investigation — an analogy which seems valid in view of the importance of the ‚legislative function' which constitutional courts are performing."
[81] Noll, Gesetzgebungslehre, S. 94 f. — Es reicht deshalb nicht aus, wenn man allein auf die rechtlichen Möglichkeiten des Gesetzgebers zur Tatsachenerhebung abstellt. So aber Jörn Ipsen, Richterrecht und Verfassung, S. 144.
[82] Zacher, Wirtschaftsverfassung, in: Scheuner, Die staatliche Einwirkung auf die Wirtschaft, S. 588.
[83] Philippi, Tatsachenfeststellung, S. 190 m. w. N. — Zur kurzfristig ausgerichteten Denk- und Handlungsweise der unmittelbar im politischen Kräftespiel Stehenden vgl. auch oben S. 168.
[84] Zacher, a.a.O. Im gleichen Sinn auch Noll, Gesetzgebungslehre, S. 52.

G. Richtigkeitskontrolle durch die Verfassungsrechtsprechung

oben getroffenen Feststellung überein, daß Interessenverbandseinfluß seinen Weg zu einem guten Teil über interessenmäßig aufbereitete Tatsacheninformationen nimmt[85].

Insgesamt hat die Untersuchung von Philippi ergeben, daß das Bundesverfassungsgericht nicht nur legislative facts rational untersuchen und Prognosen stellen kann und dies im großen und ganzen auch tut, sondern vor allem, daß seine Vorgehensweise gerade bei Prognosen, also dem schwierigsten Teil der Situationsanalyse, der des Gesetzgebers typischerweise überlegen war[86] (was allerdings nicht ausschließt, daß die Informationsinstrumente des Verfassungsrichters noch erweitert und verfeinert werden könnten und sollten)[87]. Damit ist dem Argument von der überlegenen gesetzgeberischen Situationsanalyse aber der Boden entzogen[88].

Intensität des Wertbewußtseins

In diesem Bereich, in dem es auf die Fähigkeit zu möglichst unparteilicher und unabhängiger wertorientierter Abwägung ankommt[89], wird dem Richter üblicherweise eine eindeutige Überlegenheit attestiert. Das Gericht ist geradezu definiert als rechtskundige und unabhängige Instanz[90]. Rechtsprechung setzt objektives, engagiert-distanziertes Betrachten, Reflektieren und Entscheiden voraus[91]. Das Wesen (guten) juristischen Denkens liegt dementsprechend in der unparteilich abwägenden, diskutierenden und argumentierenden Beurteilung[92], im Verständnis des Juristen für „Neutralität", „für gehörige Prozeduren" und „geordnete Verfahren", „für das audiatur et altera pars", und in seinem „Bewußtsein für das richtige Maß, entfaltet in der Objektivität, die die Freiheit von jedem Engagement außer dem des Gemeinwohls gewährt"[93]. Aus diesen Gründen wurde das richterliche Entscheidungsverfahren oben geradezu als Archetyp des wert- und erkenntnisorientierten Gemeinwohlverfahrens bezeichnet[94].

Es ist allerdings zu fragen, ob diese idealtypisierende Sicht tatsächlich die Wirklichkeit trifft oder aber nicht auch eine Art „Richterverdacht" angezeigt ist, den Holstein klassisch in der Frage formuliert hat: „Entspricht es aber wirklich dem Grundgedanken der Verfassung, daß über den Inhalt der Gesetze nicht der

---

85 Oben S. 138 ff.
86 *Philippi* legt anhand einer Stichprobe von 11 Prognosefällen dar, daß die Prognoseverfahren des Bundesverfassungsgerichts denen des Gesetzgebers typischerweise im Methodenansatz überlegen waren (S. 162 ff.) und zeigt an 3 Fällen, in denen das Gericht dem Gesetzgeber widersprochen hatte, daß sich seine Prognose als die im wesentlichen zutreffende erwiesen hat (Apothekerurteil, S. 138 ff.; Kassenarzturteil, S. 174 f.; Kassenzahnarzturteil, S. 175 ff.).
87 So auch *Häberle*, JZ 1975, S. 297 (304).
88 Zustimmend *Rehbinder*, DVBl. 1972, S. 935; *Ossenbühl*, in: FG BVerfG I, S. 458 (472).
89 *Marcic*, Richterstaat, S. 250.
90 *Bachof*, Die richterliche Kontrollfunktion, S. 40; *Friesenhahn*, Arten der Rechtsprechung, FS R. Thoma, 1950, S. 27: Rechtsprechung ist „Streitentscheidung durch einen unbeteiligten Dritten." *Eichenberger*, Die richterliche Unabhängigkeit als staatsrechtliches Problem, S. 17: Rechtsprechung ist „unabhängige Behebung einer spezifischen Rechtsungewißheit". Zur zentralen Bedeutung der Garantie der richterlichen Unabhängigkeit auch *Menger*, Moderner Staat und Rechtsprechung, S. 26 ff.
91 Nachweise bei P. *Schneider*, VVDStRL 20, S. 43 FN 143.
92 *Kriele*, Theorie der Rechtsgewinnung, S. 59 f.; Kriele setzt das juristische Denken allerdings in Gegensatz zum politischen Denken, das er mit parteipolitischer und einseitig verzerrender Betrachtungsweise gleichsetzt. Hinsichtlich des Konzepts rationaler Politik, das unparteiische Abwägung impliziert, besteht dieser Gegensatz aber nicht.
93 *Forsthoff*, Der lästige Jurist (1955); *ders.* Der Jurist in der industriellen Gesellschaft (1960); beide Vorträge in: Rechtsstaat im Wandel, S. 57 (58 f.); 185 (192, 194). Forsthoff setzt das juristische Denken allerdings in Gegensatz zum fachmännischen („optimalistischen") Denken im Sinne, daß beides sich ausschließe. Nach dem dieser Arbeit zugrundeliegenden Konzept muß sich dagegen beides ergänzen, wenn das „Gemeinwohlengagement" nicht leerlaufen soll.
94 Oben S. 51.

§ 32 Das demokratische Prinzip

Interessenausgleich der Fraktionen im Parlament entscheidet, sondern die Interessenwertung, die sich in jenen Kreisen durchsetzt, denen unsere Richter entstammen?"[95] Es wäre gewiß unrichtig, die Möglichkeit zu ignorieren, daß der Richter Vor-Urteilen unterliegt, die von seiner sozialen Herkunft, seinem weltanschaulichen oder politischen Standpunkt geprägt sind und die Mißtrauen gegen seine Unparteilichkeit begründen können. Die Rechtsprechung im Dritten Reich hat dies z. T. drastisch gezeigt[96]. Auch heute wäre ein bedingungs- und kritikloser Richterglaube sicher falsch am Platz. Aber immerhin pflegt doch beim Richter die Fähigkeit und Neigung zu „objektiver, distanziert-wissenschaftlicher Betrachtungsweise" zu dominieren[97]. Das hängt mit seiner Ausbildung und der Prägung durch seine berufliche Tätigkeit zusammen[98], die ihrerseits wieder bedingt wird durch die gerichtlichen Verfahrensprinzipien, insbesondere der Unparteilichkeit des Richters (einschließlich der zu ihrer Sicherung getroffenen formellen und ökonomischen Vorkehrungen)[99], des audiatur et altera pars[100], des Gebots der Konsequenz und des Postulats der Publizität des gerichtlichen Verfahrens — Prinzipien, die mit Recht als „klassische Prinzipien der Verfahrensgerechtigkeit" bezeichnet worden sind[101]. „Für den Gesetzgeber gilt dies alles nicht" (Peter Noll)[102]. Der Richter steht damit typischerweise im Gegensatz zum eigentlichen Politiker, bei dem das dominante Motiv des Machterwerbs und der Machterhaltung im Wettbewerb mit Politikern anderer Parteien in stärkerem Maße Parteilichkeit und offene Ohren für Interessenverbandsforderungen nahelegt[103]. Das hat nichts mit der in diesem Zusammenhang fälschlicherweise von Dichgans gestellten Frage zu tun, ob die Abgeordneten nicht ebenso intelligent und anständig seien wie die Richter[104], sondern ergibt sich aus den Funktionsgesetzen des partei- und interessenverbandspolitischen Prozesses, denen sich der Abgeordnete (jedenfalls im Rahmen der geltenden Rechtsordnung) kaum entziehen kann, denen dagegen der Richter nicht, jedenfalls nicht in gleichem Maße[105], ausgesetzt ist[106] und auch nicht ausgesetzt sein soll[107].

Zum intensiven Wertbewußtsein des Richters mag auch die Tatsache beitragen, daß richterliche Entscheidungen typischerweise in kleineren Gremien getroffen werden als

---

95 *Holstein*, AöR 50 (1926), S. 1 (17); vgl. dazu auch *Kriele*, Theorie der Rechtsgewinnung, S. 30; *Dürig*, Art. 3, Rdnr. 382.
96 *Rüthers*, Die unbegrenzte Auslegung, 1968.
97 *Kriele*, Theorie der Rechtsgewinnung, S. 60.
98 *Zippelius*, Recht, S. 111: Die soziale Rolle des unabhängigen Richters setzt ihn „in eine größtmögliche Distanz zu den Interessenkonflikten". Hans *Schneider*, Der gefährdete Jurist, S. 349 f., 354.
99 Vgl. auch Art. 97 und 101 GG und ihre Erläuterung in den Kommentaren. Zu den „sachlichen", „persönlichen" und „funktionellen" Komponenten der richterlichen Unabhängigkeit auch *Vogel/Kirchhof*, BK, Art. 114, Rdnrn. 181 ff.
100 Vgl. auch Art. 103 Abs. 1 GG.
101 *Zippelius*, FS Larenz, S. 293 (298); *Weber*, Spannungen und Kräfte, S. 102; *Forsthoff*, Industriegesellschaft, S. 133.
102 *Noll*, Gesetzgebungslehre, S. 55.
103 *Zeidler*, DÖV 1971, S. 6 (12 f.); *Noll*, Gesetzgebungslehre, S. 46 f., 55 f. — Die negativen Folgen für die Gemeinwohlkonformität der Entscheidungen der Politiker könnten theoretisch allerdings dadurch neutralisiert werden, daß sich die von den verschiedenen Politikern favorisierten Interessen letztlich ausgleichen und zu gemeinwohlkonformen Entscheidungen auspendeln. Wie oben S. 151 ff. dargelegt, ist dies jedoch nicht zu erwarten.
104 *Dichgans*, Vom Grundgesetz zur Verfassung, S. 179.
105 Gewisse Einwirkungen der Verbände bestehen zwar auch auf die Gerichte, besonders auf die Arbeitsgerichte (*Kaiser*, Repräsentation, S. 294 ff.), über die Wahl der Mitglieder z. B. auch das Bundesverfassungsgericht. Durch Verbandsgutachten und Musterprozesse wird zudem vielfach versucht, Einfluß auszuüben. Insgesamt gesehen, ist die Einflußintensität aber unverhältnismäßig viel geringer. Vgl. auch *Kaiser*, Repräsentation, S. 292 ff.; v. *Beyme*, Interessengruppen, S. 117 ff.
106 Zur „politischen Neutralisierung der Justiz" *Luhmann*, Funktionen der Rechtsprechung im politischen System, S. 46 (49 ff.); ferner Jörn *Ipsen*, Richterrecht und Verfassung, S. 148 f.
107 *Hesse*, VVDStRL 17, S. 11 (25 ff.); *Wittkämper*, Grundgesetz und Interessenverbände, S. 204.

G. Richtigkeitskontrolle durch die Verfassungsrechtsprechung

(partei-)politische Entscheidungen. Die Diffusion der Entscheidungsverantwortung, die in großen Gremien stattfindet[108], spielt deshalb nur eine geringere Rolle. Die persönliche Verantwortung des Richters beim Bundesverfassungsgericht wird zudem durch die Angabe des Stimmverhältnisses und die Möglichkeit der Abgabe eines Minderheitsvotums gestärkt[109].

Die von Tipke auf die Gerichte der Finanzgerichtsbarkeit gemünzte Aussage, sie seien — trotz der bedenklichen Rekrutierung der meisten Richter gerade des Bundesfinanzhofs aus dem Bundesfinanzministerium[110] — „im Verhältnis zu den Parlamenten noch ein wahrer Hort von Unabhängigkeit und Unbeeinflußbarkeit"[111], trifft auch für die beiden Senate des Bundesverfassungsgerichts zu[112]. Das außerordentliche Vertrauen, das das Bundesverfassungsgericht in der Öffentlichkeit — gerade auch im Vergleich zum Gesetzgeber — genießt[113], wird insgesamt gesehen, durch eine ausgewogene und sachorientierte Rechtsprechung bedingt und gerechtfertigt.

Das größere Rechtsbewußtsein der Rechtsprechung läßt sich an einer Reihe von Beispielen belegen.

Zunächst seien einige Fälle genannt, in denen die Zivil- und Arbeitsgerichte mangels Tätigwerdens des Gesetzgebers eine Art „Schneepflugfunktion" übernehmen mußten. Die Gründe für die Untätigkeit des Gesetzgebers können dabei in der besonderen politischen Brisanz und Umstrittenheit der Materie unter den großen Interessenorganisationen gelegen haben, die eine Blockierung der Gesetzgebung bewirkten. Dies war etwa der Fall bei der Regelung des Arbeitskampfrechts[114]. In anderen Fällen fehlte es überhaupt an einer schlagkräftigen Organisation, die sich für eine Beseitigung offensichtlicher Mißstände, denen von den einzelnen Betroffenen nicht abgeholfen werden konnte, stark machte, während sich gleichzeitig machtvolle Interessenten für ein Festhalten am rechtlichen status quo einsetzten. Beispiele sind die Entwicklung des Persönlichkeitsschutzrechts durch die Zivilrechtsprechung[115], der Schutz der Verbraucher vor

---

108 Dazu *Dagtoglou*, Kollegialorgane und Kollegialakte der Verwaltung, S. 25 ff. m. w. N.; *Schmölders*, Finanzpolitik, 3. Aufl., § 14 (S. 94 ff.).
109 *Zweigert*, Empfiehlt es sich, die Bekanntgabe der abweichenden Meinung des überstimmten Richters (Dissenting Opinion) in den deutschen Verfahrensordnungen zuzulassen?, S. D 28 f.
110 Dazu *Schlepper*, Möglichkeiten und Gefahren einer Beeinflussung und Einschränkung der Unabhängigkeit von Steuergerichten durch verwaltende Organe, 1971, S. 37 ff.; *Donner*, Finanzgerichtsbarkeit und richterliche Unabhängigkeit, 1972.
111 *Tipke*, BB 1973, S. 157.
112 *Bachof*, Die richterliche Kontrollfunktion, S. 44.
113 *Laufer*, Verfassungsgerichtsbarkeit, S. 22. Vgl. auch den kaum verblümten Ärger von *Dichgans*, der die Befugnisse des Gerichts eingeschränkt sehen möchte, darüber, daß bei Auseinandersetzungen zwischen Parlament bzw. Regierung und Bundesverfassungsgericht „die öffentliche Meinung in diesem Streit durchweg auf Seiten des Verfassungsgerichts steht". *Dichgans*, Vom Grundgesetz zur Verfassung, S. 158. — Zur Bedeutung des Vertrauens, welches die Öffentlichkeit einer Entscheidungsinstanz entgegenbringt, auch für ihre material-demokratische Legitimation *Marcic*, Vom Gesetzesstaat zum Richterstaat, S. 265, 340 f.
114 BAG, GS, 21. 4. 1971, DB 1971, S. 1061 (1067): „Auf dem Gebiet des Arbeitskampfrechts" ist „die Rechtsprechung an die Stelle des untätigen Gesetzgebers getreten". BVerfG, 14. 2. 1973, NJW 1973, S. 1221 (1225): „In manchen Rechtsgebieten, so im Arbeitsrecht, hat" die richterliche Rechtsfortbildung „infolge des Zurückbleibens der Gesetzgebung hinter dem Fluß der sozialen Entwicklung besonderes Gewicht erlangt." Dazu auch *Säcker*, ZRP 1971, S. 145; *Redeker*, NJW 1972, S. 413; *Jörn Ipsen*, Richterrecht und Verfassung, S. 80 ff.
115 Zur Entwicklung eines allgemeinen Persönlichkeitsrechts und seines zivilrechtlichen Schutzes durch den BGH vgl. BVerfG, 14. 2. 1973, NJW 1973, S. 1221. Dort sind auch „besondere Schwierigkeiten und Hemmnisse" für eine Reform durch den Gesetzgeber angesprochen (S. 1225), insbes. der Widerstand der die Beeinträchtigung finanzieller Eigeninteressen befürchtenden Presse (S. 1221 f.) und ihrer Verbände, die zum Scheitern der verschiedenen Gesetzentwürfe führten. Dazu auch *Jörn Ipsen*, Richterrecht und Verfassung, S. 97 ff., 143, 149; S. 213: „Angesichts der machtvollen Interessengegensätze zeigte sich der Gesetzgeber außerstande, eine Neuordnung des Verhältnisses von Presse und einzelnem vorzunehmen."

§ 32 Das demokratische Prinzip

unbilligen allgemeinen Geschäftsbedingungen und die arbeitsrechtliche Rechtsprechung zum betrieblichen Ruhegeld[116]; besonders zu nennen sind hier die Entscheidungen zur Unverfallbarkeit vom 10. 3. 1972[117], die Wolfgang Zeidler mit Recht als „ein Lehrstück" für alle in der Rechtspflege Tätigen bezeichnet hat[118], und die Entscheidung zur Anpassung des Ruhegeldes an die Geldentwertung vom 30. 3. 1973[119]. Erst auf der Grundlage dieser Rechtsprechung hat der Gesetzgeber dann die zentralen „Schwachstellen" der betrieblichen Altersversorgung befriedigend geregelt[120].

Ein Beispiel aus der Rechtsprechung des Bundesverfassungsgerichts ist der Beschluß vom 29. 1. 1969 zur rechtlichen Gleichstellung ehelicher mit unehelichen Kindern (Art. 6 Abs. 5 GG)[121]. Erst das Ultimatum des Bundesverfassungsgerichts hat das Parlament veranlassen können, die seit nicht weniger als einem halben Jahrhundert[122] anstehende Novellierung dieses Rechtsgebiets noch im gleichen Jahr endlich vorzunehmen[123]. Das Bundesverfassungsgericht machte sich sozusagen zum „Patron" der unehelichen Kinder und schuf auf diese Weise ein Kompensat für die mangelnde Organisierbarkeit ihrer Interessen[124]. — Auch das Abtreibungs-Urteil vom 25. 2. 1975 über die Verfassungswidrigkeit der sog. Fristenregelung[125] gehört in die Reihe der Entscheidungen, mit denen die Rechtsprechung den Schutz von nicht organisierbaren (und deshalb im politischen Kräftespiel besonders gefährdeten) Interessen bewirkt und sich dadurch zu deren „Patron" macht. Nascituri im Mutterleib können ihre Interessen noch weniger artikulieren und zur Geltung bringen als uneheliche Kinder.

Aus dem steuer- und finanzpolitischen Bereich sei der Beschluß des Bundesverfassungsgerichts zur Bruttoallphasen-Umsatzsteuer vom 20. 12. 1966[126] genannt, welcher wesentlich zur Verabschiedung des Mehrwertsteuergesetzes beitrug, durch welches die unangemessene Begünstigung vertikal konzentrierter Unternehmen aufgehoben wurde.

Auch in den von den schlagkräftig organisierten Verbänden der Landwirtschaft beherrschten[127] und mit steuerlichen Privilegien geradezu gespickten Bereich der Agrarsubventionen griff das Bundesverfassungsgericht mehrmals ein. Mit Beschluß vom 11. 5. 1970 entschied es, daß die Steuerfreiheit von Gewinnen aus Grundstücksveräußerungen nach § 4 Abs. 1 Satz 5 EStG nicht mit dem Grundgesetz vereinbar ist[128]. Daraufhin wurde die Vorschrift durch das 2. Steuer-

---

116 Die Gewerkschaften traten allenfalls mit halbem Herzen für eine Beseitigung der „Schwachstellen" der betrieblichen Altersversorgung ein, weil sie zumeist eine Übernahme der gesamten Altersversorgung durch die öffentliche Hand favorisiert haben und die Beseitigung der „Schwachstellen" das Gewicht dieser ihrer Forderung abschwächen mußte.
117 BB 1972, S. 1005. Zum Problem: *v. Arnim*, Die Verfallbarkeit betrieblicher Ruhegeldanwartschaften; ders., BB 1971, S. 1065; *Weitnauer*, Anm. zu BAG AP Nr. 156 zu § 242 — Ruhegehalt.
118 *Zeidler*, Gerechtigkeit in der Industriegesellschaft, S. 31. Vgl. auch *Weitnauer*, Der Schutz des Schwächeren im Zivilrecht, der die ebenfalls hierher gehörige Rechtsprechung des Bundesarbeitsgerichts zur Einschränkung von Gratifikationsrückzahlungsklauseln als „einen klassischen Beitrag zum Schutz des Schwächeren" (S. 54) bezeichnet hat.
119 BB 1973, S. 522. Dazu *v. Arnim*, Altersversorgung und Geldentwertung, Frankfurter Allgemeine Zeitung v. 12. 6. 1973. *Medicus*, DB 1974, S. 759 (766): „Offenbar läßt sich der Nominalismus um so eher überwinden, je wirksamer die Gläubigerinteressen organisiert sind."
120 Gesetz zur Verbesserung der betrieblichen Altersversorgung v. 19. 12. 1974, BGBl. I S. 3610.
121 BVerfGE 25, S. 167 ff.
122 Bereits in der Weimarer Verfassung von 1919 war ein dahingehender Programmsatz enthalten.
123 Gesetz über die rechtliche Stellung der nichtehelichen Kinder vom 19. 8. 1969, BGBl. I S. 1243.
124 *Ehmke*, Bulletin der Bundesregierung 1969, S. 907 (908): „Mit der Gleichstellung der nichtehelichen Kinder lassen sich halt keine Wähler gewinnen."
125 BVerfGE 39, 1.
126 BVerfGE 21, S. 12 (42). Vgl. auch oben S. 221.
127 Unten S. 344.
128 BVerfGE 28, S. 227.

G. Richtigkeitskontrolle durch die Verfassungsrechtsprechung

änderungsgesetz 1971 vom 10. 8. 1971[129] gestrichen. Hinsichtlich der ungleichen steuerlichen Bewertung von Kapitalvermögen, das mit Zeitwerten anzusetzen ist, und von Grundvermögen, das seinerzeit immer noch mit den längst überholten niedrigen Einheitswerten von 1935 bewertet wurde, appellierte das Bundesverfassungsgericht mit Beschluß vom 7. 5. 1968 an den Gesetzgeber, die unterschiedliche Belastung „in angemessener Frist zu beseitigen"[130]. Schon 1964 hatte der Bundesfinanzhof im Hinblick auf einen vom Bundestag nicht verabschiedeten Gesetzentwurf der Bundesregierung vom 21. 6. 1956 für eine neue Hauptfeststellung der Einheitswerte auf den 1. 1. 1957 lapidar feststellen müssen: „Es ist gerichtsbekannt, daß das Scheitern der Bemühungen um eine Reform der Einheitswerte auf den Wunsch interessierter Kreise zurückzuführen ist"[131]. In neueren Entscheidungen hatte der Bundesfinanzhof den Gesetzgeber dann immer nachdrücklicher auf die baldige Anwendung der neuen auf den 1. 1. 1964 berechneten Einheitswerte gedrängt[132], die dann schließlich mit Wirkung vom 1. 1. 1974 mit einem pauschalen Zuschlag von 40 % inkraftgesetzt wurden[133].

Die Kontrolle des Gesetzgebers durch die Rechtsprechung betrifft bislang allerdings primär Fragen des gerechten Interessenausgleichs. Allgemeine Interessen wurden meist nur mittelbar mitgeschützt. Das hängt mit der traditionellen „Gemeinwohlferne" der Rechtsprechung zusammen, als deren primäre Aufgabe bisher der Schutz von Individualinteressen entweder gegen andere Individualinteressen oder gegen Sozialinteressen (Allgemeininteressen) erschien[134]. Angesichts der Gefahr, daß gerade die Allgemeininteressen im politischen Kräftespiel untergepflügt werden, ist hier m. E. jedoch eine fundamentale Neubesinnung erforderlich. Die Gerichte müssen ihr Wertbewußtsein gerade auch auf die allgemeinen Interessen beziehen, die ansonsten keinen Patron finden können[135].

Ausgangspunkt dieser Neubesinnung muß die Erkenntnis sein, daß die Durchsetzungsschwäche der Sozialinteressen gegenüber den Individualinteressen zum Teil darauf beruht, daß schon die Feststellung eben dieses Zukurzkommens die Kenntnis von Zusammenhängen erfordert[136]. Die Sozialinteressen erscheinen für den oberflächlich Beurteilenden regelmäßig nicht so „hautnah" wie die Individualinteressen. Deshalb halten „Praktiker" meist nicht viel von der Notwendigkeit, die Sozialinteressen zu wahren. Sie sind dem „gesunden Menschenverstand" nicht handfest genug. Die besonders von Herbert Krüger[137] geforderte Entwicklung des notwendigen Wertbewußtseins in bezug auf die allgemeinen Interessen steht hier also in besonders engem Zusammenhang zur Analyse der Sachzusammenhänge und ist von dieser kaum abzulösen.

---

129 BGBl. I S. 1266.
130 BVerfGE 23, S. 242 (237 f.).
131 BFH, 5. 11. 1964, BStBl. 1964 III S. 602 (606); ebenso *Hartz*, FR 1972, S. 477: Die mehr als nur einen Schönheitsfehler darstellenden Mängel in der Bewertung von Grund und Boden „gehen primär auf das Versagen der Gesetzgebung zurück, die vor allem unter dem Druck von Interessengruppen die rechtzeitige Anpassung der Einheitswerte verzögert hat".
132 BFH, 9. 12. 69, BStBl. 1970 II S. 121; 27. 10. 70, BStBl. 1971 II S. 269; 22. 1. 71, BStBl. 1971 II S. 295; 24. 2. 71; BStBl. 1971 II S. 394; 22. 9. 71, BStBl. 1972 II S. 16; 19. 7. 72, DB 1972, S. 1999.
133 Bewertungsänderungsgesetz 1971 v. 27. 7. 1971, BGBl. I S. 1157 i. Vbg. m. Vermögenssteuerreformgesetz v. 17. 4. 1974, BGBl. I S. 949.
134 *Häberle*, Öffentliches Interesse als juristisches Problem, S. 67 ff.
135 *Häberle*, JZ 1975, S. 297 (303 f.): „Das BVerfG sollte die faire Beteiligung verschiedener Gruppen bei den Verfassungsinterpretationen auch insoweit überwachen, daß es bei seiner Entscheidung die Nichtbeteiligten (die nicht repräsentierten und nicht repräsentierbaren Interessen) interpretatorisch besonders berücksichtigt. Man denke an den Verbraucherschutz, an Umweltschutzprobleme ... Ein Minus an faktischer Repräsentation führt zu einem Plus an verfassungsgerichtlicher Kontrolle." Anderer Ansicht *Hoffmann-Riem*, Der Staat 1974, S. 335 (359), dessen Argumentation freilich ausdrücklich vom pluralistischen Harmoniemodell ausgeht. Gegen *Hoffmann-Riem* auch *Grimm*, JZ 1976, S. 697 (700).
136 Oben S. 153 ff.
137 *Krüger*, Staatslehre, S. 757–759.

§ 32 Das demokratische Prinzip

Die psychologisch bedingte perspektivische Verkleinerung des Sozialinteresses in den Augen des Abwägenden prägte bisher aber auch meist den rechtswissenschaftlichen Praktiker, d. h. vor allem den Richter und, da die ganze Juristenausbildung schwerpunktmäßig auf die Richtertätigkeit hin angelegt ist, weitgehend auch die Rechtslehre. Hier liegt wohl die entscheidende Wurzel für den von Zacher festgestellten „mangelnden Rechtswillen", ja, den „Rechtsunwillen", der nicht nur die Entwicklung einer rechtlichen Subventionsordnung so wenig vorankommen läßt[138], sondern überhaupt die Errichtung rechtlicher Verteidigungslinien gegen das Zukurzkommen allgemeiner Interessen so sehr erschwert. Die geringe Attraktivität und Durchsetzungskraft allgemeiner Interessen auch in der gerichtlichen Abwägung findet ihren Ausdruck vor allem in der verstärkten Zurückhaltung der Rechtsprechung bei der Kontrolle öffentlicher Leistungen[139]. Hier erscheint ein Umdenken erforderlich und ist bis zu einem gewissen Grade wohl auch schon im Gange[140]; dieses Umdenken könnte evtl. durch Einführung sozialer Grundrechte[141], durch Institutionalisierung von „Vertretern des öffentlichen Interesses" bei bestimmten Gerichten und durch Gewährung von Klag- und Antragsbefugnissen an Verbände, die allgemeine Interessen vertreten, bis hin zur Einräumung der Popularklage in bestimmten Bereichen[142], beschleunigt werden.

Zusammenfassend läßt sich festhalten, daß die Gerichtsbarkeit, insbesondere das Bundesverfassungsgericht, hinsichtlich der Fähigkeit und Bereitschaft zu Sachanalysen nicht hinter dem Gesetzgeber zurücksteht und ihn an Intensität des Wertbewußtseins übertrifft[143] (wenn auch nicht übersehen werden darf, daß auch das Wertbewußtsein der Gerichte sich noch kaum auf allgemeine Interessen bezieht)[144]. Die output-orientierte Richtigkeitschance erscheint deshalb bei verfassungsgerichtlichen Urteilen grundsätzlich größer als bei Gesetzen[145] (was durchaus nicht bedeutet, daß Urteile des Verfassungsgerichts *stets* richtiger sein müßten). Der Vergleich von Gesetzgebung und Verfassungsrechtsprechung unter dem Aspekt des material-demokratischen Elements ergibt somit ein bedeutsames Argument für eine möglichst intensive verfassungsgerichtliche Kontrolle[146].

Entwicklungsstufen in der Beurteilung des Verhältnisses von Gesetzgebung und Verfassungsrechtsprechung

Häufig ist versucht worden, das Verhältnis zwischen Gesetzgebung und Verfassungsrechtsprechung begrifflich-abstrakt zu ermitteln. Auf den vorangehenden Seiten wurde zu zeigen versucht, daß solche — noch auf das Denkschema des juristischen Positivismus zurückgehenden — Versuche von einem unrichtigen methodischen Ansatz ausgehen. Sie ignorieren die ausschlaggebende Bedeutung des verfassungstheoretischen Vorverständnisses des Interpreten, das Eingebettetsein des ganzen Interpretationsvorgangs in gesellschaftliche, wirtschaftliche und

---

138 *Zacher*, VVDStRL 25, S. 310.
139 Näheres unten S. 276 ff.
140 Unten S. 195 f.
141 Näheres unten S. 289 ff.
142 Dazu unten § 37.
143 P. *Schneiders* Auffassung (VVDStRL 20, S. 43), zwischen Sachnähe und Intensität des Rechtsbewußtseins bestehe ein Prinzipiengegensatz, leuchtet nicht ein.
144 Dazu im einzelnen unten S. 276 ff.
145 Dieser Feststellung liegt als Prämisse die oben entwickelte Auffassung zugrunde, daß die pluralistische Harmonielehre nicht zutrifft (oben S. 151 ff., 244). Geht man dagegen ausdrücklich oder stillschweigend von der Richtigkeit der pluralistischen Harmonielehre aus (so auch noch Jörn *Ipsen*, Richterrecht und Verfassung, S. 142 ff., 145 f.: „konstatierte Angewogenheit gesetzlicher Regelung"; 148 f., 235), so kann man von vornherein nicht zu dem Ergebnis gelangen, daß die Richtigkeitschance gerichtlicher Rechtsbildung größer als bei der Gesetzgebung ist. Jörn *Ipsen*, a.a.O., S. 138 ff.
146 Vgl. auch *Zippelius*, Recht, S. 111, der für eine „Pfadfinder"-Rolle der Gerichte bei der Rechtsfortbildung eintritt.

G. Richtigkeitskontrolle durch die Verfassungsrechtsprechung

staatspolitische Grundüberzeugungen. Um diese Abhängigkeiten vollends offenzulegen und damit auch die Notwendigkeit für einen jeden Verfassungsinterpreten zu unterstreichen, sich (nicht nur laienhaft, sondern mit dem gleichen Elan, mit dem er sich spezifisch juristischen Fragen zuwendet) um eine möglichst weitgehende Rationalisierung seiner gesellschaftlichen, wirtschaftlichen und staatspolitischen Grundüberzeugungen zu bemühen, soll im folgenden versucht werden, gewisse Entwicklungsstufen in der Beurteilung des Verhältnisses von Gesetzgebung und Verfassungsrechtsprechung zu skizzieren, die jeweils von einer bestimmten Konzeption des Vorverständnisses geprägt sind.

Das Kennzeichen der *ersten Entwicklungsstufe* ist ein kräftiger Optimismus hinsichtlich der Fähigkeit der marktwirtschaftlichen Selbststeuerung, zu angemessenen Ergebnissen zu gelangen. Je mehr man darauf vertraut, auch wirtschaftliche Rückschläge hätten ihre notwendige Funktion („Reinigungskrise") und letztlich gelinge es den Selbstheilungskräften der Marktwirtschaft doch immer wieder, auftretender Störungen Herr zu werden, desto unnötiger und störender müssen gesetzgeberische Interventionen erscheinen. Konsequenz eines solchen Vorverständnisses ist eine denkbar strenge Gesetzeskontrolle durch die Verfassungsgerichtsbarkeit. Wichtigstes Beispiel ist die Nichtigerklärung von zwölf vom amerikanischen Kongreß beschlossenen Gesetzen, durch welche das Wirtschaftsprogramm des Präsidenten Roosevelt zur Bekämpfung der Wirtschaftskrise („New Deal") durchgeführt werden sollte, seitens des Supreme Court 1936 und 1937[147]. Es ist zwar keinesfalls gerechtfertigt, das Bundesverfassungsgericht in einem Atemzug mit der Rechtsprechung des Supreme Court zum New Deal zu nennen. Dennoch dürfte auch das Bundesverfassungsgericht in der Periode bis zum Beginn der 60er Jahre von dem großen Vertrauen auf die wirtschaftliche Selbststeuerung[148] nicht unberührt geblieben sein[149], der damals auch bei vielen vorherrschte, die, wie Forsthoff[150], früher der Marktwirtschaft ausgesprochen skeptisch gegenübergestanden hatten. Diese Periode war von beträchtlicher Preisstabilität, jährlich abnehmenden Arbeitslosenquoten bis unter ein Prozent im Jahre 1961 und hohen Wachstumsraten gekennzeichnet.

Die *zweite Entwicklungsstufe* wird umgekehrt vom Pessimismus gegenüber der marktwirtschaftlichen Selbststeuerung beherrscht bei gleichzeitigem Optimismus gegenüber der Fähigkeit der staatlichen Willensbildung, Gemeinwohlrichtiges zu ermitteln und durchzusetzen. Der Gesetzgeber wird als eine Art deus ex machina ohne weiteres als tauglich für diese Aufgabe angesehen, wobei man sich im allgemeinen keine großen Gedanken über die tatsächlichen Gegebenheiten und die aus ihnen zu erwartenden Ergebnisse der parlamentarisch-pluralistischen Willensbildung macht. Ehmke und Herbert Krüger sind Repräsentanten eines derartigen Vorverständnisses[151]. Aus ihm ergibt sich als Konsequenz das Postulat weitgehender richterlicher Zurückhaltung: Wenn die Marktwirtschaft typischerweise versagt, der Staat dagegen typischerweise richtig funktioniert, sind In-

---

147 Dazu *Ehmke*, Wirtschaft und Verfassung, S. 104 ff., 138 ff.; *Laufer*, Verfassungsgerichtsbarkeit, S. 143 f.
148 Oben S. 91.
149 *Wittig* (BB 1969, S. 386, 388) weist mit Recht darauf hin, daß das Apotheken-Urteil aus dem Jahre 1959 einen kräftigen Optimismus hinsichtlich der Selbststeuerung im wirtschaftlichen Bereich zeige, zugleich aber auch hinsichtlich der Erkenntnismöglichkeit des Gerichts. Man darf nicht vergessen: Im Apotheken-Urteil war die erforderliche Prognose (im Verhältnis zu manch anderen wirtschaftspolitischen Prognosen) relativ einfach und zuverlässig möglich. Dazu *Philippi*, Tatsachenfeststellung, S. 168 ff.
150 Oben S. 91.
151 Oben S. 181 f.

terventionen des Gesetzgebers nicht mehr die atypische Ausnahme, der gegenüber Skepsis am Platze ist, sondern das typischerweise Notwendige und Richtige. Auch in der Bundesrepublik wich die Phase des relativ großen marktwirtschaftlichen Optimismus der 50er Jahre allmählich der Überzeugung, daß verstärkte staatliche Lenkung und Planung erforderlich sei. Diese allmähliche Tendenzverschiebung der allgemeinen wirtschaftspolitischen Grundanschauung, die besonderen Ausdruck im Stabilitätsgesetz von 1967 und der gleichzeitigen Novellierung des Art. 109 GG fand, war ihrerseits durchaus nicht zufällig und willkürlich, sondern hatte einen ganz realen Hintergrund[152]: Die marktwirtschaftliche Selbststeuerung ist besonders gut geeignet, die Privatinitiative zu wecken und das Wirtschaftswachstum anzuspornen und dadurch neue Arbeitsplätze zu schaffen. Eben das war aber die vorrangige Aufgabe der 50er Jahre mit ihren anfangs noch sehr hohen Arbeitslosenquoten. In der vollbeschäftigten Wirtschaft der 60er und 70er Jahre traten dagegen andere Aufgaben in den Vordergrund (z. B. Krisenbekämpfung, Gerechtigkeit der Einkommens- und Vermögensverteilung[153], Umweltschutz), die der marktwirtschaftliche Mechanismus nicht zu bewältigen vermag und die deshalb verstärkte gesetzgeberische Interventionen verlangten. Die Änderung der wirtschaftspolitischen Grundanschauung scheint sich auch in einer stärker zurückhaltenden Rechtsprechung der 60er und ersten 70er Jahre niederzuschlagen[154].

Kennzeichen der *dritten* — sich erst entwickelnden — *Stufe* ist die zunehmende Skepsis gegenüber der (bislang im juristischen Schrifttum noch oft als selbstverständlich unterstellten) Fähigkeit, im politischen Kräftespiel einen gemeinwohlkonformen Willen zu bilden; die Skepsis leitet sich aus der Erkenntnis der Mängel des staatlichen Entscheidungsprozesses (Pluralismusdefizite) her[155] und führt in der Konsequenz tendenziell wieder zu einer Intensivierung der verfassungsgerichtlichen Rechtsprechung.

Eine theoretisch denkbare *vierte Stufe*, die das Pendel möglicherweise abermals zurückschwingen lassen würde, könnte sich ergeben, falls sich — entgegen den obigen Ausführungen[156] — erweisen sollte, daß die Skepsis gegenüber dem Gesetzgeber berechtigterweise auch auf die Gerichtsbarkeit übertragen werden müßte.

Resumée

Die gesetzgeberische Gemeinwohlkonkretisierung weist zwar hinsichtlich ihrer formal-demokratischen Legitimation ein Übergewicht gegenüber der Gemeinwohlkonkretisierung durch das Verfassungsgericht auf, aber dieses Übergewicht ist kleiner als man meist glaubt. Stellt man dem die größere material-demokratische Legitimation des Bundesverfassungsgerichts (Grad der inhaltlichen Richtigkeitschance der Entscheidungen) gegenüber, so kann — insgesamt gesehen — von einer überlegenen demokratischen Legitimation des Gesetzgebers nicht mehr die Rede sein; eher dürfte das Gegenteil der Fall sein. Damit wird das Argument für eine verfassungsgerichtliche Zurückhaltung hinfällig, *soweit* es auf

---

152 *v. Arnim*, Blätter für Genossenschaftswesen 1971, S. 185 (186).
153 *Boulding*, Economic Policy, S. 94: „Rich societies can afford to be equalitarian".
154 *Wittig*, BB 1969, S. 386 (388). *Selmer*, Steuerinterventionismus, S. 283, spricht unter Hinweis auf *Seufferts* Aufsatz (NJW 1969, S. 1369) von einem offenbar veränderten Selbstverständnis des Bundesverfassungsgerichts in seinem Verhältnis zur Legislative und von „extremer Zurückhaltung."
155 Oben S. 151 ff.
156 Oben S. 245 ff.

die angeblich größere demokratische Legitimation des Gesetzgebers gestützt wird. (Zu anderen möglichen Gründen vgl. die folgenden Ausführungen im Text.)

Dieses Ergebnis ist im übrigen unabhängig davon, ob man mit der in dieser Arbeit verwendeten Terminologie geneigt ist, das Gebot möglichst großer inhaltlicher Richtigkeit begrifflich als Bestandteil der material-demokratischen Komponente einzuordnen, sofern man nur bereit ist, dieses Gebot überhaupt zu akzeptieren. Ordnet man das Richtigkeitsgebot begrifflich anders ein, etwa (auch oder ausschließlich) als Bestandteil des Rechtsstaatsprinzips oder (und) des Sozialstaatsprinzips[157], so ergibt sich lediglich eine andere rechtliche Einkleidung. Das ändert in der Sache nichts daran, daß das output-orientierte Richtigkeitsgebot gegen das — dann vielleicht ausschließlich formal verstandene — Demokratieprinzip (input-orientiertes Mitwirkungsgebot) abgewogen werden muß und das Ergebnis dieser Abwägung eine Argumentation in Richtung richterlicher Zurückhaltung jedenfalls nicht tragen kann, sondern eher die gegenteilige Tendenz stützt.

§ 33 Fortsetzung: Diskussion weiterer möglicher Verteilungskriterien
Das Prinzip der Gewaltenteilung

Gegen eine intensive Verfassungsrechtsprechung wird auch das Prinzip der Gewaltenteilung ins Feld geführt. Als verfassungsrechtliche sedes materiae erscheint Art. 20 Abs. 2 Satz 2 GG, nach dem die vom Volk ausgehende Staatsgewalt durch besondere Organe der Gesetzgebung, der vollziehenden Gewalt und der Rechtsprechung ausgeübt wird. Der Wortlaut dieser Vorschrift sagt allerdings, genau genommen, noch gar nichts für judicial restraint und gegen judicial activism aus. Dies bewirkt erst das spezifische Vorverständnis, mit dem man an die Auslegung herangeht und das die Rechtsprechung im Sinne der positivistischen Tradition letztlich auf die syllogistische Gesetzesauslegung festlegen und dem Gesetzgeber Prognosen und Wertungen vorbehalten möchte. Folgen- und wertorientierte Abwägungsentscheidungen eines Gerichts, wie sie bei der verfassungsgerichtlichen Normenkontrolle unerläßlich sind, erscheinen in dieser Sicht allenfalls als Ausnahmen, die entsprechend restriktiv zu handhaben sind[1]. Damit wird aber übersehen, daß das Gewaltenteilungsprinzip nicht in einer bestimmten historischen Ausprägung für alle Zeiten festgeschrieben und dogmatisiert werden darf[2]. Gewaltenteilung ist, wie alle anderen organisatorischen Verfassungsprinzipien, nicht Selbstzweck[3], sondern soll bewirken, daß die verschiedenen Machtträger sich gegenseitig zu größerer Richtigkeit steigern[4]. *Wie* die Machtverteilung erfolgen soll, ist damit noch nicht gesagt. Gewaltenteilung ist ein durchaus unterschiedlicher Ausprägung zugängliches Prinzip. Das Bleibende an Montequieus Lehren ist vielmehr die Erkenntnis, daß eine Aufteilung von Gewalten auf Träger unterschiedlicher Interessenrichtungen überhaupt erforderlich ist[6]. Es ist deshalb jeder Zeit aufgegeben, die ihrer Situation und ihren Problemen angemessene Verteilungsform zu finden, um im Zusammenspiel der Machtträger eine

---

157 Oben S. 47.

1 *Martens*, VVDStRL 30, S. 7 (36 und 42).
2 *Hesse*, Verfassungsrecht, S. 194.
3 *Bäumlin*, Die rechtsstaatliche Demokratie, S. 78 f.
4 *Krüger*, Staatslehre, S. 269; zustimmend *Vogel*, VVDStRL 24, 125 (169, 175); *Herzog*, Staatslehre, S. 350 ff.; 329; *Leisner*, DÖV 1969, S. 405 ff.; *Tillmann*, FR 1970, S. 215 (217); *Noll*, Gesetzgebungslehre, S. 53.
5 *Ipsen*, Europäisches Gemeinschaftsrecht, S. 317.
6 *Herzog*, Staatslehre, S. 235 f.

§ 33 Weitere mögliche Verteilungskriterien

möglichst große Richtigkeitschance zu sichern[7]. Geht man aber von den Gegebenheiten unserer heutigen Zeit aus, so läßt sich der politische Aufstieg der Dritten Gewalt[8] nicht mehr als potenziell systemwidriger Verstoß gegen das Gewaltenteilungsprinzip auffassen, sondern erscheint im Gegenteil als konsequente Ersetzung eines überholten Systems der Gewaltenteilung durch ein neues[9].

Ursprünglich bezog sich die Lehre von der Gewaltenteilung auf das Verhältnis zwischen Legislative und Exekutive; auf diese beiden Gewalten war der Satz „le pouvoir arrête le pouvoir" beschränkt, wohingegen die richterliche Gewalt am politischen Kräftespiel keinen Anteil zu nehmen hatte und in diesem Sinn „en quelque façon nulle" war[10]. In dieser Ausprägung entsprach das Gewaltenteilungsprinzip der politischen Machtlage in der konstitutionellen Monarchie besonders gut[11].

Diese überkommene Interpretation des Gewaltenteilungsprinzips hat sich jedoch heute angesichts einer veränderten Verfassungslage immer mehr als „unwirklich und fassadenhaft"[12] erwiesen. Das ist vor allem zwei Entwicklungslinien zuzuschreiben: Einmal ist mit der Beseitigung des Dualismus von Parlament und Monarch und dem gleichzeitigen Erstarken der politischen Parteien der Dualismus von Legislative und Exekutive beträchtlich entschärft worden; zum zweiten ist die reale Gewaltenteilung auch durch machtvolle Interessenverbände verschoben worden, die sich im Zuge der Wandlung des Staates vom Eingriffs- zum primären Leistungsstaat gebildet haben.

Heute steht die Regierung dem Parlament nicht mehr als wirklich selbständiger Gegenspieler gegenüber, sondern bildet in der Sache mit der (oder den) Regierungspartei(en) weitgehend eine Einheit. Alle halbwegs wichtigen politischen Entscheidungen werden vorher parteiintern abgesprochen[13].

Besonders deutlich wird das dann, wenn ein in den Bundesministerien ausgearbeiteter und vielleicht sogar vom Kabinett beschlossener Entwurf nicht, wie es Art. 76 Abs. 2 GG vorsieht, zunächst dem Bundesrat zur Stellungnahme zugeleitet, sondern zur Abkürzung des Gesetzgebungsverfahrens formell von Angehörigen der Regierungsparteien „aus der Mitte des Bundestags" eingebracht wird[14]. Die Abschwächung der Gewaltenteilung zwischen Regierung und Parlament, jedenfalls ihre Verlagerung aus dem Parlament in parteiinterne Gremien, zeigt sich auch daran, daß Art. 113 GG seit Bestehen der Bundesrepublik praktisch überhaupt keine Rolle gespielt hat[15]. Daran hat auch die Novellierung der Vorschrift im Jahre 1969 nichts geändert. Die Bestimmung macht ausgabenerhöhende und seit 1969 auch einnahmenmindernde Beschlüsse des Bundestags von der Zustimmung der Bundesregierung abhängig. Dadurch sollte nach der Intention des Grundgesetzes ein Gegengewicht gegen die Gefahr geschaffen werden, daß das Parlament — vor allem in Wahljahren — zu ausgabefreudig sein könnte.

---

7 *Kägi*, FS *Huber*, 1961; S. 151 (163); *Christen*, Die Wirtschaftsverfassung des Interventionismus, S. 343 f.
8 Dazu z. B. *Weber*, Die Teilung der Gewalten als Gegenwartsproblem, FS C. *Schmitt*, S. 253 (259, 264, 271); ders., Spannungen und Kräfte, S. 147; *Bachof*, Die richterliche Kontrollfunktion, S. 29.
9 Dazu bes. *Marcic*, Vom Gesetzesstaat zum Richterstaat, S. 338 f.
10 *Triepel*, VVDStRL 5, S. 2 (12 f.).
11 *Kelsen*, VVDStRL 5, S. 30 (55).
12 *Weber*, Die Teilung der Gewalten, S. 260; vgl. z. B. auch *Scheuner*, FS Gebhardt *Müller*, S. 379 ff.
13 *Loewenstein*, Verfassungslehre, spricht von der „eisernen Klammer" der Regierungspartei (S. 195), die den unabhängigen Machtträger Kabinett und Parlament zu einem einzigen Machtmechanismus" zusammenhält (S. 109).
14 Dazu *Kirn*, ZRP 1974, S. 1.
15 Er ist nur einmal in einem ganz unbedeutenden Fall angewandt worden, nämlich 1953 beim Zweiten Gesetz zur Änderung und Ergänzung des Gesetzes über die Viehzählung (Drucks. 827 der II. Wahlperiode). *Zacher* VVDStRL 25, S. 381: „Der Traum des Art. 113 GG ist ausgeträumt". *Kirchner*, FR 1969, S. 25.

G. Richtigkeitskontrolle durch die Verfassungsrechtsprechung

Infolge der „parteipolitischen Symbiose"[16] verläuft die Hauptspannungslinie nicht mehr zwischen Regierung und Parlament, sondern zwischen Regierung und Regierungsparteien auf der einen Seite und der Opposition auf der anderen Seite[17]. Insoweit kann man aber nicht mehr von gleichgewichtiger Gewaltenteilung sprechen; die Regierungsparteien können als Mehrheitsparteien die Opposition ja regelmäßig majorisieren (mögliche Ausnahmen: Verfassungsänderungen)[18]. Der Abbau des Spannungsverhältnisses zwischen Legislative und Exekutive, das die konstitutionelle Monarchie auch materiell gesteuert hatte[19], ruft aber — im Sinne des richtig und zeitgemäß verstandenen Gewaltenteilungsprinzips — nach einem anderen wirksamen Gegengewicht[20].

Als Gegengewichtsfaktoren bieten sich heute zunächst einmal die Interessenverbände an. Sie bilden in der Tat wichtige Balancierungselemente gegen die Allmacht der nun einheitlich von den Regierungsparteien beherrschten und damit zusammengefaßten früheren Gegenspieler: der Regierung und des Parlaments[21].

Das parteilich-verbandliche Kräftespiel allein wird der eigentlichen Zielsetzung des Gewaltenteilungsprinzips: der Schaffung einer möglichst großen Richtigkeitschance für die in ihm zustandegekommenen Entscheidungen, aber nicht gerecht. Vor allem besteht ein Defizit hinsichtlich der besonders wichtigen allgemeinen Interessen. Es liegt im Sinn des Gewaltenteilungsprinzips, hier Gegengewichte zu schaffen, die die Förderung und den Schutz zu kurz kommender Interessen übernehmen.

Das Gewaltenteilungsprinzip ist insoweit nur die staatstheoretische Ausprägung des sog. Gegenmachtprinzips, das auch der Wirtschaftswissenschaft[22] und der Rechtswissenschaft[23] vertraut ist vor allem bei Behandlung von Problemen der Vertragsfreiheit und der Tarifautonomie. Das Gegenmachtprinzip rechtfertigt die Nichtanerkennung von „mangels effektivem Verhandlungsgegengewicht (bargaining power)" einseitig oktroyierten unbilligen Vertragsgestaltungen in allgemeinen Geschäftsbedingungen und betrieblichen Einheitsregelungen durch die Gerichte und erklärt die Sorgfalt, die die Rechtsprechung „auf gleiche Stärke und Waffengleichheit der Partner des Tarifvertrages verwandt hat"[24].

Im Bereich der politisch-demokratischen Willensbildung besitzt heute die Rechtsprechung der Gerichte, insbesondere des Bundesverfassungsgerichts, die zentrale Funktion, ein Zukurzkommen berücksichtigenswerter Interessen mög-

---

16 *Marcic*, Vom Gesetzesstaat zum Richterstaat, S. 339.
17 *Maunz/Dürig/Herzog*, Art. 20 Rdnr. 110; W. *Weber*, FS C. *Schmitt*, S. 261 f.; *Sternberger*, PVS 1960 S. 9 f. und öfter; *Zippelius*, Staatslehre, 2. Auflage, § 27 III 2 (S. 164), *Grimm*, AöR 1972, S. 489 (511 m. w. N. in FN 78); Zwischenbericht der Enquete-Kommission für die Verfassungsreform, BT-Drucks. VI/3829, S. 48; *Brunner*, Kontrolle in Deutschland, S. 41, 140; *Scheuner*, FS Gebhard *Müller*, S. 379 (397); *ders.*, DÖV 1974, S. 433 (437 m. w. N. in FN 29); *Hensel*, Der Einfluß der wirtschaftspolitischen Verbände, S. 91 f.; *Piduch*, Bundeshaushaltsrecht, Art. 114, Ziff. 2 f.; *Kahrenke*, DÖV 1972, S. 145; *Vogel/Kirchhof*, BK, Art. 114 (Zweitbearbeitung), Rdnr. 9; *Tiemann*, Finanzkontrolle, S. 379 ff.
18 *Herzog*, Staatslehre, S. 293.
19 Oben S. 116.
20 *Bachof*, Die richterliche Kontrollfunktion, S. 40, 42; *Zacher*, Theorie der Wirtschaftsverfassung, S. 552, 579; *Bender*, ZRP 1974, S. 235. Vgl. dagegen aber *Webers* gelegentliche Äußerung, das Schicksal der Gewaltenteilung entscheide sich nach wie vor am gegenseitigen Verhältnis von Legislative und Exekutive (Spannungen und Kräfte, S. 141).
21 Oben S. 132.
22 Insbes. *Galbraith*, Der amerikanische Kapitalismus im Gleichgewicht der Wirtschaftskräfte.
23 Insbes. *Schmidt-Rimpler*, AcP 147 S. 130; *ders.*, Zum Problem der Geschäftsgrundlage, S. 1; *Bartholomeyczik*, Äquivalenzprinzip, Waffengleichheit und Gegengewichtsprinzip in der modernen Rechtsentwicklung, AcP 166 S. 30.
24 *Löwisch*, RdA 1969 S. 129 (131).

lichst zu verhindern. Der durch diese Entwicklung bedingte „veränderte Stellenwert von Recht und Rechtsprechung im politischen System"[25] hat aber nicht etwa eine Vorrangstellung der Jurisdiktion, insbesondere des Bundesverfassungsgerichts, vor den anderen Gewalten begründet, sondern lediglich das Gleichgewicht zwischen den Gewalten hergestellt[26], deren Verschiebung zu Lasten des Richters man unter der Vorherrschaft positivistischer Anschauungen wegen des Bestehens einer anderen Form der Gewaltenbalance hinnehmen zu können glaubte[27].

Aus dieser m. E. heute allein angemessenen Perspektive verstößt eine intensive verfassungsgerichtliche Kontrolle nicht gegen das System von „checks and balances" in der Bundesrepublik, sondern stellt im Gegenteil erst die „balance of power" her und bewirkt damit die nötige Anpassung dieses Systems an die Erfordernisse unserer Zeit, die es ihm erleichtert, seiner Funktion gerecht zu werden, d. h. die Chance der Richtigkeit der Entscheidungen im politischen Prozeß möglichst groß zu halten[28].

Gefahr einer Politisierung der Justiz

Auf Carl Schmitt geht die Befürchtung zurück, die Verfassungsgerichtsbarkeit führe leicht zu einer Politisierung der Justiz. Der darin liegende Einwand gegen eine intensive Verfassungsrechtsprechung, ja gegen die Verfassungsrechtsprechung überhaupt, ist vielfach aufgegriffen worden und wird unter verschiedenen Aspekten verwendet[29]. Allen ist gemeinsam, daß sie einer offenen gemeinwohlorientierten Optimierungsmethode der Verfassungsgerichtsbarkeit skeptisch gegenüberstehen und statt dessen am herkömmlichen richterlichen Interpretationsverfahren, nach welchem etwas zu finden ist, was „tatsächlich schon vorentschieden vorhanden ist"[30], und an der strengen Unterscheidung richterlicher und gesetzgeberischer Tätigkeit festhalten wollen[31]. Die Einwände laufen deshalb letztlich auf ein Ausmalen der Konsequenzen des werteoptimierenden Verfahrens der Verfassungsinterpretation hinaus, die den ihnen zugedachten düsteren Anstrich aber nur für denjenigen haben, der am richterlichen Syllogismus als Idealbild festhält. Geht man aber — wie die in dieser Arbeit vertretene Auffassung — davon aus, daß das wert- und situationsorientierte Verfahren der Verfassungsinterpretation das einzige sinnvoll mögliche ist, so erweist sich die befürchtete Politisierung der Justiz — jedenfalls zum Teil — letztlich als „Scheinproblem"[32].

Ein Einwand geht dahin, die richterliche Auslegung und Anwendung der meist recht vagen verfassungsrechtlichen Wertbestimmungen erfordere in Wahrheit eine politische Entscheidung, die aber in der Sache Gesetzgebung sei und von einem Gericht nur unter Aufgabe seines Gerichtscharakters vorgenommen wer-

---

25 *Luhmann*, Funktionen der Rechtsprechung im politischen System, S. 46 (47).
26 *Bachof*, Richterliche Kontrollfunktion, S. 42 ff.; *Werner*, Recht und Gericht in unserer Zeit, S. 164 ff. (bes. 173); *Laufer*, Verfassungsgerichtsbarkeit, S. 22; *Menger*, Moderner Staat und Rechtsprechung, S. 25 f.
27 *Vogel*, VVDStRL 24, S. 125 (131 f.).
28 *Kelsen*, VVDStRL 5, S. 30 (55): „Die Institution der Verfassungsgerichtsbarkeit (bedeutet) nicht nur keinen Widerspruch zum Prinzip der Trennung der Gewalten, sondern gerade im Gegenteil dessen Bestätigung".
29 Dazu auch *Bachof*, Richterliche Kontrollfunktion, S. 43 ff.; *Laufer*, Verfassungsgerichtsbarkeit, S. 275 ff.; *Stark*, AöR 1971, S. 297 (299 ff.).
30 Zit. des Abg. *von Merkatz* bei *Leibholz*, Der Status des Bundesverfassungsgerichts, in: Das Bundesverfassungsgericht, 1963, S. 61.
31 Vgl. *Hesse*, Verfassungsrecht, S. 225.
32 *Doehring*, Der Staat 1964, S. 201 (219); *Kimminich*, BK, Vorbem. zu Art. 54—61, Rdnr. 19.

G. Richtigkeitskontrolle durch die Verfassungsrechtsprechung

den könne. Damit würden die Gerichte in politische Instanzen verwandelt und die Justiz politisiert[33]. Eine solche politische Entscheidung eines Gerichts sei — und das ist schon ein zweiter Einwand — zwangsläufig willkürlich und vom persönlichen politischen Standort des Richters geprägt[34].

Das erste Argument trifft in der Tat bis zu einem gewissen Grad zu[35]: Die Abwägungsvorgänge, die der Richter bei der verfassungsrechtlichen Kontrolle von Gesetzen vorzunehmen hat, unterscheiden sich methodisch nicht von denen eines Gesetzgebers, der mittels rationaler Politik möglichst gute Gesetze auszuarbeiten und zu erlassen beabsichtigt[36]. Es geht in beiden Fällen um die wert- und erkenntnisorientierte Beurteilung und gegenseitige Abwägung der Güte möglicher rechtlicher Lösungen von Problemen, die durch die Wirklichkeit gestellt worden sind[37]. Aber das ist, wie ich oben zu zeigen versucht habe, die notwendige, weil allein vernünftige, Konsequenz der Errichtung einer Verfassungsgerichtsbarkeit und deshalb kein stichhaltiges Argument für den, der diese als solche befürwortet. Das Gericht verliert durch Heranziehung der Kriterien einer rationalen Politik nicht etwa seinen Gerichtscharakter, denn dieser ist nicht an die Anwendung der syllogistischen Methode, sondern an die Unabhängigkeit und Unparteilichkeit der Entscheidung geknüpft[38], die der Richter durch Übernahme politischer Entscheidungen keineswegs zwangsläufig verliert[39]. Von vornherein unrichtig ist auch das zweite Argument von der Willkürlichkeit solcher gerichtlicher Entscheidungen; es ignoriert, daß es auch Grundwerte, Regeln und Kriterien für eine rationale Politik gibt, die die unter Anwendung dieser Optimierungsregeln erzielten Entscheidungen der Willkür entheben[40].

Ein dritter Einwand ist der gravierendste. Ihm liegt die Befürchtung zugrunde, daß mit der Zunahme der Richtermacht die politischen Kräftegruppen (insbesondere die politischen Parteien und die Interessenverbände) einen immer stärkeren unsachlichen Einfluß auf die Personalpolitik der Gerichte nehmen und diese dadurch mehr oder weniger „gleichschalten" würden[41]. Diese Gefahr ist in der Tat nicht von der Hand zu weisen. Aber nur ein deterministischer Historizismus muß die Möglichkeit leugnen, sie durch institutionelle Sicherungen zu

---

33 C. *Schmitt*, Verfassungsrechtliche Aufsätze, S. 63 (74, 98).
34 *Forsthoff*, Industriegesellschaft, S. 136: „Leerformeln", S. 140 f.: „Ansichtssache"; Jörn *Ipsen*, Richterrecht und Verfassung, S. 210 f. m. w. N.
35 *Kriele*, „Vor Karlsruhe stramm stehen?" in: Die Zeit Nr. 9 v. 28. 2. 1975, S. 4.
36 Vgl. auch *Kelsen*, Wer soll Hüter der Verfassung sein?, S. 11 ff., der in einer Erwiderung gegen die *Schmitt*sche Schrift die Vorstellung zurückweist, zwischen der politischen Funktion und der Funktion der Gerichte bestehe ein Gegensatz. Vgl. auch *Kelsen*, VVDStRL 5, S. 55. Zur Auseinandersetzung zwischen *Kelsen* und *Schmitt*: *Marcic*, Verfassungsgerichtsbarkeit und reine Rechtslehre, S. 74 ff. Vgl. auch *Forsthoff*, Industriegesellschaft, S. 137, 141.
37 Oben S. 228 ff. Vgl. auch *Steindorff*, FS *Larenz*, S. 217 (233).
38 Oben S. 246 ff.
39 Jörn *Ipsen*, Richterrecht und Verfassung, S. 211 ff.
40 Oben S. 54 ff. Versteht man allerdings unter „Politik" entsprechend einer gängigen soziologischen Terminologie nur das „Streben nach Machtanteil oder nach Beeinflussung der Machtverteilung" (M. *Weber*, Politik als Beruf, S. 8) — und nicht, wie wir es hier tun, das Treffen gemeinschaftserheblicher Entscheidungen — und verneint zudem die Möglichkeit, Rationalitätskriterien für die Politik zu entwickeln, an denen die Güte von Problemlösungen zu messen ist, wie dies *Forsthoff* tut, so führt in der Tat kein Weg an der Ansicht vorbei, politische Entscheidungen müßten auch in der Hand von Gerichten willkürlich sein. Der Begriff „rationale Politik" ist dann eine Unmöglichkeit in sich, eine contradictio in adiecto.
41 C. *Schmitt*, Innerpolitische Neutralität, S. 48 f., 51; *Weber*, Spannungen und Kräfte, S. 94; ders., Teilung der Gewalten, S. 253 (264) = Spannung und Kräfte, S. 165; dazu auch Jörn Ipsen, Richterrecht und Verfassung, S. 213 f. m. w. N.

bannen⁴². Das Erfordernis der Zweidrittelmehrheit bei der Wahl der Bundesverfassungsrichter ist bereits eine wichtige derartige Sicherung, womit aber nicht gesagt sein soll, daß damit alles Mögliche und Notwendige getan sei⁴³.

„Depossedierung" des Juristen, Justizstaatlichkeit, Verunsicherung des Rechts

Die Optimierungsmethode der Verfassungsinterpretation kommt, wie ausführlich dargelegt⁴⁴, nicht ohne Verwendung sozialwissenschaftlicher und anderer Methoden und Erkenntnisse aus, die der Rechtspositivismus ausdrücklich aus dem Tätigkeitsfeld des Juristen ausgeklammert hatte. In der Tatsache, daß diese Art der Rechtsgewinnung nicht mehr mit der herkömmlichen juristischen Methode des syllogistischen Schlusses bewältigt werden kann, hat Forsthoff eine „Depossedierung der Rechtswissenschaft und des Juristen im Raum der Verfassung"⁴⁵ erblicken wollen und daraus offenbar einen weiteren Grund für ihre Ablehnung abgeleitet. Die Frage, was Forsthoff hier mit „Depossedierung" des Juristen gemeint hat, bedarf einer differenzierenden Antwort.

Gemeint ist offenbar nicht — jedenfalls nicht primär und kurzfristig⁴⁶ — eine „Depossedierung" des Juristen als Richter. Das wird deutlich, wenn Forsthoff die Position des Juristen als Richter mit der des Juristen als Verwaltungsbeamten vergleicht⁴⁷: In der Verwaltung ist das sog. Juristenmonopol im Abbau begriffen, weil es mit der Entwicklung vom primären Ordnungs- zum primären Leistungsstaat zunehmend auf sachrichtiges Handeln und damit auf vertiefte Kenntnis der Sachbereiche ankommt, in denen die Verwaltung tätig wird, also der Wirtschaft, der Kultur, der Pädagogik, der Sozialverwaltung etc.; im Zuge dieser Entwicklung tritt der Fachmann dieser Sachgebiete dem Juristen zunehmend ebenbürtig an die Seite, der seinerseits zum Spezialisten des Rechts wird. Dagegen ist das Juristenmonopol in der Gerichtsbarkeit unangefochten und in den richterlichen Laufbahnvorschriften nach wie vor positiv-rechtlich festgelegt. Die Position des Juristen in der Gerichtsbarkeit erhält dadurch besonderes Gewicht, daß die Gerichtsbarkeit im Verhältnis zur Verwaltung zunehmend an Bedeutung gewonnen hat und gewinnt. Während nämlich die Ermessensfreiheit der Verwaltung, welche nach Forsthoff recht eigentlich die Würde des Verwaltungsbeamten ausmacht, einerseits durch die Gesetzgebung mit ihrer zunehmend detaillierten und auf die besondere Situation zugeschnittene Regelung, andererseits durch die Ausdehnung der gerichtlichen Kontrolle, die das Grundgesetz gebracht hat, ständig eingeengt worden ist, hat das Richtertum einen „Entschei-

---

42 So auch *Weber* selbst (in anderem Zusammenhang): Es kommt darauf an, „sich aus dem Fatalismus unkritisch ertragener Zwangsläufigkeit zu lösen" (Spannungen und Kräfte, S. 137). Zu beachten ist auch, daß die von C. *Schmitt* für unabhängige Sachverständigengremien in gleicher Weise vorausgesagte Gleichschaltung sich etwa hinsichtlich des gesamtwirtschaftlichen Sachverständigenrats nicht bestätigt hat (unten S. 331).
43 Vgl. auch *Fromme*, Wenn Politiker ihre Richter wählen, Frankfurter Allgemeine Zeitung v. 23. 11. 1974, S. 1.
44 Oben S. 60 ff.
45 *Forsthoff*, Die Umbildung des Verfassungsgesetzes, FS C. *Schmitt*, 1959, S. 35 (61) = Rechtsstaat im Wandel, S. 147 (174). Vgl. auch Rechtsstaat im Wandel, S. 153: „Die Jurisprudenz vernichtet sich selbst, wenn sie unbedingt daran festhält, daß die Gesetzesauslegung die Ermittlung der richtigen Subsumtion im Sinne des syllogistischen Schlusses ist".
46 Gelegentlich glaubte *Forsthoff* auch eine langfristige Entwicklung zu einer „Selbstdepossedierung des Richters" diagnostizieren zu können: Die zunehmende Rechtsunsicherheit (vgl. sogleich im Text) zwinge zu einem allmählichen Ausweichen in die außergerichtlichen Formen der Streiterledigung, insbes. den Vergleich (*Forsthoff*, Rechtsstaat im Wandel, S. 190).
47 *Forsthoff*, Der lästige Jurist (1955); *ders.*, Der Jurist in der industriellen Gesellschaft (1960), beide Vorträge abgedruckt in: Rechtsstaat im Wandel, S. 63 ff. und S. 185 ff.

G. Richtigkeitskontrolle durch die Verfassungsrechtsprechung

dungsraum von bisher kaum gekannten Dimensionen" erlangt. Aus berufs- und statuspolitischer Sicht könnte man also allenfalls von einer „Depossedierung" des Verwaltungsjuristen sprechen, wenn man nicht überhaupt auf den die Zufügung eines Unrechts assoziierenden Terminus verzichten möchte; für den Juristen als Richter gilt eher das Gegenteil; Forsthoff spricht in diesem Zusammenhang davon, der Richter habe seinen weiten Entscheidungsspielraum usurpiert — eine Bezeichnung, die aber ebenfalls einen illegitimen Beigeschmack vermittelt und auch vermitteln soll[48]. Darauf wird noch zurückzukommen sein.

Gemeint ist schon eher die „Depossedierung" der Rechts*wissenschaft* also vor allem der akademischen Lehre und ihrer Vertreter. Man tut Forsthoff aber wohl Unrecht, wenn man die eigentliche Wurzel seiner Skepsis gegenüber der Rechtsprechung vordergründig in einer Verärgerung akademischer Lehrer sieht, durch solche Art der Verfassungsinterpretation ihrer „Priester-Rolle" beraubt zu werden[49]. Im Mittelpunkt steht für ihn vielmehr der aus der „Abdankung der juristischen Methode" und aus der Entformalisierung des Verfassungsrechts resultierende Verlust an Evidenz und Berechenbarkeit des Rechts, was für ihn gleichbedeutend ist mit: Verlust der Rationalität des Rechts. Aus der methodischen Verschiebung folgt natürlich auch, daß die akademische Rechtswissenschaft umdenken und die unhaltbare Beschränkung auf „reine Rechtsfragen" aufgeben muß; der Widerwille gegen diese Entwicklung scheint für Forsthoff aber nicht ausschlaggebend gewesen zu sein. Entscheidend dürfte für ihn vielmehr das Argument gewesen sein, daß die moderne Industriegesellschaft — entsprechend der Max Weberschen Analyse — auf formaler Berechenbarkeit beruhe und die „hochgradige Verunsicherung des Verfassungsrechts" diesem gesellschaftlichen Bedürfnis nicht mehr gerecht werde. Die Unsicherheit der Maßstäbe begünstige eine Tendenz zum „Justizstaat", die sich in einer besonderen Standesideologie der Richterschaft, insbesondere der Bundesverfassungsrichter, und einer gewissen Selbstherrlichkeit und Eigenmächtigkeit[49a] vor allem wieder des Bundesverfassungsgerichts zeige, ja es klingt die Meinung an, die Richter hätten die syllogistische Methode nur deshalb durch eine wertorientierte ersetzt, um einen weiten Entscheidungsraum für sich zu „usurpieren"[50].

In der Tat wohnt gerade der Verfassungsrechtsprechung ein relativ großes Unsicherheitsmoment inne. Das beruht aber auf der Generalklauselartigkeit eines großen Teils der Normen der Verfassung. Das Verfassungsrecht ist nicht erst durch die Interpretation des Bundesverfassungsgerichts „offen geworden", wie Forsthoff argumentiert[51], sondern es ist seiner Struktur nach zwangsläufig offen[52]. Von einer Usurpation eines weiten Entscheidungsbereichs durch die Richter kann deshalb nicht die Rede sein[53]. Das Verfahren des syllogistischen

---

[48] Zu einem gewissen Teil dürfte das Unbehagen über die Machtverschiebung vom Verwaltungs- auf den Justizjuristen auch auf eine traditionell höhere Einschätzung des ersteren durch *Forsthoff* zurückzuführen sein. So *Kriele*, Theorie der Rechtsgewinnung, S. 29.
[49] So aber Edward *McWhinney*, Judicial Restraint and the West German Constitutional Court, Harvard Law Review, vol. 75 (1961/62), S. 5 (10 ff.).
[49a] Auch bei Carl *Schmitt* bedeutet die Warnung vor dem „Justizstaat" die Warnung vor einer Art Ersatzgesetzgeber, der den Umkreis seiner Befugnisse immer weiter ausdehne. Der Hüter der Verfassung, S. 49.
[50] Fundstellen zum vorstehenden Absatz: *Forsthoff*, Rechtsstaat im Wandel, S. 154, 160, 164, 167, 168 ff., 172 f., 187, 190, 196; *ders.*, Der Staat der Industriegesellschaft, S. 136, 140, 146.
[51] Rechtsstaat im Wandel, S. 169.
[52] Deshalb kann „für das Verfassungsrecht das Ideal der Rechtssicherheit nicht jene Rolle spielen ..., die es in anderen Rechtsmaterien im Sinne einer Berechenbarkeit des Rechts spielt". *Krüger*, Der Verfassungsgrundsatz, S. 198 f.

Schlusses ist von vornherein meist gar nicht anwendbar[53]. Die Unbestimmtheit vieler Verfassungssätze war denn auch einer der Gründe, aus denen Carl Schmitt überhaupt einer verfassungsgerichtlichen Normenkontrolle skeptisch gegenüberstand[55]. Das Grundgesetz hat sie jedoch zwingend vorgeschrieben[56]. Es gilt deshalb, eine Methode zu entwickeln und anzuwenden, die trotz der Offenheit der Normen noch das relativ höchste Maß an Voraussehbarkeit (und inhaltlicher Richtigkeit) der Entscheidungen bewirkt. Das aber ist die Optimierungsmethode; diese und damit die eigentlichen Entscheidungsgründe müssen folglich ins Bewußtsein gehoben werden und dürfen nicht durch formaljuristische Scheinargumentationen ersetzt werden, die, wie Forsthoff[57] selbst mit Recht bemerkt, sich doch nur als petitiones principii erweisen[58]. Es gilt — genau wie in der modernen Nationalökonomie, in der anders als Forsthoff annimmt[59], eher eine Tendenz zur *Ent*formalisierung als zur Formalisierung festzustellen ist — der Grundsatz: „It is better to be vaguely right than precisely wrong"[60].

Man muß deshalb aus der Rechtsprechung des Bundesverfassungsgerichts eine ganz andere Konsequenz als Forsthoff ziehen. Statt die Rechtsprechung, sei es ausdrücklich, sei es stillschweigend abzulehnen, weil sie nicht mehr von der „rechtsstaatlich-gerichtsförmigen Denkweise"[61] des „rein juristisch" ausgebildeten Rechtswissenschaftlers geleistet und nachvollzogen werden kann, sollte man versuchen, die Ausbildung, Arbeits- und Denkweise der Juristen an die Aufgaben und die Vorgehensweise der Verfassungsrechtsprechung und damit an die Notwendigkeiten rationalen Problemlösungsverhaltens anzupassen[62]. Soweit dies gelingt, braucht eine „Depossedierung" nicht befürchtet zu werden. Beim Festhalten an einer zur Bewältigung der gestellten Aufgaben untauglichen Methode wäre eine solche allerdings letztlich unvermeidlich.

Diese Empfehlung entfernt sich weniger weit von Forsthoff, als es zunächst scheinen mag. Hat nicht Forsthoff selbst grundlegende Realanalysen angestellt[63],

---

53 *Werner*, Recht und Gericht in unserer Zeit, S. 169 f.; *Scheuner*, Die neuere Entwicklung des Rechtsstaats in Deutschland, S. 229 (259).
54 So — nach früheren Äußerungen: überraschenderweise — auch *Forsthoff* selbst, in: Der Staat der Industriegesellschaft, S. 134 und S. 145: „Nachdem das Grundgesetz das Bundesverfassungsgericht mit dieser legislatorischen Aufgabe betraut hat, wäre es geradezu absurd, von seiner Rechtsprechung die Bindung an die Regeln richterlicher Hermeneutik zu verlangen." Vgl. allerdings wieder *Forsthoff*, FS E. R. Huber, 1973, S. 3 (15).
55 C. *Schmitt*, Der Hüter der Verfassung, S. 82: Dem Gesetzgeber könnten nur durch eindeutige Verfassungsbestimmungen Grenzen gezogen werden, diese beständen aber in aller Regel nicht. Versuche das Verfassungsgericht dies aufgrund unbestimmter und umstrittener Normen, so könne es auf diese Weise keine dem Gesetzgeber überlegene Autorität begründen.
56 Man muß sich ganz klarmachen, daß in der Entscheidung des Grundgesetzes für die unmittelbare Bindung auch des Gesetzgebers an die Verfassung, die durch eine Verfassungsgerichtsbarkeit durchgesetzt wird, zwar nicht eine Entscheidung gegen die Rechtssicherheit (denn diese gehört zu den Verfassungsgrundwerten), aber doch eine Entscheidung auch für andere inhaltliche Grundwerte, die neben der Rechtssicherheit stehen (und aus denen sich z. T. gegenläufige Anforderungen ergeben) und damit eine Entscheidung gegen die Verabsolutierung der Rechtssicherheit, die Kennzeichen des Rechtspositivismus war, getroffen ist.
57 Rechtsstaat im Wandel, S. 168.
58 So auch *Kriele*, Theorie der Rechtsgewinnung, passim.
59 Rechtsstaat im Wandel, S. 165.
60 Oben S. 76.
61 *Leisner*, Effizienz als Rechtsprinzip, S. 59.
62 Zu den Anforderungen modernen juristischen Denkens *Zippelius*, Recht, Abschnitt VIII (S. 160 ff., bes. S. 167): Notwendigkeit eines „Forschungsdenkens, das kritisch in eigener geistiger Verantwortung die Lösung von Problemen sucht".
63 *Forsthoff*, Die Bundesrepublik Deutschland. Umrisse einer Realanalyse (1960), in: Rechtsstaat im Wandel, S. 197 ff.
64 *Forsthoff*, Rechtsfragen der leistenden Verwaltung, 1959, S. 55 ff.
65 *Forsthoff*, Industriegesellschaft, S. 46; ders., Der Introvertierte Rechtsstaat und seine Verortung, in: Rechtsstaat im Wandel, S. 213 (227).

G. Richtigkeitskontrolle durch die Verfassungsrechtsprechung

ihre große Bedeutung für die nötige Fortbildung des Rechts — jedenfalls im Bereich der Verwaltung — betont[64] und die Staatsrechtslehre wegen ihrer „Degeneration zu einer Rechtsstaatslehre", „die in normativen Gehäusen ihr Wesen treibt", schroff getadelt[65]? Aus der Verfassungsinterpretation wollte er Situationsanalysen gleichwohl ausgeschlossen wissen. Ebenso lehnte er eine materiale „Aufladung" des Grundgesetzes, besonders der Grundrechte, ab. Die Rechtsprechung bedarf jedoch der Sach- und Wertorientierung, wenn sie ein wirksames Gegengewicht gegen Pluralismusdefizite bilden soll. Forsthoff rechtfertigte die von ihm befürwortete prinzipielle Beschränkung der Rechtsprechung auf ihre überkommene Funktion im bürgerlichen Rechtsstaat und die damit zusammenhängende richterliche Auslegungslehre[66] mit der Erwägung, es sei nicht nötig, den sich ohnehin befriedigend entfaltenden sozialpolitischen Bestrebungen (im Sinne einer Stärkung des im liberalen Staat unterprivilegierten „Vierten Standes") auf diese Weise noch zu Hilfe zu kommen[67]. Im Hinblick auf derartige sozialpolitische Bestrebungen erscheint seine Argumentation durchaus schlüssig[68]. Aber heute besteht eine Tendenz ganz anderer Art, zu deren Steuerung es des Gegengewichts der Rechtsprechung, insbesondere des Bundesverfassungsgerichts, bedarf[69], weil sie sich — anders als die sozialstaatlichen Bestrebungen — eben nicht mehr von selbst in befriedigender Weise entwickelt. Berücksichtigt man, daß es Forsthoff selbst war, der mit seinen Realanalysen einen wesentlichen Beitrag zur Erkenntnis der Struktur dieser Fehlentwicklungen und der daraus drohenden Pluralismusdefizite geleistet hat, so erscheint seine Festlegung auf die Empfehlung, die Rechtsprechung möge an der syllogistischen Auslegungsmethode festhalten, geradezu als wissenschaftssoziologische Tragik; denn dieser Standpunkt steht nun einem Gegenhalten seitens der Rechtsprechung gegen ein Überhandnehmen von Verbandseinflüssen und Pluralismusdefiziten im Wege[70]. Da es für Forsthoff kein Entrinnen aus der selbst konstruierten theoretischen Falle zu geben scheint, mündet seine Botschaft beinahe zwangsläufig in skeptische Untergangsstimmung aus[71].

Die Optimierungsmethode der Verfassungsinterpretation verlangt einen Abbau der bisherigen Hemmungen gegen eine Beschäftigung mit Gegenstand und Methoden der juristischen Nachbarwissenschaften und möglichst eine fächerübergreifende Kooperation. Einer der größten Hemmschuhe gegen eine derartige Öffnung ist eine auch in Forsthoffs Äußerungen anklingende — allerdings kei-

---

66 Vgl. auch C. *Schmitt*, Der Hüter der Verfassung, S. 36 f. u. ö.
67 *Forsthoff*, Rechtsstaat im Wandel, S. 9.
68 Näheres unten S. 282.
69 Dies hat bes. Werner *Weber* hinsichtlich der Zivil-, Straf- und Verwaltungsgerichte betont (Spannungen und Kräfte, S. 97–100, 105, 138 f., 150 f.), für die Verfassungsgerichtsbarkeit dagegen zunächst (1953) abgelehnt (S. 95 ff.); die von ihm für letztere Ablehnung angeführten Gründe: Festhalten an der „seit 100 Jahren" überkommenen Methodik (S. 100) und Furcht vor einer „Politisierung der Justiz" (S. 139), sind m. E. jedoch nicht überzeugend und werden an anderer Stelle dieser Arbeit widerlegt (oben S. 257 ff.). Später (1959) hat Werner *Weber* selbst auch die Gegengewichtsfunktion der Verfassungsgerichtsbarkeit anerkannt (Spannungen und Kräfte, S. 164 f., 172 f.).
70 *Forsthoff* sieht durchaus die Notwendigkeit, „Gegenkräfte" gegen pluralistische Fehlentwicklungen zu mobilisieren (vgl. z. B. Zur heutigen Situation einer Verfassungslehre, in: Epirrhosis, 1. Teilbd., S. 185 (208)); gelegentlich ist ihm dabei auch die Rechtsprechung in den Blick gekommen (Rechtsstaat im Wandel, S. 78 ff., bes. 88, 94 ff.; Industriegesellschaft, S. 134 f., 137; vgl. auch Verwaltungsrecht, S. 7). Die erforderlichen durchgreifenden und grundlegenden Konsequenzen für die Methodik der Verfassungsinterpretation hat er daraus jedoch nicht gezogen. Das hätte auch vorausgesetzt, daß *Forsthoff* die — von ihm gerade entschieden zurückgewiesene (*Forsthoff*, Verfassungsprobleme des Sozialstaats, in: Rechtsstaatlichkeit und Sozialstaatlichkeit, S. 161) — Teilnahme der Justiz an der „Staatswillensbildung" anerkannt und im Aufkommen der Dritten Gewalt nicht nur eine vorübergehende „Randerscheinung" — so aber Forsthoff, Rechtsfragen der leistenden Verwaltung, S. 49 — erblickt hätte.
71 Oben S. 123 und 200.

§ 33 Weitere mögliche Verteilungskriterien

neswegs auf die juristische Seite beschränkte — spezifisch fachegoistische Einstellung (Hans Albert: „Revierverhalten")[72]. Typisch dafür ist, daß Probleme oft nicht von der Frage her angegangen werden, *was* zur angemessenen Lösung zu geschehen hat, d. h. *wie* und mit welchen Methoden das Problem sinnvollerweise anzugehen ist, sondern überwiegend die Frage an den Anfang gestellt wird, *wer* das Problem behandeln soll, der Jurist, der Politologe, der Soziologe oder der Wirtschaftswissenschaftler[73]. Vor dem Hintergrund möglicher Besetzungen von Lehrstühlen und Beratungsgremien, der Erteilung von Forschungsaufträgen etc. besitzt diese Fragestellung einen handgreiflichen Fachinteressenbezug. In Wahrheit gibt es aber „die" Rechtswissenschaft, „die" Soziologie, „die" Politologie und „die" Wirtschaftswissenschaft gar nicht mehr[74], die eine eindeutige Zuordnung von bestimmten Problemen an bestimmte Wissenschaftsbereiche erlaubte. Alles ist im Fluß, fast jede Wissenschaft hat heute zumindest zwei Richtungen, eine positivistische und eine (auch) wertende[75]. Die im 19. Jahrhundert durch den Positivismus erfolgte Fächer- und Methodenabgrenzung, die der Rechtswissenschaft die juristische Methode (Syllogismus) und den Sozialwissenschaften die seinswissenschaftliche Methode zugeordnet hatte und Wertungen als unwissenschaftlich der Philosophie und der Politik überließ, ist überholt und bei der Suche nach adäquaten Lösungsansätzen für unsere Gemeinwohl- und Verfassungsprobleme nur hinderlich[76]. Heute kann weder ein Wissenschaftsbereich bestimmte natürliche Reservate für sich beanspruchen noch sagt die Bezeichnung seiner mit herkömmlicher Methodenbeschränkung ermittelten Ergebnisse etwa als „juristisch richtig" oder als „wirtschaftswissenschaftlich richtig" mehr, als daß sie ohne Ergänzung durch Erkenntnisse und Methoden anderer Bereiche eben häufig unvollständig[77] und somit — insgesamt gesehen — letztlich „nicht richtig" sind[78]. „Fachspezifische Richtigkeit" ist im Bereich der Sozial- und Rechtswissenschaften nichts anderes als eine Seite der Medaille, deren Kehrseite nicht selten Unrichtigkeit — aufs Ganze gesehen — ist. Anzustreben ist deshalb unter dem Aspekt des Gemeinwohls und der gemeinwohlorientierten Verfassungsinterpretation eine fächerübergreifende, an der adäquaten Erfassung und Behandlung von Problemen zu beurteilende Richtigkeit, zu der alle beitragen sollen, die etwas beizutragen haben. Entscheidend sind nicht reklamierte Monopolstellungen, sondern allein der Beitrag, den ein Forscher zur Problemanalyse und -lösung leistet. Keine wissenschaftliche Fachdisziplin kann mehr als autonom anerkannt werden[79]. Alles muß willkommen sein, was hin-

---

72 *Albert*, Erkenntnis und Recht, S. 80.
73 Es soll nicht in Abrede gestellt werden, daß eine Konvention über eine sinnvolle Arbeitsteilung zwischen Disziplinen bei gleichzeitigem Wissen um das gegenseitige Aufeinanderangewiesensein zweckmäßig und auch erforderlich ist für die befriedigende Lösung von Problemen, die Ausbildungspläne und die Besetzung von Forschungsteams. Entscheidend aber ist immer, daß die Ermittlung des jeweils besten Problemlösungsverfahrens das Primäre und die arbeitsteilige Aufteilung der Einzelbeiträge auf bestimmte Wissenschaftler das Sekundäre ist.
74 *Naucke*, Über die juristische Relevanz der Sozialwissenschaften, S. 13 FN 13; *Struck*, Rechtswissenschaft und Soziologie, S. 13.
75 Dies gilt auch von der Soziologie; es wird dort allerdings häufig nicht explizit gemacht, ergibt sich aber aus der Auswahl vieler Themen, aus der Kritik und der Änderungsintention, die aus vielen Ergebnissen und Untersuchungen ausdrücklich oder stillschweigend abgeleitet wird.
76 *Ehrlich*, Der Staat 1966, S. 407 (419): „Lassen wir es uns gesagt sein, daß das, was wirklich neu in der heutigen Wissenschaft ist (und das ist ebenso in der vergangenen Zeit gewesen), an den Grenzen zweier zweier, in traditioneller Weise spezialisierter Disziplinen entsteht."
77 Vgl. auch *Herzog*, Staatslehre, S. 32: „Begrenzte Betrachtungsweise" der (juristischen) Staatslehre.
78 Es besteht deshalb ein dringendes Bedürfnis nicht nur nach dem „skeptischen Juristen", womit *Naucke* denjenigen bezeichnet, der sich keine Illusionen über das Ungenügen des rein juristischen Handwerkszeugs macht (*Naucke*, Jahrbuch für Rechtssoziologie und Rechtstheorie, Bd. 1, S. 492 ff.), sondern auch nach dem „skeptischen Soziologen" etc.
79 *Albert*, Erkenntnis und Recht, S. 81 f.

G. Richtigkeitskontrolle durch die Verfassungsrechtsprechung

sichtlich der Problemerkenntnis und der angemessenen Problemlösung weiterhilft, „ganz gleich unter welcher Etikette organisatorischer Zugehörigkeit es dargeboten wird"[80]. Dies gilt besonders für das Gemeinwohl als begrifflich zusammengefaßtem Bündel von Lösungen gemeinschaftserheblicher Probleme, die auf der Grundlage der Verfassungsgrundwerte zu behandeln sind. Nach der langen Vernachlässigung der Beschäftigung mit dem Gemeinwohl kann es heute so viele fruchtbare Beiträge gebrauchen, wie sich nur irgend beibringen lassen.

Die Verbindung der rechtswissenschaftlichen und der sozialwissenschaftlichen Perspektive ist aber noch aus einem weiteren, für die grundsätzliche Ausrichtung wichtigen Grunde geboten. Der Jurist scheint nämlich von seiner Ausbildung her besonders geeignet zu sein, einen sowohl vom juristischen Laien im allgemeinen[81] als auch vom sozialwissenschaftlichen Fachmann im besonderen[82] tendenziell vernachlässigten Grundwert, Geltung zu verschaffen, nämlich der Klarheit, Kontinuität und Tradition, kurz der Rechtssicherheit. Die eher beharrende juristische Denkweise kann deshalb ein Gegengewicht gegen übersteigerten Progressismus bilden[83]. Der Jurist muß sich allerdings seinerseits davor hüten, der Neigung nachzugeben, diesen Wert, der ja keinesfalls der einzige relevante sein kann, zu übersteigern, weshalb er wiederum des tendenziell progressiv eingestellten Sozialwissenschaftlers als Gegengewicht bedarf. Dieses Zusammenwirkenmüssen und Aufeinanderangewiesensein im Interesse möglichst ausgewogener Ergebnisse verliert man leicht aus den Augen, wenn man — wie es häufig geschieht — sei es die Juristen als „Strategen der Stagnation"[84], sei es die Sozialwissenschaftler als scheuklappenbewehrte „Maximalisten"[85] herabsetzt. Die Gemeinwohloptimierung bedarf beider zugrundeliegenden Werthaltungen, damit sie sich gegenseitig im Lot halten können. Das setzt Zusammenarbeit und Verständnis auf beiden Seiten für die Grundhaltung der jeweils anderen Disziplin voraus und verlangt sozialwissenschaftliches Sachverständnis beim Juristen und „ein Gefühl für das Eigengewicht der rechtlichen Normen und Institutionen" beim Sozialwissenschaftler[86].

Die Notwendigkeit einer interdisziplinären Kooperation besitzt größte praktische Bedeutung. Das Beibehalten und die Versteinerung der berufsegoistischen kompetenzbedachten Sicht der Wissenschaftsdisziplinen im Sinne eines „geistigen Ressortpartikularismus"[87] kann nämlich ähnlich gefährliche Folgen haben wie das Dominieren berufsegoistisch motivierter Handlungsweisen im Verbandswesen. Im Agieren der Verbände werden durch das stets virulente Bedürfnis der Verbandsfunktionäre, ihre Daseinsberechtigung nachzuweisen, tendenziell gemeinwohlschädliche Einflüsse und Auswirkungen hervorgeru-

---

[80] *Sontheimer*, Politische Wissenschaft und Staatsrechtslehre, in: Grimm, S. 85.
[81] *Radbruch*, Rechtsphilosophie, S. 197: „Der Rechtsmensch als Laie ist mehr an der Gerechtigkeit, der Rechtsmensch als Jurist mehr an der Rechtssicherheit orientiert". Ebenso *Werner*, Recht und Gericht in unserer Zeit, S. 186.
[82] *Forsthoff*, Der lästige Jurist (1955) und: Der Jurist in der industriellen Gesellschaft (1960), in: Rechtsstaat im Wandel, S. 57 ff., 185 ff.; Hans *Schneider*, Der gefährdete Jurist, FS Forsthoff, 1972, S. 347 ff.
[83] *Vogel*, Finanzverfassung und politisches Ermessen, S. 47 f.
[84] So ein häufig zitiertes Wort des amerikanischen Soziologen Harry Barnes. Vgl. auch H. *Huber*, Das Recht im technischen Zeitalter, S. 19; *Ipsen*, Europäisches Gemeinschaftsrecht, S. 14.
[85] *Forsthoff*, Rechtsstaat im Wandel, S. 60.
[86] *Giersch*, Wirtschaftspolitik, S. 341.
[87] *Weisser*, Das Problem der systematischen Verknüpfung von Normen und von Aussagen der positiven Ökonomik, S. 16.

fen⁸⁸. Die Wissenschaft hat die Aufgabe, hier gegenzuhalten⁸⁹. Sie kann diese Aufgabe nicht oder nur eingeschränkt leisten, wenn das wissenschaftliche Gemeinwohlverfahren sich nicht oder jedenfalls nicht voll entfalten kann, weil berufsegoistisch bedingte Abschirmung, mangelnde Aufgeschlossenheit und Zusammenarbeit und fehlende Erkenntnis des arbeitsteiligen Aufeinanderangewiesenseins im Wege stehen. Und die Rechtsprechung ist (ebenso wie andere repräsentative Instanzen) ihrerseits wiederum zu einem guten Teil von der Leistungsfähigkeit der Wissenschaft in Forschung und Lehre abhängig. Soweit die Wissenschaft aber diese ihre Aufgabe verfehlt, untergräbt sie ihre eigentliche Daseinsberechtigung, die letztlich auch die wissenschaftliche Freiheit (Art. 5 Abs. 3 GG) verfassungstheoretisch allein zu legitimieren vermag⁹⁰. Kurzsichtige berufsegoistische Motivation kann auf diese Weise langfristig zur größten Gefahr für den freiheitlich organisierten rechts- und sozialwissenschaftlichen Betrieb werden. Ohne Anpassung an die neuen Aufgaben entfällt die Legitimation, und dann wird auch die „Depossedierung" nicht mehr lange auf sich warten lassen.

§ 34 Fortsetzung: Mangelnde Stringenz der Beurteilungsmaßstäbe und richterliche Zurückhaltung

Im Gegensatz zu allen anderen bisher dargelegten Argumenten, die — vor dem Hintergrund des in dieser Arbeit entwickelten verfassungstheoretischen Vorverständnisses — einen Vorrang des Gesetzgebers bei der Gemeinwohloptimierung letztlich nicht zu begründen vermochten, ergibt sich aus der mangelnden Stringenz der Beurteilungsmaßstäbe[1] in Verbindung mit dem Grundwert der Rechtssicherheit und der „Vorhandstellung" des formal-demokratisch legitimierten Gesetzgebers ein wichtiges und durchschlagendes Argument für eine gewisse Zurückhaltung der Verfassungsrechtsprechung[2].

Die optimierende Gemeinwohlkonkretisierung ist, wie oben dargelegt, immer auf eine bestimmte Problemsituation bezogen und wird von dieser mitbestimmt. Jedes Gesetz kann als Versuch aufgefaßt werden, ein Problem optimal (im Hinblick auf die Verfassungswerte) zu lösen[3]. Die gerichtliche Normenkontrolle prüft, ob dem Gesetzgeber dies gelungen ist[4]. Es hat dabei durch die Brille des Gesetzgebers zu blicken — aber nicht *nur*, denn die Situation, der sich das Gericht bei der Normenkontrolle gegenübersieht, ist eine etwas andere als die, mit der der Gesetzgeber konfrontiert war: zu ihr gehört auch die Tatsache, daß der formal-demokratisch (stärker) legitimierte Gesetzgeber bereits eine Entscheidung getroffen hat. Die Normenkontrolle setzt eine solche vorangehende gesetzgeberische Entscheidung notwendigerweise voraus. Das Bundesverfassungsgericht

---

88 Oben S. 163 ff.
89 Unten S. 316 ff.
90 Unten S. 317 f.

1 Oben S. 75 ff.
2 *Brohm*, VVDStRL 30, S. 277 FN 96 und 97; *Zippelius*, NJW 1975, S. 914 (915). Die Bedeutung der „Weite und Unbestimmtheit der Kontrollmaßstäbe" für die „Grenzen verfassungsgerichtlicher Kontrolle und Entscheidung" wird auch von *Hesse* erwähnt. Verfassungsrecht, S. 226. Schließlich ist der Zusammenhang zwischen den beschränkten Möglichkeiten, zu gesicherten Erkenntnissen zu gelangen, und einer erhöhten richterlichen Vorsicht bei der Beurteilung (judicial restraint) in der Diskussion um die Justiziabilität des Topos „gesamtwirtschaftliches Gleichgewicht" (z. B. Art. 109 Abs. 2 GG) betont worden: Reiner *Schmidt*, Wirtschaftspolitik, S. 159; *Vogel/Wiebel*, BK, Art. 109 Rdnr. 138 f.; *Vogel*, Finanzverfassung, S. 35.
3 *Hesse*, Verfassungsrecht, S. 177: Der Gesetzgeber hat Gesetze zu schaffen, die „sachgemäß und gerecht sind". *Häberle*, VVDStRL 30, S. 98 f.
4 Das Verfassungsgericht prüft „das Verhältnis des Gesetzes zu dem ihm vorgegebenen Problem am Maßstab der Verfassung" *Ehmke*, VVDStRL 20, S. 95 f.

G. Richtigkeitskontrolle durch die Verfassungsrechtsprechung

kann ja, wie auch andere Gerichte[5], generell nicht aus eigener Initiative tätig werden, sondern dem Gesetzgeber nur nachträglich kontrollierend entgegentreten[6]. Die darin zum Ausdruck kommende „Vorhand"-Stellung[7], die dem Gesetzgeber als dem immer noch am relativ stärksten formal-demokratisch legitimierten Verfassungsorgan mit Recht zukommt[8], hat erhebliche Auswirkungen. Die Rechtssicherheit verlangt nämlich, daß an einem einmal erlassenen Gesetz festgehalten wird, wenn sich nicht eine andere mögliche gesetzgeberische Problemlösungsalternative als bessere (= verfassungsgerechtere) feststellen läßt. Eine solche Feststellung ist jedoch in Anbetracht der Unbestimmtheiten des Gemeinwohloptimierungsverfahrens und der Unsicherheit der Maßstäbe häufig nicht möglich[9]. Selbst wenn der entscheidende Senat des Verfassungsgerichts — hätte er an der Stelle des Gesetzgebers gestanden — eine andere Problemlösungsalternative vorgezogen hätte, wird er häufig einräumen müssen, daß auch für die vom Gesetzgeber getroffene Lösung gute Gründe sprechen und die für die präferierte Alternativlösung sprechenden Argumente nicht *eindeutig* besser sind. Dann hat er die gesetzgeberische Entscheidung bestehen zu lassen. Es gilt der Satz: In dubio pro lege[10]. Der Gesetzgeber hat den „Konkretisierungsprimat"[11] und kann im Verhältnis zur kontrollierenden Rechtsprechung „the benefit of doubt" für sich in Anspruch nehmen[12]. Dies wird besonders deutlich, wenn das Bundesverfassungsgericht dem Gesetzgeber ausdrücklich einen Prognosespielraum einräumt[13], gilt im übrigen aber ganz allgemein, schon deshalb, weil, genau genommen, fast in jeder Entscheidung ein Stück Prognose steckt[14].

Dafür ist zudem ein zweiter Grund ins Feld zu führen: Verfassungsrechtliche Verbote sind schwerer korrigierbar. Das Bundesverfassungsgericht kann zwar frühere Entscheidungen grundsätzlich korrigieren[15], und zwar nicht nur bei „bes-

---

5 *Forsthoff*, Verwaltungsrecht, S. 6.
6 BVerfGE 1, S. 97 (101); *Leibholz*, Der Status des Bundesverfassungsgericht (1971), S. 46 f; *Hesse*, Verfassungsrecht, S. 225; BVerfGE 3, S. 225 (236): Die Normenkontrolle besitze eine „abwehrende Funktion".
7 *Ehmke*, VVDStRL 20, S. 68; *Häberle*, Öffentliches Interesse, S. 676, 689; *ders.*, Gemeinwohljudikatur, S. 122, 280; Minderheitsvotum, *Simon/Rupp-v. Brünneck* zum Hochschulurteil des BVerfG v. 29. 5. 1973, NJW 1973, S. 1185 (1188).
8 *Doehring*, Der Staat 1964, S. 201 (218).
9 Zur „entscheidungstheoretischen Erkenntnis, daß allenfalls ‚brauchbare' oder ‚befriedigende', nicht aber . . . ‚einzig richtige' Entscheidungen zu erzielen sind", *Brohm*, VVDStRL 30, S. 277; *Luhmann*, Verw.Arch. 51 (1960), S. 97 (105); *Naschold*, Systemsteuerung, S. 52 m. w. N.; *Zippelius*, NJW 1975, S. 914 f.
10 Vgl. auch das von der Rechtsprechung des Bundesarbeitsgerichts und des Bundesfinanzhofs aufgestellte Prinzip, daß im Zweifel an früheren Rechtsprechungsgrundsätzen festzuhalten ist (oben S. 232). Ferner *Zippelius*, Recht, Kap. 22 d (S. 128 ff.).
11 *Zippelius*, NJW 1975, S. 914.
12 *Leibholz*, Der Status des Bundesverfassungsgerichts (1971), S. 47 f.; *Bachof*, VVDStRL 12, S. 54; zustimmend *Maunz/Dürig/Herzog*, Art. 20, Rdnr. 68. BVerfGE 7, 377 (412): „Selbstverständlich werden die Erfahrungssätze, Erwägungen und Wertungen des Gesetzgebers für das Bundesverfassungsgericht stets von größter Bedeutung sein; wo sie nicht entkräftet sind, dürfen sie die Vermutung der Richtigkeit für sich in Anspruch nehmen." Das impliziert andererseits, wie das Bundesverfassungsgericht ausdrücklich fortfährt, daß die Auffassung des Gesetzgebers nicht unbesehen vom Verfassungsgericht als richtig hinzunehmen ist. Zu einer vereinzelten „Ausreißer-Entscheidung" (Arbeitsvermittlungs-Urteil, BVerfGE 21, S. 245), bei der das Gericht die Tatsachenfeststellung des Gesetzgebers ohne weiteres als richtig unterstellte, *Philippi*, Tatsachenfeststellung des Bundesverfassungsgerichts, S. 122. Zu zwei die Gründe des Gesetzgebers unbesehen akzeptierenden Urteilen des Bundesfinanzhofs unten S. 274 f.
13 Oben S. 218 f.
14 Oben S. 217.
15 Arg. § 16 BVerfGG. BVerfGE 4, S. 31 (38 f.); 20, S. 56 (86); aus dem neueren Schrifttum: *Brox*, FS Geiger, S. 809; *Hoffmann-Riem*, Der Staat 1974, S. 335; *Zuck*, NJW 1975, S. 907; *Maassen*, NJW 1975, S. 1343; *Kriele*, NJW 1976, S. 777 (778 f.); *Vogel*, in: FG BVerfG I, S. 568, jeweils mit weiteren Nachweisen.

serer abstrakter Einsicht", wie Herbert Krüger meint[16], sondern auch bei Veränderung der Situation und ihrer Einschätzung[17]; das Gericht kann die entsprechenden früher verbotenen Normen indes nicht selbst erlassen; dazu bedarf es vielmehr des Gesetzgebers. Dieser ist nun aber seinerseits an die früheren verfassungsgerichtlichen Verbote gebunden (Art. 94 Abs. 2 GG, § 31 BVerfGG), so daß er ein Gesetz gleichen Inhaltes nicht noch einmal erlassen darf[18]. Gewiß kann diese Bindung nur unter der Voraussetzung „rebus sic stantibus" gelten, also nur, soweit sich die Verhältnisse nicht geändert haben[19]. Wenn das Gericht sich wegen geänderter Verhältnisse und neuer Entwicklungen (einschließlich nicht eingetretener Prognosen) korrigieren darf, dann muß es auch dem Gesetzgeber erlaubt sein, ein früher als verfassungswidrig deklariertes Gesetz wegen geänderter Umstände neu zu erlassen[20]. Es wird in der Praxis jedoch meist sehr zweifelhaft sein, ob in diesem Sinne veränderte Umstände vorliegen. Da die letzte Entscheidung darüber wieder das Bundesverfassungsgericht zu treffen hat, wird der Gesetzgeber beim Ingangsetzen eines Korrekturverfahrens aufgrund geänderter Umstände zurückhaltend sein. — Aus diesem für die Korrektur überholter verfassungsgerichtlicher Verbote nötigen Wechselspiel zwischen Gericht und Gesetzgeber ergibt sich insgesamt eine Minderung der vom trial and error-Verfahren der Gesetzgebung postulierten Flexibilität und Reversibilität getroffener Entscheidungen[21].

Hinzu kommt schließlich ein Drittes: Die Rechtssicherheit verlangt nicht nur, daß an einer getroffenen Entscheidung möglichst festgehalten wird, sondern auch, daß überhaupt entschieden wird, was rechtens sein soll[22]. Das positive Gesetz trifft solche Entscheidungen, welche die Unsicherheit beseitigen; ihm ist wegen des daraus resultierenden Ordnungselements[23] auch unabhängig von seinem sachlichen Inhalt ein gewisser Wert beizumessen[24]. Insoweit sind Entscheidungen des Bundesverfassungsgerichts typischerweise unterlegen, weil sie gesetzgeberische Entscheidungen im Prinzip nur kassieren, d. h. für nichtig erklären. Sie können einen Verstoß gegen die verfassungsrechtlichen Gemeinwohlgrundsätze gegebenenfalls zwar negativ feststellen. Häufig mangelt es aber an der eindeutigen Feststellbarkeit eines allein Gemeinwohlrichtigen[25]. Deshalb kann das Gericht dann nicht seinerseits eine positive Entscheidung an die Stelle des Gesetzes setzen, sondern muß dies dem Gesetzgeber überlassen[26]. Da der

---

16 Krüger, DÖV 1971, S. 289 (291).
17 Die abweichende Auffassung Krügers ist die Konsequenz seiner Unterscheidung zwischen „legislativer Gesetzgebung" und „richterlicher Gesetzgebung": nur die erstere sei situationsbezogen, während die „richterliche Gesetzgebung" unabhängig von Raum und Zeit erfolgen müsse. Wäre dies richtig, dann dürfte in der Tat auch eine gerichtliche Korrektur nicht auf Änderungen der Situation abheben. Eine Reaktion auf neue Lagen könnte dann, wie Krüger meint, nur durch gesetzgeberische Verfassungsänderung erfolgen. Für uns, die wir Krügers Auffassung von der Raum- und Zeitunabhängigkeit der Verfassungsinterpretation abgelehnt haben (oben S. 215), ist es umgekehrt konsequent, eine Änderung früherer Entscheidungen auch bei Änderungen der Situation zuzulassen.
18 Maunz, Maunz/Dürig/Herzog, Art. 94 Rdnrn. 19 ff.
19 So mit Recht Maunz, a.a.O., Rdnr. 25; ders., in: Maunz/Sigloch/Schmidt-Bleibtreu/Klein, Kommentar zum BVerfGG, § 31, Rdnr. 20; Ossenbühl, in: FG BVerfG I, S. 458 (518).
20 So mit Recht Dolzer, Bundesverfassungsgericht, S. 122 f.
21 Vgl. auch das Minderheitsvotum Simon/Rupp-v. Brünneck zum Hochschulurteil des Bundesverfassungsgerichts vom 29. 5. 1973, NJW 1973, S. 1185 und 1189, welches allerdings aus den im Text angegebenen Gründen zu weit geht, wenn es davon spricht, ein verfassungsgerichtliches Verbot „zementiere" die weitere Entwicklung, auch wenn es auf einer Fehleinschätzung beruhe.
22 Oben S. 28 f.
23 BVerfGE 6, S. 132 (199).
24 Radbruch, Rechtsphilosophie, S. 181; Zippelius, Recht, S. 127.
25 Oben S. 75 f.
26 Jedenfalls trifft diese Überlegung in den häufigen Fällen zu, in denen der Gesetzgeber zwar das von ihm angestrebte Ziel verfolgen durfte, nicht aber auf die von ihm gewählte Art und Weise.

G. Richtigkeitskontrolle durch die Verfassungsrechtsprechung

Spruch des Gerichts regelmäßig nur negativ sagen kann, was nicht verfassungsmäßig ist, und nicht, was positiv gelten soll, läßt er also die Entscheidung des Problems, die das Gesetz getroffen hatte, bis zur eventuellen neuerlichen Entscheidung des Gesetzgebers offen. Dieser Gesichtspunkt sollte nicht überschätzt, er darf aber andererseits auch nicht vernachlässigt werden, besonders dann, wenn es sich um ein Gesetz handelt, das in ein ganzes Bündel aufeinander abgestimmter Maßnahmen eingepaßt ist und zudem rasch gehandelt werden muß, wie häufig bei der Wirtschaftslenkung[27]. Aus diesem Gesichtspunkt folgt, daß der bloße Nachweis der Unrichtigkeit eines Gesetzes im allgemeinen noch nicht ausreicht, sondern das Eingreifen der Verfassungsrechtsprechung eine irgendwie „gesteigerte" Unrichtigkeit verlangt[28].

Der Wert der Rechtssicherheit und das Erfordernis der Reversibilität getroffener Entscheidungen geben dem Gesetz also ein beträchtliches Beharrungsmoment gegenüber der Verfassungsrechtsprechung. Sie wirken sich als eindeutigkeitserfordernde Gesichtspunkte für ein Eingreifen der Rechtsprechung aus. Außerdem verlangt die Rechtssicherheit normalerweise, daß eine „irgendwie gesteigerte" Unrichtigkeit vorliegt, die die Beseitigung des positiven Gesetzes (bis zum Neuerlaß eines dem Mangel abhelfenden Gesetzes) als wichtiger erscheinen läßt als das „Entscheidunginteresse".

Die Rechtsprechung hat nur dann einzugreifen, wenn dies unter den genannten Wertgesichtspunkten „plausibel" („einsichtig")[29] erscheint. Die Beurteilung der Frage, welcher Grad von Plausibilität erforderlich ist, damit das Bundesverfassungsgericht eine Abweichung des überprüften Gesetzes von einer optimalen Problemlösung feststellen und dem Gesetzgeber entgegentreten kann, hängt einmal vom Grad der *Wahrscheinlichkeit* der Erreichbarkeit einer allgemein als besser angesehenen Alternativlösung (im Vergleich zu der vom Gesetzgeber getroffenen Regelung) ab, zum anderen auch davon, um *wieviel* besser die Alternativentscheidung wäre. Geringfügige Verbesserungen werden ein Eingreifen der Rechtsprechung weniger erfordern (und erlauben) als gravierende, grobe Abweichungen von einer optimalen Gestaltung. Anders ausgedrückt: Es kommt nicht nur darauf an, daß die Alternativmaßnahme wahrscheinlich einen größeren sozialen (Netto-)Ertrag erbracht hätte, sondern auch auf den Umfang dieses Unterschieds[30]. Dabei betrifft die Plausibilitätserwägung nicht nur die Richtigkeit der (aufgrund sozialwissenschaftlicher Hypothesen und Überlegungen erfolgenden) Einschätzungen der tatsächlichen Konsequenzen von Entscheidungsalternativen, sondern auch ihre wertende Beurteilung unter normativen Gesichtspunkten (Abwägung der positiven und negativen Auswirkungen).

Die folgende Zeichnung unterscheidet einige schematisierte Plausibilitätskategorien.

---

27 BVerfGE 36, S. 66 (71 f.).
28 Dies gilt allerdings nicht, soweit das Verfassungsgericht, gerade um einen rechtsleeren Raum bis zum neuerlichen Tätigwerden des Gesetzgebers zu vermeiden, das bisherige, wenngleich verfassungswidrige, Recht noch bis dahin für anwendbar erklärt, wie dies bei den Appellentscheidungen der Fall ist, zu denen *Scheffold/Leske* (NJW 1973, S. 1297 ff.) im Ergebnis auch das Hochschulurteil des Bundesverfassungsgerichts rechnen (oben S. 221). — Die Erwägungen im Text würden auch nicht auf eine verfassungsgerichtliche Gutachtenstätigkeit zutreffen, deren Wiedereinführung z. B. *Leibholz* für erwägenswert hält. Interview in: Die Zeit Nr. 8 v. 14. 2. 1975, S. 9 (10).
29 BVerfG, 14. 2. 1973, NJW 1973, S. 1221 (1225).
30 Nachweisbarkeit und Schwere der Unrichtigkeit werden sich jedoch praktisch kaum trennen lassen und regelmäßig ineinander übergehen. Man wird aber festhalten können: Je größer die mögliche materielle Abweichung vom Optimum, desto geringer werden tendenziell die erforderlichen formellen Voraussetzungen sein, um ein Abweichen darzulegen und umgekehrt.

§ 34 Mangelnde Stringenz der Beurteilungsmaßstäbe

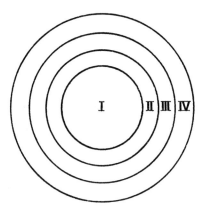

Im inneren Kreis (I) hat der Gesetzgeber seine Sache gut gemacht; es läßt sich jedenfalls nichts dafür vorbringen, daß er sie hätte besser machen können. Im Bereich II spricht einiges dafür, daß der Gesetzgeber das Problem hätte besser lösen können, im Bereich III sind die dahingehenden Argumente stark überwiegend; in Bereich IV sind die Argumente für eine vom Gesetzgeber abweichende Entscheidung übermächtig; dazu gehört vor allem der Fall, daß gar kein vernünftiges Argument mehr für die vom Gesetzgeber getroffene Entscheidung spricht.

Bevor wir die Frage diskutieren, welche Anforderungen — in diesen Kategorien gemessen — zu stellen sind, damit die plausible Bestimmbarkeit einer besseren Alternative bejaht werden kann, sei zunächst geklärt, was jedenfalls *nicht* unter „Plausibilität" zu verstehen ist. Bisweilen wird die Meinung vertreten, die „Eindeutigkeit" der Unrichtigkeit der verfassungsgerichtlich überprüften gesetzlichen Problemlösung müsse sich ohne nähere Sachverhaltsanalyse (also ohne Sachverständige etc.) ergeben. Diese Auffassung, die vom „Beweis des ersten Anscheins" abgeleitet sein mag und z. T. wohl auch bei der Verwendung der Wörter „evident" und „Evidenz"[31] mitklingt, trifft m. E. nicht zu (weshalb wir auch die Wörter „evident" und „Evidenz" nicht verwendet haben). Denn die Sachverhaltsanalyse kann möglicherweise aufdecken, daß eine Entscheidung des Gesetzgebers, die nach dem ersten Anschein zu einem der genannten Bereiche zu gehören schien, einem anderen Bereich zuzuordnen ist. Abweichungen können sich in beiden Richtungen ergeben. Die Verfassungsgerichtsbarkeit kann sich deshalb zumeist eine sorgfältige Sachverhaltsanalyse nicht ersparen.

Es sollen nun die einzelnen Bereiche I–IV im obigen Schaubild näher diskutiert werden. Der Bereich I ist dadurch charakterisiert, daß ein Eingreifen der Rechtsprechung jeder Grundlage entbehren würde. Der Bereich ist weit. Dies rührt — erstens — daher, daß zumeist mehrere gleichrangige Werte in einem Spannungsverhältnis zueinander stehen. Eine Entscheidung, die einen Wert zugunsten eines anderen zurückdrängt, wird innerhalb eines meist recht weiten Spielraumes regelmäßig nicht als „besser" oder „schlechter" deklariert werden können als Alternativentscheidungen, die andere Wertrelationen verwirklichen würden. Der Bereich ist — zweitens — deshalb weit, weil es zumeist schwierig und unsicher ist, die Konsequenzen von Entscheidungen (bzw. Nichtentscheidungen) abzuschätzen. Er ist besonders weit bei neuen Materien, hinsichtlich de-

---

[31] Statt vieler *Wittig*, BB 1969, S. 387 f. m. w. N. auch aus der Rechtsprechung des Bundesverfassungsgerichtes; *ders.*, Gebhard Müller, S. 583 f., 592; *Friesenhahn*, ZRP 1973, S. 188 (193).

G. Richtigkeitskontrolle durch die Verfassungsrechtsprechung

rer noch keine Erfahrungen vorliegen, weil die Abschätzung der Konsequenzen hier besonders unsicher ist. Solche Erfahrungen im Wege des „trial and error" zu sammeln, ist dem Gesetzgeber gestattet, ja es gehört bis zu einem gewissen Grade zu seinen Verpflichtungen (was allerdings auch verlangt, daß er die Entscheidungen so trifft, daß sie revidiert werden können, wenn sich die Einschätzung der Konsequenzen als unrichtig erwiesen hat)[32].

Der Ermessensspielraum, den der Gesetzgeber unangefochten besitzt (Bereich I), ist also wegen der Beschränktheit unserer sozialwissenschaftlichen Kenntnisse und der innerhalb bestimmter Grenzen bestehenden Gleichwertigkeit unterschiedlicher Wertkompromisse von vornherein sehr groß. Wenn dennoch gesetzgeberische Entscheidungen immer wieder vom Verfassungsgericht als nicht gemeinwohlkonform und deshalb verfassungswidrig festgestellt werden können, so ist dies überhaupt nur dadurch zu erklären, daß der Gesetzgeber das Optimierungsverfahren nicht immer anwendet, weil im partei- und verbandspolitischen Raum meist andere Motivationsfaktoren dominieren, als sie das wert- und erkenntnisbestimmte Entscheidungsverfahren voraussetzt. Nicht Sachrichtigkeit und Wertorientierung, sondern Macht und Interesseneinfluß bilden hier den primären (wenn auch nicht den ausschließlichen) Antriebsfaktor[33]. Es kommt deshalb immer wieder vor, daß gesetzgeberische Entscheidungen aufgrund pauschaler Allgemeinplätze[34] und einseitiger Interesseninformation[35] ergehen, aus wahltaktischen Erwägungen oder wegen Überlastung des Gesetzgebers überhastet durchgepeitscht werden[36] oder daß Regelungen beibehalten werden, die früher einmal akzeptabel erschienen[37]. In diesen Fällen fehlt es an der auf Sachrichtigkeit abzielenden Situationsanalyse des Gesetzgebers und der sorgfältigen Abwägung der Vor- und Nachteile[38]. Deshalb fallen derartige gesetzgeberische Entscheidungen selbst aus dem weiten Ermessensspielraum, den die Unbestimmtheiten des Optimierungsverfahrens dem Gesetzgeber belassen, heraus, was sich dann seitens des Bundesverfassungsgerichts feststellen läßt. Gegen verfassungsgerichtliche Situationsanalysen kann man deshalb auch nicht einwenden, sie würden den Gestaltungsspielraum des Gesetzgebers unangemessen einengen. Denn das auf ihnen aufbauende Optimierungsverfahren läßt eben noch einen weiten Unsicherheitsbereich, innerhalb dessen der Gesetzgeber von der Rechtsprechung nicht bevormundet werden darf. Verfassungsgerichtliche Situationsanalysen fördern nur eindeutige Fehlentscheidungen des Gesetzgebers zutage, die regelmäßig auf mangelhafter Beobachtung der Regeln des Gemeinwohlverfahrens beruhen. Ein Recht zu derartiger Gestaltungsfreiheit kann dem Gesetzgeber aber vernünftigerweise gar nicht zuerkannt werden. Verfassungsgerichtliche Situationsanalysen üben somit einen heilsamen und unerläßlichen Druck auf die Legislative aus, ihr Verfahren auf eine rationale Grundlage zu stellen[39].

---

32 Oben S. 218 f.
33 Dazu auch *Zeidler*, DÖV 1971, S. 6 (12 ff.) und die dort genannten Beispiele.
34 Wie etwa im Fall der Bedarfskontrolle des bayerischen Apothekengesetzes, das dem Apothekenurteil zugrunde lag. BVerfGE 7, S. 377 (413).
35 Dies ist etwa der Fall bei vielen Subventionen und Steuervergünstigungen.
36 Beispiele in *Karl-Bräuer-Institut*, Der Weg zu einem zeitgemäßen Steuersystem, S. 25 f., 219–224; Hans *Schneider*, in: FS Gebhard *Müller*, S. 421 ff.; *Kloepfer*, Der Staat 1974, S. 457 (463 ff.).
37 Wie etwa die Steuerfreiheit von Abgeordnetendiäten. Ein weiteres Beispiel dafür, daß einfach Pannen und Versehen passieren: BVerfGE 18, S. 38, 45. Vgl. auch *Dürig*, Maunz/Dürig/Herzog, Art. 3, Rdnr. 318.
38 *Noll*, Gesetzgebungslehre, S. 52, 74, 94 f. Kritisch zur geringen Beratungsintensität des Bundestags auch *Hennis*, FS Arndt, 1969, S. 158.
39 *Philippi*, Tatsachenfeststellung, S. 169.

§ 34 Mangelnde Stringenz der Beurteilungsmaßstäbe

Ebenso klar wie die Zuordnung des Bereichs I erscheint uns die des Bereichs IV. Hier hat die Rechtsprechung einzugreifen. Wenn übermächtige Argumente dafür sprechen, daß eine gesetzliche Entscheidung nicht optimal ist, sondern eine Alternativentscheidung deutlich besser wäre, ist die Entscheidung des Gesetzgebers als verfassungswidrig festzustellen. Dies war wohl beim Apotheken- und beim Kassenarzt-Urteil der Fall[40]. Gegen beide Urteile hat Ehmke Front gemacht. Er räumt zwar ein, daß die beiden zugrundeliegenden Gesetze „schlecht" oder „überflüssig" gewesen sein mögen, aber er versucht gar nicht, über diese Frage Klarheit zu gewinnen, weil es darauf seiner Ansicht nach nicht ankommt, denn die Beseitigung überflüssiger und schlechter Gesetze sei in einer Demokratie nicht Sache des Verfassungsgerichts[41]; es habe vielmehr „nur zu fragen, ob das Gesetz noch mit der Verfassung vereinbar ist"[42].

Die von Ehmke getroffene Unterscheidung zwischen schlechten und verfassungswidrigen Gesetzen ist weit verbreitet und klingt auch an in einem von Leibholz zitierten Ausspruch des amerikanischen Richters Stone, die Beseitigung unkluger Gesetze liege nicht bei den Gerichten, sondern sei Aufgabe des Wählers und des demokratischen Prozesses[43], oder in der verbreiteten Formel, die richterliche Überprüfung von Gesetzen betreffe nicht ihre Zweckmäßigkeit, sondern nur ihre Rechtmäßigkeit[44]. In Wahrheit läßt sich eine sachliche Unterscheidung zwischen schlechten und verfassungswidrigen Gesetzen, zwischen Zweckmäßigkeit (in bezug auf die Verfassungswerte) und Verfassungsmäßigkeit aber gar nicht vornehmen[45]. Nur an der eindeutigen Feststellbarkeit des Vorliegens unrichtiger, unzweckmäßiger und damit verfassungswidriger Gesetze fehlt es häufig. Es geht deshalb richtiger Ansicht nach gar nicht um die Frage, ob ein Gericht die Zweckmäßigkeit und Richtigkeit eines Gesetzes überprüfen *darf* — es muß sie vielmehr unternehmen —, sondern es geht, weil diese Überprüfung auf Grenzen stößt, die von der Unsicherheit der Maßstäbe her gesetzt sind, darum, daß das Bundesverfassungsgericht die Zweckmäßigkeitsüberprüfung nur sehr beschränkt vornehmen *kann*. Die genannte Pauschalformel enthält deshalb tatsächlich im Ergebnis etwas Wahres, insoweit nämlich, als die Gerichte den Streit um die Zweckmäßigkeit, Güte etc. eines Gesetzes häufig nicht überzeugend entscheiden können. Sie ist aber unrichtig und führt in die Irre, soweit sie dem Gericht die

---

40 Im Apothekenurteil findet sich auch der Satz, Eingriffe in die Freiheit der Berufswahl verlangten „nachweisbare oder höchstwahrscheinlich schwere Gefahren für ein überragend wichtiges Gemeinschaftsgut" (BVerfGE 7, S. 377, 408). Man hat gemeint, darin einen Widerspruch zu der ebenfalls im Apothekenurteil ausgesprochenen Richtigkeitsvermutung gesetzgeberischer Erwägungen (oben FN 12) und eine Verschiebung der Beweislast vom Gericht auf den Gesetzgeber erblicken zu müssen (Gentz, NJW 1968, S. 1600 (1607)). Dies trifft nicht zu; ob das Gesetz „schlecht" war, ergibt sich vielmehr erst aus einer *Abwägung* des durch einen Eingriff mit Sicherheit eingeschränkten Werts der Berufsfreiheit gegen die Gefahren für andere Gemeinschaftsgüter. Man kann durchaus der Meinung sein, daß diese Abwägung eindeutig und übermächtig gegen einen Eingriff spricht, solange nicht mit „hinreichender Wahrscheinlichkeit" (a.a.O., S. 417) zu erwarten ist, daß die vom Gesetzgeber befürchtete Entwicklung eintritt, während andererseits die Freiheitsverkürzung mit Sicherheit eintrete. Auch ex post gesehen hat sich die Gegenprognose des Gerichts bewahrheitet (Philippi, Tatsachenfeststellung, S. 168 ff.). — Selbst wenn man den Fall des Apothekenurteils nicht in den Bereich IV, sondern in den Bereich III einordnen würde, wäre das Ergebnis des Bundesverfassungsgerichtes m. E. zu halten. Denn mangels spezifizierter Gesetzesbegründung war eine erhöhte Intensität der gerichtlichen Kontrolle geboten (unten S. 274).
41 Ehmke, VVDStRL 20, S. 96. Ebenso z. B. Dolzer, Bundesverfassungsgericht, S. 86.
42 Ehmke, ebenda, S. 69.
43 „For the removal of unwise laws from the statute books appeal lies not to the courts, but to the ballot and to the processes of democratic government." Nach Leibholz, Der Status des Bundesverfassungsgerichts (1971), S. 47.
44 Oben S. 222 ff.
45 Oben S. 222 ff. Vgl. auch Maihofer, Rechtsstaat und menschliche Würde, S. 135: „Unnötige und überflüssige Gesetze sind . . . nicht nur freiheitsfeindlich, sie sind menschenunwürdig."

G. Richtigkeitskontrolle durch die Verfassungsrechtsprechung

Eingriffskompetenz und Verpflichtung auch dann abspricht, wenn es die Unrichtigkeit und Unzweckmäßigkeit eines Gesetzes im konkreten Fall anhand des Optimierungsverfahrens mit der nötigen Sicherheit darlegen kann. Die Grenze des gesetzgeberischen Ermessensspielraums bestimmt sich also nicht nach den Kriterien Zweckmäßigkeit und Rechtmäßigkeit in dem Sinne, daß der Gesetzgeber innerhalb eines von der Verfassung gesetzten Rahmens nach Zweckmäßigkeitserwägungen frei schalten und walten könnte, sondern nach dem Kriterium: Nachweisbarkeit der Unrichtigkeit[46].

Diese wurde auch deutlich im Apotheken-Urteil, wo das Bundesverfassungsgericht offenbar Zweckmäßigkeitserwägungen angestellt hat und anstellen konnte, weil die Situation so gelagert war, daß es die Unrichtigkeit des Ausgangspunktes des Gesetzgebers mit der nötigen Gewißheit feststellen konnte. Diejenigen, die an der Unterscheidung zwischen Rechtmäßigkeit und Zweckmäßigkeit festhalten und das Bundesverfassungsgericht auf die Überprüfung der Rechtmäßigkeit beschränken wollen, müssen im Apotheken-Urteil eine Überschreitung der der Rechtsprechung gezogenen Grenzen erblicken[47]. Dagegen läßt sich die Entscheidung in die in dieser Arbeit entwickelte Konzeption nahtlos einpassen. Die intensive Kontrolle erklärt sich daraus, daß die Nachweisbarkeit in diesem Fall in besonders hohem Maß gegeben war.

Damit wird zur entscheidenden Frage, was unter „Nachweisbarkeit" zu verstehen ist[48]. Im Bereich IV („übermächtige Argumente") ist sie m. E. ohne weiteres gegeben. Fraglich ist dies dagegen für die Bereiche II und III. Hier dürfte maßgeblich sein, inwieweit die Erwartung der typischen Richtigkeit gesetzgeberischer Entscheidungen gerechtfertigt ist, d. h. die Entscheidungen materiell-demokratische Legitimation besitzen. Dazu bedarf es zunächst noch keiner Inhaltskontrolle; entscheidende Hinweise können vielmehr die Art und Weise des Zustandekommens der Entscheidungen und die dabei Wirkung entfaltenden politischen, wirtschaftlichen oder sonstigen Kräfte geben. Bei typischer Richtigkeit ist das richterliche Eingreifen die Ausnahme. Die Voraussetzungen an den Unrichtigkeitsnachweis werden deshalb größer sein als bei Fehlen dieser Typik oder gar bei typischer Unrichtigkeit[49]. Bei typischer Richtigkeit sind die Voraussetzungen des Bereichs IV erforderlich; nimmt aber die Richtigkeitschance ab und verschiebt sich infolgedessen das Regel-Ausnahme-Verhältnis, so sind nur die Voraussetzungen der Bereiche III oder gar II zu verlangen[50]. Hinsichtlich der Frage der Richtigkeitschance von Gesetzen sollte man versuchen, nicht nur die

---

46 Daneben spielt auch die Schwere der Unrichtigkeit eine gewisse Rolle. Rein marginale Unrichtigkeiten werden die Verfassungsrechtsprechung auch bei „Nachweisbarkeit" kaum zum Eingriff veranlassen (oben S. 268 m. FN 30).
47 So z. B. *Hesse*, Verfassungsrecht, S. 227 FN 68.
48 Die Frage wird im Schrifttum bisher kaum behandelt. Gewisse Ansätze bei *Gentz*, NJW 1968, S. 1600 (1606 f.); *Häberle*, Gemeinwohljudikatur, S. 97 FN 36; S. 99–101; *Zippelius*, NJW 1975, S. 914 (915).
49 Vgl. auch die Parallelkonstellation bei der Kontrolle von Verträgen einerseits und Tarifverträgen andererseits. In einem vom Arbeitgeber praktisch einseitig gesetzten Vertrag reicht dem Bundesarbeitsgericht für die Korrekturentscheidung die Feststellung aus, daß eine unbillige Klausel, etwa eine unzumutbare Bindung des Arbeitnehmers durch eine Gratifikationsrückzahlungsklausel, vorliegt, ohne daß es die Frage prüft, ob der Arbeitnehmer vielleicht anderweit durch besonders günstige Regelungen dafür entschädigt wird. Findet sich die gleiche Rückzahlungsklausel in einem Tarifvertrag, so akzeptiert sie das Bundesarbeitsgericht u. a. mit dem Hinweis auf mögliche Kompensationsgeschäfte. Diese liegen in der Tat in Anbetracht der Verhandlungsparität zwischen Arbeitgebern und Gewerkschaften und der daraus folgenden größeren Richtigkeitschance nahe, nicht aber im Verhältnis zwischen Arbeitgeber und einzelnem Arbeitnehmer.
50 Zum „Spielraum" des Bundesverfassungsgerichts, die Grenzen der als ‚vertretbar' respektierten Verfassungsauslegungen enger oder weiter zu ziehen, *Zippelius*, NJW 1975, S. 914 (915); *Häberle*, NJW 1976, S. 537 (542 f.).

Gesetzgebung als Ganzes zu beurteilen, sondern, wenn möglich, engere Ausschnitte von Regelungsmaterien, wie etwa die Steuersubventionen oder — noch enger — z. B. die landwirtschaftlichen Steuersubventionen oder gar das Zustandekommen einer ganz speziellen steuerlichen Ausnahmebewilligung ins Auge fassen.

Ein besonders deutliches Beispiel für die Regelungsgegenstände, in denen von der besonderen Interessenlage der an der Willens- und Entscheidungsbildung Beteiligten von vornherein Skepsis hinsichtlich der Größe der Richtigkeitschance der Entscheidungen am Platze ist, sind die Regelungen des finanziellen Status der Parlamentsabgeordneten, bei denen diese sozusagen im Namen des Volkes für sich im eigenen Namen entscheiden[51]. Hier ist eine intensive verfassungsgerichtliche Kontrolle angezeigt[52], (die das Bundesverfassungsgericht denn auch im Diäten-Urteil v. 5. 11. 1975 praktiziert hat)[53]. Allenfalls sind die Voraussetzungen des Bereichs III, eher wohl nur die des Bereichs II, für ein gerichtliches Eingreifen zu fordern.

Ein anderes Beispiel sind Regelungen, die sich auf die Wahlchancen der Parteien auswirken oder mit der Parteienfinanzierung zusammenhängen. Auch bei derartigen Regelungen handelt es sich in der Sache nicht selten um politische „Insichgeschäfte" der faktisch über die Gesetzgebungsgewalt verfügenden Parteien. Auch hier ist deshalb eine intensive verfassungsgerichtliche Kontrolle geboten; diese nimmt das Bundesverfassungsgericht auch in der Tat vor, wenn es Regelungen, die die Wahlgleichheit berühren[54] oder die staatliche Parteienfinanzierung betreffen[55], einer besonders intensiven Kontrolle unterzieht.

Hierher gehört weiter das Abtreibungsurteil des Bundesverfassungsgerichts v. 25. 2. 1975[56]. Die dem Urteil zugrundeliegende Lage ist gekennzeichnet durch die mangelnde Artikulations- und politische Durchsetzungsfähigkeit der Interessen der von der Fristenregelung am stärksten Betroffenen: der nascituri. Damit ist aber die Richtigkeitserwartung der Abtreibungsgesetzgebung erschüttert; demzufolge sind die Anforderungen an den Unrichtigkeitsnachweis entsprechend zu senken. Das verkennen Rupp-v. Brünneck und Simon, wenn sie in ihrem Minderheitsvotum zum Abtreibungsurteil verlangen, daß die vom Gesetzgeber angestellte Abschätzung der Sachlage vom Gericht als offensichtlich fehlsam nachgewiesen werde. Entgegen dieser Ansicht dürfte es für die Nachweisbarkeit der Unrichtigkeit des Gesetzes ausgereicht haben, daß die Regierungsvertreter vor dem Sonderausschuß für die Strafrechtsreform aufgrund eingehender Erörterungen selbst davon ausgegangen war, daß in der Bundesrepublik nach Einführung der Fristenlösung eine Zunahme der Gesamtzahl legaler und illegaler Abtreibungen um 40 v. H. zu erwarten sei[57].

Auf eine andere Kategorie von Mängeln beim Zustandekommen von Gesetzen hat besonders Hans Schneider an den Beispielen des Finanzänderungsgesetzes 1967[58] und des Gesetzes über Maßnahmen zur außenwirtschaftlichen Absicherung v. 29. 11. 1968[59] hingewiesen[60], nämlich das überhastete Durchpeitschen von Gesetzen, das die Gesetzgebungsorgane in unerträgliche Zeitnot bringe. Dies führte etwa im Fall des Finanzänderungsgesetzes 1967 dazu, daß das Gesetz „eine Reihe von erheblichen Mängeln" aufwies, die nicht nur seine Durchführbarkeit in der Praxis wesentlich erschwerten, sondern die „auch zu Unzuträglichkeiten für den Staatsbürger" führten[61].

---

51 Zum Sachproblem Näheres unten § 49
52 *v. Arnim*, Abgeordnetenentschädigung und Grundgesetz, S. 70 ff.
53 Dazu unten S. 399 ff.
54 *Leibholz/Rinck*, Grundgesetz, 4. Aufl., 1971, Art. 38, Rdnr. 3; BVerfG, DÖV 1966, S. 262 (268 f. m. w. N.); DÖV 1969, S. 61 (62 f. m. w. N.); BVerfG, 19. 7. 1966, DÖV 1966, S. 563.
55 *Henke*, BK, Art. 21, Rdnr. 39 m. w. N.
56 BVerfGE 39, S. 1.
57 BVerfGE 39, S. 68, 78, 88, 91.
58 BGBl. I S. 1259.
59 BGBl. I S. 1255.
60 Vgl. die oben FN 36 angegebenen Fundstellen.
61 So eine Entschließung des Bundesrats, Sitzungsbericht vom 8. 12. 1967, S. 294.

G. Richtigkeitskontrolle durch die Verfassungsrechtsprechung

Schneider tritt in Anlehnung an die gerichtliche Kontrolle des Satzungsgebers dafür ein, das Bundesverfassungsgericht müsse derartige Gesetze unter bestimmten Voraussetzungen wegen Verletzung des gehörigen gesetzgeberischen procedere unabhängig von ihrem Inhalt aufheben. Will man diese Konsequenz nicht ziehen, so verdichtet sich doch auch hier die Skepsis gegenüber der Richtigkeitschance der so zustandegekommenen Gesetze derart, daß in jedem Fall eine besonders intensive gerichtliche Inhaltsprüfung angezeigt ist; für das Plausibelmachen verfassungswidriger Gesetze sind nur die Kriterien der Bereiche II, allenfalls III vorauszusetzen.

In diesen Zusammenhang gehört auch das Erfordernis einer sorgfältigen Gesetzesbegründung mit Klarlegung der Ziele[62] (einschließlich ihrer Rückführung auf die Grundwerte), Vornahme einer Situationsanalyse und Abwägung der Für- und Gegengründe, kurz einer möglichst sorgfältigen Interessenberechnung und -abwägung im Wege einer grundwertorientierten sozialen Ertrags- und Aufwandsrechnung[63]. Aus der Gemeinwohlverpflichtung allen staatlichen Handelns ergibt sich, daß der Gesetzgeber eine solche Abwägung vorzunehmen und offenzulegen hat. Das Begründungsgebot hat selbstdisziplinierende Wirkung[64]. Fehlt es an einer ausreichenden Begründung, so entfällt die Vermutung für ein ausgewogenes Zustandekommen des Gesetzes, bei dem alle relevanten Interessen angemessen berücksichtigt worden sind. Die Anforderungen an die „Nachweisbarkeit" der Unrichtigkeit eines Gesetzes seitens des Bundesverfassungsgerichts verringern sich. Eine sorgfältige Gesetzesbegründung durch den Gesetzgeber für alle Gesetze als Bestandteil eines ordnungsgemäßen Gesetzgebungsverfahrens ist im öffentlich-rechtlichen Schrifttum nicht selten gefordert worden[65], wobei eine dahingehende Verpflichtung nicht nur de lege ferenda befürwortet, sondern mit Recht auch bereits de lege lata vorausgesetzt wird[66]; bisher blieb aber die Frage offen, welches die Sanktion für die Nichterfüllung dieses Postulats ist. Nach der hier gegebenen Antwort liegt die Sanktion in der erhöhten Intensität der gerichtlichen Überprüfung[67]. Die verstärkte inhaltliche Überprüfung von Gesetzen beim Fehlen einer ausreichenden Begründung ist Ausdruck des allgemeinen Substitutionsverhältnisses zwischen der Einhaltung der Regeln für ein ordnungsgemäßes Verfahren und der inhaltlichen Richtigkeitskontrolle[68].

Eine spezifizierte Gesetzesbegründung würde sich allerdings von vornherein erübrigen, wenn man meinte, die Gründe des Gesetzgebers unbesehen hinnehmen zu müssen, wie dies der Bundesfinanzhof in manchen Urteilen tat. So hat er in einer Entscheidung vom 18. 12. 1964 über die Verfassungsmäßigkeit der Steuerfreiheit von Ministerialzu-

---

62 Zur Notwendigkeit der Klarlegung der Ziele als Voraussetzung für eine rationale Politik auch *Timm*, FA 27 (1968), S. 87 (95). *Lompe*, Gesellschaftspolitik, S. 227 (unter Bezugnahme auf *Weisser*): Ohne Klarlegung der Ziele ist „wirksame Kritik an Interessenideologien nicht möglich." Demgegenüber ist das Fehlen klarer Zielangaben in der bisherigen Praxis meist ein recht brauchbares Indiz für eine unangemessene Gruppenbegünstigung. *v. Zezschwitz*, Gemeinwohl, S. 148 f. *Scheuner*, DÖV 1960, S. 601: Unklarheit der Gesetzessprache als Folge des Pluralismuskompromisses.
63 Oben S. 57.
64 *Dürig*, Maunz/Dürig/Herzog, Art. 3, Rdnr. 316.
65 *Scheuner*, VVDStRL 11, S. 1 (58); *Schnur*, Gemeinwohl, S. 57 (61 f., 70); *Püttner*, Die öffentlichen Unternehmen, S. 202 f.; *Heinze*, Verteilung, S. 46 ff., 49, 71, 82; *Selmer*, Steuerinterventionismus, S. 279; *Bull*, Staatsaufgaben, S. 111; *Dürig*, Maunz/Dürig/Herzog, Art. 3, Rdnr. 316 ff. Vgl. auch § 2 Abs. 2 StabG, wonach bestimmte Maßnahmen nur getroffen werden dürfen, „wenn die Bundesregierung gleichzeitig gegenüber dem Bundestag und dem Bundesrat begründet, daß diese Maßnahmen erforderlich sind, um eine Gefährdung der Ziele des § 1 zu verhindern." Die Vorschrift ist Ausdruck eines allgemeinen Prinzips. Dazu *Forsthoff*, Planung II, S. 21 (30 f.).
66 So ausdrücklich *Heinze*, Verteilung, S. 49 und 82; dazu *Zacher* DÖV 1971, S. 609 (610).
67 Ein Zusammenhang zwischen Begründung und gerichtlicher Nachprüfung wird bei *Schnur*, a.a.O., S. 62, angedeutet, aber nicht näher ausgeführt.
68 Oben S. 48 ff.

§ 34 Mangelnde Stringenz der Beurteilungsmaßstäbe

lagen und oberstgerichtlichen Zulagen ausgeführt, es stehe im politischen Ermessen des Gesetzgebers, ob er bestimmte Teile des Einkommens von der Einkommensteuer befreien wolle. Er (der entscheidende Senat) wisse zwar nicht, aus welchen Gründen der Gesetzgeber bei einer gesetzlichen Neuregelung der betreffenden Vorschrift des Einkommensteuergesetzes im Jahre 1957 weiterhin auf die Besteuerung verzichtet habe. Er habe jedoch keine Zweifel, daß der Gesetzgeber sich von sachlichen Gründen zu dieser Regelung habe bestimmen lassen[69]. In einer anderen Entscheidung vom 19. 4. 1968 über die Verfassungsmäßigkeit der sog. Restbaulandsteuer führte der Bundesfinanzhof hinsichtlich der Zweifel an der Tauglichkeit der Steuer zur Erreichung des angestrebten wirtschaftspolitischen Erfolges aus: Entscheidend sei, „daß der Gesetzgeber selbst die Baulandsteuer als taugliches Mittel angesehen habe", und: „die Verabschiedung des Gesetzes zeigt, daß Bundestag und Bundesrat zumindest in ihrer Mehrheit die Baulandsteuer für sachdienlich hielten"[70]. In beiden Rechtsstreiten kam es aus verfahrensmäßigen Gründen nicht zu einer Entscheidung des Bundesverfassungsgerichts in der Sache.

Diesen Entscheidungen liegt die Auffassung zugrunde, die Gründe des Gesetzgebers könnten unbesehen übernommen werden; eine solche Auffassung widerspricht aber der Aufgabe und Funktion der Rechtsprechung, wie sie in dieser Arbeit entwickelt worden ist und wie sie im Prinzip auch das Bundesverfassungsgericht versteht.

Die große Bedeutung der Verfahren für die Gemeinwohloptimierung hat aber auch in anderer Weise Auswirkungen auf die verfassungsgerichtliche Normenkontrolle. Mangelhafte Verfahren erhöhen nicht nur die Kontrollnotwendigkeit und -intensität der in diesem Verfahren zustandegekommenen einzelnen Entscheidungen; angesichts der doch recht beschränkten Möglichkeiten einer solchen inhaltlichen Kontrolle der einzelnen Resultate ist es vielmehr für die Gewährleistung möglichst richtiger Entscheidungen von besonderer Wichtigkeit, schon die Angemessenheit der Entscheidungsverfahren selbst zu kontrollieren; diese sind — im Gegensatz zur inhaltlichen Richtigkeit der Einzelentscheidungen — meist auch relativ leicht feststellbar. Die Stringenz der Beurteilungsmaßstäbe ist hinsichtlich der Angemessenheit von Verfahrensregeln regelmäßig größer als hinsichtlich der inhaltlichen Richtigkeit. Auch dieser Zusammenhang kann nicht ohne Auswirkungen auf die verfassungsgerichtliche Kontrolle sein und ist in der Tat bereits in einigen Urteilen des Bundesverfassungsgerichts angelegt. Zu erwähnen ist hier wiederum die intensive Kontrolle der Wahlchancengleichheit der Parteien und der Angemessenheit der Parteienfinanzierung[71]; in beiden Fällen geht es ja nicht nur um die Frage der „Wettbewerbsgleichheit" unter den Parteien als solche, sondern auch und vor allem um die Aufrechterhaltung einer wichtigen verfahrensmäßigen Voraussetzung des demokratischen Prozesses[72]. Vor allem aber gehört das Diätenurteil vom 5. 11. 1975 in diesen Zusammenhang, in dem das Bundesverfassungsgericht dem Gesetzgeber die Einhaltung einiger wichtiger verfahrensmäßiger Voraussetzungen für die vom Grundgesetz postulierte Unabhängigkeit der Abgeordneten (Art. 38 Abs. 1 Satz 2, 48 Abs. 3 Satz 1 GG) aufgegeben hat[73]. Auch das Hochschulurteil vom 29. 5. 1973 ist hier zu nennen[74]. Das Bundesverfassungsgericht hat darin das vom niedersächsischen Gesetzgeber für Entscheidungen von Hochschulgremien festgelegte Verfahren in wesentlichen Teilen wegen Mangelhaftigkeit für verfassungswidrig erklärt, ohne die inhalt-

---

[69] BFH, BStBl. 1965 III S. 144 (147). Dazu v. Arnim, DB 1972, S. 889 (890).
[70] BStBl. 1968 Teil II S. 620 (626).
[71] Vgl. oben S. 273.
[72] Laufer, Verfassungsgerichtsbarkeit, S. 479 ff.
[73] Näheres unten § 49.
[74] NJW 1973, S. 1176.

liche Richtigkeit einzelner in diesem Verfahren zustandegekommener Entscheidungen überhaupt zu prüfen[75]. Hier zeigt sich ein besonders wichtiger und ausbaufähiger Ansatzpunkt für eine verstärkte Intensität gerichtlicher, insbes. verfassungsgerichtlicher, Kontrolle.

§ 35 Besondere Zurückhaltung bei der Kontrolle öffentlicher Leistungen?
Befund

Das Bundesverfassungsgericht hält sich bei der Kontrolle öffentlicher Leistungen besonders zurück und räumt dem Gesetzgeber im Bereich der gewährenden Staatstätigkeit von vornherein eine sehr weite Gestaltungsfreiheit ein, jedenfalls eine weitere als bei (belastenden) Eingriffen[1]. Dies müsse „besonders dann gelten, wenn der Staat nicht deshalb Leistungen gewährt, um einer dringenden sozialen Notlage zu steuern oder eine — mindestens moralische — Verpflichtung der Gemeinschaft zu erfüllen (wie etwa beim Lastenausgleich), sondern aus freier Entschließung durch finanzielle Zuwendungen (,Subventionen') ein bestimmtes Verhalten der Bürger fördert, das ihm aus wirtschafts-, sozial- oder gesellschaftspolitischen Gründen erwünscht ist"[2]. Die Tendenz der Rechtsprechung wird von der Literatur überwiegend gebilligt[3].

In auffallendem Kontrast zu dieser besonderen Zurückhaltung bei der Kontrolle öffentlicher Leistungen, vor allem bei Subventionen, steht das weithin akzeptierte Wort Zachers[4] vom unerträglichen „Ordnungsdefizit" gerade im Subventionsbereich; in ähnlicher Richtung geht auch die Aufforderung Wagners[5] auf der Staatsrechtslehrertagung 1968 in Bochum, rationale Kriterien für die Subventionierung zu entwickeln mit dem Ziel, der Unvernunft des rasant anwachsenden Subventionismus zu begegnen und — entsprechend der eigentlichen Aufgabe der Staatsrechtslehre — den Politikern gegen Pressionen von Interessenverbänden den Rücken zu stärken; Wagners Aufforderung ist seinerzeit auf beträchtliche Zustimmung gestoßen[6].

Angesichts der Diskrepanz zwischen abstraktem Appell und konkretem Tun liegt die Vermutung nahe, daß die im Bereich der öffentlichen Leistungen anstehenden Ordnungsprobleme — wenn auch in abstracto erahnt und beschworen — aus dem herkömmlichen Problemkanon der Staatsrechtslehre herausfallen und so gar nicht in die gedankliche Blickrichtung des Staatsrechtlers geraten. Und in der Tat sind es bestimmte überkommene Denkschemata, die einer problemgerechten verfassungstheoretischen Erfassung und Behandlung der öffentlichen Leistungen im Wege stehen.

Hier ist vor allem das sog. „Eingriffsdenken" zu nennen, das die Aufgabe des Verfassungsrechts in der Grenz- oder Schrankensetzung zum Schutze von Indivi-

---

[75] Näheres unten S. 320 ff.

[1] Z. B. BVerfG 6, S. 55 (76 f.); 17, S. 210 (216); 29, S. 337 (339). Weitere Nachweise bei Leibholz/Rinck, 4. Aufl. 1971, Art. 3, Anm. 10 (S. 94 f.); Zacher, AöR 1968, S. 341 (376 f.); Häberle, Gemeinwohljudikatur, S. 284 FN 197.

[2] BVerfGE 17, S. 210 (216).

[3] v. Münch, AöR 92 (1960), S. 291, 295; Schaumann, JuS 1961, S. 112; Rinck, Wirtschaftsrecht, S. 111; Martens, VVDStRL 30, S. 22; weitere Nachweise bei Kreussler, Gleichheitssatz, S. 46 FN 90. Dagegen aber Rupp, FG BVerfG II, S. 364 (372 f.): Das BVerfG sei „bis heute eine plausible Begründung schuldig geblieben" für die angeblich größere Gestaltungsfreiheit des Gesetzgebers im Bereich der leistenden Staatstätigkeit. Das BVerfG solle diese seine These deshalb aufgeben.

[4] Zacher, VVDStRL 25, S. 308 (396).

[5] Wagner, VVDStRL 27, S. 70 f., 92 f., 108.

[6] Münch, VVDStRL 27, S. 98 f.; Vogel, ebenda, S. 93; Stern, ebenda, S. 104 f.; vgl. auch Zuleeg, Subventionskontrolle, S. 13.

§ 35 Zurückhaltung bei öffentlichen Leistungen

dualinteressen gegenüber staatlichen Eingriffen in Freiheit und Eigentum erblickt[7]. Die These des Bundesverfassungsgerichts von der besonders weiten Gestaltungsfreiheit des Gesetzgebers bei öffentlichen Leistungen wird denn auch gelegentlich mit der Bemerkung begründet, die gewährende Verwaltung liege „besonders weit von dem Bereich der Eingriffe in Freiheit und Eigentum entfernt"[8]. Von dem darin zum Ausdruck kommenden liberal-rechtsstaatlichen Ausgangsverständnis[9] ist aber nur schwer eine Brücke zu einer möglichst intensiven verfassungsgerichtlichen Kontrolle öffentlicher Leistungen zu schlagen; denn in dieser Sicht muß die Abwehr unangemessener individueller Freiheitseinschränkungen als eigentliche Aufgabe der Verfassungsgerichtsbarkeit erscheinen. Die Leistungskontrolle wird deshalb als Ausnahme von der Regel verstanden, die entsprechend restriktiv zu handhaben ist[10].

Ein solches am Schutz von individuellen Sonderinteressen ausgerichtetes Denken muß aber die Aufgabe, Beurteilungskriterien für öffentliche Leistungen zu entwickeln, beinahe zwangsläufig verfehlen, weil es bei der Kontrolle der darreichenden Staatstätigkeit nicht nur und vielleicht nicht einmal in erster Linie um den Schutz von Individual-, sondern auch um den Schutz von Sozialinteressen (allgemeinen Interessen) geht. Berücksichtigt man nämlich, daß gerade die Gewährung von Subventionen an bestimmte Gruppen regelmäßig auf den Druck der entsprechenden Interessenverbände zurückgeht[11] und die Subventionierung ja zwangsläufig auf Kosten der Allgemeinheit erfolgt, so interveniert hier weniger der „Staat" in die „Gesellschaft" als vielmehr die „Gesellschaft" ihrerseits in den „Staat"[12]. Die Gefahrenlinie hat sich verschoben[13]. Es kann deshalb heute nicht mehr nur um den Schutz *vor* dem Staat gehen, sondern auch umgekehrt um den Schutz *des* Staates vor übermäßiger Abhängigkeit von den organisierten Interessen. Da die „Staatsinteressen" in Wahrheit aber nichts anderes sind als die Summe bestimmter im Selbststeuerungsprozeß nicht oder nicht angemessen berücksichtigter Interessen der Bürger, vor allem der allgemeinen, der Sozialinteressen, muß es sich bei der Kontrolle von Subventionen wesentlich darum handeln, diese Sozialinteressen vor der Überwucherung durch schlagkräftig organisierte Partikularinteressen zu schützen[14]. Ohne Stärkung der allgemeinen Sozialinteressen, wozu es auch der Rechtsprechung bedarf, ist das Ordnungsdefizit im Bereich der öffentlichen Leistungen nicht einzudämmen; das Ordnungsdefizit ist ja gerade die Folge der Durchsetzungsschwäche allgemeiner Interessen. Solange man sich dies nicht bewußt macht und die Schutzbedürftigkeit auch der allgemeinen Sozialinteressen nicht erkennt (und daraus die nötigen Konsequenzen zieht) kann die Aufforderung, verfassungsrechtliche Beurteilungskriterien für die

---

7 *Krüger*, DÖV 1971, S. 289 (295), der dem „Eingriffsdenken" selbst aber kritisch gegenübersteht.
8 BVerfGE 8, S. 155 (167).
9 *Zacher*, AöR 1968, S. 376.
10 *Tomuschat*, Der Staat 1973, S. 433 (465 f.): Die Grundrechte des Grundgesetzes als liberal geprägter Verfassung „sollen den Bürger herkömmlichem Verständnis zufolge gegen Eingriffe in seine Eigensphäre schützen und versagen daher zumeist als Maßstab für die Rechtmäßigkeit staatlicher Leistungen."
11 Statt vieler *Götz*, Wirtschaftssubventionen, S. 24: „Hauptfiguren auf der Bühne des Subventionismus sind ... die Wirtschaftsgruppen und ihre Repräsentanten, die Verbände." S. 25: „Sie sind nicht nur Subventionsbegünstigte, sondern auch die eigentlichen Antriebskräfte des Subventionismus." *Neumark*, Grundsätze, S. 228 ff.: Der Einfluß von Interessengruppen ist „die Hauptursache steuerdirigistischer Vorschriften." Vgl. auch *Baduras* Feststellung (Wirtschaftsverfassung und Wirtschaftsverwaltung, S. 134), daß der „reißend angeschwollene Umfang" der Subventionen „mit einem hier besonders auffälligen Einfluß der organisierten Interessen korrespondiert."
12 *Götz*, a.a.O., S. 24; zustimmend *Zacher*, VVDStRL 25, S. 310.
13 Oben S. 183 ff.
14 *Picht*, Merkur 1972, S. 309 (319): Es geht darum die „Ausbeutung des Staates" zu verhindern.

G. Richtigkeitskontrolle durch die Verfassungsrechtsprechung

Subventionierung zu erarbeiten, von vornherein auf keinen fruchtbaren Boden fallen.

Hier stellt sich die Grundfrage nach Funktion und Aufgabe der Verfassung mit aller Schärfe. Die Subventionsproblematik bekommt man nur in den Griff, wenn man die Verfassung nicht nur als Schutzwall der Bürger gegen den Staat, sondern funktionell als Programm zur Gemeinwohlverwirklichung im oben näher angegebenen Sinne versteht[15]. Es genügt also nicht, das „Schrankendenken" einfach aufzugeben, vielmehr muß an seine Stelle die verfassungstheoretische und verfassungsrechtliche Erschließung des Topos „Gemeinwohl" treten, aus welchem die Kriterien für Rechtfertigung und Begrenzung staatlicher Subventionierung zu gewinnen sind. Aber auch hier widersetzen sich überkommene Denkschemata: Der vor 150 Jahren erfolgte Abbruch der Entwicklung des Naturrechts in Deutschland[16] hat praktisch ein wissenschaftliches Vakuum hinsichtlich der Fragen nach Gemeinwohl und Staatsaufgaben hinterlassen[17], was sich nun, wo eine möglichst wirksame verfassungsgerichtliche Kontrolle von öffentlichen Leistungen ein durchgebildetes Gemeinwohlkonzept voraussetzen würde, als empfindlicher und auch zunehmend erkannter Mangel erweist[18].

Das Fehlen eines Gemeinwohlkonzepts erklärt auch ein anderes als Rechtfertigung für die richterliche Zurückhaltung bei öffentlichen Leistungen anklingendes Argument, nämlich die Assoziation zur besonderen Freiheit des altruistischen Schenkers und der Rechtlosigkeit des Beschenkten[19]. Aus der Sicht der begünstigten Leistungsempfänger drängt sich das Verständnis öffentlicher Leistungen als etwas Geschenkähnliches in der Tat auf. Aus der — für die Beurteilung maßgeblichen — Gemeinwohlperspektive ist diese Auffassung aber geradezu abwegig, weil der „Staat" ja immer nur vorher von den Bürgern Abverlangtes verteilen kann, jeder Leistung also letztlich ein Eingriff entspricht; deshalb darf der Staat auch zu keinen anderen Zwecken als zur Wahrung und Förderung des Gemeinwohls Zuwendungen machen[20]. Der eigentliche Grund für eine offene Subventionierung oder eine Steuervergünstigung darf niemals in der Förderung privater Interessen als solcher liegen, sondern allein in der Erwägung, daß ohne die Förderung des privaten Interesses die angestrebte Förderung des Gemeinwohls nicht

---

15 Oben S. 11 ff. Vgl. auch *Krüger*, DÖV 1971, S. 295; *Häberle*, VVDStRL 30, S. 57, 96—99: Verfassung als „Sozialprogramm" zur Bekämpfung von „Grundrechtsdefiziten" im Sinne einer Optimierung der realen Freiheit für alle Bürger.
16 *Ehmke*, Staat und Gesellschaft, S. 23 ff.
17 Die Abschaffung der Lehre von den Staatszwecken und Staatsaufgaben (als Teil der rechtswissenschaftlichen Staatslehre) wird heute allgemein beklagt. *Böckenförde*, VVDStRL 30, S. 164; *ders.*, Die verfassungstheoretische Unterscheidung von Staat und Gesellschaft, S. 39: Die Lehre von den Staatsaufgaben ist nach wie vor ein „Desiderat der gegenwärtigen Staatsrechtslehre". *Scheuner*, Staatszielbestimmungen, S. 340 ff. Zahlreiche weitere Nachweise bei *Bull*, Staatsaufgaben, S. 5 FN 16 und 17.
18 Erst in den letzten Jahren verstärken sich die Versuche, die weißen Flecke auf der verfassungstheoretischen und verfassungsrechtlichen Landkarte zu durchdringen. Insbesondere *Bull*, Die Staatsaufgaben nach dem Grundgesetz; dazu *Häberle*, DÖV 1974, S. 393 f.
19 Diese Assoziation legt vor allem die in der oben zitierten Entscheidung des Bundesverfassungsgerichts vorgenommene Staffelung der richterlichen Kontrollintensität entsprechend dem Grad der moralischen oder rechtlichen Leistungsverpflichtung der Gemeinschaft (E 17, S. 210 [216]) nahe. Vgl. *Heinze*, Verteilung, S. 56 (der das Argument aber zurückweist). Ferner *Kriele*, Kriterien, S. 45 f., 57, wonach auf die Verteilung im Wege eines schenkweisen Gebens die Kriterien „gerecht" oder „ungerecht" nicht paßten. *Rinck*, Wirtschaftsrecht, S. 109 f.: „Bei den Subventionen erbringt der Staat Leistungen, er erweist seinen Bürgern Wohltaten." *Martens*, VVDStRL 30, S. 7 (8): „Gewährung von Vorteilen".
20 *Eppe*, Subventionen und staatliche Geschenke, S. 132. *Eppe* entnimmt diese Folgerung aus dem „Verbot unentgeltlicher staatlicher Zuwendungen", wobei er als unentgeltliche Zuwendungen diejenigen versteht, die ohne eine entsprechende Gegenleistung des Empfängers und ohne entsprechenden Gewinn für das Gemeinwohl erfolgen. *Köttgen* hat schon früher den Satz aufgestellt, „daß der Staat anders als ein Privatmann kein Recht zu Geschenken hat." DVBl. 1953, S. 487. Vgl. auch *Heinze*, Verteilung, S. 77.

möglich wäre[21]. Zwischen staatlichen Leistungen und der Kategorie des Altruismus besteht deshalb keinerlei Beziehung[22]. Die Unbrauchbarkeit und Widersinnigkeit des Liberalitätsarguments für die Subventionsbeurteilung wird auch an den praktischen Folgen deutlich, denn das Liberalitätsargument führt, wie das Bundesverfassungsgericht gezeigt hat, zu einer weniger intensiven verfassungsgerichtlichen Kontrolle der Subventionen und damit gerade derjenigen öffentlichen Leistungen, bei denen die Gefahr der Gemeinwohlwidrigkeit besonders groß ist.

Hier drängt sich ein Vergleich auf zur arbeitsgerichtlichen Kontrolle der Vertragsfreiheit bei „freiwilligen und zusätzlichen" Leistungen des Arbeitgebers an seine Arbeitnehmer, wie Weihnachtsgratifikationen oder Ruhegehaltsversprechen. Auch bei solchen Leistungen, deren Ausgestaltung und Voraussetzung bislang faktisch einseitig vom Arbeitgeber festgelegt wurden, war dem Arbeitgeber von der Rechtsprechung ursprünglich ein besonders weiter Raum für die vertragliche Gestaltung zugebilligt (Prüfung der vertraglichen Absprache nur nach §§ 134, 138 BGB) und dies u. a. mit dem Liberalitätselement der „freiwilligen und zusätzlichen" Leistungen begründet worden[23]. In Wahrheit erfolgen derartige Leistungen aber typischerweise nicht mehr aus Freigiebigkeit, sondern aus einem wohlverstandenen Eigeninteresse des Arbeitgebers, der am Arbeitsmarkt im Wettbewerb mit anderen Unternehmen steht[24]; die Leistungen besitzen unter heutigen Verhältnissen Entgeltcharakter[25]. Inzwischen hat die arbeitsrechtliche Rechtsprechung die mangelnde Tragfähigkeit des Liberalitätsgedankens (und anderer gleichgerichteter Argumente) denn auch erkannt und ist zu einer intensiven Inhaltskontrolle derartiger Verträge übergegangen[26]. Gewiß besteht ein Unterschied zwischen der verfassungsgerichtlichen Gemeinwohlkontrolle von öffentlichen Subventionen und der primär auf den Gemeinwohlwert Gerechtigkeit abhebenden arbeitsgerichtlichen Kontrolle vertraglicher Leistungen des Arbeitgebers. Die strukturellen Gemeinsamkeiten sind aber größer, als man zunächst glauben mag, wie schon daraus erhellt, daß man auch versucht hat[27], die Maßstäbe für die arbeitsgerichtliche Vertragskontrolle aus der verfassungsrechtlichen Wertordnung der Grundrechte abzuleiten[28].

Die Staatsrechtslehre tut sich, so kann man zusammenfassen, deshalb außerordentlich schwer, die Problematik öffentlicher Leistungen in den Griff zu bekommen, weil sie traditionellerweise den für die Beurteilung der leistenden Staatstätigkeit unergiebigen Aspekt des individuellen Freiheitsschutzes einseitig betont, dagegen den für die Beurteilung entscheidenden Gemeinwohlaspekt weitgehend verfehlt (rechtswissenschaftliches Gemeinwohldefizit).

---

21 *Krüger*, Staatslehre, S. 766; *Nipperdey*, Soziale Marktwirtschaft, S. 30; *Selmer*, Steuerinterventionismus und Verfassungsrecht, S. 270; vgl. auch BGHZ 15, S. 315; BVerfGE 4, S. 7 (19): Gesetze können im Interesse einzelner Gruppen erlassen werden, sofern sie durch das öffentliche Interesse geboten sind und nicht willkürlich die schutzwürdigen Interessen anderer vernachlässigen. *Haller*, FS Neumark, 1970, S. 85 (111): „Differenzierende Maßnahmen zugunsten bestimmter Gruppen können nur aus einer allgemeinen Zielsetzung heraus begründet werden, deren Verfolgung solche Maßnahmen verlangt".
22 *Heinze*, Verteilung, S. 56.
23 BAG, 25. 2. 1960, AP Nr. 50 zu § 611 BGB Fürsorgepflicht, Bl. 2 Rücks. (verfallbares Ruhegeld); BAG, 31. 5. 1960, AP Nr. 15 zu § 611 BGB Gratifikation (Gratifikation mit Rückzahlungsvorbehalt).
24 *v. Arnim*, Verfallbarkeit, S. 68–79.
25 *v. Arnim*, Verfallbarkeit, S. 81–91; *ders.*, RdA 1970, S. 257 (258).
26 BAG, 10. 5. 1962, AP Nrn. 22, 23 zu § 611 BGB Gratifikation und BAG, 10. 3. 1972, BB 1972, S. 1005 (Einschränkung der Verfallbarkeit und Ruhegeldzusagen); dazu *v. Arnim*, BB 1971, S. 1411.
27 Immerhin sind bei der Vertragskontrolle auch die Auswirkungen möglicher Entscheidungen auf andere Gemeinwohlwerte wie Sicherheit und Freiheit mit abzuwägen.
28 *Gamillscheg*, AcP 164, S. 385. Zustimmend im Sinne analoger Anwendung der den Grundrechten zugrundeliegenden Rechtsgedanken: *Klein*, Die Grundrechte, S. 60.

G. Richtigkeitskontrolle durch die Verfassungsrechtsprechung

Konsequenzen

Welche verfassungstheoretischen Konsequenzen sind nun aus diesem Befund zu ziehen? Es gibt — idealtypisch gesehen — zwei mögliche Alternativen. Entweder begnügt man sich damit, hier ein „verfassungsrechtliches Defizit", das zum „Einfallstor" verfassungsrechtlich unkontrollierbarer Gefahren werden könne, festzustellen, es aber als vermeintlich zwangsläufiges Ergebnis hinzunehmen angesichts der liberalen Prägung unserer Verfassung, die gegenüber öffentlichen Leistungen eben wenig gerüstet sei[29]. Oder man versucht, das Verfassungsverständnis derart fortzuentwickeln, daß Verfassung und Verfassungsgerichtsbarkeit als Gegengewicht gegen die neuen Gefahren nutzbar gemacht und das Defizit auf diese Weise behoben oder verringert werden kann.

Die hiermit angesprochene Problematik ist außerordentlich vielschichtig und führt in heftig umstrittene Bereiche der Staatsrechtslehre. Eine abschließende Beurteilung würde Spezialuntersuchungen voraussetzen, die nicht Aufgabe dieser Arbeit sein können, und ist deshalb hier nicht möglich. Immerhin soll im folgenden doch versucht werden, den Streitstand zu skizzieren und soweit kritisch zu beleuchten, als es im vorliegenden Rahmen sinnvoll erscheint.

Es liegt offenbar in der Konsequenz dieser Arbeit, zunächst einmal der zweiten Alternative nachzugehen, und eine „restitutio der Verfassung in integrum" (Werner Weber)[30] zu versuchen, damit Verfassung und Verfassungsgerichtsbarkeit angesichts der verschobenen Gefahrenlinien als Gegengewicht gegen die neuen Gefährdungen wirksam werden können.

Wer über eine Wandlung des Verfassungsverständnisses nachdenkt, muß von der Funktion der Verfassung unter den ursprünglichen Verhältnissen, ihrem ideengeschichtlichen Hintergrund und ihren ökonomischen Bedingtheiten ausgehen und sodann prüfen, inwieweit die Änderung der Verhältnisse eine Neubesinnung hinsichtlich Verfassungsfunktion und Verfassungsverständnis verlangt[31]. Eine Verfassungstheorie beruht auch auf ungeschriebenen Prämissen und Erwartungen[32], ja sie ist erst von daher verständlich. Das gilt natürlich auch für die liberalen Verfassungen. Man muß deshalb die materiell-inhaltlichen Erwartungen, die hinter den liberalen Verfassungen standen, aber nicht ausdrücklich mitgenannt und deswegen später nur allzu leicht vergessen wurden, bewußt „reaktivieren", um die umfassende Sicht auf den Sinn der Verfassung zu gewinnen, die für eine Anpassung des Verfassungsverständnisses an unsere heutigen Verfassungprobleme erforderlich ist. Die Hauptprämisse aber, die den bürgerlichen Verfassungen zugrundelag, war die Vorstellung von der Harmonie und Autonomie der gesellschaftlichen, insbes. wirtschaftlichen, Selbststeuerung[33]. Leitendes Menschenbild war der autarke gebildete Besitzbürger[34].

---

29 So z. B. *Tomuschat*, Der Staat 1973, S. 433 (463, 465 f.).
30 Spannungen und Kräfte, S. 285. Die Notwendigkeit einer Neuinterpretation der Verfassung wird auch von *Rupp* betont, JZ 1971, S. 401 f.; vgl. auch *Grimm*, Verfassungsfunktion und Grundgesetzreform, S. 494 ff.
31 Zur Bedeutung der ideengeschichtlichen und ökonomischen „ambiance" für das Verfassungsverständnis *Schindler*, Verfassungsrecht und Sozialstruktur, 3. Aufl., S. 92 ff.; *Ehmke*, VVDStRL 20, S. 63; *Häberle*, VVDStRL 30, S. 71 f., 91 f.
32 *Drath*, VVDStRL 20, S. 109. *Badura*, FS *Scheuner*, 1973, S. 27: „Jede Verfassung beruht auf bestimmten ideologischen und sozioökonomischen Voraussetzungen, die ihren Inhalt und ihre Verwirklichung bestimmen." Zustimmend *Ipsen*, DÖV 1974, S. 293; ähnlich *Scheuner*, DÖV 1971, S. 505 (511 f.).
33 *Schindler*, Verfassungsrecht und soziale Struktur, 3. Aufl., S. 129; *Forsthoff*, VVDStRL 12, S. 15 = Rechtsstaat im Wandel, S. 34; *ders.*, Verfassungslehre, S. 187; *Bäumlin*, Die rechtsstaatliche Demokratie, S. 54 ff.; *Häberle*, VVDStRL 30, S. 66; *Rupp*, JZ 1971, S. 401.
34 *Smend*, Staatsrechtliche Abhandlungen, S. 313; *Böckenförde*, Grundrechtstheorie, S. 1531 f.

§ 35 Zurückhaltung bei öffentlichen Leistungen

Verfassungen schützen vornehmlich diejenigen Interessen und Werte, die besonders wichtig und (oder) ohne diesen Schutz besonders gefährdet erscheinen[35], wobei die Bedrohungen je nach der historischen Situation von durchaus unterschiedlicher Art sein können. In beiderlei Hinsicht ist der Schutz der Freiheit vor staatlichen Eingreifen essentiell, und zwar — bei Zugrundelegung des bürgerlichen Sozialmodells — allein essentiell. Denn die prinzipielle Freiheit vor dem Staat erscheint auf der Basis des Selbststeuerungsmodells als entscheidender Schlüsselwert, dessen Schutz die beste Gewähr für die Realisierung auch der anderen Gemeinwohlwerte wie Gerechtigkeit, Wohlstand, Sicherheit und Frieden bietet[36]. Zugleich ist Freiheit nach der geschichtlichen Erfahrung gerade von seiten der Staatsmacht besonderer Bedrohung ausgesetzt.

Die Verfassung war also — und das ist festzuhalten — auch nach liberalem Verständnis durchaus auf die Herbeiführung von Gemeinwohl als eigentlichem Staatsziel gerichtet[37]; nur verlangte dies nach der zugrundeliegenden Autonomievorstellung, die nur den Besitzbürger ins Auge faßte und deshalb die sozialen Voraussetzungen der Realisierung grundrechtlicher Freiheit ohne weiteres unterstellen zu können glaubte[38], eben kein aktives, sondern ein passives Verhalten des Staates. Das Verständnis der Verfassung, insbes. der Grundrechte, als Schutz vor störenden Eingriffen des Staates hat überhaupt nur einen Sinn vor dem Hintergrund der Vorstellung, die Freiheiten der Menschen vermöchten das individuelle und allgemeine Beste, d. h. die oben genannten Gemeinwohlgrundwerte[39], optimal zu verwirklichen[40]. Die reine Abwehrhaltung gegen den Staat war also nicht Selbstzweck, sondern Mittel, um ein gerade auf diese Weise erreichbar scheinendes Gemeinwohl möglichst zu gewährleisten.

Wenn es aber Sinn und Aufgabe der Verfassung ist, möglichst günstige Bedingungen für die Gemeinwohloptimierung zu schaffen, dann hat die Verfassungsauslegung auf offenbare Gemeinwohldefizite zu reagieren[41] und die Verfassung und die Verfassungsgerichtsbarkeit möglichst „gegen die jeweilige Bedrohung" „ausschwenken zu lassen"[42]. Es fragt sich jedoch, ob solche Defizite, zu deren Bekämpfung es der Wirkkraft der Verfassung bedürfte, heutzutage überhaupt

---

35 *Scheuner*, DÖV 1971, S. 505 (507, 509, 511); *Hesse*, Verfassungsrecht, S. 124; vgl. auch *Kriele*, Theorie der Rechtsgewinnung, S. 191: „Verfassungsrechtliche Institutionen sind das Ergebnis der reflektierenden Erfahrung, daß allgemeine und fundamentale Interessen ohne diese Institutionen gefährdet sind. Aus diesen Erfahrungen hat man die Konsequenz gezogen und versucht, die gefährdeten Interessen institutionell zu schützen. Deshalb kann man nur, wenn man die Argumente, die dabei bestimmend waren, richtig versteht, die Verfassung verstehen und richtig interpretieren."
36 Näheres oben S. 89 ff.
37 Zur Verfassung als „öffentlicher Gemeinwohlordnung" des Gemeinwesens *Häberle*, Öffentliche Interessen, S. 710; *ders.*, VVDStRL 30, S. 99; *Bäumlin*, Staat, Recht und Geschichte, 1961, S. 24 und passim: Verfassung als Verhaltensentwurf unter der Idee des Richtigen. *Hesse*, Verfassungsrecht, S. 4 f., 10. Vgl. auch *Hennis*, Zum Problem der deutschen Staatsanschauung, in: *ders.*, Politik als praktische Wissenschaft, 1968, S. 11 (20): Die Verfassung ist „ein Instrument zur Realisierung der aufgegebenen, keinesfalls beliebig gesetzten Zwecke des Gemeinwesens."
38 Die liberale Grundrechtstheorie war weniger „blind" gegenüber den Voraussetzungen der Realisierung grundrechtlicher Freiheit (so *Böckenförde*, NJW 1974, S. 1531), sondern ihre Fixierung auf das Menschenbild des „Dritten Standes" (oben S. 97) ließ diese Voraussetzung (die beim „Vierten Stand" nicht vorlagen) als gegeben erscheinen.
39 Oben S. 22 ff.
40 Werner *Weber*, Spannungen und Kräfte, S. 283 ff.; *Bäumlin*, Die rechtsstaatliche Demokratie, S. 54 ff; *Scheuner*, VVDStRL 11, S. 1 (18). *Grimm*, AöR 1972, S. 500: Auch den liberalen Verfassungen lag ein Sozialmodell zugrunde, dessen gerechte Ordnung durch staatliche Abstinenz von selbst entstehen sollte. Nachweise über die liberale Auffassung der Grundrechte bei *Krüger*, Staatslehre, S. 536 FN 36.
41 Insofern haben Verfassungstheorie und Verfassungslehre in der Tat eine „Innovationsaufgabe". *Häberle*, AöR 1973, S. 119 (128).
42 Werner *Weber*, Spannungen und Kräfte, S. 287.

G. Richtigkeitskontrolle durch die Verfassungsrechtsprechung

noch zu besorgen sind. Dies hat vor allem Forsthoff bestritten und betont, eine soziale Aufladung der Verfassung sei überflüssig, weil die sozialstaatlichen Forderungen sich ohnehin durchsetzen würden[43]. Hinsichtlich der Herstellung sozialer Gerechtigkeit trifft diese Ansicht in der Tat im wesentlichen zu. Die soziale Realisation durch die Gesetzgebung geschah unabhängig von Sozialstaatsdirektiven und sozialer Umformung von Verfassungsbestimmungen. Ihre entscheidenden Etappen waren vielmehr institutionelle politische Änderungen, nämlich die Ablösung des bürgerlich-plutokratischen Drei-Klassen-Wahlrechts in Preußen und des Zensuswahlrechts der anderen deutschen Staaten durch das allgemeine gleiche Wahlrecht[44], die Beseitigung der Beschränkungen des passiven Wahlrechts[45] und die Einführung von Abgeordnetendiäten[46]. Die Demokratisierung des Wahlrechts eröffnete auch den „besitzlosen Volksklassen" (Anton Menger) den Zugang zu den Parlamenten, so daß die wirtschaftliche Dominanz der Besitzbürgerinteressen auf politisch-demokratischem Wege eingedämmt werden konnte. Erst auf der Basis dieser institutionellen Änderungen konnte sich das moderne Arbeits- und Sozialrecht entwickeln und damit die „soziale Realisierung" (Forsthoff) vollziehen[47]. Aus dem liberal-bürgerlichen wurde der egalitär-demokratische Staat[48], der nun seiner Machtstruktur nach geradezu zum Sozialstaat bestimmt ist[49].

Da der moderne Staat zudem „Sozialstaat wesentlich in seiner Funktion als Steuerstaat" ist[50], sind auch die Grundrechte „kein Hindernis für die Gestaltung des Soziallebens durch den Staat"[51]. Denn die Grundrechte — besonders das Eigentumsrecht — bieten auch nach liberalem Verständnis prinzipiell keinen Schutz gegen den staatlichen Steuerzugriff[52]. Der Durchsetzung sozialpolitischer Umverteilungsmaßnahmen über die öffentlichen Haushalte standen keine verfassungsrechtlichen Schranken entgegen. Von daher gewinnt Forsthoffs[53] Argument gegen eine sozialstaatliche Aufladung der Verfassung und seine Meinung, die Elemente der rechtsstaatlichen Verfassung seien als vom Wechsel der Ambiance isolierte Eigenwerte anzusehen[54], einige Überzeugungskraft[55].

---

43 *Forsthoff*, VVDStRL 12, S. 33 = Rechtsstaat im Wandel, S. 54: Was den sozialstaatlichen Komponenten „an verfassungsrechtlicher Gewähr ermangelt, ersetzen sie durch die Kraft, welche die sozialstaatlichen Impulse aus den Gegebenheiten und Notwendigkeiten des Soziallebens ziehen."
44 Dazu *Badura*, BK, Art. 38, Rdnr. 13.
45 Dimitris *Tsatsos*, Die parlamentarische Betätigung von öffentlichen Bediensteten, S. 87 m. w. N.
46 v. *Arnim*, Die Abgeordnetendiäten, 1974. Solange man mangels Diäten nicht von der Politik leben konnte, ergab sich „notwendig eine plutokratische Rekrutierung der politisch führenden Schichten" (Max *Weber*, Politik als Beruf, S. 17).
47 *Mestmäcker*, in: Macht und ökonomisches Gesetz, S. 183 (193).
48 Vgl. *Leibholz*, Strukturprobleme, S. 78 ff.; *Forsthoff* (Hrsg.), Rechtsstaatlichkeit und Sozialstaatlichkeit, 1968.
49 Werner *Weber*, Spannungen und Kräfte, S. 279; *Zacher*, Theorie der Wirtschaftsverfassung, in: *Scheuner*, Wirtschaft, S. 549 (574). Zacher VVDStRL 30, S. 151: Das egalitäre Werk tut sich gegenwärtig von selbst. *Grimm*, AöR 1972, S. 499 m. w. N. „Der Sozialstaat hat seine eigene politische Zwangsläufigkeit." — Eine stringente politökonomische Hypothese über die Zusammenhänge zwischen allgemeinem gleichen Wahlrecht und der Tendenz zur staatlichen Umverteilung der Einkommen gibt *Downs*, Ökonomische Theorie der Demokratie, S. 194 ff.; dazu auch *Giersch*, Wirtschaftspolitik, S. 245 f.; *Külp*, Verteilungspolitik, S. 226 ff.
50 *Forsthoff*, VVDStRL 12, S. 31 = Rechtsstaat im Wandel, S. 52.
51 *Forsthoff*, VVDStRL 12, S. 32.
52 So grundsätzlich auch das Bundesverfassungsgericht, Nachweise bei *Maunz/Dürig/Herzog*, Art. 14, Rdnr. 50; *Martens*, VVDStRL 30, S. 15 FN 39; *Hesse*, Verfassungsrecht, S. 180.
53 *Forsthoff*, Rechtsstaat im Wandel, S. 9, 52 ff., 69 f., 197 ff.; ders., Zur heutigen Situation einer Verfassungslehre, S. 185 (188, 192f.).
54 VVDStRL 12, S. 17, 31 = Rechtsstaat im Wandel, S. 36, 51.
55 Zur prinzipiellen Ähnlichkeit dieser Vorstellung einer Art politisch-demokratischen Selbststeuerung mit der wirtschaftlichen Selbststeuerung oben S. 181 f.

§ 35 Zurückhaltung bei öffentlichen Leistungen

Diese Argumentation verfängt jedoch nur hinsichtlich der sozialen Realisation im Sinne eines „Ausgleichs der Klassengegensätze"[56] durch „angemessenere, gerechtere Güterverteilung"[57]. Insofern mag eine sozialstaatliche Aufladung der Verfassung tatsächlich weitgehend überflüssig sein. Anders verhält es sich dagegen mit den in dieser Arbeit herausgestellten Pluralismusdefiziten. Hinsichtlich ihrer besteht eben die „praktische Notwendigkeit" zu einer Änderung der Verfassungsauslegung, die Forsthoff hinsichtlich der herkömmlichen Sozialpolitik mit Recht vermißte[58].

Dem Staat des Besitzbürgertums entsprach das Prinzip der Minimierung öffentlicher Einnahmen und Ausgaben[59]. Zu seiner Durchsetzung bedurfte es keiner materialen Verfassungskomponente, weil die Besteuerung nach Art und Umfang nur durch Gesetz, also nicht ohne Bewilligung durch die zuständigen Gesellschaftsvertretungen (Parlamente) erfolgen konnte und diese sich wegen der spezifischen wahlrechtlichen Regelungen[60] gerade aus den die Steuern zahlenden Besitzbürgern zusammensetzen. Damit bestand eine wirkungsvolle verfahrensmäßige Bremse gegen eine (aus der Sicht des Besitzbürgertums) unangemessene Überspannung der Steuerpolitik und — da die Staatsausgaben von den Steuereinnahmen abhängen — auch gegen eine unangemessene Ausweitung der öffentlichen Ausgaben[61].

Im sozialen Leistungsstaat wurde dagegen die erstrebte Umverteilung durch die außerordentliche Ausweitung der öffentlichen Haushalte erst ermöglicht. Ihm entspricht ein politisches Kräftespiel, das auf Umverteilungen über die öffentlichen Haushalte angelegt ist. In Reaktion auf das liberale Minimierungsprinzip der öffentlichen Haushalte schien und scheint man dabei bisweilen fast von einem Maximierungsprinzip sprechen zu können.

Solange es um den erforderlichen Ausgleich der Unterprivilegierung des „Vierten Standes" im liberalen Staat ging, mag diese Umkehrung der Prinzipien durchaus berechtigt und sinnvoll erschienen sein. Nach der weitgehenden sozialen Realisierung der vergangenen 100 Jahre ist eine derart undifferenzierte Betrachtung aber überholt; die Tendenzrichtigkeit der Ergebnisse des politischen Kräftespiels wird allmählich zweifelhaft, weshalb dieses Kräftespiel nun nicht mehr seiner immer stärker auswuchernden Eigendynamik überlassen bleiben darf, sondern einer Richtigkeitskontrolle bedarf, wie sie weder der bürgerliche Staat noch der demokratische Staat während der Phase der sozialen Realisierung verlangte. Heute kann weder die Senkung noch die Ausweitung der öffentlichen Haushalte als solche ein erstrebenswertes Ziel mehr sein. Vielmehr muß es um die möglichst weitgehende Sicherstellung einer gemeinwohl*richtigen* Gestaltung der öffentlichen Haushalte (wie auch des gesamten Staatshandelns) gehen[62], was sowohl auf die Senkung bzw. Umgestaltung bestimmter öffentlicher Ausgabenarten

---

56 BVerfGE 5, S. 85 (229).
57 *Forsthoff*, VVDStRL 12, S. 25 = Rechtsstaat im Wandel, S. 45.
58 *Forsthoff*, Verfassungslehre, S. 188.
59 Vgl. den klassischen Satz des französischen Nationalökonomen Jean Baptiste *Say* (1767–1832): „Der beste Haushaltsplan ist der kleinste" Vgl. auch *Schumpeter*, Geschichte der ökonomischen Analyse, Bd. II, S. 939; *Haller*, Finanzpolitik, 1. Aufl., § 6 (S. 119 ff.); *Neumark*, Grundsätze, S. 28 ff.; *Friauf*, VVDStRL 27, S. 3 f.; *Wagner*, ebenda, S. 48.
60 Oben Text zu FN 44.
61 Während den deutschen Parlamenten nach frühkonstitutionellem Finanzverfassungsrecht nur ein jeweils zu Beginn der (meist 2 oder 3 Jahre dauernden) „Finanzperioden" auszuübenden Steuerbewilligungsrecht zustand, sahen die Verfassungen, die nach 1830 erlassen wurden, daneben in der Regel auch ein parlamentarisches Budgetbewilligungsrecht ausdrücklich vor. *Mußgnug*, BK, Vorbem. zu Art. 114a–115, Rdnrn. 20 ff.
62 *Luhmann*, Der Staat 1973, S. 1 (17 f.).

G. Richtigkeitskontrolle durch die Verfassungsrechtsprechung

(z. B. bestimmter Subventionen) als auch auf die Ausweitung anderer öffentlicher Ausgaben hinauslaufen mag[63]. Ein Element dieser Richtigkeitskontrolle ist die Verfassungsrechtsprechung. Sie muß die Gemeinwohlrichtigkeit gerade auch der öffentlichen Leistungen kontrollieren, soweit die Beurteilungsmaßstäbe das zulassen.

Ein Argument für eine verstärkte gerichtliche Kontrolle ergibt sich auch aus der bei öffentlichen Leistungen besonders eingeschränkten Reversibilität der Maßnahmen[64], die die Finanzwissenschaft besonders hinsichtlich der Subventionen vielfach beobachtet hat und die bewirkt, daß Vergünstigungen sehr schnell den Charakter „wohlerworbener Rechte" gewinnen und im politischen Kräftespiel kaum mehr abgeschafft werden können, selbst wenn die Subvention etwa wegen Zweckerreichung ihren Sinn verloren hat[65]. Je geringer aber die Reversibilität von Maßnahmen ist, desto intensiver muß die verfassungsgerichtliche Kontrolle sein[66].

Zur Bejahung eines möglichst intensiv gehandhabten „Richtervorbehalts"[67] führt weiter die Auswertung und sinngerechte Fortschreibung der neueren Diskussion um die Erweiterung des Gesetzesvorbehalts auf die Leistungsverwaltung[68]. Die zunehmende Befürwortung einer solchen Ausdehnung des Gesetzesvorbehalts wird vornehmlich damit begründet, gegenüber dem leistenden Staat bestände heute im wesentlichen das gleiche Schutzbedürfnis, das ursprünglich zur Entwicklung des Legalitätsprinzips für die traditionelle Eingriffsverwaltung geführt hat. Im Mittelpunkt der Argumentation steht die von Imboden hervorgehobene Tatsache der „Interdependenz von Eingriffen und Leistungen": „Was im heutigen sozialen Wirtschaftsstaat für den einen Vergünstigung und Gewährung bedeutet, erweist sich für andere direkt oder indirekt, offen oder versteckt vielfach als Last"[69]. Die dabei vorzunehmende Interessenabwägung unter Gerechtigkeits- und Gemeinwohlgesichtspunkten sei aber nicht Sache der Verwaltung, sondern des Gesetzgebers[70].

Eine solche Argumentation beruht jedoch noch etwas einseitig auf der Fortschreibung der klassischen Vorstellung vom Gesetzgeber als geborenem Interessenvertreter des Volkes gegenüber der (monarchischen) Regierung und dem Gesetz als Emanation der Vernunft und der daraus abgeleiteten Prämisse, daß der Gesetzesvorbehalt den geeigneten Schutz tatsächlich bieten, d. h. eine angemessene und gemeinwohladäquate Interessenabwägung gewährleisten, könne. Diese Prämisse trifft aber heute, wie dargelegt, nicht mehr uneingeschränkt zu[71]. Die wissenschaftliche Auseinandersetzung um eine verstärkte Kontrolle der Leistungsverwaltung muß deshalb auch auf die gerichtliche Richtigkeitskontrolle erstreckt werden: Eine Vermehrung der Gemeinwohlrichtigkeit ist nicht nur und

---

[63] Es geht also nicht um die Abwehr staatlichen Handelns als solchem, sondern „nur um die Abwehr des fehlsam tätigen Staates" (*Krüger*, Staatslehre, S. 537), wobei die Fehlsamkeit auch in einer Nichtintervention bestehen kann.
[64] *Häberle*, VVDStRL 20, S. 102; *Dürig*, Maunz/Dürig/Herzog, Art. 3, Rdnr. 147.
[65] Statt vieler: *Neumark*, Schleichende Inflation und Fiskalpolitik, S. 9 f.; *K. Schmidt*, FA 1966, S. 213 (237); *Karl-Bräuer-Institut des Bundes der Steuerzahler* (Hrsg.), Der Weg zu einem zeitgemäßen Steuersystem, S. 51 f.; *Kreussler*, Gleichheitssatz, S. 81.
[66] Oben S. 219.
[67] *Soell*, Ermessen, S. 5.
[68] *Soell*, Ermessen, S. 134 ff. m. w. N.
[69] *Imboden*, Das Gesetz als Garantie rechtsstaatlicher Verwaltung, S. 42.
[70] *Mallmann*, VVDStRL 19, S. 165 (192); *Soell*, Ermessen, S. 135 f.
[71] Dazu, daß „die Vorstellung, durch Überführung von Entscheidungen in Gesetzesform würden Entscheidungsprobleme und der Ausgleich von Individuum, Gruppe und Gemeinschaft ohne weiteres gelöst", „auf einer älteren Sichtweise" beruht, auch *Scheuner*, DÖV 1971, S. 1 (5).

vielleicht nicht einmal in erster Linie vom einfachen Gesetz, sondern auch von einer verstärkten verfassungsgerichtlichen Kontrolle zu erwarten[72]. Mindestens ebenso wichtig wie die Ausdehnung des Gesetzesvorbehalts erscheint die Intensivierung des Richtervorbehalts. Dafür bleibt die Diskussion um die Erweiterung des Gesetzesvorbehalts aber in jedem Fall bedeutsam, weil wichtige, für eine solche Erweiterung vorgebrachte Argumente gerade auch für die Erweiterung des Richtervorbehalts zutreffen[73]. So hat Klaus Vogel versucht, die Argumente der Lehre vom erweiterten Vorbehalt des Gesetzes für eine Ausweitung des Grundrechtsschutzes auch auf öffentliche Leistungen nutzbar zu machen[74].

Im folgenden sollen einige mögliche Ansatzpunkte für eine verstärkte richterliche Kontrolle öffentlicher Leistungen skizziert werden; dabei ist auch auf ihre Problematik einzugehen, wenngleich eine umfassende und allseitige Behandlung im Rahmen dieser Arbeit nicht möglich ist.

Ansatzpunkte für eine Verstärkung der Kontrolle öffentlicher Leistungen

Den am weitesten gehenden Versuch, das Verfassungsverständnis vom „Eingriffsdenken" zu lösen und einer adäquaten Erfassung öffentlicher Leistungen zugänglich zu machen, hat Peter Häberle unternommen[75]. Er legt die Grundrechte des Grundgesetzes denkbar weit aus und versteht sie nicht nur als Verbürgungen der Freiheit vom Staat (status negativus), sondern auch der anderen Freiheitskomponenten, ja überhaupt aller Gemeinwohlgrundwerte[76]. Gemeinwohloptimierung ist deshalb nach Häberle gleichbedeutend mit „Grundrechtsoptimierung". Es gehe darum, „Freiheit und Gleichheit zu optimaler Realität" zu bringen und dadurch ein „Optimum an realer Freiheit (Hesse) aller" zu erreichen. Negativ gewendet, müsse es das „Ziel des politischen Willensbildungs- und Entscheidungsprozesses" sein, „Grundrechtsdefizite" zu beheben. Auch das Effizienzpostulat wird aus dem Ziel der Grundrechtsoptimierung abgeleitet, weil Effizienz einen „leistungsstaatlichen Mehrwert" fördere.

Häberle bezieht damit in diesem „beherrschenden grundrechtsdogmatischen Thema der deutschen Staatsrechtslehre" (H. H. Rupp)[77] Gegenposition zur traditionellen Richtung der deutschen Staatsrechtslehre, deren Vertreter, wie Forsthoff[78] und neuerdings vor allem Klein[79], für eine Beschränkung der Funktion der Grundrechte auf die Setzung von Schranken gegen hoheitliche Eingriffe plädieren.

Hans H. Klein geht ebenso wie Häberle davon aus, daß das „Grundgesetz ,reale Freiheit' (Hesse) für jedermann" ermöglichen will[80]. Denn: „Unter den Bedingungen der modernen Industriegesellschaft ist der einzelne in vielfältiger Form darauf angewiesen, daß ihm der Staat die materiellen und ideellen Voraus-

---

72 In gewisser Weise könnte die Durchsetzung des Gesetzesvorbehaltes bei Subventionen sogar zu einer Verringerung der Rationalität führen, weil sie zu einer Zementierung der Subventionen beitragen könnte (Götz, Wirtschaftssubventionen, S. 294). Zur Reversibilität von Maßnahmen als Voraussetzung ihrer Rationalität oben S. 218 f.
73 Gesetzesvorbehalt und richterlicher Rechtsschutz der öffentlichen Leistungen setzen z. B. beide in gleicher Weise die Erweiterung der herkömmlichen Eingriffsvorstellung voraus.
74 VVDStRL 24, S. 125 (147–156).
75 Häberle, Grundrechte im Leistungsstaat, VVDStRL 33, S. 43 ff.
76 Oben S. 36 f. In die gleiche Richtung geht auch Rupp, Grundgesetz und „Wirtschaftsverfassung", S. 12 ff., z. B. S. 20 f.: Verfassungsrechtliches Gebot zur „Optimierung grundrechtlicher Freiheiten und individueller Entfaltung, Gleichheit und sozialer Gerechtigkeit".
77 Vgl. oben § 7 FN 9.
78 Forsthoff, z. B. in: Industriegesellschaft, S. 147–157 (bes. 154).
79 H. H. Klein, Die Grundrechte im demokratischen Staat.
80 Klein, Grundrechte, S. 48, 56 f., 59, 63, 66; ders., VVDStRL 30, S. 170.

G. Richtigkeitskontrolle durch die Verfassungsrechtsprechung

setzungen verschafft und erhält, ohne die seine Freiheit leerliefe"[81]. Dazu gehöre nicht nur der Schutz vor gesellschaftlichen (insbes. wirtschaftlichen) Fehlentwicklungen, sondern auch der Schutz vor staatlichen Fehlentscheidungen beim Versuch, die gesellschaftlich-wirtschaftlichen Fehlentwicklungen zu steuern[82]. Er stimmt insoweit Häberle ausdrücklich zu. Die Divergenz liegt in der Ansiedlung dieser Verpflichtung. Anders als Häberle will Klein nämlich die Freiheit nicht in allen ihren Dimensionen[83] zum Schutzgut der Grundrechte erheben, sondern deren Funktion nach wie vor auf den Schutz der formalen Freiheit (vor dem Staat) beschränken[84] und die Pflicht des Staates zu materieller Erfüllung der Grundrechte an anderer Stelle, vor allem im Sozialstaatsprinzip, verorten[85]. In ähnliche Richtung geht die Meinung von Hermann Soell[86], Ernst-Wolfgang Böckenförde[87] und anderen.

Klein[88] begründet seine Ansicht vornehmlich damit, den Grundrechten könnten die nötigen Abwägungskriterien nur dann entnommen werden, „wenn nicht ein Komplex divergierender Momente, sondern lediglich die subjektive Freiheit individuellen Beliebens das von ihnen geschützte Rechtsgut bildet." Die Grundrechte könnten „nicht beides zugleich" sein: „Ansprüche auf staatliche Aktion und auf deren Negation". Klein wendet sich damit gegen Häberles „pflichtbestimmten Freiheitsbegriff", der grundrechtliche Freiheit nicht als „Freiheit zur Beliebigkeit", also als „Freiheit von", sondern als „Freiheit, deren ‚Korrelat' die Verantwortlichkeit bildet", also als „Freiheit zu", versteht[89].

In der Tat darf eine Anpassung des Grundrechtsverständnisses an die Erfordernisse des Leistungsstaates keinesfalls dazu führen, den richtigen und nach wie vor gültigen Ausgangspunkt des liberalen Verfassungsverständnisses zu verwerfen: Auch heute noch ist die Freiheit vor dem Staat ein fundamentaler Wert, der zudem nach wie vor — und „angesichts der übermächtigen Zwangsläufigkeiten der sozialstaatlichen Entwicklung"[90] heutzutage vielleicht in besonderem Maße[91] — in seinem Bestand gefährdet ist. Es bedarf zudem eines erheblichen Maßes an Reflexion, um sich zu vergegenwärtigen, was die zunehmende Einschränkung oder gar Beseitigung der Freiheit vom Staat letztlich bedeuten würde; deshalb ist sie auch immer wieder von der Abschaffung durch vermeintliche Weltenbeglücker bedroht[92].

In der Gefahr, daß die — verfassungsrechtlich besonders schutzbedürftige — Freiheit vom Staat zu kurz kommt, liegt denn auch die entscheidende Schwäche der Konzeption Häberles — jedenfalls in der Form, wie er sie noch in seiner Schrift

---

81 H. H. *Klein*, Ein Grundrecht auf saubere Umwelt?, FS W. *Weber*, 1974, S. 646.
82 *Klein*, Grundrechte, S. 50; vgl. auch *Häberle*, VVDStRL 30, S. 102.
83 *Klein* unterscheidet vier Funktionen der Freiheit: (a) die politische oder demokratische Freiheit, (b) die soziale Freiheit vor Machtentfaltung Dritter auch im Hinblick auf die politische Freiheit, (c) die Teilhabe an staatlichen Leistungen, wozu auch der Schutz vor wirtschafts- und finanzpolitischen Fehlentwicklungen und Fehlentscheidungen gehöre, und (d) die Freiheit vor staatlichem Zwang. *Klein*, Grundrechte, S. 48 ff.; *ders.*, VVDStRL 30, S. 170 f.
84 *Klein*, Grundrechte, S. 56 f.
85 *Klein*, Grundrechte, S. 35 ff., 53 ff.; *ders.*, VVDStRL 30, S. 171.
86 *Soell*, Aspekte der Verfassungsentwicklung in der Bundesrepublik, S. 8 ff.; *ders.*, WiR 1973, S. 72 (85 ff.).
87 *Böckenförde*, NJW 1974, S. 1529 (1535 ff.).
88 Grundrechte, S. 56, 65, 89.
89 *Häberle*, Wesensgehaltsgarantie, S. 59.
90 *Klein*, VVDStRL 30, S. 171.
91 *Klein*, Grundrechte, S. 52; vgl. auch *Häberle*, VVDStRL 30, S. 62 f.
92 *Kriele*, Theorie der Rechtsgewinnung, S. 237 f.

§ 35 Zurückhaltung bei öffentlichen Leistungen

„Die Wesensgehaltsgarantie des Art. 19 Abs. 2 GG" (1962) entwickelt hatte[93]. Denn nur wenn „Freiheit zur Beliebigkeit", d. h. unabhängig von ihrem gewollten Gebrauch, als ein Wert anerkannt wird, ist eine Abwägung mit anderen Werten, d. h. mit Gemeinschaftserfordernissen, die regelmäßig letztlich auch im Interesse des Betroffenen selbst liegen, überhaupt möglich. Wird Freiheit dagegen bereits als „gesollte Freiheit" definiert, etwa im Sinne Hegels, daß „nur der Wille, der dem Gesetz gehorcht" frei sei[94], so fällt die Freiheitskomponente „Schutz vor dem Staat" nur allzu leicht aus der Abwägung heraus. Zwar wäre es logisch denkbar, den Wert der Freiheit vor dem Staat auch bei Festlegung der „gesollten Freiheit" bzw. des Inhalts von Gesetzen, die die formale Freiheit einschränken, angemessen mitzugewichten. Indes liegt die Gefahr, daß dies in der Praxis dann gar nicht oder nicht ausreichend geschieht, auf der Hand, weil die Freiheit vom Staat als eine (wenngleich gegen andere abzuwägende) Komponente der Freiheit dann möglicherweise gar nicht in den Blick kommt.

Kleins Hervorhebung der „Freiheit vom Staat" hat also angesichts der besonderen Gefährdung gerade dieser Freiheitskomponente im modernen Leistungs- und Verteilungsstaat ihre Berechtigung. Die von ihm gezogene Folgerung, die Grundrechte seien auf den Schutz dieser Freiheitskomponente zu beschränken, ist jedoch nicht unbedingt zwingend; übernimmt nämlich die Verfassungstheorie, die ja für die Auslegung der Grundrechte, wie auch der Verfassung generell, unerläßlich ist und sie letztlich materiell steuert, die klare Herausarbeitung des Eigenwerts der Freiheit vom Staat, dann ist sichergestellt, daß die Freiheit vom Staat in die erforderliche Wertabwägung einbezogen wird. Die Herausarbeitung des Eigenwerts der Freiheit vom Staat ist in der Tat eine besondere Aufgabe der Verfassungstheorie[95]. Wird sie von dieser erfüllt, dann ist aber Kleins berechtigtem Anliegen: der „Ehrenrettung des status negativus"[96], m. E. Rechnung getragen.

Einen anderen Einwand gegen Häberle hat Soell geltend gemacht, nämlich die Gefahr, daß die Garantie des Wesensgehalts der Grundrechte – verstanden als Freiheiten vom Staat – leerlaufe[97]. Soell warnt davor, durch „sozialstaatliche Mutation der Grundrechte"[98] die „gesetzgebungsfeste Schranke", die Art. 19 Abs. 2 GG errichten wolle, einzureißen und auch den unantastbaren Kernbereich der Grundrechte zur Disposition des Gesetzgebers zu stellen.

Das dieser Warnung zugrundeliegende Anliegen ist m. E. voll berechtigt: Ein übermäßiger Optimismus in die Gemeinwohlrichtigkeit von Gesetzen ist durchaus unangebracht. Die Grundrechte und die Wesensgehaltsgarantie müssen demgemäß so ausgelegt werden, daß sie eine möglichst wirksame verfassungsgerichtliche Richtigkeitskontrolle ermöglichen. Andererseits läßt sich aber der von Art. 19 Abs. 2 geschützte Kernbereich in seinem Umfang auch nicht starr und völlig unabhängig von der Situation und den jeweiligen Werten, zu deren Wahrung der Eingriff erfolgen soll, fixieren. Insoweit müssen ähnliche Erwägungen durchgreifen wie bei der Ablehnung einer starren Fixierung der Grundrechtsgrenzen[99]. Eine starre Schranke, von der man ohnehin nicht wüßte, wo sie zu

---

[93] In VVDStRL 30, S. 57, 72, 98, 102 hat *Häberle* dann seine früheren Ausführungen ergänzt und selbst den Wert der Freiheit vom Staat als einer Dimension der grundrechtlich geschützten Freiheit betont. Vgl. auch Wesensgehaltsgarantie, 2. Aufl. 1972, Vorwort, S. VI.
[94] *Hegel*, Die Vernunft in der Geschichte, hrsg. v. G. *Lasson*, 3. Aufl. 1930, S. 94; dazu *Krüger*, Staatslehre, S. 280; *Zippelius*, Recht, S. 140 f.
[95] Vgl. oben S. 23 f.
[96] *Schwabe*, NJW 1973, S. 450.
[97] *Soell*, Aspekte der Verfassungsentwicklung, S. 13 ff.
[98] A.a.O., S. 8.
[99] Oben S. 226 f.

G. Richtigkeitskontrolle durch die Verfassungsrechtsprechung

placieren wäre, läßt sich auch bei Art. 19 Abs. 2 nicht ziehen[100]. Ein unantastbarer Kernbereich kann dennoch gesichert werden und zwar dadurch, daß man die Bedeutung, d. h. den Gewichtungsfaktor und damit den Widerstand jedes Wertes mit seiner zunehmenden Einschränkung progressiv anwachsen läßt; das gilt auch für den Wert der Freiheit vom Staat. Dabei handelt es sich letztlich um nichts anderes als eine Ausprägung des allgemeinen Werteoptimierungsprinzips, wonach das Gewicht, das einem Wert bei der Abwägung zukommt, mit der Einschränkung des Wertes — und zwar mit wachsender Einschränkung immer schneller — zunimmt. Eine solche Konstellation, in der immer größere „Portionen" eines Gutes (Wertes) hinzugefügt werden müssen, um die gleichmäßige schrittweise Verringerung eines anderen Gutes (Wertes) auszugleichen, bezeichnet man in der Volkswirtschaftslehre als „abnehmende Grenzrate der Substitution". In diesem Sinne ist Art. 19 Abs. 2 als Hinweis darauf zu verstehen, daß der Widerstand eines zurückgedrängten Wertes sich mit zunehmender Intensität der Zurückdrängung sozusagen exponentiell verdichtet und schließlich zu einer Art „Schallmauer" gegen weitere Einschränkungen werden kann, deren genaue Lokalisierung allerdings abstrakt nicht möglich ist. Dieses Verständnis erlaubt es — m. E. besser als die Konzeption Häberles[101] —, Art. 19 Abs. 2 flexibel zu verstehen und dennoch an dem Konzept eines unantastbaren Kernbereichs festzuhalten.

Es scheint somit immerhin einiges dafür zu sprechen, daß die Gefahren einer leistungsstaatlichen Fortentwicklung der Grundrechte vermieden werden können, wenn man sie nur als solche erkennt und Verfassungstheorie und Auslegungsmethodik darauf ausrichtet. Es bleibt aber die Frage nach dem *Nutzen* einer solchen Fortentwicklung. Ist es überhaupt *notwendig*, in die Grundrechte neben der Freiheit vom Staat auch andere Grundwerte hineinzuinterpretieren?

Forsthoff hatte die soziale Auflagung der Verfassung noch mit der Begründung abgelehnt, die sozialstaatlichen Forderungen setzten sich im politischen Kräftespiel der egalitären Demokratie von selbst durch und bedürften deshalb der verfassungsrechtlichen Gewähr gar nicht. Deshalb brauche auch das Sozialstaatsprinzip nicht als rechtlich bindendes Verfassungsprinzip interpretiert zu werden. Wie dargelegt, besitzt diese Argumentation hinsichtlich der „sozialen Realisation" einige Überzeugungskraft. Sie versagt aber gegenüber den in dieser Arbeit herausgestellten Pluralismusdefiziten, da es zu ihrer wirksamen Bekämpfung sehr wohl der Wirkkraft der Verfassung und der Verfassungsrechtsprechung bedarf. Mit der Zurückweisung der Forsthoffschen Lehrmeinung ist die Notwendigkeit einer auch leistungsstaatlichen Interpretation der Grundrechte allerdings noch nicht schlüssig dargetan. Reicht es nicht aus, das Sozialstaatsprinzip im Gegensatz zu Forsthoff als bindendes Verfassungsprinzip[102] zu verstehen? Läßt sich auf der Basis eines leistungsstaatlichen Verständnisses der Grundrechte überhaupt eine intensivere verfassungsgerichtliche Bekämpfung von Pluralismusdefiziten erreichen?

Das Sozialstaatsprinzip ist bisher in erster Linie als „Aktionsvollmacht zur Gestaltung der Sozialverhältnisse durch den Gesetzgeber"[103] verstanden worden,

---

100 *Doehring*, Staatsrecht, S. 348 f.
101 *Häberle* betont zwar, „mit der steigenden Intensität der Freiheitsbegrenzung (seien) die Anforderungen an deren Zulässigkeit entsprechend zu steigern." Wesensgehaltsgarantie, S. 69; vgl. auch *Hesse*, Verfassungsrecht, S. 139 f. Die in der „abnehmenden Grenzrate der Substitution" zum Ausdruck kommende exponentielle Verdichtung des Widerstandes des eingeschränkten Wertes wird jedoch nicht deutlich. Erst sie gibt aber die tragfähige Grundlage für die Vorstellung eines unangreifbaren Kerns ab.
102 Dazu oben S. 39 f.
103 *Soell*, Aspekte der Verfassungsentwicklung, S. 12.

§ 35 Zurückhaltung bei öffentlichen Leistungen

als „Rechtsmittel"[104] zum Eingriff in die grundrechtlich geschützte Freiheit vom Staat[105]. Wollte man die Funktion des Sozialstaatsprinzips darauf beschränken, daß es dem Gesetzgeber lediglich erlaubt, unter bestimmten Umständen zu intervenieren, so wäre es für eine Bekämpfung der heute im Vordergrund stehenden Pluralismusdefizite von vornherein wenig brauchbar. Denn dabei kann es nicht mehr nur darum gehen, den Staat zum Intervenieren zu berechtigen; vielmehr geht es wegen verschobener Gefahrenlinien auch darum, den Staat zum Intervenieren zu veranlassen (Beispiel: Umweltschutz)[106] oder ihn in Bereichen, wo er nach herkömmlichem Verständnis gar nicht in Freiheit interveniert, vom Intervenieren überhaupt oder vom So-Intervenieren abzuhalten (Beispiel: bestimmte Formen der Subventionsgewährung), kurz: ihn möglichst zum richtigen Intervenieren zu veranlassen.

Nun braucht das Sozialstaatsprinzip aber durchaus nicht nur als „Aktionsvollmacht" verstanden zu werden. Wenn diese Komponente bisher im Vordergrund stand, so beruht das letztlich auf dem gleichen Grund, der Forsthoff dazu veranlaßt hatte, die Anerkennung des Sozialstaatsprinzips als Rechtsprinzip überhaupt abzulehnen: Der soziale Ausgleich tut sich von selbst. Das Sozialstaatsprinzip enthält aber auch die positive Verpflichtung des Gesetzgebers, bei drohenden oder eingetretenen Fehlentwicklungen zu intervenieren, und zwar möglichst richtig zu intervenieren[107]. Dies gilt nicht nur für den Schutz der Umwelt vor Zerstörung[108], sondern auch für die Bekämpfung anderer Pluralismusdefizite. Und diese den Gesetzgeber nicht nur berechtigende, sondern zum richtigen Handeln auch verpflichtende Komponente des Sozialstaatsprinzips gewinnt um so mehr Gewicht, je klarer die Gefahr zunehmender Pluralismusdefizite erkannt wird.

Es fragt sich indes, ob auch ein so verstandenes Sozialstaatsprinzip eine Basis für eine verfassungsgerichtliche Kontrolle des Gesetzgebers zur Einschränkung von Pluralismusdefiziten abgeben kann oder ob es sich um eine letztlich kaum judizierbare Verpflichtung handelt, deren Erfüllung in Kompetenz und Ermessen des Gesetzgebers gestellt ist[109]. Die Frage hängt eng mit einer weiteren Frage, nämlich der nach der Wirksamkeit sog. *sozialer Grundrechte*, zusammen: Falls, wie häufig angenommen, selbst besondere soziale Grundrechte keine gerichtlich sanktionierbare Bindung des Gesetzgebers erlauben, so muß das für das allgemeine Sozialstaatsprinzip offenbar erst recht gelten. Im folgenden ist deshalb die Problematik der sozialen Grundrechte einzubeziehen.

Das Charakteristische der sozialen Grundrechte liegt darin, daß sie vom Staat nicht ein bloßes Unterlassen verlangen — wie die Grundrechte im klassischen Verständnis als Schutznormen gegen staatliche Eingriffe —, sondern ein aktives staatliches Tätigwerden erfordern[110]. Eine solche verfassungsrechtliche Verpflichtung zu staatlichem Tätigwerden und die verfassungsgerichtliche Durchsetzung dieser Pflicht können vielleicht einen möglichen Weg zur Bekämpfung der in dieser Arbeit herausgestellten Pluralismusdefizite darstellen, etwa zur Realisierung

---

104 *Böckenförde*, NJW 1974, S. 1538.
105 *Zacher*, AöR 1968, S. 341 (367): „Fast immer dient die Berufung auf das Sozialstaatsprinzip dazu, dem Gesetzgeber legitimierend zu Hilfe zu kommen."
106 *Rehbinder/Burgbacher/Knieper*, Bürgerklage im Umweltrecht, S. 113: Es geht um „gesamtgesellschaftliche Aktivität". *Rupp*, AöR 1976, S. 161 (178 f.).
107 BVerfGE 1, S. 97 (105); vgl. auch oben S. 197 f.
108 *Soell*, Rechtsfragen des Umweltschutzes, WiR 1973, S. 72 (85 ff.). Weitere Nachweise oben § 7 FN 58.
109 Skeptisch: *Soell*, Aspekte der Verfassungsentwicklung, S. 13 ff. Vgl. aber neuestens *Gerstenmaier*, Sozialstaatsklausel.
110 *Krüger*, Staatslehre, S. 531 f.; *Hesse*, Verfassungsrecht, S. 84.

G. Richtigkeitskontrolle durch die Verfassungsrechtsprechung

eines wirkungsvollen Umweltschutzes[111] oder zur Wahrung der Interessen besonders organisationsschwacher Gruppen, z. B. unehelich geborener Kinder[112]. Ist es die Aufgabe der Verfassungstheorie, möglichst günstige Voraussetzungen für die Gemeinwohloptimierung zu schaffen, so muß es ihr zuvörderst darum gehen, Verfassungsdogmatik und Rechtsprechung in den Stand zu setzen, gegen die jeweiligen Bedrohungen Front zu machen[113]. Die Pluralismusdefizite stellen solche Bedrohungen dar, sie sind ja gerade dadurch gekennzeichnet, daß das politische Kräftespiel der Parteien und Verbände in der pluralistischen Demokratie allein nicht mit ihnen fertig wird. Von diesem Ausgangsverständnis her drängt sich offenbar der Versuch auf, soziale Grundrechte, verstanden als staatliche Zielbestimmungen[114], auf solche Ziele auszurichten, die im pluralistischen Kräftespiel typischerweise zu kurz kommen, und auf die Weise möglichst ein verfassungsrechtliches und verfassungsgerichtliches Gegengewicht zu setzen.

Gegen die verfassungsrechtliche Wirksamkeit sowohl einer de constitutione lata-Interpretation der Grundrechte (auch) als soziale Grundrechte als auch einer verfassungspolitischen Einführung ausdrücklicher sozialer Grundrechte werden nun aber erhebliche Einwände geltend gemacht, die im wesentlichen auf zwei Argumente hinauslaufen: Einmal wird auf die regelmäßig nur beschränkten Möglichkeiten des Staates, derartige Grundrechte zu erfüllen, hingewiesen, zum anderen auf die Unmöglichkeit, ihren Inhalt genau zu bestimmen; deshalb bedürfe es ohnehin eines Dazwischentretens des Gesetzgebers zu ihrer Konkretisierung[115]. Beide Aussagen sind als solche durchaus zutreffend. Es fragt sich aber, ob sich aus ihnen wirklich zwingend die Konsequenz ergibt, daß soziale Grundrechte wirkungslos bleiben müßten und praktisch sinnlose „Papiertiger" seien[116]. Gewiß ist es unbestreitbar, daß Unmögliches auch der Sozialstaat nicht schulden kann[117]. Die „natürliche Knappheit der Anspruchsobjekte" bildet zwangsläufig eine „faktische Schranke aller sozialen Grundrechte"[118]. Es ist auch richtig, daß die Geltung sozialer Grundrechte keinesfalls bedeuten kann, daß sie mit absolutem Vorrang zu erfüllen seien und alle vorhandenen Ressourcen dafür eingesetzt werden müßten. Vielmehr ist eine Abwägung mit allen anderen um die Ressourcen konkurrierenden Zwecken, auch wenn diese nicht in sozialen Grundrechten verankert sind, erforderlich[119]. Der Gesetzgeber muß also die Abwägungsentscheidungen treffen und behält dabei einen weiten Spielraum, den auch die Verfassungsrechtsprechung respektieren muß.

---

111 Zum Grundrecht auf Umweltschutz H. H. *Rupp*, JZ 1971, S. 401; *Rehbinder*, ZRP 1970, S. 250; *ders.*, Grundlagen des Umweltrechts, in: Umweltschutz — aber wie? Rechtliche Hindernisse — rechtliche Möglichkeiten, 1972, S. 21 ff., *Rehbinder/Burgbacher/Knieper*, Bürgerklage, S. 111 ff.; *Lücke*, DÖV 1976, S. 289 m. w. N.
112 Dazu unten S. 292.
113 Oben S. 280 f.
114 *Scheuner*, DÖV 1971, S. 505 (513).
115 *Forsthoff*, Rechtsstaat im Wandel, S. 38 ff.; *Tomandl*, Der Einbau sozialer Grundrechte in das positive Recht; *Brunner*, Die Problematik der sozialen Grundrechte, S. 13–20; *Martens*, VVDStRL 30, S. 29 ff.; *Herzog*, Staatslehre, S. 384 ff.; *Soell*, Aspekte der Verfassungsentwicklung in der Bundesrepublik Deutschland, S. 13 ff.; *ders.*, WiR 1973, S. 72 (87 ff.); J. P. *Müller*, Soziale Grundrechte in der Verfassung?; *Böckenförde*, NJW 1974, S. 1529 (1535 f.); H. H. *Klein*, FS W. *Weber*, 1974, S. 643 ff.; *Badura*, Der Staat 1975, S. 17 (25 ff.).
116 So *Dürig*, Maunz/Dürig/Herzog, Art. 3, Rdnrn. 362, 456.
117 *Häberle*, VVDStRL 30, S. 139 (LS 39); *Martens*, VVDStRL 30, S. 25, 30 f.; *Bull*, Staatsaufgaben, S. 161.
118 *Brunner*, Soziale Grundrechte, S. 16.
119 Für den Umweltschutz *Rehbinder/Burgbacher/Knieper*, Bürgerklage, S. 116; „Auch Umweltschutz ist nur *ein* Wert der Gesellschaft, der nur zusammen mit anderen — und das heißt mit Abstrichen — im Wege mehrdimensionaler Nutzenoptimierung verwirklicht werden kann."

§ 35 Zurückhaltung bei öffentlichen Leistungen

Diese Feststellungen bedeuten aber noch nicht, daß soziale Grundrechte keinen Sinn haben könnten[120]. Die Weite des Entscheidungsspielraums des Gesetzgebers ist als solche noch kein zwingendes Argument gegen die Möglichkeit gerichtlicher Kontrolle. Auch wenn man wegen mangelnder Präzision der Beurteilungsmaßstäbe das Gemeinwohlkonforme nur innerhalb eines weiten Rahmens bestimmen kann, so läßt sich doch nicht selten negativ feststellen, daß eine Regelung definitiv aus diesem Rahmen herausfällt und deshalb mit der nötigen Sicherheit als gemeinwohlwidrig qualifiziert werden kann[121]. Auf der Grundlage dieser Überlegungen können soziale Grundrechte vor allem in zwei Richtungen wirken. Einmal können sie den Staat dazu verpflichten, alles zu tun, was möglich ist, d. h. unnötige Wertverwendungen zu vermeiden[122], und die Erfüllung dieser Verpflichtung gerichtlicher Kontrolle unterstellen. Zum zweiten können soziale Grundrechte den Sinn haben, bestimmte Interessen und Belange, die im pluralistischen Kräftespiel tendenziell zu kurz kommen, rechtlich besonders hervorzuheben[123] und so Verfassung und Verfassungsgerichtsbarkeit[124] als Gegengewichte gegen pluralismusbedingte Gemeinwohldefizite zu aktivieren[125] (was möglicherweise durch judizielle Erzwingung bestimmter öffentlicher Mindestleistungsstandards geschehen könnte)[126]. Dadurch soll kein Vorrang dieser Belange begründet, sondern lediglich ihre angemessene Berücksichtigung im Abwägungsprozeß erreicht werden, mit der ohne die rechtliche Herausstellung nicht zu rechnen wäre[127]. Da es sich bei der Vermeidung von Wertverschwendungen und der angemessenen Abwägung der berührten Interessen und Werte um die beiden wesentlichen Komponenten eines rationalen gemeinwohlorientierten Willensbildungsprozesses handelt, beinhalten soziale Grundrechte mittelbar die Pflicht zu rationaler Werteoptimierung im oben dargelegten Sinne[128] und die Unterstellung der Erfüllung dieser Pflicht unter die Kontrolle der Rechtsprechung.

Ein Beispiel für die erstgenannte Wirkungsmöglichkeit sozialer Grundrechte bzw. herkömmlicher Grundrechte, die (auch) als staatliche Leistungsverpflichtungen interpretiert werden, bietet die Numerus clausus-Entscheidung des Bundesverfassungsgerichts vom 18. 7. 1972[129]. Das Bundesverfassungsgericht hat darin zunächst klargestellt, daß Teilhaberechte immer nur unter dem „Vorbehalt des Möglichen (stehen) im Sinne dessen, was der Einzelne vernünftigerweise von der

---

120 So auch *Rehbinder/Burgbacher/Knieper*, S. 116 f., für den Bereich des Umweltschutzes.
121 Oben S. 75 f.
122 Dazu oben S. 63.
123 Einen ähnlichen Sinn hat die Hervorhebung der Geldwertstabilität in § 3 Bundesbankgesetz. Auch sie soll keinen Vorrang vor anderen möglicherweise konkurrierenden Zielen begründen, sondern hat die Funktion, dem andernfalls zu befürchtenden Zukurzkommen dieses Ziels entgegenzuwirken. Näheres unten S. 359.
124 Wenn *Brunner* darauf hinweist, daß gerade die Staaten, die soziale Grundrechte bisher proklamiert haben, am wenigsten für die soziale Sicherheit tun (Soziale Grundrechte, S. 36 f.; ähnlich *Klein*, FS W. Weber, S. 660 f.), so ist darin kein schlüssiger Einwand zu sehen. Denn in diesen Staaten besteht auch keine den Gesetzgeber kontrollierende Verfassungsgerichtsbarkeit. Deshalb sagt jener Hinweis noch nichts dagegen, daß bei ausgebauter Verfassungsgerichtsbarkeit, wie sie in der Bundesrepublik besteht, nicht durch die Aktivierung des Gewichts der Verfassungsgerichtsbarkeit mit Hilfe sozialer Grundrechte eine gewisse Verbesserung eintreten kann.
125 *Mayer-Tasch*, VVDStRL 30, S. 137 f.; *Maurer*, ebenda, S. 182 f.
126 *Rehbinder/Burgbacher/Knieper* denken z. B. an die judizielle Erzwingung eines „ökologischen Minimums" (S. 117).
127 *Dellmann*, DÖV 1975, S. 588 (592): „Im Hinblick auf die Präponderanz, die in der Vergangenheit nur zu häufig anderen Belangen gegenüber den Erfordernissen des Umweltschutzes eingeräumt worden ist, wäre es schon ein großer Erfolg, auch normativ zu einer Gleichrangigkeit des Umweltschutzes mit anderen Staatszielen und Staatsaufgaben zu kommen."
128 Oben S. 54 ff.
129 BVerfGE 33, S. 303 = DÖV 1972, S. 606; dazu *Häberle*, DÖV 1972, S. 729; *Dürig*, Art. 3, Rdnrn. 113 a ff.

G. Richtigkeitskontrolle durch die Verfassungsrechtsprechung

Gesellschaft beanspruchen kann"[130], und „notwendig regelungsbedürftig sind"[131]. Zugleich hat das Gericht aber auch ausgesprochen, daß ein absoluter numerus clausus für Studienanfänger „nach dem Stand der bisherigen Erfahrungen nur verfassungsmäßig (ist), wenn er (1.) in den Grenzen des unbedingt Erforderlichen unter erschöpfender Nutzung der vorhandenen mit öffentlichen Mitteln geschaffenen Ausbildungskapazitäten angeordnet wird ... und wenn (2.) Auswahl und Verteilung nach sachgerechten Kriterien mit einer Chance für jeden an sich hochschulreifen Bewerber und unter möglichster Berücksichtigung der individuellen Wahl des Ausbildungsortes erfolgen"[132]. Dies aber ist in der Sache nichts anderes als ein verfassungsrechtlicher Rationalitätsvorbehalt, wie er auch in der Formel zum Ausdruck kommt, daß der Gesetzgeber verpflichtet ist, „im Rahmen des Möglichen beschleunigt das Notwendige zu tun"[133].

Ein Beispiel dafür, daß die Verfassungsgerichtsbarkeit durch Schaffung sozialer Grundrechte bis zu einem gewissen Grad als Gegengewicht gegen pluralismusbedingte Gemeinwohldefizite aktiviert werden kann, bietet der Beschluß des Bundesverfassungsgerichts vom 29. 1. 1969 zur rechtlichen Gleichstellung unehelicher Kinder (Art. 6 Abs. 5 GG), in der das Gericht den Gesetzgeber aufforderte, diese Gleichstellung bis zum Ablauf der 5. Legislaturperiode des Bundestags (20. 10. 1969) vorzunehmen, widrigenfalls entgegenstehendes Recht außer Kraft trete und die Gerichte die Konkretisierung des positiv geltenden Rechts zu übernehmen hätten[134]. Das Ultimatum des Bundesverfassungsgerichts hat das Parlament veranlaßt, die seit nicht weniger als einem halben Jahrhundert[135] anstehende Reform dieses Rechtsgebiets noch in der 5. Legislaturperiode vorzunehmen[136]. Hier erlaubte also das soziale Grundrecht des Art. 6 Abs. 5 dem Bundesverfassungsgericht, sein Gewicht zur Durchsetzung von Interessen einzusetzen, für deren angemessene Wahrung sich im politischen Kräftespiel sonst keine politische Potenz stark gemacht hatte[137]. — In den gleichen Zusammenhang gehört auch das Abtreibungs-Urteil des Bundesverfassungsgerichts v. 25. 2. 1975[138]; die leistungsstaatliche Interpretation des Grundrechts des Art. 2 Abs. 2 S. 1 GG[139] ermöglichte es dem Gericht, sich zum Patron der Interessen der nascituri zu machen, deren Mangel an Artikulations- und Durchsetzungskraft im politischen Kräftespiel auf der Hand liegt.

Ähnlich schwach war die Position der Betriebsrentner, deren meist in einem nominellen Festbetrag bestimmte betriebliche Rente durch die fortschreitende Geldentwertung zunehmend entwertet wurde; auch sie hatten keinen Patron, der ihre Interessen wahrnahm, sei es im Spiel der wirtschaftlichen Kräfte (durch eine Anpassung der vertraglichen Regelung), sei es im Spiel der politischen Kräfte (durch entsprechende gesetzliche Regelung)[140]. Die Entscheidung des Bundesarbeitsgerichts vom 30. 3. 1973[141], die den Arbeitgeber bei Überschreitung bestimmter Teuerungsraten zu Anpassungsverhandlungen nach bestimmten Richtlinien verpflichtete und die Art der Anpassungen unter gerichtliche Kontrolle stellte, enthält den Versuch, hier ein Gegengewicht zu setzen und

---

130 Unter C I 2 der Gründe, DÖV 1972, S. 608.
131 Unter C I 3 a der Gründe, DÖV 1972, S. 608.
132 Unter C I 3 c; vgl. im einzelnen unter C II und C III.
133 BVerfGE 33, S. 335.
134 E 25, S. 167
135 Bereits in der Weimarer Verfassung von 1919 war ein dahingehender Programmsatz enthalten.
136 Gesetz über die rechtliche Stellung der nichtehelichen Kinder v. 19. 8. 1969, BGBl. I S. 1243.
137 Vgl. auch das oben § 32 FN 124 wiedergegebene Zitat *Ehmkes*.
138 BVerfGE 39, S. 1.
139 BVerfGE 39, S. 1 (36 ff.).
140 v. *Arnim*, Altersversorgung und Geldentwertung, in: FAZ v. 12. 6. 1973.
141 BB 1973, S. 522.

§ 35 Zurückhaltung bei öffentlichen Leistungen

gleichzeitig auch der Tatsache gerecht zu werden, daß der genaue Inhalt der angemessenen Anpassung nur im Einzelfall und auch dann nur innerhalb einer größeren Bandbreite festzulegen ist. Das Bundesarbeitsgericht hat mit der genannten Entscheidung sozusagen erst ein soziales Grundrecht auf Anpassung von Betriebsrenten an die Geldentwertung innerhalb des Möglichen und Angemessenen formuliert[142]. Dieses richtet sich allerdings nicht gegen den Staat, sondern gegen den früheren Arbeitgeber. Die Situation war angesichts der Ohnmacht zu selbständiger Durchsetzung der eigenen Interessen seitens der Betriebsrentner allerdings in der Sache eine ähnliche[143].

Obwohl die Problematik hier nicht voll ausgelotet werden kann, scheint doch einiges dafür zu sprechen, daß soziale Grundrechte durchaus eine gewisse gerichtlich kontrollierbare Bindung des Gesetzgebers bewirken können und deshalb keine sinnlosen „Papiertiger" (Dürig) zu sein brauchen. Dieser Aussage liegt allerdings eine Auffassung zugrunde, die die Aufgabe von Verfassung und Verfassungsrechtsprechung in der Gewährleistung der Gemeinwohlrichtigkeit staatlichen Handelns[144] und nicht in der Beschränkung auf die Durchsetzung ganz bestimmter individueller Leistungs- oder Unterlassungsansprüche sieht. Erblickt man dagegen die individuelle Anspruchsgewißheit als unabdingbare Voraussetzung von Grundrechten, so bleibt für die Vorstellung von sozialen Grundrechten, die ja immer nur im Rahmen des Angemessenen und Möglichen Wirkung entfalten können, von vornherein kein Raum[145]. Es fragt sich aber, ob diese Vorbehalte gegen die Anerkennung eines möglichen Sinns sozialer Grundrechte nicht zu einem guten Teil noch auf einem verfassungstheoretischen Konzept beruhen, das bei der Interpretation der Grundrechte – verstanden als Schutzrechte vor staatlichen Eingriffen – in Wahrheit überwiegend bereits aufgegeben ist. Auch die Grundrechte, verstanden als Abwehrrechte, haben ja – im Gegensatz zur Ansicht Forsthoffs – durchaus keinen „im vorhinein normierbaren konstanten Umfang", weil auch sie nicht vom soziologischen Grunde gelöst und vom Wechsel der Ambiance isoliert werden können[146], wie die neuere Entwicklung der Lehre von der Verfassungsinterpretation ergeben hat. Die Abwehr-Grundrechte gelten deshalb, genau genommen, ebenfalls nur im Rahmen des Angemessenen und Möglichen[147]. Zwar wird der Umfang der Ungewißheit bei sozialen Grundrechten größer sein, ein prinzipieller Unterschied braucht sich daraus aber nicht zu ergeben.

Wenn es auf der Basis des in dieser Arbeit vertretenen verfassungstheoretischen Ausgangsverständnisses nach alledem nicht ausgeschlossen erscheint, daß soziale Grundrechte durchaus eine gewisse Wirksamkeit besitzen können, so ist damit doch noch nicht nachgewiesen, daß ein ähnlicher Effekt nicht auch durch eine entsprechende Interpretation des allgemeinen Sozialstaatsprinzips erreicht werden könnte. Nach der Rechtsprechung des Bundesverfassungsgerichts kann

---

142 Vgl. jetzt auch § 16 des Gesetzes zur Verbesserung der betrieblichen Altersversorgung v. 19. 12. 1974 (BGBl. I S. 3610), der aufgrund des BAG-Urteils noch nachträglich in den Gesetzentwurf eingefügt wurde.
143 Dazu auch oben S. 248 f.
144 Im dargelegten weiten Sinn, der auch die Wahrung der Freiheit vom Staat mit umfaßt.
145 *Rupp* weist mit Recht darauf hin, daß die (von ihm selbst befürwortete) soziale Dimension von Grundrechten zwangsläufig „mit dem weitgehenden Verlust individueller Anspruchsgewißheit verbunden und mit den üblichen Parametern der überkommenen Grundrechtsdogmatik nicht mehr erfaßbar ist". *Rupp*, Grundgesetz und „Wirtschaftsverfassung", S. 13. Böckenförde, NJW 1974, S. 1536: „Anspruchsminderung". Scheuner, DÖV 1971, S. 505 (513): Die Einführung sozialer Grundrechte erfordert ein „Umdenken in der rechtlichen Deutung grundrechtlicher Normen". Sie können „nicht mit dem Anspruchs- und Schrankendenken der herkömmlichen Interpretation bewältigt werden".
146 So aber *Forsthoff*, Rechtsstaat im Wandel, S. 36.
147 Oben S. 226 f.

G. Richtigkeitskontrolle durch die Verfassungsrechtsprechung

das Sozialstaatsprinzip bereits unter bestimmten, allerdings recht einschränkenden Voraussetzungen auch die Grundlage für die verfassungsgerichtliche Durchsetzung sozialer Leistungsansprüche abgeben[148]. Gelingt es der Verfassungstheorie, die Bekämpfung von Pluralismusdefiziten als zentral wichtigen Inhalt des Sozialstaatsprinzips auszuweisen[149], so könnte ein derart interpretiertes Sozialstaatsprinzip rechtlich vielleicht Ähnliches leisten wie die ausdrückliche Einführung sozialer Grundrechte durch den verfassungsändernden Gesetzgeber.

Als juristischer Aufhänger für eine Aktivierung der Verfassungsrechtsprechung als Gegengewicht gegen Pluralismusdefizite käme im übrigen auch die Fortentwicklung des Eingriffsbegriffs in Betracht[150]. Bloß müßte man sich der Tatsache bewußt sein, daß es dabei nicht nur um eine marginale Weiterentwicklung gehen kann, sondern darum, den Begriff des Eingriffs ganz anderen Zwecken als ursprünglich dienstbar zu machen: Bei Bekämpfung von Pluralismusdefiziten geht es nicht um die Abwehr staatlicher Eingriffe als solche, sondern um die Veranlassung richtiger Eingriffe, es geht auch nicht mehr nur um die Wahrung von Individualinteressen, sondern gerade auch um den Schutz von Sozialinteressen, die im pluralistischen Kräftespiel besonders leicht zu kurz kommen[151].

Letztlich dürfte es also für die Ergebnisse gar nicht so wichtig sein, auf welchem dogmatischen Weg man eine Aktivierung der Rechtsprechung als Gegengewicht gegen Pluralismusdefizite im Leistungsstaat unternimmt. Entscheidend erscheint vielmehr die verfassungstheoretische Erkenntnis, daß ein Gegenhalten der Rechtsprechung nötig und bis zu einem gewissen Grad wohl auch möglich ist. Setzt sich diese Erkenntnis nämlich durch, dann werden Staatslehre und Rechtsprechung ihre Gegengewichtsfunktion voll wahrnehmen können — unabhängig davon, welchen der angesprochenen dogmatisch-konstruktiven Wege man bevorzugt.

§ 36 Beispiele für eine mögliche Gemeinwohlprüfung von öffentlichen Leistungen

Im folgenden sollen noch einige Beispiele für die Möglichkeit einer Gemeinwohlprüfung öffentlicher Leistungen angeführt werden, zugleich soll aber auch die Begrenztheit solcher Prüfungen deutlich gemacht werden.

Ein Grund für die Schwäche der Rechtskontrolle von öffentlichen Leistungen lag, wie oben dargelegt, bisher im Fehlen einer angemessenen und brauchbaren Gemeinwohlvorstellung. Demgegenüber kann hier auf das in dieser Arbeit jedenfalls skizzenhaft entwickelte Gemeinwohlkonzept zurückgegriffen werden; öffentliche Leistungen sind danach an den Gemeinwohlgrundwerten Freiheit, Gerechtigkeit, Sicherheit, Frieden und Wohlstand und den aus ihnen ableitbaren weiteren Verfassungswerten zu messen, wobei das wert- und erkenntnisorientierte Gemeinwohlverfahren anzuwenden ist[1]. Es kann hier zwar nicht der Ort sein, die Gesamtheit der öffentlichen Leistungen mit diesen Kriterien und Methoden im einzelnen nachzuprüfen; es soll jedoch versucht werden, die Fruchtbarkeit

---

148 BVerfGE 1, S. 97 (105).
149 Vgl. oben S. 39 ff., 197 f.
150 *Lerche*, DÖV 1961, S. 490. *Friauf*, Verfassungsrechtliche Grenzen der Wirtschaftslenkung und Sozialgestaltung durch Steuergesetze, S. 41 FN 121; *ders.*, VVDStRL 27, S. 1 (7 f.). *Bellstedt*, DÖV 1961, S. 161 (165); *Vogel*, Öffentliche Wirtschaftseinheiten in privater Hand, S. 238 f.; *ders.*, Steuerrecht und Wirtschaftslenkung, Jahrbuch Fachanwälte für Steuerrecht 1968/69, S. 225 (242 f.); *ders.*, BK, Vorbem. zu Art. 104 a–115, Rdnr. 4.
151 Oben S. 277.

1 Oben S. 54 ff.

eines solchen Vorgehens anhand einiger Beispiele hinreichend plausibel zu machen.

Vorab gilt es, eine begriffliche Unterscheidung, die für die folgenden Ausführungen von Bedeutung ist, klarzulegen, nämlich die zwischen sozialpolitisch orientierten Verteilungsmaßnahmen (Redistributionsleistungen) und Maßnahmen der wirtschaftspolitischen Beeinflussung[2]. Bei Redistributionsleistungen soll das Ziel direkt durch die öffentliche Leistung (die auch in einer Verschonung von der Steuer, die nach den Grundsätzen der Besteuerung nach der Leistungsfähigkeit an sich zu entrichten wäre, bestehen kann = „Verschonungssubvention") und die dadurch bewirkte Einkommensverbesserung des Empfängers erreicht werden; Heinze bezeichnet sie plastisch als „Teilhabevergünstigung"[3]. — Dagegen tragen wirtschaftspolitisch motivierte Leistungen ihren Zweck nicht in sich selbst, sondern sollen die privaten Wirtschafter via steuerliche Privilegierung oder Auszahlung bestimmter Leistungen erst zu den wirtschaftspolitisch gewünschten Entscheidungen veranlassen (Heinze: „Bestimmungsvergünstigungen")[4]. Nach dieser Vorbemerkung können nun einige wichtige Aspekte des Gemeinwohlprüfungsverfahrens von öffentlichen Leistungen skizziert werden.

Redistributionsleistungen

Von Bedeutung ist zunächst einmal, ob eine bestimmte öffentliche Leistung der Gerechtigkeitszielsetzung entspricht. Diese Prüfung ist besonders wichtig bei Redistributionsmaßnahmen. Gewiß läßt sich häufig nicht mit Eindeutigkeit positiv sagen, welche Leistungshöhe gerecht ist. Sollen z. B. die Sozialhilferegelsätze bei 400, 600 oder 1 000 DM monatlich liegen? Wie hoch sollen die steuerlichen Freibeträge bei der Einkommensteuer oder die zivilprozessualen Pfändungsfreibeträge sein? Nicht selten läßt sich aber negativ durchaus feststellen, daß die Höhe und vor allem die Ausgestaltung von öffentlichen Leistungen eindeutig ungerecht ist. Das zeigt sich bereits an den genannten Beispielen: Zwar kann man nicht exakt sagen, wie hoch die einkommensteuerlichen Freibeträge sein müssen; wenn aber die (steuerfreien) Sozialhilfeleistungen und die zivilprozessualen Pfändungsfreibeträge höher sind, widerspräche die Gesamtregelung wohl der Gerechtigkeit[5].

Redistributionsmaßnahmen lassen sich unter Gerechtigkeitsgesichtspunkten auch sonst nicht selten mit einem bisweilen hohen Grad von Eindeutigkeit beurteilen. Nehmen wir als Beispiel die Steuerprivilegien der Landwirtschaft, deren eigentliches Ziel ja die Verbesserung der Gerechtigkeit der Einkommensverteilung ist im Sinne eines Ausgleichs zu geringer landwirtschaftlicher Einkommen im Vergleich mit anderen Berufsgruppen und Wirtschaftszweigen[6]. Die Prüfung erfolgt sinnvollerweise unter zwei verschiedenen Aspekten. Erstens ist die steuerliche Begünstigung der Gruppe als ganzer unter Gerechtigkeitszielen zu prüfen. Es ist also zu fragen, ob die Einkommensdisparität im Vergleich zu den anderen Gruppen (inter-Gruppen-Disparität) in Wahrheit vielleicht gar nicht (mehr) vorliegt. Unter diesem Aspekt wären etwa die in neueren Jahresgutachten des Sach-

---

2 Dazu *Timm*, FA 27 (1968), S. 87 ff.
3 *Heinze*, Verteilung, S. 57 f., 77.
4 A.a.O., S. 77.
5 Zu diesem Beispiel auch oben S. 78 mit FN 20.
6 Vgl. § 1 Landwirtschaftsgesetz v. 5. 9. 1955; Art. 39 Abs. 1 EWGV; dazu *Götz*, Wirtschaftssubventionen, S. 128 ff. — Selbst wenn man davon ausginge, daß die steuerlichen Vergünstigungen für die Landwirtschaft neben dem Redistributionsziel noch anderen wirtschafts- bzw. agrarpolitischen Lenkungszwecken dienen sollen, ergäbe sich keine Abweichung von der Beurteilung im Text, weil sie — wie neueste Untersuchungen zeigen — auch diesen anderen Zielen nicht entsprechen. Dazu *Rüger*, Steuerliche Vergünstigungen für die Landwirtschaft, S. 78 ff., 102 ff.

G. Richtigkeitskontrolle durch die Verfassungsrechtsprechung

verständigenrats zur Begutachtung der gesamtwirtschaftlichen Entwicklung veröffentlichten Ergebnisse von Einkommensstichproben heranzuziehen, aus denen sich ergibt, daß die durchschnittlichen Nettoeinkommen der landwirtschaftlichen Haushalte beträchtlich über den Durchschnittseinkommen aller Haushalte liegen[7].

Zum zweiten müssen die Maßnahmen aber auch unter dem Gesichtspunkt der Gerechtigkeit zwischen den Gruppenmitgliedern überprüft werden. Es ist zu fragen, ob sie den intra-Gruppen-Disparitäten gerecht werden, d. h. die Gruppenmitglieder mit geringerem Einkommen in besonderem Maße fördern. Dies ist aus Gründen des verbandsinternen Kräftespiels aber häufig gerade nicht der Fall[8]. Oft werden im Gegenteil vorwiegend die wirtschaftlich stärkeren Kreise gefördert. Ein Beispiel sind steuerliche Verschonungssubventionen, die von der einkommensteuerlichen Bemessungsgrundlage abzuziehen sind; sie werden zwar formal gleichmäßig gewährt, stellen in der Sache aber eine einseitige Förderung der Bezieher größerer Einkommen dar[9]: Wer mangels Einkommens bzw. Gewinns keine Steuern zahlt, hat von einer solchen ertragsteuerlichen Vergünstigung von vornherein gar keinen Vorteil. Aber auch unter denjenigen, die Steuern zahlen, bewirkt z. B. die Einräumung eines besonderen einkommensteuerlichen Freibetrages[10] infolge des progressiven Tarifs je nach der Höhe des Einkommens einen unterschiedlichen Entlastungseffekt: Wer wenig verdient und deshalb einem geringeren Einkommensteuersatz unterfällt (z. B. 22 v. H.), hat vom Freibetrag entsprechend weniger als der, der viel verdient und deshalb einen hohen Einkommensteuersatz (z. B. 56 v. H.) zu zahlen hat[10a]. Unter sozialen Gesichtspunkten werden also die Falschen getroffen. Solche an der Bemessungsgrundlage ansetzenden sozialpolitischen Steuervergünstigungen werden den gruppeninternen Unterschieden zwischen reichen und armen Leistungsempfängern offenbar nicht gerecht. Da sie gerade umgekehrt die Betroffenen umso stärker fördern, je höher

---

[7] SVR, JG 1972, Tab. 36. Vgl. dazu auch die Agrarberichte der Bundesregierung der Jahre 1973 (BT-Drucks. 7/146; Ziff. 19 und 20), 1974, 1975 und 1976; DIW-Wochenbericht 35 v. 29. 8. 1974, S. 305 (311 f.); *Fabritius*, Zur Finanzpolitik der Europäischen Gemeinschaften, S. 41 ff. m. w. N. Die Tatsache, daß die in den Einkommensstichproben angegebenen landwirtschaftlichen Haushaltseinkommen auch andere als die in den landwirtschaftlichen Betrieben erwirtschafteten Einkommen enthalten, ist einkommensteuerlich möglicherweise ebenso wenig relevant wie die Angabe im Agrarbericht, die landwirtschaftlichen Einkommen müßten im Durchschnitt für größere Familien ausreichen. Jedenfalls werden im Einkommensteuerrecht auch sonst grundsätzlich alle Arten von Einkommen zusammengerechnet, das Ausmaß der dafür aufgewendeten Arbeitszeit nicht berücksichtigt und Zahl und Art der Familienmitglieder nur durch Ehegatten-Splitting, Altersfreibeträge und Kindergeld berücksichtigt.

[8] Oben S. 163, 167 f.

[9] Dies ist auch verfassungsrechtlich von Belang. BVerfG, BStBl. 1958 I S. 406: Auch ein formal gleichbehandelndes Gesetz widerspricht dem Gleichheitssatz, „wenn sich aus seiner praktischen Auswirkung eine offenbare Ungleichheit ergibt und diese ungleiche Auswirkung gerade auf die rechtliche Gestaltung zurückzuführen ist. Nicht die äußere Form, sondern der materiell-rechtliche Gehalt ist entscheidend."

[10] Von den hier allein angesprochenen sozial- oder wirtschaftspolitisch motivierten Freibeträgen müssen die sich aus dem Grundsatz der Besteuerung nach der Leistungsfähigkeit ergebenden Freibeträge (z. B. ein eventueller Kinderfreibetrag) unterschieden werden. Aufwendungen, von denen anerkannt ist, daß sie die steuerliche Leistungsfähigkeit mindern, sollten nach dem Grundsatz der persönlichen Leistungsfähigkeit nicht der Besteuerung unterworfen werden, so daß ihre progressionsmindernde Wirkung grundsätzlich anders zu beurteilen ist als die einer wirtschaftspolitisch oder sozial motivierten Steuervergünstigung. Vgl. zu dieser Unterscheidung statt vieler *Karl-Bräuer-Institut* des Bundes der Steuerzahler (Hrsg.), Der Weg zu einem zeitgemäßen Steuersystem, S. 64 ff.; *Vogel*, DStZ (A) 1975, S. 409 (414).

[10a] Eine ähnliche Wirkung wie der Freibetrag nach § 13 Abs. 3 EStG hat (innerhalb gewisser Grenzen) z. B. auch die Gewinnermittlung nach Durchschnittssätzen in der Landwirtschaft gem. § 13 a EStG, deren Ergebnisse beträchtlich hinter den tatsächlichen Gewinnen zurückbleiben. Innerhalb der Gruppe der nichtbuchführenden Landwirte profitieren die mit höherem Einkommen absolut und relativ stärker als die mit geringem Einkommen. Dazu *Rüger*, Steuerliche Vergünstigungen, S. 35 ff.

§ 36 Gemeinwohlprüfungen von öffentlichen Leistungen

ihr Einkommen ist, mildern sie die gruppeninternen Disparitäten nicht, sondern zementieren sie oder verstärken sie sogar noch[11]. Bedenkt man, daß das Ziel der Maßnahmen die Verbesserung der Einkommensverteilung ist, so stellt diese regressive Verteilungswirkung einen besonders schweren Mangel dar.

Volkmar Götz geht nun davon aus, diese Art der Gesetzgebung sei verfassungsrechtlich dennoch zu rechtfertigen; er interpretiert das Außerachtlassen der ökonomischen Disparitäten bei der landwirtschaftlichen Subventionierung, die nur auf die „durchschnittliche soziale Bedürftigkeit der Gruppenmitglieder" abhebe, als „gruppenmäßig standardisierte Mittelstandsgesetzgebung" und ist bereit, sie als „kollektive Verallgemeinerung der Sozialbedürftigkeit", als „echte Ausprägung des Sozialstaats" anzuerkennen und zu legitimieren. Die Kooperation des Staates mit den Gruppen im Bereich der sozialen Gesetzgebung sei „eine Aktualisierung des Sozialstaatsprinzips". Auch wenn sie die innerverbandlichen Unterschiede nicht berücksichtigt, sei sie von der „prinzipiellen wirtschaftspolitischen Freiheit des Gesetzgebers" gedeckt[12].

Mit den Formulierungen „durchschnittliche soziale Bedürftigkeit" und „gruppenmäßig standardisierte" Gesetzgebung hebt Götz auf den Typisierungsgedanken ab. Dieser trägt sein Ergebnis aber nicht. Eine Typisierung ist im Interesse der Rechtssicherheit und Praktikabilität gerade in einem mit Massenfällen befaßten Rechtsgebiet wie z. B. dem Steuerrecht häufig unvermeidlich[13]. Die rechtliche Norm wird dabei auf die regelmäßige, normale Lagerung der Fälle zugeschnitten, was zur Folge hat, daß sie atypischen Sonderfällen nicht voll gerecht werden kann. Eine Subventionierung, die im Ergebnis umgekehrt proportional zum Subventionsbedürfnis bemessen wird, kann sich aber von vornherein gar nicht auf das Erfordernis der Typisierung berufen, denn sie fördert typischerweise den, der die Subvention nicht braucht, und den nicht, der sie braucht.

Auch der Hinweis auf die „prinzipielle wirtschaftspolitische Freiheit des Gesetzgebers" kann eindeutig gemeinwohlwidrige Maßnahmen nicht legitimieren. Solche festzustellen, setzt allerdings ein konsistentes, auf allen verfassungsrechtlichen Grundwerten aufbauendes Gemeinwohlkonzept voraus. Wenn Götz es sich versagt, solch eklatanten intra-Gruppen-Ungerechtigkeiten trotz gewisser auch bei ihm anklingender Zweifel[14] mit den Mitteln des Verfassungsrechts entgegenzutreten, so steht diese Abstinenz mit den in der vorliegenden Arbeit entwickelten Vorstellungen von den Aufgaben der Wissenschaft vom Verfassungsrecht nicht in Einklang: Mit der rechtswissenschaftlichen Absegnung der durch die staatlichen Maßnahmen bewirkten Nichtberücksichtigung oder gar Verstärkung der innerverbandlichen Disparitäten wird im Ergebnis ein „Positivismus der gesellschaftlichen Faktizität"[15] begünstigt. Wenn das Gerechtigkeitsempfinden der zu seiner Pflege eigentlich berufenen Rechtswissenschaft[16] sich nicht gegen solch offensichtliche Ungerechtigkeiten wehrt, die hier unter dem Zeichen der Verbesserung der Verteilungsgerechtigkeit geschehen, woher sollen die Betroffenen dann noch Hilfe erwarten können? Dann wird die Aufgabe der verfassungsrechtlichen Dogmatik der öffentlichen Leistungen verfehlt. Zacher sieht diese Aufgabe mit Recht u. a. darin, das „Gerechtigkeitsgefälle" der mo-

---

11 Für Landwirtschaftssubventionen trifft dies auch im übrigen in großem Umfang zu. Dazu *Hansmeyer*, Finanzielle Staatshilfen für die Landwirtschaft, S. 327 ff.
12 *Götz*, Recht der Wirtschaftssubventionen, S. 261, 265 f.
13 Vgl. z. B. BVerfG, 3. 4. 1962, BStBl. I S. 982 (983); *Badura*, Grenzen der Wirtschaftspolitik, S. 401 f.
14 *Götz*, S. 266.
15 *Herzog*, Das Verbandswesen im modernen Staat, S. 4.
16 Zur Verwirklichung von Gerechtigkeit als Aufgabe des Juristen zuletzt *Vogel*, DStZ (A) 1977, S. 5 (7 f.).

G. Richtigkeitskontrolle durch die Verfassungsrechtsprechung

dernen parteienstaatlichen Verbandsdemokratie zu sondieren und „Gerechtigkeitsdefizite des Herrschaftssystems", die sich im „Parteien- und Verbändebetrieb" ergeben, zu korrigieren[17].

Bestimmungsvergünstigungen

Während die sozialpolitischen Vergünstigungen nur auf die Gerechtigkeit hin überprüft und als gemeinwohlwidrig verworfen werden, wenn sie dem Gerechtigkeitserfordernis nicht genügen, steht das Ergebnis dieser Prüfung bei wirtschaftspolitischen Vergünstigungen von vornherein stets fest[18]. Denn sie verstoßen notwendigerweise gegen Gerechtigkeitsziele. Der Gerechtigkeitsverstoß wird im Interesse des wirtschaftspolitischen Erfolges bewußt hingenommen[19]. Dies ist vom Standpunkt des Gemeinwohls als Ergebnis einer „sozialen Ertrags-Aufwandsrechnung" aber nur zu rechtfertigen, wenn dadurch ein entsprechender wirtschaftspolitischer Erfolg erzielt wird[20].

Die Steuervergünstigung muß also zunächst einmal geeignet sein[21], den Erfolg, d. h. das mit der gewünschten Verhaltensänderung der von der Intervention Betroffenen angestrebte Ziel, überhaupt herbeizuführen. Dazu bedarf es zuallererst einer klaren Vorstellung von dem angestrebten wirtschaftspolitischen Ziel[22]. Diese Feststellung ist in Anbetracht der für Subventionen bisher typischen vagen Zielformulierung[23] besonders wichtig.

Die bloße Eignung zur Zielerreichung reicht zur Bejahung der Gemeinwohlverträglichkeit jedoch nicht aus. Es kommt nicht nur darauf an, *daß*, sondern auch *wie* der Subventionszweck erreicht wird[24]. Das erfordert einmal die Beachtung des Grundsatzes der Erforderlichkeit. Weiter ist die Abwägung auf Verhältnismäßigkeit und Übermaß vorzunehmen[25]. Sind z. B. sowohl offene Subventionen als auch Steuervergünstigungen zur Erreichung eines wirtschaftspolitischen Zieles geeignet, so ist dasjenige Mittel zu wählen, bei welchem die negativen Auswirkungen auf andere Gemeinwohlkomponenten minimiert werden; das bedeutet auch, daß der Gerechtigkeitsverstoß beseitigt oder doch möglichst gering gehalten werden muß. Unter Gerechtigkeitsaspekten ist aber eine offene Subvention (oder jedenfalls eine solche, bei der der effektive Förderungsbetrag nicht mit der Höhe des steuerpflichtigen Einkommens wächst) einer die Bemessungsgrundlage verkürzenden ertragsteuerlichen Verschonungssubvention regelmäßig vorzuziehen, denn bei letzterer spart der Begünstigte bei einem progressiven Tarif um so mehr Steuern, je höher sein Einkommen ist.

Diese sozialwidrige Schlagseite steuerlicher Erleichterungen wird heute in zunehmendem Maße erkannt. Sie hat zudem auch Konsequenzen für die Wirksamkeit der Lenkung: Wird kein oder nur ein geringes Einkommen erzielt, oder gar ein Verlust gemacht, so kann über steuerliche Maßnahmen nur ein geringer bzw. gar kein Einfluß ausgeübt werden. Steuerliche Vergünstigungen können zudem

---

17 *Zacher*, AöR 1968, S. 341 (359).
18 Soweit es sich nicht um lineare Globalsteuerungsmaßnahmen, wie insbes. die Senkung der Einkommensteuerschuld nach § 26 StabG handelt.
19 *Hartz*, Steuerrecht und Gesamtrechtsordnung, S. 48 (76).
20 Die hier anzuwendende Art der Abwägung bezeichnet *Häberle* treffend als „Denken in Balancen". AöR 1973, S. 119 (130).
21 *Lerche*, Übermaß und Verfassungsrecht; Hans J. *Wolff*, Verwaltungsrecht III, 2. Aufl. 1967, § 138 V; *Eppe*, Subventionen, S. 137 ff.; Institut FSt, Subventionen – Begriff und Beurteilungsmaßstäbe, S. 34 ff.
22 *Eppe*, Subventionen, S. 145: „Die Subventionszwecke müssen eindeutig formuliert sein."
23 *Hansmeyer*, FA 1971, S. 103 (106, 112, 115). Über die Hintergründe der vagen Zielformulierung oben S. 274 mit FN 62.
24 *Eppe*, Subventionen, S. 141; *Timm*, FA 1968, S. 95.
25 Oben S. 58 ff.

§ 36 Gemeinwohlprüfungen von öffentlichen Leistungen

schlechter dosiert und gezielt auf die anvisierten Fälle zugeschnitten, d. h. mit Auflagen und sonstigen Bedingungen zur Sicherstellung der erstrebten Wirkung versehen, werden als offene Subventionen.

Auch unter dem Gesichtspunkt der Transparenz sowohl für den Begünstigten selbst[26] als auch für die öffentliche Hand sind die offenen Subventionen den Steuervergünstigungen vorzuziehen. So sind häufig bereits die Kosten steuerlicher Vergünstigungen nicht einfach zu ermitteln; während offene Subventionen immerhin im Haushalt ausgewiesen sind, ist die Größenordnung des durch Steuervergünstigungen bewirkten Ausfalls nicht aus dem Haushaltsplan zu entnehmen. Auch die Subventionsberichte der Bundesregierung geben kein vollständiges Bild. So fand sich z. B. im ersten Subventionsbericht von 1967 bei 59 von den dort aufgeführten 138 steuerlichen Vergünstigungen keine Angabe über den Steuerausfall. Diese Situation hat sich auch in den inzwischen ergangenen Subventionsberichten nicht wesentlich geändert. Schließlich ist bei Finanzhilfen die jährliche Bewilligung im Haushalt erforderlich, bei Steuervergünstigungen dagegen nicht; sie sind also auch hinsichtlich der (zumindest theoretischen) Möglichkeit einer parlamentarischen Kontrolle den Finanzhilfen unterlegen[27].

Aus diesen Überlegungen leitet sich die einheitliche Forderung der Finanzwissenschaft ab, an die Stelle der Steuervergünstigungen müßten, sofern die Förderung überhaupt berechtigt ist, durchweg offene Subventionen mit einheitlichem Förderungssatz treten[28].

Diese Forderung hat, beispielsweise mit der Einführung von Investitionsprämien nach § 26 Kohlegesetz[29], der Investitionszulagen nach dem Investitionszulagengesetz[30] und der Vorschriften in § 19 Berlin-Förderungsgesetz[31] sowie der Arbeitnehmer-Sparzulage nach dem Dritten Vermögensbildungsgesetz[32] bereits eine gewisse Resonanz gefunden[33].

Nach Ansicht der zuständigen Referenten des Bundesfinanzministeriums sprechen allerdings auch einige Gesichtspunkte gegen die Umwandlung von Steuervergünstigungen in Finanzhilfen. Dies seien:
— „die aus der Umstellung resultierenden Haushaltsausweitungen,
— die höhere volkswirtschaftliche Steuerquote,

---

26 *Andel*, Subventionen, S. 150.
27 Die letzteren beiden Gesichtspunkte (mangelnde Transparenz und parlamentarische Kontrolle) sprechen auch gegen den Vorwegabzug von Vergünstigungen von den Steuereinnahmen. Zum letzten Gesichtspunkt auch *Mußgnug*, FS Forsthoff, 1972, S. 259 (277 f.).
28 Bericht der Einkommensteuerkommission, Untersuchungen zum Einkommensteuerrecht, 1964, Heft 7 der Schriftenreihe des Bundesministeriums der Finanzen, S. 32; Wissenschaftlicher Beirat beim Bundesministerium der Finanzen, Gutachten zur Reform der direkten Steuern in der Bundesrepublik Deutschland, 1967, Heft 9 der Schriftenreihe des Bundesministeriums der Finanzen, S. 17 f.; *Andel*, Subventionen, S. 150; *Neumark*, Grundsätze, S. 225; vgl. auch den früheren Bundesfinanzminister *Strauß*, Gegenwartsfragen der Finanz- und Steuerpolitik, in: Steuerberater-Jahrbuch 1967/68, S. 46: „Bei der Steuerpolitik sollten außerfiskalische Gesichtspunkte nur in Ausnahmefällen berücksichtigt werden, in denen das Ziel nicht auf andere Weise — z. B. durch offene Subventionen — erreicht werden kann."
29 Gesetz zur Anpassung und Gesundung des deutschen Steinkohlenbergbaus und der deutschen Steinkohlenbergbaugebiete v. 15. 5. 1968, BGBl. I S. 365.
30 Investitionszulagengesetz in der Fassung v. 24. 2. 1975, BGBl. I S. 528.
31 Gesetz zur Förderung der Berliner Wirtschaft (Berlin-Förderungsgesetz) in der Fassung v. 18. 2. 1976, BGBl. I S. 353.
32 Drittes Gesetz zur Förderung der Vermögensbildung der Arbeitnehmer (Drittes Vermögensbildungsgesetz) in der Fassung v. 15. 1. 1975, BGBl. I S. 252.
33 Investitionsprämien und Investitionszulagen unterscheiden sich dadurch, daß erstere nur bis zur Höhe der Steuerschuld, letztere dagegen ohne Rücksicht auf das Bestehen einer Steuerschuld voll gewährt werden.

G. Richtigkeitskontrolle durch die Verfassungsrechtsprechung

— die Notwendigkeit einer Überprüfung der Lastenverteilung, soweit sich finanzielle Verlagerungen zwischen den Gebietskörperschaften ergeben und
— der zusätzliche Verwaltungsaufwand"[34].

Diese Argumente erscheinen jedoch wenig überzeugend. Daß es der Regierung politisch auf ein möglichst geringes optisch in Erscheinung tretendes Haushaltsniveau und eine entsprechend geringe Steuerquote ankommt, ist kein Einwand gegen die Vernünftigkeit der Umwandlung, allenfalls ein Beleg, wie schwer es in der Politik häufig ist, das Vernünftige zu realisieren. Die Überprüfung der Verlagerung zwischen den Gebietskörperschaften ist letztlich auch kein überzeugender Einwand, sondern nur möglicherweise die Konsequenz aus einer vernünftigen Umschichtung. Das Argument vom zusätzlichen Verwaltungsaufwand erscheint dagegen nicht ganz unberechtigt, wenn auch nicht übersehen werden darf, daß auch Steuervergünstigungen zusätzlichen Verwaltungsaufwand mit sich bringen. Angesichts der schwerwiegenden Nachteile von Steuervergünstigungen kann m. E. jedenfalls auch das Verwaltungsargument die generelle Berechtigung der Forderung nach Abbau der Steuervergünstigungen als Ausfluß rationaler Politik nicht berühren.

Indes kommt es in der vorliegenden Arbeit nicht darauf an, hieb- und stichfest nachzuweisen, daß derartige wirtschaftspolitisch motivierte Steuervergünstigungen als verfassungswidrig zu beurteilen sind. Wenn dafür auch vieles spricht[35], bedürfte es für einen dahingehenden schlüssigen Nachweis doch tiefer in die einzelnen Regelungen eindringender Einzelbeurteilungen, die hier nicht durchgeführt werden können und auch nicht durchgeführt zu werden brauchen, weil es lediglich darum geht zu zeigen, daß das in dieser Arbeit entwickelte methodische Vorgehen es erlaubt, zu den eigentlichen Problemen vorzustoßen. Man sollte meinen, dies sei eine selbstverständliche Anforderung gerade auch an die verfassungsrechtliche Methodik. Daß dem nicht so ist, soll anhand der Interpretation des Gleichheitssatzes bei Beurteilung des Steuerinterventionismus durch Rechtsprechung und herrschende Rechtslehre (die durch Peter Selmer beispielhaft zusammengefaßt wird) dargelegt werden. Bei Behandlung des Topos der steuerlichen Gerechtigkeit und seiner Abwägung (oder besser: Nichtabwägung) gegenüber anderen Gemeinwohlwerten wird die abhanden gekommene vernunftrechtliche Tradition[36] und die daraus resultierende extreme Zurückhaltung der Rechtswissenschaft bei Beurteilung von öffentlichen Leistungen besonders deutlich.

Würde man sich der dem Verfassungsinterpreten m. E. aufgegebenen Optimierungsaufgabe[37] stellen, dann müßte man den Wert der Gerechtigkeit, der bei Steuerinterventionen regelmäßig verletzt ist, gegen die mit der Intervention verfolgten Ziele in dem Sinne abwägen, daß zu prüfen wäre, ob die Eignung, Erforderlichkeit und Verhältnismäßigkeit des Mittels zur Zielerreichung (mit dem erforderlichen Wahrscheinlichkeitsgrad) zu bejahen ist und kein Übermaß vorliegt. Statt dessen läßt Selmer (in seiner Zusammenfassung des Meinungsstandes) aber die Gerechtigkeitskomponente praktisch unter den Tisch fallen und schneidet damit den Abwägungsprozeß von vornherein zu Lasten der Steuergerechtigkeit ab. Er entwickelt folgende Argumentationskette: Gerechtigkeit heiße Ausschluß von Willkür, dieser liege aber bei einem Lenkungsgesetz quasi automatisch vor. Ihm sei die „willkürausschließende Kraft geradezu wesenseigen"[38]. In dieser Sicht bleibt dann kein Raum mehr für Fragen, wie

---

34 *Albrecht/Wesselkock*, Subventionen und Subventionspolitik, Bulletin der Bundesregierung 1972, S. 657 (660).
35 So auch *Vogel*, DStZ (A) 1975, S. 409 (413 ff.).
36 Im oben S. 54 ff. genannten Sinne.
37 *Hesse*, Verfassungsrecht, S. 28 ff.; oben S. 54 ff.
38 *Selmer*, Steuerinterventionismus, S. 358.

z. B. die, ob der Gerechtigkeitsverstoß zur Erreichung der wirtschaftspolitischen Vorteile unerläßlich ist oder ob es noch andere gleichfalls effiziente Mittel gibt, die zu keiner oder einer geringeren Beeinträchtigung des Gerechtigkeitswerts führen würden; denn ein solcher Gerechtigkeitsverstoß liegt dann qua definitione gar nicht mehr vor[39]. Dadurch, daß einer der kollidierenden Werte vorab „weggezaubert" wird, erübrigt sich eine Abwägung[40].

Selmer glaubt, diese Minimalisierung des Werts der Steuergerechtigkeit, deren Wahrung der Rechtswissenschaft doch eigentlich angelegen sein sollte, aus der von ihm unterstellten „Vagheit" und „Konturenlosigkeit"[41] des Grundsatzes der Steuergerechtigkeit folgern zu müssen. In Ermangelung einer dem Art. 134 WRV entsprechenden Bestimmung des Grundgesetzes fehle es „völlig an einem genuin steuerlichen und jedenfalls im Ansatz verfassungskräftig vorformulierten Maßstab", so daß die vom Bundesverfassungsgericht ausgesprochene Bindung des Gesetzgebers an einen spezifischen Grundsatz der Steuergerechtigkeit[42] „reichlich euphemistisch" erscheine[43].

Dieser Vorab-Verzicht auf „das Prinzip der Gleichmäßigkeit (als) eine wirksame Waffe gegen Ausnahmeregelungen aus rein (verbands-) politischen Motiven"[44] erscheint aber anfechtbar. Die Finanzwissenschaft hat sich in der Bundesrepublik in den letzten Jahrzehnten mit beträchtlichem Erfolg bemüht, Grundsätze der Steuergerechtigkeit zu entwickeln. Diese entbehren zwar wegen ihrer Abstraktionshöhe nicht selten der erforderlichen „Operationalisierbarkeit" für die Ableitung konkreter juristischer Konsequenzen[44a]; das schließt aber nicht aus, daß sich in der Zusammenarbeit von Finanzwissenschaft *und* Rechtswissenschaft[44b] doch die steuerlichen Tatsachen so zusammenstellen und aufbereiten lassen, daß sie an normativen steuerlichen Grundsätzen, insbesondere am Grundsatz der Steuergerechtigkeit, gemessen und damit bewertet werden können. In dieser Situation liegt für den Juristen, der sich — entsprechend dem Postulat Klaus Vogels — als „Fachmann" für die Verwirklichung von Gerechtigkeit ver-

---

39 Demgegenüber hat *Podlech* klargestellt, daß die Zulässigkeit der Ungleichbehandlung nicht schon aus der Zulässigkeit des mit der Ungleichbehandlung verfolgten Zieles begründet werden kann, sondern einer zusätzlichen Begründung bedarf; die Begründung, Rechtfertigung und „Heiligung" des Mittels aus dem Ziel ist nicht zulässig, weil die Gleichbehandlung als Ausfluß des Gerechtigkeitsgebots selbst ein letztes Ziel darstellt. Dazu auch Walter *Schmidt*, Der Staat 1973, S. 357 (358 f.); *Gäfgen*, Theorie der wirtschaftlichen Entscheidung, S. 103 f.
40 Die hier wiedergegebene Argumentation leitet *Selmer* aus einer Exegese der Rechtsprechung des Bundesverfassungsgerichts ab. Er scheint dabei aber die „Minimalisierung" des Gerechtigkeitswerts noch besonders zu akzentuieren.
41 *Selmer*, Steuerinterventionismus, S. 356 f., 361.
42 BVerfGE 6, S. 55 (70): „Das Grundgesetz enthält — anders als die Weimarer Reichsverfassung in Art. 134 — keine ausdrückliche Bestimmung darüber, nach welchem Grundsatz die Staatsbürger an den öffentlichen Lasten zu beteiligen sind. Es besteht jedoch kein Zweifel daran, daß der Gesetzgeber an den Grundsatz der Steuergerechtigkeit gebunden ist, der sich aus Art. 3 Abs. 1 GG ergibt." (st. Rspr.).
43 *Selmer*, Steuerinterventionismus, S. 357.
44 *Strickrodt*, Das Subventionsthema in der Steuerpolitik unter besonderer Berücksichtigung der Landwirtschaft, S. 49, vgl. auch I. *Münch*, VVDStRL 27, S. 89 f.; für eine intensivere Kontrolle mittels des Gleichheitssatzes plädiert auch *Peters*, VVDStRL 14, S. 78 f. Den bisher umfassendsten Versuch, mit Hilfe des Gleichheitssatzes zu einer intensiveren verfassungsrechtlichen Kontrolle zu kommen, unternimmt *Tipke*, bes. StuW 1971, S. 1 (5 ff.). Tipke entfaltet den Grundsatz der Besteuerung nach der Leistungsfähigkeit, der das Steuerrecht „als oberstes Prinzip beherrscht". *Tipke*, Die Steuerprivilegien der Sparkassen, S. 38; *ders.*, BB 1973, S. 157 (159); *ders.*, Steuerrecht, S. 35 ff.; 389 f. und passim. Tipke argumentiert auch weniger dahin, die Besteuerung nach der Leistungsfähigkeit sei in Art. 3 GG von vornherein zwingend vorgeschrieben, als dahin, daß der Gesetzgeber selbst sie zum systematischen Prinzip gemacht habe und sich konsequent an diese Wertung halten müsse.
44a *Vogel*, DStZ (A) 1977, S. 5 (6).
44b Zur Fruchtbarkeit einer solchen Zusammenarbeit und wechselseitigen Ergänzung: *v. Arnim*, Volkswirtschaftspolitik, 2. Aufl., S. 43 f. m. w. N.

G. Richtigkeitskontrolle durch die Verfassungsrechtsprechung

steht[44c], immerhin der Versuch nahe, der Gerechtigkeitsmaxime unter Heranziehung der Vorarbeiten der Finanzwissenschaft[45] einen höheren Stellenwert zu geben. Die Aufnahme der finanzwissenschaftlichen Vorarbeiten und der Versuch ihrer juristischen Konkretisierung und Verwertung liegen um so näher, als die moderne Finanzwissenschaft (wie auch die Theorie der Wirtschaftspolitik) sich eben der von Hesse für die Verfassungsinterpretation empfohlenen Methode der Wertabwägung mit dem Ziel einer relativen Optimierung bedient[46]. Aus der erforderlichen Zusammenarbeit von Rechts- und Finanzwissenschaft könnten sich durchaus die erforderlichen Teilstücke einer Art modernen Vernunftsrechts im oben genannten Sinn der Entwicklung von Richtigkeitskriterien[46a] ergeben.

Auch die Gefahr einer Überforderung der bisher fast ausschließlich „rein juristisch" ausgebildeten Richter würde für den Subventionsbereich in erträglicher Weise eingeschränkt, wenn dem unten vorgetragenen rechtspolitischen Vorschlag entsprochen und ein unabhängiger Sachverständigenrat zur sozialwissenschaftlichen Begutachtung von Subventionen (Subventionsrat) errichtet würde[47]. Durch seine Gutachten würde es der Gerichtsbarkeit zum einen erleichtert, eindeutige Gemeinwohlverstöße festzustellen; das wäre, wie auch sonst bei gerichtlicher Verwertung von Sachverständigengutachten, durchaus nicht gleichbedeutend mit der kritiklosen Übernahme der Voten des Subventionsrats durch die Verfassungsrechtsprechung (weshalb auch ein *gewisses* sozialwissenschaftliches Verständnis auf Seiten der Richter unerläßlich wäre)[48]. Zum anderen würde durch die Veröffentlichung der Gutachten auch die öffentliche Meinung tendenziell derart strukturiert, daß sie der Gerichtsbarkeit die lebenswichtige Rückendeckung geben könnte. Punktuell ist ein gewisses Zusammenwirken und In-die-Hände-Spielen von Gutachten von Sachverständigenräten und gerichtlicher Kontrolle bereits vereinzelt da und dort zu verzeichnen[49]. Es gilt, diese einzelnen

---

44c *Vogel*, DStZ (A) 1977, S. 5 (7).
45 Über die Notwendigkeit, bei Behandlung des Subventionsthemas die Erkenntnisse der Wirtschaftswissenschaften heranzuziehen, zu denen auch die Finanzwissenschaft gehört, zutreffend *Eppe*, Subventionen, S. 141. Auch *Tipke* greift maßgeblich auf finanzwissenschaftliche Überlegungen zurück unter Hinweis darauf, daß die Finanzwissenschaftler bisher die einzigen sind, die die Sachzusammenhänge von Grund auf durchdacht hätten (StuW 1971, S. 1 f.). Ebenso *Vogel*, DStZ (A) 1975, S. 409.
46 Oben S. 54 ff. Z. B. *Haller*, Finanzpolitik; *ders.*, Die Steuern, Grundlinien eines rationalen Systems öffentlicher Abgaben. — Der von *Selmer* (S. 357 FN 5) als Beispiel dafür angegebene Aufsatz von *Ammon*, daß die „Richtungslosigkeit eines spezifischen Prinzips der ,Steuergerechtigkeit' " auch aus finanzwissenschaftlicher Sicht bestätigt würde, ist veraltet.
46a Oben S. 5.
47 Unten S. 352 ff.
48 Oben S. 61 ff.
49 So weist der Bundesfinanzhof in der Baulandsteuerentscheidung darauf hin, daß die Maßnahme vom Wissenschaftlichen Beirat für Fragen der Bodenbewertung beim Bundesminister für Wohnungsbau vorgeschlagen worden war und schließt u. a. daraus, daß der Gesetzgeber die Maßnahme für geeignet halten durfte (BFH, 19. 4. 1968, BStBl. 1968 Teil II S. 620 (626). Auch wenn sich umgekehrt ein Sachverständigenrat gegen bestimmte Maßnahmen mangels Geeignetheit, Verhältnismäßigkeit etc. wendet, wären diese Darlegungen vom prüfenden Gericht zu berücksichtigen und könnten die Feststellung bzw. Abschätzung der seinswissenschaftlichen Grundlagen des richterlichen Spruchs wesentlich erleichtern. In der Entscheidung des Bundesverfassungsgerichts v. 2. 10. 1973 über den Stabilitätszuschlag (1 BvR 345/73, BB 1973, S. 1385) zieht das Bundesverfassungsgericht bei der Bejahung der Verfassungsmäßigkeit des Stabilitätszuschlages das Sondergutachten des Sachverständigenrats zur konjunkturpolitischen Lage im Mai 1973 (BT-Drucks. 7/530) heran, um die Rüge der Ungeeignetheit zu widerlegen. In seinem Beschluß über die Verfassungswidrigkeit des § 4 Abs. 1 Satz 5 EStG v. 11. 5. 1970 (Steuerfreiheit der Gewinne aus der Veräußerung landwirtschaftlicher Grundstücke) erwähnt das Bundesverfassungsgericht das Gutachten der sog. Einkommensteuerkommission und zieht es in der Sache auch heran. BStBl. 1970 Teil II S. 579 (584). Vgl. auch *Redeker*, DÖV 1971, S. 757 (759); *Redeker* geht davon aus, daß die richterliche Kontrolldichte sich verringert, wenn die Verwaltungsentscheidung an das Votum unabhängiger Sachverständiger gebunden ist. Er erwähnt in diesem Zusammenhang auch das Stabilitätsgesetz. Das gleiche gilt aber auch (eingeschränkt), wenn die Ver-

Ansätze aber nunmehr im Lichte der in dieser Arbeit entwickelten verfassungstheoretischen Gemeinwohlkonzeption zu verstehen und in eine Gesamtkonzeption einzupassen, die insbes. auch das funktionelle Zusammenwirken von unabhängigen Sachverständigenräten, Verfassungsgerichtsbarkeit und auch der öffentlichen Meinung bestimmt[50].

Gewiß ergibt sich, wie schon wiederholt betont wurde, auch bei der Heranziehung finanzwissenschaftlicher und auch sonstiger sozialwissenschaftlicher Methoden, die durch vermehrte Errichtung unabhängiger Gutachtergremien intensiviert würde, oft keine eindeutige positive Feststellbarkeit des Gemeinwohlrichtigen. Doch läßt sich bisweilen immerhin eindeutig zeigen, was nicht gerecht ist und auf welche Weise der Gerechtigkeitsverstoß ohne Verlust an wirtschaftspolitischer Effizienz wenigstens gemindert werden kann.

§ 37 Exkurs: Erweiterung der Klag- und Antragsbefugnisse zur Aktivierung der gerichtlichen Kontrolle

Wie oben dargelegt, kann (und soll) die Kontrolle durch die Rechtsprechung ein bedeutendes Gegengewicht gegen das Zukurzkommen nicht wirksam organisierter Interessen bilden[1] und auf diese Weise einen gewissen Ersatz für mangelhafte politische Kontrolle darstellen[2]. Nun beschränkt unsere Rechtsordnung allerdings die Klagbefugnisse herkömmlicherweise auf diejenigen, die in ihren Rechten verletzt, d. h. in ihren rechtlich geschützten Interessen unmittelbar und konkret betroffen, sind[3]. Diese verfahrensmäßige Privilegierung wirkt sich auch auf die materielle Interessenabwägung durch den Richter aus, weil die vom Kläger geltend gemachten Interessen verständlicherweise leicht überbewertet werden[4]. Damit stellt aber auch unser Rechtsschutzsystem eben die direkten Sonderinteressen in den Vordergrund, deren Virulenz und konkrete Erfaßbarkeit seitens der Betroffenen ohnehin schon zu ihrer größeren Durchsetzungskraft in der pluralistischen Willensbildung und Entscheidung führen und bewirken, daß allgemeine Interessen tendenziell zu wenig berücksichtigt werden[5]. Die Voraussetzung der individuellen Betroffenheit gibt damit auch unserem Rechtsschutzsystem eine „asoziale" und „unsolidarische" Note[6] und droht, im Ergebnis ebenfalls zu einer Bevorzugung von Individualinteressen und zu einer Diskriminierung von allgemeinen Interessen (Sozialinteressen) zu tendieren[7]. Hier hat die oben erwähnte traditionelle „Gemeinwohlferne" der Rechtsprechung[8] ihren tieferen Grund.

---

waltung (oder die Gesetzgebung) sich an solche Gutachten „freiwillig" hält. Umgekehrt muß sich die Kontrolldichte entsprechend erhöhen, wenn sie das Gegenteil dessen tut, was das Gutachten empfiehlt. Ferner *Zacher* (Wirtschaftsverfassung, in: *Scheuner*, Intervention, S. 569), der auf die Notwendigkeit eines dialektischen Austauschs zwischen Verfassungsgerichtsbarkeit und (unter anderem) Wissenschaft und Sachverstand bei der Verfassungsauslegung in der jeweiligen konkreten Situation hinweist.

50 Unten S. 328 ff., 355, 409.

1 Z. B. oben § 32 FN 135.
2 So besonders *Rehbinder/Burgbacher/Knieper*, Bürgerklage im Umweltrecht, S. 57, 121 ff., bes. 127 ff., 139 und passim; 132: Die Institutionalisierung der Bürgerklage solle „das gestörte Kräftegleichgewicht wiederherstellen". 139: Ihr Sinn sei die „Korrektur der Unvollkommenheiten des Pluralismusmodells". — Zur Problematik jüngst Walter *Schmidt*, DÖV 1976, S. 577 m. w. N.
3 Dazu (für die Prozeßgesetze des öffentlichen Rechts) *Rehbinder/Burgbacher/Knieper*, S. 24 ff.
4 *Rehbinder/Burgbacher/Knieper*, S. 123.
5 Oben S. 152 ff.
6 *Marcic*, Vom Gesetzesstaat zum Richterstaat, S. 330, 333.
7 *Kötz*, Klagen Privater im öffentlichen Interesse, S. 95 f.
8 Oben S. 250 m. FN 134.

G. Richtigkeitskontrolle durch die Verfassungsrechtsprechung

Die Beurteilung der primären Ausrichtung des Gerichtsschutzes auf Individualinteressen hängt wieder entscheidend vom zugrundeliegenden Vorverständnis ab[9]. Solange man in liberaler Tradition davon ausging, die Geltendmachung der direkten Individualinteressen werde im Gerichtsverfahren (ebenso wie im wirtschaftlichen Verkehr) mittelbar auch den Sozialinteressen zur Durchsetzung verhelfen[10] und auf diese Weise auch im Gerichtsverfahren im Wege eines (prozessualen) „Selbststeuerungsmechanismus"[11] das Gemeinwohl realisiert, war es nur konsequent, wenn man das Klagrecht auf die individuell Betroffenen beschränkte. Zum gleichen Schluß mußte man auch gelangen, solange man — entsprechend dem staatstheoretischen Dualismus der deutschen Staatsrechtslehre des 19. Jahrhunderts — die Wahrung des Gemeinwohls der „bürokratisch-monarchischen Staatsspitze"[12] anvertrauen zu können und bei dieser in guten Händen zu wissen glaubte. Für die Gerichte blieb dann nur noch die Wahrung der gesellschaftlichen Individualinteressen übrig, die man streng vom Allgemeininteresse sonderte. In der Tat sind dies die beiden Wurzeln, aus denen der Vorrang des gerichtlichen Individualrechtsschutzes erwuchs[13].

Jenes Vorverständnis ist heute aber nicht mehr haltbar: Die Vorstellung von der befriedigenden Selbststeuerung der Individualinteressen erlebte in der Bundesrepublik als Reaktion auf die nationalsozialistische Herrschaft zwar zunächst eine Renaissance[14], kann aber heute offenbar nicht mehr akzeptiert werden. Und auch der Glaube, die Wahrung der Allgemeininteressen sei in der Hand des (von den Gerichten zu trennenden) „Staates" optimal aufgehoben, erweist sich unter heutigen Verhältnissen als unrealistisches Wunschdenken; allgemeine Interessen kommen im Gegenteil bei der politischen Willensbildung typischerweise zu kurz. Zeigt sich so aber die Unhaltbarkeit und Überholtheit des die klassische Funktion der Gerichte tragenden Vorverständnisses, dann muß auch diese Funktion überdacht und geprüft werden, wie weit und auch auf welche Weise die Gerichte zum Schutz andernfalls zu kurz kommender Interessen beitragen können.

In den vorangehenden Paragraphen wurde bereits versucht, dazu einige materiell-rechtliche Ansätze zu entwickeln. Wer darüber nachdenkt, wie die Rechtsprechung „zur wirklichen Mobilisierung und Effektuierung"[15] der allgemeinen Interessen besser eingesetzt werden kann, muß aber auch überlegen, wie die Beschränkung auf den individuellen Rechtsschutz von Sonderinteressen aufgehoben und die gerichtliche Wahrnehmung allgemeiner Interessen prozessual erleichtert werden kann. In der Tat: Soweit die Rechtswissenschaft bisher überhaupt das Zukurzkommen allgemeiner Interessen erkannt und zum Thema juristischer Erörterungen und institutioneller Reformvorschläge gemacht hat, konzentrieren sich die Überlegungen, „wie und in welcher Organisationsform die Allgemeinheit aktiviert werden soll"[16], meist auf die Diskussion einer Erweiterung der gerichtlichen Klagemöglichkeiten[17]. Wenn Zacher[18] die Rechtswissenschaft auffor-

---

9 *Rehbinder/Burgbacher/Knieper*, S. 49.
10 So vor allem *Ihering*, Der Kampf ums Recht, 4. Aufl. 1874, 46 ff.
11 *Bender*, ZRP 1974, S. 235 (237).
12 *Rehbinder/Burgbacher/Knieper*, S. 55.
13 So auch *Rehbinder/Burgbacher/Knieper*, S. 26 f., 51, 53, 55 f. jeweils m. w. N.
14 Oben S. 88 f. *Rehbinder/Burgbacher/Knieper*, S. 131 f. m. w. N.
15 So *Rupp*, ZRP 1972, S. 32 (33) mit Bezug auf den Umweltschutz.
16 *Rehbinder/Burgbacher/Knieper*, S. 96 f.
17 So vor allem *Rehbinder/Burgbacher/Knieper*, Bürgerklage im Umweltrecht, S. 138 f. und passim; *Faber*, Die Verbandsklage im Verwaltungsprozeß, S. 39, 58, 81 f.; *Kötz*, Klagen Privater im öffentlichen Interesse, S. 96 f., 102.
18 VVDStRL 30, S. 153 f.

dert, „adäquate Institutionen"[19] zu entwickeln, „die wegführen von dem richterlichen Rechtsschutz" und sich mit dieser Begründung gegen die von Häberle[20] zur Diskussion gestellte Erweiterung des gerichtlichen Rechtsschutzes in Richtung auf die Popularklage wendet, so ist dies wohl als ein an den Juristen gerichtetes Plädoyer zu verstehen, nicht *nur* den Gerichtsschutz in den Blick zu nehmen und andere, vielleicht noch wichtigere institutionelle Möglichkeiten, die leicht aus dem herkömmlichen juristischen Gesichtsfeld herausfallen, zu vernachlässigen. Dem wird in den folgenden Paragraphen entsprochen werden. Zachers Plädoyer kann richtigerweise aber nicht dahin verstanden werden, den Weg, die Durchsetzungskraft allgemeiner Interessen durch Erweiterung des gerichtlichen Rechtsschutzes zu erhöhen, von vornherein auszulassen. Es kann nicht um die Alternative gehen: gerichtlicher Rechtsschutz oder institutionelle Stärkung der allgemeinen Interessen im Verfahren der pluralistischen Willensbildung, sondern sinnvollerweise nur um ein Sowohl-als auch. Dies leuchtet schon deshalb ein, weil ein effektiver Rechtsschutz nicht nur Sanktionswirkung im speziellen Klagefall entfaltet, sondern „vorwirkt" auf den pluralistischen Willensbildungs- und Entscheidungsprozeß. Die Präventivwirkung einer erweiterten jederzeit verfügbaren gerichtlichen Kontrollmöglichkeit läßt bereits bei der pluralistischen Willensbildung eine verstärkte Berücksichtigung allgemeiner Interessen erwarten. Sie liegt damit auch im Sinne der für die Gemeinwohlkonformität dieser Willensbildung und Entscheidungen politisch verantwortlichen Instanzen, weil diese die mögliche Gerichtskontrolle dem Anspruch der mächtigen Partikularverbände auf einseitige Interessenbevorzugung entgegenhalten können[21].

Für eine Aktivierung der Rechtsprechung zum Schutze allgemeiner Interessen werden eine Reihe von Ansatzpunkten diskutiert, insbes. (a) die Einführung der Popularklage in bestimmten Fällen, (b) die Zulassung von bestimmten Kategorien der Verbandsklage und (c) der Ausbau der Institution des „Vertreters des öffentlichen Interesses".

Popularklage
Ansätze im geltenden Recht

Eine echte Popularklage besteht bereits in bestimmten Teilbereichen des Wirtschaftsrechts. § 11 Abs. 1 Sätze 2, 3 und 4 WZG, §§ 13, 15, 37 PatG, §§ 7, 10 Abs. 3 GebrMG geben jedermann die Befugnis, gegen bestimmte Formen rechtswidriger Erteilung und Aufrechterhaltung von Warenzeichen, Patenten und Gebrauchsmustern Klage zu erheben[22]. Als Begründung werden übereinstimmend „öffentliche Interessen" genannt[23]; der Kläger wird als „Funktionär der Allgemeinheit" tätig[24].

Auf Verfassungsebene besteht in Bayern eine im Gegensatz zu den vorgenannten Klagemöglichkeiten nicht auf den ökonomischen Bereich beschränkte Popularklage nach Art. 98 Satz 4 der Bayerischen Landesverfassung (i. V. m. Art. 53 Abs. 1 Satz 1 VerfGHG), nach der jedermann die Verfassungswidrigkeit von

---

19 *Zacher* scheinen dabei sachverständige, unabhängige, aber eben nichtrichterliche Institutionen vorzuschweben. Als Beispiel nennt er den gesamtwirtschaftlichen Sachverständigenrat.
20 VVDStRL 30, S. 127.
21 So auch *Rehbinder/Burgbacher/Knieper*, S. 46 f. und passim.
22 *Rehbinder/Burgbacher/Knieper*, S. 95 ff.
23 Statt vieler *Baumbach/Hefermehl*, Wettbewerbs- und Warenzeichenrecht II, 10. Aufl. 1969, § 11 WZG, Anm. 4.
24 *Rehbinder/Burgbacher/Knieper*, S. 96.

G. Richtigkeitskontrolle durch die Verfassungsrechtsprechung

Gesetzen und Verordnungen beim Verfassungsgerichtshof geltend machen kann[25].

Auch bei den Konkurrentenklagen nach § 13 Abs. 1 UWG, § 2 Abs. 1 Satz 1 ZugabeVO, § 12 Abs. 1 RabattG werden „jedem Gewerbetreibenden, der Waren oder Leistungen gleicher oder verwandter Art herstellt oder in den geschäftlichen Verkehr bringt", Klagebefugnisse ohne Rücksicht auf die persönliche Betroffenheit gewährt. Gleiches gilt für „Verbände zur Förderung gewerblicher Interessen..., soweit die Verbände als solche in bürgerlichen Rechtsstreitigkeiten klagen können", d. h. im Normalfall: rechtsfähig sind. Hier handelt es sich zwar nicht um echte Popularklagen[26], weil nicht quivis ex populo, sondern nur Mitglieder bestimmter Gruppen, nämlich Wettbewerber und rechtsfähige „Verbände zur Förderung gewerblicher Interessen", klagen können, doch auch hier ist das Schutzbedürfnis des Konkurrenten nicht Selbstzweck: Die genannten Klagen dienen der objektiven Rechtsordnung. „Sie gewähren einen Rechtsschutz, der sich nicht am subjektiven Aktionensystem des materiellen Zivilrechts, sondern an den objektiven Erfordernissen des ‚lauteren' und ‚funktionierenden' Wettbewerbs orientiert"[27], der Allgemeinheit dient[28] und an dessen Aufrechterhalten deshalb ein öffentliches Interesse besteht[29]. Die Kläger werden somit „gleichsam als Vertreter des öffentlichen Interesses"[30] tätig[31]. Es handelt sich also auch hier um einen „Klagetyp, der, losgelöst von dem der Durchsetzung subjektiver Rechte dienenden Individualklagesystem, der Überprüfung einer Maßnahme ausschließlich am Maßstab des objektiven Rechts und des Wohls aller gewidmet ist"[32].

Ausbau der Popularklage?

Die Einführung der Popularklage ist in jüngerer Zeit vor allem im Umweltschutzrecht befürwortet worden. So setzen sich Picht, Brech, Häfele und Kriele dafür ein, „daß eine verwaltungsgerichtliche Klage in Fragen des Umweltschutzes auch von Personen erhoben werden darf, die nicht in eigenen Rechten betroffen sind, wenn das Gericht feststellt, daß das Verfahren umweltrelevant und von grundsätzlicher Bedeutung ist"[33]. Ein besonders eindringliches Plädoyer für eine umfassende „Bürgerklage im Umweltrecht" haben Rehbinder, Burgbacher und Knieper abgegeben[34]. Nach ihrem Vorschlag soll jedem Bürger (wie auch bestimmten Verbänden) als „Funktionär der Allgemeinheit"[35] ein Klagerecht zur Erzwingung des gesetzmäßigen Vollzugs der Rechtsnormen des Umweltrechts gegeben werden.

Wie die Umweltschutzdiskussion zeigt, wird die Einführung der Popularklage derzeit vornehmlich unter dem Aspekt einer effektiven Kontrolle der Verwaltung erörtert. Aus dieser Diskussion lassen sich auch Anhaltspunkte für die Beurteilung der in dieser Arbeit im Vordergrund stehenden gerichtlichen Kontrolle von

---

25 Zur bayerischen Popularklage Wintrich, Schutz der Grundrechte durch Verfassungsbeschwerde und Popularklage, Regensburg 1950.
26 Ungenau: Scholz, Wirtschaftsaufsicht und subjektiver Konkurrentenschutz, S. 84.
27 Scholz, Wirtschaftsaufsicht, S. 83.
28 Oben S. 178.
29 Rehbinder/Burgbacher/Knieper, S. 99 ff.
30 Bussmann, Mitteilungen der Deutschen Patentanwälte 1969, S. 312 (318).
31 Scholz, Wirtschaftsaufsicht, S. 84.
32 Rupp, ZRP 1972, S. 35.
33 Picht u. a., Gutachten zur wissenschaftlichen Beratung der Bundesregierung in Umweltfragen, S. 565 (576).
34 Rehbinder/Burgbacher/Knieper, Bürgerklage im Umweltrecht.
35 A.a.O., S. 118 ff.

Gesetzgebung und Regierung[36] gewinnen; sie ist deshalb auch hier von zumindest mittelbarem Interesse. Von direktem Interesse ist dagegen der Vorschlag zur Einrichtung einer Popularklage im Bereich der Verfassung, wie ihn vor allem René Marcic propagiert hat[37]. Marcic tritt nachdrücklich dafür ein, jedermann „nach bayerischem Vorbild"[38] die Popularklage zu geben. Sobald man begreife, „daß jedermann, quivis ex populo und alle ein gleichwertiges Interesse an der Aufrechterhaltung der objektiven Rechtsordnung haben und haben müssen, wo immer eine Störung sich zeigt"[39], sei die Weiche in Richtung auf die Popularklage gestellt. Es würden zwar immer wieder Einwände gegen die Popularklage vorgebracht[40], die auch durchaus ernst zu nehmen seien. „Aber die Tendenz weist in diese Richtung. Die Popularklage bildet gleichsam den Schlußstein im Gefüge des demokratischen Rechtsstaates"[41]. Die Einführung der Popularklage würde zu einer gewissen Machtverschiebung von der Legislative und Exekutive (auf der einen Seite) hin zur Verfassungsgerichtsbarkeit (auf der anderen Seite) führen, wäre aber der verfassungsgerichtlichen Normenkontrolle durchaus nicht wesensfremd[41a].

Kennzeichen der Popularklage ist die Betonung der Wahrung des objektiven Rechts als Aufgabe der Rechtsprechung und das Zurücktreten der Verletzung subjektiver Rechte des Klägers. Daß ein Bedürfnis für die objektive Überprüfung von Gesetzen ohne Rücksicht auf die subjektive Beschwer des Antragstellers tatsächlich besteht, zeigt sich auch in der Rechtsprechung des Bundesverfassungsgerichts, vor allem im Verfassungsbeschwerdeverfahren. So hatte der Beschwerdeführer im Diäten-Urteil[42] sein Begehren darauf beschränkt, zwei Vorschriften für verfassungswidrig zu erklären, von denen die eine die Unvereinbarkeit des Landtagsmandats mit dem vom Beschwerdeführer ausgeübten Beruf betraf, während die andere eine höhenmäßige Begrenzung des Ruhegehalts aus dem (mit dem Mandat unvereinbaren) Beruf festlegte. Dennoch ist das Gericht in seinem Urteil weit darüber hinausgegangen und hat auch Bestimmungen, die Ruhegehaltsregelungen für Beamte und Angestellte des öffentlichen Dienstes und die Steuerfreiheit der Abgeordnetendiäten betreffen, behandelt und im Tenor für verfassungswidrig erklärt. Zudem hat das Urteil sich in den Gründen keineswegs auf die Behandlung des (vom Beschwerdeführer allein gerügten) saarländischen Diätenrechts beschränkt, sondern sich ausführlich auch mit dem Diätenrecht des Bundestages befaßt, welches das Gericht offenbar vornehmlich treffen wollte.

Man hat dem Gericht deshalb ein Verlassen des Streitgegenstandes in „eigenmächtiger Kompetenzüberschreitung" und die Inanspruchnahme einer ihm nicht zustehenden „Selbstinitiative"[43] vorgeworfen. Die Kritiker lassen indes die Frage aus, was *für* eine derartige Betonung der objektiven Elemente der Verfassungsbeschwerde (gegen Gesetze) und somit auch für die vom Gericht vorgenommene Auslegung der einschlägigen Bestimmungen des Bundesverfassungsgerichtsgesetzes[44] spricht. Auch hier ist wie-

---

36 Oben S. 146 f.
37 *Marcic*, Vom Gesetzesstaat zum Richterstaat, S. 255 ff., 328 ff.; ders., FS Gebhard *Müller*, 1970, S. 217 (226 ff. m. w. N.); vgl. auch *Häberle*, VVDStRL 30, S. 127.
38 Vom Gesetzesstaat zum Richterstaat, S. 331.
39 Vom Gesetzesstaat zum Richterstaat, S. 330.
40 So lehnt *Kelsen* die Popularklage im Bereich des Verfassungsrechts mit der Begründung ab, „die Gefahr einer unerträglichen Überlastung des Verfassungsgerichts wäre zu groß". *Kelsen*, VVDStRL 5, S. 30 (74). Die Befürchtung *Kelsens* hat sich bei der bayerischen Popularklage nicht als berechtigt erwiesen: *Spanner*, BayVBl. 1972, S. 425 (427); *Pestalozza*, Verfassungsprozessuale Probleme in der öffentlich-rechtlichen Arbeit, 1976, S. 190.
41 Vom Gesetzesstaat zum Richterstaat, S. 255.
41a Vgl. *Söhn*, FG BVerfG I, S. 292 (296 f.).
42 BVerfGE 40, 296.
43 Minderheitsvotum *Seuffert* BVerfGE 40, 330 (333 f., 348 f.); *Henkel*, DÖV 1975, S. 819; *Menger*, VerwArch 1976, S. 303 (311, 315).
44 Insbes. § 78 Satz 2 BVerfGG. Dazu *Menger*, VerwArch 1976, S. 303 (309 f.).

G. Richtigkeitskontrolle durch die Verfassungsrechtsprechung

der das Vorverständnis von entscheidender Bedeutung: Je größer die Chance ist, daß im Gesetzgebungsverfahren allgemeine Interessen auch gegenüber den Sonderinteressen der direkt Betroffenen angemessen zur Geltung kommen[45], desto eher kann man sich auf die subjektive Komponente der Verfassungsbeschwerde beschränken[46]. Umgekehrt gilt es, auch die objektiven Komponenten der Verfassungsbeschwerde zu betonen, wenn die Richtigkeitschance abnimmt — und bei Diätenregelungen durch die davon selbst betroffenen Abgeordneten ist sie offenbar besonders gering[47].

Die Popularklage könnte die Durchsetzungskraft allgemeiner Interessen stärken. Ein wichtiger Grund für politische Apathie liegt ja darin, daß der einzelne Bürger als einer von Millionen keinen merklichen politischen Einfluß ausüben kann und, selbst wenn er es könnte, die aufgrund dieses Einflusses zustandegekommenen politischen Entscheidungen ohnehin nicht ihm zugeschrieben würden[48]. Die Einführung der Popularklage gäbe dem einzelnen Bürger nun eine gewichtige Wirkungsmöglichkeit in die Hand[49], und das Ergebnis einer erfolgreichen Popularklage würde — neben dem Gericht — auch dem Kläger zugerechnet. Die Popularklage erscheint deshalb sowohl unter dem Aspekt der inhaltlichen Richtigkeit gemeinschaftserheblicher Entscheidungen (material-demokratischer Aspekt) als auch unter dem Aspekt der Mitwirkungsmöglichkeit des Bürgers an solchen Entscheidungen (formal-demokratischer Aspekt)[50] zu befürworten[51].

Auf der anderen Seite wird man in die bloße Einführung der Popularklage keine übermäßigen Hoffnungen setzen dürfen. Selbst wenn jedermann die rechtliche Möglichkeit eröffnet würde, eine gerichtliche Rechtmäßigkeitsprüfung zu erzwingen, wäre ja nur sehr beschränkt damit zu rechnen, daß von dieser Möglichkeit *tatsächlich* auch Gebrauch gemacht würde. Kennzeichen der Beeinträchtigung allgemeiner Interessen ist es ja, daß der Schaden sich auf eine große Zahl von Betroffenen verteilt[52]. Typischerweise erleidet deshalb eine relativ große Zahl Betroffener einen jeweils relativ geringfügigen Nachteil. Wegen der so bewirkten „Atomisierung" der Einzelschäden wird aber die Interessenbeeinträchtigung des Einzelnen meist so gering sein, daß es sich für ihn in Anbetracht des Aufwands an Mühe, Zeit und Geld, den ein Rechtsstreit verlangt, wirtschaftlich nicht lohnt zu prozessieren[53]. Diese Einschränkung der Erwartung, die man vernünftigerweise in die Wirksamkeit der Popularklage setzen kann, rechtfertigt allerdings

---

45 In diesem Sinne Minderheitsvotum *Seuffert*, BVerfGE 40, 330 (349 f.).
46 Wie dies besonders *Menger*, VerwArch 1976, S. 303 ff., befürwortet.
47 *v. Arnim*, Abgeordnetenentschädigung und Grundgesetz, S. 73 ff.; *ders.*, Reform der Abgeordnetenentschädigung, S. 45; *Häberle*, NJW 1976, S. 537 (542 f.). Die eingeschränkte Richtigkeitschance von Diätengesetzen zeigt sich nicht nur in der Unfähigkeit der Bundes- und Landesgesetzgeber, ihre gravierenden Mängel aus eigener Initiative zu beheben, sondern auch darin, daß die Parlamente in ihren Stellungnahmen im Diätenverfahren vor dem Gericht die verfassungsrechtliche Relevanz dieser Mängel bestritten; teils wurden die Mängel nicht einmal als solche anerkannt (BVerfGE 40, 296 [299–308]). Folge der geminderten Richtigkeitschance von Gesetzen im Diätenbereich ist die „mißtrauische" (so *Seuffert*, Minderheitsvotum, BVerfGE 40, S. 349 f.) Grundeinstellung, die das Gericht insoweit gegenüber dem Gesetzgeber einnimmt (BVerfGE 40, z. B. S. 316 f.).
48 Oben S. 154.
49 *Rehbinder/Burgbacher/Knieper*, S. 157: Mit der Einführung der Popularklage würde „einer der manifesten Gründe für bisherige politische Apathie des Bürgers: nämlich das Fehlen politischer Wirkungsmöglichkeiten beseitigt". Dies gilt in besonderem Maße für die Verfassungsgerichtsbarkeit: *Marcic*, FS Geb. *Müller*, S. 227 f.: „Im Staat der Gegenwart ist die Verfassungsgerichtsbarkeit einer der wenigen zuverlässigen Wege, auf denen jedermann, quivis ex populo, Einfluß nehmen kann auf den Inhalt der Verfassungsgesetze und der einfachen Gesetze. Und just diesen Weg will man ihm nicht freigeben? Welch ademokratischer Anachronismus!"
50 Näheres zu diesen Begriffen oben S. 43 ff.
51 Zum demokratischen Moment der Popularklage *Rehbinder/Burgbacher/Knieper*, S. 134 ff. m. w. N. Vgl. auch oben S. 241 mit FN 50–52.
52 Oben S. 157.
53 *Kötz*, Klagen Privater im öffentlichen Interesse, S. 70 f.; 79; *Rupp*, JZ 1971, S. 401 (402); *Rehbinder/Burgbacher/Knieper*, 45 f., S. 150 f.

schwerlich die Ablehnung der Vorschläge. Im Gegenteil: Mit der realistischen Einschätzung der tatsächlich zu erwartenden Klagbereitschaft verliert auch das Hauptargument gegen die Popularklage an Gewicht: nämlich die Befürchtung, daß die Gerichte in der Unzahl der Klagen ersticken würden[54].

Andererseits wäre auch wieder nicht zu befürchten, daß die Einführung der Popularklage zum Schutze allgemeiner Interessen überhaupt keine Wirkung hätte. Selbst wenn es sich bei Zugrundelegen einer individuellen Aufwand-Nutzen-Bilanz *wirtschaftlich* nicht lohnt, einen Prozeß anzustrengen, wird es immer wieder Kläger geben, die sich nicht wie ein homo oeconomicus verhalten, sondern bereit sind, Mühe, Zeit und Geld freiwillig im Interesse der Allgemeinheit aufzuwenden[55]. Derart „idealistisches Verhalten"[56] wird zwar nicht der „Normalfall" sein. Es dürfte jedoch ausreichen, wenn sich auch nur ein relativ kleiner Anteil der möglichen Kläger zu einem solchen echt staatsbürgerlichen Verhalten bereit fände. Die Popularklage hätte hier die Funktion, solch staatsbürgerliches Verhalten in seiner Wirkkraft zu multiplizieren; die starke Einflußchance, die die Popularklage verschafft, ließe sich als eine Art Prämie auf staatsbürgerliches Verhalten auffassen.

Verbandsklage
Geltendes Recht

Bei Behandlung der Konkurrentenklage wurde bereits darauf hingewiesen, daß neben den Wettbewerbern auch „Verbände zur Förderung gewerblicher Interessen"[57] ein (Unterlassungs-)Klagerecht gegen Wettbewerbsverstöße haben[58]; § 35 Abs. 2 GWB weist das Klagerecht sogar ausschließlich solchen Verbänden zu. Derartige Klagerechte von Konkurrenten und gewerblichen Verbänden reichen aber offenbar nicht aus, um die im Interesse der Allgemeinheit übertragene Aufgabe der Aktualisierung des Wettbewerbsrechts zu erfüllen. Zur Durchsetzung des Gesetzes gegen Wettbewerbsbeschränkungen wurden deshalb besondere Kartellbehörden vorgesehen (§§ 44 ff.), insbes. wurde das Bundeskartellamt als selbständige Bundesoberbehörde errichtet (§§ 48 ff.). Einen anderen Weg beschritt man im Gesetz gegen unlauteren Wettbewerb, um das auch hier bestehende Durchsetzungsdefizit zu bekämpfen: Die Klagebefugnis wurde durch die Novelle vom 21. 7. 1965 auf Verbände ausgedehnt, „zu deren satzungsmäßigen Aufgaben es gehört, die Interessen der Verbraucher durch Aufklärung und Beratung wahrzunehmen" (§ 13 Abs. 1 a UWG)[58a]. Das Durchsetzungsdefizit, dem damit begegnet werden sollte, hatte vor allem darin seinen Grund, daß „die in einem Verband zusammengeschlossenen Mitglieder eines Gewerbezweigs gewisse Formen der Werbung oder ein bestimmtes Geschäftsgebaren gegenseitig dulden", auch wenn darin in der Sache „nicht selten schwerwiegende Wettbewerbsver-

---

54 Zum „Prozeßflutargument" *Rehbinder/Burgbacher/Knieper*, S. 140 ff. Vgl. auch die Angaben oben in FN 40.
55 Um solche privaten Initiativen im öffentlichen Interesse zu erleichtern, könnte man daran denken, das Risiko der Prozeßkosten (Gerichtskosten, Anwaltsgebühren, Sachverständigenkosten) für den Kläger zu verringern oder unter bestimmten Voraussetzungen ganz auf die öffentliche Hand zu verlagern. Zu einigen rechtsvergleichenden Aspekten dieser Frage *Kötz*, Klagen Privater im öffentlichen Interesse, S. 72 ff.
56 *Rehbinder/Burgbacher/Knieper*, S. 179: Die Rechtsordnung mache sich bei der Bürgerklage „den Idealismus der nicht selbst verletzten Rechtsgenossen zunutze".
57 Dies sind Selbsthilfeorganisationen der Wirtschaft, die sich im 19. Jahrhundert gebildet hatten, um Aufgaben der mit Einführung der Gewerbefreiheit abgeschafften Zünfte zu übernehmen. *Hadding*, JZ 1970, S. 305 (309 f.).
58 Oben S. 306.
58a Vgl. jetzt auch § 13 Abs. 2 des Gesetzes zur Regelung des Rechts der Allgemeinen Geschäftsbedingungen v. 9. 12. 1976, BGBl. I S. 3317.

stöße" liegen⁵⁹; die Mitbewerber und die aus ihnen zusammengesetzten Gewerbeverbände können mit anderen Worten an der Nichtanwendung des Gesetzes interessiert sein, wenn sich dabei für alle Konkurrenten ein Vorteil auf Kosten der Marktgegenseite, insbes. der Verbraucher, ergibt. Damit wird hier aber die Kongruenz von Individual- und Allgemeininteressen aufgehoben[60]. Insofern fallen Konkurrenten und ihre Verbände als „Funktionäre der Interessen der Allgemeinheit" offenbar aus. Es ist bei diesen Gegebenheiten durchaus konsequent, das Klagrecht auf solche Verbände auszudehnen, die die Interessen der Verbraucher wahrnehmen und von denen deshalb zu erwarten ist, daß sie gegen Wettbewerbsverstöße, die auf Kosten der Verbraucher gehen, vorgehen.

Die Gewährung des Klagrechts an Verbraucherverbände gibt die Möglichkeit, die nur relativ schwach organisierbaren Verbraucherinteressen mit Hilfe der Gerichte zu aktivieren. Die gegenüber den Produzentenverbänden an sich unzureichende „countervailing power" (Galbraith) der Verbraucherverbände wird mit Hilfe der Zugangsmöglichkeit zu den Gerichten „aufgerüstet". Das Klagrecht wirkt so im Ergebnis als eine Art Hebel zur besseren Durchsetzung andernfalls leicht zu kurz kommender Allgemeininteressen. Es spricht viel dafür, daß die Rechtsordnung auch in anderen Bereichen allgemeinen Interessen mittels Gewährung der Verbandsklage an „public-interest-Organisationen"[61] zu Hilfe kommen und die Durchsetzungskraft allgemeiner Interessen auf diese Weise mit rechtlichen Mitteln verstärken könnte und sollte.

Ausdehnung der Verbandsklage de lege ferenda

Ähnliche Erwägungen, wie sie zur Einführung der Verbandsklage nach § 13 Abs. 1 a UWG geführt haben, vor allem ihre Gegengewichts- und Verstärkerfunktion, legen die Einführung der Verbandsklage auch im Interesse anderer allgemeiner und deshalb typischerweise untergepflügter Interessen nahe. Faber bemerkt, „eine Klagebefugnis ‚gemeinnütziger Vereinigungen' (im weitesten Sinne) zugunsten nicht organisierter oder nur schwer organisierbarer Interessen gegen Verletzungen des objektiven Rechts" sei „besonders dringlich"[62]. Vor allem die Interessen der Menschen als Umweltbenutzer und als Steuerzahler bedürften einer solch stärkeren Durchsetzungskraft, die die Verbandsklage ihnen und ihren — an sich zu schwachen — Verbänden verschaffen könnte.

Eben diese Konzeption liegt denn auch der von Rehbinder[63], Rupp[64] und anderen[65] empfohlenen Verbandsklage im Umweltschutzrecht zugrunde; gleiches gilt wesentlich auch für die von Rehbinder, Burgbacher und Knieper propagierte „Bürgerklage im Umweltrecht", denn auch sie gehen davon aus, in der Praxis werde die Anrufung der Gerichte hauptsächlich von Verbänden (Umweltschutzorganisationen) zu erwarten sein. Als Zulassungsvoraussetzungen schlagen Rehbinder, Burgbacher und Knieper einmal das Vorliegen hinreichender Erfolgsaussichten vor, die in einer summarischen Vorprüfung analog dem Armenrechtsverfahren (§§ 114 ff. ZPO) oder dem Verfahren gem. § 93 a BVerfGG zu ermitteln sind[66]. Zum zweiten soll die Klagzulässigkeit voraussetzen, daß die Umweltorga-

---

59 BT-Drucks. IV/2217, S. 3.
60 *Rehbinder/Burgbacher/Knieper*, S. 102.
61 *Rehbinder/Burgbacher/Knieper*, S. 133.
62 *Faber*, Verbandsklage, S. 92.
63 *Rehbinder*, ZRP 1970, S. 250 (255).
64 *Rupp*, JZ 1971, S. 401 (402 f.); ders., ZRP 1972, S. 32 (34 f.).
65 *Rehbinder/Burgbacher/Knieper*, S. 152.
66 *Rehbinder/Burgbacher/Knieper*, S. 153 f.

nisation am vorangehenden Verwaltungsverfahren beteiligt war[67]. Die Verknüpfung mit dem Verwaltungsverfahren hat deshalb einen guten Sinn, weil die Wirkung der Klagmöglichkeit wesentlich von ihrem Präventiveffekt erwartet wird: Die (spätere) Klagmöglichkeit erscheint nur als ultima ratio und soll ihre Wirkung vor allem als ein Mittel entfalten, mit dessen Hilfe Druck in Richtung auf eine bessere Berücksichtigung von Allgemeininteressen bereits im behördlichen Planungs- und Entscheidungsverfahren ausgeübt werden kann[68].

Aus analogen Erwägungen dürfte auch die Einführung der Klagebefugnis von Steuerzahlerverbänden zu befürworten sein; allerdings fehlt hier bislang noch die umfassende Auslotung der Problematik durch die wissenschaftliche Literatur, die hinsichtlich der Klagebefugnis von Verbraucher- und Umweltschutzverbänden schon weit forgeschritten ist.

Einwände

Gegen die Erteilung von Klagebefugnissen an Verbände, insbesondere an Verbraucher- und Umweltschutzverbände, sind Einwände erhoben worden, die hier jedenfalls in groben Strichen skizziert und gewürdigt werden müssen.

Gegen die Klagebefugnis von Verbraucherverbänden ist der Einwand erhoben worden, es lasse sich letztlich „weder erkennen noch verhindern, daß durch Zweck- und Mißbrauchsgründungen oder durch verbandsinterne Mitglieder- und Motivationsvorgänge die Verbandsklagebefugnis zu einer Popularklagbefugnis funktionalisiert" werde[69]. Das mag zutreffen, kann m. E. durchgreifende Bedenken gegen die Verbandsklage aber nicht tragen: Die Einführung der Popularklage liegt durchaus i. S. des Anliegens dieser Arbeit. Auch die Möglichkeit angeblich mißbräuchlicher Verbandsgründungen ist bei Lichte besehen keine Gefahr, sondern eher ein Segen für die Durchsetzung allgemeiner Interessen. Die Problematik ist besonders bei „Verbraucherverbänden" hochgekommen, denen es oft nicht primär auf die Durchsetzung lauteren Wettbewerbs, sondern auf die Erlangung von Anwaltsgebühren bei gewonnenen Prozessen ankam[70]. Die Praxis solcher „Vereine zur Förderung anwaltlicher Gebühreninteressen" ist scharf kritisiert worden[71]. Die Kritik überzeugt aber nur bei oberflächlicher Betrachtung. Sie erinnert an die vordergründige Kritik am „Unternehmerprofit", die darauf hinweist, daß es den Unternehmern in der Tat nicht auf die möglichst gute Güterversorgung der Verbraucher ankommt, sondern in erster Linie auf die Erzielung möglichst hohen Gewinns und daraus die kurzschlüssig-naive Konsequenz zieht, die Tätigkeit der Unternehmer müsse dem Konsumenteninteresse notwendigerweise entgegenlaufen. Schumpeter hat es demgegenüber mit Recht als Hauptverdienst der ökonomischen Klassiker bezeichnet, diese naive Vorstellung zum Verschwinden gebracht zu haben[72]. Es kommt nicht auf die Motivation, sondern auf das Ergebnis an, das bei bestimmten institutionellen Vorkehrungen auch (und vielleicht gerade) bei eigennütziger Motivation für die Allgemeinheit besonders nützlich sein kann. Entsprechendes muß sinngemäß aber auch hinsichtlich der Klage von Verbraucherverbänden gelten. Nicht die Motivation

---

67 Für das Vorliegen dieser Voraussetzung soll es aber bereits ausreichen, wenn der spätere Kläger die Behörde ersucht hatte, ihn zum Gegenstand der Entscheidung anzuhören. *Rehbinder/Burgbacher/Knieper*, S. 155 f.
68 *Rehbinder/Burgbacher/Knieper*, S. 139, 154–156.
69 *Bartelsperger*, VVDStRL 33, S. 221 (262).
70 Die Problematik wäre in entsprechender Gestalt aber auch etwa bei einer verwaltungsprozeßrechtlichen Verbandsklage zu erwarten. *Faber*, Die Verbandsklage im Verwaltungsprozeß, S. 85 f.
71 *Pastor*, GRUR 1969, S. 571; vgl. auch *Hefermehl*, GRUR 1969, S. 653 (656 f.).
72 *Schumpeter*, Kapitalismus, Sozialismus und Demokratie, S. 126.

G. Richtigkeitskontrolle durch die Verfassungsrechtsprechung

der Kläger sollte darüber entscheiden, ob es sich um einen Mißbrauch der Klagebefugnis handelt, sondern die „Effektivität der Rechtskontrolle im Interesse der Allgemeinheit"[73]. Diese Effektivität wird aber auch von den Kritikern zugegeben[74]. Die „List der Vernunft"[75] bewirkt ja, daß durch die Klageerhebung genau dasjenige Ziel erreicht wird, das der Gesetzgeber mit der Einführung der Verbandsklage erstrebt hat und auf diese Weise die mangelnde Organisationsfähigkeit allgemeiner Konsumenteninteressen bis zu einem gewissen Grade kompensiert wird[76]. „Warum unter diesen Umständen die Klageerhebung rechtsmißbräuchlich sein soll, leuchtet nicht ein"[77]. Es geht — mangels ausreichender altruistisch-idealistischer Motivation der Menschen — auch hier darum, das Recht so zu ordnen, daß das Eigeninteresse der Menschen vor den Wagen des Gemeinwohls gespannt wird. Ebenso wenig wie die Gewinnerzielung eines Unternehmens mißbräuchlich ist, sondern im Modell der wettbewerblichen Marktwirtschaft als Prämie auf gemeinwohlrichtiges Unternehmensverhalten akzeptiert wird, so ist auch ein im Eigeninteresse erfolgendes Vorgehen gegen Wettbewerbsverstöße als gemeinwohlrichtig zu akzeptieren, soweit auf diese Weise die Kongruenz zwischen Individualinteresse und Allgemeininteresse hergestellt wird.

Einwände gegen die Einführung einer verwaltungsgerichtlichen Verbandsklage im Umweltrecht sind besonders entschieden von Felix Weyreuther formuliert worden[78]. Der gedankliche Kern seiner Ausführungen liegt in der fortwährend wiederholten Betonung der rein individual-rechtlichen Ausgestaltung des geltenden Verwaltungsprozeßrechts[79]. Zu dieser Konzeption stehe die Verbandsklage in Widerspruch, denn ihre Einführung ziele auf die Verwirklichung allgemeiner Interessen und mache dadurch zwangsläufig gegen den Bürger und seine individuellen Rechte Front[80], was auf eine „Verkehrung des verwaltungsgerichtlichen Rechtsschutzes" hinauslaufe. Weyreuther scheut in diesem Zusammenhang auch nicht vor dem Versuch zurück, die Befürworter der Verbandsklage durch den Hinweis auf angebliche Parallelen zur nationalsozialistischen Rechtsauffassung zu diskreditieren[81]. Da schließlich auch Art. 19 Abs. 4 Satz 1 GG nur den individuellen Rechtsschutz gewährleiste, wende sich die Einführung der Verbandsklage im Umweltrecht „im Kern gegen die Entscheidung des Art. 19 Abs. 4 Satz 1 GG"[82]. Führe man die Verbandsklage zugunsten bestimmter Interessen ein, so drohe eine „Verbiegung" der Abwägungsgrundlage, weil diese Interessen dann ein Übermaß an Durchsetzungskraft erhielten[83].

---

73 *Knieper*, NJW 1971, S. 2251 (2254).
74 Z. B. *Pastor*, GRUR 1969, S. 572. — Da gerade die genannten „Anwaltsgebührenvereine" ihrer Interessenrichtung gemäß nur „sichere" Verstöße gegen das UWG verfolgen werden, greift auch das Gegenargument nicht, die Beschränkung von Klagbefugnissen auf Verbraucherverbände solle die Beklagten vor einer ungerechtfertigten gerichtlichen Inanspruchnahme schützen. So auch *Knieper*, NJW 1971, S. 2254; *Rehbinder/Burgbacher/Knieper*, S. 103.
75 *Faber*, Verbandsklage, S. 86.
76 Es liegt insofern ganz ähnlich wie bei den class actions des Rechts der USA (dazu: *Homburger*, Private Suits in the Public Interest in the United States of America, in: *Homburger/Kötz*, Klage Privater im öffentlichen Interesse, S. 9 (10 ff.); *Kötz*, ebenda, S. 69 (78 ff.); *Witzsch*, JZ 1975, S. 277. Auch hier ist das Gebühreninteresse der Anwälte regelmäßig der eigentliche Motor der Klageerhebung und des Rechtsstreits (*Kötz*, S. 84 ff.; *Witzsch*, S. 279), ohne daß diese Konstellation aber der Klageform den Charakter des Mißbräuchlichen aufgedrückt hätte.
77 *Kötz*, S. 95; ebenso *Knieper* a.a.O.; *Rehbinder/Burgbacher/Knieper*, a.a.O.
78 *Weyreuther*, Verwaltungskontrolle durch Verbände? Argumente gegen die verwaltungsgerichtliche Verbandsklage im Umweltrecht.
79 Verwaltungskontrolle, S. 4 ff., 15 ff., 17, 78.
80 Verwaltungskontrolle, S. 81 ff.
81 Verwaltungskontrolle, S. 83, 87.
82 Verwaltungskontrolle, S. 84.
83 Verwaltungskontrolle, S. 38 f.

Die Einwände können aber nicht überzeugen. Zwar läßt sich nicht bestreiten, daß das geltende Verwaltungsprozeßrecht individual-rechtlich ausgestaltet ist. Diese Ausgestaltung erhält ihren Sinn indes erst durch die zugrundeliegende Prämisse, mittels individueller Interessenwahrnehmung würden gleichzeitig die allgemeinen Interessen gewahrt[84], was auch Weyreuther nicht bestreitet[85]. Wenn sich diese Prämisse aber als unrichtig erweist, weil allgemeine Interessen zu kurz kommen, dann gehen die Erwägungen de lege ferenda zwangsläufig dahin, wie die Durchsetzungskraft dieser Interessen angemessen gestärkt werden kann. Und genau diese Intention soll denn auch mit der Einführung der Verbandsklage z. B. im Umweltrecht verfolgt werden. Die Verbandsklage führt dann nicht dazu, daß die Abwägungsgrundlage *verbogen* wird, wie Weyreuther meint, diese Verbiegung liegt vielmehr mangels Durchsetzungskraft allgemeiner Interessen bereits vor und soll durch Einführung der Verbandsklage lediglich wieder ausgeglichen („geradegebogen") werden. Darin liegt gewiß keine Anleihe an nationalsozialistisches Gedankengut, sondern allenfalls die Korrektur individualistischer Überreaktionen auf nationalsozialistische Anschauungen.

In dieser Sicht kann die Einführung bestimmter Formen der Verbandsklage von vornherein auch keinen Verstoß gegen Art. 19 Abs. 4 Satz 1 GG darstellen. Selbst wenn man die Vorschrift auf die Gewährleistung des Rechtsschutzes bei subjektiv-individueller Rechtsverletzung beschränkt, steht sie weder dem Wortlaut noch dem Grundgedanken nach der Möglichkeit entgegen, die Gerichte auch in den Dienst der Durchsetzung allgemeiner Interessen zu stellen.

Vertreter des öffentlichen Interesses

Wie die Staatsanwaltschaft im Strafprozeß so ist auch im Verwaltungsprozeß ein „Vertreter des öffentlichen Interesses" vorgesehen (§§ 35—37 VwGO), der nach der ursprünglichen Konzeption des Gesetzgebers auch auf die Durchsetzung von Recht und Gemeinwohl hinwirken[86], also eindeutig eine Kontrollfunktion im allgemeinen Interesse wahrnehmen sollte. Die institutionelle Ausgestaltung war dieser Funktion allerdings nicht adäquat: Der „Vertreter des öffentlichen Interesses" ist an Weisungen gebunden und kann auch von sich aus kein Verfahren in Gang bringen; die Institution ist deshalb bisher „weitgehend inhaltsleer"[87] geblieben. Man könnte aber daran denken, sie zu einer unabhängigen Instanz mit eigenem Antragsrecht auszubauen, deren Aufgabe darin bestände, „verletztes Recht, das der Bürger nicht verfolgt oder nicht verfolgen kann, verwaltungsgerichtlich durchzusetzen"[88]. Vor allem vor dem Hintergrund der in dieser Arbeit dargelegten Interessenberücksichtigungsdefizite in der pluralistischen Demokratie hat der Gedanke einer solchen Instanz als „Kontrastorgan" zur „Wahrnehmung derjenigen Interessen, die überhaupt nicht oder nur schwer organisierbar sind"[89], in der Tat „etwas Bestechendes für sich"[90]. Die dagegen verschiedentlich vorgebrachten Bedenken vermögen nicht zu überzeugen. Rehbinder, Burgbacher und Knieper befürchten für den Bereich des Umweltschutzes, auch ein ausschließlich für den Umweltschutz zuständiger „Vertreter des

---

84 Oben S. 304.
85 Verwaltungskontrolle, S. 16 f.
86 *Schlochauer*, AöR 79 (1953/54), S. 185 (187); *Rehbinder/Burgbacher/Knieper*, S. 26.
87 *Thieme* u. a., Mängel im Verhältnis von Bürger und Staat, S. 72; vgl. auch *Rehbinder/Burgbacher/Knieper*, S. 26, 142 f. m. w. N.
88 *Thieme* u. a., Mängel im Verhältnis von Bürger und Staat, a.a.O.
89 *Faber*, Verbandsklage, S. 39.
90 *Thieme* u. a., Mängel im Verhältnis von Bürger und Staat, a.a.O.

G. Richtigkeitskontrolle durch die Verfassungsrechtsprechung

öffentlichen Interesses" geriete in ein „Dilemma", denn seine Unabhängigkeit würde ihn zugleich vom behördlichen Informationsfluß abschneiden[91]. Dieser Einwand geht jedoch dann fehl, wenn man den „Vertreter des öffentlichen Interesses" auch am vorangehenden Verwaltungsverfahren beteiligt, was auch deshalb naheliegt, weil, wie Rehbinder, Burgbacher und Knieper selbst betonen, der eigentliche Sinn der Einräumung einer Klagebefugnis in ihrer präventiven Wirkung liegt. Sie verschafft den vom späteren potentiellen Kläger repräsentierten Interessen im Verwaltungsverfahren ein stärkeres Gewicht; das setzt aber die Beteiligung des Vertreters des öffentlichen Interesses am Verwaltungsverfahren voraus[92]. Darüber hinaus könnte man dem Vertreter des öffentlichen Interesses auch das Recht geben, Akteneinsicht und Informationen von den Behörden zu verlangen, womit er vollends zu einer Art „Ombudsman" für sein jeweiliges Gebiet würde.

Der Gedanke des „Vertreter des öffentlichen Interesses" ist durchaus nicht auf verwaltungs- und zivilgerichtliche Umwelt- oder Verbraucherschutzprozesse beschränkt. Besonders wichtig für die im Mittelpunkt dieser Arbeit stehende Kontrolle von Pluralismusdefiziten im Bereich von Regierung und Gesetzgebung ist deshalb der von Kelsen und Marcic gemachte Vorschlag, einen „Verfassungsanwalt" beim Verfassungsgericht einzurichten, „der — nach Analogie des Staatsanwalts im Strafverfahren — von Amts wegen wegen das Verfahren zur Überprüfung jener Akte einzuleiten hätte, die, der Kontrolle des Verfassungsgerichts unterworfen, vom Verfassungsanwalt für rechtswidrig erachtet werden. Daß die Stellung eines solchen Verfassungsanwalts mit allen nur denkbaren Garantien der Unabhängigkeit gegenüber der Regierung wie dem Parlament auszustatten wäre, versteht sich von selbst"[93].

Es konnte nicht Aufgabe dieses knappen Exkurses sein, eine umfassende, allseitig hieb- und stichfest abgesicherte Begründung für die Einführung der Popular- und der Verbandsklage oder für den Ausbau der Institution des „Vertreters des öffentlichen Interesses" zu geben. Dazu wären detaillierte Untersuchungen und nicht zuletzt auch ein Eingehen auf die Frage der Konkurrenz der drei Institutionen erforderlich. Es ging hier vielmehr nur darum, aufzuzeigen, daß auch im Bereich des Gerichtsverfahrens institutionelle Neuerungen denkbar sind, von denen eine Stärkung der Durchsetzungskraft allgemeiner Interessen erwartet werden kann und die deshalb in die Diskussion um die Eindämmung von Pluralismusdefiziten einbezogen werden müssen.

---

[91] *Rehbinder/Burgbacher/Knieper*, S. 143.
[92] Im Bereich des Konsumentenschutzes ist in Schweden am 1. 1. 1971 mit dem „Verbraucherombudsman" eine ähnliche Regelung eingeführt worden. Der „Verbraucherombudsman" hat ein eigenes Klagrecht beim zuständigen Gericht, schwerpunktmäßig soll seine Tätigkeit aber darin bestehen, unangemessenes Marktverhalten im Wege der Verhandlungen zu unterbinden. Die Klagmöglichkeit soll als ultima ratio vor allem sein Verhandlungsgewicht stärken. Dazu *Lange-Fuchs*, NJW 1971, S. 1494; *Rehbinder/Burgbacher/Knieper*, S. 144 f.
[93] *Kelsen*, VVDStRL 5, S. 75; *Marcic*, Vom Gesetzesstaat zum Richterstaat, S. 443; *ders.*, FS Gebh. Müller, S. 220, 225, 255 m. w. N.

H. Die Repräsentationsfunktion der Wissenschaft

Die klassische Demokratieauffassung ging davon aus, jeder Staatsbürger und erst recht jeder Parlamentarier und Politiker sei in der Lage, alle politischen Probleme, denen sich das Gemeinwesen gegenüber sieht, zu erfassen und vernünftig zu beurteilen. Diese Vorstellung ist, wenn sie überhaupt jemals berechtigt war, jedenfalls heute angesichts der immer differenzierteren sozialen Situationen und der immer komplexer werdenden Sachproblematiken eine reine Fiktion, auf der keine realistische Verfassungs- und Staatstheorie mehr aufbauen kann[1]. Gemeinwohlentscheidungen bedürfen heute in einem Maße wie nie zuvor des Sachverstandes — nicht nur des natur- und sozialwissenschaftlichen, sondern auch des norm-, insbes. des rechtswissenschaftlichen. Wenn die wissenschaftlichen Erkenntnisse im sozialen Bereich auch begrenzt sind, so ist die Heranziehung der Methoden, Denkformen und Erkenntnisse der Wissenschaft doch unerläßlich. Dies habe ich oben im einzelnen dargelegt. Der Parlamentarier und der Minister, der Verfassungsrichter und das Mitglied des Zentralbankrats, die Mitglieder des Bundeskartellamts und des Bundesrechnungshofs, der Referent in einem Ministerium, kurz jeder, der mit Gemeinwohlproblemen befaßt ist, muß sich der Hilfe der Wissenschaft bedienen. Selbst wer sich gegen diese Notwendigkeit innerlich sträubt, erweist ihr doch meist unbewußt seine Reverenz, indem er etwa von den bei einem früheren Universitätsstudium gewonnenen Denkmethoden oder Lehrmeinungen (die allerdings inzwischen veraltet sein mögen) zehrt.

In einer komplexen von vielfachen Zusammenhängen durchzogenen Welt kommt der Wissenschaft letztlich die „Schlüsselfunktion ... für die gesamtgesellschaftliche Entwicklung" zu[2]. Selbst wenn der Wissenschaftler meinen sollte, eine objektiv vorgegebene, unveränderliche Welt zu untersuchen, verändert er diese Welt durch seine Erkenntnisse doch gleichzeitig, weil die Erkenntnisse Eigengewicht entfalten und zur Erreichung bestimmter Ziele nutzbar gemacht werden können. Tatsächlich gibt das Bestreben, praktische Probleme möglichst gut zu lösen, im Bereich der Sozialwissenschaften denn auch „erfahrungsgemäß regelmäßig" den entscheidenden „Anstoß zur Aufrollung wissenschaftlicher Probleme"[3]. Die Gemeinwohlrelevanz der Erkenntnisse und Arbeitsmethoden der Wissenschaft liegt deshalb auf der Hand. Das gilt besonders auch für das Thema dieser Arbeit und zwar in einem zweifachen Sinne: Auf der einen Seite beruht ja auch der Einfluß der Interessenverbände gerade darauf, daß sie dem Bedarf der Politiker und Verwaltungsbeamten nach Spezialinformationen und wissenschaftlichem Sachverstand entgegenkommen. Nur ist der von den Interessenorganisationen mobilisierte verbandliche Sachverstand eben nicht objektiv; seine Informationen und Empfehlungen sind nicht ausgewogen und deshalb ihrerseits gerade eine wesentliche Ursache für die verbändestaatlich bedingten Gemeinwohldefizite[4]. — Auf der anderen Seite sind alle als Gegengewichte gegen verbändestaatlich bedingte Gemeinwohldefizite in Frage kommenden Potenzen auf die Versorgung mit Kenntnissen über die Gesamtzusammenhänge und die Methoden zu ihrer Erfassung und zu ihrem Verständnis durch eine unabhängige,

---

[1] Oben S. 138.
[2] BVerfG, 29. 5. 1973, BVerfGE 35, S. 79 = NJW 1973, S. 1176 (1177).
[3] Max *Weber*, Objektivität, S. 158.
[4] Oben S. 138 ff.

§ 38 Die Unabhängigkeit der Wissenschaft

Der Sinn der Unabhängigkeit

Aus der Überlegung, daß die Wissenschaft ein Gegengewicht gegen Fehlentwicklungen, wie sie vom Einfluß der Interessenverbände ausgehen, zu bilden hat, ergibt sich bereits, daß sie vor dem Einfluß der Interessenverbände möglichst geschützt werden muß. Die Unabhängigkeit der Wissenschaft muß jedoch nicht nur gegen die Interessenverbände verteidigt werden, auch der Staat kann ihr gefährlich werden, weil wissenschaftliche Erkenntnisse leicht auch mit seinen Interessen (oder richtiger: den Interessen der staatlichen Macht- und Positionsinhaber) kollidieren können[6]. Die „Besserungsfunktion" der Wissenschaft macht es oft nötig, staatliche Entscheidungen zu kritisieren, was aber Unabhängigkeit voraussetzt[7].

Bei der Freiheit der Wissenschaft kann es im Verhältnis zum Staat aber nicht nur um einen status negativus gehen, d. h. um die Abwehr staatlicher Einflußmaßnahmen und Einwirkungen. Zugleich bedarf es vielmehr auch staatlicher Leistungen. Denn da Wissenschaft sich heute in aller Regel nicht nebenbei, d. h. neben einem „Brotberuf", sinnvoll betreiben läßt, andererseits praktisch jedermann darauf angewiesen ist, seinen und seiner Familie Lebensunterhalt durch seine Arbeit zu verdienen, kann der Wissenschaftler normalerweise nicht *für* die Wissenschaft leben, ohne gleichzeitig *von* ihr zu leben. Die Wissenschaft bedarf eines Finanziers. Dies wird vor allem dann offensichtlich, wenn sie, wie im Bereich der naturwissenschaftlichen Forschung, besonders hohe finanzielle Aufwendungen für bestimmte Forschungseinrichtungen verlangt, gilt aber prinzipiell auch in den weniger sachaufwendigen Wissenschaftsbereichen (wie etwa der Jurisprudenz).

Im Interesse der Unabhängigkeit der Wissenschaft kann dieser Finanzier grundsätzlich nur die öffentliche Hand sein; andernfalls könnten heute praktisch „keine unabhängige Forschung und wissenschaftliche Lehre mehr betrieben werden"[8], weil sie sonst auf die Finanzierung durch Wirtschaftsunternehmen oder durch Interessenverbände angewiesen wären.

Die Funktionsfähigkeit der Institution „freie Wissenschaft" erfordert über die staatliche Finanzierung hinaus, daß der Wissenschaftsbetrieb in einer Weise organisiert wird, daß er den „auf wissenschaftlicher Eigengesetzlichkeit beruhenden Prozessen, Verhaltensweisen und Entscheidungen bei dem Auffinden von Erkenntnissen, ihrer Deutung und Weitergabe"[9] möglichst gerecht wird. Dazu gehören Bedingungen, die es der wissenschaftlich tätigen Einzelpersönlichkeit möglichst erlauben, sich mit Muße und ohne aktuelle Hetze frei schöpferisch zu entfalten, sich der wissenschaftlichen Leidenschaft hinzugeben und den Boden für

---

[5] *Kaiser* (Planung I, S. 28) ist mit Recht der Auffassung, „daß unsere Welt das größtmögliche Engagement von Sachverstand im Bereich der Politik fordert". Ähnlich *Eucken*, Wirtschaftspolitik, S. 338 ff.
[6] Soweit staatliche Positionsinhaber zugleich die Interessen eines Verbandes wahrnehmen, ergibt sich dies bereits aus den bisherigen Ausführungen; es gilt aber auch unabhängig davon.
[7] Die fehlende Unabhängigkeit des Beamten ist gerade einer der Gründe (wenn auch nicht der einzige, vgl. *Morkel*, Politik und Wissenschaft, S. 17 ff.), warum es neben der durchaus auch fachkundigen Beamtenschaft noch unabhängiger wissenschaftlicher Beratung bedarf. *Leibholz*, Der Einfluß der Fachleute auf die politischen Entscheidungen, S. 317 (318).
[8] BVerfG, NJW 1973, S. 1177.
[9] BVerfG, NJW 1973, S. 1176, Leits. a.

das Wichtigste der wissenschaftlichen Leistung: den Einfall, die Eingebung, die Intuition[10], zu bereiten, ohne daß man den Einfall allerdings irgendwie herbeizwingen könnte[11].

Das reine Dienen an der Sache, das die wissenschaftliche Persönlichkeit in idealtypischer Sicht kennzeichnet[12], erfordert in einem staatlich finanzierten und sinnvoll organisierten Wissenschaftsbetrieb auch durchaus keinen heroischen (und deshalb wenig realistischen) Verzicht auf das verbreitete menschliche Bedürfnis nach Status und Anerkennung. Denn da in der Wissenschaft noch in relativ hohem Maße die Zurechenbarkeit von Leistungen auf Individuen besteht, hängt das Ansehen und wissenschaftliche Fortkommen des Wissenschaftlers (neben seinen Leistungen in der Lehre) wesentlich von seinen Forschungsleistungen ab. Insoweit konvergieren die Verantwortung für die Sache und für den Status in ihren Anforderungen. Der Forscher, der sich vom Interesse an der Erkenntnis leiten läßt, dient damit nicht nur den Allgemeininteressen, sondern zugleich mittelbar auch seinen eigenen persönlichen Interessen.

Deshalb ist die Gegenüberstellung vom Forscher, der den Allgemeininteressen dient, und dem Studierenden, der Individualinteressen verfolgt, wie sie Geck[13] vornimmt, inadäquat. Auch der Student dient dadurch, daß er „persönlichen Wünschen" folgt, dem Allgemeininteresse, weil die Allgemeinheit wissenschaftlich ausgebildete Mitglieder braucht[14]. Und doch besteht natürlich ein wesentlicher Unterschied in der Gemeinwohlrelevanz der Tätigkeit und Funktion der Hochschullehrer als „Inhaber der Schlüsselfunktion des wissenschaftlichen Lebens"[15] und der Studierenden. Denn letztere verfügen — im Gegensatz zu ersteren — in aller Regel noch nicht über die methodischen Mittel und die erforderlichen Kenntnisse, die sie dazu befähigen, die Diskussion um sachlich richtige Problemlösungen weiterzubringen und die kritische Funktion der Wissenschaft, um deretwillen ihr die Unabhängigkeit gegeben ist, auszuüben[16].

Die auf eine möglichst unbehinderte schöpferische Entfaltung der wissenschaftlichen Persönlichkeit ausgerichtete Finanzierung und Organisation des Wissenschaftsbetriebs durch den Staat, also auf Kosten der steuerzahlenden Gemeinschaft, verschafft den Wissenschaftlern eine Art Privileg[17], wie sich etwa beim Vergleich mit dem Typus des Beamten ergibt, bei dem die staatliche Alimentierung ihre Entsprechung in der hierarchischen Eingliederung und sachlichen Weisungsgebundenheit findet (die eben beim Wissenschaftler fehlt). Dieses „Privileg" läßt sich nicht um der Eigeninteressen der Wissenschaftler selbst willen rechtfertigen, sondern nur mittelbar dadurch, daß die derart abgesicherte wissenschaftliche Freiheit im Interesse des Gemeinwohls erforderlich ist[18].

---

10 Zur Intuition als „zentralem Punkt jeder wissenschaftlicher Leistung" *Herzog*, Staatslehre, S. 23 f.
11 Dazu die klassische Darstellung bei Max *Weber*, Wissenschaft als Beruf, S. 555 (573 f.).
12 Max *Weber*, a.a.O., S. 575.
13 VVDStRL 27, S. 140 (175 f.).
14 Zweifel an *Gecks* Gegenüberstellung auch bei *Partsch*, VVDStRL 27, S. 220 f.
15 BVerfG, NJW 1973, S. 1180.
16 Im einzelnen unter S. 320 ff.
17 Hochschulurteil, Minderheitsvotum *Simon/Rupp-v. Brünneck*, NJW 1973, S. 1185, 1187.
18 Dies betont auch *Geck* fortlaufend (VVDStRL 27, S. 170, 172, 175 f., 186 (Leits. 5)), ohne allerdings darzulegen, *auf welche Weise* die Wissenschaft dem Gemeinwohl dient. Ansätze bei *Vogel*, VVDStRL 27, S. 200 f. Dazu sogleich im Text. Zum Dienst der Wissenschaft am Gemeinwohl vgl. auch die UNESCO-Empfehlung zur Stellung der wissenschaftlichen Forscher vom 24. 11. 1974, BT-Drucks. 7/3963.
19 „Freiheit der Wissenschaft" verstehe ich hier als Oberbegriff für die Freiheit der Forschung und der wissenschaftlichen Lehre. Zum Terminologischen *Geck*, VVDStRL 27, S. 157.

H. Repräsentationsfunktion der Wissenschaft

Die grundgesetzlich verbürgte Freiheit der Wissenschaft[19] (Art. 5 Abs. 3) ist nur von ihrer Funktion her zu legitimieren[20]: Sie hat „die Möglichkeiten und Maßstäbe menschlichen Handelns" „immer wieder von Neuem zu überdenken und sie gegebenenfalls zu erweitern" (Klaus Vogel) bzw. zu verbessern[21]. Die Wissenschaftsfreiheit enthält also sozusagen als ihre Kehrseite eine Verantwortung und Aufgabe, die allein diese Freiheit rechtfertigen kann, nämlich — soweit der Bereich der Rechts- und Sozialwissenschaften angesprochen ist — die kritische Überprüfung politisch-gesellschaftlicher Zustände und Entwicklungen, das Herausarbeiten von Fehlentwicklungen und die Erarbeitung von Verbesserungsmöglichkeiten im Lichte der von der Kulturgemeinschaft akzeptierten Grundwerte (Besserungsfunktion der Wissenschaft).

Legt man dieses Ausgangsverhältnis zugrunde, so erscheint es allerdings höchst problematisch, wenn Wissenschaftler, die vom Staat — im Interesse ihrer Unabhängigkeit — finanziert werden, ihre Unabhängigkeit dadurch verkaufen, daß sie Gefälligkeitsgutachten erstatten und sich auf diese Weise in den Dienst einseitiger Interessentenstandpunkte stellen lassen. Ohne die Problematik hier in ihrer ganzen Breite aufrollen zu können, wird es m. E. unerläßlich sein, Vorkehrungen gegen derartige Mißbräuche zu treffen.

Die Kritik- und Besserungsfunktion der Wissenschaft hat weitere praktische Konsequenzen: Statt der gerade im juristischen Schrifttum als Folge seiner positivistischen Tradition beinahe zwangsläufig noch vorherrschenden Neigung zur Rechtfertigung getroffener Maßnahmen nachzugeben — darauf läuft die bloße dogmatische Gesetzesexegese regelmäßig hinaus —, müssen die bestehenden Gesetze ebenso wie vorliegende Gesetzentwürfe überprüft werden[22]; erforderlich ist darüber hinaus, viel allgemeiner, „die kritische Prüfung der bestehenden Verhältnisse und die Diskussion von Alternativen im Lichte unseres Wissens"[23] und der Gemeinwohlwerte. Diese Repräsentationsfunktion der Wissenschaft, die notwendig gesellschaftliche und staatliche Interessen tangieren und deshalb von dort Widerstand gewärtigen muß, setzt Unabhängigkeit voraus und legitimiert sie zugleich[24].

Es wurde soeben von den „Möglichkeiten" und von den „Maßstäben" menschlichen Handelns gesprochen, deren Erweiterung und Verbesserung Aufgabe der Wissenschaft ist. Damit sind zugleich die beiden Komponenten des wissenschaftlichen Beitrags zur Lösung von Gemeinwohlproblemen angesprochen: einerseits die realwissenschaftliche Erforschung von Tatsachen und Zusammenhängen, die uns hilft, die Konsequenzen zu erkennen, und andererseits die normativen Disziplinen, insbes. die Rechtswissenschaft, die Hilfestellung bei der Bewertung der Alternativen zu geben haben. Richtige Lösungen erfordern die Berücksichtigung beider Komponeten. Wenn die (kritische) „Besserungsfunktion" der Wissenschaft einigermaßen wirksam werden soll, bedarf es, wie wiederholt

---

20 So — teilweise unter Berufung auf *Biedenkopf*, Zum Auftrag der Wissenschaft und der Universität, S. 28 ff. — mit Recht *Vogel*, VVDStRL 27, S. 200 f., der allerdings im Anschluß an *Luhmann* von einem Gegensatz zwischen dem grundgesetzlichen Wertsystem und der funktionalen Betrachtung ausgeht; bei richtiger Sicht besteht ein solcher Gegensatz nicht; bloß gilt es zu erkennen, daß der Wert der Wissenschaftsfreiheit kein „letzter Wert", sondern ein abgeleiteter Wert ist, der seine Rechtfertigung nicht aus sich selbst, sondern aus der Funktion der Förderung und Mehrung der grundgesetzlichen Gemeinwohlgrundwerte erhält.
21 Vgl. auch Franz *Mayer*, Die Verwaltung 1974, S. 251.
22 Dazu die programmatischen Äußerungen von Hans *Schneider*, NJW 1962, S. 1273 (1278 f.).
23 *Albert*, FS Wessels, 1967, S. 59 (80).
24 Die Freiheit der Wissenschaft ist damit nach ihrer Funktion und Legitimation der richterlichen Unabhängigkeit verwandt. *Leibholz*, Strukturprobleme, S. 324; *Geck*, VVDStRL 27, S. 156; *Schröder*, Gesellschaftspolitik, S. 443, 447; *Benda/Klein*, DRiZ 1975, S. 166 ff.

ausgeführt wurde[25], der Zusammenarbeit zwischen den seinswissenschaftlichen und den normwissenschaftlichen Disziplinen, was eine wechselseitige Aufgeschlossenheit für die Arbeits- und Denkweise des jeweils anderen Bereichs voraussetzt[26]. Man wird deshalb den Realwissenschaftler und den Juristen hinsichtlich ihrer Gemeinwohlsensibilität an entgegengesetzten Maßstäben messen können, den Juristen daran, welche Beachtung er den Zusammenhängen schenkt, die Aufschluß über die Möglichkeiten menschlichen Handelns geben, den Realwissenschaftler daran, welche Beachtung er den wertenden Maßstäben menschlichen Handelns gibt.

Die „Depossedierung" des Juristen und der Jurisprudenz droht nicht etwa dadurch, daß unhaltbare (rechts)positivistische Positionen aufgegeben werden und sozialwissenschaftliche Erkenntnisse und Argumente in die Erwägung einbezogen werden, wie Forsthoff gemeint hat, sondern umgekehrt gerade dadurch, daß die positivistische Beschränktheit den Juristen leicht davon abhält, seinen, wie ich meine, „geborenen" Teil bei gemeinwohloptimierenden Entscheidungen zu erkennen und entschieden wahrzunehmen: die über alle sozialwissenschaftlichen Kenntnisse von Konsequenzen hinaus immer erforderliche Entwicklung und Verfeinerung von Bewertungsmaßstäben für die Entscheidungen auch des Gesetzgebers. In den großen Schwierigkeiten, ihre positivistische Kinderstube zu überwinden, hat der zunehmende Verlust der Bedeutung der Jurisprudenz, der angesichts des Aufstiegs der Dritten Gewalt für einen unvoreingenommenen Betrachter eigentlich überraschen müßte, ihre Wurzel. Der Terrainverlust einer Wissenschaft vom öffentlichen Recht gegenüber den Politik- und Sozialwissenschaften, auf den Häberle[27] hinweist, findet seinen Ausdruck etwa darin, daß am Gutachten über die Finanzreform (Troeger-Gutachten) kein Staatsrechtler beteiligt war[28]; ebenso waren z. B. alle in der Steuerreformkommission vertretenen Wissenschaftler (worunter ich hier diejenigen verstehe, die ihre Berufung nicht einer Verbandsposition verdanken) keine Juristen.

Die möglichst große Wirksamkeit der repräsentativen Funktion der Wissenschaft erfordert auch das bewußte Verlassen des „elfenbeinernen Turms"[29] und die verstärkte Einflußnahme auf die öffentliche Meinung. Dies ist zwar nicht möglich, ohne daß gewisse Gefahren für die Wissenschaft selbst entstehen[30]. Diese können aber in Schranken gehalten werden. Eine in die angegebene Richtung gehende Entwicklung ist deshalb unerläßlich, wenn die Wissenschaft ihrer Gegengewichtsfunktion nicht ausweichen will. Denn nur dadurch, daß die Wissenschaft ihre Ergebnisse und Methoden in den Prozeß der sozialen Willensbildung einbringt, kann sie zur rationalen Gestaltung der Politik beitragen[31]. Aus dem Zusammenwirken von Wissenschaft und öffentlicher Meinung kann sich ein wechselseitiges Steigern der Kontrollwirkung gegen Fehlentwicklungen ergeben.

Mit der öffentlichen Meinung ist ein besonders wichtiger Adressat der Wissenschaft gekennzeichnet. Darüber hinaus sind vor allem die staatlichen Organe und die Studierenden zu nennen. Auf die öffentliche Meinung und die Beratung der staatlichen Organe wird noch zurückzukommen sein. Hier soll zunächst auf das Verhältnis von Lehrern und Studierenden an den Hochschulen eingegangen werden, das nicht nur ein Beratungsgegenstand der Staatsrechtslehrertagung 1968 in

---

25 Z. B. oben S. 60 ff.
26 Oben S. 262 ff.
27 AöR 1973, S. 119 (134).
28 Darauf weist auch *Wagner* hin. DÖV 1968, S. 604 (608).
29 *Schnur*, Zeit für Reformen, S. 49 ff.
30 *Morkel*, Politik und Wissenschaft, S. 114 ff.
31 *Albert*, FS Wessels, a.a.O.

Bochum war[32], sondern auch im Mittelpunkt des Hochschulurteils des Bundesverfassungsgerichts vom 29. 5. 1973 stand[33]. Ein Eingehen auf das Hochschulurteil ist im vorliegenden Zusammenhang auch deshalb von Bedeutung, weil seine Erörterung zeigen wird, daß das hier dargelegte Verständnis von der Funktion der Wissenschaft zutrifft, ja daß das Urteil überhaupt nur zu begründen ist, wenn man dieses Verständnis zugrunde legt, und die berechtigten Einwände gegen das Urteil gerade daher rühren, daß das Gericht dies nicht deutlich genug getan hat.

Das Hochschulurteil des Bundesverfassungsgerichts

Nach diesem Urteil beruht die „Wertentscheidung" des Art. 5 Abs. 3 GG auf der „Schlüsselfunktion, die einer freien Wissenschaft sowohl für die Selbstverwirklichung des Einzelnen als auch für die gesamtgesellschaftliche Entwicklung zukommt". Daraus leitet das Bundesverfassungsgericht ab, daß der Staat nicht nur die Wissenschaft zu finanzieren, sondern auch „durch geeignete organisierte Maßnahmen dafür zu sorgen (hat), daß das Grundrecht der freien wissenschaftlichen Betätigung soweit unangetastet bleibt, wie das unter Berücksichtigung der anderen legitimen Aufgaben der Wissenschaftseinrichtungen und der Grundrechte der verschiedenen Beteiligten möglich ist". Zur Begründung weist der Senat — wie auch schon Rupp und Geck[34] — auf den „unmittelbaren kausalen Zusammenhang zwischen organisatorischen Normen, die lediglich die Bildung und Zusammensetzung kollegialer Beschlußorgane regeln und Beeinträchtigungen der freien Ausübung von Forschung und Lehre" hin. Der „Freiheitsgehalt des durch die Zusammenarbeit der Grundrechtsträger sich formierenden Wissenschaftsprozesses" werde „im ganzen von seiner organisatorischen Gestalt wesentlich beeinflußt". Die Zusammensetzung der Beschlußorgane beeinflusse „mindestens tendenziell" das formale Verfahren der Willensbildung wie auch den Inhalt der Entscheidungen. Und von den Entscheidungen dieser Gremien hingen, soweit sie bestimmte Bereiche betreffen, Art und Umfang der dem einzelnen Wissenschaftler möglichen wissenschaftlichen Betätigung wesentlich ab. Der Senat zählt die wichtigsten solcher wissenschaftsrelevanten „Entscheidungsbereiche" auf, die unmittelbaren Einfluß auf die wissenschaftliche Entfaltungsfreiheit des Einzelnen besitzen. Nicht entscheidend sei, ob sich die Beeinträchtigung „in einer Einzelfallentscheidung der Wissenschaftsverwaltung ... bereits konkretisiert hat. Eine solche nur auf das Ergebnis sehende Auffassung würde der Bedeutung nicht gerecht, welche die Freiheitsgewährung für einen frei sich entwickelnden, von der Persönlichkeit des Wissenschaftlers eine spezifische Haltung und Bereitschaft verlangenden, geistig schöpferischen Erkenntnisprozeß bereits im Vorstadium der wissenschaftlichen Überlegung und Planung besitzt". „Ein effektiver Grundrechtsschutz erfordert daher adäquate organisationsrechtliche Vorkehrungen".

Bei der Frage, wer Träger des Grundrechts aus Art. 5 Abs. 3 GG ist, weist der Senat den Hochschullehrern, die als „eigentliche Träger der freien Forschung und Lehre innerhalb der Universität" Inhaber „der Schlüsselfunktionen des wissenschaftlichen Lebens" seien, eine „besondere Stellung" zu. Denn sie seien „aufgrund ihrer Vorbildung, ihrer meist langjährigen Tätigkeit und Erfahrung in Forschung und Lehre" die prägende Kraft des Wissenschaftsbetriebs und trügen

---

[32] VVDStRL 27, S. 113 ff.
[33] Oben FN 2.
[34] VVDStRL 27, S. 113 (125, 127) bzw. S. 143 (165, 167, 176 ff.).

§ 38 Unabhängigkeit der Wissenschaft

kraft ihres „Status und ihrer Funktion (in) Forschung und Lehre" „erhöhte Verantwortung für die Funktionsfähigkeit und den wissenschaftlichen Rang der Universität". Zudem würden die Hochschullehrer infolge ihrer regelmäßigen längeren Zugehörigkeit zur Universität durch Entscheidungen der Hochschulorgane „stärker betroffen" als die Gruppen der wissenschaftlichen Mitarbeiter und der Studenten. Der Hochschullehrer sei zwar „in die Universität ‚eingebunden' " und müsse sich — „bedingt durch das Zusammenwirken mit anderen Grundrechtsträgern und mit Rücksicht auf die Zwecke der Universität — Einschränkungen gefallen lassen", die etwa daher rührten, daß Beschlußorgane der Wissenschaftsverwaltung im Interesse ihrer Arbeits- und Funktionsfähigkeit nicht zu viele Mitglieder haben dürften, und deshalb nicht jedem Hochschullehrer Sitz und Stimme gegeben werden könne, sondern diese sich durch andere repräsentieren lassen müßten. Es müsse aber gewährleistet sein, daß jeder Hochschullehrer bei der Beratung über wesentliche Fragen seines Fachgebiets „in geeigneter Form zu Gehör kommen" könne. Der Gesetzgeber müßte darüber hinaus „durch geeignete organisationsrechtliche Maßnahmen sicherstellen, daß Störungen und Behinderungen ihrer freien wissenschaftlichen Tätigkeit durch Einwirkungen anderer Gruppen soweit wie möglich ausgeschlossen werden". Zu einer solchen Störung könne es kommen, wenn „wissenschaftlicher Sachverstand bei der Entscheidung von Fragen der Forschung und Lehre in den Beschlußorganen der Wissenschaftsverwaltung überspielt" und über „sachfremde Motive" und „sachfremde Einflüsse" eine „mehr ideologische als wissenschaftsorientierte Zielsetzung begünstigt" werde. Letztlich seien deshalb der „Sachverstand" und das „Sachinteresse" für eine Mitwirkung an der wissenschaftsrelevanten Hochschulverwaltung entscheidend.

Zwar sei das Modell der „Gruppenuniversität" nicht als solches mit der Wertentscheidung des Art. 5 Abs. 3 GG unvereinbar. Dieses Modell gehe davon aus, daß „die Angelegenheit in der Universität als einer Körperschaft der Lehrenden und Lernenden grundsätzlich in die Beratungs- und Entscheidungskompetenz aller ihrer Mitglieder fallen". (Diese Formulierung übernimmt der Senat von der Westdeutschen Rektorenkonferenz.) Es sei aber abzuwägen, inwieweit Sachverstand und Sachinteresse zwischen den Gruppen der Hochschullehrer, der wissenschaftlichen Mitarbeiter, der Studenten und der nicht-wissenschaftlichen Bediensteten verteilt sei. Aus dieser Abwägung gewinnt der Senat dann gewisse Mindeststandards besonders für die Stimmbeteiligung der Hochschullehrer in den Hochschulgremien. Er unterscheidet dabei drei Entscheidungsbereiche: Im Bereich der Lehre hätten auch wissenschaftliche Mitarbeiter, die in der heutigen Massenuniversität einen Teil der Lehraufgaben übernommen haben, Sachverstand und Sachinteresse, die ein Mitspracherecht rechtfertigten. Ähnliches gelte von den Studenten, deren Interessenbereich von der Lehre unmittelbar betroffen werde; zudem fördere die Berücksichtigung der Argumente und Erfahrungen aus der Sicht der Studenten die Sachgerechtigkeit der Entscheidungen im Bereich der Lehre. Dagegen könne „eine undifferenzierte Beteiligung der Gruppe der nicht-wissenschaftlichen Bediensteten" „unter keinem der erwähnten Gesichtspunkte (Qualität, Funktion, Verantwortung und Betroffenheit) gerechtfertigt werden." Der Gruppe der Hochschullehrer müsse „der ihrer besonderen Stellung entsprechende maßgebende Einfluß verbleiben", was der Fall sei, „wenn diese Gruppe über die Hälfte der Stimmen verfügt". „Bei Entscheidungen, die unmittelbar Fragen der Forschung oder die Berufung der Hochschullehrer betreffen", müsse „der Gruppe der Hochschullehrer ein weitergehender, ausschlaggebender Einfluß vorbehalten bleiben", weil sich hier die Verteilung von Sachverstand und Sachinteresse noch mehr als bei Fragen der Lehre zugunsten der Hochschullehrer verschiebe[35].

Dem Hochschulurteil der Senatsmehrheit wurde von den Richtern Simon und Rupp-v. Brünneck widersprochen. In einem *Minderheitsvotum* machen die beiden Richter im wesentlichen folgende Argumente gegen die Mehrheitsentscheidung, die der Gruppe der Hochschullehrer in Berufungs- und Forschungsangelegenheiten in der Sache ein Stimmgewicht von mindestens 51 v. H. garantiere, geltend; erstens setze sich das Gericht mit dieser Entscheidung „unter Überschreitung seiner Funktion an die Stelle des Gesetzgebers" und schränke dadurch die gesetzgeberische Gestaltungsfreiheit in unangemessener Weise ein. Dies sei „nicht zuletzt deshalb bedenklich, weil verfassungsgerichtliche Verbote im Unterschied zu inhaltsgleichen Gesetzesregelungen nur schwer korrigierbar" seien und „die weitere Entwicklung in ihrem Geltungsbereich auch dann zementieren, wenn sie auf Fehleinschätzungen beruhen".

Dieses Festschreiben durch die Senatsmehrheit bilde zum zweiten das jedermann zustehende Grundrecht des Art. 5 Abs. 3 um in ein „ständisches Gruppenprivileg", dessen finanzielle Basis „auf Kosten der Allgemeinheit bereitgestellt" werde und das „in letzter Konsequenz zu einer ‚ständischen' Auflösung der Demokratiestruktur führen" müsse. Freiheitsverwirklichung dürfe aber nicht „zum Privileg einiger" verkümmern; denn der demokratische Gedanke lebe davon, daß „in allgemein bedeutsamen Angelegenheiten Mehrheitsbefugnisse auch nicht für Eliten unveränderbar vorgegeben seien, sondern durch Fähigkeiten, Argumente und Überzeugungskraft gewonnen sowie in ständiger geistiger Auseinandersetzung behauptet werden müssen".

Auch eine Verschärfung von Interessengegensätzen, die zu Gruppensolidarisierung und Fraktionsbildung führe, statt zu einer wissenschaftsorientierten zu einer ideologischen Zielsetzung tendiere und auf eine Zerstörung der „Voraussetzungen für eine sachgemäße demokratische Willensbildung" in den Universitätsgremien hinauslaufen könne, sei speziell für den Geltungsbereich des kontrollierten Vorschaltgesetzes zum niedersächsischen Hochschulgesetz nicht nachgewiesen. Zudem wäre, wenn ein solcher Nachweis gelänge, der Gruppenuniversität überhaupt die Grundlage entzogen.

Schließlich sei die angefochtene Regelung über die personelle Besetzung der Beschlußorgane grundrechtlich „ambivalent", weil sie keinesfalls notwendig zu einer Grundrechtsverletzung führen müsse, die eigentlichen Sachentscheidungen demnach offen seien. Die Beschwerdeführer hätten lediglich Vermutungen darüber äußern können, daß die Kollegialorgane „schon wegen ihrer personellen Zusammensetzung zu grundrechtswidrigen Entscheidungen prädestiniert seien". Zu einer nachweisbaren Beeinträchtigung des Grundrechtsbereichs sei es bisher nicht gekommen[36].

Überblickt man das Hochschulurteil im Lichte der Kritik der beiden dissentierenden Richter, so zeigt sich in der Tat ein gewichtiges „Begründungsdefizit"[37]. Die ganze Argumentation der Mehrheit krankt daran, daß die eigentliche Funktion der Wissenschaftsfreiheit nicht herausgearbeitet wird. Wenn aber die in den Vordergrund gestellte Begründung nicht überzeugt, die eigentlich tragfähige Begründung dagegen nicht herausgearbeitet wird, versteht es sich, daß das Minder-

---

35 BVerfGE 35, S. 79 ff. = NJW 1973, S. 1176 ff.
36 NJW 1973, S. 1185 ff.
37 *Schlink*, DÖV 1973, S. 541 (542).

heitsvotum über weite Strecken zunächst einmal überzeugender erscheint als die Entscheidung und Begründung der Mehrheit. Das gilt vor allem für die Argumentation der Minderheit, die 51 v. H.-Regel bei Entscheidungen in Forschungs- und Berufungsangelegenheiten schaffe ein unzulässiges Gruppenprivileg für eine mit Steuergeldern finanzierte „ständische" Elite. Dieses Argument gewinnt seine Durchschlagskraft gerade daraus, daß die Mehrheit es versäumt hat, klarzustellen, daß ein solches Privileg — ebenso wie auch allgemein die Unabhängigkeit der Wissenschaftler bei gleichzeitiger Finanzierung aus Steuermitteln — nicht um der Grundrechtsträger selbst willen, sondern allein um ihrer Funktion im Dienste der gesamten Gesellschaft willen zu rechtfertigen ist. Es gilt Ähnliches wie für den Richter und den Parlamentsabgeordneten, denen ihre staatliche „Alimentation" bei gleichzeitiger Unabhängigkeit und Weisungsfreiheit gleichfalls nicht im eigenen Interesse, sondern zur Wahrung ihrer Repräsentationsfunktion im Interesse der gesamten Gemeinschaft gegeben ist.

Die Ausübung dieser Repräsentationsfunktion der Wissenschaft verlangt aber Kenntnisse, Erfahrungen und wissenschaftsorientierte Interessen und Motivationen, die die Hochschullehrer typischerweise jedenfalls in relativ hohem Maße besitzen, die Studenten dagegen typischerweise noch nicht besitzen, während der wissenschaftliche Mittelbau dazwischen rangiert. In dieser funktionsorientierten Sicht kann die Freiheit der Wissenschaft also entgegen dem Minderheitsvotum gar kein „Jedermannsrecht" sein; sie ist vielmehr — wenn auch nicht im Einzelfall nachprüfbar, so doch der typisierenden Sicht nach — an eine Funktion gebunden, deren Erfüllung Qualitäten voraussetzt, über die Hochschullehrer typischerweise sehr viel eher und in größerem Maße verfügen als andere Mitglieder der Hochschule[38].

Berücksichtigt man die auch von der Minderheit eingeräumte „Interdependenz zwischen materialer Wissenschaftsfreiheit und formaler Organisation", so ergibt sich daraus die letztlich ausschlaggebende und tragende Begründung für die von der Mehrheit festgelegten Mindeststimmgewichte zugunsten der Hochschullehrer:

Wie oben dargelegt wurde, wird die Wissenschaft typischerweise von anderen Verfahren und Zielen dominiert als das partei- und interessenverbandspolitische Kräftespiel[39]. Die Kraft, die wie eine „Unruhe" die Welt der Wissenschaft vorwärts treibt, ist primär wert- und erkenntnisorientiert. Im politischen Prozeß besteht dagegen eine starke Orientierung an der Macht. Die Interessen tendieren dazu, nach ihrer relativen Durchsetzungsmacht berücksichtigt zu werden. Solange man glaubt, davon ausgehen zu können, alle gewichtigen Interessen könnten sich, sobald sie zu kurz zu kommen drohen, machtvoll organisieren, schien die pluralistische Welt in Ordnung zu sein. Nachdem sich dies aber als Fiktion erwiesen hat, gilt es, Gegengewichte zu mobilisieren oder jedenfalls zu erhalten, die vor allem in solchen Bereichen zu suchen sind, die von repräsentativen Verfahrens- und Denkweisen beherrscht sind. Dazu gehört die wissenschaftliche Lehre und Forschung. Zur Wahrnehmung und Aufrechterhaltung ihrer Gegengewichtsfunk-

---

[38] Mißverständlich ist allerdings der Satz der Mehrheit, daß Hochschullehrer „nach der derzeitigen Struktur der Universität ... die Inhaber der Schlüsselfunktion des wissenschaftlichen Lebens" seien (S. 1180), weil es, worauf das Minderheitsvotum mit Recht abhebt, nicht auf die Wahrung der Vorrechte von „Beliehenen" (S. 1188) ankommen kann, sondern allein darauf, daß die kritische, wenn auch meist nur indirekt ausgeübte, Funktion der Wissenschaft Qualifikationen und Motivationen verlangt, die Hochschullehrer typischerweise jedenfalls sehr viel eher besitzen als andere Mitglieder der Hochschule.

[39] Oben S. 51 ff.

H. Repräsentationsfunktion der Wissenschaft

tion muß aber möglichst verhindert werden, daß die sach- und problemorientierte Denkweise der Wissenschaft zugunsten der machtorientierten Haltung zurückgedrängt wird; das gilt auch für die Willensbildung in den Hochschulgremien, die über die „Interdependenz" zwischen Organisation und Inhalt der Willensbildung ja ihrerseits wieder Ausstrahlungswirkung auf die gesamte wissenschaftliche Arbeit besitzt. Es geht also um die irgendmögliche Sicherung des erkenntnis- und wertorientierten Entscheidungsverfahrens vor einer zunehmenden machtmäßigen Desorientierung.

Mit diesem Verständnis scheint zwar der Satz des Bundesverfassungsgerichts in einem gewissen Widerspruch zu stehen, daß die Gruppenuniversität als solche mit der Verfassung vereinbar sei. Sieht man aber genauer hin, so handelt es sich dabei nur um ein mehr oder weniger formal-verbales Zugeständnis. Denn der eigentliche Kerngedanke der Gruppenuniversität, daß die Gruppen gemeinsam die Entscheidungen fällen, jede Gruppe also typischerweise auf den Kompromiß mit anderen Gruppen angewiesen ist, liegt jedenfalls bei Entscheidungen über Forschung und Berufungsangelegenheiten gerade nicht vor, weil den Hochschullehrern hier die Mehrheit der Stimmen zukommt. Letztlich paßt das Gruppenmodell eben auch nicht auf den Wissenschaftsbetrieb; es ist nicht funktionsgerecht, weil es nach der dieser Arbeit zugrundeliegenden Vorstellung gerade zu den Aufgaben und Funktionen der Wissenschaft gehört, ein Gegengewicht gegen Mängel des pluralistischen Gruppenmodells zu bilden.

Akzeptiert man dieses verfassungstheoretische Verständnis, dann ist auch den weiteren Argumenten der dissentierenden Richter der Boden entzogen. Denn diese gehen, was etwa ihre Auffassung von der richterlichen Zurückhaltung anlangt — auch ausdrücklich — von dem idealisierten demokratischen Pluralismusmodell aus, das etwa dem KPD-Urteil noch zugrunde gelegen hatte[40]. Es war ein Anliegen dieser Arbeit zu zeigen, daß dieses Modell die Realität des pluralistisch-parlamentarischen Verbändestaats nicht trifft und deshalb auch die Erwartung der Richtigkeit der darin zustandegekommenen Entscheidungen ihre Grundlage verliert. Damit wird aber auch der Lehre von der verfassungsrechtlichen Zurückhaltung eine wesentliche Stütze weggezogen. Gewiß läßt sich oft nicht mit der nötigen Sicherheit die Unrichtigkeit einer Entscheidung etwa eines Universitätsgremiums im Einzelfall nachweisen. Dieses Nachweises bedarf es aber auch gar nicht, wenn, wie hier, schon das Verfahren der Willensbildung unausgewogen ist, weil man wegen des Interdependenzverhältnisses zwischen der Organisation des Entscheidungsverfahrens und dem Inhalt der in diesem Verfahren zustande gekommenen Entscheidungen[41] davon ausgehen kann, daß unangemessene Verfahrensregelungen auch zu tendenziell verzerrten Einzelentscheidungen führen[42]; zudem sind die Anhaltspunkte für eine Beurteilung der inhaltlichen Richtigkeit der Einzelentscheidungen hier außerordentlich vage, so daß die Richtigkeitskriterien sich wesentlich auf die Verfahrensregelungen verlagern, deren Angemessenheit deshalb besonders gewissenhaft und sorgfältig zu gewährleisten ist[43]. Diese Zusammenhänge, die auch von der Mehrheit nicht genügend klar herausgestellt worden sind (ebensowenig wie die Unangemessenheit der Verfahrensregelungen selbst, was letztlich wieder auf der mangelhaften Klarstel-

---

40 S. 1187 f.
41 Dazu auch *Rupp*, VVDStRL 27, S. 113 (125, 127); *Geck*, ebenda, S. 143 (165, 167, 176).
42 *Rupp*, VVDStRL 27, S. 119 f.; *ders.*, Grundgesetz und „Wirtschaftsverfassung", S. 44 f.
43 Oben S. 48 ff.

lung der Funktion der Wissenschaftsfreiheit beruht), verkennt die Minderheit⁴⁴.

Der von der Minderheit weiter hervorgehobene Gesichtspunkt, daß verfassungsgerichtliche Verbote nur schwerer korrigierbar seien als inhaltsgleiche Gesetzesregelungen ist *im Prinzip* zwar richtig⁴⁵; es ist aber auf der anderen Seite auch zu berücksichtigen, daß gesetzliche Maßnahmen, die die Gruppenmitwirkung von den Hochschullehrern auf nichtwissenschaftliche Bedienstete, Studenten und den wissenschaftlichen Mittelbau erweitern würden, zwar nicht rechtlich, aber — wegen der spezifischen Dynamik des demokratisch-pluralistischen Prozesses — doch faktisch ebenfalls nicht oder nur sehr schwer reversibel erscheinen⁴⁶. Das Gebot verfassungsrechtlicher Zurückhaltung überzeugt also auch, soweit es mit der Bindung des Gesetzgebers an verfassungsgerichtliche Verbote begründet wird, im vorliegenden Fall nicht.

§ 39 Wissenschaftliche Politikberatung

Die Wissenschaft kann ihre repräsentative Besserungsfunktion auf verschiedenen Ebenen und auf unterschiedliche Arten ausüben: In der wissenschaftlichen Lehre werden den Studierenden das nötige Wissen und die Denkmethoden beigebracht, die es ihnen später erlauben sollen, entweder selbst die wissenschaftliche Forschung voranzutreiben oder ihr Wissen und methodisches Denken in der Praxis einer verwissenschaftlichten Welt nutzbar zu machen. In der Grundlagenforschung werden Erkenntnisfortschritte erzielt, die auch ohne unmittelbare Praxisorientierung große Bedeutung für die moderne Gesellschaft haben können¹. Ganz besonders deutlich wird die Besserungsfunktion der Wissenschaft jedoch bei der wissenschaftlichen Politikberatung, die in den letzten zwei Jahrzehnten auch in der Bundesrepublik zunehmendes Gewicht erlangt hat². Kennzeichnend für sie ist, daß wissenschaftliche Erkenntnisse und Arbeitsmethoden hier unmittelbar in den politischen Willensbildungsprozeß eingeführt und dadurch direkt für die Lösung praktischer politischer Probleme nutzbar gemacht werden. Ziel der Politikberatung kann es von einem gemeinwohlorientierten Standpunkt aus nur sein, Hilfestellung für eine rationale Politik zu geben und auf diese Weise einen Beitrag in Richtung auf eine möglichst gute Politik zu leisten.

Beratungsgremien, bes. der gesamtwirtschaftliche Sachverständigenrat

Vorläufer der wissenschaftlichen Politikberatung und bislang ihre dominierende Komponente ist die Beratung im Bereich der Wirtschaftspolitik³ (im weite-

---

45 Oben S. 266 f.
46 Vgl. auch oben S. 284.
47 Verkannt auch von *Schlink*, DÖV 1973, S. 543.

1 *Albert*, Konstruktion und Kritik, S. 122; *Picht/Brech/Häfele/Kriele*, Gutachten zur wissenschaftlichen Beratung in Umweltfragen, Ziff. 7.3 (S. 584).
2 *Leibholz*, Der Einfluß der Fachleute auf politische Entscheidungen; *Habermas*, Verwissenschaftlichte Politik und öffentliche Meinung, *Lompe*, Wissenschaftliche Beratung der Politik; dazu *Albert*, Konstruktion und Kritik, S. 94 ff; *Morkel*, Politik und Wissenschaft; Friedrich *Schäfer*, Der Bundestag, S. 193 ff.; *Maier/Ritter/Max* (Hrsg.), Politik und Wissenschaft; dazu *Engelhardt*, Zeitschrift für Politik 1974, S. 68 ff.; *Picht u. a.*, Gutachten zur wissenschaftlichen Beratung in Umweltfragen; dazu *Picht*, Merkur 1972, S. 309 ff.; *Rupp*, JZ 1971, S. 401 (404).
3 *v. Beckerath/Giersch* (Hrsg.), Probleme der normativen Ökonomik und der wirtschaftspolitischen Beratung; *Bauer*, Der Sachverständigenrat; Hans K. *Schneider* (Hrsg.), Grundsatzprobleme wirtschaftspolitischer Beratung; Dieter *Schröder*, Wachstum und Gesellschaftspolitik, S. 446 ff.; *Bryde*, Zentrale Wirtschaftspolitische Beratungsgremien in der Parlamentarischen Verfassungsordnung; *Brohm*, Sachverständige und Politik; *Rahmeyer*, Pluralismus und rationale Wirtschaftspolitik; *Borner*, Wissenschaftliche Ökonomik und politische Aktion.

H. Repräsentationsfunktion der Wissenschaft

sten Sinne, also unter Einschluß der Finanz- und Sozialpolitik); dies ist einerseits auf die zentrale Bedeutung der Wirtschaftspolitik für den modernen Wirtschafts- und Sozialstaat, andererseits auf den relativ fortgeschrittenen Stand der Wirtschaftswissenschaften im Vergleich mit anderen Sozialwissenschaften zurückzuführen. In der wirtschaftspolitischen Beratung und ihrer Organisation und Institutionalisierung sind denn auch Funktion und Voraussetzungen einer sinnvollen Politikberatung einschließlich vieler dabei auftretender Probleme besonders deutlich hervorgetreten. So zeigt sich nicht nur die Besserungsfunktion der Wissenschaft[4], sondern auch die Notwendigkeit ihrer Unabhängigkeit[5] hier besonders klar und hat sich in bestimmten organisatorischen Gestaltungen der wirtschaftspolitischen Beratung niedergeschlagen. Diese werden vielfach als Vorbild für andere Bereiche der Politikberatung angesehen[6]; auch die Kritik bezieht sich vor allem auf die bereits seit längerem gebildeten Institutionen der wirtschaftspolitischen Beratung. Es ist deshalb angebracht, diese im folgenden in den Vordergrund zu stellen. Abgesehen von den Wissenschaftlichen Beiräten beim Bundesminister für Wirtschaft[7] und beim Bundesminister der Finanzen[8], ist hier vor allem der durch Gesetz vom 14. 8. 1963[9] gebildete „Sachverständigenrat zur Begutachtung der gesamtwirtschaftlichen Entwicklung" zu nennen[10]; er ist — im Gegensatz zu den bundesdeutschen Beiräten, die, wie die Vorsilbe „Bei-" ausdrückt, dem jeweils genannten Ministerium zugeordnet sind[11], und etwa dem Council of Economic Advisers in den Vereinigten Staaten[12] vergleichbar sind — keinem bestimmten Staatsorgan zugeordnet[13] und wird deshalb auch als „zentraler Rat" bezeichnet[14]. Wegen der beispielhaften Bedeutung sollen Aufgaben, Zusammensetzung und Status des Sachverständigenrats zunächst skizziert werden.

Der Sachverständigenrat hat jeweils am 15. November ein Jahresgutachten abzugeben, in dem die gesamtwirtschaftliche Entwicklung des ablaufenden und die absehbare Entwicklung des kommenden Jahres darzulegen und am Maßstab des Zielbündels des gesamtwirtschaftlichen Gleichgewichts[15] zu würdigen sind. Bei akut auftretenden Fehlentwicklungen hat er darüber hinaus zusätzliche Gutachten — der Sachverständigenrat spricht von „Sondergutachten"[16] — zu er-

---

4 *Bauer*, Der Sachverständigenrat, S. 349 f.
5 Vgl. auch *Scheuner*, Der Staat und die Verbände, S. 16; *Rupp*, JZ 1971, S. 401 (404).
6 *Schröder*, Gesellschaftspolitik, S. 483; *Zapf*, Sozialberichterstattung und amtliche Statistik, S. 3 (7); *Dahrendorf*, Die neue Freiheit, S. 142.
7 Dazu *Woldemar Koch*, Der Wissenschaftliche Beirat beim Bundesminister für Wirtschaft; Hans *Möller*, Vorwort zu: Der Wissenschaftliche Beirat beim Bundesministerium für Wirtschaft, 1973, S. XVII ff.
8 *Neumark*, Vorwort, in: Bundesministerium der Finanzen (Hrsg.), Der Wissenschaftliche Beirat beim Bundesministerium der Finanzen, 1974, S. XI ff.
9 BGBl. I S. 685.
10 *Molitor* (Hrsg.), Zehn Jahre Sachverständigenrat zur Begutachtung der gesamtwirtschaftlichen Entwicklung.
11 Das bedeutet aber nicht, daß sie nicht unabhängig wären (insoweit unrichtig: *Brohm*, Sachverständige und Politik, S. 65), nur auf Anfrage tätig würden (insoweit unrichtig: *Böckenförde*, Organisationsgewalt, S. 257) und daß ihre Gutachten nicht veröffentlicht würden. Vgl. dazu die Satzungen der beiden Wissenschaftlichen Beiräte. Zu den Wissenschaftlichen Beiräten bei Bundesministerien allgemein: *Wendelin*, WD 1970, S. 428.
12 *Wallich*, Der Council of Economic Advisers; ders., The American Council of Economic Advisers and the German Sachverständigenrat; *Heller*, Das Zeitalter des Ökonomen.
13 *Bauer*, Sachverständigenrat, S. 356.
14 *Bryde*, Beratungsgremien, S. 55 f.; *Böckenförde*, Organisationsgewalt, S. 256, spricht von „selbständigem ‚Rat' ".
15 Oben S. 42 f.
16 Eine Übersicht über die bisher vom Sachverständigenrat abgegebenen Jahres- und Sondergutachten findet sich im Jahresgutachten 1976, Anhang III.

statten[17]. Der Sachverständigenrat hat in seinem Gutachten auf eingetretene oder sich abzeichnende Fehlentwicklungen aufmerksam zu machen und „Möglichkeiten zu deren Vermeidung oder deren Beseitigung auf(zu)zeigen, jedoch keine Empfehlungen für bestimmte wirtschafts- und sozialpolitische Maßnahmen aus(zu)sprechen" (§ 2 Satz 6 SVRG). Die Bundesregierung hat ihrerseits in ihrem jeweils im Januar vorzulegenden Jahreswirtschaftsbericht zum Jahresgutachten des Sachverständigenrats Stellung zu nehmen und die Schlußfolgerungen darzulegen, die sie aus dem Gutachten zieht (§ 6 Abs. 1 Satz 3 SVRG; § 2 Abs. 1 Ziff. 1 StabG).

Adressat der Gutachten des Sachverständigenrats ist nicht etwa nur die Bundesregierung. Zwar sind sie zunächst der Bundesregierung zuzuleiten, von dieser sind die Jahresgutachten[18] jedoch unverzüglich den Gesetzgebungskörperschaften vorzulegen und gleichzeitig vom Sachverständigenrat zu veröffentlichen (§ 6 Abs. 1 SVRG). Dem entspricht es, wenn die Aufgabe des Sachverständigenrats und seiner Gutachter in § 1 SVRG dahin gekennzeichnet wird, daß sie die „Urteilsbildung bei allen wirtschaftspolitisch verantwortlichen Instanzen sowie in der Öffentlichkeit" erleichtern sollen.

Die im Darlegen von Fehlentwicklungen und im Aufzeigen von Abhilfemöglichkeiten direkt implizierte Kritik- und Besserungsfunktion des Sachverständigenrats kann natürlich leicht den Widerstand der vornehmlich für die Wahrung des gesamtwirtschaftlichen Gleichgewichts politisch verantwortlichen Bundesregierung oder der Interessengruppen auf den Plan rufen[19]. Daß die Gutachten des Sachverständigenrats den Bestrebungen der Interessengruppen zuwiderlaufen können, versteht sich beinahe von selbst. Das gilt vor allem für die Tarifpartner, bes. die Gewerkschaften[20]; sie sind in erster Linie angesprochen, wenn der Sinn des Sachverständigenrats bei den Beratungen des Gesetzes im Bundestag darin gesehen worden ist, zu einer „Versachlichung der wirtschafts- und sozialpolitischen Auseinandersetzungen bei(zu)tragen und die volkswirtschaftlich notwendige Abstimmung aller Ansprüche an das Sozialprodukt (zu) erleichtern"[21]; das heißt aber im Klartext: die Gutachten sollten vor allem disziplinierend und mäßigend auf die Lohngestaltung der Sozialpartner einwirken[22].

Aber auch die Regierung mag befürchten, durch die Kritik des Sachverständigenrats, dem das Gesetz für die Wirtschaftspolitik der Vergangenheit die Rolle eines „unerbittlichen Rechnungshofs", für die Zukunft die eines „unentwegten Besserwissers" zuweist[23], an Autorität[24] und Wahlchancen zu verlieren, zumal die parlamentarische Opposition sich die Kritik, die in der Darlegung von Fehlentwicklungen impliziert ist, oft als Argumente gegen die Regierung zu eigen

---

17 Die Verpflichtung zur Erstattung von Zusatzgutachten wurde 1967 mit Erlaß des Stabilitätsgesetzes in das Sachverständigenratsgesetz eingefügt (§ 6 Abs. 2 SVRG).
18 Zum Verfahren bei Sondergutachten vgl. § 6 Abs. 2 SVRG.
19 Zur kritischen Funktion der Wissenschaft in ihrer Partnerschaft mit den politischen Instanzen *Picht*, Merkur 1972, S. 309 (319).
20 Dies muß man bei Würdigung der Kritik der Tarifpartner, insbes. der Gewerkschaften, am Sachverständigenrat und seinen Gutachten im Auge behalten (vgl. z. B. die heftige Kritik des Wirtschafts- und Sozialwissenschaftlichen Instituts des DGB (WSI) am Jahresgutachten 1975, FAZ v. 29. 12. 1975. Handelsblatt v. 29. 12. 1975), ohne daß der Sachverständigenrat dadurch allerdings gegen Kritik immunisiert werden darf. Vgl. auch oben § 27 RN 79.
21 MdB *Brand*, BT-Drucks. IV/3948.
22 *Sievert*, Die wirtschaftspolitische Beratung in der Bundesrepublik Deutschland, S. 27 (37), *Zacher*, VVDStRL 30, S. 151 (153 f.); *Brohm*, Sachverständige und Politik, S. 65.
23 *Sievert*, Beratung, S. 31 f. Zum „Oppositionseffekt" des Sachverständigenrates auch *Bauer*, Sachverständigenrat, S. 356; *Brohm*, Sachverständige, S. 65 f.
24 *Heinze*, Der Sachverständigenrat, Der Staat 1967 S. 433 (439), spricht gar davon, die Einrichtung des Sachverständigenrats bedeute eine „capitis deminutio" der Bundesregierung.

H. Repräsentationsfunktion der Wissenschaft

machen wird. Durch Aufzeigen von Abhilfemöglichkeiten, die trotz des ausdrücklichen Empfehlungsverbots (§ 2 Satz 6 SVRG) von der Öffentlichkeit doch in der Sache mehr oder weniger als Empfehlung verstanden werden müssen[25], mag die Regierung in Zugzwang gesetzt werden, so daß der Eindruck entsteht, ihr Entscheidungsspielraum würde eingeengt. Dies gilt besonders im Hinblick auf § 6 Abs. 1 SVRG und § 2 Abs. 1 Ziff. 1 StabG, die die Bundesregierung verpflichten, im Jahreswirtschaftsbericht zum Jahresgutachten des Sachverständigenrats Stellung zu nehmen und die Schlußfolgerungen darzulegen, die sie daraus zieht[26].

Grundlegende Voraussetzung für die Funktionserfüllung des Sachverständigenrats ist deshalb seine Unabhängigkeit. Die schon allgemein für die Kritik- und Besserungsfunktion der Wissenschaft dargelegte Notwendigkeit ihrer Unabhängigkeit zeigt sich hier wegen der unmittelbaren politischen Auswirkungen der Gutachten des Sachverständigenrats wie durch ein Brennglas vergrößert[27]. Bedenkt man die mögliche Unbequemheit eines solchen unabhängigen Sachverständigenrats, so ist seine Institutionalisierung durch ein im Bundestag einstimmig verabschiedetes Gesetz, das seinerzeit auch von den beiden Sozialpartnern begrüßt worden war[28], zugleich als ermutigendes Beispiel für die Fähigkeit von Parteien und Verbänden zur Selbstdisziplinierung zu werten[29]. Der Sachverständigenrat ist nach § 3 Abs. 1 SVRG „nur an den durch dieses Gesetz begründeten Auftrag gebunden und in seiner Tätigkeit unabhängig"[30]. Diese Vorschrift wird durch § 1 Abs. 3 SVRG wirksam ergänzt; danach dürfen Mitglieder des Sachverständigenrats weder einer Regierung noch einem Parlament, noch dem öffentlichen Dienst angehören[31]; Unvereinbarkeit besteht darüber hinaus auch für Repräsentanten oder Funktionäre von Wirtschaftsverbänden oder Organisationen der Arbeitnehmer und der Arbeitgeber, es sei denn, die Stellung wurde mindestens ein Jahr vor der Berufung aufgegeben.

Hinsichtlich Zusammensetzung, Qualifikation, Berufung und Informationsmitteln gilt folgendes: „Der Sachverständigenrat besteht aus fünf Mitgliedern, die über besondere wirtschaftswissenschaftliche Kenntnisse und volkswirtschaftliche Erfahrungen verfügen müssen" (§ 1 Abs. 2 SVRG). Sie werden auf Vorschlag der Bundesregierung durch den Bundespräsidenten für die Dauer von fünf Jahren berufen. Nach einer anfänglichen Übergangsregelung scheidet nunmehr turnusmäßig jeweils ein Mitglied am 1. März eines jeden Jahres aus. Wiederberufungen sind zulässig (§ 7 SVRG). Anfänglich war der Sachverständigenrat mit drei Hochschullehrern und zwei fachlich qualifizierten Praktikern besetzt, seit 1970 ist er jedoch ein reines Hochschullehrer-Gremium. Die Berufung von jeweils zwei

---

25 *Kaiser*, Planung II, S. 16; *Bauer*, Sachverständigenrat, S. 355; *Heinze*, Sachverständigenrat, S. 436; *Stern/Münch/Hansmeyer*, S. 385 FN 3; *Brohm*, Sachverständige, S. 66 f.
26 Die Einschränkung des wirtschaftspolitischen Handlungsspielraums der Bundesrepublik durch den Sachverständigenrat ist vor allem von *Böckenförde*, Organisationsgewalt, S. 257 ff., und *Heinze*, Der Sachverständigenrat, S. 438 ff., betont worden.
27 Auch die Unabhängigkeit des wirtschaftspolitischen Beraters ist — wie die des Wissenschaftlers allgemein (oben S. 317) — weniger Privileg als vielmehr Instrument, um die Beratung vom Blickpunkt des Gemeinwohls aus wertvoller zu machen. So auch *Bryde*, S. 80.
28 Vgl. *Bryde*, S. 84 m. w. N.
29 Daß die Errichtung des Sachverständigenrats im Effekt eine Selbstbindung von Bundesregierung und Bundestag darstellt, betont auch *Heinze*, Der Sachverständigenrat, S. 438, 440, der daraus aber wegen seines statischen Verständnisses von der Verfassungsinterpretation unhaltbare verfassungsrechtliche Konsequenzen zieht (unten S. 334 ff.).
30 Zum Recht dissentierender Mitglieder des Sachverständigenrats, Minderheitsvoten abzugeben, § 3 Abs. 2 SVRG.
31 Ausnahmen: Hochschullehrer oder Mitarbeiter eines wissenschaftlichen Instituts.

Mitgliedern erfolgt nach der bisherigen Praxis im Benehmen mit den Arbeitgeber- bzw. Arbeitnehmerverbänden[32].

Die Behörden des Bundes und der Länder sind dem Sachverständigenrat zur Amtshilfe verpflichtet (§ 5 Abs. 3 SVRG), er kann die fachlich zuständigen Bundesminister und den Präsidenten der Deutschen Bundesbank zur Durchführung seines Auftrages hören; diese haben ihrerseits das Recht, gehört zu werden (§ 5 Abs. 1 und 2 SVRG). Der Sachverständigenrat kann auch anderen geeigneten Personen, vor allem Vertretern von Organisationen des wirtschaftlichen und sozialen Lebens, Gelegenheit geben, zu wesentlichen sich aus seinem Auftrag ergebenden Fragen Stellung zu nehmen (§ 4 SVRG).

Der Sachverständigenrat ist, wie dargelegt, kein Beratungsgremium allein der Bundesregierung, vielmehr wendet er sich auch an das Parlament (Bundestag und Bundesrat), dem die Bundesregierung die Gutachten vorzulegen hat, und vor allem an die Öffentlichkeit[33]. Die Bezogenheit auf die Öffentlichkeit („Öffentlichkeitsberatung")[34] macht eine wesentliche Seite der Stellung und Funktion des Sachverständigenrats aus; denn es geht dabei darum, nicht nur den Führungsspitzen Ratschläge zu geben, die die staatlichen Steuerungszentren besetzt halten, sondern es soll auch der Bürger als letzter und eigentlicher demokratischer Willensbildner, soweit wie möglich, in die Sachdiskussion einbezogen werden. Dadurch kann gleichzeitig zwei Werten gedient werden: der demokratischen Mitbestimmung der Bürger (input-Komponente) *und* der Erhöhung der Rationalität und Richtigkeit der Ergebnisse der politischen Willensbildung (output-Komponente)[35]. Das Gewicht dieser Aussage unter dem Aspekt der optimalen Realisierung der Gemeinwohlwerte wird deutlich, wenn man berücksichtigt, daß zwischen beiden Werten ansonsten leicht ein Spannungsverhältnis besteht[36].

Die Öffentlichkeitsausgerichtetheit der Gutachtenstätigkeit des Sachverständigenrats informiert den Bürger, schließt ihn damit bis zu einem gewissen Grad in die politische Willensbildung ein und versucht, ihm trotz der immer komplizierter werdenden Zusammenhänge den zentralen Platz möglichst zu erhalten, der ihm nach der Konzeption der Demokratie letztlich zukommt. Sie steht insofern im Gegensatz zu einer Beratung der Regierenden, die hinter verschlossenen Türen unter Ausschluß der Öffentlichkeit erfolgt und den Bürger der Politik und ihren Machthabern nur um so stärker entfremden und ihm das Gefühl vermitteln muß, er habe in politicis eher eine Objekt- als eine Subjektstellung inne[37]. Eine an den Bürger gerichtete aufklärende Wissenschaft, die ihm seine demokratische Willensbildungs- und Kontrollfunktion erleichtert, ist deshalb mit einiger Berechtigung als „freiheitsorientierte", demokratische Politikberatung bezeichnet

---

32 *Bryde*, S. 85; *Brohm*, S. 69.
33 Der Sachverständigenrat betreibt also nicht — oder jedenfalls nicht nur — Beratung der Politik im Sinne einer direkten Vermittlung zweckgerichteten Wissens an die politisch verantwortlichen Akteure (Beratung im engeren Sinne), sondern Beratung *über* Politik, deren Adressat nicht nur der politische Akteur, sondern auch und in erster Linie die Öffentlichkeit ist (Beratung im weiteren Sinne). H. K. *Schneider*, Grundsatzprobleme wirtschaftspolitischer Beratung, S. 7.
34 *Brohm*, S. 65.
35 Zu diesen Begriffen oben S. 46.
36 *Grosser*, Demokratietheorie in der Sackgasse?, S. 107 (117 ff.).
37 *Habermas*, Verwissenschaftlichte Politik und öffentliche Meinung; *Morkel*, Politik und Wissenschaft, S. 108 ff. — Das Gefühl, lediglich Objekt der undurchschaubaren Herrschaft der Regierenden zu sein, macht die Bürger anfällig für das, was *Popper* die „Konspirationstheorie der Gesellschaft" bezeichnet hat. *Popper*, Prognose und Prophetie in den Sozialwissenschaften, S. 119.

H. Repräsentationsfunktion der Wissenschaft

und ihr die ausschließlich an die Adresse der Politiker gerichtete Beratung als „herrschaftsorientierte" gegenübergestellt worden[38].

Die Öffentlichkeitsorientierung des Sachverständigenrats kann zugleich aber auch der inhaltlichen Richtigkeit der Ergebnisse der politischen Willensbildung dienen. Einmal schon deshalb, weil ohne Publizität der Forschung die wissenschaftliche Diskussion nicht geführt werden kann, die aber unerläßlich ist, um die Gefahr wissenschaftlicher Irrtümer möglichst gering zu halten[39]. Zum anderen kann die Publizität wissenschaftlicher Gutachten die politische Durchsetzbarkeit notwendiger Maßnahmen erhöhen. In der politischen Praxis geht es ja nicht nur um die Erkenntnis des Notwendigen und Richtigen, sondern auch und in erster Linie um die nötige Macht, etwas als richtig Erkanntes durchzusetzen. Und daran fehlt es selbst den Regierenden nicht selten. Im Kräftespiel der Verbandsdemokratie bestehen gegen rationale sachorientierte Problemlösungen ja häufig interessentenbedingte Widerstände, insbesondere seitens schlagkräftig organisierter Partikularverbände. Diese Konstellation ist mit der berühmt-berüchtigten Formel, ein bestimmter Vorschlag sei zwar „sachlich vernünftig, aber politisch unmöglich" angesprochen, die jeder mit den Beziehungen zwischen Politik und Wissenschaft Vertraute zur Genüge kennt[40]. Die Öffentlichkeitsgewendetheit des Sachverständigenrats dient dazu, hier ein möglichst wirksames Gegengewicht zu setzen, indem der Regierung der Rücken gegen Interessenverbandseinflüsse gestärkt und ihr die Durchsetzung einer möglichst richtigen Politik erleichtert wird[41]. Durch die Schaffung des Sachverständigenrats soll also die Unabhängigkeit der Regierung nicht gemindert, sondern im Gegenteil gestärkt werden[42]. Der Sachverständigenrat soll ein politisches Eigengewicht entfalten, so daß etwas, was ohne sein Wirken für Regierung und Parlament in der Tat „politisch unmöglich" wäre, schließlich vielleicht doch möglich wird[43]. Und eben dazu bedarf er der Unterstützung der Öffentlichkeit. Denn die Politiker pflegen in einer Demokratie aus naheliegenden Gründen sehr sensibel gegenüber der öffentlichen Meinung zu reagieren[44]. Die wissenschaftliche Beratung kann ihre Wirkung, d. h. das politische Gewicht ihrer Gutachten, deshalb beträchtlich verstärken, wenn und soweit es ihr gelingt, die Unterstützung der Öffentlichkeit im Sinne ihrer

---

38 *Albert*, Konstruktion und Kritik, S. 119. *Picht/Brech/Häfele/Kriele*, Gutachten zur Beratung in Umweltfragen, Ziff. 3.6: „Die Resultate wissenschaftlicher Forschung müssen veröffentlicht und der allgemeinen Kritik zugänglich gemacht werden; das ist ein Grundprinzip demokratischer Freiheit".
39 *Picht* u. a., Gutachten zur Beratung in Umweltfragen, a.a.O.
40 *Bauer*, Der Sachverständigenrat, S. 355; *Giersch*, Rationale Wirtschaftspolitik, S. 118.
41 *Sievert*, Wirtschaftspolitische Beratung, S. 29: Bei Errichtung des Sachverständigenrats schien der Staat „darauf zu warten, dem Druck ausgesetzt zu werden, der von einer unabhängigen öffentlichen Gutachtertätigkeit ausgehen mußte, um selbst den immer stärkeren Druck von Gruppeninteressen auf die staatliche Wirtschaftspolitik besser abwehren zu können."
42 Vgl. auch *Picht* u. a., Gutachten zur Beratung in Umweltfragen, Ziff. 3.10: „Ein System der wissenschaftlichen Politikberatung in Umweltfragen ist erst dann sachgemäß, wenn es sowohl die Unabhängigkeit der Forschung als auch die Unabhängigkeit der Politik zu stärken vermag." *Picht* hat diesen Satz mit Recht einen Kernsatz des Gutachtens genannt. Merkur 1972, S. 309 (318).
43 Es ist deshalb problematisch, wenn ein unabhängiges Beratungsgremium sich bei seiner Gutachtertätigkeit von vornherein auf das, „was politisch möglich" sei, beschränkt, wie dies die sog. Steuerreformkommission ausdrücklich tat. Dazu *v. Arnim*, Blätter für Genossenschaftswesen 1971, S. 185. Daß „alle Bedingungen der politischen Durchsetzbarkeit von Maßnahmen" für den Sachverständigenrat „zunächst einmal als grundsätzlich unbeachtlich erscheinen müssen", betont mit Recht *Sievert*, Wirtschaftspolitische Beratung, S. 36.
44 *Popper*, Prognose und Prophetie, S. 123: „In einer Demokratie müssen die Herrscher tun, was die öffentliche Meinung von ihnen erwartet, wenn sie nicht abgelöst werden wollen." *Sievert*, Wirtschaftspolitische Beratung, S. 32, weist mit Recht darauf hin, daß der Sachverständigenrat den Politiker vor allem deshalb interessiert, weil er „die politischen Auffassungen in der Öffentlichkeit beeinflußt."

Kritik und ihrer „Empfehlungen" zu gewinnen[45]. Das aber ist bisher in beträchtlichem Umfang geschehen. Der Sachverständigenrat und seine Gutachten stellen „einen gewichtigen Faktor im Vorhof der politischen Willensbildung"[46] dar. Er hat es durch seine repräsentative sach- und problemorientierte Haltung, die durch die wissenschaftlich-fachliche Qualität seiner Mitglieder ermöglicht und seine Unabhängigkeit gegenüber Regierung und Interessengruppen gesichert ist[47], verstanden, Autorität und Anerkennung in der Öffentlichkeit zu gewinnen, so daß er zuweilen als eine Art „tribuni plebis" oder doch als „pouvoir neutre"[48], als unparteiischer, sachverständiger Schiedsrichter zwischen den divergierenden Interessen[49], bezeichnet worden ist[50].

Aus den bisherigen Ausführungen wird die gemeinwohlorientierte Funktion des Sachverständigenrats als „Anwalt der breitesten Öffentlichkeit gleichsam im Dienst der Rationalität"[51] deutlich. Er soll dem repräsentativen Gemeinwohlverfahren[52] einen „Brückenkopf" im politischen Kraftfeld verschaffen und durch die Ausstrahlungen seiner Tätigkeit Fehlentwicklungen entgegenwirken, zu denen dieses Kraftfeld ansonsten leicht tendiert. Er rückt damit verfassungstheoretisch in die Nähe anderer unabhängiger Instanzen, wie der Rechtsprechung[53], insbesondere des Bundesverfassungsgerichts, der Bundesbank und des Bundesrechnungshofs[54]. Gemeinsam ist diesen Institutionen, daß sie bis zu einem gewissen Grad in die Funktion einrücken, die die überkommenen Verfassungsinstitutionen im modernen Verbändestaat alleine nicht mehr befriedigend gewährleisten können, nämlich insbesondere die angemessene Wahrung der allgemeinen Interessen und damit die Aufrechterhaltung einer Balance des macht- und interessenorientierten Gemeinwohlverfahrens[55]; sie üben eine Art Gegenhalteeffekt gegen das typische Zukurzkommen berücksichtigungswerter, aber organisationsschwacher Interessen aus und ergänzen das politische Kräftespiel auf diese Weise zugunsten derartiger Interessen. Daß diese verfassungstheoretische Deutung der Funktion des Sachverständigenrats gerecht wird, zeigt nicht zuletzt die Tatsache, daß auch in anderen Bereichen, wo typischerweise allgemeine Interessen zu kurz zu kommen drohen, das politische Kräftespiel also nicht von selbst zu ausgewogenen Ergebnissen tendiert, unabhängige Sachverständigenräte nach dem Vorbild des wirtschaftlichen Sachverständigenrats errichtet sind oder über ihre Errichtung diskutiert wird.

---

45 Carl *Schmitt*, Innerpolitische Neutralität, S. 51, bezweifelte die Wirksamkeit unabhängiger Sachverständigen-Kommissionen, u. a. weil ihre Denkschriften und Voten von den politischen Machthabern „leicht ignoriert werden können". Diese Argumentation trifft auf die „Öffentlichkeitsberatung" demokratischer Regierungen durch Sachverständigengremien aber unter den genntnten Voraussetzungen gerade nicht zu.
46 *Stern*, in: *Stern/Münch/Hansmeyer*, S. 386.
47 *Kaiser*, Planung II, Einleitung, S. 11 (16): Quelle der Autorität des Sachverständigenrats ist seine Unabhängigkeit. – Die Befürchtung *Schmitts* (Innerpolitische Neutralität, S. 51), die politischen Machthaber würden Sachverständigengremien, falls sie ihre Gutachten nicht ignorieren könnten (vgl. oben FN 45), zu willfährigen Instrumenten ihrer Politik machen können und auch machen, wird durch die Erfahrungen mit dem Sachverständigenrat nicht bestätigt.
48 K. H. *Schneider*: Grundsatzprobleme, S. 7. Zustimmend *Stern*, a.a.O., S. 385 f.
49 *Sievert*, Wirtschaftspolitische Beratung, S. 37.
50 *Kaiser*, Planung II, S. 16. Vgl. auch die Bezeichnung des Sachverständigenrats als „Hüter des gesamtwirtschaftlichen Gleichgewichts" bei *Möller*, StabG, § 31, Ziff. 3; dagegen mangels Entscheidungsbefugnissen des Sachverständigenrats: *Stern*, a.a.O., S. 385.
51 *Sievert*, Wirtschaftspolitische Beratung, S. 32, 38.
52 Oben S. 190 ff.
53 *Haller*, Finanzpolitik, S. 337.
54 *Brohm*, Sachverständige, S. 66.
55 Vgl. auch *Brohm*, Sachverständige, S. 69.

H. Repräsentationsfunktion der Wissenschaft

Zu nennen ist hier die Monopolkommission, die aufgrund des 1973 ins Gesetz gegen Wettbewerbsbeschränkungen eingefügten § 24 b errichtet worden ist. Sie besteht aus fünf Mitgliedern und soll in ihren alle zwei Jahre bis zur Jahresmitte zu erstellenden Gutachten „den jeweiligen Stand der Unternehmenskonzentration sowie deren absehbare Entwicklung unter wirtschafts-, insbesondere wettbewerbspolitischen Gesichtspunkten beurteilen und die Anwendung der §§ 22 bis 24 a (die die Mißbrauchs- und Zusammenschlußkontrolle betreffen) würdigen. Sie soll auch nach ihrer Auffassung notwendige Änderungen der einschlägigen Bestimmungen dieses Gesetzes (sc. des GWB) aufzeigen" (§ 24 b Abs. 3). Im übrigen stimmen die Vorschriften des aus zehn Absätzen bestehenden § 24 b im wesentlichen mit denen des Sachverständigenratsgesetzes — meist wörtlich — überein.

Hierher gehört weiter der allerdings nicht durch Gesetz, sondern aufgrund eines Erlasses des Bundesministers des Innern vom 28. 12. 1971[56] errichtete „Rat von Sachverständigen für Umweltfragen", der 1974 sein erstes „Umweltgutachten" vorlegte[57]. Dieser Rat ist nach dem genannten Erlaß — ebenso wie der gesamtwirtschaftliche Sachverständigenrat — unabhängig und nur an seinen Auftrag gebunden (§ 3); es gelten nach § 4 Abs. 3 auch entsprechende Inkompatibilitätsvorschriften. Der Auftrag des Rats geht dahin, „zur Erleichterung der Urteilsbildung bei allen umweltpolitisch verantwortlichen Instanzen sowie in der Öffentlichkeit" Umweltsituation und Umweltbedingungen periodisch zu begutachten (§ 1). Dabei soll er die „jeweilige Situation der Umwelt und deren Entwicklungstendenzen darstellen sowie Fehlentwicklungen und Möglichkeiten zu deren Beseitigung aufzeigen" (§ 2 Abs. 1). — Im übrigen ist der Sachverständigenrat für Umweltfragen jedoch — im Gegensatz zum gesamtwirtschaftlichen Sachverständigenrat — bis zu einem gewissen Grad an das Ministerium angebunden. Das zeigt sich z. B. darin, daß die Berichte des Umweltrates nur dem Bundesinnenminister und den zu einem Kabinettsausschuß für Umweltfragen gehörenden Bundesministern zugeleitet werden, nicht auch den gesetzgebenden Körperschaften, und der Zeitpunkt der Veröffentlichung, die nur „grundsätzlich" zu erfolgen hat, vom Bundesinnenminister zu bestimmen ist, ohne daß ihm dabei eine Frist gesetzt wäre (§ 10 Abs. 3)[58]. Der Status des Umweltrats nähert sich insoweit dem der Wissenschaftlichen Beiräte beim Bundeswirtschaftsministerium und beim Bundesfinanzminsterium an.

Zu erwähnen ist auch die aufgrund einer Entschließung des Bundestags vom 5. 6. 1974[59] durch Vereinbarung des Ältestenrates des Deutschen Bundestages vom 14. 11. 1974 erfolgte Berufung eines „Beirats für Entschädigungsfragen"[60]. Er hatte nach diesem Beschluß die „Aufgabe, im Auftrage des Präsidiums des Deutschen Bundestages gutachtliche Vorschläge über die Höhe, Zusammensetzung und Gestaltung der Entschädigungen der Mitglieder des Bundestages zu unterbreiten. Der Präsident kann den Beirat mit der Erstattung zusätzlicher Gutachten beauftragen." Der Beirat bestand aus zehn Mitgliedern, von denen drei ehemalige Abgeordnete sein sollten. Als „ständige Mitglieder" gehörten dem Beirat an: der Präsident der Deutschen Bundesbank, der

---

56 BMBl. 1972, Nr. 3, S. 27; abgedruckt auch im Anhang II, Ziff. 1 des Umweltgutachtens 1974.
57 Grundsatzausführungen und Vorschläge „zur geeigneten Organisationsform der wissenschaftlichen Beratung der Bundesregierung in Umweltfragen" finden sich in dem so bezeichneten Gutachten von *Picht* u. a. Der Sachverständigenrat für Umweltfragen bleibt weit hinter den Vorschlägen dieses Gutachtens zurück und wird deshalb von *Picht* als „dürftiger Ersatz für jene Schaltstelle zwischen Politik, gesellschaftlichen Interessengruppen und Wissenschaft" bezeichnet, „ohne die ein moderner Staat seine Bürger gegen die Umweltbedrohung nicht zu schützen vermag". Merkur 1972, S. 309 (316).
58 Dies hat *Steiger* mit Recht kritisiert. In: Gerechtigkeit in der Industriegesellschaft, S. 151 (156 f.).

Präsident des Bundesfinanzhofes, ein Mitglied des Sachverständigenrats zur Begutachtung der gesamtwirtschaftlichen Entwicklung. „Weitere Mitglieder" des Beirats waren: drei ehemalige Abgeordnete, ein Vertreter der Arbeitgeber, ein Vertreter der Arbeitnehmer, ein Mitglied der Bundespressekonferenz als Vertreter der Presse (!) und ein Vertreter der Konferenz der Landtagspräsidenten. Die Berufung der sieben nichtständigen Mitglieder sollte für die Dauer von fünf Jahren erfolgen, eine erneute Berufung sollte zulässig sein.

Der Beirat hatte zunächst ein Gutachten über Fragen der Besteuerung der Abgeordnetendiäten erstellt, das aber durch das Diätenurteil des Bundesverfassungsgerichts v. 5. 11. 1975 hinfällig geworden ist. Darauf erarbeitete er — auf der Grundlage des Diätenurteils — ein Gutachten über eine umfassende Neuregelung der Diäten. Zusätzlich setzte der Bundestag am 28. 11. 1975 einen Sonderausschuß ein mit dem Auftrag, ein den Anforderungen des Diätenurteils entsprechenden Entwurf eines Diätengesetzes zu erarbeiten[61].

Die den „Beirat für Entschädigungsfragen" betreffende organisatorische Regelung war wenig befriedigend. Vergleicht man Entschließung des Bundestags und Beschluß des Ältestenrats mit anderen Texten über die Institutionalisierung von Wissenschaftlichen Beiräten, so fällt vor allem auf, daß über die Veröffentlichung der Gutachten des Beirats nichts gesagt war. Auch war nicht sichergestellt, daß der Beirat aus eigener Initiative gutachtliche Vorschläge über die Höhe, Zusammensetzung und Gestaltung der Entschädigungen der Mitglieder des Bundestags unterbreiten durfte. Die diesbezüglichen Bestimmungen waren jedenfalls nicht eindeutig. Reichlich willkürlich mutete zudem die Auswahl der drei ständigen Mitglieder an. Das Bild der Wissenschaftlichkeit des Beirats wurde weiter getrübt durch die Vertretungen der Arbeitgeber und Arbeitnehmer und die Beteiligung von drei ehemaligen Abgeordneten (die als Bezieher von Abgeordneten-Ruhegeld unmittelbare Interessenten waren), ferner eines Mitglieds der Bundespressekonferenz. Bedenkt man, daß weder ein Wissenschaftler, der über Fragen der Abgeordnetenbesoldung gearbeitet hat (wie etwa der Politologe Theodor Eschenburg), noch ein qualifizierter Verfassungsrechtler (wie etwa Gerhard Leibholz) in die Kommission berufen worden waren, so scheint der „Beirat für Entschädigungsfragen" sich teilweise eher einem Interessentenbeirat als einem Wissenschaftlichen Beirat angenähert zu haben. Es entstand der Eindruck, daß es dem berufenden Ältestenrat mehr darauf angekommen war, „gut Wetter" für die Abgeordnetendiäten und ihre Erhöhung zu schaffen, als sich Rückendeckung für eine Beseitigung der zahlreichen Ungereimtheiten der Abgeordnetenbesoldung[62] zu verschaffen (zu der der Bundestag dann aber durch das Urteil des Bundesverfassungsgerichts gezwungen wurde).

Schließlich gehört in diesen Zusammenhang auch die Diskussion um die Errichtung eines Sachverständigenrats zur Beurteilung von Finanzhilfen und Steuervergünstigungen[63].

Schon die wenigen Beispiele zeigen, daß die wissenschaftliche Politikberatung außerordentlich unterschiedlich geregelt ist; diese Unterschiede muten z. T. recht willkürlich an und scheinen bisweilen eher von den machtpolitischen Interessen staatlicher Positionsinhaber als von gemeinwohlorientierten Erwägungen diktiert zu werden. Angesichts der Bedeutung, die der wissenschaftlichen Politikberatung heute zukommt, ist es aus gemeinwohlorientierter Sicht bedenklich, daß Art und

---

59 Sten. Ber. des Bundestags v. 5. 6. 1974, S. 7054; BT-Drucks. 7/2192 (neu), 7/2195.
60 Eine unabhängige Kommission zur Begutachtung des finanziellen Status der Abgeordneten war in der Literatur wiederholt vorgeschlagen worden: *Eschenburg,* Der Sold des Politikers, S. 85; *v. Arnim,* Die Abgeordnetendiäten, S. 49 f. m. w. N.
61 Der Gesetzentwurf samt Begründung und der Bericht des „Beirats für Entschädigungsfragen" sind abgedruckt in BT-Drucks. 7/5525 und 7/5531. Dazu *v. Arnim,* Reform der Abgeordnetenentschädigung.
62 Dazu Näheres unten § 49.
63 Dazu Näheres unten S. 352 ff.

H. Repräsentationsfunktion der Wissenschaft

Form der Institutionalisierung der wissenschaftlichen Beratung praktisch noch weithin ins Belieben des jeweils zuständigen Amtsinhabers (Ministers, Ältestenrat des Bundestags etc.) gestellt sind. Die Frage, wie Politikberatung am besten zu institutionalisieren ist, ist eine zentrale Frage der Organisation von Staat und Gesellschaft und von größter Bedeutung für die Allgemeinheit. Man mag sie deshalb als eine Verfassungsfrage im materiellen Sinn bezeichnen[64]. Die Verfassungstheorie wird die bisherige Vernachlässigung dieser Problematik aufgeben[65] und Grundsätze für den gesamten Bereich der Politikberatung erarbeiten müssen, die schließlich ihren Niederschlag möglicherweise in einer Ergänzung des Grundgesetzes finden könnten[66]. In der vorliegenden Arbeit wurde versucht, einige — vornehmlich auf den gesamtwirtschaftlichen Sachverständigenrat bezogene — Ansätze zu entwickeln.

Verfassungsrechtliche Beurteilung des gesamtwirtschaftlichen Sachverständigenrats

Die Stellung des gesamtwirtschaftlichen Sachverständigenrats als eines zentralen, keinem speziellen Bereich zugeordneten unabhängigen Gremiums ist neuartig. Seine verfassungsrechtliche Beurteilung und Einordnung hängt letztlich von dem vorausliegenden verfassungstheoretischen Vorverständnis ab; sie bereitet naturgemäß größte Schwierigkeiten, wenn man ein Verfassungsverständnis zugrundelegt, das in einer Zeit und unter Umständen entwickelt wurde, als die Konstellationen und Notwendigkeiten, die für die Errichtung von unabhängigen Sachverständigenräten sprechen, noch gar nicht existierten, und mit dieser Elle dann den Sachverständigenrat mißt[67]. Eine solche Prüfung muß dann fast zwangsläufig zum Ergebnis der Verfassungswidrigkeit führen. Es handelt sich letztlich wohl um das gleiche Verfassungsverständnis, das wegen seiner Fixierung auf einen bestimmten historischen Entwicklungsstand auch die Rolle der Verfassungsgerichtsbarkeit nicht angemessen einordnen kann[68] und deshalb von einer Verfassungstheorie, die sich die Aufgabe setzt, unsere heutigen Probleme zu erfassen und Leitlinien für ihre optimale Bewältigung im Lichte der Verfassungsgrundwerte zu geben, zurückgewiesen werden muß. Von einem solchen mit der Konzeption der vorliegenden Arbeit nicht vereinbaren Ausgangsverständnis sind die Thesen von Ernst-Wolfgang Böckenförde[69] und Christian Heinze[70] geprägt, die dahin gehen, mit dem Sachverständigenrat sei „der Punkt erreicht, an dem fachkundige Beratung der politischen Instanzen ... in eine unverantwortliche Nebenregierung umschlägt, die der demokratischen Legitimation entbehrt"; denn der Sachverständigenrat stelle die Regierung mit seinen eigeninitiierten Gutachten vor bestimmte Alternativen, er schreibe ihr praktisch das Gesetz des Handelns vor, weil seine Gutachten wegen des unmittelbaren Zugangs zur Öffentlichkeit eine „indirekte Verbindlichkeit" erhielten.

---

64 *Schröder*, Gesellschaftspolitik, S. 446 ff.; *Heinze*, Sachverständigenrat, S. 434; *Hensel*, Der Einfluß der wirtschaftspolitischen Verbände, S. 177.
65 *Brohm*, Sachverständige, S. 38, 42.
66 So *Schröder*, Gesellschaftspolitik, S. 483; *Thieme*, ZRP 1969, S. 32 f.
67 Vgl. schon Carl *Schmitt*, Das Problem der innerpolitischen Neutralität des Staates, S. 41 ff. (49 ff.).
68 Oben S. 234.
69 *Böckenförde*, Die Organisationsgewalt im Bereich der Regierung, S. 255 ff.
70 *Heinze*, Der Staat 1967, S. 433 ff. Zustimmend *Hensel*, Der Einfluß der wirtschaftspolitischen Verbände, S. 177 f.; Eckart *Klein*, Die verfassungsrechtliche Problematik des ministerialfreien Raumes. *Heinze* (S. 433) betont ausdrücklich, daß er von der „herkömmlichen juristischen Verfassungsexegese" im Sinne Forsthoffs ausgeht. Über die Unhaltbarkeit dieses Interpretationsverständnisses oben S. 16 ff.

Dadurch werde „die als einheitlich gedachte Regierungsgewalt unterlaufen"[71] und in ihrer Autorität untergraben[72]; darin liege ein Verstoß gegen die Einheit der Regierungsgewalt und die alleinige Richtlinienkompetenz des Bundeskanzlers[73]. Der Sachverständigenrat sprenge als ein Organ, das keinem der im Grundgesetz vorgesehenen verantwortlichen Verfassungsorgane zugeordnet sei, den verfassungsrechtlichen „numerus clausus der Verfassungsorgane"[74].

Vor dem in dieser Arbeit entwickelten verfassungstheoretischen Hintergrund ergibt sich dagegen ohne weiteres eine verfassungsrechtliche Begründung und Legitimation des Sachverständigenrats. Akzeptiert man die beiden Hauptthesen dieser Arbeit: die methodologische These einer gemeinwohlorientierten Verfassungsauslegung im Sinne einer Optimierung der Grundwerte und die aus der Analyse des Kräftespiels in der pluralistischen Demokratie gewonnene These eines typischen Zukurzkommens allgemeiner Interessen, so erhält die Institution des Sachverständigenrats einen guten Sinn und ein unverzichtbare Funktion[75].

Dagegen ist die Vorgehensweise, die den Einwänden Böckenfördes und Heinzes zugrunde liegt, dadurch gekennzeichnet, daß der Funktion, die der Sachverständigenrat in der wirtschaftlichen und staatlich-organisatorischen Ambiance der Bundesrepublik wahrnehmen soll, keine Bedeutung für die Verfassungsinterpretation beigemessen wird. Böckenförde klammert die Frage nach dem Sinn und Nutzen einer „Verwissenschaftlichung der Politik" ausdrücklich aus seiner Beurteilung aus[76]. Er kann deshalb natürlich auch nicht auf die (Kern-)Frage zu sprechen kommen, auf welche alternative Weise die dem Sachverständigenrat zugewiesene und von ihm übernommene Funktion ohne ihn oder bei anderer Ausgestaltung wahrzunehmen wäre. Heinze erörtert die Entwicklungen und Notwendigkeiten, die zur Einsetzung des Sachverständigenrats geführt haben; er ist aber nicht bereit, ihnen irgendwelchen Einfluß auf die verfassungsrechtliche Beurteilung des Sachverständigenrats zuzugestehen[77], so daß der verfassungstheoretische Teil (S. 440 ff.) ohne Bezug hinter (!) den verfassungsrechtlichen Teil (S. 434 f.) zu stehen kommt.

Die Argumentation gegen die Verfassungsmäßigkeit des Sachverständigenrats, die letztlich auf die These eines unzulässigen Eingriffs in unverzichtbare Kompetenzen und Verantwortlichkeiten von Regierung und Parlament hinausläuft, versäumt vor allem, den Zusammenhang herzustellen zwischen der Öffentlichkeitsorientierung des Sachverständigenrats und der Einwirkung der Interessenverbände auf Regierung und Parlament (bzw. dem unmittelbaren Treffen von wirtschaftspolitisch relevanten Entscheidungen durch Interessenverbände im Rahmen der Tarifautonomie). Nur dieser Zusammenhang erhellt aber Sinn und Funktion des Sachverständigenrats. Der faktische Entscheidungsraum der politisch verantwortlichen Instanzen wird ja keinesfalls nur durch die Voten des Sachverständigenrats eingeengt, sondern mindestens ebenso sehr durch die Entscheidungskompetenzen der Tarifparteien und durch den auch in anderen Bereichen bestehenden außerordentlichen Einfluß der Interessenverbände und ihres

---

71 *Böckenförde*, S. 257–259.
72 *Heinze*, S. 439 f.
73 *Böckenförde*, S. 258.
74 *Heinze*, S. 436 f.
75 Gegen *Böckenförde* und *Heinze* auch Brohm, FS Forsthoff 1972, S. 37 (66 ff.); Bryde, Zentrale Wirtschaftspolitische Beratungsgremien in der Parlamentarischen Verfassungsordnung, S. 140 ff., 143 ff.; Möller, StabG, Ziff. 4 zu § 31; Stern in: Stern/Münch/Hansmeyer, S. 305 f.
76 *Böckenförde*, S. 188, 257.
77 *Heinze*, S. 444.

H. Repräsentationsfunktion der Wissenschaft

in den Dienst genommenen Fachwissens[78]. Aus den Entscheidungen und dem Einfluß der Interessenverbände droht eine tendenzielle Desorientierung der politischen Willensbildung im Sinne des Zukurzkommens organisationsschwacher, insbesondere allgemeiner, Interessen[79]. Es ist nun gerade die Funktion des Sachverständigenrats, hier mit Hilfe der Öffentlichkeit ein Gegengewicht zu bilden und der Regierung auf diese Weise die nötige Rückendeckung und Unabhängigkeit zu schaffen, um Gemeinwohlkonformes möglichst durchzusetzen. Erst dieser Zusammenhang läßt den Gemeinwohlbezug des Sachverständigenrats voll deutlich werden. Eine Sicht, die nur den Druck, welcher von den Gutachten des Sachverständigenrats auf die Regierung ausgeht, ins Auge faßt, ist einseitig und muß zu verzerrten Ergebnissen führen, weil sie den Sinn dieses Drucks als Gegendruck gegen einseitige Abhängigkeiten und darauf resultierende Fehlentwicklungen nicht in den Blick bekommt. Erkennt man aber diesen Zusammenhang, so gibt es zur Sicherung der Unabhängigkeit der Regierung und damit der Gewährleistung eines Verfahrens des ausgewogenen Interessenausgleichs als der vitalen Forderung der Demokratie letztlich nur zwei Alternativen: Entweder man illegalisiert verfassungsrechtlich auch die Entscheidungskompetenz und die Einwirkungen der Interessenverbände; das ist aber — angesichts der zahlreichen positiven Wirkungen der Interessenverbände — keine erstrebenswerte und letztlich wohl auch keine realisierbare Alternative[80]. Oder man errichtet Gegengewichte wie den Sachverständigenrat, die die negativen Komponenten des Einflusses der Interessenverbände möglichst weitgehend kompensieren.

Ein solches Gegengewicht ist auch die unabhängige Bundesbank[81]. Bezeichnenderweise erwähnt Böckenförde die Bundesbank gar nicht, obwohl seine verfassungsrechtlichen Einwände, wenn sie berechtigt wären, auf diese in noch viel stärkerem Maße zuträfen, weil sie — im Gegensatz zum Sachverständigenrat — Entscheidungsbefugnisse besitzt. Auch Heinze klammert die Bundesbank aus der Erörterung ohne nähere Begründung kurzerhand aus[82]. Die Verwandtschaft der Funktionen von Bundesbank und Sachverständigenrat wird besonders deutlich in dem treffenden Satz Forsthoffs, die Bundesrepublik schütze sich vor sich selbst, indem sie im Bundesbankgesetz der Deutschen Bundesbank volle Unabhängigkeit zur Wahrnehmung ihres Wächteramtes gewährleiste[83]. Eben diese Selbstdisziplinierung durch Selbstbindung ist aber auch das Charakteristikum der Errichtung des Sachverständigenrats, wie Heinze selbst klar erkannt hat[84].

Mit ihrer Argumentation gegen den öffentlichkeitsorientierten Sachverständigenrat und damit zugunsten einer direkten Beratung der Regierung unter Ausschluß der Öffentlichkeit[85] geben Böckenförde und Heinze im Ergebnis dem „Herrschaftsmodell" der Beratung den Vorrang zu Lasten des „Freiheitsmodells" der Beratung[86]. Statt die Freiheit und Selbstbestimmung des Bürgers

---

[78] Oben S. 102 ff., 136 ff.
[79] Oben S. 151 ff.
[80] Oben S. 133.
[81] Auf die Parallelen, die sich zum Status der Bundesbank ziehen lassen, weist *Brohm*, Sachverständige und Politik, ausdrücklich hin (S. 66, 67 f.; 69 f.). Vgl. auch unten S. 361.
[82] *Heinze*, FN 1 und 7. Konsequent aber Eckart *Klein*, Die verfassungsrechtliche Problematik des ministerialfreien Raumes, der Bedenken gegen die Unabhängigkeit nicht nur des Sachverständigenrats, sondern auch der Bundesbank geltend macht.
[83] *Forsthoff*, Rechtsstaat im Wandel, S. 211.
[84] Oben FN 29.
[85] *Böckenförde*, S. 249 ff.
[86] Oben S. 329 f.

als Verfassungsgrundwert gebührend herauszustellen, sorgen sie sich um die Entscheidungsfreiheit und Autorität der Regierung und des Parlaments, ohne sich zu verdeutlichen, daß Freiheit und Autorität von Regierung und Parlament unter dem Grundgesetz keine Eigenwerte, sondern letztlich nur Dienstwerte im Interesse der möglichst guten Realisierung der stets auf die Bürger zu beziehenden Gemeinwohlgrundwerte sind[87]; zudem braucht, wie dargelegt, ein öffentlichkeitsausgerichteter Sachverständigenrat die Unabhängigkeit der Regierung nicht zu beeinträchtigen, sondern kann sie — durch Kompensation einseitiger Abhängigkeiten — im Gegenteil sogar stärken. Die Favorisierung des Herrschaftsmodells der Beratung ließe sich allenfalls rechtfertigen, wenn dadurch die output-orientierte Richtigkeitsgewähr des Entscheidungsprozesses erhöht würde. Aber das ist nicht der Fall. Das Bestechende an der Öffentlichkeitsorientierung des Sachverständigenrats liegt ja gerade darin, daß dadurch der Bürger stärker in den Willensbildungsprozeß einbezogen *und* die Richtigkeit der Entscheidungsergebnisse tendenziell erhöht werden kann[88].

Die Einwände gegen den Sachverständigenrat und die Bevorzugung direkter Beratungen der Regierung beruhen schließlich auch auf einem überholten Konzept der politischen Beratung[89]. Zugrunde liegt nämlich die Auffassung, Information und Wertung seien in der Praxis tatsächlich fein säuberlich zu trennen, so daß der Berater sich auf das Darreichen von Informationen beschränken und dem Politiker die wertorientierte Abwägung und Entscheidung vorbehalten bleiben könne. Dieses im Anschluß an Habermas[90] so genannte „dezisionistische Modell" der wissenschaftlichen Beratung erleidet jedoch, wie die neuere Diskussion zunehmend deutlich gemacht hat, in der Wirklichkeit beträchtliche Einschränkungen. Zwar gibt es m. E. keinen zwingenden Grund, den prinzipiellen Dualismus von Sein und Sollen wieder aufzugeben und damit einen wissenschaftstheoretischen Rückschritt zu vollziehen. Es hat nach wie vor einen guten Sinn, wenn man versucht, klar zwischen wirklichkeitswissenschaftlichen und wertenden Erwägungen zu unterscheiden. Indessen sind in der Praxis Seins- und Wertfragen regelmäßig derart miteinander verzahnt, daß sich eine säuberliche Kompetenztrennung zwischen den Politikern und ihren wissenschaftlichen Beratern[91] meist kaum durchführen läßt[92]. Die Vorstellung, der Politiker setze Ziele und der Wissenschaftler nenne die Mittel zu ihrer Realisierung, erweist sich in der Praxis vor allem deshalb als nicht voll realistisch, weil erstens der Sozialwissenschaftler das fertige und sichere Instrumentalwissen, das ihm das dezisionistische Modell unterstellt, in aller Regel gar nicht besitzt, sondern meist nur über relativ vage und in die Form mehr oder weniger bewährter Hypothesen gebrachte Vermutungen und Schätzungen verfügt; zweitens hat auch der Politiker häufig zunächst nur unbestimmte Vorstellungen von dem, was er als Ziel anstreben soll und will. Die politische Fixierung von Zielen ist ja durchaus nicht unabhängig von der (prinzipiell sozialwissenschaftlich

---

87 In *Böckenfördes* und *Heinzes* Argumentation leuchtet noch die Selbstzweckvorstellung des Staates durch, die dem Dualismus der konstitutionellen Monarchie zugrunde gelegen hatte, die aber heute unter der Geltung des Grundgesetzes zurückzuweisen ist (oben S. 13 ff.).
88 Oben S. 329.
89 *Brohm*, Sachverständige und Politik, S. 42 ff.
90 *Habermas*, Verwissenschaftlichte Politik und öffentliche Meinung.
91 Prinzipiell Ähnliches kann im Verhältnis des Richters und des Verwaltungsbeamten zu wissenschaftlichen Beratern gelten.
92 *Morkel*, Wissenschaftliche Beratung der Politik; Engelhardt, Zeitschrift für Politik 1974, S. 68 (77); *Brohm*, Sachverständige und Politik, S. 37 (43 ff.).

zu ermittelnden) Möglichkeit, sie zu erreichen, und den „sozialen Kosten", die dabei entstehen; dementsprechend hat jedes Ziel eine Art „Sachgerüst", das gewissermaßen mit ihm „verwachsen" ist und über das mittelbar auch die Ziele sozialwissenschaftlicher, d. h. erkenntniswissenschaftlicher, Kritik offenstehen[93] (ohne allerdings durch dieses „Sachgerüst" hinreichend determiniert zu werden). Die Konkretisierung der Ziele, die simultan mit der Konkretisierung der Mittel und der Analyse der Lage[94] in vielen Einzelschritten erfolgt, erfordert idealiter ein dauerndes Kommunizieren zwischen dem Sozialwissenschaftler, der immer neue Zusammenhänge, die sich bei Konkretisierung der Ziele als relevant erweisen, abzuschätzen hat, und dem Politiker, der seine Ziele fortlaufenden Anpassungen unterwerfen muß. In der Praxis ist ein solcher fortdauernder Kommunikationsprozeß bei säuberlicher Beschränkung des Sozialwissenschaftlers auf das Beibringen von Tatsachen und Abschätzen von Zusammenhängen aber oft reine Theorie; schon aus Zeitgründen wird der Politiker sich nicht selten lieber „fertiger Ergebnisse" bedienen, bei deren Zustandekommen der Gutachter dann aber meist auch eine Reihe wertender Vorentscheidungen getroffen haben muß; selbst wenn aber jener intensive Kommunikationsprozeß stattfinden sollte, werden die Sozialwissenschaftler auch bei den dabei zu treffenden Wertentscheidungen regelmäßig nicht nur passive Statisten sein, so daß ihre Beratung sich nicht nur auf Fragen der Sozialtechnologie beschränkt.

Ist eine solche „politische Mitwirkung"[95] von Sachverständigen an den Gemeinwohlentscheidungen aber nicht auszuschließen, so ist es sinnvoll, Kriterien, Art und Form dieser Mitwirkung durch eine klare gesetzliche Regelung festzulegen und für die Öffentlichkeit transparent zu machen. Dadurch wird die wissenschaftliche Beratung in aller Form in die Verantwortung genommen, die ihr in Anbetracht der beträchtlichen Angewiesenheit der Politik auf die Wissenschaft in der Sache ohnehin schon zukommt, und zugleich einer Verwischung der Verantwortlichkeiten entgegenwirkt. Auch unter diesen Aspekten ist die Beratung durch den öffentlichkeitsorientierten Sachverständigenrat einer herrschaftsorientierten Beratung unter Ausschluß der Öffentlichkeit vorzuziehen[96].

§ 40 Aktivierung der wissenschaftlichen Politikberatung bei der Finanz- und Subventionsplanung

Der unabhängige Sachverständigenrat zur Begutachtung der gesamtwirtschaftlichen Entwicklung ist oben als ein Organ der Selbstdisziplinierung zur Eindämmung typischer pluralistischer Fehlentwicklungen gekennzeichnet worden. Der Sachverständigenrat kann als ein „Patron" (Forsthoff) solcher allgemeiner Interessen verstanden werden, die bei der gesamtwirtschaftlichen Globalsteuerung leicht zu kurz kommen[1]. Er wendet sich an die Öffentlichkeit, strukturiert die öffentliche Meinung und bewirkt auf diese Weise zugleich eine Mobilisierung des allgemein-demokratischen Potentials, wie sie etwa auch Forsthoff, Rupp und Dahrendorf befürwortet haben[2].

---

[93] *Albert*, Traktat über kritische Vernunft, S. 76 ff.
[94] Oben S. 54 ff.
[95] *Brohm*, Sachverständige und Politik, S. 47.
[96] Vgl. auch *Brohm*, a.a.O., S. 67.

[1] Oben S. 155 ff.
[2] *Forsthoff*, Strukturwandlungen, S. 25; *Rupp*, Konzertierte Aktion, S. 1 (11); ders., DVBl. 1971, S. 669 (71 ff.); *Dahrendorf*, Ein liberales Credo (II), in: Die Zeit Nr. 2 v. 3. 1. 1975, S. 3.

§ 40 Aktivierung der Politikberatung bei Finanz- und Subventionsplanung

Die gesamtwirtschaftliche Steuerung ist natürlich nicht der einzige Bereich, in dem sich die Tendenz manifestiert, daß wichtige allgemeine Interessen von gut organisierten Partikularinteressen erdrückt werden. Zwei andere Bereiche, die hier beispielhaft behandelt werden sollen, betreffen die Subventionen[3] und die Finanzplanung. Wie eh und je treten ja gerade in der Steuer- und Finanzpolitik die gesellschaftlichen und politischen Kräfte und Entwicklungen wie durch ein Brennglas gesammelt in besonderer Klarheit hervor. In beiden Bereichen ist die Notwendigkeit einer rationalen Planung zwar seit längerem erkannt und hat sich auch in entsprechenden Gesetzesnormen niedergeschlagen. Wenn die bisherigen Ansätze dennoch weitgehend fehlgeschlagen sind, so liegt das vor allem daran, daß die tieferen Gründe nicht in den Blick genommen wurden, die, wenn man sie berücksichtigt hätte, eigentlich von Anfang an einen Fehlschlag auf dem eingeschlagenen Weg hätten erwarten lassen. Bevor darauf näher eingegangen werden soll, seien einige allgemeine Bemerkungen zur „Planung" vorangeschickt.

Sinn der Planung

Wie oben dargelegt, liegt ein wesentlicher Grund für das Zukurzkommen allgemeiner Interessen darin, daß die (positiven oder negativen) „Nebenfolgen" von Maßnahmen häufig nicht gesehen und deshalb auch nicht in die Abwägung der Entscheidenden einbezogen werden. So werden leicht auch Maßnahmen getroffen, die bei Kenntnis des Gesamtzusammenhangs und bei Bilanzierung *aller* sozialen Kosten und Erträge eigentlich hätten unterbleiben müssen; umgekehrt werden oft Maßnahmen unterlassen, obwohl sie bei Mitberücksichtigung der günstigen längerfristigen Auswirkungen an sich geboten erscheinen[4]. Auch die sachverständigen Interessenten pflegen gerade dadurch zu einer übermäßigen Berücksichtigung von Partikularinteressen beizutragen, daß zwar die Erwägungen, die *für* eine im Verbandsinteresse liegende (oder *gegen* eine dem Verbandsinteresse zuwiderlaufende) Maßnahme sprechen, herausgestellt, ihre negativen Nebenfolgen (bzw. ihre günstigen Auswirkungen) aber möglichst kaschiert werden, so daß das vom Verbandsvertreter gezeichnete Gesamtbild eine interessentenbedingte Schlagseite erhält[5].

Einer derartigen „Unterbelichtung" wichtiger Interessen, deren Betroffenheit nur bei Klarlegung mehr oder weniger komplizierter Zusammenhänge erkennbar wird, soll die Planung möglichst einen Riegel vorschieben. Die im Begriff „Planung" mitschwingende Betonung des Zukunftsaspekts bedeutet nicht etwa, daß der Bezug auch auf gegenwärtige Probleme fehle, sondern rührt daher, daß es vornehmlich langfristige Interessen (von uns allen) sind, die im Spiel der Tagespolitik zu kurz kommen[6], und die Funktion der Planung deshalb besonders darin liegt, eine solche Vernachlässigung langfristiger und komplexer Interessen möglichst zu verhindern.

Die als „Planung" bezeichnete Vorbereitung von Entscheidungen widersetzt sich zwar einer exakten begrifflichen Erfassung[7]; sie läßt sich aber beschreiben: Das als „Planung" bezeichnete Phänomen ist letztlich nichts anderes als eine Sammelbezeichnung für den gedanklich-methodischen Prozeß, den rationale Poli-

---

3 Oben S. 294 ff. Es kommt in unserem Zusammenhang nicht auf eine exakte Definition des Begriffs „Subvention" an; wir können uns deshalb an die Begriffsbestimmung halten, die § 12 StabG und den Subventionsberichten der Bundesregierung zugrundeliegt.
4 Oben S. 153 ff.
5 Oben S. 138 ff.
6 Oben S. 168 f. und unten S. 359.
7 Kaiser, Planung II, S. 20 ff.

tik voraussetzt[8] und die Institutionalisierung des Wissens-, Wertungs- und Entscheidungspotentials, das dieser Prozeß verlangt[9]. Planung impliziert u. a. die Einbeziehung „juristischer, wirtschaftswissenschaftlicher und politischer Reflexionen"[10] und soll durch Einbringung vermehrter Rationalität in die politische Willensbildung und Entscheidung[11] als „Instrument zum Bau einer besseren und gerechteren Ordnung"[12] dienen[13].

Planung als zweckrationales Vorgehen setzt die Ausrichtung auf bestimmte Zwecke (objectives) und daraus abgeleitete Unterziele (targets)[14] voraus. Der Plan ist ein „flexibles Aktionsmodell"[15], er muß darauf angelegt sein, im Prozeß der Durchführung alle neu auftretenden (d. h. bei der ersten Konzeption des Plans noch nicht berücksichtigten) Faktoren berücksichtigen und sich entsprechend anpassen zu können[16]. Zwischen Aufstellung und Durchführung des Plans sollte — in der Sprache der Kybernetik — ein Verhältnis dauernder „Rückkoppelung" bestehen.

Wesentliche Grundlage der Planung ist die Vorausschau (Prognose), mit der man die Entwicklung, die ohne planvolles Einschreiten zu erwarten wäre, abzuschätzen versucht[17]. Ohne Abschätzung der gegebenen und in Zukunft voraussichtlich zu erwartenden Entwicklung läßt sich keine wertorientierte Beurteilung vornehmen und kein rationaler Verbesserungsvorschlag machen. Das Aufzeigen von möglichen Alternativen zu der Entwicklung, die sich ohne Planung ergäbe („mapping out of possible futures")[18], ist Voraussetzung für die Erfüllung der „Besserungsfunktion" der Planung.

In den Kategorien der oben vorgenommenen Unterscheidung zwischen macht- und interessentendeterminierten Verfahren einerseits und wert- und erkenntnisorientierten Verfahren andererseits[19] ist Planung dem letzteren Typ gemeinschaftserheblicher Willensbildung und Entscheidung zuzurechnen. Mit „Planung" verbinden sich dementsprechend Assoziationen wie Sachlichkeit, Vernunft, Natur der Sache[20]. Eine ihrer wesentlichen Voraussetzungen ist die Unabhängigkeit der Planer[21].

Die Funktion der Planung als Schutzwall gegen übermäßigen Interessenteneinfluß wird zumeist deutlich gesehen[22]. Durch klares Herausstellen der Konse-

---

8 Oben S. 60 ff.
9 *Kaiser*, Planung II, S. 14; oben S. 52.
10 *Kaiser*, Planung I, S. 12; oben S. 61 ff.
11 *Kaiser*, Planung I, S. 18, 34; ders., Planung II, S. 21 m. w. N. in FN 40.
12 *Kaiser*, Planung I, S. 7 f.
13 *Kaiser*, Planung I, S. 11: „Optimierung durch Rationalität". *Grimm*, Verfassungsfunktion und Grundgesetzreform, S. 518: „Planung strebt an, die gesellschaftliche Entwicklung in Kenntnis ihrer Probleme, auf Grund aller relevanten Daten und in Voraussicht künftiger Abläufe auf bestimmte Ziele hin optimal zu steuern". Oben S. 54 ff.
14 *Kaiser*, Planung II, S. 23 ff. (26 f.).
15 *Kaiser*, Planung II, S. 25.
16 *Kaiser*, Planung II, S. 24; *Graf v. Schlieffen*, Planung II, S. 36 f.
17 *Kaiser*, Planung II, S. 21.
18 *Kaiser*, Planung I, S. 19 f.
19 Oben S. 50 ff.
20 *Kaiser*, Planung I, S. 18, 20, 22 f.
21 *Kaiser*, Planung I, S. 18: „Von rationaler Planung erwartet man einen ausschließlich sachlichen, ‚non partisan approach'; sie hebt sich entschieden ab von den Emotionen, Taktiken und unsachlichen Ambitionen des parteipolitischen Kleinkrieges; nicht nur der Kampf um die Macht, sondern — man ist versucht zu sagen: die Natur der Sache — setzt die Maßstäbe".
22 *Kaiser*, Planung I, S. 26. Die Gegengewichtsfunktion der Planung gegen übermäßigen Interesseneinfluß ist vor allem im Zusammenhang mit der Finanzplanung betont worden: *Korff*, Bulletin der Bundesregierung 1967, S. 809: „Mit der mittelfristigen Finanzplanung soll die Zeit des jährlichen Aushandelns bestimmter Gruppenwünsche endgültig der Vergangenheit angehören". *Weichmann*, FA 1968, S. 220 (232): Es „zeigt sich eine strukturelle Schwäche unserer plurali-

quenzen, insbesondere der Folgekosten, soll die Planung, vor allem auch die am weitesten entwickelte und durchgebildete Finanzplanung[23], als „nationales Erziehungsinstrument zu politischer Verantwortung"[24] einen politischen Stilwandel bewirken[25] und es den Interessenten und ihren Sachverständigen erschweren, ihre partikularen Interessen ohne Rücksicht auf Allgemeininteressen durchzusetzen. Zugespitzt könnte man sagen, daß die Ermächtigung der Regierung zur Finanzplanung durch die Legislative „dem Schutz des Parlaments gegen sich selbst dienen soll"[26].

Bei der Diskussion um die Planung hat man sich aber allzu oft auf die Frage beschränkt, auf welchem gedanklichen Wege und unter Zuhilfenahme welcher Grundsätze und Maßstäbe die Entscheidungen vorbereitet werden müssen. Die Frage, wie die Einhaltung dieser Verfahrensregeln sichergestellt werden könne, ist dagegen meist außerhalb des Blickfeldes geblieben. Die Gewährleistung der Einhaltung jener Regeln ist indessen zumindest von ebenso großer Bedeutung wie deren Ermittlung. Ohne solche Gewähr ist nämlich zu erwarten, daß die oben dargelegten Einseitigkeiten des politischen Kräftespiels auch die Planung prägen und so ihre Qualität beeinträchtigen[27]. Planung wird dann, statt ein Gegengewicht gegen Defizite des Verbands- und Parteienpluralismus zu bilden, von diesem „eingefangen". Wie sehr alle Bemühungen um die Durchsetzung der Planung zum Scheitern verurteilt sind, wenn sie nicht gleichzeitig organisatorisch-institutionelle Regelungen vorsehen, die die Voraussetzungen für die Einhaltung der Regeln der wert- und erkenntnisorientierten Willensbildung entscheidend verbessern, zeigen die Erfahrungen mit der Finanzplanung und der Subventionskontrolle, die nunmehr etwas näher darzustellen sind.

---

stischen Gesellschaft und des auf den Interessenausgleich angelegten Systems der demokratischen Meinungsbildung. Ein demokratischer Staat ist dauernd in der Versuchung, allzu vielen an den Staat herangetragenen Wünschen gerecht werden zu wollen. Er hat der Versuchung in vielen Fällen auch deshalb nicht widerstehen können, weil die Konsequenzen der Sünden nicht klar zu Tage traten. Auch hier wird eine Finanzplanung, die institutionalisiert und in ihrer Funktionsfähigkeit erprobt ist, manches bessern können". v. Dohnanyi, Bulletin der Bundesregierung 1970, S. 11: Die mittelfristige Finanzplanung „schafft einen Schutzwall gegenüber all denjenigen, die als Interessenten oder aber auch als wohlmeinende, doch inkompetente Eiferer Gesetze ohne einen Blick auf die damit verbundenen Kosten machen wollen". Schmidt/Wille, Die mehrjährige Finanzplanung, S. 38: Der Finanzplan dient dazu, „daß bei der Behandlung des Budgetentwurfs in der Legislative längerfristige Gesichtspunkte stärker beachtet werden". Auf diese Weise soll „der Einfluß der ‚pressure groups' vermindert" werden, „die es dann, wenn im Budgetwesen isolierte und kurzfristige Betrachtungsweisen vorherrschen, ziemlich leicht haben, ihre partikularen Interessen durchzusetzen".

23 Zur Funktion der Finanzplanung, die Folgekosten finanzwirksamer Maßnahmen deutlich zu machen und so die Entscheidenden zu zwingen, sie in die Beurteilung des Für und Wider der Maßnahmen einzubeziehen, Hansmeyer, Die Mittelfristige Finanzplanung — ein neues Instrument der Wirtschaftspolitik?, S. 125 (126 f.); Naschold, Probleme der mehrjährigen Finanzplanung des Bundes, S. 170 (173); Badura, Verfassungsfragen der Finanzplanung, S. 1 (8 f.); Schmidt/Wille, Die mehrjährige Finanzplanung, S. 32 f.; Zunker, Finanzplanung und Bundeshaushalt, S. 112 f.; Hansmeyer/Rürup, Staatswirtschaftliche Planungsinstrumente, S. 32 f.

24 Hettlage, FA 1968, S. 235 (248).
25 Weichmann, FA 1968, S. 232.
26 Hettlage, FA 1968, S. 241. Baduras Einwände gegen diese Formulierung überzeugen nicht. Badura, Verfassungsfragen der Finanzplanung, S. 14 f. Badura ist zwar zuzustimmen, daß die Planung durch die Regierung „nur eine scheinbare Spitze gegen das Parlament" enthält, weil ein „Parlamentsabsolutismus" tatsächlich eine „Entmachtung des Parlaments zugunsten informeller Cliquen" zur Folge hätte. Eben einer solchen Entwicklung soll aber die Finanzplanung vorbeugen. Die Bezeichnung der Finanzplanung als Schutzinstrument des Parlaments gegen sich selbst trifft deshalb den Kern der Problematik.
27 Grimm, Verfassungsfunktion und Grundgesetzreform, S. 521 f.; Naschold, Probleme der mehrjährigen Finanzplanung des Bundes, S. 172, 182.

Finanzplanung

Gesetzliche Regelung

Nach den Vorschriften über die Finanzplanung sind Bund, Länder und Gemeinden verpflichtet, ihrer Haushaltswirtschaft je eine fünfjährige Finanzplanung zugrunde zu legen (§§ 9—11, 14, 17 StabG, §§ 50—52 HGrG und entsprechende Vorschriften der Gemeindeordnungen und der Haushaltswirtschaftsverordnungen der Länder). Im folgenden beschränken wir uns auf die Regelung der Finanzplanung des Bundes, die sinngemäß allerdings auch für die Länder und weitgehend auch für die Gemeinden gilt.

Die Finanzplanung ist jährlich fortzuschreiben und der Entwicklung anzupassen: „gleitende Finanzplanung" (§ 9 Abs. 3 StabG). In ihr „sind Umfang und Zusammensetzung der voraussichtlichen Ausgaben und die Deckungsmöglichkeiten in ihren Wechselbeziehungen zu der mutmaßlichen Entwicklung des gesamtwirtschaftlichen Leistungsvermögens darzustellen" (§ 9 Abs. 1 Satz 2 StabG). Der Entwurf des Finanzplans ist vom Bundesminister der Finanzen aufzustellen und zu begründen (§ 9 Abs. 2 Satz 1 StabG), dem dabei als Unterlagen die Investitionsprogramme und sonstigen Bedarfsschätzungen der Ressorts (§ 10 StabG) und Auskünfte der Länder (§ 17 StabG) zur Verfügung stehen. Der Finanzplan wird von der Bundesregierung beschlossen und ist Bundestag und Bundesrat spätestens im Zusammenhang mit dem Entwurf des Haushaltsgesetzes für das nächste Haushaltsjahr vorzulegen (§§ 9 Abs. 2 Satz 2 StabG, 50 Abs. 3 Satz 1 HGrG). Der Entwurf des Haushaltsplans ist dabei als zweite Jahrestranche in den Finanzplan sozusagen eingebettet (vgl. § 50 Abs. 2 und 3 HGrG). Nach § 9 Abs. 1 Satz 2 StabG kann die Bundesregierung Alternativrechnungen zum Finanzplan aufstellen; sie muß dies tun, wenn die gesetzgebenden Körperschaften es verlangen (§ 50 Abs. 3 Satz 2 HGrG). Der erste Finanzplan des Bundes wurde von der Bundesregierung am 6. 7. 1967 beschlossen[28], er betraf die Jahre 1967 bis 1971.

Funktionen

Sinn und Funktionen der Finanzplanung lassen sich am besten vor dem Hintergrund der Situation darstellen, die 1967 den Anlaß zu ihrer Einführung gegeben hatte, nämlich der „katastrophalen Finanzlage, die durch die Bewilligungsfreudigkeit der vorangegangenen Jahre und den Verzicht darauf" entstanden war, „die Auswirkungen von Maßnahmen auf die Finanzlage weiterer Jahre ins Auge zu fassen"[29]. Die Finanzplanung erblickte das Licht der Welt also als „Kind der Not" (Wolkersdorf) und sollte ihrerseits dazu beitragen, daß die Wiederholung einer solchen Situation in Zukunft vermieden würde[30]. Dementsprechend stand bei der Institutionalisierung der Finanzplanung im Vordergrund die Funktion, die bis dahin vorherrschende lediglich kurzfristige Orientierung der haushalts- und finanzpolitischen Willensbildung zu überwinden[31]; das hieß vor allem: vor der Entscheidung über alle Maßnahmen sollten die Entscheidenden über ihre längerfristigen Folgekosten informiert werden: dadurch sollte gewähr-

---

28 BT-Drucks. V/2065.
29 Stucken, FA 1968, S. 202 (204).
30 Finanzbericht 1969, S. 88: „Ziel der Wiederherstellung einer dauerhaften Ordnung der Bundesfinanzen".
31 Finanzbericht 1968, S. 97: Durch die Finanzplanung sollte die Haushaltspolitik „von den zutage getretenen Unzulänglichkeiten der Ein-Jahresbetrachtung von Einnahmen und Ausgaben befreit" und so „die Wirtschafts- und Finanzpolitik auf eine völlig neue Grundlage gestellt" werden.

leistet werden, daß auch diese in die Beurteilung des Für und Wider einer jeden Maßnahme einbezogen werden. Zugleich sollte sichergestellt werden, daß die öffentlichen Ausgaben auf ein mittelfristig zu finanzierendes Maß beschränkt würden. Neben dieser Hauptfunktion der Finanzplanung als „Frühwarnsystem zum mittelfristigen Haushaltsausgleich" (Wille) sollte der Finanzplan noch zwei weitere Funktionen erfüllen: Einmal sollte er es erleichtern, die Haushalte auf die gesamtwirtschaftlichen Zielvorstellungen und Rahmenbedingungen abzustimmen. Zum zweiten sollte der Finanzplan nicht nur ein Rechenwerk, sondern ein „Regierungsprogramm in Zahlen"[32] darstellen, d. h. ein nach Rangfolgen geordnetes politisches „Programm" mit „positiven wie negativen Schwerpunkten"[33]. „Über die Finanzplanung sollte eine politische Planung, Koordinierung wie Schwerpunktsetzung der beabsichtigten Aufgaben der Regierung angestrebt werden"[34].

Scheitern

Ein Versuch, in der Finanzplanung Schwerpunkte zu setzen, wurde zu Anfang tatsächlich gemacht, als der Anteil der das Wachstum und die Produktivität steigernden Maßnahmen gezielt erhöht werden sollte. Die Ausgaben für die Förderung von Wissenschaft und Forschung erhielten die mit Abstand höchste Zuwachsrate[35], und der Anteil der Investitionen an den gesamten Ausgaben sollte von Jahr zu Jahr zunehmen[36]. — Tatsächlich ist die Investitionsrate aber nicht gestiegen, sondern gesunken. Seit dem dritten Finanzplan wurde dann auch das Ziel selbst ausdrücklich aufgegeben. „Ist es purer Zufall", so fragen Schmidt und Wille mit Recht, „daß diese Schwenkung gerade zu dem Zeitpunkt vorgenommen wird, zu dem sich zeigt, daß man das zuvor angestrebte Ziel gründlich verfehlt hat, und sich abzeichnet, daß man es auch künftig nicht erreichen kann?"[37] Auch im übrigen hat sich gezeigt, daß von einer programmorientierten Aufgabenplanung mit positiven und negativen Schwerpunkten, wie sie ursprünglich angestrebt worden war, schließlich nicht im entferntesten mehr die Rede sein konnte[38]. Kaum weniger negativ ist die Bilanz hinsichtlich der Ausrichtung der öffentlichen Finanzen auf die gesamtwirtschaftlichen Ziele. Immerhin schien man während der ersten Jahre nach der Einführung der mittelfristigen Finanzplanung noch davon ausgehen zu können, daß wenigstens die elementarste der Zielsetzungen, nämlich die engere fiskalpolitische der mehrjährigen Haushaltssicherung, „wohl weitgehend als erreicht angesehen werden" könne[39]. In den Jahren 1975/76, in denen sich das fiskalpolitische Fiasko, das sich in den Jahren 1966/67 ergeben und das zur Einführung der mittelfristigen Finanzplanung geführt hatte, ziemlich genau wiederholte, mußte dann aber jedermann[40] deutlich werden, daß die Finanzplanung selbst ihre eigentliche Hauptfunktion nicht mehr erfüllt hat und damit jedenfalls vorerst gescheitert ist[41].

32 Finanzberichte 1968, S. 106; 1969, S. 90.
33 Finanzbericht 1968, S. 96.
34 *Naschold*, Finanzplanung, S. 174; Gutachten über die Finanzreform, Rdnrn. 477 ff.; *Piduch*, Bundeshaushaltsrecht, Finanzplanung, Rdnrn. 4 ff.; *Stern/Münch/Hansmeyer*, StabG, S. 262 ff.
35 Finanzbericht 1968, S. 96.
36 Finanzberichte 1968, S. 95; 1969, S. 89—91.
37 *Schmidt/Wille*, Die mehrjährige Finanzplanung, S. 65.
38 *Schmidt/Wille*, a.a.O., S. 66; *Borell*, Die Personalausgaben der Gebietskörperschaften, S. 45 f.
39 *Naschold*, Finanzplanung, S. 176; *Korff*, Haushaltspolitik, S. 66 f.
40 Finanzwissenschaftler erhoben schon vor Jahren ihre warnende Stimme. Z. B. *Albers*, WD 1972, S. 43 (46); ferner *Borell*, Rekorddefizite erfordern Begrenzung der öffentlichen Haushalte.
41 Dazu im einzelnen *Fabritius*, Finanzplanung; *Wille*, Mittel- und langfristige Finanzplanung; *ders.*, FA 1976, S. 66.

H. Repräsentationsfunktion der Wissenschaft

Ein Grund für das Scheitern der mittelfristigen Finanzplanung, allerdings nicht der alleinige, liegt in der mangelnden Koordination zwischen Bund, Ländern und Gemeinden und in der konstitutionellen Schwäche des für die Koordination eingesetzten Finanzplanungsrats. Darauf kann hier allerdings nicht eingegangen werden, weil derartige Föderalismusaspekte des Pluralismus zur Begrenzung des Themas aus der Arbeit ausgeschlossen werden mußten[41a].

Subventions(abbau)planung

Eine im Prinzip ähnliche Entwicklung wie bei der mittelfristigen Finanzplanung ergab sich bei der — im übrigen vielfach mit dieser verzahnten — Subventions(abbau)planung. Angesichts des enormen quantitativen Umfangs des Subventionismus[42] haben schon seit vielen Jahren das allgemeine Unbehagen und die Überzeugung immer mehr zugenommen, daß ein großer Teil der Subventionen sich bei genauer Analyse in Wahrheit nicht, nicht mehr oder nicht in dieser Form rechtfertigen läßt[43] und sein Bestehen bzw. Fortbestehen nur der politischen Macht der „zuständigen" Interessenverbände verdankt.

Für die Parlamentarier und die Öffentlichkeit ist es meist auch sehr schwer, die Berechtigung einer spezifischen Förderungsmaßnahme vernünftig zu beurteilen. Je geringer aber die Anhaltspunkte sind, die den Politikern und der Öffentlichkeit für die Bildung einer sachgerechten Entscheidung zur Verfügung stehen, desto widerstandsloser kann sich politischer Druck von Verbandsinteressen durchsetzen. Die Interessenverbände verfügen ihrerseits häufig über die versiertesten Fachleute auf den betreffenden Teilgebieten, welchen es selten schwerfällt, aufzuzeigen, daß die von ihnen angestrebte Begünstigung im vorgeblichen Interesse des Gemeinwohls unbedingt erforderlich sei[44]. Unter dem Deckmantel der Wirtschaftspolitik werden Interessentenforderungen vertreten[45]. Offenbar muß hier die „Einbruchstelle georet werden..., durch die auf breitester Front wesentlich private wirtschaftliche Interessen in die Lenkungsgesetzgebung einfließen"[46]. So erklärt sich die Beobachtung, daß der „reißend angeschwollene Umfang" der Subventionen „mit einem hier besonders auffälligen Einfluß der organisierten Interessen korrespondiert"[47]. Gerade im Bereich der Subventionsgewährung ist der Einfluß der Interessengruppen besonders groß und offenkundig. „Hauptfiguren auf der Bühne des Subventionismus sind... die Wirtschaftsgruppe und ihre Repräsentanten, die „Verbände". „Sie sind nicht nur Subventionsbegünstigte, sondern auch die eigentlichen Antriebskräfte des Subventionismus"[48]. Bei dieser Sachlage liegt es nahe, auch mit der Begutachtung von bestehenden oder vorgesehenen Subventionen einen unabhängigen Sachver-

---

41a Oben S. 3.
42 Dazu die Subventionsberichte der Bundesrepublik und die Zusammenstellungen des Bundesfinanzministeriums über die Finanzhilfen der Länder. Nachweise unten FN 53 ff.
43 Z. B. *Luhmann*, Der Staat 1973, S. 1 (18): „Vermutlich liegt bereits die Quote der eindeutig feststellbaren Fehlsubventionen recht hoch". Zu den Steuersubventionen *Albers*, Umverteilungswirkungen der Einkommensteuer.
44 *Haller*, Finanzpolitik, S. 334 ff; allgemein zum Problem des interessierten Sachverständigen oben S. 138 ff.
45 *Wagner*, VVDStRL 27, 90.
46 *Selmer*, Steuerinterventionismus, S. 270.
47 *Badura*, Wirtschaftsverfassung und Wirtschaftsverwaltung, S. 184.
48 *Götz*, Wirtschaftssubventionen, S. 24 f. Vgl. auch K. *Schmidt*, FA 1966, S. 213 (233): „Der Umfang der Leistungen und auch ihre Verteilung auf die Begünstigten hängen in starkem Maße von den Machtpositionen der Interessengruppen ab". *Neumark*, Grundsätze S. 228 ff.: „Der Einfluß von Interessengruppen ist „die Hauptursache steuerdirigistischer Vorschriften". *Andel*, Subventionen als Instrument des finanzwirtschaftlichen Interventionismus, S. 145: „Die meisten Subventionsinitiativen gehen wohl auf die Tätigkeit der Subventionsbegünstigung bzw. deren Interessenverbände zurück."

§ 40 Aktivierung der Politikberatung bei Finanz- und Subventionsplanung

ständigenrat als „Patron" der andernfalls zu kurz kommenden allgemeinen Interessen[49] zu betrauen. Dahin geht in der Tat ein Vorschlag dieser Arbeit[50]. Um die Notwendigkeit einer solchen Neuerung überzeugend darlegen zu können, ist allerdings ein gewisses gedankliches Ausholen unerläßlich.

Gesetzliche Verpflichtung

Die Bundesregierung ist seit dem Erlaß des Stabilitätsgesetzes vom 8. 6. 1967 positiv-gesetzlich verpflichtet, die Steuervergünstigungen und die vom Bund gewährten Finanzhilfen kritisch zu durchleuchten. Bereits am 26. 5. 1966 hatten die drei Bundestagsfraktionen einen Entschließungsantrag eingebracht, in dem die Bundesregierung ersucht worden war, über die Möglichkeiten „für eine systematische Überprüfung der Finanzhilfen mit dem Ziel ihres Abbaus zu unterrichten" und „bis zur Vorlage des Bundeshaushalts 1967 die Voraussetzungen zu schaffen für eine Reduzierung der offenen sowie der versteckten Subventionen, insbesondere der in Form der Steuervergünstigungen"[51]. Durch § 12 StabG ist dieses Ersuchen zu einer rechtlichen Dauerverpflichtung der Bundesregierung gemacht worden. Nach § 12 Abs. 4 Satz 2 StabG hat die Bundesregierung in den Subventionsberichten „Vorschläge hinsichtlich der gesetzlichen oder sonstigen Voraussetzungen für eine frühere Beendigung oder einen stufenweisen Abbau" der Steuervergünstigungen und Finanzhilfen zu unterbreiten. Die Subventionsberichte sollen also „nicht bloß eine informatorische, sondern eine reformatorische Funktion besitzen und tendenziell auf eine Eindämmung des Subventionismus hinzielen"[52]. Die Verpflichtung zum Subventionsabbau stellt auch die Bundesregierung in der Theorie nicht in Abrede. Im zweiten Subventionsbericht von 1970[53] heißt es: Das Stabilitätsgesetz fordert „keinesfalls nur eine Durchleuchtung, sondern auch einen Abbau finanzieller Hilfen".

Subventionsberichte

Wer nun aber die fünf bisher nach dem Stabilitätsgesetz veröffentlichten Subventionsberichte auf diese Abbauvorschläge hin durchsieht, wird von zunehmender Enttäuschung erfaßt.

Der *erste Subventionsbericht* vom 21. 12. 1967[54] enthielt immerhin noch eine gesonderte Liste von *Steuervergünstigungen*, „deren Überprüfung vorgesehen" war[55]. Die Liste umfaßte 55 (der insgesamt 138) Positionen; sie machten 1966 einen Steuerausfall von ca. 4,5 Mrd. DM aus [56]. Hinsichtlich der *Finanzhilfen* fehlte eine Abbau-

---

49 Oben S. 151 ff.
50 Vgl. auch *v. Arnim*, Die Macht der Lobby. Warum die Bundesregierung den Subventions-Dschungel nicht lichten kann (Titel wurde von der Zeit-Redaktion formuliert), in: Die Zeit v. 6. 10. 1972.
51 Abgedruckt bei *Möller*, StabG, Ziff. 1 zu § 12.
52 *Stern/Münch*, StabG, 1967, § 12 unter IV, 3. Vgl. auch die etwas abweichende Formulierung bei *Stern/Münch/Hansmeyer*, StabG, § 12 unter V, 5.
53 BT-Drucks. VI/391; ähnlich im dritten Subventionsbericht von 1972, BT-Drucks. VI/2994, Tz. 40. Ähnlich *v. Dohnanyi*, Bulletin der Bundesregierung 1970, S. 11 (12).
54 BT-Drucks. V/2423.
55 Anlage 2 unter A des Berichts.
56 Im Bericht ist nur eine Summe von 3,8 Mrd. DM angegeben, weil für die ebenfalls unter „überprüfungsbedürftig" eingestufte Begünstigung der nichtbuchführenden Land- und Forstwirte durch die Gewinnermittlung nach Durchschnittssätzen auf Einspruch des Landwirtschaftsministers die Schätzgröße nicht angegeben war. Diese betrug für das Jahr 1966 660 Mio DM.

H. Repräsentationsfunktion der Wissenschaft

liste. Man entschuldigte dies — damals immerhin noch einigermaßen verständlich[57] — mit der kurzen Zeit, die seit Verkündung des Stabilitätsgesetzes erst verstrichen sei[58].

Der *zweite Subventionsbericht* vom 16. 2. 1970[59] enthielt keine Darlegung über die Möglichkeiten zum Abbau von *Steuervergünstigungen*, nicht einmal die Kennzeichnung einer Reihe von Steuervergünstigungen als „überprüfungsbedürftig" war mehr vorgenommen. Zur Entschuldigung verwies der Bericht auf die anstehende Steuerreform, mit der der Abbau der Steuervergünstigungen verbunden werden müsse. „Einzelne punktuelle Einschränkungen oder Beseitigungen von Vergünstigungen würden die für diese Legislaturperiode vorgesehene Steuerreform nur erschweren". Diese Begründung ist mit Recht kritisiert worden. Das Karl-Bräuer-Institut des Bundes der Steuerzahler[60] wies darauf hin, daß die vom Gesetz geforderten Abbauvorschläge der Regierung und der Bericht der Steuerreformkommission beide fruchtbare Vorarbeiten für die politischen Entscheidungen der gesetzgebenden Gremien hätten sein können, und äußerte den Verdacht, daß die Regierung die Steuerreform als willkommenen Vorwand benutze, um politisch undankbare Abbauvorschläge vermeiden zu können. Auch der Deutsche Industrie- und Handelstag war der Auffassung, ein von der Bundesregierung vorgelegtes Abbauprogramm für Steuervergünstigungen hätte für die Steuerreform neue Impulse geben können. Für das Fortbestehen von Vergünstigungen dürfen seiner Ansicht nach nur die an ordnungspolitischen, gesamtwirtschaftlichen und finanzpolitischen Aspekten ausgerichteten Rechtssätze des Stabilitätsgesetzes maßgebend sein[61].

Auch die im ersten Subventionsbericht in Aussicht gestellte Abbauliste hinsichtlich der Finanzhilfen fehlte im zweiten Subventionsbericht. Zwar hatte die Bundesregierung dem Bericht als Anlage 2 eine „Übersicht über Finanzhilfen, die im Jahre 1970 auslaufen oder deren Abbau oder Einschränkung in den folgenden Jahren im Rahmen der mehrjährigen Finanzplanung in Betracht kommt (Abbauliste)" beigefügt, die 15 der insgesamt im Subventionsbericht aufgeführten 120 Positionen enthielt. Ihr ohnehin geringer jährlicher Gesamtbetrag (765,4 Mio. von 10 950,4 Mio. DM) erweckte aber einen falschen Eindruck[62]. Eine genauere Prüfung zeigte nämlich, daß drei der fünfzehn Finanzhilfen nur teilweise abgebaut oder durch andere ersetzt werden sollten. Bei elf Positionen handelte es sich zudem um Finanzhilfen, die ohnehin wegen besonderer Tatbestände nur einmalig gewährt worden oder deren Auslaufen im vorgesehenen Zeitraum feststand. Eine wirkliche Einschränkung im Sinne der „früheren Beendigung" oder des „stufenweisen Abbaus" des § 12 Abs. 4 StabG wurde also gar nicht versucht. Hier von einer „Abbauliste" zu sprechen, grenzte in der Tat an eine „Irreführung der Öffentlichkeit"[63].

Der *dritte Subventionsbericht* vom 23. 12. 1971[64] enthielt so bezeichnete „Abbaulisten" sowohl hinsichtlich der Steuervergünstigungen (Anlage 4) als auch der Finanzhilfen (Anlage 3). An *Steuervergünstigungen* sollten im Rahmen der mittelfristigen Finanzplanung bis 1975 34 Einzelpositionen mit einem Aufkommen von 2 128 Mio. DM (von 1972 insgesamt 22 725 Mio. DM) abgebaut werden bzw. auslaufen. Auch diese Liste, in der auch viele ohnehin befristete Steuervergünstigungen enthalten waren, war aber enttäuschend, zumal, wenn man bedenkt, daß es sich dabei um das Ergebnis der Überlegungen zur „großen Steuerreform" handelte, zu deren Zielen gerade der Abbau

---

57 Das ändert natürlich nichts daran, daß der Subventionsbericht den Anforderungen des § 12 Abs. 4 StabG nicht genügte. Darauf hat *Neumark* hingewiesen, Finanzarchiv 1969, S. 321 (323 f.).
58 „... war es noch nicht möglich, die Überlegungen zu weiteren Abbaumaßnahmen bei den Finanzhilfen wegen der erheblichen wirtschafts- und gesellschaftspolitischen Konsequenzen abzuschließen. Aus diesem Grund kann ein zeitlich und zahlenmäßig festgelegter Abbauplan (Zeitplan) noch nicht vorgelegt werden" (S. VI des Berichts).
59 BT-Drucks. VI/391.
60 *Karl-Bräuer-Institut* des Bundes der Steuerzahler (Hrsg.), Der Mehrjährige Finanzplan des Bundes 1969 bis 1973 und der Subventionsbericht 1970, S. 5 f.
61 Deutscher Industrie- und Handelstag, Subventionen ohne Kontrolle, S. 15.
62 Dazu *Karl-Bräuer-Institut*, a.a.O.; Wissenschaftlicher Dienst des Deutschen Bundestags, Subventionsbericht 1970, S. 18 f.
63 So *Karl-Bräuer-Institut*, a.a.O., S. 5.
64 BT-Drucks. VI/2994.

von Steuervergünstigungen gehört hatte[65]. In der Abbauliste der *Finanzhilfen* sind 13 Positionen mit einem Volumen von 1,3 Mrd. DM aufgeführt. Auch hier handelt es sich ganz überwiegend um Maßnahmen, die ohnehin nur einmalig oder befristet vorgesehen waren. Die Mangelhaftigkeit der von der Bundesregierung vorgesehenen Streichungsvorschläge stellte auch der Finanzwissenschaftliche Beirat beim Bundesministerium für Wirtschaft und Finanzen in seinem Gutachten „Finanzierung eines höheren Staatsanteils am Sozialprodukt" vom 3. 6. 1972 ausdrücklich fest[66].

Auf der Linie des dritten liegt auch der *vierte Subventionsbericht* vom 28. 10. 1973[67]. Die in den „Abbaulisten" (Anlagen 3 und 4) aufgeführten Positionen unterscheiden sich nicht wesentlich von denen des dritten Subventionsberichts[68].

Auch der *fünfte Subventionsbericht* vom 2. 10. 1975[69] brachte keine grundsätzliche Tendenzänderung. Er sieht bis 1979 den Abbau von 18 Finanzhilfen mit einem Volumen von 848 Mio. DM und von 8 Steuervergünstigungen im Umfang von 2,2 Mrd. DM vor. Berücksichtigt man, daß sich darin auch die Ergebnisse des „Haushaltsstrukturgesetzes"[70] niederschlagen, das nicht nur die Möglichkeit für einen umfassenden Subventionsabbau geboten, sondern auch die Notwendigkeit dafür eigentlich besonders drastisch deutlich gemacht hatte, so erscheinen die Ansätze überaus kläglich.

Erklärung für das Zurückbleiben der Wirklichkeit hinter der Norm

Die Subventionsberichte beschränkten die „Vorschläge hinsichtlich der gesetzlichen oder sonstigen Voraussetzungen für eine frühere Beendigung oder einen stufenweisen Abbau der Verpflichtungen" auf einige wenige Subventionen. Damit widersprechen sie dem Wortlaut der Vorschriften des § 12 Abs. 4 Satz 2 StabG, der sich auf alle Finanzhilfen und Steuervergünstigungen bezieht. Es fragt sich, inwieweit sich dies rechtfertigen oder zumindest erklären läßt.

Der Sinn der Subventionsberichte nach § 12 StabG ist es, zu einer „Beherrschung" der Subventionen zu kommen[71]. Die Subventionsberichte haben „instrumentellen Charakter" (Hansmeyer). Das bedeutet: Die mit den einzelnen Subventionen jeweils verfolgten Ziele, ihre Ausgestaltung und ihre tatsächlichen Wirkungen sollen durchsichtig einander gegenübergestellt werden, um auf diese Weise die Überprüfung auf Zielkonsistenz, Zieleignung, Notwendigkeit und Verhältnismäßigkeit zu ermöglichen[72] sowohl durch die Regierung selbst als auch durch das Parlament und vor allem die Öffentlichkeit. Die Kontrolle des Subventionismus durch Regierung, Parlament und Öffentlichkeit soll auf diese Weise intensiviert werden[73]. Wären nun in den Subventionsberichten alle Subventionsmaßnahmen im Hinblick auf Konsistenz, Zieleignung, Erforderlichkeit und Angemessenheit des Verhältnisses von Aufwand und Erfolg geprüft worden und hätten sich (über die in den Abbaulisten genannten Positionen hinaus) keine Mängel, Ungerechtigkeiten, Systemlosigkeiten, nicht zu rechtfertigende Unwirtschaftlichkeiten, Komplizierungen etc. ergeben, dann wäre es in der Tat wenig sinnvoll, die Rechtsverpflichtung des § 12 Abs. 4 Satz 2 streng zu erfüllen, denn die Vorschläge hinsichtlich der Abbauvoraussetzungen können allemal nur die

---

65 Auftrag des Bundesfinanzministers an die Steuerreformkommission, abgedruckt im Gutachten der Steuerreformkommission, Schriftenreihe des Bundesministeriums der Finanzen, Heft 17, 1971, S. 19.
66 Heft 20 der Schriftenreihe des Bundesministeriums für Wirtschaft und Finanzen, S. 49.
67 BT-Drucks. 7/1144.
68 Vgl. dazu auch die Erläuterungen in Tz. 38 ff.
69 BT-Drucks. 7/4203.
70 Gesetz zur Verbesserung der Haushaltsstruktur v. 18. 12. 1975, BGBl. I S. 3091.
71 *Hansmeyer*, FA 1971, S. 103 (104); *ders.*, WD 1967, S. 631.
72 Die Grundsätze, denen Subventionen rationalerweise genügen müßten, sind im zweiten Subventionsbericht klargelegt, a.a.O. (oben FN 59), S. 4–6.
73 Wissenschaftlicher Beirat beim Bundeswirtschaftsministerium, Subventionen in der Marktwirtschaft, Bulletin der Bundesregierung 1967, S. 262 f., Ziff. 14.

H. Repräsentationsfunktion der Wissenschaft

Funktion haben, einen Abbau der nicht zu rechtfertigenden Subventionen zu bewirken. Gerade an der für die Willensbildung im politischen Prozeß so wichtigen Darstellung des Für und Wider einer jeden einzelnen Subvention[74] und eines jeden Subventionskomplexes fehlt es aber in den Subventionsberichten. Von den allgemeinen und abstrakten Erörterungen über die Kriterien, denen Subventionen genügen müssen, führt keine Brücke zu den einzelnen Subventionen. Ihre analytische Durchleuchtung unterbleibt[75].

Alex Möller, der noch in der ersten Auflage des von ihm herausgegebenen und betreuten Kommentars § 12 Abs. 4 Satz 1 und damit auch die Verpflichtung zur Vorlage von Vorschlägen hinsichtlich des Abbaus nach Satz 2 auf *alle* Subventionen bezogen hatte[76], versuchte, die strenge Verpflichtung nach § 12 Abs. 4 Satz 2 in der zweiten Auflage des Kommentars dadurch wegzuinterpretieren, daß er die Verpflichtung der Bundesregierung, die Voraussetzungen für eine frühere Beendigung oder einen stufenweisen Abbau zu nennen, nur noch auf *befristete* Finanzhilfen und Steuervergünstigungen beschränkte. Dieser Interpretation zufolge würde der ganz überwiegende Teil der Finanzhilfen und Steuervergünstigungen von § 12 Abs. 4 nicht erfaßt[77].

Zur Begründung seiner restriktiven Auslegung führt Möller aus: „Ein gesetzlicher Zwang zu Vorschlägen für den Abbau sämtlicher Finanzhilfen und Steuervergünstigungen würde nicht nur die Bundesregierung einem unerträglichen Druck aussetzen, sondern auch in der Öffentlichkeit eine erhebliche Rechtsunsicherheit hervorrufen"[78]. Franz Josef Strauß, der Vorgänger von Möller als Bundesfinanzminister, tritt aus ähnlichen Gründen für eine Novellierung der Vorschriften de lege ferenda ein[79].

Die Bundesregierung lehnt zwar Möllers restriktive Auslegung des § 12 Abs. 4 StabG ab und räumt ein, daß „eine enge Auslegung des Gesetzeswortlauts in dem Sinne, daß Abbauvorschläge nur für die befristeten Hilfen zu machen seien ... der Zielsetzung der gesetzlichen Bestimmung nach einer ständigen Überprüfung der finanziellen Hilfen kaum gerecht (würde) und auch im Gesetzeswortlaut keine hinreichende Stütze finden dürfte", aber nur, um dann dennoch fortzufahren, die Forderung nach Abbauvorschlägen könne sich „aus der Sache heraus immer nur auf eine begrenzte Anzahl von finanziellen Hilfen erstrecken". Beziehe man nämlich den gesetzlichen Auftrag zur Vorlage eines Abbauplans auf alle Finanzhilfen und Steuervergünstigungen, „so stellt sich das Problem, daß zahlreiche finanzielle Hilfen, mit denen wichtige wirtschafts- und gesellschaftspolitische Zielsetzungen verfolgt werden, auf absehbare Zeit für einen Abbau nicht in Betracht kommen". Dies sei bei Beurteilung der Frage nach der „praktischen Durchführbarkeit" des § 12 Abs. 4 „nicht zu übersehen"[80].

---

[74] *Karl-Bräuer-Institut* des Bundes der Steuerzahler (Hrsg.), Der Mehrjährige Finanzplan, S. 5.
[75] Deutsches Institut für Wirtschaftsforschung, DIW-Wochenberichte 1976, S. 103 ff.
[76] *Möller*, StabG, 1. Aufl., 1968, § 12, Rdnr. 10. Ebenso *Stern/Münch*, StabG, 1967, S. 149.
[77] Von den im Haushaltsentwurf 1974 enthaltenen Finanzhilfen waren nur 20 (von insgesamt 125) Positionen mit einem finanziellen Volumen von rd. 1,6 Mrd. (vierter Subventionsbericht, Tz. 15), von den 1974 geltenden Steuervergünstigungen ebenfalls nur 20 (von insgesamt 168) Positionen mit einem Volumen von 1,5 Mrd. DM befristet (a.a.O., Tz. 20).
[78] *Möller*, StabG., 2. Aufl., 1969, § 12, Rdnr. 10.
[79] *Strauß*, Finanzpolitik, Theorie und Wirklichkeit, S. 111 ff.
[80] Dritter Subventionsbericht, Tz. 40; vgl. den fünften Subventionsbericht, Tz. 37.

§ 40 Aktivierung der Politikberatung bei Finanz- und Subventionsplanung

Diese Argumentation verkennt aber den Sinn des § 12 Abs. 4, wenn sie an die Stelle einer eingehenden Prüfung der Subventionen[81], der Darstellung ihres Für und Wider und möglicher Verbesserungsmaßnahmen — auch und gerade in wirtschafts- und gesellschaftspolitisch wichtigen Bereichen — nur als politische Leerformeln zu wertende Behauptungen aufstellt[82]. Die Bundesregierung braucht ja nach § 12 Abs. 4 Satz 2 nur Vorschläge hinsichtlich der Voraussetzungen zu nennen, unter denen ein früherer oder stufenweiser Abbau vorgenommen werden könnte, ohne daß es ihr verwehrt wäre, gegenüber diesen Voraussetzungen selbst Vorbehalte zu machen[83]. Eben dies lehnt die Bundesregierung wegen des darin enthaltenen „erheblichen politischen Zündstoffs"[84] aber ab. In die Abbauvorschläge könnten vielmehr nur solche Subventionen einbezogen werden, zu deren Realisierung sie dem Parlament in engem zeitlichen Zusammenhang konkrete Gesetzesentwürfe zuleite. Dies bedeute, daß die Abbauvorschläge bereits ihren Niederschlag in dem Haushaltsentwurf oder in der Finanzplanung finden müßten oder — hinsichtlich der Steuervergünstigungen — konkrete Gesetzesinitiativen (z. B. aufgrund von „Eckdatenbeschlüssen" der Bundesregierung) vorbereitet wären. Abbauvorschläge, die nicht im Bundeshaushalt oder in der Finanzplanung berücksichtigt seien, blieben dagegen „praktisch fast völlig unverbindlich und müßten darüber hinaus die Regierung unglaubwürdig erscheinen lassen"[85].

Diese Darlegung hat politisch-faktisch zweifellos eine gewisse Berechtigung[86]. Strauß formuliert dies dahin, daß § 12 Abs. 4 StabG „einer Betrachtungsweise entspricht, die mit den tatsächlichen wirtschafts- und finanzpolitischen Gegebenheiten nicht in Einklang zu bringen"[87] sei. Das Gesetz soll seiner ratio nach die Willensbildung des Parlaments und vor allem der Öffentlichkeit über die Möglichkeit eines Subventionsabbaus erleichtern und auf diese Weise ein gewisses Gegengewicht gegen das auf Subventionsvermehrung gerichtete politische Kräftespiel schaffen. Nun droht die Erfüllung des Gesetzes an eben diesem Kräftespiel zu scheitern.

Alternativen

Man könnte es nun den Politikern leicht machen und § 12 Abs. 4 in Anbetracht der Schwierigkeiten der rationalen Überprüfung von Subventionen auch rechtlich im Sinne eines Positivismus der politischen Faktizität entschärfen, wie dies Strauß und Möller vorschlagen. Man könnte andererseits aber auch versuchen, dem Anspruch des § 12 Abs. 4 Geltung zu verschaffen. Bei der Abwägung, inwieweit und auf welche Weise dies versucht werden könnte, ist es unerläßlich, sich über die Eigenheiten des spezifischen politischen Kräftespiels, das § 12 unter Kontrolle bringen soll und das, wie Strauß und Möller betonen, zugleich seiner Erfüllung entgegensteht, Rechenschaft zu geben. Diese Eigenheiten

---

81 Im schriftlichen Bericht des Ausschusses für Wirtschaft und Mittelstandsfragen über den Regierungsentwurf eines Stabilitätsgesetzes, BT-Drucks. V/1678, S. 7, heißt es: „Der alle 2 Jahre vorzulegende Bericht soll Regierung und Parlament Anlaß geben, die Weitergewährung bestehender Subventionen sorgfältig zu prüfen".
82 Kritisch bereits zum zweiten Subventionsbericht Wissenschaftlicher Dienst des Deutschen Bundestags, a.a.O., S. 10.
83 So mit Recht *Möller* noch in der 1. Auflage des Kommentars, § 12; Rdnr. 10; Wissenschaftlicher Dienst des Deutschen Bundestags, a.a.O., S. 14.
84 *Ewringmann/Hansmeyer*, Subventionen, S. 4.
85 Dritter Subventionsbericht, Tz. 41.
86 *Hansmeyer*, WD 1973, S. 125 (126 f.). *Ewringmann/Hansmeyer*, Subventionen: „Die Zurückhaltung der Regierung mit Abbauvorschlägen sei „verständlich" (S. 4) und verrate „ein gesundes Maß an politischer Selbsteinschätzung" (S. 5).
87 Finanzpolitik, S. 113.

H. Repräsentationsfunktion der Wissenschaft

wurden oben erörtert[88], so daß ihre Darstellung hier nicht wiederholt zu werden braucht. Als Ergebnis können wir festhalten: Das Übermaß an Steuervergünstigungen und Finanzhilfen und die politischen Schwierigkeiten, sie einzudämmen, sind letztlich nichts anderes als der Ausdruck eines zu wenig kontrollierten laissez-faire-pluralistischen Kräftespiels.

Die Erklärung des Subventionismus mit dem besonderen Einfluß der organisierten Partikularinteressen auf die politische Willensbildung und dem dadurch bewirkten Zukurzkommen der Sozial- gegenüber den Individualinteressen bedeutet jedoch nicht notwendigerweise, daß man diese Entwicklung auch tatenlos hinzunehmen oder gar als systemerhaltend auch noch zu rechtfertigen[89] hätte[90]. Allerdings scheint es wenig erfolgversprechend, sich auf ethisch-moralische Appelle an die Interessenverbands-Funktionäre zu beschränken und mit Vorwürfen nicht zu sparen oder resignierende Untergangsstimmung zu verbreiten, wenn diese den Appellen nicht entsprechen. Die besonders einflußreichen Wirtschaftsverbände sind durchweg unter dem Gesetz angetreten, die wirtschaftliche Situation ihrer Mitglieder zu verbessern und stehen gegenüber diesen insoweit unter Erfolgszwang[91]. Es muß deshalb vornehmlich darum gehen, die Faktoren im politischen Kräftespiel so zu ergänzen, daß die wichtigen allgemeinen Interessen möglichst gestützt werden. Es gilt, (weitere) Gegengewichte gegen Fehlentwicklungen zu konstruieren und durchzusetzen[92], mit deren Hilfe sich die Bundesrepublik, wie man in Analogie zu dem Ausspruch Forsthoffs über die unabhängige Bundesbank[93] sagen könnte, sozusagen selbst diszipliniert.

Die Bundesregierung als Spitze der Regierungsparteien ist anscheinend nicht imstande, ein ausreichendes Gegengewicht zu bilden[94]. Das zeigen die bisherigen Erfahrungen mit den Subventionsberichten und die Zurückweisung der Verpflichtung des § 12 Abs. 4 durch Strauß und Möller. Die Bundesregierung bzw. der Finanzminister sind mit der Aufgabe, eine möglichst rationale öffentliche Diskussion über die Berechtigung von Subventionen in Gang zu bringen, offenbar in gewisser Weise überfordert[95]. Denn dabei würden sie nicht nur Angriffe der jeweils „betroffenen" Interessengruppen auf sich ziehen, sondern müßten auch ihre eigene Position relativieren. Und da es den Parteien — entgegen liberalen Repräsentationsvorstellungen — nicht so sehr darum geht, durch Diskussion eine möglichst gute Lösung zu finden, sondern um das Erringen bzw. Beibehalten der Regierungsmacht und die Besetzung der Positionen[96], widerstrebt es einer Regierungspartei in der Regel, auch nur die Möglichkeit einzuräumen, daß die von ihr propagierten bzw. beibehaltenen politischen Maßnahmen und Regelungen gemeinwohlwidrig sein könnten[97]. Ein öffentliches

---

88 Oben S. 151 ff.
89 So aber *Ewringmann/Hansmeyer*, Subventionen. Vgl. auch oben § 25 um FN 23—27.
90 Wie im Text statt vieler: *Leibholz*, VVDStRL 24, S. 28.
91 Im einzelnen oben S. 163 ff.
92 Vgl. auch *Popper*, The Open Society and its Enemies, Bd. 2, S. 129: „Die Rechtsordnung kann ein mächtiges Instrument für ihre Verteidigung werden. Zudem können wir die öffentliche Meinung beeinflussen und auf einem viel strengeren moralischen Kodex bestehen. All dies können wir tun; es setzt jedoch voraus, daß wir uns darüber klar sind, daß diese Art des ‚social-engineering' unsere Aufgabe ist und wir nicht darauf warten dürfen, daß wunderbarerweise von selbst eine neue Welt für uns geschaffen werde". (Übersetzung vom Verfasser).
93 Unten § 41 FN 51.
94 *Ewringmann/Hansmeyer*, Subventionen, S. 5: „Der Verdacht, die Exekutive sei nicht wirklich in der Lage, Streichungsvorschläge zu unterbreiten und durchzuführen", werde durch die Erfahrung bestätigt. S. 9: „Unfähigkeit oder Unwilligkeit zum tatsächlichen Abbau".
95 *Hansmeyer*, WD 1973, S. 127.
96 Oben S. 136 f.
97 *Neumark*, Grundsätze, S. 72.

§ 40 Aktivierung der Politikberatung bei Finanz- und Subventionsplanung

Überdenken, Diskutieren und Infragestellen der eigenen Politik mit dem Ziel, diese in Richtung auf eine Verbesserung zu korrigieren, wird nach Möglichkeit vermieden, weil man befürchtet, dadurch die Geschlossenheit und Überzeugungskraft der Partei zu mindern und ihren Chancen, die Macht zu behalten, zu schaden[98].

Auch hier ergibt sich wieder eine Parallele zur mittelfristigen Finanzplanung. Die gleiche Konstellation, aus der heraus die Bundesregierung glaubt, keine Vorschläge für einen durchgreifenden Subventionsabbau öffentlich zur Diskussion stellen zu können, hat nämlich verhindert, daß die Bundesregierung dem Finanzplan bisher auch nur ein einziges Mal Alternativrechnungen beigefügt hat. Dies wurde damit begründet, Alternativrechnungen wären mit dem Programmcharakter des Finanzplans nicht vereinbar. „Eine von der Bundesregierung aus eigener Initiative vorgelegte Alternativrechnung würde den Eindruck entstehen lassen, als ob die Regierung nicht mit der Realisierung ihres eigenen Finanzplans rechnet, sondern ihn in Frage stellt"[99].

Demgegenüber sind Schmidt und Wille mit guten Gründen für Alternativrechnungen zum Finanzplan eingetreten[100].

In der Tat wären Prognosealternativen geeignet, den Informations- und Orientierungswert der Finanzplanung zu erhöhen. Auch die Erörterung des Pro und Contra des Zielprogramms der Bundesregierung würde es dem interessierten Bürger und der Öffentlichkeit allgemein ermöglichen, sich an der Willensbildung zu beteiligen[101]. Eine Finanzplanung, die die Prognosealternativen und das Für und Wider alternativer Ziele und Zielkombinationen offenlegt, kann man — in Anlehnung an Begriffe, die Hans Albert hinsichtlich der wissenschaftlichen Politikberatung geprägt hat[102] — als „freiheitsorientierte Planung" bezeichnen, die im Gegensatz zur „herrschaftsorientierten Planung" steht. — Die Vorlage von Planalternativen kann zudem ein Mehr an Vernünftigkeit *und* Freiheit[103] der Willensbildung bewirken, soweit diejenigen, die den Plan aufstellen, nicht mit den zur Entscheidung (oder auch nur zur Mitwirkung an der Willensbildung) Befugten zusammenfallen, wie dies auch hier der Fall ist.

Die Ablehnung von Alternativrechnungen und öffentlichen Zieldiskussionen durch die Bundesregierung ist Ausdruck der Befürchtung, dadurch ihre Herrschaftsstellung zu schwächen, und damit derselben politischen Gegebenheiten, die bisher den Vollzug des § 12 StabG verhindert haben. Auch die Regierungsparteien, die die Mehrheit im Parlament bilden, haben kein Interesse an einer Schwächung der Stellung der Regierung. Daraus erklärt sich, daß auch von dem Recht der gesetzgebenden Körperschaften, Alternativrechnungen zur Finanzplanung zu verlangen, bisher noch kein Gebrauch gemacht worden ist.

Wenn somit die rechtliche Verpflichtung der Bundesregierung, alle Steuervergünstigungen und Finanzhilfen auf ihre Berechtigung zu überprüfen und das Für und Wider eingehend in den Subventionsberichten darzulegen, „mit den tatsächlichen wirtschafts- und finanzpolitischen Gegebenheiten nicht in Einklang zu bringen ist" (Strauß), dann gilt es, sich darüber Gedanken zu machen, ob diese Aufgabe bei der Bundesregierung nicht in den falschen Händen liegt und besser auf eine andere Institution übertragen werden sollte. Hier bietet sich die Bildung

---

98 Vgl. *Radbruch,* Die politischen Parteien im System des deutschen Verfassungsrechts, S. 285 (286 f.). In diesen Zusammenhang gehört auch die Befürchtung der Bundesregierung, „unglaubwürdig" zu erscheinen, wenn sie Abbaumöglichkeiten zur Diskussion stellt, die sie noch nicht zur offiziellen Partei- und Regierungspolitik erklärt hat (Dritter Subventionsbericht, Ziff. 41).
99 *Möller,* StabG, 2. Aufl., § 9, Rdnr. 12.
100 *Schmidt/Wille,* Die mehrjährige Finanzplanung, S. 87 ff.
101 Zur Bedeutung der „Beteiligung der Gesamtgesellschaft" an der Planung auch *Grimm,* Verfassungsfunktion und Grundgesetzform, S. 519.
102 Oben § 39 FN 38.
103 *Kaiser,* Planung I, S. 19 f., 34.

H. Repräsentationsfunktion der Wissenschaft

eines unabhängigen Sachverständigenrats zur Beurteilung von Finanzhilfen und Steuervergünstigungen (Subventionsrat) durch das Parlament an. Ähnliches gilt für die Finanzplanung, die ohnehin ja sehr eng mit der Subventionsplanung verwoben ist.

Institutionalisierung der Öffentlichkeitsberatung im Bereich der Finanz- und Subventionsplanung

Wie oben dargelegt, setzt Planung nach Wortsinn und Funktion Unabhängigkeit der Planer voraus. Die mangelnde Unabhängigkeit der Regierung, ihr Angewiesensein auf kurzfristige Erfolge und auf Unterstützung seitens der Interessenverbände haben den bisherigen Mißerfolg von Finanzplanung und Subventionsabbau beinahe zwangsläufig programmiert. In der von den Erfordernissen der Tagespolitik beherrschten Atmosphäre kann die Finanzplanung nur ein „Schattendasein" führen und nichts anderes als eine „stiefmütterliche Behandlung" erfahren[104]. Das „Desinteresse" der politischen Institutionen an der Finanzplanung und am Subventionsabbau[105] zeigt mit aller Deutlichkeit die Berechtigung der Feststellung Dahrendorfs, daß „eines der großen ungelösten Probleme der Gegenwart darin liegt, mittelfristiges Denken für kurzfristiges Handeln relevant zu machen"[106]. Mittel- und längerfristiges, die allseitigen Zusammenhänge und Interdependenzen berücksichtigendes Denken kann aber nur dann für die Politik relevant gemacht werden, wenn es ausreichend starke institutionelle „Stützpunkte" im politischen Kräftespiel erhält. Kennzeichen solcher Stützpunkte ist, daß sie „formell auf den legitimen Entscheidungsprozeß bezogen und zugleich von den unmittelbaren Kümmernissen entfernt sein" müssen, „die den Horizont der Entscheidungsträger begrenzen"[107]. Mit anderen Worten: Sie müssen vor allem eine gewisse Unabhängigkeit vom pluralistisch-verbandlichen Kräftespiel besitzen. Vorbild kann auch hier wieder der gesamtwirtschaftliche Sachverständigenrat sein[108].

Das zu institutionalisierende Gutachtergremium müßte aus (auch gerade von den Interessenverbänden) unabhängigen, sach- und urteilskundigen Persönlichkeiten gebildet werden, denen ein besonderer Status zu geben wäre[109]. Aufgabe dieses Rats wäre es — ebenso wie die anderer Sachverständigenräte — nicht, den parlamentarischen Körperschaften und der Regierung die Entscheidungen abzunehmen, sondern sie hätten „zur Erleichterung der Urteilsbildung bei allen politisch verantwortlichen Instanzen sowie in der Öffentlichkeit" beizutragen[110]. In der Tat haben zahlreiche Finanz- und Wirtschaftswissenschaftler den Vorschlag gemacht, einen unabhängigen Sachverständigenrat zur Begutachtung aller ausgaben- und einnahmewirksamen Gesetze zu errichten und dadurch ein gewisses Gegengewicht gegen das Zukurzkommen allgemeiner Interessen in der Steuer-

---

104 *Eicher*, FS Hans Schäfer, S. 129 (140).
105 Das gleiche „Desinteresse" wird uns unten § 43 um FN 44 hinsichtlich der Auswertung der Finanzkontrollergebnisse des Rechnungshofs durch das Parlament begegnen. Auch dort geht es bezeichnenderweise um die Wahrnehmung typischer langfristig-allgemeiner Interessen.
106 *Dahrendorf*, Die neue Freiheit, S. 140.
107 *Dahrendorf*, a.a.O., S. 141.
108 So auch *Dahrendorf*, a.a.O., S. 142.
109 Vgl. die besonderen Qualifikationen, die das Gesetz über die Bildung eines Sachverständigenrats zur Begutachtung der gesamtwirtschaftlichen Entwicklung in § 1 Abs. 2 voraussetzt, und die Unvereinbarkeiten, die es in Abs. 3 festlegt. Vgl. auch § 24 b Abs. 1 und 2 GWB (Monopolkommission) und § 4 Abs. 2 und 3 des Erlasses des Bundesministers des Innern über die Einrichtung eines Rats von Sachverständigen für Umweltfragen.
110 § 1 SVRG.

§ 40 Aktivierung der Politikberatung bei Finanz- und Subventionsplanung

und Finanzpolitik zu institutionalisieren[111]. Bei diesem Vorschlag handelt es sich letztlich um nichts anderes als die auf den Bereich von Finanzplanung und Subventionen zugeschnittene „Schaffung von Verfahrensnormen, in denen Tatsachenbehauptungen auf ihren Wahrheitsgehalt überprüft werden können", wie sie Peter Noll als Gegengewicht gegen „nur mit wirtschaftlicher Macht begründete Einflüsse" postuliert hat[112].

Ein unabhängiger öffentlichkeitsorientierter Rat wäre nicht durch politische Rücksichtnahme gehindert, beabsichtigte und bestehende Subventionen spezifiziert zu durchleuchten, gegebenenfalls detaillierte Abbauvorschläge zu unterbreiten und dadurch die öffentliche Meinung so zu strukturieren, daß von dort her ein gewisser Gegendruck gegen das Übergewicht von Partikularinteressen ausgeübt und der Fortgang des Subventionismus erschwert würde[113]. Entsprechendes würde für die Öffentlichkeitsberatung hinsichtlich der Finanzplanung gelten.

Die Errichtung eines derartigen Rats könnte ein Gegengewicht gegen eine allzu partikularistisch ausgerichtete Finanzpolitik darstellen und auf diese Weise eine Verbesserung unserer finanzpolitischen Willensbildung bewirken. Der Vorschlag ist zwar gewiß kein Allheilmittel[114]. Wie überall im gesellschaftlich-politischen Bereich gibt es aber auch hier keine Patentlösungen, sondern immer nur mehr oder weniger unvollkommene Verbesserungsversuche, die nicht an einem unbekannten Idealzustand, sondern daran zu messen sind, ob und inwieweit sie zu einer Verbesserung der kritikbedürftigen Realität beizutragen vermögen[115].

Eine verfassungswidrige Beeinträchtigung der politischen Entscheidungsfreiheit von Regierung und Parlament könnte in der Errichtung eines solchen Rats und in seinen Gutachten ebenso wenig erblickt werden wie im Parallelfall des gesamtwirtschaftlichen Sachverständigenrats[116]. Im Gegenteil[117]: Der Regierung würde die Erfüllung ihrer Verpflichtung, eine funktionsgerechte Finanzplanung durchzuführen und Subventionen auf ihre Gemeinwohlverträglichkeit zu durchleuchten und gegebenenfalls auf eine Umgestaltung oder einen Abbau hinzuwirken, erleichtert. Die Mitwirkung der Öffentlichkeit und damit des Bürgers würde intensiviert: „Der Souverän würde souveräner" (Noll)[118]. Seine Kontrollfunktion würde ebenso effektuiert wie die des Parlaments. Dem Parlament

---

111 *Haller*, Finanzpolitik, S. 338 f.; vgl. auch schon die 1. Aufl. 1957; Wissenschaftlicher Beirat beim Bundeswirtschaftsministerium, Subventionen in der Marktwirtschaft, Bulletin der Bundesregierung vom 1. 3. 1967, Tz. 20 f.; *Giersch*, Rationale Wirtschaftspolitik in der pluralistischen Gesellschaft, S. 117 f.; Wilhelm *Krelle*, Schriften des Vereins für Socialpolitik, N. F. Bd. 45, 1967, S. 144 f. (Diskussionsbeitrag); *Andel*, Subventionen, S. 144 ff.; *Hansmeyer*, FA 1971, S. 103 (117). Vgl. auch *Karehnke*, DÖV 1975, S. 623 (630); *Fikentscher*, Wirtschaftskontrolle – ein Verfassungsgrundlagenproblem, S. 796 f.
112 *Noll*, Gesetzgebungslehre, S. 55 f., 75.
113 Bezeichnenderweise stammen besonders umfassende Vorschläge für den Subventionsabbau von der unabhängigen Bundesbank, obwohl man bezweifeln kann, ob Äußerungen dieser Art überhaupt zum Aufgabenbereich der Bundesbank gehören. *Hansmeyer*, WD 1973, S. 127 f.
114 Der in der Politikberatung erfahrene Finanzwissenschaftler Fritz *Neumark* hat drei psychologische Phasen beschrieben, die der Wissenschaftler typischerweise durchlaufe, wenn er zur wissenschaftlichen Begutachtung politischer Probleme berufen werde: Zunächst sei er unter dem Eindruck, an etwas Wertvollem mitzuarbeiten, hochgemut gestimmt. Dann folge die Phase der Ernüchterung, wenn man feststelle, wie wenig von den Ergebnissen der wissenschaftlichen Arbeit in die Wirklichkeit umgesetzt werde. In der dritten Phase sei man dann schließlich wieder froh, wenn sich zeige, daß wenigstens ein kleiner Teil des wissenschaftlich Erarbeiteten auf fruchtbaren Boden gefallen sei. Zit. nach *Bauer*, FS *Wessels*, S. 356. Bauer stimmt aus seiner eigenen Erfahrung als Mitglied des gesamtwirtschaftlichen Sachverständigenrats der Schilderung *Neumarks* zu.
115 *Giersch*, Rationale Wirtschaftspolitik, S. 119.
116 Oben S. 334 ff.
117 *Luhmann* hält eine „sozialwissenschaftliche und politische" Kontrolle des „Gemeinwohlbezugs" der öffentlichen Ausgaben ganz allgemein als Kompensat für verfassungsrechtliche Offenheit des Art. 14 GG gegenüber dem Steuerzugriff des Staates für geboten. Der Staat 1973, S. 17 f.
118 *Noll*, Gesetzgebungslehre, S. 75.

H. Repräsentationsfunktion der Wissenschaft

würde es ermöglicht, die im Allgemeininteresse liegenden gesetzgeberischen Konsequenzen zu ziehen. Regierung und Parlament erhielten durch solche Gutachten und ihre Resonanz in der Öffentlichkeit Schützenhilfe beim Abblocken unangemessener Verbandsforderungen, denen sie ansonsten häufig zu sehr ausgeliefert sind.

Über die Aufgaben und Kompetenzen, die ein solcher Rat haben sollte, divergieren die Vorschläge im einzelnen. Es kann nicht Aufgabe dieser Arbeit sein, in die Detaildiskussion über den spezifischen Auftrag für einen solchen Sachverständigenrat einzutreten. Einige Übereinstimmung scheint jedoch darin zu bestehen, daß er alle finanzwirksamen Anträge in der folgenden, hier nur ganz kursorisch zur Diskussion zu stellenden Weise zu überprüfen und das Ergebnis dieser Überprüfung dem Parlament und der Öffentlichkeit vor der Beschlußfassung vorzulegen hätte.

Der Rat hätte zu kontrollieren, ob die von den Befürwortern der Maßnahme „dargelegte Wirkungsanalyse vertretbar ist, ob wesentliche Aspekte nicht aufgezeigt wurden, ob die angegebenen Ziele mit anderen Mitteln besser, d. h. mit weniger unerwünschten Nebenwirkungen, verwirklicht werden können und inwieweit die geplanten Maßnahmen mit früher getroffenen in Widerspruch oder jedenfalls in Konkurrenzbeziehung stehen".

Um diese Prüfung zu ermöglichen bzw. zu erleichtern, sollte gesetzlich vorgeschrieben werden, daß „jeder Subventionsantrag eine eingehende Darlegung der Gründe, der Ziele, der Nebenwirkungen und der budgetären Folgen der geplanten Maßnahmen enthalten muß, und zwar soweit wie möglich in quantitativer Form. Wichtig wären dabei u. a. Angaben wie Einkommenshöhe der durch die geplanten Maßnahmen positiv oder negativ beeinflußten Gruppen"[119].

Da gerade Maßnahmen, die bestimmte Gruppen begünstigen, oft durch eine besondere Vagheit in ihrer Zielsetzung und der sonstigen Begründung gekennzeichnet sind[120], die genaue Spezifikation der mit jeder Maßnahme verfolgten Zielsetzungen aber Voraussetzung für die Wirkungsanalyse ist, sollte dem Rat das Recht gegeben werden, den Antragsteller bei Unklarheiten seiner Begründung, insbes. bei Verschwommenheit seiner Ziele, zur Konkretisierung und Präzisierung aufzufordern. Die ausreichende Präzisierung der jeweiligen Ziele sollte ausdrücklich zur verfahrensmäßigen Gültigkeitsvoraussetzung von Beschlüssen des Gesetzgebers deklariert und damit den Konkretisierungsaufforderungen des Rats ein größerer Nachdruck verschafft werden. Auf diese Weise könnte auch das oben dargelegte verfassungsrechtliche Begründungspostulat, welches bisher in der Praxis nur allzu oft ignoriert wird und lediglich auf dem Papier steht, eher tatsächlich durchgesetzt werden.

Aber nicht nur die Neugewährung, sondern auch die Weitergewährung bisher schon laufender Subventionen müßte ständig überprüft werden. Dem Sachverständigenrat wäre deshalb auch die Verpflichtung zu übertragen, die bestehenden Subventionen gründlich zu durchleuchten und Voraussetzungen für den Subventionsabbau darzulegen; dazu ist die Regierung gesetzlich verpflichtet, sie hat sich aber, wie dargelegt, als unfähig zur Erfüllung dieser Verpflichtung erwiesen.

Entsprechendes hätte hinsichtlich der Finanzplanung generell zu gelten: Ihre gröbsten Mängel müßten dadurch eingedämmt werden, daß sie vom Sachverständigenrat regelmäßig kontrolliert und das Ergebnis dieser Kontrolle veröffentlicht würde. Zugleich wäre sicherzustellen, daß jede einzelne finanzwirksame Maßnahme vor der Beschlußfassung in den Gesamtzusammenhang *aller* zu erwartenden Einnahmen und Ausgaben gestellt wird. Der Sachverständigenrat hätte diese — von der Regierung oder den sonstigen Antragstellern vorzunehmende — Einpassung in die Finanzplanung auf ihre so-

---

119 *Andel*, Subventionen, S. 146.
120 Oben § 34 FN 62.

zialwissenschaftliche Vertretbarkeit zu überprüfen, den Antragsteller gegebenenfalls zu Zielkonkretisierungen aufzufordern und das Ergebnis dem Parlament und der Öffentlichkeit vor der Entscheidung vorzulegen. Ohne Einpassung in den Finanzplan und Begutachtung durch den Rat dürften grundsätzlich keine Maßnahmen beschlossen werden. — Da die Kontrolle der Subventionen und der Finanzplanung sich vielfach überschneiden, sollten beide Aufgabenbereiche einem einzigen „Rat für Subventionskontrolle und Finanzplanung" übertragen werden.

Um eine strenge Einhaltung dieser Verfahrensregeln zu gewährleisten, wäre daran zu denken, sie (zumindest dem Grundsatz nach) ins Grundgesetz aufzunehmen und ihre Einhaltung dadurch nicht nur von den Rechnungshöfen, sondern auch vom Bundesverfassungsgericht überwachen zu lassen.

Würde die Tätigkeit von Gesetzgebung, Rechtsprechung, Finanzkontrolle, Sachverständigenrat und Öffentlichkeit durch derartige Verfahrensvorschriften konsequent aufeinander bezogen, so könnte sich eine beträchtliche Steigerung der Kontrollintensität ergeben. Hier, am Beispiel der Subventionskontrolle, zeigt sich also, daß das kunstvolle Anordnen und Aufeinander-Beziehen der repräsentativen Institutionen und ihr Einfügen in den politischen Willensbildungsvorgang eine wesentliche Komponente für die Schaffung des dem Verbändestaat gemäßen gesetzgeberischen due process[121] und damit der zu entwickelnden „Gesetzgebungsprozeßordnung" (Noll)[122] darstellt.

---

[121] Zur Notwendigkeit eines „institutionellen Zusammenspiels" zwischen richterlichen Institutionen, unabhängigen sachverständigen Institutionen und dem Gesetzgeber auch *Zacher*, VVDStRL 30, S. 173 f.

[122] *Noll*, Von der Rechtsprechungswissenschaft und Gesetzgebungswissenschaft; ders., Gesetzgebungslehre, S. 45.

I. Die Repräsentationsfunktion der deutschen Bundesbank

Die Bundesbank wurde in dieser Arbeit bereits mehrfach als Gegengewicht gegen pluralistische Gemeinwohldefizite erwähnt. In der Tat läßt sich die Funktion der Bundesbank nur richtig erfassen und beurteilen vor dem Hintergrund einer klaren Vorstellung von den strukturellen Schwächen des pluralistischen Willensbildungs- und Entscheidungsprozesses.

§ 41 Der Sinn der Bundesbankautonomie

Die Deutsche Bundesbank ist durch Gesetz vom 26. 7. 1957[1] als bundesunmittelbare juristische Person des öffentlichen Rechts (§ 2) errichtet worden. Ihre Aufgabe besteht nach § 3 darin, den Geldumlauf und die Kreditversorgung in der Volkswirtschaft zu regeln „mit dem Ziel, die Währung zu sichern", was im großen ganzen gleichbedeutend ist mit dem Ziel, die inländische Preisstabilität zu wahren[2]. Die Hervorhebung dieses Ziels gegenüber den anderen Zielen des gesamtwirtschaftlichen Gleichgewichts ist allerdings nicht so zu interpretieren, daß die Bundesbank gleichsam isoliert nur das Ziel Geldwertstabilität verfolgen dürfte oder gar müßte. Vielmehr bestimmt § 12 Satz 1, daß die Bundesbank „unter Wahrung ihrer Aufgaben die allgemeine Wirtschaftspolitik der Bundesregierung" zu unterstützen hat. Die Wirtschaftspolitik des Bundes ist gemäß Art. 109 Abs. 2 GG, § 1 StabG aber ausdrücklich an alle vier Ziele des gesamtwirtschaftlichen Gleichgewichts gebunden. Somit ist auch die Bundesbank über die in § 12 geregelte Unterstützungspflicht indirekt auf das magische Viereck des § 1 StabG verpflichtet und hat im Konfliktsfall einen optimalen Kompromiß anzustreben[3].

---

1 BGBl. I S. 745.
2 Unter „Sicherung der Währung" wurde bislang neben der „Sicherung des Innenwerts" (Preisstabilität) oft auch die „Sicherung des Außenwerts" im Sinne einer Stabilität der Wechselkurse verstanden (so noch v. *Spindler/Becker/Starke*, Die Deutsche Bundesbank, 3. Aufl., S. 172, 180); dieses mögliche Teilziel ist aber jedenfalls seit dem Erlaß des Stabilitätsgesetzes von 1967 in dem Ziel der Wahrung des außenwirtschaftlichen Gleichgewichts gem. § 1 StabG (vgl. sogleich im Text) aufgegangen (*Schmahl*, Globalsteuerung der Wirtschaft, S. 67 f.; *Poullain*, in: Duwendag (Hrsg.), Macht und Ohnmacht der Bundesbank, S. 46 (41)); seit dem Übergang zur Flexibilität der D-Mark gegenüber den Währungen der wichtigsten anderen Welthandelsländer im Frühjahr 1973 ist dies besonders deutlich geworden, weil es bei flexiblen Wechselkursen offenbar nicht mehr darauf ankommen kann, den Außenwert der D-Mark fix zu halten. Das außenwirtschaftliche Gleichgewicht stellt sich bei flexiblen Wechselkursen im Prinzip von selbst ein.
3 Vgl. auch schon Begründung des Regierungsentwurfs des Bundesbankgesetzes, BT-Drucks. Nr. 2781, S. 22; *Schmölders*, Geldpolitik, S. 147; ferner *Steuer*, WD 1970, S. 292; *Köhler*, Geldwirtschaft, 1. Bd., S. 215; v. *Spindler/Becker/Starke*, Die Deutsche Bundesbank, 4. Aufl., § 3 Anm. 2 (S. 194–196) und S. 26, 258 (zweifelhaft aber: S. 263); Geschäftsbericht der Bundesbank 1967, S. 29; *Poullain*, a.a.O., S. 42; Reiner *Schmidt*, Die rechtliche Stellung der Bundesbank, FAZ v. 29. 7. 1973. Anderer Ansicht *Wilke*, in: v. Mangoldt/Klein, Bd. III, 2. Aufl. 1974, Anm. III 7 a, (Vorrang der Aufgabe der Währungssicherung), der sich auf v. *Becker/Spindler/Starke*, Anm. 5 zu § 2 BBG, beruft. Diese Stelle ist aber gar nicht einschlägig; v. *Becker/Spindler/Starke* sagen dort nur, daß die währungspolitischen Aufgaben der Bundesbank Vorrang vor ihrer Aufgabe als Staatsbank des Bundes haben. — Das gleiche Ergebnis — Bindung der Bundesbank an *alle* Ziele des magischen Vierecks — wird auch aus § 13 Abs. 3 StabG entnommen, nach dem bundesunmittelbare Körperschaften, Anstalten und Stiftungen des öffentlichen Rechts, zu denen auch die Bundesbank gehört, die vier Ziele des § 1 StabG berücksichtigen sollen. So *Möller*, StabG, § 13 Rdnr. 6; *Stern/Münch/Hansmeyer*, S. 286; *Faber*, Wirtschaftsplanung und Bundesbankautonomie, S. 42 f.; Reiner *Schmidt*, a.a.O. Anderer Ansicht *Prost*, Wirtschaftsrecht 1973, S. 326 (350 m. w. N.); *Wilke*, Anm. III 6 zu Art. 88. — Die Forderung *Arndts* und *Ehrenbergs*, die Bundesbank dürfe nicht nur auf die Währungsstabilität verpflichtet werden (*Ehrenberg*, Zwischen Marx und Markt, S. 197 f.; *Arndt*, in: Duwendag (Hrsg.), Macht und Ohnmacht der Bundesbank, S. 15 ff.; ebenso *Mairose*, WD 1970, S. 285 (288)), ist also bereits geltendes Recht, wie übrigens *Arndt* selbst als Interpretationsmöglichkeit einräumt (S. 29).

In § 12 Satz 2 findet sich dann die vieldiskutierte Vorschrift, daß die Bundesbank bei der Ausübung der Befugnisse, die ihr nach dem Bundesbankgesetz zustehen (insbesondere Ausgabe von Banknoten, Diskont-, Mindestreserve-, Offenmarkt- und Einlagenpolitik), „von Weisungen der Bundesregierung unabhängig" ist; auch gegenüber dem Parlament besteht keine Verantwortlichkeit[4]. Das bedeutet, daß das politische Entscheidungsorgan der Bundesbank: der aus dem Präsidenten und dem Vizepräsidenten der Bundesbank, den weiteren Mitgliedern des Bundesbankdirektoriums und den Präsidenten der Landeszentralbanken gebildete Zentralbankrat, eigenverantwortlich entscheiden kann, wann und in welchem Umfang das im Bundesbankgesetz vorgesehene geldpolitische Instrumentarium zur optimalen Erreichung der Ziele des magischen Vierecks eingesetzt wird[5].

Die Beurteilung dieser sog. Autonomie der Bundesbank ist nicht unumstritten. Diejenigen, die für die Beseitigung oder Verringerung der Unabhängigkeit eintreten[6], berufen sich vornehmlich auf die Prinzipien der Demokratie und der parlamentarischen Verantwortlichkeit, denen es widerspreche, daß ein so wichtiger Bereich der Wirtschaftspolitik wie die Geldpolitik der Kompetenz der allein dem demokratisch legitimierten Parlament verantwortlichen Bundesregierung entzogen und auf eine von ihr unabhängige Instanz übertragen worden ist. Häufig wird dies mit dem Hinweis unterstrichen, daß die Zentralbanken in den meisten anderen westlichen Demokratien, insbesondere in Frankreich und England, keine der Deutschen Bundesbank vergleichbare Autonomie besitzen, sondern der Weisungsbefugnis der Zentralregierung unterstehen[7]. Eine Pauschalargumentation mit Hilfe eines internationalen Vergleichs, die uns in ähnlicher Form bereits bei Beurteilung der Stellung und Rechtsprechung des Bundesverfassungsgerichts begegnet ist, ist aber hier ebenso wenig stichhaltig wie dort[8]; dies schon deshalb, weil in einem Mutterland der westlichen Demokratie, den Vereinigten Staaten von Amerika, seit 1913 ein von Weisungen der Regierung und des Parlaments unabhängiges Zentralbanksystem besteht, das dort nach wie vor als wesentlicher Bestandteil der demokratischen Staatsstruktur verstanden wird[9], und das Vor-

---

[4] *Maunz/Dürig/Herzog*, Art. 88, Rdnr. 23; Schriftl. Bericht des BT-Ausschusses für Geld und Kredit über den Regierungsentwurf des Bundesbankgesetzes, BT-Drucks. Nr. 3603, S. 5.

[5] Es bestehen indessen einige „Verzahnungen" zwischen Bundesbank und Bundesregierung. So hat die Bundesregierung neben dem Vorschlagsrecht für den Präsidenten, den Vizepräsidenten und die weiteren Direktoriumsmitglieder (§ 7 Abs. 3) und der angeführten Verpflichtung der Bundesbank, die Wirtschaftspolitik der Regierung zu unterstützen (§ 12 Satz 1), die Befugnis, ohne Stimmrecht an den Beratungen des Zentralbankrats teilzunehmen, Anträge zur Entscheidung zu stellen und einen Aufschub der Beschlußfassung bis zu zwei Wochen zu erzwingen. Umgekehrt soll die Bundesbank den Präsidenten der Bundesbank bei Beratungen über Angelegenheiten von währungspolitischer Bedeutung heranziehen; die Bundesbank trifft auch darüber hinaus die Pflicht, die Bundesregierung zu beraten und ihr auf Verlangen Auskunft zu erteilen (§ 13). Vor allem fallen die außenwirtschaftlichen Maßnahmen, von denen die Effizienz der binnenwirtschaftlichen Geldpolitik wesentlich abhängt (wie Auf- und Abwertungen, Entscheidungen über Floating etc.) in die Kompetenz der Bundesregierung, so daß die Bundesbank für eine wirksame Geldpolitik auf das Zusammenwirken mit der Bundesregierung angewiesen bleibt (*Poullain*, a.a.O., S. 46 f.). — Auch das Recht des Bundestags, im Rahmen der Verfassung Gesetze auf dem Gebiet des Währungs-, Geld- und Münzwesens zu erlassen (Art. 73 Nr. 4 GG) bleibt natürlich unberührt.

[6] *v. Eynern*, Die Unabhängigkeit der Notenbank; *Dörge*, Die Bundesbank — eine Nebenregierung, in: Die Zeit Nr. 44 v. 31. 10. 1969; *Gronau*, WD 1970, S. 297; *Predöhl*, Das Tabu der Notenbank, „Volkswirtschaftliche Korrespondenz der Adolf-Weber-Stiftung" 1971/10.

[7] Einen internationalen Vergleich über die Stellung der Zentralbanken geben z. B. *O. Veit*, Grundriß der Währungspolitik, Kap. IX; *Rittershausen*, Die Zentralnotenbank, S. 318 ff.; *Hahn*, Die Währungsbanken der Welt; *Samm*, Bundesbank, S. 160 ff.; *Uhlenbruck*, Bundesbank, S. 26 f.; vgl. auch die Übersicht „Bundesbank-Autonomie im internationalen Vergleich", in: Wirtschaftswoche Nr. 22/1971.

[8] Oben S. 236.

[9] *v. Eynern*, Politische Wirtschaftslehre, S. 223 ff.

I. Repräsentationsfunktion der Bundesbank

gängerinstitut der Bundesbank, die Bank Deutscher Länder, die ebenfalls Unabhängigkeit besessen hatte, eben nach dem Vorbild des Federal Reserve System in den USA errichtet worden war[10].

Andererseits läßt sich natürlich nicht bestreiten, daß die formal-demokratische Legitimation des Parlaments und der parlamentarisch verantwortlichen Bundesregierung größer ist als die der Bundesbank. Auch der Bundesbank kann indes eine gewisse formal-demokratische Legitimation nicht abgesprochen werden. Es gelten insoweit nicht ganz unähnliche Erwägungen wie beim Bundesverfassungsgericht[11]; wir können uns deshalb relativ kurz fassen: Die Mitglieder des Zentralbankrates werden teils auf Vorschlag der Bundesregierung[12] teils auf Vorschlag des Bundesrats[13] vom Bundespräsidenten grundsätzlich für acht Jahre bestellt (§§ 7 Abs. 3, 8 Abs. 4). Wenn die Mitglieder des Zentralbankrats somit nicht direkt von der Aktivbürgerschaft gewählt werden, so können sie sich doch auf eine Legitimationskette berufen, die letztlich auf die Aktivbürgerschaft zurückführt; sie besitzen also durchaus eine mittelbare formal-demokratische Legitimation. Auch hinsichtlich der Sensibilität gegenüber der öffentlichen Meinung läßt sich die Bundesbank mit dem Bundesverfassungsgericht vergleichen[14]. Wie dieses lebt sie von der Unterstützung und dem Vertrauen der öffentlichen Meinung, ohne welche ihre Unabhängigkeit schnell vertan wäre[15] (wobei hier die Frage der verfassungsrechtlichen Garantie der Unabhängigkeit noch dahinstehen mag). Darin liegt zugleich auch eine befriedigende Antwort auf die Frage „quis custodiet custodes?"

Zusammenfassend läßt sich sagen: Die formal-demokratische Legitimation von Regierung und Parlament ist zwar größer als die der Bundesbank, der Unterschied ist aber durchaus geringer als bisweilen angenommen.

Eine Argumentation, die sich auf den Vergleich der formal-demokratischen Legitimation der Bundesbank mit der Bundesregierung beschränkte und dann aus dem Ergebnis dieses Vergleichs ihre Argumente für die Einschränkung oder völlige Beseitigung der Bundesbank-Autonomie gewänne, wäre aber auf jeden Fall grob einseitig; sie versäumte es, auch die (output-orientierte) Frage zu prüfen, ob nicht die Richtigkeitschance der Geldpolitik größer ist, wenn sie in die Hand der unabhängigen Bundesbank gelegt ist, als wenn sie direkt oder indirekt (durch Aufhebung der Weisungsfreiheit) in die Kompetenz der Bundesregierung fiele; die genannte Argumentation ginge damit am eigentlichen Anliegen, welches der Verselbständigung der Geldpolitik zugrunde liegt, vorbei. Diese für die Beurteilung der Stellung der Bundesbank letztlich entscheidende Fragestellung läßt sich in zwei Unterfragen aufteilen, nämlich erstens in die nach typischen Gemeinwohl-

---

10 Zudem unterscheidet sich die Wirtschaftspolitik der Bundesrepublik von der der anderen westlichen europäischen Länder eben gerade dadurch, daß der Grad der Inflationsneigung in der Bundesrepublik relativ gering ist. Derjenige, dem es auf Geldwertstabilität ankommt, scheint also schon auf den ersten Blick mehr Anlaß zu haben, für die Übertragung der Zentralbankautonomie auf andere Länder zu plädieren als umgekehrt für eine Einschränkung der Autonomie der Deutschen Bundesbank.
11 Oben S. 239 f.
12 So der Präsident, der Vizepräsident und die höchstens acht weiteren Mitglieder des Direktoriums.
13 So die Präsidenten der Landeszentralbanken.
14 Oben S. 240 f.
15 Vgl. zur Öffentlichkeit als „demokratischer Äquivalente" der Zentralbankautonomie *Samm*, Bundesbank, S. 186 ff. Was *Ridder* in bezug auf die Gerichte ausgesprochen hat (oben S. 241), gilt entsprechend auch für die Bundesbank. Und wie das Bundesverfassungsgericht genießt die Bundesbank in der Öffentlichkeit großes Vertrauen und eine hohe Autorität, was gerade demokratische Puristen immer wieder zu reizen scheint. Vgl. z. B. die Titelgeschichte des „Spiegel" über die Bundesbank, Der Spiegel Nr. 8 v. 17. 2. 1975, S. 32 ff.

defiziten des parteilich-verbandlichen Kräftespiels in der modernen parlamentarischen Demokratie und zweitens in die, ob und inwieweit die Bundesbank ein Gegengewicht gegen derartige Defizite bilden kann.

Die erste Frage haben wir oben ausführlich behandelt und dargelegt, daß und warum die pluralistische Harmonieerwartung nicht zutrifft, sondern bestimmte, besonders ganz allgemeine Interessen im parteilich-verbandlichen Kräftespiel typischerweise zu kurz kommen und tendenziell „untergepflügt" werden[16]. Das Interesse an Geldwertstabilität, also an der möglichst weitgehenden Realisierung des Zieles, daß in § 3 Bundesbankgesetz hervorgehoben ist, ist geradezu ein Archetyp für ein solches allgemeines Interesse[17], zu dessen Lasten sich das Mit- und Gegeneinander der schlagkräftig organisierten Interessen meist vollzieht, wobei die Hervorhebung keinen Vorrang dieses Zieles bedeutet[18], sondern lediglich die Funktion hat, sein andernfalls zu befürchtendes Zukurzkommen zu verhindern[19]. Die besondere Schutzbedürftigkeit gerade dieses Ziels rührt eben daher, daß im partei- und verbandspolitischen Kräftespiel meist kurzfristiges tagespolitisches Denken vorherrscht[20] und deshalb die Kräfte, die bewußt oder unbewußt eine Inflationsverstärkung bewirken, „im allgemeinen einflußreicher sind als die vergleichsweise schwachen, wenn auch praktisch den größten Teil des Volkes umfassenden Stabilitätsinteressen"[21].

Damit rückt die zweite Frage in den Vordergrund, inwieweit die Geldpolitik einer weisungsunabhängigen Bundesbank zu größerer Ausgewogenheit der Entscheidungen im Sinne einer angemessenen Stützung auch des allgemeinen Interesses an Geldwertstabilität, kurz: zu einer Verbesserung der Ergebnisse der wirtschaftspolitischen Willensbildung, beitragen kann. Bei Behandlung dieser Frage empfiehlt sich — ebenso wie bei der Frage der Aufteilung der Gemeinwohloptimierungsaufgabe zwischen Gesetzgeber und Bundesverfassungsgericht[22] — ein Vergleich nach den beiden Kriterien „Sachnähe", d. h. der Fähigkeit und Bereitschaft zur umfassenden Situationsanalyse, und „Intensität des Wertbewußtseins", d. h. dem Grad der Wertorientiertheit der Willensbildung und Entscheidung.

Was zunächst die Fähigkeit und Bereitschaft zu umfassenden Situationsanalysen betrifft, so sind diese der Bundesbank — im Gegensatz zum Bundesverfassungsgericht[23] — m. W. kaum jemals bestritten worden, und das mit Recht: Die Bundesbank verfügt über einen Stab von anerkannt hochqualifizierten geld- und

---

16 Speziell zum Inflationsproblem: Hans *Würgler*, Inflation als Machtproblem, S. 697 ff. m. w. N.
17 Oben S. 156.
18 Oben S. 291, 356.
19 Eben dies wird von *Gronau*, WD 1970, S. 297, verkannt, wenn er seine Argumentation für eine Aufhebung der Bundesbank-Autonomie auf Einwänden gegen eine Vorrangstellung des Ziels Preisstabilität aufbaut, die eben in Wahrheit gar nicht besteht. Vgl. auch oben S. 356 und C. *Schmitt*, Verfassungsrechtliche Aufsätze, S. 109: Kein Hüter der Verfassung könne dem „Keynesschen Trilemma" entgehen, worunter *Schmitt* „Vollbeschäftigung, Marktwirtschaft und Stabilität der Währung" versteht.
20 Dazu besonders drastisch: *Schumpeter*, Kapitalismus, S. 456; vgl. auch v. *Hayek*, Die Verfassung der Freiheit, S. 409 ff. (bes. S. 418 f.); *Dahrendorf*, Ein neues liberales Credo (IV), in: Die Zeit Nr. 4 v. 17. 1. 1975, S. 4: „In der Politik geht es um kurzfristigen Erfolg". MdB H. H. *Klein*, VVDStRL 33, S. 154: Die „Hektik der parlamentarischen Arbeit" erlaubt es nicht, „mehr zu tun, als bestenfalls der Forderung des Tages zu genügen. Über den Tag hinaus zu denken, fällt einem Parlamentarier nicht leicht".
21 *Pfleiderer*, Planung III, S. 409 (425).
22 Oben S. 244 ff.
23 Oben S. 245 f.

I. Repräsentationsfunktion der Bundesbank

wirtschaftspolitischen Fachleuten[24] und führt aufgrund § 18 BBG eigene statistische Erhebungen durch, die ihr gezielte Informationen über die währungspolitische Lage und ihre voraussichtliche Entwicklung geben. Nach § 7 Abs. 3 Satz 1 und § 8 Abs. 4 Satz 1 müssen auch die Mitglieder des Direktoriums und der Vorstände der Landeszentralbanken (und damit die Mitglieder des Zentralbankrats) eine „besondere fachliche Eignung" besitzen und besitzen diese in der Regel auch. Das Informationssystem und die durch die fachliche Eignung sichergestellte Aufgeschlossenheit der Bundesbank-Führung gegenüber der Sachproblematik lassen die Bundesbank unter dem Blickpunkt des Kriteriums „Sachnähe" der Bundesregierung (und wohl erst recht dem Parlament)[25] zumindest ebenbürtig, wenn nicht überlegen, erscheinen (was andererseits natürlich nicht bedeutet, daß die Bundesbank gegen Irrtümer und Fehleinschätzungen gefeit wäre)[26].

Was den Vergleich anhand des zweiten Kriteriums: der Intensität der Wertorientiertheit der Willensbildung und Entscheidung, anlangt, so haben jedenfalls diejenigen Faktoren, die den Interessengruppen Einfluß auf Parteien und Politiker (und damit letztlich auch auf die Regierung) verschaffen[27], gegenüber der Bundesbank beträchtlich geringeres Gewicht: die Bundesbank und ihre Führung sind weder auf Finanzzuwendungen noch auf Wahlstimmen noch auf den Sachverstand der Interessenverbände angewiesen[28]. Der relativ großen politisch-praktischen Unabhängigkeit der Bundesbank und ihrer Führung von den Interessenverbänden entspricht die rechtliche Unabhängigkeit der Bundesbank von Weisungen der Bundesregierung (§ 12 Satz 2 BBG). Auf diese Weise wird nicht zuletzt auch eine mittelbare Einwirkung der Interessenverbände über die Bundesregierung auf die Geldpolitik erschwert[29]. Durch diese Abschirmung der Bundesbank vom primär machtorientierten parteilichen und verbandlichen Kräftespiel hat die Bundesbank, besonders ihr zentrales Willensbildungsorgan, der Zentralbankrat, die Möglichkeit, sich bei seinen Entscheidungen in größerem Umfang an Sach- und Wertkriterien (und weniger an machttaktische Gesichtspunkte) zu hal-

---

24 Vgl. Eduard *Wolf*, Der Wirtschaftswissenschaftler als ständiger Mitarbeiter in der Zentralbank, in: v. *Beckerath/Giersch* (Hrsg.), Probleme der normativen Ökonomik und der wirtschaftspolitischen Beratung, S. 340 (344 ff.).
25 Vgl. *Schmölders*, Der Politiker und die Währung.
26 Insofern ist *Ehrenberg*, Zwischen Marx und Markt, S. 30 ff., zuzustimmen.
27 Oben S. 136 ff.
28 Während die Gesetzentwürfe der ersten Wahlperiode des Bundestags noch in Anlehnung an eine ähnliche Einrichtung beim früheren Reichsbankdirektorium (vgl. § 6 Reichsbankgesetz 1939) einen zentralen Beirat beim Direktorium der Notenbank vorgesehen hatten, in dem Vertreter wirtschaftlicher Interessengruppen sitzen sollten (BT-Drucks. Nr. 3927, 1. Wahlperiode, § 6; BT-Drucks. Nr. 4020, 1. Wahlperiode, S. 27), nahm die Bundesregierung später davon Abstand, um der Gefahr einer unmittelbaren Einflußnahme der Wirtschaftsverbände auf die oberste Notenbankleitung vorzubeugen (Begründung zum Regierungsentwurf, BT-Drucks. Nr. 2701, 2. Wahlperiode, unter A V; *Schmölders*, Geldpolitik, S. 147 f.). Bei den Landeszentralbanken bestehen allerdings „Beiräte" (vgl. § 9 BBG), deren Gewicht durch die Dezentralisation allerdings relativ gering ist. – Sollte der Einfluß, den das Kreditgewerbe über die Beiräte ausübt, dennoch mehr sein als eine quantité négligeable, hätte die dann notwendige institutionelle Änderung nicht in Richtung auf eine Beteiligung auch anderer Verbände, insbes. der Gewerkschaften, zu gehen (so aber *Knieper*, GMH 1975, S. 791 ff.), sondern in Richtung auf eine Eindämmung dieses Einflusses.
29 Dies wird verkannt von *Faber*, Wirtschaftsplanung und Bundesbankautonomie, S. 38, der meint, die Unabhängigkeit der Bundesbank von der Bundesregierung sei gar nicht geeignet, den Einfluß organisierter Interessen auf die Währungspolitik auszuschalten. Wenn *Faber* für seine Auffassung anführt, auch die Bundesbank müsse dem Gesetz gehorchen, welches aber Produkt des parlamentarischen Interessenkampfes sei, so wird die praktisch und theoretisch zentral wichtige Unterscheidung zwischen partikularinteressengesteuerten ad-hoc-Maßnahmen und selbstdisziplinierenden Ordnungsnormen verkannt; letztere zu erlassen und daran festzuhalten, kann auch ein interessenbeeinflußtes Parlament – eben gerade in Kenntnis dieses Einflusses und zum Zwecke des disziplinierenden Selbstschutzes vor ihm – fähig sein (vgl. oben S. 121 f.).

ten, als dies bei Entscheidungen der Regierung und des Parlaments meist der Fall ist. Eben darin liegt der eigentliche Sinn der Autonomie der Bundesbank[30].

Mit der Unabhängigkeit der Bundesbank ist also für den Bereich der Geldpolitik die Forderung von Fritz Scharpf (und vielen anderen) verwirklicht, den politischen Prozeß verfahrensmäßig so auszugestalten, daß die „Entscheidungen in relativer Unabhängigkeit von Pressionen der organisierten Interessengruppen ... durchgesetzt werden können" und die Politik gerade auf jene Interessen reagieren kann, „die innerhalb der pluralistischen Entscheidungsstrukturen nicht ausreichend berücksichtigt werden"[31].

Die Dominanz der Wert- und Sachorientierung ihrer gleichwohl hochpolitischen, d. h. das Wohlergehen der gesamten Gemeinschaft betreffenden, Entscheidungen rückt die Bundesbank — bei allen ansonsten bestehenden Verschiedenheiten — in eine gewisse Nähe zum Bundesverfassungsgericht[32]. Beide Institutionen sind vom Willensbildungsprozeß des Parlaments und der Regierung weitgehend unabhängig gestellt[33], weil sie ihrerseits die Funktion haben, Fehlentwicklungen in einem sich selbst überlassenen Spiel der Parlament und Regierung beherrschenden politischen Kräfte zu wehren[34]. Sie haben beide je auf ihre Weise die Funktion eines „Patrons" (im Sinne Forsthoffs) zum Schutze von im verbandlich-parteilichen Entscheidungsprozeß zu kurz kommenden Interessen[35]; dies kommt auch in der volkstümlichen Bezeichnung des Bundesverfassungsgerichts als „Hüter der Verfassung" und der Bundesbank als „Hüter der Währung" plastisch zum Ausdruck.

Soll die Bundesbank ihre wesentliche Funktion, durch Steuerung der Geldschöpfung eine befriedigende gesamtwirtschaftliche Entwicklung zu sichern, insbesondere ein Zukurzkommen des Ziels „Geldwertstabilität" zu verhindern, erfüllen können, so setzt dies u. a. voraus, daß sie die Herrschaft über die inländische Geldversorgung besitzt, und mittels Steuerung der Geldversorgung ein Gegenhalten gegen pluralistisch bedingte Desorientierungen der gemeinschaftserheblichen Willensbildung zu Lasten der Preisstabilität möglich und sinnvoll erscheint. Wenn diese weit in die Geldtheorie hineinführenden und durchaus nicht völlig geklärten Fragen hier auch nicht in den Einzelheiten behandelt werden können, so sind einige Bemerkungen doch unerläßlich.

An der Herrschaft über die Geldmenge fehlte es jedenfalls, solange die Bundesbank aufgrund ihrer sog. Interventionspflicht bei freier Konvertibilität jede Menge angebotener US-Dollars zu festen Kursen in D-Mark umwechseln und dadurch häufig entgegen ihren geldpolitischen Intentionen eine Aufblähung des Geldvolumens in der Bundesrepublik hinnehmen mußte. Seit dem Übergang zum

---

30 Vgl. auch v. Simson, VVDStRL 29, S. 43 f.
31 Scharpf, Demokratietheorie, S. 75. Weitere Nachweise oben § 27 FN 17.
32 Vgl. Wildenmann, Die Rolle des Verfassungsgerichts und der Deutschen Bundesbank in der politischen Willensbildung; Reiner Schmidt, Wirtschaftspolitik und Verfassung, S. 114; ders., Die rechtliche Stellung der Bundesbank, FAZ v. 27. 9. 1973. Weitere Nachweise bei Samm, Bundesbank, S. 102 FN 16; Samm verkennt allerdings selbst die Ähnlichkeit in der Rechtfertigung der Unabhängigkeit der Bundesbank und der Verfassungsrechtsprechung (S. 111 f., 163). Auf die Sinnparallele zwischen der Unabhängigkeit der Bundesbank und der des gesamtwirtschaftlichen Sachverständigenrats wurde oben S. 336 hingewiesen.
33 Zur Parallelität der „politischen Neutralisierung" von Justiz und Zentralbank auch Luhmann, Positives Recht und Ideologie, ARSP 53 (1967), S. 531 (543).
34 Der Kontrollgedanke durchzieht die Beratungen des Verfassungsgebers und die Beratungen über das Bundesverfassungsgerichtsgesetz und das Bundesbankgesetz wie ein roter Faden. Nachweise bei Wildenmann, Verfassungsgericht und Bundesbank, S. 4 FN 4.
35 Statt vieler Poullain, in: Duwendag, Macht und Ohnmacht, S. 38 f.: Die Bundesbank ist „insbes. dem Einfluß der ‚pressure groups' weitgehend entzogen", damit sie als „Gegengewicht" gegen eine Vernachlässigung des Ziels Sicherung der Währung eine „Korrektivfunktion" ausüben kann.

I. Repräsentationsfunktion der Bundesbank

Floaten der D-Mark und einiger anderer Währungen der „EG-Schlange" gegenüber den Währungen der wichtigsten anderen Länder im Frühjahr 1973 ist die außenwirtschaftliche Lücke der Geldpolitik aber nunmehr weitgehend geschlossen. Da auch gewisse, anderen Ursachen zuzuschreibende Mängel der Beherrschung der Geldversorgung seitens der Bundesbank in den letzten Jahren abgebaut, wenngleich nicht völlig beseitigt, worden sind[36], ist die Geldmengenkontrolle durch die Bundesbank heute jedenfalls zu einem relativ hohen Grad gegeben.

Hand in Hand mit der Verbesserung der Herrschaft über die Geldversorgung durch die Bundesbank ging andererseits eine zunehmende Desillusionierung hinsichtlich der Chancen, mit Hilfe der Fiskalpolitik nach dem Stabilitätsgesetz wirksame Stabilisierungspolitik zu treiben. Auch Bund und Länder sind nach Art. 109 Abs. 2 GG, § 1 StabG ja nicht nur auf hohen Beschäftigungsstand, sondern u. a. auch auf das Ziel „Stabilität des Preisniveaus" verpflichtet. Wie aber die letzten Jahre gezeigt haben, lassen sich konjunkturelle Überhitzungen und Preissteigerungen mit den haushalts- und steuerpolitischen Mitteln des Stabilitätsgesetzes nur sehr eingeschränkt bekämpfen. Das hat nicht zuletzt[37] darin seinen Grund, daß Regierungen und Parlamente Maßnahmen gegen Überhitzungen im politisch-pluralistischen Kräftespiel regelmäßig nicht oder doch nicht in ausreichendem Umfang oder zur rechten Zeit durchsetzen können — eine Feststellung, die unter Praktikern wie Theoretikern der Konjunkturpolitik inzwischen geradezu als „Gemeinplatz" gilt.

Während die Maßnahmen zur Ankurbelung der Konjunktur den Wirtschaftsgruppen sowie den verschiedenen Ebenen eines föderalistischen Staates in der Regel unmittelbare Vorteile bringen und deshalb von den Interessengruppen und den Gebietskörperschaften lebhaft begrüßt und unterstützt werden, verlangen Maßnahmen zur Dämpfung eines konjunkturellen Preisauftriebs (Senkung der Zuwachsrate der öffentlichen Ausgaben, Steuererhöhungen, bei festen Wechselkursen: Aufwertung der Währung) von den Gebietskörperschaften, den Interessengruppen und allgemein von den Steuerzahlern und Empfängern von Staatsleistungen zunächst einmal Opfer, deren Sinn und Notwendigkeit von den Betroffenen häufig nicht erkannt werden. In entsprechender Abwandlung eines Satzes aus der Begründung des Regierungsentwurfs des Bundesbankgesetzes[38] gilt: Potentielle Gegner einer stabilitätsorientierten Fiskalpolitik sind erfahrungsgemäß alle politischen Instanzen und Gruppen. Zur Sicherung der Geldwertstabilität sind deshalb häufig Entscheidungen erforderlich, die einen gewissen „Heroismus" erfordern würden[39], den man aber erfahrungsgemäß bei Politikern, die direkt im politisch-pluralistischen Kräftespiel stehen, nicht voraussetzen darf[40]. — Die Auffassung von Heiko Faber[41], das Stabilitätsgesetz habe die vom Regierungsentwurf des Bundesbankgesetzes beschworenen Gefahren des Einflusses potentieller Interessenten „weitgehend gebannt", hat sich als unhaltbar erwiesen. Es ist genau umgekehrt: Die beschworenen Gefahren wurden durch die Erfahrungen mit der Handhabung des Stabilitätsgesetzes bestätigt.

Derartige Durchsetzungsschwierigkeiten bestehen hinsichtlich der Geldpolitik nicht oder jedenfalls nicht in vergleichbarem Maße, weil die Bundesbank — ge-

---

36 v. *Arnim*, Volkswirtschaftspolitik, S. 193 ff., 197 f. m. w. N.
37 Zu anderen Gründen v. *Arnim*, Volkswirtschaftspolitik, z. B. S. 172 ff. m. w. N.
38 BT-Drucks. 2781, 2. Wahlperiode, S. 24.
39 *Haller*, Finanzpolitik, S. 183.
40 Dazu *Stucken*, FA N. F. Bd. 27, S. 217; *Friauf*, VVDStRL 27, S. 1 (13 f.); *Wagner*, VVDStRL 27, S. 41 (57).
41 Wirtschaftsplanung und Bundesbankautonomie, S. 40.

§ 41 Sinn der Bundesbankautonomie

rade im Interesse ihrer geldpolitischen Handlungsfähigkeit — weitgehend außerhalb des partei- und verbandspolitischen Kräftespiels gestellt ist[42].

Zwar sind die theoretischen Wirkungsmechanismen zwischen Änderungen der in einer Volkswirtschaft umlaufenden Geldmenge und Veränderungen des Preisniveaus (sowie der Produktion und Beschäftigung) durchaus nicht in allen Einzelheiten geklärt[43]. Im Ergebnis kann man jedoch wohl davon ausgehen, daß das nominale Sozialprodukt einer Volkswirtschaft jedenfalls auf mittlere Sicht nicht schneller wachsen kann als die Geldmenge[44]. Dieser Zusammenhang gibt der Bundesbank die Möglichkeit, die Geldpolitik als Bremse gegen eine Einigung der Tarifvertragsparteien zu Lasten der Geldwertstabilität zu gebrauchen. Läßt die Bundesbank die Geldmenge nur mit einer bestimmten jährlichen Rate wachsen und macht sie diese ihre Entscheidung dem „Staat" und den autonomen Gruppen hinreichend deutlich, so wird dadurch zunächst einmal ein wirtschaftlicher Druck auf die Tarifparteien ausgeübt, im Durchschnitt keine höheren Lohnsteigerungen festzulegen; denn da diese von der Bundesbank nicht „finanziert" werden, werden sie letztlich tendenziell zu Investitionseinschränkungen und Entlassungen von Arbeitskräften führen, also zu Ergebnissen, an denen weder die Kapitaleigner noch vor allem die Gewerkschaften und Arbeitnehmer selbst ein Interesse haben.

Während die Konzertierte Aktion und die ihr zugrundeliegende Idee einer Beschränkung der Gruppenansprüche auf ein gesamtwirtschaftlich vertretbares Maß scheitern mußte[45], weil einerseits die Gegebenheiten des spezifisch verbandlichen Willensbildungsprozesses einer *freiwilligen* Berücksichtigung allgemeiner Interessen sehr enge Grenzen setzen[46] und weil es andererseits an fühlbaren Sanktionen im Falle einer Überschreitung der nach § 3 StabG mitgeteilten Orientierungsdaten fehlte, ziehen bei konsequenter Geldpolitik überhöhte Tarifabsprachen derartige Sanktionen über kurz oder lang praktisch zwangsläufig nach sich. Natürlich besteht auch dann keine absolute Gewähr für stabilitätsorientierte Tarifabschlüsse, aber der ursächliche Zusammenhang zwischen überhöhten Tarifabsprachen und einem (mittelfristigen) Zurückbleiben von Produktion und Beschäftigung, den eine konsequente Geldpolitik knüpft, schafft doch ein gewichtiges unmittelbares Eigeninteresse aller an den Tarifabsprachen Beteiligten an der Vermeidung gesamtwirtschaftlich unangemessener Abschlüsse. An diesem unmittelbaren Eigeninteresse an gesamtwirtschaftlich angemessenen Tarifzuwächsen fehlt es aber, solange die Tarifparteien mangels wirksamer Geldmengenkontrolle oder gar mit einer staatlichen Vollbeschäftigungsgarantie im Rücken den bequemen „Ausweg in die Inflation"[47] gehen können. Müssen dagegen alle Beteiligten

---

42 Es gab deshalb, solange man in den fiskalpolitischen Instrumenten, sofern man sie nur konjunkturpolitisch richtig verwendete, gleichsam eine Art „Wunderwaffe" sah, auch Vorschläge, das fiskalpolitische Instrumentarium der Konjunktursteuerung auf die Bundesbank oder eine ähnliche unabhängige Institution zu übertragen. *Föhl*, Möglichkeiten einer künftigen Fiskalpolitik, S. 1 (bes. 49 f.); *Pahlke*, Beziehungen zwischen der konjunkturpolitischen Zielsetzung und anderen Aufgaben der Finanzpolitik, S. 51; *Kamp*, Finanz- und Geldpolitik als Instrumente der Globalsteuerung, S. 19, 42. — Mit der Zunahme der Beherrschbarkeit der Geldpolitik einerseits und der Erkenntnis, daß die Mängel der Fiskalpolitik nicht nur auf politischen Steuerungsproblemen beruhen, andererseits, und der damit einhergehenden beträchtlichen Aufwertung der Geld- und Abwertung der konjunkturpolitischen Fiskalpolitik ist diesen Vorschlägen jedoch weitgehend die Basis entzogen.
43 Dazu z. B. *Duwendag* u. a., Geldtheorie und Geldpolitik, S. 136 ff.
44 Sachverständigenrat, z. B. in: Jahresgutachten 1974, Ziff. 375.
45 v. *Arnim*, Volkswirtschaftspolitik, S. 212 ff. m. w. N.
46 Oben S. 163 ff.
47 Sachverständigenrat, Jahresgutachten 1974, Ziff. 365.

I. Repräsentationsfunktion der Bundesbank

davon ausgehen, daß die Geldpolitik konsequent und unabhängig von den Tarifabschlüssen gehandhabt wird, dann entfällt mit dem Inflationsausweg auch die typische Unausgewogenheit des tariflichen Willensbildungsverfahrens und die daraus folgende Schlagseite der aus diesem Verfahren hervorgehenden Entscheidungen — oder wird doch zumindest eingeschränkt.

Der Druck einer konsequenten Geldpolitik besteht darüber hinaus nicht nur gegenüber den tarifautonomen Gruppen, sondern wirkt sich in entsprechender Weise auch in Richtung auf eine stabilitätsgerechte Gestaltung der öffentlichen Haushalte aus. Denn stabilitätswidrige öffentliche Haushalte führen bei wirksamer Geldmengenkontrolle zu ähnlichen Konsequenzen wie stabilitätswidrige Tariferhöhungen — Konsequenzen, an deren Eintritt die Regierung einer parlamentarischen Demokratie, die an der Macht bleiben möchte (und die sie tragenden Parteien und die Parlamentsmehrheit), verständlicherweise nicht das geringste Interesse besitzt.

Das eigentlich Bestechende an der Konzeption einer konsequenten Kontrolle der Geldversorgung durch die autonome Bundesbank liegt somit darin, daß den organisierten Gruppen und den öffentlichen Haushalten (die ihrerseits ja wieder unter dem erheblichen Einfluß der Forderungen der Verbandsorganisationen stehen) auf diese Weise die Bedingungen und Regeln so gesetzt werden sollen, daß ihr Zusammenspiel und Gegeneinander sich nicht auf Kosten des nicht wirksam verbandlich organisierbaren Interesses an Geldwertstabilität vollziehen kann; dadurch wird die Gefahr verringert, daß die partikulare Vernunft der Interessengruppen zur kollektiven Unvernunft und damit zu unnötigen Schlechterstellungen aller Beteiligten führt[48]. In diesen Zusammenhängen liegen zugleich Sinn und Rechtfertigung der Autonomie der Bundesbank[49]. „Kräfte, deren freies Spiel man will, kann man in dieser Freiheit des Spiels nur erhalten, wenn man die Kontrolle über die Spielregeln nicht eben diesen Kräften anvertraut"[49a].

Hier zeigt sich somit ein exemplarischer Anwendungsfall der oben skizzierten allgemeinen Aufgabe der heutigen Staats- und Verfassungstheorie, die Regeln der politischen Willensbildung so zu gestalten, daß die Chance der Richtigkeit der in diesem Verfahren zustande gekommenen Entscheidungen unter realistischer Zugrundelegung der verbändestaatlichen Gegebenheit möglichst groß gehalten werden kann. Die Garantie der Autonomie der Geldversorgung, die Hettlage treffend als mittelbaren Währungsschutz bezeichnet hat[50], ist eine Form jener selbstdisziplinierenden Regelungen, die die pluralistisch strukturierte Gemeinschaft sich im eigenen Interesse aller ihrer Mitglieder geben und erhalten muß, um ihren gemeinschaftserheblichen Entscheidungsmechanismen einen mög-

---

[48] Sachverständigenrat; Jahresgutachten 1974, Ziff. 364—373. Zwar bietet auch eine konsequente Geldpolitik natürlich keine völlige Gewähr für Preisstabilität, aber sie verbessert doch die Chancen für eine angemessene Wahrung auch dieses Ziels beträchtlich. Sachverständigenrat, Jahresgutachten 1974, Ziff. 373.

[49] Zur „Idee der unabhängigen Notenbank" auch Sachverständigenrat, Jahresgutachten 1972, Ziff. 352; 1973, Ziff. 332; 1974, Ziff. 372. *Schmölders*, Geldpolitik, S. 122 f.: „In einem demokratischen Rechtsstaat bedarf es zum Schutze der Währung einer neutralen Institution, die das Anliegen der Währungsstabilität verkörpert und wirksam vertritt. Die politische Absicherung dieser neutralen Institution in der Auseinandersetzung der Interessen als ‚countervailing power' gegenüber der Regierung zu gewährleisten, ist die Aufgabe der Geldverfassung". *Pfleiderer*, Planung III, S. 409 (425): „Da die privaten und öffentlichen Inflationsinteressenten im allgemeinen einflußreicher sind als die vergleichsweise schwachen, wenn auch praktisch den größten Teil des Volkes umfassenden Stabilitätsinteressenten, so muß es, wenn der Gedanke der Währungsstabilität nicht vernachlässigt werden soll, eine Instanz geben, die gewissermaßen hauptberuflich zum Wächter über die Geldwertstabilität bestellt ist."

[49a] *Fikentscher*, Wirtschaftskontrolle — ein Verfassungsgrundlagenproblem, S. 796.
[50] *Hettlage*, VVDStRL 14, S. 8.

lichst großen Richtigkeitstrend zu bewahren. Pointiert hat Forsthoff dies dahin formuliert, daß die Bundesrepublik sich durch Errichtung der unabhängigen Bundesbank vor sich selbst schützt[51].

Die eingangs gestellte Frage, ob die Richtigkeitschance der Geldpolitik dadurch vergrößert wird, daß sie in die Hand der autonomen Bundesbank gelegt ist, muß somit nachdrücklich bejaht werden. Angesichts der Unverzichtbarkeit der autonomen Bundesbank für die output-orientierte Richtigkeit der Wirtschaftspolitik fällt auch ihre geringere formal-demokratische Legitimation m. E. nicht entscheidend ins Gewicht. Die Unabhängigkeit der Bundesbank ist durchaus zu Recht als „Ausdruck einer aufgeklärten Demokratie" bezeichnet worden[52].

§ 42 Verfassungsrechtliche Konsequenzen

Die bisherigen Erörterungen über Funktion und Bedeutung der autonomen Bundesbank haben zunächst einmal rechts- und verfassungs*politischen* Charakter. Wie oben dargelegt, läßt sich aber jedenfalls im Bereich der Verfassungsinterpretation eine scharfe Unterscheidung zwischen Richtigkeit im Sinne rationaler Politik einerseits und Richtigkeit im Sinne des Verfassungsrechts andererseits meist kaum treffen; es bestehen vielfache Abhängigkeiten und Überschneidungen. Ein Verfassungsgericht, das über die Autonomie der Bundesbank zu entscheiden hätte, könnte angesichts des knappen und wenig aufschlußreichen Wortlauts des Art. 88 GG, wonach der Bund eine Währungs- und Notenbank als Bundesbank errichtet, auch nur nach der Funktion dieser Unabhängigkeit fragen und in einem hypothetischen Vergleich prüfen, ob es um die wirtschaftspolitische Willensbildung (und ihre Ergebnisse) besser mit oder ohne Autonomie der Bundesbank bestellt wäre. Entscheidend ist also — wie fast durchweg bei der Verfassungsinterpretation — auch hier letztlich das verfassungstheoretische Vorverständnis[1]. Die Anerkennung der zentralen Bedeutung dieses Vorverständnisses für das Ergebnis der Interpretation, die von Ehmke und anderen mit Recht hervorgehoben worden ist, darf aber nicht mißverstanden werden als Aufforderung und Ermächtigung an den Interpreten, der Auslegung kurzerhand seine unreflektierten Vorurteile unterzuschieben. Denn das wäre nichts anderes als ein Freibrief für Irrationalismus und Dilettantismus. Vielmehr hat die Feststellung, daß die Ergebnisse der Verfassungsinterpretation wesentlich von der zugrunde gelegten Verfassungstheorie und dem darauf beruhenden Vorverständnis bestimmt werden, zwangsläufig zur Konsequenz, daß Verfassungstheorie und Vorverständnis offengelegt, systematisch begründet, rationaler Kritik zugänglich gemacht und dadurch selbst rationalisiert werden[2]. Das erfordert selbstverständlich auch die Heranziehung sozialwissenschaftlicher, insbes. volkswirtschaftlicher und politikwissenschaftlicher, Argumente[3]. Gerade die verfassungsrechtliche Beurteilung der Unabhängigkeit der Bundesbank zeigt die Unerläßlichkeit der Einbeziehung der volkswirtschaftlichen und politikwissenschaftlichen Argumentation, wie sie denn auch im vorstehenden unternommen worden ist.

Aus den obigen Darlegungen läßt sich zunächst einmal das verfassungsrechtliche Ergebnis ableiten, daß die Unabhängigkeit der Bundesbank in ihrer derzeiti-

---

51 *Forsthoff*, Rechtsstaat im Wandel, S. 211. *v. Eynern*, Die Reichsbank, S. 111, spricht von „selbstgeschmiedeten Ketten".
52 *Neubauer*, in: *Duwendag*, Macht und Ohnmacht der Bundesbank, S. 163 (169).

1 Oben S. 17 f.
2 *Hesse*, Verfassungsrecht, S. 26; oben S. 54 ff.
3 Oben S. 60 ff.

I. Repräsentationsfunktion der Bundesbank

gen Gestalt dem Grundgesetz jedenfalls nicht widerspricht. Diese Auffassung entspricht im Ergebnis der herrschenden Lehre[4] und wird auch in einem neueren Urteil des Bundesverwaltungsgerichts vom 23. 1. 1973 vertreten[5].

Diese Ansicht ist allerdings nicht recht vereinbar mit Äußerungen des Bundesverfassungsgerichts, daß Angelegenheiten von politischem Gewicht oder erheblicher politischer Tragweite nicht auf Stellen übertragen werden dürfen, die von Regierung und Parlament unabhängig sind[6]. Denn die Geldpolitik der Bundesbank ist von so großer Bedeutung, daß sie diese Kriterien zweifelsfrei erfüllt. Die Aussage des Bundesverfassungsgerichts ist jedoch mißverständlich. Es kann nicht nur auf das politische Gewicht der Angelegenheiten ankommen, die einer unabhängigen Institution übertragen werden, sondern auch und in erster Linie auf die sachlichen Gründe, die für diese Übertragung sprechen. Das grundsätzliche Verbot eines ministerialfreien Raumes[7] stellt keinen Wert als solchen dar, sondern ein Organisationsprinzip, das letztlich der möglichst guten Realisierung der Gemeinwohlwerte zu dienen hat. Läßt sich dies in bestimmten Bereichen aber besser durch Einrichtung unabhängiger Institutionen bewerkstelligen, so muß das Prinzip insoweit zurücktreten; entscheidend ist das Gewicht der sachlichen Gründe für die Ausgliederung[8]. In Wahrheit lassen sich wohl auch die Äußerungen des Bundesverfassungsgerichts in dieser Richtung interpretieren: In dem grundlegenden Urteil v. 27. 4. 1959[9] ging es um die Zulässigkeit der nach dem Bremischen Personalvertretungsgesetz vorgesehen Errichtung von „Einigungsstellen", die — unabhängig von Parlament und Regierung — letztentscheidende Kompetenzen für die Einstellung, Beförderung, Versetzung und sonstigen personellen Angelegenheiten der Beamten erhalten sollten. Die Einigungsstellen sollten u. a. mit Vertretern der Bediensteten, sprich: ihrer Interessenverbände, besetzt werden. Auf diese Weise hätten diese Verbände aber einen direkten Einfluß auf die gesamte Personalpolitik erhalten, was in der Tat äußerst problematisch gewesen wäre und der überzeugenden sachlichen Begründung gerade entbehrte, die die Unabhängigkeit der Bundesbank trägt. Auch Krüger[10] versteht die genannte Entscheidung des Bundesverfassungsgerichts als Zurückdrängung eines ungesunden Einflusses von organisierten Interessen auf die öffentliche Personalpolitik. Der Abwehr eines ebensolchen Einflusses auf die Geldpolitik dient aber auch die Unabhängigkeit der Bundesbank. In dieser Sicht dürfte die Entscheidung des Bundesverfassungsgerichts deshalb eher als Votum für als als Stellungnahme gegen die Unabhängigkeit der Bundesbank zu verstehen sein.

Über die Bejahung der verfassungsrechtlichen Zulässigkeit hinaus spricht aber auch vieles dagegen, dem einfachen Gesetzgeber unter heutigen Normalbedingungen die Freiheit zuzuerkennen, die Bundesbankautonomie zu beseitigen (womit natürlich über besondere Ausnahmesituationen nichts gesagt sein soll)[11]. Es

---

4 *Maunz*, *Maunz/Dürig/Herzog*, Art. 88 Rdnr. 22; *Hamann/Lenz*, Art. 88, Anm. B 3; *Scheuner*, Die staatliche Einwirkung auf die Wirtschaft, Einführung, S. 69; *Wilke*, in: *v. Mangoldt/Klein*, Art. 88, Anm. IV, 3 b (S. 2424 f. m. w. N. in FN 154).
5 WM 1973, S. 761 (768).
6 BVerfGE 9, S. 268 (282); 22, S. 106 (113).
7 *Maunz*, *Maunz/Dürig/Herzog*, Art. 88, Rdnr. 22 m. w. N.
8 So auch *Wilke*, Art. 88, IV 3 b (S. 2424).
9 BVerfGE 9, S. 268.
10 Staatslehre, S. 639 FN 99.
11 Zur notwendigen Situationsbezogenheit der Verfassungsinterpretation oben S. 54 ff. Eine besondere Situation könnte z. B. entstehen, wenn sich im Zuge eines verstärkten Zusammenwachsens Europas ein Konflikt zwischen den Zielen europäische Integration und Preisstabilität ergeben sollte (vgl. zunächst *v. Arnim*, Volkswirtschaftspolitik, S. 210 ff.); es wäre durchaus denkbar, einen solchen Konflikt auch verfassungsrechtlich zulässig zu Lasten des Ziels Preisstabilität durch Einschränkung oder Aufhebung der Zentralbankautonomie zu entscheiden; Voraussetzung wäre aber, daß dadurch wirklich ein angemessenes Plus auf der Seite der europäischen Integration erzielt würde (so daß es nicht an der Erforderlichkeit oder Verhältnismäßigkeit der Einschränkung der Notenbankautonomie fehlen würde).

§ 42 Verfassungsrechtliche Konsequenzen

gehört, wie oben ausführlich begründet, zu den wichtigsten Aufgaben der modernen pluralistischen Gesellschaft, ihre Willensbildungs- und Entscheidungsverfahren so zu gestalten, daß ein gemeinwohlwidriges Auswuchten des Mit- und Gegeneinanders der organisierten Kräfte möglichst unterbunden wird. Unter dem Aspekt der Optimierung der Gemeinwohlgrundwerte, an dem auch die Verfassungsrechtsprechung sich letztlich ausrichten muß, könnte es deshalb nicht hingenommen werden, wenn die zur Eindämmung solcher Fehlentwicklungen geradezu prädestinierten Institutionen und Verfahrensweisen beseitigt oder in ihrer Wirksamkeit wesentlich eingeschränkt würden und dadurch die institutionelle und verfahrensmäßige Ausstattung der Bundesrepublik verschlechtert würde[12].

Demgegenüber berufen sich die meisten Kommentierungen zu Art. 88 GG für ihr abweichendes Ergebnis darauf, daß sich aus dem „offenen" Wortlaut der Vorschrift das Autonomieerfordernis nicht zwingend, sondern allenfalls im Wege einer „Überinterpretation" ergebe[13]. Dem ist entgegenzuhalten: Dies ist durchaus die übliche Situation, der sich der Verfassungsinterpret gegenübersieht. Es ist der Mangel der genannten Autoren und des Bundesverwaltungsgerichts, daß sie ihre interpretatorischen Bemühungen mit der Feststellung der Unergiebigkeit des Verfassungswortlauts beenden, wo diese Feststellung richtigerweise doch eigentlich erst den Anfang des Interpretationsvorgangs markieren kann, welcher auf einem verfassungstheoretischen Ausgangsverständnis aufbauen und dieses, sofern es noch nicht vorliegt, deshalb zunächst einmal entwickeln muß[14].

Die verfassungsrechtliche Verbürgung der Notenbankautonomie ist vor allem von Samm[15] und Uhlenbruck[16] bejaht worden. Diese betonen zwar mit Recht, daß die häufige Argumentation aus dem „vorrechtlichen Gesamtbild, das der Grundgesetzgeber vorgefunden und nicht ausdrücklich abgeändert hat"[17], ebenso wenig zum Wesentlichen vorstößt[18] wie die verbreitete Argumentation Otto Veits, „seit Jahrtausenden (seien) mit dem Geld in der Hand des Staates die schlechtesten Erfahrungen gemacht

---

[12] Diese eigentliche Basisproblematik klingt in der Entscheidung des Bundesverwaltungsgerichts vom 29. 1. 1973 (WM 1973, S. 761, 768) zwar kurz an, das Gericht wischt sie aber mit einer vordergründigen Scheinargumentation vom Tisch, indem es meint, die Aufhebung der parlamentarischen Verantwortung und der Weisungsabhängigkeit der Bundesbank gegenüber der Bundesregierung ließe sich nicht mit Gefahren rechtfertigen, die der Währung durch demokratisch legitimierte Organe erwachsen könnten, „denn solche Gefahren wären im Wesen der Demokratie begründet und könnten nur durch ein ausgewogenes System gegenseitiger Kontrolle, Hemmung und Mäßigung der drei Gewalten behoben werden". Die entscheidende Frage aber, ob dieser vom Gericht gewiesene Weg überhaupt Erfolg verspricht, oder ob den Gefahren gar nicht anders als durch eine unabhängige Bundesbank einigermaßen entgegengewirkt werden kann, die natürlich auch ein Eingehen auf die Natur dieser Gefahren erfordert hätte, wird nicht behandelt. Statt zu prüfen, ob die unabhängige Bundesbank nicht als Teil eines weiterentwickelten Gewaltenteilungssystems zu verstehen ist, wird das Gewaltenteilungsprinzip in einer bestimmten historischen Ausprägung unzulässig festgeschrieben und verabsolutiert (vgl. dazu auch oben S. 196 f., 254 ff.).
[13] Hamann/Lenz, Anm. B 3 zu Art. 88; Püttner, Die öffentlichen Unternehmen, S. 309; Wilke, Art. 88, Anm. IV 3 a, aa (S. 2424 f.); Scheuner, Die staatliche Einwirkung auf die Wirtschaft, Einführung, S. 69.
[14] Ipsen leitet sogar die Unabhängigkeit der Rechnungshöfe, obwohl diese sich ausdrücklich aus dem Grundgesetz (Art. 114 Abs. 2 Satz 1) bzw. den Länderverfassungen ergibt, und ihre hierarchische Gleichstellung mit anderen höchsten Staatsorganen „im Grunde . . . nicht aus der geschriebenen Verfassung an sich" ab, sondern aus dem besonderen Wesen und der Funktion der Rechnungshöfe. Ipsen, Verhandlungen des 40. Deutschen Juristentags, S. C 23. Dies muß angesichts des wenig ergiebigen Wortlauts des Art. 88 für die Bundesbank um so mehr gelten.
[15] Samm, Die Stellung der Deutschen Bundesbank im Verfassungsgefüge, S. 185 f.; dazu Hüttl, DVBl. 1972, S. 64.
[16] Uhlenbruck, Die verfassungsmäßige Unabhängigkeit der Deutschen Bundesbank und ihre Grenzen, S. 28 f.; vgl. ferner Lampe, Die Unabhängigkeit der Deutschen Bundesbank, S. 100 f.
[17] So Begründung zum Regierungsentwurf, S. 25; vgl. auch BVerfGE 14, S. 216.
[18] Samm, S. 163 ff.; Uhlenbruck, S. 28; Wilke, Art. 88, Anm. IV 3 a, bb (S. 2422).

I. Repräsentationsfunktion der Bundesbank

worden"[19]. Ihre Ausführungen leiden jedoch ihrerseits daran, daß der eigentliche verfassungstheoretische Kerngedanke, der, wie ich meine, ihre Ergebnisse allein zu tragen vermag, nicht herausgearbeitet wird.

Samm und Uhlenbruck leiten aus dem Terminus „Währungsbank" in Art. 88 GG die Verantwortlichkeit der Bundesbank für die Sicherung der Währung ab. Dieser Verantwortlichkeit könne die Bundesbank aber nicht ohne Autonomie nachkommen, weshalb diese auch verfassungsrechtlich geboten sei[20]. Die Argumentation mutet aber etwas vordergründig und wenig überzeugend an, weil die Grundfrage, *warum* die Geldpolitik sinnvollerweise nicht in die Kompetenz und Verantwortung der Bundesregierung gehört, sondern in die Zuständigkeit der autonomen Bundesbank gelegt werden muß, offenbleibt[21].

Samm sucht darüber hinaus, seine Überlegungen durch den Hinweis auf die ausgeprägte rechtsstaatliche Komponente des Grundgesetzes zu erhärten, die vor allem in der unerhörten Ausbreitung „justizstaatlicher Elemente" (W. Weber) und in mancherlei „autoritären Gegengewichten" (Hettlage) gegen demokratisch-parlamentarische Fehlentwicklungen in der Finanzverfassung zum Ausdruck kämen; dem werde nur eine unabhängige Bundesbank gerecht[22]. — Auch diese Argumentationskette entbehrt jedoch an entscheidender Stelle der Überzeugungskraft, weil Samm es versäumt, den Sinn und die eminente Funktion, kurz: die Unverzichtbarkeit solch „autoritärer Gegengewichte" (die Hettlage als „Traditionskompanie Preußens im liberal-demokratischen Verfassungsstaat rheinisch-bayerischen Gepräges" bezeichnet hat) unter den Gegebenheiten der heutigen pluralistisch-parlamentarischen Demokratie darzulegen. Dazu hätte es eines Eingehens auf die Wirkungen des Kräftespiels der organisierten Gruppen und die dabei entstehenden Pluralismusdefizite ebenso bedurft, wie der Darstellung, inwieweit die Bundesbank ein wirksames Gegengewicht bilden kann. An solchen Ausführungen fehlt es aber gerade.

---

19 *Samm*, S. 154 f. Auch aus den Erfahrungen mit der Reichsbank, deren Unabhängigkeit von der Reichsregierung durch das Bankgesetz vom 30. 8. 1924 ausdrücklich festgelegt, die dann aber seit 1933 wieder schrittweise abgebaut worden war, lassen sich wegen der anderen währungspolitischen und außenpolitischen Situation und auch wegen anderer währungstheoretischer Grundvorstellungen keine wesentlichen Argumente für die Behandlung und Beurteilung der heutigen Problematik ableiten. *Hankel*, Währungspolitik, S. 195—217.
20 *Samm*, S. 177 ff.; *Uhlenbruck*, S. 24 ff.
21 *Uhlenbruck* (S. 38 f.) klammert die eigentliche Kernfrage sogar ausdrücklich aus: Da die Interessenverbände keine politischen Organe seien, könnten sie „trotz ihres großen politischen Einflusses" „bei der Behandlung der verfassungsmäßigen Unabhängigkeit der Bundesbank von der Staatsführung keine Berücksichtigung finden".
22 *Samm*, S. 181—186.

J. Richtigkeitskontrolle durch den Bundesrechnungshof (Repräsentationsfunktion der öffentlichen Finanzkontrolle)

Bei der Musterung der Institutionen, die als Gegengewichte gegen Pluralismusdefizite wirken und die Durchsetzungskraft allgemeiner Interessen verstärken können, verdienen die Rechnungshöfe in Bund und Ländern besondere Aufmerksamkeit, die in der Literatur immer wieder als „Interessenvertreter der Allgemeinheit"[1], als „Selbstsicherung des Staates gegen das Fehlverhalten seiner Organe"[2] u. ä. bezeichnet werden. Um das Thema nicht allzu sehr auszuweiten, beschränkt sich die folgende Darstellung auf die Finanzkontrolle des Bundes durch den Bundesrechnungshof.

Die Finanzkontrolle überwacht die Tätigkeit der öffentlichen Hand zwar nur in einer bestimmten Hinsicht, nämlich der Bewirtschaftung öffentlicher Finanzmittel. Da aber jede staatliche Aktivität öffentliche Mittel voraussetzt (mindestens zur Besoldung der tätig werdenden öffentlichen Bediensteten), erstrecken sich das „Wächteramt über das staatliche Finanzgebaren"[3], das der Finanzkontrolle zugewiesen ist, und die „Gesamtbilanz der Staatswirtschaft"[4], die sie aufzustellen hat, potenziell auf die gesamte Staatstätigkeit.

Auch die Maßstäbe der Finanzkontrolle sind potenziell umfassend[5]. Art. 114 Abs. 2 Satz 1 GG nennt in der neuen Fassung, die er durch die Haushaltsrechtsreform von 1969 erhalten hat, die — über eine bloße kameralistische Rechnungsprüfung weit hinausgehenden — Beurteilungsmaßstäbe der Ordnungsmäßigkeit (was neben rechnungstechnischer Ordnungsmäßigkeit vor allem Rechtmäßigkeit bedeutet) und der Wirtschaftlichkeit[6]. Der Maßstab der Wirtschaftlichkeit verlangt, „den Nutzen der Allgemeinheit bei der Erfüllung der Staatsaufgaben zu dem Aufwand der Aufgabendurchführung in Beziehung zu setzen"[7] und die Maßnahmen so auszuwählen, daß der Nettonutzen, das ist die „Spanne zwischen beiden Posten"[8], möglichst hoch ausfällt[9]; die verschiedenen denkbaren Maßnahmen-Alternativen sind auf Geeignetheit, Erforderlichkeit und Verhältnismäßigkeit zu überprüfen[10], wozu der Bundesrechnungshof aufgrund seiner Sachkunde und Informationsmittel im allgemeinen als besonders prädestiniert angesehen wird[11]. Die mangelnde Stringenz der Beurteilungsmaßstäbe verlangt allerdings eine gewisse Zurückhaltung der Finanzkontrolle: Dem Bundesrechnungshof ist eine Rüge immer dann untersagt, wenn die geprüfte Maßnahme noch als vertretbar erscheint[12]. Es gilt insoweit Ähnliches wie bei der verfassungsgerichtlichen Normenkontrolle[13]. Die bei der verfassungs-[14] und verwaltungsgerichtli-

---
1 So *Vogel/Kirchhof*, BK, Zweitbearbeitung, Art. 114, Rdnr. 19.
2 So *Tiemann*, in: Die Finanzkontrolle des Bundes, S. 19.
3 *Tiemann*, Finanzkontrolle, S. 386.
4 *Vogel/Kirchhof*, Rdnr. 17.
5 *Vogel/Kirchhof*, Rdnr. 103.
6 Vgl. auch § 90 BHO. Zu den Maßstäben der öffentlichen Finanzkontrollen im einzelnen: *Vogel/Kirchhof*, Art. 114, Rdnrn. 94 ff.; *Maunz/Dürig/Herzog*, Art. 114, Rdnr. 19; *Piduch*, Art. 114, Rdnr. 25, § 7 BHO, Rdnrn. 1 und 2; *Tiemann*, Finanzkontrolle, S. 126 ff.
7 *Piduch*, § 7 BHO, Rdnr. 2. *Maunz/Dürig/Herzog*, Art. 114, Rdnr. 19: „Kosten-Nutzen-Relation".
8 *Karehnke*, FS Hans Schäfer, S. 233 (234).
9 Näheres oben S. 57.
10 Näheres oben S. 58 ff.
11 *Vogel/Kirchhof*, Rdnr. 17.
12 *Vogel/Kirchhof*, Rdnr. 105.
13 Oben S. 265 ff.
14 Oben S. 222 ff., 271 f.

J. Richtigkeitskontrolle durch den Bundesrechnungshof

chen[15] Kontrolle auftauchende Frage, ob die Rechtskontrolle nicht auch die Zweckmäßigkeitskontrolle mitumfaßt, scheint hier zunächst einmal auf sich beruhen zu können, weil sie dank der ausdrücklichen Normierung beider Kontrollmaßstäbe für die Ergebnisse scheinbar keine Rolle spielt[16].

Die Mitglieder des Bundesrechnungshofs besitzen gemäß Art. 114 Abs. 2 Satz 1 GG, § 11 Abs. 1 BRHG richterliche Unabhängigkeit, sind also insoweit den Richtern gleichgestellt[17]. Die Unabhängigkeit der Mitglieder setzt auch die Unabhängigkeit der organisatorischen Institution Bundesrechnungshof voraus[18]. Der Bundesrechnungshof ist — wie auch die Bundesbank und der gesamtwirtschaftliche Sachverständigenrat — nur dem Gesetz unterworfen[19]. Mitglieder im Sinne der genannten Vorschriften sind der Präsident, der Vizepräsident, die Direktoren sowie die zu Mitgliedern ernannten Ministerialräte (§ 11 Abs. 2 Satz 1 BRHG) — zur Zeit insgesamt 58 an der Zahl[20]. Die Eindeutigkeit der verfassungsrechtlichen Verbürgung der Unabhängigkeit, die die Mitglieder des Bundesrechnungshofes mit den Richtern (Art. 97 Abs. 1 GG) gemein haben, unterscheidet den Bundesrechnungshof von der Bundesbank und dem gesamtwirtschaftlichen Sachverständigenrat: Die Unabhängigkeit der Bundesbank läßt sich aus dem Wortlaut des Art. 88 GG nicht zweifelsfrei entnehmen, der gesamtwirtschaftliche Sachverständigenrat ist im Grundgesetz nicht einmal erwähnt. Den Zweifeln an der verfassungsrechtlichen Zulässigkeit und Legitimation einer unabhängigen, aus dem tagespolitischen Kräftespiel der Parteien und Verbände herausgenommenen Institution[21], die bei der Bundesbank und dem gesamtwirtschaftlichen Sachverständigenrat mangels eindeutiger Abdeckung durch den Verfassungswortlaut immer wieder erhoben worden sind, fehlt hinsichtlich des Bundesrechnungshofs also von vornherein der Ansatzpunkt. Auch verfassungspolitisch wird die Unabhängigkeit des Bundesrechnungshofs allgemein als „Grundvoraussetzung für eine erfolgreiche Tätigkeit" angesehen[22].

Hinsichtlich des Wahlmodus gilt folgendes: Präsident und Vizepräsident des Bundesrechnungshofs werden nach Beschlußfassung der Bundesregierung vom Bundespräsidenten ernannt[23]. Die Ernennung der übrigen Mitglieder des Bundesrechnungshofes erfolgt dann auf Vorschlag seines Präsidenten[24].

§ 43 Gründe für die mangelnde Wirkung der Finanzkontrolle
Prägung durch die Entstehungsgeschichte

Wenn die öffentliche Finanzkontrolle sich trotz Unabhängigkeit, umfassender Beurteilungsmaßstäbe und potentieller Erfassung der gesamten Staatstätigkeit[25]

---

15 Oben S. 227 f.
16 Vgl. aber unten S. 376.
17 Näheres bei *Vogel/Kirchhof*, Rdnrn. 180 ff.
18 *Vogel/Kirchhof*, Rdnr. 185.
19 Vgl. auch § 1 Abs. 2 BRHG.
20 Vgl. Bundeshaushaltsplan 1975, Kap. 2001, Tit. 42201. — Hinzu kommen nach § 199 Abs. 2 RHO „Prüfungsbeamte". Nach dem Haushaltsplan 1975 waren im Bundesrechnungshof 407 Beamtenplanstellen vorgesehen. Am 1. Februar 1974 waren 384 Beamte im Bundesrechnungshof beschäftigt.
21 *Vogel/Kirchhof*, Rdnr. 17; Tiemann, Finanzkontrolle, S. 386.
22 *Hirsch*, Parlament und Verwaltung, S. 146; vgl. auch *Dreßler*, Stellung und Aufgabe des Bundesrechnungshofes, S. 157 ff.
23 § 119 Abs. 3 RHO in Verbindung mit §§ 2 und 3 BRHG und § 15 Abs. 2 Buchst. a GeschOBReg.
24 Zur Organisationsstruktur des BRH vgl. im übrigen *Tiemann*, Finanzkontrolle, S. 166 ff.
25 *Vogel/Kirchhof*, Rdnr. 175: Die unabhängige „Kontrolle durch den BRH ist die einzige Einrichtung des GG, die jede Staatstätigkeit in Zwecksetzung und Durchführung ständig überwacht, selbständig den dabei vorgenommenen Einsatz öffentlicher Mittel bewertet und allen Adressaten mit Einschluß der Öffentlichkeit die Abhängigkeit staatlicher Aufgabenerfüllung von der finanzwirtschaftlichen Leistungsfähigkeit der öffentlichen Kassen vor Augen führt".

§ 43 Gründe für die mangelnde Wirkung

und trotz zunehmender Bedeutung der öffentlichen Hand, die absolut und relativ einen immer größeren Teil des Sozialprodukts „bewirtschaftet", noch nicht zu *dem* Patron allgemeiner Interessen entwickelt hat, den sie darstellen könnte, so liegt das vor allem an der Entstehungsgeschichte[26], die die rechtliche Ausgestaltung und das Selbstverständnis dieser Institution — trotz der Haushaltsrechtsreform von 1969, die immerhin beträchtliche Verbesserungen gebracht hat — noch in einigem Umfang prägt, obwohl die verfassungsrechtliche und tatsächliche Situation sich völlig gewandelt hat.

Die Rechnungsprüfung ist im 18. Jahrhundert zunächst als reines Hilfsorgan der Regierung entstanden, mit deren Hilfe sich der Inhaber der Regierungsgewalt einen Überblick und eine Kontrollmöglichkeit über seine Verwaltung verschaffen wollte und die er sich zu diesem Zweck unmittelbar unterstellte[27]. Diese sog. Verwaltungskontrolle bildet auch heute noch einen wesentlichen Teil der Tätigkeit der Finanzkontrolle. Als im 19. Jahrhundert dann der konstitutionelle Staat mit seinem Dualismus von (monarchischer) Regierung und gewählter Volksvertretung entstand und im Anschluß an das Recht der Volksvertretung zur Mitbestimmung über den Staatshaushalt auch die Befugnis, die Staatsregierung zu entlasten, auf die Parlamente überging[28], erhielt auch die Rechnungsprüfung allmählich eine neue zusätzliche Funktion: Ihre Berichte wurden auch den Parlamenten zur Kenntnis gebracht und dienten diesen als Grundlagenmaterial für den Entlastungsbeschluß[29]. Diese sog. Verfassungskontrolle bildet nach heute noch herrschendem Verständnis, das sich auch auf Anhaltspunkte im Wortlaut des 1969 neu gefaßten Art. 114 GG berufen kann, neben der Verwaltungskontrolle die andere Hauptfunktion der Finanzkontrolle.

Eine Kontrolle des Parlaments selbst erschien dagegen nicht erforderlich. Gesetze und andere Beschlüsse wurden von der Verfassungstheorie von vornherein als gemeinwohlrichtig angesehen[30], sei es, daß das Parlament sie allein gefaßt hatte, sei es, daß sie im Zusammenwirken von Volksvertretung und Monarch entstanden waren. Das wurde auch für den Haushaltsplan angenommen. Ja, für ihn schien die Richtigkeitsverbürgung im Zeitalter des Konstitutionalismus und des Besitzbürgertums sogar in besonderem Maße zuzutreffen, herrschte doch seinerzeit das liberalistische Ideal der Minimierung von öffentlichen Einnahmen und Ausgaben, und diesem Ideal wurde die Bindung des Haushalts und der Steuergesetze an die Zustimmung der Volksvertretung, die sich aufgrund spezifischer wahlrechtlicher Regelungen eben aus den Steuern zahlenden Bürgern zusammensetzte, in besonderem Maße gerecht[31]. Auf der damaligen verfassungstheoretischen Entwicklungsstufe konnte die Aufgabe der Rechnungsprüfung deshalb von vornherein nur dahin gehen, die Einhaltung des Haushaltsplanes seitens der Regierung möglichst streng zu überwachen. Darin lag die — im Zeitalter des Konstitutionalismus und der Herrschaft besitzbürgerlicher Ideologien durchaus sinnvolle — Hauptfunktion der Rechnungskontrolle.

Wenn die Finanzkontrolle heute nach einer überspitzten, aber auch nach der Haushaltsreform doch noch nicht ganz unzutreffenden Formulierung „nicht viel mehr als ein Schattendasein" führt[32], so liegt dies daran, daß zwei zentrale Ent-

---

26 *v. Pfuhlstein,* Der Weg von der Preußischen Generalrechenkammer zum Bundesrechnungshof, S. 7.
27 *Vogel/Kirchhof,* Rdnr. 6 m. w. N.
28 *Friauf,* Staatshaushaltsplan, S. 199 ff.
29 *Vogel/Kirchhof,* Rdnr. 7.
30 Oben S. 38 mit FN 30; S. 124.
31 Oben S. 283 m. w. N.
32 *Hirsch,* Parlament und Verwaltung, S. 143.

J. Richtigkeitskontrolle durch den Bundesrechnungshof

wicklungslinien der modernen Demokratie verfassungstheoretisch noch nicht aufgearbeitet worden sind und deshalb auch die Institution des Bundesrechnungshofes noch nicht auf sie zugeschnitten ist.

Wegfall des Dualismus von Regierung und Parlament

Einmal besteht der die konstitutionelle Monarchie beherrschende Gegensatz von Regierung und Parlament heute nicht mehr. Wie oben dargelegt[33], sind Regierung und Parlamentsmehrheit in einer parlamentarischen Demokratie wie der Bundesrepublik über die Regierungsparteien weitgehend miteinander verklammert mit der Folge, daß die Regierungsparteien — jedenfalls in der Öffentlichkeit — dazu neigen, die Regierung bei Auseinandersetzungen zu verteidigen und zu exkulpieren, statt sie zu kritisieren[34]. Die Hauptspannungslinie verläuft somit heute nicht mehr zwischen Regierung und Parlament, sondern zwischen Regierung und Regierungsparteien auf der einen Seite und den Oppositionsparteien auf der anderen Seite. Damit ist aber das überkommene Verständnis von der Gewaltenteilung, das sich auf den Gegensatz von Regierung und Parlament bezog, „unwirklich und fassadenhaft" (Werner Weber) geworden[35].

Diese Entwicklung hat weittragende Auswirkungen auf die Finanzkontrolle. Ihre Wirksamkeit hängt ja auch heute noch in beträchtlichem Umfang davon ab, daß das Parlament von sich aus die Bemerkungen, Rügen, Gutachten und Empfehlungen des Bundesrechnungshofs politisch virulent macht. Während dies aber im Konstitutionalismus eine durchaus sinnvolle Regelung war, weil man aufgrund des Dualismus von Monarch und Parlament davon ausgehen konnte, daß das Parlament das vom Rechnungshof erarbeitete Material für eine wirksame Kontrolle der Exekutive nutzt, hängt die Regelung heute weitgehend in der Luft, weil ihre gedanklichen Prämissen entfallen sind. Auf diese Weise wird die Finanzkontrolle von der Wirkungslosigkeit des überkommenen Gewaltenteilungskonzepts bis zu einem gewissen Grad selbst miterfaßt[36].

Angesichts der Tatsache, daß der politische Hauptgegensatz heute zwischen Regierung(sparteien) und Opposition(sparteien) liegt, erscheint es den meisten modernen Autoren als „geborene" Aufgabe der Opposition in den Parlamenten, den Bemerkungen, Rügen und Empfehlungen der Rechnungshöfe zur politischen Virulenz zu verhelfen[37]. Die rechtlichen Möglichkeiten der Opposition werden dieser ihr zugewiesenen Aufgabe durchaus noch nicht gerecht und sind dementsprechend zu erweitern[38].

Mangelnde politische Virulenz allgemeiner Interessen

Von einer Verbesserung der rechtlichen Möglichkeiten der Opposition darf man sich andererseits aber auch nicht zu viel erhoffen. Mit Recht ist darauf hingewiesen worden, daß die Opposition ihre schon bisher bestehenden Möglichkeiten faktisch keineswegs ausgeschöpft hat[39]. Dies beruht nicht nur, ja nicht ein-

---

33 Oben S. 255 f.
34 Zu diesem „Solidarisierungsprozeß" auch *Leicht*, in: Die Finanzkontrolle des Bundes, S. 56.
35 Oben S. 256.
36 *Ermacora*, Festschrift zum zweihundertjährigen Bestand der Obersten Staatlichen Kontrollbehörde Österreichs, Wien 1961, S. 76 f.
37 *Tiemann*, Finanzkontrolle, S. 379 ff. m. w. N.
38 Deshalb gehen auch die Empfehlungen im Zwischenbericht der Enquête-Kommission für Fragen der Verfassungsreform u. a. dahin, „der jeweiligen parlamentarischen Opposition wirksame Beratungs- und Kontrollmöglichkeiten zu eröffnen". BT-Drucks. VI/3829, S. 48; vgl. auch *Tiemann*, Finanzkontrolle, S. 382 ff.; *Karehnke*, FS Hans *Schäfer*, S. 233 (239).
39 *Tiemann*, in: Die Finanzkontrolle des Bundes, S. 26.

mal in erster Linie, auf der mangelnden Zeitnähe der Finanzkontrolle, obwohl diese die Reformdiskussion bisher weitgehend beherrscht hat; der eigentliche Grund liegt tiefer, nämlich in der strukturell bedingten tendenziellen Interesselosigkeit von Parteien und Interessenverbänden an langfristig-allgemeinen Belangen. Damit stößt man aber auf die zweite politisch-soziologische Entwicklungslinie, die bei der Suche nach den Gründen für die relative Unwirksamkeit der derzeitigen Finanzkontrolle beachtet werden muß. Gemeint sind die Konzentration der Aufmerksamkeit der Politiker auf tagespolitische Fragen und die daraus resultierende mangelnde politische Virulenz allgemeiner Interessen, die oben ausführlich dargelegt und begründet worden ist[40]. Dieser Befund erklärt nicht nur, warum die Regierung(spartei) danach strebt, Gruppenwünsche möglichst weitgehend zu befriedigen, sondern auch, warum es für die Opposition(spartei) politisch „einträglicher" erscheint, statt die Regierung zu bremsen, mit ihr in punkto Bewilligungsfreudigkeit[41] noch in Konkurrenz zu treten und der Wahrnehmung ganz allgemeiner Interessen, der die Finanzkontrolle dient[42], nur geringe Aufmerksamkeit zu widmen. „Bei einer solchen Denkweise gerät die Rechnungsprüfung zwangsläufig in den Schatten der gesamten Betrachtungsweise des Parlaments" (Hennis)[43]. Wenn es richtig ist, daß allgemeine Interessen im politisch-parlamentarischen Kräftespiel typischerweise zu kurz kommen, die Finanzkontrolle aber typische Interessen der Allgemeinheit wahrnimmt, ist offenbar schwerlich zu erwarten, daß das Parlament die Finanzkontrolle wirksam aufgreift und von ihren Möglichkeiten Gebrauch macht. Hier liegen die eigentlichen Wurzeln für das viel beklagte „Desinteresse"[44] des Parlaments an der Finanzkontrolle und für ihre Degradierung zu einer auf das Minimum beschränkten Pflichtübung[45]. Die stiefmütterliche Behandlung der Finanzkontrolle durch die politischen Instanzen ist — ebenso wie z. B. auch das bisherige Versagen der mittelfristigen Finanzplanung[46] — ein typisches Beispiel für das Zukurzkommen allgemeiner Interessen im politischen Kräftespiel und damit ein Beleg für die generelle These dieser Arbeit.

Vor diesem Hintergrund wird auch deutlich, daß bloße Appelle an das Parlament, sein Kontrollbewußtsein zu aktivieren[47], ohne die erforderlichen institutionellen Änderungen wenig Erfolg versprechen. Es gilt auch in diesem Fall, was oben generell für die Wirkungslosigkeit bloßer Appelle ohne gleichzeitige Durchsetzung der institutionellen Änderungen entwickelt worden ist[48].

§ 44 Weiterentwicklung der Finanzkontrolle

Um der Finanzkontrolle die dringend nötige größere Wirksamkeit zu verschaffen (und so das Werk der Haushaltsrechtsreform von 1969 fortzusetzen), ist es unerläßlich, sie auf eine verfassungstheoretische Basis zu stellen, die ihrer Funk-

---

40 Oben S. 151 ff.
41 Dazu auch oben § 27 FN 37 und 38.
42 Zur Wahrung dieser allgemeinen Interessen gehört, wie Vogel/Kirchhof, Rdnr. 175, mit Recht bemerken, vor allem eben die Überwachung von „Voraussetzungen und Folgen des modernen ‚Verteilerstaates'".
43 Hennis, in: Die Finanzkontrolle des Bundes, S. 106.
44 Tiemann, in: Die Finanzkontrolle des Bundes, S. 16.
45 Vgl. auch Borell, Die Personalausgaben der Gebietskörperschaften, S. 60: „Zum Ritual erstarrter Formalakt".
46 Oben S. 343 f. Bezeichnenderweise werden hinsichtlich der mittelfristigen Finanzplanung auch terminologisch genau die gleichen Ausdrücke verwendet, die bei der Finanzkontrolle üblich sind: „Schattendasein", „stiefmütterliche Behandlung", „Desinteresse" des Parlaments etc. Vgl. oben § 40 FN 104.
47 So besonders akzentuiert Kewenig, in: Die Finanzkontrolle des Bundes, S. 80 f.
48 Oben S. 123, 203 ff., 211.

J. Richtigkeitskontrolle durch den Bundesrechnungshof

tion in der pluralistischen Demokratie gemäß ist. Es gilt, das verfassungstheoretische Verständnis und die rechtliche Ausgestaltung der Finanzkontrolle den heutigen Erfordernissen anzupassen und den ohnehin im Gang befindlichen Prozeß der „Evolution der Finanzkontrolle"[1] zu beschleunigen und in die richtigen Bahnen zu lenken. Dieser Prozeß weist über den momentanen Zustand hinaus und verleiht „dem obersten Finanzkontrollorgan immer umfangreichere und umfassendere Kontrollfunktionen"[2]. Deshalb ist auch die Neuregelung durch die Haushaltsreform nicht abschließend zu verstehen[3].

Die — grundlegende — Aufgabe der Erarbeitung einer tragfähigen verfassungstheoretischen Basis ist bisher meist durch den immer wieder angestellten Versuch vernebelt worden, den Bundesrechnungshof in das herkömmliche System der Gewaltendreiteilung einzuordnen[4]. Dabei hätte es eigentlich nahegelegen, von dieser Frage, die Friedrich Klein vor noch nicht allzu langer Zeit als „wohl am meisten umstrittene verfassungstheoretische Frage" der Finanzkontrolle bezeichnet hat[5], auf die eigentliche Zentralfrage durchzustoßen, „mit welcher Blickrichtung und in wessen Interesse der Rechnungshof seine Prüfungsaufgaben wahrnimmt"[6]. Daß diese Frage im juristischen Schrifttum dennoch kaum behandelt wird, liegt wohl darin, daß sie, wie Hirsch richtig bemerkt, „mit juristischen Kategorien allein nicht zu beantworten" ist[7]; das hat sie allerdings mit praktisch allen Fragen der Verfassungstheorie gemein. Die in dieser Arbeit entwickelte Antwort auf jene Zentralfrage geht dahin: Der Bundesrechnungshof nimmt seine Aufgaben mit Blick auf die im politischen Kräftespiel ansonsten tendenziell zu kurz kommenden Interessen der Allgemeinheit wahr, deren Durchsetzungskraft er stärken soll. Vor dem Hintergrund dieser Feststellung wird auch klar, warum der Versuch, den Bundesrechnungshof in das überkommene Gewaltenteilungsschema einzuordnen, insbes. ihn der Legislative oder der Exekutive zuzuordnen, von vornherein zum Scheitern verurteilt ist[8]. Der Grund liegt darin, daß allgemeine Interessen in *beiden* Bereichen typischerweise zu kurz kommen, sie also beide des Gegengewichts bedürfen. Dementsprechend gehört der Bundesrechnungshof — ebenso wie z. B. die Bundesbank und der gesamtwirtschaftliche Sachverständigenrat — zu einem Kontrollsystem, das erforderlich wurde, weil das tradierte Gewaltenteilungssystem nicht mehr befriedigend funktioniert. Bundesrechnungshof, Bundesbank und Sachverständigenrat passen nicht in das überkommene System des Verfassungsaufbaus, weil sie gerade dazu da sind, dessen immer weiter ausufernde Mängel einzudämmen. Sie sind Bestandteil eines ergänzenden Systems[9] und damit Ausdruck eines erneuerten und an die gewandel-

---

1 *Tiemann*, Finanzkontrolle, S. 21 ff., 179 ff. (180), 367 ff.
2 *Tiemann*, a.a.O., S. 161.
3 *Tiemann*, a.a.O., S. 181, vgl. auch *Vogel/Kirchhof*, Rdnr. 117.
4 Über die unterschiedlichen Meinungen zur Zuordnung der Rechnungshöfe und der Rechnungskontrolle: Friedrich *Klein*, Die institutionelle Verfassungsgarantie der Rechnungsprüfung, S. 133 (136 ff.); *Piduch*, Art. 114, Rdnr. 30 f.; *Hirsch*, Parlament und Verwaltung, S. 146; *Vogel/Kirchhof*, Rdnr. 173, jeweils mit zahlreichen Nachweisen.
5 A.a.O.
6 So *Hirsch*, Parlament und Verwaltung, S. 146.
7 *Hirsch*, a.a.O.
8 Zu den Schwierigkeiten, „neutrale" Institutionen, wie das Beamtentum (S. 47), den Bundesrechnungshof (S. 69), die Bundesbank (S. 71) und den Bundespräsidenten (S. 77) im „herrschenden und geläufigen Schema des Verfassungsaufbaus der parlamentarisch-gewaltenteilenden Demokratie" (S. 77) unterzubringen: *Schlaich*, Neutralität als verfassungsrechtliches Prinzip. Zusammenfassend: S. 219.
9 So auch Georg *Brunner*, Kontrolle, S. 40, 140 f.

ten Verhältnisse angepaßten Verständnisses der Gewaltenteilung und Balancierung[10].

Aus dieser verfassungstheoretischen Einordnung der Finanzkontrolle ergibt sich, daß man vor allem in zwei Richtungen vorgehen muß, um die Wirksamkeit der Finanzkontrolle zu erhöhen. Einmal müssen auch die Beschlüsse des Parlaments bewußt zum Gegenstand der Finanzkontrolle gemacht werden. Zum anderen muß die Öffentlichkeit verstärkt mobilisiert werden, um die vom Bundesrechnungshof zusammengestellten Ergebnisse der Finanzkontrolle politisch virulent zu machen. In beiden Richtungen bestehen bereits bemerkenswerte Ansätze; sie sind gezielt fortzuentwickeln.

Ausdehnung der Finanzkontrolle auf das Parlament

Eine Erstreckung der Finanzkontrolle auch auf das Parlament, insbes. auf die von ihm verabschiedeten Gesetze, verträgt sich allerdings nicht mit dem überkommenen Verständnis der Finanzkontrolle als „unpolitischer" Einrichtung. In dieser auch heute durchaus noch herrschenden Konzeption[10a] wird von einer Art Arbeitsteilung zwischen Parlament und Rechnungshof ausgegangen, nach der dem Parlament politische Erwägungen vorbehalten sind, der Rechnungshof dagegen auf die objektiv-sachliche („unpolitische") Kontrolle der Durchführung dieser Entscheidungen beschränkt ist. Er trägt danach „keine politische Verantwortung"[11]. Wenn aber politische Gestaltung und Einflußnahme eine bei der Legislative (teilweise zusammen mit der Regierung) monopolisierte Funktion darstellen, kann die Tätigkeit des Parlaments offenbar nicht Objekt der Finanzkontrolle sein[12]. Diese Auffassung hatte früher durchaus einmal ihren guten Sinn. Heute aber ist sie überholt. Ersichtlich liegt ihr noch das überkommene Gewaltenteilungsschema und die demokratisch-idealistische Richtigkeitserwartung zugrunde[13]. Man unterstellt nach wie vor, daß die Legislativorgane „wegen der unmittelbaren Beziehung zum Volkswillen die beste Gewähr für die Wahrnehmung der Volksinteressen bieten"[14]. Träfe diese Prämisse auch heute noch zu, dann wäre es in der Tat konsequent und sinnvoll, die Tätigkeit des Parlaments von der Finanzkontrolle auszunehmen. Mit dem Fortfall der Prämissen sind jedoch die überzeugenden Gründe dafür entfallen. Daß eine parlaments- und regierungsunabhängige Institution eben wegen dieser Unabhängigkeit auch durchaus nicht notwendig der Legitimation für politisch relevante Funktionen entbehrt, zeigen das Bundesverfassungsgericht, die Bundesbank und der gesamtwirtschaftliche Sachverständigenrat zur Genüge.

Die bewußte Erstreckung der Finanzkontrolle auch auf sog. politische Fragen verlangt allerdings von den Mitgliedern des Bundesrechnungshofes (neben umfassendem, bes. ökonomischem, Sachverstand) auch politisches Verständnis und po-

---

10 Vgl. auch die analogen Ausführungen zur Funktionserweiterung der Rechtsprechung oben S. 254–257.
10a Dazu jüngst die Kritik von *Battis*, DÖV 1976, S. 721.
11 *Piduch*, Art. 114, Rdnr. 25; *Maunz/Dürig/Herzog*, Art. 114, Rdnr. 19: Der Bundesrechnungshof besitzt „keine politische Legitimation".
12 So auch *Tiemann*, Finanzkontrolle, S. 111 ff., 304 f. m. w. N. — Aus der gleichen Grundauffassung heraus verneint die herrschende Ansicht auch die Nachprüfbarkeit politischer Entscheidungen der Regierung. *Dreßler*, Stellung und Aufgabe, S. 167; *Fuchs*, Wesen und Wirken der Kontrolle, S. 63; Georg *Brunner*, Kontrolle, S. 249 m. w. N. in FN 220; Gotthard *Brunner*, FS Hans Schäfer, S. 169 (179).
13 *Tiemann*, Finanzkontrolle, S. 112: „Das oberste Finanzkontrollorgan (darf sich) in die politische Willensbildung der Legislativorgane aus Erwägungen des Demokratie- und Gewaltenteilungsgrundsatzes nicht einschalten."
14 So ausdrücklich *Tiemann*, a.a.O., S. 306.

J. Richtigkeitskontrolle durch den Bundesrechnungshof

litische Klugheit. Es gilt insoweit Ähnliches wie hinsichtlich der Bundesverfassungsrichter[15]. Bedenkt man aber, daß die Mitglieder des Bundesrechnungshofes sich bisher fast ausschließlich aus den Ministerien rekrutieren[16] und zudem — angesichts des bisher nicht sehr attraktiven „Image" der Finanzkontrolle — wohl schwerlich eine Elite der Ministerialbürokratie darstellen, so könnte sich die Rekrutierung des Personals möglicherweise als ein Hauptproblem erweisen. Mit der schon im Gang befindlichen „Aufwertung" der Funktion der Finanzkontrolle, die durch verstärkte Publizität, Einbeziehung des politischen Bereichs und eine Änderung des Wahlmodus[17] noch beschleunigt werden könnte, dürfte aber auch die Attraktivität der Position eines Mitglieds des Bundesrechnungshofs zunehmen; dadurch würde die Lösung des Rekrutierungsproblems erleichtert.

Bestehende Ansätze
Kontrolle der Verfassungsmäßigkeit

Schon bisher bestehen denn auch wesentliche Ansätze für eine Einbeziehung auch des Parlaments in die Finanzkontrolle. Eine Kontrolle des (vom Parlament beschlossenen) Haushaltsgesetzes und Haushaltsplanes hat der Bundesrechnungshof insoweit zwangsläufig vorzunehmen, als er im Rahmen der Rechtmäßigkeitsprüfung von Ausgaben der Verwaltung und der Regierung auch die Verfassungsmäßigkeit der zu diesen Ausgaben ermächtigenden gesetzgeberischen Beschlüsse zu überprüfen hat[18]. Dabei sind, wie oben dargelegt, aber richtigerweise auch Fragen der Wirtschaftlichkeit anzustellen und als integrierende Bestandteile in die Verfassungsmäßigkeitsprüfung mit einzubeziehen, bloß muß der Maßstab der Wirtschaftlichkeit auf *alle* relevanten Werte bezogen werden[19]. Diese in der vorliegenden Arbeit entwickelte Ansicht steht allerdings gegen die bislang herrschende Auffassung in Rechtslehre und Rechtsprechung und widerspricht auch dem bisherigen Selbstverständnis des Bundesrechnungshofs. Mit der Erkenntnis, daß es zur Wahrung allgemeiner Interessen der Aktivierung solch unabhängiger Potenzen wie des Bundesrechnungshofs immer dringender bedarf, wird die Ansicht jedoch an Boden gewinnen, daß auch der Gesetzgeber mittelbar der Kontrolle — auch der Wirtschaftlichkeitskontrolle[20] — unterworfen werden muß.

Beratung

Ein anderer — besonders wichtiger — Bereich, in dem die Willensbildung des Parlaments ebenfalls schon zum Gegenstand der Finanzkontrolle gemacht wird, ist die beratende Tätigkeit des Bundesrechnungshofs, die zwar durch den Wortlaut des Grundgesetzes nicht direkt verbürgt, jedoch durch die Regelungsmöglichkeit des Art. 114 Abs. 2 Satz 3 zugelassen[21] und in Haushaltsgrundgesetz und Bundeshaushaltsordnung ausdrücklich vorgesehen ist. Die Beratung ist nicht auf die Regierung oder einzelne Minister beschränkt, sondern richtet sich in gleicher Weise auch an das Parlament (Bundestag und Bundesrat). Entsprechend dem Grundsatz in § 42 Abs. 5 HGrG bestimmt § 88 Abs. 2 BHO, daß der Bundesrechnungshof „aufgrund von Prüfungserfahrungen den Bundestag, den Bundesrat, die Bundesregierung und einzelne Bundesminister beraten"

---

15 Oben S. 227.
16 Unten FN 70.
17 Unten S. 382 f.
18 *Vogel/Kirchhof*, Rdnrn. 94 ff.
19 Oben S. 54 ff., 225.
20 Einschränkend auch noch: *Vogel/Kirchhof*, Rdnr. 100.

„kann". Die Beratung ist nach Initiative[22], Gegenstand und Umfang in das Ermessen des Bundesrechnungshofes gestellt; dieser hat damit also die „Beratungsmöglichkeit auch gegenüber Beratungsunwilligen"[23]. Sie ist, wie aus dem Adressatenkreis hervorgeht, auf bedeutsame, grundsätzliche Fragen zugeschnitten[24]. „Beratung" ist von der „Prüfung" zu unterscheiden: Diese kann sich nur auf abgeschlossene, d. h. abschließend beschiedene (nicht notwendig auch vollzogene), Vorgänge beziehen. „Beratung" ist dagegen dadurch gekennzeichnet, daß die Stellungnahme des Bundesrechnungshofs zu noch nicht abgeschlossenen, evtl. auch zu noch gar nicht eingeleiteten, Vorgängen erfolgt[25]. Eine Beratung im Sinne des § 88 Abs. 2 BHO liegt nicht vor, wenn der Bundesrechnungshof bei seinem Prüfungsverfahren aufgrund konkreter Prüfungsvorgänge auch Empfehlungen für die Behandlung künftiger Fälle gibt, beispielsweise in seinen Bemerkungen nach § 97 Abs. 2 Nr. 4 BHO, wie er es seit jeher zu tun pflegt. Denn andernfalls wäre § 88 Abs. 2 überflüssig. § 88 Abs. 2 betrifft vielmehr eine von der Prüfung losgelöste Beratung[26].

Neben der zentralen Vorschrift des § 88 Abs. 2 BHO wird die Beratungsbefugnis des Bundesrechnungshofs noch durch weitere Vorschriften ausgeformt[27]: Nach § 27 Abs. 2 BHO sind die Voranschläge für die Einzelpläne des Haushaltsplans (neben dem Bundesfinanzminister) auch dem Bundesrechnungshof zu übersenden, der dazu Stellung nehmen kann[28]. § 102 BHO sichert eine laufende Unterrichtung des Bundesrechnungshofs über wichtige Maßnahmen auf dem seiner Prüfung unterliegenden haushaltswirtschaftlichen Aufgabenbereich der Verwaltung (welche im einzelnen in Abs. 1 aufgezählt sind) und gibt dem Bundesrechnungshof das Recht, sich dazu gutachtlich zu äußern (Abs. 3). Nach § 103 BHO ist der Bundesrechnungshof „vor dem Erlaß von Verwaltungsvorschriften zur Durchführung der Bundeshaushaltsordnung zu hören" (Abs. 1). Er soll auch vor der Beschlußfassung von Haushaltsvorschriften über- oder zwischenstaatlicher Einrichtungen gehört werden (Abs. 3). Im Bund-Länder-Bereich statuiert § 56 HGrG sowohl eine Unterrichtungs- (Abs. 1), als auch eine Anhörungspflicht des Bundesrechnungshofs (Abs. 2), wenn andere Gebietskörperschaften Vorschriften bezüglich der Bewirtschaftung von Bundeshaushaltsmitteln oder Verwaltungsvorschriften erlassen, die die Ausführung von Teilen des Bundeshaushaltsplans betreffen.

Die Beratungsfunktion wird bislang noch etwas stiefmütterlich als Nebenaufgabe des Bundesrechnungshofs angesehen. Als eigentliches „geborenes" Kerngebiet des Bundesrechnungshofs wird meist nur die Prüfung verstanden[29]. Dabei kann man sich darauf berufen, daß Art. 114 Abs. 2 GG seinem Wortlaut nach in der Tat nur die Prüfung zu den notwendigen Aufgaben gemacht hat, die Beratung also nur eine fakultative Aufgabe darstellt[30].

Demgegenüber betont Susanne Tiemann in ihrer grundlegenden Monographie über „Die staatsrechtliche Stellung der Finanzkontrolle des Bundes" (1974) die Gleichwertigkeit der Beratungsfunktion neben der Prüfung[31]. Insofern bleibe die positive Verfassungsnorm noch hinter den Erfordernissen zurück, die sich aus der

---

21 *Piduch*, Art. 114, Rdnr. 27.
22 Anders anscheinend: *Vogel/Kirchhof*, Rdnr. 200.
23 *Brunner*, in: Die Finanzkontrolle des Bundes, S. 113.
24 Begründung des Regierungsentwurfs, Tz. 423; *Piduch*, § 88 BHO, Rdnr. 5.
25 *Piduch*, Art. 114 GG, Rdnr. 27, § 88 BHO, Rdnr. 3; *Vogel/Kirchhof*, Rdnr. 200.
26 *Piduch*, § 88 BHO, Rdnr. 5.
27 Dazu *Tiemann*, Finanzkontrolle, S. 150 ff.
28 Dazu Näheres bei *Piduch*, § 27 BHO, Rdnr. 3.
29 *Piduch*, § 88 BHO, Rdnr. 4: „Die Prüfung als hauptsächliche Aufgabe des Bundesrechnungshofs..."
30 *Vogel/Kirchhof*, Rdnrn. 194 ff.
31 S. 142 ff.

J. Richtigkeitskontrolle durch den Bundesrechnungshof

staatlichen Entwicklung ergeben und die ja auch im Haushaltsgrundsätzegesetz und in der Bundeshaushaltsordnung schon ihren Niederschlag gefunden haben[32]. Dieser Beurteilung ist auch aus der Sicht der in dieser Arbeit aufbereiteten Problematik voll zuzustimmen: Generalfunktion des Bundesrechnungshofs ist es, die (finanzwirksame) Willensbildung in Verwaltung, Regierung und Parlament in Richtung auf größere Rationalität zu beeinflussen. Für solche „permanent korrigierende, adjustierende und stimulierende" Beeinflussung durch ein unabhängiges, sachverständiges Organ ohne Entscheidungsbefugnis besteht „wachsende Unentbehrlichkeit"[33], ja praktisch ein unbegrenztes Bedürfnis. Zu dieser Beeinflussung zwecks Vergrößerung der Rationalität gehört die (vorherige) Beratung bei der Analyse der Lage, der Herausarbeitung von Fehlentwicklungen und Therapiemaßnahmen ebenso sehr wie die (nachträgliche) Erfolgskontrolle[34]. Die Gleichwertigkeit beider Bestandteile ist allerdings nicht gleichbedeutend mit ihrer gegenseitigen Isolierung. Beratung und Prüfung durch den unabhängigen sachverständigen Bundesrechnungshof sind vielmehr zwei sich gegenseitig ergänzende und in ihrer Wirksamkeit verstärkende Stufen eines einheitlichen Beitrags zur Verbesserung der Rationalität des Entscheidungsverfahrens. Keine ist isoliert von der anderen, keine ist aber auch bloß Hilfsfunktion der anderen. Einerseits bedarf die Prüfung der Erfahrung und Information der Beratung, andererseits bedarf auch die Beratung der nachträglichen Kontrolle. Je mehr es gelingt, die Ergebnisse der Kontrolle und gemachte Erfahrungen wieder als neue Informationen in alle Stufen des Entscheidungsprozesses rückkoppelnd einzuführen, desto bessere Resultate verspricht dieser[35]. Beratung und Prüfung gehen eine enge funktionale Verknüpfung ein; sie sind Bestandteile eines „Kreislaufs"[36], den die Finanzkontrolle durchläuft, um ihre Generalfunktion möglichst wirksam wahrnehmen zu können[37].

Die Entwicklung gerade der Beratungsfunktion des Bundesrechnungshofs ist aber noch besonders stark im Fluß. Das zeigt nicht nur ihre mangelnde Verankerung im positiven Verfassungsrecht, sondern auch die widerspruchsvolle Ausgestaltung der Beratung in der Bundeshaushaltsordnung. Denn einerseits weist diese dem Bundesrechnungshof eine umfassende Beratungsfunktion zu, andererseits ist aber die Berücksichtigung der Beratungsakte durch die Adressaten „institutionell in keiner Weise abgesichert. Das gilt besonders für die Publizität der Gutachten"[38]. Nur ein Bruchteil der Beratungsakte des Bundesrechnungshofs wird bisher veröffentlicht[39]. Damit kommen wir aber zum zweiten oben[40] genannten grundlegenden Erfordernis für eine Verstärkung der Wirksamkeit der Finanzkontrolle: der Mobilisierung der Öffentlichkeit, einem Erfordernis, das nicht nur für die Beratung, sondern auch (wenngleich in schwächerem Maße) für die Prüfung gilt.

---

32 Tiemann, S. 160 ff., 179 ff.
33 Tiemann, S. 163.
34 Oben S. 60 ff. — Eine Anregung, die Rechnungshöfe verstärkt für die (wirtschaftspolitische) Erfolgskontrolle einzusetzen, findet sich bereits bei Giersch, Wirtschaftspolitik, S. 344 f.
35 Meinhold, Volkswirtschaftspolitik I, S. 229.
36 Tiemann, Finanzkontrolle, S. 147, 151 f.
37 Tiemann, Finanzkontrolle, S. 181: „Diese Konnexität äußert sich vor allem in der Gründung der Beratungstätigkeit des Bundesrechnungshofs auf die Prüfungserfahrungen".
38 Tiemann, Finanzkontrolle, S. 163. Tiemann führt a.a.O. fort: „Ohne ausreichende Absicherung der Publizität von Feststellungen des BRH ist die Gefahr nie auszuschließen, daß die Beratungsakte in ihrer politischen Substanz ungenutzt bleiben".
39 Tiemann, Finanzkontrolle, S. 368.
40 Oben S. 375.

Verstärkung der Öffentlichkeitswirkung

Die Voten des Bundesrechnungshofs besitzen — im Gegensatz zu denen des Bundesverfassungsgerichts — keine Verbindlichkeit[41]. Ihre Nichtbeachtung zieht keine rechtlichen Sanktionen nach sich. Man hat den Bundesrechnungshof deshalb als „Ritter ohne Schwert" bezeichnet[42]. Diese Charakterisierung ist jedoch etwas formal-vordergründig: Die „Waffe" des Rechnungshofs ist die Publizität seiner Kontrollakte[43]. Wenn diese beim Bundesrechnungshof auch noch etwas „unterentwickelt" ist[44], so zeigt doch das Beispiel des gesamtwirtschaftlichen Sachverständigenrats, daß es zur Entfaltung politischer Wirkung nicht unbedingt rechtlicher Sanktionen bedarf; die Publizität sachlich fundierter Stellungnahmen unabhängiger Institutionen kann in der Demokratie beträchtliche Wirkungen haben. Die Position des Bundesrechnungshofs erscheint deshalb auch bei Beibehaltung der rechtlichen Unverbindlichkeit seiner Voten durchaus „entwicklungsfähig"[45].

Hinsichtlich der Publizität zumindest der Prüfungsergebnisse des Bundesrechnungshofs sind einige Ansätze vorhanden. So ist der jährliche Bericht (die „Bemerkungen" im Sinne des § 97 BHO), in dem der Bundesrechnungshof das Ergebnis seiner Prüfungen zusammenfaßt und dem Bundestag, dem Bundesrat und der Bundesregierung zuleitet (Art. 114 Abs. 2 Satz 2 GG, § 97 BHO), durch Abdruck in den Parlamentsdrucksachen auch der Öffentlichkeit zugänglich[46]. Wie Vogel und Kirchhof mit Recht feststellen, kann dies keinesfalls nur als ein Reflex der Parlamentsöffentlichkeit verstanden werden[47]; vielmehr „fordert die Tatsache, daß das Volk der eigentliche Empfänger des Rechenschaftsberichts ist, auch die Publizität der Rechnungslegung"[48]. Aus diesem — auch für die gesamte Tätigkeit des Bundesrechnungshofs (einschließlich der Beratung) zutreffenden — Ausgangsverständnis sind die Konsequenzen aber noch nicht voll gezogen worden. Dies ist hinsichtlich der Beratungen offensichtlich, gilt aber auch hinsichtlich der Prüfungen bis zu einem gewissen Grad. Die bloße Zugänglichkeit des jährlichen Berichts als Parlamentsdrucksache reicht für eine Aktivierung der Öffentlichkeit nicht aus. Eine begrüßenswerte Verstärkung liegt in den jährlichen Pressekonferenzen, die der Bundesrechnungshof anläßlich der Übergabe seines Jahresberichts an Parlament und Regierung abhält[49]. Da die parlamentarische Behandlung regelmäßig erst beträchtlich später erfolgt, tragen die Pressekonferenzen des Bundesrechnungshofs zu einer „doppelten Publizitätswirkung"[50] bei. In diese Richtung muß bewußt — gerade auch hinsichtlich der Beratungsfunktion des Bundesrechnungshofs — weitergegangen werden.

Der gesamtwirtschaftliche Sachverständigenrat als Vorbild

Bei dieser Entwicklung mag die Ausgestaltung der Publizität des gesamtwirt-

---

41 Vogel/Kirchhof, Rdnrn. 19 f.
42 Dreßler, Stellung und Aufgaben, S. 172.
43 Gotthard Brunner, FS Hans Schäfer, 1975, S. 169 (178 f.).
44 Dazu sogleich S. 380 ff.
45 Hirsch, Parlament und Verwaltung, S. 147.
46 Vgl. z. B. den Abdruck der „Bemerkungen" des Bundesrechnungshofs zur Bundeshaushaltsrechnung für das Haushaltsjahr 1973 in der BT-Drucks. 7/4306 und der BR-Drucks. 714/75, beide mit Datum vom 12. 11. 1975.
47 Vogel/Kirchhof, Rdnr. 142.
48 Vogel/Kirchhof, Rdnr. 11, 17. Bedenklich: Tiemann, Finanzkontrolle, S. 229 f.
49 Schäfer, in: Die Finanzkontrolle des Bundes, S. 103 f.
50 Tiemann, Finanzkontrolle, S. 230.

J. Richtigkeitskontrolle durch den Bundesrechnungshof

schaftlichen Sachverständigenrats[51] als Vorbild dienen[52]; seine Funktion ist nicht zu Unrecht mit der Finanzkontrolle verglichen worden[53].

Die Gutachten des Sachverständigenrats dienen — wie es in § 1 SVRG heißt — dazu, die „Urteilsbildung bei allen wirtschaftspolitisch verantwortlichen Instanzen sowie in der Öffentlichkeit" zu erleichtern. Sie müssen in vollem Umfang veröffentlicht werden. Um die Bundesregierung zu einer öffentlichen Auseinandersetzung mit der Kritik (der Wirtschaftspolitik der Vergangenheit) und den vom Sachverständigenrat aufgezeigten Verbesserungsmöglichkeiten (hinsichtlich der zukünftigen Wirtschaftspolitik) zu zwingen, verpflichten § 6 Abs. 1 SVRG und § 2 Abs. 1 Ziff. 1 StabG die Bundesregierung, im Jahreswirtschaftsbericht zu diesem Stellung zu nehmen und die Schlußfolgerungen darzulegen, die sie daraus zieht. Die jährliche Gutachtenserstattung und die Stellungnahme der Regierung vollziehen sich in einem festen zeitlichen Rhythmus: Das Jahresgutachten ist der Bundesregierung jeweils bis zum 15. November zuzuleiten (§ 6 Abs. 1 Satz 1 SVRG) und von dieser unverzüglich den gesetzgebenden Körperschaften vorzulegen. Zum gleichen Zeitpunkt erfolgt die Veröffentlichung durch den Sachverständigenrat (§ 6 Abs. 1 Satz 2). Die Bundesregierung hat spätestens 8 Wochen nach Vorlage (und Veröffentlichung) Stellung zu nehmen (§ 6 Abs. 1 Satz 3). Dementsprechend ist der Jahreswirtschaftsbericht, in dem die Stellungnahme der Bundesregierung erfolgt, „im Januar eines jeden Jahres" vorzulegen (§ 2 Abs. 1 StabG).

Eine derartige Form der „Öffentlichkeitsberatung" durch eine unabhängige, sachverständige Institution in einem fest vorgeschriebenen Zeitrhythmus ist deshalb von so großer — wenn auch noch vielfach verkannter — staatstheoretischer Bedeutung, weil sie sowohl der demokratischen Mitbestimmung der Bürger als auch der inhaltlichen Richtigkeit der Ergebnisse der politischen Willensbildung zuträglich ist. Dies wurde für den Sachverständigenrat oben ausführlich dargelegt[54]; die Erwägungen gelten entsprechend aber auch für eine Erweiterung der Publizität des Bundesrechnungshofs. Durch sie könnte vor allem die Wirksamkeit seiner Beratungsakte erhöht werden. Aber auch der Effekt der Prüfung würde verbessert, wenn die Vorlage des Berichts weiter beschleunigt und vor allem wenn die Regierung gezwungen würde, innerhalb einer bestimmten zeitlichen Frist zum Jahresbericht des Bundesrechnungshofs Stellung zu nehmen.

Gegenargumente und ihre Widerlegung

Bisweilen sind Bedenken gegen eine Beratung seitens des Bundesrechnungshofs geäußert worden. Diese wurden damit begründet, die Beratung beeinträchtige die Verantwortung und Unabhängigkeit, sei es der Adressaten der Beratung, sei es des Bundestags (bei einer Beratung der Bundesregierung durch den Bundesrechnungshof), sei es schließlich des Bundesrechnungshofs selbst, nämlich bei der späteren Prüfung von Sachverhalten, die vorher Gegenstand der Beratung waren. Es wäre denkbar, daß diese Bedenken bei einer verstärkten Publizität gerade der Beratung in intensivierter Form wieder aufleben. Es erscheint deshalb erforderlich, sich hier mit ihnen auseinanderzusetzen.

---

51 Dazu im einzelnen oben S. 325 ff.
52 In diese Richtung gehen auch die Vorschläge von *Tiemann*, Finanzkontrolle, bes. S. 378 m. FN 25.
53 Olaf *Sievert*, a.a.O. (oben § 39 FN 23). Auch *Brohm*, FS Forsthoff, 1972, S. 37 (66) zieht Parallelen zwischen Sachverständigenrat und Bundesrechnungshof.
54 Oben S. 329 ff.

Eine Beeinträchtigung der Verantwortung und Unabhängigkeit der Adressaten der Beratung, wie sie Reger[55] und Weisser[56] hinsichtlich der Bundesminister (vgl. Art. 65 Satz 2 GG), der Bundesregierung und des Bundestages befürchtet haben, ist nicht zu besorgen. Dreßler[57] und Tiemann[58] haben mit Recht darauf hingewiesen, daß der Bundesrechnungshof mit seinen Prüfungen und Beratungen durchaus nicht die einzige Institution ist, die Einfluß auf die genannten Staatsorgane — auch und gerade in haushaltsrelevanter Hinsicht — zu nehmen sucht. Minister, Regierung und Parlament sind im Prozeß der „Vorformung" des politischen Willens zahlreichen und oft weit stärkeren Einflüssen von anderer Seite ausgesetzt, wobei die Einflußnahme von gut organisierten Partikularverbänden besonderes Gewicht besitzt. Dadurch werden die Entscheidungen der verfassungsmäßig zuständigen Gemeinwohlinstanzen in einer den Interessen der Allgemeinheit abträglichen Richtung beeinflußt. Aufgabe des Bundesrechnungshofs ist es, durch sachverständige Darlegung der Zusammenhänge und möglichst interessentenunabhängige Wertung hier „gegenzuhalten". Dem Bundesrechnungshof kommt somit gerade im Prozeß der Vorformung des politischen Willens eine Gegengewichtsfunktion zu[59], die er bisher allerdings noch nicht hinreichend ausfüllt. Im Gegensatz zu den Bedenken von Weisser und Reger geht es also nicht darum, den Einfluß des Bundesrechnungshofs zurückzudämmen, sondern darum, ihn zu verstärken. Um die Entwicklung voranzutreiben, bedarf es der Aktivierung der Öffentlichkeit, die das bislang zu geringe faktische Gewicht der Prüfungs- und Beratungsakte des Bundesrechnungshofs erhöhen und ihre politische Virulenz verstärken könnte. Dadurch würde die bisher tendenziell „herrschaftsorientierte" Beratung zu einer tendenziell „freiheitsorientierten"[60].

Zwar ist auch hier wieder — wie beim Sachverständigenrat — damit zu rechnen, daß aufgrund eines überholten theoretischen Vorverständnisses verfassungsrechtliche Einwände gegen die Zulässigkeit solcher Öffentlichkeitsberatung erhoben würden. Diese Einwände könnten aber ebenso wenig durchgreifen wie die gegen die Zulässigkeit der Öffentlichkeitsberatung des Sachverständigenrats erhobenen. Das dazu oben Gesagte[61] gilt entsprechend.

Mit der Durchsetzung der Publizität der Beratung entfielen auch gewisse Bedenken, die gegen die Beratung speziell der Bundesregierung und der Bundesminister durch den Bundesrechnungshof bisweilen aufgetaucht sind und dahin gehen, durch eine Regierungsberatung werde die Verantwortlichkeit der Regierung gegenüber dem Parlament und dessen Einfluß auf die Regierung unangemessen beeinträchtigt[62]. Denn mit der Veröffentlichung der Beratungsakte erhält das Parlament Material in die Hand, welches seinen Einfluß auf die Regierung und deren Verantwortlichkeit durchaus intensivieren kann.

Gewichtiger könnte zunächst der Einwand erscheinen, durch Vereinigung von Kontrolle und Beratung beim Bundesrechnungshof könne dieser hinsichtlich der Kontrolle von Sachverhalten, die vorher Gegenstand seiner Beratung gewesen sind, bis zu einem gewissen Grad direkt oder indirekt zum Richter in eigener

---

55 DÖH 6, S. 193 ff.
56 DÖH 7, S. 65 ff.
57 Stellung und Aufgabe des Bundesrechnungshofs, S. 178, FN 1.
58 Finanzkontrolle, S. 148, 150.
59 Dies wird auch von *Tiemann*, Finanzkontrolle, S. 229, verkannt, was mit ihrem Festhalten an dem (in dieser Arbeit als schwerlich haltbar erwiesenen) „demokratischen Idealismus" zusammenhängt (dazu schon oben FN 14).
60 Dazu im einzelnen oben S. 329 f.
61 Oben S. 334 ff.
62 So *Schmidt-Bleibtreu/Klein*, Art. 65 GG, Rdnr. 14; *Reger*, BayVBl. 1963, S. 332.

J. Richtigkeitskontrolle durch den Bundesrechnungshof

Sache werden; damit werde aber seine Unabhängigkeit beeinträchtigt. Durch erhöhte Publizität könnte dieser Effekt eventuell noch verstärkt werden. — Auch diese Argumentation vermag indes kaum durchzuschlagen. Das wird deutlich, wenn man sich den Sinn der Unabhängigkeit vor Augen führt. Die Unabhängigkeit des Bundesrechnungshofs ist ja kein Selbstzweck, sondern sie ist seinen Mitgliedern „im Interesse der von ihnen wahrzunehmenden Aufgaben garantiert"[63]. Sie soll eine möglichst interessentenfreie, sachorientierte und wertbewußte[64], kurz: „repräsentative"[65], Arbeitsweise ermöglichen. Diesem Sinn der Unabhängigkeit läuft es nicht entgegen, wenn der Bundesrechnungshof sich zweimal in unterschiedlichen Phasen der Entscheidungsbildung mit dem gleichen Sachverhalt befaßt. Im Gegenteil werden dadurch Wirksamkeit und Einfluß der Finanzkontrolle und ihre Fähigkeit, als Gegengewicht gegen Pluralismusdefizite zu fungieren[66], erhöht. — In diesem Zusammenhang läßt sich auch folgende Überlegung anstellen: Die nachträgliche Prüfung unterscheidet sich dadurch von der richterlichen Entscheidung, daß ihr die rechtliche Verbindlichkeit fehlt und sie stets nur mittelbar über die von ihr beeinflußten Entscheidungen Dritter Wirkung entfalten kann. Die Finanzkontrolle bedarf der Einflußnahme in *mehreren* Stadien der Willensbildung gerade deshalb, um die mangelnde Verbindlichkeit ihrer Voten bis zu einem gewissen Grade zu kompensieren.

Auf der anderen Seite ist nicht zu verkennen, daß die Irrtümer und Fehlentscheidungen, gegen die auch eine alle Mittel der Sozialwissenschaften verwendende, unabhängige Beratungsinstitution natürlich nicht gefeit ist[67], von dieser, wenn sie sich bei der (nachträglichen) Prüfung zeigen, selbst möglicherweise weniger rasch und eindeutig richtiggestellt werden. Das trial-and-error-Verfahren[68] würde möglicherweise besser funktionieren, wenn zusätzliche Sicherungen gegen derartige psychologisch-menschlich verständliche Unflexibilitäten beim Lernen aus Erfahrungen vorgesehen würden. Hier haben andere Beratungsinstitutionen, wie der oben vorgeschlagene unabhängige Subventionsrat, eine wichtige Funktion, auch und gerade, wenn sich ihre „Zuständigkeitsbereiche" mit dem des Bundesrechnungshofs überschnitten. Argumente für eine Einschränkung oder auch gegen eine Ausdehnung und verstärkte Publizität der Beratung durch den Bundesrechnungshof lassen sich aus diesen Überlegungen dagegen m. E. nicht entnehmen.

Änderung des Wahlmodus

Durch die Auswahl des Präsidenten und des Vizepräsidenten hat die Regierung „mittelbar eine gewisse Chance, auf die große Linie der Finanzkontrolle einzuwirken"[69], denn der Präsident hat das Vorschlagsrecht hinsichtlich der übrigen Mitglieder des Bundesrechnungshofs[70]. Dieser mittelbare Einfluß könnte vermindert und damit die Unabhängigkeit des Bundesrechnungshofes gestärkt

---

63 *Vogel/Kirchhof*, Rdnr. 184.
64 Oben S. 51 f.
65 Oben S. 190 ff.
66 Oben S. 374.
67 Oben S. 66 ff.
68 Oben S. 67 m. w. N.
69 *Dreßler*, Stellung und Aufgaben, S. 161.
70 Eine weitere (psychologisch-soziologische) Einschränkung der Unabhängigkeit der Mitglieder des BRH könnte darin gesehen werden, daß sie sich bislang fast ausschließlich aus der Ministerialbürokratie rekrutieren (*Tiemann*, Finanzkontrolle, S. 373 f., die dort auch einen Verbesserungsvorschlag entwickelt). Es handelt sich um ein ähnliches Problem wie es die Rekrutierung der Richter des BFH aus den Ministerialbeamten der Finanzverwaltung aufwirft.

werden, wenn die beiden Präsidenten (ähnlich wie die vom Bundestag zu wählenden Bundesverfassungsrichter) von einem Parlamentsausschuß mit Zweidrittelmehrheit gewählt würden[71]. Dadurch würde zugleich die „Legitimationskette" des Bundesrechnungshofs verkürzt und so seine formal-demokratische Legitimation erhöht. Dies wäre gerade in Anbetracht der erforderlichen Ausweitung seiner Kontrollfunktion und der klaren Erkenntnis ihrer eminent politischen Bedeutung und Wirkung[72] angebracht[73]. Die bisweilen befürchtete zu starke parteipolitische Beeinträchtigung bei einer Wahl durch den Bundestag[74] würde durch die Wahl in einem mit Zweidrittelmehrheit entscheidenden Ausschuß wohl weitgehend vermieden.

71 In ähnliche Richtung zielte auch schon die Novelle zur Bundesdisziplinarordnung v. 20. 7. 1967, durch die die disziplinarrechtliche Zuständigkeit für die Einleitung eines Dienststrafverfahrens gegen den Präsidenten des Bundesrechnungshofs von der Bundesregierung auf den Präsidenten des Bundestags übertragen worden ist.
72 Oben S. 375 f.
73 *Karehnke*, FS Hans *Schäfer*, S. 233 (245).
74 So *Tiemann*, Finanzkontrolle, S. 176.

K. Kanalisierung des Verbandseinflusses in einem Wirtschaftsrat?

§ 45 Argumente für einen Wirtschaftsrat

Wer sich Gedanken über eine Disziplinierung[1], „Bändigung"[2] und Kanalisierung des Einflusses organisierter Interessen macht, kann schwerlich an der Diskussion um die Errichtung eines Wirtschaftsrates vorbeigehen[3], die seit langem geführt wird und auch in der Bundesrepublik in periodischen Abständen immer wieder aufflackert[4]. Denn von der Errichtung eines solchen Wirtschaftsrates, in dem die organisierten Interessen des Wirtschafts- und Soziallebens Sitz und Stimme hätten, scheinen sich seine Befürworter — nimmt man ihre Argumente zusammen — letztlich die Bewältigung der gesamten Verbandsproblematik zu erhoffen: Einmal könne ein Wirtschaftsrat mehr Transparenz schaffen und sei geeignet, den Verbandseinfluß zu kanalisieren und zugleich zu beschränken.

Nach Meinung Herbert Krügers „muß das Fehlen einer regulierten und daher prinzipiell ausschließlichen Verbindung (der Interessenverbände zum Staat) dafür verantwortlich gemacht werden, daß die Interessen Eintritt in den Staat nicht allein durch die Tür des Parlaments, sondern an allen Ecken und Enden suchen und finden. Es würde daher eine solche Institution (sc. ein Wirtschaftsrat) zwar eine zweite Verbindung zwischen Gesellschaft und Staat schaffen, aber eben nur *eine* zweite und zudem offene und von der Allgemeinheit überwachte Verbindung —, wahrscheinlich zum mindesten das klei-

---

1 *Forsthoff*, DÖV 1952, S. 716.
2 *Kaiser*, Repräsentation, S. 350.
3 *Badura*, VVDStRL 23, 34 (76)
   v. Beyme, Interessenverbände, S. 165 ff.
   Bryde, Zentrale Wirtschaftspolitische Beratungsgremien, S. 81 ff.
   Dagtoglou, Interessenvertreter, S. 88 ff.
   Dichgans, Grundgesetz, S. 79 ff.
   Enquête-Kommission Verfassungsreform, Schlußbericht, BT-Drucks. 7/5924, S. 113 ff.
   v. Eynern, Politische Wirtschaftslehre, S. 170.
   Friedrich, Verfassungsstaat, S. 538 ff.
   Gluhm Der Reichswirtschaftsrat, HDStR, Bd. 2, S. 578 ff.
   Hensel, Wirtschaftspolitische Verbände, S 143 ff.
   Huber, E. R., Selbstverwaltung der Wirtschaft, 1958, S. 60 ff.
   Kaiser, Die Repräsentation organisierter Interessen, S. 349 ff.
   Krüger, DÖV 1952, S. 545 ff.; *ders.*, Staatslehre, S. 614 ff., 635 ff.
   Leibholz, Das Wesen der Repräsentation, S. 182 ff.; *ders.*, VVDStRL 24, S. 32 f.
   Lemke, Zur Problematik „Bundeswirtschafts- und Sozialrat", Drucks. Nr. 128 der Enquête-Kommission Verfassungsreform des Deutschen Bundestags v. 27. 1. 1975; *ders.*, DÖV 1975, S. 253 (256).
   Loewenstein, Verfassungslehre, S. 402 ff.
   Saipa, Lobbyismus, S. 197 ff.
   Scheuner, Der Staat und die Verbände, S. 15 f.
   Carl Schmitt, Der Hüter der Verfassung, S. 96 ff.
   Schröder, Gesetzgebung und Verbände, S. 155 ff.
   Sperling, Wirtschaftsräte im europäischen Verfassungssystem, JöR 1965, S. 195 ff.
   Steinberg, Zur Institutionalisierung des Verbandseinflusses in einem Bundeswirtschafts- und Sozialrat, DÖV 1972, S. 837 ff.
   Uthmann, Institutionelle Formen der Zusammenarbeit zwischen Staat und Wirtschaftsverbänden im Ausland, in: Der Staat und die Verbände, S. 56 ff.
   Winkler, VVDStRL 24, S. 63 ff.
   Wissenschaftlicher Beirat beim Bundeswirtschaftsministerium, Gutachten vom 20. 6. 1964 über „Zusammenwirken von staatlichen und nichtstaatlichen Kräften in der Wirtschaftspolitik", Bd. 6 der Gutachtensammlung des Beirats, S. 59 ff.
   Wittkämper, Grundgesetz und Interessenverbände, S. 147 ff.
4 Die Diskussion wurde vor einigen Jahren wieder angefacht durch ein vom Bundesausschuß des Deutschen Gewerkschaftsbundes am 3. 3. 1971 beschlossenes programmatisches Konzept über „Mitbestimmung im gesamtwirtschaftlichen Bereich" (abgedruckt in GMH 1971, S. 569 ff.; vgl. dazu auch *Ballerstedt*, ebenda, S. 514 ff.; *Kaltenborn*, ebenda, S. 511 ff.; *Triesch*, ebenda, S. 535 ff.) sowie die Initiative einer Gruppe von Bundestagsabgeordneten unter Führung von Hans Dichgans (BT-Drucks. VI/2514 v. 16. 8. 1971). Zu beiden Vorstößen vgl. *Steinberg*, DÖV 1972, S. 837 ff.; *Hensel*, Wirtschaftspolitische Verbände, S. 152 ff.

nere Übel im Vergleich mit den zahllosen geheimen und nicht überwachten Wegen, auf denen sich gerade auch nicht repräsentierte, ja sogar zweifelhafte Interessen nicht nur an den Staat, sondern auch an die Parteien heranmachen können. ... Eine Abdichtung des Staates gegen die Interessen scheint ... von vornherein aussichtslos, wenn man diesen Interessen nicht zugleich einen legalen Weg eröffnet, auf dem sie sich zu Wort melden können."[5]

Zum zweiten erwartet man von dem in einem Wirtschaftsrat versammelten Sachverstand eine Gegenwirkung gegen die „Unsachlichkeit des Parlaments"[6] und damit eine Tendenz zur Versachlichung der Politik[7]. Sachverständigengremien wie der gesamtwirtschaftliche Sachverständigenrat und die wissenschaftlichen Beiräte bei den Bundesministerien erscheinen dann als überflüssig; ihre Aufgaben sollen deshalb nach den Vorstellungen von Dichgans[8] in den Aufgaben eines Bundeswirtschaftsrates aufgehen, der gegebenenfalls unterschiedliche Auffassungen „zu einer abgewogenen Gesamtdarstellung" zusammenzufassen und so die Abgeordneten zuverlässig zu informieren hätte.

Zum dritten glaubt man, die sachverständige Diskussion in einem Wirtschaftsrat führe zu einer gewissen Angleichung der Standpunkte und erleichtere den Interessenausgleich[9]. Im Wirtschaftsrat finde die Repräsentation organisierter Interessen die ihr gemäße institutionelle Ausprägung[10].

§ 46 Beurteilung dieser Argumente

All diese für die Errichtung eines Wirtschaftsrates vorgebrachten Argumente können m. E. aber nicht überzeugen.

So dürfte die Erwartung, ein Wirtschaftsrat führe zu mehr Transparenz, zu einer Kanalisierung und auch Beschränkung des Verbandseinflusses, sich letztlich als eine reine Wunschvorstellung erweisen[11]. Die organisierten Interessen müssen mit ihren Kontakten, ihren Beratungen und ihrem Druck überall dort anzusetzen versuchen, wo relevante Entscheidungen fallen oder vorbereitet werden. Sie würden sich auch durch Sitz und Stimme in einem Wirtschaftsrat nicht von der direkten Einwirkung auf Regierung, Parlament, Verwaltung etc. abhalten lassen und dabei weiterhin offene und geheime Wege benützen[12]. Dies bestätigen auch die historischen und rechtsvergleichenden Erfahrungen mit Wirtschafts- und Sozialräten[13]. Mit einem Wirtschaftsrat erhielten sie lediglich „ein zusätzliches Vehikel und Instrument"[14]. Die organisierten Interessen würden „das eine nehmen und von dem anderen nichts aufgeben"[15], so daß ihr Einfluß nicht beschränkt, sondern im Gegenteil eher verstärkt würde[16].

5 *Krüger*, Staatslehre, S. 638 f.
6 *Krüger*, Staatslehre, S. 635.
7 So das Konzept des DGB, GMH 1971, S. 569 (Beitrag zu einer „vorausschauenden und planmäßigen Wirtschaftspolitik"); *Dichgans*, Vom Grundgesetz zur Verfassung, S. 80 f. Vgl. auch *Seidenfus*, Gedanken zur Errichtung eines Bundeswirtschaftsrates, 1962, S. 17; *Stolz*, in: Der Staat und die Verbände, S. 32; *Steinberg*, DÖV 1972, S. 841 f. Der Letztgenannte teilt diese Ansicht aber selbst nicht.
8 *Dichgans*, Vom Grundgesetz zur Verfassung, S. 82 f.; Begründung des Entwurfs eines Gesetzes über die Errichtung eines Bundeswirtschafts- und Sozialrates, BT-Drucks. VI/2514, S. 5.
9 *Bull*, VVDStRL 33, S. 137 f. Vgl. auch die Hinweise bei *Sperling*, JöR 1965, S. 284 und *Hensel*, Wirtschaftspolitische Verbände, S. 158.
10 *Wössner*, Die ordnungspolitische Bedeutung des Verbandswesens, 1961, S. 67, 101 ff., 133 ff.
11 Zur Kritik am unrealistischen Optimismus des *Krügerschen* Ansatzes generell vgl. oben § 28.
12 *Sperling*, JöR 1965, S. 293 ff.
13 Vgl. *Sperling*, JöR 1965, S. 195 ff.; *Steinberg*, DÖV 1972, S. 837 (838 ff. m. w. N.).
14 *Oppermann*, VVDStRL 33, S. 63; zustimmend: *Kaiser*, ebenda, S. 125; *Zacher*, ebenda, S. 140.
15 Werner *Weber*, Spannungen, S. 136.
16 C. *Schmitt*, Der Hüter der Verfassung, S. 99; *Loewenstein*, Verfassungslehre, S. 414; v. *Eynern*, Wirtschaftslehre, S. 170; *Steinberg*, DÖV 1972, S. 843 f.; *Hensel*, Wirtschaftspolitische Verbände, S. 162 f.; *Lemke*, DÖV 1975, S. 256.

K. Kanalisierung des Verbandseinflusses in einem Wirtschaftsrat?

Eine „Abdichtung" des Staates gegen den Einfluß von Interessenverbänden und seine gleichzeitige Monopolisierung in einem Wirtschaftsrat wäre wohl auch nicht einmal ein sinnvollerweise anzustrebendes Ziel — ganz abgesehen von der Frage der Durchsetzbarkeit. Denn ein Wirtschaftsrat könnte schwerlich so konstruiert werden, daß er schon rein quantitativ die nötige Kapazität hätte, um an die Stelle *aller* bisherigen Beratungsinstitutionen und -formen zu treten und den gesamten Informationsbedarf des Staates zu befriedigen[17].

Angesichts dieser Gegebenheiten ist auch eine Offenlegung und Publizität des Verbandseinflusses nicht zu erwarten. Die Einrichtung eines Wirtschaftsrates böte kaum mehr als den Anschein, daß in ihm die wesentliche Beratung und Beeinflussung der staatlichen Gewalten durch die Verbände stattfinde; die Kluft zwischen Verfassungsrecht und Verfassungswirklichkeit würde so nur noch vertieft[18].

Nicht weniger skeptisch muß das Argument beurteilt werden, die Einrichtung eines Wirtschaftsrats bewirke eine Versachlichung der Politik und erübrige die bestehenden Sachverständigengremien. Wie oben dargelegt, ist der interessierte Verbandsexperte nicht gleichzusetzen mit dem unabhängigen, am Ergebnis der Entscheidung nicht interessierten Sachverständigen[19]. Wenn die Übergänge im einzelnen auch fließend sein mögen, so ist doch der Verbandsexperte typischerweise dadurch gekennzeichnet, daß er seine besondere Sachkunde der Durchsetzung der besonderen Interessen des Verbandes dienstbar macht und deshalb z. B. die negativen Folgen der Erfüllung von Verbandsforderungen für die Allgemeinheit möglichst herunterspielt. Dagegen wird sich der unabhängige Wissenschaftler typischerweise bemühen, ein möglichst ungeschminktes Bild von *allen* positiven und negativen Folgen erwogener Maßnahmen zu geben. Der Verbandsexperte kann den unabhängigen Sachverständigen deshalb nicht ersetzen[20]. Ebensowenig kann aber auch ein Wirtschaftsrat an die Stelle unabhängiger Sachverständigengremien treten und ihre Funktion erfüllen[21].

Er könnte es allenfalls dann, wenn alle Interessen organisiert und ihrer Bedeutung entsprechend in einem Wirtschaftsrat vertreten würden. Dies scheinen die Befürworter eines Wirtschaftsrates bisweilen anzunehmen, wenn sie von seiner Einrichtung Interessenausgleich und Repräsentation erwarten. Damit kommen wir zur Behandlung des dritten oben genannten Arguments. In der Tat erscheint es nicht von vornherein ausgeschlossen, daß auch unter Interessenten ein gemeinwohlkonformer Ausgleich zustandekommt. Grundvoraussetzung wäre aber, daß alle relevanten Interessen angemessen vertreten wären[22]. Die Balance

---

17 So *Steinberg*, DÖV 1972, S. 842.
18 *Sperling*, JöR 1965, S. 297.
19 Oben S. 138 ff. und S. 315 ff.
20 Von Verbandsseite wird meist versucht, die besondere Qualität einer unabhängigen sachverständigen Beratung herunterzuspielen, sei es, daß man ihre Unabhängigkeit beargwöhnt (vgl. *Sperling*, JöR 1965, S. 294, der diese Meinung aber selbst nicht teilt), sei es, daß man ihr „professorale Lebensfremdheit" vorwirft (vgl. *Tuchtfeldt*, Die wissenschaftliche Fundierung der Wirtschaftspolitik, S. 305, der sich allerdings selbst gegen diese Auffassung wendet). Diese Reaktion mag sich *psychologisch* daraus erklären, daß Verbandsvertreter in der Hervorhebung des unabhängigen Experten leicht eine eigene „capitis deminutio" (*Leibholz*, Strukturprobleme, S. 322) enthalten sehen. Verbandspolitisch erklärt sich das meist gespannte Verhältnis zwischen Verbänden und unabhängigen Sachverständigen ohne weiteres auch daraus, daß letztere die Durchsetzung von Verbandsforderungen auf Kosten von allgemeinen Interessen erschweren (*Tuchtfeldt*, a.a.O.).
21 Das schließt allerdings nicht aus, daß manche Befürworter eines Wirtschaftsrats auf diese Weise das Gewicht unbequemer unabhängiger Institutionen zu verringern, der Einrichtung zusätzlicher unabhängiger Institutionen „rechtzeitig vorzubeugen und die Beratung des Gesetzgebers in die verbandspolitische Hand zu bekommen" suchen. *Zacher*, VVDStRL 30, S. 154.
22 Oben S. 50 ff.

des Interesseneinflusses könnte man dann mit Kaiser durchaus als „faktische Repräsentation" bezeichnen. Eine solche Balance stellt sich aber keinesfalls von selbst ein; selbst wenn alle Berufsgruppen und Sonderinteressen wirksam organisiert und in einem Wirtschaftsrat vertreten wären, kämen doch die besonders wichtigen allgemeinen Interessen zu kurz, die schwer oder überhaupt nicht zu organisieren sind. Die pluralistische Harmonielehre widerspricht diesem Befund und geht davon aus, allgemeine Interessen kämen wegen der großen Zahl der Interessenten sozusagen zwangsläufig angemessen zu Wort, schon weil sie quer durch alle Partikulargruppen gehen, die deshalb alle an ihrer Realisierung interessiert sein müßten. Derartige Überlegungen haben offenbar auch bei den Vorschlägen zur Errichtung eines Wirtschaftsrates Pate gestanden. Das wird daran deutlich, daß weder der DGB-Vorschlag noch der unter Führung von Dichgans eingebrachte „Entwurf eines Gesetzes über die Errichtung eines Bundeswirtschafts- und Sozialrates" Vertreter der Verbraucher (oder sonstiger allgemeiner Interessen) vorsieht und der Dichgans-Entwurf dies damit begründet, daß wir alle Verbraucher seien[23]. Wie die obige Analyse ergeben hat[24], ist die pluralistische Harmonielehre aber nicht aufrechtzuerhalten: Im Spiel der organisierten Gruppeninteressen kommen allgemeine Interessen zu kurz. Die Einrichtung eines Bundeswirtschafts- und Sozialrates im Sinne der genannten Vorschläge würde das Durchsetzungsdefizit allgemeiner Interessen nur noch gefährlich verstärken[25].

Nun wäre es theoretisch allerdings denkbar, einen Wirtschaftsrat zu errichten, in dem auch Konsumenten-, Steuerzahler- und Umweltschutzorganisationen ausreichend vertreten wären und auf diese Weise ein wirksames Gegengewicht gegen das Zukurzkommen einiger wichtiger allgemeiner Interessen bilden könnten. Ganz abgesehen von den — dann besonders großen — Schwierigkeiten der angemessenen Auswahl der Organisationen und der Sitzverteilung (die sich ja auch laufend verschieben würde)[26] wäre aber in der Praxis kaum zu erwarten, daß eine solche Regelung gegen den Widerstand der mächtigen Unternehmerverbände und Gewerkschaften politisch durchzusetzen wäre.

Zusammenfassend erscheint die Errichtung eines Wirtschaftsrates also nicht als geeigneter Weg, um Pluralismusdefizite zu verringern; diese würden dadurch im Gegenteil eher noch erhöht[27].

---

23 BT-Drucks. VI/2514, S. 6. Ähnlich erwartet *Bull*, VVDStRL 33, S. 138, daß die Gewerkschaften wegen ihrer breiten Mitgliederbasis die Interessen der Verbraucher angemessen zur Geltung brächten.
24 Oben S. 151 ff.
25 Vgl. auch *Steinberg*, DÖV 1972, S. 843.
26 *Kaiser*, Repräsentation, S. 251; *Scheuner*, Der Staat und die Verbände, S. 16; *Eschenburg*, Staat und Gesellschaft, S. 281; *v. Eynern*, Politische Wirtschaftslehre, S. 170.
27 So jetzt auch Enquête-Kommission für die Verfassungsreform, Schlußbericht, BT-Drucks. 7/5924, S. 118. — Ähnliche Bedenken bestehen auch gegen den Vorschlag von *Meadows*, ein „Gremium aus Vertretern der Gewerkschaften, der Industrie und wissenschaftlicher Institutionen" zu konstituieren, das den bislang im politischen Kräftespiel zu kurz kommenden langfristigen Interessen verstärkte Geltung verschaffen soll. (Dennis L. *Meadows*, Kurskorrektur oder Bis zur Katastrophe, in: H. E. *Richter*, (Hrsg.), Wachstum bis zur Katastrophe, 1974, S. 102 (108). Ähnlich wie Meadows anscheinend *Dahrendorf*, Die neue Freiheit, S. 155 f. Vgl. aber auch S. 141 f.). Denn es wäre zu befürchten, daß das Industrieverbands- und Gewerkschaftselement hinsichtlich Sitzverteilung und Einfluß den Ausschlag gäbe.

L. Abgeordnetenstatus und Repräsentationsprinzip

§ 47 Die aktuelle Bedeutung des Art. 38 Abs. 1 S. 2 GG

Die Abgeordneten des Deutschen Bundestags, die nach Art. 38 Abs. 1 Satz 1 GG in allgemeiner, freier, gleicher und geheimer Wahl gewählt werden, sind laut Satz 2 „Vertreter des ganzen Volkes, an Aufträge und Weisungen nicht gebunden und nur ihrem Gewissen unterworfen"[1]. Letztere Vorschrift, die sich in ähnlicher Form auch in den meisten Landesverfassungen findet[2], zielt auf den Schutz der Unabhängigkeit der Abgeordneten[3].

Der Sinn der Vorschrift

Die Frage nach Funktion und Bedeutung des Art. 38 Abs. 1 Satz 2 muß von der generellen Aufgabe ausgehen, der alles staatliche Handeln zu dienen hat: der Förderung des Gemeinwohls[4]. In der Tat hat die Vorschrift einen direkten Bezug zum Gemeinwohl, wie schon in den Worten „Vertreter des ganzen Volkes" anklingt[5]; das gilt es zunächst kurz darzulegen: Das Gemeinwohl ist keine inhaltlich vorgegebene Größe[6]. Deshalb erhält das Verfahren, in dem politische Entscheidungen vorbereitet und getroffen werden, zentrale Bedeutung[7]. Idealiter lassen sich zwei Grundtypen von Verfahren zur Gewinnung von Gemeinwohlentscheidungen unterscheiden, das macht- und interessentenbestimmte, welches insoweit einen Gemeinwohltrend besitzt, als die Durchsetzungsmacht der Interessen ihrer Bedeutung entspricht, und das wert- und erkenntnisorientierte, bei welchem die Entscheidungsträger das verfügbare entscheidungsrelevante Wissens- und Wertungspotential im Wege eines methodischen Ordnens und Verknüpfens eines vielschichtigen Gefüges von situationsbezogenen Sachinformationen, Interessen und Werten möglichst weitgehend ausschöpfen, um zu möglichst guten und allseitig abgewogenen Entscheidungen zu gelangen[8]. Während bei dem zuerst genannten Entscheidungsverfahren die Entscheidenden dem Einfluß der verschiedenen Interessen voll ausgesetzt werden können und auch sollen, weil ihre Aufgabe sich sozusagen in der Ratifizierung der Resultante des Kräfteparallelogramms der einwirkenden sich letztlich angemessen auspendelnden Interessen erschöpft, verlangt die sach- und wertbezogene Grundeinstellung, die dem zweiten Entscheidungsverfahren zugrundeliegt, vor allem Unbefangenheit, Unparteilichkeit, kurz: Unabhängigkeit vom Interessenteneinfluß[9] im Sinne des Fehlens einer Verknüpfung der zu treffenden Entscheidung mit den persönlichen Interessen des Entscheidenden.

---

1 Eine Zusammenstellung wichtiger Literatur findet sich in: Joachim *Henkel*, Das Abgeordnetenmandat in der parlamentarischen Demokratie, Deutscher Bundestag, Wissenschaftliche Dienste, Bibliographien, Nr. 33, 1973.
2 Nachweise bei *Tsatsos*, Die parlamentarische Betätigung von öffentlichen Bediensteten, S. 146 FN 487.
3 Arg. Art. 48 Abs. 3 S. 1; vgl. auch JöR NF 1 (1951), S. 354 f.
4 Oben S. 5.
5 *Tsatsos*, Die parlamentarische Betätigung von öffentlichen Bediensteten, S. 151; *Steiger*, Parlamentarisches Regierungssystem, S. 76, 80; Peter *Krause*, DÖV 1974, S. 325 (326 ff.); *Friauf*, VVDStRL 33, S. 130; *Rauschning*, ebenda, S. 165; *Hesse*, Verfassungsrecht, S. 240; *Forsthoff*, Rechtsstaat im Wandel, 2. Aufl., S. 39.
6 Oben S. 48.
7 Oben S. 48 ff.; vgl. auch *Krause*, Freies Mandat, S. 327: „Die mangelnde Inhaltsbindung des Abgeordneten bedarf der Kompensation durch Verfahrensbindungen."
8 Oben S. 50 ff.
9 Oben S. 52.

§ 47 Bedeutung des Art. 38 Abs. 1 Satz 2 GG

Der in Art. 38 Abs. 1 Satz 2 beabsichtigte Unabhängigkeitsschutz der Abgeordneten hat somit offenbar nur einen Sinn, wenn man ihn auf das wert- und erkenntnisorientierte Gemeinwohlverfahren projiziert. Die Vorschrift ist also dahin zu verstehen, daß sie die intellektuell-erkenntnismäßige und moralisch-wertorientierte Anspannung, die wir mit Herbert Krüger als eigentliches Wesen der „Repräsentation" ansehen, ermöglichen und dadurch die Voraussetzung für möglichst richtige Entscheidungen im Sinne des Gemeinwohls schaffen soll[10]. Sie postuliert Unabhängigkeit der Abgeordneten vom Interessenteneinfluß[11] und impliziert den verfassungsrechtlichen Appell an die Abgeordneten zu repräsentativem, d. h. wert- und erkenntnisbestimmtem, Verhalten, und steht insofern in innerer Verwandtschaft zu den Vorschriften über die richterliche Unabhängigkeit, die Unabhängigkeit von Sachverständigenräten, etwa des gesamtwirtschaftlichen Sachverständigenrats, und die Unabhängigkeit der Bundesbank. Wie dort ist die Unabhängigkeit und Weisungsfreiheit kein Selbstzweck im Interesse der Abgeordneten[12] und damit letztlich ein nicht zu rechtfertigendes persönliches Privileg[13], sondern eine funktionsbezogene Regelung; sie ist nur vor dem Hintergrund der Aufgabe der Abgeordneten, das Gemeinwohl (im Wege des wert- und erkenntnisorientierten Gemeinwohlverfahrens) im Interesse der gesamten Gemeinschaft zu realisieren, zu verstehen[13a] und wird durch diese Aufgabe legitimiert und zugleich bedingt[14].

Der — von Krüger zwar gestellten, aber offengelassenen — Frage, „wie man sich die praktische Bewältigung dieser Vergütungsaufgabe" vorzustellen habe[15], wurde oben ausführlich nachgegangen[16]. Aus den dortigen Ausführungen ergibt sich auch, daß die in Art. 38 Abs. 1 Satz 2 enthaltene Verweisung an das Gewissen nicht als Freibrief für unreflektiertes Belieben mißverstanden werden darf[17]; vielmehr wurde dargelegt, daß das wert- und erkenntnisorientierte Gemeinwohlverfahren die Heranziehung wirklichkeitswissenschaftlicher und normwissenschaftlicher Methoden verlangt. Das schließt zwar nicht aus, daß letztlich immer noch ein gewisser „Restraum subjektiven Für-richtig-Haltens" (Hermann Soell) verbleibt, kann diesen Raum aber immerhin beträchtlich einschränken.

---

10 *Krüger*, Staatslehre, S. 234 ff., S. 252 f., 699. Vgl. auch oben S. 192.
11 Vgl. auch *Krause*, DÖV 1974, S. 327: „Eine am Gemeinwohl orientierte Entscheidung vollzieht sich nicht einfach, sondern verlangt eine Grundhaltung, eine Bereitschaft, eine Unbefangenheit, die erworben und bewahrt werden muß und kann. Den Abgeordneten trifft daher die Rechtspflicht, sich von Bindungen freizuhalten und freizumachen, die ihn befangen werden lassen könnten." *Hensel*, ZRP 1974, S. 177 (178 ff.); ders., Wirtschaftspolitische Verbände, S. 167 ff.
12 So auch *Maunz*, Maunz/Dürig/Herzog, Art. 48, Rdnr. 15; *Badura*, BK, Art. 38, Rdnrn. 69 f.; *Tsatsos*, Die parlamentarische Betätigung von öffentlichen Bediensteten, S. 146; *Steiger*, Parlamentarisches Regierungssystem, S. 69, 76 und bes. 77 f.
13 Vgl. auch Art. 1 S. 2 der Französischen Verfassung von 1791: „Les distinctions sociales ne peuvent être fondées que sur l'utilité commune". Ferner die Ausführungen des BVerfG zur Pressefreiheit im Spiegel-Urteil v. 5. 8. 1966, DÖV 1966, S. 640: „Die in gewisser Hinsicht bevorzugte Stellung der Presseangehörigen ist ihnen nur um ihrer Aufgabe willen und im Rahmen dieser Aufgabe eingeräumt. Es handelt sich nicht um persönliche Privilegien. Befreiung von allgemein geltenden Rechtsnormen müssen nach Art und Reichweite stets von der Sache her sich rechtfertigen lassen."
13a *Steiger*, Parlamentarisches Regierungssystem, S. 191 f., 194.
14 Vgl. auch *Krüger*, Staatslehre, S. 266; *Böckenförde*, Thesen zu Art. 38 GG, in: Zwischenbericht der Enquête-Kommission zur Verfassungsreform, BT-Drucks. VI/3829, S. 76; *Krause*, DÖV 1974, S. 328.
15 Staatslehre, S. 252.
16 Oben S. 54 ff.
17 Vgl. auch *Badura*, Rdnr. 50. — Ebensowenig darf der Hinweis auf das Gewissen als Ermächtigung des Abgeordneten mißverstanden werden, sich in die Abhängigkeit von Interessenten zu begeben, sofern er nur meint, dies mit seinem Gewissen vereinbaren zu können (vgl. oben FN 11). So aber *Tsatsos*, Die parlamentarische Betätigung von öffentlichen Bediensteten, S. 152 ff.; *Kühne*, Die Abgeordnetenbestechung, S. 34 ff.

L. Abgeordnetenstatus und Repräsentationsprinzip

Norm und Wirklichkeit

Nun lehrt aber die politische Soziologie, daß der partei- und verbandspolitische Raum durchaus nicht von einer sach- und wertorientierten Einstellung beherrscht wird. Auch bei den Abgeordneten spielen machtorientierte Faktoren, vor allem das Interesse am Erringen und Behalten der Regierungsmacht für die eigene politische Partei und an der Besetzung der politischen Ämter, meist eine durchaus dominierende Rolle[18]. Abgeordnete und Parteipolitiker generell stehen damit leicht in einem gewissen Gegensatz etwa zum Richter, zum Mitglied des gesamtwirtschaftlichen Sachverständigenrats oder zum Mitglied des Zentralbankrats, bei denen der normativ verbrieften Unabhängigkeit eher eine sach- und wertorientierte Betrachtungs- und Entscheidungsweise entspricht, Norm und Wirklichkeit sich also jedenfalls in größerem Maße als beim Abgeordneten decken.

Es fragt sich, welche Konsequenzen aus der Diskrepanz zwischen repräsentativer Norm und primär machtorientierter Wirklichkeit zu ziehen sind. Zwei Alternativen sind denkbar, die in entgegengesetzte Richtungen führen: Entweder man paßt die Norm der Wirklichkeit an, d. h. man schafft Art. 38 Abs. 1 Satz 2 ab, sei es durch ausdrückliche Verfassungsänderung de constitutione ferenda, sei durch eine Verfassungsauslegung, die die Vorschrift für obsolet erklärt. Oder man unternimmt den Versuch, dem Repräsentationsprinzip verstärkte Geltung zu verschaffen.

Die Entscheidung zwischen den beiden Alternativen hängt wieder von dem zugrundezulegenden verfassungstheoretischen Vorverständnis ab. Maßgeblich ist die grundsätzliche Beurteilung der Verbandsdemokratie. Geht man von einem pluralistischen Harmonieglauben aus, so hat das Repräsentationsprinzip in der pluralistischen Demokratie eigentlich keinen rechten Sinn mehr, Art. 38 Abs. 1 Satz 2 ist dementsprechend restriktiv zu interpretieren[19]. Denn dann könnten die Abgeordneten in letzter Konsequenz sogar alle Interessenvertreter sein, ohne daß dies gemeinwohlschädlich wäre, weil man ja darauf vertraut, daß die Interessen sich im freien Spiel der politischen Kräfte auspendeln und ein angemessener Kompromiß zustande kommt[20]. Wenn „das Zusammenspiel, die Konkurrenz und Balance der organisierten Interessen" gemeinwohlkonforme Entscheidungen versprechen, kann man dieses Kräftespiel mit Kaiser als „faktische Repräsentation" bezeichnen[21] und es an die Stelle der eigentlichen Repräsentation treten lassen.

Dagegen ergibt sich eine ganz andere Konsequenz, wenn sich die pluralistische Harmonieerwartung als unrealistischer Mythos erweist. Wie oben ausführlich dargelegt, zeigen Willensbildung und Entscheidungen in der wesentlich von der Macht der organisierten Interessen bestimmten pluralistischen Wirklichkeit in der Tat eine Schlagseite zu Lasten nichtorganisierbarer, insbes. allgemeiner, Interes-

---

18 Oben S. 136 f.
19 Insofern konsequent: *Tsatsos*, der es im Vertrauen auf den „natürlichen Ablauf des gesellschaftlichen Prozesses" (a.a.O., S. 155) für unbedenklich und zulässig hält, wenn Abgeordnete von bestimmten Interessenten an der Gesetzgebung (faktisch) abhängig sind (oben FN 17). Denn das Parlament dürfe und solle die Gruppierungserscheinungen in der pluralistischen Gesellschaft widerspiegeln (a.a.O., S. 154). Ähnlich *Sturm*, Die Inkompatibilität, S. 115 ff.
20 Das freie Mandat hat in dieser Sicht allenfalls noch die Funktion, durch Verbot des imperativen Mandats möglichst für Kompromißfähigkeit und -bereitschaft der Abgeordneten zu sorgen. Es geht dann also nicht um die Zurückdrängung von Interessentenabgeordneten, sondern um eine möglichst weitgehende Sicherung ihrer Kompromißbereitschaft als einer Voraussetzung für das Funktionieren des macht- und interessenbestimmten Gemeinwohlverfahrens (oben S. 52). So Christoph *Müller*, Das imperative und das freie Mandat, S. 206; *Kühne*, Die Abgeordnetenbestechung, S. 40 ff.; vgl. auch *Böckenförde*, VVDStRL 33, S. 132.

§ 47 Bedeutung des Art. 38 Abs. 1 Satz 2 GG

sen. Dann kommt es aber darauf an, die repräsentativen Komponenten der politischen Willensbildung zu aktivieren, um Gegengewichte gegen die Pluralismusdefizite zu entwickeln oder zu stärken[22]. Als solche Gegengewichte wurden bisher vor allem das Bundesverfassungsgericht, die unabhängige Bundesbank, die Wissenschaft (in Verbindung mit der öffentlichen Meinung), unabhängige Sachverständigenräte und der Bundesrechnungshof herausgestellt, deren Willensbildungs- und Entscheidungsverfahren alle typischerweise von einer wert- und erkenntnisorientierten Grundeinstellung beherrscht sind. Die gleiche verfassungstheoretische Grundauffassung, von der aus die Funktion und eminente Bedeutung dieser Institutionen betont wurde, veranlaßt uns nun auch, die zweite oben zur Diskussion gestellte Alternative zu befürworten und Überlegungen anzustellen, wie dem Repräsentationsprinzip auch durch Effektuierung des Art. 38 Abs. 1 Satz 2 erhöhte Geltung verschafft, der Abgeordnete gegenüber wert- und erkenntnisorientierten Erwägungen sozusagen sensibilisiert und seine Unabhängigkeit vom Interesseneinfluß verstärkt werden kann[23]. Vorab sollen jedoch noch einige historisch bedingte Mißverständnisse hinsichtlich des Repräsentationsprinzips geklärt werden, die es in den Augen vieler diskreditiert haben.

Historisch bedingte Aversionen gegen das Repräsentationsprinzip

Das Repräsentationsprinzip ist eng verknüpft mit dem jeweiligen Gemeinwohlverständnis[24]. Die Ablehnung einer überholten Gemeinwohlkonzeption geht deshalb Hand in Hand mit der Ablehnung der zugeordneten Repräsentationsvorstellung. Dies gilt zunächst einmal für das Verständnis der Repräsentation als Fähigkeit und Verfahren zur Ermittlung eines allein richtigen („vorgegebenen") Gemeinwohls. Diese Vorstellung wurde als unhaltbar zurückgewiesen. Es zwingt uns aber nichts, das Verständnis der Repräsentation auf einen überholten Begriff festzuschreiben[25] und mit seiner Ablehnung auch den Gemeinwohl- und Repräsentationsgedanken überhaupt abzulehnen. Versteht man Repräsentation als wert- und erkenntnisorientiertes Verfahren zur Ermittlung möglichst guter Entscheidungen im Sinne nicht eines vorgegebenen, sondern eines aufgegebenen Gemeinwohls[26], so hat sie nach wie vor ihren guten Sinn.

Eine weitere Wurzel für die Diskreditierung der Repräsentationsvorstellung liegt in seiner historischen Verknüpfung mit dem Honoratiorenparlament[27], von dem man erwartete, daß es das Gemeinwohlrichtige durch Diskussion und Raisonnement finden würde. Da das Honoratiorenparlament aber vom Besitzbürgertum beherrscht, ja diesem durch das seinerzeit bestehende Wahlsystem geradezu reserviert war[28], erhielt die Repräsentationsvorstellung durch diese Verknüpfung eine Stoßrichtung gegen den „Vierten Stand" und damit einen antisozialen Anstrich[28a]. Das bei solcher Repräsentation ermittelte „Gemeinwohl" war nur allzu leicht ein Gemeinwohl im Interesse der Besitzenden. Wenn die Repräsenta-

---

21 Oben S. 191.
22 Oben S. 190 ff.
23 Zur generellen Notwendigkeit, die Unabhängigkeit des politischen Prozesses von den Pressionen organisierter Interessen möglichst zu erhöhen, oben S. 185.
24 Vgl. z. B. *Leibholz*, Repräsentation, S. 53 ff.
25 *Badura*, BK, Art. 38, Rdnr. 50; vgl. auch unten FN 31.
26 *Landshut*, Der politische Begriff der Repräsentation, Hamburger Jahrbuch für Wirtschafts- und Gesellschaftspolitik, Bd. 9 (1964), S. 175 ff.; Krause, DÖV 1974, S. 325 (330).
27 *Leibholz*, Strukturprobleme, S. 80 f.; *Badura*, BK, Art. 38, Rdnr. 12; *Hesse*, Verfassungsrecht, S. 238; vgl. auch oben S. 126 f.
28 Oben S. 282.
28a Vgl. auch Hasso *Hofmann*, Repräsentation, S. 434 f.

L. Abgeordnetenstatus und Repräsentationsprinzip

tionsidee des Liberalismus aber eine „gegen die Demokratisierung des politischen Prozesses" und damit auch gegen den sozialen Fortschritt gerichtete Tendenz besaß[29], mußte sie zwangsläufig zum Angriffsobjekt der auf politische Demokratie und soziale Gerechtigkeit abzielenden Kräfte werden[29a]. Auch hier darf das Kind jedoch nicht mit dem Bade ausgeschüttet und mit der Verwerfung einer bestimmten überholten Ausprägung der Repräsentationsvorstellung, die dem Besitzbürgertum die politische Herrschaft reservierte, der im Kern nach wie vor berechtigte Repräsentationsgedanke gleichfalls verworfen werden. Die Repräsentationsvorstellung braucht durchaus nicht auf eine bestimmte historisch entstandene Form festgeschrieben und dieses Verständnis dadurch verabsolutiert zu werden[30], sondern kann und muß sich mit den Entwicklungen der politischen Soziologie, der Verfassungstheorie und des durch sie bestimmten „Vorverständnisses" wandeln[31]. Anstelle der liberalen, bewußt oder unbewußt auf die Interessen des Besitzbürgertums ausgerichteten, Repräsentationsvorstellung muß heute eine demokratisch-soziale Repräsentationskonzeption treten.

Schließlich und vor allem wurde das Repräsentationsprinzip deshalb angegriffen, weil es in der Interpretation der liberalen Doktrin eine gegen die politischen Parteien gewendete Stoßrichtung besaß; denn die mit der Entstehung moderner politischer Parteiorganisationen zwangsläufig verbundenen Abhängigkeiten der Abgeordneten widersprachen dem liberalen Repräsentationsbegriff[32]. Im Kampf um die Anerkennung der staatspolitischen Funktion der Parteien wurden deshalb Art. 38 und seine Vorläuferbestimmungen von vielen Anhängern der Parteien polemisch bekämpft[33]. So wurde mit dem Kampf für die Anerkennung der Parteien und ihrer legitimen Mitwirkung bei der politischen Willensbildung, dessen schließlicher Erfolg sich in Art. 21 GG manifestiert, nicht nur der liberale Repräsentationsbegriff obsolet, sondern es drohte auch die Konzeption repräsentativen staatlichen Handelns überhaupt erschüttert zu werden. Das war eine verständliche Folge des Verteidigungskampfes derer, die versucht hatten, den Repräsentationsgedanken in einer bestimmten Ausprägung zu verabsolutieren, um die bürgerlich liberale Ordnung zu bewahren, und „Repräsentation" dadurch zu einem „Kampfbegriff mit all seinen Belastungen"[34] gemacht hatten.

Aus jener historischen Frontstellung die Verwerfung des Repräsentationsgedankens überhaupt abzuleiten, wäre aber wiederum ein argumentativer Kurzschluß[35]. Es ist zwar richtig, daß die Abgeordneten der modernen Massendemokratie in ihrer Willensbildung und Entscheidung faktisch nicht mehr so unabhän-

---

29 *Badura*, Rdnr. 28.
29a Vgl. auch *Ridder*, DÖV 1970, S. 617 (619).
30 *Badura*, Rdnrn. 29, 67.
31 Anderer Ansicht *Leibholz* (Strukturwandlungen, S. 279) mit ausdrücklichem Bezug auf den phänomenologischen bzw. geistesgeschichtlich „eindeutig umrissenen" Begriff der Repräsentation; derartige „Wesensbegriffe" seien „überzeitliche, eindeutige und in ihrer Substanz nicht veränderliche geistige Gebilde" (S. 268 f.). Vgl. auch *Leibholz*, Repräsentation, S. 16 ff.; *ders.*, Repräsentativer Parlamentarismus und parteienstaatliche Demokratie, in: *Kluxen* (Hrsg.), Parlamentarismus, S. 349 (358, 360); *ders.*, Gehalt statt Diäten, Abgeordneter ist ein Beruf, Deutsche Zeitung/Christ und Welt v. 21. 1. 1972. Gegen *Leibholz* mit Recht *Scheuner*, Das repräsentative Prinzip in der modernen Demokratie, in: *Kluxen*, (Hrsg.), Parlamentarismus, S. 361 (363 ff.); Friedrich *Müller*, Normstruktur und Normativität, S. 88; *Ridder*, DÖV 1970, S. 617 (619); *Hesse*, Verfassungsrecht, S. 238.
32 *Leibholz*, Repräsentation, S. 90 ff.; *ders.*, Strukturprobleme, S. 83; *Hofmann*, Repräsentation, S. 435 ff. m. w. N.
33 Vgl. z. B. *Morstein Marx*, Rechtswirklichkeit und freies Mandat, AöR NF Bd. 11, S. 430 (439): „Fossiles Petrefakt aus der verfassungsgeschichtlichen Steinzeit".
34 Hans *Meyer*, VVDStRL 33, S. 110.
35 Richtig: *Steiger*, Parlamentarisches Regierungssystem, S. 184 ff. Vgl. auch die Nachweise oben § 27 FN 72.

gig und ungebunden sein können, wie es ihnen die liberal-repräsentative Doktrin unterstellt hatte. Der einzelne Abgeordnete ist vielmehr zwangsläufig in die arbeitsteilige Partei- und Fraktionsorganisation eingebunden[35a]. Ohne Eingliederung in eine Partei ist es in der modernen Massendemokratie praktisch niemandem mehr möglich, ein Mandat zu erringen[36]. Die Parteien richten als Organisationen der politischen Arbeitsteilung den Wahlkampf aus, stellen die Kandidaten auf und entscheiden, ob ein Mandatsträger nach Ablauf der Legislaturperiode erneut nominiert wird. Darüber hinaus verlangt nicht nur der Wahlkampf, sondern auch die Kompliziertheit und Vielfältigkeit der Materie, die in der täglichen parlamentarischen Arbeit zu bewältigen ist, ein arbeitsteiliges Zusammenwirken, das von den Organisationen in Partei, Fraktion, Arbeitskreis etc. organisiert und koordiniert wird. Die Arbeitsteilung führt dazu, daß der einzelne Abgeordnete seine Entscheidungen mangels ausreichenden Überblicks über die Problematik häufig im Vertrauen auf den zuständigen Fachausschuß und die Güte seiner Empfehlungen treffen muß. Umgekehrt bestimmt der Abgeordnete in solchen Bereichen, in denen er „zu Hause" ist, über seine Mitarbeit im betreffenden Ausschuß für seine Parteifreunde weitgehend mit.

Aus der Notwendigkeit des arbeitsteiligen Zusammenwirkens ergeben sich zwangsläufig Abhängigkeiten. Diese werden aber von Art. 21, der die Mitwirkung der Parteien bei der politischen Willensbildung legitimiert, als dem Parteienstaat immanente Strukturmerkmale verfassungsrechtlich akzeptiert. Verfassungstheoretisch ist dies heute auch deshalb weniger bedenklich, als es der liberalen Doktrin noch erscheinen mußte, weil die Parteien sich zu modernen Volksparteien entwickelt haben. Da jede Partei möglichst viele Wählerstimmen braucht und jeder (wahlberechtigte) Bürger eine Stimme hat, kann es sich keine Partei leisten, einseitig die Interessen bestimmter Gruppen zu vertreten; vielmehr muß sich jede Volkspartei prinzipiell an alle Bevölkerungs- und Interessengruppen wenden. Darin liegt ein gewisser Mechanismus, der die Parteien bei Festlegung ihres Programms und bei ihrer politischen Willensbildung versuchen läßt, die Interessen aller Gruppen angemessen zu berücksichtigen und auszugleichen. Dieser soziologischen Feststellung entspricht es, die Parteien staatstheoretisch heute als Organisationen anzusehen, denen die Wahrung des Gemeinwohls aufgegeben ist[37]. Sie erscheinen damit selbst als wichtige Träger des Repräsentationsgedankens und stehen im Gegensatz zu partikularistisch ausgerichteten Interessenverbänden, vor deren überwucherndem Einfluß sie möglichst zu schützen sind (weil auch die Summe der organisierten Interesseneinflußnahme nicht zum Gemeinwohl führt)[38].

Art 38 Abs. 1 Satz 2 GG ist nun allerdings nicht auf die Partei als ganze bezogen, sondern auf den einzelnen Abgeordneten. Der Vorschrift verbleibt aber auch nach Anerkennung der wichtigen Aufgaben der politischen Parteien und der daraus folgenden unumgänglichen Eingebundenheit der Abgeordneten in sie eine bedeutsame und unverzichtbare Funktion. Bei der Bestimmung dieser Funktion kann es im Gegensatz zur Meinung von Leibholz[39], die auch in der Rechtspre-

---

35a Hesse, Verfassungsrecht, S. 238 f.
36 Vgl. Dichgans, Zwischenbericht der Enquête-Kommission, BT-Drucks. VI/3829, S. 62; Schäfer, ebenda, S. 74; Böckenförde, ebenda, S. 77.
37 Vgl. Leibholz, Strukturprobleme, S. 336 f.; Krüger, Staatslehre, S. 373 ff.; Herzog, Staatslehre, S. 21; Badura, BK Art. 38, Rdnrn. 41, 70.
38 Oben S. 151 ff.
39 Leibholz, Repräsentation; ders., Strukturprobleme, S. 78 ff.

L. Abgeordnetenstatus und Repräsentationsprinzip

chung des Bundesverfassungsgerichts verschiedentlich angeklungen ist[40], nicht darum gehen, eine Entscheidung zwischen den angeblich unvereinbaren Prinzipien der repräsentativen Demokratie (Art. 38 GG) und des demokratischen Parteienstaats im Sinne eines auf den jeweiligen Fall bezogenen „Entweder-oder" zu treffen[41]. Art. 38 Abs. 1 Satz 2 und Art. 21 Abs. 1 GG sind einander vielmehr nach den Regeln der Verfassungsauslegung zuzuordnen; die Auslegung läßt sich ihrerseits „von den Bedingungen heutiger parlamentarischer Arbeit und den heute gestellten Problemen nicht ablösen", „deren Bewältigung die verfassungsrechtliche Normierung dient"[41a]. Danach ergibt sich als Funktion des Art. 38 Abs. 1 Satz 2, die Unabhängigkeit der Abgeordneten zu sichern, *soweit* dies bei der unvermeidbaren und durch Art. 21 Abs. 1 auch verfassungsrechtlich akzeptierten faktischen Einbindung in die Partei möglich ist[42], ohne die der Abgeordnete in der modernen Massendemokratie ein Mandat nicht mehr erringen und sinnvoll ausüben kann.

Wenn die Problematik im vorliegenden Zusammenhang auch nicht ausgeschöpft zu werden braucht, so läßt sich doch festhalten, daß das Repräsentationsprinzip in dieser m. E. allein angemessenen Sicht heute jedenfalls zwei wichtige Komponenten besitzt: Einmal soll sie dem Abgeordneten eine möglichst große innerparteiliche und innerfraktionelle Freiheit der Willensbildung, d. h. gleichberechtigte Mitwirkung an der Willensbildung, gewährleisten[43]; sie dient damit auch der demokratischen Willensbildung innerhalb der Fraktion und Partei; letztere wird von Art. 21 Abs. 1 Satz 3 auch ausdrücklich verlangt[44]. Vor allem aber — und das ist im vorliegenden Zusammenhang von entscheidender Bedeutung — besitzt Art. 38 eine Abwehrfunktion gegen den Einfluß organisierter Interessen[45], von denen, wie auch das Bundesverfassungsgericht in seinem Diätenurteil ausdrücklich bemerkt hat, heute die Hauptgefahr für die Unabhängigkeit der Abgeordneten droht[45a]. Vor dieser Gefahr soll Art. 38 möglichst schützen; dies kommt wiederum der Unabhängigkeit der Willensbildung der Partei und Fraktion und damit der Wahrnehmung ihrer Repräsentativfunktion zugute.

Solche Unabhängigkeit der Willensbildung der Parteien ist auch nach ihrer Entwicklung zu Volksparteien nicht etwa überflüssig. Diese Entwicklung wirkt zwar dahin, daß die Parteien versuchen, alle Gruppeninteressen zu berücksichtigen und auszugleichen. Dadurch wird die Wahrnehmung einseitiger Gruppeninteressen tendenziell verhindert. Die generelle Festlegung einer Parteiprogrammatik oder ein Fraktionsbeschluß zu be-

---

40 BVerfGE 2, S. 1 (72 ff.); 4, S. 144 (149 f.) u. ö.; vgl. dazu auch *Badura*, BK, Rdnr. 68.
41 Die Auffassung von *Leibholz* ist durch seine von dieser Arbeit nicht geteilte „phänomenologische" Methodik der Verfassungsinterpretation bedingt, die den Repräsentationsbegriff für unwandelbar hält, weshalb Art. 38 nach wie vor nur im bürgerlich-liberalen Sinn verstanden werden könne. Oben FN 31.
41a *Hesse*, Verfassungsrecht, S. 238.
42 *Badura*, Rdnr. 70; vgl. auch *v. Arnim*, DB 1972, S. 889 (892).
43 *Henke*, BK, Art. 21, Rdnr. 17; vgl. auch *Leibholz*, Strukturprobleme, S. 97; *Stern*, VVDStRL 33, S. 164; *Oppermann*, VVDStRL 33, S. 178.
44 Zum freien Mandat als Korrektiv gegenüber mangelnder innerparteilicher Demokratie: *Kirchheimer*, Parteistruktur und Massendemokratie in Europa, AöR 79 (1953/54), S. 301 (315 f.); Werner *Schmitt*, Der Verlust des Abgeordnetenmandats in den politischen Volksvertretungen der Bundesrepublik Deutschland, Diss. Göttingen, 1955, S. 173; *Hesse*, VVDStRL 17, S. 31 f.; *ders.*, Verfassungsrecht, S. 240; *Badura*, BK, Art. 38, Rdnr. 72; *Saipa*, Lobbyismus, S. 177; *Trautmann*, Zeitschrift für Parlamentsfragen 1971, S. 68.
45 So schon *Radbruch*, Handbuch des Deutschen Staatsrechts, 1. Bd., S. 285 (293); vgl. auch *Maunz/Dürig/Herzog*, Art. 38, Ziff. 17; *Schäfer*, Zwischenbericht der Enquete-Kommission, S. 73 (75); *Badura*, BK, Art. 38, Rdnr. 49; *Saipa*, Lobbyismus, S. 176; *Klatt*, Die Altersversorgung der Abgeordneten, S. 158.
45a BVerfGE 40, S. 296 (315).

stimmten Fragen ist deshalb durchaus geeignet, den Abgeordneten den Rücken gegenüber Interessenverbandsforderungen zu stärken[46]. Aber auch bei ausgleichender Wahrung aller Gruppeninteressen brauchen die resultierenden Entscheidungen noch nicht gemeinwohlkonform zu sein. Wie oben dargelegt, drohen vor allem die besonders wichtigen allgemeinen, quer durch alle Gruppen gehenden Interessen im Ausgleich der Gruppeninteressen „überspielt" (J. Hirsch) zu werden. Es bedarf deshalb repräsentativer Gegengewichte schon bei der Willensbildung der Parteien. Hier hat Art. 38 Abs. 1 S. 2 nach wie vor seine unverzichtbare Funktion.

Unter diesem Aspekt ist auch die in innerer Beziehung zu Art. 38 Abs. 1 Satz 2 stehende Vorschrift des Art. 48 Abs. 3 GG zu sehen, die den Abgeordneten einen „Anspruch auf eine angemessene, ihre Unabhängigkeit sichernde Entschädigung" gibt, ist doch gerade die Verhinderung ==finanzieller Abhängigkeiten== von interessierter Seite die Grundvoraussetzung für ein repräsentatives, also wert- und sachorientiertes, Verhalten der Abgeordneten[47]. Die Vorschrift soll (neben der Bewahrung einer gewissen Unabhängigkeit von der Partei- und Fraktionskasse vor allem bei der internen Willensbildung) verhindern, daß die Abgeordneten, um ihren Lebensunterhalt zu sichern, sich in die materielle Abhängigkeit potenter Interessenten(gruppen) begeben müssen[48].

Es kommt auf die Verhinderung der wirtschaftlichen Abhängigkeit als solcher an, nicht darauf, ob die wirtschaftliche Abhängigkeit des Abgeordneten im Einzelfall zu einer gemeinwohlwidrigen Entscheidung führt. Angesichts der mangelnden Vorgegebenheit des Gemeinwohlinhalts wäre dies ohnehin meist kaum möglich. Gerade deshalb kommt aber dem Verfahren der Willensbildung und der Sicherung der Verfahrensvoraussetzungen, hier also der möglichst weitgehenden Unabhängigkeit der Abgeordneten, so zentrale Bedeutung zu[49].

Im Gegensatz zur liberal-repräsentativen Anschauung, die Gruppierungen als solche beargwöhnte, muß die heutige Auslegung des Art. 38 GG also einen prinzipiellen Unterschied zwischen Parteien und Interessenverbänden machen[50]. Das bedeutet praktisch, daß faktische Einwirkungen der Parteien auf die Abgeordneten verfassungstheoretisch in größerem Umfang und in stärkerer Intensität hinzunehmen sind als von seiten der Interessenverbände[51].

Zusammenfassend ist festzustellen, daß die historisch bedingten Aversionen gegen das Repräsentationsprinzip alle nur berechtigt sind, wenn man dieses auf die besondere Ausprägung festlegt, die es im liberalen Besitzbürgerstaat erhalten hatte, nicht jedoch dann, wenn man es als wert- und erkenntnisorientiertes Entscheidungsverfahren im oben näher dargelegten Sinne versteht[52]; als solches besitzt es auch im Parteienstaat eine wichtige Funktion.

Wir können nunmehr also den oben begonnenen Faden[53] wieder aufnehmen und prüfen, wie das Repräsentationsprinzip des Art. 38 Abs. 1 Satz 2 im Inter-

---

46 *Morstein Marx*, Gemeinwohl und politische Strategie, S. 32 (45 f.); *Badura*, Rdnr. 70; Chr. *Müller*, Das imperative und das freie Mandat, S. 12.
47 *Krüger*, Staatslehre, S. 267 f.; *Steiger*, Parlamentarisches Regierungssystem, S. 79.
48 Vgl. *Scheuner*, Das repräsentative Prinzip in der modernen Demokratie, S. 371; *Klatt*, Zeitschrift für Parlamentsfragen 1971, S. 344 (345); v. *Arnim*, DB 1972, S. 889 (892); *Versteyl*, DÖV 1972, S. 774 (776).
49 Zutreffend herausgearbeitet von *Krause*, DÖV 1974, S. 325 (327 ff.). Verkannt von *Tsatsos*, Die parlamentarische Betätigung von öffentlichen Bediensteten, S. 151. Vgl. auch oben FN 19.
50 *Badura*, Rdnr. 70.
51 *Saipa*, Lobbyismus, S. 179.
52 Oben S. 54 ff.
53 Oben S. 391.

L. Abgeordnetenstatus und Repräsentationsprinzip

esse einer ausgewogenen Willensbildung und Bekämpfung von Pluralismusdefiziten effektuiert werden kann. Dabei hat es auch hier wenig Sinn, sich aufs „Appellieren" zu beschränken. Entscheidend ist es, die Voraussetzungen für die Unabhängigkeit der Abgeordneten und der Parteien von unangemessenem Einfluß der Interessenverbände schrittweise zu verbessern. Es kann allerdings nicht die Aufgabe dieser Arbeit sein, alle in diesen Zusammenhang gehörenden verfassungstheoretischen Fragen erschöpfend zu behandeln; im folgenden geht es lediglich darum, einige Ansatzpunkte für eine Verbesserung der Voraussetzungen für die Realisierung des Repräsentationsgebots beispielhaft aufzuzeigen[54]. Im Mittelpunkt werden dabei die Frage der Einführung von Verbandsinkompatibilitäten und die Reform des finanziellen Status der Abgeordneten stehen. Insgesamt wird sich die Verbesserung der politischen Willensbildungs- und Entscheidungsverfahren als Gemeinschaftsaufgabe einer Vielzahl von Wissenschaftlern, Journalisten, Politikern, Richtern etc. über Jahrzehnte hinweg erweisen. Ein Patentrezept gibt es ohnehin nicht, aber die Summe vieler einzelner Schritte[55] dürfte die Mängel durchaus eindämmen können[56].

§ 48 Einführung von Verbandsinkompatibilitäten?

Ein wichtiges Medium, über das organisierte Interessen Einfluß auf politische Entscheidungen nehmen, ist die „eingebaute Lobby"; damit sind die Verbandsvertreter[1] angesprochen, die in den Entscheidungszentralen, besonders im Parlament, Sitz und Simme haben[2]. Will man den Verbandseinfluß zurückdrängen und die Unabhängigkeit der Abgeordneten stärken, so liegt es nahe zu versuchen, hier durch Einführung von Verbandsinkompatibilitäten einen Riegel vorzuschieben[3].

Zu erwägen wäre z. B. eine § 1 Abs. 3 Satz 2 Sachverständigenratsgesetz entsprechende Regelung. Die Mitglieder des Sachverständigenrats dürfen nach dieser Vorschrift „nicht Repräsentant eines Wirtschaftsverbandes oder einer Organisation der Arbeitgeber oder Arbeitnehmer sein oder zu diesen in einem ständigen Dienst- oder Geschäftsbesorgungsverhältnis stehen"[4]. Der ins Parlament gewählte

---

54 Zur Diskussion weiterer Ansatzpunkte jüngst *Schröder*, Gesetzgebung und Verbände, S. 222 ff.
55 „Piecemeal social engineering" bleibt auch hier die Devise. Zum Konzept des „piecemeal social engineering" *Popper*, Die offene Gesellschaft und ihre Feinde, Bd. 1, 9. Kap. (S. 313 ff.). Vgl. auch *Dahrendorf*, Die neue Freiheit, S. 137 ff.
56 So hinsichtlich der Durchsetzung eines wirksamen Umweltschutzes: *Bullinger*, VersR 1972, S. 599 (601): „Nur von einer Summierung aller denkbaren Mittel des Umweltschutzes, die jeweils für sich allein zu schwach sind, wird das Minimum an Umweltschutz zu erwarten sein."

1 In den USA spricht man anschaulich von „built-in-lobbyists". *Milbrath*, The Washington Lobbyists, S. 9.
2 Oben S. 145.
3 Dazu C. *Schmitt*, Verfassungslehre, S. 255; Werner *Weber*, Der Ausschluß wirtschaftlicher Unternehmer vom Parlamentsmandat; *Eichenberger*, Rechtsetzungsverfahren, S. 98 a; *Sturm*, Die Inkompatibilität, S. 111 ff.; *Tsatsos*, Die Parlamentarische Betätigung von öffentlichen Bediensteten, S. 149 ff.; *Kühne*, Abgeordnetenbestechung, S. 115 f.; *Noll*, Gesetzgebungslehre, S. 56; *Hensel*, Wirtschaftspolitische Verbände, S. 165 ff.; *ders.*, ZRP 1974, S. 177 ff.; *Steinberg*, ZRP 1972, S. 207 (210); *Steiger*, Parlamentarisches Regierungssystem, S. 79 *Krause*, DÖV 1974, S. 325 (333 f.); *Zacher*, VVDStRL 33, S. 140; *Schröder*, Gesetzgebung und Verbände, S. 235 ff.
4 Gleichlautende Vorschriften enthalten § 4 Abs. 3 S. 2 des 1. Erlasses über die Einrichtung eines Rates von Sachverständigen für Umweltfragen v. 28. 12. 1971 und § 24 b Abs. 2 S. 2 Gesetz gegen Wettbewerbsbeschränkungen (betreffend die Monopolkommission). Nach § 1 Abs. 3 Satz 3 SVRG und den gleichlautenden Bestimmungen bzgl. des Sachverständigenrats für Umweltschutz und der Monopolkommission darf der in den Sachverständigenrat Berufene auch nicht während des letzten Jahres vor der Berufung eine derartige Stellung innegehabt haben. Eine entsprechende Regelung für Parlamentsabgeordnete ginge aber über die hier zu erörternde Unvereinbarkeit hinaus, weil sie praktisch zu einer Unwählbarkeit der genannten Gruppe führen würde.

§ 48 Einführung von Verbandsinkompatibilitäten?

Verbandsabgeordnete müßte sich dann für das Mandat oder seine Verbandsstellung entscheiden. Beides zusammen wäre unvereinbar.

Art. 38 Abs. 1 S. 2 GG stände einer solchen Bestimmung nicht entgegen; im Gegenteil: Sinn einer solchen Unvereinbarkeitsregelung wäre es ja gerade, die von Art. 38 postulierte Unabhängigkeit der Abgeordneten zu effektuieren[5]. Eine andere Auffassung müssen allerdings diejenigen vertreten, die, wie Gerd Sturm und Dimitris Tsatsos, von der pluralistischen Harmonielehre ausgehen und die Bedeutung der Unabhängigkeit als Verfahrensvoraussetzung für repräsentative Gemeinwohlentscheidungen[6] verkennen[7]. Die Unhaltbarkeit eines solchen Ausgangsverständnisses ist indes an anderer Stelle dieser Arbeit ausführlich dargelegt worden.

Auch die faktische Beeinträchtigung des passiven Wahlrechts von Verbandskandidaten, die in der Unvereinbarkeit läge, würde nicht etwa gegen das Prinzip demokratischer Gleichheit verstoßen, sofern eine befriedigende Abgrenzung der relevanten Fallgruppen gelänge[8]. Der Gleichheitssatz erlaubt Abweichungen von der Regel, wenn ein legitimierender Grund vorliegt[9]. Ein solcher ist aber mit der verfassungstheoretischen Notwendigkeit gegeben, den übermäßigen Einfluß der organisierten Interessen zugunsten der Repräsentation der nicht organisierten Interessen zurückzudrängen[10]. Schließlich kann in der Bekämpfung der „eingebauten Lobby" auch kein Verstoß gegen die Gewährleistungsartikel des Verbandseinflusses, insbes. Art. 9 GG, gesehen werden. Wie oben dargelegt[11], müssen diese ihrerseits restriktiv ausgelegt werden und stehen der verfassungstheoretisch notwendigen Eindämmung des Verbandseinflusses insoweit nicht entgegen[12].

Bedenken gegen derartige Inkompatibilitätsregelungen resultieren jedoch aus den kaum auszuschließenden Umgehungsmöglichkeiten[13] und der Ungleichheit und Ungerechtigkeit, die in der Nichterfassung der Umgehungsfälle liegt. Dazu ein Beispiel: Neben den Verbandsorganisationen besitzen heute auch viele Großunternehmen ihre „Verbindungsstelle" in Bonn[14]; nicht selten gelingt es auch ihnen, ihre Leute im Bundestag unterzubringen[15]. Diese arbeiten meist eng mit den einschlägigen Verbänden zusammen und stehen ihrer Funktion nach in naher Verwandtschaft zu den eigentlichen Verbandsvertretern. Unter die erörterte Inkompatibilitätsregelung fielen sie dennoch nicht. Die Umgehungsmöglichkeiten liegen somit auf der Hand. Zudem ergäben sich Ungleichheit und Ungerechtigkeit gegenüber den Abgeordneten, die ihre Verbandsposition aufgeben müßten. Nun könnte man daran denken, auch Unternehmensvertreter (einschließlich der Träger bestimmter Unternehmensfunktionen) in die Unvereinbarkeitsregelung miteinzubeziehen. Aber auch dann würden sich entsprechende Probleme ergeben. Ein Beispiel: Kann man für Unternehmer — oder evtl. nur für Vertreter von Großunternehmen (wo liegt im übrigen die Grenze zwischen großen und kleinen Un-

---

5 So mit Recht *Hensel*, Wirtschaftspolitische Verbände, S. 168, 170 ff.; ders., ZRP 1974, S. 179.
6 Dazu oben § 47 FN 49
7 *Sturm*, Inkompatibilität, S. 114 ff.; *Tsatsos*, Die parlamentarische Betätigung, S. 149 ff.
8 Dazu sogleich im Text.
9 *Leibholz*, Repräsentation, S. 172 FN 4.
10 *Eichenberger*, Rechtssetzungsverfahren, S. 98 a f.; *Hensel*, ZRP 1974, S. 179; ders., Wirtschaftspolitische Verbände, S. 169 f.; *Krause*, DÖV 1974, S. 334.
11 Oben S. 195.
12 So auch *Hensel*, ZRP 1974, S. 179; ders., Wirtschaftspolitische Verbände, S. 171 f.
13 C. *Schmitt* befürchtet das Entstehen eines „neuen Systems von Verschleierungen". Das Problem der innerpolitischen Neutralität, S. 44; vgl. auch *Eschenburg*, Politische Praxis II, S. 170.
14 *Schmölders*, Finanzpolitik, 3. Aufl., S. 127 f.
15 Vgl. Ulrich *Dübber*, Geld und Politik, 1970, S. 44 f.

L. Abgeordnetenstatus und Repräsentationsprinzip

ternehmen) — Unvereinbarkeiten festlegen, Unternehmens*berater* aber davon ausnehmen? Verbandsinkompatibilitäten, wie auch wirtschaftliche Inkompatibilitäten generell, bleiben deshalb problematisch[16]. Berücksichtigt man weiter, daß die geistige Assoziätät zwischen Abgeordnetem und Verband auch bei Aufgabe der Verbandsstellung erhalten bleibt[17], so wird deutlich, daß Verbandsinkompatibilitäten ohnehin nur auf die Beseitigung wirtschaftlich-finanzieller Abhängigkeiten zielen können. Dann ist aber zu fragen, ob dieses Ziel nicht durch eine umfassende Neugestaltung des finanziellen Status der Abgeordneten besser, d. h. möglichst unter Ausschluß der genannten Umgehungsmöglichkeiten und Ungleichheiten, erreicht werden könnte.

§ 49 Reform des finanziellen Status der Abgeordneten

Der Zusammenhang zwischen dem finanziellen Status der Abgeordneten und dem Grad ihrer Anfälligkeit für die Einflußnahme von Interessenten liegt auf der Hand[1]: Je dürftiger die besoldungsmäßige Ausstattung der Abgeordneten ist, desto mehr sind sie darauf angewiesen, sich nach anderen Einnahmequellen umzusehen[2]. Angesichts der weittragenden Bedeutung der von den Abgeordneten zu treffenden Entscheidungen und der Milliardensummen an bewegten öffentlichen Geldern finden sich leicht finanzkräftige Interessenten, denen ein Versuch, in ihrem Sinne Einfluß zu nehmen, die Bezahlung eines laufenden oder einmaligen Geldbetrages wert ist; dies kann z. B. auch in Form des Fortlaufens der Bezüge an einen ins Parlament gewählten Verbandsfunktionär erfolgen[3]. Damit ist wiederum das Problem der „inneren Lobby" angesprochen, die, wie dargelegt, einen wesentlichen Faktor für den Einfluß der organisierten Interessen darstellt[4]. Gewiß wird die Unabhängigkeit eines Abgeordneten von Interessenten nicht allein von seinem finanziellen Status bestimmt. Die wirtschaftliche Sicherung ist aber eine besonders wichtige Voraussetzung. Dementsprechend gibt Art. 48 Abs. 3 GG den Bundestagsabgeordneten einen „Anspruch auf eine angemessene, ihre Unabhängigkeit sichernde Entschädigung"; die Summe dieser „Entschädigungsleistungen" wird herkömmlicherweise als „Diäten" bezeichnet.

Das Verständnis der Diäten, ihre Ausgestaltung und ihr Rechtscharakter werden wesentlich vom verfassungstheoretischen Leitbild des Abgeordneten geprägt. Dieses Bild ist nun aber in der Vergangenheit beträchtlichen Wandlungen unterworfen gewesen, die ihrerseits im Zusammenhang stehen mit den Wandlungen im Verständnis des Repräsentationsprinzips[5]. Der bürgerlich-liberalen Konzeption des Honoratioren-Parlaments[6] entsprach die Vorstellung von der Abgeordnetentätigkeit als Ehrenamt[7] und den Diäten als pauschalierter Entschädigung für Aufwendungen, die dem Abgeordneten durch die Ausübung des öffentlichen Mandats erwachsen.

---

16 So auch *Hensel*, Wirtschaftspolitische Verbände, S. 57, 174.
17 *Eschenburg*, in: Der Staat und die Verbände, S. 30 f.

1 Vgl. z. B. *Klatt*, Die Altersversorgung der Abgeordneten, S. 157 ff.
2 *Eschenburg*, Staat und Gesellschaft in Deutschland, S. 509; *Klatt*, Zeitschrift für Parlamentsfragen 1971, S. 344 (352).
3 *Eschenburg*, Der Sold des Politikers, S. 71.
4 Oben S. 145 f.
5 Oben S. 391 ff.
6 Max *Weber*, Politik als Beruf, S. 38 f.
7 *Anschütz*, Kommentar zur Weimarer Reichsverfassung, Art. 40, Anm. 2; *Leibholz*, Das Wesen der Repräsentation, S. 91; Carl *Schmitt*, Verfassungslehre, S. 318; *Maunz*, Maunz/Dürig/Herzog, Art. 48, Rdnr. 14; *v. Mangoldt/Klein*, 2. Aufl. 1964, IV 1 zu Art. 48 (S. 992); *Steiger*, Parlamentarisches Regierungssystem, S. 71; BVerfGE 4, S. 144 (149).

§ 49 Reform des finanziellen Status der Abgeordneten

Die Vorstellung von der Abgeordnetentätigkeit als Ehrenamt ist heute jedoch völlig wirklichkeitsfremd geworden. Die fortschreitende Erweiterung und Komplizierung der Aufgaben der Parlamente[8] hat dazu geführt, daß ein Mandat jedenfalls im Bundestag heute von einem gewissenhaften Abgeordneten seine ganze Arbeitskraft erfordert[9]. Gleichzeitig ist heutzutage praktisch jedermann darauf angewiesen, sich seinen und seiner Familie Lebensunterhalt zu erarbeiten; das gilt auch für Abgeordnete, nachdem mit der Demokratisierung des Wahlrechts das früher dominierende Idealbild eines allein als politisch tauglich angesehenen Besitzbürgers[10], das auch in der Weimarer Zeit noch nachwirkte, völlig verblaßt ist. Aufgrund dieser politisch-soziologischen Gegebenheiten ist das ehrenamtliche Moment zwangsläufig zurückgetreten[11]; das Abgeordnetenamt verlangt — jedenfalls für Mitglieder des Bundestags — eine berufsmäßige Erledigung[12].

Der Wandel hat sich auch in den Diätenregelungen niedergeschlagen[13]: Die Abgeordneten erhalten neben den eigentlichen Unkostenpauschalen sog. Grunddiäten, die den Lebensunterhalt der Abgeordneten und ihrer Familien und damit ihre materielle Existenz und Unabhängigkeit sichern sollen. Noch deutlicher wurde der Wandel des Charakters von Abgeordnetenamt und Entschädigung mit der im Bundestag und in den meisten Landtagen eingeführten Abgeordnetenpension. Das Bundesverfassungsgericht hat denn auch die Diäten bereits in einer Entscheidung aus dem Jahre 1971 als Gehalt und Besoldung qualifiziert[14].

Wenn die bisherige Regelung der Abgeordnetenentschädigung dennoch höchst anfechtbar war, so rührte das daher, daß in ihr die Konsequenzen jenes Wandels nur teilweise ihren Niederschlag gefunden hatten, während andererseits zahlreiche Bestimmungen beibehalten wurden, die nur solange einen guten Sinn gehabt hatten, als das Abgeordnetenmandat noch ein Ehrenamt war und die Diäten den Charakter echter Aufwandsentschädigungen besaßen. Auf solch überholten Bestimmungen beruhten etwa die Steuerfreiheit des Abgeordnetengehalts, das Privileg der Abgeordneten aus dem öffentlichen Dienst, die neben den Diäten noch ein Ruhegehalt aus dem öffentlichen Dienstverhältnis bezogen, und die gegenseitige Nicht-Anrechenbarkeit von Diäten und anderen Einnahmen aus öffentlichen Kassen. Zugleich war aber zu fragen, ob angesichts der heute erforderlichen berufsmäßigen Erledigung der Aufgaben eines Bundestagsabgeordneten nicht auch die Höhe seines Gehalts mit netto 3 850 DM (1976) zu gering bemessen war. Die Konsequenzen aus dem geschilderten Wandel waren also weder bei der strukturellen Ausgestaltung (Abbau überholter Privilegien) noch wohl auch bei der Bemessung der Höhe der Grunddiäten voll gezogen worden.

Nachdem sich gezeigt hatte, daß der Bundestag ebenso wie auch die Landtage die erforderliche grundlegende Bereinigung des Diätenrechts offenbar nicht allein zu Wege bringen konnten, unternahm es das Bundesverfassungsgericht mit einer

---

8 *Steiger*, Parlamentarisches Regierungssystem, S. 18 ff., 72.
9 So z. B. der frühere Bundestagspräsident Eugen *Gerstenmaier*, 5. Legislaturperiode, 152. Sitzung v. 7. 2. 1968, Sten.Ber. S. 7841 A.
10 *Eschenburg*, Der Sold des Politikers, S. 52 f.
11 O. *Stammer*, in: Ziegenfuß, Handbuch der Soziologie, S. 597; v. d. *Heydte/Sacherl*, Soziologie der deutschen Parteien, 1955, S. 201 ff.
12 BVerfGE 32, S. 157 (163): „Die Tätigkeit des Abgeordneten ist im Bund zu einem den vollen Einsatz der Arbeitskraft fordernden Beruf geworden". Vgl. auch v. *Mangoldt/Klein*, Art. 48, IV 1 (S. 992 f.); *v. Hassel*, Bulletin der Bundesregierung 1971, S. 1513 (1515); *Steiger*, Parlamentarisches Regierungssystem, S. 71 ff.
13 Dazu *Klatt*, Zeitschrift für Parlamentsfragen 1973, S. 407; *v. Arnim*, Die Abgeordnetendiäten, jeweils m. w. N.
14 BVerfGE 32, S. 157 (163 ff.).

L. Abgeordnetenstatus und Repräsentationsprinzip

Grundsatzentscheidung vom 5. 11. 1975[15], die in seine Geschichte eingehen wird[16], die Reform zu erzwingen, und dem Gesetzgeber gleichzeitig die dabei zu beachtenden Richtlinien mit auf den Weg zu geben:

1. Das Bundesverfassungsgericht bekräftigte zunächst die schon 1971[17] ausgesprochene Charakterisierung der Entschädigung als „Alimentation", „Einkommen", „Gehalt" und „Entgelt" des Abgeordneten für die Inanspruchnahme „durch sein zur Hauptbeschäftigung gewordenes Mandat".

2. Das Gehalt sei so zu bemessen, daß es auch für den, der kein weiteres Einkommen hat, „eine Lebensführung gestattet, die der Bedeutung des Amtes angemessen ist".

3. Aus dem Einkommenscharakter folge zugleich, daß die überkommenen strukturellen Eigenheiten nicht mehr aufrecht zu erhalten seien. Das gelte zunächst einmal für die Steuerfreiheit, die heute ein mit Art. 3 Abs. 1 GG unvereinbares Privileg darstelle. Nur die Entschädigung für wirklich entstandenen, sachlich angemessenen, mit dem Mandat verbundenen besonderen Aufwand sei daneben noch echte Aufwandsentschädigung, die auch künftig steuerfrei bleiben könne.

4. Entsprechend sei das Beamtenprivileg zu beurteilen: „Daß der ins Parlament gewählte Beamte sein Gehalt behält oder in den Ruhestand tritt und Ruhegehalt bezieht, ... ist ... ein mit dem Mandat verbundenes Privileg ... Dieses Privileg hat seine Berechtigung innerhalb des Abgeordnetenrechts in dem Augenblick verloren, in dem der Abgeordnete angemessen alimentiert wird. Außerdem widerspricht das Privileg dem formalisierten Gleichheitssatz." Eine angemessene Regelung sei es, wenn „der Beamte, der Mitglied des Parlaments wird und nicht mehr im öffentlichen Dienst tätig ist, für die Dauer dieser Mitgliedschaft ohne Bezüge beurlaubt wird" oder wenn „für diese Zeit das Ruhen seiner Rechte und Pflichten aus dem Beamtenverhältnis angeordnet wird."

5. Nichts anderes gelte schließlich für das „Lobbygeld-Privileg", also die rechtlich bisher unbeschränkte Möglichkeit der Abgeordneten, Zahlungen von Interessenten entgegenzunehmen, mit denen diese eine politische Einflußnahme auf das Verhalten der Abgeordneten in Ausübung ihres Mandats bezwecken. Einkünfte dieser Art seien mit dem unabhängigen Status der Abgeordneten und ihrem Anspruch auf gleichmäßige finanzielle Ausstattung in ihrem Mandat unvereinbar. Art. 48 Abs. 3 in Verbindung mit Art. 38 Abs. 1 GG verlangten deshalb „gesetzliche Vorkehrungen dagegen, daß Abgeordnete Bezüge aus einem Angestelltenverhältnis, aus einem sog. Beratervertrag oder ähnlichem, ohne die danach geschuldeten Dienste zu leisten, nur deshalb erhalten, weil von ihnen im Hinblick auf ihr Mandat erwartet wird, sie würden im Parlament die Interessen des zahlenden Arbeitgebers und Unternehmers oder der zahlenden Großorganisation vertreten und nach Möglichkeit durchzusetzen versuchen."

6. Verfassungswidrig sei weiter auch die bisherige Anbindung des Abgeordnetengehalts an die Beamtengehälter. Diese sei „der Intention nach dazu bestimmt, das Parlament der Notwendigkeit zu entheben, jede Veränderung in der Höhe der Entschädigung im Plenum zu diskutieren und vor den Augen der Öffentlichkeit darüber als einer selbständigen politischen Frage zu entscheiden." Die Koppelung der Entschädigung an eine besoldungsrechtliche Regelung führe zur Abhängigkeit jeder Erhöhung der Entschädigung von einer entsprechenden

---
15 BVerfGE 40, S. 296.
16 *Leibholz*, Deutsche Zeitung v. 14. 11. 1975, S. 6.
17 Oben FN 14.

Erhöhung der Besoldung. Genau dies aber widerstreite der verfassungsrechtlich gebotenen selbständigen Entscheidung des Parlaments über die Bestimmung dessen, was nach seiner Überzeugung „eine angemessene, die Unabhängigkeit sichernde Entschädigung" sei. In einer parlamentarischen Demokratie lasse es sich zwar nicht vermeiden, daß das Parlament in eigener Sache entscheide, wenn es um die Festsetzung der Höhe und um die nähere Ausgestaltung der mit dem Abgeordnetenstatus verbundenen finanziellen Regelung gehe. Gerade in einem solchen Fall verlange aber das demokratische und rechtsstaatliche Prinzip (Art. 20 GG), daß der gesamte Willensbildungsprozeß für den Bürger durchschaubar sei und das Ergebnis vor den Augen der Öffentlichkeit beschlossen werde. Denn dies sei die einzige wirksame Kontrolle. Die parlamentarische Demokratie basiere auf dem Vertrauen des Volkes; Vertrauen ohne Transparenz, die erlaube zu verfolgen, was politisch geschehe, sei nicht möglich.

7. Aus dem formalisierten Gleichheitssatz folge schließlich, daß jedem Abgeordneten eine gleich hoch bemessene Entschädigung zustehe, unabhängig davon, ob die Anspruchnahme durch die parlamentarische Tätigkeit größer oder geringer sei und ob der individuelle finanzielle Aufwand oder das Berufseinkommen verschieden hoch sei. Danach seien Verdienstausfallentschädigungen und Zulagen für Abgeordnete mit besonderen parlamentarischen Funktionen (wie Oppositions- und Fraktionsführer, Ausschußvorsitzende und Schriftführer) unzulässig. Ausnahmen seien nur für den Parlamentspräsidenten und seine Stellvertreter anzuerkennen.

Das Urteil ist in fast allen Punkten zu begrüßen. Es bestätigt die dieser Arbeit zugrundeliegende Gesamtkonzeption; dies ergibt sich auch daraus, daß die ursprüngliche, dem Fachbereich Rechtswissenschaft der Universität Regensburg am 1. 8. 1975 eingereichte Fassung dieser Arbeit in seinen Postulaten und Ergebnissen das Urteil weitgehend vorweggenommen hatte[18]. Das gilt jedenfalls für die Punkte 1–6. Der Verfasser hat an anderer Stelle zu den Fragen einer Neuregelung der Diäten (und auch zum Entwurf des „Gesetzes zur Neuregelung der Rechtsverhältnisse der Mitglieder des Deutschen Bundestages"[18a], der kürzlich in kaum veränderter Form in Kraft getreten ist[18b]) ausführlich Stellung genommen[19], so daß sich eine Wiederholung hier erübrigt. Es sei lediglich hervorgehoben, daß das Urteil (und das neue Abgeordnetengesetz des Bundes) in mehrerlei Hinsicht eine Verbesserung der verfahrensmäßigen Infrastruktur der politischen Willensbildung bewirkt: Eine der Bedeutung des Amtes angemessene Besoldung dient der Unabhängigkeit der Abgeordneten. Die Einführung der Besteuerung des Abgeordnetengehalts wird dazu führen, daß die Abgeordneten die Auswirkungen ungerechter und überkomplizierter Steuergesetze verstärkt am eigenen Leib erfahren. Das kann in der Tendenz zu einer sorgfältigeren Berücksichtigung der Werte Gerechtigkeit und Rechtssicherheit bei der Steuergesetzgebung führen. Die Aufhebung des „Beamtenprivilegs" und der Koppelung der Diäten an die Beamtengehälter beseitigt die ungute Lage, daß die Abgeordneten mit der Entscheidung über die Beamtengehälter gleichzeitig über ihre Mandatsbezüge mitentscheiden.

18 Vgl. auch *v. Arnim*, Parlamentsreform; *ders.*, Die Steuerfreiheit der Diäten ist verfassungswidrig; *ders.*, Die Abgeordnetendiäten; *ders.*, Abgeordnetenentschädigung und Grundgesetz.
18a BT-Drucks. 7/5525.
18b Gesetz v. 18. 2. 1977, BGBl. I S. 297.
19 *v. Arnim*, Reform der Abgeordnetenentschädigung; *ders.*, Das Verbot von Interessentenzahlungen an Abgeordnete.

L. Abgeordnetenstatus und Repräsentationsprinzip

Auf vier besonders umstrittene Punkte sei hier allerdings noch etwas ausführlicher eingegangen; der erste betrifft das Beamtenprivileg (oben Nr. 4), der zweite die Anbindung der Diäten an die Beamtenbesoldung (oben Nr. 6), der dritte das Verbot von Lobbygeldern (oben Nr. 5), der vierte schließlich das Verbot von Funktionszulagen (oben Nr. 7)[20].

Zur Beseitigung des „Beamtenprivilegs"

Die Feststellung der Verfassungswidrigkeit des „Beamtenprivilegs" (Fortfall des bisher neben den Diäten bezogenen Ruhegehalts der Abgeordneten aus dem öffentlichen Dienst) ist von einigen Kommentatoren kritisiert worden: Auf diese Weise werde die bisherige finanzielle Privilegierung der Abgeordneten aus dem öffentlichen Dienst in ihr Gegenteil verkehrt[21]. Es sei auch zu befürchten, daß nunmehr verstärkt untere Beamtenränge in das Parlament streben, „für die eine Mandatsausübung nicht zu finanziellen Einbußen, sondern zu Einkommensverbesserungen" führe[22]. Außerdem bestehe „die Gefahr, daß die von Beamten geräumten Parlamentssitze von Interessen- bzw. Verbandsvertretern eingenommen werden, die bereits ebenfalls in den Parlamenten überrepräsentiert sind. Es würde lediglich ein Übel durch ein anderes ersetzt, wobei man sich fragen müßte, ob nicht das bisherige Übel ein geringeres wäre"[23].

Die Einwände vermögen nicht zu überzeugen. Zwar ist es richtig, daß die Beseitigung des Beamtenprivilegs die Betroffenen *insoweit* schlechter stellt als Abgeordnete, die nicht aus dem öffentlichen Dienst kommen, weil letztere auch neben dem Mandat noch in ihrem *bisherigen* Beruf tätig sein und daraus Bezüge erhalten dürfen. Der Vergleich zwischen beiden Gruppen darf sich aber nicht auf bestimmte Ausschnitte der finanziellen Gesamtregelung beschränken, sondern muß auch die besonderen Vorteile der Abgeordneten aus dem öffentlichen Dienst mitberücksichtigen, insbesondere die berufliche Sicherheit, die sie wegen der auch nach dem Diätenurteil (und dem neuen Abgeordnetengesetz des Bundes) fortbestehenden Wiedereinstellungsgarantie genießen. Berücksichtigt man dies, so stellt die Beseitigung des Ruhegehalts für Abgeordnete aus dem öffentlichen Dienst schwerlich eine Benachteiligung dar, sondern läßt sich eher als Minderung ihrer bisherigen Bevorzugung auffassen. Eine Verkehrung der Privilegierung in ihr Gegenteil liegt deshalb nicht vor.

Ebenso wenig ist zu erwarten, daß die vom Gericht vorgeschriebene Neuregelung die Tendenz verstärkt, daß untere Beamtenränge ins Parlament drängen. Denn einmal war der Anreiz für diese, sich um einen Parlamentssitz zu bemühen, auch bisher schon groß, erhielten sie doch — neben ihrem Ruhegehalt aus dem Beamtenverhältnis — (im Bundestag) ein Abgeordnetengehalt von ca. 3 000 DM netto. (Dabei ist der bisherige Eigenbeitrag des Abgeordneten zur Finanzierung der Altersversorgung bereits abgezogen.) Zum zweiten würde die im neuen Abgeordnetengesetz des Bundes[24] vorgesehene Anhebung des Abgeordnetengehalts auf 7 500 DM monatlich — bei Wegfall des Eigenbeitrags zur Altersversorgung und gleichzeitiger Versteuerung — für einen Bundestagsabge-

---

20 Zur verfahrensrechtlichen Kritik am Diätenurteil oben S. 307 f.
21 *Lohmer*, Deutsches Allgemeines Sonntagsblatt, Nr. 46 vom 16. 11. 1975, S. 1; *Henkel*, DÖV 1975, 819 (820); *Menger*, VerwArch 1976, S. 303 (314).
22 *Menger*, a.a.O. (FN 21); ähnlich *Häberle*, NJW 1976, S. 537 (541 f.), der der Tendenz des Senats aber dennoch ausdrücklich zustimmt.
23 *Menger*, a.a.O. (FN 21); *Dietrich*, ZBR 1976, S. 97 (105).
24 Oben FN 18 b.

ordneten, der über keine weiteren Einkünfte verfügt, eine massive Erhöhung seines verfügbaren Nettogehalts bewirken[25] und dürfte zusammen mit Nebenleistungen (relativ kurzfristig „angesparte" Altersversorgung, Krankenbeihilfe etc.) auch für hohe Beamte attraktiv genug sein.

Schließlich verliert auch die Befürchtung, die Bekämpfung der „Verbeamtung der Parlamente"[26] würde nur um so mehr die Tendenz zum „Funktionärs-Parlament" verstärken, dann ihre Grundlage, wenn gleichzeitig das Lobbygeldverbot ernstgenommen und wirksam durchgeführt wird; dies stößt auch durchaus nicht auf unüberwindliche praktische Schwierigkeiten. Der Ersetzung des „Beamten-Parlaments" durch ein „Funktionärs-Parlament" zu entgehen, ist gerade ein wesentlicher Sinn des vom Gericht ausgesprochenen Lobbygeldverbots. Dagegen zerreißt das neue Abgeordnetengesetz[27], das nur die Beseitigung des Beamtenprivilegs vorsieht, diesen inneren Zusammenhang und verkennt, daß das Verbot von Lobbygeldern und das Gebot, detaillierte gesetzliche Vorkehrungen dagegen zu treffen, einen integralen Bestandteil des gedanklichen Gesamtgebäudes eines zu reformierenden Abgeordnetenrechts bildet, der nicht herausgebrochen werden kann, ohne daß die Reform insoweit zu geradezu perversen Konsequenzen zu führen droht[28].

In den kritischen Stellungnahmen bleiben schließlich zwei wichtige, *für die rigorose Beschneidung des Beamtenprivilegs sprechende Gründe* unberücksichtigt, die allerdings auch im Urteil nicht voll herausgearbeitet worden sind. Der eine betrifft die vom Gericht offenbar angestrebte Eindämmung der „Verbeamtung der Parlamente"[29], der zweite, damit zusammenhängende, die Gewährleistung der Unvoreingenommenheit der Abgeordneten in Besoldungsfragen. Der Bezug von Ruhegehalt durch Abgeordnete aus dem öffentlichen Dienst führt ja dazu, daß Beamten-Abgeordnete von Besoldungserhöhungen als Ruhestandsbeamte unmittelbar profitieren, so daß Besoldungsänderungsgesetze für sie zu „In-sich-Geschäften"[30] werden. Diese unmittelbare Interessenverquickung kann nur durch volle Beseitigung des Ruhegehalts an Beamten-Abgeordnete unterbunden werden. Und auch der Verbeamtung wird dadurch offenbar entgegengewirkt.

Zum Koppelungsverbot

Gegen die Feststellung des Gerichts, die Anbindung der Diäten an die Beamtenbesoldung sei verfassungswidrig, ist eingewendet worden, das Grundgesetz biete „auch nicht die geringste Stütze" für eine solche Folgerung[31]. Weder aus dem Demokratiegebot noch aus einer sonstigen Bestimmung des Grundgesetzes lasse sich das Gebot einer selbständigen Entscheidung des Gesetzgebers über die jeweilige Diätenfestsetzung ableiten[32].

---

25 Vgl. auch *v. Arnim*, Reform der Abgeordnetenentschädigung, S. 23.
26 BVerfGE 40, S. 296 (321).
27 Oben FN 18 b.
28 *v. Arnim*, Reform der Abgeordnetenentschädigung, S. 17 ff.; ders., Das Verbot von Interessentenzahlungen, S. 3 ff.
29 BVerfGE 40, S. 296 (321): „Es läßt sich sogar fragen, ob das in Bund und Ländern zu beobachtende und unverhältnismäßig starke Anwachsen der Zahl der aktiven und inaktiven Angehörigen des öffentlichen Dienstes unter den Abgeordneten („Verbeamtung der Parlamente"), sollte es sich fortsetzen, noch mit den Anforderungen eines materiell verstandenen Gewaltenteilungsprinzips vereinbar ist."
30 Auf die mißlichen Konsequenzen derartiger Interessenverquickungen für die Besoldungsgesetzgebung wird bei Behandlung der Anbindung der Diäten an die Beamtengehälter einzugehen sein, weil die Problematik dort in noch verstärkter Form auftritt.
31 *Menger*, a.a.O. (FN 21).
32 Minderheitsvotum *Seuffert*, BVerfGE 40, S. 343 f., 349 f.

L. Abgeordnetenstatus und Repräsentationsprinzip

Der Einwand berücksichtigt aber nicht ausreichend, daß der Verfassungsinterpret — angesichts des generalklauselartigen Charakters zahlreicher Verfassungsbestimmungen — seine Ergebnisse ohnehin in aller Regel nicht aus einzelnen Vorschriften mittels bloßer Subsumtionslogik ableiten kann, sondern die Auslegung maßgeblich vom verfassungstheoretischen Vorverständnis des Interpreten gesteuert wird, auf dessen Rationalisierung und Offenlegung deshalb die vorliegende Arbeit einen Schwerpunkt ihrer Bemühungen gelegt hat. Dieses Vorverständnis ist seinerseits allerdings wiederum nichts Außerverfassungsrechtliches, das dem Grundgesetz sozusagen unterschoben wird, sondern basiert auf Grundwerten, die dem Grundgesetz als ganzem immanent sind[33]. Seuffert und Menger können keine verfassungsrechtliche Stütze für das Koppelungsverbot finden, weil sie es versäumen, auf jene Grundwerte und die aus ihnen ableitbaren Prinzipien einzugehen. Auch das Gericht macht die für sein Ergebnis sprechenden Gründe allerdings nicht so deutlich, wie es wünschenswert gewesen wäre, und leistet der Kritik dadurch selbst Vorschub.

Die Koppelung hat zwei mißliche Konsequenzen: die eine betrifft Diätenerhöhungen, die andere Erhöhungen der Beamtenbesoldung. Das Gericht beschränkte sich auf die Darstellung und Behandlung der ersteren.

Hinsichtlich der Diätenerhöhungen enthebt die Koppelung das Parlament der Notwendigkeit, „jede Veränderung in der Höhe der Entschädigung im Plenum zu diskutieren", „vor den Augen der Öffentlichkeit darüber als einer selbständigen politischen Entscheidung zu diskutieren", und entzieht sie damit der Kontrolle der Öffentlichkeit weitgehend[34]. Demgegenüber wird die Aufhebung der Koppelung und die dadurch bewirkte Herstellung und Wahrung der Öffentlichkeit[35] die Mitwirkung des Bürgers als letztem und eigentlichen demokratischen Willensbildner fördern und damit dem Grundwert der Freiheit in der Form der Mitbestimmung dienen[36]. Zugleich dürfte die Herstellung der Öffentlichkeit aber auch geeignet sein, der inhaltlichen Richtigkeit von Diätenerhöhungen zu dienen. Das gilt jedenfalls dann, wenn gleichzeitig eine unabhängige Diätenkommission institutionalisiert würde, deren Gutachten die öffentliche Meinung strukturieren könnten[37]. Die Aufhebung der Koppelung und ihre Ersetzung durch ein angemessenes Diätenfestsetzungsverfahren wäre geeignet, zwei Grundwertkomponenten gleichzeitig zu fördern, die demokratische Mitbestimmung des Bürgers (input-Komponente) und die Richtigkeit der Ergebnisse des Verfahrens (output-Komponente)[38].

Die Koppelung ist darüber hinaus auch wegen ihrer Konsequenzen für das Festsetzungsverfahren bei der Beamtenbesoldung problematisch; das Gericht läßt diese Seite allerdings unerwähnt, obwohl die Bedenken gerade insoweit besonders groß erscheinen. Die Koppelung bewirkt nämlich — ebenso wie die bisherige Ruhegehaltsregelung für Abgeordnete des öffentlichen Dienstes — eine Verquickung der finanziellen Eigeninteressen der Parlamentarier mit dem Inhalt der von ihnen zu beschließenden Besoldungsgesetze[39]. Dadurch wird die Unabhängigkeit der Abgeordneten bei Fragen der Besoldungserhöhung im öffentlichen

---

33 Oben S. 15 ff.
34 BVerfGE 40, S. 296 (316 f., 327).
35 Dazu *Häberle*, NJW 1976, S. 436 (539 ff. m. w. N.).
36 Oben S. 24.
37 *v. Arnim*, Reform der Abgeordnetenentschädigung, S. 44 ff.
38 Vgl. auch oben S. 329, 337, 380.
39 Vgl. auch die Bemerkungen des MdB *Conradi* in der Sitzung des Deutschen Bundestags vom 5. 6. 1975, Protokoll, S. 12 252 f.

Dienst zumindest optisch gefährdet, was unangemessen und auch schwerlich mit dem Repräsentationsprinzip (Art. 38 Abs. 1 Satz 2 GG) vereinbar ist. Die Situation darf keineswegs leicht genommen werden. Die Entwicklung der öffentlichen Personalkosten erscheint fiskalpolitisch und — da von den öffentlichen Ausgaben heute fast alle politischen Bereiche beeinflußt werden[40] — auch allgemeinpolitisch geradezu beängstigend[41]. Der Anteil der Personalausgaben am Gesamtvolumen der öffentlichen Haushalte hat fortlaufend zugenommen, was zu einem Teil auf besonders starken Einkommensanhebungen im öffentlichen Dienst beruht und den Spielraum für die Finanzierung anderer Staatsaufgaben immer mehr eingeschränkt hat[42]. Zur Begründung der Unangemessenheit des Festsetzungsverfahrens bedarf es keines (praktisch auch gar nicht zu führenden) Nachweises, daß die Beamtengehälter ohne diese Regelung etwa geringer gestiegen wären, daß also die „Interessenverfilzung"[43] eine effektive Auswirkung auf die Besoldungsentwicklung gehabt hat. Vielmehr genügt die bloße Gefahr einer Beeinträchtigung der Unabhängigkeit der Abgeordneten[44]. Schon der Anschein einer persönlichen Motivation muß vermieden werden[45]. Es gilt Entsprechendes wie für den Richter, bei dem es genügt, daß er befangen scheint, ohne Rücksicht darauf, ob er es in Wirklichkeit ist, um seine Ablehnung zu rechtfertigen. Besonders problematisch ist ein solcher Anschein dann, wenn er, wie hier, *finanzielle* Eigeninteressen der Amtsträger an bestimmten Amtshandlungen betrifft[46]. Gerade wenn das inhaltlich Richtige nicht eindeutig zu ermitteln ist, wie bei der Frage der Angemessenheit der Entwicklung der Beamtenbesoldung, ist — nicht zuletzt auch zur Wahrung des Vertrauens der Öffentlichkeit in Abgeordnete und Parlament[47] — die Sicherung der angemessenen Regelung des Verfahrens, in dem die Entscheidungen zustande kommen, von grundlegender Bedeutung[48]. Daran fehlt es aber, wenn Parlamente über Beamtengehälter beraten mit dem Wissen, daß sie dadurch zugleich über ihre eigenen Gehälter entscheiden[49].

Wie oben dargelegt, stellt das Grundgesetz eine Ordnung zur Verwirklichung des Gemeinwohls dar. Inwieweit die Verwirklichung jeweils gelingt, hängt wesentlich von der angemessenen Ausgestaltung der Verfahren der Willensbildung ab. Die Verfassungsordnung muß deshalb gegenüber Verfahrensmängeln besonders empfindlich reagieren. Zudem sind Verfahrensmängel im allgemeinen leichter feststellbar als Mängel der konkreten Einzelentscheidungen[50]. Die Möglichkeit und die besondere Notwendigkeit einer intensiven verfassungsgerichtlichen Kontrolle der Angemessenheit gerade der Willensbildungs*verfahren* recht-

---

40 Über die speziell konjunkturpolitischen Auswirkungen v. *Arnim*, Die Abgeordnetendiäten, S. 23.
41 *Borell*, Die Personalausgaben der Gebietskörperschaften.
42 Vgl. auch die ironische Kritik des gesamtwirtschaftlichen Sachverständigenrats an dieser Entwicklung. SVR, JG 1972, Ziff. 338.
43 BVerfGE 40, S. 296 (320); *Häberle*, NJW 1976, S. 537 (542).
44 BVerfGE 40, S. 296 (313).
45 Vgl. auch *Dichgans*, Zwischenbericht der Enquête-Kommission für Fragen der Verfassungsreform, BT-Drucks. VI/3829, S. 70 f.
46 *Krüger*, Staatslehre, S. 267 f.; *Krause*, DÖV 1974, S. 325 ff.
47 BVerfGE 40, S. 296 (327). Zur Bedeutung des Vertrauens der Öffentlichkeit in seine Repräsentation für deren demokratische Legitimation weiter *Marcic*, Vom Gesetzesstaat zum Richterstaat, S. 265, 337 f., 340. Zur Bedeutung durchsichtiger und überzeugender Verfahrensregelungen für das Vertrauen der Bevölkerung in die Demokratie *Popper*, The Open Society and its Enemies, Bd. 2, Chap. 17, Abschn. VII (S. 131 ff.).
48 Oben S. 48 ff.
49 So auch ausdrücklich eine englische Royal Commission in ihrem Gutachten von 1971 über die Gehälter von Ministern und Parlamentariern, Review Body on Top Salaries, First Report, Ministers of the Crown and Members of Parliament (sog. Boyle-Commission), London 1971, S. 12 f.
50 Oben S. 48 f., 67, 275.

fertigen auch die Aufhebung der Koppelung von Abgeordnetengehalt und Beamtenbesoldung im Diätenurteil und werden durch dieses zugleich bestätigt.

Zum „Lobbygeldverbot"

Mit dem Verbot von „Lobbygeldern", welches u. a. auf Art. 48 Abs. 3 in Verbindung mit Art. 38 Abs. 1 GG gestützt wird, und von dem Befund ausgeht, daß die Gefahr einer Beeinträchtigung der Unabhängigkeit des Abgeordneten heute „vor allem von einflußreichen Gruppen der Gesellschaft" droht, hat das Gericht das oben entwickelte Verständnis des „freien Mandats"[51] bestätigt.

Wer dagegen das Lobbygeld mit der Begründung kritisiert, das Gericht gehe von einem überholten „frühkonstitutionellen" Verfassungs- und Parlamentsverständnis aus[52], wird sich fragen lassen müssen, ob er nicht selbst von einem überholten, wenn man so will: „frühpluralistischen", Vorverständnis ausgeht. Gerade mit dem Verbot von Lobbygeldern zeigt sich das Gericht in Wahrheit auf der Höhe der verfassungstheoretischen Diskussion und Entwicklung[53].

Für Verbandsabgeordnete (und die diesen nahestehenden Bediensteten oder „Berater" großer Unternehmen) werden derartige gesetzliche Vorkehrungen eine ähnliche Wirkung haben wie Verbandsinkompatibilitäten; sie werden Verbandsrepräsentanten nicht den Weg ins Parlament verlegen, aber mit den besonderen finanziellen Vorteilen dieser Gruppe auch finanziell-wirtschaftliche Abhängigkeiten[54] abbauen. Sie widersprechen nicht der in Art. 38 Abs. 1 Satz 2 GG postulierten Unabhängigkeit[55], sondern werden im Gegenteil von dieser Vorschrift verlangt. Zugleich dürfte eine solche Regelung die Nachteile von Verbandsinkompatibilitäten vermeiden; eine Diskriminierung bestimmter Abgeordnetengruppen tritt nicht ein und die (legalen) Umgehungsmöglichkeiten könnten minimiert werden.

In Schrifttum und Publizistik wird häufig unterstellt, Regelungen gegen Interessentenzahlungen würden in der Praxis keine Wirksamkeit entfalten können; sie müßten vielmehr eine stumpfe Waffe bleiben[56].

Dies trifft indes nicht zu. Eine denkbare Lösung zur Unterbindung von Interessentenzahlungen wäre das Verbot der Ausübung eines weiteren Berufs. Das Diätenurteil verlangt ein solches, etwa auch für den Bundespräsidenten, für Minister und Parlamentarische Staatssekretäre bestehendes Berufsverbot zwar nicht ausdrücklich, verbietet es aber andererseits auch nicht[57]. Nachdem das Gericht das Abgeordnetenmandat als „full-time-job" bezeichnet hat (was für den Bundestag auch schwerpunktmäßig zutrifft) und im neuen Abgeordnetengesetz des Bundes eine beträchtliche Anhebung des Abgeordnetengehalts vorgesehen ist, wäre es durchaus nicht inkonsequent, dem Bundestagsabgeordneten eine weitere

---

51 Oben § 47.
52 *Henkel*, DÖV 1975, S. 819 (821); *Thaysen*, Zeitschrift für Parlamentsfragen 1976, S. 3 (13 ff.).
53 *v. Arnim*, Reform der Abgeordnetenentschädigung, S. 18.
54 *Eschenburg*, Staat und Gesellschaft, S. 508.
55 Unrichtig: *Eschenburg*, Der Sold des Politikers, S. 83 f.
56 *Henkel*, DÖV 1975, S. 820 f.; *Thaysen*, Zeitschrift für Parlamentsfragen 1976, S. 3 (14 f.); *Menger*, VerwArch 1976, S. 314 unter Hinweis auf *Hoffmann*, Frankfurter Rundschau, Nr. 258 v. 6. 11. 1975, S. 3.
57 Fraglich könnte allerdings sein, ob ein solches Berufsverbot mit Art. 137 Abs. 1 GG vereinbar wäre (verneinend: Materialien zum Entwurf eines Abgeordnetengesetzes, BT-Drucks. 7/5531, S. 9; Stellungnahme des Bundesinnenministeriums zum Entwurf eines Abgeordnetengesetzes, vervielfältigtes Manuskript [Oktober 1976], S. 20 f.; vgl. auch *Häberle*, NJW 1976, S. 541) und seine Einführung eine Verfassungsänderung voraussetzen würde. Die Frage braucht hier aber nicht beantwortet zu werden, weil im folgenden dargelegt wird, daß eine gesetzliche Unterbindung von Interessentenzahlungen durchaus auch ohne Berufsverbot für Abgeordnete erfolgen kann.

Berufstätigkeit zu untersagen[58]. Dieser ziemlich groben und radikalen Möglichkeit, deren verfassungspolitische Auswirkungen zudem umstritten sind[59], bedarf es aber nicht. Wie an anderer Stelle aufgezeigt[60], kann der Gesetzgeber vielmehr auch ohne ein Verbot der bisherigen Berufsausübung für Abgeordnete wirksame Vorkehrungen gegen Interessentenzahlungen treffen.

Während dem Verbot von Lobbygeldern wie auch fast allen anderen Ergebnissen des Diäten-Urteils zuzustimmen ist, stößt ein dictum des Gerichts auf Bedenken: das Verbot von besonderen Funktionszulagen.

Zum Verbot von Funktionszulagen

Das Verbot von Zulagen für die Ausübung besonderer Funktionen führt zwangsläufig zu einer finanziellen Diskriminierung der Träger solcher Funktionen (Oppositions- und Fraktionsführung, Ausschußvorsitz und Schriftführung). Solange es nämlich für Abgeordnete, die keine besondere Funktion übernommen haben, noch möglich ist, neben dem Abgeordnetenamt einem Erwerbsberuf ganz oder teilweise nachzugehen, werden diese sich finanziell besser stehen als die Funktionsträger, für die eben wegen der zeitlichen Anforderungen, die die Übernahme der Funktion stellt, eine nebenher ausgeübte Erwerbstätigkeit in aller Regel nicht mehr möglich ist[61]. Dies mag nicht allzu gravierend sein, soweit die Tätigkeit des Abgeordneten auch ohne Übernahme besonderer Funktionen heute zum „full-time-job" geworden ist, wie das Bundesverfassungsgericht es für den Bundestag annimmt[62]. Denn neben einem „full-time-job" ist ohnehin eine Erwerbstätigkeit faktisch nur noch sehr eingeschränkt möglich. Unerträglich werden die Konsequenzen aber dort, wo das (einfache) Abgeordnetenmandat lediglich eine Art „Halbtagsjob" ist, wie in den meisten Landtagen[63]. Hier müssen diejenigen Abgeordneten, deren volle Arbeitskraft durch Übernahme besonderer Funktionen gefordert wird, auf die Erzielung von andernfalls möglichen Einnahmen aus einem nebenher (ganz oder teilweise) auszuübenden Beruf verzichten. Diese Diskriminierung läßt sich auch nicht dadurch beseitigen, daß man das Abgeordnetengehalt für alle Abgeordneten so bemißt, wie es für die genannten Funktionsträger angemessen wäre. Denn auch dann würden einfache Abgeordnete wegen der Möglichkeit privater Zusatzverdienste im Ergebnis finanziell besser stehen als Funktionsträger — ganz abgesehen von der nicht einsehbaren Berechtigung einer full-time-Besoldung für Halbtagsbeschäftigung.

Die unangemessenen Konsequenzen des Diäten-Urteils, die Seuffert in seinem Minderheitsvotum insoweit mit Recht hervorgehoben hat[64] und die auch in der

---

58 So auch *Krause*, DÖV 1974, S. 336; *Klatt*, Der Bürger im Staat 1976, S. 115 (120); *Conradi*, Zeitschrift für Parlamentsfragen 1976, S. 113 (115, 122); *Schueler*, Die Zeit Nr. 44 vom 22. 10. 1976.
59 Bedenken z. B. bei *Schröder*, Gesetzgebung und Verbände, S. 236 f.
60 *v. Arnim*, Das Verbot von Interessentenzahlungen, S. 11 ff.
61 BVerfGE 40, S. 296 (313): „Für Abgeordnete mit besonderen Funktionen im Parlament oder in den Fraktionen tritt die berufliche Tätigkeit völlig in den Hintergrund."
62 BVerfGE 40, S. 296 (314).
63 So hat der Landtag Baden-Württemberg in seiner Stellungnahme im Diätenverfahren vor dem Bundesverfassungsgericht erklärt, die Landtagsabgeordneten übten in der Mehrzahl neben dem Mandat einen Beruf aus und bezögen hieraus Lebensunterhalt. Der Anteil derer, die neben der Abgeordnetentätigkeit ihren Beruf nicht weiterführen könnten, liege in allen Landtagen unter 15 v. H. Die anderen Landtage haben sich dem angeschlossen. Vgl. BVerfGE 40, S. 296 (305 f.); *Thaysen*, ZParl 1976, S. 3 (5 m. w. N.); *Menger*, VerwArch 1976, S. 303 (312). Demgemäß hat das Bundesverfassungsgericht den Charakter der Diäten als „Vollalimentation" beim Landtag Saarland — im Gegensatz zum Bundestag — nicht aus der zeitlichen Inanspruchnahme durch das Mandat, sondern aus der im Landtagsgesetz festgesetzten Höhe der Entschädigung abgeleitet. BVerfGE 40, S. 296 (314 f.).
64 BVerfGE 40, S. 330 (339 ff.).

L. Abgeordnetenstatus und Repräsentationsprinzip

Literatur auf Kritik gestoßen sind[65], erklären sich aus zwei in gleicher Weise unbefriedigenden, weil der Problematik nicht adäquaten, Ansätzen des Gerichts; der eine betrifft die Begründung für die erforderliche und vom Gericht auch praktizierte intensive Kontrolle der Diätenregelungen, der andere das etwas schiefe, zumindest unklare, Verständnis des Art. 38 Abs. 1 Satz 2 GG.

Zunächst zum ersten Punkt: Das Gericht mußte zur Erzielung seiner Ergebnisse den finanziellen Status der Abgeordneten einer intensiven Überprüfung unterziehen[66]. Dazu glaubte es, den formalisierten Gleichheitssatz heranziehen zu müssen, weil dieser eine besonders intensive Kontrolle ermöglicht: er läßt dem Gesetzgeber nur einen engen — enger als durch den allgemeinen Gleichheitssatz des Art. 3 GG begrenzten — Ermessensspielraum; Differenzierungen verlangen einen „besonderen", einen „zwingenden" rechtfertigenden Grund[67]. Der formalisierte Gleichheitssatz suggeriert seinerseits aber eine absolut gleich hoch bemessene Entschädigung und damit Konsequenzen, die, wie dargelegt, nicht sinnvoll sind. Wäre das Bundesverfassungsgericht dagegen von dem in dieser Arbeit entwickelten Prinzip ausgegangen, daß die Intensität der verfassungsgerichtlichen Kontrolle zunehmen muß, je geringer (bei sonst gleichen Umständen) die Richtigkeitschance für die im jeweiligen Verfahren zustande gekommenen Entscheidungen ist, so hätte sich — angesichts der Tatsache, daß „das Parlament in eigener Sache entscheidet, wenn es um die Festsetzung der Höhe und um die nähere Ausgestaltung der mit dem Abgeordnetenstatus verbundenen finanziellen Regelungen geht"[68] — die intensive Kontrolle begründen lassen[69], ohne daß das Gericht gleichzeitig auf einen Weg gelangt wäre, der in den genannten Fragen nicht akzeptable Ergebnisse nahelegte.

Die Heranziehung des formalisierten Gleichheitssatzes kann das Ergebnis aber schwerlich allein erklären. Denn man hätte die größere Inanspruchnahme von Abgeordneten mit besonderen Funktionen durchaus als einen besonderen, zwingenden Grund für eine Differenzierung bei den Diäten anerkennen können[70], wie es das Gericht im übrigen auch für den Parlamentspräsidenten und seine Stellvertreter (und stillschweigend wohl auch für Abgeordnete, die gleichzeitig Mitglieder der Regierung sind) zugestanden hat. Eine zweite Wurzel, aus der das Verbot von Funktionszulagen entstanden ist, liegt in einem unvollkommen ausgebildeten Verständnis des Art. 38 Abs. 1 Satz 2 GG, aus dem sich nach Auffassung des Gerichts rechtlich die Freiheit des Abgeordneten ergibt, seine Mandatstätigkeit „bis über die Grenze der Vernachlässigung seiner Aufgaben hinaus einzuschränken"[71]. Die Entschädigung solle dem Abgeordneten nur die *Möglichkeit* geben, sich seinen Aufgaben voll zu widmen, ohne aber eine dahingehende Verpflichtung zu begründen. Bei diesem Ausgangspunkt erscheint es in der Tat konsequent, nicht nur dem Abgeordneten die Begründung oder Fortführung eines Erwerbsberufs neben dem Bundestagsmandat zu gestatten[72] (obwohl das

---

[65] *Linck*, ZParl 1976, S. 54; *Henkel*, DÖV 1975, S. 819 (820).
[66] Oben S. 273, 275. Dementsprechend ist dem Gericht wiederholt ein Verstoß gegen das Gebot der richterlichen Selbstbeschränkung vorgeworfen worden. *Henkel*, DÖV 1975, S. 819, 821; *Thaysen*, ZParl 1976, S. 3 (11, 18).
[67] BVerfGE 1, S. 208 (249); 6, S. 104 (120); 11, S. 266 (272) st. Rspr.
[68] BVerfGE 40, S. 296 (327).
[69] v. *Arnim*, Abgeordnetenentschädigung und Grundgesetz S. 70 ff.; zustimmend: *Häberle*, NJW 1976, S. 537 (542 f.).
[70] So auch *Leibholz*, Deutsche Zeitung vom 14. 11. 1975, S. 6; ähnlich Sondervotum *Seuffert*, BVerfGE 40, S. 330 (340 f.); *Henkel*, DÖV 1975, S. 819 (820).
[71] BVerfGE 40, S. 296 (312).
[72] BVerfGE 40, S. 296 (318 f.).

§ 49 Reform des finanziellen Status der Abgeordneten

Gericht dieses als „full-time-job" charakterisiert hat), sondern es erscheint dann auch konsequent, die Entschädigung ohne Rücksicht auf das Maß der von ihm tatsächlich ausgeübten Tätigkeit zu bemessen. Nach diesem Verständnis hat der Abgeordnete, der seine Aufgaben (etwa wegen Konzentration auf einen Erwerbsberuf) vernachlässigt, wie auch der, der durch Übernahme besonderer Funktionen zusätzliche Arbeit übernimmt, jeweils nur Anspruch auf die für alle gleich zu bemessende Entschädigung.

In Wahrheit läßt sich ein solches Ergebnis schwerlich aus Art. 38 Abs. 1 Satz 2 GG ableiten. Dieser spricht vielmehr eher für das Gegenteil. Die Vorschrift verlangt zwar zunächst nur etwas Negatives, nämlich Freiheit von Weisungen. Die Vorschrift zielt ihrem Sinn nach aber durchaus auf etwas Positives: durch Sicherung der Unabhängigkeit als unerläßlicher Voraussetzung für die Wahrnehmung des wert- und erkenntnisorientierten Entscheidungsverfahrens[73] sollen gemeinwohlorientierte Entscheidungen ermöglicht werden. In dieser Sicht läßt sich ein angebliches Recht des Abgeordneten, sich den aus dem Gemeinwohlbezug seines Amtes folgenden Aufgaben zu entziehen und im Grenzfall überhaupt nichts mehr für sein Mandat zu tun, kaum mit Art. 38 Abs. 1 Satz 2 GG vereinbaren (wenn der konkrete Inhalt dieser Aufgaben im Interesse der Unabhängigkeit des Abgeordneten auch unbenannt zu bleiben hat). Aus dem Gemeinwohl- und Gewissensbezug der Vorschrift folgt vielmehr eher umgekehrt die Pflicht des Abgeordneten zu gewissenhaftem Einsatz für Allgemeinbelange. Auch insoweit ruht die Begründung des Gerichts für das Postulat absolut gleicher Entschädigungshöhe für alle Abgeordneten also auf anfechtbarer Grundlage.

Abschließend läßt sich festhalten: Die bereits oben am Beispiel der Subventionskontrolle dargestellte Möglichkeit der wechselseitigen Verstärkung der Gegengewichtsfunktion verschiedener repräsentativer Institutionen[74] tritt bei der Reform der Abgeordnetenentschädigung noch einmal klar hervor. Die oben allgemein geschilderte Schwierigkeit, „sich am eigenen Schopf aus dem Sumpf zu ziehen", d. h., eine Reform aus eigener Kraft zu bewirken[75], ist hier besonders ausgeprägt. Die Abgeordneten, die derartige Neuregelungen zu beschließen haben, müssen sich zwar nicht gegen Interessenten von außen durchsetzen; sie sind vielmehr unmittelbar selbst interessiert; das hat die Reform in der Vergangenheit aber um so mehr erschwert. Dennoch hat sich selbst in dieser vermeintlich ausweglosen Situation ein, wenngleich komplexer, Weg zur Durchsetzung einer Änderung zum Besseren herausgeschält, nämlich die wirksame Zusammenarbeit von Verfassungsrechtsprechung (die mit dem Diätenurteil vom 5. 11. 1975 wesentliche Richtpunkte gesetzt hat), öffentlicher Meinung und Wissenschaft; gemeinsam vermögen sie, den nötigen Gegendruck auszuüben. So zeigt sich die Reform des finanziellen Status der Abgeordneten als ein Anwendungsfall für die generelle These dieser Arbeit: Führt der Willensbildungsprozeß mangels Ausgewogenheit nicht zu angemessenen Entscheidungen, so bedarf es repräsentativer Gegengewichte, wie z. B. des Bundesverfassungsgerichts, der Wissenschaft und unabhängiger Sachverständigenräte, die ihre Wirkung zu einem guten Teil über das Medium der öffentlichen Meinung entfalten.

---

73 Oben S. 52.
74 Oben S. 355.
75 Oben S. 188.

Leitsätze

1. Die Arbeit soll ein für unsere Gesellschaft aktuelles Problem, nämlich die mangelnde Durchsetzungskraft allgemeiner Interessen in der pluralistischen Demokratie, herausarbeiten und einen Beitrag zu seiner verfassungstheoretischen, verfassungsrechtlichen und verfassungspolitischen Behandlung und Bewältigung leisten (S. 1).

2. Das Zukurzkommen allgemeiner Interessen läßt sich nur vor dem Hintergrund eines verfassungstheoretischen Gemeinwohlkonzepts darstellen. Um die Untersuchung auf ein tragfähiges Fundament zu stellen, muß ein solches Konzept entwickelt werden (S. 2).

3. Gemeinwohlverwirklichung ist letztes Ziel einer jeden Gemeinschaftsordnung (§ 1).

4. Die gängigen Einwände gegen die Verwendung des Gemeinwohlbegriffs gehen an dem in dieser Arbeit entworfenen Gemeinwohlkonzept vorbei (§ 2).

5. Die Gemeinwohllehre untergliedert sich in zwei Hauptbereiche, eine Wertelehre und eine Lehre von den Verfahren und Methoden zur möglichst weitgehenden Verwirklichung („Optimierung") dieser Werte.

6. Die Entwicklung der normativen Basis einer Gemeinwohllehre geht von einer Kritik des Wertrelativismus Gustav Radbruchs aus. Dieser erschöpft sich in der Darstellung dreier möglicher Wertsysteme, die entweder die menschliche Persönlichkeit, die Gesamtpersönlichkeit des Staates bzw. eines Verbandes oder ein geschaffenes Werk als letzten Wert postulieren, auf den hin alles ausgerichtet werden muß (§ 3). Eine verbindliche Festlegung erscheint nicht möglich. Die Position Radbruchs mag unter rechtsphilosophischem Aspekt nach wie vor akzeptabel sein. Verfassungsrechtlich ist sie aber heute in der Bundesrepublik überholt; das Grundgesetz hat eine legal nicht zu beseitigende Festlegung auf die erste der drei Alternativen der Radbruchschen Wertetrias (Menschenwürde) gebracht (§ 4).

7. Die Menschenwürde entfaltet sich ihrerseits in den Werten Freiheit, Gerechtigkeit, (Rechts-)Sicherheit, Frieden und Wohlstand, die sich teilweise überlagern, aber auch häufig in einem Spannungsverhältnis zueinander stehen (§ 5).

8. Diese „Gemeinwohlgrundwerte" liegen dem Grundgesetz — z. T. unausgesprochen — zugrunde und lassen sich aus den Grundrechten, den Prinzipien des Rechtsstaats, des Sozialstaats, der Demokratie und der Verpflichtung der öffentlichen Hand auf das gesamtwirtschaftliche Gleichgewicht ableiten (§ 7).

9. Als „gemeinwohlkonform" werden diejenigen gemeinschaftserheblichen Entscheidungen bezeichnet, die eine relative, auf die jeweilige Situation bezogene Optimierung der Gemeinwohlwerte bewirken. Zur Gewinnung solch optimaler Entscheidungen sind die Verfahren der Willensbildung und Entscheidung von zentraler Bedeutung (§ 8); sie lassen sich idealiter in zwei Grundtypen einteilen: die macht- und interessentendeterminierten Verfahren und die wert- und erkenntnisorientierten Verfahren (§ 9).

10. Zur ersten Gruppe gehören schwerpunktmäßig die wettbewerbliche Marktwirtschaft, deren Ergebnisse ihren rechtlichen Niederschlag in Individualverträgen finden, und die Verhandlungen, Arbeitskämpfe und Absprachen von Ge-

werkschaften und Arbeitgeberverbänden, die sich in Tarifverträgen niederschlagen. Typisch für diese Verfahrensarten ist, daß die Beteiligten Interessenten sind und ihre Intention nicht auf das Gemeinwohl im Sinne einer Werteoptimierung gerichtet ist, sondern auf möglichst weitgehende Befriedigung der eigenen Interessen. Dennoch können auch die Ergebnisse der durch die Macht der Interessenten bestimmten Verfahrensarten insoweit einen Gemeinwohltrend besitzen, als Macht und Interessen sich auspendeln und auf diese Weise beim Verfolgen eigennütziger Interessen Gemeinwohlkonformes ausgefällt wird (S. 50 f.).

11. Die zweite Verfahrensart wird nicht von Interessenten und ihrer relativen Durchsetzungskraft, sondern vom Normativen und Erkenntnismäßigen bestimmt. Die Intention der Entscheidenden geht auf die Durchsetzung von möglichst Gemeinwohlkonformem. Dieser zweiten Verfahrensart sind typischerweise die Abwägungs- und Entscheidungsvorgänge des Richters und auch des unabhängigen Wissenschaftlers zuzurechnen (S. 51). — Der politische Prozeß in der pluralistischen Demokratie ist teilweise der ersteren, teilweise der letzteren Verfahrensart zuzuzählen (S. 190 ff.). — Die Unterscheidung zwischen den beiden Grundtypen ist vor allem deshalb wichtig, weil sie unterschiedliche Anforderungen an die angemessene Ausgestaltung stellen (S. 51 f.).

12. Die Darstellung der methodischen Regeln für eine wert- und erkenntnisorientierte Willens- und Entscheidungsbildung und damit die Abklärung der Voraussetzungen, Möglichkeiten und Grenzen eines solchen Verfahrens ist erforderlich, weil sie wesentliche Vorfragen für die weitere Behandlung des Themas beantwortet, z. B. die Beurteilung der verfassungsgerichtlichen Justiziabilität.

13. Die Erarbeitung dieser methodischen Verfahrensregeln kann von der „Hesseschen Optimierungsformel" ausgehen. Diese Art der Optimierungstechnik ist indes keine Besonderheit des Verfassungsrechts, sondern eine Ausprägung allgemeiner Regeln für ein rationales, werteoptimierendes Problemlösungsverhalten (§ 10).

14. Die Postulate der Geeignetheit, Erforderlichkeit und Verhältnismäßigkeit in Zweck-Mittel-Relationen sind Anwendungen der Optimierungsformel (§ 11).

15. Die Sozialwissenschaften haben primär die Konsequenzen verschiedener Alternativen der konkreten Problemlösung zu ermitteln. Die Rechtswissenschaft hat diese Konsequenzen primär im Hinblick auf die relevanten Werte und unter Berücksichtigung ihrer Einpassung in die Rechtsordnung abzuwägen. Die Zusammenarbeit beider Wissenschaftsbereiche ist unerläßlich (S. 61 ff.), auch wenn ihre Leistungsfähigkeit — und zwar auch die der sozialwissenschaftlichen Erkenntnismethoden (S. 66 ff.) — begrenzt ist.

16. Mit Hilfe des wert- und erkenntnisorientierten Optimierungsverfahrens läßt sich — auch bei Berücksichtigung früherer Entscheidungen (§ 13) — ein fester Kern von halbwegs präzisen Ergebnissen nur innerhalb eines weiten Hofs von Unsicherem und Zweifelhaftem ermitteln (§ 14). Durch Einbeziehung der Subsumtionsmethode kann der Unsicherheitsbereich für konkrete Entscheidungen aber erheblich eingedämmt werden (§ 15).

17. Von den macht- und interessentendeterminierten Verfahren der Entscheidungsbildung ist zunächst die wettbewerblich-vertragliche Marktwirtschaft zu behandeln (§ 17). Die Skizze des Modells der wettbewerblich-vertraglichen Marktwirtschaft als Verfahren zur Optimierung der Grundwerte (S. 89 ff.), die Prü-

fung der Voraussetzungen des Modells, insbesondere des Machtgleichgewichts der Akteure, im Lichte der Wirklichkeit (S. 93) und die gemeinwohlkonforme Eindämmung von Fehlentwicklungen durch Gesetzgebung und Rechtsprechung ist als Hintergrundskizze für die weitere Erörterung nützlich; denn dabei stellen sich zahlreiche Fragen, deren Beantwortung Parallelen und Fingerzeige für die Beurteilung und Bekämpfung von Pluralismusdefiziten ergibt.

18. Dem Grundgesetz, genauer gesagt: den Gemeinwohlwerten, ist eine prinzipielle Präferenz für die wettbewerbliche Marktwirtschaft zu entnehmen, was allerdings nicht mit der Errichtung starrer Schranken für den lenkenden Gesetzgeber und einer Versteinerung des status quo gleichzusetzen ist (S. 98 ff.).

19. Die tarifautonome Bestimmung der Arbeitsbedingungen (§ 18) bringt die Gefahr mit sich, daß die Tarifparteien sich auf Kosten der Allgemeinheit einigen und auf diese Weise allgemeine Interessen untergepflügt werden (S. 102 ff.). Zur Bekämpfung dieser Gefahr ist eine Einschränkung der Tarifautonomie — bei grundsätzlichem Festhalten an ihr — verfassungsrechtlich zulässig (S. 106 ff.).

20. Für den öffentlichen Dienst sind Tarifautonomie und Arbeitskampf von vornherein unpassend: Einmal fehlt es im öffentlichen Dienst an der Schutzbedürftigkeit des einzelnen Arbeitnehmers gegenüber dem Arbeitgeber, die für die Privatwirtschaft typisch ist (S. 111 f.). Zum zweiten fehlt es im Auseinandersetzungsprozeß zwischen der öffentlichen Hand und der Gewerkschaft der öffentlichen Bediensteten an der faktischen Parität der Parteien. Der „Staat" ist seinen tariflichen Gegnern vielmehr typischerweise unterlegen (S. 109 ff.). Tarifautonomie und Arbeitskampffreiheit im öffentlichen Dienst sind nicht nötig, aber höchst schädlich und deshalb als Verfahren zur Erzielung gemeinwohlkonformer Entscheidungen unangemessen. Daraus ergibt sich die verfassungsrechtliche Konsequenz, daß eine Beseitigung des Streikrechts im öffentlichen Dienst mit Art. 9 Abs. 3 GG vereinbar ist. Darüber hinaus stellt sich die Frage, ob die Beseitigung des Streikrechts nicht von der Verfassung als Gemeinwohlordnung sogar gefordert wird (S. 113 f.).

21. Ein zentrales („staatliches") Willensbildungsverfahren ist selbst im Modell des Liberalismus unerläßlich (S. 117 ff.). Immerhin weist die Vorstellung von der „politischen" Steuerung in der Demokratie (worunter hier Gesetzgebung und Regierung verstanden werden) beträchtliche Parallelen zur zivilrechtlichen Vertragslehre auf (S. 115 ff.).

22. Interessenwahrnehmung und -vertretung sind keine Fremdkörper in der Demokratie, sondern gehören im Gegenteil zu ihrem Wesen (S. 127 f.).

23. Vehikel solcher Interessenwahrnehmung sind vor allem die Interessenverbände. Die politischen Parteien sind bei ihrem Bestreben, die politische Macht zu erringen oder zu behalten, auf die Unterstützung der Interessenverbände angewiesen und deshalb bereit, deren Anliegen breites Gehör zu geben (S. 136 ff.).

24. Erforderlich ist jedoch, daß die Durchsetzungschance der Interessen ihrer Bedeutung entspricht. Das Postulat eines balancierten Willensbildungsprozesses ist — im Prinzip ähnlich wie beim Vertrag und beim Tarifvertrag — auch nach der hier zugrundeliegenden Konzeption, die die „Interessenverbandsprüderie" Rousseaus (S. 125 f.) und der liberalen Repräsentationsdoktrin (S. 127) verwirft, eine vitale Forderung der Demokratie (S. 128 f.).

25. Die zwei Hauptkonzeptionen der pluralistischen Demokratie: der Laissez-faire-Pluralismus (Pluralistische Gleichgewichtslehre) (§ 22) und der Due-Process-Pluralismus (§ 27), gehen übereinstimmend vom Postulat eines balancierten Willensbildungsprozesses aus, unterscheiden sich aber hinsichtlich der Antwort auf die Frage, wie er erreicht werden kann. Der Laissez-faire-Pluralismus geht davon aus, die ausgewogene Willensbildung ergebe sich im Spiel der Gruppenkräfte quasi von selbst; das Due-Process-Konzept meint dagegen, es bedürfe ausgeklügelter Vorkehrungen durch bestimmte Regelungen, Einrichtungen und Verfahrensweisen.

26. Die optimistische These vom harmonischen Ausgleich der Interessen, die dem Laissez-faire-Pluralismus zugrundeliegt, wird den tatsächlichen Gegebenheiten wenig gerecht. Vor allem besteht die Gefahr, daß allgemeine, von allen oder einem großen Teil der Staatsbürger geteilte, Interessen von gut organisierten Partikularinteressen „überspielt" werden. Beispiele bieten neben dem Umweltschutz die Interessen der Konsumenten und der Steuerzahler als typische Allgemeininteressen (§ 23).

27. Die Gründe für die Durchsetzungsschwäche allgemeiner Interessen liegen (1) in der größeren Attraktivität direkter Sonderinteressen der Menschen gegenüber ihren indirekten allgemeinen Interessen (S. 153 ff.), (2) in der größeren Attraktivität der Einkommens- gegenüber der Ausgabensphäre (S. 158 f.) und (3) in der spezifischen Organisationsschwäche allgemeiner Interessen (S. 159 ff.).

28. Neben allgemeinen Interessen kommen die Interessen bestimmter Randgruppen (S. 162) und auch gewisser benachteiligter Untergruppen innerhalb der Interessenorganisationen (S. 163) im pluralistischen Kräftespiel leicht zu kurz. In dieser Arbeit wird aber vornehmlich auf die allgemeinen Interessen abgehoben (S. 170).

29. Ein wirksames Gegengewicht gegen das Auftreten solcher Gemeinwohldefizite kann — im Gegensatz zur Ansicht Herbert Krügers — nicht von einem repräsentativen Verhalten der Verbandsvertreter erwartet werden. Diese sind vielmehr in der Regel darauf angewiesen, das spezifische Verbandsinteresse möglichst weitgehend durchzusetzen. Von den Parteien und ihren Mitgliedern wird man sich ebenfalls schwerlich ein ausreichendes Gegengewicht erwarten dürfen (§ 24).

30. Die Gefahren des Zukurzkommens allgemeiner Interessen (§ 25) liegen nicht primär darin, daß bestimmte Gruppen von Menschen gegenüber anderen benachteiligt werden, sondern darin, daß bestimmte zentral wichtige Interessen breiter Schichten von anderen virulenteren Interessen derselben Menschen „überspielt" werden. Es geht weniger um Gruppendisparitäten als um Problembereichsdisparitäten (S. 170 ff.).

31. Die resultierenden Gefahren und Bedrohungen werden in absehbarer Zeit noch beträchtlich zunehmen, wenn es nicht gelingt, mit Erfolg gegenzuhalten (S. 173 f.). Die wachsende Bedeutung der Wahrung allgemeiner Interessen ist auch in der Verlagerung von Zielschwerpunkten der politischen Agenda von der Gruppengerechtigkeit hin zum Allgemeininteresse bis zu einem gewissen Grad bereits angelegt und läßt sich an einigen Beispielen aufzeigen (§ 26).

32. Die Verfahren der politischen Willensbildung sind ganz überwiegend noch auf das Modell des liberalen Ordnungsstaates projiziert. Bei der Bekämpfung

Leitsätze

von pluralismusbedingten Gemeinwohldefiziten kommt es darauf an, die Institutionen und Verfahren auch im Lichte der neuen Gefahren zu deuten und nötigenfalls entsprechend zu modifizieren. Dazu bedarf es eines Überdenkens unseres gesamten Verfassungskonzepts. Eine Reihe von bereits bestehenden verfahrensmäßigen und institutionellen Regelungen läßt sich überhaupt nur von der Funktion her verstehen, Pluralismusdefiziten entgegenzuwirken (S. 186 f.).

33. Bei Abschätzung der Frage nach der Durchsetzbarkeit von Verbesserungen der Verfahren (S. 188 ff.) muß man sich klarmachen, daß die politische Willensbildung nicht nur aus macht- und interessentendeterminierten Verfahren besteht, sondern auch aus wert- und erkenntnisorientierten („repräsentativen") Verfahrenskomponenten, welche gerade in der Bundesrepublik eine wesentliche Rolle spielen (S. 190 ff.). Zu diesen sind vor allem zu rechnen: die Wissenschaft, unabhängige Sachverständigengremien, die Rechtsprechung, insbes. das Bundesverfassungsgericht, der Bundespräsident, die weisungsfreie Bundesbank, die Rechnungshöfe und — im Zusammenspiel mit den vorgenannten Potenzen — die sog. öffentliche Meinung.

34. Die Erkenntnis, daß im parlamentarischen Verbändestaat Gemeinwohldefizite drohen, deren Bekämpfung eine gewisse Domestizierung des Verbandswirkens verlangt, besitzt direkte verfassungsrechtliche Konsequenzen; sie bewirkt eine tendenziell restriktive Interpretation der Gewährleistungsartikel des Verbandseinflusses (S. 194 ff.), verlangt zum zweiten eine Fortentwicklung des Gewaltenteilungsgedankens unter Einbeziehung unabhängiger repräsentativer Institutionen (S. 196 f.) und legt zum dritten eine Ergänzung des Inhalts des Sozialstaatsprinzips nahe (S. 197 f.).

35. Entsprechend diesem Ausgangsverständnis sind wichtige repräsentative Institutionen und Verfahren im Lichte ihrer Funktion, Gegengewichte gegen Gemeinwohldefizite zu bilden, zu interpretieren: die Verfassungsrechtsprechung (Kapitel G), die Wissenschaft (Kapitel H), die Bundesbank (Kapitel I) und der Bundesrechnungshof (Kapitel J).

36. Die Analyse der Rechtsprechung des Bundesverfassungsgerichts zeigt, daß dieses im wesentlichen die Optimierungsmethode praktiziert (§ 29), die in dieser Arbeit als methodische Grundlage rationaler Politik herausgestellt worden ist (§§ 10 ff.). Daraus ergeben sich zahlreiche Konsequenzen (§ 31), die von der Rechtslehre und der Rechtsprechung bisher noch nicht vollständig gezogen worden sind: Die übliche Unterscheidung von Rechtmäßigkeit und Zweckmäßigkeit verliert ihre Grundlage (S. 222 ff.). Gleiches gilt für die Unterscheidbarkeit von rationaler Gesetzgebung und Verfassungsrechtsprechung (S. 228 ff.), was seinerseits wiederum eine Reihe von weiteren Konsequenzen nach sich zieht (S. 231 ff.).

37. Angesichts der Unmöglichkeit, rationale Rechtsprechung und rationale Gesetzgebung methodisch-verfahrensmäßig zu unterscheiden, stellt sich die Frage, nach welchen Kriterien die Aufgabe der Gemeinwohloptimierung zwischen Gesetzgebung und Verfassungsrechtsprechung zu verteilen ist. Als ein Kriterium bietet sich das demokratische Prinzip an (§ 32), welches in eine formal-demokratische Mitentscheidungskomponente (demokratischer „input") und eine inhaltliche Richtigkeitskomponente (demokratischer „output") unterteilt werden kann. Hinsichtlich der formal-demokratischen Komponente hat der Gesetzgeber ein gewisses Übergewicht (S. 237 ff.), hinsichtlich der material-demokratischen

Komponente dagegen die Verfassungsrechtsprechung (S. 241 ff.), so daß sich aus dem demokratischen Prinzip insgesamt jedenfalls kein Argument für eine Zurückdrängung der Rechtsprechung zugunsten der Gesetzgebung, etwa im Sinne eines betonten judicial restraint ableiten läßt (S. 253 f.).

38. Auch das Prinzip der Gewaltenteilung (S. 254 ff.) spricht, wenn man es im Lichte der heutigen Erfordernisse versteht, eher für eine Intensivierung der Rechtsprechung (S. 257). Ebenso schlagen auch die Einwände gegen eine „aktive" Rechtsprechung, die sich mit den Stichworten „Politisierung der Justiz" (S. 257 ff.), „Justizstaatlichkeit", „Depossedierung des Juristen" und „Verunsicherung des Rechts" (S. 259 ff.) kennzeichnen lassen, letztlich nicht durch.

39. Eine Art „Vorhandstellung" des stärker formal-demokratisch legitimierten Gesetzgebers bei der Gemeinwohloptimierung ergibt sich aber aus der mangelnden Stringenz der Beurteilungsmaßstäbe in Verbindung mit dem Grundwert der Rechtssicherheit (§ 34). Das bedeutet indes nicht, daß die Verfassungsrechtsprechung unwirksam oder von nur marginaler Bedeutung wäre; durch Aufgliederung in Fallgruppen und Problembereiche läßt sich vielmehr eine z. T. sehr intensive Kontrolle erreichen, wie auch einige Beispiele aus der Rechtsprechung zeigen (S. 272 ff.).

40. Die These von der besonderen Zurückhaltung der verfassungsgerichtlichen Kontrolle öffentlicher Leistungen ist zu kritisieren (§ 35). Die These, die auf einer Überbetonung bloßen „Eingriffsdenkens" und dem Fehlen einer konsistenten Gemeinwohlvorstellung beruht, ist letztlich unhaltbar, weil sie gerade die unter Gemeinwohlaspekten besonders bedenklichen Maßnahmen wie Subventionen in besonders weitem Umfang zuläßt. Die Möglichkeit einer intensiveren verfassungsgerichtlichen Kontrolle von öffentlichen Leistungen läßt sich an einigen Beispielen plausibel machen (§ 36).

41. Eine Aktivierung der gerichtlichen Kontrolle zum Schutze allgemeiner Interessen könnte durch die Erweiterung der prozessualen Klag- und Antragsbefugnisse erreicht werden, die bisher im wesentlichen auf unmittelbar Verletzte beschränkt sind. Als Ansatzpunkte kommen in Frage: die Einführung der Popularklage in bestimmten Fällen, die Zulassung der Verbandsklage für bestimmte „public-interest-Organisationen" und der Ausbau der Institution des „Vertreters des öffentlichen Interesses" (§ 37).

42. Die grundgesetzlich verbürgte Freiheit der Wissenschaft erhält ihren überzeugenden verfassungstheoretischen Sinn aus der Repräsentationsfunktion der Wissenschaft. Funktion der Wissenschaft ist es, Möglichkeiten und Maßstäbe menschlichen Handelns immer wieder von neuem kritisch zu überdenken und sie gegebenenfalls zu erweitern und zu verbessern. Diese „Besserungsfunktion" der Wissenschaft setzt Unabhängigkeit vom Staat und von anderen Interessenten voraus und legitimiert sie zugleich (S. 315 ff.).

43. Auf dieser verfassungstheoretischen Basis läßt sich auch das Hochschulurteil des Bundesverfassungsgerichts vom 29. 5. 1973 (zum niedersächsischen Vorschaltgesetz) überzeugend begründen. Die Erörterung dieses Urteils zeigt, daß das in dieser Arbeit entwickelte Verständnis von der Funktion der Wissenschaft zutrifft, ja daß das Urteil überhaupt nur zu begründen ist, wenn man dieses Verständnis zugrundelegt, und die berechtigten Einwände gegen das Urteil daher rühren, daß das Gericht dies nicht deutlich genug getan hat (S. 320 ff.).

44. Die Besserungsfunktion der Wissenschaft tritt besonders klar hervor bei der wissenschaftlichen Politikberatung (§ 39), deren verfassungstheoretischer Sinn sich am Beispiel des Sachverständigenrats zur Begutachtung der gesamtwirtschaftlichen Entwicklung darstellen läßt (S. 325 ff.). Die Darstellung erlaubt es, die verfassungsrechtlichen Einwände gegen die Errichtung des unabhängigen gesamtwirtschaftlichen Sachverständigenrats, die vor allem von E.-W. Böckenförde und Heinze geäußert worden sind, als unbegründet zurückzuweisen (S. 334 ff.).

45. Die Frage, wie Politikberatung (auch in anderen Bereichen als der gesamtwirtschaftlichen Steuerung) am besten zu institutionalisieren ist, ist eine zentrale Frage der Organisation von Staat und Gesellschaft, die man als Verfassungsfrage im materialen Sinn bezeichnen kann. Es ist die Aufgabe der Verfassungstheorie, Grundsätze und Richtlinien zu erarbeiten (S. 333 f.); einige Ansätze sind in der vorliegenden Arbeit unternommen worden.

46. Die Notwendigkeit der Errichtung weiterer unabhängiger Sachverständigenräte läßt sich an den Beispielen der Finanzplanung und der Subventions(abbau)planung darlegen, die beide seit 1967 gesetzlich vorgeschrieben sind, ihren eigentlichen Sinn aber bisher verfehlt haben. Unabhängige Sachverständigenräte könnten es der Regierung erleichtern, die Finanzplanung sinngerecht durchzuführen und ihrer Verpflichtung nachzukommen, die öffentlichen Subventionen einer strikten Angemessenheitskontrolle zu unterziehen (§ 40).

47. Auch die Unabhängigkeit der Deutschen Bundesbank ist nur vor dem Hintergrund ihrer Funktion als Gegengewicht gegen strukturelle Schwächen des pluralistischen Willensbildungs- und Entscheidungsprozesses im Bereich der Geldpolitik überzeugend zu begründen (S. 356 ff.). Daraus ergibt sich die verfassungsrechtliche Konsequenz, daß die Autonomie der Bundesbank nicht nur zulässig, sondern grundsätzlich wohl auch verfassungsrechtlich geboten ist S. 365 ff.).

48. Der Finanzkontrolle durch die unabhängigen Rechnungshöfe (deren Behandlung hier auf den Bundesrechnungshof beschränkt ist) fehlt es trotz der Haushaltsrechtsreform von 1969 an ausreichender Wirksamkeit. Sie ist einerseits noch von der (längst überholten) Dualismusvorstellung von Regierung und Parlament geprägt, andererseits sind die Konsequenzen aus der mangelnden Durchsetzungskraft allgemeiner Interessen noch nicht gezogen worden (§ 43). Die Finanzkontrolle könnte (und sollte) im Zuge ihrer ohnehin im Gang befindlichen Evolution zu einem wirkungsvolleren Gegengewicht gegen Pluralismusdefizite ausgebaut werden. Vor allem müßte sie bewußt auf die Rechtssetzungsakte des Parlaments erstreckt und ihre Publizität ausgedehnt werden. Ansätze dazu sind bereits vorhanden (§ 44).

49. Dagegen wäre die in periodischen Abständen immer wieder erneut diskutierte Errichtung eines Wirtschaftsrats kein geeigneter Weg, um pluralistisch bedingte Gemeinwohldefizite zu verringern; diese würden im Gegenteil noch erhöht (Kapitel K).

50. Das in Art. 38 Abs. 1 Satz 2 GG niedergelegte Repräsentationsprinzip für Parlamentsabgeordnete hat auch unter heutigen Bedingungen einen guten Sinn, wenn man es als Postulat eines wert- und erkenntnisorientierten Willensbildungs- und Entscheidungsverfahrens versteht (S. 388 ff.).

51. Unter den Möglichkeiten, dem Repräsentationsprinzip verstärkte Wirksamkeit zu verschaffen, steht zunächst die Einführung von Verbandsinkompati-

bilitäten zur Diskussion. Diese würden zwar nicht gegen Art. 38 Abs. 1 Satz 2 GG verstoßen, sondern ihm im Gegenteil gerade entsprechen; sie sind aber dennoch skeptisch zu beurteilen wegen der kaum auszuschließenden Umgehungsmöglichkeiten und der Ungleichheit, die in der Nichterfassung gleichwertiger Fälle liegt (§ 48).

52. Zudem lassen sich ähnliche Wirkungen — und zwar unter Ausschluß oder doch erheblicher Eindämmung der genannten Mängel — durch eine Reform des finanziellen Status der Abgeordneten erreichen, wie sie nunmehr auch das Diäten-Urteil des Bundesverfassungsgerichts vom 5. 11. 1975 verlangt. Im Zuge einer solchen Reform müssen Nebeneinnahmen der Abgeordneten, die ihre Unabhängigkeit gefährden, unterbunden werden. Dadurch kann — hinsichtlich der Verbandsabgeordneten — das Problem der „eingebauten Lobby" gemildert und — hinsichtlich der öffentlichen Bediensteten in den Parlamenten — der zunehmenden „Verbeamtung" entgegengewirkt werden (§ 49).

Literatur

Achterberg, Norbert — Parlamentsreform — Themen und Thesen, DÖV 1975, S. 833

Ackermann, Paul — Der deutsche Bauernverband im politischen Kräftespiel der Bundesrepublik Deutschland, Diss. Tübingen 1970

Ackermann/Geschka/Karsten — Gutachten zur Umweltbelastung der Volkswirtschaft durch das Umweltprogramm der Bundesregierung, in: Materialien zu BT-Drucksache VI/2710, S. 593

Adam, Hermann — Die Konzertierte Aktion in der Bundesrepublik, WSI-Studien zur Wirtschafts- und Sozialforschung, Nr. 21, Wirtschafts- und Sozialwissenschaftliches Institut des Deutschen Gewerkschaftsbundes, Köln 1972

Pluralismus oder Herrschaft des Kapitals? — Überlegungen zur gesellschaftlichen Machtverteilung in der Bundesrepublik, WSI-Mitteilungen 1973, S. 432

Adomeit, Klaus — Rechtswissenschaft und Wahrheitsbegriff, JuS 1972, S. 628

Agnoli, Johannes — Die Transformation der Demokratie, Frankfurt/M 1968

Albers, Willi — Erfahrungen mit dem deutschen Haushaltsrecht, WD 1972, S. 43

Umverteilungswirkungen der Einkommensteuer, in: ders. (Hrsg.), Öffentliche Finanzwirtschaft und Verteilung II, Schriften des Vereins für Socialpolitik, N. F. Bd. 75/II, Berlin 1974, S. 69 ff.

Ziele und Bestimmungsgründe der Finanzpolitik, in: Handbuch der Finanzwirtschaft, 3. Aufl., Bd. I, Tübingen 1975 ff., S. 123

Albert, Hans — Der Gesetzesbegriff im ökonomischen Denken, in: Macht und ökonomisches Gesetz, 1. Bd., 1973

Konstruktion und Kritik, Hamburg 1972

Normativismus oder Sozialtechnologie, in: Jahrbuch für Rechtssoziologie und Rechtstheorie 2 (1972), S. 109

Plädoyer für kritischen Rationalismus, Heidelberg 1971

Politische Ökonomie und rationale Politik, in: FS Theodor Wessels, 1967, S. 59

Theorie und Prognose in den Sozialwissenschaften: in: Topitsch (Hrsg.), Die Logik der Sozialwissenschaften, Köln/Berlin 1965, S. 126

Traktat über kritische Vernunft, 2. Aufl., Tübingen 1969

Wertfreiheit als methodisches Prinzip, in: Topitsch (Hrsg.), Die Logik der Sozialwissenschaften, Köln/Berlin 1965, S. 181

Albrecht, Dietrich/ Wesselkock, Klemens — Subventionen und Subventionspolitik. Eine Auswertung der bisherigen Subventionsberichte nach dem Stabilitäts- und Wachstumsgesetz, Bonn 1971, Heft 19 der Schriftenreihe des Bundesministeriums für Wirtschaft und Finanzen; abgedruckt auch in: Bulletin der Bundesregierung 1972, S. 657

Literatur

Alewell, Karl	Subventionen als betriebswirtschaftliche Frage, Köln und Opladen 1965
Almond, Gabriel A.	Interessengruppen und politischer Prozeß. Zusammenfassung der Arbeit eines Ausschusses des amerikanischen Social Sciences Research Council, in: Doeker, Günther, Comparative Politics, Freiburg 1971, S. 77
Ammermüller, Martin G.	Verbände im Rechtssetzungsverfahren. Kann den Verbänden, insbesondere den Beamtenkoalitionen nach § 94 BBG, ein Anspruch auf Beteiligung bei der Schaffung von Rechtsnormen gewährt werden?, Berlin 1971
Andel, Norbert	Subventionen als Instrument des finanzwirtschaftlichen Interventionismus, Tübingen 1970
Appoldt, Friedrich-Walter	Die öffentlichen Anhörungen („Hearings") des Deutschen Bundestags, Berlin 1971
Arblaster/Lukes (Hrsg.)	The Good Society, London 1971
Arndt, Adolf	Gesetzesrecht und Richterrecht, NJW 1963, S. 1273
	Rezension von Gerhard Leibholz, Die Gleichheit vor dem Gesetz, 2. Aufl. 1959, NJW 1961, S. 2153
Arndt, Hans Joachim	Politik und Sachverstand im Kreditgewährungswesen. Die verfassungsstaatlichen Gewalten und die Funktion von Zentralbanken, Berlin 1963
Arndt, Helmut	Markt und Macht, Tübingen 1973
	Die wirtschaftliche Macht. Überlegungen anläßlich der 100jährigen Wiederkehr der Eisenacher Tagung, WD 1972, S. 429
v. Arnim, Hans Herbert	Die Abgeordnetendiäten. Dokumentation, Analyse und Reformvorschläge zur Abgeordnetenbesoldung in Bund und Ländern, Wiesbaden 1974
	Abgeordnetenentschädigung und Grundgesetz. Ein Rechtsgutachten über die finanziellen Privilegien der Parlamentsabgeordneten in Bund und Ländern, Wiesbaden 1975
	Durchsetzung der Unverfallbarkeit von Ruhegeldanwartschaften durch das Bundesarbeitsgericht — Der Richter als Ersatzarbeitgeber —, BB 1972, S. 141
	Die Einschränkung der Verfallbarkeit von betrieblichen Ruhegeldansprüchen, BB 1971, S. 1065
	Parlamentsreform, Wiesbaden 1970
	Die Problematik der Steuerreform, Blätter für Genossenschaftswesen 1971, S. 185
	Reform der Abgeordnetenentschädigung. Stellungnahme zum Entwurf eines Abgeordnetengesetzes 1976 (BT-Drucks. 7/5525), Wiesbaden 1976
	Rückzahlungsklauseln bei sogenannten freiwilligen sozialen Leistungen des Arbeitgebers, RdA 1970, S. 257
	Die Steuerfreiheit der Abgeordnetendiäten ist verfassungswidrig, DB 1972, S. 889
	Steuerrecht bei Geldentwertung, BB 1973, S. 621

Die sogenannte große Steuerreform, Blätter für Genossenschaftswesen 1970, S. 393

Das Verbot von Interessentenzahlungen an Abgeordnete. Zur Notwendigkeit und Möglichkeit seiner Durchsetzung aus der Sicht des Steuerzahlers, Wiesbaden 1976

Die Verfallbarkeit von betrieblichen Ruhegeldanwartschaften, Heidelberg 1970

Verfassungswidrigkeit des Konjunkturzuschlags wegen Ungeeignetheit?, BB 1970, S. 1127

Volkswirtschaftspolitik, Frankfurt/M. 1974 (2. Aufl. 1976; Zitate im Text nach der 1. Aufl.)

Augstein, Rudolf — Fünfte Ohnmacht Presse, in: Der Spiegel 1969 Nr. 29, S. 16

Zwischen Gruppeninteressen und Gemeinwohl, GMH 1975, S. 266

Bachof, Otto — Begriff und Wesen des sozialen Rechtsstaats, VVDStRL 12, S. 37

Die Dogmatik des Verwaltungsrechts vor den Gegenwartsaufgaben der Verwaltung, VVDStRL 30, S. 193

Die richterliche Kontrollfunktion im westdeutschen Verfassungsgefüge, in: FS Hans Huber, 1961, S. 26

Badura, Peter — Die Daseinsvorsorge als Verwaltungszweck der Leistungsverwaltung und der soziale Rechtsstaat, DÖV 1966, S. 624

Das Prinzip der sozialen Grundrechte und seine Verwirklichung im Recht der Bundesrepublik Deutschland, Der Staat 1975, S. 17

Die Rechtsprechung des Bundesverfassungsgerichts zu den verfassungsrechtlichen Grenzen wirtschaftspolitischer Gesetzgebung im sozialen Rechtsstaat (Bericht über die Rechtsprechung der Bände 1—20), AöR 1967, S. 382

Die Tugend des Bürgers und der Gehorsam des Untertanen, Besprechung von Krüger, Herbert, Allgemeine Staatslehre, JZ 1966, S. 123

Art. „Verfassung", in: Evang. Staatslexikon, 2. Aufl. 1975, Sp. 2717

Verfassung und Verfassungsgesetz, in: FS Scheuner, 1973, S. 19

Verfassungsfragen der Finanzplanung, in: FS Maunz, 1971, S. 1

Wirtschaftsverfassung und Wirtschaftsverwaltung. Ein exemplarischer Leitfaden, Frankfurt/M. 1971

Zweitbearbeitung des Art. 38 GG im Bonner Kommentar, 1966

Bäumlin, Richard — Die rechtsstaatliche Demokratie, Zürich 1954

Barry, Brian M. — The Use and Abuse of „The Public Interest", in: Friedrich (Hrsg.), The Public Interest, S. 191

Bartlsperger, Richard — Organisierte Einwirkungen auf die Verwaltung. Zur Lage der zweiten Gewalt, VVDStRL 33, S. 221

Literatur

Battis, Ulrich	Rechnungshof und Politik, DÖV 1976, S. 721
Bauer, Wilhelm	Die Rolle des Sachverständigenrats bei der wirtschaftspolitischen Urteilsbildung, Die Aussprache 1969, S. 296
	Der Sachverständigenrat. Einige Bemerkungen zu seinem Wesen und seinen Funktionen, in: FS Theodor Wessels, 1967, S. 349
Baumann, Jürgen	Einführung in die Rechtswissenschaft, 3. Aufl. 1972
Bayer, Hermann-Wilfried	Die verfassungsrechtlichen Grundlagen der Wirtschaftslenkung durch Steuerbefreiungen, StuW 1972, S. 149
v. Beckerath, Erwin und Giersch, Herbert (Hrsg.)	Probleme der normativen Ökonomie und der wirtschaftspolitischen Beratung, Schriften des Vereins für Socialpolitik N. F. Bd. 29, Berlin 1963
Bellstedt, Christoph	Die Steuer als Instrument der Politik. Eine vergleichende Untersuchung der Steuerpolitik in den USA und Deutschland, Berlin 1966
Benda, Ernst	Das Bundesverfassungsgericht im Spannungsfeld von Recht und Politik, ZRP 1977, S. 1
	Der Gesetzgeber sitzt nicht in Karlsruhe, Interview im Handelsblatt Nr. 246 v. 24. 12. 1974
	Zu einigen Fragen grundgesetzlicher Sozialstaatlichkeit, in: Die Fortbildung 1975, S. 38
	Industrielle Herrschaft und sozialer Staat, Göttingen 1966
Benda, E./Klein, E.	Bemerkungen zur richterlichen Unabhängigkeit, DRiZ 1975, S. 166
Bender, Bernd	Einige rechtspolitische Bemerkungen zur Verbandsklage im öffentlichen Recht, DÖV 1976, S. 584
Bender, Rolf	Funktionswandel der Gerichte?, ZRP 1974, S. 235
Bentley, Arthur	The Process of Government, Evanston, Ill. 1959 (Erstausgabe: 1909)
Bergedorfer Protokolle	Kurzfristige Soziallösungen contra langfristige Regionalpolitik, Bd. 14, Hamburg/Berlin 1966
	Muß unsere politische Maschinerie umkonstruiert werden?, Bd. 16, Hamburg/Berlin 1966
Bermbach, Udo	Zwischen Reform und Repression. Kann der Staat wirtschaftliche, gesellschaftliche und politische Prozesse noch steuern?, in: Die Zeit vom 28. 9. 1973, S. 15
Bernholz, Peter	Einige Bemerkungen zur Theorie des Einflusses der Verbände auf die politische Willensbildung in der Demokratie, Kyklos, Internationale Zeitschrift für Sozialwissenschaften, Bd. XII, 1969, S. 276
	Grundlagen der Politischen Ökonomie 1. Band, Tübingen 1972; 2. Band, Tübingen 1975
	Die Machtkonkurrenz der Verbände im Rahmen des politischen Entscheidungssystems, in: Macht und ökonomisches Gesetz, S. 859
Berth, Rolf	Auswege aus einer unglaubwürdigen Demokratie, Stuttgart 1969

Berthold, Ursula	Zur Theorie der Subventionen. Ein Beitrag zur mikroökonomischen Analyse der Subventionswirkungen und ihrer wirtschaftspolitischen Beurteilung, Bern und Stuttgart 1967
Besters, Hans	Kritische Anmerkungen zur jüngsten Konjunkturdiskussion, in: Festschrift für Theodor Wessels, 1967, S. 359
Gräfin v. Bethusy-Huc, Viola	Demokratie und Interessenpolitik, Wiesbaden 1962
	Interessenverbände in der agrarpolitischen Willensbildung, Zeitschrift für Parlamentsfragen 1971, S. 206
	Das politische Kräftespiel in der Bundesrepublik, Wiesbaden 1965
v. Beyme, Klaus	Die politischen Theorien der Gegenwart, 1972
	Interessengruppen in der Demokratie, München 1969
Biedenkopf, Kurt H.	Zum Auftrag der Wissenschaft und der Universität, 1968
	Besprechung von Ehmke, Horst, Wirtschaft und Verfassung, 1961, BB 1962, S. 847
	Fortschritt in Freiheit, München 1974
	Grenzen der Tarifautonomie, Karlsruhe 1964
	Ordnungsfunktion des Staates in der Wirtschaftspolitik, Vortrag auf der Jahreshauptversammlung der Vereinigung der Eisen- und Metallindustrie Rheinland-Rheinhessen in Bad Kreuznach am 7. 5. 1969, Auszug in: Vortragsreihe des Deutschen Industrieinstituts, Jahrgang 19, Nr. 30 v. 29. 7. 1969
	Sinn und Grenzen der Vereinbarungsbefugnis der Tarifvertragsparteien, Gutachten für den 46. Deutschen Juristentag 1965, in: Verhandlungen des 46. DJT Bd. I, S. 97
	Das Verhältnis von Staat und gesellschaftlichen Gruppen, in: FS Ballerstedt, 1976, S. 13
	Das Verhältnis der Wirtschaftswissenschaft zur Rechtswissenschaft im Arbeitsrecht, in: Wirtschaftswissenschaft und Rechtswissenschaft, S. 67
	Die Zukunft unserer Wirtschaftsordnung, Die Aussprache 1970, S. 192
Bierle, Klaus	Inflation und Steuer. Auswirkungen und Vorkehrungen im Unternehmensbereich, Berlin 1974
Birke, Wolfgang	Richterliche Rechtsanwendung und gesellschaftliche Auffassung, 1968
Bodenheimer, Edgar	Prolegomena to a Theory of the Public Interest, in: Friedrich (Hrsg.), The Public Interest, S. 205
Böckenförde, Christoph	Die sogenannte Nichtigkeit verfassungswidriger Gesetze. Eine Untersuchung über Inhalt und Folgen der Rechtssatzkontrollentscheidungen des Bundesverfassungsgerichts, Berlin 1966
Böckenförde, Ernst-Wolfgang	Die Bedeutung der Unterscheidung von Staat und Gesellschaft im demokratischen Sozialstaat der Gegenwart, in: Aus Politik und Zeitgeschichte, Beilage zur Wochenzeitschrift „Das Parlament" B 49/71 v. 4. 12. 71, S. 11

Literatur

	Entstehung und Wandel des Rechtsstaatsbegriffs, in: FS Adolf Arndt, 1969, S. 53
	Grundrechtstheorie und Grundrechtsinterpretation, NJW 1974, S. 1529
	Die Methoden der Verfassungsinterpretation — Bestandsaufnahme und Kritik, NJW 1976, S. 2089
	Die Organisationsgewalt im Bereich der Regierung. Eine Untersuchung zum Staatsrecht der Bundesrepublik Deutschland, Berlin 1964
	Die politische Funktion wirtschaftlich-sozialer Verbände und Interessenträger in der sozialstaatlichen Demokratie, Der Staat 1976, S. 457
	Rezension von Quaritsch, Helmut, Staat und Souveränität, Band 1: Die Grundlagen, Frankfurt a. M., 1970, in: NJW 1971, S. 2060
	Verfassungsfragen der Richterwahl, Berlin 1974
	Die verfassungstheoretische Unterscheidung von Staat und Gesellschaft als Bedingung der individuellen Freiheit, Opladen 1973
Böckenförde, Werner	Der allgemeine Gleichheitssatz und die Aufgabe des Richters, Berlin 1957
Böckstiegel, Karl-Heinz	Neue Aspekte der Gewaltenteilung seit Inkrafttreten des Grundgesetzes, NJW 1970, S. 1712
Böhm, Franz	Die Ordnung der Wirtschaft als geschichtliche Aufgabe und rechtschöpferische Leistung, Stuttgart und Berlin 1937
	Wettbewerb und Monopolkampf, Berlin 1933
	Wirtschaftsordnung und Staatsverfassung, Recht und Staat, Heft 153/154, 1950, S. 50
Böhm, Wolfgang	„Klassenjustiz", Bericht von der 2. Arbeitstagung der Sektion Rechtssoziologie in der Deutschen Gesellschaft für Soziologie am 27./28. 3. 74 in Bremen, ZRP 1974, S. 172
Böhme, Helmut	Prolegomena zu einer Wirtschafts- und Sozialgeschichte Deutschlands im 19. und 20. Jahrhundert, 3. Aufl., Frankfurt a. M. 1969
Böhret, Carl	Funktionsmängel politischer Führungsorganisationen, Aus Politik und Zeitgeschichte, Beilage zur Wochenzeitschrift „Das Parlament" vom 24. 10. 1970, S. 23
Börner, Bodo	Staatsmacht und Wirtschaftsfreiheit, 1970
Bonner Kommentar zum Grundgesetz	Loseblatt-Kommentar, Hamburg, begründet 1950
Borell, Rolf	Die Personalausgaben der Gebietskörperschaften, Wiesbaden 1974
	Rekorddefizite erfordern Begrenzung der öffentlichen Haushalte, Wiesbaden 1974
Borner, Silvio	Wissenschaftliche Ökonomie und politische Aktion. Eine politische Ökonomie der professionellen Beratung der Wirtschaftspolitik, Bern 1975

Boulding, Kenneth, E.	Ökonomie als Moralwissenschaft, in: Vogt, Seminar: Politische Ökonomie, S. 103
	Principles of Economic Policy, Englewood Cliffs, New York, 1958
Bracher, Karl-Dietrich	Das deutsche Dilemma. Leidenswege der politischen Emanzipation, München 1972
Brandt, Willy	Aufgaben der freien Presse in Staat und Gesellschaft, Bulletin des Presse- und Informationsamts der Bundesregierung 1971, S. 1441
	Verantwortung aller für den demokratischen Staat, Bulletin des Presse- und Informationsamts der Bundesregierung 1971, S. 1505
v. Braunschweig, Christa	Der Konsument und seine Vertretung. Eine Studie über Verbraucherverbände, Heidelberg 1965
Braybrooke, David	The Public Interest: The Present and Future of the Concept, in: Friedrich (Hrsg.), The Public Interest, S. 129
Brecht, Arnold	Politische Theorie, 1960
Breitling, Rupert	Politische Pressionen wirtschaftlicher und gesellschaftlicher Kräfte in der BRD, in: H. Steffen (Hrsg.), Die Gesellschaft in der Bundesrepublik - Analysen I, Göttingen 1970
	Die Verbände in der Bundesrepublik Deutschland, Meisenheim am Glan 1955
	Die zentralen Begriffe der Verbandsforschung, PVS 1960, S. 47
Brenner, Günter	Zum Mitwirkungsrecht der Verbände und Vereinigungen bei der Gesetzgebung des Bundes und beim Erlaß von Verordnung, BB 1960, S. 873
Briefs, Goetz (Hrsg.)	Laissez-faire-Pluralismus, Berlin 1966
Ders.	Staat und Wirtschaft im Zeitalter der Interessenverbände, in: ders., Laissez-faire-Pluralismus, Berlin 1966
Brinkmann, Carl	Über Güte und Schlechtigkeit der Menschen in der Lehre von Staat und Gesellschaft, in: FS C. Schmitt I, 1968, S. 83
Brohm, Winfried	Die Dogmatik des Verwaltungsrechts vor den Gegenwartsaufgaben der Verwaltung, VVDStRL 30, S. 245
	Sachverständige und Politik, in: FS Forsthoff, 1972, S. 37
Bronfrenner, M.	Some Neglected Implications of Secular Inflation, in: K. K. Karihara (Ed.), Post-Keynesian Economics, London 1955, S. 35
Brox, Hans	Zur Zulässigkeit einer erneuten Überprüfung einer Norm durch das Bundesverfassungsgericht, FS Willi Geiger, 1974, S. 809
Brunner, Georg	Kontrolle in Deutschland, Köln 1972
	Die Problematik der sozialen Grundrechte, Tübingen 1971
Brunner, Gotthard	Möglichkeiten und Grenzen der öffentlichen Finanzkontrolle, FS Hans Schäfer, 1975, S. 169

Literatur

Bryde, Brun-Otto	Zentrale Wirtschaftspolitische Beratungsgremien in der Parlamentarischen Verfassungsordnung. Sachverstand und Entscheidung in der Wirtschaftspolitik Belgiens, Dänemarks, Deutschlands, Frankreichs, Italiens und der Niederlande, Hamburg 1972
Buchanan, James M./ Tullock, Gordon	The Calculus of Consent, Ann Arbor/Michigan 1962
Buchholz, Edwin	Interessen — Gruppen — Interessengruppen, Tübingen 1970
	Die Wirtschaftsverbände in der Wirtschaftsgesellschaft, Tübingen 1969
Bulla, Eckart	Wirtschaftsordnung und Grundgesetz, Hamburger Jahrbuch für Wirtschafts- und Gesellschaftspolitik 1974, S. 223
Bullinger, Martin	Haftungsprobleme des Umweltschutzes aus der Sicht des Verwaltungsrechts, Versicherungsrecht 1972, S. 599
Bundesrechnungshof (Hrsg.)	250 Jahre Rechnungsprüfung, Frankfurt/M. 1964
Bundesverfassungsgericht (Hrsg.)	Das Bundesverfassungsgericht 1951 bis 1971, Karlsruhe 1971
Burmeister, Joachim	Vom staatsbegrenzenden Grundrechtsverständnis zum Grundrechtsschutz für Staatsfunktionen, Frankfurt (M) 1971
Buxbaum, Richard M.	Die private Klage als Mittel zur Durchsetzung wirtschaftspolitischer Rechtsformen, Karlsruhe 1972
Canaris, Claus-Wilhelm	Systemdenken und Systembegriff in der Jurisprudenz, Berlin 1969
Cansier, Dieter	Marktversagen und staatliche Güterbereitstellung als Merkmale öffentlicher Güter, in: Public Finance, Heft 4/1972
Cardozo, Benjamin N.	A Ministry of Justice, Harvard Law Review, Bd. 35 (1921/2), S. 113
Cassinelli, C. W.	The Public Interest in Political Ethics, in: Friedrich (Hrsg.), The Public Interest, S. 44
Coing, Helmut	Zur Ermittlung von Sätzen des Richterrechts, JZ 1975, S. 277
	Grundzüge der Rechtsphilosophie, 2. Aufl., Berlin 1969
Colm, Gerhard	The Public Interest: Essential Key to Public Policy, in: Friedrich (Hrsg.), The Public Interest, S. 115
Conolly, William E. (Hrsg.)	The Bias of Pluralism, New York 1969
Conolly, William E.	The Challenge to Pluralistic Theory, in: ders., The Bias of Pluralism, 1969, S. 3
Conradi, Peter	Parlamentarier in privilegienfeindlicher Demokratie, ZParl 1976, S. 113
Christen, Heinz-Peter	Die Wirtschaftsverfassung des Interventionismus, Zürich und St. Gallen 1970
Contiades, Ion	Verfassungsgesetzliche Staatsstrukturbestimmungen, Stuttgart u. a. 1967

Czermak, Fritz	Rechtserwägung oder Interessenabwägung, DÖV 1966, S. 49
Daddario, Emilio	Demokratie und Fortschritt, Der Spiegel Nr. 22/1972, S. 128
Däke, Karl-Heinz	Der Bund der Steuerzahler. Einflußmöglichkeiten einer Organisation der Steuerzahler auf die Rationalität steuer- und finanzpolitischer Entscheidungen, Kölner Diss. 1975
Däubler, Wolfgang	Bürger ohne Rechtsschutz?, Kostenrisiko und Grundgesetz, BB 1969, S. 545
	Der Kampf um das Beamtenstreikrecht, GMH 1972, S. 310
	Der Streik im öffentlichen Dienst, 2. Aufl., Tübingen 1971
Dagtoglou, Prodromos	Kollegialorgane und Kollegialakte der Verwaltung, Stuttgart 1960
	Der Private in der Verwaltung als Fachmann und Interessenvertreter, 1964
	Art. „Souveränität", EvStL, 2. Aufl., Stuttgart/Berlin 1975, Sp. 2321
Dahl, Robert A./ Charles E. Lindblom	Politics, Economics and Welfare. New York 1953. Auszugsweise auch in: Gäfgen (Hrsg.), Grundlagen der Wirtschaftspolitik, S. 211
Dahrendorf, Ralf	Gesellschaft und Demokratie in Deutschland, München 1968
	Die neue Freiheit, München 1975, teilweise abgedruckt unter dem Titel „Ein neues liberales Credo", in: Die Zeit Nrn. 53/1/1974, 1—3/1975
Dammann, Klaus	Verwaltungswissenschaft und Rechtswissenschaft, in: Dieter Grimm (Hrsg.), Rechtswissenschaft und Nachbarwissenschaften, S. 107
Dechamps, Bruno	Macht und Arbeit der Ausschüsse, Meisenheim a. G. 1954
Dellmann, Hansjörg	Zur Problematik eines „Grundrechts auf menschliche Umwelt", DÖV 1975, S. 588
Del Vecchio, Giogio	Über die Aufgaben und Zwecke des Staates, AöR 1963, S. 249
Demokratisierung	Coloquium über einen umstrittenen Begriff, Aus Politik und Zeitgeschichte, Beilage zur Wochenzeitung „Das Parlament" vom 1. 5. 1971, S. 3
Denninger, Erhard	Rechtsperson und Solidarität. Ein Beitrag zur Phänomenologie des Rechtsstaates unter besonderer Berücksichtigung der Sozialtheorie Max Schelers, Frankfurt (M)/Berlin 1967
Dettling, Warnfried (Hrsg.)	Macht der Verbände — Ohnmacht der Demokratie, München/Wien 1976
Deuker, Wolfang	Macht oder ökonomisches Gesetz. Zur diesjährigen Tagung des Vereins für Socialpolitik, FAZ vom 2. 9. 1972

Literatur

Deutscher Bundestag, Wissenschaftliche Dienste	Subventionsbericht 1970. Rechtliche, wirtschaftliche und fiskalische Würdigung, Nr. 24 der Reihe Materialien, Bonn 1971
Deutscher Industrie- und Handelstag	Subventionen ohne Kontrolle, Bonn 1970
Deutsches Institut für Wirtschaftsforschung	Subventionsberichte der Bundesregierung: Als Instrument der Erfolgskontrolle reformbedürftig, DIW-Wochenberichte 1976, S. 103
Dichgans, Hans	Vom Grundgesetz zur Verfassung. Überlegungen zu einer Gesamtrevision, Düsseldorf/Wien 1970
Dicke, Detlev Christian	Verfassungsrechtliche Möglichkeiten und Grenzen der Wirtschaftslenkung in Italien und der Bundesrepublik Deutschland, 1969
Dickertmann, Dietrich	Die Autonomie der Bundesbank unter dem Einfluß geldpolitischer Entwicklungen, Wirtschaftspolitische Chronik 1975, S. 23
Diederichsen, Uwe	Die Flucht des Gesetzgebers aus der politischen Verantwortung im Zivilrecht, ZRP 1974, S. 53
Doerge, Friedrich-Wilhelm	Die Bundesbank — eine Nebenregierung, in: Die Zeit v. 21. 10. 1969
Doehring, Karl	Der „Pouvoir Neutre" und das Grundgesetz, Der Staat 1964, S. 201
	Staatsrecht der Bundesrepublik Deutschland, Frankfurt/M. 1976
v. Dohnanyi, Klaus	Finanzplanung als politische Strategie, Bulletin der Bundesregierung 1970, S. 11
Dolzer, Rudolf	Die staatstheoretische und staatsrechtliche Stellung des Bundesverfassungsgerichts, Berlin 1972
Dorn, Dietmar	Interessante Ansätze — magere Ergebnisse zur Staatsausgabentheorie, Der Volkswirt Nr. 21 vom 22. 5. 1970, S. 53
Downs, Anthony	Ökonomische Theorie der Demokratie, Tübingen 1968
	Why the Government Budget is too Small in a Democracy, World Politics, Bd. 12 (1960), S. 541
Drath, Martin	Die Grenzen der Verfassungsgerichtsbarkeit, VVDStRL 9, S. 17
	Über eine kohärente sozio-kulturelle Theorie des Staats und des Rechts, FS Leibholz, Bd. I, Tübingen 1966, S. 35
	Zur Soziallehre und Rechtslehre vom Staat, ihren Gebieten und Methoden, in: FG Rudolf Smend, 1962, S. 41
	Der Staat der Industriegesellschaft, Entwurf einer sozialwissenschaftlichen Staatstheorie, Der Staat 1966, S. 273
Dreßler, Karl	Stellung und Aufgabe des Bundesrechnungshofes, in: 250 Jahre Rechnungsprüfung, hrsg. v. Bundesrechnungshof, Frankfurt/M. 1964, S. 157
Dübber, Ulrich	Geld und Politik. Die Finanzwirtschaft der Parteien, Freudenstadt 1970

Dürig, Günter	Verfassung und Verwaltung im Wohlfahrtsstaat, JZ 1953, S. 193
Dürre, Ernst	„Besser ungefähr richtig als präzise falsch", Der Volkswirt Nr. 12 v. 20. 3. 1970, S. 49
Duvernell, Helmut (Hrsg.)	Koalitionsfreiheit und Tarifautonomie, Berlin 1968
Duwendag, Dieter u. a.	Geldtheorie und Geldpolitik, Köln 1974
Ders. (Hrsg.)	Macht und Ohnmacht der Bundesbank, Frankfurt/M. 1973
Ehmke, Horst	Planung im Regierungsbereich — Aufgaben und Widerstände, Bulletin der Bundesregierung 1971, S. 2026
	Politik der praktischen Vernunft, Frankfurt/M. 1969
	Prinzipien der Verfassungsinterpretation, VVDStRL 20, S. 53
	„Staat" und „Gesellschaft" als verfassungstheoretisches Problem, in: FG Rudolf Smend, 1962, S. 23
	Wirtschaft und Verfassung, Karlsruhe 1961
Ehrenberg, Herbert	Zwischen Marx und Markt, Frankfurt a. M. 1973
Ehrlich, Stanislaw	Rechtspositivismus, Rechtssoziologie und Politische Wissenschaft, Der Staat 1966, S. 407
Eichenberger, Kurt	Rechtssetzungsverfahren und Rechtssetzungsformen in der Schweiz. Bemerkungen zur Praxis der Rechtssetzung, insbes. der Gesetzgebung, Zeitschrift für schweizerisches Recht, Bd. 73 (1954), S. 1 a — 118 a
	Die richterliche Unabhängigkeit als staatsrechtliches Problem, Bern 1960
Eicher, Hermann	Die Problematik der mehrjährigen Finanzplanung, FS Hans Schäfer, 1975, S. 129
Zur Einheit der Rechts- und Staatswissenschaften	Ringvorlesung der Rechts- und staatswissenschaftlichen Fakultät der Albert-Ludwigs-Universität, WS 1966/67, Freiburg/Br., 1967
Eisfeld, Rainer	Pluralismus zwischen Liberalismus und Sozialismus, Stuttgart u. a. 1971
	Der ideologische und soziale Stellenwert der Pluralismustheorie, PVS 1971, S. 332
Ellwein, Thomas	Die großen Interessenverbände und ihr Einfluß, Aus Politik und Zeitgeschichte, Beilage zur Wochenzeitung „Das Parlament" vom 1. 12. 1973, S. 22
	Das Regierungssystem der Bundesrepublik Deutschland, Köln und Opladen, 2. Aufl. 1965, 3. Aufl. 1973
Ellwein, Thomas/ Görlitz, Axel	Parlament und Verwaltung, Teil I: Gesetzgebung und politische Kontrolle, Stuttgart/Berlin/Köln/Mainz 1967
Elsholz, Conrad	Sozialpolitische Perspektiven, Heidelberg 1962
Emacora, Felix	Allgemeine Staatslehre, 2 Teilbände, Berlin 1970
Emge, Carl August	Über die Unentbehrlichkeit des Situationsbegriffs für die normativen Disziplinen, Akademie der Wissenschaften und der Literatur, Abhandlungen der geistes- und sozialwissenschaftlichen Klasse, Wiesbaden, Jg. 1966, Nr. 3

Literatur

Emmerich, Volker	Die kommunalen Versorgungsunternehmen zwischen Wirtschaft und Verwaltung. Zur Stellung der Gemeinden in der Energieversorgung, Frankfurt/M. 1970
	Das Wirtschaftsrecht der öffentlichen Unternehmen, Bad Homburg v. d. H. u. a. 1969
Engels, Friedrich	Der Ursprung der Familie, des Privateigentums und des Staats. 1. Aufl. 1884. Neudruck 1969 der 4. Aufl. von 1891
Engelhardt, Gunther	Besprechung von Klaus Lompe, Gesellschaftspolitik und Planung, 1971, in: Kyklos 1972, S. 888
	Politik und Wissenschaft, Zeitschrift für Politik 1974, S. 68
Engisch, Karl	Einführung in das juristische Denken, 4. Aufl., Stuttgart u. a. 1968
	Auf der Suche nach der Gerechtigkeit, München 1971
Enquête-Kommission Verfassungsreform	Schlußbericht v. 9. 12. 1976, BT-Drucks. 7/5924
Eppe, Franz	Subventionen und staatliche Geschenke, Stuttgart/Berlin/Köln/Mainz 1966
Eppler, Erhard	Die Qualität des Lebens, Bulletin der Bundesregierung 1972, S. 730
Erbel, Günther	Parlament und Wehrbeauftragter in der Verfassungsentwicklung der BRD, Der Staat 1975, S. 347
Erdmann, Ernst-Gerhard	Unvereinbar mit der parlamentarischen Demokratie, WD 1973, S. 175
Erdmann, Manfred	Die verfassungspolitische Funktion der Wirtschaftsverbände in Deutschland 1815–1871, Berlin 1968
Erichsen, Hans-Uwe	Die einstweilige Anordnung, in: FG BVerfG I, 1976, S. 170
Erichsen/Martens (Hrsg.)	Allgemeines Verwaltungsrecht, Berlin/New York 1975 (2. Aufl. 1977)
Erster Bericht zur Reform der Struktur von Bundesregierung und Bundesverwaltung	Vorgelegt von der durch die Bundesregierung am 25. 9. 1968 beschlossenen Projektgruppe für Regierungs- und Verwaltungsreform beim Bundesminister des Innern, 1969
Eschenburg, Theodor	Herrschaft der Verbände?, 2. Aufl., Stuttgart 1963
	Zur politischen Praxis in der Bundesrepublik, Band II, München 1966
	Der Sold des Politikers, Stuttgart 1959
	Staat und Gesellschaft in Deutschland, München 1963
Esser, Josef	Grundsatz und Norm der richterlichen Rechtsfortbildung des Privatrechts, Tübingen 1956
	Vorverständnis und Methodenwahl in der Rechtsfindung (Frankfurt a. M. 1970), Ausg. 1972
Etzioni, Amitai	The Active Society, New York 1968
Eucken, Walter	Grundsätze der Wirtschaftspolitik, 3. Aufl., Tübingen und Zürich 1960

Evers, Hans-Ulrich	Hochschullehreramt und Abgeordnetenmandat, Bonn 1976
	Verbände — Verwaltung — Verfassung, Der Staat 1964, S. 41
Ewald, Heinz	Diskriminierungsverbot und Nachfragemacht, BB 1973, S. 1181
Ewringmann, Dieter/ Hansmeyer, Karl Heinrich	Zur Beurteilung von Subventionen, Opladen 1975
v. Eynern, Gert	Grundriß der politischen Wirtschaftslehre, 2. Aufl., Köln und Opladen 1972
	Die Reichsbank, Jena 1928
	Die Unabhängigkeit der Notenbank, Berlin 1957
Faber, Heiko	Die Verbandsklage im Verwaltungsprozeß, Baden-Baden 1972
	Wirtschaftsplanung und Bundesbankautonomie, Baden-Baden 1969
Fabritius, Hans G.	Zur Finanzpolitik der Europäischen Gemeinschaften, Wiesbaden 1975
	Die mehrjährige Finanzplanung des Bundes, Wiesbaden 1976
Fack, Fritz Ullrich	Entwicklungstendenzen des industriellen Lobbyismus, in: FS Gert v. Eynern, 1967, S. 483
Fechner, Erich	Ideologie und Rechtspositivismus, in: Maihofer (Hrsg.), Ideologie und Recht, 1969, S. 97
	Die Interessen der Nichtorganisierten, in: J. Schlemmer (Hrsg.), Die politische Verantwortung der Nichtpolitiker, S. 65
	Rechtsphilosophie, Soziologie und Metaphysik des Rechts, 1956
Fellner, William	Competition among the Few, Oligopoly and Similar Market Structures, New York 1949
Festschrift (bzw. Festgabe)	für Adolf Arndt, Frankfurt/M., 1969
	für Helmut Arndt, Berlin 1976
	für Kurt Ballerstedt, Karlsruhe 1976
	für Friedrich Berber, München 1973
	für Franz Böhm zum 70. Geburtstag, Karlsruhe 1965
	für Franz Böhm zum 80. Geburtstag, Tübingen 1975
	für das Bundesverfassungsgericht (Festgabe aus Anlaß des 25jährigen Bestehens des Bundesverfassungsgerichts), 2 Bände, Tübingen 1976
	für Gert v. Eynern, Berlin 1967
	für Ernst Forsthoff, München 1972
	für Willi Geiger, Tübingen 1974
	für Max Imboden (Gedenkschrift), Basel/Stuttgart 1972
	für Gerhard Leibholz, Tübingen 1966
	für Theodor Maunz, München 1971
	für Gebhard Müller, Tübingen 1970
	für Fritz Neumark, Tübingen 1970

Literatur

	für Hans Schäfer, Köln u. a. 1975
	für Ulrich Scheuner, Berlin 1973
	für Carl Schmitt, Stuttgart 1959
	für Carl Schmitt (Epirrhosis), 2 Bände, Berlin 1968
	für Rudolf Smend zum 70. Geburtstag, Göttingen 1952
	für Rudolf Smend zum 80. Geburtstag, Tübingen 1962
	für Theodor Wessels, Berlin 1967
	für Hans J. Wolff, München 1973
Fetscher, Iring	Die Demokratie, 2. Aufl. 1972
	Die Sonderstellung der Gewerkschaften im sozialen Rechtsstaat, GMH 1975, S. 268
Fikentscher, Wolfgang	Was ist das Gegenstück zur „Ordinarien-Universität"?, NJW 1973, S. 1787
	Wirtschaftskontrolle — ein Verfassungsgrundlagenproblem, WuW 1971, S. 789
Die Finanzkontrolle des Bundes, oder: Was macht der Bundestag mit den Berichten des Bundesrechnungshofes?	Stenografische Niederschrift einer Veranstaltung der Deutschen Vereinigung für Parlamentsfragen e. V. in Zusammenarbeit mit dem Hessischen Landtag am 5. März 1975 (hektografiert)
Fischer, Robert	Die Weiterbildung des Rechts durch die Rechtsprechung, Karlsruhe 1971
Fischer, Wolfram	Staatsverwaltung und Interessenverbände im Deutschen Reich 1871—1914, FG v. Eynern, 1967, S. 431
Fischer-Menshausen, Herbert	Einige Bemerkungen zur Diskussion über die Finanzreform, WD 1968, S. 3
Flume, Werner	Besteuerung und Wirtschaftsordnung, Steuerberater-Jahrbuch, 1973/74, S. 53
	Rechtsgeschäft und Privatautonomie, FS zum 100jährigen Bestehen des Deutschen Juristentages, 1960, Bd. I, S. 135
Föhl, Carl	Möglichkeiten einer künftigen Fiskalpolitik, Weltwirtschaftliches Archiv Bd. 79 (1958), S. 1
Forsthoff, Ernst	Begriff und Wesen des sozialen Rechtsstaates, VVDStRL 12, S. 8. Nachgedruckt in: ders. (Hrsg.), Rechtsstaatlichkeit und Sozialstaatlichkeit, S. 165
	Die Daseinsvorsorge als Aufgabe der modernen Verwaltung (Auszug aus: ders., Die Verwaltung als Leistungsträger, 1968), Neudruck in: ders., Rechtsfragen der leistenden Verwaltung, Stuttgart 1959, S. 22
	Der Dualismus von Rechtsstaat und Sozialstaat im Verfassungsrecht der Bundesrepublik Deutschland, in: Studi in onore di Achille Donato Giannini, Mailand 1961, S. 567
	Zur heutigen Situation einer Verfassungslehre, in: FG C. Schmitt, 1. Teilbd., 1968, S. 185
	Lehrbuch des Verwaltungsrechts, Bd. I, Allgemeiner Teil, 10. Aufl., München 1973

Optimale Regierungsform für wirtschaftspolitische Fragen, Vortrag in Köln am 3. Mai 1972 (unveröffentlichtes Manuskript)

Rechtsfragen der leistenden Verwaltung, Stuttgart 1959

Rechtsstaat im Wandel, Verfassungsrechtliche Abhandlungen 1950—1964, Karlsruhe 1964 (2. Aufl. 1976, Zitate im Text nach der 1. Aufl.)

Der Staat der Industriegesellschaft, München 1971

Strukturwandlungen der modernen Demokratie, Berlin 1964

Die Umbildung des Verfassungsgesetzes, in: FG Carl Schmitt, 1959, S. 35

Verfassungsmäßiger Eigentumsschutz und Freiheit des Berufs, in: Staatsbürger und Staatsgewalt, Karlsruhe 1963, S. 19

Verfassungsrechtliche Grenzen einer Reform des öffentlichen Dienstrechts, Rechtsgutachten für die Studienkommission für die Reform des öffentlichen Dienstrechts, Anlagenband 5 zum Bericht der Kommission, Baden-Baden 1973, S. 17

Ders. (Hrsg.)	Rechtsstaatlichkeit und Sozialstaatlichkeit, Aufsätze und Essays, 1968
Fraenkel, Ernst	Deutschland und die westlichen Demokratien, Stuttgart u. a., 4. Aufl. 1968
	Strukturdefekte der Demokratie und deren Überwindung, in: Beiträge zur Theorie und Kritik der pluralistischen Demokratie, Schriften der Bundeszentrale für politische Bildung, 2. Aufl. 1969, S. 3
France, Anatole	Die rote Lilie. Ausgabe Hamburg (Rowohlt) 1964
Freudenberg, Hans Erich	Die Subventionen als Kreislaufproblem in Marktwirtschaft und Staatswirtschaft, Tübingen 1934
Frey, Bruno S.	Eine Einschätzung der Neuen Politischen Ökonomie der 70er Jahre, Zeitschrift für die gesamten Staatswissenschaften 1975, S. 697
	Die ökonomische Theorie der Politik oder die neue politische Ökonomie: Eine Übersicht, Zeitschrift für die gesamten Staatswissenschaften, 1970, S. 1
Frey, Rene L.	Infrastruktur. Grundlagen der Planung öffentlicher Investitionen, Tübingen 1970
	Öffentliche Armut in der Marktwirtschaft?, Hamburger Jahrbuch für Wirtschafts- und Gesellschaftspolitik 1974, S. 99
Friauf, Karl Heinrich	Bemerkungen zur verfassungsrechtlichen Problematik des Subventionswesens, DVBl. 1966, S. 729
	Öffentlicher Haushalt und Wirtschaft, VVDStRL 27, S. 1
	Zur Rolle der Grundrechte im Interventions- und Leistungsstaat, DVBl. 1971, S. 674
	Der Staatshaushaltsplan im Spannungsfeld zwischen Parlament und Regierung, Bd. I, Bad Homburg v. d. H. u. a. 1968

Literatur

	Verfassungsrechtliche Grenzen der Wirtschaftslenkung und Sozialgestaltung durch Steuergesetze, Tübingen 1966
	Die verfassungsrechtliche Problematik einer politischen Ziel- und Mittelplanung der Bundesregierung im Hinblick auf das Verhältnis zum Bundestag, in: Anlagenband zum Ersten Bericht zur Reform von Bundesregierung und Bundesverwaltung, vorgelegt von der durch die Bundesregierung am 25. 9. 1968 beschlossenen Projektgruppe für Regierungs- und Verwaltungsreform beim Bundesminister des Inneren, 1969, S. 607
Friedman, Milton	„Am liebsten hätte ich eine anarchistische Welt", Spiegel-Gespräch, Spiegel Nr. 48 vom 23. 11. 1970, S. 148
	Kapitalismus und Freiheit, 1971
Friedmann, Wolfgang	Recht und sozialer Wandel, Frankfurt/M. 1969
Friedrich, Carl J. (Hrsg.)	The Public Interest, Nomos Bd. 5, New York 1967
Friedrich, Carl J.	Der Verfassungsstaat der Neuzeit, Berlin u. a. 1953
Friesenhahn, Ernst	Hüter der Verfassung?, ZPR 1973, S. 188
	Parlament und Regierung im modernen Staat, VVDStRL 16, S. 9
	Wesen und Grenzen der Verfassungsgerichtsbarkeit, ZfSchweizR NF vol. 73, S. 119
Fritz, Rudolf	Der Einfluß der Parteien und Geschädigtenverbände auf die Schadensfeststellung im Lastenausgleich, Diss. Berlin 1964
Fröhler, Ludwig	Die verfassungsrechtliche Grundlegung des sozialen Rechtsstaates in der Bundesrepublik Deutschland und in der Republik Österreich, 1967
	Das Wirtschaftsrecht als Instrument der Wirtschaftspolitik, Wien u. a. 1969
Fromme, Friedrich Karl	Der Demokratiebegriff des Grundgesetzgebers, DÖV 1970, S. 518
	Publizität für „Beraterverträge" von Abgeordneten?, ZPR 1972, S. 225
Fuchs, Arthur	Wesen und Wirken der Kontrolle, Betrachtungen zum staatlichen Kontrollwesen in der Bundesrepublik (Bundesrechnungshof), Tübingen 1966
Füsslein, Rudolf Werner	Mensch und Staat, München 1973
Gabisch, Günter	Zur Methodologie der Nationalökonomie, Wirtschaftsdienst 1972, S. 374
v. d. Gablentz, Otto Heinrich	Staat und Gesellschaft, PVS 1961, S. 2
Gäfgen, Gérard (Hrsg.)	Grundlagen der Wirtschaftspolitik, 3. Aufl., Köln/Berlin 1970
Gäfgen, Gérard	Theorie der wirtschaftlichen Entscheidung, 3. Aufl., Tübingen 1974
Gadamer, Hans-Georg	Wahrheit und Methode, 2. Aufl., Tübingen 1965
Galbraith, John Kenneth	Der amerikanische Kapitalismus im Gleichgewicht der Wirtschaftskräfte, Stuttgart u. a. 1956

	Gesellschaft im Überfluß, München/Zürich 1959
	Tabus in Wirtschaft und Politik der USA, Reinbeck b. Hamburg 1964
	Wirtschaft für Staat und Gesellschaft, München/Zürich 1974
Gallwas, Hans-Ulrich	Die Erfüllung von Verwaltungsaufgaben durch Private, VVDStRL 29, S. 211
	Faktische Beeinträchtigungen im Bereich der Grundrechte, Berlin 1970
Galperin, Hans	Die Stellung der Gewerkschaften im Staatsgefüge, Der Betrieb 1970, S. 248 (mehrteilig)
Geck, Wilhelm Karl	Die Stellung der Studenten in der Universität, VVDStRL 27, S. 143
Gehlen, Arnold	Urmensch und Spätkultur, 1956
Gehrig, Norbert	Gewaltenteilung zwischen Regierung und parlamentarischer Opposition, DVBl 1971, S. 633
Geiger, Willi	Zur Lage unserer Verfassungsgerichtsbarkeit, in: FG Theodor Maunz, 1971, S. 117
Gemper, Bodo B. (Hrsg.)	Marktwirtschaft und soziale Verantwortung, Köln/Bonn 1973
Genscher, Hans-Dietrich	Funktion und Bedeutung des öffentlichen Dienstes in der modernen Industriegesellschaft, Bulletin der Bundesregierung 1973, S. 21
	Öffentlicher Dienst am Scheideweg?, Bulletin der Bundesregierung 1972, S. 37
Gentz, Manfred	Zur Verhältnismäßigkeit von Grundrechtseingriffen, NJW 1968, S. 1600
v. Gerber, Carl Friedrich	Grundzüge eines Systems des deutschen Staatsrechts, 1. Aufl., Leipzig 1865; 3. Aufl. 1880
Gerechtigkeit in der Industriegesellschaft	Rechtspolitischer Kongreß der SPD vom 5., 6. und 7. Mai 1972, herausgegeben von Konrad Duden u. a., Karlsruhe 1972
Germann, Oscar Adolf	Grundlagen der Rechtswissenschaft, 2. Aufl., Bern 1968
Gerstenmaier, Klaus-Albrecht	Die Sozialstaatsklausel des Grundgesetzes als Prüfungsmaßstab im Normenkontrollverfahren. Justitiabilität und Justitiabilisierung der Sozialstaatsklausel des Grundgesetzes, Berlin 1975
v. Gierke, Otto	Die Grundbegriffe des Staatsrechts und die neuesten Staatsrechtstheorien, Zeitschrift für die gesamte Staatswissenschaft, 30. Bd. (1874), S. 153
	Das Wesen der menschlichen Verbände. Ausgabe: Darmstadt 1954
Giersch, Herbert	Allgemeine Wirtschaftspolitik, Wiesbaden 1961
	Rationale Wirtschaftspolitik in der pluralistischen Gesellschaft, in: Schriften des Vereins für Socialpolitik, N. F. Bd. 45, Berlin 1967, S. 113

Literatur

Gießen, Karl-Heinz	Die Gewerkschaften im Prozeß der Volks- und Staatswillensbildung, Berlin 1976
Gindely, Gerhard	Das Verbot staatlicher Schenkungen an Private. Zu den Grundsätzen der Bestandshaltung und Substanzerhaltung des Staatsvermögens, Diss. München 1970
Gladis, Alois	Probleme der Neufassung von Vorschriften über die Gewährung finanzieller Zuwendungen aus öffentlichen Mitteln, DVBl 1970, S. 960
Glaeser, Rolf	Finanzpolitische Willensbildung in der Bundesrepublik Deutschland. Versuch einer Analyse der Grundstruktur und Problematik, Berlin 1964
Goehner, Reinhard	Möglichkeiten und Grenzen einer gesetzlichen Regelung des Verbandswesens, ZRP 1977, S. 25
Goerlich, Helmut	Wertordnung und Grundgesetz. Kritik einer Argumentationsfigur des Bundesverfassungsgerichts, Baden-Baden 1973
Görlitz, Axel	Zu einem Konzept rationaler Politik, PVS 1972, S. 64
Götz, Volkmar	Recht der Wirtschaftssubventionen, München und Berlin 1966
Grabitz, Eberhard	Der Grundsatz der Verhältnismäßigkeit in der Rechtsprechung des Bundesverfassungsgerichts, AöR 1973, S. 568
Griffith, Ernest S.	The Ethical Foundation of the Public Interest, in: Friedrich (Hrsg.), The Public Interest, S. 14
Grimm, Dieter	Die Fristenlösungsurteile in Österreich und Deutschland und die Grundrechtstheorie, Juristische Blätter 1976, S. 74
	Solidarität als Rechtsprinzip, Frankfurt/M. 1973
	Staatsrechtslehre und Politikwissenschaft, in: Grimm, Dieter (Hrsg.), Rechtswissenschaft und Nachbarwissenschaften, S. 53
	Verfassungsfunktion und Grundgesetzreform, AöR 1972, S. 489
	Verfassungsgerichtsbarkeit im demokratischen System, JZ 1976, S. 698
Grimm, Dieter (Hrsg.)	Rechtswissenschaft und Nachbarwissenschaften, Band 1, Frankfurt/M. 1973
Gröbner, Gerhard J.	Ist der Erfolg staatlicher Aktivität meßbar?, DÖV 1971, S. 87
Grosser, Dieter	Demokratietheorie in der Sackgasse?, FS Ulrich Scupin, 1973, S. 107
Grube, Frank/ Richter, Gerhard (Hrsg.)	Demokratietheorien, Hamburg 1975
Grund, Walter	Die mehrjährige Finanzplanung des Bundes — Konzeption, Methoden und ihre Problematik, Planung III, Baden-Baden 1968, S. 47
Gruhl, Herbert	Ein Planet wird geplündert, Frankfurt/M. 1975
Gudrich, Hannelore/ Fett, Stefan	Die pluralistische Gesellschaftstheorie. Grundpositionen und Kritik, Stuttgart u. a. 1974

Gundlach, Hans-Jürgen	Subventionen als Mittel der Wirtschaftspolitik. Eine theoretische Untersuchung der Einsatzmöglichkeiten, Berlin und Frankfurt/M. 1965
Habermas, Jürgen	Zur Logik der Sozialwissenschaften, Philosophische Rundschau, Beiheft 5, Tübingen 1967, S. 120
	Strukturwandel der Öffentlichkeit. Untersuchungen zu einer Kategorie der bürgerlichen Gesellschaft, 4. Aufl., Neuwied und Berlin 1969
	Verwissenschaftlichte Politik und öffentliche Meinung, in: ders., Technik und Wissenschaft als Ideologie, 1968, S. 120
Häberle, Peter	Allgemeine Staatslehre, Demokratische Verfassungslehre oder Staatsrechtslehre?, Rezension von Roman Herzog, Allgemeine Staatslehre, 1971, AöR 1973, S. 119
	Besprechung von Michael Stolleis, Gemeinwohlformeln im nationalsozialistischen Recht, AöR 1976, S. 292
	Das Bundesverfassungsgericht im Leistungsstaat. Die Numerus-clausus-Entscheidung vom 18. 7. 1972, DÖV 1972, S. 729
	Freiheit, Gleichheit und Öffentlichkeit. Zum Diätenurteil des Bundesverfassungsgerichts, NJW 1976, S. 537
	„Gemeinwohljudikatur" und Bundesverfassungsgericht. Öffentliche Interessen, Wohl der Allgemeinheit in der Rechtsprechung des BVerfG, AöR 1970, S. 86 ff. und 260 ff.
	Die Grundrechte im demokratischen Staat, Besprechung des gleichnamigen Werkes von Hans H. Klein, Stuttgart 1972, DÖV 1974, S. 343
	Grundrechte im Leistungsstaat, VVDStRL 30, S. 43
	Öffentliches Interesse als Juristisches Problem, Bad Homburg 1970
	„Positivismus" als Historismus?, Besprechungsbeitrag zu Helmut Ridder, Die soziale Ordnung des Grundgesetzes, in: DÖV 1977, S. 90
	Die offene Gesellschaft der Verfassungsinterpreten, JZ 1975, S. 297
	Die Wesensgehaltsgarantie des Art. 19 Abs. 2 Grundgesetz. Zugleich ein Beitrag zum institutionellen Verständnis der Grundrechte und zur Lehre vom Gesetzesvorbehalt, Karlsruhe 1962, 2. Aufl. 1972
	Zeit und Verfassung, Zeitschrift f. Politik 1974, S. 111
Häberle, Peter (Hrsg.)	Verfassungsgerichtsbarkeit, Darmstadt 1976
Hagen, Johann J.	Technologie und Recht, ZRP 1974, S. 286
Hahnenfeld, Günter	Der Ombudsmann-Gedanke, ZPR 1973, S. 60
Hahn, Oswald	Die Währungsbanken der Welt, 2 Bände, Stuttgart 1968
Hale, Myron Q.	The Cosmology of Arthur F. Bentley (1960), in: Conolly, The Bias of Pluralism, New York 1969, S. 35
Haller, Heinz	Zur Diskussion über das Leistungsfähigkeitsprinzip, FA N. F. Bd. 31 (1972/73), S. 461

Literatur

                                          Finanzpolitik, 4. Aufl., Tübingen/Zürich 1968; 5. Aufl. 1970 (Zitate im Text nach der 4. Aufl.)

                                            Zur Frage der Abgrenzung zwischen interventionistischer und dirigistischer Steuerpolitik, in: FS Fritz Neumark 1970, S. 85

                                            Das Problem der Geldwertstabilität, 1966

Hamann, Andreas   Deutsches Wirtschaftsverfassungsrecht, Neuwied u. a. 1958

Handwörterbuch der Sozialwissenschaften   12 Bände, Tübingen 1950

Hankel, Wilhelm   Währungspolitik, Karlsruhe u. a. 1971

Hansmeyer, Karl-Heinrich   Abbau von Subventionen, Ein finanzpolitischer Evergreen, WD 1973, S. 125

                                            Die Beherrschbarkeit von Subventionen, WD 1967, S. 631

                                            Bemerkungen zum Subventionsbericht, FA 1971, S. 103

                                            Finanzielle Staatshilfen für die Landwirtschaft, Tübingen 1963

                                            Die Mittelfristige Finanzplanung — ein neues Instrument der Wirtschaftspolitik, Schriften des Vereins für Socialpolitik NF. Bd. 67, S. 126

                                            Möglichkeiten und Grenzen der Vereinfachung des Steuerrechts, Steuer-Kongreß-Report 1964, S. 98

                                            Subventionen in der Bundesrepublik Deutschland, Berlin 1963

Hansmeyer K. H./Rürup, Bert   Staatswirtschaftliche Planungsinstrumente, 2. Aufl., Tübingen 1975

Hardach, Gerd   Rezension von Anthony Downs, Ökonomische Theorie der Demokratie, Tübingen 1968, Zeitschrift für die gesamte Staatswissenschaft, 125. Band (1969), S. 511

Hardes, Heinz-Dieter   Bürokratische Eliten nicht effizient, Wirtschaftswoche Nr. 36 v. 30. 3. 74, S. 53

                                            Einkommenspolitik in der BRD. Stabilität und Gruppeninteressen: Der Fall Konzertierte Aktion, Frankfurt a. M. 1974

                                            Wirtschaftspolitische Ziele und Gruppeninteressen, WD 1973, S. 194

Harding, Fred O. (Pseudonym für Herder-Dorneich, Philipp)   Politisches Modell zur Wirtschaftstheorie. Theorie der Bestimmungsfaktoren finanzwirtschaftlicher Staatstätigkeit, Freiburg i. Br. 1959

Harnischfeger, Horst   Planung in der sozialstaatlichen Demokratie, Neuwied und Berlin 1969

Hartmann, Dieter-Dirk   Besprechung von Völpel, Dagobert, Rechtlicher Einfluß von Wirtschaftsgruppen auf die Staatsgestaltung, AöR 1974, S. 349

Hartmann, Peter   Interessenpluralismus und politische Entscheidung, Heidelberg 1965

Hartwich, Hans-Hermann   Die rechtspolitische Entwicklung mitgestalten!, GMH 1975, S. 304

	Sozialstaatspostulat und gesellschaftlicher Status quo, Köln/Opladen 1970
Hartz, Wilhelm	Möglichkeiten und Grenzen der Vereinfachung des Steuerrechts, Steuer-Kongreß-Report 1964, S. 98
	Steuerrecht und Gesamtrechtsordnung, Gedanken über Erscheinungen und Entwicklungen im Steuerrecht heute, Juristen-Jahrbuch, 10. Bd. (1969/70), S. 48
v. Hassel, Kai-Uwe	Steuerzahler und Parlament, Bulletin des Presse- und Informationsamtes der Bundesregierung 1971, S. 1513
Hausmann, Carl	Die Macht der Verbände in Deutschland, eine 4teilige Serie in: Deutsche Zeitung Nrn. 2—5/1976 v. 9. 1.—30. 1. 1976
Haverkate, Görg	Offenes Argumentieren im Urteil. Über die Darstellung der richterlichen Wertung bei kontroversen Rechtsfragen, ZRP 1973, S. 281
v. Hayek, Friedrich August	The Constitution of Liberty, Chikago 1960, deutsch: Die Verfassung der Freiheit, Tübingen 1971
	Freiburger Studien, Tübingen 1969
	Marktwirtschaft oder Syndikalismus?, Vortrag vor dem Wirtschaftstag der CDU/CSU 1969 am 26. Juni 1969 (hektografiertes Manuskript)
	Rechtsordnung und Handelsordnung, in: Zur Einheit der Rechts- und Sozialwissenschaften, S. 195
Hedrich, Carola B. E.	Interventionistische Finanzpolitik in der Bundesrepublik Deutschland, Diss. Tübingen 1972
Hegel, Georg Wilhelm Friedrich	Grundlinien der Philosophie des Rechts (1821), hrsg. von Johannes Hoffmeister, 4. Aufl. 1955
Heinze, Christian	Autonome und heteronome Verteilung. Rechtsordnung staatlicher Lenkung von Produktion und Verteilung, Berlin 1970
	Der Sachverständigenrat zur Begutachtung der gesamtwirtschaftlichen Entwicklung und die Umbildung der Verfassung, Der Staat 1967, S. 433
Heldrich, Andreas	Das Trojanische Pferd in der Zitadelle des Rechts?, Überlegungen zur Einbeziehung der Sozialwissenschaften in die juristische Ausbildung, JuS 1974, S. 281
Heller, Hermann	Der Begriff des Gesetzes in der Reichsverfassung, VVDStRL 4, S. 98
	Gesammelte Schriften, 3 Bände, Leiden 1971
	Staatslehre, 3. Aufl. 1963; abgedruckt auch in: Gesammelte Schriften, Bd. III
Heller, Walter W.	Das Zeitalter der Ökonomen, Tübingen 1968
Henckel, Wolfram	Vom Gerechtigkeitswert verfahrensrechtlicher Normen, Göttingen 1966
Henke, Wilhelm	Kritik des kritischen Rationalismus, Recht und Staat, Heft 434, Tübingen 1974, S. 26
	Die Lehre vom Staat, Der Staat 1973, S. 219

Literatur

	Rezension von Scholz, Rupert, Die Koalitionsfreiheit als Verfassungsproblem, 1971, in: NJW 1971, S. 2160
Henkel, Heinrich	Einführung in die Rechtsphilosophie, München und Berlin, 1964, S. 423
Henkel, Joachim	Anmerkung zum Diäten-Urteil des BVerfG, DÖV 1975, S. 819
Henle, Wilhelm	Besprechung von Schmidt, Kurt/Wille, Eberhard, Die Mehrjährige Finanzplanung, Wunsch und Wirklichkeit, Tübingen 1970, in: Die Verwaltung 1971, S. 359
Hennies, Manfred O. E.	Das nicht so magische Polygon der Wirtschaftspolitik, Berlin 1971
Hennis, Wilhelm	Amtsgedanke und Demokratiebegriff, in: FG Rudolf Smend zum 80. Geburtstag, S. 51
	Politik und praktische Philosophie. Eine Studie zur Rekonstruktion der politischen Wissenschaft, Neuwied a. Rh. und Berlin 1963
	Zum Problem der deutschen Staatsanschauung, Vierteljahreshefte für Zeitgeschichte 1959, S. 1, in: Politik als praktische Wissenschaft, 1968, S. 11
	Zur Rechtfertigung und Kritik der Bundestagsarbeit, in: FS Adolf Arndt, 1969, S. 147
	Verfassungsordnung und Verbandseinfluß, PVS 1961, S. 23
Henrichs, Wilhelm	Artikel 113 des Grundgesetzes, Stellung in der Verfassung, Zweck und Anwendung, Bonn 1958
Hensel, Rainer	Der Einfluß der wirtschaftspolitischen Verbände auf die parlamentarische Arbeit, Göttingen jur. Diss. 1973
Herder-Dorneich, Philipp	Die Grenzen des Sozialstaates, Die politische Meinung, Nr. 162, 20. Jg., Sept./Okt. 1975, S. 27
	Kopernikanische Wende, Der Volkswirt 1969, Nr. 39 v. 26. 9. 1969, S. 44
	Renaissance der Politischen Ökonomie, in: Der Volkswirt Nr. 8 v. 21. 2. 1969, S. 29
Herder-Dorneich, Philipp u. a.	Zur Verbandsökonomie. Ansätze zu einer ökonomischen Theorie der Verbände (Nicht-Markt-Ökonomie 1), Berlin 1973
Hereth, Michael	Die parlamentarische Opposition in der Bundesrepublik Deutschland, München und Wien 1969
Herriger, Hans-Peter	Die Subventionierung der deutschen Filmwirtschaft, Köln und Opladen 1966
Herschel, Wilhelm	Von den Grenzen des Richterrechts, DB 1973, S. 2298
	Sinn und Grenzen der Vereinbarungsbefugnis der Tarifvertragsparteien, Referat auf dem 46. Deutschen Juristentag 1965, Verhandlungen des 46. DJT Bd. II, D 7
Herzog, Roman	Allgemeine Staatslehre, Frankfurt/M. 1971
	Demokratie und Gleichheit heute, DVBl. 1970, S. 713
	Gesetzgeber und Verwaltung, VVDStRL 24, S. 183

	Grundgesetz und Wirtschaftsordnung, in: FAZ v. 24. 5. 1974
	Art. „Pluralismus", Ev. Staatslexikon, Stuttgart 1966, Sp. 1541
	Soziale Marktwirtschaft — Verfassungsgebot oder politische Beliebigkeit?, in: O. Franz (Hrsg.), Die Zukunft der Bundesrepublik Deutschland, 1975, S. 109
	Sperre für den Sozialismus, in: Die Zeit Nr. 14 v. 29. 3. 1974, S. 6
	Subsidiaritätsprinzip und Staatsverfassung, Der Staat 1963, S. 399
	Das Verbandswesen im modernen Staat, in: Kummer (Hrsg.), Die Verbände und ihr Ordnungsanspruch, 1965
Hespe, Klaus	Zur Entwicklung der Staatszwecklehre in der deutschen Staatsrechtswissenschaft des 19. Jahrhunderts, Köln und Berlin 1964
Hesse, Konrad	Bemerkungen zur heutigen Problematik und Tragweite der Unterscheidung von Staat und Gesellschaft, DÖV 1975, S. 437
	Grenzen der Verfassungswandlung, in: FS Scheuner, 1973, S. 123
	Grundzüge des Verfassungsrechts der Bundesrepublik Deutschland, 7. Aufl., Karlsruhe 1974
	Der Rechtsstaat im Verfassungssystem des Grundgesetzes, in: FG Rudolf Smend, 1962, S. 71
	Die verfassungsrechtliche Stellung der Parteien im modernen Staat, VVDStRL 17, S. 11
Hettlage, Karl M.	Die Finanzverfassung im Rahmen der Staatsverfassung, VVDStRL 14, S. 2
	Probleme einer mehrjährigen Finanzplanung, Finanzarchiv 1968, S. 235
Heusinger, Bruno	Rechtsfindung und Rechtsfortbildung im Spiegel richterlicher Erfahrung, Köln u. a. 1975
Frhr. v. d. Heydte, Friedrich August	Judicial self-restraint eines Verfassungsgerichts im freiheitlichen Rechtsstaat?, in: FS Willi Geiger, 1974, S. 909
Hilger, Marie-Luise	Überlegungen zum Richterrecht, FS Karl Larenz, 1973, S. 109
Hillmann, Henning	Möglichkeiten einer größeren Effizienz der Steuerpolitik, StuW 1973, S. 157
Himmelmann, Gerhard	Zur Problematik der Neuen Sozialen Frage, GMH 1976, S. 65
Hinz, Manfred O.	Tarifhoheit und Verfassungsrecht. Eine Untersuchung über die tarifvertragliche Vereinbarungsgewalt, Berlin 1971
v. Hippel, Eike	Kontrolle der Werbung?, ZPR 1973, S. 177
v. Hippel, Ernst	Allgemeine Staatslehre, Berlin und Frankfurt/M. 1963
	Ungeschriebenes Verfassungsrecht, VVDStRL 10, S. 1
Hirsch, Ernst E.	Macht und Recht, JZ 1962, S. 1

Literatur

Hirsch, Joachim	Die öffentlichen Funktionen der Gewerkschaften. Eine Untersuchung zur Autonomie sozialer Verbände in der modernen Verfassungsordnung, Stuttgart 1966
	Parlament und Verwaltung, Teil 2: Haushaltsplanung und Haushaltskontrolle, Stuttgart u. a. 1968
Hirsch-Weber, Wolfgang	Politik als Interessenkonflikt, Stuttgart 1969
Hof, Hans-Joachim	Organisierbare und nichtorganisierbare Interessen. Zu dem Buch von Mancur Olson, Ordo 20 (1969), S. 343
Hoffer, Eric	Die Angst vor dem Neuen. Freiheit als Herausforderung und Aufgabe, Reinbeck 1968
Hoffmann, Bodo-Falk	Die Rechtsprechung des Bundesverfassungsgerichts zum Finanz- und Steuerrecht, StuW 1976, S. 377
Hoffmann-Riem, Wolfgang	Beharrung oder Innovation — Zur Bindungswirkung verfassungsgerichtlicher Entscheidungen, Der Staat 1974, S. 335
	Beharrung oder Innovation — Zur Bindungswirkung verfassungsgerichtlicher Entscheidungen, Der Staat 1974, S. 335
	Rechtsprobleme der Aufwertung 1969, BB 1969, S. 1374
	Rezension von Faber, Wirtschaftsplanung und Bundesbankautonomie, in: AöR 1971, S. 443
	Rezension von Markus Wiebel, Wirtschaftslenkung und verwaltungsgerichtlicher Rechtsschutz des Wirtschafters nach dem Erlaß des Stabilitätsgesetzes, in: DÖV 1972, S. 106
Hofmann, Hasso	Repräsentation. Studien zur Wort- und Begriffsgeschichte von der Antike bis ins 19. Jahrhundert, Berlin 1974
Hofstätter, Peter R.	Einführung in die Sozialpsychologie, 4. Aufl., Stuttgart 1966
	Gruppendynamik, Kritik der Massenpsychologie, Reinbek b. Hamburg 1957
Hollmann, Hermann H.	Rechtsschranken der Globalsteuerung, Probleme einer normativen Kontrolle der Konjunkturpolitik (I, II), DB 1973, S. 1633 und S. 1685
Holstein L.	Von Aufgaben und Zielen heutiger Staatsrechtswissenschaft, AöR 50 (1926), S. 1
Homburger, Adolf/Kötz, Hein	Klagen Privater im öffentlichen Interesse, Frankfurt/M. 1975
Hoppe, Werner	Planung und Pläne in der verfassungsgerichtlichen Kontrolle, in: FG BVerfG I, 1976, S. 663
Hoppmann, Erich	Konzertierte Aktion als Instrument der Globalbesteuerung, in: Wirtschaftswissenschaftliches Studium 1972, S. 7
	Workable Competition als wettbewerbliches Konzept, in: FS Theodor Wessels, 1967
ders. (Hrsg.)	Konzertierte Aktion, Frankfurt/M. 1971
Hopt, Klaus J.	Rechtssoziologische und rechtsinformatorische Aspekte im Wirtschaftsrecht, BB 1972, S. 1017

	Was ist von den Sozialwissenschaften für die Rechtsanwendung zu erwarten?, JZ 1975, S. 341
Huber, Ernst Rudolf	Das Verbandswesen des 19. Jahrhunderts und der Verfassungsstaat, in: FG Maunz 1971, S. 173
	Verfassungsgeschichte, Bd. IV, Stuttgart 1969
	Vorsorge für das Dasein, in: FG Forsthoff, 1972, S. 139
	Wirtschaftsverwaltungsrecht, 2. Aufl., Bd. I, Tübingen 1953
Huber, Hans	Das Beschwerderecht der Natur- und Heimatschutzverbände in der schweizerischen Verwaltungsgerichtsbarkeit, DÖV 1976, S. 157
	Über die Konkretisierung der Grundrechte, in: FS Imboden, 1972, S. 191
	Das Recht im technischen Zeitalter, Bern 1960
	Rechtstheorie, Verfassungsrecht, Völkerrecht, Bern 1971
	Staat und Verbände, Tübingen 1958
Huber, Hans/Tuchtfeldt, Egon	Wirtschaftspolitische Ziele in der Verfassung?, 1970
Huber, Konrad	Maßnahmegesetz und Rechtsgesetz, Berlin 1963
Huffschmid, Jörg	Die Politik des Kapitals. Konzentration und Wirtschaftspolitik in der Bundesrepublik, Frankfurt/M. 1969
v. Humboldt, Wilhelm	Ideen zu einem Versuch, die Grenzen der Wirksamkeit des Staats zu bestimmen, Ausgabe Stuttgart 1962
Hutchison, Terence Willmot	Das Problem der systematischen Verknüpfung von Normen und von Aussagen der positiven Ökonomik in grundsätzlicher Betrachtung, in: v. Beckerath/Giersch (Hrsg.), Probleme der normativen Ökonomik und der wirtschaftlichen Beratung, S. 3
v. Ihering, Rudolf	Der Zweck im Recht, 3. Aufl., Leipzig 1893
Imboden, Max	Das Gesetz als Garantie rechtsstaatlicher Verwaltung, Basel und Stuttgart 1974
	Der Plan als verwaltungsrechtliches Institut, VVDStRL 18, S. 113
	Staat und Recht, Basel 1971
Immesberger, Helmut	Zur Problematik der Unabhängigkeit der Abgeordneten im Deutschen Bundestag, Mainzer Dissertation 1962
Institut „Finanzen und Steuern"	Subventionen, Brief 101, Bonn 1968
Ipsen, Hans Peter	Enteignung und Sozialisierung VVDStRL 10, S. 74
	Europäisches Gemeinschaftsrecht, Tübingen 1972
	Fragestellungen zu einem Recht der Wirtschaftsplanung, in: Planung I, S. 35
	Rechtsfragen der Wirtschaftsplanung, in: Planung II, S. 63
	Über das Grundgesetz, 1950
	Über das Grundgesetz — nach 25 Jahren, DÖV 1974, S. 289
	Verwaltung durch Subventionen, VVDStRL 25, S. 257

Literatur

Ipsen, Jörn	Richterrecht und Verfassung, Berlin 1975
Isensee, Josef	Subsidiaritätsprinzip und Verfassungsrecht. Eine Studie über das Regulativ des Verhältnisses von Staat und Gesellschaft, Berlin 1968
Jaeggi, Urs	Kapital und Arbeit in der Bundesrepublik. Elemente einer gesamtgesellschaftlichen Analyse, Frankfurt/M. 1973
	Macht und Herrschaft in der Bundesrepublik, Frankfurt/M. 1969
Jahn, Gerhard	Das Recht in der pluralistischen demokratischen Gesellschaft, Bulletin der Bundesregierung 1970, S. 900
Jellinek, Georg	Allgemeine Staatslehre, 3. Aufl., 7. Neudruck, Darmstadt 1960
Jochimsen, Reimut	Bewährtes erhalten, in: Die Zeit Nr. 25 vom 13. 6. 75, S. 16
	Planung im staatlichen Bereich, Bulletin der Bundesregierung 1971, S. 1236
Jöhr, Walter Adolf	Die kollektive Selbstschädigung durch Verfolgung des eigenen Vorteils, FS Helmut Arndt, 1976, S. 127
	Art. „Wirtschaftspolitik", in: Staatslexikon, Bd. 8, 6. Aufl., Freiburg 1963, S. 802
Jöhr, Walter Adolf/ Singer, H. W.	Die Nationalökonomie im Dienste der Wirtschaftspolitik, 2. Aufl., Göttingen 1964
Jürgensen/Kantzenbach	Ansatzmöglichkeiten gesamtwirtschaftlicher Planung, in: Planung II, S. 49
Kaak, Heino	Die Parteien in der BRD. 2. Aufl., Bonn 1964
Kade, Gerhard	Umwelt. Durch das Profitmotiv in die Katastrophe, Wirtschaftswoche Nr. 40 v. 1. 10. 1971, S. 39
Kade, Gerhard/ Hujer, Reinhard	Kybernetik, Brücke zwischen den Wissenschaften, Wirtschaftswoche Nr. 46 vom 13. 11. 1970, S. 67
Kaegi, Werner	Die Verfassung als rechtliche Grundordnung des Staates. Untersuchungen über die Entwicklungstendenzen im modernen Verfassungsrecht, Zürich 1945
Kaiser, Joseph H.	Exposé einer pragmatischen Theorie der Planung, in: Planung I, S. 9
	Der Plan als Institut des Rechtsstaats und der Marktwirtschaft. Umrisse eines Aktionsmodells in: Planung II, S. 11
	Artikel „Pressure Groups", in: Wörterbuch der Soziologie, hrsg. von Bernsdorf, 2. Aufl. 1969, S. 834
	Die Repräsentation organisierter Interessen, Berlin 1956
Kaltenborn, Wilhelm	Die Vorschläge des DGB (zum Wirtschafts- und Sozialrat), WD 1973, S. 171
Kaltenbrunner, Gerd-Klaus (Hrsg.)	Der überforderte schwache Staat. Sind wir noch regierbar, München 1975
Kamp, M. Ernst	Finanz- und Geldpolitik als Instrumente der Globalsteuerung, Bonn 1970

Kant, Immanuel	Über den Gemeinspruch: Das mag in der Theorie richtig sein, taugt aber nicht für die Praxis, in: Werke in sechs Bänden, hrsg., v. Weischedel, Bd. VI, Darmstadt 1964, S. 125
Karehnke, Helmut	Der Rechnungshof als Teil der öffentlichen Kontrolle, FS Hans Schäfer, 1975, S. 233
	Subventionen und ihre Kontrolle — Möglichkeiten und Grenzen, DÖV 1975, S. 623
Kariel, Henry S.	The Decline of American Pluralism, Stanford 1961
Karl-Bräuer-Institut des Bundes der Steuerzahler e. V. (Hrsg.)	Der mehrjährige Finanzplan des Bundes 1969—1973 und der Subventionsbericht 1970, Nr. 8 der Reihe „Stellungnahmen" des Instituts, Wiesbaden 1970
	Der Weg zu einem zeitgemäßen Steuersystem, Heft 20 der Schriftenreihe des Instituts, Wiesbaden 1971
Katterle, Siegfried	Ökonomische und politische Aspekte zunehmender Staatstätigkeit, WSI-Mitteilungen 1975, S. 218
Kaufmann, Arthur	Gesetz und Recht, FS Erik Wolf, 1962, S. 357
	Durch Naturrecht und Rechtspositivismus zur juristischen Hermeneutik, JZ 1975, S. 337
Kaufmann, Erich	Die anthropologischen Grundlagen der Staatstheorie, in: Rechtsprobleme in Staat und Kirche, FG Rudolf Smend, 1952, S. 177
	Die Grenzen der Verfassungsgerichtsbarkeit, VVDStRL 9, S. 1
	Das Wesen des Völkerrechts und die clausula rebus sic stantibus, Tübingen 1911
Kaufmann, Franz-Xaver	Sicherheit als soziologisches und sozialpolitisches Problem. Untersuchungen zu einer Wertidee hochdifferenzierter Gesellschaften, Stuttgart 1970
Kelsen, Hans	Allgemeine Staatslehre, Berlin 1925
	Über Grenzen juristischer und soziologischer Methode, Tübingen 1911
	Hauptprobleme der Staatsrechtslehre, Tübingen 1911
	Wer soll Hüter der Verfassung sein?, Berlin 1931
	Reine Rechtslehre, 2. Aufl., Wien 1960
	Wesen und Entwicklung der Staatsgerichtsbarkeit, VVDStRL 5, S. 30
	Vom Wesen und Wert der Demokratie, 2. Aufl., Tübingen 1929
Kettler, David	The Politics of Social Change: The Relevances of Democratic Approaches, in: Conolly (Hrsg.), The Bias of Pluralism, 1969, S. 213
Keynes, John Maynard	Allgemeine Theorie der Beschäftigung des Zinses und des Geldes (1936), Berlin 1952
Kimminich, Otto	Von der Gleichheit der Freien zum „Grundrecht auf Neid", DÖV 1974, S. 303
	Das Staatsoberhaupt in der parlamentarischen Demokratie, VVDStRL 25, S. 2

Literatur

Kirchhof, Paul	Die Gewaltenkontrolle zwischen Haushalts- und Wirtschaftsminister. Zur Notwendigkeit einer Reorganisation der Finanz- und Wirtschaftsressorts, BB 1971, S. 1449
Kirchner, Harald	Finanzpolitik mit Paragraphen? Zur Neufassung des Artikels 113 des Grundgesetzes, Finanzrundschau 1969, S. 25
Kirn, Michael	Die Umgehung des Bundesrates bei ganz besonders eilbedürftigen Regierungsvorlagen, ZPR 1974, S. 1
Kirsch, Guy	Ökonomische Theorie der Politik, Tübingen/Düsseldorf 1974
Kisker, Günter	Kooperation im Bundesstaat, Tübingen 1971
Kitterer, Wolfgang	Die Problematik der Objektbezogenheit des öffentlichen Kredits nach Art. 115 Abs. 1 GG: Zur gegensätzlichen Position von Rechts- und Finanzwissenschaft, DÖV 1975, S. 23
Klatt, Hartmut	Die Altersversorgung der Abgeordneten, Tübingen 1972
	Plädoyer für eine Neuordnung des parlamentarischen Diätenwesens. Zum Problem der Transparenz in eigenen Angelegenheiten, ZParl 1973, S. 415
Klaus, Joachim	Die mißverstandene Tarifautonomie, Wirtschaftswoche Nr. 1/2 v. 5. 1. 1972, S. 23
Klein, Eckart	Die verfassungsrechtliche Problematik des ministerialfreien Raumes, Berlin 1974
Klein, Friedrich	Bodenwertzuwachssteuer und Art. 14 des Grundgesetzes, DÖV 1973, S. 433
	Die institutionelle Verfassungsgarantie der Rechnungsprüfung, in: 250 Jahre Rechnungsprüfung, hrsg. v. Bundesrechnungshof, Frankfurt/M. 1964, S. 133
Klein, Hans H.	Zum Begriff der öffentlichen Aufgabe, DÖV 1965, S. 755
	Demokratie und Selbstverwaltung, in: FS Forsthoff 1972
	Ein Grundrecht auf saubere Umwelt?, FS Werner Weber 1974, S. 643
	Die Grundrechte im demokratischen Staat (1972), Urban-Taschenbücher Nr. 208, Stuttgart u. a. 1974
	Öffentliche und private Freiheit, Der Staat 1971, S. 145
Kleinhenz, Gerhard	Interessenverbände und sozialstaatliche Wirtschaftspolitik, Zeitschrift für Wirtschafts- und Sozialwissenschaften 1972, S. 307
Kloepfer, Michael	Das Geeignetheitsgebot bei wirtschaftslenkenden Steuergesetzen, NJW 1971, S. 1585
	Steuerinterventionismus und Verfassungsrecht. Zugleich eine Rezension von Peter Sellmer, Steuerinterventionismus und Verfassungsrecht, StuW 1972, S. 176
	Verfassung und Zeit, Der Staat 1974, S. 457
Kloss, Hans Dieter (Hrsg.)	Damit wir morgen leben können. Innere Reformen — politische Antworten auf Mängel im Industriestaat, Stuttgart 1972

Kluxen, Kurt (Hrsg.)	Parlamentarismus, Köln/Berlin 1967
Kluxen, Kurt	Die geistesgeschichtlichen Grundlagen des englischen Parlamentarismus, in: ders., Parlamentarismus, S. 99
	Die Umformung des parlamentarischen Regierungssystems in Großbritannien beim Übergang zur Massendemokratie, in: ders., Parlamentarismus, S. 112
Knief, Peter	Steuerfreibeträge als Instrumente der Finanzpolitik, Köln und Opladen 1968
Knieper, Rolf	Korrekturen an der Autonomie der Deutschen Bundesbank, GMH 1975, S. 791
	Motivunabhängige Klagebefugnis der Verbraucherverbände gemäß § 13 Abs. 1 a UWG, NJW 1971, S. 2251
Knies, Wolfgang	Das Hochschul-Urteil des Bundesverfassungsgerichts: „wirkungslos"?, Mitteilungen des Hochschulverbandes, Jg. 23 — Heft 1 — (1975), S. 21
Knips, Walter	Die Problematik wirtschaftspolitischer Zielkonflikte, Tübingen 1970
Knöpfle, Franz	Der Zugang zu den politischen Parteien, Der Staat 1970, S. 321
Knöpfle, Robert	Die marktbeherrschende Stellung nach der Neufassung des § 22 GWB, BB 1973, S. 1177
Koch, Woldemar	Der Wissenschaftliche Beirat beim Bundesminister für Wirtschaft, in: v. Beckerath/Giersch (Hrsg.), Probleme der normativen Ökonomie, S. 405
v. Köckritz, Sieghardt	Aktuelle Probleme des Haushaltsrechts in der Praxis, DÖV 1971, S. 810
Kögler, Alfred	Die Entwicklung von Randgruppen in der Bundesrepublik Deutschland, Literaturstudie zur Entwicklung randständiger Bevölkerungsgruppen, Göttingen 1976
Köhler, Claus	Geldwirtschaft, 1. Bd., Geldversorgung und Kreditpolitik, Berlin 1970
Kölble, Josef	Föderalismus im Wandel, Bemerkungen zur gleichnamigen Schrift von Werner Thieme, DÖV 1972, S. 122
Köster, Reinhard/Pfisterer, Hans	Die Notenbank, Stuttgart 1969
Köttgen, Arnold	Das anvertraute öffentliche Amt, in: FG Rudolf Smend, 1962, S. 119
	Verwaltungsrecht der öffentlichen Anstalt, VVDStRL 6, S. 105
Kötz, Hein	Klagen Privater im öffentlichen Interesse, in: Homburger/Kötz, Klagen Privater im öffentlichen Interesse, Frankfurt/M. 1975
Kohl, Heribert	Jugoslawiens Weg der Selbstverwaltung. Ein Weg zu einem sozialistischen Pluralismus?, in: Aus Politik und Zeitgeschichte, Beilage zur Wochenzeitung „Das Parlament" Nr. 12 v. 18. 3. 1972, S. 9

Literatur

Kommission für wirtschaftlichen und sozialen Wandel	Gutachten „Wirtschaftlicher und sozialer Wandel in der Bundesrepublik Deutschland", Bonn 1976 (hektografiertes Manuskript)
Konow, Gerhard	Rechtliche Möglichkeiten und politische Probleme des Umweltschutzes, in: Aus Politik und Zeitgeschichte, Beilage zur Wochenzeitung „Das Parlament" vom 18. 9. 1971, S. 3
Koppensteiner	Die konzertierte Aktion im Spannungsfeld zwischen Geldwert, Stabilität und Tarifautonomie in: Erich Hoppmann (Hrsg.), Konzertierte Aktion, Frankfurt/M. 1971, S. 229
Korff, Hans Clausen	Haushaltspolitik, Instrument öffentlicher Macht, Stuttgart u. a. 1975
	Mittelfristige Finanzplanung als Instrument einer modernen Haushaltspolitik, Bulletin der Bundesregierung 1967, S. 809
Korinek, Karl	Wirtschaftliche Selbstverwaltung. Eine rechtswissenschaftliche Untersuchung am Beispiel der österreichischen Rechtsordnung, Wien/New York 1970
Koschwitz, Hans Jürgen	Begriff und Funktion der „öffentlichen Meinung" im bürgerlichen und sozialistischen Gesellschaftssystem, Aus Politik und Zeitgeschichte, Beilage zur Wochenzeitung „Das Parlament" vom 27. 3. 1971, S. 3
Koubek, Norbert u. a.	Wirtschaftliche Konzentration und gesellschaftliche Machtverteilung in der Bundesrepublik Deutschland, Aus Politik und Zeitgeschichte, Beilage zur Wochenzeit „Das Parlament" vom 8. 7. 1972
Kramm, Lothar	Der Wahrscheinlichkeitscharakter der Sozialwissenschaften, Zeitschrift für Politik 1976, S. 348
Krause, Peter	Freies Mandat und Kontrolle der Abgeordnetentätigkeit, DÖV 1974, S. 325
Krause-Ablass, Günter	Sozialisierung der Verluste?, Verfassungsrechtliche Grundsätze zur Sicherung der Unternehmensstabilität und zur Unternehmensstützung, Hamburger Jahrbuch für Wirtschafts- und Gesellschaftspolitik, 1970, S. 253
Krawitz, Werner	Unbestimmter Rechtsbegriff, öffentliches Interesse und gesetzliche Gemeinwohlklauseln als juristisches Entscheidungsproblem (Bemerkungen zu: Wohl der Allgemeinheit und öffentliches Interesse), Der Staat 1972, S. 349
Kreile, Reinhold/ Handschuh, Ekkerhard	Ist die gesetzliche Regelung über die Besteuerung der Bodenveräußerungsgewinne von Landwirten verfassungsmäßig?, zugleich einige Anmerkungen zum Urteil des Schleswig-Holsteinischen Finanzgerichts vom 25. 1. 1972, FR 1973, S. 225
Krelle, Wilhelm	Die Opfer für stabilitätskonforme Lohnpolitik, Wirtschaftswoche, Nr. 49 v. 8. 12. 1972, S. 22
Kress, Gisela/Senghaas, Dieter (Hrsg.)	Politikwissenschaft. Eine Einführung in ihre Probleme, 4. Aufl., Frankfurt a. M. 1972

Kreussler, Horst	Der allgemeine Gleichheitssatz als Schranke für den Subventionsgesetzgeber unter besonderer Berücksichtigung von wirtschaftspolitischen Differenzierungszielen, Berlin 1972
Kriele, Martin	Unabhängige Entscheidung, Antwort auf Friesenhahn, ZPR 1973, S. 194
	Das demokratische Prinzip im Grundgesetz, VVDStRL 29, S. 46
	Einführung in die Staatslehre. Die geschichtlichen Legitimationsgrundlagen des demokratischen Verfassungsstaates, Reinbek b. Hamburg 1975
	Vor Karlsruhe strammstehen?, Die Zeit Nr. 9 vom 28. 2. 75, S. 4
	Kriterien der Gerechtigkeit, Berlin 1963
	Recht und Politik in der Verfassungsrechtsprechung, NJW 1976, S. 777
	Theorie der Rechtsgewinnung. Entwickelt am Problem der Verfassungsinterpretation, Berlin 1967
	Wirtschaftsfreiheit und Grundgesetz, ZRP 1974, S. 105
v. Krockow, Christian Graf	Unter dem Druck der Verbände. Eine Lücke im demokratischen Verfassungssystem, Ev. Kommentare, Monatsschrift zum Zeitgeschehen in Kirche und Gesellschaft 1974, S. 596
Kröger, Klaus	Richterwahl, in: FG BVerfG, I, 1976, S. 76
Krüger, Hartmut	Interessenpolitik und Gemeinwohlfindung in der Demokratie, München 1976
Krüger, Herbert	Allgemeine Staatslehre, 2. Aufl., Stuttgart 1966
	Grundgesetz und Kartellgesetzgebung, Göttingen 1950
	Von der Notwendigkeit einer freien und auf lange Sicht angelegten Zusammenarbeit zwischen Staat und Wirtschaft, Münster 1966, auch in: ders., Staat — Wirtschaft — Völkergemeinschaft, Frankfurt a. M. und Berlin 1970, S. 235
	Rechtsstaat — Sozialstaat — Staat, Frankfurt/M. 1975
	Von der Reinen Marktwirtschaft zur Gemischten Wirtschaftsverfassung, Frankfurt a. M. und Berlin 1966
	Sinn und Grenzen der Vereinbarungsbefugnis der Tarifvertragsparteien, Gutachten für den 46. Deutschen Juristentag 1965, in: Verhandlungen des 46. DJT, Bd. 1, Teil 1, S. 7
	Staatliche Gesetzgebung und nichtstaatliche Rechtssetzung, RdA 1957, S. 201
	Die Stellung der Interessenverbände in der Verfassungswirklichkeit, NJW 1956, S. 1217, wieder abgedruckt in: ders., Staat — Wirtschaft — Völkergemeinschaft, Frankfurt a. M. und Berlin 1970, S. 108
	Artikel „Verfassung", in: HDSW, Bd. 11, S. 72
	Die verfassungsrechtliche Beurteilung wirtschaftspolitischer Entscheidungen, DÖV 1971, S. 289
	Der Verfassungsgrundsatz, in: FS Forsthoff 1972, S. 187

Literatur

	Verfassungsvoraussetzungen und Verfassungserwartungen, in: FS Ulrich Scheuner, 1973, S. 285
	Verfassungswandlung und Verfassungsgerichtbarkeit, in: FG Rudolf Smend, 1962, S. 151
Krüsselberg, Hans-Günter	Wirtschaftswissenschaft und Rechtswissenschaft, in: Dieter Grimm (Hrsg.), Rechtswissenschaft und Nachbarwissenschaften, S. 168
Küchenhoff, Günther	Eine neue Art von Demokratie?, NJW 1972, S. 618
Küchenhoff, Günther und Erich	Allgemeine Staatslehre, 7. Aufl., Stuttgart u. a. 1971
Kühne, Jörg-Detlef	Die Abgeordnetenbestechung. Möglichkeiten einer gesetzlichen Gegenmaßnahme unter dem Grundgesetz, Frankfurt/M. 1971
Külp, Bernhard	Verteilungspolitik, in: Pütz (Hrsg.), Wirtschaftspolitik. Grundlagen und Hauptgebiete, Bd. III, Stuttgart 1971, S. 89 ff.
Külz, Helmut R.	Umweltschutz mit Besinnung, BB 1971, S. 1017
Küng, Emil	Wettbewerbssystem und Verbandswirtschaft, in: Kartelle und Verbände in unserer Zeit, Rüschlikon 1956, S. 31
	Wirtschaft und Gerechtigkeit, Tübingen 1967
Kunze, Otto	Koalitionsfreiheit und Tarifautonomie aus der Sicht der Gewerkschaften, in: Koalitionsfreiheit und Tarifautonomie als Probleme der modernen Demokratie, hrsg. v. Helmut Duvernell, Berlin 1968
Kunze, Richard	Sachgerechtigkeit, in: Morstein-Marx (Hrsg.), Verwaltung, Berlin 1965, S. 229
Kyrer, Alfred	Effizienz und staatliche Aktivität, Wien 1972
Laband, Paul	Das Staatsrecht des deutschen Reiches, 1. Bd., 4. Aufl., Tübingen 1901
Lampe, Ortrun	Die Unabhängigkeit der Deutschen Bundesbank, München 1971
Lampert, Heinz	Die Wirtschafts- und Sozialordnung der Bundesrepublik Deutschland, 3. Aufl., München/Wien 1970 (5. Aufl. 1976)
	Wissenschaftliche Gutachten. „Objektive Beratung im strengen Sinn des Wortes ist nicht möglich", Wirtschaftswoche Nr. 46 v. 12. 11. 1971, S. 32
Lang, Joachim	Systematisierung der Steuervergünstigungen. Ein Beitrag zur Lehre vom Steuertatbestand, Berlin 1974
Lange, Max G.	Politische Soziologie. Eine Einführung, 3. Aufl., Berlin u. Frankfurt/M. 1968
Larenz, Karl	Grundformen wertorientierten Denkens in der Jurisprudenz, Festschrift für Walter Wilburg zum 70. Geburtstag, Graz 1975, S. 217
	Methodenlehre der Rechtswissenschaft, 2. Aufl., München 1969; 3. Aufl. 1975
	Richterliche Rechtsfortbildung als methodisches Problem, NJW 1965, S. 1

Lasswell, Harold D.	The Public Interest: Proposing Principles of Content and Procedure, in: Friedrich (Hrsg.), The Public Interest, S. 54
Läufer, Thomas	„Gemeinwohl" und „öffentliches Interesse" — Summarische Wertsetzung oder unverzichtbare Rechtsprechungshilfe, JuS 1975, S. 689
Laufer, Heinz	Das föderative System der Bundesrepublik Deutschland, München 1973
	Verfassungsgerichtsbarkeit als politische Kontrolle, in: Probleme der Demokratie heute, PVS Sonderheft 2/1970, S. 226
	Verfassungsgerichtsbarkeit und politischer Prozeß, Tübingen 1968
Laun, Rudolf	Der Staatsrechtslehrer und die Politik, AöR 43 (1922), S. 148
Lautmann, Rüdiger	Soziologie und Rechtswissenschaft, in: Dieter Grimm (Hrsg.), Rechtswissenschaft und Nachbarwissenschaften, S. 35
	Soziologie vor den Toren der Jurisprudenz. Zur Kooperation der beiden Disziplinen, Stuttgart u. a. 1971
	Die sog. Sozialisierung der Jurisprudenz, Deutsche Richterzeitung 1970, S. 162
Lefringhausen, Klaus	Herrschaft der Interessengruppen, Evangelische Kommentare 1974, S. 460
Lehlbach, Julius	Staat, Parteien und Gewerkschaften, GMH 1972, S. 265
Leibholz, Gerhard	Der Einfluß der Fachleute auf die politischen Entscheidungen (1964), in: Strukturprobleme der modernen Demokratie, S. 317
	An den Grenzen des Rechts, Interview, in: Die Zeit Nr. 8 vom 14. 2. 75, S. 9
	Mehr Freiheit durch den Sozialstaat. „Eigentum verpflichtet" — Interpretationen zu einem Grundgesetzartikel, in: Die Zeit v. 21. Mai 71
	Zum Parteiengesetz von 1967, in: FS Adolf Arndt, 1969, S. 179
	Repräsentativer Parlamentarismus und parteienstaatliche Demokratie, in: Kurt Kluxen (Hrsg.), Parlamentarismus, S. 349
	Staat und Verbände, VVDStRL 24, S. 5
	Der Status des Bundesverfassungsgerichts in: Jahrbuch des Öffentlichen Rechts der Gegenwart N. F. 6 (1957), S. 109; überarbeitete Fassung in: Das Bundesverfassungsgericht 1951—1971, hrsg. v. Bundesverfassungsgericht, Karlsruhe 1971, S. 31
	Strukturprobleme der modernen Demokratie, 3. Aufl., Karlsruhe 1967
	Das Wesen der Repräsentation und der Gestaltwandel der Demokratie im 20. Jahrhundert, 1929, 3. Aufl., Berlin 1966

Literatur

Leipold, Dieter	Grundlagen des einstweiligen Rechtsschutzes, München 1971
Leisner, Walter	Effizienz als Rechtsprinzip, Tübingen 1971
	Parteienvielfalt bei gleichem Parteiprogramm?, DÖV 1971, S. 649
	Privateigentum ohne privaten Markt?, BB 1975, S. 1
	Regieren und Technik, in: Stuttgarter Nachrichten vom 29. 2. 1972
	Die quantitative Gewaltenteilung, DÖV 1969, S. 405
	Von der Verfassungsmäßigkeit der Gesetze zur Gesetzmäßigkeit der Verfassung. Betrachtungen zur möglichen selbständigen Begrifflichkeit im Verfassungsrecht, Tübingen 1964
Lemke, Helmut	Über die Verbände und ihre Sozialpflichtigkeit, DÖV 1975, S. 253
Lenk, Klaus	Von der Bedeutung der Rechtswissenschaft und der Sozialwissenschaften für Juristen, Kritische Justiz 1970, S. 273
Lerche, Peter	Rechtprobleme der wirtschaftslenkenden Verwaltung, DÖV 1961, S. 486
	Stiller Verfassungswandel als aktuelles Problem, in: FS Maunz, 1971, S. 285
	Übermaß und Verfassungsrecht. Zur Bindung des Gesetzgebers an die Grundsätze der Verhältnismäßigkeit und der Erforderlichkeit, Köln u. a. 1961
Lerche, Peter	Verfassungsrechtliche Zentralfragen des Arbeitskampfes, Bad Homburg v. d. H. u. a. 1968
Leys, Wayne A. R.	The Relevance and Generality of „The Public Interest" in: Friedrich (Hrsg.), The Public Interest, S. 237
Liefmann-Keil, Elisabeth	Ökonomische Theorie der Sozialpolitik, Berlin/Göttingen/Heidelberg 1961
Linck, Joachim	Die Öffentlichkeit der Parlamentsausschüsse aus verfassungsrechtlicher und rechtspolitischer Sicht, DÖV 1973, S. 513
	Zur Zulässigkeit parlamentarischer Funktionszulagen, ZParl 1976, S. 54
Lindblom, Charles E.	The Intelligence of Democracy. Decision Making through Mutual Adjustment, New York 1965
Lipfert, Helmut	Einführung in die Währungspolitik, 8. Aufl., München 1974
Livingston-Thompson	The Consent of the Governed, New York/London 1963
Loewenstein, Karl	Verfassungslehre, 2. Aufl., Tübingen 1969
Löwisch, Manfred	Die Ausrichtung der tariflichen Lohnfestsetzung am gesamtwirtschaftlichen Gleichgewicht, RdA 1969, S. 129
Lohmann, Hans Henning	Die Zweckmäßigkeit der Ermessensausübung als verwaltungsrechtliches Rechtsprinzip, Berlin 1972
Lohmar, Ulrich	Das Hohe Haus — Der Bundestag und die Verfassungswirklichkeit, Stuttgart 1975

Lompe, Klaus	Gesellschaftspolitik und Planung. Probleme politischer Planung in der sozialstaatlichen Demokratie, Freiburg 1971
	Wissenschaftliche Beratung der Politik, Göttingen 1966
Loos, Fritz	Die Funktion der Sozialwissenschaften in der Juristenausbildung, ZPR 1974, S. 162
Lorenz, Dieter	Besprechung von Friedrich-Walter Appoldt, Die öffentlichen Anhörungen (Hearings) des Deutschen Bundestags, Berlin 1971, in: AöR 1973, S. 145
	Der Beamtenstreik — Recht und Rechtspolitik, AöR 1973, S. 410
Lowi, Theodore	The Public Philosophy: Interest-Group Liberalism, The American Political Science Review 1967, S. 5
Lübbe, Hermann	Politik und Wissenschaft. Zur Metakritik der unpolitischen Wissenschaft und der Technokratie-Kritik, in: Politik und Wissenschaft. Ein Cappenberger Gespräch, 1972, S. 31
Lücke, Jörg	Das Grundrecht des einzelnen gegenüber dem Staat auf Umweltschutz, DÖV 1976, S. 289
Lührs, Georg u. a. (Hrsg.)	Kritischer Rationalismus und Sozialdemokratie, Berlin/Bonn-Bad Godesberg 1975
Luhmann, Niklas	Funktionale Methode und juristische Entscheidung, AöR 1969, S. 1
	Funktionen der Rechtsprechung im politischen System, in: Ders., Politische Planung 1971, S. 46
	Grundrechte als Institution. Ein Beitrag zur politischen Soziologie, Berlin 1965
	Kann die Verwaltung wirtschaftlich handeln?, VerwArch 1960, S. 97
	Legitimation durch Verfahren, Neuwied und Berlin 1969
	Politische Planung, Köln und Opladen 1971
	Politische Verfassungen im Kontext des Gesellschaftssystems, Der Staat 1973, S. 1
	Rechtssoziologie, 2 Bde., Reinbeck bei Hamburg 1972
	Zweckbegriff und Systemrationalität. Über die Funktion von Zwecken in sozialen Systemen, Tübingen 1968
Maassen, Hermann	Probleme der Selbstbindung des Bundesverfassungsgerichts, NJW 1975, S. 1343
Macht und ökonomisches Gesetz	H. K. Schneider/Chr. Watrin (Hrsg.), Macht und ökonomisches Gesetz, Schriften des Vereins für Socialpolitik, Bd. 74, Berlin 1973
Mackscheidt, Klaus	Zur Theorie des optimalen Budgets, Tübingen/Zürich 1973
Maier, H./Ritter, K./Max, U. (Hrsg.)	Politik und Wissenschaft, München 1971
Maihofer, Werner (Hrsg.)	Ideologie und Recht, Frankfurt a. M. 1969
	Rechtstheorie als Basisdisziplin der Jurisprudenz, Jahrbuch für Rechtssoziologie und Rechtstheorie, Bd. 2, 1972

Literatur

Maihofer, Werner	Grundwerte in Staat und Gesellschaft, Bulletin der Bundesregierung 1976, S. 711
	Rechtsstaat und menschliche Würde, Frankfurt a. M. 1968
Mairose/Hankel/Steuer/Gronau	Umstrittene Bundesbank, Zeitgespräch. WD 1970, S. 285
Maisonneuve, Jean	La Dynamique des Groupes, Paris 1969
Mandel, Ernest	Marxistische Wirtschaftstheorie, Frankfurt/M. 1968
v. Mangoldt, Hermann	Das Bonner Grundgesetz, Kommentar, 1. Aufl., Berlin und Frankfurt a. M. 1953, 2. Aufl. 1957 ff., bearbeitet von Friedrich Klein
Marcic, René	Vom Gesetzesstaat zum Richterstaat, Wien 1957
	Verfassungsgerichtsbarkeit und reine Rechtslehre, Wien 1966
Marshall, H. H.	Natural Justice, London 1959
Martens, Joachim	Tradition als Rechtsbegriff?, NJW 1970, S. 81
Martens, Wolfgang	Grundrechte im Leistungsstaat, VVDStRL 30, S. 7
	Öffentlich als Rechtsbegriff, Bad Homburg v. d. H. u. a. 1969
Martin, Ernst	Rechtsprechung als politische Entscheidung. Verfassungsgerichtsbarkeit im System der Gewaltenteilung. Aus Politik und Zeitgeschichte, Beilage zur Wochenzeitung „Das Parlament" vom 18. 9. 1971, S. 17
Martin, Paul C.	Alle Macht der Bundesbank. Bonn muß sich selbst entmündigen, Christ u. Welt vom 16. 5. 1969
Massing, Otwin	Das Bundesverfassungsgericht als Instrument sozialer Kontrolle, in: Probleme der Demokratie heute, PVS Sonderheft 2/1970, S. 180
Mattfeldt, Harald	Zum Problem der wissenschaftlichen Politikberatung am Beispiel des Gesamtindikators des Sachverständigenrats, Zeitschrift für die gesamte Staatswissenschaft 1973, S. 634
McWhinney, Edward	Judicial Restraint and the West German Constitutional Court, Harvard Law Review, vol. 75 (1961/62), S. 5
Maunz, Theodor	Deutsches Strafrecht, 20. Aufl., München 1975
	Die innere Neutralität des Staates, FS Loewenstein, 1971, S. 343
Maunz/Dürig/Herzog	Grundgesetz, Loseblatt-Kommentar, München
Maurer, Hartmut	Zur Verfassungswidrigerklärung von Gesetzen, in: FS W. Weber, 1974, S. 345
	Hat der Bundespräsident ein politisches Mitspracherecht?, DÖV 1966, S. 665
Mayer, Franz	Die gesellschaftsadäquate Beamtenversorgung im sozialen Rechtsstaat, Sonderdruck aus Zeitschrift für Beamtenrecht, Heft 11/1968, S. 12
	Verfassungsrechtliche Grenzen einer Reform des öffentlichen Dienstrechts, Rechtsgutachten für die Studienkom-

mission für die Reform des öffentlichen Dienstrechts, Anlagenband 5 zum Bericht der Kommission, Baden-Baden 1973, S. 557

Verfassungsrechtliche Probleme einer Reform des öffentlichen Dienstes, FS Scupin, Berlin 1973, S. 249

Vergleichende Verwaltungswissenschaften in Polen, Die Verwaltung 1974, S. 243

Die Verwaltungslehre als Studien- und Prüfungsfach, FS Forsthoff, 1972, S. 248

Mayntz, Renate/Scharpf, Fritz	Planungsorganisation. Die Diskussion um die Reform von Regierung und Verwaltung des Bundes, München 1973
Medicus, Dieter	Privatrechtliche Fragen zur Geldentwertung, DB 1974, S. 759
Meessen, Karl Matthias	Beraterverträge und freies Mandat, in: FS Scheuner, 1973, S. 431
	Erlaß eines Verbändegesetzes als rechtspolitische Aufgabe?, Tübingen 1976
Meimberg, Rudolf	Der Geldwert im Widerstreit der Interessen, Frankfurt (M) 1961
Meinhold, Wilhelm	Veränderung oder Aufhebung der Tarifautonomie, in: Wirtschaftswissenschaft und Rechtswissenschaft, S. 78
	Volkswirtschaftspolitik, Teil I Theoretische Grundlagen der Allgemeinen Wirtschaftspolitik, 2. Aufl., München 1970; Teil II Angewandte Wirtschaftspolitik, 2. Aufl., München 1973
	Wirtschaftspolitischer Pluralismus und die Aufgaben der Koordinierung von Zielen und Mitteln, in: Probleme der Willensbildung und wirtschaftspolitischen Führung, Schriften des Vereins für Socialpolitik, N. F. Bd. 19, Berlin 1959, S. 126
Meister, Jörg	Die Regelungen wirtschaftlicher Interessenkonflikte von Abgeordneten des Kongresses der USA, Heidelberger juristische Dissertation 1976
Menger, Anton	Das bürgerliche Recht und die besitzlosen Volksklassen, 3. Aufl., Tübingen 1904
	Neue Staatslehre, 2. Aufl., Jena 1904
Menger, Christian-Friedrich	Der Begriff des sozialen Rechtsstaates im Bonner Grundgesetz, 1953, nachgedruckt in: Forsthoff (Hrsg.), Rechtsstaatlichkeit und Sozialstaatlichkeit, S. 42
	Das Gesetz als Norm und Maßnahme, VVDStRL 15, S. 3
	Moderner Staat und Rechtsprechung, Tübingen 1968
	Urteilsanmerkung zum Diäten-Urteil des Bundesverfassungsgerichts v. 5. 11. 1976, VerwArch. 1976, S. 303
Menzel, Eberhard	Parteien, Staat und Beamtentum, DÖV 1970, S. 433
	Die Sozialstaatlichkeit als Verfassungsprinzip der Bundesrepublik, DÖV 1972, S. 537
Merk, Walther	Der Gedanke des gemeinen Besten in der deutschen Staats- und Rechtsentwicklung, Weimar 1934

Literatur

Messner, Johannes	Der Funktionär. Seine Schlüsselstellung in der heutigen Gesellschaft, Innsbruck/Wien/München 1961
	Das Gemeinwohl, Osnabrück 1962
Mestmäcker, Ernst-Joachim	Besprechung von Ehmke, Horst, Wirtschaft und Verfassung, DÖV 1964, S. 606
	Macht — Recht — Wirtschaftsverfassung, in: Macht und ökonomisches Gesetz, S. 183
	Über Mitbestimmung und Vermögensbildung, Tübingen 1973
Meyer, Hans	Das parlamentarische Regierungssystem des Grundgesetzes, Anlage — Erfahrungen — Zukunftseignung, VVDStRL 33, S. 69
Meyer, Wolfgang	Noch einmal: Wahrheitsbegriff und Rechtswissenschaft, JuS 1973, S. 202
Meyer-Cording, Ulrich	Kann der Jurist heute noch Dogmatiker sein?, Recht und Staat, Heft 428/429, Tübingen 1973
Milbrath, Lester, W.	The Washington Lobbyists, Chicago 1963
Miliband, Ralph	Der Staat in der kapitalistischen Gesellschaft, Frankfurt a. M. 1972
Mill, John Stuart	Die Freiheit (On Liberty). Hrsg. von Adolf Grabowsky, Zürich 1945
Millar, Jean	Die Rolle des Sachverständigen in der politischen Willensbildung und im Entscheidungsprozeß, Hamburg 1970
Möbus, Gerhard	Politische Theorien, Bd. 2, 2. Aufl. 1966
Möller, Alex (Hrsg.)	Kommentar zum Gesetz zur Förderung der Stabilität und des Wachstums der Wirtschaft, 2. Aufl., Hannover 1969
Molitor, Regina (Hrsg.)	Zehn Jahre Sachverständigenrat zur Begutachtung der gesamtwirtschaftlichen Entwicklung. Eine kritische Bestandsaufnahme, Frankfurt a. M. 1973
Morkel, Arnd	Die Reform des Kabinetts, Aus Politik und Zeitgeschichte, Beilage zur Wochenzeitung „Das Parlament" vom 24. 10. 1970, S. 3
Morstein Marx, Fritz	Gemeinwohl und politische Strategie — Mit Beispielen aus der Verwaltungsreform, in: Wohl der Allgemeinheit und öffentliche Interessen, S. 32
Müller, Christoph	Das imperative und das freie Mandat, Bonner juristische Dissertation 1966
Müller, Emil Peter	Auftrag zum Ändern, Wirtschaftswoche Nr. 46 v. 7. 11. 1975, S. 50
	Die Parteien werden aktiv, Wirtschaftswoche Nr. 33 v. 8. 8. 1975, S. 37
Müller, Friedrich	Fragen einer Theorie der Praxis, AöR 1970, S. 154
	Juristische Methodik, Berlin 1971 (2. Aufl. 1976)
	Normstruktur und Normativität, Berlin 1966
	Rechtsgefühl oder Rechtsmethodik?, AöR 1976, S. 270
	Staatslehre und Anthropologie bei Karl Marx, AöR 1970, S. 513

Müller, Gerhard	Fragen zum Arbeitskampfrecht nach dem Beschluß des Großen Senats des Bundesarbeitsgerichts vom 21. 4. 1971, GMH 1972, S. 273
	Keine allgemein bejahte Rechtsüberzeugung mehr. Zur Problematik der Rechtsprechung und des Richters heute, in: FAZ v. 1. 9. 1970
Müller, J. Heinz	Kriterien für die Beurteilung staatlicher Einflußnahme auf die Wirtschaft, Planung I, S. 307
Müller J. P.	Soziale Grundrechte in der Verfassung?, Referate und Mitteilungen des Schweizerischen Juristenvereins 107 (1973), S. 708
Müller, Udo/Schmidt, Reiner	Wirtschaftspolitische und verfassungsrechtliche Problematik einer Konjunktursteuerung durch Aussetzung der degressiven Abschreibung, BB 1970, S. 1280
Müller-Heidelberg, Klaus	Zur Problematik des Verhältnisses von Bürger und Staatsgewalt, in: Mängel im Verhältnis von Bürger und Staat. Von einer Arbeitsgruppe der Deutschen Sektion des Internationalen Instituts für Verwaltungswissenschaften unter Leitung von W. Thieme, Köln u. a. 1970, S. 12
v. Münch, Ingo (Hrsg.)	Grundgesetz, Kommentar, Bd. 1, Hamburg 1974
Ders.	Staatliche Wirtschaftshilfe und Subsidiaritätsprinzip, JZ 1960, S. 303, nachgedruckt in: Scheuner (Hrsg.), Die staatliche Einwirkung auf die Wirtschaft, Frankfurt a. M. 1971, S. 411
Mundorf, Hans	Unabhängig mit Proporz, Der Sachverständigenrat konfrontiert Wissenschaft und Politik, Handelsblatt v. 2./3. Okt. 1970, S. 35
Murswieck, Axel	Verlaufsmuster politisch-administrativer Handlungsprozesse, in: Narr, Wolf-Dieter (Hrsg.), Politik und Ökonomie — Autonome Handlungsmöglichkeiten des politischen Systems, S. 281
Musgrave, Richard A.	Finanztheorie, 2. Aufl., Tübingen 1969
	The Public Interest: Efficiency in the Creation and Maintenance of Material Welfare, in: Friedrich (Hrsg.), The Public Interest, S. 107
Mußgnug, Reinhard	Die zweckgebundene öffentliche Abgabe, in: FS Forsthoff, 1972, S. 259
Muthesius, Volkmar	Bundesrechnungshof und Steuerzahlerbund, in: 250 Jahre Rechnungsprüfung, hrsg. v. Bundesrechnungshof, Frankfurt a. M. 1964, S. 285
	Das Gespenst der wirtschaftlichen Macht, Frankfurt (M) 1960
Myrdal, Gunnar	Das politische Element in der nationalökonomischen Doktrinenbildung, Hannover 1973
	Das Zweck-Mittel-Denken in der Nationalökonomie, Zeitschrift für Nationalökonomie 1933, S. 305
Nakhnikian, George	Common and Public Interest Defined: Comments on Harold D. Lasswell's Paper, in: Friedrich (Hrsg.), The Public Interest, S. 88

Literatur

Narr, Wolf-Dieter	Theoriebegriffe und Systemtheorie, 2. Aufl., Stuttgart u. a. 1969
Ders. (Hrsg.)	Politik und Ökonomie. Autonome Handlungsmöglichkeiten des politischen Systems, PVS, Sonderheft 6/1975
Narr, Wolf-Dieter/ Naschold, Frieder	Theorie der Demokratie, Stuttgart u. a. 1971
Naschold, Frieder	Kassenärzte und Krankenversicherungsreform. Zu einer Theorie der Statuspolitik, Freiburg i. Br. 1967
	Organisation und Demokratie, 3. Aufl., Stuttgart u. a. 1972
	Probleme der mehrjährigen Finanzplanung des Bundes, in: Ronge/Schmieg (Hrsg.), Politische Planung in Theorie und Praxis, 1971, S. 170
	Systemsteuerung, 2. Aufl., Stuttgart u. a. 1971
Naschold/Väth	Politische Planungssysteme, Opladen 1973
Naucke, Wolfgang	Über die juristische Relevanz der Sozialwissenschaften, Frankfurt/M. 1972
Nawiasky, Hans	Allgemeine Staatslehre, I. Teil 1945, II. Teil 1. Band 1952, 2. Band 1955, III. Teil 1956, IV. Teil 1958
Neef, Fritz	Die Verbände und der Staat, Frankfurter Allgemeine Zeitung, Nr. 63 v. 15. 3. 1975, S. 11
Nelson, Leonard	System der philosophischen Rechtslehre und Politik, Leipzig 1924
Neubauer, Werner	Organisationsprinzipien im Widerstreit, in: Duwendag, Macht und Ohnmacht der Bundesbank, S. 161
Neumann, Franz	Der Funktionswandel des Gesetzes im Recht der bürgerlichen Gesellschaft, in: ders., Demokratischer und autoritärer Staat, Frankfurt a. M. 1967
Neumann, Manfred	Zur ökonomischen Theorie des Föderalismus, Kyklos 1971, S. 493
Neumark, Fritz	Grundsätze gerechter und ökonomisch rationaler Steuerpolitik, Tübingen 1970
	Interventionistische und dirigistische Steuerpolitik, in: Neumark, Fritz, Wirtschafts- und Finanzprobleme des Interventionsstaats, Tübingen 1971, S. 279
	Schleichende Inflation und Fiskalpolitik, Kiel 1959
	Wissenschaft und Politik, in: Macht und ökonomisches Gesetz, 1. Band, Einleitung
Nicklisch, Fritz	Gesetzgebung und Verwaltung durch Verbände?, ZRP 1968, S. 36
Niemeyer, Gerhard	Public Interest and Private Utility, in: Friedrich (Hrsg.), The Public Interest, S. 1
Nipperdey, Hans Carl	Soziale Marktwirtschaft und Grundgesetz, 3. Aufl., Köln u. a. 1965
Nitschke, Wolfgang	Bemerkungen zur inneren Ordnung der Verbände, DÖV 1976, S. 407

Noll, Peter	Gesetzgebungslehre, Reinbek 1973
	Von der Rechtsprechungswissenschaft zur Gesetzgebungswissenschaft, Jahrbuch für Rechtssoziologie und Rechtstheorie, Bd. 2, 1972, S. 524
Nuscheler, Franz/ Winfried Steffani (Hrsg.)	Pluralismus. Konzeptionen und Kontroversen, München 1972
Oberndörfer, Dieter	Politik als praktische Wissenschaft, in: ders. (Hrsg.), Wissenschaftliche Politik, Freiburg i. Br. 1962, S. 9
Öffentliche Aufgaben in der Parlamentarischen Demokratie	Cappenberger Gespräche, Köln 1975
Offe, Claus	Politische Herrschaft und Klassenstrukturen, in: Gisela Kress/Dieter Senghaas (Hrsg.), Politikwissenschaft, Frankfurt/M. 1969, S. 155
Ohm, Hans	Allgemeine Wirtschaftspolitik, Bd. 1, 4. Aufl., Berlin 1972
Olson, Mancur	Die Logik des kollektiven Handelns, Tübingen 1968
Olsog, Günter	Die politischen Parteien, 2. Aufl., München 1965
Ohhüls, Carl	Ist der Rechtspositivismus möglich?, NJW 1968, S. 1745
Opp, Karl-Dieter	Zur Anwendung sozialwissenschaftlicher Theorien für praktisches Handeln, ZgesStW 1967, S. 393
Oppermann, Thomas	Zum heutigen Sinn der parlamentarischen Repräsentation, DÖV 1975, S. 763
	Das parlamentarische Regierungssystem des Grundgesetzes. Anlage — Erfahrungen — Zukunftseignung, VVDStRL 33, S. 7
Ortlieb, Heinz-Dietrich	Macht und Freiheit in der Sicht des Sozialismus, in: Macht und ökonomisches Gesetz, S. 1365
Ossenbühl, Fritz	Die Erfüllung von Verwaltungsaufgaben durch Private, VVDStRL 29, S. 137
	Die Interpretation der Grundrechte in der Rechtsprechung des Bundesverfassungsgerichts, NJW 1976, S. 2100
	Die Kontrolle von Tatsachenfeststellungen und Prognoseentscheidungen durch das Bundesverfassungsgericht, in: FG BVerfG I, 1976, S. 459
	Welche normativen Anforderungen stellt der Verfassungsgrundsatz des demokratischen Rechtsstaates an die planende staatliche Tätigkeit, dargestellt am Beispiel der Entwicklungsplanung? (Gutachten zum 50. Deutschen Juristentag), München 1974
Oswald, Franz	Zur Auslegung von Ausnahme- und Begünstigungsvorschriften im Steuerrecht, Kommunale Steuerzeitschrift 1973, S. 170
Oswald, Rüdiger	Das richterliche Prüfungsrecht gegenüber Gesetzen und Verordnungen in der konstitutionellen Monarchie und unter der Weimarer Reichsverfassung, Mainzer rechtswiss. Diss. 1974

Literatur

Pahlke, Jürgen	Beziehungen zwischen der konjunkturpolitischen Zielsetzung und anderen Aufgaben der Finanzpolitik sowie den politischen Gegebenheiten, in: Zeitel/Pahlke (Hrsg.), Konjunkturelle Stabilität als wirtschaftspolitische Aufgabe, 1962, S. 51
Pelny, Stefan E.	Die legislative Finanzkontrolle in der Bundesrepublik Deutschland und in den Vereinigten Staaten von Amerika, Berlin 1971
Pennock, Roland	The One and the Many: A Note on the Concept, in: Friedrich (Hrsg.), The Public Interest, S. 177
Pernthaler, Peter	Das Staatsoberhaupt in der parlamentarischen Demokratie, VVDStRL 25, S. 95
Pestalozza, Christian	„Noch verfassungsmäßige" und „bloß verfassungswidrige" Rechtslagen, in: FG BVerfG I, 1976, S. 519
Peter, Christoph	Besprechung von Jülich, Heinz-Christian, Chancengleichheit der Parteien, DÖV 1968, S. 367
Petermann, Martin	Die Grenzen der Mitwirkung der privaten Verbände bei der Durchführung öffentlicher Aufgaben, Winterthur 1960
Peters, Hans	Öffentliche und staatliche Aufgaben, in: FS H. C. Nipperdey, Bd. II, 1965, S. 877
	Artikel „Sozialstaat", in: Staatslexikon, hrsg. von der Görres-Gesellschaft, 6. Aufl. Bd. VII, 1962, Sp. 394
Petzold, Günter	Der Wettbewerb der Verbände um die Mitwirkung an der Wirtschaftspolitik, Diss. Köln 1963
Pfleiderer, Otto	Die Notenbank im System der wirtschaftspolitischen Steuerung, Planung III, 1968, S. 409
v. Pfuhlstein, Friedrich	Der Weg von der Preußischen Generalrechenkammer zum Bundesrechnungshof, in: Bundesrechnungshof (Hrsg.), 250 Jahre Rechnungsprüfung, Frankfurt/M. 1964, S. 7
Philipp, Peter Alexander	Die Offenlegung des Einflusses von Interessenverbänden auf die Staatswillensbildung in der BRD — Vier Fallstudien zum Wettbewerbsrecht, Diss. Bonn 1974
Philippi, Klaus-Jürgen	Tatsachenfeststellungen des Bundesverfassungsgerichts, Köln u. a. 1971
Picht, Georg	Umweltschutz und Politik, ZRP 1971, S. 152
	Wissenschaftliche Politikberatung und Umweltschutz, in: Merkur 1972, S. 309
Picht/Brech/Häfele/Kriele	Gutachten zur geeigneten Organisationsform der wissenschaftlichen Beratung der Bundesregierung in Umweltfragen und zur geeigneten Form der Beratung bei der Durchführung von nichtministerieller Tätigkeit v. 30. 7. 1971, zu BT-Drucks. VI/2710, S. 565
Piduch, Erwin Adolf	Bundeshaushaltsrecht, Loseblatt-Kommentar, 2 Bände, Stuttgart u. a., begründet 1969
Piel, Dieter	Nur ein zaghafter Versuch. Trotz der Kürzungen nehmen die Steuervergünstigungen auch in diesem Jahr weiter zu, in: Die Zeit, Nr. 9 vom 23. Februar 1973, S. 38

Podlech, Adalbert	Gehalt und Funktionen des allgemeinen verfassungsrechtlichen Gleichheitssatzes, Berlin 1971
	Wertungen und Werte im Recht, AöR 1970, S. 185
Popitz, Heinrich	Prozesse der Machtbildung, Tübingen 1968
Popp, Klaus	Öffentliche Aufgaben der Gewerkschaften und innerverbandliche Willensbildung, Berlin 1975
Popper, Karl R.	Logik der Forschung, Wien 1935
	Die offene Gesellschaft und ihre Feinde, 3 Bände, Bern 1957
	Prognose und Prophetie in den Sozialwissenschaften, in: Topitsch (Hrsg.), Die Logik der Sozialwissenschaften, Köln/Berlin 1965, S. 113
	Wider die großen Worte. Ein Plädoyer für intellektuelle Redlichkeit, in: Die Zeit v. 24. 9. 1971
Preiser, Erich	Wirtschaftliches Wachstum als Fetisch und Notwendigkeit, ZgesStw Bd. 123 (1967), S. 586
	Wirtschaftspolitik heute, 2. Aufl., München 1969
	Die Zukunft unserer Wirtschaftsordnung, 3. Aufl., Göttingen 1960
Preuß, Ulrich K.	Zum staatsrechtlichen Begriff des Öffentlichen. Untersucht am Beispiel des verfassungsrechtlichen Status kultureller Organisationen, Stuttgart 1969
Prior, Harm	Die Interministeriellen Ausschüsse der Bundesministerien. Eine Untersuchung zum Problem der Koordinierung heutiger Regierungsarbeit, Stuttgart 1968
Probleme der Haushalts- und Finanzplanung	Schriften des Vereins für Socialpolitik, NF Bd. 42, Berlin 1969
Prost, Gerhard	Betrachtungen zum Rechtsschutz im Wirtschaftsrecht, WiR 1973, S. 326
	Besprechung von v. Spindler/Becker/Starke, Die Deutschen Bundesbank, 4. Aufl. 1973, in: NJW 1974, S. 353
Püttner, Günter	Die öffentlichen Unternehmen. Verfassungsfragen zur wirtschaftlichen Betätigung der öffentlichen Hand, Bad Homburg v. d. H./Berlin/Zürich 1969
	Unterschiedlicher Rang der Gesetze?, DÖV 1970, S. 322
Pütz, Theodor	Die ordnungspolitische Problematik der Interessenverbände, Jahrbuch für Sozialwissenschaft, Bd. 11 (1960), S. 246
	Grundlagen der theoretischen Wirtschaftspolitik, 2. Aufl., Stuttgart 1974, in: ders. (Hrsg.) Wirtschaftspolitik, Grundlagen und Hauptgebiete, Bd. 1
Ders. (Hrsg.)	Wirtschaftspolitik. Grundlagen und Hauptgebiete, 3 Bände, Stuttgart
Quaritsch, Helmut	Staat und Souveränität, Band I: Die Grundlagen, Frankfurt a. M. 1970
Rabeneick, Fritz	Das Verursachungsprinzip im Umweltschutzrecht, DVBl. 1971, S. 260

Literatur

Radbruch, Gustav	Einführung in die Rechtswissenschaft (hrsg. v. Zweigert), 11. Aufl., Stuttgart 1964
	Der Mensch im Recht (Heidelberger Antrittsvorlesung 1927), Recht und Staat, Heft 46, 1927
	Die politischen Parteien im System des deutschen Verfassungsrechts, Handbuch des Deutschen Staatsrechts, 1. Bd., Tübingen 1930, S. 285
	Rechtsphilosophie, 6. Aufl., Stuttgart u. a. 1963
	Vorschule der Rechtsphilosophie, 2. Aufl., Göttingen 1959
	Der Zweck des Rechts, in: Der Mensch im Recht, Stuttgart 1957, S. 89
Rahmeyer, Fritz	Pluralismus und rationale Wirtschaftspolitik, Stuttgart 1974
Raisch, Peter/Schmidt, Karsten	Rechtswissenschaft und Wirtschaftswissenschaften, in: Dieter Grimm, Rechtswissenschaft und Nachbarwissenschaften, S. 143
Raiser, Ludwig/Sauermann, Heinz/ Schneider, Erich (Hrsg.)	Das Verhältnis der Wirtschaftswissenschaft zur Rechtswissenschaft, Soziologie und Statistik, Schriften des Vereins für Socialpolitik, NF Bd. 33, Berlin 1964
Raiser, Thomas	Was nützt die Soziologie dem Recht?, JZ 1970, S. 665
Ramm, Thilo	Arbeitsgesetzbuch und politische Entscheidung, ZRP 1972, S. 13
	„Die Legende vom schwachen Staat. Es fehlt nicht an der Macht, sondern an Mut, sie zu gebrauchen", in: Die Zeit v. 22. 2. 1974
Rasch, Harold	Sind Streik und Streikandrohung noch zeitgemäß?, ZRP 1976, S. 181
Rasehorn, Theo	Reform der Juristenausbildung als Anfang einer Rechtsreform, NJW 1970, S. 1166
Rawls, John	Eine Theorie der Gerechtigkeit, Frankfurt a. M. 1975
Recktenwald, Horst Claus	More Rationality in Government Decisions?, Public Finance, vol. XXVII (1972), Nr. 2
Redeker, Konrad	Bild und Selbstverständnis des Juristen heute, Berlin 1970
	Fragen der Kontrolldichte verwaltungsgerichtlicher Rechtsprechung, DÖV 1971, S. 757
	Legitimation und Grenzen richterlicher Rechtsetzung. Zugleich Besprechung von Robert Fischer: Die Weiterbildung des Rechts durch die Rechtsprechung, 1971, in: NJW 1972, S. 409
	Staatliche Planung im Sozialstaat, JZ 1968, S. 537
Reese, Jürgen	Eine Strategie zur Erhöhung der „relativen Autonomie" des politischen Systems?, in: Narr, Wolf-Dieter (Hrsg.), Politik und Ökonomie — Autonome Handlungsmöglichkeiten des politischen Systems, S. 265
Rehbinder, Eckard	Grundfragen des Umweltrechts, ZRP 1970, S. 250
Rehbinder, Eckard/ Burgbacher, Hans-Gerwin/ Knieper, Rolf	Bürgerklage im Umweltrecht, Berlin 1972

Rehbinder, Manfred	Die öffentliche Aufgabe und rechtliche Verantwortlichkeit der Presse. Ein Beitrag zur Lehre von der Wahrnehmung berechtigter Interessen, Berlin 1962
	Besprechung von Philippi, Klaus-Jürgen, Tatsachenfeststellungen des Bundesverfassungsgerichts, 1971, in: DVBl. 1972, S. 935
Reich, Norbert	Neue Tendenzen des Wirtschaftsrechts. Fusionskontrolle — Investitionskontrolle, BB 1973, S. 1449
Reimers, Walter	Besprechung von Kriele, Martin, Theorie der Rechtsgewinnung, 1967, in: DÖV 1967, S. 649
Renger, Reinhard	Aufwertung und richterliches Prüfungsrecht, in: FS Gebhard Müller, 1970, S. 275
Renner, Karl	Die Rechtsinstitute des Privatrechts und ihre soziale Funktion, Tübingen 1929
Reuss, Wilhelm	Die Bedeutung des Sozialstaatsprinzips, in: ders. und Jantz, Sozialstaatsprinzip und soziale Sicherheit, 1960, S. 7
Rheinstein, Max	Wer wacht über die Wächter?, JuS 1974, S. 409
Richardi, Reinhard	Kollektivgewalt und Individualwille bei der Gestaltung des Arbeitsverhältnisses, München 1968
	Der Beschluß des Großen Senats des Bundesarbeitsgerichts vom 21. April 1971, RdA 1971, S. 334
Ridder, Helmut K. J.	Enteignung und Sozialisierung, VVDStRL 10, S. 124
	Vom „freien Mandat" zur Freiheit vom Mandat, DÖV 1970, S. 617
	Die soziale Ordnung des Grundgesetzes. Leitfaden zu den Grundrechten einer Demokratischen Verfassung, Opladen 1975
Riese, Hajo	Ordnungsidee und Ordnungspolitik — Kritik einer wirtschaftspolitischen Konzeption, in: Kyklos XXV (1972), S. 24
Rinck, Gerd	Wirtschaftsrecht, 3. Aufl., Köln u. a. 1972
Rinken, Alfred	Das Öffentliche als verfassungstheoretisches Problem, dargestellt am Rechtsstatus der Wohlfahrtsverbände, Berlin 1971
Ritter, Ernst-Hasso	Mitbestimmung im öffentlichen Dienst oder Privatisierung des Staatswesens?, JZ 1972, S. 107
	Verfassungsrechtliche Gesetzgebungspflichten, Diss. Bonn 1967
	Der Wandel der Wirtschaftspolitik und die wirtschaftsverfassungsrechtliche Bedeutung des Gesetzes gegen Wettbewerbsbeschränkungen, BB 1968, S .1393
Rittershausen, Heinrich	Die Zentralnotenbank, 2. Aufl., Frankfurt (M) 1962
Rittstieg, Helmut	Wirtschaftsverbände und europäische Gemeinschaften. Eine Untersuchung zur institutionalisierten Interessenvertretung, Diss. Hamburg 1966

Literatur

Robinson, Joan	Doktrinen der Wirtschaftswissenschaft. Eine Auseinandersetzung mit ihren Grundgedanken und Ideologien, 2. Aufl., München 1968
Röder, Karl-Heinz/ Weichelt, Wolfgang	Der Bankrott revisionistischer Pluralismuskonzeptionen, IPW 1973, S. 18
Röhling, Eike	Die Fusionskontrolle nach dem neuen Kartellgesetz, DB 1973, S. 1585
Roelleke, Gerd	Die Bindung des Richters an Gesetz und Verfassung, VVDStRL 34, S. 7
	Politik und Verfassungsgerichtsbarkeit, Weinheim 1961
Römer, Peter	Die Reine Rechtslehre Hans Kelsens als Ideologie und Ideologiekritik, PVS 1971, S. 579
Ronge, Volker/ Schmieg, Günter (Hrsg.)	Politische Planung in Theorie und Praxis, München 1971
Röpke, Wilhelm	Jenseits von Angebot und Nachfrage, 3. Aufl., Erlenbach-Zürich und Stuttgart 1961
	Artikel „Wettbewerb", (II) Ideegeschichte und ordnungspolitische Stellung, in: HDSW, Bd. 12, S. 29
Rosenthal, Philip	Aufgaben und Schwerpunkte der Verbraucherpolitik, Bulletin der Bundesregierung 1971 S. 1665
Ross, Arthur W.	Trade Union Wage Policy, 2. Aufl., Berkley 1950
Rothenbücher, Karl	Das Recht der freien Meinungsäußerung, VVDStRL 4, S. 6
Rothschild, K. W.	Price Theory and Oligopoly, The Economic Journal 57 (1947), S. 229
Rottleuthner, Hubert	Rechtswissenschaft als Sozialwissenschaft, Frankfurt a. M. 1973
Rüger, Gerald	Staatliche Vergünstigungen für die Landwirtschaft als Mittel der Agrarpolitik, Bochum 1976 (Bochumer wirtschaftswiss. Diss. 1975)
Rürup, Bert	Öffentliche Armut bei privatem Reichtum? — Die falsche Frage —, StuW 1973, S. 250
Rürup, Bert/Siedenberg, Axel	Ist der Welt bestes Konjunkturgesetz noch etwas wert?, Wirtschaftswoche Nr. 4 vom 19. 1. 1973, S. 58
Rüthers, Bernd	Arbeitgeber und Gewerkschaften — Gleichgewicht oder Dominanz, DB 1973, S. 1649
	Über den Arbeitskampf zur Revolution, in: FAZ v. 30. 3. 1974
	Gewerkschaftsmacht gegen Staatsmacht, FAZ v. 23. 2. 1974
	Interessenverfilzung zu Lasten der Bürger, FAZ Nr. 290 v. 14. 12. 1974
	Die unbegrenzte Auslegung, Tübingen 1968
Rupp, Hans Heinrich	Art. 3 GG als Maßstab verfassungsrechtlicher Gesetzeskontrolle, in: FG BVerfG II, 1976, S. 364
	Die Bindung des Richters an das Gesetz, NJW 1973, S. 1769

Die Dogmatik des Verwaltungsrechts und die Gegenwartsaufgaben der Verwaltung, DVBl. 1971, S. 669

Freiheit und Partizipation, NJW 1972, S. 1537

Grundfragen der heutigen Verwaltungsrechtslehre, Tübingen 1965

Grundgesetz und „Wirtschaftsverfassung", Tübingen 1974

Konzertierte Aktion und freiheitlich-rechtsstaatliche Demokratie, in: Hoppmann (Hrsg.), Konzertierte Aktion, 1971, S. 1

„Wo die Luft noch rein ist", in: Der Spiegel Nr. 20/1971, S. 74

Die „öffentlichen" Funktionen der Verbände und die demokratische repräsentative Verfassungsordnung, in: Macht und ökonomisches Gesetz, S. 1251

Popularklage im Umweltrecht, ZRP 1972, S. 32

Zur Problematik öffentlich-rechtlicher Machtpotenzierung durch Funktionenkombination, NJW 1968, S. 569

Die Stellung der Studenten in der Universität, VVDStRL 27, S. 113

Verfassungsrechtliche Aspekte der Postgebühr und des Wettbewerbs der Deutschen Bundespost mit den Kreditinstituten, Köln 1971

Die verfassungsrechtliche Seite des Umweltschutzes, JZ 1971, S. 401

Vom Wandel der Grundrechte, AöR 1976, S. 161

Wohl der Allgemeinheit und öffentliche Interessen — Bedeutung der Begriffe im Verwaltungsrecht, in: Wohl der Allgemeinheit und öffentliche Interessen, S. 116

Rupp- v. Brünneck, Wiltraut	Darf das Bundesverfassungsgericht an den Gesetzgeber appellieren?, in: FS Gebhard Müller, 1970, S. 355
Ruppe, Hans Georg	Die Ausnahmebestimmungen des Einkommensteuergesetzes, Wien 1972
Russel, Bertrand	Freedom and Government, in: Anshen (Hrsg.), Freedom. Its Meaning, 1940, S. 251
Ryffel, Hans	Öffentliche Interessen und Gemeinwohl — Reflexionen über Inhalt und Funktion, in: Wohl der Allgemeinheit und öffentliche Interessen, S. 13
	Rechts- und Staatsphilosophie. Philosophische Anthropologie des Politischen, Neuwied und Berlin 1969
	Soziale Sicherheit in der modernen Gesellschaft. Strukturen und Maßstäbe, Der Staat 1970, S. 1
Säcker, Franz-Jürgen	Zur demokratischen Legitimation des Richter- und Gewohnheitsrechts, ZRP 1971, S. 145
	Gruppenparität und Staatsneutralität als verfassungsrechtliche Grundprinzipien des Arbeitskampfrechts, Heidelberg 1974
Säcker, Horst	Das Bundesverfassungsgericht, München 1975

Literatur

Safran, William	Veto-Group Politics — The Case of Health Insurance Reform in West-Germany, 1967
Saipa, Axel	Politischer Prozeß und Lobbyismus in der Bundesrepublik und in den USA, Göttinger jur. Diss. 1971
Saladin, Peter	Grundrechte im Wandel, Bern 1970, 2. Aufl. 1975
Salomon, Klaus-Dieter	Der soziale Rechtsstaat als Verfassungsauftrag des Bonner Grundgesetzes, 1965
Salomon, Max	Grundlegung zur Rechtsphilosophie, 2. Aufl., Berlin 1925
Samm, Carl Theodor	Die Stellung der Deutschen Bundesbank im Verfassungsgefüge, Berlin 1967
Samuelson, Paul A.	Volkswirtschaftslehre, 2 Bände, 5. deutsch-sprachige Aufl., Köln 1972
v. Savigny, Eike	Die Jurisprudenz im Schatten des Empirismus, Jahrbuch für Rechtssoziologie und Rechtstheorie, Bd. 2, 1972, S. 96
Schaeder, Reinhard	Gemeinwohl und öffentliche Interessen — Bedeutung der Begriffe im Verwaltungsrecht, in: Wohl der Allgemeinheit und öffentliche Interessen, S. 92
Schäfer, Hans	Der Bundesrechnungshof im Verfassungsgefüge der Bundesrepublik, DÖV 1971, S. 542
	Kontrolle der öffentlichen Finanzwirtschaft, Handbuch der Finanzwirtschaft, 3. Aufl., Tübingen 1975 ff., Bd. I, S. 519
Schäfer, Manfred	Marktwirtschaft für morgen. Wohlstand als Aufgabe, Stuttgart 1972
Schambeck, Herbert	Grundrecht und Sozialordnung, Gedanken zur Europäischen Sozialcharta, Berlin 1969
Scharpf, Fritz W.	Demokratietheorie zwischen Utopie und Anpassung, Konstanz 1970
	Judicial Review and the Political Question: A Funktional Analysis, The Yale Law Journal 75 (1965/66), S. 517
	Planung als politischer Prozeß — Aufsätze zur Theorie der planenden Demokratie, Frankfurt/M. 1973
	Politische Durchsetzbarkeit innerer Reformen, Göttingen 1974
	Die politischen Kosten des Rechtsstaats. Eine vergleichende Studie der deutschen und amerikanischen Verwaltungskontrollen, Tübingen 1970
Schattschneider, E. E.	The Semisovereign People, New York u. a. 1964
Schaumann, Wilfried	Der Auftrag des Gesetzgebers zur Verwirklichung der Freiheitsrechte, JZ 1970, S. 48
Scheel, Walter	Der Beitrag des Bürgers zur Diskussion über die Grundwerte, Bulletin der Bundesregierung 1977, S. 117
Schefold, Dian	Eine neue Staatslehre, Rezension von H. Krüger, Allgemeine Staatslehre, Zeitschrift für Schweizerisches Recht N.F. Bd. 85 (1965), 2. Halbbd., S. 263
Schefold/Leske	Hochschulvorschaltgesetz: verfassungswidrig — aber nicht nichtig, NJW 1973, S. 1297

Schelsky, Helmut	Mehr Demokratie oder mehr Freiheit?, FAZ v. 20. 1. 73, S. 7
	Ortsbestimmung der deutschen Soziologie, Düsseldorf/Köln 1959
Schelling, Thomas	Stategy of Conflict, Cambridge (Mass.) 1960
Scheuch, Erwin K.	Vom Nutzen und der Gefährdung der Sozialwissenschaften heute, WD 1972, S. 33
Scheuner, Ulrich	Die Aufgabe der Gesetzgebung in unserer Zeit, DÖV 1960, S. 601
	Der Bereich der Regierung, in: FG Rudolf Smend, 1952, S. 253
	Die Funktion der Grundrechte im Sozialstaat. Die Grundrechte als Richtlinie und Rahmen der Staatstätigkeit, DÖV 1971, S. 505
	Das Grundgesetz in der Entwicklung zweier Jahrzehnte, AöR 1970, S. 353
	Das Mehrheitsprinzip in der Demokratie, Opladen 1973
	Die neuere Entwicklung des Rechtsstaats in Deutschland, in: Hundert Jahre Deutsches Rechtsleben, Festschrift für den Deutschen Juristentag 1960, Bd. II, S. 229
	Die Lage des parlamentarischen Regierungssystems in der Bundesrepublik, DÖV 1974, S. 433
	Politische Repräsentation und Interessenvertretung, DÖV 1965, S. 577
	Pressefreiheit, VVDStRL 22, S. 1
	Privatwirtschaftliche Struktur und öffentliche Aufgabe der Presse, in: Archiv für Presserecht 22 (1968), S. 725
	Probleme der staatlichen Entwicklung der Bundesrepublik, DÖV 1971, S. 1
	Das repräsentative Prinzip in der modernen Demokratie, in: Kurt Kluxen, Parlamentarismus, S. 361
	(Hrsg. u. Einleitung): Die staatliche Einwirkung auf die Wirtschaft, Frankfurt a. M. 1971
	Die staatliche Intervention im Bereich der Wirtschaft, VVDStRL 11, S. 1
	Staatszielbestimmungen, in: FS Forsthoff, 1972, S. 325
	Der Staat und die Verbände, in: Der Staat und die Verbände, Gespräch veranstaltet vom Bundesverband der deutschen Industrie, Heidelberg 1957, S. 10
	Verantwortung und Kontrolle in der demokratischen Verfassungsordnung, in: FS Gebhard Müller, 1970, S. 379
	Das Wesen des Staates und der Begriff des Politischen in der neueren Staatslehre, in: FG Rudolf Smend, 1962, S. 225
Schick, Walter	Verfassungsrechtliche Grenzen einer Reform des öffentlichen Dienstrechts, Rechtsgutachten für die Studienkommission für die Reform des öffentlichen Dienstrechts, Anlagenband 5 zum Bericht der Kommission, Baden-Baden 1973, S. 171

Literatur

Schiller, Karl	Artikel „Wirtschaftspolitik", in: HDSW, Bd. 12, S. 210
Schindler, Dietrich	Die Bundessubventionen als Rechtsproblem, Aarau 1952 Verfassungsrecht und soziale Struktur, 3. Aufl., Zürich 1950, 4. Aufl. 1968
Schirmeister, Caspar	Verbände des Finanzkapitals. Zur Funktion der Unternehmerverbände im staatsmonopolistischen Herrschaftssystem der BRD, IPW-Forschungshefte, Heft 4, Berlin-Ost 1972
Schlemmer, Johannes (Hrsg.)	Die politische Verantwortung der Nichtpolitiker, München 1964
Schlaich, Klaus	Neutralität als verfassungsrechtliches Problem, Tübingen 1972
Schlepper, Ulrich	Möglichkeiten und Gefahren einer Beeinflussung und Einschränkung der Unabhängigkeit von Steuerrichtern durch verwaltende Organe, Schriften des Studieninstituts für angewandte Haushalt- und Steuerpolitik e. V., München 1971
Schlick, Moritz	Über den Begriff der Ganzheit, 1938, in: Topitsch, Logik der Sozialwissenschaften, S. 213
Schlink, Bernhard	Die Wissenschaftsfreiheit des Bundesverfassungsgerichts. Zur Entscheidung des Bundesverfassungsgerichts vom 29. 5. 1973, DÖV 1973, S. 541
Schmahl, Hans-Jürgen	Globalsteuerung der Wirtschaft, Hamburg 1970 Stagflation — Ursachen und Konsequenzen, hektografiertes Minuskript; später abgedruckt in: Hamburger Jahrbuch für Wirtschafts- und Gesellschaftspolitik, 1972
Schmidt, Eberhard	Ordnungsfaktor oder Gegenmacht. Die politische Rolle der Gewerkschaften, Frankfurt (M) 1971
Schmidt, Giselher	Zur Problematik von „Demokratisierung" und „Systemveränderung", Aus Politik und Zeitgeschichte, Beilage zur Wochenzeitung „Das Parlament" v. 10. 8. 74, S. 3
Schmidt, Helmut	Auftrag und Bewahrung des Rechts im demokratischen Rechtsstaat, Ansprache vor dem 50. Deutschen Juristentag am 24. 9. 1974, Bulletin der Bundesregierung 1974, S. 1145 Schwerpunkte der Finanz- und Wirtschaftspolitik, Ansprache auf der Tagung des Vereins für Socialpolitik am 4. 9. 1972, Bulletin der Bundesregierung 1972, S. 1514 Soziale Bindung von Wissenschaft und Forschung, Bulletin der Bundesregierung 1975, S. 749
Schmidt, Horst Günther	Das Sozialstaatsprinzip in der höchstrichterlichen Rechtsprechung, Freiburger jur. Diss. 1971
Schmidt, Kurt	Entwicklungstendenzen der öffentlichen Ausgaben im demokratischen Gruppenstaat, Finanzarchiv, S. 213
Schmidt, Kurt/Wille, Eberhard	Die mehrjährige Finanzplanung. Wunsch und Wirklichkeit, Tübingen 1970
Schmidt, Reiner	Die rechtliche Stellung der Bundesbank, FAZ vom 27. 9. 1973, S. 13 Wirtschaftspolitik und Verfassung, Baden-Baden 1971

Schmidt, Volker	Finanz- und Aufgabenplanung als Instrumente der Regierungsplanung, Die Verwaltung 1973, S. 1
Schmidt, Walter	Die Entscheidungsfreiheit des einzelnen zwischen staatlicher Herrschaft und gesellschaftlicher Macht, AöR 1976, S. 24
	Organisierte Einwirkungen auf die Verwaltung. Zur Lage der zweiten Gewalt, VVDStRL 33, S. 183
	Rechtsschutz gegen ein Begründungsdefizit bei Verwaltungsentscheidungen über öffentliche Interessen, DÖV 1976, S. 577
	Rechtswissenschaft und Verwaltungswissenschaft, in: Dieter Grimm (Hrsg.), Rechtswissenschaft und Nachbarwissenschaften, S. 89
Schmidt-Rimpler, Walter	Grundfragen einer Erneuerung des Vertragsrechts, AcP 147 (1941), S. 130
	Zum Problem der Geschäftsgrundlage, FS Nipperdey zum 60. Geburtstag, München/Berlin 1955, S. 1
Schmidt-Salzer, Joachim	Vertragsfreiheit und Verfassungsrecht, NJW 1970, S. 8
Schmitt, Carl	Der Hüter der Verfassung, Tübingen 1931, 2. Aufl., Berlin 1969
	Nehmen/Teilen/Weiden, in: Verfassungsrechtliche Aufsätze, S. 489
	Die Prinzipien des Parlamentarismus, in: Kurt Kluxen (Hrsg.), Parlamentarismus, S. 41
	Das Problem der innerpolitischen Neutralität des Staates (1930), in: Verfassungsrechtliche Aufsätze, S. 41
	Das Reichsgericht als Hüter der Verfassung (1929), in: Verfassungsrechtliche Aufsätze, S. 63
	Verfassungslehre, 1928, Neudruck Berlin 1965
	Verfassungsrechtliche Aufsätze aus den Jahren 1924–1954, Berlin 1958
Schmitt-Glaeser, Walter	Partizipation im öffentlichen Dienst, DÖV 1974, S. 152
Schmitz, Hans Jürgen	Normative Richtlinien der Wirtschaftspolitik, Frankfurt a. M. 1971
Schmölders, Günter	Finanzpolitik, 3. Aufl., Berlin u. a. 1970
	Geldpolitik, Tübingen 1962
	Geschichte der Volkswirtschaftslehre, Reinbek bei Hamburg 1962
	Der Politiker und die Währung. Bericht über eine demoskopische Untersuchung der Meinungsbildung in Finanz- und Währungsfragen im Dritten Deutschen Bundestag, Frankfurt (M) 1959
	Das Selbstbild der Verbände, Schriften des Vereins für Socialpolitik, Bd. 38, Berlin 1965
	Stabile Währung, gezügelte Finanzen, Ludwigsburg 1957
	Der verlorene Untertan, Düsseldorf und Wien 1971
Schneider, Hans	Die Bedeutung der Geschäftsordnungen oberster Staatsorgane für das Verfassungsleben, in: FG Rudolf Smend, 1952, S. 303

Literatur

	Über den Beruf unserer Zeit für Gesetzgebung. Bemerkungen über Kunst und Technik der heutigen Gesetzgebung, NJW 1962, S. 1273
	Der gefährdete Jurist, in: FS Forsthoff, 1972, S. 347
	Gerichtsfreie Hoheitsakte, Tübingen 1951
	Der Niedergang des Gesetzgebungsverfahrens, in: FS Gebhard Müller, 1970, S. 421
	Zur Verhältnismäßigkeits-Kontrolle insbesondere bei Gesetzen, in: FG BVerfG II, 1976, S. 390
Schneider, Hans K.	Zielbestimmung für die Wirtschaftspolitik in der pluralistischen Gesellschaft, Festschrift für Theodor Wessels, 1967, S. 37
Ders. (Hrsg.)	Grundsatzprobleme wirtschaftspolitischer Beratung. Das Beispiel der Stabilisierungspolitik, Schriften des Vereins für Socialpolitik, N.F. Bd. 49, Berlin 1968
Schneider, Hans-Peter	Die Gesetzmäßigkeit der Rechtsprechung, DÖV 1975, S. 443
	Richterrecht, Gesetzesrecht und Verfassungsrecht, Frankfurt a. M. 1969
Schneider, Herbert	Die Interessenverbände, München/Wien 1965
Schneider, Peter	In dubio pro libertate, in: Hundert Jahre deutsches Rechtsleben, Festschrift für den Deutschen Juristentag 1960, Band II, S. 263
	Prinzipien der Verfassungsinterpretation, VVDStRL 20, S. 1
Schnur, Roman	Der Begriff der „herrschenden Meinung" in der Rechtsdogmatik, in: Festgabe für Forsthoff, 1967, S. 43
	Gemeinwohl und öffentliche Interessen in den Verfassungen und den Gesetzen des sozialen Rechtsstaates, in: Wohl der Allgemeinheit und öffentliche Interessen, S. 57
	Pressefreiheit, VVDStRL 22, S. 101
	Zeit für Reform. Gedanken zur Neuordnung von Politik und Verwaltung, Köln und Berlin 1967
Scholz, Rupert	Arbeitsverfassung und Richterrecht, DB 1972, S. 1771
	Koalitionsfreiheit als Verfassungsproblem, München 1971
	Pluralismus und grundgesetzlicher Verfassungsstaat, in: Axel v. Campenhausen (Hrsg.), Kann der Staat für alles sorgen?, Düsseldorf 1976, S. 9
	Wirtschaftsaufsicht und subjektiver Konkurrentenschutz, insbesondere dargestellt am Beispiel der Kartellaufsicht, Berlin 1971
Schoppe	Artikel „Pluralismus", in: Röhrig/Sontheimer, Handbuch des deutschen Parlamentarismus, 1970, S. 395
Schreiber, Werner	Das Sozialstaatsprinzip des Grundgesetzes in der Praxis der Rechtsprechung, Berlin 1972
Schröder, Dieter	Wachstum und Gesellschaftspolitik, Stuttgart u. a. 1971

Schröder, Heinrich Josef	Gesetzgebung und Verbände. Ein Beitrag zur Institutionalisierung der Verbandsbeteiligung an der Gesetzgebung, Berlin 1976
Schubert, Glendon	The Public Interest. A Critique of the Theory of a Political Concept, 1961
	Is there a Public Interest Theory?, in: Friedrich (Hrsg.), The Public Interest, S. 162
Schüle, Adolf	Die staatliche Intervention im Bereich der Wirtschaft, VVDStRL 11, S. 75
Schumpeter, Joseph A.	History of Economic Analysis, 4th. Printing 1954, deutsch: Geschichte der ökonomischen Analyse, 2 Bände, Göttingen, 1965
	Kapitalismus, Sozialismus und Demokratie, 2. Aufl., Bern 1950
Schunk, Albert	Regelgebundene Konjunktursteuerung. Die Wissenschaft wird überstrapaziert, Wirtschaftswoche Nr. 14 vom 2. 4. 1971, S. 76
Schwabe, Jürgen	Besprechung von Klein, Hans H., Die Grundrechte im demokratischen Staat, in: NJW 1973, S. 450
Schwegler, Lorenz	Streikrecht und Rechtsprechung, GMH 1972, S. 299
Schwendy, Klaus	Der Gleichheitssatz in der Rechtsprechung des Bundesverfassungsgerichts zur Steuergesetzgebung, DB 1971, S. 1681
Schwerdtfeger, Gunther	Unternehmerische Mitbestimmung der Arbeitnehmer und Grundgesetz, Frankfurt a. M. 1972
Schwerdtner, Peter	Vorverständnis und Methodenwahl in der Rechtsfindung, Besprechung des gleichnamigen Werks von Esser, Josef, in: JuS 1972, S. 357
Seeley, John Robert	Introduction to Political Science, 1902
Seetzen, Uwe	Der Prognosespielraum des Gesetzgebers, NJW 1975, S. 429
Seidenfus, Hellmuth Stefan	Umweltschutz, politisches System und wirtschaftliche Macht, in: Macht und ökonomisches Gesetz, S. 809
Seiter, Hugo	Kodifizierung des Arbeitskampfrechts?, NJW 1976, S. 1369
	Streikrecht und Aussperrungsrecht. Ein Arbeitskampfrechtssystem auf der Grundlage subjektiv-privater Kampfrechte, Tübingen 1975
Selmer, Peter	Steuerinterventionismus und Verfassungsrecht, Frankfurt (M) 1972
Semar, Gerhard	Die gesetzlich vorgesehene Mitwirkung der wirtschaftlichen Interessenverbände beim Zustandekommen und bei der Ausführung von Bundesrecht, Freiburger jur. Diss. 1969
Seuffert, Walter	Die Abgrenzung der Tätigkeit des Bundesverfassungsgerichts gegenüber der Gesetzgebung und der Rechtsprechung, NJW 1969, S. 1369

Literatur

                        Wie wandelbar muß eine Verfassung sein?, FAZ vom 9. 3. 1971

Sieber, Luitgard   Subventionen, Ludwigsburg 1971

Sievert, Olaf   Die wirtschaftspolitische Beratung in der Bundesrepublik Deutschland, in: Hans K. Schneider (Hrsg.), Grundsatzprobleme wirtschaftspolitischer Beratung. Das Beispiel der Stabilisierungspolitik, Schriften des Vereins für Socialpolitik, N.F. Bd. 49, Berlin 1968, S. 27

Sik, Ota   Argumente für den Dritten Weg, Hamburg 1973

Simmel, Georg   Über sociale Differenzierung, Leipzig 1890

Simmert, Diethard B.   Zur Diskussion um die Stabilisierungspolitik in der BRD. Eine kritische Analyse, GMH 1972, S. 777

v. Simson, Werner   Das demokratische Prinzip im Grundgesetz, VVDStRL 29, S. 3

Smend, Rudolf   Das Recht der freien Meinungsäußerung, VVDStRL 4, S. 44

                        Staatsrechtliche Abhandlungen, Berlin 1955

                        Verfassung und Verfassungsrecht, München und Leipzig 1928

Söhn, Hartmut   Die abstrakte Normenkontrolle, in: FG BVerfG I, 1976, S. 292

Soell, Hermann   Aspekte der Verfassungsentwicklung in der Bundesrepublik Deutschland, Schriftenreihe der Industrie- und Handelskammer, Mannheim 1972

                        Beiladung und Konkurrentenschutz im Verwaltungsverfahren des Kartellgesetzes, in: Rechtswissenschaft und Gesetzgebung, Festschrift für Eduard Wahl zum 70. Geburtstag, Heidelberg 1973, S. 339

                        Das Ermessen der Eingriffsverwaltung, Heidelberg 1973

                        Gebietsreform im Stadtumland und Verfassungsrecht, BayVBl. 1977, S. 1 ff., 41 ff.

                        Sind die Gemeinschaftsaufgaben nach Art. 91 a GG ein geeignetes Instrument zur Weiterentwicklung des föderativen Systems?, FS Forsthoff, 1972, S. 397

                        Rechtsfragen des Umweltschutzes, Wirtschaftsrecht 1973, S. 72

                        Verfassungsrechtliche Maßstäbe für eine Reform des Besoldungsrechts, DÖV 1974, S. 147

                        Überlegungen zur rechtlichen Bedeutung des EWG-Vertrages für die gemeinsame Agrarpolitik, in: Rechtsvergleichung und Rechtsvereinheitlichung, Festschrift zum 50jährigen Bestehen des Instituts für ausländisches und internationales Privat- und Wirtschaftsrecht der Universität Heidelberg, Heidelberg 1967, S. 357

                        Wirtschaftsaufsicht und subjektiver Konkurrentenschutz, Besprechung des gleichnamigen Werks von Scholz, Rupert, in: Die Verwaltung 1973, S. 499

Sontheimer, Kurt   Grundzüge des politischen Systems der Bundesrepublik Deutschland, München 1971

	Ist Toleranz noch sinnvoll?, in: Die Zeit vom 11. 1. 1974
	Ein MdB hofft auf besseres Management, Besprechung von Lohmar, Ulrich. Das Hohe Haus, in: FAZ vom 9. 4. 1975
	Zur neueren Kritik an der Theorie der pluralistischen Demokratie, in: Beiträge zur Theorie und Kritik der pluralistischen Demokratie, Schriften der Bundeszentrale für politische Bildung, 2. Aufl. 1969, S. 25
	Politik als Dienstleistungsgewerbe, Der Volkswirt Nr. 33 vom 15. 8. 1969, S. 26
	Politische Wissenschaft und Staatsrechtslehre, Freiburg 1963
	Politische Wissenschaft und Staatsrechtslehre, in: Dieter Grimm (Hrsg.), Rechtswissenschaft und Nachbarwissenschaften, S. 68
	Staatsidee und staatliche Wirklichkeit heute. Staat und Gesellschaft, in: Beiträge zur Theorie und Kritik der pluralistischen Demokratie, Schriften der Bundeszentrale für politische Bildung, 2. Aufl. 1969, S. 17
Sorauf, Frank J.	The Conceptual Muddle, in: Friedrich (Hrsg.), The Public Interest, S. 183
Spanner, Hans	Zum 25jährigen Bestand des Bayerischen Verfassungsgerichtshofs, BayVBl. 1972, S. 425
	Der Positivismus im Steuerrecht. Zu der Kontroverse Ophüls—Flume über den Rechtspositivismus, FR 1970, S. 365
	Die Steuer als Instrument der Wirtschaftslenkung, StuW 1970, S. 377
	Zur Verfassungskontrolle wirtschaftspolitischer Gesetze. Eine „Economical-Question-Doktrin" des BVerfG, DÖV 1972, S. 217
	Verfassungsrecht und politische Wirklichkeit bei der Rechtskontrolle von Staatsverträgen, FS Leibholz, 1966, S. 607
Spendel, Günter	Die goldene Regel als Rechtsprinzip, FS Fritz v. Hippel, 1967, S. 491
Sperling, Dietrich	Wirtschaftsräte im europäischen Verfassungssystem, in: Jahrbuch des öffentlichen Rechts, NF Band 14, Tübingen 1965
Spary, Peter	Das Gegengewichtsprinzip, dargestellt am Beispiel der Gewerkschaften, 1965
v. Spindler, J./Becker, W./Starke, O. E.	Die Deutsche Bundesbank, 4. Aufl., Stuttgart 1973
Der Staat und die Verbände	Gespräch veranstaltet vom Bundesverband der Deutschen Industrie in Köln am 27. 3. 1957, Heidelberg 1957
Stammer, Otto	Gesellschaft und Politik, in: W. Ziegenfuß (Hrsg.), Handbuch der Soziologie, 1956, S. 530
	Verbände und Gesetzgebung. Die Einflußnahme der Verbände auf die Gestaltung des Personalvertretungsgesetzes, Köln und Opladen 1965

Literatur

Stammler, Dieter	Die Presse als soziale und verfassungsrechtliche Institution, Berlin 1971
Stammler, Rudolf	Die Lehre vom richtigen Recht, Berlin 1906
Starck, Christian	Die Bindung des Richters an Gesetz und Verfassung, VVDStRL 34, S. 43
	Freiheit und Organisation, Tübingen 1976
Stavenhagen, Gerhard	Geschichte der Wirtschaftstheorie, 2. Aufl., Göttingen 1957
Stech, Hermann	Wird die Macht der Verbände überschätzt? Als Mittler zwischen Bürger und Staat ist ihre Funktion unentbehrlich, Deutsche Zeitung/Christ und Welt vom 29. 12. 1972
Steiger, Heinhard	Zur Entscheidung kollidierender öffentlicher Interessen bei der politischen Planung als rechtlichem Problem, in: FS Hans J. Wolff, 1973, S. 385
	Organisatorische Grundlagen des Parlamentarischen Regierungssystems. Eine Untersuchung zur rechtlichen Stellung des deutschen Bundestags, Berlin 1973
	Umweltschutz durch planende Gestaltung, ZRP 1971, S. 133
	Rechtliches Instrumentarium (des Umweltschutzes), in: Gerechtigkeit in der Industriegesellschaft, S. 151
Stein, Ekkehard	Lehrbuch des Staatsrechts, 2. Aufl., Tübingen 1971
v. Stein, Lorenz	Gegenwart und Zukunft der Rechts- und Staatswissenschaft Deutschlands, Stuttgart 1876
	Geschichte der sozialen Bewegung, Leipzig 1850, Neudruck München 1921
Steinberg, Rudolf	Zur Institutionalisierung des Verbandseinflusses in einem Bundeswirtschafts- und Sozialrat, DÖV 1972, S. 837
	Die Interessenverbände in der Verfassungsordnung, PVS 1973, S. 27
	Pluralismus und öffentliches Interesse als Problem der amerikanischen und deutschen Verbandslehre, AöR 1971, S. 465
	Die Rechtsprechung des U.S. Supreme Court zu den Interessengruppen, Jahrbuch für öffentliches Recht 1972, S. 629
	Staatslehre und Interessenverbände, Freiburger jur. Diss. 1970
	Das Verhältnis der Interessenverbände zu Regierung und Parlament, ZRP 1972, S. 207
Steinberger, Helmut	Zum Wertproblem in der Sozialphilosophie, FS Willi Geiger, 1974, S. 243
Steindorff, Ernst	Politik des Gesetzes als Auslegungsmaßstab im Wirtschaftsrecht, in: Festschrift für Karl Larenz 1973, S. 217
Stern, Klaus	Artikel „Sozialstaat", in: Evangelisches Staatslexikon, 1966, Sp. 2096

Stern, K./Münch, P./ Hansmeyer, K.-H.	Gesetz zur Förderung der Stabilität und des Wachstums der Wirtschaft, Kommentar, 2. Aufl., Stuttgart u. a. 1972
Sternberger, Dolf	Von den drei Wurzeln der Politik, FAZ v. 28. 9. 1972
	Gewaltenteilung und parlamentarische Regierung in der Bundesrepublik Deutschland, PVS 1960, S. 22
Steuer, Werner	Mehr Vollmacht für die Deutsche Bundesbank!, WD 1970, S. 292
Stobbe, Alfred	Gesamtwirtschaftliche Theorie, Berlin u. a. 1975
	Volkswirtschaftliches Rechnungswesen, 3. Aufl., Berlin u. a. 1972
Stocker-Kommission	Allgemeine Überprüfung der Bundessubventionen. Bericht der vom Bundestag eingesetzten Experten-Gruppe, Bern 1966
Stolleis, Michael	Gemeinwohlformeln im nationalsozialistischen Recht, Berlin 1974
	Öffentliches Interesse als juristisches Problem (Besprechung von Häberles gleichnamigem Buch), Verwaltungsarchiv 1974, S. 1
Strauß, Franz-Josef	Finanzpolitik, Theorie und Wirklichkeit, Berlin und Frankfurt a. M. 1969
Streißler, Erich	Zur Anwendbarkeit von Gemeinwohlvorstellungen in der richterlichen Entscheidung, in: Zur Einheit der Rechts- und Staatswissenschaften, Karlsruhe 1967, S. 1
Streißler, Monika	Tarifautonomie und wirtschaftliche Macht von Interessenverbänden als rechtspolitisches Problem. Eine Literaturübersicht, in: Wiener Studien zur Wirtschafts- und Sozialpolitik, Heft 8, Wien 1970, S. 5
Strickrodt, Georg	Finanzrecht, Berlin 1975
	Steuergesetze als Instrumente staatspolitischer Maßnahmen, FR 1958, S. 448
	Das Subventionsthema in der Steuerpolitik unter besonderer Berücksichtigung der Stellung der Landwirtschaft, Berlin 1960
Struck, Gerhard	Rechtswissenschaft und Soziologie, in: Dieter Grimm (Hrsg.), Rechtswissenschaft und Nachbarwissenschaften, S. 13
Stucken, Rudolf	Geld und Kredit, 2. Aufl., Tübingen 1957
	Die Haushaltspolitik im Gesetz zur Förderung der Stabilität und des Wachstums der Wirtschaft vom 8. Juni 1967, FA 1968, S. 202
Studienkommission für die Reform des öffentlichen Dienstrechts	Bericht der Kommission, Baden-Baden 1973
Sturm, Gerd	Die Inkompatibilität. Eine Studie zum Problem der Unvereinbarkeiten im geltenden deutschen Staatsrecht, München 1967
Stützel, Wolfgang	Schlappe für die Demokratie, Frankfurter Expertokratie bestimmt Wechselkurse, in: Industriekurier vom 2. 10. 1969

Literatur

Süsterhenn, Adolf	Das Subsidiaritätsprinzip als Grundlage der vertikalen Gewaltenteilung, in: FS Nawiasky, 1956, S. 141
Suhr, Dieter	Rechtsstaatlichkeit und Sozialstaatlichkeit, Der Staat 1970, S. 67
Sweezy, Paul M.	Theorie der kapitalistischen Entwicklung, Frankfurt/M., 3. Aufl. 1972, Edition Suhrkamp Bd. 433
	Die Zukunft des Kapitalismus und andere Aufsätze zur politischen Ökonomie, Frankfurt/M. 1970
Szczesny, Gerhard	Das sogenannte Gute, Reinbek b. Hamburg 1971
Thaysen, Uwe	Parlamentsreform in Theorie und Praxis, Opladen 1972
	Die Volksvertretungen der Bundesrepublik und des Bundesverfassungsgerichts: Uneins in ihrem Demokratie- und Parlamentsverständnis, ZParl 1976, S. 3
Tiemann, Susanne	Die staatsrechtliche Stellung der Finanzkontrolle des Bundes, Berlin 1974
Thieme, Werner u. a.	Mängel im Verhältnis von Bürger und Staat, Köln u. a. 1970
Thoma, Richard	Der Begriff der modernen Demokratie in seinem Verhältnis zum Staatsbegriff, in: Erinnerungsgabe für Max Weber, 1923, II, S. 37
Tiepelmann, Klaus	Ansätze zu einer empirischen Theorie der finanz- und steuerpolitischen Willensbildung, StuW 1971, S. 54
Tillmann, Bert	Sachkontrolle des Steuergesetzgebers durch das Bundesverfassungsgericht, FR 1970, S. 215
Timm, Herbert	Bemerkungen zur wirschaftspolitisch orientierten nichtfiskalischen Besteuerung, Finanzarchiv 1968, S. 87
Tinbergen, Jan	Wirtschaftspolitik, Freiburg 1968
Tipke, Klaus	Anwendung des Gleichheitssatzes im Steuerrecht — Methode oder irrationale Spekulation. Zugleich Besprechung des BFH-Urteils vom 25. 4. 1972 zur Erhebung der Schaumweinsteuer, BB 1973, S. 157
	Das Bundesverfassungsgericht zum Nettoprinzip, StuW 1974, S. 84
	Erbschaftsteuerreform und Grundgesetz, ZRP 1971, S. 158
	Die Steuergesetzgebung in der Bundesrepublik Deutschland aus der Sicht des Steuerrechtswissenschaftlers — Kritik und Verbesserungsvorschläge, StuW 1976, S. 293
	Die Steuerprivilegien der Sparkassen. Steuersystematische und verfassungsrechtliche Aspekte, Köln 1972
	Steuerrecht — Chaos, Konglomerat oder System, StuW 1971, S. 2
	Steuerrecht. Ein systematischer Grundriß, 3. Aufl., Köln 1975
	Die Umsatzsteuer im Steuersystem, UStR 1972, S. 2
Tomandl, Theodor	Der Einbau sozialer Grundrechte in das positive Recht, Tübingen 1967
Tomuschat, Christian	Güterverteilung als rechtliches Problem, Der Staat 1973, S. 433

Topitsch, Ernst	Die Chronique scandaleuse der Dialektik. Von Hegel zu Hitler. Über die geistige Wunderwaffe, in: FAZ vom 13. 1. 1974
Ders. (Hrsg.)	Logik der Sozialwissenschaften, Köln/Berlin 1965
Triepel, Heinrich	Staatsrecht und Politik, Berlin und Leipzig 1927
	Wesen und Entwicklung der Staatsgerichtsbarkeit, VVDStRL 5, S. 2
Troeger, Heinrich	Bedeutung des Arbeitsmarktes in der Konjunkturentwicklung der letzten 20 Jahre, DB 1971, S. 2269
Tröger, Jürgen	Erinnerung an den Staat. Zu Ernst Forsthoffs Buch „Der Staat der Industriegesellschaft", Studium Generale 1971, S. 960
Truman, David Bicknell	The Governmental Process, New York 1958
Tsatsos, Dimitris	Die parlamentarische Betätigung von öffentlichen Bediensteten, Bad Homburg v. d. H. u. a. 1970
Tuchtfeldt, Egon	Das Instrumentarium der Wirtschaftspolitik, in: Gäfgen, Wirtschaftspolitik, S. 260
	Die wissenschaftliche Fundierung der Wirtschaftspolitik, Hamburger Jahrbuch für Wirtschafts- und Gesellschaftspolitik, 4. Jg. (1959), S. 305
	Zielprobleme in der modernen Wirtschaftspolitik, Tübingen 1971
Tudyka, Kurt P./ Tudyka, Juliane	Verbände. Geschichte, Theorie, Funktion. Ein bibliographisch-systematischer Versuch, Frankfurt (M) 1973
Uhlenbruck, Dirk	Die verfassungsmäßige Unabhängigkeit der Deutschen Bundesbank und ihre Grenzen, München 1968
Ule, Carl Hermann	Allgemeines Wohl und öffentliche Interessen in der Rechtsprechung der Verfassungs- und Verwaltungsgerichte, in: Wohl der Allgemeinheit und öffentliche Interessen, S. 125
Varain, Heinz Josef (Hrsg.)	Interessenverbände in Deutschland, Köln 1973
Ders.	Parteien und Verbände, Köln/Opladen 1964
	Art. „Verbände", in: Evangelisches Staatslexikon, 2. Aufl., 1975, Sp. 2682
Veit, Otto	Das Geld unter der „Rule of Law", ZgesKW 1953, S. 656
	Grundriß der Währungspolitik, 2. Aufl., Frankfurt a. M. 1961
Vetter, Ernst-Günther	Die angemaßte Staatsgewalt, Über Aufgaben und Irrtümer der Verbände, FAZ Nr. 23 vom 27. 1. 1973
Versteyl, Ludger Anselm	Der Einfluß der Verbände auf die Gesetzgebung, jur. Diss. Bochum 1972
	Verfassungsrechtliche Aspekte des Abgeordnetengehalts, Anmerkungen zum Beschluß des BVerfG vom 21. 10. 1971, DÖV 1972, S. 774
Viehweg, Theodor	Topik und Jurisprudenz, 3. Aufl., München 1965
Völpel, Dagobert	Rechtlicher Einfluß von Wirtschaftsgruppen auf die Staatsgestaltung, Berlin 1972

Literatur

Vogel, Klaus	Die Besonderheit des Steuerrechts, DStZ(A) 1977, S. 5
	Finanzverfassung und politisches Ermessen, Karlsruhe 1972
	Gesetzgeber und Verwaltung, VVDStRL 24, S. 125
	Öffentliche Wirtschaftseinheiten in privater Hand, 1959
	Rechtskraft und Gesetzeskraft der Entscheidungen des Bundesverfassungsgerichts, in: FG BVerfG I, 1976, S. 568 S. 568
	Steuergerechtigkeit und soziale Gestaltung, DStZ(A) 1975, S. 409
	Verfassungsrechtliche Grenzen der öffentlichen Finanzkontrolle, DVBl. 1970, S. 193
Vogel, K./Kirchhof, P.	Zweitbearbeitung des Art. 114 im Bonner Kommentar, 1973
Vogel, K./Wiebel, M.	Zweitbearbeitung des Art. 109 im Bonner Kommentar, 1971
Vogt, Winfried (Hrsg.)	Seminar: Politische Ökonomie, Zur Kritik der herrschenden Nationalökonomie, Frankfurt/M. 1973
Voigt, Alfred	Ungeschriebenes Verfassungsrecht, VVDStRL 10, S. 34
Voss, Reimer	Über einige Widersprüche im Steuerrecht aus steuerpolitischer Sicht, ZRP 1973, S. 37
Wälde, Thomas W.	Recht und Umweltschutz, AöR 1974, S. 585
Wagener, Frido	Für ein neues Instrumentarium der öffentlichen Planung, in: Raumplanung — Entwicklungsplanung (Recht und Verwaltung I), Hannover 1972, S. 23
Wagner, Adolph	Finanzwissenschaft, 2. Aufl., 1. Teil, Leipzig und Heidelberg 1877
Wagner, Heinz	Um ein neues Verfassungsverständnis, DÖV 1968, S. 604
	Öffentlicher Haushalt und Wirtschaft, VVDStRL 27, S. 47
Wallich, Henry C.	The American Council of Economic Advisers and the German Sachverständigenrat — A Study in the Economics of Advice, in: Quarterly Journal of Economics 1968, S. 349
	Der Council of Economic Advisers, in: v. Beckerath/Giersch (Hrsg.), Probleme der normativen Ökonomik, S. 472
v. Wallis, Hugo	Das Verhältnis von Gesetz und Rechtsprechung im Steuerrecht, DStZ(A) 1973, S. 58
Wallraff, Hermann-Josef	Die Konzertierte Aktion — Analyse ihrer Leitideen, GMH 1969, S. 337
Wambach, M. M.	Verbändestaat und Parteienoligopol, Macht und Ohnmacht der Vertriebenenverbände, Stuttgart 1971
Watrin, Christian	Demokratisierung der Wirtschaftspolitik in der BRD, in: Utz/Streithofen (Hrsg.), Demokratie und Mitbestimmung, 2. Aufl., Stuttgart 1971
	Ökonomische Theorien und wirtschaftspolitisches Handeln, FS Wessels, 1967, S. 3

	Die Stellung organisierter und nichtorganisierter Interessen im Programm der Sozialen Marktwirtschaft, in: Gemper (Hrsg.), Marktwirtschaft und soziale Verantwortung, Köln 1973, S. 111
Weber, Max	Methologische Schriften, Frankfurt (M) 1968
	Die „Objektivität" sozialwissenschaftlicher und sozialpolitischer Erkenntnis, in: Gesammelte Aufsätze zur Wissenschaftslehre, Tübingen 1951, S. 146
	Politik als Beruf, 2. Aufl., München und Leipzig 1926
	Die Protestantische Ethik, herausgegeben von Johannes Winckelmann, Siebenstern Taschenbuchverlag, München und Hamburg 1965
	Rechtssoziologie, wiederhersgg. von Winckelmann, 2. Aufl., Neuwied und Berlin 1967
	Der Sinn der „Wertfreiheit" der soziologischen und ökonomischen Wissenschaften, in: Gesammelte Aufsätze zur Wissenschaftslehre, Tübingen 1951, S. 475
	Wirtschaft und Gesellschaft. Grundriß der verstehenden Soziologie. Studienausgabe, 5. Aufl., besorgt von Johannes Winckelmann, Tübingen 1972
	Wissenschaft als Beruf, in: Gesammelte Aufsätze zur Wissenschaftslehre, Tübingen 1951, S. 566
Weber, Werner	Der Ausschluß wirtschaftlicher Unternehmer vom Parlamentsmandat, in: Beiträge zum 25jährigen Bestehen der Handelshochschule Berlin, Berlin 1931
	Parlamentarische Unvereinbarkeiten (Inkompatibilitäten), AöR NF Bd. 19 (1930), S. 161
	Spannungen und Kräfte im westdeutschen Verfassungssystem, 3. Aufl., Berlin 1970
	Der Staat und die Verbände, in: Der Staat und die Verbände, Gespräch, veranstaltet vom Bundesverband der Deutschen Industrie, Heidelberg 1957, S. 19
	Die Teilung der Gewalten als Gegenwartsproblem, in: FS Carl Schmitt, 1959, S. 253
Weber, Wilhelm	Die Erosion der Steuerordnung. Das österreichische Beispiel, in: Finanz- und Geldpolitik im Umbruch, hrsg. v. H. Haller und H. C. Recktenwald, Mainz 1969, S. 215
Wegner, Wolfgang	Umweltschutz oder: Die Krise der freien Marktwirtschaft, ZRP 1973, S. 34
Wehling, Hans Georg	Die politische Willensbildung auf dem Gebiet der Weinwirtschaft, dargestellt am Beispiel der Weingesetzgebung, Göppingen 1971
Wehrhahn, Herbert	Das Gesetz als Norm und Maßnahme, VVDStRL 15, S. 35
Weichmann, Herbert	Finanzplanung als neue staatliche Aufgabe, Finanzarchiv 1968, S. 220
	Wandel der Staatsaufgaben im modernen Staat, Planung III, 1968, S. 39

Literatur

Weisel, Horst	Der Sozialstaatsgrundsatz des Bonner Grundgesetzes. Ein Beitrag zu seiner Substanz-, Funktions- und Strukturproblematik, Diss. Marburg 1960
Weiß, Manfred	Die Theorie der richterlichen Entscheidungstätigkeit in den Vereinigten Staaten von Amerika, Frankfurt a. M. 1971
Weisser, Gerhard	Politik als System aus normativen Urteilen, Göttingen 1951
	Das Problem der systematischen Verknüpfung von Normen und von Aussagen der positiven Ökonomik in grundsätzlicher Betrachtung, erläutert anhand des Programms einer sozialwissenschaftlichen Grunddisziplin aus Empfehlungen und Warnungen, in: v. Beckerath/Giersch (Hrsg.), Probleme der normativen Ökonomik und der wirtschaftspolitischen Beratung, S. 16
Weitbrecht, Hansjörg	Effektivität und Legitimität der Tarifautonomie, Berlin 1969
	Wirkung und Verfahren der Tarifautonomie. Ein soziologischer Vergleich zum Konflikt der Tarifpartner in Wirtschaft und öffentlichem Dienst, Gutachten für die Studienkommission für die Reform des öffentlichen Dienstrechts, Anlagenband 11 zum Bericht der Kommission, Baden-Baden 1973
Weitnauer, Hermann	Die negative Streikfreiheit, in: FS Heinz Kaufmann, Köln 1972, S. 371
	Der Schutz des Schwächeren im Zivilrecht, Karlsruhe 1975
Wendelin, Wilhelm	Zur optimalen Gestaltung wissenschaftlicher Beiräte bei Bundesministerien, WD 1970, S. 428
Wengler, Wilhelm	Prolegomena zu einer Lehre von den Interessen im Völkerrecht, Die Friedenswarte 1950, S. 108
Wenzel, Max	Der Begriff des Gesetzes in der Reichsverfassung, VVDStRL 4, S. 136
Werner, Fritz	Bemerkungen zur Funktion der Gerichte in der gewaltenteilenden Demokratie (1960), in: Ders., Recht und Gericht in unserer Zeit, S. 164
	Recht und Gericht in unserer Zeit, Köln u. a. 1971
Werner, Josua	Funktionswandel der Wirtschaftsverbände durch die konzertierte Aktion?, in: Hoppmann, Konzertierte Aktion, S. 179
	Die Verbände in der Wirtschaftspolitik, Zürich/St. Gallen 1959
	Die Wirtschaftsverbände in der Marktwirtschaft, Zürich/St. Gallen 1957
Werner, Josua/Külp, Bernhard	Wachstumspolitik, Verteilungspolitik, Stuttgart 1971
Wertenbruch, Wilhelm	Die rechtliche Einordnung wirtschaftlicher Verbände in den Staat, Gedächtnisschrift für H. Peters, 1967, S. 614

Wessels, Theodor	Bemerkungen zur wirtschaftspolitischen Problematik der Subventionen, in: Mitteilungen des Rheinisch-Westfälischen Instituts für Wirtschaftsforschung, Essen 1967, S. 261
Weyreuther, Felix	Verwaltungskontrolle durch Verbände?, Argumente gegen die verwaltungsgerichtliche Verbandsklage im Umweltrecht, Düsseldorf 1975
Widmaier, Hans Peter	Aspekte einer aktiven Sozialpolitik. Zur politischen Ökonomie der Sozialinvestitionen, in: Horst Sanmann (Hrsg.), Zur Problematik der Sozialinvestitionen, Schriften des Vereins für Socialpolitik, NF Bd. 40, Berlin 1970, S. 9
	Politische Ökonomie des Wohlfahrtsstaates, Frankfurt a. M. 1974
Wieacker, Franz	Das bürgerliche Recht im Wandel der Gesellschaftsordnungen, FS zum 100jährigen Bestehen des Deutschen Juristentages, Bd. II, 1960, S. 1
	Privatrechtsgeschichte der Neuzeit unter besonderer Berücksichtigung der deutschen Entwicklung, 2. Aufl., 1967
	Das Sozialmodell der Klassischen Privatrechtsgesetzbücher und die Entwicklung der modernen Gesellschaft, Karlsruhe 1953
Wiebel, Markus	Wirtschaftslenkung und verwaltungsgerichtlicher Rechtsschutz des Wirtschafters nach dem Erlaß des Stabilitätsgesetzes, Stuttgart 1971
Wiethölter, Rudolf	Die Position des Wirtschaftsrechts im sozialen Rechtsstaat, in: FS Franz Böhm, 1965, S. 46
	Privatrecht als Gesellschaftstheorie, in: FS Ludwig Raiser, 1974, S. 645
	Rechtswissenschaft, Frankfurt a. M. und Hamburg 1968
Wildenmann, Rudolf	Die Rolle des Bundesverfassungsgerichts und der Deutschen Bundesbank in der politischen Willensbildung. Ein Beitrag zur Demokratietheorie, Stuttgart u. a. 1969
	Partei und Fraktion, 1954
Wilke, Dieter	Bearbeitung des Art. 88, in: v. Mangoldt/Klein, Band III, 2. Aufl., 1974, S. 2387
Wille, Eberhard	Finanzplanung am Scheideweg: Resignation oder Neubesinnung?, FA 1976, S. 66
	Mittel- und langfristige Finanzplanung, in: Handbuch der Finanzwissenschaft, 3. Aufl., 1975 ff., Bd. I, S. 427
Willeke, Eduard	Zur Problematik der Zielbestimmung in wirtschaftspolitischen Konzeptionen, in: H. J. Seraphim (Hrsg.), Zur Grundlegung wirtschaftspolitischer Konzeptionen, Berlin 1960, S. 115
Winkler, Günther	Staat und Verbände, VVDStRL 24, S. 34
Winter, Gerd	Vorüberlegungen zu einer politischen Theorie der Justiz, DÖV 1972, S. 485

Literatur

Wirtschaftswissenschaft und Rechtswissenschaft	Raiser/Sauermann/Schneider (Hrsg.), Das Verhältnis der Wirtschaftswissenschaft zur Rechtswissenschaft, Soziologie und Statistik, Berlin 1964, Teil I: Das Verhältnis der Wirtschaftswissenschaft zur Rechtswissenschaft, S. 1—235
Wissenschaftlicher Beirat beim Bundeswirtschaftsministerium	Zusammenwirken von staatlichen und nichtstaatlichen Kräften in der Wirtschaftspolitik, Gutachten vom 20. 6. 1964, in: Wissenschaftlicher Beirat beim Bundeswirtschaftsministerium, 6. Bd., Gutachten vom April 1961 bis März 1966, S. 59
Wissenschaftliche Dienste des Deutschen Bundestags	Subventionsbericht 1970, Rechtliche, wirtschaftliche und fiskalische Würdigung, Nr. 24 der „Materialien", Bonn 1971
	Verwaltungskontrolle durch Parlamentsbeauftragte im Ausland — Ombudsman —, Nr. 17 der „Materialien", Bonn 1970
Wittig, Peter	Bundesverfassungsgericht und Grundrechtssystematik, in: FS Gebhard Müller, 1970, S. 575
	Gesetzgeberisches Ermessen und verfassungsgerichtliche Kontrolle im Wirtschaftsrecht, BB 1969, S. 386
	Zum Standort des Verhältnismäßigkeitsgrundsatzes im System des Grundgesetzes, DÖV 1968, S. 817
Wittkämper, Gerhard W.	Grundgesetz und Interessenverbände. Die verfassungsrechtliche Stellung der Interessenverbände nach dem Grundgesetz, Köln und Opladen 1963
Wittmann, Walter	Der unbewältigte Wohlstand, München 1972
Witzsch, Günter	Class Actions, JZ 1975, S. 277
Wohl der Allgemeinheit und öffentliche Interessen	Vorträge und Diskussionsbeiträge der 36. Staatswissenschaftlichen Fortbildungstagung der Hochschule für Verwaltungswissenschaften Speyer 1968. Schriftenreihe der Hochschule Speyer, Bd. 39, Berlin 1968
Wolf, Manfred	Geschäftliche Entscheidungsfreiheit und vertraglicher Interessenausgleich, Tübingen 1970
Wolff, Hans J.	Verwaltungsrecht III, 3. Aufl., München 1973
Wolff, Hans J./Bachof, Otto	Verwaltungsrecht I, 9. Aufl., München 1974
Wolff, Robert Paul	Das Elend des Liberalismus, Frankfurt a. M. 1969
	Jenseits der Toleranz, in: Kritik der reinen Toleranz (1965), 3. Aufl. 1967, S. 9
Wollmann, Helmut	Die Stellung der Parlamentsminderheiten in England, der Bundesrepublik Deutschland und Italien, Studien zur Regierungslehre und internationalen Politik, Bd. 3, Den Haag 1970
Wollny, Paul	Die Sozialstaatsklausel in der Rechtsprechung des BVerwG, DVBl. 1972, S. 525
	Die Sozialstaatsklausel in der Rechtsprechung des BFH, StuW 1971, S. 271
Würgler, Hans	Inflation als Machtproblem, in: Macht und ökonomisches Gesetz, S. 697
Wuermeling, Henric L.	Werden wir falsch repräsentiert?, München 1971

Kassenarzt 271
KPD 151, 324
"Lüth" 195 f.
Numerus clausus 291
Parteienfinanzierung 273, 275
Umsatzsteuer 221, 249
Uneheliche 249, 292

...lenge and answer 46
...iliation 55

...insvorsorge 176
...okratie
...geklärte 365
... balancierter Willensbildungsprozeß
... f., 412 f.
... private Interessen 127 ff.
...itbare 45
...Verfahren 84, 115 ff.
...kratieprinzip 43 ff
...ale („input"-) Komponenten 43 ff.,
...ff, 414
...Kriterium für die Verteilung der
...mierungsaufgabe zwischen Gesetz-
...ng und Verfassungsrechtsprechung
...f.
...sammenfassung 253 f.
...imation durch Erwartung der Rich-
...t? 46
...iale („output"-) Komponenten
...241 ff., 414
...ertragsfreiheit 47, 116 f., 412
...atietheorie
...ächsische 13, 127 f.
...ch-idealistische 123 ff.
...llele zum wettbewerblich-markt-
...schaftlichen Prozeß 124 f.
...123
...ischer Idealismus 234, 243
...ierung des Juristen? 259 ff.

...teil des BVerfG s. BVerfG-Ent-
...gen
...(s. auch Richtigkeitsgewähr)

...ss-Pluralismus 129, 248 ff., 183

...griff
...icklung 294
...ken 276, 415
...pheit (s. auch Knappheit) 173

Erfolgskontrolle 68
Erforderlichkeit 58 f., 220, 411
Ermessensspielraum s. Gesetzgeber
Ertrags- und Aufwandsrechnung, soziale 57
   Verfassungsinterpretation als Optimierung 225
Ex-ante-Kontrollen
   Edukationswirkung 194
   vs. ex post-Kontrollen 194

Falzifizierung 67
Finanzkontrolle (s. auch Bundesrechnungshof) 194
Finanzplanung 342 ff., 351
   Desinteresse der Politiker 352
   Funktionen 342 f.
   gesetzliche Regelung 342
   Sachverständigenrat 352 ff., 416
   Scheitern 343 f.
Fiskalpolitik, antizyklische 207 f.
   begrenzte Möglichkeiten 362
   und Geldpolitik 362 f.
Free rider s. Trittbrettfahrer
Freiburger Schule 88 f.
Freiheit
   Definition unabhängig von anderen Grundwerten 23, 25
   demokratische 24
   faktische (reale) 24, 285
   als Grundwert 22 ff.
   leere 23, 287
   des Parlaments kein Selbstzweck 237 f., 337
   als Selbstbestimmung 24, 43 f.
      Beschränkungen in der modernen Demokratie 44, 237
      im marktwirtschaftlich-vertraglichen Modell 89, 98
   vom Staat 24, 36, 38, 281, 286 ff.
   wissenschaftliche s. Wissenschaftliche Freiheit
Fremdsteuerung s. Selbststeuerung
Frieden
   als Grundwert 29 f.
   und Integration 29
   physischer 29
   sozialer 29, 92, 172
Fundamentalität s. Interessen
Funktionsanalyse 87 f.

Geeignetheit 58 f., 62, 220, 411
Gegenmachtprinzip (s. auch Gewaltenteilung) 101, 256

Würtenberger, Thomas (Hrsg.)	Rechtsphilosophie und Rechtspraxis, Frankfurt a. M. 1971
Wuttke, Horst	Wirtschaftsrecht und Gleichheitssatz in der Rechtsprechung des Bundesverfassungsgerichts, DB 1971, S. 1701
Zacher, Hans F.	Aktuelle Probleme der Repräsentationsstruktur der Gesellschaft in der Bundesrepublik Deutschland, in: FS Berber, 1973, S. 549
	Aufgaben einer Theorie der Wirtschaftsverfassung, in: Festschrift Franz Böhm, 1965, S. 63; abgedruckt in: Scheuner, Die staatliche Einwirkung auf die Wirtschaft, Frankfurt/M. 1971, S. 549
	Freiheitliche Demokratie, München/Wien 1969
	Gewerkschaften in der rechtsstaatlichen Demokratie einer Arbeitnehmergesellschaft, in: FS Böhm, 1975, S. 707
	Grundlagen und Grenzen interföderativer Kooperation, BayVBl. 1971, S. 321
	Besprechung von Heinze, Christian, Autonome und heteronome Verteilung, in: DÖV 1971, S. 609
	Besprechung von Klein, Hans H., Die Grundrechte im demokratischen Staat, in: Der Staat 1975, S. 127
	Pluralität der Gesellschaft als rechtspolitische Aufgabe, Der Staat 1970, 161
	Zur Rechtsdogmatik sozialer Umverteilung, DÖV 1970, S. 3
	Soziale Gleichheit, Zur Rechtsprechung des Bundesverfassungsgerichts zu Gleichheitssatz und Sozialstaatsprinzip, AöR 1968, S. 341
	Das Sozialstaatsprinzip in der Rechtsprechung des Bundesverfassungsgerichts, BayVBl. 1969, S. 113
	Verwaltung durch Subventionen, VVDStRL 25, S. 308
Zacher, Ulrich	Die unbehagliche Nähe eines Streikverbots und einer staatlichen Zwangsschlichtung zum autoritären Staat, ZRP 1976, S. 185
Zapf, Wolfgang	Gesellschaftliche Dauerbeobachtung und aktive Politik, Allgemeines Statistisches Archiv 1973, S. 143
	Sozialberichterstattung und amtliche Statistik, Sonderdruck des statistischen Bundesamtes über die Referate zum Thema „Messung der Lebensqualität und amtliche Statistik" anläßlich der Tagung des Statistischen Beirats am 16. 5. 1974, S. 3
Zeidler, Wolfgang	Gerechtigkeit in der Industriegesellschaft, Vortrag auf dem Rechtspolitischen Kongreß der SPD vom 5. bis 7. Mai 1972 in Braunschweig, Karlsruhe 1972
	Gerechtigkeit in der Industriegesellschaft, DÖV 1972, S. 437
	Gestaltung der Ordnung von Staat und Gesellschaft nach den Leitprinzipien des Grundgesetzes, Bulletin der Bundesregierung 1970, S. 901
	Richter und Verfassung, DÖV 1971, S. 6

Literatur

	Wenn ein „Verfassungsfeind" Beamter werden will. Unterschiedliche Praxis in den Ländern und im Bund, FAZ Nr. 65 v. 17. 3. 1973
Zeuner, Bodo/Zell, Ralf	Einführung zum Kap. IV „Medienpolitik", in: Narr, Wolf-Dieter (Hrsg.), Politik und Ökonomie — Autonome Handlungsmöglichkeiten des politischen Systems, S. 423
Zezschwitz, Friedrich v.	Das Gemeinwohl als Rechtsbegriff, jur. Diss., Marburg 1967
	Rechtsprobleme eines administrativen Preis- und Lohnstops, BB 1973, S. 1435
Zimmermann, Horst	Wirtschaftspolitische Beratung unter Wertabstinenz, in: Maier/Ritter/Matz, Politik und Wissenschaft, 1971, S. 497
Zippelius, Reinhold	Allgemeine Staatslehre, 2. Aufl., München 1970 (5. Aufl. 1975)
	Legitimation durch Verfahren?, Besprechung des Werks von Luhmann, Niklas, in: FS Larenz, 1973, S. 293
	Normenkontrolle und „Konkretisierungsprimat", NJW 1975, S. 914
	Das Wesen des Rechts, Eine Einführung in die Rechtsphilosophie, 3. Aufl., München 1973
Zöllner, Wolfgang	Die Rechtsprechung des Bundesverfassungsgerichts zu Art. 9 Abs. 3 GG?, AöR 1973, S. 71
Zuck, Rüdiger	Der „3. Senat" am Bundesverfassungsgericht, DÖV 1974, S. 305
	Political-question-Doktrin, Judicial-self-restraint und das Bundesverfassungsgericht, JZ 1974, S. 361
	Zur Reform des Verfahrens vor dem Bundesverfassungsgericht, ZRP 1973, S. 233
	Die Selbstbindung des Bundesverfassungsgerichts, NJW 1975, S. 907
	Subsidiaritätsprinzip und Grundgesetz, München 1968
Zuleeg, Manfred	Die Rechtsform der Subvention, Berlin 1965
	Subventionskontrolle durch Konkurrentenklage, Frankfurt/M. 1974
Zunker, Albrecht	Finanzplanung und Bundeshaushalt, Frankfurt/M. und Berlin 1972
Zweigert, Konrad	Empfiehlt es sich, die Bekanntgabe der abweichenden Meinung des überstimmten Richters (Dissenting Opinion) in den deutschen Verfahrensordnungen zuzulassen?, Gutachten zum 47. Deutschen Juristentag, 1968, S. D 1

Register

Abgeordnete (s. auch Repräsentation, Repräsentationsfunktion)
  Diäten 282
    Steuerpflicht 400
  Reform des finanziellen Status 398 ff., 416
  Tätigkeit als Beruf 399, 408 f.
  -ngesetz 401 ff.
  Verbot von Funktionszulagen 407 ff.
Ablaufpolitik 57 f., 67
Abtreibung s. BVerfG-Entscheidungen
Allgemeine Interessen
  und Daseinsvorsorge 176
  Durchsetzungsschwäche 2, 152 ff., 410, 413
    kein ausreichendes Gegengewicht durch Parteien 168 f.
    Beurteilung 169 ff.
    Gründe 153 ff.
    Widerspruch zum Demokratieprinzip 46, 171 f.
  Harmonie mit Gruppeninteressen 176 ff.
  und Individualinteressen 250, 277, 303 f.
  Organisationsschwäche 159 ff.
  und Tarifautonomie 103 ff.
Allgemeinheit des Gesetzes 38, 120
Alternativkosten 63
Anthropozentrische Grundentscheidung des GG 13 ff., 39
Appelle
  relative Unwirksamkeit 166 f.,
  Unverzichtbarkeit 211
Appellentscheidungen des BVerfG 221 f., 233
Arbeitskampf 100 ff.
  Bedenken 109 ff.
  im öffentlichen Dienst 108 ff., 141
  verfassungsrechtliche Einschränkbarkeit 114, 412
Arbeitskampfrecht
  Entwicklung durch die Rechtsprechung 248
Arbeitsrecht 175
  als Kontrollsystem gegenüber der Vertragsfreiheit 100
Ausschlußprinzip 118

Bauernverbände 163, 167
Beamtenprivileg 400, 401, 402 ff.
Begründung
  von Gesetzen 274
  als Richtigkeitsvoraussetzung 99 f.

Würtenberger, Thomas (Hrsg.)	Rechtsphilosophie und Rechtspraxis, Frankfurt a. M. 1971
Wuttke, Horst	Wirtschaftsrecht und Gleichheitsatz in der Rechtsprechung des Bundesverfassungsgerichts, DB 1971, S. 1701
Zacher, Hans F.	Aktuelle Probleme der Repräsentationsstruktur der Gesellschaft in der Bundesrepublik Deutschland, in: FS Berber, 1973, S. 549
	Aufgaben einer Theorie der Wirtschaftsverfassung, in: Festschrift Franz Böhm, 1965, S. 63; abgedruckt in: Scheuner, Die staatliche Einwirkung auf die Wirtschaft, Frankfurt/M. 1971, S. 549
	Freiheitliche Demokratie, München/Wien 1969
	Gewerkschaften in der rechtsstaatlichen Demokratie einer Arbeitnehmergesellschaft, in: FS Böhm, 1975, S. 707
	Grundlagen und Grenzen interföderativer Kooperation, BayVBl. 1971, S. 321
	Besprechung von Heinze, Christian, Autonome und heteronome Verteilung, in: DÖV 1971, S. 609
	Besprechung von Klein, Hans H., Die Grundrechte im demokratischen Staat, in: Der Staat 1975, S. 127
	Pluralität der Gesellschaft als rechtspolitische Aufgabe, Der Staat 1970, 161
	Zur Rechtsdogmatik sozialer Umverteilung, DÖV 1970, S. 3
	Soziale Gleichheit, Zur Rechtsprechung des Bundesverfassungsgerichts zu Gleichheitsatz und Sozialstaatsprinzip, AöR 1968, S. 341
	Das Sozialstaatsprinzip in der Rechtsprechung des Bundesverfassungsgerichts, BayVBl. 1969, S. 113
	Verwaltung durch Subventionen, VVDStRL 25, S. 308
Zacher, Ulrich	Die unbehagliche Nähe eines Streikverbots und einer staatlichen Zwangsschlichtung zum autoritären Staat, ZRP 1976, S. 185
Zapf, Wolfgang	Gesellschaftliche Dauerbeobachtung und aktive Politik, Allgemeines Statistisches Archiv 1973, S. 143
	Sozialberichterstattung und amtliche Statistik, Sonderdruck des statistischen Bundesamtes über die Referate zum Thema „Messung der Lebensqualität und amtliche Statistik" anläßlich der Tagung des Statistischen Beirats am 16. 5. 1974, S. 3
Zeidler, Wolfgang	Gerechtigkeit in der Industriegesellschaft, Vortrag auf dem Rechtspolitischen Kongreß der SPD vom 5. bis 7. Mai 1972 in Braunschweig, Karlsruhe 1972
	Gerechtigkeit in der Industriegesellschaft, DÖV 1972, S. 437
	Gestaltung der Ordnung von Staat und Gesellschaft nach den Leitprinzipien des Grundgesetzes, Bulletin der Bundesregierung 1970, S. 901
	Richter und Verfassung, DÖV 1971, S. 6

Literatur

	Wenn ein „Verfassungsfeind" Beamter werden will. Unterschiedliche Praxis in den Ländern und im Bund, FAZ Nr. 65 v. 17. 3. 1973
Zeuner, Bodo/Zell, Ralf	Einführung zum Kap. IV „Medienpolitik", in: Narr, Wolf-Dieter (Hrsg.), Politik und Ökonomie — Autonome Handlungsmöglichkeiten des politischen Systems, S. 423
Zezschwitz, Friedrich v.	Das Gemeinwohl als Rechtsbegriff, jur. Diss., Marburg 1967
	Rechtsprobleme eines administrativen Preis- und Lohnstops, BB 1973, S. 1435
Zimmermann, Horst	Wirtschaftspolitische Beratung unter Wertabstinenz, in: Maier/Ritter/Matz, Politik und Wissenschaft, 1971, S. 497
Zippelius, Reinhold	Allgemeine Staatslehre, 2. Aufl., München 1970 (5. Aufl. 1975)
	Legitimation durch Verfahren?, Besprechung des Werks von Luhmann, Niklas, in: FS Larenz, 1973, S. 293
	Normenkontrolle und „Konkretisierungsprimat", NJW 1975, S. 914
	Das Wesen des Rechts, Eine Einführung in die Rechtsphilosophie, 3. Aufl., München 1973
Zöllner, Wolfgang	Die Rechtsprechung des Bundesverfassungsgerichts zu Art. 9 Abs. 3 GG?, AöR 1973, S. 71
Zuck, Rüdiger	Der „3. Senat" am Bundesverfassungsgericht, DÖV 1974, S. 305
	Political-question-Doktrin, Judicial-self-restraint und das Bundesverfassungsgericht, JZ 1974, S. 361
	Zur Reform des Verfahrens vor dem Bundesverfassungsgericht, ZRP 1973, S. 233
	Die Selbstbindung des Bundesverfassungsgerichts, NJW 1975, S. 907
	Subsidiaritätsprinzip und Grundgesetz, München 1968
Zuleeg, Manfred	Die Rechtsform der Subvention, Berlin 1965
	Subventionskontrolle durch Konkurrentenklage, Frankfurt/M. 1974
Zunker, Albrecht	Finanzplanung und Bundeshaushalt, Frankfurt/M. und Berlin 1972
Zweigert, Konrad	Empfiehlt es sich, die Bekanntgabe der abweichenden Meinung des überstimmten Richters (Dissenting Opinion) in den deutschen Verfahrensordnungen zuzulassen?, Gutachten zum 47. Deutschen Juristentag, 1968, S. D 1

Register   Die Zahlen bezeichnen die Seiten

Abgeordnete (s. auch Repräsentation, Repräsentationsfunktion)
    Diäten 282
        Steuerpflicht 400
    Reform des finanziellen Status 398 ff., 416
    Tätigkeit als Beruf 399, 408 f.
    -ngesetz 401 ff.
    Verbot von Funktionszulagen 407 ff.
Ablaufpolitik 57 f., 67
Abtreibung s. BVerfG-Entscheidungen
Allgemeine Interessen
    und Daseinsvorsorge 176
    Durchsetzungsschwäche 2, 152 ff., 410, 413
        kein ausreichendes Gegengewicht durch Parteien 168 f.
        Beurteilung 169 ff.
        Gründe 153 ff.
        Widerspruch zum Demokratieprinzip 46, 171 f.
    Harmonie mit Gruppeninteressen 176 ff.
    und Individualinteressen 250, 277, 303 f.
    Organisationsschwäche 159 ff.
    und Tarifautonomie 103 ff.
Allgemeinheit des Gesetzes 38, 120
Alternativkosten 63
Anthropozentrische Grundentscheidung des GG 13 ff., 39
Appelle
    relative Unwirksamkeit 166 f.,
    Unverzichtbarkeit 211
Appellentscheidungen des BVerfG 221 f., 233
Arbeitskampf 100 ff.
    Bedenken 109 ff.
    im öffentlichen Dienst 108 ff., 141
    verfassungsrechtliche Einschränkbarkeit 114, 412
Arbeitskampfrecht
    Entwicklung durch die Rechtsprechung 248
Arbeitsrecht 175
    als Kontrollsystem gegenüber der Vertragsfreiheit 100
Ausschlußprinzip 118

Bauernverbände 163, 167
Beamtenprivileg 400, 401, 402 ff.
Begründung
    von Gesetzen 274
    als Richtigkeitsvoraussetzung 99 f.

Beirat für Entschädigungsfragen 332 f.
Beratervertrag 400
Bestimmungsvergünstigungen 298 ff.
Betriebsrentner
    Schutz durch die Rechtsprechung 292 f.
BGB s. Marktwirtschaftlich-vertragliches Modell
Blanko- und Generalvollmacht der Staatsgewalt? 203
Bürgerklage s. Popular-, Verbandsklage
Bund der Steuerzahler 161
Bundesbank, Deutsche 110, 194, 416
    Autonomie 187
        Beurteilung 357 ff.
        Sinn 356 ff.
    formal-demokratische Legitimation 358
    materiell-demokratische Legitimation 358 ff.
    Repräsentationfunktion 356 ff.
    verfassungsrechtliche Beurteilung 365 ff., 416
Bundespräsident V, 192, 414
Bundesrechnungshof 416
    Änderung des Wahlmodus 382 f.
    Beratung 376 ff.
    Desinteresse des Parlaments 373
    mangelnde Wirksamkeit 370 ff.
    Maßstäbe 369 f, 376
    Mitglieder 370
    Öffentlichkeitswirkung 379 f.
    Parallelen zum Sachverständigenrat 379 f.
    Repräsentationsfunktion 369 ff.
    Weiterentwicklung 373 ff.
    und Gewaltenteilung 374 f.
Bundesverfassungsgericht (s. auch Legitimation)
    formal-demokratische Legitimation 239 ff.
    materiell-demokratische Legitimation 245 ff.
Bundesverfassungsgerichtsentscheidungen
    Abtreibung 273, 292
    Apotheken 215, 220, 226, 252, 271, 272
    „Blinkfüer" 195 f.
    Bremisches Personalvertretungsgesetz 366
    Diäten 221 f., 273, 275, 307 f., 394, 399 ff., 417
    Gleichheit der Wahlchancen 273, 275
    Hochschule 275, 320 ff., 415
        Begründungsdefizit 322 ff
        Minderheitsvotum 322

Register

Kassenarzt 271
KPD 151, 324
„Lüth" 195 f.
Numerus clausus 291
Parteienfinanzierung 273, 275
Umsatzsteuer 221, 249
Uneheliche 249, 292

Challenge and answer 46
Conciliation 55

Daseinsvorsorge 176
Demokratie
  aufgeklärte 365
  und balancierter Willensbildungsprozeß 128 f., 412 f.
  und private Interessen 127 ff.
  streitbare 45
  als Verfahren 84, 115 ff.
Demokratieprinzip 43 ff
  formale („input"-) Komponenten 43 ff., 237 ff, 414
  als Kriterium für die Verteilung der Optimierungsaufgabe zwischen Gesetzgebung und Verfassungsrechtsprechung 234 ff.
    Zusammenfassung 253 f.
  Legitimation durch Erwartung der Richtigkeit? 46
  materiale („output"-) Komponenten 45 ff., 241 ff., 414
  und Vertragsfreiheit 47, 116 f., 412
Demokratietheorie
  angelsächsische 13, 127 f.
  klassisch-idealistische 123 ff.
    Parallele zum wettbewerblich-marktwirtschaftlichen Prozeß 124 f.
  Typen 123
Demokratischer Idealismus 234, 243
Depossedierung des Juristen? 259 ff.
DGB 164
Diäten-Urteil des BVerfG s. BVerfG-Entscheidungen
Dualismus (s. auch Richtigkeitsgewähr) 372, 416
Due-Process-Pluralismus 129, 248 ff., 183 ff., 413

Eingriffsbegriff
  Fortentwicklung 294
Eingriffsdenken 276, 415
Energieknappheit (s. auch Knappheit) 173

Erfolgskontrolle 68
Erforderlichkeit 58 f., 220, 411
Ermessensspielraum s. Gesetzgeber
Ertrags- und Aufwandsrechnung, soziale 57
  Verfassungsinterpretation als Optimierung 225
Ex-ante-Kontrollen
  Edukationswirkung 194
  vs. ex post-Kontrollen 194

Falzifizierung 67
Finanzkontrolle (s. auch Bundesrechnungshof) 194
Finanzplanung 342 ff., 351
  Desinteresse der Politiker 352
  Funktionen 342 f.
  gesetzliche Regelung 342
  Sachverständigenrat 352 ff., 416
  Scheitern 343 f.
Fiskalpolitik, antizyklische 207 f.
  begrenzte Möglichkeiten 362
  und Geldpolitik 362 f.
Free rider s. Trittbrettfahrer
Freiburger Schule 88 f.
Freiheit
  Definition unabhängig von anderen Grundwerten 23, 25
  demokratische 24
  faktische (reale) 24, 285
  als Grundwert 22 ff.
  leere 23, 287
  des Parlaments kein Selbstzweck 237 f., 337
  als Selbstbestimmung 24, 43 f.
    Beschränkungen in der modernen Demokratie 44, 237
    im marktwirtschaftlich-vertraglichen Modell 89, 98
  vom Staat 24, 36, 38, 281, 286 ff.
  wissenschaftliche s. Wissenschaftliche Freiheit
Fremdsteuerung s. Selbststeuerung
Frieden
  als Grundwert 29 f.
  und Integration 29
  physischer 29
  sozialer 29, 92, 172
Fundamentalität s. Interessen
Funktionsanalyse 87 f.

Geeignetheit 58 f., 62, 220, 411
Gegenmachtprinzip (s. auch Gewaltenteilung) 101, 256

Gegenseitigkeitsregel 120
Geldpolitik 194, 357 ff.
Gemeinwohl
  Aufgabe der Gemeinschaftsordnung 5, 9, 410
  Aufgabe der Verfassung 280 ff.
  Einwände gegen den Begriff 5 ff., 391 ff., 410
  extrakonstitutionelle Größe? 5
  Fehlen eines Konzepts 278 f., 294, 415
  Gefährlichkeit des Begriffs? 7 f.
  Gegensatz zum Individualinteresse? 35, 81
  -verfahren (s. Verfahren)
  -ferne der Rechtsprechung 250, 303
  Notwendigkeit eines Umdenkens 251
  vs. Gruppenparitätsdenken 170 ff.
  Mißbrauch des Begriffs 6 f., 391 f.
  normative Grundlegung, S. 9 ff., 410
  und öffentliches Interesse 81 ff.
  als Richtigkeit von Gemeinschaftsentscheidungen 5
  Überflüssigkeit des Begriffs? 7 f.
  Unbestimmtheit 6 f.
  Unfaßbarkeit für den Positivismus 6
  keine Vorgegebenheit 5 ff., 391, 395
Gemeinwohlbestimmung durch die Wissenschaft
  Möglichkeiten und Grenzen 54 ff.
Gemeinwohldefizit (s. auch Gemeinwohl) 279
Generalprogramme, verfassungsrechtliche 19, 71, 73 ff.
Gerechtigkeit
  Bedarfs- 25
  als Eigenwert neben Freiheit 25
  als Grundwert 25 ff.
  zwischen Gruppen 295 f.
  Leistungs- 27
  im marktwirtschaftlich-vertraglichen Modell 89 f.
  der ökonomischen Güterverteilung 27 f.
Gerichte als Ersatzgesetzgeber 230 f.
  Beispiele 248 ff.
  Notwendigkeit von Übergangsregelungen 232 f.
Gesamtwirtschaftliches Gleichgewicht 42 f., 178 ff., 356
Gesellschaftslehre s. Verfassungstheorie
Gesetzgeber
  Ermessensspielraum 243, 270, 408
Gestaltungsspielraum s. Gesetzgeber, Prognosespielraum

Gewaltenteilungsprinzip
  Fortentwicklungsbedürftigkeit 196 f., 255 ff., 372 f., 374 f., 414
  Interessenverbände als Balancierungselemente 132, 256
  Sinn 196, 254 f.
  überkommene Interpretation 254 f.
Gewerkschaften (s. auch Interessenverbände) 100 ff., 163, 165, 176
  keine Selbstwerthaftigkeit 107
Gleichheit
  formal-demokratisch 25 f.
  der Wahlchancen 273
Gleichheitssatz
  formalisierter 408
  und Steuerinterventionismus 300 ff.
Gleichschaltung der Gerichte? 258 f.
Grundrechte 36 f.
  leistungsstaatliche Interpretation 285 ff.
  Optimierung 37
  Schrankensetzung 285 ff.
  soziale s. Soziale Grundrechte
  Wesensgehaltsgarantie 287 f.
Grundwerte 22 ff.
  zwei Ansätze zu ihrer Bestimmung 12 f.
  oberste 19 f.
  Optimierung 45
  im marktwirtschaftlich-vertraglichen Modell 89 ff.
  rechtswissenschaftliche Bestimmung 11 ff.
  verfassungsrechtliche Anknüpfungspunkte 35 ff.
    Demokratieprinzip 43 ff.
    Gesamtwirtschaftliches Gleichgewicht 42 f.
    Grundrechte 36 f.
    Rechtsstaatsprinzip 37 ff.
    Sozialstaatsprinzip 39 ff.
Gruppen (s. auch Interessenverbände)
  latente 149, 160
Gruppenbildung
  Verteufelung durch Rousseau 125 f.
Gruppenuniversität 324

Harmonie, prästabilierte 40, 124, 211
Herrschaft des Gesetzes 120
Hessesche Optimierungsformel 54 ff., 411
  Konsequenzen 222 ff.
  Praktizierung durch das BVerfG 214 ff.
Hochschulurteil des BVerfG s. BVerfG-Entscheidungen
Hoheitsakte, gerichtsfreie? 225
homo juridicus 97, 104

homo oeconomicus 97, 104, 119 f., 161
Honoratiorenparlament 391, 398

Individualistische Staatsauffassung 9 ff.
Innerverbandliche Disparitäten 163, 167 f.
  Bekämpfung 296 ff.
Integration
  als Frieden 29
Interdependenz 71
Interessen
  Begriff 33, 134
  direkte I. stärker als indirekte I. 153 ff., 159
  Fundamentalität von I. als Abwägungskriterium 46, 172
  Ist-I. 23, 25, 32 f., 122
  Soll-I. 23, 33 ff., 122
Interessen-Konflikte
  inter-personale (bzw. inter-Gruppen-) 33, 170
  intra-personale (bzw. intra-Gruppen-) 170
Interessenverbände (s. auch Gruppen) 130 ff.
  Bedeutung der Forschung in den USA 136
  Begriff 133 f.
  Freiheit der Bildung und Tätigkeit 130, 132 f.
  Funktionen 130, 131 f., 256
  „Gesetz" ihres Antritts 165 f.
  Notwendigkeit in der Demokratie 130, 132 f.
  politische Parteien 130 ff.
    größere Assoziationskraft der Interessenverbände 137
  Zunahme ihres Einflusses 135 f.
Interessenverbandsprüderie 201, 412

Judicial restraint s. Richterliche Zurückhaltung
Juristen
  als Strategen der Stagnation? 264
Juristenmonopol 259
Justizstaat 260

Keynesianer vs. Friedman-Schule 209
Klagrechte gegen Staatsakte
  Erweiterung 303 ff.
  formal-demokratisches Element 241, 303
  material-demokratischer Aspekt 308
  Präventiveffekt 311

Knappheit der Ressourcen 28, 171
Koalitionsverbot 90, 135
Konditionalprogramm 146
Konkretisierungsprimat des Gesetzgebers 266
Konsumenten s. Verbraucher
Kontrolldichte 242
Konzertierte Aktion 143 f.
  Scheitern 105, 144, 166, 363
Koppelungsverbot 403 ff.
Korrektur von Entscheidungen des BVerfG (s. auch Reversibilität) 266 f.
Korsettstangen 210
Kriegsopferverbände 134, 167
Kunst des (Best-) Möglichen 63 f.
Kurzfristorientierung der Politik 168 f., 339, 359, 373

Laissez-faire 40
Laissez-faire-Pluralismus (s. auch Pluralistische Harmonielehre) 1, 148 ff., 164, 413
Laplacescher Dämon 66
Legislative facts 65
  Feststellung durch das BVerfG 215 f., 246
Legitimation
  formal-demokratische 43 ff.
    der Bundesbank 358
    das BVerfG 239 ff.
    des Gesetzgebers 237 ff.
  materiell-demokratische 45 ff.
    der Bundesbank 358 ff.
    des BVerfG 245 ff.
    des Gesetzgebers 243 ff.
Legitimationskette 239
Leistungen, öffentliche 276 ff., 415
  Zurückhaltung bei gerichtlicher Kontrolle? 276 ff., 415
Liberalismus
  und Gemeinwohl 88
  Menschenbild und Staatsauffassung 205 ff.
Lobby, „eingebaute" 145, 396, 417
Lobbygeld-Privileg 400, 403
  Verbot 406 f.

Macht- und interessentendeterminiertes Verfahren s. Verfahren
Macht — weder gut noch böse 203
Machtgleichgewicht als Voraussetzung des markt- und interessentendeterminierten Verfahrens 52, 412

Magisches Viereck 56
Mandat, imperatives 126
Marktwirtschaft und Grundgesetz 98 ff.
Marktwirtschaftlich-vertragliches Modell
  (s. auch Verspätung) 89 ff., 411
  und BGB 92 f., 95 ff.
  als macht- und interessentendeterminiertes Verfahren 50 f.
  Optimierung der Grundwerte 89 ff.
  Verfassungstheoretische Präferenz 98 ff., 412
Maßnahmegesetze 57, 224
Menschenbild (s. auch homo juridicus, homo oeconomicus) 97, 121, 124 f.
  optimistisches 121
    Herbert Krüger 205, 210
  pessimistisches 121
    Liberalismus 205 f., 210
Menschenwürde 13 ff., 35 f.
  als oberstes Konstitutionsprinzip 36
Methode
  juristische 76, 223 f., 259 f.
    Abdankung 260
  normative 76, 223 f.
  sozialwissenschaftliche 76, 223 f.
Methodik
  seinswissenschaftliche 11 f.
  der Verfassungsinterpretation s. Verfassungsinterpretation
Minimierungsprinzip s. Öffentliche Haushalte
Monopolproblem 96

Natur der Sache 62
Naturrecht 5
Neo-Merkantilismus 209
Nettozielerreichung
  Maximierung 60
Neue Soziale Frage 176, 198
Normenkollisionen 230
Normenkontrolle
  abstrakte 213
  konkrete 213
Numerus clausus s. BVerfG-Entscheidungen

Öffentliche Güter 119, 122
Öffentliche Haushalte
  Maximierungsprinzip 283
  Minimierungsprinzip 283
Öffentliche Interessen
  und Gemeinwohl s. Gemeinwohl
  als solche? 82 f.
  Vertreter d. ö. I. 313 f., 415

Öffentliche Meinung 144 f., 319, 338
  und Bundesrechnungshof 379 ff.
  und Sachverständigenrat 327, 329 ff., 353
Oligopol 162
Ombudsman 314
Optimierung der Wertrealisierung 54 ff.
  Situationsabhängigkeit 55 f., 267
Optimierungsverfahren (s. auch Verfahren, Hessesche Optimierungsformel) 411
Ordnungspolitik 57 f., 67
Organische Staatsauffassung 9 ff.

Paradoxon der Kooperation (s. auch Rationalität) 161
Parteien, politische
  Integrationsfunktion 131
  und Interessenverbände s. Interessenverbände
  und Repräsentation 392 ff.
Persönlichkeitsschutzrecht
  Entwicklung durch die Rechtsprechung 248
Planung 60, 338 ff.
  Sinn 339 ff.
  als wert- und erkenntnisorientiertes Verfahren 340
Pluralismus (s. auch Laissez-faire-Pluralismus)
  föderalistischer 3
  internationaler 3
Pluralismusdefizite 1, 152, 187, 194
  Gegengewicht durch neue Theorie 211
Pluralismusparadoxon (s. auch Rationalität) 167
Pluralismustheorie s. Pluralistische Harmonielehre
Pluralistische Harmonielehre (s. auch Laissez-faire-Pluralismus) 129, 148 ff.
  Bundesverfassungsgericht 151
  Kritik, 1, 151 ff.
  systemerhaltende Wirkung? 172
Political question-Doktrin 236
Politik (s. auch Kurzfristorientierung)
  als etwas Dynamisch-Irrationales? 224
  Lehre von der rationalen P. 56
  rationale 258
    mangelnde Unterscheidbarkeit vom Recht 224
  Beitrag der Wissenschaft 319, 325 ff.
Politikberatung, wissenschaftliche 325 ff., 416
  dezisionistisches Modell 337
  freiheitsorientierte 329, 336

Register

herrschaftsorientierte 330, 336, 338
Institutionalisierung als Aufgabe der Verfassungstheorie 333 f., 416
Politikwissenschaft
  Beschäftigung mit Werten 70
  Notwendigkeit einer Zusammenarbeit mit der Staatsrechtslehre 19, 70
Politische Klugheit
  Appellentscheidungen 222
  als erforderliche Eigenschaft der Mitglieder der Rechnungshöfe 375 f.
  als erforderliche Eigenschaft des Verfassungsrichters 227
Politische Theorie
  Notwendigkeit einer Erneuerung 211
Politisierung der Justiz? 257 ff.
Popularklage 305 ff., 415
Positivismus
  juristischer 76 ff.
  sozialwissenschaftlicher 77
  staatsrechtlicher 116
  Willensdogma 85, 116
  zivilrechtlicher 85 f., 116
Praktische Konkordanz 55
Preferred freedoms-Doktrin 236
Privateigentum und marktwirtschaftliche Steuerung 86
Problembereichsdisparität vs. Gruppendisparität 170 ff., 413
„Produzenteninteresse" stärker als „Konsumenteninteresse" 159
Prognosen 62, 66
  Bedeutung für die Verfassungsinterpretation 217 f., 266
  Planung 340
  Vergleich von BVerfG und Gesetzgebung 245 f.
Prognosespielraum 218, 266
prudentia s. scientia

Randgruppen 162
  Schutz durch die Rechtsprechung 292 f.
Rationalismus, kritischer 61, 62
Rationalität 229 f.
  Abweichung der individuellen R. von der kollektiven (s. auch Paradoxon der Kooperation, Pluralismusparadoxon) 119 f., 122, 157, 161, 167
    Zusammenführung durch Geldpolitik 364
  nicht gleich Anwendung der juristischen Methode 229
Rechnungshöfe s. Bundesrechnungshof
Recht — etwas Statisch-Rationales? 224

Rechtsblindheit 72
Rechtskontrollen vs. Sachkontrollen 193 f.
Rechtmäßigkeit und Zweckmäßigkeit, mangelnde Unterschiedlichkeit
  im Verfassungsrecht 222 ff., 271 f.
  im Verwaltungsrecht 228 f.
Rechtsprechung
  Aufwertung im System der Gewaltenteilung 254 ff.
  Gemeinwohlferne s. Gemeinwohl
  rechtsfortbildende 230 ff.
Rechtssicherheit
  als Grundwert 28 f., 38, 78
  im marktwirtschaftlich-vertraglichen Modell 91, 98
  Verlust durch moderne Verfassungsinterpretation? 260 ff.
Rechtsstaat 37 ff., 47
  formales und materielles Verständnis 37
  als Gerechtigkeitsstaat 39
  drei Kategorien von Bestandteilen 37
Rechtswissenschaft
  Abschottung von den Sozialwissenschaften (und der Philosophie) 76 ff., 79, 201, 223
  Kooperation mit Sozialwissenschaften s. Sozialwissenschaften
  und Volkswirtschaftslehre 86
Redistributionsleistungen 295 ff.
Repräsentationsfunktion
  der Bundesbank 356 ff.
  des Bundesrechnungshofs 369 ff.
  der Parlamentsabgeordneten 388 ff., 398 ff.
  der Verfassungsrechtsprechung 212 ff.
  der Wissenschaft 316 ff.
Repräsentation(sprinzip) 191 ff.
  und Abgeordnetenstatus (s. auch Abgeordnete) 388 ff., 416
  unterschiedliche Ausprägungen 391 ff., 398
  Begriff 192
  Einwände 391 ff.
  faktische 191, 390
  liberal-parlamentarische 126 ff., 200 f., 391 f.
  nichtorganisierter Interessen 191
  im Sinne Krügers 192, 203
  und Verbandsinkompatibilitäten 397
  Verknüpfung mit der Gemeinwohlvorstellung 391 ff.
Reversibilität von Entscheidungen 68, 219, 267
  mangelnde R. von Entscheidungen des

Bundesverfassungsgerichts als Argument für judicial restraint 266 f., 322, 325
mangelnde R. von Entscheidungen des Gesetzgebers als Argument für intensive Gerichtskontrolle 284, 325
Richter s. Gerichte, Unabhängigkeit
Richterliche Zurückhaltung
 als Konsequenz aus dem Demokratieprinzip? 234 ff.
 wegen mangelnder Strigenz der Beurteilungsmaßstäbe 265 ff.
 bei öffentlichen Leistungen? 276 ff.
 und Richtigkeitsvermutung der Gesetze 242 ff.
 schematisierte Bereiche 268 ff.
Richterverdacht 246
Richtigkeitsgewähr
 im Dualismus? 116, 196
 von Gesetzen? 38, 241 ff.
Richtigkeitskontrolle durch die Verfassungsrechtsprechung 212 ff., 265 ff.
Richtigkeitsvermutung (s. auch Richtigkeitsgewähr)
 von Präjudizien 232
Rohstoffraubbau (s. auch Knappheit) 171

Sachkontrollen (s. auch Rechtskontrollen)
 Notwendigkeit 193 f., 353
Sachverständigenrat für Subventionen und Finanzplanung s. Subventionen, Finanzplanung
Sachverständigenrat für Umweltfragen 332
Sachverständigenrat zur Begutachtung der gesamtwirtschaftlichen Entwicklung 187, 194, 325 ff.
 Adressaten 327
 Aufgaben 326 ff.
 Öffentlichkeitsorientierung 327, 329 ff.
 verfassungsrechtliche Beurteilung 334 ff., 416
 Vergleich mit Bundesbank 336
 Zusammensetzung 328 f.
Sachverstand, interessierter S. 138 ff.
scientia und prudentia 70
Schrankendenken (s. auch Verfassungsinterpretation) 278
Selbstbestimmung (s. auch Freiheit)
 kollektive (s. auch Arbeitskampf, Tarifvertrag, Tarifautonomie) 100 ff.
  Dysfunktionen 102 ff.
  Sinn 101 ff.
  als Verfahren 101

Selbstdisziplinierung 121, 210
Selbststeuerung
 und Fremdsteuerung 81, 83
 -smodell 84 ff.
 pluralistische 150
 wirtschaftliche 81 ff., 85 ff., 280
  Übertragung des Konzepts auf den politischen Bereich 150, 180 ff.
Selbstzweck des Staates? 9 ff., 39
Sicherheit
 als Grundwert 28 f.
 im marktwirtschaftlich-vertraglichen Modell 91 f.
Situationsanalysen
 Verbesserung der Analysenmöglichkeiten 233
 Vornahme durch das BVerfG 214 f., 269
  kein Einbruch in den Gestaltungsspielraum des Gesetzgebers 270
  Vergleich mit Gesetzgebung 245
Solidarität 22, 120 f.
Souveränität, innere 190, 199, 206
Soziale Frage 40, 96, 175, 197
 (s. auch Neue Soziale Frage)
Soziale Grundrechte 251, 289 ff.
 Einwände 290 ff.
Soziale Realisation 175, 189, 283
Sozialinteressen (s. auch Allgemeininteressen) 250
Sozialkontrakt 45
Sozialpolitische Gesprächsrunde 144
Sozialpsychologie 11 f.
Sozialstaatsprinzip 39 ff., 47, 282, 286
 Pflicht zum staatlichen Tätigwerden 288 ff.
 Wandel des Inhalts 40 ff., 197 f., 414
Sozialwissenschaften
 Grenzen ihrer Leistungsfähigkeit 66 ff., 411
 Kooperation mit Rechtswissenschaft 60 ff., 65, 80, 182, 202, 262 ff., 268, 301 ff., 411
  bei der Verfassungsinterpretation 215, 225, 301 f., 365
 als kritische Wissenschaften 61
Sozialwissenschaftler als Maximalisten? 264
Staat
 Ende des S.? 199
 als Instrument (Werkzeug) 14
 Notwendigkeit auch im liberalen Modell 117 ff., 412
Staatsapparat
 Eigeninteressen 15
Staatsgedanke, deutscher 13, 203
Staatsrechtslehre

Funktion des Mahners 52 f.
Zusammenarbeit mit Politikwissenschaft s. Politikwissenschaft
Staatstätigkeit
 Zunahme der S. als Zeichen der Stärke? 202
Stabilität des Preisniveaus 42 f., 179 f.
 und Interesse an Einkommensverbesserungen 156
 und Tarifautonomie 104 ff.
 kein Vorrang 256
Statistik
 Bedeutung für die Gemeinwohloptimierung 65
 Bedeutung für die Verfassungsinterpretation 215 f.
Steuergerechtigkeit 300 ff.
Steuerinterventionismus s. Subventionen, Gleichheitssatz
Steuerzahler, -interessen als Allgemeininteressen 2, 153, 155 f., 169, 174
Streik s. Arbeitskampf
Subsidiaritätsprinzip 99
Subsumtionsmethode und Optimierungsverfahren 76 f., 411
Subventionen 155 ff., 165, 167, 169, 171, 202, 273, 276 ff., 294 ff., 344 ff., 415 f.
 Abbauplanung 344 ff.
  Verpflichtung 345
 Ergebnisse des Laissez-faire-Pluralismus 349 f.
 Ordnungsdefizit 276 f.
 Sachverständigenrat 333, 352 ff., 416
Subventionsberichte 345 ff.
Supreme Court 235, 252

Tarifautonomie
 Einschränkung d. T. kein Tabu 108
 Grenzen 102 ff., 178
 und Interessen der Allgemeinheit 103 ff., 412
 im öffentlichen Dienst (s. auch Arbeitskampf) 108 ff.
 Verhandlungsgleichgewicht? 109 ff., 412
 Sinn 101 f., 178
 verfassungsrechtliche Beurteilung 106 ff., 412
Tarifvertrag 49, 84, 100 ff.
 (s. auch Selbstbestimmung, kollektive)
Tatsachen, generelle s. legislative facts
Topik 61
trial and error 46, 67, 68, 129, 218 f., 270
Trittbrettfahrer 120

Überindividualistische Staatsauffassung 9 ff.
Übermaßverbot 60
Umverteilung durch Besteuerung 282
Umweltschutz 3, 31, 41, 289
 als Allgemeininteresse 3, 156, 171
 als öffentliches Gut 119
 Zielkollision zum Wachstum? 31
Unabhängigkeit
 der Abgeordneten 388 ff.
 der Bundesbank 356 ff.
 des Bundesrechnungshofs 370
 der Richter 247
 Voraussetzung für wert- und erkenntnisorientiertes Verfahren 52
 der Wissenschaft 316 ff.
upper-class-bias 163

Verbandseinfluß
 Empfänglichkeit „der Politik" 136 ff.
 Entwicklungstendenz 135
 Gründe 136 ff.
 durch interessierten Sachverstand 138 ff.
 durch Marktmacht 140 f.
 in den Parlamentsausschüssen 145
 verfassungsrechtliche Beurteilung 106 ff., 130, 132 f., 194 ff.
 auf die Verwaltung 146 f.
 Wege 141 ff.
  Anhörung 142 f., 144
  Fachbeiräte 143
  „von innen" 145 f.
  Konzertierte Aktion 143 f.
  via öffentliche Meinung 144 f.
Verbandsinkompatibilitäten 396 ff., 416 f.
 und Repräsentationsprinzip 397
 Umgehungsmöglichkeiten 397 f.
Verbandsklage 309 ff.
 Einwände 311 ff.
Verbandstheorie 153
Verbandsvertreter 163 ff.
 repräsentatives Verhalten? 163 ff., 413
 Widerstand gegen Stärkung der Allgemeininteressen 189 f.
Verbeamtung der Parlamente 403
Verbraucher 149
 -interessen als Allgemeininteressen 2, 153, 156, 169, 174
 -verbände 161
Verfahren
 allgemeine Bedeutung 48 ff., 67
 der Gemeinwohlentscheidung 48 ff.
  Schlüsselfunktion 48 ff., 114, 123, 183 ff., 198 ff., 210, 275, 395, 414
 gerichtliches 49

zwei Grundtypen 50 ff., 388, 410
unterschiedliche Anforderungen 51 f.
macht- und interessentendeterminierte 50 f., 190 f., 410 f.
Voraussetzungen 52
Verwaltungs- 49
wert- und erkenntnisorientierte 51, 190 ff., 411
mangelnde Präzision der Ergebnisse 75 ff., 411
Voraussetzungen 52
Vorrang 52
Verfahrensmängel
relativ leichte Feststellbarkeit 48 f., 67, 275, 405
Auswirkungen auf die Verfassungsrechtsprechung 275 f.
Verfassung als Gemeinwohlordnung 280 ff.
Verfassungsanwalt 314
Verfassungsinterpretation 16 ff., 54 ff., 76 ff., 213 ff.
Abweichung vom Wortlaut? 78 f.
Bedeutung der Konsequenzen 77 ff.
mangelnde Unterscheidbarkeit von der rationalen Gesetzgebung 228 ff., 414
Schlüsselrolle der Methodik 213 f.
Setzung starrer Schranken? 99, 226 f., 287 f., 293
Situationsabhängigkeit 214 ff., 266 f., 269
Verhältnis zur Gesetzgebung 222 ff.
Entwicklungsstufen der Beurteilung 251 ff.
Verfassungspolitik
als Aufgabe der Jurisprudenz 16
Verfassungstheorie
Bedeutung 15 ff., 18
Erfassung von öffentlichen Leistungen 276 ff.
Fehlen 1 f.
Notwendigkeit 1 f.
Verbindung mit Gesellschaftslehre 18, 84, 201
Verbindung mit politischer Theorie 19
Verhältnismäßigkeit 58, 60, 220, 441
Verhandlungsparadoxon 206
Vernunftrechtliche Argumentation 222
Verspätung
bei der rechtlichen Anpassung des marktwirtschaftlich-vertraglichen Modells 95 ff.
Parallele zur heutigen Lage 96, 182
der Rechtstheorie gegenüber der sozialen Entwicklung 174, 201

Vertrag 2, 49
größere (formal) demokratische Legitimation als Gesetz 98, 237
Konsequenzen für die Gerichtskontrolle 238
als Verfahren der Willensbildung 49 f., 84
und wettbewerbliche Marktwirtschaft 85 ff.
Vertragsfreiheit (s. auch Demokratieprinzip)
als Dogma 97
Funktion 47, 94 f.
Machtgleichheit (s. auch Vertragsparität) als Voraussetzung 93
Vertragsparität
Fehlen bei Tarifautonomie im öffentlichen Dienst 109 ff., 412
Vertreter des öffentlichen Interesses s. Öffentliches Interesse
volonté générale 124 f.
Vorformung des politischen Willens 117, 136, 184
Vorhandstellung des Gesetzgebers 265 ff., 415
Vorparlamentarischer Raum 117, 136, 184
Vorverständnis, verfassungstheoretisches 15 ff., 244, 251 ff.
Anpassung an den Verbändestaat 186, 188
und Autonomie der Bundesbank 365 ff.
und Funktion der Finanzkontrolle 373 ff.
und Sachverständigenrat 334 ff.
und Unabhängigkeit der Abgeordneten 390 ff.
und Verhältnis Gesetzgebung - Verfassungsrechtsprechung 234 ff.

Wachstum s. Wohlstand
Wahlchancen s. Gleichheit d. W.
Wahlrecht
Ausschluß der Lohnarbeiter 125, 127
Beseitigung der Beschränkung 282
Wahlzensus 125, 127, 282
Wahrscheinlichkeit
Bedeutung für Entscheidungsfindung 68 f., 268
Weltwirtschaftskrise 41, 252
Wertbewußtsein
der Bundesbank 360 f.
Vergleich BVerfG - Gesetzgebung 246 ff.
Werte
keine feststehende Rangordnung 56
Synonym zu „Ziele", „Güter" 54

Wertrelativismus, philosophischer 9 ff.
Wert- und erkenntnisorientiertes Verfahren s. Verfahren
Wertverschwendungen 59, 119, 291
Wesensgehaltsgarantie 287 f.
Wettbewerbsschutzgesetze 178
　Vorbild für Pluralismusbeschränkung? 188
Wirklichkeitswissenschaften (s. auch Sozialwissenschaften)
　Unerläßlichkeit für die Gemeinwohlbestimmung 60 ff.
Wirtschaftspolitik
　Theorie der W. 2, 56, 70, 151
Wirtschafts- und Sozialräte 384 ff., 416
Wirtschaftsverbände (s. auch Interessenverbände) 134, 163
Wissenschaft
　als Basis des wert- und erkenntnisorientierten Gemeinwohlverfahren 53, 315 f.
　Besserungsfunktion 318, 415
　Repräsentationsfunktion 315 ff., 414
Wissenschaftliche Freiheit 265
　Sinn 316 ff., 415
　Verwandtschaft mit richterlicher Unabhängigkeit 318
Wissenschaftlicher Beirat
　beim Bundesminister der Finanzen 326
　beim Bundesminister für Wirtschaft 326
Wissenschaftstheorie 67
Wohlfahrtszweck
　Eliminierung aus dem überkommenen Verfassungssystem 184
Wohlstand
　kein Grundwert 30 ff.
　Steigerung d. W. ist gleich Wachstum 30
　　Berechnung 31
　　Beziehungen zu anderen Grundwerten 31 f.
　　im marktwirtschaftlich-vertraglichen Modell 90 f.
　　Rückgang 173

Ziele (s. auch Werte)
Nach- 42
Vor- 42
Zurückhaltung s. Richterliche Zurückhaltung
Zweckprogramm 146